"东线文库" 总策划 王鼎杰

TO THE GATES OF STALINGRAD

斯大林格勒

—— 三部曲 ★ 苏德战争1942.9—1942.11 ——

决战
第二部
上册
3

[美] 戴维·M.格兰茨　　[美] 乔纳森·M.豪斯　著

小小冰人　译

台海出版社

ARMAGEDDON IN STALINGRAD: SEPTEMBER-NOVEMBER 1942 (THE STALINGRAD TRILOGY,
VOLUME 2) (MODERN WAR STUDIES) by DAVID M. GLANTZ WITH JONATHAN M. HOUSE
Copyright: 2009 by the University Press of Kansas
This edition arranged with UNIVERSITY PRESS OF KANSAS
through Big Apple Agency, Inc., Labuan, Malaysia.
Simplified Chinese edition copyright: 2017 ChongQing Zven Culture communication Co.,Ltd
All rights reserved.

版贸核渝字（2015）第204号

图书在版编目（CIP）数据

斯大林格勒三部曲. 第二部, 决战 / (美) 戴维 · M.
格兰, (美) 乔纳森 · M. 豪斯著；小小冰人译. -- 北京:
台海出版社, 2017.5
ISBN 978-7-5168-1391-1

Ⅰ. ①斯… Ⅱ. ①戴… ②乔… ③小… Ⅲ. ①斯大林
格勒保卫战(1942-1943) - 史料 Ⅳ. ①E512.9

中国版本图书馆CIP数据核字(2017)第089610号

斯大林格勒三部曲 . 第二部，决战

著　　者：[美] 戴维·M.格兰茨　[美] 乔纳森·M.豪斯　　译　　者：小小冰人

责任编辑：刘　峰　高惠娟　　　　　　　策划制作：指文文化
视觉设计：舒正序　　　　　　　　　　　责任印制：蔡　旭

出版发行：台海出版社
地　　址：北京市东城区景山东街20号　　邮政编码：100009
电　　话：010 - 64041652（发行，邮购）
传　　真：010 - 84045799（总编室）
网　　址：www.taimeng.org.cn/thcbs/default.htm
E - mail：thcbs@126.com

经　　销：全国各地新华书店
印　　刷：重庆大美印刷有限公司
本书如有破损、缺页、装订错误，请与本社联系调换

开　　本：787mm×1092mm　　　1/16
字　　数：864千　　　　　　　　印　　张：55
版　　次：2017年6月第1版　　　印　　次：2017年6月第1次印刷
书　　号：ISBN 978-7-5168-1391-1

定　　价：149.80元

"东线文库"总序

泛舟漫长的人类战争史长河，极目四望，迄今为止，尚未有哪场陆战能在规模上超过二战时期的苏德战争。这场战争挟装甲革命与重工业革命之双重风潮，以德、苏两大军事体系20年军改成果为孤注，以二战东线战场名扬后世。强强相撞，伏尸千里；猛士名将，层出不穷。在核恐怖强行关闭大国全面战争之门70年后的今天，回首望去，后人难免惊为绝唱。在面对那一串串数字和一页页档案时，甚至不免有传说时代巨灵互斫之苍茫。其与今人之距离，似有千年之遥，而非短短的七十春秋。

但是，如果我们记得，即便是在核武器称雄的时代，热战也并未绝迹，常规军事力量依然是大国达成政治诉求的重要手段；而苏德战争的胜利者苏联，又正是冷战的主角之一，直到今天，苏系武器和苏式战法的影响仍具有全球意义。我们就会发现，这场战争又距离我们是如此之近。

要知道这场战争究竟离我们有多近，恰恰要先能望远——通过对战争史和军事学说发展史的长程回顾，来看清苏德战争的重大意义。

正如俾斯麦所言："愚人执着于自己的体验，我则师法他者的经验。"任何一个人、一个组织的直接体验总是有限的，但如能将别人的间接经验转化为自己的直接体验，方是智者之所为。更高明的智者又不仅仅满足于经验的积累，而是能够突破经验主义的局限，通过学说创新形成理论体系，从而在经验和逻辑、事实与推理之间建立强互动，实现真正的以史为鉴和鉴往知来。

无怪乎杜普伊会说："军事历史之所以对军事科学的发展至关重要，是因为军事科学不像大多数其他学科那样，可在实验室里验证它们的理论和假说。军事试验的种种形式，如野战演习、对抗演习和实兵检验等，都永远不会再现战争的基本成分：致命环境下对死亡的恐惧感。此类种种试验无疑是非常有益的，但是，这种益处也只能是在一定程度上的。"[1]但这绝不等于说战争无法研究，只能在战争中学战争。突破的关键即在于如何发挥好战争史研究的作用。所以杜普伊接着强调："像天文学一样，军事科学也是一门观测科学。正如天文学家把天体作为实验室（研究对象），而军人的真正的实验室则永远是军事历史。"[2]

从这个角度上讲，苏德战争无疑是一个巨型实验室，而且是一个直接当下，具有重大特殊意义的实验室。

回顾战争史册，不难发现，受技术手段的局限，战场的范围长期局限在指挥官的目力范围之内。故而，在这个时期，战争行为大致可以简化为两个层级，一为战略（strategy），一为战术（tactic）。

战术是赢得战斗的方法，战略则是赢得战争的方法。战之术可以直接构成战之略的实施手段。一般而言，战争规模越有限，战争结局越由战斗决定，战略与战术的边界便越模糊，甚至可以出现"一战定乾坤"的戏剧性结局。这又进一步引发出战局和会战两个概念。

所谓战局，就是英语中的 Campaign，俄语的 кампания，德语的 Feldzug。Campaign 的词源是 campus，也就是营地。因为在罗马时代，受当时的技术条件限制，军队每年会有一个固定的季节性休战期，是为宿营时期。这样就可以很清晰地划分出以年度为单位的"战局"。相对不同的是德语 Feldzug 的词根有拖、拉、移动的意思，对弈中指移动棋子。已隐约可见机动战的独特传统。但三方对战局的理解、使用并无本质不同。

而会战（英语中的 Battle，俄语的 Битва，德语的 Schlacht）则是战斗的放大。换言之，在早期西方军事学说体系中，战略对应战局，战术对应战斗，而"会战"则是战略与战术的交汇地带，战局与战斗的中间产物。在早期冷兵器战争时代，会战较为简单，很多时候就是一个放大的战术行动和缩小的战略行动。但是，随着技术的变革，社会结构、动员体系、战争规模的巨变，会战组织越来越复杂，越来越专业，逐渐成为一个独立于战略和战术之外的层级。拿破仑的战争艺术，归根结底其实就是会战的艺术。

但是，拿破仑并未发展出一套会战学说，也没有形成与之相表里的军事制度和军事教育体系，反而过于依赖自己的个人天赋，从而最终走向不归路。得风气之先的是普鲁士军队的改革派三杰（沙恩霍斯特、格奈瑟瑙、克劳塞维茨），收功者则是促成德意志统一的老毛奇。普德军事体系的发展壮大，正是研究透彻了拿破仑又超越了拿破仑，在战略和战术之间增加了一个新层级——Operation，从根本上改变了军事指挥和军事学术研究范式。所谓

"Operation"，本有操作、经营、（外科）手术等多层含义，其实就是战略实施中的落实性操作，是因为战术已经无法直接构成战略的实施手段而增加的新环节。换言之，在德军军事体系中，Operation 是一个独立的、高度专业化的军事行动层级。

与之相表里，普德军事系统又形成了现代参谋制度，重新定义了参谋，并形成了以参谋军官为核心的现代军官团，和以参谋教育为核心的现代军校体系。总参谋部其实是一个集研究、教育、指挥为一体的复合结构。参谋总长管理陆军大学，而陆军大学的核心课程即为战争史研究，同时负责将相关研究兵棋化、实战化、条令化。这种新式参谋主要解决的就是 Operation Level 的问题，这与高级统帅思考战略问题，基层军官、士官思考战术问题正相等同。

普法战争后，普鲁士式总参谋部制度迅速在全球范围内扩散，举凡英法俄美意日等列强俱乐部成员国，无不效法。但是，这个制度的深层驱动力——Operation Level 的形成和相应学说创新，则长期为德军秘而不宣，即便是其亲传弟子，如保加利亚，如土耳其，如日本，均未得其门径窍奥，其敌手如法，如英，如俄，如美，亦均茫然不知其所以然。

最早领悟到德军作战层级独创性和重要性的军队，正是一战后涅槃重生的苏联红军。

苏军对德语的 Operation 进行了音译，是为 Операция，也就是日后中苏合作时期经苏联顾问之手传给我军的"战役"概念。换言之，所谓战役学，其实就是苏军版的 Operation 学说。而美军要到冷战期间才明白这一点，并正式修改其军事学说，在 Strategy 和 Tactic 之间增设 Operation 这个新层级。

与此同时，英美体系虽然在战役学层次反应迟钝，却看到了德、苏没有看到的另一个层次的变化——战争的巨变不仅发生在传统的战略、战术之间，更发生在战略之上。

随着战争本身的专业性日趋强化，军人集团在战争中的发言权无形中也被强化，而文官和文人战略家对战争的介入和管控力逐渐弱化。但正如克劳塞维茨强调指出的那样，战争是政治的延续[3]。因而，战争只是手段，不是目的。无论军事技术如何变化，这一个根本点不会变化。但现代战争的发展却导致了手段高于目的的客观现实，终于在一战中造成了莫大的灾难。战争的胜利不等于政治的胜利这一基本事实，迫使战争的胜利者开始反思固有战争理论的局限性，逐渐形成了"大战略"（Grand Strategy）的观念，这就在英美体系中形成了大战略（又称国家战略、总体战略、高级战略）、分类战略（包括军事战略、经济战略、外交战略、文化战略等）、战术的三级划分。大战略不再像传统战略那样执着于打赢战争，而是追求战争背后的终极目标——政治目的。因为此种战略在国家最高决策层面运作，所以美国学界又将大战略称为国家战略。用美国国防部的定义来说明，即："国家战略是平时和战时在使用武装力量的同时，发展和运用国家的政治、经济和心理力量，以实现国家目标的艺术和科学。"

冷战初期，美国以中央情报局、国家安全委员会、民营战略智库（如兰德公司）、常青藤联盟高校人才库相呼应的制度创新，其实就是建立在大战略学说领先基础上的国家安全体系创新[4]。而德军和苏军受传统"战略—战局"概念的束缚，均未看清这一层变化，故而在宏观战略指导上屡屡失误，只能仰赖希特勒、斯大林这样的战略怪才，以杰出个体的天赋弥补学说和制度的不足，等于又回到了拿破仑困境之中。

从这个角度上看二战，苏德战争可以说是两个走在战役学说创新前列的军事体系之间的超级碰撞。同为一战失败者的德、苏，都面对一战式的堑壕难题，且都嗅到了新时代的空气。德国的闪电战与苏军的大纵深战役，其实是两国改革派精英在同一场技术革命面前，对同一个问题所做出的不同解答。正是这种军事学说的得风气之先，令两国陆军在军改道路上走在列强前列。二战期间两国彗星撞地球般的碰撞，更进一步强化了胜利者的兼容并蓄。冷战期间，苏军的陆战体系建设，始终以这个伟大胜利为基石，不断深化。

在这个基础上再看冷战，就会发现，其对抗实质是美式三级体系（大战略、战略、战术）与苏式三级体系（战略、战役、战术）的对抗。胜负关键在于谁能先吸取对方之所长，弥补己方之所短。结果，苏联未能实现大战略的突破，建立独立自主的大战略学说、制度、教育体系。美国却在学科化的战略学、国际政治学和战争史研究的基础上，建立了自己的 Operation Level，并借力新一轮技术变革，对苏军进行创造性的再反制。这个连环反制竞争链条，一直延续到今天。虽然苏军已被清扫出局，但这种反制的殷鉴得失却不会消失，值得所有国家的军人和战史研究者注目。而美国借助遏制、接触战略，最终兵不血刃地从内部搞垮苏联，亦非偶然。

正是这种独特的历史地位，决定了东线史的独特重要性，东线研究本身也因而成为另一部波澜壮阔的历史。

可以说，苏军对苏德战争最具切肤之痛，在战争期间就不断总结经验教训。二战后，这个传统被继承下来，形成了独特的苏军式研究。与此同时，美国在二战刚刚结束之际就开始利用其掌握的资料和德军将领，进行针对苏军的研究。众多德军名将被要求撰写关于东线作战的报告[5]。但是，无论是苏军的研究还是美军的研究，都是内部进行的闭门式研究。这些成果，要到很久之后，才能公之于世。而世人能够看到的苏德战争著述，则是另一个景象。

二战结束后的最初 15 年，是宣传品与回忆录互争雄长的 15 年。作为胜利者的苏联，以君临天下的优越感，刊行了一大批带有鲜明宣传色彩的出版物[6]。与之相对应，以古德里安、曼施坦因等亲身参与东线鏖战的德国军人为代表的另一个群体，则以回忆录的形式展开反击[7]。这些书籍因为是失败者痛定思痛的作品，著述者本人的军事素养和文笔俱佳，故而产生了远胜过苏联宣传史书的影响力，以至于很多世人竟将之视为信史。直到德国档案资料的不断披露，后人才逐渐意识到，这些名将回忆录因成书年代的特殊性，几乎只能依赖回忆者的主观记忆，而无法与精密的战史资料互相印证。同时，受大环境的影响，这些身为楚囚的德军将领大多谋求：一，尽量撇清自己的战争责任；二，推卸战败责任（最常用的手法就是将所有重大军事行动的败因统统归纳为希特勒的瞎指挥）；三，宣传自身价值（难免因之贬低苏联和苏军）。而这几个私心又迎合了美国的需求：一，尽快将西德纳入美国领导的反苏防务体系之中，故而必须让希特勒充分地去当替罪羊，以尽快假释相关军事人才；二，要尽量抹黑苏联和苏军，以治疗当时弥漫在北约体系内的苏联陆军恐惧症；三，通过揭批纳粹政体的危害性，间接突显美国制度的优越性。

此后朱可夫等苏军将领在后斯大林时代刊行的回忆录，一方面固然是苏联内部政治生态变化的产物，但另一方面也未尝不可说是对前述德系著述的回击。然而，德系回忆录的问题同样存在于苏系回忆录之中。两相对比，虽有互相校正之效，但分歧、疑问更多，几乎可以说是此亦一是非、彼亦一是非，俨然是在讲两场时空悬隔的战争。

结果就是，苏德战争的早期成果，因其严重的时代局限性，而未能形成真正的学术性突破，反而为后人的研究设置了大量障碍。

进入 20 世纪 60 年代，虽然各国关于东线的研究越来越多，出版物汗牛充栋，但摘取桂冠的仍然是当年的当事人一方。幸存的纳粹党要员保罗·卡尔·施密特（Paul Karl Schmidt）化名保罗·卡雷尔（Paul Carell），在已有研究的基础上，大量使用德方资料，并对苏联出版物进行了尽量全面的搜集使用，更对德国方面的幸存当事人进行了广泛的口述历史采访，在 1964 年、1970 年相继刊行了德军视角下的重量级东线战史力作——《东进：1941—1943 年的苏德战争》和《焦土：1943—1944 年的苏德战争》[8]。

进入 20 世纪 70 年代后，研究趋势开始发生分化。北约方面可以获得的德方档案资料越来越多，苏方亦可通过若干渠道获得相关资料。但是，苏联在公布己方史料时却依然如故，仅对内进行有限度的档案资料公布。换言之，苏联的研究者较之于北约各国的研究者，掌握的史料更为全面。但是，苏联方面却没有产生重量级的作品，已经开始出现军事学说的滞后与体制限制的短板。

结果，在这个十年内，最优秀的苏德战争著作之名被英国军人学者西顿（Albert Seaton）的《苏德战争》摘取[9]。此时西方阵营的二战研究、希特勒研究和德军研究均取得重大突破，在这个整体水涨的背景下，苏德战争研究自然随之船高。而西顿作为英军中公认的苏军及德军研究权威，本身即带有知己知彼的学术优势，同时又大力挖掘了德国方面的档案史料，从而得以对整个苏德战争进行全新的考订与解读。

继之而起者则有西方学者约翰·埃里克森（John Ericsson）与厄尔·齐姆克（Earl F. Ziemke）。

和西顿一样，埃里克森（1929 年 4 月 17 日—2002 年 2 月 10 日）也曾在英军中服役。不同之处则在于：

其一，埃里克森的研究主要是在退役后完成。他先是进入剑桥大学圣约翰学院深造，1956 年苏伊士运河危机爆发后作为苏格兰边民团的一名预备军官被重新征召入役。危机结束后，埃里克森重启研究工作，1958 年进入圣安德鲁大学担任讲师，开始研究苏联武装力量。1962 年，埃里克森首部著作《苏联统帅部：1918—1941 年》出版，同年在曼彻斯特大学出任高级讲师。1967 年进入爱丁堡大学高级防务研究所任职，1969 年成为教授，研究重心逐渐转向苏德战争。

其二，埃里克森得益于两大阵营关系的缓和，能够初步接触苏军资料，并借助和苏联同行的交流，校正之前过度依赖德方档案导致的缺失。而苏联方面的战史研究也取得了较大的进展，足以为这种校正提供参照系，而不像五六十年代时那样只能提供半宣传品性质的承旨之作。同时，埃里克森对轴心国阵营的史料挖掘也更全面、细致，远远超过了之前的同行。关于这一点，只要看一看其著述后面所附录的史料列目，即可看出苏德战争研究的史料学演进轨迹。

埃里克森为研究苏德战争，还曾专程前往波兰，拜会了苏军元帅罗科索夫斯基。这个非同凡响的努力成果，就是名动天下的"两条路"。

所谓"两条路"，就是 1975 年刊行的《通往斯大林格勒之路》与 1982 年刊行的《通往柏林之路》[10]。正是靠了这两部力作，以及大量苏军研究专著[11]，埃里克森在 1988—1996 年间成为爱丁堡大学防务研究中心主任。

厄尔·齐姆克（1922 年 12 月 16 日—2007 年 10 月 15 日）则兼有西顿和埃里克森的身影。出生于威斯康星州的齐姆克虽然在二战中参加的是对日作战，受的也是日语训练，却在冷战期间华丽转型，成为响当当的德军和苏军研究权威。曾在硫磺岛作战中因伤获得紫心勋章的齐姆克，战后先是在天津驻扎，随后复员回国，通过军人权利法案接受高等教育，1951 年在威斯康星大学获得学位。1951—1955 年，他在哥伦比亚的应用社会研究所工作，1955—1967 年进入美国陆军军史局成为一名官方历史学家，1967—1977 年在佐治亚大学担任全职教授。其所著《柏林战役》《苏维埃压路机》《从斯大林格勒到柏林》《从莫斯科到斯大林格勒》《德军东线北方战区作战报告，1940—1945 年》《红军，1918—1941 年：从世界革命的先锋到美国的盟友》等书[12]，对苏德战争、德军研究和苏军研究均做出了里程碑般的贡献，与埃里克森堪称双峰并峙、二水分流。

当《通往柏林之路》刊行之时，全球苏德战争研究界人士无人敢想，仅仅数年之后，苏联和华约集团便不复存在。苏联档案开始爆炸性公布，苏德战争研究也开始进入一个前人无法想象的加速发展时代，甚至可以说是一个在剧烈地震、风暴中震荡前行的时代。在海量苏联史料的冲击下，传统研究纷纷土崩瓦解，军事界和史学界的诸多铁案、定论也纷纷根基动摇。埃里克森与齐姆克的著作虽然经受住了新史料的检验，但却未能再进一步形成新方法的再突破。更多的学者则汲汲于立足新史料，急求转型。连保罗·卡雷尔也奋余勇，在去世三年前的1993年刊行了《斯大林格勒：第6集团军的覆灭》。奈何宝刀已老，时过境迁，难以再掀起新的时代波澜了。

事实证明，机遇永远只向有准备、有行动力的人微笑，一如胜利天平总是倾斜于能率先看到明天的一方。风起云涌之间，新的王者在震荡中登顶，这位王者就是美国著名苏军研究权威——戴维·格兰茨（David Glantz）。

作为一名参加过越战的美军基层军官，格兰茨堪称兼具实战经验和学术积淀。1965年，格兰茨以少尉军衔进入美国陆军野战炮兵服役，并被部署到越南平隆省的美国陆军第2军的"火力支援与协调单元"（Fire Support Coordination Element，FSCE，相当于军属野战炮兵的指挥机构）。1969年，格兰茨返回美国，在陆军军事学院教授战争史课程。1973年7月1日，美军在陆军训练与条令司令部下开设陆军战斗研究中心（Combat Studies Institute，CSI），格兰茨开始参与该中心的苏军研究项目。1977—1979年他出任美国驻欧陆军司令部情报参谋办公室主任。1979年成为美国陆军战斗研究所首席研究员。1983年接掌美国陆军战争学院（United States Army War College）陆战中心苏联陆军作战研究处（Office of Soviet Army Operations at the Center for Land Warfare）。1986年，格兰茨返回利文沃思堡，组建并领导外国军事研究办公室（Foreign Military Studies Office，FMSO）。在这漫长的研究过程中，格兰茨不仅与美军的苏军研究同步前进，而且组织翻译了大量苏军史料和苏方战役研究成果[13]。

1993年，年过半百的格兰茨以上校军衔退役。两年后，格兰茨刊行了里程碑著作《巨人的碰撞》[14]。这部苏德战争新史，系格兰茨与另一位美国军人学者乔纳森·M. 豪斯（Jonathan M. House）合著，以美军的苏军研究为基石，兼顾苏方新史料，气势恢宏地重构了苏德战争的宏观景象。就在很多人将这本书看作格兰茨一生事功的收山之作的时候，格兰茨却老当益壮，让全球同行惊讶地发现，这本书根本不是终点线，而是格兰茨真正开始斩将搴旗、攻城略地的起跑线：

1998 年刊行《泥足巨人：苏德战争前夕的苏联军队》[15]《哈尔科夫：1942 年东线军事灾难的剖析》[16]。

1999 年刊行《朱可夫最大的败仗：红军 1942 年"火星"行动的惨败》[17]《库尔斯克会战》[18]。

2001 年刊行《巴巴罗萨：1941 年希特勒入侵俄罗斯》[19]《列宁格勒之围 1941—1944，900 天的恐怖》[20]。

2002 年刊行《列宁格勒会战：1941—1944》[21]。

2003 年刊行《斯大林格勒会战之前：巴巴罗萨，希特勒对俄罗斯的入侵》[22]《八月风暴：苏军在满洲的战略攻势》[23]《八月风暴：苏联在满洲的作战与战术行动》[24]。

2004 年与马克·里克曼斯波尔（Marc J. Rikmenspoel）刊行《屠戮之屋：东线战场手册》[25]。

2005 年刊行《巨人重生：大战中的苏联军队》[26]。

2006 年刊行《席卷巴尔干的红色风暴：1944 年春苏军对罗马尼亚的攻势》[27]。

2009 年开始刊行《斯大林格勒三部曲·第一部：兵临城下》[28]和《斯大林格勒三部曲·第二部：决战》[29]。

2010 年刊行《巴巴罗萨脱轨：斯摩棱斯克交战（1941 年 7 月 10 日—9 月 10 日）·第一卷》[30]。

2011 年刊行《斯大林格勒之后：红军的冬季攻势》[31]。

2012 年刊行《巴巴罗萨脱轨：斯摩棱斯克交战（1941 年 7 月 10 日—9 月 10 日）·第二卷》[32]。

2014 年刊行《巴巴罗萨脱轨：斯摩棱斯克交战（1941 年 7 月 10 日—9 月 10 日）·第三卷》[33]《斯大林格勒三部曲·第三部：终局》[34]。

2015 年刊行《巴巴罗萨脱轨：斯摩棱斯克交战（地图集）·第四卷》[35]。

2016 年刊行《白俄罗斯会战：红军被遗忘的战役 1943 年 10 月—1944 年 4 月》[36]。

x

这一连串著述列表，不仅数量惊人，质量亦惊人。盖格兰茨之苏德战史研究，除前述立足美军对苏研究成果、充分吸收新史料及前人研究成果这两大优势之外[37]，还有第三个重要优势，即立足战役层级，竭力从德军和苏军双方的军事学说视角，双管齐下，珠联璧合地对苏德战争中的重大战役进行深度还原。

其中，《泥足巨人》与《巨人重生》二书尤其值得国人注目。因为这两部著作不仅正本清源地再现了苏联红军的发展历程，而且将这个历程放在学说构造、国家建设、军事转型的大框架内进行了深入检讨，对我国今日的军事改革和军事转型研究均具有无可替代的重大意义。

严谨的史学研究和实战导向的军事研究在这里实现了完美结合。观其书，不仅可以重新认识那段历史，而且可以对美军专家眼中的苏军和东线战史背后的美军学术思想进行双向感悟。而格兰茨旋风业已在多个国家掀起重重波澜。闻风而起者越来越多，整个苏德战争研究正在进入新一轮的水涨阶段。

如道格拉斯·纳什（Douglas Nash）的《地狱之门：切尔卡瑟战役1944.1—1944.2》（2002）[38]，小乔治·尼佩（George Nipe Jr.）的《在乌克兰的抉择：1943 年夏季东线德国装甲作战》（1996）[39]、《最后的胜利》（2000）[40]以及《鲜血·钢铁·神话：武装党卫队第 2 装甲军与通往普罗霍罗夫卡之路》（2013）[41]均深得作战研究之精髓，且能兼顾史学研究之严谨，从而将老话题写出新境界。

此外，旅居柏林多年的新西兰青年学者戴维·斯塔勒（David Stahel）于 2009 年刊行的《"巴巴罗萨"与德国在东线的失败》[42]，以及美国杜普伊研究所所长、阿登战役与库尔斯克战役模拟数据库的项目负责人克里斯托弗·劳伦斯（Christopher A. Lawrence）2015 年刊行的《库尔斯克：普罗霍罗夫卡之战》[43]，均堪称卓尔不群，又开新径。前者在格兰茨等人研究的基础上，重新回到德国视角，探讨了巴巴罗萨作战的复杂决策过程。整书约40% 的内容是围绕决策与部署写作的，揭示了德国最高统帅部与参谋本部等各部门的战略、作战观念差异，以及战前一系列战术、技术、后勤条件对实战的影响，对"巴巴罗萨"作战——这一人类历史上最宏大的地面作战行动进行了精密的手术解剖。后者则将杜普伊父子的定量分析战史法这一独门秘籍发扬到极致，以 1662 页的篇幅和大量清晰、独特的态势图，深入厘清了普罗霍罗夫卡之战的地理、兵力、技战术和战役部署，堪称兼顾宏观、中观、微观的全景式经典研究。曾在英军中服役的高级军医普里特·巴塔（Prit Buttar）同样以半百之年作老当益壮之后发先至，近年来异军突起，先后刊行了《普鲁士战场：苏德战争 1944—1945》（2010）、《巨人之间：第二次世界大战中的波罗的海战事》（2013）、《帝国的碰撞：1914 年东线战争》（2014）、《日耳曼优先：1915 年东线战场》（2015）、《俄罗斯的残息：1916—1917 年的东线战场》（2016）[44]。这一系列著作兼顾了战争的中观与微观层面，既有战役层级的专业剖析，又能兼顾具体人、事、物的栩栩如生。且从二战东线研究追溯到一战东线研究，溯本追源，深入浅出，是近年来不可多得的佳作。

　　行文及此，不得不再特别指明一点：现代学术著述，重在"详人之所略，略人之所详"。绝不可因为看了后出杰作，就将之前的里程碑著作束之高阁。尤其对中国这样的后发国家而言，更不能限在"第六个包子"的思维误区中。所谓后发优势，无外乎是能更好地以史为鉴，以别人的筚路蓝缕为我们的经验教训。故而，发展是可以超越性布局的，研究却不能偷懒。最多是随着研究的深入，实现阅读、写作的加速度，这是可取的。但怀着投机取巧的心态，误以为后出者为胜，从而满足于只吃最后一个包子，结果必然是欲速不达，求新而不得新。

　　反观我国的苏德战史研究，恰处于此种状态。不仅新方法使用不多，新史料译介有限，即便是经典著述，亦乏人问津。更值得忧虑之处在于，基础学科不被重视，军事学说研究和严肃的战争史研究长期得不到非军事院校的重视，以致连很多基本概念都没有弄清。

　　以前述战局、战役、会战为例：

汉语	战局	战役	会战
英语	Campaign	Operation	Battle
俄语	кампания	Операция	Битва
德语	Feldzug	Operation	Schlacht

比如科贝特的经典著作 *The Campaign of Trafalgar*[45]，就用了"Campaign"
而非"Battle"，原因就在于这本书包含了战略层级的博弈，而且占据了相当
重要的篇幅。这其实也正是科贝特极其自负的一点，即真正超越了具体海战的
束缚，居高临下又细致入微地再现了特拉法尔加之战的前因后果，波澜壮阔。
故而，严格来说，这本书应该译作"特拉法尔加战局"。

我国军事学术界自晚清以来就不甚重视严肃的战争史研究和精准的学说
体系建立。国民党军队及其后身——今日的台军，长期只有一个"会战"概念，
后来虽然引入了Operation层级，但真正能领悟其实质者甚少[46]，而且翻译
为"作战"，过于具象，又易于引发误解。相反，大陆方面的军事学术界用"战役"
来翻译苏军的Операция，胜于台军用"作战"翻译Operation。因为战役的"役"
也正如战略、战术之"略"与"术"，带有抽象性，不会造成过于具象的刻
板误解，而且战略、战役、战术的表述也更贯通流畅。但是，在对"战役"
进行定义时，却长期没有立足战争史演变的实践，甚至形成如下翻译：

汉语	作战、行动	战役	会战
英语	Operation	Campaign Operation Battle	Battle Operation
俄语	—	Операция кампания	Битва
德语	Operation	Feldzug Operation	Schlacht Operation

但是，所谓"会战"是一个仅存在于国—台军的正规军语中的概念。在
我军的严格军事学术用语中，并无此一概念。所以才会有"淮海战役"与"徐
蚌会战"的不同表述。实质是长期以来用"战役"一词涵盖了Campaign、
Operation和Battle三个概念，又没有认清苏俄军事体系中的Операция和英
德军语中的Operation实为同一概念。其中虽有小异，实具大同。而且，这
个概念虽然包含具体行动，却并非局限于此，而是一个抽象军事学说体系中
的层级概念。而这个问题的校正、解决又绝非一个语言问题、翻译问题，而
是一个思维问题、学说体系建设问题。

正因为国内对苏德战争的理解长期满足于宣传品、回忆录层级的此亦一

是非、彼亦一是非，各种对苏军（其实也包括了对德军）的盲目崇拜和无知攻击才会同时并进、甚嚣尘上。

因此之故，近数年来，我多次向多个出版大社建议，出版一套"东线文库"，遴选经典，集中推出，以助力于中国战史研究发展和军事学术范式转型。其意义当不限于苏德战史研究和二战史研究范畴。然应之者众，行之者寡。直到今年六月中旬，因缘巧合认识了指文公司的罗应中，始知指文公司继推出卡雷尔的《东进：1941—1943 年的苏德战争》《焦土：1943—1944 年的苏德战争》，巴塔的《普鲁士战场：苏德战争 1944—1945》和劳斯、霍特的回忆录《装甲司令：艾哈德·劳斯大将东线回忆录》《装甲作战：赫尔曼·霍特与"巴巴罗萨"行动中的第 3 装甲集群》之后，在其组织下，小小冰人等国内二战史资深翻译名家们，已经开始紧锣密鼓地翻译埃里克森的"两条路"，并以众筹方式推进格兰茨《斯大林格勒》三部曲之翻译。经过一番沟通，罗先生对"东线文库"提案深以为然，乃断然调整部署，决定启动这一经典战史译介计划，并与我方团队强强联合，以鄙人为总策划，共促盛举，以飨华语读者。罗先生并嘱我撰一总序，以为这一系列的译介工作开宗明义。对此，本人自责无旁贷，且深感与有荣焉。

是为序。

王鼎杰[*]

---

*王鼎杰，知名战略、战史学者，主张从世界史的角度看中国，从大战略的视野看历史。著有《复盘甲午：重走近代中日对抗十五局》《李鸿章时代》《当天朝遭遇帝国：大战略视野下的鸦片战争》。现居北京，从事智库工作，致力于战略思维传播和战争史研究范式革新。

注释

1. ［美］T. N. 杜普伊，《把握战争——军事历史与作战理论》，北京：军事科学出版社，2001 年，第 2 页。

2. 同上。

3. ［德］克劳塞维茨，《战争论》，第 1 册，北京：商务印书馆，1995 年，第 43—44 页。

4. 这就是为什么很多优秀制度被一些后发国家移植后往往不见成效，甚至有反作用的根源。其原因并非文化的水土不服，而是忽视了制度背后的学说创新。

5. 战争结束后美国陆军战史部（Historical Division of the U.S.Army）即成立德国作战史分部［Operational History（German）Section］，监督被俘德军将领，包括蔡茨勒、劳斯、霍特等人，撰写东线作战的回忆录，劳斯与霍特将军均以"装甲作战"（Panzer Operation）为主标题的回忆录即诞生于这一时期。可参见：［奥］艾哈德·劳斯著，［美］史蒂文·H. 牛顿编译，邓敏译、赵国星审校，《装甲司令：艾哈德·劳斯大将东线回忆录》，北京：中国长安出版社，2015 年 11 月第一版。［德］赫尔曼·霍特著，赵国星译，《装甲作战：赫尔曼·霍特大将战争回忆录》，北京：中国长安出版社，2016 年 3 月第一版。

6. 如国内在 20 世纪五六十年代译介的《苏联伟大卫国战争史》《苏联伟大卫国战争简史》《斯大林的军事科学与苏联伟大卫国战争》《苏军在伟大卫国战争中的辉煌胜利》等。

7. 此类著作包括古德里安的自传《闪击英雄》、曼施坦因的自传《失去的胜利》、梅林津所写的《坦克战》、蒂佩尔斯基希的《第二次世界大战史》等。

8. Paul Carell, *Hitler Moves East, 1941—1943*, New York: Little, Brown; First Edition edition, 1964; Paul Carell, *Scorched Earth*, London: Harrap; First Edition edition, 1970.

9. Albert Seaton, *The Russo-German War 1941—1945*, Praeger Publishers; First Edition edition, 1971.

10. John Ericsson, *The Road to Stalingrad: Stalin's War with Germany* (Harper&Row, 1975); John Ericsson, *The Road to Berlin: Continuing the History of Stalin's War With Germany* (Westview, 1983).

11. John Ericsson, *The Soviet High Command 1918—1941: A Military-Political History* (Macmillan, 1962); *Panslavism* (Historical Association, 1964); *The Military-Technical Revolution* (Pall Mall, 1966); *Soviet Military Power* (Royal United Services Institute, 1976); *Soviet Military Power and Performance* (Archon, 1979); *The Soviet Ground Forces: An Operational Assessment* (Westview Pr, 1986); *Barbarossa: The Axis and the Allies* (Edinburgh, 1994); *The Eastern Front in Photographs: From Barbarossa to Stalingrad and Berlin* (Carlton, 2001).

12. Earl F. Ziemke, *Battle for Berlin: End of the Third Reich* (Ballantine Books, 1972); *The Soviet Juggernaut* (Time Life, 1980); *Stalingrad to Berlin: The German Defeat in the East* (Military Bookshop, 1986); *Moscow to Stalingrad: Decision in the East* (Hippocrene, 1989); *German Northern Theatre Of Operations 1940—1945* (Naval&Military, 2003); *The Red Army, 1918—1941: From Vanguard of World Revolution to US Ally* (Frank Cass, 2004).

13. 这些翻译成果包括 *Soviet Documents on the Use of War Experience*, Ⅰ, Ⅱ, Ⅲ (Routledge,1997); *The Battle for Kursk 1943: The Soviet General Staff Study* (Frank Cass,1999); *Belorussia 1944: The Soviet General Staff Study* (Routledge, 2004); *The Battle for L'vov: The Soviet General Staff Study* (Routledge,2007); *Battle for the Ukraine: The Korsun'-Shevchenkovskii Operation* (Routledge, 2007).

14. David M. Glantz&Jonathan M. House, *When Titans Clashed: How the Red Army Stopped Hitler*,

University Press of Kansas; First Edition edition, 1995.

15. David M. Glantz, *Stumbling Colossus: The Red Army on the Eve of World War* (Kansas, 1998).

16. David M. Glantz, *Kharkov 1942: Anatomy of a Military Disaster* (Sarpedon, 1998).

17. David M. Glantz, *Zhukov's Greatest Defeat: The Red Army's Epic Disaster in Operation Mars* (Kansas, 1999).

18. David M. Glantz&Jonathan M House, *The Battle of Kursk* (Kansas, 1999).

19. David M. Glantz, *Barbarossa: Hitler's Invasion of Russia 1941* (Stroud, 2001).

20. David M. Glantz, *The Siege of Leningrad, 1941—1944: 900 Days of Terror* (Brown, 2001).

21. David M. Glantz, *The Battle for Leningrad, 1941—1944* (Kansas，2002).

22. David M. Glantz, *Before Stalingrad: Barbarossa, Hitler's Invasion of Russia 1941* (Tempus, 2003).

23. David M. Glantz, *The Soviet Strategic Offensive in Manchuria, 1945: August Storm* (Routledge，2003).

24. David M. Glantz, *The Soviet Operational and Tactical Combat in Manchuria, 1945: August Storm* (Routledge, 2003).

25. David M. Glantz&Marc J. Rikmenspoel, *Slaughterhouse: The Handbook of the Eastern Front* (Aberjona, 2004).

26. David M. Glantz, *Colossus Reborn: The Red Army at War, 1941—1943* (Kansas, 2005).

27. David M. Glantz, *Red Storm Over the Balkans: The Failed Soviet Invasion of Romania, Spring 1944* (Kansas, 2006).

28. David M. Glantz&Jonathan M. House, *To the Gates of Stalingrad: Soviet−German Combat Operations, April—August 1942* (Kansas, 2009).

29. David M. Glantz&Jonathan M. House, *Armageddon in Stalingrad: September—November 1942* (Kansas, 2009).

30. David M. Glantz, *Barbarossa Derailed: The Battle for Smolensk,Volume 1, 10 July—10 September 1941* (Helion&Company, 2010).

31. David M. Glantz, *After Stalingrad: The Red Army's Winter Offensive 1942—1943* (Helion&Company, 2011).

32. David M. Glantz, *Barbarossa Derailed: The Battle for Smolensk,Volume 2, 10 July—10 September 1941* (Helion&Company, 2012).

33. David M. Glantz, *Barbarossa Derailed: The Battle for Smolensk,Volume 3, 10 July—10 September 1941* (Helion&Company, 2014).

34. David M. Glantz&Jonathan M. House, *Endgame at Stalingrad: December 1942—February 1943* (Kansas, 2014).

35. David M. Glantz, *Barbarossa Derailed: The Battle for Smolensk,Volume 4, Atlas* (Helion&Company, 2015).

36. David M. Glantz&Mary Elizabeth Glantz, *The Battle for Belorussia: The Red Army's Forgotten Campaign of October 1943—April 1944* (Kansas, 2016).

37. 格兰茨的研究基石中，很重要的一块就是马尔科姆·马金托什（Malcolm Mackintosh）的研究成果。之所以正文中未将之与西顿等人并列，是因为马金托什主要研究苏军和苏联政策、外交，而没有进行专门的苏德战争研究。但其学术地位及对格兰茨的影响是不容忽视的。

38. Douglas Nash, *Hell's Gate: The Battle of the Cherkassy Pocket, January—February 1944* (RZM, 2002).

39. George Nipe Jr. , *Decision in the Ukraine: German Panzer Operations on the Eastern Front, Summer 1943* (Stackpole, 1996).

40. George Nipe Jr. , *Last Victory in Russia: The SS-Panzerkorps and Manstein's Kharkov Counteroffensive, February—March 1943* (Schiffer, 2000).

41. George Nipe Jr. , *Blood, Steel, and Myth: The Ⅱ. SS-Panzer-Korps and the Road to Prochorowka* (RZM, 2013).

42. David Stahel, *Operation Barbarossa and Germany's Defeat in the East* (Cambridge, 2009).

43. Christopher A. Lawrence, *Kursk: The Battle of Prokhorovka* (Aberdeen, 2015).

44. 普里特·巴塔先生的主要作品包括：Prit Buttar, *Battleground Prussia: The Assault on Germany's Eastern Front 1944—1945* (Ospery, 2010); *Between Giants: The Battle of the Baltics in World War Ⅱ* (Ospery, 2013); *Collision of Empires: The War on the Eastern Front in 1914* (Ospery, 2014); *Germany Ascendant: The Eastern Front 1915* (Ospery, 2015); Russia's Last Gasp, *The Eastern Front, 1916—1917* (Ospery, 2016).

45. Julian Stafford Corbett, *The Campaign of Trafalgar* (Ulan Press, 2012).

46. 参阅：滕昕云，《闪击战——迷思与真相》，台北：老战友工作室／军事文粹部，2003 年。该书算是华语著作中第一部从德军视角强调"作战层级"重要性的著作。

前言

　　斯大林格勒战役依然是一场代表人类勇气和残暴的史诗性战斗。数百万对苏德战争一无所知的人，通过历史著作、小说和电影，至少对导致阿道夫·希特勒第一场重大战略失败的苦难和牺牲有了一个模糊的印象。

　　可是，虽然关于斯大林格勒的著作浩如烟海且不断增加，但依然存在许多误解。例如，在本三部曲的第一卷中，我们描述了德军的攻势，这场进攻旨在夺取高加索油田，却为攻占以苏联独裁者的名字命名的那座城市而偏离了既定目标。第一卷还阐述了这样一个事实：与普遍的看法不同，进攻中的德军遭遇到了极大的困难，没等他们到达斯大林格勒，实力已严重消耗。

　　第二卷的重点是阐述城内的战斗，并再次证明这场争夺战的过程与过去许多著作的描述有显著的差异。这种差异，在很大程度上是由缺乏战役详细记录所致。冷战政策加剧了苏联方面的过度保密，导致可用的资料寥寥无几，这种状况一直持续到20世纪90年代。因此，大多数历史学家不得不依赖苏军第62集团军司令员瓦西里·伊万诺维奇·崔可夫的回忆录，斯大林格勒保卫战主要由他的部队遂行。崔可夫的回忆录出版于20世纪60年代，非常详细，也很坦诚，但他根本没有采用关于这场战役的苏联官方记录。他的回忆录主要依靠记忆和当时通常不太准确的情报，因此，崔可夫在描述德国第6集团军和苏联第62集团军的位置、编成和作战行动时犯下一些无心之失，这些错误也延续至随后出现的大多数历史著作。西方的资料同样很少，这是因为苏军1943年缴获了德国第6集团军的相关记录，俘虏了那些战役亲历者。德国方面的经典著作主要出自瓦尔特·格尔利茨、保罗·卡雷尔和另一些作者，尽管他们在付梓前付出了极大的努力，但大多仍与崔可夫的回忆录一样，很容易犯错。

　　相比之下，本书采用了两组额外资料，远远超出传统的记述。首先，我们对比了交战双方的每日官方记录，大量使用了第一手文件；内务人民委员部的记录，这些报告呈交莫斯科，对战斗持一种独立的、通常是批评的态度，此前从未被使用过。苏军第62集团军及其辖内许多部队的记录同样如此。其次，过去65年中出现了大批苏联方面的回忆录和德国方面的师史，为这场战役以往的观点增添了更加丰富的内容。最后一点，新一代俄罗斯历史学家摆脱了苏联时期的限制和陈词滥调，从多个方面对这场战役做出了全新、详细而又坦诚的阐述。

　　为描述斯大林格勒的街道和瓦砾中所发生的事情，本三部曲的第二卷必然包括大量作战细节。同时，为了在整个战役的背景下审视这场搏杀，我们还将阐述高加索和苏德战线其他地区同步进行的战斗。剩余的部分，从1942年11月19日苏军发动反攻起，到1943年冬末德军以机动作战暂时恢复其防线止，将是第三卷的主题。

　　基于这些新资料，本书提供了前所未有的细节，以及新的观点、解释和对斯大林格勒战役的评价，取代了过去一切历史记述。书中描述的德军进攻和苏军防御，与我们对1942年战役的传统认识截然不同。

如此庞大的研究工作必然要对许多个人和机构提供的支持表示感谢。在这方面，我们要再次感谢詹森·马克，既是为了他个人提供的慷慨帮助，也是为了他在澳大利亚悉尼"跳跃骑士"出版社推出的关于斯大林格勒战术性突破的著作。另外还有英国的迈克尔·琼斯，他是《斯大林格勒：红军是如何获得胜利的》一书的作者，这部著作对战斗中的苏军指挥员和士兵的心理做出了深具洞察力的研究，他以自己收集的资料为我们慷慨提供了许多苏联档案文件。威廉·麦克罗登，毕生致力于编写详细、准确的德军战时作战序列，与我们分享了他的大量研究成果。

最后，我们还要感谢宾夕法尼亚州卡莱尔军事历史研究所、堪萨斯州利文沃思堡联合兵种学术图书馆、乔治亚州巴恩斯维尔戈登学院高塔图书馆工作人员提供的堪称奇迹的帮助。一如既往，我们衷心感谢玛丽·安·格兰茨为编辑这份手稿发挥的重要作用。

戴维·M.格兰茨
宾夕法尼亚州卡莱尔

乔纳森·M.豪斯
堪萨斯州利文沃思

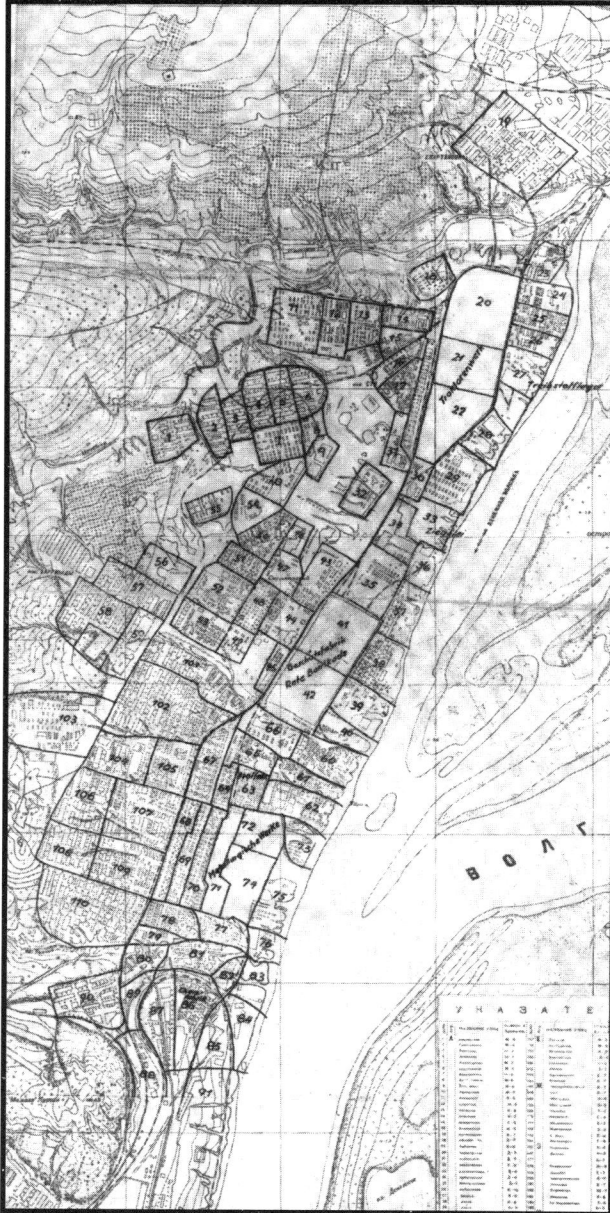

俄文版斯大林格勒地图，德国人在地图上添加了网格

CONTENTS 目录

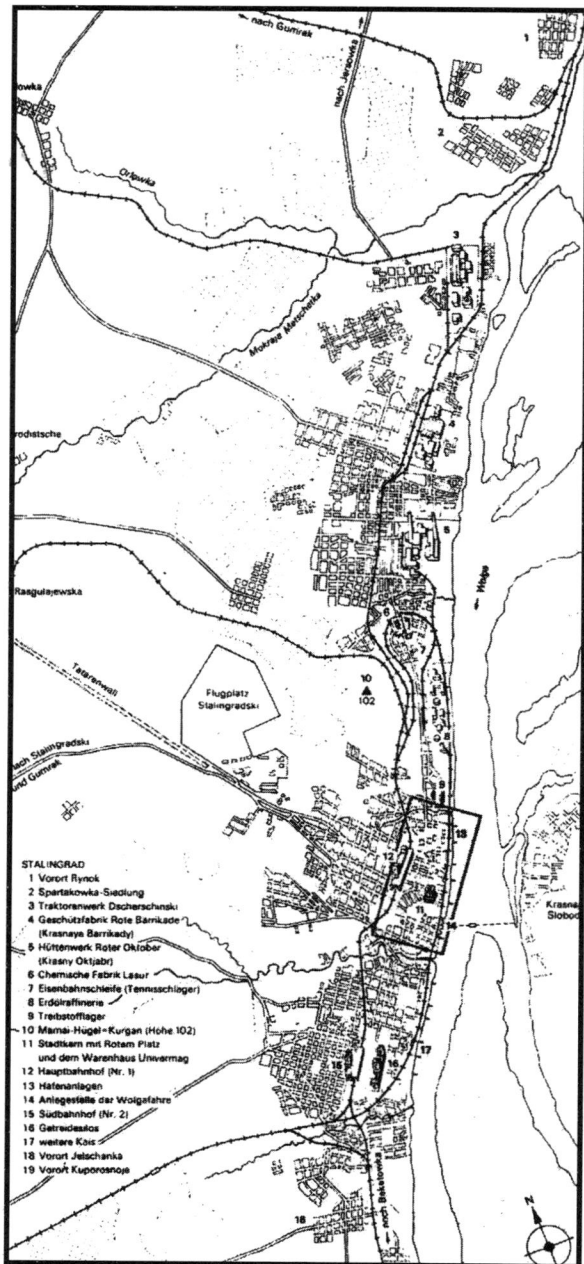

STALINGRAD
1 Vorort Rynok
2 Spartakowka-Siedlung
3 Traktorenwerk Dscherschinski
4 Geschützfabrik Rote Barrikade
(Krasnaya Barrikady)
5 Hüttenwerk Roter Oktober
(Krasny Oktjabr)
6 Chemische Fabrik Lasur
7 Eisenbahnschleife (Tennisschläger)
8 Erdölraffinerie
9 Treibstofflager
10 Mamai-Hügel-Kurgan (Höhe 102)
11 Stadtkern mit Rotem Platz
und dem Warenhaus Univermag
12 Hauptbahnhof (Nr. 1)
13 Hafenanlagen
14 Anlegestelle der Wolgafähre
15 Südbahnhof (Nr. 2)
16 Getreidesilos
17 weitere Kais
18 Vorort Jelschanka
19 Vorort Kuporosnoje

德文版斯大林格勒地图，确定了城内的重要地点

MAP 地图目录

MAP 地图目录

MAP 地图目录

第一章
兵临城下

谁包围谁？

1942年8月23日下午晚些时候，许亚青特·施特拉赫维茨·冯·格罗斯-曹希·翁德·卡米内茨伯爵率领第16装甲师的战斗群攻入工业城市斯大林格勒的北郊。直到他们到达俯瞰伏尔加河的高高耸立的河岸，德军的推进才被遏制住。这场突破疾如闪电，德国人遭遇的唯一抵抗仅仅是河流附近一些工厂女工操作的高射炮。"施特拉赫维茨"战斗群由第2装甲团的坦克和第64装甲掷弹兵团第2营的车载步兵组成，是第14装甲军的突击矛头，而第14装甲军又是装甲兵上将弗里德里希·保卢斯第6集团军的先遣部队。施特拉赫维茨的部下怀着可以理解的自豪凝望着伏尔加河和斯大林格勒城，为取得如此非凡的进展而兴奋不已。[1]

"施特拉赫维茨"战斗群所属的第16装甲师在汉斯-瓦伦丁·胡贝少将的率领下紧随其后，步兵上将古斯塔夫·冯·维特斯海姆第14装甲军辖内的另外两支部队——第3、第60摩步师，在一条长长的通道内艰难前行，这条通道沿高地一路向西，通往德军位于顿河对岸韦尔佳奇（Vertiachii）的登陆场（参见地图1）。当晚，这三个师构成一连串临时性"刺猬"防御阵地，等待着德国空军的战斗轰炸机，这些战机将在拂晓时赶来，从而恢复进攻。德军上级指挥部门的大幅作战地图上，德军装甲矛头似乎已做好拦截伏尔加河驳船运输、占领斯大林格勒北郊工业区的准备。南面，赫尔曼·霍特大将第4装甲集团军辖下的第29摩步师和第14装甲师正向东北方挺进。总之，保卢斯和霍特的部队希望以一场钳形攻势夺取斯大林格勒城。

但态势迅速证明，遭到包围的是德国人，而非他们的苏联对手。8月23日，维特斯海姆的迅猛疾进将苏军残破不全的第62集团军推开，但该集团军司令员安东·伊万诺维奇·洛帕京中将竭力据守着位于德军通道南侧的阵地，而安德烈·伊万诺维奇·叶廖缅科上将的斯大林格勒方面军（规模相当于一个较小的德国集团军群）以辖内其他部队围攻韦尔佳奇登陆场，维特斯海姆正是从该登陆场展开推进的。面对获得斯图卡俯冲轰炸机支援的德军，苏军的反突击没能取得进展，但他们阻止了第6集团军增援第14装甲军。与此同时，叶廖缅科投入一切可用力量，从NKVD内卫部队团（NKVD，或称之为"秘密警察"，是Narodnyi Kommissariat Vnutrennih Del的缩写，意思是"内务人民委

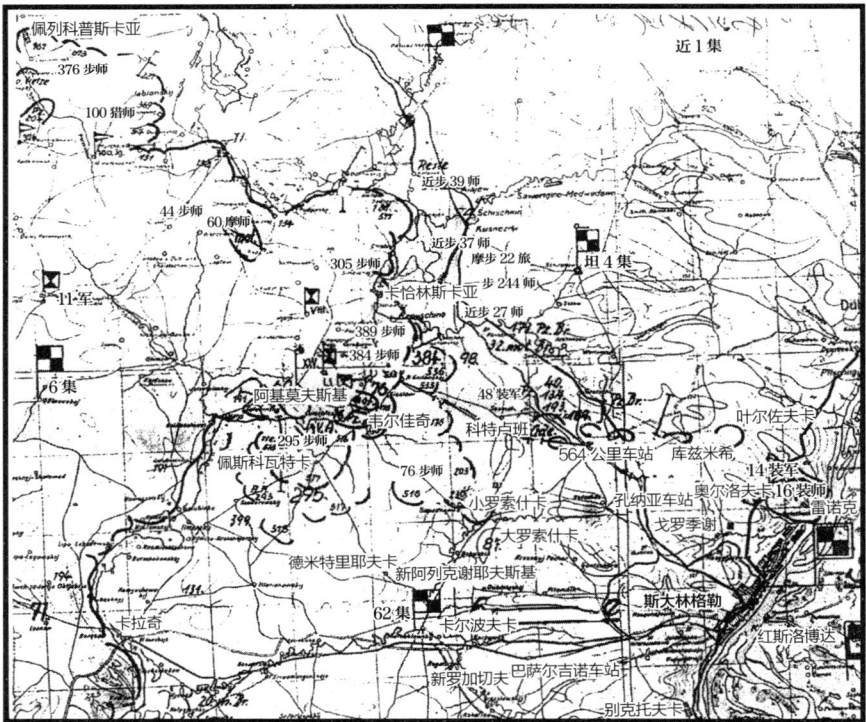

地图1 1942年8月22日—23日，第6集团军的态势

员部"）到红海军伏尔加河区舰队，沿城市北翼筑起一道内围廓。这条临时性防线由尼古拉·弗拉基米罗维奇·费克连科中将[①]负责，早些时候，他在顿河以西的战斗中被打得灰头土脸。包括坦克第2、第23军和步兵第315师在内的其他苏军部队，集中兵力从北面和南面发起突击，意图切断德军位于科特卢班（Kotluban'）地域长长的突出部。[2]

8月24日，德军第16装甲师无法朝雷诺克（Rynok）和斯巴达诺夫卡（Spartanovka）郊区取得进展。费克连科的部下一度投入刚刚驶下总装线、尚未涂上油漆的T-34坦克，打垮了德军第64装甲掷弹兵团的团部，迫使胡贝的部下退守雷诺克南面的防御阵地。8月24日至25日夜间，德国空军试图空投补给物资，但未能奏效，导致第14装甲军辖内三个师的弹药和燃料几乎消耗殆尽。尽管希特勒明令该师坚守伏尔加河，但第16装甲师师长胡贝当晚决定向西突围。这位经历过两次世界大战的独臂老兵，召集起参谋人员和几位团长，直言不讳地宣布：

> 弹药和燃料短缺，我们唯一的机会是向西突围。决不能从事一场毫无意义的战斗，这必然使我的部队全军覆没，因此我命令向西突围。我为这道命令承担全部责任，我知道如何证明这道命令的正确性。诸位，我解除你们的效忠誓言，请你们自行选择，要么率领部下突围，要么交出指挥权，让那些愿意这样做的人接手。没有弹药，我们无法守住阵地。我不得不违背元首的命令。[3]

8月25日，第3摩步师的一支补给车队杀开血路，赶来为第16装甲师提供再补给，这使胡贝获得喘息之机，但第6集团军司令保卢斯拒绝批准后撤的一切请求。与此同时，保卢斯不得不紧张地注视着集团军的左肩部，装备低劣的匈牙利第2集团军和意大利第8集团军已投入战场，在那里掩护着德军不断延伸的左翼。经过一周持续不断的激战（每天的伤亡多达500人），第16装甲师8月31日弃守雷诺克，后退了2公里。[4]最终，第14装甲军击退了苏军缺乏协调的反

[①] 译注：应为少将。

突击，逃脱了全军覆没的厄运，但德国人丧失了抢在苏军完善其防御前从行进间攻占斯大林格勒的最佳良机。

战略难题

苏德战争期间，德军战无不胜的神话从1941年6月22日发动入侵起，一直延续至1942年11月19日苏军的战略性反攻。普遍的观点是，这场进军唯一的一次中断发生在1941年12月，严冬气候使苏联红军得以将德国人从莫斯科门前击退；待天气好转后，德军便恢复了他们惊人的进军，一路杀至斯大林格勒和更远处。但1942年11月，借口又变了——苏军压倒性的兵力优势、希特勒的胡乱干涉、遥远的路途和极度恶劣的冬季天气，这一切拖缓并最终压倒了德国军队。

实际情况却并非如此。诚然，在1941年最初的战斗中，苏联红军各级指挥层缺乏优秀的指挥人员，致使德军多次达成合围，不到半年时间，红军损失的兵力高达400万。但即便在这场战役（"巴巴罗萨"战役）中，德军快速部队也经常超出己方后勤补给和依靠步行及马匹的步兵支援梯队的范围。德军机械化先遣部队每前进100—150公里便不得不停下脚步，等待燃料、弹药和支援步兵赶上。停顿期间，大批苏军士兵逃出德国人松散的包围圈，重新加入己方部队后再度投入战斗。1941年间至少有两次，德军装甲或摩托化师被苏联红军彻底包围，像第14装甲军通道战这种情况变得越来越常见。被困的德军部队能够幸免于难，完全是因为其自身接受过出色的训练，以及苏军指挥员缺乏协调大规模部队实施反突击的能力。

德军赢得了每一场战斗的胜利，却失去了无可替代的老兵；苏军输掉了每一场战役，却学到了新的经验教训，并将这些来之不易的经验与他们战前的机械化作战理念逐渐结合起来。[5]在国家指挥级层面上，不太能看出苏军的这种改善，因而希特勒和斯大林都认为他们的下属缺乏进取精神。德国陆军总参谋长弗朗茨·哈尔德，在1942年的日记中写下了阴雨天气和另一些实际问题，可就连他似乎也相信苏联红军"虚弱无力"。[6]实际上，双方军队朝战术均等的方向发展得非常快，这将给德国人的后续进军造成更大的问题。

至于战略和战役指挥，希特勒和斯大林确实会不时干扰他们的战地指挥官，但是，这些独裁者插手干预时，他们的判断往往是正确的。苏德战争的第一年和整个上半场，希特勒通常都会听从将领们的建议，哪怕直觉告诉他这样做不行。另外，他经常容忍态度和缓的异议。例如胡贝将军，1942年8月曾打算率部突围，可他不仅没有受到惩处，还在次月被擢升为第14装甲军军长。当年7月3日，希特勒和将领们开玩笑时谈及英国的做法，英军将领在北非失利一次就会被解除职务，因而彻底丧失自主决策权。[7]

更重要的是，整个苏德战争期间，德国的战略目标与战役、战术手段之间呈现出一种可悲的脱节。最初的"巴巴罗萨"计划认为，一旦在苏联西部以一连串合围战歼灭红军，苏维埃政权就将垮台，各个被压迫的民族会把德国人视为解放者热烈欢迎。这种臆测既低估了苏联通过庞大的预备兵源重新组建新部队的潜力，也小觑了苏维埃政权掌控权力的能力。另外，德国人对斯拉夫人的种族偏见，再加上他们在被占领地区采取的经济、政治掠夺计划，最终也迫使大批潜在的合作者投入苏联政府的怀抱。

为击败一个强大、不共戴天的敌人，必然要进行旷日持久的消耗战，但德国对此毫无准备。事实上，德国人是杰弗里·帕克和另一些人所说的"西方战争方式"的典范——坚信出色的训练、纪律和技术能够赢得一场快速、果断、决定性的胜利，从而将经济和社会受到的影响最小化。[8]可是，入侵苏联时，德国陆军实现机械化和摩托化的兵团不到20%，就连寥寥无几的快速师，配备的也只是德制、捷克制和法制装备的大杂烩，不仅在战术上毫不兼容，还导致远距离后勤补给难以为继。其他部队的前进基本靠步行，大炮和补给物资靠役畜拖运，与上一次世界大战的情形相差无几。[9]

1941年12月失利后，德国人采取了增产措施，但还是没有为这场战争实施全面动员。相反，位于东线的三个集团军群，只有一个（"南方"集团军群）为1942年的战役获得了重新装备的优先权，可即便是"南方"集团军群，各个师的兵力和装备也没有超过规定编制的85%。[10]例如，1942年战役发起两个月后，第16装甲师到达伏尔加河，该师可用的坦克很可能不超过75辆，师里的摩托化步兵也已严重减员。武装党卫队这种精锐部队是唯一的例外，第二场攻势发起前，他们的装备和兵力得到了彻底补充。必须指出，德军士兵尚未踏入斯大林格勒城内的街道，后勤和地理问题便已削弱了德军的攻势。

"蓝色"行动，1942年

1941年的"巴巴罗萨"战役意图推翻苏维埃政权并占领欧洲俄罗斯的大多数地区。相比之下，1942年的"蓝色"方案寻求的是一个简单、但最终更具雄心的目标——夺取高加索油田，弥补德国最紧迫的一项资源短缺。以这些油田为目标，而不是再度尝试攻占政治首都莫斯科，希特勒的选择很可能是正确的。尽管如此，与新战役涉及的路程相比，1941年的后勤问题便显得微不足道了。具有讽刺意味的是，1942年4月5日第41号元首令中签发的"蓝色"行动方案，几乎没有提及斯大林格勒这座城市，只是简单地指出，德军向前推进赶往油田的途中，应以炮火压制该城。[11]

不过，在德国人看来，1942年战役的开端异常顺利。5月8日—7月3日，实力虚弱的德国第11集团军在罗马尼亚盟友的配合下肃清了克里木半岛，一举攻克塞瓦斯托波尔要塞，这场胜利为第11集团军司令埃里希·冯·曼施泰因赢得了元帅权杖。在此期间，苏军的过度乐观导致第二次哈尔科夫战役惨败，斯大林内战时期的老战友谢苗·康斯坦丁诺维奇·铁木辛哥元帅试图对集结起来的德军发起先发制人的打击，结果白白浪费了2个野战集团军——损失1249辆坦克，伤亡近267000人。[12]刚刚升任第6集团军司令的保卢斯将军在他指挥的第一场战役中采取了小心谨慎的战术，但德军随后展开的反击使"南方"集团军群占据了有利位置，遂于6月28日发起"蓝色"行动的主要突击。

苏联最高统帅部的注意力集中在莫斯科，他们认为这是德军新攻势最有可能的目标，这种误判帮了德国人的忙。结果，最高统帅部集结最精锐的部队守卫莫斯科，导致南翼力量相对较弱。直到7月5日，苏军情报部门仍认为"蓝色"行动是一场欺骗性进攻，是为随后攻向莫斯科所做的准备。

因此，"蓝色"行动于1942年6月底发起时，最初的进展完全可以媲美去年夏季的胜利进军。保卢斯的第6集团军和马克西米利安·冯·魏克斯大将的临时性集团军群（辖德国第4装甲集团军、第2集团军，并获得匈牙利第2集团军的加强）在7月初以极快的速度向前冲去。在某些情况下，苏军士兵惊慌失措，红军指挥员缺乏协调机械化（坦克）部队、坦克军和坦克集团军的能力，这些机械化部队在冬季获得重建，而坦克军和坦克集团军是在春季和夏初新组建的。战役发起的前十天，进攻中的德军彻底歼灭了红军的4个新坦克军（每个军的实际规模相当于德军一个较小的装甲师），并重创了另外5个军。可是，尽管斯大林命令南方诸集团军坚决抵抗，德国人也确实包围、歼灭了大部分苏军，但抓获的俘虏却远远少于1941年。"蓝色"行动的第一个月，抗击德军的4个苏联方面军损失了370522人（阵亡或被俘），这个庞大的数字相当于他们最初实力的四分之一，但与去年的灾难相比要少得多。[13]大多数被包围的苏军士兵逃入乡村，有的转入地下，参加或组织起游击队，有的设法逃回苏军防线，还有的实施了井然有序的后撤，并给追击者造成伤亡。

对德国人来说更糟糕的是，斯大林和苏联最高统帅部不断要求苏军挫败德军的新攻势，因此，红军开始发起持续不断、规模各异的反击。苏军的大多数反突击都遭遇败绩，主要是因为其拙劣的指挥控制，而最高统帅部的善意干预也帮了倒忙。缺乏经验的苏军指挥员通常在后方指挥战斗，出于对无线电通信保密性的担心，他们经常采用书面命令的方式。但是，红军的防御渐渐拖缓、在某些情况下甚至遏止了德军的推进，并不断削弱他们的对手。特别是布良斯克和沃罗涅日方面军，对盘踞在顿河河畔沃罗涅日周围的轴心国守军发起猛攻——那里是向东南方稳步推进的德军的左肩——从而使德国人偏离了主攻方向。整个夏季和秋季，苏军频繁展开反击，尽管总是失败，但成功地吸引了对方的注意力，并将德军一些至关重要的部队牵制在了顿河河畔的沃罗涅日地域。

希特勒和斯大林都低估了对方的军队，拒不接受进攻计划屡屡受挫的原因。斯大林的解决办法是不断更换指挥员并投入更多的预备力量，直到他找到可以信赖、有能力遏止入侵大潮的指挥员。但希特勒没有可供投入的战略预备队，只有装备低劣的仆从国部队。缺乏预备力量，进而导致无法对战事发挥影响，这无疑加剧了希特勒对下属们的失望之情。早在7月3日，希特勒便与博克和另外几位指挥官产生了分歧，元首执意要求他们迅速采取行动，阻止正仓皇逃窜的敌人，但霍特和保卢斯这些战地指挥官却认为必须谨慎行事并防范新锐敌军对他们的侧翼发起打击。

最初指挥整场战役的集团军群司令费多尔·冯·博克元帅，正身处全局观与战术观点之间的窘境。一方面，这位元帅理解部下们的谨慎，面对希特勒和哈尔德的申斥，他不时为属下们做出辩解。但另一方面，博克也脱离了战术现实，他秉承希特勒的信念，认为德军必须加快进军速度，以防敌人逃脱。进攻初期，他的日记中充满了对前进步伐缓慢的无奈之情：

「1942年7月3日」——敌人……已从过去的经历中学到（教训）。敌人会及时后撤，就像他们试图做到的那样，尽管到目前为止，他们在今年的战斗中做得并不太成功。因此，我们尽快发起进攻至关重要……

「1942年7月5日」——［博克敦促保卢斯派步兵部队接替沃罗涅日地域的装甲部队］得到了回复，第6集团军的右翼只有在敌人撤离后才能发起进攻！……霍特对进攻行动既有的厌恶之情，在一份截获的无线电信件中表露无遗。

「1942年7月8日」——中午，我给哈尔德发去一份电报，并在电报中指出，毫无疑问，敌人正从第6集团军的整个正面和南面撤离，根据陆军总司令部［哈尔德］目前的部署，两翼合围很可能落空。[14]

虽说博克与哈尔德、希特勒的看法基本一致，但当年7月，两个指挥部在工作上仍有颇多掣肘，哈尔德（遵照希特勒的命令）多次在事后批评战地指挥官。这种摩擦源自对相同情况的不同看法，持续于整个7月和8月，最终在1942年9月导致一批德军将领被集体解职。具有讽刺意味的是，最应为进军速度缓慢负责的战地集团军司令员得以幸免，而像哈尔德和博克这些更高级别的指挥官却被解除了职务。因此，1942年战役期间，希特勒渐渐丧失了对其将领们的信心，而斯大林对精挑细选的属下的信任却与日俱增。

冲向斯大林格勒

希特勒对博克的不满促成了他的决定——将执行"蓝色"行动的进攻部队分为两个集团军群（参见图表1），7月7日生效。

策划"蓝色"行动时，德军参谋人员已预见到以两个集团军群控制辽阔新领域的必要性，博克的B集团军群掩护不断延长的东翼，而李斯特A集团军群的最终目标是高加索油田。博克对此强烈反对，认为此举破坏了统一指挥，他对作战需要的不断反对最终导致自己于7月13日被解除了职务。时任"魏克斯"

图表1：1942年7月7日，B、A集团军群作战编成

B集团军群——陆军元帅费多尔·冯·博克
　　"冯·魏克斯"集团军级集群——马克西米利安·冯·魏克斯大将
　　　　第2集团军司令部
　　　　第55军
　　　　第4装甲集团军——赫尔曼·霍特大将
　　　　　　第13、第7、第29军
　　　　　　第24、第48装甲军
　　　　匈牙利第2集团军——古斯塔夫·亚尼大将
　　　　　　匈牙利第3军
　　　　第6集团军——装甲兵上将弗里德里希·保卢斯
　　　　　　第8、第17、第51军
　　　　　　第40装甲军
　　第8航空军
　　预备队——匈牙利第4军

A集团军群——陆军元帅威廉·李斯特
　　第1装甲集团军——埃瓦尔德·冯·克莱斯特大将
　　　　第11、第44军
　　　　第3、第14装甲军
　　　　罗马尼亚第6军
　　第17集团军（"鲁夫"集团军级集群）——里夏德·鲁夫大将
　　　　第4、第52军，第49山地军
　　　　第57装甲军
　　　　意大利远征军
　　预备队
　　　　第5军
　　　　意大利第8集团军司令部、意大利第2军
　　　　匈牙利第4、第6军

集团军级集群（围绕第2集团军组建）司令的魏克斯升任B集团军群司令。[15]

　　除了这些人事变动，官僚主义制造出的两个集团军群必然导致德军同时执行两项作战任务，而此时德军的后勤体系为支持向南方的单一推进已捉襟见肘。虽说设立两个集团军群司令部并未给德军造成不可避免的过度拉伸，但该决定使德国军队朝这个错误迅速迈进了。7月13日—14日，OKH（德国陆军总司令部）通过电传打字机给魏克斯下达了新指令。指令中没有提及斯大林格勒，而是修改了现有的计划（"蓝色三号"方案，或称之为"布伦瑞克"行动）：第4装甲集团军连同第6集团军的2个军将加入A集团军群向南推进，而第6集团军剩余的部队转身向东，担任向顿河进军的侧卫力量（参见地图2）。[16]

截至7月27日，A集团军群已肃清顿河下游的罗斯托夫，接下来将踏上赶往高加索的漫漫征途。在此过程中，德国人歼灭了苏军西南方面军，并重创了南方面军。这一进展令希特勒欢欣鼓舞，他已于7月23日签发了第45号元首令。从根本上说，希特勒希望A集团军群继续高歌猛进，同时以德军主力向东推进。因此，德军的两个集团军群将朝两个不同的方向进军——斯大林格勒和高加索，并在第三个方向（沃罗涅日）实施防御。B集团军群的任务不仅仅是掩护沃罗涅日和不断延伸的东翼，还要解决"已查明正在斯大林格勒地区集结的另一些敌军集团，［铁木辛哥元帅］显然打算实施顽强防御"（参见地图3）。[17]

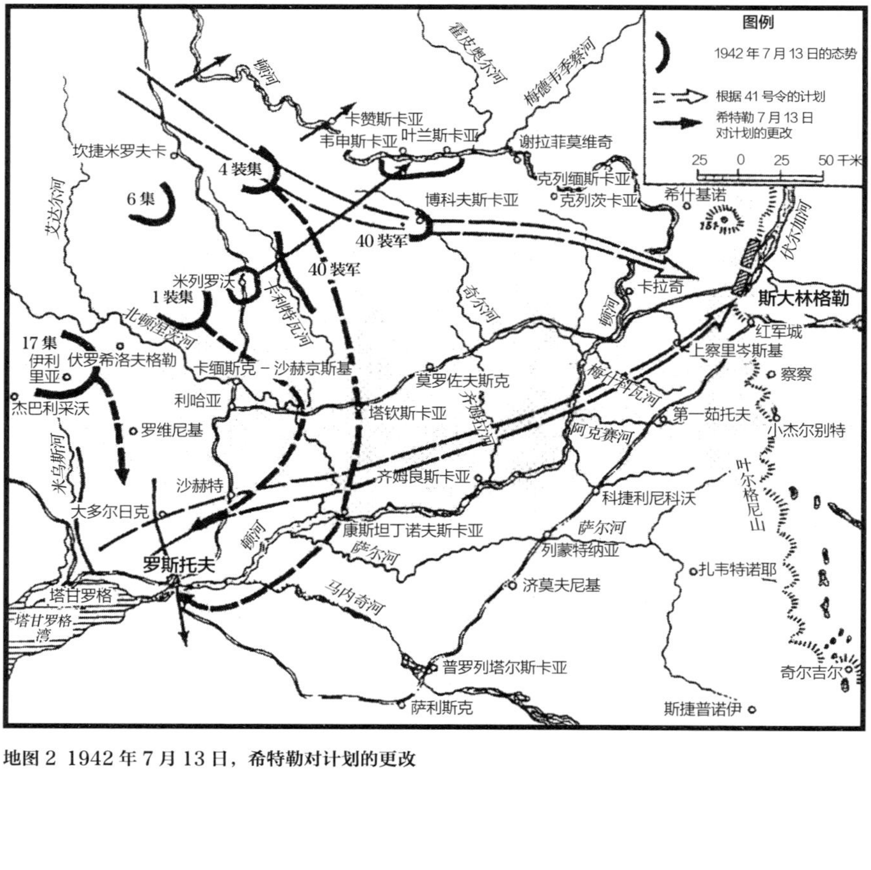

地图2 1942年7月13日，希特勒对计划的更改

　　几乎被原计划忽略的斯大林格勒城，现在不可避免地变为一块磁铁，吸引着B集团军群一路向东。斯大林格勒城位于顿河与伏尔加河最接近处，故而成为一个主要交通枢纽，同时也是一个重要的工业中心，为苏军生产坦克和大炮。实际上，如果德国人占领斯大林格勒并切断伏尔加河的交通，就能显著减少对方的坦克产量，并使苏军的南北向后勤交通承受与德军战线后方后勤补给同样沉重的压力。另外，从担任侧卫的角度看，伏尔加河比顿河更有利于防御。但是，夺取该城的最终定论，起初并未言述——是因为这座城市的名称。从意识形态上说，民族主义战争是一场你死我活的搏杀，谁能控制这座以一方独裁者的名字命名的伟大城市，谁就将在士气和宣传方面获得无可比拟的优势。因此，斯大林格勒的情感价值远远超过其实际战略和经济价值。

　　德国第6集团军受领了这项新任务。除了第29、第17、第8和第51军，第6集团军还掌握着第14装甲军（辖3个师）以及第24装甲军军部和第24装甲师。

　　与此同时，苏联独裁者也采取了措施，以粉碎保卢斯的企图。7月22日晚，斯大林命令斯大林格勒方面军，以被歼灭的第38、第28集团军的领率机关组建两个新指挥部——坦克第1、第4集团军。[18]这两个集团军的组建清楚地表明，斯大林打算以这些部队发起一场协调一致的反击。每个新组建的坦克集团军都编有2个新锐坦克军、3个从远东方面军抽调来的步兵师，外加2个反坦克、高射炮炮兵团。斯大林派原第28集团军司令员瓦西里·德米特里耶维奇·克留琴金中将[①]指挥坦克第4集团军，基里尔·谢苗诺维奇·莫斯卡连科少将指挥坦克第1集团军，7月份时，莫斯卡连科曾组织过一场顽强的机动防御，抗击德国A集团军群，尽管不太成功。

　　约瑟夫·斯大林和他的总参谋长亚历山大·米哈伊洛维奇·华西列夫斯基将军，选择这个时刻来结束原先的防御策略：沿连贯的战线设防，执行战斗后撤，实施更顽强的防御。1942年7月28日，国防人民委员部签发了一道由华西列夫斯基起草，并经斯大林修改的指令。这道指令的正式名称是"国防人民委员部第227号令"，却因其标题而闻名——Ni Shagu Nazad! ——"不许后

---

①译注：应为少将。

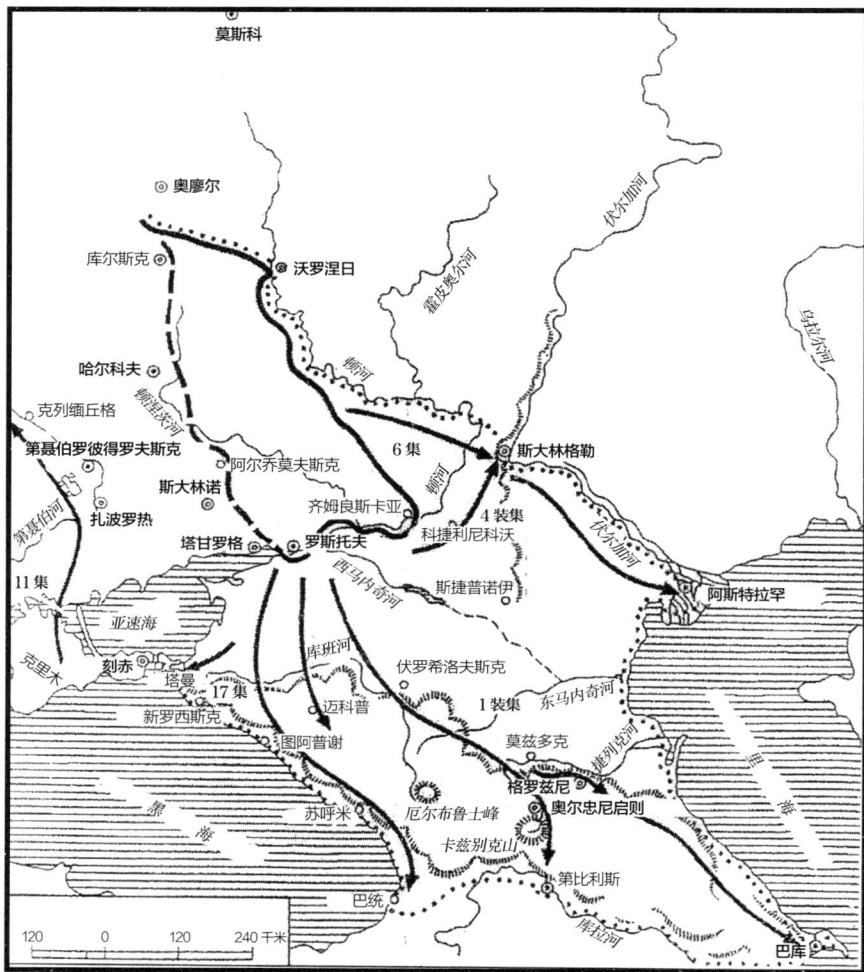

地图 3 1942 年 7 月 23 日和 30 日，希特勒的新计划

退一步"！这份异常坦率的文件为必须挺身抗击过度拉伸的侵略者提供了一个
合理的解释。斯大林命令所有指挥员"无条件地清除部队中的撤退情绪，严禁
诸如我们还能继续东撤和撤退无害等言论"，同时，"那些没有获得上级批准
便允许部队擅自撤离阵地的集团军（军、师、团、营）指挥员，要坚决革职并
送交最高统帅部（或方面军）接受军法处置"。[19]总之，战略后撤时期已经结

束，这位独裁者希望他的军队就地据守。

斯大林和苏军最高统帅部调整斯大林格勒和高加索方向的防御时，7月27日，保卢斯第6集团军的先遣部队开始向东进军，渡过奇尔河赶往顿河。强渡奇尔河时，第6集团军的先遣装甲部队遭遇到弗拉基米尔·雅科夫列维奇·科尔帕克奇少将第62集团军的先遣支队，历时一周的激战就此爆发，随着德军不断向前，战斗愈演愈烈。

这为下个月的三场后续突击确立了模式。德国人每次集结兵力向东推进时，都会遭遇到苏军新的防御。保卢斯的部下每次都能赢得胜利，不仅粉碎了守军，还击败了苏军坦克第1、第4集团军的反突击。不过，德国人每次获胜后都不得不停下脚步，调整可用的兵力，补充燃料和弹药，然后再次发起精心策划的进攻。向东进入顿河大弯曲部，最终到达斯大林格勒北郊的这场推进并非轻而易举，相反，B集团军群消耗的资源越来越多。德军的兵力和后勤根本不足以支持同时向东、向南发起的两场大规模进军，保卢斯的部下为这种虚弱不断付出代价。

A集团军群同样处于过度拉伸的状态。陆军元帅埃瓦尔德·冯·克莱斯特①的第1装甲集团军已投入夏季攻势，该集团军获得装备的优先度低于"南方"集团军群辖内的其他部队，故而在战役初期只担任助攻任务。但现在，第1装甲集团军和第17集团军受领了冲向油田的主攻任务。7月下旬，他们进抵罗斯托夫，2个集团军辖1个斯洛伐克和6个德国快速师，但只有235辆可用的坦克，平均每个师35辆。加剧这些问题的事实是，就连那些数量充足的装备，例如最基本的大衣、高筒军靴和步兵部队的毛瑟98式步枪，也被证明并不适用于高加索山区的战斗。[20]

德军指挥官

1942年夏季战役期间，指挥苏德军队的都是些著名人物。不过，本卷的重点是交战双方在斯大林格勒及侧翼的战术行动，因此，从指挥这些战斗的战地指挥官开始是较为合适的做法。

---

① 译注：此时的克莱斯特仍是大将。

作为德国第6集团军司令、这场战役最终的输家，弗里德里希·保卢斯成了德国军事史中一个颇具争议的人物。[21]保卢斯出生于1890年，是一个小公务员的儿子，虽然有些沉默寡言、容易焦虑，但由于聪明而又勤奋，他在军界和社会上平步青云。身材高挑、瘦削、着装一丝不苟的保卢斯看上去就是一名典型的军官。1918年他已晋升为上尉，并担任过营级和团级参谋。两次世界大战之间，保卢斯寻求着德国总参谋部军官的标准职业生涯，但两次中断并被派至野战部队任职。1940年的战役结束后，保卢斯的职业生涯迈上了新台阶，在弗朗茨·哈尔德将军手下担任第一军需长（相当于陆军总参谋部副总参谋长）。在这个职位上，保卢斯起草了"巴巴罗萨"行动的最初计划，虽然他后来声称对这场战役的结果深感怀疑。[22]

优雅、含蓄的保卢斯从来不愿同粗鲁、张扬的人发生争执，例如希特勒和赖歇瑙，但他承认这样的领导者能力不凡，而他们也对这位一丝不苟的下属付出的忠诚服务赞誉有加。由于希特勒越来越需要能够忠实履行元首命令的部下，因此，弗里德里希·保卢斯在1942年的战役中担任主角也许是顺理成章的事。1942年1月5日，从未指挥过营级以上部队的保卢斯晋升为装甲兵上将，并出任第6集团军司令，而该集团军是"蓝色"行动的先头部队之一。这位典型的参谋人员已成为一名重要的战地指挥官，他的智力和所接受的培训使他能够胜任这个新职位，但从性格上说也许不太适合。

如果说保卢斯是德军进攻斯大林格勒的"主角"，那么，第4装甲集团军司令赫尔曼·霍特大将则是他的"配角"。出生于1885年的霍特是德国军队中经验最丰富的装甲战术家之一。1940年法国战役期间，他熟练地指挥着一个摩托化军；1941年入侵苏联时，他是第3装甲集群司令；1942年，他改任第17集团军司令。正如我们已见到的那样，他的第4装甲集团军经常应对作战任务的变更，包括提供源源不断的部队支援保卢斯对斯大林格勒的进攻。

保卢斯和霍特这些战地指挥官与国家领导人阿道夫·希特勒之间的许多德军高级将领，例如博克，被元首认为太过拖拉，后者最终失去耐心并解除了他们的职务。1942年秋季担任B集团军群司令的男爵马克西米利安·冯·魏克斯大将是个例外。他1881年出生于军人世家，是一名身材枯瘦、戴着眼镜的骑兵。"巴巴罗萨"战役伊始，他一直指挥着德国第2集团军，直到1942年7月接替博克。他统率的集团军群不断扩大，不仅编有第4装甲集团军、第2集团军和第6集团军，还辖有大批卫星国兵团，包括匈牙利第2集团军、意大利第8集团军、罗马尼亚第3和第4集团军。尽管这是一股庞大的力量，但整个斯大林格勒战役期间，魏克斯一直面临着掩护自己漫长的左翼，并不断调整部队为保卢斯提供维持推进所需要的作战兵力的问题。虽然魏克斯能力颇强，但苏军11月发起反攻后，他发现自己竟被撇在一旁——B集团军群辖下的大多数部队，不是被苏军粉碎，便是转隶曼施泰因元帅麾下，徒劳地试图挽救第6集团军。

如果说魏克斯、保卢斯和霍特策划、指挥斯大林格勒战役时的一举一动都受到希特勒咄咄逼人的态度的影响，那么，在斯大林格勒城内及其周边指挥第6集团军和第4装甲集团军辖内各军的军长们面对的则是日益复杂、每时每刻都令人无比沮丧的战术厮杀。他们当中包括第51军军长赛德利茨将军和第48装甲军军长肯普夫将军，这两个军受领的艰巨任务是将苏军逐出城市，另外还有第8军军长海茨将军和第14装甲军军长维特斯海姆将军，他们的部队在城市北面和西北面从事着旷日持久的激战，以遏制苏军的反突击。

炮兵上将瓦尔特·冯·赛德利茨–库尔茨巴赫1888年出生于一个普鲁士容克家族，作为一名下级军官参加了第一次世界大战，1936年晋升为上校，并担任第22炮兵团团长。1940年，赛德利茨晋升少将，1941年升任中将，整个"巴巴罗萨"战役期间，他率领着第12步兵师。1942年1月，苏军将德国第2军包围在杰米扬斯克地域，赛德利茨率领一个特别军，打开一条通道与被围德军取得会合。1942年6月，赛德利茨晋升为炮兵上将，第6集团军向斯大林格勒进军期间，他指挥着第51军。当年秋季，赛德利茨的步兵负责消灭坚守城市废墟的苏军第62集团军。[23]

装甲兵上将维尔纳·肯普夫与赛德利茨共同承担夺取斯大林格勒的艰巨任务，他出生于1886年，最初是一名步兵军官，30年代末转入德军装甲部队。肯普夫迅速获得升迁，1937年任第4装甲旅旅长，1939年波兰战役期间，该旅改编为"肯普夫"装甲师；1940年的西方战役中，肯普夫指挥第6装甲师；"巴巴罗萨"战役期间，他指挥第48摩托化军。1941年夏季和秋季，他的军为推进中的第1装甲集群担任先锋，1942年夏季，该军成为霍特第4装甲集团军的先遣部队，冲向顿河下游和斯大林格勒。从理论上说，肯普夫麾下的三个快速师——第14、第24装甲师和第29摩步师，将为霍特（后来又为保卢斯）提供必要的突击力，打垮第62集团军在斯大林格勒及其周边的防御。[24]

炮兵上将瓦尔特·海茨出生于1878年，第一次世界大战期间是一名炮兵军官，20年代担任过炮兵学校教员和炮兵营营长，30年代先后担任过于特博格炮兵学校校长、柯尼斯堡要塞司令和帝国军事法庭法官。他1937年晋升为炮兵上将，1939年10月25日出任第8军军长，率领该军参加了1940年的法国战役、1941年的"巴巴罗萨"战役，并在第6集团军辖内参加了"蓝色"行动，他的步兵军和第14装甲军共同承担守卫斯大林格勒北翼的任务。[25]

第14装甲军军长，步兵上将古斯塔夫·安东·冯·维特斯海姆，自1938年末便率领该军，其间还短暂担任过西线德军参谋长。维特斯海姆出生于1884年，军旅生涯初期是一名步兵军官，1936—1938年，他指挥第29步兵师（摩托化），该师被公认为陆军中最优秀的快速师之一，维特斯海姆本人也赢得了"全军首屈一指的机械化作战专家"的美誉。指挥第14军（摩托化）期间，他参加了1939年的波兰战役、1941年的"巴巴罗萨"战役和后来的"蓝色"行动。尽管维特斯海姆在军级指挥岗位上表现出色，但希特勒没有擢升他为集团军司令，可能是因为这位军长曾公开质疑过元首的西线作战计划。[26]

苏军指挥员

苏军一方，与保卢斯最相似的要数41岁的瓦西里·伊万诺维奇·崔可夫中将，1942年7月，他出任第64集团军司令员，当年9月改任第62集团军司令员。[27]崔可夫出身农民家庭，内战期间成为红军团长，但1939—1940年命运多舛的苏芬战争期间，作为西北方面军第9集团军司令员的崔可夫表现不佳，结果被打发到中国担任苏联武官这一不起眼的角色。德国发动入侵后，崔可夫强烈要求回国参战，但一起车祸使他在一年多的时间里只能袖手旁观。因此，他到1942年夏季才同德军交手，但他已从当年夏季苏军的屡屡失利中学到一些经验教训。事实证明，崔可夫是斯大林所要求的"不许后退一步"的典型指挥员——精力充沛、脾气暴躁、能力不俗，不会为一时冲动而牺牲自己的部下。漫长而又残酷的斯大林格勒战役期间，崔可夫的耐力和钢铁般的神经被证明比保卢斯易于焦虑的才华更有效。

斯大林格勒战役期间，苏军指挥机构多次发生变更，但大多数时候，崔可夫都在斯大林格勒方面军辖内作战，该方面军是以被粉碎的西南方面军的残部组建而成的。指挥该方面军的有两个人：方面军司令员安德烈·伊万诺维奇·叶廖缅科中将[①]和军事委员会委员尼基塔·谢尔盖耶维奇·赫鲁晓夫。赫鲁晓夫后来成为苏联领导人，与他相比，叶廖缅科这个名字只有历史学家们知道。叶廖缅科1913年参加沙皇军队，1918年加入红军，内战期间担任过骑兵旅参谋长和骑兵团副团长。两次世界大战之间，他的军旅生涯循规蹈矩——接受军事教育，担任各种指挥工作，并掌握了机械化作战的丰富经验。[28]

苏德战争爆发后没多久，1941年7月初，苏联最高统帅部将叶廖缅科从远东召回，任命他为西方面军副司令员；莫斯科保卫战期间，又派他担任命运多舛的布良斯克方面军司令员。当年12月，在战役中负伤的叶廖缅科伤愈后，斯大林任命他为突击第4集团军（红军新组建的3个突击集团军之一）司令员，该集团军为红军在莫斯科地域发起的反攻担任先锋。叶廖缅科出色地完成了这项任务，1942年8月，斯大林派他担任斯大林格勒方面军司令员。

在这个新职务上，叶廖缅科不得不比崔可夫更加无情——他只投入刚刚够用的兵力和弹药，这样既能让第62集团军阻止德军在斯大林格勒赢得胜利，又能为即将到来的大反攻保存兵力。因此，叶廖缅科和他的政委赫鲁晓夫留在了伏尔加河东岸，被崔可夫炮兵部队持续的轰鸣声所包围（由于缺乏作战深度，这些炮兵部署在河对岸）。如果斯大林格勒方面军司令员待在城内，可能会卷入每日的激战，就无法对更大的战役问题保持客观性。

斯大林格勒方面军与斯大林之间，还有两位将领也将频繁出现——朱可夫和华西列夫斯基。

1942年战役前，格奥尔吉·康斯坦丁诺维奇·朱可夫大将已成为斯大林最青睐的将领。俄国内战期间，朱可夫是斯大林"骑兵集团"的下级成员，与未来的苏联独裁者并肩战斗。1939年8月，朱可夫在远东一场不宣而战的冲突中击败了日本关东军，这场胜利使他迅速升迁至高级指挥和参谋岗位。苏德战

---

① 译注：应为上将。

争爆发后，朱可夫成为第一批"最高统帅部代表"之一，只要有战地指挥员产生动摇，斯大林便派出这些"麻烦解决者"。

作为一名指挥员，朱可夫1941年9月在列宁格勒、10—11月在莫斯科的顽强防御为他赢得了持久的声誉。1941年12月至1942年4月，他策划并执行了红军在莫斯科地区发起的反攻；在这些行动中，他展现出了无情的决心，尽管红军仍缺乏彻底击败德寇的战斗力。

1942年8月，德军"蓝色"行动到达最高潮时，斯大林任命朱可夫为最高副统帅。朱可夫随后为策划红军在斯大林格勒（"天王星"行动）和勒热夫地域（"火星"行动）发起的战略反攻发挥了重要作用。在后一场攻势中，他负责协调他的西方面军和相邻的加里宁方面军，试图造成德军在斯大林格勒的失败却徒劳无功。[29]

如果说朱可夫是斯大林最青睐的战地指挥员，那么斯大林最好的参谋人员当属47岁的亚历山大·米哈伊洛维奇·华西列夫斯基上将。作为一名前步兵指挥员，华西列夫斯基并不是斯大林骑兵集团的"嫡系"，升迁靠的是他自己的功劳。1937年从总参军事学院（斯大林发起对军队的清洗，该学院缩短了课程）毕业后，他进入红军总参谋部。1941年莫斯科保卫战期间，政府的大多数人撤离首都，而作为重要参谋人员的华西列夫斯基却留在城内，从而赢得了斯大林的信任。短短四年时间，华西列夫斯基便从上校升至上将，1942年6月任红军总参谋长，当年10月又成为苏联副国防人民委员。[30]这些工作都应在莫斯科履行，但与朱可夫一样，华西列夫斯基经常作为最高统帅部代表视察前线指挥部。

尽管历史将挫败"蓝色"行动的主要功劳授予策划并指挥第62集团军在斯大林格勒实施熟练防御的崔可夫，但还有五位集团军司令员也为苏军随后的胜利发挥了间接的、同样具有决定性的作用。这些将领是K. A. 莫斯卡连科、V. D. 克留琴金、D. T. 科兹洛夫、R. Ia. 马利诺夫斯基——他们指挥的近卫第1集团军、坦克第4集团军、第24和第66集团军隶属斯大林格勒方面军和顿河方面军，在于斯大林格勒西北方科特卢班地域发起的反突击行动中表现出色，另外还有M. S. 舒米洛夫——他指挥的第64集团军在城市南面的别克托夫卡（Beketovka）登陆场同样发挥了重要作用。

　　这五位将领中的第一个是经验丰富的基里尔·谢苗诺维奇·莫斯卡连科，1942年8月，最高统帅部任命40岁的他为近卫第1集团军司令员。1920年参加红军后，他作为一名骑兵经历了内战，在远东升任特别骑兵第1师师长[①]，30年代在基辅特别军区任机械化第2军步兵团团长[②]。他1939年毕业于捷尔任斯基军事学院，随后参加了1939—1940年的苏芬战争、1940年春季入侵罗马尼亚比萨拉比亚的行动。"巴巴罗萨"战役期间，1941年6—7月，莫斯卡连科指挥摩托化反坦克炮兵第1旅，当年9月任第5集团军步兵第15军军长，奇迹般地逃出了基辅包围圈。1941—1942年冬季大反攻期间，莫斯卡连科率领第13集团军的"骑兵–机械化"集群赢得了当年12月的叶列茨反击战的胜利，1942年1—2月的"巴尔文科沃—洛佐瓦亚"进攻战役中，他先后指挥西南方面军的第6集团军和骑兵第6军。作为一名战术家，莫斯卡连科的勇气和出色技能获得了承认，尽管他率领的第38集团军在"蓝色"行动初期的防御不太成功，当年8月指挥坦克第1集团军在顿河大弯曲部发起的猛烈反击也没有取得战果，但斯大林格勒争夺战前夕，他还是被任命为近卫第1集团军司令员。[31]

　　五位将领中的第二个是瓦西里·德米特里耶维奇·克留琴金，1942年7月下旬，他被任命为坦克第4集团军司令员。克留琴金出生于1894年，是一位参加过第一次世界大战和俄国内战的老兵，1917年加入赤卫队，1918年参加红军。他1926和1935年毕业于骑兵学校，1941年毕业于伏龙芝军事学院，1939年9月率领骑兵第14师参加了入侵波兰东部的行动，"巴巴罗萨"战役最初的几个月，他指挥该师进行了熟练的战斗，在南方面军辖下撤过乌克兰和顿巴斯地区。克留琴金随后出任骑兵第5军军长，参加了西南方面军1941年12月在叶列茨、1942年1—2月在巴尔文科沃–洛佐瓦亚的胜利反击。虽然他指挥的近卫骑兵第3军在1942年5月的哈尔科夫进攻战役中遭遇惨败，但他还是在1942年7月22日出任坦克第4集团军司令员，于当年8月指挥该集团军在顿河大弯曲部发起反击，抗击保卢斯的第6集团军，这场反突击同样没能取得胜利。[32]

　　第三位集团军司令员是德米特里·季莫费耶维奇·科兹洛夫，1942年8

月，这位41岁的前方面军司令员被任命为预备队第9集团军（第24集团军）司令员。他出生于1893年[①]，参加过第一次世界大战和俄国内战，在中亚地区打击过巴斯马奇匪帮。科兹洛夫20年代毕业于"射击"高级步兵学校和伏龙芝军事学院，1939—1940年苏芬战争期间指挥过一个步兵军。1940年6月，科兹洛夫晋升为中将，1941年1—6月担任外高加索军区司令员，1941年8月—1942年1月先后担任外高加索方面军和克里木方面军司令员。作为一名方面军司令员，科兹洛夫在战争初期的6个月里守卫着苏联与土耳其、伊朗接壤的南部边境，并成功执行了1942年12月的刻赤两栖登陆战。尽管科兹洛夫的方面军1942年5月在刻赤遭遇惨败，但斯大林还是为他保留了集团军司令员的职务。[33]

第四位集团军司令员是罗季翁·雅科夫列维奇·马利诺夫斯基，最终成为红军最成功的高级指挥员之一。1942年8月，43岁的马利诺夫斯基从方面军司令员的职位上被贬，出任第66集团军司令员。他是一名参加过第一次世界大战和俄国内战的老兵，曾在派往法国的俄国远征军中担任机枪组组长，1916—1918年在法国陆军"外籍兵团"服役。1919年返回俄国后，他在内战中担任过排长和营长，30年代中期升任骑兵第3军军长[②]。西班牙内战期间，马利诺夫斯基远赴海外，为共和党人而战，后在伏龙芝军事学院短暂任教，1940年6月晋升为少将。1941年3—8月，他在基辅特别军区指挥步兵第48军，在乌克兰地区的战斗中，他的军表现出色。1941年8—12月，马利诺夫斯基任第6集团军司令员，为在罗斯托夫击败德国第1装甲集团军发挥了重要作用，1941年12月至"蓝色"行动初期，他担任南方面军司令员。由于在"蓝色"行动中遭遇惨败，马利诺夫斯基被解除方面军司令员职务，但斯大林依然对他青睐有加，派他担任第66集团军司令员。[34]

五位集团军司令员中的最后一个是米哈伊尔·斯捷潘诺维奇·舒米洛夫。1942年8月初，他被任命为第64集团军司令员，9月初，他的集团军被困在斯大林格勒南面、伏尔加河东岸[③]一个狭窄的登陆场内。舒米洛夫出生于1895

[①] 译注：科兹洛夫出生于1896年，1942年时46岁。
[②] 译注：马利诺夫斯基担任的是骑兵第3军参谋长，军长是谢苗·铁木辛哥。
[③] 译注：西岸。

第 6 集团军司令、装甲兵上将保卢斯与他的指挥官商讨战事

东南方面军、斯大林格勒方面军司令员安德烈·伊万诺维奇·叶廖缅科上将

斯大林格勒方面军军事委员会委员（政委）尼基塔·谢尔盖耶维奇·赫鲁晓夫

顿河方面军司令员康斯坦丁·康斯坦丁诺维奇·罗科索夫斯基中将

第 62 集团军司令员 V. I. 崔可夫中将

第 64 集团军司令员米哈伊尔·斯捷潘诺维奇·舒米洛夫少将

年，参加过第一次世界大战，1917年加入赤卫队，1918年参加红军，内战期间先后担任过连长、营长、团长。他1924年毕业于军政培训班，1929年毕业于"射击"高级步兵学校，20年代指挥过一个步兵团，30年代任步兵师师长，1939年9月苏联入侵波兰东部，他率领一个步兵军接受了战火的洗礼，随后又参加了1939—1940年的苏芬战争。"巴巴罗萨"战役期间，舒米洛夫1941年夏季率领西北方面军的第8集团军[①]；1941年秋季列宁格勒战役期间，他担任第55集团军副司令员。1942年春季和"蓝色"行动初期，他指挥着布良斯克方面军的第21集团军[②]，当年8月，最高统帅部选中他担任第64集团军司令员，据守斯大林格勒南接近地。[35]

士兵

参加过斯大林格勒战役的许多将领现在都很著名，但他们麾下的那些年轻人却早已被遗忘，仿佛退隐到了时间的地下室里。德军和苏军的照片向我们展示的是一群群健壮、通常都很瘦削的小伙子，他们在俄国南部的酷暑和严寒中苦苦厮杀。特别是德国一方，那些年轻人的神情反映出他们对德国军队的威力依然充满信心，可事实是德军所能提供的老兵越来越少。1942年春季，德军的实力有所恢复，但许多师接收到的补充兵只受过两个月的训练。[36]一支素以训练充分、战术技能娴熟而自豪的军队，现在不得不同缺乏训练的新兵和实力不足的单位打交道。例如，7月12日，哈尔德将军在日记中谈及一名总参军官视察第4装甲集团军和第6集团军返回后提交的报告："令他震惊的是，我们修正补充的那些装甲师，训练程度明显不足，物资和通信设备都很缺乏。这些意见有一定道理，（但）部分原因源自这样一个事实：过去的战役使我们的部队严重受损。"[37]

这是一个致命漩涡的开始，而它还将在战争剩下的岁月里持续下去——与经验丰富、装备精良的老兵相比，缺乏经验、装备拙劣的新兵更容易在战斗中阵亡，这就加剧了对补充兵的需求。反过来，这又意味着新兵将在更短的训

---

① 译注：舒米洛夫没有担任过第8集团军司令员，出任第55集团军副司令员前一直担任步兵第11军军长。
② 译注：舒米洛夫任副司令员。

练周期后便投入前线，唯一的结果是加强了这样一种趋势：德军的作战效能越来越低，伤亡率却越来越高。

德军士兵的更替率居高不下，其结果是大批更加年轻的德国人涌入军队，这也促成了另一种趋势的持续——德国军队越来越纳粹化。大多数德军高级将领仍是第一次世界大战和魏玛共和国保守、职业化军队的产物，因此这些声称不关心政治的专业人士能够遵守战争法。这一点千真万确，尽管某些著名将领，例如曼施泰因，倾向于盲目的反犹主义，这使他们接受了大规模屠杀，认为这是镇压游击抵抗运动的必要手段。[38]更普遍的是，到1942年，纳粹政权下成长起来的下级军官和普通士兵越来越多，他们身上经常反映出纳粹的态度。[39]无论将领们信仰什么或声称自己信仰什么，战术层面上的许多德国人都接受了元首的种族理论，将对手视为野蛮的劣等人种。这种观点促使德军士兵以极大的勇气奋战到底，因为他们更害怕被俘，而非阵亡。但这种信仰有其更为阴暗的一面，致使德国士兵对苏联百姓和战俘麻木不仁，不时犯下暴行。

1941年后，德军士兵的平均训练水平有所下降，而对手的训练水准却有所上升。"蓝色"行动期间，仍有成千上万名苏军士兵死于缺乏训练，但这些伤亡使生还下来的士兵和指挥员获得了越来越多的经验和能力。[40]

与纳粹相比，苏联的共产党政权对其青年人的灌输至少要长10年，而苏联历史也倾向于颂扬红军士兵的社会主义精神。可是，如果说有什么不同的话，那就是普通苏军士兵受到的意识形态的影响要少于他们的纳粹对手。促使来自各个民族的大批红军男女士兵挺身奋战的是"对战友的忠诚"和"保家卫国"这些更为传统的动机。实际上，从1941年起，苏联政府就有意识地将自己等同于抗击侵略者的俄罗斯祖国，以此激励部队的士气，他们甚至不太使用"为了共产党""为了大俄罗斯民族"这些口号，尽管主导红军军官团的是大俄罗斯人。

因此，在作战训练、作战经验和战斗意志方面，红军士兵渐渐与其对手旗鼓相当，优于许多士气低落的轴心卫星国军队。红军的日益改善，德军战斗力的不断下降，再加上俄国南部的广阔距离，使得战事渐渐演变为一场僵局，面对这种僵持，德国人无法推进得更远。

缩写

除了具体列出的特定缩写外，常用的缩写如下：

JSMS：*Journal of Slavic Military Studies*（《斯拉夫军事研究》杂志）

TsAMO：*Tsentral'nyi arkhiv Ministerstva Oborony*（国防部中央档案馆）

TsPA UML：*Tsentral'nyi partiinyi arkhiv Instituta Marksizma-Leninizma*（马列主义研究院中央党务档案馆）

VIZh：*Voenno-istoricheskii zhurnal*（《军事历史》杂志）

VV：*Voennyi vestnik*（军事报道）

注释

1. 沃尔夫冈·韦尔滕，*Geschichte der 16. Panzer-Division 1939–1945*（《第16装甲师师史，1939—1945年》）（弗里德贝格：波德聪-帕拉斯出版社，1958年），第106—107页。第3摩步师类似的经历可参阅格哈德·迪克霍夫的3. *Infantrie-Division, 3.Infantrie-Division (mot)*，3.*PanzerGrenadier-Division*（《第3步兵师，第3摩步师，第3装甲掷弹兵师》）（德国库克斯港：高级教师格哈德·迪克霍夫，1960年）。

2. K. K. 罗科索夫斯基（主编），*Velikaia bitva na Volge*（《伏尔加河畔的伟大胜利》）（莫斯科：军事出版社，1965年），第124—133页。

3. 海因茨·施勒特尔，《斯大林格勒》，由康斯坦丁·菲茨吉本译自德文版（纽约：E. P. 杜登出版社，1958年），第31页。

4. 同上；厄尔·F. 齐姆克和麦格纳·E. 鲍尔，《从莫斯科到斯大林格勒：东线决战》（华盛顿特区：美国陆军军事历史中心，1987年），第87页；沃尔夫冈·韦尔滕，《第16装甲师师史，1939—1945年》，第110—111页。

5. 关于这一点，可参阅戴维·M. 格兰茨和乔纳森·M. 豪斯的《巨人的碰撞：红军是如何阻止希特勒的》（劳伦斯：堪萨斯大学出版社，1995年），第49—156页。

6. 弗朗茨·哈尔德，《哈尔德日记：弗朗茨·哈尔德大将私人战时日记，第二册》（科罗拉多州博尔德：西景出版社和T. N. 德普伊协会，1976年），第348、第361页其他各处。

7. 克劳斯·格贝特（主编），《陆军元帅费多尔·冯·博克：战时日记，1939—1945年》（戴维·约翰逊译，宾夕法尼亚州阿特格伦：希弗出版社，1996年）。

8. 杰弗里·帕克，《剑桥战争史》（英国伦敦和剑桥：剑桥大学出版社，2000年），第1—20页。

9. 霍斯特·布格、尤尔登·弗斯特、约阿希姆·霍夫曼等，《德国与第二次世界大战，第4卷：入侵苏联》（埃瓦尔德·奥泽斯等人译，英国牛津：克拉伦登出版社，1996年）。

10. 克劳斯·莱因哈特，《莫斯科——转折点：1941—1942年冬季，希特勒在战略上的失败》（卡尔·基南译，英国牛津＆罗得岛州，普罗维登斯：牛津大学出版社，1992年），第367—370页。莱因哈特指出，德国人在1941年的战役中损失了13600门大炮、4902架飞机、41000辆卡车和207000匹马，许多损失没有在1942年获得补充。

11. 第41号元首令摘自休·R. 特雷弗-罗珀（主编）的《从闪电战到失败：希特勒的战争指令，1939—1945年》（纽约，芝加哥：霍尔特、莱因哈特＆温斯顿出版社，1964年），第117、第119页。第41号元首令的完整文本可参阅Sbornik voenno-istoricheskikh materialov Velikoi Otechestvennoi voiny（《伟大卫国战争军事和历史资料集》）（莫斯科：军事出版社，1960年），第18册，第257—262页。这是苏联总参谋部军事科学院军事历史部主持出版的丛书，并被列为机密，以下简称为SVIMVOV，并附以相应的册数和页数。

12. 安德烈·加卢什科和马克西姆·科洛米耶茨在Frontovaia illiustratsiia（《前线画刊》）（莫斯科：KM战略出版社，2000年）2000年第6期发表的"Boi za Kharkovv mae 1942 god"（《1942年5月的哈尔科夫战役》）一文，第73、第220—238页；阿列克谢·伊萨耶夫，Kratkii kurs Istorii Velikoi Otechestvennoi voiny: Nastuplenie Marshala Shaposhnikova（《伟大卫国战争中一段短暂的历史：沙波什尼科夫元帅的攻势》）（莫斯科：亚乌扎-艾克斯摩出版社，2005年），第252—253页。关于这场战役的完整描述，可参阅戴维·M. 格兰茨的《哈尔科夫，1942年：对一场军事灾难的剖析》（纽约，罗克维尔中心：萨耳珀冬出版社，1998年）。

13. G. F. 克里沃舍夫（主编），《二十世纪苏联的伤亡和作战损失》（伦敦：格林希尔图书出版社；宾夕法尼亚州梅卡尼克斯堡：斯塔克波尔图书出版社，1997年），第123—124页。

14.《陆军元帅费多尔·冯·博克：战时日记，1939—1945年》，第512—520页。

15. 关于博克被解职一事，可参阅杰弗里·朱克斯的《希特勒的斯大林格勒决策》（伯克利：加州大学出版社，1985年），第43页；以及齐姆克和鲍尔的《从莫斯科到斯大林格勒：东线决战》，第347—348页。

16. 乔治·E. 布劳，《德国对苏战争：策划和行动，1941—1942年》，陆军部手册，No:20-261a（华盛顿特区：陆军部，1955年），第148页；齐姆克和鲍尔，《从莫斯科到斯大林格勒：东线决战》，第351页。关于德军修改作战计划的详情，可参阅本三部曲第一卷。

17. 第45号元首令的全文可参阅SVIMVOV，第18册，第265—267页；特雷弗-罗珀（主编）的《从闪电战到失败：希特勒的战争指令，1939—1945年》，第129—131页。也可参阅布劳所做的分析，《德国对苏战争：策划和行动，1941—1942年》，第152—155页。

18. V. A. 佐洛塔廖夫（主编）的Stavka VGK: Dokumenty i materialy 1942（《最高统帅部大本营：1942年的文献资料》），刊登在Russkii arkhiv: Velikaia Otechestvennaia（《俄罗斯档案：伟大卫国战争》），16（5-2）（莫斯科：特拉出版社，1996年），第320—321页，最高统帅部994124和994125号指令，1942年7月22日20点30分签发。以下简称为佐洛塔廖夫，《最高统帅部1942》，并附以相应的页数。

19. V. A. 佐洛塔廖夫（主编），Russkii arkhiv: Velikaia Otechestvennaia [voina]: Prikazy narodnogo komissara oborony SSSR, 22 iiunia 1941 g-1942, T. 13 (2-2)（《俄罗斯档案：伟大卫国战争——苏联国防人民委员部命令，1941年6月22日—1942年》，第13册，2-2）（莫斯科：特拉出版

社，1997年），第276—278页。此后简称为佐洛塔廖夫，《NKO，1941—1942年》，并附以相应的页数。这道指令由斯大林签署，标题是"采取措施加强红军的纪律和秩序并防止擅自撤离战斗岗位的第227号命令"。

20. 布劳，《德国对苏战争：策划和行动，1941—1942年》，第149—150、第155页；参见马克西姆·科洛米耶茨和伊利亚·莫什昌斯基在《前线画刊》2000年第2期刊登的"Oborona Kavkaza (iiul'-dekabr' 1942 goda)"（《1942年7—12月，高加索防御战》），第5页。关于德军步兵的装备，可参阅霍斯特·布格、维尔纳·拉恩、莱因哈德·施通普夫和贝恩德·韦格纳的《德国与第二次世界大战·第6卷·全球大战：冲突变为世界大战及主动权的转变》（埃瓦尔德·奥泽斯等人译，英国牛津：克拉伦登出版社，2001年），第1035页。

21. 这番叙述主要基于瓦尔特·格尔利茨颇具同情的传记，《保卢斯与斯大林格勒：陆军元帅弗里德里希·保卢斯传，他的笔记、书信和文件》，R. H. 史蒂文斯译（纽约：城堡出版社，1963年）。另可参阅霍雷缪尔·米查姆在康瑞利·伯内特（主编）的《希特勒的将领》（纽约：格鲁夫·韦登费尔德出版社，1989年）一书中的分析，第361—373页。

22. 格尔利茨，《保卢斯与斯大林格勒》，第21—28、第35页。

23. 关于赛德利茨备受争议的军旅生涯的其他情况，可参阅赫尔穆特·海贝尔和戴维·M. 格兰茨的《希特勒和他的将领：军事会议，1942—1945年》（纽约：恩尼格玛图书出版社，2002年），第798页。1943年2月被俘后，赛德利茨与苏联人合作，担任德国军官联盟主席和自由德国全国委员会副主席。该委员会解散后，他拒绝在苏联占领区担任职务，为此，苏联政府1950年判处他25年徒刑，罪名是战争期间对苏军战俘和平民犯有暴行。他1955年获释后返回西德，死于1976年。

24. 关于肯普夫，可参阅海贝尔和格兰茨的《希特勒和他的将领》，第860页；"德国陆军将领"网站（http://balsi.de/Homepage-Generale/Heer/Heer-Startseite.htm）的"橡叶饰获得者，维尔纳·肯普夫"一文；以及康斯坦丁·扎列斯基的《德国国防军：陆军和最高统帅部》，第232—233页。斯大林格勒战役期间指挥第48装甲军后，肯普夫在1943年的哈尔科夫和库尔斯克战役中指挥"肯普夫"集团军级支队，此后指挥第8集团军至1944年8月，后指挥"奥斯兰武装力量"（这是一个反游击指挥部），直至1944年底。肯普夫后来担任过"东部海岸防御总监"和"孚日山总司令"等职，1944年12月列入OKW预备役。肯普夫在战争中生还下来，去世于1964年。

25. 更多详情可参阅海贝尔和格兰茨的《希特勒和他的将领》，第804页；以及www.geocities.com/-orion47/WEHRMACHT/HEER/Generaloberst/Heitz_Walter。1943年1月28日，海茨晋升为大将，同一天，他向苏军投降。与许多被俘的同僚一样，海茨1944年2月死于苏军战俘营。

26. 关于维特斯海姆，可参阅康斯坦丁·扎列斯基的《德国国防军：陆军和最高统帅部》，第100页。希特勒一直对维特斯海姆的忠诚持怀疑态度，1942年9月解除了他的职务，以第16装甲师师长汉斯·胡贝接任第14装甲军军长。被解除职务后，维特斯海姆一直未被起用。战争结束前，他在"人民冲锋队"里担任一名普通士兵。

27. 哈罗德·舒克曼（主编）的《斯大林的将领》（纽约：格罗夫出版社，1993年）一书中，理查德·沃夫的《崔可夫》一文，第67—76页。

28. I. N. 罗季奥诺夫主编的Voennaia entsiklopediia v vos'mi tomakh（八卷本《军事百科全书》）（莫斯科：军事出版社，1995年），第3册，第165页。此后简称为VE，并附以相应的册数和页数。

29. 1964年后的许多苏联著作也提及朱可夫参与了斯大林格勒反击战的策划工作，但在此之前的大多数资料都将这份功绩归功于华西列夫斯基和叶廖缅科。作为最高副统帅的朱可夫，为最高统帅部的战略策划发挥了重要作用，这一点当然不容置疑。关于斯大林格勒反击战策划工作的历史争论，可参阅本三部曲第三卷。

30. 除了华西列夫斯基的回忆录 *Delo vsei zhizni*（《毕生的事业》）（莫斯科：政治书籍出版社，1983年），还可参阅舒克曼《斯大林的将领》一书中杰弗里·朱克斯撰写的《亚历山大·米哈伊洛维奇·华西列夫斯基》一文，第275—285页。

31. 更多情况可参阅 *Velikaia Otechestvennaia. Komandarmy. Voennyi bibliographicheskii slovar*（《伟大卫国战争，集团军指挥员，军事人物志》）（莫斯科：军事历史研究所、俄罗斯联邦国防部、库奇科沃原野出版社，2005年），第153—155页。"蓝色"行动期间，莫斯卡连科先后指挥过第38集团军、坦克第1集团军、近卫第1集团军和第40集团军，1943年10月起再度指挥第38集团军，直至战争结束。红军在乌克兰、波兰和捷克斯洛伐克取得的许多重大胜利中，莫斯卡连科指挥的集团军表现出色。战争结束后，莫斯卡连科任集团军司令员至1948年，1948—1953年任莫斯科军区防空部队司令员。斯大林1953年去世后，莫斯卡连科协助赫鲁晓夫挫败了贝利亚NKVD的未遂政变，并出任莫斯科军区司令员；1955年，他晋升为苏联元帅、国防部副部长。1962年退役后，莫斯卡连科撰写了自己的回忆录，这本书是红军将领战时回忆录中的最佳著作之一；他去世于1985年。

32. 同上，第113—114页。"蓝色"行动结束后，1943年3月至1944年秋季，克留琴金先后指挥过第69、第10、第33集团军，参加了库尔斯克战役和1944年夏季的白俄罗斯战役。尽管克留琴金由于作战原因和疾病几次被解除职务，但他还是在第61集团军副司令员（后担任白俄罗斯第1方面军副司令员）任上结束了战时生涯。战后，他担任顿河军区副司令员，1946年退役，去世于1976年。

33. 同上，第95—96页。率领第24集团军参加了1942年9月科特卢班地域的血腥激战后，1943年1—3月，红军"奥斯特罗戈日斯克—罗索希"进攻战役、"沃罗涅日—卡斯托尔诺耶"进攻战役和哈尔科夫进攻战役期间，科兹洛夫担任最高统帅部代表。1943年3月，科兹洛夫的部队在哈尔科夫遭遇败绩，他再度失宠。战争剩下的日子里，他担任外贝加尔方面军副司令员，并参加了1945年8—9月的满洲战役，战争结束后，担任外贝加尔军区副司令员。科兹洛夫一直没能重新获得斯大林的宠信，去世于1967年。

34. 同上，第139—141页。"蓝色"行动期间，马利诺夫斯基的方面军几乎全军覆没，但他本人幸免于难。1942年8—10月，他尴尬地指挥着第66集团军在斯大林格勒西北方的科特卢班地域多次发起反击。1942年10月至1943年2月，他担任近卫第2集团军司令员，德军试图救援被困于斯大林格勒的第6集团军时，为阻击德军援兵，他的集团军发挥了重要作用。1943年2月，斯大林再次任命马利诺夫斯基为南方面军司令员，当年3月改任西南方面军司令员。马利诺夫斯基指挥西南方面军（1943年10月更名为乌克兰第3方面军）和乌克兰第2方面军直至战争结束。由于马利诺夫斯基多次策划、实施了红军在乌克兰和东南欧的重大战役并取得胜利，斯大林派他担任外贝加尔方面军司令员，在1945年8—9月的满洲战役中打击日本关东军。1947—1953年，马利诺夫斯基留在远东担任远东部队总司令，1953—1956年任远东军区司令员。1956年3月，马利诺夫斯基返回莫斯科，出任苏联陆军总司令、国防部第一副部长，1957年10月任苏联国防部长，在这个职位上一直待到1967年去世。

35. 同上，第272—273页。"蓝色"行动期间指挥第64集团军后，舒米洛夫率领该集团军（后改编为近卫第7集团军）直至战争结束，参加过1943年夏季的库尔斯克战役，1944年在乌克兰、罗马尼亚和匈牙利作战，1945年5月在维也纳结束了他的战时生涯。战后，舒米洛夫继续指挥近卫第7集团军，直至1948年。从1948年至1958年退役，他先后担任过白俄罗斯军区[1]和沃罗涅日军区司令员，去世于1975年，享年80岁。

36. 蒂莫西·A. 雷，《坚守：二战期间德军在东线的防御学说，战前至1943年》（堪萨斯州利文沃思堡：作战研究协会，1986年），第112—113页。

37. 弗朗茨·哈尔德，《哈尔德日记：弗朗茨·哈尔德大将私人战时日记》，第二册，第348页。

38. 马塞尔·斯坦因，《陆军元帅冯·曼施泰因：双面人/肖像》（英国，索利哈尔：氩核出版社，2007年），特别参阅第251—310页。

39. 奥马尔·巴托夫，《东线，1941—1945年：德国军队和战争的野蛮化》（纽约：圣马丁出版社，1986年），第51、第66页，以及其他各处。

40. 对红军士兵更为详细的描述，可参阅格兰茨的《巨人重生：战争中的苏联红军，1941—1943年》（劳伦斯：堪萨斯大学出版社，2005年），第536—608页。

---

① 译注：应为白海军区。

第二章
斯大林格勒城郊之战
1942 年 9 月 3 日—12 日

作战地域

　　1942年的斯大林格勒城是城区、工厂区、工人新区和公寓楼组成的一片长而细窄的岸区，沿伏尔加河西岸蜿蜒40多公里（参见地图4）。市中心位于这片岸区的最南端；北面，两侧排列着诸多工厂和工人新区，再往北是更多的城镇和村庄，最大的一座是雷诺克（Rynok），伫立在奥尔洛夫卡（Orlovka）河北面的高地上。整片地带位于伏尔加河西岸隐约可见的高地的东坡和底部。东面，伏尔加河中的诸多岛屿和对岸的草原，海拔远远低于西岸的高地。

　　一旦战火蔓延至斯大林格勒城，苏联守军就不得不将每一个补充兵、每一发弹药和每一片面包运过这条宽阔的河流，从而暴露在德国空军和来自城市西面高地的炮火的阻断下。但从另一方面看，斯大林格勒的地形也使德国人无法彻底包围这座城市。因此，进攻方最终被迫发起了代价高昂的正面突击，竭力突破这座狭长的城市，进入一个个防御薄弱的地段。另外，由于德军位于河流西岸的高地上，无法压低炮口以猛烈的直射火力打击位于下方狭长地带的苏军，这使守军得以卸载物资并设立起相对安全的指挥所。

　　按照苏联的标准，斯大林格勒是一座样板城，拥有许多现代化白色公寓楼以及庞大的花园和公园。一系列地标高高耸立，既有人造的，也有天然的。这些地标不可避免地成为军事目标，对进攻方和防御方都是如此。城市北半部

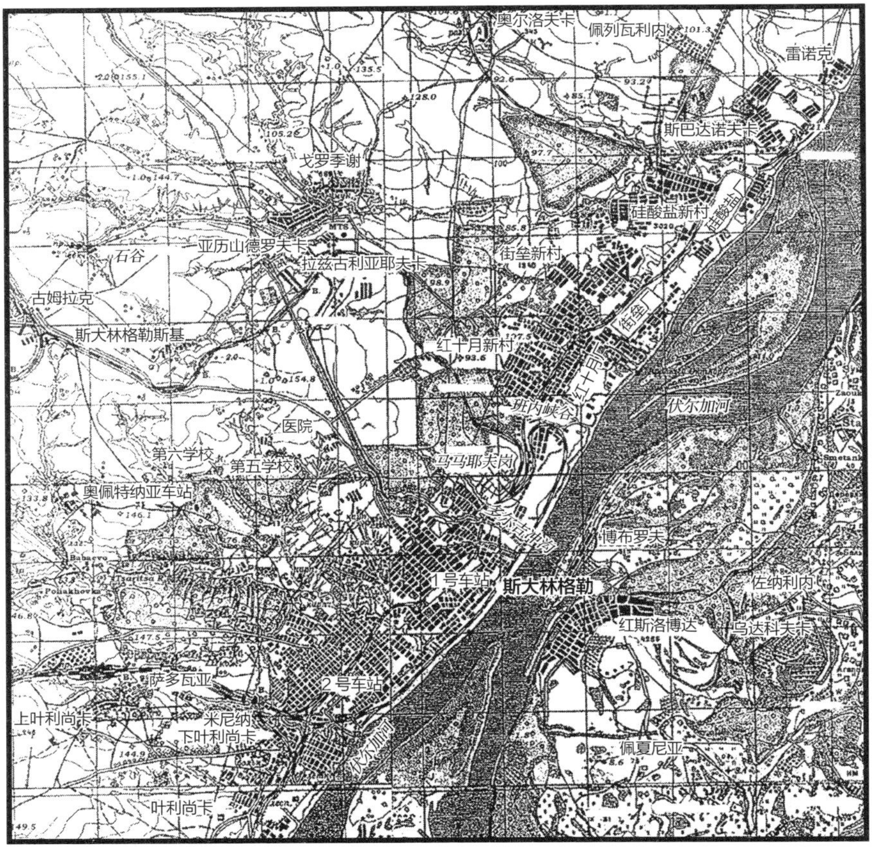

地图 4 斯大林格勒及其郊区

伫立着四座大型工厂，由北至南分别是"捷尔任斯基"拖拉机厂、"街垒"
（红色街垒）火炮厂、"红十月"冶金厂和"拉祖尔"化工厂，这些工厂将成
为名副其实的堡垒和激战的焦点。城郊战斗的最初几天，"捷尔任斯基"拖拉
机厂仍在制造T-34，这些坦克下线后直接投入战斗。"街垒"火炮厂正西面
是雕塑公园，这是一片巨大且相对开阔的矩形地带，几百米外是硅酸盐厂。这
些大型工厂之间还有些小型工厂，例如拖拉机厂南面的砖厂、位于"街垒"火
炮厂南面一个街区的面包厂等。

　　这些工厂的西面和西北面排列着工人新村，每个工厂一座，西面是梅切

特卡（Mechetka）河和与之关联的维什涅瓦亚（Vishnevaia）峡谷，这道深邃的峡谷对工厂区抗击来自西面的进攻极其有利。西面地势较高处还有两座远郊镇——奥尔洛夫卡和戈罗季谢（Gorodishche），古姆拉克（Gumrak）机场位于城市西北方10公里处。

　　斯大林格勒最突出的地形特征是马马耶夫岗（Mamaev Kurgan），这座古老的鞑靼坟丘坐落在市中心与北部工厂区中间。交战双方都想占领这座海拔102米的山丘，以此作为一个观察所。马马耶夫岗的北侧和南侧，三道深邃的峡谷向东通往伏尔加河，北面是班内（Bannyi）峡谷，南面是克鲁托伊（Krutoi）和多尔吉（Dolgii）冲沟，给南北向交通造成了巨大的阻碍，也为守军提供了使之免遭窥探和炮击的掩护。马马耶夫岗和三道峡谷的西面是一座机场和相关的飞行学校。再过去是一所医院，坐落在拉兹古利亚耶夫卡（Razgulaevka）车站南面的高地上，而这座火车站位于通入市中心的主铁路线上。斯大林格勒主火车站（1号车站）位于城市南面，是个争夺激烈的地点，因为它坐落在城市红场和伏尔加河主要渡口的正西面。

　　察里察（Tsaritsa）河将斯大林格勒南端与市中心隔开，穿过一道将城市一分为二的深邃峡谷，为东西向进攻行动提供了天然的方向指引，最终汇入伏尔加河。以叶利尚卡（El'shanka）河为南部边界的城市这一部分，包括另一座火车站（2号车站）和东南方数百米的巨大粮仓。从沃罗波诺沃（Voroponovo）和萨多瓦亚（Sadovaia）车站而来的铁路线沿叶利尚卡河北岸向东延伸，然后转身向北，穿过斯大林格勒南部区域，经2号车站跨过察里察河，直至斯大林格勒市中心的1号车站。粮仓与铁路线之间排列着大批厂房和仓库，它们都属于这座城市的综合食品加工厂。城市南部区域西面的高地上，伫立着一座墓地和一座大型兵营，再往西的高地上，排列着农场和花园，以及相关的皮具厂和农机站。

　　叶利尚卡河南面是米尼纳（Minina）和库波罗斯诺耶（Kuporosnoe）郊区。前者包括叶利尚卡河南岸的几座砖厂，以及位于伏尔加河西岸的一座木材加工厂和"10月25日"发电厂；后者位于伏尔加河与西面开阔农田之间的一片狭长地域，2号木材加工厂便在其中。

　　斯大林格勒的周边地形有利于从三条路线突入城区。第一条路线沿伏尔加河西岸向南，从雷诺克穿过斯巴达诺夫卡（Spartanovka），渡过莫克拉亚梅切特卡（Mokraia Mechetka）河后进入城市工厂区。第二条路线从孔纳亚（Konnaia）车站沿公路和铁路线向东南方延伸，经戈罗季谢、古姆拉克车站和马马耶夫岗以西地域进入斯大林格勒市中心，终点为1号车站和红场。第三条路线从沃罗波诺沃车站和佩先卡（Peschanka）沿叶利尚卡河北面的公路和铁路线向东延伸，进入城市南部，终点为2号车站。第6集团军辖下的第14装甲军和第51军试图利用前两条路线，而第4装甲集团军的第48装甲军将沿第三条路线攻入市区。

双方的兵力

9月3日，德军对斯大林格勒西郊和西南郊发起突击，从这一天起，随着交战双方将部队填入市区作战的绞肉机，他们在城区及周边的兵力和作战编成便不断发生着变化。

B集团军群9月3日的兵力约为980000人，包括580000名德军士兵和400000名卫星国士兵，而A集团军群的兵力约为300000人（参见图表2）。[1]

沿斯大林格勒方向（也就是从顿河畔巴布卡南延至萨尔帕湖的作战区域，这片区域从意大利第8集团军左分界线延伸至第4装甲集团军第4军的右分界线），B集团军群9月3日投入意大利第8集团军、德国第6集团军和德国第4装甲集团军麾下的425000名士兵。这个数据中，约30000名作战士兵属于第6集团军第51军（第389、第295、第71步兵师），50000人属于第4装甲集团军第48装甲军和第4军（第24和第14装甲师、第29摩步师、第94步兵师、罗马尼亚第20步兵师），也就是说，共80000名德军士兵参加对斯大林格勒城的最初突击。[2]这些部队后来在进攻行动中获得第100猎兵师、第305步兵师的增援和替换，11月，德军又投入第79步兵师的2个团。

第6集团军的余部，约占其总兵力的三分之二强，在城市北面向北占据防御阵地，或在西面据守顿河南岸。集团军编成内的第17、第11军，分别辖35000人和45000人，沿顿河抗击苏军第21集团军和坦克第4集团军，这段战区从谢拉菲莫维奇（Serafimovich）登陆场东延至卡恰林斯卡亚（Kachalinskaia）。稍南面，第8军（约32000名士兵）和第14装甲军（也有

32000名士兵）面对着顿河与伏尔加河之间的苏军第24、第66和近卫第1集团军。虽说第14装甲军的主力面朝北方，但由于他们占据了一条通往伏尔加河的"走廊"，该军辖下的3个师以三分之二兵力向北设防，另外三分之一兵力面对南面的斯大林格勒城。具有讽刺意味的是，尽管历史对第6集团军的斯大林格勒争夺战关注有加，但该集团军半数以上的兵力并未参加城内的激战，而是投入了城市北面和西北面同样具有决定性（如果不能说"更加重要"的话）的战斗。

图表2：1942年9月3日，B集团军群辖内各部队的部署和兵力

第2集团军（利夫内至沃罗涅日以南）——4个军，共14个步兵师和1个装甲师，约180000人；

匈牙利第2集团军（沃罗涅日以南至巴布卡）——3个匈牙利军和第24装甲军，共9个匈牙利轻步兵师和1个匈牙利装甲师，约100000人；另外，2个德军步兵师（第168和第336师，约20000人）为其提供加强；

意大利第8集团军（巴布卡至谢拉菲莫维奇）——2个意大利军和1个德国军，共7个步兵师和2个骑兵旅，约100000人；另外，2个德军步兵师（第294和第62师，约20000人）为其提供加强；

第6集团军（谢拉菲莫维奇至沃罗波诺沃）——1个装甲军和4个步兵军，共11个步兵师、2个装甲师和1个摩步师，约200000人；

第4装甲集团军——2个集团军（1个德国集团军、1个罗马尼亚集团军）和1个装甲军，共7个步兵师（3个德国师和4个罗马尼亚师）、2个装甲师和1个摩步师，约150000人；

第16摩步师——约14000人，掩护集团军群的南翼；

集团军群预备队——1个德国步兵师（第298师）、意大利山地军（辖2个山地步兵师，约20000人）、2个罗马尼亚军（辖7个步兵师、1个装甲师和2个骑兵师），约100000人。*

---

*注：对第6集团军和第4装甲集团军总兵力的各种估测差异很大。例如俄罗斯官方史，佐洛塔廖夫主编的 *Velikaia Otechestvennaia voina 1941−1945, Kniga 1: Surovye ispytaniia*（《伟大卫国战争，1941—1945年，第一册：严酷的考验》）一书第361页指出，8月21日（甚至在月底爆发激战前），德国第6集团军和第4装甲集团军的总兵力为236000人、400辆坦克和2800门火炮/迫击炮，而斯大林格勒方面军辖下第62、第64和坦克第4集团军的总兵力为148000人、270辆坦克和1888门火炮/迫击炮。当然，这些部队的实际作战兵力要少得多。而瓦尔特·格尔利茨在《保卢斯与斯大林格勒》一书第273页，引用了第6集团军1942年12月22日7点签发的报告，指出被围于斯大林格勒的德国和罗马尼亚士兵共249600人，其中包括13000名罗马尼亚人和19300名俄国志愿辅助人员，这就意味着第6集团军和第4装甲集团军的总兵力为227300人[1]。如果说被围期间34000名德军士兵阵亡、39000人逃脱，那么第6集团军和第4装甲集团军在11月初被合围的总人数就约300000人，而不是9月初的340000人。

---

[1] 译注：217300人？

在此期间，斯大林格勒方面军和东南方面军以8个集团军约550000名士兵守卫着从顿河畔巴布卡至萨尔帕湖的防区，其中470000人隶属于各野战集团军（参见图表3）。

图表3：1942年9月3日，斯大林格勒、东南方面军各部队的部署和兵力

斯大林格勒方面军

第63集团军（巴布卡至霍皮奥尔河）——6个步兵师，约45000人；

第21集团军（霍皮奥尔河至伊洛夫利亚河）——11个步兵师、1个坦克歼击旅、3个独立坦克营，约60000人；

坦克第4集团军（伊洛夫利亚河至科特卢班）——5个步兵师、1个坦克旅、1个摩托化步兵旅，约40000人；

第24集团军（科特卢班至"564公里"车站）——5个步兵师、1个坦克旅，约50000人；

近卫第1集团军（"564公里"车站至农机站）——8个步兵师、3个坦克军，约80000人；

第66集团军（农机站至伏尔加河）——6个步兵师、4个坦克旅，约60000人。

坦克力量——350—400辆

东南方面军

第62集团军（雷诺克至旧杜博夫卡）——8个步兵师、3个步兵旅、1个坦克歼击旅、1个筑垒地域、2个坦克军、1个坦克旅、2个摩托化步兵旅，约54000人；

第64集团军（旧杜博夫卡至伊万诺夫卡）——8个步兵师、2个步兵旅、1个筑垒地域、6个军校学员团，约50000人；

第57集团军（伊万诺夫卡至萨尔帕湖）——3个步兵师、1个筑垒地域，约30000人。

坦克力量——200—250辆＊

＊注：伊萨耶夫在Kogda vnezapnosti uzhe ne bylo（《不出意料》）一书第80页指出，在城内的战斗中，第62集团军以54000名士兵抗击着100000名德军士兵。罗科索夫斯基在《伏尔加河畔的伟大胜利》一书第132页指出，第62集团军的兵力为44970人，而德军投入城内作战的兵力为80240人。不过，伊萨耶夫错误地将德军第76步兵师也加入到了统计中，如果减去该师的人数，他的数据与罗科索夫斯基相近。这里列举的斯大林格勒、东南方面军各集团军的兵力是基于各集团军辖内各个师和旅的相对实力，无论这些师和旅是新锐部队还是已在过去的战斗中受损。

装甲支援力量方面，第6集团军和第4装甲集团军9月3日拼凑起250—300辆坦克，第14和第24装甲师各有35—40辆坦克，第16装甲师尚有60—70辆，第22装甲师有66辆，第3、第60和第29摩步师各有20—30辆。他们还获得了30—40辆突击炮（苏联方面将其统计为坦克）的加强，分别隶属于第177、第

244和第245突击炮营, 这几个营分配给B集团军群及其辖下的集团军和军。[3]
斯大林格勒方面军和东南方面军共有550—650辆坦克。斯大林格勒方面军有
350—400辆坦克, 其中约300辆隶属于坦克第4、第7、第16军, 另外50—100
辆属于坦克第22和第28军、7个坦克旅及4个独立坦克营。东南方面军有200—
250辆坦克, 其中146辆用于支援第62和第64集团军 (坦克第28军有50辆, 坦
克第23军有13辆), 剩下的坦克属于方面军直属的坦克第2军辖内的各坦克旅
和各独立坦克营。[4]

　　斯大林格勒方面军和东南方面军沿斯大林格勒方向部署的兵力和坦克超
过德国第6集团军和第4装甲集团军, 这一点不足为奇, 但德军拥有950架战
机, 苏军只有226架, 德国人掌握着制空权。[5]

　　交战双方投入战场的兵力、坦克和飞机, 每天的实际数量受到诸多因素
的影响, 例如德国人遭遇的后勤困难, 苏军将武器和兵员运过伏尔加河时面临
的挑战。这里仅举一个例子: 负责支援"蓝色"行动的第4航空队, 战役发起
时拥有1600架飞机, 但到9月份只剩下950架, 每日可投入的飞机约为550架。[6]
另外, 随着战斗的进行, 双方的坦克不断进入或离开各自的作战坦克放置场。

　　虽说这种实力对比很粗略, 但交战双方投入的实际兵力不断发生变化,
这反映出了战事的跌宕起伏。德国第6集团军和第4装甲集团军共编有21个德国
师和4个罗马尼亚师, 部署区域从谢拉菲莫维奇 (顿河对岸的苏军登陆场) 南
延至斯大林格勒南面、伏尔加河以西的湖区 (参见图表4)。

　　9月3日, 第11军的4个步兵师守卫着克列茨卡亚 (Kletskaia) 登陆场。第8
军辖下的第305、第76步兵师和第14装甲军编成内的第3、第60摩步师及第16装
甲师在顿河与伏尔加河之间掩护着保卢斯的左 (北) 翼。不过, 第14装甲军3
个快速师的小股部队正对斯大林格勒北郊发动进攻。与此同时, 赛德利茨第51
军以第389、第295和第71步兵师对斯大林格勒西郊和西北郊实施突击。南面,
第4装甲集团军以第48装甲军第14和第24装甲师、罗马尼亚第20步兵师、第29
摩步师及第4军第94步兵师攻入斯大林格勒城南部三分之一处。[7]

　　因此, 德军最初对该城发起的突击, 投入的兵力稍稍超过8万, 主要是从
西北面、西面和西南面展开。进攻方原先的打算是从两翼迂回这座城市, 第14
装甲军从北面发起突击, 第48装甲军从西南面压上, 而第51军从西面展开进

图表 4：1942 年 9 月 3 日，第 6 集团军、第 4 装甲集团军和 B 集团军群协同部队作战编成（由北至南）

第6集团军——装甲兵上将弗里德里希·保卢斯
  第17军——步兵上将卡尔·霍利特
    第79步兵师——里夏德·冯·什未林中将[1]
    第113步兵师——汉斯-海因里希·西克斯特·冯·阿尼姆中将
    第22装甲师——威廉·冯·阿佩尔中将[2]
  第11军——步兵上将卡尔·施特雷克尔
    第376步兵师——亚历山大·埃德勒·冯·丹尼尔斯中将[3]
    第100猎兵师——维尔纳·桑内中将
    第44步兵师——海因里希·德博伊中将[4]
    第384步兵师（9月初调自第8军）
  第8军——瓦尔特·海茨中将[5]
    第384步兵师（9月初转隶第11军）——男爵埃克卡德·冯·加布伦茨中将
    第305步兵师——库尔特·奥彭兰德尔中将[6]
    第76步兵师（9月初调自第51军）——卡尔·罗登伯格中将[7]
  第14装甲军——步兵上将古斯塔夫·冯·维特斯海姆
    第60摩步师——奥托·科勒曼少将
    第3摩步师——赫尔穆特·施勒默尔中将[8]
    第16装甲师——汉斯-瓦伦丁·胡贝少将[9]
  第51军——炮兵上将瓦尔特·冯·赛德利茨-库尔茨巴赫
    第76步兵师（9月初转隶第8军）
    第389步兵师——埃尔温·耶内克中将
    第295步兵师——炮兵上将罗尔夫·武特曼[10]
    第71步兵师——步兵上将亚历山大·冯·哈特曼[11]

第4装甲集团军——赫尔曼·霍特大将
  第48装甲军——装甲兵上将维尔纳·肯普夫
    第24装甲师——骑士布鲁诺·冯·豪恩席尔德尔少将
    罗马尼亚第20步兵师
    第14装甲师——费迪南德·海姆中将[12]
    第29摩步师——马克斯·弗雷梅赖中将[13]
  第4军——步兵上将维托·冯·施威德勒
    第94步兵师——炮兵上将格奥尔格·普法伊费尔[14]
    第297步兵师——炮兵上将马克斯·普费弗[15]
    第371步兵师——里夏德·施滕佩尔中将[16]
  罗马尼亚第6军（罗马尼亚第4集团军）——科尔内留·德拉格利纳中将
    罗马尼亚第1步兵师
    罗马尼亚第2步兵师
    罗马尼亚第4步兵师

B集团军群辖内部队
意大利第8集团军——伊塔洛·加里波第上将
  意大利第2军
    第294步兵师（德国）——步兵上将约翰内斯·布洛克[17]

意大利第5"科塞里亚"步兵师
意大利第3"拉文纳"步兵师
意大利第35军
　意大利第9"帕苏比奥"步兵师[18]
　意大利第3快速师
　意大利第2"斯福塞斯卡"步兵师
　意大利第2"特利登蒂诺"山地师
　意大利"巴尔博"骑兵旅
　意大利"黑衫党员"骑兵旅（1月3日）
第29军——步兵上将汉斯·冯·奥布斯特费尔德
　意大利第52"都灵"步兵师[19]
　第62步兵师（德国）——鲁道夫·弗里德里希中将，9月15日由里夏德−海因里希·冯·罗伊斯
　　少将[20]接任

集团军群直属部队
　罗马尼亚第2军（只有军部）
　罗马尼亚第5军（只有军部）
　罗马尼亚第1装甲师
　罗马尼亚第1骑兵师
　罗马尼亚第5步兵师
　罗马尼亚第7骑兵师
　罗马尼亚第13步兵师
　第16摩步师（德国）（9月初前在埃利斯塔地域掩护侧翼）——装甲兵上将西格弗里德·亨里齐[21]
　第298步兵师（德国）——阿诺德·希泽林斯基中将[22]

---

① 译注：应为少将。
② 译注：应为少将。
③ 译注：应为少将。
④ 译注：应为少将。
⑤ 译注：应为炮兵上将。
⑥ 译注：应为少将。
⑦ 译注：应为少将。
⑧ 译注：应为少将。
⑨ 译注：应为中将。
⑩ 译注：应为少将。
⑪ 译注：应为少将。
⑫ 译注：应为少将。
⑬ 译注：应为少将。
⑭ 译注：应为中将。
⑮ 译注：应为中将。
⑯ 译注：应为少将。
⑰ 译注：应为少将。
⑱ 译注：应为摩步师。
⑲ 译注：应为摩步师。
⑳ 译注：应为总参上校。
㉑ 译注：应为中将。
㉒ 译注：应为少将。

攻。可是，斯大林格勒方面军辖下诸集团军8月下旬在科特卢班地域发起的反突击使这个计划泡了汤，第14装甲军遭到牵制，被迫离开斯大林格勒北部接近地。此后，第6集团军第51军和第4装甲集团军第48装甲军对斯大林格勒城发起一连串正面进攻，力图突破苏军第62集团军的防御，并攻占马马耶夫岗这种重要的地形区域以及岸边的几座主要渡口。

尽管进攻方近半数兵力（第6集团军和第4装甲集团军共辖25个师，起初投入9个，最终投入12个）直接卷入了城市争夺战，但斯大林格勒方面军的部队和东南方面军的主力仍在斯大林格勒城外（参见图表5）。[8]

9月3日时，只有洛帕京的第62集团军和舒米洛夫的第64集团军（不到半数力量），在NKVD和各种民兵单位的支援下守卫着市区接近地。可是，就连这两个集团军的编制也不完整，因为他们的大多数炮兵留在伏尔加河东

图表5：1942年9月3日，斯大林格勒、东南方面军作战编成（由北至南）

斯大林格勒方面军——A. I. 叶廖缅科上将
　第63集团军——V. I. 库兹涅佐夫中将
　　近卫步兵第14师，步兵第1、第127、第153、第197、第203师
　第21集团军——A. I. 丹尼洛夫少将
　　近卫步兵第4、第40师，步兵第23、第63、第76、第96、第124、第278、第304、第321、第343师，独立坦克歼击第5旅
　　独立坦克第646、第647、第652营
　坦克第4集团军——V. D. 克留琴金少将
　　近卫步兵第27、第37师，步兵第18、第214、第298师
　　坦克第193旅、摩托化步兵第22旅、装甲列车第40营
　第24集团军——D. T. 科兹洛夫少将
　　步兵第173、第207、第221、第292、第308师
　　坦克第217旅
　近卫第1集团军——K. S. 莫斯卡连科炮兵少将
　　近卫步兵第38、第39、第41师，步兵第24、第64、第84、第116、第315师
　　坦克第4、第7、第16军
　第66集团军——R. Ia. 马利诺夫斯基中将
　　步兵第49、第99、第120、第231、第299、第316师
　　坦克第10、第69、第148、第246旅
　空军第8集团军——V. N. 日丹诺夫空军中将[1]

① 译注：应为T. T. 赫留金空军少将。

　　　强击航空兵第206、第226、第228师
　　　歼击航空兵第220、第268、第269、第287、第288师
　　　歼击-轰炸航空兵第270、第271、第272师
　　　混成航空兵第23、第282、第633、第655团
　　　侦察航空兵第8、轻型轰炸机航空兵第714、运输航空兵第678团
　　方面军直属部队
　　　近卫骑兵第3军（近卫骑兵第5、第6师，骑兵第32师）
　　　步兵第147、第184师
　　　独立坦克歼击第13、第22旅
　　　第54筑垒地域
　　　坦克第22、第28军
　　　坦克第176旅、独立坦克第648营
　　　独立装甲列车第59营、防空装甲列车第377营

东南方面军——A. I. 叶廖缅科上将
　　第62集团军——A. I. 洛帕京中将（V. I. 崔可夫中将9月12日接任）
　　　　近卫步兵第33、第35师，步兵第87、第98、第196、第229、第309师，NKVD步兵第10师，
　　　　步兵第115、第124、第149旅，独立坦克歼击第20旅，第115筑垒地域
　　　　坦克第2、第23军
　　　　独立摩托化步兵第20、第38旅
　　　　坦克第169旅
　　第64集团军——M. S. 舒米洛夫中将
　　　　近卫步兵第36师，步兵第29、第38、第126、第138、第157、第204、第208师，海军步兵第
　　　　66、第154旅，预备步兵第10（独立第160）旅，来自文尼察、日托米尔、格罗兹尼、奥尔忠尼
　　　　启则第一和第二步兵学校、克拉斯诺达尔机枪-迫击炮学校的6个学员步兵团，第118筑垒地域
　　　　坦克第13军
　　　　独立装甲列车第28营
　　第57集团军——F. I. 托尔布欣少将
　　　　近卫步兵第15师，步兵第244、第422师，第76筑垒地域
　　　　坦克第6旅
　　第51集团军——T. K. 科洛米耶茨少将
　　　　步兵第91、第302师
　　　　骑兵第115师、独立骑兵第255团
　　　　独立坦克第125营
　　　　独立装甲列车第51营
　　方面军直属部队
　　　　第77、第78、第116筑垒地域，坦克歼击第132支队
　　　　坦克第40、第134、第135、第137、第255旅，独立坦克第644营
　　　　独立装甲列车第30营

岸，从那里实施炮击，并未进入市区。这种脱离非常必要，可以解决两个问题：苏军在市区的登陆场纵深较浅，无法为炮兵阵地提供足够的空间；城内的守军不得不依靠渡轮获得再补给。此后，随着战斗的进行，第62集团军的作战兵力有升有降，但很可能不会超过最初的54000人。正如我们要在后面讨论的那样，第64集团军最初的50000名士兵已完全离开城市，集结在南面的别克托夫卡登陆场。

尽管心理和政治因素要求苏维埃政权全力阻止斯大林格勒城落入德国人之手，但军事需要却要求红军将重点放在这座燃烧的城市外。因此，苏军最高统帅部和叶廖缅科对待城内的战事，犹如面对一团熊熊燃烧的火焰，必须让它继续燃烧，目的是为了消耗德军实力，并将敌人的注意力从即将发起决战的地域转移开——决战地域指的是沿顿河和伏尔加河的战线。因此，每当德国人即将夺取全城，而第62集团军的兵力又似乎快消耗殆尽之际，苏军最高统帅部和方面军司令员便为该集团军补充新部队，确保防御战继续进行，阻止德军赢得胜利。但在此期间，苏军统帅部沿城市西北面、南面的顿河和伏尔加河悄然集结预备力量，决战将在那里沿德国第6集团军和第4装甲集团军越来越脆弱的侧翼发起。

就像1941年秋季所做的那样，斯大林全力确保有足够的兵力来实施这一策略以及其他精心策划的进攻行动。他签发了大量指令，要求组建新集团军和军，并集结新锐预备力量，主要部署在莫斯科和斯大林格勒方向。例如，8月24日和26日他下令组建第66、第24集团军，并于8月28日将其调拨给斯大林格勒方面军，要求他们立即投入该地域的战斗；8月31日晨，这位独裁者又给沃尔霍夫方面军、西北方面军、西方面军、布良斯克方面军、沃罗涅日方面军、斯大林格勒方面军发出几乎同样的指令，要求每个方面军抽调几个步兵师和步兵旅，加入最高统帅部预备队（参见图表6）。[9]

使用这些部队和最高统帅部预备队内其他兵团的同时，斯大林还下令组建5个新的预备队集团军，预备队第4集团军围绕第65集团军司令部建立（第65集团军几天前刚刚成立），而预备队第1、第2、第3、第10集团军则为全新组建（参见图表7）。[10]

预备队第4、第10集团军作为野战集团军或加强兵团在斯大林格勒地域投入部署，预备队第1集团军用于沃罗涅日地域。预备队第3、第2集团军接到明

图表6：1942 年 8 月 31 日，最高统帅部预备队所辖兵团

方面军	兵团的数目和生效日期	
	9月10日	9月20日
沃尔霍夫方面军	2个步兵旅	4个步兵师、2个步兵旅
西北方面军	1个步兵师、5个步兵旅	1个步兵师、3个步兵旅
西方面军	5个步兵师、3个步兵旅	5个步兵师、3个步兵旅
布良斯克方面军		1个步兵旅
沃罗涅日方面军	2个步兵师、1个步兵旅	3个步兵师
斯大林格勒方面军	5个步兵师	
总计	13个步兵师、11个步兵旅	13个步兵师、9个步兵旅

图表7：1942 年 8 月 31 日，最高统帅部预备队集团军编成

集团军	编成	位置
预备队第4集团军（第65集团军）	近卫步兵第9师，步兵第193、第252、第226、第284、第333师	鲍里索列布斯克、乌留平斯克、埃兰、阿尔卡达克（斯大林格勒西北方250—350公里处）
预备队第10集团军	近卫步兵第13师，步兵第300、第62、第277、第45、第21师	阿特卡尔斯克、巴兰达、红伊阿尔、卡梅申、萨拉托夫（斯大林格勒以北180—320公里处）
预备队第1集团军	步兵第293、第387师，3个未指明番号的步兵师，1个指明番号的步兵旅	坦波夫、拉斯卡佐沃、米丘林斯克、莫尔尚斯克（沃罗涅日东北方200—250公里处）
预备队第3集团军	4个未指明番号的步兵师、2个未指明番号的步兵旅	上沃洛乔克、托尔若克、加里宁、克林（莫斯科西北方80—210公里处）
预备队第2集团军	步兵第256、第381师，3个未指明番号的步兵师，步兵第25旅	沃洛格达、切列波韦茨、丹尼洛夫、布伊（莫斯科东北偏北方300—320公里处）

44

确指令，沿莫斯科方向加强加里宁方面军和西方面军。

另外，斯大林还命令斯大林格勒军区领率机关改编为第28集团军司令部，9月5日生效。新组建的这个集团军在东南方面军左翼投入部署，并掌握阿斯特拉罕军事委员会及其相邻区域。[11]第28集团军在阿斯特拉罕组建后，为填补该集团军与东南方面军之间的缺口，最高统帅部还组建起新的步兵第7军，辖步兵第169师、步兵第141旅和另外3个未指明番号的步兵旅，并将该军部署在斯大林格勒东南方100—120公里处，伏尔加河畔的上巴斯昆恰克（Verkhnii Baskunchak）。[12]

与此同时，朱可夫设法保持在莫斯科地区发起的进攻行动，他的西方面军和科涅夫的加里宁方面军辖内各集团军继续打击德国"中央"集团军群盘踞在勒热夫—维亚济马突出部的部队。为加强这些部队，朱可夫8月31日下达了重建第43集团军（该集团军的司令部一直处在最高统帅部的掌握下）的指令，9月10日生效。康斯坦丁·德米特里耶维奇·戈卢别夫中将任司令员，他在"巴巴罗萨"战役期间先后指挥过第10、第13和第43集团军，新组建的第43集团军辖近卫步兵第21师、步兵第262师，以及原预备队第10集团军的步兵第262[①]、第32、第238、第279、第306师。[13]戈卢别夫的集团军将集结在莫斯科以西的沃洛科拉姆斯克（Volokolamsk）、莫扎伊斯克（Mozhaisk）、韦列亚（Vereia）、纳罗福明斯克（Naro-Fominsk）地域，与新组建的预备队第2、第3集团军一同加强加里宁方面军或西方面军。[14]

下达这些指令后，斯大林、朱可夫和最高统帅部开始集结至关重要的预备力量，这些部队既可以加强第62、第64集团军在斯大林格勒周边摇摇欲坠的防御，也可以增援斯大林格勒地域或莫斯科方向计划中的反突击或反攻，甚至二者兼顾。就在斯大林和苏军最高统帅部调集新锐预备队之际，斯大林格勒争夺战愈演愈烈。保卢斯和霍特的集团军猛攻城市外围廊，而斯大林格勒方面军位于城市北面和西北面的各集团军力图攻破德军通往伏尔加河的走廊，营救城内的守军。

---

① 译注：原文如此。

朱可夫的科特卢班攻势，9月3日—12日

9月份最初的两周，斯大林格勒地域的战斗呈两种态势。首先，第6集团军和第4装甲集团军展开了一场相互协同的突击，试图突破第62、第64集团军掩护斯大林格勒郊区的防御并攻入市区。其次（与此同时），斯大林格勒方面军组织起一场反突击，旨在突破城市北面和西北面德军从顿河东延至伏尔加河的狭窄通道，与斯大林格勒城内的第62集团军恢复联系。9月3日拂晓，保卢斯和霍特的部队对斯大林格勒城郊发起进攻。斯大林格勒方面军位于通道北面的各集团军在朱可夫的指挥下，对顿河与伏尔加河之间的德军防御发起了反突击，但这场进攻推延了一天，且以零零碎碎的方式进行。

不到一周前的8月26日，斯大林任命朱可夫担任一个前所未有的职务——最高副统帅，为确保采取一切措施守卫斯大林格勒，他派朱可夫赶赴斯大林格勒，承担起该地域的防御指挥工作。接下来的48小时内，这位独裁者组建起第24、第66集团军，并将这两个集团军调拨给叶廖缅科的斯大林格勒方面军，要求以这些部队对第6集团军的北翼发起进攻。履新途中，朱可夫在莫斯科短暂停留，与斯大林和国防人民委员部进行磋商，8月29日晚些时候，他终于赶至叶廖缅科设在小伊万诺夫卡（Malaia Ivanovka）的司令部。随后，遵照斯大林的指示，最高副统帅命令莫斯卡连科将近卫第1集团军设在克列茨卡亚登陆场的司令部东移，渡过顿河，迁往科特卢班东北方25公里处的萨德基（Sadki）村，该集团军辖内的部队赶往附近的洛兹诺耶（Loznoe）地域，以便参加随后发起的新攻势："将莫斯卡连科将军的近卫第1集团军重新部署至洛兹诺耶地域，9月2日晨，该集团军必须对已突至伏尔加河的敌军集团实施反突击，并与第62集团军会合。命令第24和第66集团军在莫斯卡连科集团军的掩护下进入出发地域，并立即投入战斗，否则我们就将丢掉斯大林格勒。"[15]

莫斯卡连科接到朱可夫的命令已是8月30日晨，他只有三天时间东调部队并对进攻行动进行必要的准备。一旦就位，莫斯卡连科集团军的侧翼将由马利诺夫斯基第66集团军（居左）、科兹洛夫第24集团军和克留琴金坦克第4集团军（居右）提供掩护。莫斯卡连科的近卫军士兵将在这场反突击行动中担任前锋，对德国第6集团军辖下的第8军发起打击。但是，莫斯卡连科首先要将集团军主力东调，并把防区移交给丹尼洛夫的第21集团军，集团军辖下的近卫步兵

46

第38、第41师部署至洛兹诺耶地域后，还要将原"科瓦连科"集群编成内的近卫步兵第39师，步兵第24、第64、第84、第116、第315师和坦克第4、第16军以及新锐坦克第7军整合进他的集团军。[16]截至8月31日，近卫第1集团军的3个坦克军分别拥有36辆、104辆、169辆坦克，共计309辆。[17]可是，与苏军其他坦克军的情况一样，这几个坦克军辖内的摩托化步兵旅实力严重不足，坦克第7军的摩托化步兵第7旅尤为典型，步兵兵力仅为规定编制的30%。

　　从一开始，莫斯卡连科就面临着几乎无法克服的难题。首先，从"科瓦连科"集群转隶来的部队，已在8月26日—28日科特卢班南面和东南面与德国第6集团军第8军、第14装甲军的激战中遭受到严重损失，6个步兵师的伤亡高达三分之一，2个坦克军的350辆坦克损失了250多辆①。[18]截至8月31日晚，德军发起的反击已将科瓦连科的部队逐回原先的出发地域，这条17公里长的防线从"564公里"车站北面向东延伸，经库兹米希（Kuz'michi）和139.7高地，直至苏哈亚梅切特卡（Sukhaia Mechetka）河干涸的河床。[19]

　　其次，近卫第1集团军和为其提供支援的炮兵单位严重缺乏火炮。例如，近卫步兵第39师只有19门火炮，步兵第24师只有42门，步兵第315师只有54门；更糟糕的是，他们残余的反坦克炮，近半数是威力不足的45毫米口径型号。第三点，上级部门答应提供给莫斯卡连科的新锐援兵，近卫步兵第38、第41师和罗特米斯特罗夫齐装满员的坦克第7军，为赶赴新集结区不得不跋涉200公里，这意味着许多——例如罗特米斯特罗夫的坦克部队直到9月2日晚才到达指定出发地域，而此时已是发起计划中的进攻行动的前夕。[20]

　　虽然莫斯卡连科和各集团军司令员面对的挑战十分严峻，但命令就是命令，在战争的这一阶段，决不允许质疑上级部门。就像1941年9月在列宁格勒、1941年11月在莫斯科所做的那样，朱可夫别无选择，只能执行斯大林的命令；带着一贯的冷酷和狂热，他奉命行事。

　　可就连朱可夫也无法改变时间和空间因素。由于莫斯卡连科没能赶在9月1日至2日的夜晚将他的集团军完整集结于指定出发地域，当晚，朱可夫批准他

---

① 译注：坦克第4、第16军只有250辆坦克，另外100辆属于"什捷夫涅夫"集群的坦克第2、第23军，参见第一卷第八章。

将进攻发起时间从9月2日5点推迟至10点30分。但困难依然没有解决，莫斯卡连科提出请求后，朱可夫9月2日午夜向最高统帅部汇报：

由于缺乏燃料，再加上进入出发地域的途中发生延迟，编入近卫第1集团军的部队无法在9月2日晨开始进攻。坦克第7军和M–30近卫迫击炮部队也缺乏燃料。方面军和各集团军的燃料补给部门没有（正确）运作。我无法在10点30分发起计划中的进攻。我正采取一切措施加快燃料的调运，以便各部队进入出发地域，并在当日下午投入进攻，但我认为这些部队并未做好战斗准备。如果情况允许，我请求将进攻（发起时间）推迟至1942年9月3日晨。[21]

获得最高统帅部批准后，没过几个小时，朱可夫又向莫斯科报告：

近卫第1集团军将于1942年9月3日5点投入进攻。该集团军无法在今日（9月2日）发起冲击，因为各部队尚未进入出发地域，来不及前送燃料、弹药并组织战斗。为避免各部队无组织地投入战斗并因此遭受无谓的损失，我在现场亲自检查后，决定将进攻时间推迟至9月3日5点。

我已将第24和第66集团军的进攻日期定于9月5日或6日。现全体指挥人员正在拟制详细目标，我们也正在采取措施确保战役的物质保障。[22]

在这份电报中，朱可夫错误地补充道："我们获悉敌人正将另外4个步兵师调至（顿河）渡口，其中的2个来自近卫第1集团军先前的作战地域。"[23]这是个错误的消息，因为9月1日和2日，德国人只派出了2个师向东渡过顿河。第一个是第389步兵师，奉命加强第51军对斯大林格勒的突击；第二个是第305步兵师，奉命接替第384步兵师，在前一周顿河以东的激战中第384师损失惨重。第305师与第384师这场"王车易位"，使科特卢班以南地域两个德军师中实力较强的一个横跨在苏军最有可能发起进攻的路线上。一旦完成换防，第384步兵师便能够进入第305步兵师位于顿河以西的原阵地。保卢斯对部队做出调整后，第8军第305、第76步兵师和第14装甲军（第3、第60摩步师和第16装甲师）三分之一的兵力负责守卫"走廊"北侧，抗击斯大林格勒方面军第24、第

66集团军和近卫第1、坦克第4集团军有可能发起的一切进攻。德军师的数量与8月末守卫该地域时相同。[24]随着第6集团军的北翼获得掩护，第14装甲军3个快速师的三分之二兵力准备支援第51军对斯大林格勒的突击：突破苏军第62集团军在斯大林格勒北郊奥尔洛夫卡和雷诺克的防御，渡过莫克拉亚梅切特卡河，攻占斯大林格勒的北部工厂区。

保卢斯对辖内部队做出调整后，第6集团军便以第8军和第14装甲军（由西向东排列）掩护从顿河东延至伏尔加河这条"走廊"的北侧。海茨第8军以第384、第76步兵师据守从顿河东延至科特卢班车站以南的26公里防区。两个师都将辖下的3个团靠前部署，各个连和营设立起支撑点相互连接，构成一个缜密的"刺猬"防御阵地，小股机动预备队提供支援，沿敌人有可能发起进攻的各个方向集结的火炮承担掩护之责。

海茨的右侧，维特斯海姆的第14装甲军以第60、第3摩步师和第16装甲师守卫着从科特卢班车站以南东延至伏尔加河的29公里防区，面朝北面和南面构设起类似的"刺猬"阵地。第14装甲军左侧，科勒曼第60摩步师的第60工兵营、第60侦察营[①]、第9机枪营（第6集团军直属）和第120掷弹兵团由西向东排列，守卫的防区从博罗德金（Borodkin）村向东延伸，穿过"564公里"车站至库兹米希村北面古老的鞑靼壕沟。师里的第92掷弹兵团被分割使用，部分兵力面朝南方的奥尔洛夫卡，余部负责加强向北防御的部队。第60摩步师右侧，赫尔穆特·施勒默尔中将[②]的第3摩步师将第8掷弹兵团、第53摩托车营、第29掷弹兵团从左至右部署，据守的防区从鞑靼壕沟向东延伸，穿过数座高地（111.1和129.6高地）直至苏哈亚梅切特卡河东面的131.2高地。第3摩步师右侧，胡贝的第16装甲师在"走廊"东端守卫着10公里区域内的"刺猬"阵地。师里的第79装甲掷弹兵团据守的防区面朝北方，从叶尔佐夫卡（Erzovka）以西6公里处的139.5高地向东南方延伸至伏尔加河畔的阿卡托夫卡（Akatovka）村；第64装甲掷弹兵团的防区面朝东面和南面，沿伏尔加河西岸延伸，然后从雷诺克北面的伏尔加河河段转身向西，直至奥尔洛夫卡北面的145.1高地。[25]

---

① 译注：第60工兵营和第60侦察营并非第60摩步师的单位，而是第14装甲军的直属单位。
② 译注：应为少将。

　　莫斯卡连科发起计划中的冲击的前一天，9月2日，坦克第4集团军的左翼部队对德国第8军的防御展开了进攻。此举是为了将德国人的注意力从近卫第1集团军即将于次日发起的突击行动上转移开，待莫斯卡连科投入进攻，还将为他的左翼提供支援和掩护。可是，坦克第4集团军以近卫步兵第27师和步兵第214、第298师对德国第8军第384和第76师发起的进攻，被德国人卓有成效的反冲击杀得大败，莫斯卡连科失去了他所需要的支援。[26]

　　不管怎样，9月3日清晨5点30分，经过30分钟虚弱无力的炮火准备，莫斯卡连科的集团军按时发起了冲击（参见地图5）。集团军受领的任务是突破德军从139.7高地西延至库兹米希的防御，歼灭敌军，与第62集团军辖下的坦克第23军在南面10公里处的孔纳亚车站附近会合。莫斯卡连科从集团军中央地带发起主要突击。步兵第116师，在罗特米斯特罗夫将军坦克第7军150余辆坦克的支援下，对德军第3摩步师第8掷弹兵团在孔纳亚峡谷和沿139.7高地北坡的防御发起进攻。步兵第116师右侧，步兵第24师在帕韦尔金将军坦克第16军一个混编旅50余辆坦克的支

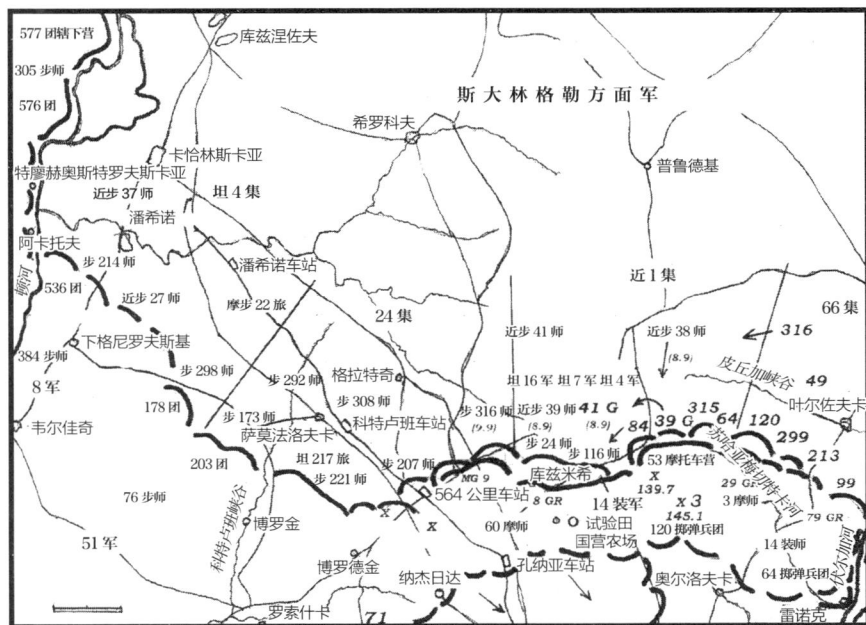

地图 5　1942 年 9 月 3 日—12 日，斯大林格勒方面军的科特卢班攻势

援下，对守卫库兹米希村北、东北接近地的第9机枪营实施突击。对德国守军来说，幸运的是这片防区获得了空军部队88毫米高射炮直瞄火力的加强。[27]

东面，莫斯卡连科集团军的左翼，步兵第84师在米舒林将军坦克第4军一个混编旅50辆坦克的支援下，对德军第3摩步师第29掷弹兵团和第53摩托车营沿苏哈亚梅切特卡峡谷北部边缘的防御发动进攻。峡谷东面，近卫步兵第39师和步兵第315、第64师守在德军第16装甲师左翼对面。近卫步兵第38、第41师和步兵第84师构成近卫第1集团军的第二梯队。[28]

对朱可夫的部队来说，9月3日的战斗激烈、代价高昂而收效甚微。莫斯卡连科的步兵和坦克投入冲击，跨越的地带犹如台球桌那般平坦，这里没有树木，却纵横交错着许多峡谷、干涸的小河床和沟壑，这为防御中的步兵、坦克和火炮提供了理想的隐蔽地，前进中的苏军部队涌入德军大批支撑点构成的致命火力网。尽管严重缺乏炮火特别是反坦克炮和高射炮的支援，但莫斯卡连科的突击部队还是楔入了德军防御，在某些地段的渗透深达4公里，使他的集团军与第62集团军之间8公里的"走廊"宽度减少了一半。可是，面对德军卓有成效的火力支撑点和反坦克防御，苏军的突击最终停滞下来。

面对莫斯卡连科的主要突击，德军第3摩步师第8掷弹兵团报告，敌人的140辆坦克（坦克第7军），在重型火炮和"喀秋莎"火力的掩护下发起了冲击。对方至少还投入了2个步兵师，进攻地域从库兹米希北面1公里处东延至139.7高地，但德国空军的战机和88毫米高射炮击毁了大批苏军坦克。[29]由于近卫第1集团军没有得到叶廖缅科答应提供的野战炮和高射炮的支援，突击部队刚一冲出出发阵地便遭到德国空军无情的打击，这种打击贯穿了苏军的整个进攻阶段。虽然遭遇到德军猛烈的火力，但I. M. 马卡罗夫上校步兵第116师的士兵们仍在罗特米斯特罗夫坦克的支援下成功到达139.7高地北坡和东北坡，人员的惨重伤亡和一辆辆被击毁的坦克迫使他们停止了进攻。[30]

红军总参谋部的每日战事概要描述了当日的作战行动：

近卫第1集团军9月3日5点30分沿库兹米希—112.7高地［库兹米希东北方3公里处］—"十月革命13周年"奶牛场［叶尔佐夫卡以西14公里处］—141.2高地［叶尔佐夫卡以西6公里处］一线投入进攻。

近卫步兵第39师与步兵第315师的部队据守其原先的阵地。

步兵第24师与坦克第16军的一个混编旅对敌人位于库兹米希北郊、东北郊和"试验田"农场（Opytnoe Pole）东北郊的防御发起进攻。

步兵第116师沿孔纳亚峡谷—139.7高地北坡一线战斗。

步兵第84师与坦克第4军的一个混编旅，在苏霍伊梅切特卡（Sukhoi Mechetka）峡谷①北部边缘作战。

步兵第64师守卫着原先的阵地。

近卫步兵第41师，于9月3日17点集结在苏哈亚卡尔卡贡（Sukhaia Karkagon）峡谷—132.9高地—126.0高地这片地域。

近卫步兵第38师前出至131.6高地—124.7高地附近。[31]

虽然莫斯卡连科作战经验不足的部队进展甚微，但他们的进攻行动将德军战机和炮兵力量吸引到了该地域，否则，德军这些作战力量将会支援对斯大林格勒城发起的主攻。苏军的进攻还迫使德军第3、第60摩步师从毗邻斯大林格勒城的南翼向北抽调兵力，以加强防御，抗击朱可夫的猛烈突击。接下来的三天，第3摩步师不得不以实力较强的第92掷弹兵团②换下损失惨重的第8掷弹兵团，最终又换上第60摩步师的第120掷弹兵团。另外，第60摩步师还以第79掷弹兵团③加强第3摩步师第29掷弹兵团。这就导致两个师都没有足够的兵力支援赛德利茨第51军对斯大林格勒发起的持续突击。[32]

9月3日，德国空军恢复了对斯大林格勒市区的猛烈空袭，叶廖缅科的报告使斯大林相信，苏军即将遭遇失败。当天晚些时候，斯大林给朱可夫发去一份惊慌失措的电报：

斯大林格勒的形势恶化了。敌人距离斯大林格勒3俄里［约等于3公

---

① 译注：疑为苏哈亚梅切特卡峡谷的笔误。

② 译注：第92团隶属第60摩步师，第3摩步师辖下的另一个团是第29团，不明白这里究竟指的是哪个团。

③ 译注：德军编制中没有第79掷弹兵团，只有第79装甲掷弹兵团；另外，第60摩步师只辖第92、第120掷弹兵团，没有第三个团；此处疑为第16装甲师投入了第79装甲掷弹兵团。

里〕。如果北部军队集群〔第24、第66、近卫第1、坦克第4集团军〕不立即援助，斯大林格勒可能在今天或明天陷落。要求位于斯大林格勒以北和西北的各部队司令员立即对敌发起进攻，援助斯大林格勒守军，不得有任何延误。现在，延误就等于犯罪。投入您的所有战机援助斯大林格勒。斯大林格勒剩下的飞机很少了。立即汇报收悉及采取的相关措施。[33]

朱可夫在电话中提出反对意见，斯大林挖苦地问道："您是不是以为敌人会等您慢腾腾地准备好了再动手？……"最后，这位独裁者让步了，同意最多只能推延至9月5日发起进攻，但他又补充道："如果敌人对市区发起总攻，哪怕您没有做好准备，也应立即发起冲击。您现在的主要任务是将德寇的兵力从斯大林格勒引开，如果做到了，还应消灭分隔斯大林格勒方面军和东南方面军的德军通道。"[34]

对近卫第1集团军9月4日的进攻行动，莫斯卡连科稍稍修改了作战计划，以步兵第84师加强位于集团军中央地带的突击集群（步兵第24、第116师和坦克第7军）。在左翼，他命令近卫步兵第38师在坦克第4军混编旅的支援下对农机站以南德军第3摩步师第53摩托车营的防御发动突击。可是，近卫第1集团军直到8点30分才投入进攻，而不是计划规定的6点30分，因为德国人发起了90分钟的炮火反准备，这场炮击打垮了莫斯卡连科的支援炮兵，给正准备投入进攻的步兵第116师造成了严重伤亡。坦克第7军失去了几乎所有为其提供支援的步兵。

在朱可夫的密切监督下（他在莫斯卡连科的指挥部里观察这场进攻），近卫第1集团军不顾眼前遭遇到的困难，于9月4日8点30分恢复了攻势，位于其两侧的各集团军没有提供任何支援，因为这些集团军忙着为进攻行动集结兵力。正如红军总参谋部汇报的那样：

坦克第4集团军占据并加强原先的阵地。摩托化步兵第22旅集结在"科特卢班"国营农场附近。

近卫第1集团军，克服了敌人的猛烈火力和抵抗，9月4日一整天继续实施顽强的进攻作战，靠近我南部军队集群据守的145.1高地—143.6高地〔奥尔洛夫卡西北方8公里处］一线后，于9月4日日终前到达145.1高地—139.7高地［两个高地位于奥尔洛夫卡西北方4—6公里处］—苏哈亚梅切特卡峡谷一线。

近卫步兵第39师与步兵第315师的部队继续坚守原先的阵地。

步兵第24师正在战斗，以夺取库兹米希和"试验田"国营农场。

步兵第116师和坦克第16军遭遇到敌人的顽强抵抗和持续空袭，9月4日17点，正沿145.1高地—孔纳亚峡谷南坡一线战斗。

步兵第84师9月4日17点沿139.7高地东坡—苏哈亚梅切特卡峡谷西坡一线战斗。

步兵第64师守卫着原先的阵地。

近卫步兵第38师担任集团军第二梯队，9月4日17点到达农机站［叶尔佐夫卡西南方10公里处］—141.2高地［叶尔佐夫卡以西10公里处］西南方1.5公里处一线。

第24、第66集团军的部队正进入出发地域，以便发起进攻。[35]

总之，历时两天的激战使坦克第7军损失了77辆坦克（被烧毁或被击毁），包括21辆KV、40辆T-34、16辆T-60，该军的战斗力已所剩无几。[36]

虽然科兹洛夫第24集团军、马利诺夫斯基第66集团军和克留琴金坦克第4集团军没有参加朱可夫的攻势，但9月4日，丹尼洛夫第21集团军辖下的步兵第304和第124师对谢拉菲莫维奇以南的德国第17军第79步兵师发起了猛烈的辅助突击。这场进攻的目的是牵制该地域的德军。与此同时，该集团军的步兵第321师对据守在克列茨卡亚东北方的德国第11军发起进攻，防止威廉·冯·阿佩尔中将[①]的第22装甲师东调后增援保卢斯进攻斯大林格勒的主要突击集团。

B集团军群在9月5日晨的每日态势报告中承认莫斯卡连科发起了反突击，但否认这场进攻影响到保卢斯的进军："位于斯大林格勒北面的装甲和摩托化兵团投入进攻，尽管敌人发起了猛烈的反突击，但（我军）还是前出至斯大林格勒北面的高地。经过一场炮火准备，敌人从北面发起大规模进攻，在我方空

---

① 译注：应为少将。

军大型编队的协助下，（敌人的）进攻被瓦解。敌人投入进攻的120辆坦克，半天内便被击毁30辆。"[37]

东南方面军参谋长格里戈利·费多洛维奇·扎哈罗夫①少将与总参谋部I. I. 博伊科上校的一番谈话暴露出了近卫第1集团军在9月4日后续攻势中的窘境：

扎哈罗夫——博伊科同志，请您告诉我，哪怕是简单地说说也行，莫斯卡连科那里的情况怎样？

博伊科——我给您简单介绍一下到14点的情况。莫斯卡连科6点30分（实际上是8点30分）投入辖内部队重新发起进攻，继续遂行原定任务。在此期间，大批敌机，多达数百架，不停地攻击步兵第24、第116和第84师的作战编队，阻止（我方）步兵继续从事进攻作战。故此，各部队到14点时进展甚微，特别是在库兹米希地域。朱可夫同志亲临现场后，集团军司令员采取了更有效的措施，掩护突击部队的作战编队免遭空袭，并加强了对空防御，支援步兵和坦克的推进。[38]

莫斯卡连科后来承认，不幸的是，这些措施"未能提供所希望的防空掩护"。结果，当日日终时，从集团军中央地带发起的突击一无所获，位于集团军左翼的近卫步兵第38师无法将部队带入指定位置，发起辅助突击。与此同时，施勒默尔的第3摩步师迅速以第92掷弹兵团的一个营加强农机站以南的防御。[39]深感沮丧的莫斯卡连科后来指出，第62集团军的前沿部队据守着145.1和143.6高地，就在南面几公里处，却眼睁睁地坐视近卫第1集团军的进攻遭遇失败。对战果同样失望的扎哈罗夫向总参谋部报告："这一整天，敌人不断对139.7高地、库兹米希和北面发起进攻，显然是为了对付我方正从北面展开突击的部队。我命令舒米洛夫［第64集团军司令员］派一个坦克连，带上冲锋枪手向北前进，不惜一切代价渗透至我方部队处，指引他们向南推进。"[40]

令莫斯卡连科彻底松了口气的是，第66和第24集团军终于在9月4日晚些

---

① 译注：应为格奥尔吉·费多洛维奇·扎哈罗夫。

时候完成了进攻准备——至少他是这样认为的。但午夜时，情况明显发生了变化，两个集团军并未做好进攻准备。第66集团军司令员马利诺夫斯基（9月4日下午他曾到访近卫第1集团军司令部）通知莫斯卡连科和朱可夫，他麾下的各个师无法在次日6点30分（新攻势的发起时间）前完成集结。科兹洛夫也无法按时完成第24集团军的集结。但斯大林要求无论怎样都必须发起进攻，面对这种压力，朱可夫命令马利诺夫斯基（当晚晚些时候又命令科兹洛夫和克留琴金），不管能投入多少兵力，必须于9月5日9点发起冲击，剩下的部队到达后再陆续投入战场。[41]

叶廖缅科新攻势的计划，经朱可夫亲自批准，要求莫斯卡连科的近卫第1集团军和科兹洛夫的第24集团军在137.9高地和库兹米希地域遂行方面军的主要突击，马利诺夫斯基的第66集团军和克留琴金的坦克第4集团军应提供支援，并掩护主突击集群的左右两翼：

●第66集团军应向奥尔洛夫卡［向南］发起进攻，切断并歼灭突至伏尔加河的敌军集团；

●近卫第1集团军，应与第24集团军相配合，向巴萨尔吉诺（Basargino）车站［斯大林格勒以西25公里处］发起突击，随后前出至诺维普季（Novyi Put'）［斯大林格勒西南偏西50公里处］—上察里津斯基（Verkhne-Tsaritsynskii）［斯大林格勒西南方55公里处］一线；

●第24集团军应向卡尔波夫卡（Karpovka）［斯大林格勒以西35公里处］发起进攻，歼灭当面之敌后，前出至马利诺夫卡（Marinovka）［斯大林格勒以西45公里处］—诺维普季［斯大林格勒西南偏西50公里处］一线；

●坦克第4集团军应以左翼部队向韦尔佳奇［位于斯大林格勒西北方50公里处的顿河河畔］发起突击，将敌人赶过顿河，前出至佩夏诺耶湖（Lake Peschanoe）［斯大林格勒西北方55公里处］—马利诺夫卡［斯大林格勒以西45公里处］一线。[42]

该计划要求发起进攻的4个集团军沿德国人通往伏尔加河"走廊"的北侧突破德军防御，夺取顿河与顿河畔卡拉奇以北、以东顿河河段之间的大部分陆桥，包围并歼灭城市西面进攻斯大林格勒的德军。现在回想起来，鉴于前三天激战的结果，莫斯卡连科可能在当时就认为这份计划完全不现实。他的集团军，不仅300辆坦克折损过半，就连步兵力量也遭受到了严重损失。第66、第24集团军分别编有6个和4个步兵师，坦克力量薄弱，就算同时投入辖内所有部队，也无法指望他们能为莫斯卡连科的突击提供有力的支援，更何况他们已指出无法做到这一点。[43]

不顾这些严峻的现实，进攻行动按照朱可夫的要求准时发起。就像前两天那样，经过一场虚弱无力的炮火准备，9月5日6点30分，莫斯卡连科集团军辖下疲惫不堪的士兵们再度发起进攻。莫斯卡连科左侧，马利诺夫斯基第66集团军9点投入战斗，攻向德军第16装甲师据守的阿卡托夫卡与苏哈亚梅切特卡峡谷之间的伏尔加河河段；右侧，科兹洛夫第24集团军和克留琴金坦克第4集团军15点发起突击，对德国第8军第305、第76步兵师的防御展开打击。这场进攻的范围从库兹米希以西至顿河，其结果完全可以预料。面对德军"明显加强的抵抗"，莫斯卡连科的进攻几乎立即发生了动摇，日终前，位于其侧翼的几个集团军也在德军毁灭性火力的打击下退缩了。

德军第16装甲师对此的看法是：

9月5日，俄国人投入团级兵力，企图在西北方第64装甲掷弹兵团第6连与第7连之间达成突破，他们包围了里格尔中尉的第6连，并冲破了里希特中尉第7连的防御。"米斯"营和格奥尔格上尉率领的第16摩托车营装甲车连，成功救出被包围的团，肃清了阿卡托夫卡的敌人，并将被击毁的战车带回了原先的防线。当晚，俄国人以各种口径的火炮展开报复性炮击。[44]

红军总参谋部的每日战事概要平淡地记录下了这场战斗：

坦克第4集团军，9月5日11点以左翼部队攻向上格尼罗夫斯基（Verkhne-Gnilovskii）和下格尼罗夫斯基（Nizhne-Gnilovskii）地域；
近卫步兵第37师守卫着原先的阵地；
步兵第214师，9月5日20点前，前出至卡拉奇湖—克里沃耶（Krivoe）湖地域的顿河左岸。战斗在上格尼罗夫斯基东北郊和南郊肆虐；

近卫步兵第27师在下格尼罗夫斯基东郊和库利图尔内（Kul'turnyi）车站地域战斗；

尚未收悉步兵第298师所处位置的报告。

第24集团军，9月5日15点以步兵第173、第221、第207师发起冲击，驱散敌防御部队后，17点前到达敌人沿93.1高地—萨莫法洛夫卡（Samofalovka）西南方4公里的村庄—13.4高地西北坡一线的防御前沿，在数个地段楔入敌军防御。

近卫第1集团军，9月5日晨恢复进攻，但由于遭到敌人的顽强抵抗，突击未获得成功，战斗在原先的阵地上持续了一整日；

近卫步兵第39师沿133.4高地—"564公里"车站—库兹米希西面1.5公里处的岔路口一线作战；

步兵第24师试图夺取库兹米希—"试验田"国营农场地域，但未能成功；

步兵第116师的部队遭遇到敌人的猛烈火力，9月5日15点时，正竭力夺取143.6高地北坡；

近卫步兵第41师，9月5日15点逼近铁路线，正沿143.6高地西北坡和145.1高地东南坡战斗；

近卫步兵第38师正沿139.7高地北坡战斗；

步兵第84师各部队所处的位置正在核实。

第66集团军，9月5日9点，从141.2高地—134.0高地—塔塔尔基诺（Tatarkino）峡谷一线向南突击，12点到达［如下］位置：

步兵第299师沿139.7高地—苏哈亚梅切特卡峡谷西南分支一线战斗；

步兵第120师沿苏哈亚梅切特卡峡谷南分支—112.2高地南面1公里处的树林一线战斗；

步兵第231师发起进攻，9月5日13点前出至农机站［奥尔洛夫卡东北方6公里处］—111.2高地［奥尔洛夫卡东北方8公里处］一线；

集团军辖内其他部队的位置未发生变化。[45]

——这种状况已无法逆转。莫斯卡连科后来写道："这些日子及随后，敌人实施了异常顽强的抵抗。"不过，他还应该在使用的形容词里加上"卓有成效"四个字。尽管如此，在斯大林恳求和威胁并用的驱使下，朱可夫仍然命令四个集团军继续进攻，哪怕仅仅是为了拖缓保卢斯攻入斯大林格勒的步伐。几个集团军呆板地执行着命令，进攻行动持续至9月13日，但朱可夫在两天前便已得出结论，一切后续行动均属徒劳。

胡贝的第16装甲师再次遭到持续不断的攻击，致使他的师险象环生，无法腾出额外的兵力投入斯大林格勒郊区争夺战：

9月9日，他们再度将第64装甲掷弹兵团第7连逐出阵地。伦茨连里的坦克和装甲车发起反冲击，并于当晚在前线后方构设起阻截阵地。敌人的炮火越来越猛烈，而第16装甲师的各个炮兵连，由于弹药短缺，支援炮火渐渐沉寂下来。在火炮的掩护下，俄国人集结起越来越多的兵力。"克鲁姆彭"战斗群不得不从一直在雷诺克和奥尔洛夫卡战斗的部队中抽出几个连，增援北面的阻截阵地，并从后方填补缺口。弗里德里希的装甲旅和伦茨、霍尔特霍夫的装甲车连也加入其中。他们赶至1.1高地，但被（敌人的）野炮、高射炮和反坦克步枪火力阻挡在阿卡托夫卡村外。俄国人的炮击愈演愈烈。9月11日，争夺1.6高地的激战再度爆发开来。"斯图卡"战机对位于第64装甲掷弹兵团第7连前方、叶尔佐夫卡南面的"番茄"峡谷发起打击，缓解了（我方的）压力。但是，各个连的抵抗结束了，虽说他们的损失无法与取得的战果相提并论，但还是很惨重。连续作战令剩下的士兵们绝望而又疲惫。

9月12日晚，第79装甲掷弹兵团第6、第7连接替了第64装甲掷弹兵团第7连。但次日，敌人再度达成突破，他们以优势兵力不断冲击第16装甲师的防线，激战毫无停顿地持续着。

斯大林格勒必然陷落，到那时，后方得到确保，（我们）才能挡住敌人的优势兵力，并将其击退。[46]

尽管朱可夫和叶廖缅科遭受挫败，各集团军损失惨重，但他们的进攻的确对斯大林格勒战役的结果造成了有益的影响。例如，朱可夫的猛烈突击迫使保卢斯在9月5日中午暂停了赛德利茨第51军对斯大林格勒的进攻，并将大部分空中支援力量调往北部战线。同时，维特斯海姆的第14装甲军来回调动部队，堵截苏军有可能达成或部分达成的突破，并承认"人员和物资损失惨重，弹药严重消耗"。[47]

虽然没有详细阐述德军通道北翼的战斗，但红军总参谋部的每日报告提供了战斗异常激烈和范围不断缩小的充分证据。例如，作战日志中对9月6日战斗所做的描述表明，朱可夫的四个集团军继续发起顽强的进攻，几乎投入了所有兵力，但收效甚微。第24集团军右翼和中央的几个师当日勉强推进了2—4公里，而近卫第1集团军、坦克第4集团军和第66集团军只是"沿原先的战线"战斗。

可是，北面的危机再次对保卢斯进攻斯大林格勒的行动造成不利影响。9月6日下午，维特斯海姆向第6集团军司令报告，他的防线"岌岌可危"，他需要更多的步兵和更强大的空中支援——"哪怕这意味着无限期推延攻入斯大林格勒（的行动）"——因为北部防线稳定后，便可以攻占斯大林格勒。[48]保卢斯对此极不赞同，执意执后，他与维特斯海姆的观点截然相反。保卢斯指出，夺取斯大林格勒是稳定北部防线的必要前提。因此，他告诉维特斯海姆，第14装甲军必须坚守到斯大林格勒陷落。

9月7日，苏军第24集团军的突击再度陷入僵局，近卫第1集团军的部队"沿现有战线掘壕据守"，但重新部署后将恢复进攻，而坦克第4集团军和第66集团军"没有取得任何进展"。次日，红军总参谋部报告，坦克第4集团军和第24集团军也"沿目前的战线就地据守"，但又补充道，第66集团军和近卫第1集团军继续发起毫无结果的进攻，后者只投入左翼部队。在朱可夫和叶廖缅科的督促下，四个集团军9月9日在一些选定地域再次发起冲击，但又一次无果而终。

深夜时，朱可夫请求将坦克第4、第16军撤出战斗，加以休整和补充，斯大林回答道，"我认为恢复坦克第4和第16军毫无意义，"因为，"两位军长，米舒林和帕韦尔金，一点也不称职。"[49]相反，斯大林建议将这两个坦克军撤回莫斯科地区，9月20日前以正在萨拉托夫地域组建的8个坦克旅接替他们。9月11日，朱可夫做出回复，同意斯大林的决定。不过，他把两个坦克军留在他的战区内，这样，两个坦克军便能获得94辆T-34的补充，这些坦克9月15日—16日赶至卡梅申（Kamyshin），车组人员来自在萨拉托夫地域组建的几个坦克旅。朱可夫还撤换了帕韦尔金和米舒林，9月14日以阿列克谢·加夫里诺维奇·马斯洛夫技术兵少将接替前者，9月18日以安德烈·格里戈里耶维奇·克拉夫钦科少将替换后者。[50]朱可夫打算当月中旬后将获得补充的2个坦克军和新组建的8个坦克旅投入另一场攻势。[51]

9月10日，第24、第66集团军和近卫第1集团军再度发起无情的进攻，最激烈的战斗发生在近卫第1集团军的作战区域，莫斯卡连科的步兵对德军第60摩步师据守的139.7高地反复发起冲锋。与此同时，罗特米斯特罗夫的坦克也对德军第3摩步师设在农机站附近的防御展开突击。血腥的战斗一直在持续，几乎毫无停顿，朱可夫执行着斯大林的命令，履行着斯大林格勒守卫者的职责。[52]

尽管朱可夫决心不惜一切代价突破德国人的"走廊"，或至少将德军驱离斯大林格勒市区的战斗，但9月11日，他还是批准莫斯卡连科将罗特米斯特罗夫实力受损的坦克第7军撤出战斗，返回第二梯队休整并接受补充。次日，朱可夫批准四个集团军转入防御。可是，这一喘息之机非常短暂，四个集团军和罗特米斯特罗夫的坦克军9月16日又接到发起新攻势的命令。[53]

叶廖缅科斯大林格勒方面军左翼四个集团军对德国第8军、第14装甲军从顿河东延至苏哈亚梅切特卡峡谷的防御发动猛攻，自身遭受到惨重损失的同时，防御中的两个德国军也正竭力调整部队，抗击苏军持续不断的冲击。例如，9月5日，科勒曼的第60摩步师将第92掷弹兵团和第120掷弹兵团的一部从奥尔洛夫卡地域向北调动（这些部队一直在那里参加保卢斯对斯大林格勒的突击），加强139.7高地和库兹米希附近的第8掷弹兵团。截至9月11日，第120掷弹兵团的2个营以及完整的第8、第92、第29掷弹兵团一直守卫着从库兹米希东延至苏哈亚梅切特卡峡谷的防御阵地，第60摩步师在奥尔洛夫卡以北地域只留下第160摩托车（侦察）营和第120掷弹兵团第1营。[54]

第14装甲军的"走廊"东端，与西面的友邻部队一样，胡贝的第16装甲师也饱受着重压，特别是在马利诺夫斯基第66集团军9月5日投入进攻之后。在这场战斗中，苏军炮兵的威力越来越强大，几乎将德军炮兵彻底打垮，经历了前一段时间的防御作战后，德军严重缺乏弹药。第16装甲师报告称马利诺夫斯基投入了大批T-34，甚至还有"租借法案"提供的美制M-3坦克。虽说苏军车组人员经验不足，美制坦克的装甲防护也较为薄弱，但这场突击还是令第16装甲师受到了沉重的压力，迫使该师从突出部南翼抽调几个装甲掷弹兵连，封堵北部防线上的缺口。[55]最后，第16装甲师只留下2个装甲掷弹兵营面对斯大林格勒北面的苏军防御，3个团里的其他兵力都用于对付苏军第66集团军从北面发起的突击。[56]

因此，奥尔洛夫卡和雷诺克仍控制在苏军手中，第14装甲军突入斯大林格勒北部工厂区的计划再也没能实现。正如后续战斗证明的那样，第14装甲军未能夺取北部工厂区，对保卢斯攻占斯大林格勒城的行动造成了极大的负面影响。

科特卢班东南方展开令人震惊的血腥激战之际，9月10日，朱可夫视察了几个受损严重的集团军，次日，他向斯大林汇报：

> 以斯大林格勒方面军现有的兵力，我们无法突破敌人的"走廊"并与东南方面军的部队在市区会合。由于敌人从斯大林格勒附近抽调援兵，他们的防御正面已获得极大的加强。以现有的兵力和部署继续冲击是没用的，而且我方部队必然要遭受重大损失。斯大林格勒方面军需要补充部队和调整部署的时间，以实施较为集中的突击。各集团军的突击无法打垮敌人。[57]

斯大林立即命令朱可夫继续进攻，为强调这一点，他把朱可夫召回莫斯科。9月12日，斯大林会见朱可夫和华西列夫斯基，商讨后续作战事宜。会晤前夕，朱可夫和他的政委马林科夫给斯大林发去一封更为详尽的电报，解释了多次进攻遭遇失利的原因，但又指出，这些进攻行动为斯大林格勒的成功防御做出了重要的贡献：

> 致斯大林同志：
>
> 1. 我们已收到您关于加快北部集群进军速度的两道指令。
>
> 2. 我们没有停止（近卫）第1、第24、第66集团军的进攻，我们将继续发起进攻。正如我们给您的报告中所说的那样，现有的全部兵力和兵器都已投入正在进行的攻势。由于我们的炮兵和航空兵不及敌人强，所以未能与斯大林格勒守军会合。近卫第1集团军率先发起突击时，既没有获得一个加强炮兵团，也没有得到一个反坦克炮兵团或高射炮团。
>
> 斯大林格勒的态势迫使我们将第24、第66集团军仓促投入9月5日的行动，

没有等他们集结完毕，也没有等待加强炮兵抵达。一些步兵师经过50公里的行军后直接投入了战斗。

各集团军分批投入战斗，没有获得加强兵器，致使他们未能突破敌人的防御并与斯大林格勒守军会合，但从另一方面看，我们迅速发起的进攻迫使敌人从斯大林格勒方向抽调兵力抗击我突击集群，这样便缓解了斯大林格勒的态势，如果没有这场突击，敌人也许早已占领了斯大林格勒。

3. 我们没有下达任何最高统帅部并未赋予我们的任务。我们打算在9月17日发起新的进攻，对此，华西列夫斯基同志肯定已向您做出汇报。这场行动及其发起时间取决于新锐师能否到达、坦克部队的整顿情况、炮兵的加强和弹药补给情况。

4. 今天和前几天一样，我方突击部队进展有限，在敌军炮火和战机的打击下损失惨重；但我们认为不能停止进攻，否则，敌人就会腾出手来对付斯大林格勒。

尽管情况很困难，但我们认为必须继续进攻，粉碎敌人，他们遭受的损失并不亚于我们；与此同时，准备一场组织得更好、更加有力的打击。

5. 战斗查明，敌人在抗击我北部集群的第一线上投入了6个师，包括3个步兵师、2个摩步师和1个装甲师。在第二线，敌人集结了不少于2个步兵师和多达150—200辆坦克的预备队，用于对付我北部集群。

朱可夫，马林科夫[58]

朱可夫的电报显然夸大了他的进攻对保卢斯部队造成的影响，他在电报中指出他的北部集团面对着6个德军师，而实际上只有5个。尽管如此，这封电报的内容还是很真实。实际上，朱可夫将维特斯海姆第14装甲军的主力牵制在库兹米希与伏尔加河之间的战斗中，这场进攻严重扰乱了保卢斯对斯大林格勒发起突击的部署和时机。除了进攻行动至少被延误一天外，德军最终发起突击时，保卢斯还被迫调整了赛德利茨第51军的进攻方向，命令该军冲向西北方[①]的奥尔洛夫

---

① 译注：应为东北方。

卡，缓解第14装甲军的压力，而不是一路向东直接攻入市区。这就使赛德利茨的第51军只能以不到半数的力量参加霍特第4装甲集团军对城市的突击。[59]

9月12日赶至克里姆林宫后，朱可夫向斯大林保证，第24、第66和近卫第1集团军仍是有效的作战兵团，他们的致命缺陷是缺乏足够的火炮和坦克支援。斯大林询问，叶廖缅科的方面军需要些什么才能赢得胜利，朱可夫回答道，"至少还需要1个新锐诸兵种合成集团军、1个坦克军、3个坦克旅和400门以上的榴弹炮"，还需要"至少1个空军集团军"。[60]进一步商谈后，朱可夫和华西列夫斯基返回总参谋部，在那里对进攻方案进行研究。第二天早上①，他们向斯大林提出发动一场新反攻的总体概念，这场反攻以在以往进攻行动中所获得的经验为基础，"（将全部注意力）集中在有无实现一次大规模战役的可能性，以免把我们正在编组和已经编组好的预备队消耗在局部性战役中"。[61]两位将领建议暂时将这样一场反攻安排在10月份②，届时，"我们应该完成战略预备队的编组"，而且"我国工业将大大增加新式飞机和炮兵弹药的生产"。[62]同时，朱可夫和华西列夫斯基还建议采取积极防御，疲惫敌人。

朱可夫、华西列夫斯基和斯大林在莫斯科商讨大战略时，朱可夫和叶廖缅科的科特卢班攻势仍在继续进行。9月12日日终前，朱可夫批准叶廖缅科北部突击集群的4个集团军停止进攻并转入防御——总参谋部直到9月14日才在每日战事概要中正式提及此事。[63]但是这场喘息会很短暂。

迄今为止，俄罗斯人尚未公布参加科特卢班第一次进攻战役的四个集团军的伤亡人数。不过，他们付出的代价令人咋舌，投入行动的约250000名士兵，伤亡很可能接近三分之一，四个集团军的400辆坦克，损失高达300辆。但是，整个战役期间，苏联最高统帅部和NKO（国防人民委员部）却源源不断地将士兵（编为一个个连和营）和坦克投入作战地域，加强进攻中的各集团军。罗科索夫斯基后来对科特卢班以南地域这场血腥激战的性质做出了如下评价："［以墨守成规的方式沿相同方向发起进攻的］结果，是部队投入正面突

---

① 译注：据朱可夫回忆录记载是"次日晚10点"。
② 译注：据朱可夫回忆录记载是"11月中旬后"。

击，并以一成不变的作战编组和线形队列极不熟练地从事战斗，导致12天的激战没能取得胜利。"[64]至于这场进攻战役的意义：

斯大林格勒方面军左翼部队的行动没能从根本上改变东南方面军的态势。但是，德国第6集团军司令部为加强顿河与伏尔加河之间的防御，被迫将第3摩步师的部队和第60摩步师的主力从城市西北接近地抽调到那里，这就削弱了向斯大林格勒发起突击的敌军集团，并缓解了守军的防御压力。[65]

罗科索夫斯基认为，朱可夫这场攻势失利的原因是：

尽管进攻战役发起时他们在兵力和兵器方面占有优势，但斯大林格勒方面军左翼的编组并不适应现状，没有一个明确的主攻方向来完成最重要的任务——与第62集团军会合。各集团军在12公里宽的地域发起进攻，分散了作战兵团，集团军作战地域内，这些兵团的分界线被严格划分。各集团军辖下的兵团没有时间在开阔地做出调整，以达到所需要的程度，并组织协同和指挥控制。进攻发起前和进行期间，他们没能判明敌人的作战编组及防御体系。结果，由于缺乏完整的情报，炮火准备期间，火炮和多管火箭炮不得不压制（敌人的）次要目标，对方最重要的目标却完好无损。步兵发起冲击的出发地域距离敌防御前沿太远。

各坦克兵团的部署欠佳，都在第一梯队投入战斗，某些情况下甚至在行进间直接转入突击，缺乏对敌人和地形的侦察，起到的作用很消极。组织这场进攻战役时，方面军和集团军司令员们没有意识到，敌人有足够的时间沿这一线组织防御。特别需要指出的是，在某些地段，敌人利用了我们的防御工事，并构设起了强大的、组织完善的火力体系，特别是反坦克火力。德国人还将无法使用的苏军、德军坦克改造成装甲火力点。

敌人的空军掌握着制空权，以20—40架战机组成的编队投入战斗，不断轰炸我方步兵和坦克作战编队。敌人的一些小股轰炸机群甚至一整天盘旋在战场上空。由于我方对空掩护力量薄弱，战斗机不足，轰炸机和强击机无法长时间滞留战场上空，未能有效抗击敌空军力量。当时，方面军所辖的空军集团军仅有约100架战机，而敌人却有400余架。尽管苏联空军（不算远程航空兵）每天能够投入500—700架次，但德军投入的战机多达1500—2000架次。[66]

　　莫斯卡连科后来向那些在这场艰巨考验中生还下来的士兵表达了敬意："为了消灭敌人，近卫第1集团军辖内各兵团、各部队的战士们展现出了无私的勇气和自我牺牲的精神，几乎是一点点地撕开了敌人的防御。"[67]坦克第7军军长罗特米斯特罗夫赞同这种观点："7天的激战，军里的部队只取得了4公里进展。对我们和敌人来说，这几公里的确是死亡地带。"[68]

　　罗特米斯特罗夫在回忆录中写道：

　　在这场最激烈、最血腥的战役进行期间，部队在白天前进6—7公里，靠的是坦克兵们前所未有的顽强和近乎自我牺牲的精神，他们冒着法西斯持续不断的空中打击向前突击。我们遭受到严重损失，特别是装甲防护较为薄弱的T-60和T-70轻型坦克。根据我们的计算，敌人在一天的战斗中便以第4航空队的主力投入2000飞行架次，对我军发起打击。另外，德国法西斯指挥部很清楚苏军从北面发起进攻所要达成的目的，他们从斯大林格勒方向抽调了一些装甲师和摩步师，抗击我军的突击。在诸多高地上，法西斯们把他们的坦克和突击炮半埋入土中，构设起强有力的支撑点，并部署了大量反坦克炮。

　　接下来的7天，坦克第7军辖下的部队前进了4公里，战斗异常激烈，主要发生在距离"科特卢班"国营农场不远处，为取得这几公里进展，（我们）付出了高昂的代价。战役发起时我军拥有191辆坦克，在这些战斗中损失156辆。许多指战员牺牲或负伤。[69]

　　罗特米斯特罗夫承认，9月3日—10日，他的坦克军损失了400人（阵亡或负伤），但声称他的部下击毁了德军50辆坦克、69门火炮/迫击炮和100多辆汽车。[70]

　　德国方面的资料更加充分地证实了朱可夫的四个集团军在科特卢班附近的战斗中付出了多么高昂的代价。例如，抗击苏军近卫第1集团军主要突击的第3摩步师指出，9月3日—15日，他们击毁苏军355辆坦克、61门火炮、67具"喀秋莎"和117挺机枪，并抓获3939名俘虏，自身伤亡710人。[71]

第6集团军和第4装甲集团军对斯大林格勒郊区的突击，9月3日—9日

就在激战沿德国第8军和第14装甲军占据的"走廊"的北侧肆虐之际，城市北面和西北面[①]，保卢斯和霍特正进行着最后的准备，以便在9月3日拂晓对斯大林格勒城发起突击（参见地图6）。德军加紧准备之时，苏军第62、第64集团军已将部队撤入城内及南郊，在该城预先构设的营级支撑点和其他防御工事上全力加强他们的新防线。9月1日，叶廖缅科命令洛帕京第62集团军"撤至雷诺克、144.4高地、143.5高地、新纳杰日达（Novaia Nadezhda）集体农庄、贡恰尔（Gonchar）、阿列克谢耶夫卡（Alekseevka）车站附近的铁路线一线"，"占据防御阵地，不得迟于1942年9月2日5点"，并将集团军司令部设在奥佩特纳亚（Opytnaia）车站东北方4公里处的医院，位于"红十月"工人新村西面的高地上。[72]这道防线包含了第78、第96、第80、第81、第82、第69、第84、第87、第89营级筑垒地域，这些筑垒地域围绕城市北、西接近地排列成一道弧线，从雷诺克地域西延至奥尔洛夫卡，然后向南延伸至古姆拉克机场西面，最后到达察里察河南面的斯大林格勒—卡拉奇铁路线（参见地图7）。

同时，舒米洛夫的第64集团军也奉命后撤，占据的新防线从察里察河向西南方延伸，经沃罗波诺沃车站、旧杜博夫卡（Staro-Dubovka）和叶尔希（Elkhi），直至伊万诺夫卡（Ivanovka）附近的切尔夫连纳亚（Chervlennaia）河。托尔布欣第57集团军守卫的防区从伊万诺夫卡南延至通杜托沃（Tundutovo）车站，然后向东、东北方延伸至红军城（Krasnoarmeisk）南面的伏尔加河[②]。

洛帕京部署后撤时，9月2日，叶廖缅科命令他的部队"歼灭［防区］前沿接近地的敌人，防止敌步兵和坦克突入斯大林格勒城内。要特别留意沃罗波诺沃—斯大林格勒方向"。[73]这是一项极为艰巨的任务，因为洛帕京的部分部队位于察里察河南面，这条河流以前是第62集团军与舒米洛夫第64集团军的分界线。尽管如此，第62集团军还是在9月2日傍晚前进入了指定防区（参见图表8）。

---

① 译注：西北和西南面。
② 译注：红军城位于伏尔加河南面。

斯 大 林 格 勒 方 面 军

坦4集

24集

科特卢班

76 步师

8 军

罗索什卡河

扎帕德诺夫卡

大罗索什卡

6 集

新阿列克谢耶夫斯基

48 装军

卡尔波夫斯卡亚车站

新罗加奇克

巴萨尔吉诺车站

切尔卡连纳亚河

4 装集

萨莫法洛夫卡

133

564 公里站

库利茨坦

295 步师

石谷

古姆拉克

71 步师

步196师

奥佩特纳亚车站

24 装军

阿列克谢耶夫卡

沃罗波诺沃

旧杜博夫卡

14 装军

29 摩师

94 步师

伊阿戈德内

297 步师

近1集

111

3 摩师

60 摩师

389 步师

坦23 军

399 步师

100 猎师

戈罗季谢

步112师

71 步师

步131师

叶若夫卡

上叶利尚卡

米尼纳

244 RD

叶利尚卡

20 RD

罗20

佩先卡

20 ID

步204师

叶尔希

旧奥特拉达

125

步38师

坦133旅

4 军

371 步师

近步36师

伊万诺夫卡

步422师

索良卡

通杜托沃

罗6 军

66集

叶尔佐夫卡

苏哈亚
梅切特卡峡谷

14 装军

60 摩步师

389 步师

奥尔洛夫卡

斯巴达诺夫卡

拖拉机厂

街垒厂

62 A

红十月厂

71 步师

62集

红斯洛博达

步126师

步157师

步29师

64 A

64集

中波格罗姆纳亚峡谷

阿卡托夫卡

16 装师

拉托申卡

坦135旅

雷诺克

SE. F

斯塔连基

坦137旅

雷巴奇

坦254旅

2 TC

扎库茨克

SE. F

东南方面军

库波罗斯诺耶

库波罗斯诺亚峡谷

坦155旅

萨尔平斯基岛

别克托夫卡

巴甫洛夫斯基

57 A

红军城

步244师

斯韦尔特雷亚尔

小恰普尔尼基

57 集

谢米索托耶

近步15师

大恰普尔尼基

罗2 步师

罗1 师

橡树峡谷

斯大林格勒

图例

9月3日晨的位置

9月12日日终时的位置

9月3日—12日，德军突击方向

9月5日—12日，苏军突击方向

2 0 2 4 6 8 10千米

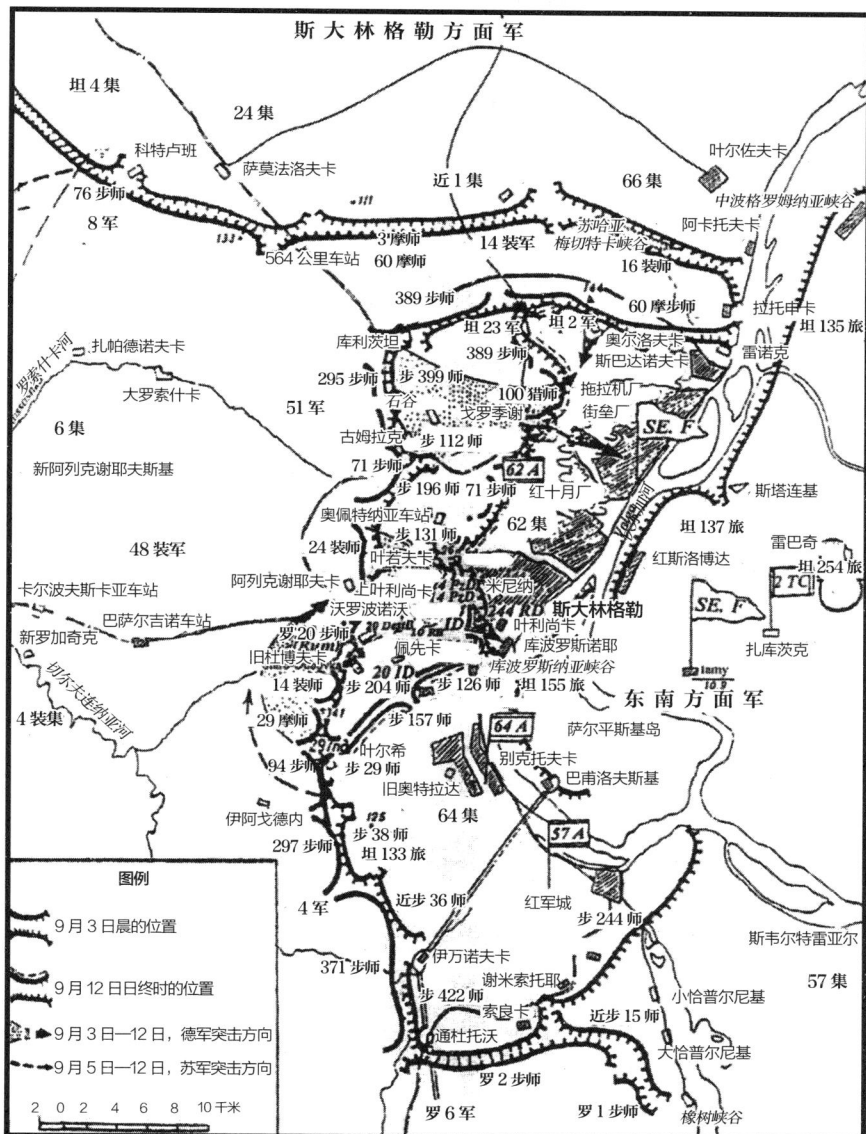

地图6 1942年9月3日—12日，沿斯大林格勒方向展开的行动

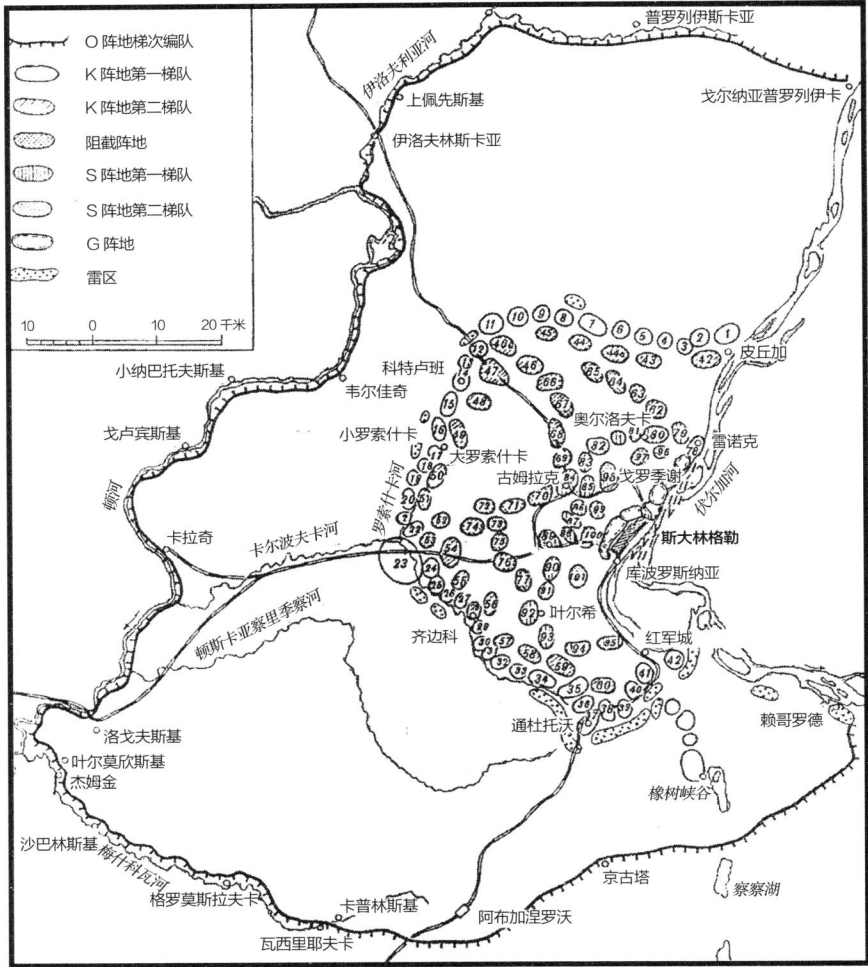

地图 7 斯大林格勒防线和筑垒地域

　　第62集团军的防御部署看似完善，但还是有些缺陷，特别是在集团军左翼。"戈罗霍夫"战役集群、坦克第23和第2军、步兵第112师在集团军右翼和中央地带守卫着较为连贯的防线，这条防线从雷诺克的伏尔加河河段向西延伸，经奥尔洛夫卡到达孔纳亚车站，然后向南延伸，穿过石沟直至医院附近。但在医院南面，第62集团军的防御较为薄弱。步兵第196师、近卫步兵第33师

图表8：1942年9月3日，第62集团军的作战编成、指挥员、部署及任务（由北至南）

（方括号内标注的是可用的坦克数量）＊

● **"戈罗霍夫"战役集群**（S. F. 戈罗霍夫上校）步兵第124、第149旅，NKVD步兵第282团，摩托化步兵支队，独立机枪-火炮第227营，第115筑垒地域。坚决守卫雷诺克—185.4高地一线，依托斯巴达诺夫卡和拖拉机厂新村的防坦克地域，阻止敌人从北面突入斯大林格勒城。做好以不少于1个步兵旅和坦克的兵力向奥尔洛夫卡发起一场反突击的准备。把你们的坦克半埋起来，提供全方位火力支援。

　　○步兵第124旅——雷诺克—斯巴达诺夫卡北部和西北部。

　　○步兵第149旅——雷诺克以南—斯巴达诺夫卡公路。

　　○NKVD步兵第282团——101.3高地和135.5高地。

　　○左侧分界线——拖拉机厂新村、85.1高地、144.2高地、129.6高地。

● **坦克第2军**（A. G. 克拉夫钦科少将）坦克第26、第99、第27旅，摩托化步兵第2旅，步兵第98师，步兵第115旅。依托既设阵地和两翼的主力，继续坚守135.4高地、144.2高地、147.6高地、143.6高地一线，阻止敌人向南、东南方推进。

　　○坦克第26旅（R. V. 皮斯卡列夫中校）——遵照方面军的命令，在下佩先卡（Nizhnaia Peschanka）地域遂行作战任务。

　　○坦克第99旅（P. S. 日特涅夫中校，9月14日后由M. I. 戈罗杰茨基少校接替）［31辆坦克］——在"戈罗霍夫"战役集群中。沿雷诺克一线和通往机场南郊的公路部署，做好以你们的坦克向雷诺克和戈罗季谢发起反突击的准备，将坦克梯次部署在防御纵深，把它们半埋起来，提供全方位火力支援。

　　○坦克第27旅（P. G. 波波夫少校）——担任预备队［31辆坦克］。

　　○步兵第115旅（K. M. 安德留先科上校）——守卫135.4高地、147.6高地、145.1高地以南路口一线。

　　○步兵第724团（隶属于步兵第315师）——守卫奥尔洛夫卡、144.2高地西坡、145.1高地南面的峡谷一线。

　　○摩托化步兵第2旅——守卫145.1高地以南路口及铁路线。

● **坦克第23军**（A. F. 波波夫少将）——坦克第189（F. I. 贝斯特里克少校）、第169（A. P. 科德涅茨上校）、第39旅（M. I. 波波夫中校），摩托化步兵第20旅，步兵第399师（N. G. 特拉夫尼科夫上校）。以左翼主力坚决守卫既有阵地，防止敌人突入斯大林格勒，并做好向库兹米希和大罗索什卡（Bol'shaia Rossoshka）发起反突击的准备。要特别注意做好向皮托姆尼克（Pitomnik）机场发起反突击的准备，将坦克梯次部署在防御纵深，把它们半埋起来。

　　○坦克第169、第39旅，摩托化步兵第20旅——遵照方面军和集团军司令部的命令，遂行特别作战任务。

● **步兵第112师**（I. E. 叶尔莫尔金上校），与独立机枪-火炮第157、第158营和第115筑垒地域。依托既设阵地，在156.1高地附近、古姆拉克粮仓、石沟（Kammenyi Buerak）、乌瓦罗夫卡（Uvarovka）占据防御阵地，防止敌人突向亚历山德罗夫卡（Aleksandrovka）和奥佩特纳亚车站，并做好向奥尔洛夫卡和塔洛沃伊（Talovoi）发起反突击的准备。

● **步兵第196师**（V. P. 伊万诺夫上校），与机枪-火炮第50营、第115筑垒地域、坦克歼击第398团（4门火炮）和步兵第236团。沿塔洛沃伊、叶若夫卡（Ezhovka）、巴巴耶沃（Babaevo）、奥佩特纳亚车站一线据守既设阵地，防止敌人突向东南方，并做好向奥佩特纳亚车站、古姆拉克、叶若夫卡和沃罗波诺沃发起反突击的准备。

● **近卫步兵第33师**（A. I. 乌特文科上校），与独立机枪-火炮第52营、第115筑垒地域（3个连）和坦克歼击第651团。坚决守卫叶若夫卡、克鲁季基伊（Kruten'kii）郊区、153.2高地（含）一线，歼灭防御前沿的敌人，阻挡住米尼纳郊区之敌，准备向佩先卡发起反突击。

● **摩托化步兵第20旅**（指挥员不明），与独立机枪-火炮第160、第174、第175营和第115筑垒地域。坚决守卫151.7高地附近的路口、135.1高地、阿列克谢耶夫卡，防止敌坦克突向库波罗斯诺耶，朝塔洛沃伊、103.3高地、农机站方向组织起强有力的侧射火力，并做好向塔洛沃伊发起反突击的准备。

●突击集群

（a）步兵第87师（A. I. 卡扎尔茨耶夫上校），与独立机枪-火炮第139营和第115筑垒地域。据守亚历山德罗夫卡、石沟、奥佩特纳亚车站和斯大林格勒防御区域，做好沿亚历山德罗夫卡—戈罗季谢—奥尔洛夫卡、亚历山德罗夫卡—185.2高地、斯大林格勒—叶若夫卡方向发起反突击的准备。

（b）近卫步兵第35师（V. A. 格拉兹科夫少将，9月8日由V. P. 杜比扬斯基上校接替），与坦克歼击第651团的2个连。据守奥佩特纳亚车站、76.8高地和医院防区，做好沿医院—"红十月"新村、医院—戈罗季谢、76.8高地—上叶利尚卡（Verkhniaia El'shanka）方向发起反突击的准备。

（c）步兵第131师（M. A. 佩索钦上校），据守115.8高地、144.9高地、上叶利尚卡（含）防御地区，做好沿巴巴耶沃、佩先卡、泽列纳亚波利亚纳（Zelenaia Poliana）方向发起反突击的准备。

（d）坦克第169旅（A. P. 科德涅茨上校），集结于米尼纳郊区，掩护斯大林格勒南部和库波罗斯诺耶的同时，做好沿奥佩特纳亚车站、古姆拉克、上叶利尚卡、阿列克谢耶夫斯卡亚（Alekseevskaia）、米尼纳郊区和佩先卡方向发起反突击的准备。

●炮兵群（炮兵主任波扎尔斯基将军），辖炮兵第103团（6门火炮）、炮兵第1105团（3门火炮）、近卫迫击炮第83团（12具M-8火箭炮）、近卫迫击炮第17团（4具M-13火箭炮）、近卫迫击炮第110营（2具M-8火箭炮）……

★注：第62集团军作战日志；作战日志中的 "Boevoi prikaz no. 114. Shtarm 62. 2. 9. 42. 10.30"（第62集团军司令部114号作战令，1942年9月2日10点30分签发）。此时，坦克第2军编成内的步兵第98师剩下的兵力已不到一个营，由伊万·费多托维奇·谢列金上校率领，1942年9月3日，他接替了原师长约瑟夫·费奥多罗维奇·巴里诺夫上校。1941年7月10日—12月3日，谢列金指挥步兵第299师，1942年2月28日—8月25日，他率领步兵第18师。斯大林格勒战役期间，他指挥步兵第98师，并在战斗中生还下来，1943年4月16日，该师改称近卫步兵第86师，他率领该师至5月27日，此后的去向不明。他的前任巴里诺夫出生于1891年，比许多苏军师级指挥员年长些。将步兵第98师交给谢列金后，1942年9月24日—1943年2月5日，巴里诺夫指挥步兵第233师，后任第65集团军副司令员。巴里诺夫在战争中生还下来，1946—1948年在加里宁担任苏沃洛夫军校校长。炮兵群指挥员波扎尔斯基将军是第62集团军炮兵主任，他出生于1899年，在两次世界大战之间晋升为炮兵少将。他在斯大林格勒战役中生还下来，继续担任第62集团军（后改称近卫第8集团军）炮兵主任，直至1945年病故，去世时他已是炮兵中将。关于坦克力量，可参阅伊萨耶夫的 Stalingrad: Za Volgoi dlia nas zemli net（《斯大林格勒：伏尔加河后方没有我们的容身处》），第153页。坦克第27旅的31辆坦克包括9辆T-34、7辆T-70、15辆T-60，坦克第99旅的31辆坦克包括23辆T-34、7辆T-70、1辆T-60。

和摩托化步兵第20旅守卫的防区向西突出，从医院向南延伸，穿过奥佩特纳亚车站，跨过察里察河，直至斯大林格勒—卡拉奇铁路线以北的塔洛沃伊和农机站，这些部队受损严重，每个团的兵力只有几百人，而不是编制规定的几千人，每个营只有几十名士兵，而不是编制规定的几百名。

洛帕京已命令步兵第87师和近卫步兵第35师在该地域发起反突击，但无法确定这些部队能否及时赶到并加强集团军摇摇欲坠的防御。就算按时赶到，步兵第131师和近卫步兵第35师也无法保证一定能加强集团军位于叶利尚卡、萨多瓦亚车站、米尼纳、库波罗斯诺耶地域的防御，舒米洛夫第64集团军从那些地方撤离，导致第62集团军最左侧的防区几乎毫无掩护。在此期间，洛帕京无计可施，只能派摩托化步兵第38旅加强实力受损的步兵第196师和近卫步兵第33师。

9月2日晚，洛帕京收到了一个较为积极的消息，叶廖缅科通知他，他已派M. S. 巴特拉科夫上校的步兵第42旅增援第62集团军，当晚晚些时候，该旅将渡过伏尔加河——另外还有G. A. 阿法纳西耶夫少将①的步兵第244师以及提供支援的坦克歼击第20旅，这是他从舒米洛夫第64集团军抽调的部队。叶廖缅科敦促洛帕京，用这些援兵加强第62集团军的左翼。辖4500名士兵的步兵第42旅主要由白海区舰队的水兵组成，但并未做到齐装满员。该旅从西北方面军调至斯大林格勒，8月31日到达伏尔加河东岸，没过48小时便开始渡河。步兵第42旅最初受领的任务是加强第62集团军在斯大林格勒南郊下叶利尚卡（Bolshaia Elshanka）的防御。但洛帕京很快又更改决定，将巴特拉科夫的步兵旅派往斯大林格勒—卡拉奇铁路线以北的医院和6号防区（第100营级筑垒地域）附近，在那里加强摩托化步兵第38旅的防御。1941年末出任步兵第42旅旅长时，马特韦·斯捷潘诺维奇·巴特拉科夫41岁。他出生于高尔基，1919年参加红军，经历过内战。这位经验丰富、作战顽强的指挥员曾在1941年8月的叶利尼亚战役中指挥步兵第107师第765团，当年秋季又指挥过步兵第211师，并获得了"苏联英雄"称号。[74]

阿法纳西耶夫的步兵第244师于9月3日拂晓前赶至斯大林格勒，洛帕京命令该师集结在医院和奥佩特纳亚车站东南方步兵第196师和近卫步兵第33师据守的突出部防区，将三分之一兵力部署在察里察河北面，三分之二兵力部署在南面。1942年6月30日出任步兵第244师师长前，格奥尔吉·阿法纳西耶维奇·阿法纳西耶夫上校指挥过步兵第297师（1941年8月4日—1942年4月15日），参加过几乎整个"巴巴罗萨"战役和随后的冬季战役。[75]向前部署后，步兵第244师的右翼获得步兵第42旅、坦克第2军坦克第26旅、独立摩托化步兵

---

① 译注：应为上校。

第38旅的支援，他们将坚守自己的防区，并组织一场向北、向西的反突击。[76]
可没过几个小时，赛德利茨的第51军便重新发起进攻，彻底打乱了洛帕京复杂
而有些疯狂的计划。

魏克斯原先的计划要求第6集团军第14装甲军和第4装甲集团军第48装甲
军分别从北面和南面包围斯大林格勒，第6集团军第51军的步兵从西面和西北
面攻入城内。维特斯海姆装甲军辖下的第16装甲师和第3、第60摩步师从北面
发起突击，只留下少量兵力守卫从北面将斯大林格勒隔开的"走廊"的北翼。
3个师的其余兵力向南推进，攻占雷诺克、奥尔洛夫卡和戈罗季谢，渡过莫克
拉亚梅切特卡河，突入并夺取斯大林格勒北部工厂区。这些部队要对付的是苏
军第62集团军的"戈罗霍夫"战役集群和坦克第2军约半数力量。

南面，肯普夫装甲军辖下的第24装甲师、罗马尼亚第20步兵师、第14装
甲师、第29摩步师和第94步兵师由北至南排列，将从沃罗波诺沃车站向东、从
叶尔希向东北方突击。他们的目标是前出至伏尔加河，夺取察里察河南面的半
幅市区。肯普夫推进中的各个师将对苏军第62与第64集团军的结合部发起打
击，最终迫使前者的近卫步兵第33师、获得加强的近卫步兵第35师及步兵第
87、第244、第131师和提供支援的坦克、坦克歼击旅退向叶利尚卡、萨多瓦亚
车站和库波罗斯诺耶。第64集团军的步兵第157、第204、第126师和步兵第10
旅不得不退向东面的戈尔纳亚波利亚纳（Gornaia Poliana）和库波罗斯诺耶南
面的伏尔加河河段。

保卢斯和霍特的装甲部队沿最短、难度最低的路线攻入斯大林格勒时，
德军第389步兵师向前部署，加入了赛德利茨第51军第295、第71步兵师的左
翼，这些步兵师将从西北面和西面突向城市郊区。他们的任务是夺取古姆拉克
车站和戈罗季谢，然后突入市区，抢占马马耶夫岗和1号火车站。此后，赛德
利茨的步兵将与维特斯海姆的装甲掷弹兵配合，肃清工厂区的苏军，并与肯普
夫的装甲军一同粉碎斯大林格勒南部残余的抵抗。向城区进军时，赛德利茨的
步兵面对的是苏军第62集团军的坦克第23军，步兵第399、第112、第196师，
步兵第42旅与摩托化步兵第38旅，坦克第2军坦克第27、第99旅和步兵第244师
位于察里察河北面的一部。

至于进攻发起的时间，第48装甲军将于9月3日拂晓第51军将其步兵集结

在指定出发地域前展开突击。与此同时，第8航空军的战机将在第4航空军从高加索地区抽调的战机的加强下，对斯大林格勒城展开一场不分昼夜的24小时空袭，在此期间，第14装甲军和第51军将投入进攻。[77]

9月3日拂晓，肯普夫装甲军辖下装甲兵上将[①]布鲁诺·冯·豪恩席尔德骑士的第24装甲师、海姆的第14装甲师和弗雷梅赖的第29摩步师，沿沃罗波诺沃车站的铁路线及其南部地域向前推进，一举粉碎了苏军近卫步兵第33师和坦克歼击第20旅的防御。从那里，肯普夫的部下夺取了佩先卡东部接近地，并对城市南部的防御构成威胁（参见地图8）。

从德军第24装甲师的角度看：

经过重组、准备和详细的敌情介绍，第24装甲师8点从151.7高地出发，在"布罗伊希"战斗群的带领下，发起一场集中突击。右翼部队从佩先卡左侧经过，紧靠着铁路线左侧。"埃德尔斯海姆"战斗群目前只沿一条宽大的战线发起佯攻，随后将从后方向右交错前进。罗马尼亚人掩护着北翼。第21装甲掷弹兵团的第一个目标是铁路环线上的一座高地；第二个目标是阿列克谢耶夫卡村。这场突击进展顺利，迅速到达了斯大林格勒环形铁路线前方的高地。铁路线伸向远处毫无遮掩的草原，并与从北面和南面而来的铁轨交汇。这片地带遍布散兵坑。装甲战斗群向前推进，越过铁路路基。[78]

随之而来的战斗破坏了原本顺利的推进，该师将之描述为"极其困难且代价高昂"，豪恩席尔德将军被敌人的弹片击伤，仍坚持指挥部队；但第89装甲炮兵团团长古斯塔夫·冯·诺斯蒂茨-瓦尔维茨上校负的伤更为严重。[79]

第24装甲师继续进攻，迫使第62集团军左翼瓦西里·安德烈耶维奇·格拉兹科夫少将获得加强的近卫步兵第35师、摩托化步兵第20旅退往东面的沃罗波诺沃郊区。[80]可是，尽管丢失了佩先卡以西的一些阵地，但第62集团军M.A.佩索钦上校获得加强的步兵第131师和舒米洛夫第64集团军的坦克歼击第20

---

①译注：应为少将。

76 步师

203

科特卢班车站

564 公里车站

库兹米希

3 摩师

60 摩师

叶尔佐夫卡

6 装师

雷诺克

斯巴达诺夫卡

389 步师 295 步师 纳杰日达

大罗索什卡

奥尔洛夫卡

戈罗季谢

孔纳亚车站

古姆拉克

拉兹古利耶夫卡车站

皮托姆尼克

斯大林格勒

拉兹古利耶夫卡

红斯洛博达

第48装军

24 装师

沃罗波诺沃

叶利尚卡

卡尔波夫卡

24 装师

库波罗斯诺耶

62 集

新罗加乔夫

罗 20 步师

巴萨尔吉诺车站

14 装师

29 摩师

别克托夫卡

64 集

94 步师

第48装军

297 步师

萨列普塔

红军城

纳里曼

安德烈耶夫卡

伊万诺夫卡

小恰普尔尼基

大恰普尔尼基

通杜托沃车站

橡树峡谷

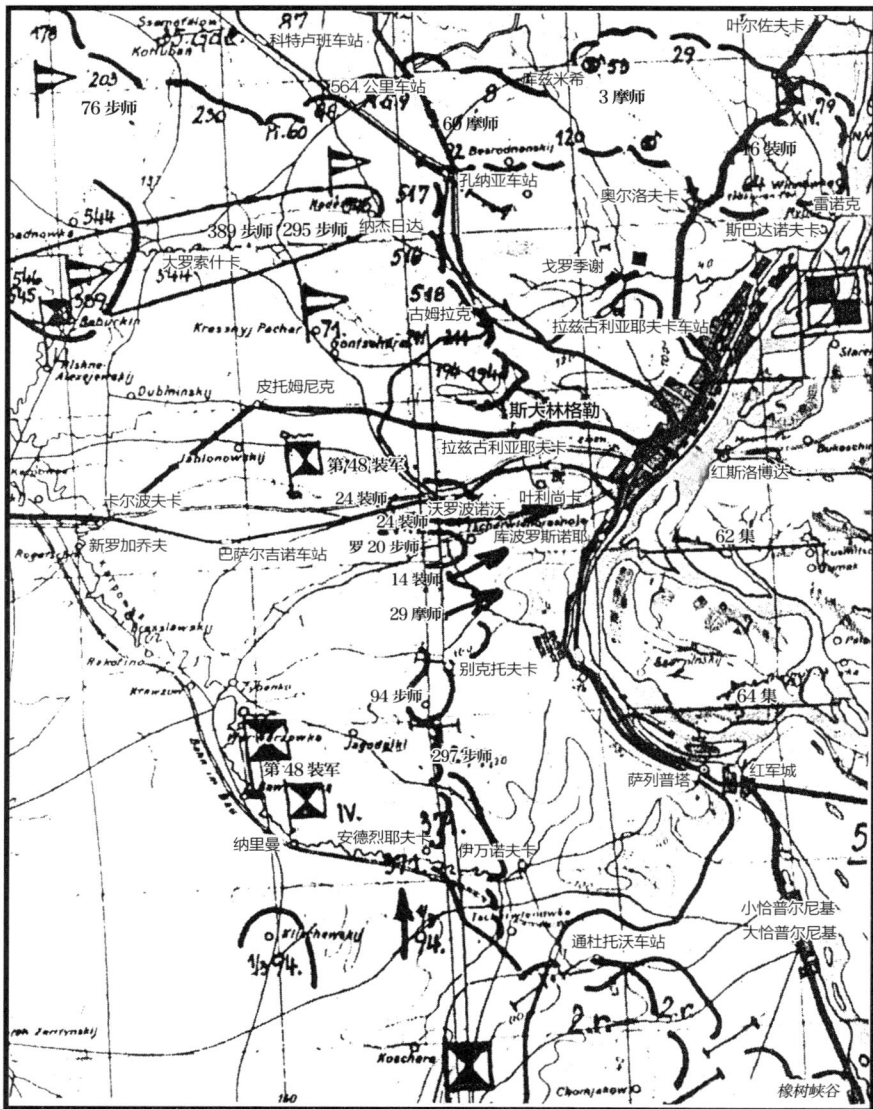

地图 8 1942 年 9 月 3 日—4 日，第 6 集团军的态势

旅仍在沃罗波诺沃、佩先卡地域和南面的旧杜博夫卡守卫着连贯的防线。更南面，第64集团军辖下的步兵第126、第204、第157、第29师成功击退了第48装甲军第14装甲师和第29摩步师从佩先卡西面南延至叶尔希的这片地域发起的突击。[81]

赛德利茨辖下各步兵师完成集结后，按照计划，于9月3日拂晓也投入了进攻。罗尔夫·武特曼将军的第295步兵师和亚历山大·冯·哈特曼将军的第71步兵师以小股战斗群为前卫，向东和东南方进击，迫使A. F. 波波夫少将的坦克第23军和尼古拉·格里戈里耶维奇·特拉夫尼科夫上校的步兵第399师向东退往孔纳亚车站，并从克拉夫钦科的坦克第2军和伊万·叶菲莫维奇·叶尔莫尔金上校的步兵第112师所辖部队手中夺取了古姆拉克车站，当天晚些时候，两个德军师的主力投入部署，准备攻向戈罗季谢和马马耶夫岗（参见地图9）。[82]在这场战斗中，德军第295步兵师从左至右部署、并排推进的第517、第516、第518团粉碎了特拉夫尼科夫步兵第399师和坦克第23军坦克第189旅设在孔纳亚车站西面和西南面的防御，而德军第71步兵师第211、第194团（也是由北至南排列），在古姆拉克地域对叶尔莫尔金的步兵第112师、坦克第2军坦克第27和第99旅的残部、亚历山大·伊格纳特耶维奇·卡扎尔茨耶夫上校的步兵第87师据守的防线发起猛攻。[83]同时，在第71步兵师右翼，该师辖下的第191团突破瓦西里·波利卡尔波维奇·伊万诺夫上校步兵第196师的防御，一举夺取塔洛沃伊、奥佩特纳亚车站和叶若夫卡，并重创守军，苏军步兵第196、第87、第112师投入预备队发起反冲击，这才阻止德军第71步兵师继续攻向医院以西地域。[84]德军第71步兵师深深楔入苏军第62集团军位于古姆拉克车站以南的防区，这场战斗给苏军步兵第87和第196师造成重创，没过几天，这两个师便从第62集团军的作战序列中消失了。

与此同时，虽然被苏军在科特卢班地域持续不断的进攻所牵制，但维特斯海姆也于9月3日投入第14装甲军的部分兵力，沿斯大林格勒北部接近地发起突击。第16装甲师与第3、第60摩步师的小股战斗群于拂晓投入进攻，对"戈罗霍夫"战役集群步兵第124、第149旅和NKVD步兵第282团位于雷诺克地域的防线，以及步兵第115旅、坦克第2军摩托化步兵第2旅、步兵第315师第724团残部从奥尔洛夫卡西延至孔纳亚车站的防线发起打击。可是，这些突击虚弱无力，没能取得实质性进展，第62集团军的右翼守卫得非常严密。结果没过几天，苏军占据的一个大型突出部开始在斯大林格勒北部工厂区的西面形成。在第6集团军看来，更糟糕的不仅仅是魏克斯北钳的失利，而是将第14装甲军与第51军隔开的奥尔洛夫卡突出部，除非将它消灭，否则该突出部将破坏德军对城市后续突击的连贯性。

东南方面军在9月3日的作战报告中声称，辖内部队正以"激烈的防御作

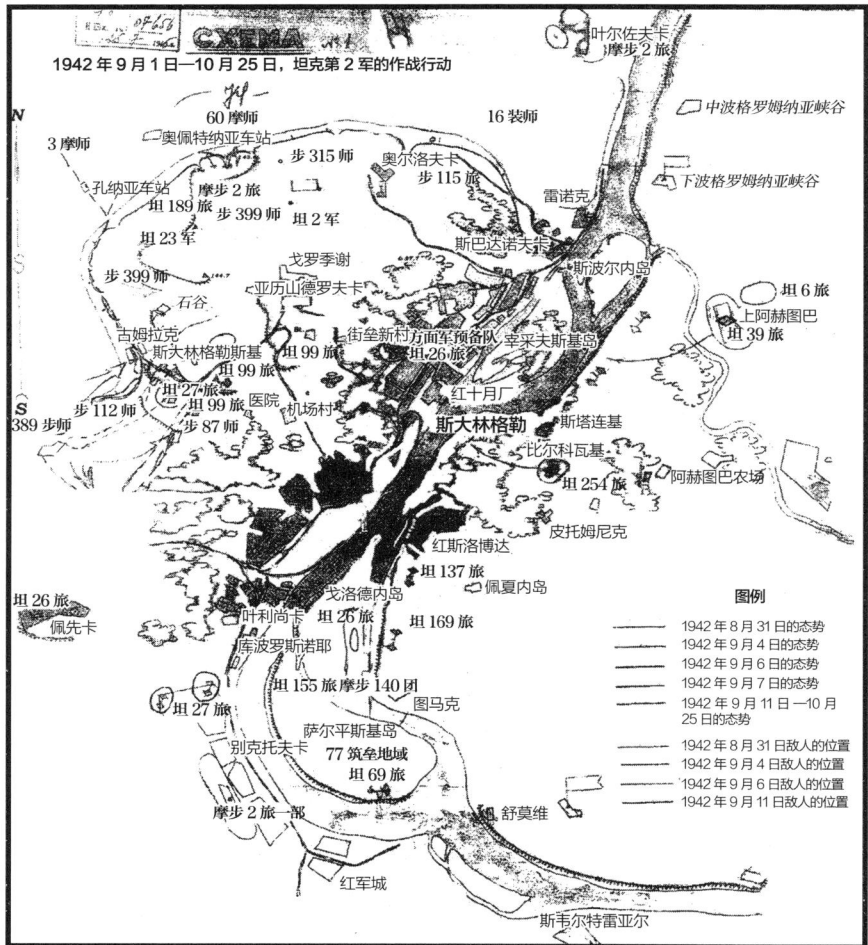

地图 9 1942 年 9 月 1 日—10 月 25 日，坦克第 2 军的态势

战抗击从西、西北方攻向斯大林格勒筑垒地域内围廓的敌步兵和坦克部队”。结果，第62集团军“面对优势敌军的压力，被迫弃守沃罗波诺沃、叶若夫卡、奥佩特纳亚车站和叶尔希”。[85]

第62集团军也清晰无误地记录下了当日的战斗：

9月3日晨，敌人发起冲击。1个步兵师（可能是第295步兵师）以2个团的兵力攻向新纳杰日达集体农庄和120.0高地，并前出至143.3高地和144.1高地西坡一线。1个敌步兵师（可能是第76步兵师）对144.1高地和贡恰尔地域发起进攻。14点，1个敌步兵师以50辆坦克从西南方攻向古姆拉克。

1个敌步兵师在30—40辆坦克的支援下占领了奥佩特纳亚车站和叶尔希。

敌人的30辆坦克从南面（佩先卡南部）进抵大佩先卡（Bol'shaia Peschanka）。

10—15架敌机组成的一个个机群，沿前线中央和南部地段，不断对［我］步兵兵团和炮兵发起打击。[86]

9月4日，保卢斯和霍特集团军辖下的3个军继续向斯大林格勒推进，不过第14装甲军的突击力比昨天更虚弱。实际上，维特斯海姆投入进攻前，克拉夫钦科坦克第2军的一个混编战斗群便试图对奥尔洛夫卡西北方8公里处的第60摩步师发起一场反突击。[87]尽管这场反突击出乎德国人的意料，但苏军却没能突破“走廊”并与莫斯卡连科的近卫第1集团军会合。

南面，第51军作战地域内，罗尔夫·武特曼将军的第295步兵师将孔纳亚车站以南的防区交给埃尔温·耶内克中将的第389步兵师，后者从第8军沿顿河构设的防区赶来，刚刚完成历时5天的行军。武特曼随后对师里的几个团进行调整，向南进入古姆拉克机场附近，在机场和东面的古姆拉克车站，他们肃清了叶尔莫尔金步兵第112师的残部（285名士兵）。[88]里夏德·冯·哈特曼[①]的第71步兵师，把几个团集结在左侧，将叶尔莫尔金步兵第112师、伊万诺夫

---

① 译注：应为亚历山大·冯·哈特曼。

步兵第196师、卡扎尔茨耶夫步兵第87师的残部逐出了古姆拉克地域。叶尔莫尔金和卡扎尔茨耶夫率部后撤，并掩护坦克第27和第99旅（共35辆坦克）退往东北方的斯大林格勒斯基（Stalingradskii）村（位于戈罗季谢西南方5公里处），而步兵第196师和近卫步兵第33师的残部退往东南方的奥佩特纳亚车站和察里察河河谷林木茂密的北坡。他们在那里加强了巴特拉科夫上校的步兵第42旅。除了分割第62集团军左翼的防御外，德军第71步兵师的推进还使第51军的先遣部队前出至斯大林格勒西郊5公里内。当天晚些时候，洛帕京报告，他的集团军正以阿法纳西耶夫步兵第244师组织一场反冲击，粉碎第71步兵师向东突入察里察河河谷的一切企图。[89]

与此同时，魏克斯突击部队的右翼，9月4日拂晓，第48装甲军开始遂行受领的简洁命令——"攻入城内"。豪恩席尔德的第24装甲师担任肯普夫的前卫，该师应"于9月4日向东突击，攻入斯大林格勒城内，肃清与第14装甲师分界线①和察里察河河谷之间的城区"。[90]当日，第24装甲师缓缓向前，尽管提供支援的"斯图卡"战机误炸友军，使该师遭受到不必要的伤亡，但他们还是从苏军近卫步兵第35师和坦克歼击第20旅手中夺取了沃罗波诺沃。可是，面对苏军第64集团军步兵第126、第204师的顽强抵抗，海姆第14装甲师的进攻在距离佩先卡不远处停顿下来。仍盘踞在叶利尚卡的苏军对第24装甲师发起猛烈的侧翼突击，豪恩席尔德的装甲掷弹兵们最终在距离目标不远处停下了脚步。不过，在更南面，第48装甲军辖内的第29摩步师和第94步兵师迫使苏军第64集团军步兵第157、第29师和海军步兵第154旅弃守了叶尔希及该镇北部地域，尽管第64集团军报告称他们正以担任预备队的海军步兵第66旅组织一场反冲击，设法夺回该地域。[91]

第62集团军的报告准确地反映出了当日的战斗：

当日，集团军继续与进攻之敌展开激战，同时，集团军投入部分兵力，沿奥佩特纳亚车站、塔洛沃伊、叶若夫卡这一总方向发起反冲击。

---

① 原注：原文如此。

　　敌人1942年9月4日进攻的结果是，以多达1个坦克师（可能是第24坦克师）的兵力攻占了奥佩特纳亚车站、波利亚科夫卡（Poliakovka）和沃罗波诺沃一线。同时，敌人还以多达1个步兵师的兵力，在坦克的支援下，从大罗索什卡方向发起一场辅助突击，将我方守军逼退至铁路和"拖拉机"国营农场（古姆拉克以北4公里处）一线。

　　9月4日晨起，由2个步兵师（第295、第76师）、坦克（多达80辆）、第60摩步师一部组成的敌"罗索什卡"集团，以及第24、第14坦克师和第29摩步师一部组成的敌"巴萨尔吉诺"集团，在掌握空中优势的战机的支援下，对萨多瓦亚车站这一总方向发起猛烈进攻，同时，他们还沿拉托申卡（Latashanka）和孔纳亚一线遂行掩护行动。

　　敌人在空中始终留有20—30架战机，这些飞机展开积极行动，对我步兵作战兵团和炮兵发起打击。[92]

　　赛德利茨和肯普夫取得了显著进展，可就在这时，朱可夫对保卢斯北翼发动的攻势开始破坏魏克斯精心策划的进攻计划。截至9月4日傍晚，近卫第1集团军对第14装甲军设在科特卢班东南方的防御发起的猛攻已迫使保卢斯从斯大林格勒方向抽调战机，支援维特斯海姆的部队。更令第6集团军惊愕的是，斯大林格勒方面军的3个集团军9月5日发起规模更大的攻势，进一步破坏了魏克斯的作战计划，保卢斯不得不命令赛德利茨第51军推迟对斯大林格勒的进攻，并将几乎所有的战机调去支援陷入困境的第14装甲军。因此，斯大林格勒方面军对科特卢班以南地域的反突击，造成第51军的进攻行动延误了两天。可是，第62、第64集团军和德国第6集团军的每日态势报告都表明，虽然肯普夫第48装甲军从北面[①]攻入斯大林格勒的行动的确放缓下来，但第51军的2个师，9月4日获得第389步兵师的加强，正向东稳步推进，冲向斯大林格勒西郊。

　　9月5日，叶廖缅科麾下的四个集团军在科特卢班地域投入战斗，但德军对斯大林格勒的突击并未彻底停顿（参见地图10）。

---

　　① 译注：该军位于南面，北面的是维特斯海姆的第14装甲军。

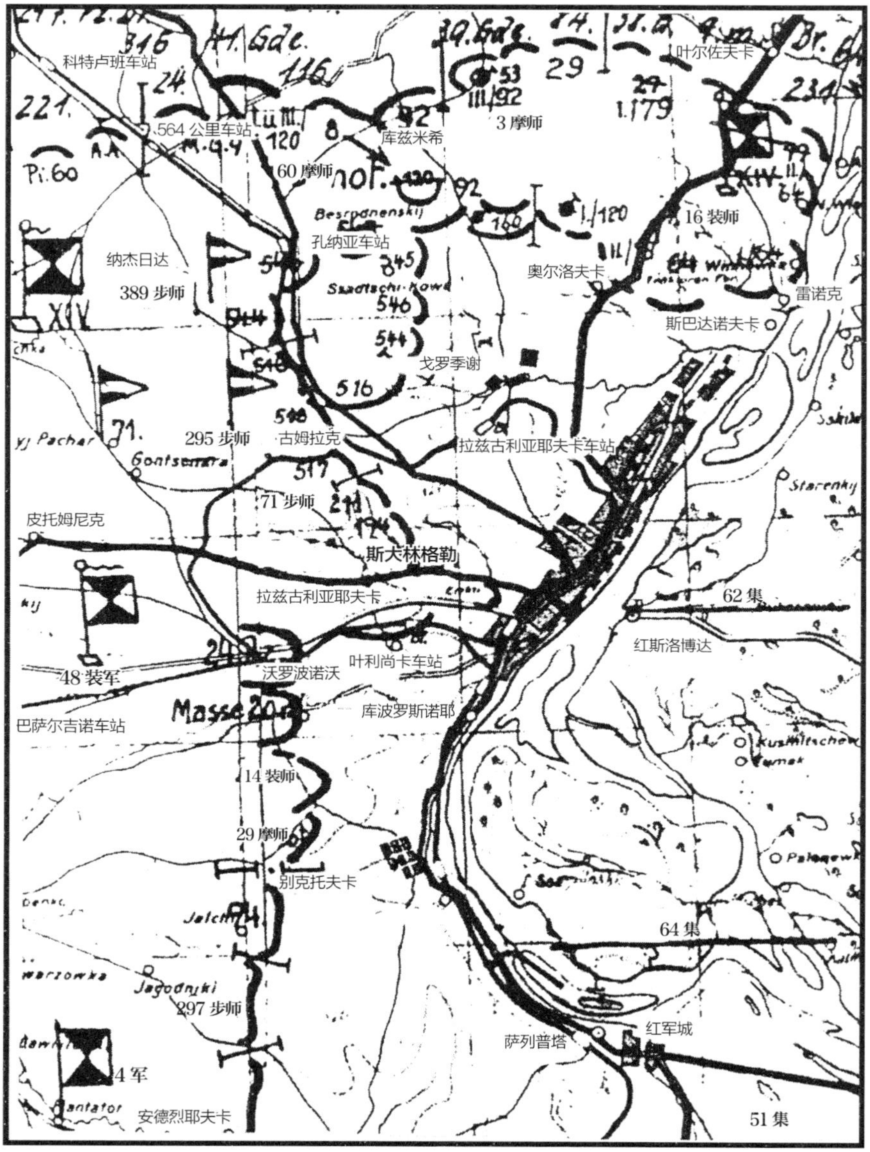

地图 10 1942 年 9 月 5 日—6 日，第 6 集团军的态势

例如，虽然抱怨"大股敌军集结在斯大林格勒南面伏尔加河河曲部以西的既设阵地中"，但B集团军群更加乐观地报告道："步兵师和装甲师从距离伏尔加河4公里处发起进攻，从西面攻向市中心，正粉碎敌人的激烈抵抗。"[93]东南方面军证实了这种说法，他们在报告中指出，第62集团军"正坚守既有阵地，并成功击退了敌人在斯大林格勒接近地的一切进攻"。[94]正如德方档案资料表明的那样，B集团军群对当日进展的表述太过乐观了些，因为第51军和第48装甲军的进军步伐已明显放缓。例如豪恩席尔德的第24装甲师和海姆的第14装甲师遭遇到顽强抵抗，苏军还获得了火炮和火箭炮猛烈火力的支援：

〔9月4日至5日〕夜间，敌人的炮火猛轰我师防区。第14和第24装甲师附近遭到"斯大林管风琴"的齐射，夜里，敌机还以炸弹和机载武器发起数次突袭。第24装甲师前方，敌人的压力没有发生变化，但在矩形森林南面灌木丛生的地带，敌人的力量有所加强。目前的状况使第24装甲师暂时无法继续进攻，因此师里的部队只得据守在已到达的位置上。敌人不时以火炮、"斯大林管风琴"的猛烈齐射覆盖小树林，特别是他们的迫击炮炮火，密集度前所未见。这造成了大量伤亡，许多散兵坑被炮弹直接命中。敌人随后又发起强有力的空袭。〔各中队〕做好了应对敌步兵反复发起进攻的准备，我师已深深楔入俄国人的防线，处境非常危险，第48装甲军辖下的其他师奉命推进，与第24装甲师的战线保持平齐，这样一来，我师的南翼至少得到了掩护。遵照军部的命令，第29摩步师和罗马尼亚第20师4点发起进攻，第14装甲师迟一个小时，5点投入战斗……

面对敌人强有力的抵抗和猛烈的侧射火力，第29摩步师和第14装甲师发起的进攻最终失败了，与微小的进展相比，伤亡可谓极大。[95]

傍晚时，第24装甲师报告，他们只剩下34辆坦克，这证明了苏军炮击和当日激战的不利影响。[96]苏军第62和第64集团军报告，辖内的大多数部队正沿现有阵地据守，或组织局部反冲击改善防御条件。

证实这些报告的是，第62集团军当日以阿法纳西耶夫的步兵第244师发起一场反突击，直接攻向德军第71步兵师第191团，该团已向东推进至察里察河

82

河谷北部边缘，距离市中心不到4公里。日终时，洛帕京报告，阿法纳西耶夫的部队已将德军第191团的主力歼灭（事实证明这一点有误）。尽管如此，第62集团军仍有可能丢失斯大林格勒，作为一项防范措施，当天晚些时候，洛帕京将5个没有坦克的坦克旅（坦克第135、第137、第155、第254、第169旅）部署至斯大林格勒对面、伏尔加河东岸的预备防御阵。[97]同时，舒米洛夫的第64集团军竭力构设牢固的防御，掩护库波罗斯诺耶、别克托夫卡和伏尔加河东岸的红军城①的接近地，并与洛帕京位于斯大林格勒的第62集团军保持联系。第64集团军右翼部队（步兵第204、第126、第157、第29师）坚守从佩先卡南延至叶尔希的防区时，位于集团军中央和左翼的部队（近卫步兵第38、第36师，步兵第422师）将德国第4装甲集团军的第4军和罗马尼亚第6军阻挡在从叶尔希南延至通杜托沃并西延至伏尔加河一线。与此同时，舒米洛夫还在别克托夫卡地域集结起一股预备力量，其中包括I. D. 德里亚赫洛夫上校的预备步兵第10（独立第160）旅，他打算以此加强集团军右翼的防御。[98]

9月5日日终前，"戈罗霍夫"战役集群的步兵第124、第149旅及NKVD步兵第282团，会同K. M. 安德留先科上校的步兵第115旅和特拉夫尼科夫步兵第399师的残部加强了他们的防御，这道防线在第14装甲军第16装甲师和第60摩步师对面，从雷诺克西延至奥尔洛夫卡。在他们左侧，步兵第315师的步兵第724团、坦克第2军的摩托化步兵第2旅、坦克第23军的坦克第189旅守卫着从奥尔洛夫卡西延至孔纳亚车站的防线，对面是第14装甲军第3摩步师的小股部队和第51军新近赶到的第389步兵师。从孔纳亚车站南延至斯大林格勒斯基（位于古姆拉克东面），特拉夫尼科夫的步兵第399师和叶尔莫尔金的步兵第112师，在坦克第2军坦克第27、第99旅的加强下抗击着第51军的第295步兵师。步兵第112师左侧，卡扎尔茨耶夫的步兵第87师与巴特拉科夫的步兵第42旅发起反冲击，从德军第295步兵师第517团手中夺回奥佩特纳亚车站的一个立足地。伊万诺夫步兵第196师的残部和阿法纳西耶夫步兵第244师位于北面的三分之一兵力在叶若夫卡东北方坚守着察里察河北岸的阵地。从察里察河南延至沃罗波

_____

　　① 译注：红军城位于伏尔加河弯曲部，实际上是在伏尔加河南岸。

诺沃、A. I. 乌特文科上校的近卫步兵第33师和坦克歼击第20旅，在格拉兹科夫近卫步兵第35师和佩索钦步兵第131师的加强下抗击着第48装甲军的第24装甲师。从佩先卡向南延伸、经旧杜博夫卡直至叶尔希的防线上，第64集团军的步兵第204、第126、第157、第29师面对着德军第48装甲军辖下的第14装甲师、第29摩步师和第94步兵师。[99]

尽管"走廊"北侧的危机持续存在，但魏克斯9月6日对斯大林格勒的突击还是取得了一些战果，主要是在从奥尔洛夫卡西延至孔纳亚车站，再从车站南延至古姆拉克这片地域，而其他地段进展甚微。在那里，第51军第389步兵师和在左翼提供支援的第14装甲军第3摩步师一个小股战斗群共同发起一场向心突击，一举打垮苏军坦克第23军步兵第399师和坦克第189旅的防御，迫使他们后撤了5公里，在新防线上掩护戈罗季谢接近地。[100]但洛帕京命令波波夫的坦克军无论如何必须坚守奥尔洛夫卡的阵地，因为他们是距离朱可夫突击力量最近的部队，朱可夫仍试图从北面达成突破，与第62集团军会合。虽然德军第389步兵师取得了进展，但洛帕京的部队仍继续坚守伸向北面的庞大突出部，该突出部隔开了维特斯海姆的第14装甲军与南面赛德利茨的第51军。总之，9月6日，斯大林格勒西面的战斗依然杂乱无章，主要是北面科特卢班地域的激战所致。[101]

待保卢斯确信维特斯海姆的装甲军已稳定住科特卢班地域的态势后，9月7日，这位第6集团军司令投入了赛德利茨的第51军，希望以这场最后的突击攻占斯大林格勒城和伏尔加河西岸（参见地图11）。拂晓时，耶内克的第389步兵师和武特曼的第295步兵师并肩推进，30—40辆突击炮、40—50架"斯图卡"俯冲轰炸机组成的编队提供支援，他们向东而去，跨过草原，赶往俯瞰城市的高地。与此同时，在第51军右翼，哈特曼第71步兵师沿着察里察河河谷北面的高地，也向东冲去。

这场联合突击迫使苏军步兵第399、第112、第87师和坦克第2、第23军提供支援的坦克第189、第27、第99旅不断退却（参见地图12）。苏军在激烈的战斗中迅速后撤，特拉夫尼科夫的步兵第399师和贝斯特里克的坦克第189旅在戈罗季谢和亚历山德罗夫卡西郊掘壕据守，叶尔莫尔金的步兵第112师、P. G. 波波夫少校坦克第27旅和P. S. 日特涅夫中校坦克第99旅的残部坚守着亚历山

地图 11 1942 年 9 月 7 日—8 日，第 6 集团军的态势

德罗夫卡南面的铁路线。此时，坦克第27和第99旅儿乎已没有坦克，第27旅旅长波波夫负伤，第99旅旅长日特涅夫在战斗中阵亡。因此，叶廖缅科命令克拉夫钦科，把坦克第27和第99旅剩下几辆无法使用的坦克移交给波波夫的坦克第23军，并令坦克第2军的残部撤过伏尔加河。9月11日，克拉夫钦科的坦克军将以新组建或重新改编的坦克第135、第137、第155、第254、第169、第99旅，在伏尔加河东岸守卫84公里长的防区。[102]

与此同时，叶尔莫尔金左侧，卡扎尔茨耶夫将支离破碎的步兵第87师的

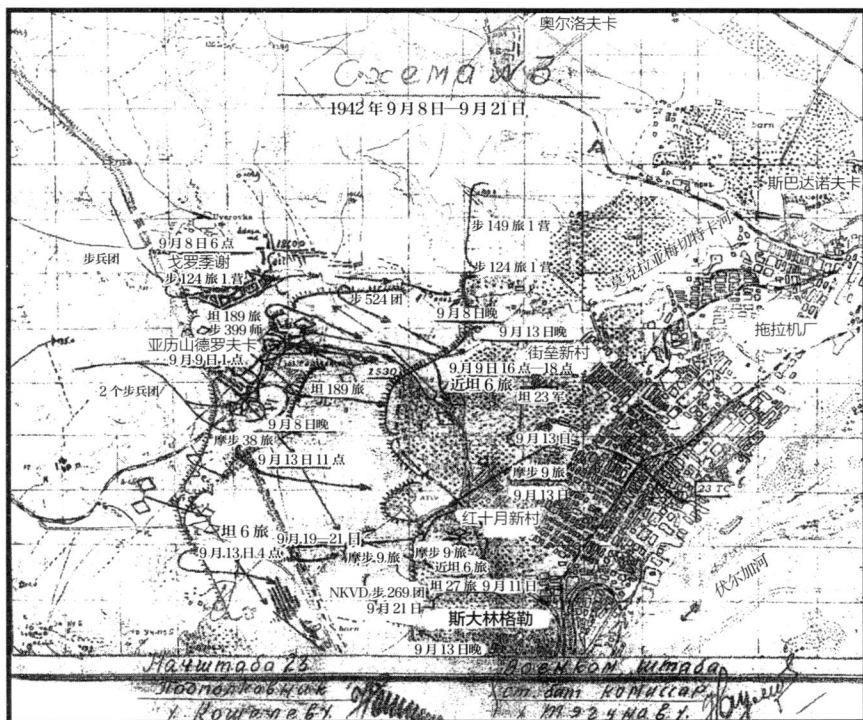

地图 12　1942 年 9 月 8 日—21 日，坦克第 23 军的位置

残部撤至奥佩特纳亚车站东北方的新防御阵地。察里察河北岸，伊万诺夫步兵第196师的残部、巴特拉科夫步兵第42旅、阿法纳西耶夫步兵第244师位于北岸的三分之一兵力，击退了德军第71步兵师从奥佩特纳亚车站向东发起的数次突击，并将德军的推进遏制在距离马马耶夫岗西北方仅有8—10公里的萨多瓦亚和拉兹古利亚耶夫卡车站。由于在先前的战斗中损失严重，此时，步兵第399、第112、第87师的战斗兵仅剩195、300、180人，步兵第196师的兵力稍多些。[103]当晚，东南方面军承认，辖内部队"正沿斯大林格勒接近地进行激烈的防御作战，抗击敌步兵和坦克部队，面对沉重的压力，已弃守戈罗季谢和亚历山德罗夫卡地域"。[104]

第62集团军左翼，肯普夫第48装甲军辖下的第24、第14装甲师和第29摩步师依然不太活跃，9月7日重组了部队。阿法纳西耶夫步兵第244师位于察里察河南面的2个团坚守着波利亚霍夫卡（Poliakhovka）以东的防区，佩索钦的步兵第131师和格拉兹科夫的近卫步兵第35师，在坦克歼击第20旅所剩无几的兵力的支援下，沿沃罗波诺沃东面的铁路线守卫着他们的防区。但是，格拉兹科夫上校①在战斗中身负重伤，副师长瓦西里·帕夫洛维奇·杜比扬斯基上校接替了指挥工作，杜比扬斯基是一名经验丰富的指挥员，"巴巴罗萨"战役期间曾担任摩托化步兵第7师副师长。[105]

虽然第51军9月7日成功地向前推进，但赛德利茨将军和他的参谋长当晚赶至第6集团军司令部时，却发现保卢斯焦虑重重。朱可夫在科特卢班地域的攻势继续从北面对第14装甲军施加沉重的压力，而在南面，霍特的第4装甲集团军已暂时停止了进攻，因为苏军第64集团军牢牢据守着别克托夫卡东面的大型登陆场和红军城，严重威胁到霍特的侧翼。[106]保卢斯对下一步行动方案犹豫不决，是继续攻向斯大林格勒城，还是支援北面维特斯海姆陷入困境的部队？保卢斯最终命令赛德利茨，9月9日将第51军的左翼转向东北方，扫荡维特斯海姆后方区域的苏军，消灭顽固的奥尔洛夫卡突出部。与此同时，霍特将把肯普夫第48装甲军的进攻方向调整至东南方，离开斯大林格勒城，扑向第64集团军别克托夫卡登陆场的北翼。[107]可是，实施再部署之前的激战中，第24装甲师师长豪恩席尔德将军在前线指挥战斗时身负重伤，师属第4摩托车营营长冯·格罗本上校②被苏军炮弹炸死。布罗伊希上校暂时接掌全师的指挥权，9月14日，阿尔诺·冯·伦斯基少将正式接任师长一职。[108]

如果说保卢斯变更部署为城市西面狭窄区域内的守军提供了喘息之机，那么，对第62集团军的士兵而言，这一点并不明显。9月8日，从戈罗季谢南延至佩先卡，战斗沿整片区域肆虐，席卷了第62集团军的南翼和第64集团军的北翼。正如东南方面军报告的那样——"［方面军辖下的］部队沿斯大林格勒接近地继续从事激烈的防御作战，抗击敌人不断获得空中支援的大股步兵和坦克，面对沉重的压力，（我们）被迫放弃了一些阵地"。[109]唯一值得

①译注：应为少将。
②译注：冯·格罗本1942年9月1日才被擢升为营长，此时不太可能为上校军衔。

庆幸的是，第62集团军的右翼相对较为平静。在那里，"戈罗霍夫"战役集群的步兵第124旅（缺一个营，该营被调去增援步兵第112师在戈罗季谢的防御）、第149旅、NKVD步兵第10师第282团、步兵第115旅的一个营守卫着从雷诺克西延至奥尔洛夫卡的防区。安德留先科步兵第115旅的其他部队、摩托化步兵第2旅和步兵第315师第724团（这是该师仅剩的一个团）坚守着奥尔洛夫卡突出部的北面和西面。当然，该区域相对平静的原因是德军第14装甲军完全被朱可夫的攻势所牵制，而第51军正对部队做出再部署，以便从西面对该突出部发起突击。

但在第62集团军的左翼，9月8日，第51军辖下的第295和第71步兵师攻向东面的戈罗季谢和位于古姆拉克通往斯大林格勒主铁路线上的拉兹古利亚耶夫卡车站。第295步兵师的突击迫使特拉夫尼科夫的步兵第399师、叶尔莫尔金的步兵第112师和坦克第23军提供支援的几个残缺不全的坦克旅退入戈罗季谢与亚历山德罗夫卡，并在拉兹古利亚耶夫卡车站跨过铁路线向南退却。洛帕京绝望地投入了摩托化步兵第38旅和S. A. 霍普科中校的坦克第6旅，以加强该地域的防御。南面，德军第71步兵师将卡扎尔茨耶夫步兵第87师的几百名士兵、巴特拉科夫步兵第42旅和阿法纳西耶夫步兵第244师位于察里察河北面的一个团驱赶至医院和察里察河北面的一座农机站附近。

第51军第71步兵师在拉兹古利亚耶夫卡车站以南展开激战之际，当天晚些时候，赛德利茨对耶内克第389步兵师和武特曼第295步兵师辖内的各个团做出了调整，以便耶内克的师占据出发地域，向东北方的奥尔洛夫卡发起突击。同时，武特曼的师将继续向东进攻，冲向戈罗季谢和斯大林格勒北部工厂区。

第6集团军右侧，霍特第4装甲集团军辖下的部队也在9月8日展开行动，集团军投入肯普夫第48装甲军的3个快速师，对第62集团军部署在察里察河南面的左翼发起猛攻。肯普夫的左翼，布罗伊希指挥第24装甲师对阿法纳西耶夫步兵第244师2个团的防区展开突击，该防区从察里察河向南延伸，穿过萨多瓦亚车站，直至米尼纳郊区的北部边缘。与此同时，海姆的第14装甲师对佩索钦的步兵第131师、杜比扬斯基的近卫步兵第35师以及坦克歼击第20旅发起打击，这股苏军据守的防区从沃罗波诺沃车站东北方南延至佩先卡。尽管勉强遏制着布罗伊希第24装甲师一个战斗群的猛攻，但阿法纳西耶夫依然眼睁睁地看着师里的2个营在米尼纳郊区西北方的激战中全军覆没。[110]当日日终前，焦虑的洛帕京命令德里亚赫洛夫上校的预备步兵第10旅（该旅从第64集团军调入他的预备队）加强步兵第244师在萨多瓦亚车站和米尼纳郊区的防御，并准备沿察里察河南面的铁路线对肯普夫的装甲部队展开一场反冲击。

更南面，肯普夫装甲军辖下的弗雷梅赖第29摩步师在海姆第14装甲师一个战斗群的支援下迅速向南挺进，对第64集团军位于沃罗波诺沃车站东南方的最右翼发起打击。这场进攻获得约50辆坦克和突击炮的支援，迫使苏军步兵第204、第126师及获得加强的步兵第138师和坦克第133旅退守从佩先卡西郊向西南方延伸的新防线。第64集团军的报告证明了战斗的激烈程度："敌坦克进攻的结果是，［步兵第138师］步兵第343团几乎全军覆没。"——尽管在战斗中其"击毁或烧毁了18辆敌坦克"。[111]当天晚些时候，舒米洛夫将步兵第126师（该师已在先前的战斗中被严重消耗）撤入集团军位于戈尔纳亚波利亚纳的第二梯队，掩护别克托夫卡北接近地。

9月9日，第6集团军的第51军和第4装甲集团军的第48装甲军继续进攻，扩大昨日的战果。赛德利茨投入耶内克的第389步兵师，该师辖下的几个团昨天已将进攻方向调整至东北方，从西南方对奥尔洛夫卡发起协调一致的突击。拂晓时，耶内克的师从戈罗季谢西南方朝西北方[①]攻击前进，途中遭遇到一股敌军，用赛德利茨的话来说，对方"顽强地坚守着每一座暗堡"。尽管如此，第389步兵师辖下的第545、第546和第544团还是深深地楔入了特拉夫尼科夫步兵第399师和坦克第2军坦克第189旅的左翼，对步兵第115旅和摩托化步兵第2旅构成了威胁，在安德留先科上校的指挥下，这两个旅的主力仍坚守着奥尔洛夫卡突出部的东北端。三个德军团继续向前，从苏军步兵第399师和坦克第23军提供支援的几个坦克旅的残部手中夺取了戈罗季谢。

在此期间，第389步兵师右侧，武特曼第295步兵师的第516团发起突击，从叶尔莫尔金的步兵第112师手中夺取了亚历山德罗夫卡村的西部，据步兵第112师报告，他们只剩下82名士兵。与此同时，第295步兵师的第517、第518团

---

① 译注：应为东北方。

从拉兹古利亚耶夫卡车站向东推进，尽管当日下午霍普科的坦克发起了一场猛烈但却徒劳的反冲击，但德军还是粉碎了摩托化步兵第38旅、卡扎尔茨耶夫步兵第87师的残部和坦克第6旅的防御。当日日终前，摩托化步兵第38旅从拉兹古利亚耶夫卡车站南面的铁路线向东退却，卡扎尔茨耶夫报告称，他的步兵第87师只剩下140名作战士兵。

更南面，第51军右翼，哈特曼第71步兵师的三个团在医院与察里察河之间的地域向东、东南方推进，与巴特拉科夫步兵第42旅和阿法纳西耶夫步兵第244师北面的一个团展开激战，但没有取得太大进展。赛德利茨当天晚些时候乐观地报告，实施防御的苏军"损失惨重"，不过，他不得不承认"我们的伤亡也不小"。[112]东南方面军的报告证实了赛德利茨的说法："沿斯大林格勒近接近地，东南方面军所部9月9日继续实施激烈的防御作战，抗击敌步兵和坦克，在沉重的压力下被迫放弃了一些阵地。"[113]

察里察河南面，霍特第4装甲集团军继续以肯普夫第48装甲军的3个快速师展开接连不断的进攻，力图突入斯大林格勒城南部区域。布罗伊希的第24装甲师担任肯普夫装甲军的先头部队，尽管该师只剩下24辆坦克。拂晓后，德军发起进攻，布罗伊希的装甲兵一举攻占了萨多瓦亚车站，苏军步兵第244师获得步兵第10旅的加强后，多次发起反冲击，徒劳地试图夺回车站。更南面，海姆第14装甲师的一部，虽然坦克数量比第24装甲师更少，但还是迫使佩索钦步兵第131师、杜比扬斯基近卫步兵第35师和提供支援的坦克歼击第20旅放弃了佩先卡。这些苏军兵团撤往从叶利尚卡西面沿库波罗斯诺耶南郊向南延伸的新阵地，两个师据守在斯大林格勒市中心南面的伏尔加河西岸上。[114]

与此同时，第48装甲军右翼，第29摩步师在第14装甲师一个战斗群的支援下，向南冲往库波罗斯诺耶以西地域，迫使第64集团军步兵第204、第138、第157师放弃了旧杜博夫卡。三个苏军师退往戈尔纳亚波利亚纳东面和西面的新防线，集团军辖下的步兵第126师已据守在防线上。当日，海姆第14装甲师余下的部队从佩先卡地域转身向南，加强弗雷梅赖装甲掷弹兵的突击。虽然舒米洛夫的部队将德军的进攻遏止在距离库波罗斯诺耶不远处和伏尔加河西岸，但第64集团军辖下的4个师彻底消耗殆尽了。[115]

在B集团军群司令魏克斯看来，9月5日—9日沿斯大林格勒西接近地的激战具有积极效果，前进中的第51军和第48装甲军与伏尔加河之间的距离已减少了一半。这场激战也显著降低了斯大林格勒方面军4个集团军对据守在斯大林格勒北面通往伏尔加河的脆弱通道中的第14装甲军第3、第60摩步师和第16装甲师构成的威胁。但在叶廖缅科看来，态势在两个方面变得更加危险了。首先，第51军和第48装甲军的顺利推进构成这样一种威胁：在斯大林格勒欠发达的南部郊区将第62与第64集团军分隔开。其次，这位方面军司令员对洛帕京能否在这样一场危机中有效地领导第62集团军产生了严重的怀疑。因此，根据叶廖缅科的建议，9月9日晚，最高统帅部派崔可夫将军接替洛帕京，担任第62集团军司令员。

指挥员变更

魏克斯的部队小心翼翼地进入了城市，几乎有些胆怯，苏军的凶猛抵抗显然令他们印象深刻。男爵沃尔弗拉姆·冯·里希特霍芬大将对第6集团军缓慢的步伐深感沮丧，并对"集团军的紧张不安和糟糕的领导"抱怨不已。[116]但斯大林、苏军最高统帅部、朱可夫和叶廖缅科并未觉察到德国人的这种谨慎，他们对斯大林格勒的命运越来越绝望。9月份第一周结束时，D. N. 尼基舍夫将军（曾在南方面军先后担任第9、第57集团军司令员，现在是叶廖缅科的参谋长）被协调作战行动的工作弄得筋疲力尽，就连他的司令部人员也分散在四个地点。自7月下旬那些混乱的日子以来一直担任第62集团军司令员的洛帕京，现在已然丧失了信心，开始将部队撤出城市。叶廖缅科对洛帕京在这种艰难形势下的韧性深感担心，9月7日晚，他请求斯大林解除洛帕京的职务。次日一早，斯大林照办了，但在接下来的36个小时里，他没有任命继任者。[117]

9月9日，斯大林终于做出决定，派第64集团军副司令员崔可夫接替洛帕京，N. I. 克雷洛夫少将任他的参谋长。洛帕京目前的副手尼古拉·伊万诺维奇·克雷洛夫就职业而言是一名工程兵，曾在敖德萨和塞瓦斯托波尔保卫战期间出色地担任过滨海集团军参谋长。[118]至于崔可夫，斯大林格勒地域持续的激战使他无法在三天内赶至伏尔加河东岸的西南方面军司令部①。[119]在这三天

---

① 译注：应为东南方面军司令部。

里，克雷洛夫设法完成了整顿集团军所辖部队的艰巨任务，准备应对德军攻入城内的最后突击。

面对眼前的危机，叶廖缅科、他的参谋长尼基舍夫、斯大林格勒方面军军事委员会委员（政委）尼基塔·谢尔盖耶维奇·赫鲁晓夫选择了瓦西里·伊万诺维奇·崔可夫，因为他是一名久经考验的斗士，已在7月下旬和8月份的战斗中展现出不同寻常的顽强和坚决。斯大林对他的指挥员在阻止B集团军群进攻的行动中一再失败恼怒不已，直到叶廖缅科亲自为崔可夫担保，他才同意了这一变更。第62集团军新司令员崔可夫从饱受蹂躏的城市渡过伏尔加河，9月12日10点赶至东南方面军司令部报到。在一场简短的交谈中，崔可夫获得任命，并听取了战术态势的基本情况。最后，赫鲁晓夫问崔可夫如何理解自己的任务，崔可夫回答道："我们不能把城市拱手让给敌人，斯大林格勒对我们，对全体苏联人民至关重要……我会采取一切措施守住城市。现在我不提任何要求，但我提出请求时，希望军事委员会给予帮助。我发誓我会坚守到底。我们会守住城市，要么就战死在那里！"[120]

现在回顾起来，这些话语显得夸张、做作，崔可夫对这番说辞的回忆也许会引起读者们的质疑。但可以肯定，他这种听天由命的态度无疑反映出了自己的决心和当时许多苏军士兵的心态。

当晚，夜幕阻止了德国人的空袭，崔可夫带着几名助手搭乘渡轮渡过伏尔加河。他们乘坐一辆覆盖着大灯的汽车穿过这座死气沉沉的城市，一堆堆被烧毁的废墟上，市民们翻寻着损失的财物。依靠德军轰炸机引燃的火焰为照明，崔可夫终于赶到设在马马耶夫岗山坡上的第62集团军指挥所。

我来到集团军参谋长N. I. 克雷洛夫将军的掩蔽部，这段时间里，他一直代理着司令员的职务。他是个粗壮、敦实的人，看上去很果断。

克雷洛夫的掩蔽部——严格说来算不上是掩蔽部，只是一个较宽的避弹壕，壕内一侧是用泥土做成的长凳，另一侧是土炕，土炕尽头是一张土桌。避弹壕顶铺着树枝和麦秸，上边盖有12—15英尺厚的泥土。炮弹和迫击炮弹在附近炸开。爆炸震颤着这座避弹壕，泥土从壕顶落下，撒在摊开的地图和壕内人的头上。

掩蔽部里只有两个人,一个是手拿电话听筒的克雷洛夫将军,另一个是值班电话员叶列娜·巴卡列维奇,她是个18岁左右的蓝眼睛姑娘。克雷洛夫将军正口气严厉地与什么人谈话,声音很高,很生气,态度强硬。巴卡列维奇坐在入口处,两手各拿一个电话听筒,正向什么人说:"他正在打另一个电话。"

我掏出证件放在克雷洛夫面前。他一边继续训斥那个人,一边用眼睛看了看证件,然后结束了谈话,我们互相问了好。在微弱的油灯下,我看到一张精干、严厉而又令人愉快的脸庞……电话铃声不时响起,叶列娜·巴卡列维奇把听筒递给克雷洛夫。他开始就明天的任务下达命令……我一边听他打电话,一边研究他的工作地图、地图上的标记和箭头,试图了解正在发生的情况。我知道克雷洛夫这会儿没有时间向我汇报态势。[121]

作为一名守卫过敖德萨和塞瓦斯托波尔的老兵,克雷洛夫在组织坚定的防御、抗击德军突击方面具有丰富的经验。崔可夫和克雷洛夫是"三驾马车"中的两位成员,尽管面对着德军的猛烈进攻和难以想象的艰难困苦,但这辆"三驾马车"哄骗、威胁着第62集团军坚守在城内。克雷洛夫理智、一丝不苟;崔可夫,虽然同样善于分析,但看上去似乎更务实,时而风趣,时而冷酷无情。"三驾马车"的第三位成员是第62集团军军事委员会委员库兹马·阿基莫维奇·古罗夫,当时的军衔是师级政委,后来晋升为中将。[122]在战争的这一阶段,政委们的权威犹在,他们以恐惧而不是爱国热情去激励前线指战员。就连古罗夫的光头和他粗黑浓密的眉毛也传递出威胁感。担任西方面军第29集团军和西南方面军军事委员会委员期间,他已赢得了名声。总之,崔可夫和古罗夫以鼓励、难堪、恫吓、无情的惩罚激励着那些信心动摇的部下。NKVD卫兵在渡口严密盘查着每一个试图离开城市的人。[123]

崔可夫和"三驾马车"另外两位成员面临的首要任务是恢复已濒临崩溃的第62集团军的秩序,将它锻造成一股保卫斯大林格勒直至最后一兵一卒的力量。截至9月11日,"战至最后一兵一卒"意味着崔可夫的集团军在彻底耗尽作战兵力前有近54000名士兵和115辆坦克可供消耗(参见图表9、10)。[124]可是,由于这些士兵中的许多人隶属于各师各旅的后勤机构,各作战团、营和连的兵力严重不足。

图表 9：1942 年 9 月 11 日，第 62 集团军各步兵兵团的兵力

近卫步兵第33师——864人
近卫步兵第35师——454人
步兵第87师——1819人
步兵第98师——465人
步兵第112师——2297人
步兵第131师——2540人
步兵第196师——1004人
步兵第229师——192人
步兵第244师——3685人
步兵第315师——2873人
步兵第399师——565人
NKVD步兵第10师——8615人
步兵第10旅——1912人
步兵第115旅——4868人
步兵第149旅——4125人
步兵第124旅——3607人
步兵第42旅——5032人
摩托化步兵第9旅——1073人
摩托化步兵第38旅——2370人
总计——48360人

※ 资料来源：阿列克谢·伊萨耶夫的《斯大林格勒：伏尔加河后方没有我们的容身处》（莫斯科：亚乌扎 – 艾克斯摩出版社，2008 年），第 161—162 页，引自 *TsAMO, RF, f. 245, op. 5487, d. 6, 1. 3。*

图表 10：1942 年 9 月 10 日，东南方面军在斯大林格勒的坦克部队的作战力量

部队	人员		车辆			坦克		
	编制	现有	轻型	卡车	特种	重型	中型	轻型
坦克第133旅	1107	1117	4	92	42	22	—	—
坦克第23军	7592	5494	12	331	53	—	38	10
坦克第27旅＊	1181	768	2	71	19	—	13	32
总计	9880	7379	18	494	114	22	51	42

※ 资料来源：阿列克谢·伊萨耶夫的《斯大林格勒：伏尔加河后方没有我们的容身处》，第 64 页，引自 *TsAMO, RF, f. 48, op. 468, d.25, II . 33, 35。*

＊ 注：1942 年 9 月 12 日，坦克第 27 旅编入坦克第 23 军。

斯大林格勒郊区的陷落，9月10日—12日

9月10日，苏军最高统帅部的担心成为严峻的现实，德军第48装甲军辖下的第29摩步师终于在库波罗斯诺耶突破至伏尔加河（参见地图13）。

德军第24装甲师已在苏军防区打开一条通道，9月9日至10日夜晚，弗雷梅赖的第29摩步师紧随其后发起进攻，突破苏军第62与第64集团军结合部的防御，前出至伏尔加河：

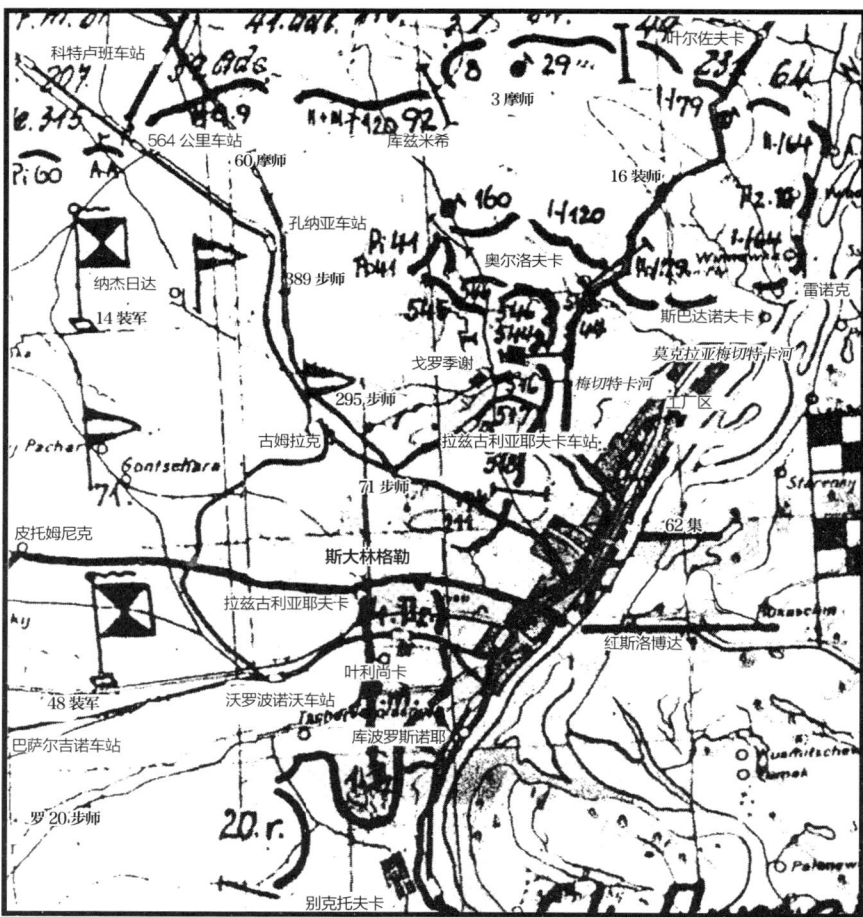

地图13　1942年9月9日—10日，第6集团军的态势

　　9月4日，第24装甲师沿斯大林格勒—卡拉奇铁路线攻击前进，穿过城市西部边缘，对敌人虚弱的防御发起打击。看来敌人无法沿铁路线守住伏尔加河以西地域。经过短暂的重组，9月9日，作为［第48装甲］军组成部分的第29摩步师沿公路南侧前出至上叶利尚卡附近的伏尔加河登陆场接近地……［德军］展开逐屋逐巷的艰巨战斗，打击近卫步兵第35师和摩托化步兵第38旅［应该是坦克歼击第20旅］的守军……9月10日晨，［第29摩步师］第71步兵团成为第一支在城市南端库波罗斯诺耶附近到达伏尔加河的德军部队。[125]

　　虽说这场危机并不特别严重，但现在第62集团军的整条防线（从奥尔洛夫卡地域南延至库波罗斯诺耶）都面对着德军的突击。问题是，经过前一周对辖下部队疯狂的来回调动，集团军的防御是否能将德国人挡在距离伏尔加河西岸不远处？（参见图表11）

图表11：1942年9月10日晚，第62集团军辖内部队的部署和行动（由北至南）

●北部作战地域（"戈罗霍夫"战役集群）
　○步兵第124旅（欠1个营）守卫着雷诺克、35.0里程碑、斯巴达诺夫卡西北郊一线。白天未发生战斗。
　○步兵第149旅（欠1个营）守卫着斯巴达诺夫卡（含）、93.1里程碑东南方1公里处的独立建筑物、93.2里程碑西北方沟壑（含）一线。白天未发生战斗。

　○步兵第282团（NKVD）守卫着沟壑（93.2里程碑西北方1公里处）、135.4高地南坡、85.1里程碑地域。
●步兵第115旅（欠第4营）守卫着135.4高地（含）、144.2高地南坡、147.6高地南面的洼地一线。击退了两股敌军（每股1个营兵力）从西北方发起的进攻。
●步兵第196师混编团、步兵第724团（120人）和摩托化步兵第2旅（150人）守卫着147.6高地西南方的洼地（含）、108.8里程碑、120.5里程碑一线。当日下午与步兵第115旅相配合，击退了两股敌军的进攻，（敌人）沿洼地向奥尔洛夫卡渗透的冲锋枪手伤亡惨重。
●步兵第115旅第4营守卫着120.5高地（含）、128.0里程碑一线。
●步兵第149旅第1营守卫着128.0里程碑（含）、128.0里程碑南面2公里处的无名峡谷一线。
●步兵第124旅第1营，右翼位于106.6高地东南方1.5公里处的峡谷，左翼位于戈罗季谢东郊独立农场东南方500米处，其防线面朝西南方。
●近卫坦克第6旅和坦克第189旅，组成一个混编营守卫农机站、拉兹古利亚耶夫卡车站东面的无名村庄一线。
●摩托化步兵第38旅沿拉兹古利亚耶夫卡车站东面的无名村庄（含）、153.7高地（含）一线据守。
●坦克第6旅守卫着153.7高地（含）、医院一线。
●步兵第42旅守卫着医院（含）、133.4高地东坡、察里察河谷中的独立建筑物（含）（50.7里程碑以东2公里处）一线。挫败了敌人渗透至前沿的企图。
●步兵第244师，以步兵第991团的左翼营和步兵第10旅的右翼营守卫铁路线，在敌人飞机和坦克的压力

图表 11（接上页）

下向东后撤了1公里。

- **坦克第133旅**、**NKVD步兵第271团**守卫着库波罗斯诺耶（含）、米尼纳郊区西部（与120.0里程碑相平行）一线。
- **近卫步兵第35师**，以不超过150名指战员的兵力，多次击退敌步兵、重型坦克和装甲车对其阵地发起的进攻。
- **步兵第131师**守卫着原先的防线，日终前撤至斯大林格勒南部铁路枢纽附近，担任集团军预备队。
- **步兵第399师**担任集团军机动预备队，集结在98.9里程碑东面的树林附近。
- **坦克第27旅**集结在奥夫拉日纳亚（Ovrazhnaia）附近的树林中。
- **步兵第112师**守卫着114.3里程碑、+0.8里程碑一线。
- **步兵第87师**，将作战兵力（200人）加入近卫坦克第6旅的混编支队……

集团军司令员决定：

（a）以后勤人员将步兵第399师混编团的兵力加强至1000人，投入该团，恢复步兵第244师与步兵第10旅结合部的态势；

（b）由于步兵第131师已进入库波罗斯诺耶，应将其纳入集团军南部集群。所辖各部队整顿后，该师应集结在米尼纳郊区的铁路枢纽，作为南部集群的预备队，其受领的任务是在指定地域占据阵地，并做好向萨多瓦亚、叶利尚卡或库波罗斯诺耶铁路发起进攻的准备。*

---

*注：第62集团军作战日志，第145号作战总结。报告中提及的人员数量反映的是在伏尔加河西岸战斗的作战兵力。例如步兵第87师在河西有120名作战官兵，尽管该师剩下的总兵力为1819人。其他士兵隶属于后勤保障单位或炮兵。

9月10日拂晓，魏克斯突击部队的两翼恢复了向斯大林格勒城的进军，第6集团军第51军居北，第4装甲集团军第48装甲军居南。赛德利茨第51军辖下，耶内克的第389步兵师继续冲击安德留先科上校以步兵第155旅第4营、步兵第149旅第1营、步兵第124旅第1营这股混编力量在奥尔洛夫卡西北方建立的防御，同时抗击波波夫坦克第23军残部在戈罗季谢东北方组织的反冲击。耶内克左侧，武特曼第295步兵师的3个团在从戈罗季谢南延至拉兹古利亚耶夫卡车站以南的这片区域向东突击，打击拉兹古利亚耶夫卡车站东面和东南面的摩托化步兵第38旅和步兵第112师的一部、医院附近的近卫坦克第6旅和坦克第189旅混编营、农机站附近的坦克第6旅。再往南，哈特曼第71步兵师的3个团继续冲击苏军步兵第42旅和步兵第244师1个团在察里察河北面构设的防御。此时，坦克第6旅的部分力量正为巴特拉科夫的步兵提供支援。

　　赛德利茨第51军辖下2个师的无情压力落在了第62集团军防区中央，这片地域从戈罗季谢南延至察里察河，崔可夫的集团军位于斯大林格勒以西的防御越来越薄弱，有可能被德军多路突破。此时，霍普科的坦克第6旅和贝斯特里克的坦克第189旅已没有坦克，只能作为步兵参加战斗，而巴特拉科夫的步兵第42旅、叶尔莫尔金的步兵第112师和阿法纳西耶夫的步兵第244师遭受到了最严重的减员。为组建预备队，加强第62集团军几近崩溃的防御，崔可夫已命令步兵第399和第112师（每个师的兵力都不超过几百人）后撤，沿城市西面的高地据守新阵地，前者位于"红十月"新村西面林木茂密的山丘上，后者守卫着市中心西南方1.5公里处的高地。这就意味着守卫第62集团军中央防区的部队位于城市北部工厂区以西4—6公里处、市中心西面1.5—2公里处。

　　第62集团军左翼和第64集团军右翼的态势也好不到哪里去，在那里，德军第48装甲军向东冲往伏尔加河，第29摩步师实际上已到达伏尔加河西岸。第48装甲军左侧，第24装甲师9月10日晨向东进击，黄昏时前出至斯大林格勒南部米尼纳郊区东接近地。这场推进使阿法纳西耶夫步兵第244师主力的左翼（守卫着从萨多瓦亚车站东面北延至察里察河的这片区域）发生转动，并迫使步兵第10旅和坦克第133旅向东退却，撤往米尼纳郊区西部边缘。南面，利用第29摩步师昨晚的大胆推进（该师的一个营在库波罗斯诺耶南面的一片狭窄区域前出至伏尔加河），海姆第14装甲师和弗雷梅赖第29摩步师的主力发起联合突击，迫使佩索钦的步兵第131师退往米尼纳南面的"戈尔纳亚波利亚纳"国营农场，杜比扬斯基的近卫步兵第35师占据了新防御阵地，掩护着从萨多瓦亚车站以东向东南方延伸，经米尼纳至库波罗斯诺耶西南郊的公路。

　　可是，9月10日至11日晚，霍特和肯普夫的热情稍稍冷却下来："〔第29摩步师的〕营在毗邻河流处后退了半英里……被（苏军）从北面和南面发起的猛烈冲击打垮，这里的激战持续了四天。"[126]在这场战斗中，使第29摩步师与胜利失之交臂的是苏军步兵第131师和近卫步兵第35师的部队，他们迅速返回库波罗斯诺耶，抢在德军援兵到达前消灭了第29摩步师在伏尔加河畔宝贵的立足点。尽管如此，德国国防军最高统帅部（OKW）还是在9月10日晚得意扬扬地宣布："斯大林格勒接近地的战斗正在进行。激烈的战斗中，德国军队突破了敌人构设在城南的防御并到达伏尔加河。敌人发起的反击已被击退。"[127]

　　肯普夫麾下的第24装甲师和第29摩步师在库波罗斯诺耶以南第62与第64集团军之间的防区插入一个危险的楔子时，海姆第14装甲师的主力转身向南，迫使第64集团军步兵第204、第126、第138师退守戈尔纳亚波利亚纳东面和西面的新防线，他们接替了步兵第131师，使该师得以返回东北方的库波罗斯诺耶。第64集团军报告，在戈尔纳亚波利亚纳接近地的激烈战斗中，步兵第204师第704团实施后撤，但在佩先卡附近被包围，几乎全团覆没，NKVD步兵第10师的一个团也在库波罗斯诺耶南面遭到包围和重创。虽然第64集团军的防御将第14装甲师阻挡在距离别克托夫卡不远处，但舒米洛夫麾下的各个师和第62集团军所辖部队一样，已遭到严重消耗。[128]

　　魏克斯对第51军和第48装甲军前五天的进展欢欣鼓舞，9月10日晚，他命令霍特的第4装甲集团军重组部队，向东北方进击，直接攻入斯大林格勒城南半部。霍特随即命令肯普夫次日投入辖下的快速师，突入斯大林格勒城南部，然后"一块块"夺取该城。[129]在B集团军群司令看来，现在唯一的问题是保卢斯第6集团军面对着奥尔洛夫卡突出部造成的困境，第51军辖下的第389步兵师一直没能消灭该突出部。实际上，耶内克的步兵师没有获得第14装甲军辖下各快速师从北面提供的任何实质性援助，自身又没有坦克，为夺取奥尔洛夫卡突出部，德军步兵陷入越来越血腥的激战之中。很明显，这种困境无法消除，除非第6集团军采取措施加强第389步兵师的推进。因此，肯普夫的装甲部队奉命从南面攻向斯大林格勒城后，9月12日晨，保卢斯命令赛德利茨将消灭奥尔洛夫卡突出部的任务移交给维特斯海姆的第14装甲军，做好"13日攻向伏尔加河"的准备。[130]

　　魏克斯和保卢斯琢磨着他们的下一步行动时，激战继续沿斯大林格勒西、西南接近地肆虐，但第51军和第48装甲军的进军步伐明显放缓下来。9月11日，第51军第389、第295、第71步兵师由北至南并肩推进，面对苏军激烈的抵抗，他们缓缓向东，赶往奥尔洛夫卡和俯瞰斯大林格勒的高地（参见地图14）。为了从奥尔洛夫卡的泥沼中腾出第389步兵师，保卢斯当日以"施塔赫尔"战斗群加强赛德利茨的部队，这个隶属于空军的战斗群以赖纳·施塔赫尔上校的第99高射炮团为核心组建而成，奉命接防第389步兵师左翼部队据守的阵地。施塔赫尔的任务是协助封锁奥尔洛夫卡突出部内的苏军，从而腾出耶内克第389步兵师的主力，使其参加第51军对斯大林格勒城的最终突击。

　　一如既往，第62集团军9月11日继续以"戈罗霍夫"战役集群步兵第124、第149旅及NKVD步兵第282团坚守从雷诺克西延至日益萎缩的奥尔洛夫卡突出部的这片防区。守在突出部内的是步兵第115旅、摩托化步兵第2旅、步兵第196师的一个混编团和交由安德留先科统一指挥的步兵第724团，另外还有步兵第115旅、第124旅和第149旅的几个特遣营。这股苏军面对的是德军第14装甲军实力受损的部队和"施塔赫尔"战斗群。第51军三个步兵师对面，崔可夫集

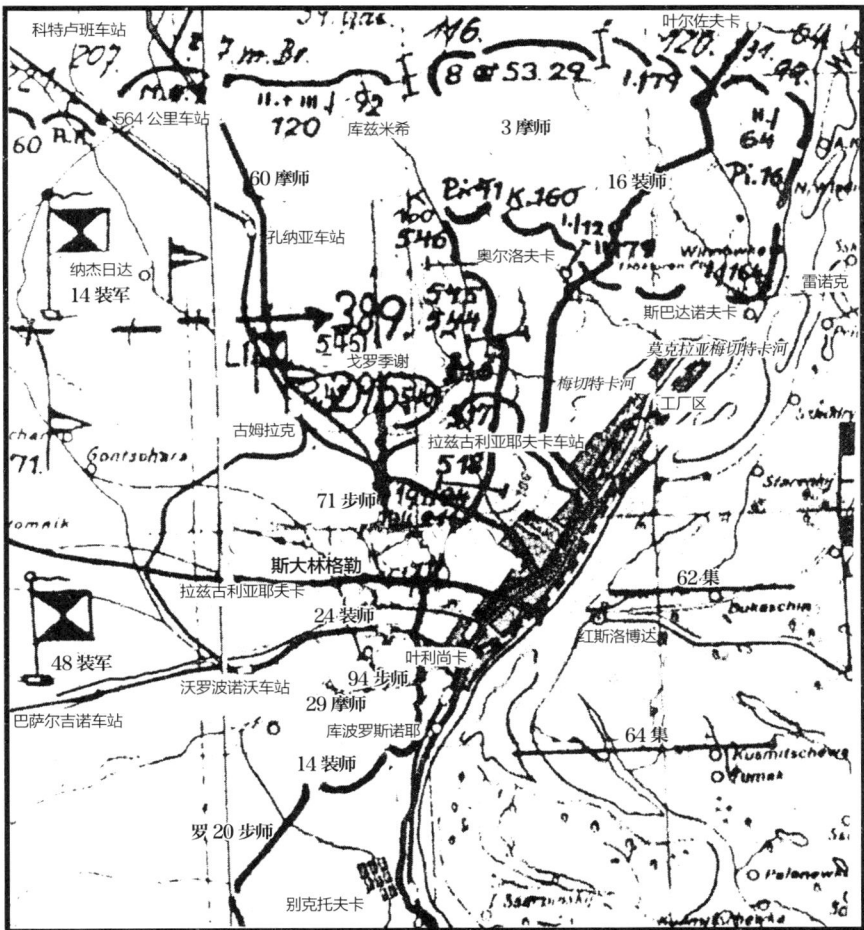

地图14　1942年9月11日—12日，第6集团军的态势

团军以坦克第23军近卫坦克第6旅、坦克第189旅和摩托化第9旅临时组织的战斗群，步兵第112师实力严重受损的三个团，摩托化步兵第38旅以及步兵第42旅，在坦克第6旅独立战斗群和步兵第244师一个团的加强下，守卫着从斯大林格勒西面的高地和戈罗季谢以东地域南延至察里察河的防线。察里察河南面，第62集团军以步兵第244师另外两个团、步兵第10旅、坦克第133旅、近卫步兵第35师和步兵第131师抗击第48装甲军辖下的第24装甲师和第29摩步师。[131]

斯大林格勒南面的库波罗斯诺耶郊区，第64集团军步兵第126、第138师在新锐坦克第56旅和克拉斯诺达尔步兵学校学员团的支援下守卫着戈尔纳亚波利亚纳防线，遏制第48装甲军第14装甲师的推进。因此，不知道采取了什么办法——但肯定是很极端的措施，崔可夫和舒米洛夫设法拼凑起了足够的部队，构成一道从北面、西面和南面掩护城市的连贯防线。但是，两个集团军辖下的部队残破不全，没有足够的炮火支援，也缺乏有效的通信，无法确保作战行动的统一性。证明通信状况糟糕至极的是，舒米洛夫9月12日报告称，集团军辖下步兵第126师的右翼部队与第62集团军步兵第131师和近卫步兵第35师的配合依然松散，但"已将敌人驱离库波罗斯诺耶"——实际上，他们在9月10日至11日晚便已做到这一点。[132]

与此同时，在德军战线上，保卢斯和霍特对辖内部队做出了最后的调整，以便向斯大林格勒城发起最终突击。保卢斯忙着以"施塔赫尔"战斗群接替第389步兵师时，9月10日和11日，霍特将第4军辖下的第94步兵师从别克托夫卡地域北调，为第48装甲军突入斯大林格勒城提供步兵支援。[133]第94步兵师师长是炮兵上将格奥尔格·普法伊费尔①，自1940年8月以来，他一直率领着该师，9月11日晚些时候，他的师终于接替了第24装甲师。此时的第24装甲师已遭到严重消耗，据该师报告，他们只剩下8714名士兵，而编制兵力应为15401人，可投入的坦克也只剩下14辆。到目前为止，肯普夫一直将军里剩余的宝贵坦克在第24、第14装甲师之间来回调动。[134]

9月12日，赛德利茨第51军和肯普夫第48装甲军辖内的各个师完成了肃清

---

① 译注：应为中将。

城市西面和西南面大多数高地上的苏军这项艰巨的任务，斯大林格勒郊区之战就此到达高潮。当日最激烈的战斗发生在斯大林格勒上方高地以西1.5—3公里宽的狭窄地带以及该城的北部工厂区。具体说来，战斗沿奥尔洛夫卡、戈罗季谢以东、亚历山德罗夫卡、拉兹古利亚耶夫卡车站和医院一线向南延伸，跨过波利亚霍夫卡东面的察里察河、萨多瓦亚车站以东区域，穿过米尼纳和叶利尚卡西郊，然后向西穿过库波罗斯诺耶南郊，直抵伏尔加河。

魏克斯突击部队的左翼，第51军辖下的"施塔赫尔"战斗群及第389、第295和第71步兵师，从北面的戈罗季谢到南面的察里察河并肩排列，缓缓向东推进，将"戈罗霍夫"战役集群几个旅的独立营挤入奥尔洛夫卡突出部深处，再往南，坦克第23军近卫坦克第6旅、坦克第189旅和摩托化步兵第9旅的残部、步兵第112师的一部、摩托化步兵第38旅、步兵第42旅、坦克第6旅和步兵第244师的1个团，向东退往工厂区新村西面的高地、马马耶夫岗和斯大林格勒市中心。

察里察河南面，魏克斯突击部队的右翼，第48装甲军第24装甲师、第94步兵师和第29摩步师向东冲击，对苏军步兵第244师、步兵第10旅、NKVD步兵第10师第271团、近卫步兵第35师的防御展开进攻。这股苏军的防线从察里察河向南延伸，穿过米尼纳、叶利尚卡和库波罗斯诺耶西郊，现在获得了N. M. 布布诺夫上校新锐但没有坦克的坦克第133旅的加强。再往南，第48装甲军辖下的第14装甲师，右翼获得第4军罗马尼亚第20师、德国第297和第371步兵师的掩护，试探着苏军第64集团军步兵第126、第138、第204、第157和第29师的防御，这段防线从库波罗斯诺耶西南郊向西南方延伸，穿过戈尔纳亚波利亚纳直至叶尔希，舒米洛夫的海军步兵第66、第154旅和近卫步兵第36师在伊万诺夫卡守卫着第64集团军与第57集团军的分界线。[135]

此时，刚刚接掌第62集团军指挥权的崔可夫已谨慎地组织起一股预备力量，其中包括特拉夫尼科夫步兵第399师的余部（集结在奥尔洛夫卡东南方4公里的树林中）、叶尔莫尔金的步兵第112师、波波夫的坦克第27旅（集结在"红十月"新村和拉兹古利亚耶夫卡车站东面的树林中）、佩索钦的步兵第131师（集结在斯大林格勒城南部）。可是，这些部队已在先前的战斗中遭受重创，崔可夫的成功防御只能依靠这些实力不济的部队。

　　就在魏克斯的地面部队逼近斯大林格勒市区和北部工厂区之际，战场和城市上方的空战也愈演愈烈。德国空军在这场战斗中的目标包括斯大林格勒城陷入困境的守军和城内的居民。例如，9月5日—12日，德国第4航空队每天投入938架次，其中大多数飞临城市上空。由于战机短缺，季莫费伊·季莫费耶维奇·赫留金少将的空军第8集团军（该集团军配属给斯大林格勒方面军）每天只能投入354架次。[136]9月3日时，该集团军只有137架可用的战机。因此，最高统帅部9月6日命令赫留金空军集团军优先支援斯大林格勒北面的朱可夫突击部队，并从预备队调出帕维尔·斯捷潘诺维奇·斯捷潘诺夫少将的空军第16集团军，掩护斯大林格勒城内和南面的第62、第64集团军。为确保斯捷潘诺夫的集团军做到这一点，最高统帅部从预备队抽调2个歼击航空兵团加强空军第16集团军。在同一份指令中，斯大林命令空军司令员亚历山大·亚历山德罗维奇·诺维科夫中将协调两个空军集团军的行动。[137]

　　9月12日夜幕降临时，斯大林格勒郊区的战斗已基本结束。除了摇摇欲坠的奥尔洛夫卡突出部，魏克斯的部队已将城市西面和西南面的大多数高地拿下，赛德利茨第51军和肯普夫第48装甲军准备一举突入城内。4个步兵师（第389、第295、第71、第94步兵师）、2个装甲师（第24、第14装甲师）和1个摩步师（第29摩步师），准备攻入斯大林格勒的德军突击力量约为80000人，外加110辆坦克和突击炮。这个数据不包括维特斯海姆第14装甲军辖内的8000—10000人及坦克力量，待科特卢班地域的战斗结束后，该军将在城市北面投入行动。[138]

　　此时，第62和第64集团军辖内各兵团和部队都已严重减员，两个集团军的总兵力从9月3日的104000人和200—250辆坦克下降为9月12日的90000人和120辆坦克。[139]可是，两个集团军辖下许多师的状态非常糟糕，处在丧失凝聚力和战斗力的危险下。例如，近卫步兵第35师和步兵第131、第315、第112、第399师的编制兵力为10386人，现在只剩下这个数量的20%—25%，战斗兵就更少了；而步兵第87、第98、第196师的战斗兵力分别只有800、300、400人。[140]这些师和其他师、旅所辖的作战部队和分队遭到严重消耗，这就意味着步兵兵力在整体实力中所占的比例更小。显然，如果东南方面军希望在斯大林格勒城实施有效防御，就需要更多的援兵。

总结

　　9月份前12天斯大林格勒北部及周边的激战,为随之而来的更加殊死的战斗方式提供了背景。这场不断扩大的交战将在三个特定区域展开:首先是斯大林格勒城及其北部工厂区;其次(同时)是顿河与伏尔加河之间的陆桥,沿斯大林格勒的北翼、西北翼和南翼展开;第三个是远至西北方的顿河、伏尔加河河岸,以及斯大林格勒南面的别克托夫卡登陆场。

　　尽管朱可夫4个集团军在科特卢班地域发起的猛烈攻势表明直接从北面展开救援第62、第64集团军的进攻纯属徒劳,但这也证明了另一点:这样一场攻势对德军发起并维持夺取斯大林格勒的行动的能力起到了限制作用。因此,朱可夫决定,不管怎样都要继续这场进攻,至少在短期内不能停止。科特卢班地域反击战的屡屡失败最终使朱可夫、叶廖缅科和最高统帅部相信,要想突破、包围、歼灭德国B集团军群位于斯大林格勒地域的部队,就必须调集部队展开一场更大规模的攻势,应远离斯大林格勒,从顿河和伏尔加河对岸的登陆场发起。根据1941年9月在列宁格勒、1941年12月在莫斯科获得的经验,朱可夫在9月中旬时还认为,德国人投入大批兵力冲向斯大林格勒,有利于苏联红军沿整个苏德战线发起多场战略反攻,首先是在莫斯科地区。

　　至于斯大林格勒地域的战斗,德国人似乎全神贯注于夺取这座以斯大林的名字命名的城市,因此,朱可夫、叶廖缅科和最高统帅部相信,希特勒将为此投入所需要的一切力量,哪怕是以削弱战线其他地段为代价。为确保第62、第64集团军发挥绞肉机的作用(在不丢失斯大林格勒城的前提下消耗德军有生力量),斯大林派崔可夫和舒米洛夫这种顽强的斗士指挥第62、第64集团军。他还以刚刚够用的力量加强这两个集团军,既能让他们完成任务,又不至于影响实施反攻所需要的预备力量的集结。同时,为确保庞大的反攻赢得胜利,斯大林指示斯大林格勒方面军和东南方面军辖内各集团军沿城市西北方的顿河和城市南面的伏尔加河部署,坚守已控制在手中的各登陆场,如谢拉菲莫维奇、克列茨卡亚和别克托夫卡。实际上,斯大林命令这些集团军扩大登陆场,并在条件许可时夺取新的登陆场。

　　至于科特卢班地域和斯大林格勒接近地的战斗,无疑是德国人赢得了两场胜利。在前一场战斗中,保卢斯的第8军和第14装甲军使朱可夫的4个集团军未能实现作战目标，并在此过程中遭到重创。而在后一场战斗中，保卢斯的第51军和霍特的第48装甲军到达并突破了斯大林格勒郊区，并使洛帕京第62集团军和舒米洛夫第64集团军严重减员。但是，对那些认为随后攻入斯大林格勒的行动会更加容易的人来说，他们错了，因为他们忽略了前两周的战斗提供的两个鲜活的教训。首先，尽管苏军的科特卢班攻势遭遇败绩，但该行动削减了德国空军为保卢斯突击集群进攻斯大林格勒提供的空中支援，并使担任第6集团军北钳的第14装甲军无法投入对城市北部工厂区的进攻，从而成功地破坏了魏克斯攻占斯大林格勒城的原定计划。其次，第62、第64集团军沿斯大林格勒接近地的顽强抵抗表明，魏克斯进攻斯大林格勒城的突击集群，其实力并不足以完成这项任务。德军突击集群并未像魏克斯、保卢斯、霍特希望的那样从行进间夺取该城，到9月中旬，他们的行动沦为一场艰巨且代价高昂的争夺战，每天的进展仅有几百米。要继续这场推进，无疑需要更多的兵力。

虽说科特卢班和斯大林格勒接近地的战斗具有积极意义，但一位俄罗斯历史学家却对此做出了更为严厉、更为尖刻的评价：

总结斯大林格勒战役第一阶段的行动，可以肯定地说，苏联军事指挥员的表现乏善可陈。保卢斯和霍特掌握着18个德国师和4个罗马尼亚师——其中包括3个装甲师和3个摩步师——在两个月内实施了一场成功的突击。在斯大林同志的干预下，戈尔多夫、叶廖缅科、华西列夫斯基和朱可夫将军在这两个月里将60多个步兵师、8个坦克军、12个独立坦克旅和数个独立坦克营，约2500辆坦克，投入到斯大林格勒地域的战斗中。在三个月的战斗过程中，仅坦克第13军便获得4套完整的作战装备，以达到作战编制的要求，并再次损失了550辆战车。

现在，敌人已到达伏尔加河河岸，佩戴着熠熠生辉的将星和勋章的军事指挥员们却告诉我们，敌人占有4—6倍的优势，"斯大林格勒接近地激战期间，苏联军事领导层在现代战争这所艰难的学校里学到了许多东西"。

一方面，斯大林同志可能会对他们心生同情，另一方面——是他本人练就了这些指挥员。[141]

如果斯大林格勒地域的红军高级指挥员们希望在后续的战斗中赢得胜利，就必须表现得比7月下旬、8月和9月初更加出色。他们能否做到这一点，只有时间能证明。

注释

1. 对比B集团军群1942年9月3日的兵力与"南方"集团军群1942年6月28日的兵力：近100万德军士兵和30万匈牙利、罗马尼亚、意大利、斯洛伐克士兵。此时，A、B集团军群的损失已超过547000人，但只获得415000名补充兵，兵力减少了132000人。这些数字反映的是实际兵力，而非领取口粮的人数。

2. 第14装甲军的10000名士兵在斯大林格勒北郊作战，但只有很少一部分人投入此次进攻。

3. 罗科索夫斯基在《伏尔加河畔的伟大胜利》一书第154页指出，面对第62集团军的防御，德军投入了390辆坦克。莫什昌斯基和斯莫里诺夫在"Oborona Stalingrada: Stalingradskaia strategicheskaia oboronitel naia operatsiia, 17 iiulia–18 noiabria 1942 goda"（《保卫斯大林格勒：1942年7月17日—11月18日，斯大林格勒战略防御作战》）一书第38页指出，面对苏军第62、第64集团军的防御，德军各步兵师、第14和第24装甲师、第29摩步师投入了500辆坦克。可是，就算把第6集团军第177、第244、第245突击炮营的30—40辆突击炮算上，这些数字还是太大了。

4. 坦克第7、第16军是最高统帅部从沃罗涅日方面军抽调而来的。斯大林格勒方面军的坦克力量包括新锐坦克第7军的191辆坦克和坦克第4、第16军的100余辆坦克。V. V. 别沙诺夫，God 1942—'Uchebnyi'（《1942年——"锻炼"》）（明斯克：丰收出版社，2002年），第527—529页；罗科索夫斯基在《伏尔加河畔的伟大胜利》第154页指出，第62、第64集团军的坦克数量为146辆。

5. 罗科索夫斯基在《伏尔加河畔的伟大胜利》第155页指出，空军第8集团军有137架作战飞机，空军第16集团军有89架。

6. 参阅这段时期的每日态势图，"Ia. Lagenkarten Nr. 1 zum KTB Nr. 13, Jul–Oct 1942," AOK 6, 23948/Ia, in NAM T-312, Roll 1446（1942年7—10月，第6集团军第13号作战日志第1号态势图集，作战处；国家档案馆微缩胶片，序列号T-312，第1446卷）；关于德国空军，可参阅海沃德的《止步于斯大林格勒：德国空军和希特勒在东线的失败，1942—1943年》，第195页。对双方作战实力的各种估测差异甚大，这取决于资料来源和被纳入统计数据中的部队。例如，罗科索夫斯基在《伏尔加河畔的伟大胜利》第154页指出，8个轴心国师（第389、第295、第71、第94步兵师，第24、第14装甲师，第29摩步师，罗马尼亚第20步兵师）部署在从斯大林格勒西北方的科特卢班至城市西南郊的叶尔希这片区域，共计80240人，并获得390辆坦克、1880门火炮/迫击炮的支援，对阵苏军第62集团军的44970人、108辆坦克和495门火炮/迫击炮；而莫什昌斯基和斯莫里诺夫的《保卫斯大林格勒：1942年7月17日—11月18日，斯大林格勒战略防御作战》第38页，将第4装甲集团军的第4军也纳入统计，声称轴心国军队投入10个师（第371、第295、第297、第71、第76、第94步兵师，第24、第14装甲师，第29摩步师，罗马尼亚第20步兵师）和500辆坦克，打击苏军第62和第64集团军的144辆坦克（80辆可用，64辆无法使用）。另外，伊萨耶夫在《不出意料》一书第80页指出，第62集团军9月3日的兵力为54000人，而部署在克列茨卡亚与叶尔希之间顿河河段的德军（第8、第51军，第14、第48装甲军）兵力为100000人。书中还指出，第24装甲师投入了41辆坦克，而第14和第16装甲师的状况"更糟些"。

7. 后来，根据魏克斯和霍特的请求，希特勒9月15日将肯普夫第48装甲军（辖第24装甲师、第29摩步师和第94步兵师）交给保卢斯，以确保统一指挥，并批准了霍特向阿斯特拉罕进军的计划。这番调动后，霍特以第4军的4个师（第14装甲师，第297、第371步兵师和罗马尼亚第20步兵师），在右侧罗马尼亚第6军的掩护下，遏制苏军第64集团军位于城市南面、别克托夫卡周围的大型登陆场，掩护集团军群右翼，并向阿斯特拉罕推进。

8. 卷入城市作战的12个轴心国师，9月份是德国第16、第14、第24装甲师，第29摩步师，第389、第295、第71、第94步兵师和罗马尼亚第20步兵师，10月和11月又投入德国第305、第79步兵师和第100猎兵师，共12个师。崔可夫的回忆录以及后来苏联和西方的大多数历史著作，都错误地断言德军第76步兵师也参加了对城市的突击。苏军作战序列可参阅*Boevoi sostav Sovetskoi armii, Chast' 2*（《苏联军队作战编成，第2部分》），第171—172页。

9. 佐洛塔廖夫，《最高统帅部1942》，第380—381页，最高统帅部994180—994185号指令，1942年8月31日7点45分签发。

10. 同上，第382—383页，最高统帅部994187、994188、994196、994198、994199号指令，1942年8月31日签发。

11. 同上，第381页，最高统帅部994186号指令，1942年8月31日7点45分签发。

12. 同上，第383页，最高统帅部994197号指令，1942年8月31日签发。

13. 戈卢别夫出生于1896年，第一次世界大战期间在沙皇军队里升为连长，1918年参加红军，内战期间先后担任过排长、连长、团长。他1926年毕业于伏龙芝军事学院，担任步兵第29师参谋长，1929年毕业于指挥员进修班。30年代，戈卢别夫在莫斯科联合学校任教员[1]，并指挥步兵第22师，1937—1938年在总参军事学院学习。1939—1941年3月，他在伏龙芝军事学院任主任教员后，被任命为西部特别军区第10集团军司令员，德国发动入侵时，戈卢别夫正率领该集团军。"巴巴罗萨"战役最初的两周，德军将该集团军包围、歼灭在比亚韦斯托克、明斯克地域。戈卢别夫幸运地逃出了明斯克包围圈，随即出任中央方面军第13集团军司令员，率领该集团军参加了1941年7—8月的斯摩棱斯克战役。8月25日，他被解除职务，调至苏联国防人民委员部（NKO）参谋部工作，1941年10月15日，最高统帅部任命他为西方面军第43集团军司令员。戈卢别夫率领第43集团军直至1943年10月，在西方面军辖下参加了莫斯科保卫战，在加里宁方面军（波罗的海沿岸第1方面军）辖下参加了1943年8—10月的斯摩棱斯克和白俄罗斯进攻战役。1943年10月10日，戈卢别夫在维捷布斯克接近地的激战中身负重伤，休养了一年时间，随后担任苏联人民委员会负责遣返海外苏联公民事务的副特派员，后任第一副特派员，在这个职位上一直干到1949年。1949—1953年，戈卢别夫在总参军事学院任教，退役后没多久，从1956年起又担任院委会书记，直至1956年去世。更多情况可参阅《伟大卫国战争，集团军指挥员，军事人物志》，第50页。

14. 佐洛塔廖夫，《最高统帅部1942》，第384—385页，最高统帅部994189、994190、994192号指令，1942年8月31日签发。

15. 莫斯卡连科，《在西南方向上》，第一册，第315页。

16. 近卫第1集团军辖下的4个步兵师调自前线其他地区，步兵第24师来自加里宁方面军，步兵第64师来自预备队第8集团军，步兵第84师来自西北方面军，步兵第116师来自西方面军。参阅阿列克谢·伊萨耶夫的《斯大林格勒：伏尔加河后方没有我们的容身处》，第141页。

17. 坦克第4、第16、第7军8月31日的实力如下：

---

[1] 译注：1929—1933年，他在莫斯科联合步兵学校任校长。

型号	坦克第4军			坦克第16军			坦克第7军		
	第45旅	第47旅	第102旅	第107旅	第109旅	第164旅	近坦3旅	第62旅	第87旅
KV	4	3	—	10	—	—	33	—	—
T-34	—	8	5	—	11	28	—	44	30
T-60	1	9	3	23	19	13	27	20	15
T-70	—	3	—	—	—	—	—	—	—
合计	5	23	8	33	30	41	60	64	45
总计	36			104			169		

参阅阿列克谢·伊萨耶夫的《斯大林格勒：伏尔加河后方没有我们的容身处》，第142页，引自 *TsAMO, RF, f. 220, op. 220, d. 71,1.192* 和*f. 3401,op. 1, d. 8,1. 2*。

18. 莫斯卡连科，《在西南方向上》，第一册，第316页。

19. "科瓦连科"集群（即近卫第1集团军）的新防线从科特卢班南面8公里处延伸至科特卢班东南方约23公里处。

20. 莫斯卡连科，《在西南方向上》，第一册，第316页。

21. 同上，第318页，引自*TsAMO, f. 220, op. 451, d. 26, 11. 202–204*；另可参阅朱可夫在《回忆与思考》第二册第89页的叙述。

22. 莫斯卡连科，《在西南方向上》，第一册，第319页，引自*TsAMO, f. 300, op. 6914, d. 17., 11, 129–130*；朱可夫，《回忆与思考》，第二册，第89页。

23. 莫斯卡连科，《在西南方向上》，第一册，第319页。

24. 德军的调动可参阅*"la. Lagenkarten Nr. 1 zum KTB Nr. 13, Jul–Oct 1942," AOK 6, 23948/la, in NAM T-312, Roll 1446*（1942年7—10月，第6集团军第13号作战日志第1号态势图集，作战处；国家档案馆微缩胶片，序列号T-312，第1446卷）。

25. 同上；迪克霍夫，《第3步兵师，第3摩步师，第3装甲掷弹兵师》，第199—202页。

26. 斯大林格勒方面军的NKVD特别部门撰写了对坦克第4集团军8月末9月初进攻行动的严厉批评，具体参见*Stalingradskaia epopeia: Vpervye publikuemye dokumenty, rassekrechennye FSB RF*（《斯大林格勒的史诗：首次出版的俄罗斯联邦安全局解密文件》）（莫斯科：叶翁尼察–MG出版社，2000年），第201—203页。

27. 罗特米斯特罗夫的坦克第7军以两个梯队发起进攻，近卫坦克第3、坦克第62旅位于第一梯队，坦克第87、摩托化步兵第7旅位于第二梯队。由于与进攻中的步兵第116师缺乏协同，2个先遣坦克旅的突击发生严重动摇，于是罗特米斯特罗夫投入第二梯队的坦克第87旅，试图打破僵局。但面对德军猛烈的反坦克火力，这场进攻也没能取得进展。接连数日的激战使坦克第7军损失了53辆坦克，包括12辆KV、32辆T-34和9辆T-60。参见伊萨耶夫的《斯大林格勒：伏尔加河后方没有我们的容身处》，第145页，引自*TsAMO RF, f. 3401, op. 1, d. 3., 1. 2*，坦克第23军的摩托化步兵第2旅、坦克第189旅，以及配合其行动的步兵第399师本应与坦克第7军的部队在戈罗季谢以北会合，但未能如愿，主要原因是德军的猛烈抵抗以及笼罩战场的大雾。

28. 莫斯卡连科，《在西南方向上》，第一册，第321—322页。

29. 德国方面对于这场激战的完整观点，可参阅迪克霍夫的《第3步兵师，第3摩步师，第3装甲掷弹兵师》，第201—202页。

30. 莫斯卡连科，《在西南方向上》，第一册，第322页。

31. 日林，《斯大林格勒战役》，第486页。

32. 参阅"Ia. Lagenkarten Nr. 1 zum KTB Nr. 13, Jul-Oct 1942," AOK 6, 23948/Ia, in NAM T-312, Roll 1446（1942年7—10月，第6集团军第13号作战日志第1号态势图集，作战处；国家档案馆微缩胶片，序列号T-312，第1446卷）。

33. 佐洛塔廖夫，《最高统帅部1942》，第387页，最高统帅部170599号指令，1942年9月3日22点30分签发。

34. 朱可夫，《回忆与思考》，第二册，第90页；莫斯卡连科，《在西南方向上》，第一册，第325页。

35. 日林，《斯大林格勒战役》，第492页。

36. 伊萨耶夫，《斯大林格勒：伏尔加河后方没有我们的容身处》，第147—148页。

37. 日林，《斯大林格勒战役》，引自《OKW（德国国防军统帅部）作战日志》，第二册，第1162—1163页。

38. 莫斯卡连科，《在西南方向上》，第一册，第326页。

39. 同上，"Ia. Lagenkarten Nr. 1 zum KTB Nr. 13, Jul-Oct 1942," AOK 6, 23948/Ia, in NAM T-312, Roll 1446（1942年7—10月，第6集团军第13号作战日志第1号态势图集，作战处；国家档案馆微缩胶片，序列号T-312，第1446卷）。

40. 莫斯卡连科，《在西南方向上》，第一册，第327页，引自TsAMO, f. 220,op. 451, d. 54,11. 51-52。

41. 同上，第329页；朱可夫，《回忆与思考》，第二册，第91—92页，书中描述了这场行动，但没有提及第24、第66集团军的延误。

42. 莫斯卡连科，《在西南方向上》，第一册，第329页。

43. 同上，第329—331页，对朱可夫和叶廖缅科作战计划的坦率评述。

44. 韦尔滕，《第16装甲师史，1939—1945年》，第111—112页。

45. 日林，《斯大林格勒战役》，第499—500页。

46. 韦尔滕，《第16装甲师史，1939—1945年》，第112页。

47. 齐姆克和鲍尔，《从莫斯科到斯大林格勒：东线决战》，第391页。

48. 同上。

49. 佐洛塔廖夫，《最高统帅部1942》，第389页。

50. 同上，第390页。

51. 日林，《斯大林格勒战役》，第511—525页。

52. 9月10日—13日的战斗详情，可参阅日林的《斯大林格勒战役》，第529—542页。

53. 帕维尔·A. 罗特米斯特罗夫，*Stalnaia gvardiia*（《钢铁近卫军》）（莫斯科：军事出版社，1984年），第124页。

54. *"Ia. Lagenkarten Nr. 1 zum KTB Nr. 13, Jul–Oct 1942," AOK 6, 23948/Ia, in NAM T–312, Roll 1446*（1942年7—10月，第6集团军第13号作战日志第1号态势图集，作战处；国家档案馆微缩胶片，序列号T–312，第1446卷）。

55. 韦尔滕，《第16装甲师师史，1939—1945年》，第111—112页。

56. *"Ia. Lagenkarten Nr. 1 zum KTB Nr. 13, Jul–Oct 1942," AOK 6, 23948/Ia, in NAM T–312, Roll 1446*（1942年7—10月，第6集团军第13号作战日志第1号态势图集，作战处；国家档案馆微缩胶片，序列号T–312，第1446卷）。

57. 朱可夫，《回忆与思考》，第二册，第93页。

58. 莫斯卡连科，《在西南方向上》，第一册，第332—333页。

59. *"Ia. Lagenkarten Nr. 1 zum KTB Nr. 13, Jul–Oct 1942," AOK 6, 23948/Ia, in NAM T–312, Roll 1446*（1942年7—10月，第6集团军第13号作战日志第1号态势图集，作战处；国家档案馆微缩胶片，序列号T–312，第1446卷）。

60. 这番谈话可参见朱可夫的《回忆与思考》，第二册，第93—94页。

61. 同上，第94页。

62. 同上。

63. 日林，《斯大林格勒战役》，第548页。

64. 罗科索夫斯基，《伏尔加河畔的伟大胜利》，第157页。

65. 同上。

66. 同上。

67. 莫斯卡连科，《在西南方向上》，第一册，第328页。

68. 同上。

69. 罗特米斯特罗夫，《钢铁近卫军》，第124页。

70. 莫斯卡连科，《在西南方向上》，第一册，第329页。

71. 迪克霍夫，《第3步兵师，第3摩步师，第3装甲掷弹兵师》，第203页。

72. *"Boevoe rasporiazhenie no. 0075/op, Shtab IuVF, 1. 9. 42. 2215."*（东南方面军司令部0075号作战令，1942年9月1日22点15分签发），收录在第62集团军作战日志中，原件副本。此后简称"第62集团军作战日志"。

73. 同上，*"Vypiska iz boevogo prikaza no. 0078/op, Shtab IuVF, 2. 9. 42. 0300"*（东南方面军司令部0078号作战令，1942年9月2日3点签发）。

74. 萨姆索诺夫，*Stalingradskaia bitva*（《斯大林格勒战役》），第276页；*Geroi Sovetskogo Soiuza, tom 1*（《苏联英雄》，第一册）（莫斯科：军事出版社，1987年），第128页。巴特拉科夫的早期军事生涯依然模糊不清，"巴巴罗萨"战役期间，1941年8月4日—10月13日，他指挥步兵第211师。在保卫斯大林格勒的战斗中身负重伤后，巴特拉科夫在伏罗希洛夫学院学习，1944年5月31日—1945年9月3日任步兵第59师师长，1945年4月晋升为少将。欧洲战事结束后，巴特拉科夫率领他的师在第5集团军辖下参加了8—9月打击日本关东军的满洲战役。此后，他担任过新西伯利亚地区的军事委员，1952年退役，去世于1995年。更多情况可参阅网站www.generals.dk。

75. 阿法纳西耶夫在斯大林格勒战役中生还下来，1943年9月1日晋升为少将。他指挥步兵第244师至1944年8月15日，但之后的军旅生涯模糊不清。

76. 第62集团军作战日志，*"Boevoi prikaz no. 120. Shtarm 62. 3. 9. 42. 4.00"*（第62集团军司令部120号作战令，1942年9月3日4点签发）。

77. 齐姆克和鲍尔，《从莫斯科到斯大林格勒：东线决战》，第392页。

78. 马克，《"跳跃骑士"的覆灭：第24装甲师在斯大林格勒》，第115页。

79. 同上，第115—116页。

80. 格拉兹科夫出生于1901年1月1日，1920年参加红军，内战期间在南方作战。他1922和1925年毕业于步兵指挥员培训班，1935年毕业于列宁格勒伞兵空中突击培训班，20年代先后指挥过步兵排和步兵连，30年代前半期指挥过步兵营。接受跳伞训练后，1935年10月—1936年6月，格拉兹科夫在红旗远东集团军步兵第12师任营长；1936年6月—1938年5月，在该集团军空中突击第5团任营长；1938年5—10月，在红旗独立第1集团军任空中突击第5团团长；1938年10月至苏德战争爆发，他担任空降兵第211旅旅长。"巴巴罗萨"战役期间，他指挥该旅直至1941年10月，后出任伏尔加河沿岸军区空降兵第8军军长。1942年8月6日，NKO将他的空降兵军改编为近卫步兵第35师，格拉兹科夫率领该师参加了斯大林格勒接近地的激烈战斗；1942年9月8日，他在上叶利尚卡村死于德军炮火。关于他的更多情况，可参阅*Komkory. Voennyi hiograficheskii slovar, v 2-kh tomakh*（《军级指挥员，军事人物志，两卷本》），第二册，第10—11页；网站www.generals.dk。格拉兹科夫阵亡的情况，可参阅马斯洛夫的《陨落的苏军将领》，第59页。

81. 日林，《斯大林格勒战役》，第485页，另可参阅*"la. Lagenkarten Nr. 1 zum KTB Nr. 13, Jul–Oct 1942," AOK 6, 23948/la, in NAM T-312, Roll 1446*（1942年7—10月，第6集团军第13号作战日志第1号态势图集，作战处；国家档案馆微缩胶片，序列号T-312，第1446卷）。佩索钦出生于1897年，战前的军旅生涯目前依然模糊不清。"巴巴罗萨"战役期间[1]，他从1942年4月15日起指挥第6集团军辖下的步兵第411师，该师被德军的"弗里德里库斯"行动歼灭，1942年6月30日撤编。1942年7月27日至1943年11月18日，他率领步兵第131师，1944年5月29日起，他出任步兵第225师师长，直至1945年2月10日在乌克兰第1方面军的下西里西亚进攻战役中身负重伤。5月3日，佩索钦死于红军野战医院，1955年4月被追授为少将[2]。关于他的军旅生涯和阵亡的详情，可参阅马斯洛夫的《陨落的苏军将领》，第240页。

82. 目前仍不清楚武特曼的军旅生涯，1942年5月2日—11月16日，他指挥着第295步兵师，很可能在斯大林格勒城内的战斗中阵亡或负伤[3]。

哈特曼出生于1890年12月11日，1934年加入魏玛防卫军，1937年晋升为中校，1937—1941年指挥第

---

① 译注：应为"蓝色"行动期间。
② 译注：有些资料指出，他1945年4月已晋升为少将。
③ 译注：出任第295步兵师师长前，武特曼担任过第16、第15集团军参谋长；他没有在斯大林格勒城内阵亡，11月16日被科尔费恩少将接替。武特曼后来担任过第112步兵师师长、第9军军长等职务，1945年5月9日，他在博恩霍尔姆岛向苏军投降，1955年获释，去世于1977年。

37步兵团（其间晋升为上校），1941年3月28日—1943年1月24日指挥第71步兵师。哈特曼1941年晋升为少将，1942年9月晋升中将，1943年1月1日获得步兵上将军衔，1943年1月25日，在斯大林格勒包围圈内的战斗中阵亡[1]。参阅海贝尔和格兰茨的《希特勒和他的将领》，第804页。

特拉夫尼科夫出生于1901年5月9日，1920年参加红军，经历过内战，1922和1925年毕业于步兵指挥员培训班，1935年毕业于茹科夫斯基空军学院，1941年毕业于伏罗希洛夫总参学院。这位航空兵指挥员后来转入空降兵部队，20年代在顿河第9步兵师先后担任过排长、连长和营长，30年代前半期在空军学院学习。毕业后，1936年5月—1940年1月，特拉夫尼科夫任重型轰炸航空兵第19旅参谋长，1940年1—9月，任沃罗涅日预备航空兵旅参谋长。1940年9—10月，他在红军指挥员和领航员学院[2]担任战役系副主任，同时在伏罗希洛夫总参学院学习，直至苏德战争爆发。"巴巴罗萨"战役期间，1941年9月，特拉夫尼科夫任红军总参谋部预备作训部高级助理主管，月底出任新组建的空降兵第3军军长。1942年3月1日，他出任步兵第399师师长，率领该师参加了8—9月斯大林格勒地域的激战。他的师撤离斯大林格勒地区接受改编后，1942年11—12月，他短暂担任新组建的空降兵第9军军长，12月，该军改编为近卫空降兵第5师，1942年12月8日至1943年5月30日，他率领该师在第68集团军辖下参加了1942—1943年冬季的杰米扬斯克进攻战役。1943年8月13日—1945年3月13日，特拉夫尼科夫指挥步兵第299师参加了许多著名的进攻战役，例如1943年8月草原方面军的别尔格罗德—哈尔科夫进攻战役、1944年8月的雅西—基什尼奥夫进攻战役等。但1944年3月[3]特拉夫尼科夫被解除职务，表面上的原因是德军在匈牙利巴拉顿湖发起进攻时，他的师没能构建稳固的防御。1945年4月—1947年3月，他在维也纳担任卫戍副司令，并在伏罗希洛夫总参学院各个系任教，直至1950年6月。特拉夫尼科夫在中国人民解放军指挥员培训班首席顾问任上结束了自己的军旅生涯，1958年6月退役，1970年去世。关于他的更多情况，可参阅《军级指挥员，军事人物志，两卷本》，第二册，第35—36页。

叶尔莫尔金的相关资料较少，1942年8月10日—11月15日，他指挥步兵第112师，8月31日晋升为上校。无论他最终的命运如何，步兵第112师已在10月底或11月初撤往萨拉托夫地域接受休整和补充。

83. 卡扎尔茨耶夫出生于1901年8月25日，1920年参加红军，内战期间在东部战线作战。1923和1926年，他在西伯利亚军区指挥员培训班接受军事教育，1936年毕业于伏龙芝军事学院，1947年毕业于伏罗希洛夫总参学院。20年代，他在西伯利亚军区担任下级指挥员和政治军官，1932年升任步兵第73师营长。1936年从伏龙芝军事学院毕业后，卡扎尔茨耶夫在红旗独立远东集团军步兵第92师任参谋，1940年底升任该师参谋长，1941年3月任红旗第1集团军步兵第26军参谋长。"巴巴罗萨"战役期间，他一直担任步兵第26军参谋长，1942年7月，NKO任命卡扎尔茨耶夫为斯大林格勒方面军步兵第87师师长。尽管该师在德国第6集团军当年8月向伏尔加河进军的过程中损失惨重，但卡扎尔茨耶夫率领师里残余的部队参加了9月和10月市区的激战。卡扎尔茨耶夫在斯大林格勒严峻的考验中生还下来，1943年3月5日—1944年6月10日担任步兵第126师师长。由于在斯大林格勒保卫战中表现英勇，1943年1月，他获得"苏联英雄"称号，他的师在1943年秋季南方面军发起的顿巴斯进攻战役中表现出色，1943年9月15日，他

---

① 译注：哈特曼阵亡后，2月15日被追授步兵上将衔。
② 译注：就是后来的加加林空军学院。
③ 译注：应为1945年3月。

晋升为少将。1944年7月11日—1945年9月3日，卡扎尔茨耶夫任步兵第72军军长，1944年夏季参加了白俄罗斯第3方面军在白俄罗斯的进攻战役，1945年1—2月参加了东普鲁士进攻战役。欧洲战事结束后，最高统帅部将卡扎尔茨耶夫的军调往远东，参加远东第1方面军1945年8—9月的满洲战役。此后，他在喀尔巴阡军区指挥山地步兵第3军直至1949年12月，后在苏军防空部队担任高级指挥和参谋职务，直至1960年退役。他1958年晋升为上将，去世于1985年。关于他的更多情况，可参阅《军级指挥员，军事人物志，两卷本》，第一册，第250—251页。

84. 伊万诺夫的军旅生涯不甚明了，1942年8月17日—12月8日，他指挥着步兵第196师，1942年12月8日—1943年12月23日，他担任近卫空降兵第10师师长。1943年9月25日，他晋升为少将。短暂中断战地指挥员职务后（可能在方面军或集团军司令部任参谋），1944年12月25日—1945年5月11日，他担任近卫步兵第114师师长，在这个职务上结束了他的战时生涯。

85. 日林，《斯大林格勒战役》，第484页。

86. 参见第62集团军作战日志，1942年9月4日的条目。

87. 克拉夫钦科的反突击力量包括他军里的坦克第27、第99旅（62辆坦克）和步兵第112师的一部。这场失败的反击使坦克第27旅的坦克减少到15辆（1辆T-34、1辆T-70、13辆T-60），坦克第99旅也只剩下20辆坦克（16辆T-34、4辆T-70）。参见伊萨耶夫的《斯大林格勒：伏尔加河后方没有我们的容身处》，第154页。

88. 同上。

89. 关于这场反突击和洛帕京命令的详情，可参阅第62集团军作战日志。

90. 马克，《"跳跃骑士"的覆灭：第24装甲师在斯大林格勒》，第118页。

91. 日林，《斯大林格勒战役》，第493页；另参阅"Ia. Lagenkarten Nr. 1 zum KTB Nr. 13, Jul-Oct 1942," AOK 6, 23948/Ia, in NAM T-312, Roll 1446（1942年7—10月，第6集团军第13号作战日志第1号态势图集，作战处；国家档案馆微缩胶片，序列号T-312，第1446卷）。

92. 第62集团军作战日志，1942年9月5日的条目。

93. 日林，《斯大林格勒战役》，第494页，引自《OKW作战日志》，第二册，第1162—1163页。

94. 同上，第498页。

95. 马克，《"跳跃骑士"的覆灭：第24装甲师在斯大林格勒》，第124—125页。

96. 同上，第126页，包括10辆二号坦克、20辆三号坦克、4辆四号长身管坦克，外加1辆指挥坦克。

97. 罗科索夫斯基，《伏尔加河畔的伟大胜利》，第159页。洛帕京将这5个坦克旅纳入重新组建的坦克第2军。他还组建了两个集团军炮兵群，为集团军提供支援，第一个炮兵群辖炮兵第266、第1103团和第457团第1营以及近卫迫击炮第47、第89团；第二个炮兵群由炮兵第1105团、近卫榴弹炮兵第85团、近卫迫击炮第83和第91团组成。第64和第57集团军各组建了一个集团军炮兵群。可是，第62和第64集团军的防线萎缩到30公里，9月13日，叶廖缅科将所有集团军炮兵群纳入方面军炮兵群，部署在伏尔加河东岸，他们的任务是以大规模炮火阻止德军突入市区。另外，叶廖缅科的炮兵主任还将方面军炮兵群分成以下四个子群：

北部，支援第62集团军，辖炮兵第266、第457、第1103、第1105团，近卫榴弹炮兵第85团第3营，迫击炮第125团，共86门火炮/迫击炮；

南部，支援第64集团军，辖炮兵第1111、第1104、第1159团，迫击炮第140团，共64门火炮/迫击炮；

伏尔加河区舰队，16门火炮；

防空，84门85毫米口径高射炮。

东南方面军的方面军炮兵群共有250门火炮/迫击炮，包括6门76毫米火炮、84门85毫米火炮、4门100毫米火炮、6门107毫米火炮、72门120毫米迫击炮、33门122毫米榴弹炮、45门152毫米榴弹炮。

苏军以高射炮、野战炮和反坦克炮打击敌坦克，并以6个高射炮连掩护伏尔加河渡口。伏尔加河区舰队的火炮主要用于支援第62集团军在库波罗斯诺耶地域的战斗以及第64集团军对别克托夫卡登陆场的防御。同上，第160页。

98. 日林，《斯大林格勒战役》，第500页。

99. 马克，《"跳跃骑士"的覆灭：第24装甲师在斯大林格勒》，第127页。9月5日至6日晚，第48装甲军给辖内部队部署了以下任务：

获得加强的第14装甲师从153.2高地—上叶利尚卡西部边缘上方的兵营一线发起进攻，越过铁路线，夺取144.9高地。在渐进式进攻中，应在右翼构设起面朝佩先卡东面高地的防坦克防线。掷弹兵夺取144.9高地后，"冯·德·兰肯"装甲支队（辖全军所有的坦克）应立即突向库波罗斯诺耶南面的伏尔加河桥梁。在这场进攻中，该支队隶属于第14装甲师。

第29装步师（没有坦克）应从145.8高地东南方发起突击，穿过三角形小森林，冲向上叶利尚卡，并将其夺取。肃清该村后，该师接下来应占领佩先卡—斯大林格勒公路。

第24装甲师（没有坦克），在矩形森林坚守阵地的同时，应以师主力攻向147.5高地，肃清该高地南坡至铁路线的区域，在接下来的进攻行动中掩护全军的东翼，除此之外，还应占领上叶利尚卡东南方森林的东部边缘。

乌特文科出生于1905年，1924年10月参加红军，1938年8月转入预备役，当年12月重新加入现役。他1927年毕业于红军指挥员学校，直到1945年才进一步接受高等教育，参加了伏罗希洛夫学院的速成班，1947—1948在该学院接受正规培训。20年代，乌特文科担任过连、营级指挥员和政委，1938年8月转入预备役。当年12月，他被召回现役，任步兵第19师第56团训练副主任，1939年8月至苏德战争爆发，他在该师任第315团团长。1941年8月，NKO任命乌特文科为预备队方面军第24集团军步兵第19师师长，他率领该师参加了斯摩棱斯克战役和当年9月红军对德军叶利尼亚登陆场的成功突击。由于在叶利尼亚战役中表现英勇，乌特文科晋升为上校；当年10月，他的师被包围在维亚济马地域，他率领小股生还者逃出包围圈，在第43集团军辖下重建了该师。他的师随后参加了莫斯科反击战和西方面军1941—1942年冬季的大反攻。1942年3月，乌特文科在战斗中负伤，伤愈后，1942年5月出任步兵第274师师长，当年夏季，该师改编为近卫步兵第33师，德军攻向斯大林格勒期间，他率领该师参加了城郊的激战。9月下旬，最高统帅部将乌特文科实力严重受损的师撤出斯大林格勒，1942年12月，将该师编入新组建的近卫第2集团军。乌特文科的师获得补充，随后参加了斯大林格勒方面军12月在科捷利尼科夫斯基地域发起的反击，以及1943年2—3月南方面军向罗斯托夫的进军和向米乌斯河的追击战。1943年4月，他晋升为突击第5集团军近卫步兵第31军军长，率领该军直至1944年2月7日，1944年1月17日，他晋升为中将。1945年3月，从伏罗希洛夫总参学院速成班毕业后，他出任近卫第9集团军近卫步兵第38军军长，参加了巴拉顿湖战役和1945年4月的维也纳战役。战争结束后，乌特文科指挥该军（改编为近卫空降兵第38军）直至1948年5月，从伏罗希洛夫总参学院毕业后，他指挥步兵第65军，直至1951年7月。乌特文科在伏罗希洛夫总参学院系主任任上结束了自己的军旅生涯，1954年5月退役，1963年去世。关于他的更多情况，可参阅《军级指挥员，军事人物志，两卷本》，第一册，第581—583页。

100. 截至9月6日晚，坦克第189旅只剩下15辆坦克，包括8辆T-34、5辆T-70、2辆T-60，摩托化步兵第60营只剩150人。坦克第99旅在当日的战斗中损失5辆坦克，摩托化步兵第9旅只有130名士兵，步兵第399师只剩下494人、3门反坦克炮、2门122毫米迫击炮（没有炮弹）、2挺重机枪和5挺轻机枪。参见莫什昌斯基·谢尔盖·斯莫里诺夫的《保卫斯大林格勒：1942年7月17日—11月18日，斯大林格勒战略防御作战》，第38页；伊萨耶夫，《斯大林格勒：伏尔加河后方没有我们的容身处》，第155页。

101. 日林，《斯大林格勒战役》，第505页。

102. 伊萨耶夫，《斯大林格勒：伏尔加河后方没有我们的容身处》，第156页。

103. 日林，《斯大林格勒战役》，第511页。

104. 同上，第510页；另可参阅"Ia. Lagenkarten Nr. 1 zum KTB Nr. 13, Jul–Oct 1942," AOK 6, 23948/Ia, in NAM T-312, Roll 1446（1942年7—10月，第6集团军第13号作战日志第1号态势图集，作战处；国家档案馆微缩胶片，序列号T-312，第1446卷）。

105. 关于杜比扬斯基战前军旅生涯的资料较少，1940年他担任轻型坦克第40旅参谋长，1941年任摩托化步兵第7师副师长。1942年9月8日，格拉兹科夫将军在战斗中阵亡，杜比扬斯基升任近卫步兵第35师师长。1942年8月1日—5日，空降兵第8军改编为近卫步兵第35师后，杜比扬斯基曾任该师参谋长。该师撤离斯大林格勒进行休整、补充后，11月20日，杜比扬斯基返回莫斯科，在NKO任职。战后，他在沃罗涅日的苏沃洛夫军校任校长。参见www.generals.dk。

106. 齐姆克和鲍尔，《从莫斯科到斯大林格勒：东线决战》，第392页。

107. 同上。关于德军变更作战计划的详情，可参阅马克的《"跳跃骑士"的覆灭：第24装甲师在斯大林格勒》，第129—145页。第48装甲军变更部署前，第24装甲师正与第29摩步师和第14装甲师相配合，全力夺取佩先卡和上叶利尚卡。经过一场代价高昂的激战，9月9日，他们实现了这一目标。

108. 马克，《"跳跃骑士"的覆灭：第24装甲师在斯大林格勒》，第137页。

109. 日林，《斯大林格勒战役》，第517页。

110. 罗科索夫斯基，《伏尔加河畔的伟大胜利》，第159页。

111. 日林，《斯大林格勒战役》，第519页。

112. 齐姆克和鲍尔，《从莫斯科到斯大林格勒：东线决战》，第392页。

113. 日林，《斯大林格勒战役》，第523页。

114. 第48装甲军和第24装甲师的作战详情，可参阅马克的《"跳跃骑士"的覆灭：第24装甲师在斯大林格勒》，第143—146页。截至9月9日日终时，第24装甲师只剩下11辆二号坦克、6辆三号短身管坦克、10辆三号长身管坦克、1辆四号长身管坦克和1辆指挥坦克。

115. 同上。

116. 格尔利茨，《保卢斯与斯大林格勒》，第191页。

117. 关于斯大林解除洛帕京的职务，可参阅佐洛塔廖夫的《最高统帅部1942》，第389页，最高统帅部170603号指令，1942年9月8日4点40分签发。

118. 同上，第390页，最高统帅部994200号指令，1942年9月9日23点10分签发。

119. 崔可夫，《斯大林格勒战役》，第71—74页，详细阐述了他出任新职务的过程。

120. 同上，第76页。

121. 同上，第80—81页。

122. 古罗夫出生于1901年11月1日，1919年参加红军，内战期间在远东担任下级指挥员和政工人员。他1921和1928年在军政培训班接受教育，1928年毕业于步兵学校，1936年毕业于军政学院，担任过营级政工人员，1940—1941年任军事师范学院院长。战争爆发后，1941年夏季和秋季，古罗夫任西方面军第29集团军军事委员会委员，1942年1—8月，任西南方面军军事委员会委员，1942年8月—1943年3月，任第62集团军军事委员会委员，1943年8月25日[1]病故，病因不明。1943年底[2]，古罗夫晋升为中将。关于他的更多情况，可参阅VE，第二册，第534页的"库兹马·阿基莫维奇·古罗夫"。

123. 参阅崔可夫的《斯大林格勒战役》，第81—82页；以及《斯大林格勒的史诗：首次出版的俄罗斯联邦安全局解密文件》，第192—208页，NKVD关于纪律方面的报告。

124. 据伊萨耶夫在《斯大林格勒：伏尔加河后方没有我们的容身处》一书第161—162页指出，引自 *TsAMO RF, f. 345, op. 5487,d. 6, 1. 3*，第62集团军各步兵兵团1942年9月11日的兵力如下：

兵团	人员	马匹	步枪	冲锋枪	轻机枪	重机枪	迫击炮	火炮	反坦克步枪
近卫步兵第33师	864	60	189	92	4	—	21	—	11
近卫步兵第35师	454	—	271	115	2	1	—	6	28
步兵第87师	1819	315	509	40	1	—	13	—	—
步兵第98师	465	20	219	20	2	—	—	—	1
步兵第112师	2297	638	1181	117	5	6	11	—	—
步兵第131师	2540	443	1918	215	4	3	11	—	14
步兵第196师	1004	107	605	162	3	—	3	1	6
步兵第229师	192	48	73	14	—	—	—	—	—
步兵第244师	3685	860	989	141	14	5	115	29	130
步兵第315师	2873	333	1797	260	15	10	6	23	126
步兵第399师	565	18	—	—	—	—	—	—	—
NKVD步兵第10师	8615	406	7069	1080	129	38	102	12	63
步兵第10旅	1912	280	1148	18	11	34	26	—	24
步兵第115旅	4868	308	2625	113	100	40	93	30	69

[1] 译注：应为9月25日。
[2] 译注：应为1942年底。

步兵第149旅	4125	630	3472	590	115	29	51	23	78
步兵第124旅	3607	620	2438	341	84	22	56	25	68
步兵第42旅	5032	336	—	—	—	—	—	—	—
摩托化步兵第9旅	1073	—	630	82	39	6	13	2	13
摩托化步兵第38旅	2370	71	1671	—	119	6	45	21	48
总计	48360	5493	26804	3400	647	200	566	172	679

125. 约阿希姆·莱梅尔森等人，《第29师：第29步兵师，第29摩步师，第29装甲掷弹兵师》，第198页；另可参阅马克的《"跳跃骑士"的覆灭：第24装甲师在斯大林格勒》，第147页。

126. 齐姆克和鲍尔，《从莫斯科到斯大林格勒：东线决战》，第392页；日林，《斯大林格勒战役》，第532页。

127. 日林，《斯大林格勒战役》，第533页，引自《OKW战时公告》（柏林：维京出版社，1943年）。

128. 日林，《斯大林格勒战役》，第532页。

129. 齐姆克和鲍尔，《从莫斯科到斯大林格勒：东线决战》，第393页。

130. 同上。

131. 日林，《斯大林格勒战役》，第536页。

132. 同上。

133. "la. Lagenkarten Nr. 1 zum KTB Nr. 13, Jul–Oct 1942," AOK 6, 23948/la, in NAM T–312, Roll 1446（1942年7—10月，第6集团军第13号作战日志第1号态势图集，作战处；国家档案馆微缩胶片，序列号T–312，第1446卷）。第94步兵师的再部署和转乘，耗费的时间比预期的更长，详情可参阅马克的《"跳跃骑士"的覆灭：第24装甲师在斯大林格勒》，第145—149页。

134. 马克，《"跳跃骑士"的覆灭：第24装甲师在斯大林格勒》，第149—150页。9月11日，第24装甲师辖下的第24装甲团、第21和第26装甲掷弹兵团报告：他们的兵力分别为1174、1125、1424人，而编制兵力应为2302、1440、1797人；尚能使用的坦克包括4辆二号坦克、6辆三号短身管坦克、2辆三号长身管坦克、2辆四号长身管坦克和2辆指挥坦克。

135. 日林，《斯大林格勒战役》，第534页。

136. 关于空战的详情，可参阅海沃德的《止步于斯大林格勒：德国空军和希特勒在东线的失败，1942—1943年》，第194—195页。赫留金远比红军大多数诸兵种合成集团军和坦克集团军司令员年轻，1942年6月出任空军第8集团军司令员时年仅32岁。他出生于1910年6月21日，1932年参加红军，1933年毕业于卢甘斯克军事飞行员学校，1939和1941年毕业于总参军事学院高级指挥人员进修班，1950年毕业于伏罗希洛夫学院。30年代初期，赫留金任航空兵中队长，1936年8月—1937年3月，西班牙内战期间，他率领一个航空兵中队为西班牙共和国政府而战。从西班牙归国后，他又赶赴中国，1938年3月至1939年初，先后率领航空兵中队和大队打击日军，在此过程中荣获"苏联英雄"称号。1939—1940年苏芬战争期间，赫留金任第14集团军空军司令员，丰富了自己的作战经验。经历了近四年断断续续的战斗，1940年5月，赫留金出任红空军作战训练局轰炸航空兵部主任，1940年7月任苏联国防部[1]空军副总监。随着战争的临近，NKO任命他为基辅特别军区第12集团军空军司令员。苏德战争爆发后，最高统帅部认为赫留金作战、组织经验丰富，1941年8月任命他为加里宁方面军[2]空军司令员，1942年6月任西南方面军空军司令员，同时担任空军第8集团军司令员。他率领该集团军直至1944年7月，在斯大林格勒战役和解放顿巴斯、第聂伯河右岸乌克兰地区等进攻战役中组织、实施了空军的作战行动。此后，他率领空军第1集团军直至战争结束，其间参加了1944年夏季的白俄罗斯进攻战役和1945年1—2月的东普鲁士战役。由于在突击柯尼斯堡要塞的过程中发挥了重要作用，1945年4月，他再次荣获"苏联英雄"称号。战后，赫留金指挥空军第1集团军直至1946年8月，任负责训练的空军副总司令至1947年7月，指挥空军第7集团军至1949年4月，任巴库防空地域司令员至1950年9月，再次担任负责训练的空军副总司令至退役，去世于1953年7月。关于他的更多情况，可参阅《伟大卫国战争，集团军指挥员，军事人物志》，第393—394页。

137. 佐洛塔廖夫，《最高统帅部1942》，第388页，最高统帅部170600号指令，1942年9月6日2点35分签发。斯捷潘诺夫出生于1901年，1917年参加赤卫队，1918年加入红军，内战期间任政治军官和军事检查员。他1931年毕业于联合军校函授班，1932年毕业于奥伦堡飞行员和飞行观察员军校，1935年毕业于卡恰军事飞行员第一军校；30年代，他先后担任过团级、师级和军区级副政委或政委。1939年入侵波兰东部、1940年入侵比萨拉比亚期间，斯捷潘诺夫作为支援苏军地面部队的空军政委，第一次获得了实战经验。斯大林认为斯捷潘诺夫在政治上绝对可靠，因而在1941年初任命他为空军总局政治部门副主任，他在这个职务上干到"巴巴罗萨"战役最初的几个月。可能是因为斯捷潘诺夫很可靠，斯大林还派他指挥一个航空兵集群，1941年9月又派他协调空军的作战行动，打击向基辅进军的德国第2装甲集群。尽管这些行动遭遇了败绩，但1941年10—11月，面对德军发起的"台风"行动，斯大林再次选择了斯捷潘诺夫协调西方面军和加里宁方面军的空中行动，保卫莫斯科，这一次大获成功。1941年12月，指挥空军部队参加红军发起的莫斯科反击战后，1942年1—2月，斯捷潘诺夫率领一个特别航空兵集群支援沃尔霍夫方面军，3—5月，他负责协调布良斯克和沃罗涅日方面军的空中行动。他后来指挥一个航空兵集群，斯大林格勒战役期间指挥空军第16集团军，军旅生涯到达顶峰。但从1942年9月起，政治可靠性不再是担任指挥员的前提条件，斯大林将斯捷潘诺夫贬为在各军区担任不负责作战事务的空军指挥员，直到战争结束。他于1954年退役。斯捷潘诺夫1943年获得中将军衔，去世于1977年。关于他的更多情况，可参阅《伟大卫国战争，集团军指挥员，军事人物志》，第391—392页。

138. 截至9月12日，第48装甲军辖下的第24和第14装甲师各有约40辆坦克，第29摩步师的坦克更少些。弗洛里安·冯·翁德·楚·奥夫塞斯男爵在*Die Anlagenbander zu den Kriegstagebuchern der 6. Armee vom 14.09.1942 bis 24.11.1942, Band Ⅰ*（《第6集团军作战日志附件册，第一卷，1942年9月14日至11月24日》）（施瓦巴赫：2006年1月）一书第11页的*"Tagesmeldung, Armee—Oberkommando 6, Abt. la, A. H. Qu., den 14. September 42"*（第6集团军司令部作战处每日报告，1942年9月14日）中指出，第6集团军9月14日投入180辆坦克，具体如下：

第14装甲军：

---

① 译注：苏联国防人民委员部。
② 译注：应为卡累利阿方面军。

第16装甲师——72辆坦克（8辆二号短身管坦克、52辆三号长身管坦克、3辆四号短身管坦克和9辆75毫米主炮三号坦克）

第3摩步师——24辆坦克（6辆二号坦克、15辆三号长身管坦克、1辆四号短身管坦克和2辆75毫米主炮三号坦克）

第60摩步师——未指明师内可用的坦克

第17军：

第22装甲师——66辆坦克〔9辆四号长身管坦克、15辆三号长身管坦克、17辆75毫米主炮三号坦克和25辆Pz.38（t）〕

另外，第6集团军还有30辆各种型号的突击炮。无论是西方还是俄罗斯，几乎每一本描述斯大林格勒战役的著作都认为魏克斯对斯大林格勒城发起进攻的突击部队中包括第76步兵师（显然是基于崔可夫的记述）。这一点是错的，因为该师隶属于第6集团军的第8军，在科特卢班地域参加抗击斯大林格勒方面军（后改为顿河方面军）的防御作战，从未投入进攻城市的行动。

139. 据莫什昌斯基和谢尔盖·斯莫里诺夫在《保卫斯大林格勒：1942年7月17日—11月18日，斯大林格勒战略防御作战》第39页指出，经过两天的激战，东南方面军9月12日的坦克力量如下：

第62集团军——坦克第23军，100辆坦克（56辆可用），包括：

坦克第6旅——24辆T-34（18辆可用）

近卫坦克第6旅——25辆（15辆T-34和4辆T-70可用，3辆T-34和3辆T-60不可用）

坦克第27旅——28辆（3辆T-34、1辆T-70、1辆T-60可用，9辆T-34、7辆T-70和7辆T-60不可用）

坦克第189旅——23辆（8辆T-34和6辆T-70可用，5辆T-34、2辆T-70和2辆T-60不可用）

第64集团军——坦克第13军，23辆坦克（11辆可用），包括：

坦克第13旅——8辆（3辆T-34、2辆T-70、1辆T-60可用，2辆T-60不可用）

坦克第39旅——重建，没有坦克

坦克第56旅——15辆[1]（1辆T-34和4辆T-70可用，3辆T-34和9辆T-60不可用）

方面军直属部队

坦克第99旅——没有坦克

坦克第137旅——15辆可用的T-60

共计：138辆坦克（82辆可用）

140. 罗科索夫斯基在《伏尔加河畔的伟大胜利》第164页概括性地指出，步兵第87、第98、第196师，每个师的平均兵力为800人。

141. V. V. 别沙诺夫，《1942年——"锻炼"》，第534页。

---

① 译注：17辆？

第三章
斯大林格勒中部和南部之战
1942 年 9 月 13 日—26 日

双方的实力

9月中旬临近时，希特勒、OKW、OKH和德军战地指挥官们都确信，"蓝色"行动正在斯大林格勒和高加索到达尾声。斯大林格勒方向，9月12日晚，B集团军群的主力沿从上马蒙（Verkhnyi Mamon）至韦尔佳奇的顿河南岸集结，其战线向东跨过韦尔佳奇顿河河段与伏尔加河畔雷诺克北郊之间的陆桥，以一条弧线向南延伸，绕过斯大林格勒内围廓，在别克托夫卡和斯大林格勒南部湖区以西地域向南延伸，进入埃利斯塔（Elista）东面的广袤草原。意大利第8集团军守卫的顿河防线从上马蒙东延至谢拉菲莫维奇地域，对面是斯大林格勒方面军辖下的第63集团军。集团军群的右翼，罗马尼亚第4集团军守卫着斯大林格勒南面的防线，掩护最右翼的德军第16摩步师抗击着东南方面军辖下的第57、第51和第28集团军。在元首看来，最重要的是魏克斯的主要突击集群——保卢斯第6集团军和霍特第4装甲集团军——终于可以进攻并夺取斯大林格勒了。

可是，由于第6集团军不得不沿顿河和顿河与伏尔加河之间的地域掩护其漫长的左翼，该集团军只能投入部分兵力进攻斯大林格勒。具体说来，第6集团军辖下的第17军以第79、第113步兵师和第22装甲师守卫从谢拉菲莫奇至克列茨卡亚的顿河防线，第11军以第100猎兵师和第376、第44、第384

122

步兵师掩护从克列茨卡亚至韦尔佳奇的顿河防线。这两个军面对着斯大林格勒方面军辖下的第21集团军。顿河以东，第6集团军第8军辖下的第305、第76步兵师仍在顿河与伏尔加河之间陆桥的西半部与斯大林格勒方面军的坦克第4集团军、第24集团军对峙。第14装甲军辖下第3、第60摩步师与第16装甲师的主力掩护着陆桥的东段，抗击斯大林格勒方面军的近卫第1集团军和第66集团军。[1]

因此，只有赛德利茨第51军的"施塔赫尔"战斗群和第389、第295、第71步兵师以及维特斯海姆第14装甲军能够从其防线上抽调出的部分部队，参加了对斯大林格勒城的突击。"施塔赫尔"战斗群是以第99高射炮团和另一些地勤单位的空军人员组成的一支混编部队，由第99高射炮团团长赖纳·施塔赫尔上校指挥。该战斗群于9月12日组建，调拨给第51军。为节省兵力，赛德利茨（该战斗群后由第14装甲军指挥）派这个战斗群协助遏制被孤立在斯大林格勒西北方、奥尔洛夫卡村周边突出部内的苏军。[2]这是一个前兆，1942年12月起，德国空军部队开始更广泛地用于地面作战，这反映出德国空军不愿将其地面人员交给欠缺兵力的陆军控制。

霍特的第4装甲集团军只有半数兵力参加对市区的突击。第4军以德国第297、第371步兵师和罗马尼亚第20步兵师将东南方面军第64集团军遏制在别克托夫卡以西的登陆场内。再往南，罗马尼亚第6军的3个步兵师在斯大林格勒南部湖区掩护着装甲集团军漫长的右翼，抗击东南方面军第57和第51集团军。[3]因此，这应该能让霍特以肯普夫第48装甲军辖下的第24装甲师、第94步兵师和第29摩步师参加对城市南部的冲击。可是，待第29摩步师到达库波罗斯诺耶以南的伏尔加河河段后，霍特命令第14装甲师转身向南，对别克托夫卡登陆场的北翼发起打击，此举削弱了肯普夫的突击力量，使其只有4个师可用于进攻斯大林格勒城[1]。先前的战斗表明，保卢斯和霍特的突击力量太过虚弱，无法迅速夺取斯大林格勒城，因此，9月中旬时，魏克斯和保卢斯已采取措施加强第6集团军。

---

① 译注：第14装甲师离开后，肯普夫只剩下3个师进攻斯大林格勒城。

在崔可夫履行第62集团军指挥权，魏克斯准备对城市发起首次大举突击之际，希特勒也对B集团军群做出改组，并对其目标进行调整。9月12日，这位德国独裁者在乌克兰文尼察附近的"狼人"总部召开了一场计划中的会议，反映出他亲自指挥战争的决心。鉴于与会者往往将他们日后的失败归咎于希特勒，关于这场会议的记述有些可疑之处。但很显然，第6集团军司令弗里德里希·保卢斯和他的顶头上司——B集团军群司令马克西米利安·冯·魏克斯赶至文尼察时，发现他们的元首深信斯大林格勒战役即将结束。[4]

基于苏联红军在前几个月的战斗中一再失败，加上德国情报机构对红军实力虚弱的乐观评估，希特勒认为他的对手已无力发起大规模反攻。据说保卢斯和魏克斯对攻占市区的困难和德军在斯大林格勒北面漫长侧翼的脆弱性表示了担忧。鉴于希特勒最近解除了那些表达类似怀疑的将领的职务，他拒不接受这种提醒完全在意料之中。相反，他强调应迅速攻占斯大林格勒，并将第4装甲集团军辖下的第24装甲师、第94步兵师和第29摩步师转隶第6集团军，9月15日生效，以加快这一进程。希特勒还指示B集团军群展开一系列小规模行动，拉直左翼防线，并继续守卫沃罗涅日。

希特勒9月13日签发的新指令针对的是斯大林格勒的问题，也为B集团军群其他有可能遭受威胁的地域提出了解决方案：

1. B集团军群必须根据前线的迹象准备"常规解决方案"。如果进攻行动遭到敌人虚弱的抵抗，你们就应加大攻势，以快速部队的突击消灭敌人，穿过"常规解决方案"指定的最终位置。最后，及时提交关于部队部署和进攻发起时间的确切报告。

2. 同时，应做好根据先前相关指令的精神向阿斯特拉罕发起进攻的准备。提交关于部队部署和进攻发起时间的确切报告。

3. 目前，你们可以稍事等待，以进攻的方式改善第6集团军与意大利第8集团军结合部的态势。首先，你们可以投入专门用于这一目的的第22装甲师和第113步兵师，将战线推向斯大林格勒北面。其次，你们应尽快将罗马尼亚［骑兵］第1师部署至第17军身后，作为预备队……

4. 我同意集团军群关于在顿河弯曲部第24装甲军作战区域内构筑防线的

设想。

5. 需要你们特别重视的是，迅速在沃罗涅日以西的顿河河段准备防御阵地，以及第387、第377、第385步兵师身后的拦截阵地。[5]

最重要的是，希特勒的指令对B集团军群做出明确规定，如果苏军在斯大林格勒北面的防御突然减弱，他们应立即向东发起追击。

正如事实证明的那样，灾难性的是，希特勒批准魏克斯推迟对红军位于顿河南岸的谢拉菲莫维奇登陆场的一切行动，反而授权他以第22装甲师和第113步兵师加强第6集团军在顿河与伏尔加河之间的陆桥的防御，并以第24装甲军强化匈牙利第2集团军的防御。雄心勃勃的希特勒甚至要求霍特麾下的第48装甲军保持向阿斯特拉罕进军的能力，尽管这取决于该军能否迅速完成斯大林格勒城区的战斗。

9月12日日终时，魏克斯已将第22装甲师撤入B集团军群预备队。更重要的是，经OKH批准，罗马尼亚第3集团军第5军的先遣部队向前部署，进入第6集团军第17军和第11军的防区，替换这两个军辖下的部分部队（特别是第113步兵师和第100猎兵师），以便这些德军师重新向东部署，进入斯大林格勒地域。罗马尼亚第1骑兵师已在克列茨卡亚东面第11军的左翼占据前沿阵地，而罗马尼亚第13、第6步兵师正在第17、第11军后方进入集结区。与此同时，第6集团军辖下的第298步兵师在第17军后方的博科夫斯卡亚（Bokovskaia）接受休整和补充，准备加强该军的防御。[6]有两个问题亟待解决：一、这些援兵及时赶至斯大林格勒能否扭转乾坤？二、罗马尼亚人沿顿河南岸占据防御阵地后，能否有效地守卫自己的防区？

希特勒原先同意将彼得·杜米特雷斯库将军的罗马尼亚第3集团军从高加索调至斯大林格勒西北方，顿河防线的克列茨卡亚和叶兰斯卡亚（Elanskaia）地域。至少在一开始，此举的目的主要出自政治，而非军事原因。希特勒显然想给他的忠实盟友扬·安东内斯库元帅留下这样一种印象：德军战地指挥部将罗马尼亚军队部署在相对平静的侧翼。可是，杜米特雷斯库9月24日向OKH抱怨，他的第3集团军只有69个营，却要守卫168公里长的防线，也就是说，每个营的防区超过2.4公里。[7]更大的问题是，装备低劣的罗马尼亚部队缺乏遏止大规模坦克突击所需要的反坦克武器。

9月12日日终时，参加突击斯大林格勒城第一阶段行动的德军官兵已进入阵地，准备投入希特勒所说的最后之战（参见图表12、13）。[8]

图表 12：1942 年 9 月 12 日晚，交战双方在斯大林格勒方向的部署 *

德军		苏军	
部队	地域	部队	地域
顿河与伏尔加河之间的陆桥			
第6集团军		**斯大林格勒方面军**	
第8军			
第305步兵师	韦尔佳奇—萨莫法洛夫卡	坦克第4集团军（近卫步兵第27、第37师，步兵第18、第214、第292、第298师，坦克第193旅，摩托化步兵第22旅）	韦尔佳奇—萨莫法洛夫卡
第76步兵师	萨莫法洛夫卡—"564公里"车站	第24集团军（步兵第173、第207、第221、第308、第315师，坦克第217旅）	萨莫法洛夫卡—"564公里"车站
第14装甲军			
第60摩步师	"564公里"车站—库兹米希以东7公里处	近卫第1集团军（近卫步兵第38、第39、第41师，步兵第24、第64、第84、第87、第116师，坦克第4、第7、第16军）	"564公里"车站—苏哈亚梅切特卡峡谷
第3摩步师	库兹米希以东7公里处—苏哈亚梅切特卡峡谷		
第16装甲师	苏哈亚梅切特卡峡谷—伏尔加河畔的阿卡托夫卡	第66集团军（步兵第49、第99、第120、第231、第299、第316师，坦克第10、第69、第148、第246旅）	苏哈亚梅切特卡峡谷—伏尔加河畔的阿卡托夫卡

126

（接上页）

斯大林格勒			
第6集团军		**东南方面军**	
第14装甲军		第62集团军（近卫步兵第33师、步兵第229师、步兵第129旅）（改编中）	
第16装甲师	诺克—奥尔洛夫卡以东	步兵第124（－）、第149（－）旅，NKVD步兵第282团	雷诺克—斯巴达诺夫卡—93.2高地—135.4高地（奥尔洛夫卡以东2公里处）
第3摩步师	奥尔洛夫卡以北	步兵第115旅（－）	135.4高地—144.2高地—147.6高地（奥尔洛夫卡以北3公里处）
第60摩步师	奥尔洛夫卡西北	步兵第724团（步兵第196师）	147.6高地—108.8里程碑（奥尔洛夫卡西北）
第51军			
"施塔赫尔"战斗群	奥尔洛夫卡以西	摩托化步兵第2旅（营），步兵第399师担任预备队	108.8里程碑—120.5里程碑（奥尔洛夫卡以西）
第389步兵师	奥尔洛夫卡以西—戈罗季谢以东	摩托化步兵第2旅（－）、步兵第115旅第4营、步兵第149旅第1营、步兵第124旅第1营	120.5高地—128.0里程碑—戈罗季谢东郊的农场
第295步兵师	农机站（拉兹古利亚耶夫卡车站东北方1公里处）—"红十月"新村以西	近卫坦克第6旅、步兵第87师、坦克第189旅、摩托化步兵第38旅、步兵第112师，坦克第27旅担任预备队	农机站（拉兹古利亚耶夫卡车站东北方1公里处）—153.7高地（"红十月"新村以西）
第71步兵师	"红十月"新村以西—察里察河	坦克第6旅、步兵第42旅、步兵第244师的1个团	153.7高地—医院—50.7里程碑以东2公里处—察里察河
第4装甲集团军			
第48装甲军			
第24装甲师	察里察河—萨多瓦亚车站以西	步兵第244师的2个团、步兵第10旅、坦克第6旅（－），以半埋的坦克和100人外加步兵第131师担任预备队	察里察河—120.0铁路里程碑（萨多瓦亚车站以西）

第94步兵师	萨多瓦亚车站以西—米尼纳	坦克第133旅、NKVD步兵第271团	120.0铁路里程碑—米尼纳郊区西部
第29摩步师	米尼纳—库波罗斯诺耶	近卫步兵第35师	米尼纳—库波罗斯诺耶
别克托夫卡登陆场			
第4装甲集团军			
第4军		第64集团军（海军步兵第66、第154旅［改编中］，别克托夫卡地域的第118筑垒地域）	
第14装甲师	库波罗斯诺耶—戈尔纳亚波利亚纳	步兵第126、第204、第138师，坦克第13军（－），克拉斯诺达尔步兵学校	库波罗斯诺耶—戈尔纳亚波利亚纳
罗马尼亚第20步兵师	戈尔纳亚波利亚纳以西	步兵第157师	戈尔纳亚波利亚纳以西
第297步兵师	叶尔希以北、以南	步兵第29、第38师，坦克第13军坦克第133旅	叶尔希以北、以南
第371步兵师	伊万诺夫卡西北、西南	近卫步兵第36师	伊万诺夫卡西北
罗马尼亚第6军		**第57集团军**	
罗马尼亚第2步兵师	通杜托沃—橡树峡谷	近卫步兵第15师，步兵第244、第422师，坦克第6旅，第76筑垒地域	伊万诺夫卡西南—通杜托沃—橡树峡谷

＊注：“（－）”代表缺某些单位。

图表 13：1942 年 9 月 12 日—11 月 18 日，参加斯大林格勒城内战斗的部队的编成和指挥官（由北至南）

第6集团军——装甲兵上将弗里德里希·保卢斯
 第14装甲军——步兵上将古斯塔夫·冯·维特斯海姆，9月15日由汉斯-瓦伦丁·胡贝中将接任
  第16装甲师——汉斯-瓦伦丁·胡贝中将，9月15日由京特·安格恩中将[1]接任
  第3摩步师——赫尔穆特·施勒默尔中将[2]
  第60摩步师——奥托·科勒曼少将，11月由汉斯-阿道夫·冯·阿伦多尔夫少将接任
 第51军——炮兵上将瓦尔特·冯·赛德利茨-库尔茨巴赫
  "施塔赫尔"战斗群——赖纳·施塔赫尔上校
  第389步兵师——埃尔温·耶内克中将，11月1日由埃里希·马格努斯少将接任
  第295步兵师——炮兵上将罗尔夫·武特曼[3]，11月16日由博士奥托·克费斯少将[4]接任
  第71步兵师——步兵上将亚历山大·冯·哈特曼[5]
 第48装甲军——装甲兵上将维尔纳·肯普夫，11月1日由费迪南德·海姆中将[6]接任
  第24装甲师——骑士布鲁诺·冯·豪恩席尔德少将，9月12日由阿诺·冯·伦斯基少将接任
  第94步兵师——炮兵上将格奥尔格·普法伊费尔[7]
  第29摩步师——马克斯·弗雷梅赖中将[8]，9月28日由汉斯-格奥尔格·莱泽少将[9]接任

第62集团军——V. I. 崔可夫中将
 "戈罗霍夫"战役集群——S. F. 戈罗霍夫上校
  步兵第124旅——S. F. 戈罗霍夫上校
  步兵第149旅
  NKVD步兵第282团
 奥尔洛夫卡集群
  步兵第115旅——K. M. 安德留先科上校
  步兵第196师第724团
  摩托化步兵第2旅
  步兵第399师——N. G. 特拉夫尼科夫上校（预备队）
 坦克第23军——A. F. 波波夫少将，10月16日由V. V. 科舍列夫上校[10]接任
  近卫坦克第6旅——M. K. 斯库巴上校
  坦克第189旅——F. I. 贝斯特里克中校[11]（10月26日改编为坦克第189团）
  坦克第27旅——P. G. 波波夫少校，9月10日由P. F. 卢奇尼科夫少校接任（担任预备队）（10月26日改编为坦克第18团）

---

① 译注：应为少将。
② 译注：应为少将。
③ 译注：应为少将。
④ 译注：应为上校。
⑤ 译注：应为少将。
⑥ 译注：应为少将。
⑦ 译注：应为中将。
⑧ 译注：应为少将。
⑨ 译注：应为上校。
⑩ 译注：应为中校。
⑪ 译注：图表8指他为少校。

摩托化步兵第9旅

摩托化步兵第38旅——I. D. 布尔马科夫上校

步兵第112师——I. E. 叶尔莫尔金上校，11月16日由Ia. D. 菲洛年科少校接任

　　步兵第241团（混编）——V. A. 阿谢耶夫上尉

坦克第6旅——S. A. 霍普科中校（10月12日改编为近卫坦克第19团和坦克第73团）

步兵第42旅——M. S. 巴特拉科夫上校（9月23日在战斗中负伤）

步兵第244师——G. A. 阿法纳西耶夫上校

步兵第10旅——I. D. 德里亚赫洛夫上校

坦克第133旅（重型）——N. M. 布布诺夫上校

NKVD步兵第10师——A. A. 萨拉耶夫上校

　　步兵第269团——NKVD中校卡普拉诺夫

　　步兵第270团——茹拉夫列夫少校（9月8日隶属于NKVD步兵第269团，之后隶属于NKVD步兵第271团）

　　步兵第271团——NKVD少校科斯捷尼岑

　　步兵第272团——NKVD少校萨夫丘克

　　步兵第282团

近卫步兵第35师——V. A. 格拉兹科夫少将，9月8日由V. P. 杜比扬斯基上校接任，11月21日由F. A. 奥斯塔申科上校接任

　　步兵第131师——M. A. 佩索钦上校

在后方接受改编的部队

步兵第87师——A. I. 卡扎尔茨耶夫上校（与近卫坦克第6旅合并）

近卫步兵第33师——A. I. 乌特文科上校（10月14日晋升为少将）

步兵第229师——V. N. 马尔岑科维奇少将

步兵第129旅

　　据苏联和俄罗斯的大多数资料记载，第62和第64集团军的总兵力约为90000人，前者54000人，后者36000人，他们面对着德军投入的17万兵力。[9]但是，由于这个数据中包括第14装甲军和另外一些并未参加市区作战的部队，魏克斯进攻城市的突击群实际上只有80000人，并获得100辆坦克和突击炮的加强。

　　至于交战双方在斯大林格勒地域投入的坦克力量，东南方面军9月13日拥有约150辆坦克，其中100辆属于第62集团军，另外44辆在第64集团军辖内。[10]这些坦克中的大多数，要么在波波夫将军的坦克第23军麾下（原坦克第2、第13军的许多部队和坦克调拨给该军），要么隶属于方面军各独立坦克旅。例如，坦克第23军的近卫坦克第6旅有15辆T–34和4辆T–70，坦克第6旅有18辆T–34；坦克第133旅（原本隶属于坦克第13军，现已脱离该军）有23辆KV坦

克，而原坦克第2军辖下的坦克第26旅有18辆无法使用的T–34，它们被半埋在萨多瓦亚车站附近。坦克第23军的摩托化步兵第9旅和坦克第189旅在"红十月"新村附近担任预备队，后者有8辆T–34和6辆T–70。包括坦克第27旅在内（该旅被调拨给坦克第189旅），坦克第23军共有56辆可用的坦克。[11]

大多数俄罗斯资料声称第6集团军在斯大林格勒地域投入了500辆坦克，而且这些坦克都用于对付第62集团军。但截至9月13日，魏克斯的部队对斯大林格勒市区的突击只投入了约100辆坦克和突击炮，而第24和第14装甲师共有30—40辆坦克，第29摩步师的坦克也不超过20辆。例如，第24装甲师9月13日只有19辆可用的坦克，9月18日有22辆。尽管该师的坦克数量10月10日上升至27辆，10月17日增加到34辆，但10月份的最后一周和11月的前两周，该师每日可用的战车数平均只有14辆。[12]另外，第16装甲师主力和第3、第60摩步师，拥有的坦克也不超过100辆，用于守卫顿河与伏尔加河之间的陆桥，9月18日拂晓，斯大林格勒方面军在那里恢复了攻势。

另外，第51军和第48装甲军还获得了30—40辆突击炮的加强，这些突击炮属于几个特别突击炮营，例如第177、第244、第245营，集团军群或第6集团军经常将这些营调拨给辖下的军或师。这些突击炮营每日可投入5—17辆突击炮。[13]苏联人通常将这些突击炮和其他机动炮兵统计为坦克。在任何情况下，一旦交战双方投入在市区的街道和建筑物废墟中的战斗，突击炮在摧毁建筑物时非常管用，但坦克在巷战中却很脆弱。

魏克斯对斯大林格勒城发起突击时，由于所辖部队与伏尔加河之间缺乏纵深，苏军第62集团军的两个梯队呈浅近防御部署，其预备队实际上是在前沿部队后方1.5—3公里处，斯大林格勒城内构成第二梯队。第64集团军以单梯队部署实施防御，主力和预备队集中在右翼，阻止德军第14装甲师向别克托夫卡推进。伏尔加河区舰队江河舰艇第1支队为集团军右翼部队提供炮火支援。[14]

由于苏军登陆场的深度有限，南部和北部为10—12公里，中央部分浅得多，两个集团军在横向和纵深兵力调动方面遭到困难。雪上加霜的是，伏尔加河太宽，一些河段甚至宽达1000米，再加上德国人掌握着制空权，致使苏军为城内部队实施再补给的工作异常困难、危险。斯大林格勒的地形也不利于防御。德国人控制着城市上方的高地，这些高地不仅提供了出色的观察点和轰击城市街区及建筑的炮兵阵地，还使德军得以集结精准的炮火打击防御中的苏军队列。一旦德军步兵前出至伏尔加河，便能将残余的守军置于毁灭性侧射火力下。不过，待德军的轰炸和炮击将城市及工厂区夷为平地，一座座瓦砾山将为抵御德军步兵的红军士兵提供出色的隐蔽。

为抗击德国人在地形方面占据的优势，第62、第64集团军组织起特别炮兵群和迫击炮群提供火力支援，每个群辖2—4个炮兵或迫击炮兵团。第62集团军随后将其炮兵群划分为北部、南部子群。为加强靠前部署的两个集团军，9月11日起，叶廖缅科还在伏尔加河东岸构设起防御工事，从东南方面军预备队抽调坦克第2军加以据守。9月14日，克拉夫钦科改任斯大林格勒方面军坦克第4军军长，哈辛将军接替他指挥坦克第2军，该军将坦克第135、第137、第155、第99旅部署为第一梯队，坦克第254和第169旅担任第二梯队。坦克第254旅据守雷巴奇（Rybachii）及其后方阵地，坦克第169旅部署在别克托夫卡东面，伏尔加河上的萨尔平斯基岛（Sarpinskii）。[15]

魏克斯发起突击前夕，与第62集团军各兵团一样，舒米洛夫第64集团军的实力严重受损。例如，9月10日日终时，该集团军报告，其作战兵团的兵力仅为23078人（参见图表14）。

图表14：1942年9月10日，第64集团军各作战兵团的兵力

步兵第29师——1856人
近卫步兵第36师——7149人
步兵第38师——3435人
步兵第121师——2036人
步兵第138师——2123人
步兵第157师——1996人
海军步兵第66旅——1134人
海军步兵第154旅——876人
克拉斯诺达尔步兵学校学员团——1043人
第118筑垒地域——1430人
总计——23078人

※ 资料来源：日林，《斯大林格勒战役》，第549页。

这就意味着斯大林格勒战役除了是一场城市争夺战，也是苏德双方在兵力方面的较量。这场角逐将决定哪一方可以调集必要的预备力量攻占市区（德军）或守住城市（苏军）。东南方面军9月14日晚开始了这场竞赛，将新锐近卫步兵第13师调过伏尔加河；东南方面军继续向城内增派援兵时，保卢斯在9月19日—20日做出应对，从顿河防线东调第100猎兵师，并于9月25日和26日将该师投入市区的战斗。但9月12日时，双方仍胜负未定。

斯大林格勒城及其北部工厂区接下来的争夺战将围绕两条主要战线（市区和城市北面、西北面的陆桥）分为三个不同阶段展开（参见地图15）。第一阶段是从9月13日至26日，包括保卢斯和霍特对城市中部和南部的联合突击，以及斯大林格勒方面军在城市西北方科特卢班地域发起的第三次①大规模反突击。第一阶段期间，为统一指挥斯大林格勒地域的德军，保卢斯第6集团军接掌了第4装甲集团军辖下的第48装甲军。第二阶段是从9月27日至10月13日，在此期间，保卢斯的部队攻占了斯大林格勒工厂区以西的工人新村，包括拖拉机厂、"街垒"厂和"红十月"厂的居民区，并将第62集团军据守奥尔洛夫卡突出部的残部肃清。证明战斗异常艰巨的是，这一阶段需要两个独立的子阶段来完成。第三阶段，也是最后一个阶段，从10月14日持续至11月18日，第6集团军全力夺取工厂区，自拖拉机厂争夺战始，以"街垒"厂和"红十月"厂的激战终。与此同时，保卢斯竭力消灭第62集团军位于城市北面雷诺克和斯巴达诺夫卡周围的飞地。

这些作战阶段期间，B集团军群左翼的顿河防线也发生了一些较小的战斗，苏军在那里发起新的进攻；斯大林格勒南部也不平静，第4装甲集团军不断试图消灭第64集团军守卫的别克托夫卡登陆场。

德军的初步突击，9月13日—18日

崔可夫刚刚接掌第62集团军，魏克斯便于9月13日6点30分发起了他期待已久的攻城战，德军最初的打击落向城市中部和南部（参见地图16）。根据以

---

① 译注：第二次。

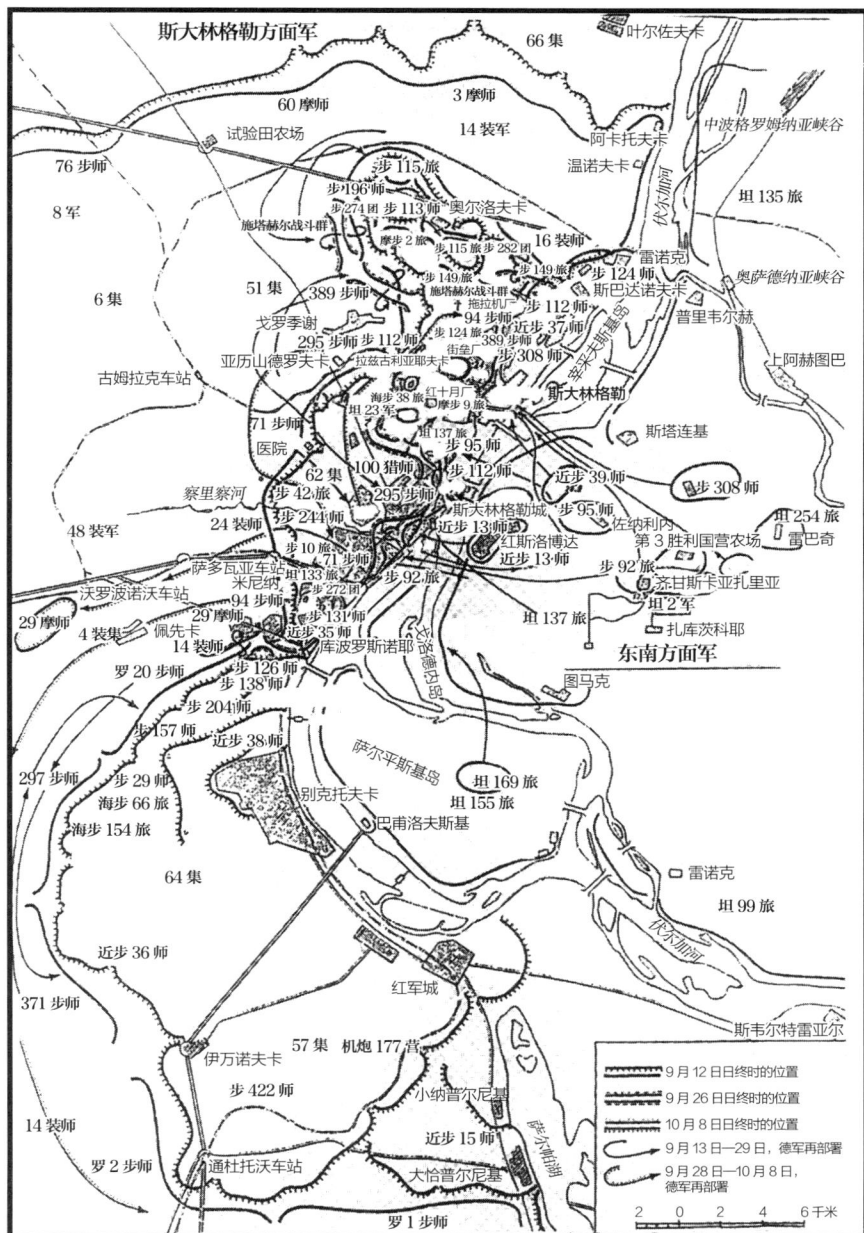

斯大林格勒方面军

66集

叶尔佐夫卡

60 摩师

3 摩师

14 装军

中波格罗姆纳亚峡谷

试验田农场

阿卡托夫卡

温诺夫卡

76 步师

8 军

步 115 旅

坦 135 旅

步196师

步274团 步113师 奥尔洛夫卡

6 集

51 集

施塔赫尔战斗群

摩步 2 旅

步 115 旅 步 282 团

16 装师

雷诺克

奥萨德纳亚峡谷

步 149 师

步 124 师

普里韦尔赫

步 149 师

389 步师

施塔赫尔战斗群

拖拉机厂

94 步师 近步 37 师

步 112 师

斯巴达诺夫卡

上阿赫图巴

戈罗季谢

295 步师 步112师

街垒厂

步 124 师

步 389 师

步 308 师

古姆拉克车站

亚历山德罗夫卡

拉兹古利亚耶夫卡

红十月厂

海步 38 旅

摩步 9 师

斯大林格勒

71 步师

医院

坦 23 军

斯塔连基

步 137 师

步 95 师

62 集

100 猎师

步 112 师

近步 39 师

步 308 师

蔡里察河

步 42 旅

295 师

斯大林格勒城

步 95 师

坦 254 旅

48 装军

24 装师

步 244 旅

近步 13 师

佐纳利内

第 3 胜利国营农场

雷巴奇

步 10 旅 71 师

红斯洛博达

近步 13 师

步 92 师

萨多瓦亚车站

步133团

坦 2 军

沃罗波诺沃车站

米尼纳

步 272 团

步 92 师

兹甘斯卡亚里亚

29 摩师

94 步师

步 131 师

坦 137 旅

扎库茨科耶

4 装集

佩先卡

29 摩师

东南方面军

罗 20 步师

14 装师

步 35 师

库波罗斯诺耶

图马克

步 126 师

步 138 师

步 204 师

步 157 师

萨尔平斯基岛

步 38 师

坦 169 旅

坦 155 旅

雷诺克

297 步师

步 29 师

别克托夫卡

海步 66 旅

巴甫洛夫斯基

坦 99 旅

海步 154 旅

64 集

近步 36 师

红军城

371 步师

斯韦尔特雷亚尔

伊万诺夫卡

57 集 机炮 177 营

9 月 12 日日终时的位置

步 422 师

小纳普尔尼基

9 月 26 日日终时的位置

10 月 8 日日终时的位置

14 装师

近步 15 师

9 月 13 日—29 日，德军再部署

罗 2 步师

通杜托沃车站

大恰普尔尼基

9 月 28 日—10 月 8 日，德军再部署

2　0　2　4　6千米

罗 1 步师

地图 15　1942 年 9 月 13 日—10 月 8 日，沿斯大林格勒方向展开的行动

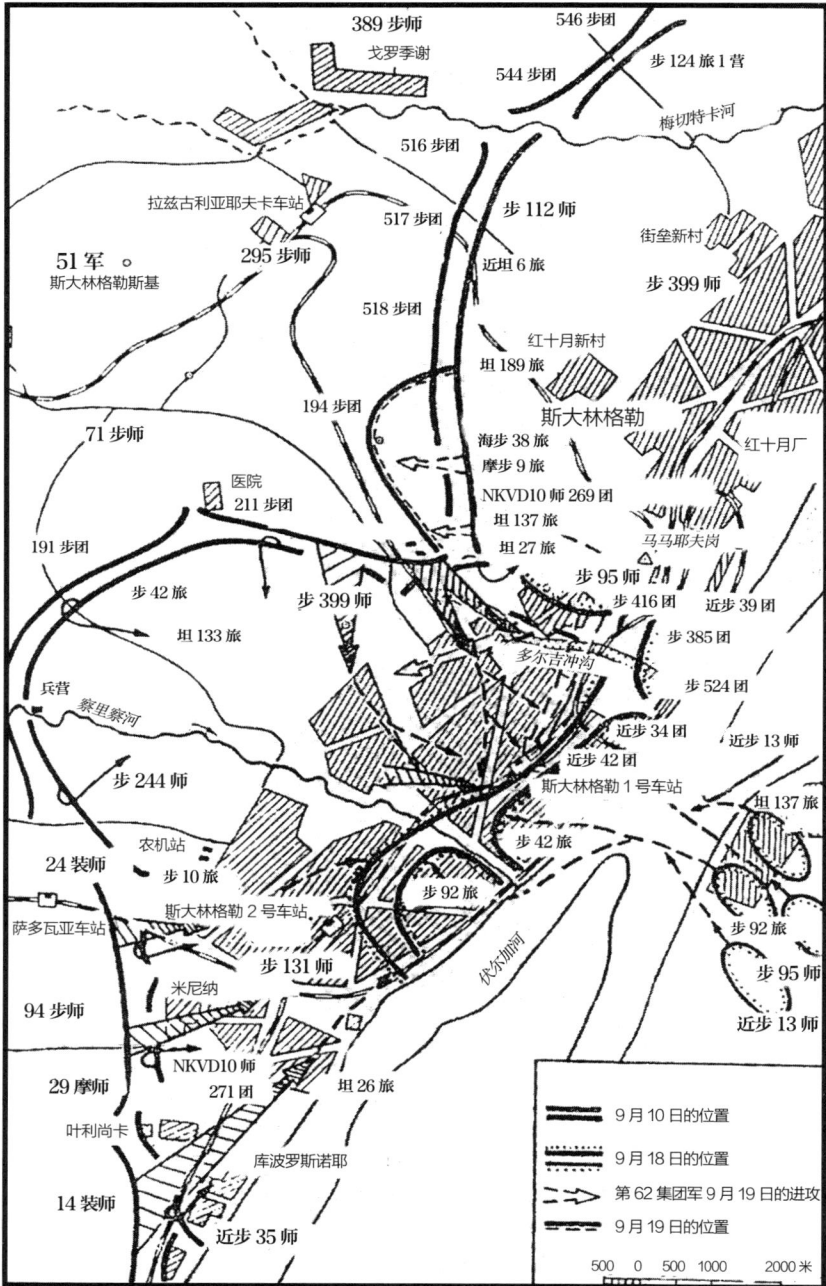

地图 16 1942 年 9 月 10 日—18 日，德军攻入斯大林格勒

往的经验,崔可夫已制定出新的战术理念,以击败德国的战争机器,但至少在最初阶段,他不得不加强防御,抗击德军对斯大林格勒城的第一轮猛攻。

德军突击力量的核心是赛德利茨的第51军和肯普夫的第48装甲军。第51军编有"施塔赫尔"战斗群和第389、第295、第71步兵师,集结在从奥尔洛夫卡西面南延至察里察河北岸的出发阵地上,他们将向东突击,奔向俯瞰斯大林格勒工人新村、马马耶夫岗和市中心的高地。推进期间,"施塔赫尔"战斗群将遏制奥尔洛夫卡突出部西侧的苏军,而耶内克第389步兵师将从戈罗季谢地域向东推进,对奥尔洛夫卡突出部的底部发起打击。赛德利茨右翼的两个步兵师,武特曼第295步兵师和哈特曼第71步兵师,力求在从拉兹古利亚耶夫卡车站东面南延至察里察河的这片地域向东推进,与肯普夫左翼的第24装甲师和第94步兵师密切配合,经"红十月"新村、马马耶夫岗和市中心前方的高地攻入斯大林格勒城。[16]因此,赛德利茨军将攻向崔可夫第62集团军的中央防区,以"施塔赫尔"战斗群和第389步兵师打击对方的摩托化步兵第2旅、步兵第115旅第4营、步兵第149旅第1营、步兵第124旅第1营和步兵第399师(预备队);以第295步兵师攻击苏军坦克第23军的近卫坦克第6旅、坦克第189旅、摩托化步兵第38旅、步兵第112师和坦克第27旅(预备队);以第71步兵师打击苏军步兵第42旅、坦克第6旅和步兵第244师位于察里察河北面的1个团。

与此同时,肯普夫第48装甲军辖下的第24装甲师、第94步兵师和第29摩步师集结在从察里察河南岸南延至库波罗斯诺耶西郊的这片地域,他们将沿铁路线向东、东北方突击,穿过米尼纳、叶利尚卡和库波罗斯诺耶郊区,粉碎崔可夫集团军的左(南)翼,夺取斯大林格勒城南半部。肯普夫的左翼,伦斯基第24装甲师和普法伊费尔第94步兵师,将与左侧第51军辖下的2个步兵师密切配合,从萨多瓦亚车站和米尼纳以西地域发起冲击。他们的目标是夺取斯大林格勒南部前方的高地和米尼纳郊区,沿铁路线及其南部地域和叶利尚卡河攻击前进,渗透至2号车站。肯普夫的右翼,弗雷梅赖第29摩步师,将在海姆第14装甲师一部的支援下,肃清叶利尚卡和库波罗斯诺耶郊区的苏军。肯普夫的装甲军将以这种布势对崔可夫的左翼发起突击,第24装甲师对付苏军步兵第244师的2个团、步兵第10旅和坦克第6旅的一部;第94步兵师打击苏军坦克第133旅和NKVD步兵第271团;第29摩步师进攻苏军近卫步兵第35师和步兵第131师

（预备队）。因此，德军这两个突击群的最终目标是前出至伏尔加河，将第62集团军切为两段。

　　德军发起突击前夕，崔可夫仍忙着下达一道道命令，以加强他的防御。例如9月11日晚，他授权安德留先科上校指挥步兵第115、第124、第149旅以及摩托化步兵第2旅、步兵第196师混编团、步兵第724团这些混编力量，并命令他守卫奥尔洛夫卡周边地域。[17]

9月13日

　　发起突击前，德国人先展开猛烈的炮击和轰炸，在此期间，他们至少向市内投下了856颗燃烧弹，据称有300多名平民死于非命。[18]苏军则从伏尔加河东岸还以猛烈的炮火和接连不断的"喀秋莎"齐射。[19]可是，战役初期，双方都不清楚对方的确切位置，这种炮火支援并不准确，完全是朝可能的目标倾泻火力。德国空军的轰炸具有可怕的破坏性，但这种破坏散布在城市的广阔区域内。另外，德军轰炸机通常无法攻击行驶缓慢的渡轮，而这些渡轮构成了维持第62集团军继续战斗的重要补给线。德军炮兵发挥的效力也不大，经常受到苏军不时从河对岸以火炮和"喀秋莎"火箭炮发起的反击炮火的干扰。尽管如此，德军的炮击还是严重破坏了崔可夫的通信，这种通信主要依靠布设在地面上的战地电话线。当天下午，第62集团军新任司令员终于同他的上司叶廖缅科取得联系，他要求至少投入2个新锐师以维系战斗。虽然冒着炮火多次抢修电话线，但当日16点，集团军司令部仍然失去了与辖内大多数部队的联系。

　　猛烈的炮火，再加上地面上的殊死抵抗，致使德军在大多数地段只取得了几百米进展。可是，混乱和无序破坏了第62集团军的通信，使其无法有效监督战斗进程。东南方面军在对当日作战行动的总结报告中简单地指出："9月13日，我方各部队展开顽强的防御作战，抗击敌步兵和坦克。"[20]第62集团军阐述道：

　　第62集团军以顽强的防御作战抗击敌人获得40—50辆坦克支援的一个步兵师，9月13日一整天，敌人都在进攻亚历山德罗夫卡—126.3高地［"红十月"

新村以西2.5公里处〕地域。

9月13日14点30分前，敌人攻占了拉兹古利亚耶夫卡车站东南方1公里的村庄—126.3高地—126.3高地东南方1.5公里处的粮仓一线。个别敌步兵群楔入126.3高地东面2公里处的树林边缘和粮仓东面1公里处的树林边缘。10辆敌坦克前出至98.9高地以南2公里地域的铁路线，其中6辆被我方部队击毁，剩下的敌坦克退回。

敌人的一个步兵连沿戈罗季谢东郊的溪流向东进攻，被我方部队击退。

9月13日日终时，尚未收悉集团军各部队所处位置的报告。[21]

实际上，德军两个突击群9月13日取得的战果很有限（参见地图17）。夜幕降临前，面对安德留先科上校步兵第115、第124、第149旅的3个营在戈罗季谢以东建立的防御，耶内克第389步兵师在赛德利茨第51军左翼的推进停顿下来。但在南面，武特曼第295步兵师从苏军坦克第23军近卫坦克第6旅、坦克第189旅、摩托化步兵第38旅手中夺取了126.3高地，并从苏军步兵第112师手中夺取了153.7高地和医院以东地域。这些苏军不得不向东退往维什涅瓦亚峡谷上方的高地和"街垒"、"红十月"厂工人新村的西接近地。在这场战斗中，坦克第189旅和为其提供支援的坦克第27旅损失了19辆坦克，包括10辆T-34、9辆T-60和T-70，130人阵亡或负伤；近卫坦克第6旅的15辆T-34损失了13辆，伤亡120人。不过，该坦克军声称在激战中毙伤1260名德军士兵，击毁敌人41辆坦克或突击炮、20辆汽车、26门反坦克炮、34门迫击炮和8挺机枪。[22]叶尔莫尔金步兵第112师的3个团也损失惨重。武特曼右翼的第518步兵团在铁路线以北展开行动，夜幕降临前推进了1.5公里，向东赶往98.9高地和马马耶夫岗。

第295步兵师右侧，哈特曼第71步兵师辖下的第194、第211、第191团齐头并进，对巴特拉科夫步兵第42旅、坦克第6旅和阿法纳西耶夫步兵第244师1个团的防御发起冲击，迫使对方向东退往市中心西北方的高地，向南退往察里察河。夜幕降临前，德军第194团攻占了阿维亚戈罗多克（Aviagorodok），并沿铁路线推进了2公里，前出至112.5高地和市中心前方高地的接近地，而第211和第191团将苏军逼退至察里察河北面向西伸出的一个突出部内。哈特曼右

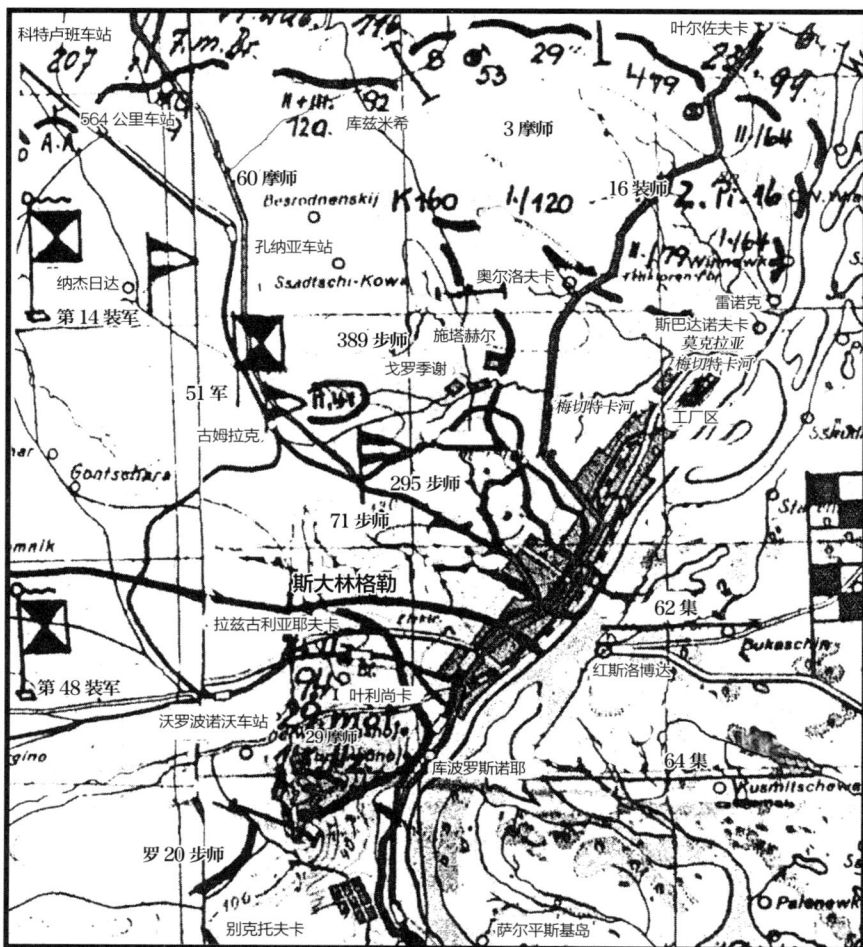

地图 17 1942 年 9 月 13 日—14 日，第 6 集团军的态势

侧，肯普夫第48装甲军辖下的第24装甲师（现在由伦斯基指挥）和普法伊费尔第94步兵师在察里察河南面取得的进展更加微弱。2个德军师面对的是苏军步兵第244师的2个团、步兵第10旅和提供支援的坦克第133旅。日终前，伦斯基的装甲掷弹兵攻占了萨多瓦亚车站和东面2公里处的农机站；而普法伊费尔的步兵已将米尼纳郊区的西郊拿下。在此期间，第94步兵师右侧，弗雷梅赖的第

29摩步师已从杜比扬斯基近卫步兵第35师和NKVD步兵第10师第271团（这股苏军获得佩索钦步兵第131师一部的加强）手中夺取了米尼纳的西南部分。[23]

但是，肯普夫装甲军的进展非常缓慢：

8点55分，第24装甲师的O1［作战官］罗特上尉向军部报告，北翼已前进了100米左右。但10点17分，他不得不向军部汇报，右翼被压制在了敌暗堡构成的防线的前方。他们一直停在那里，情况和前锋线均未发生变化。第24装甲师沿铁路线与右侧的友邻师［第94步兵师］相连接。一如既往，敌人打得顽强、凶猛。猛烈的火炮、迫击炮火力和空中打击覆盖了（我）师的战区。除了局部阵地获得改善，当日的后续战斗没有取得显著战果。友邻师向斯大林格勒的突击取得了进展，但没能与第24装甲师保持平齐。[24]

最终，猛烈的轰炸迫使崔可夫将指挥所从马马耶夫岗迁至察里察河谷，占据了被称作"察里津地窟"的掩蔽壕，撤离城市前，这里曾是方面军指挥所。[25]崔可夫将集团军观察哨留在马马耶夫岗的最高处。

9月13日晚，叶廖缅科命令崔可夫和舒米洛夫发起反冲击，消灭突入之敌，尽管这两位集团军司令员手中的兵力并不足以实施这一行动。当晚22点30分，崔可夫向各部队下达命令，要求他们9月14日3点30分从拉兹古利亚耶夫卡车站以东以及从"红十月"工人新村西面南延至察里察河的这片区域发起反冲击（参见地图18）。这场反冲击力图消灭第51军第295和第71步兵师危险的渗透，这股德军犹如一柄匕首，直指马马耶夫岗和斯大林格勒市中心。崔可夫反冲击部队的右翼，布尔马科夫的摩托化步兵第38旅，在摩托化步兵第9旅的加强下，将从98.9高地西坡的树林向西进攻，冲向拉兹古利亚耶夫卡车站东南方的一座村庄。反冲击部队的中央，萨拉耶夫NKVD步兵第10师第272团集结在阿维亚戈罗多克东南地域，他们将从115.4高地冲向西北方，重新夺回126.3高地，然后再夺取144.3高地。第272团左侧，步兵第399师的混编团和坦克第6旅将在阿维亚戈罗多克南面集结，穿过村庄发起突击，夺取阿维亚戈罗多克西北方2公里处的153.7高地。另外，崔可夫还希望V. I. 萨莫达亚少校仍在伏尔加河东岸的步兵第92旅尽快渡河，加强向阿维亚戈罗多克和153.7高地的突击。[26]

为支援这场反冲击，崔可夫给3个突击集群配备了3个反坦克炮兵团、3个最高统帅部预备队炮兵团和3个隶属于方面军南部炮兵群的"喀秋莎"团，斯大林格勒军级防空地域的高射炮和坦克第2军的炮兵从伏尔加河东岸提供炮火

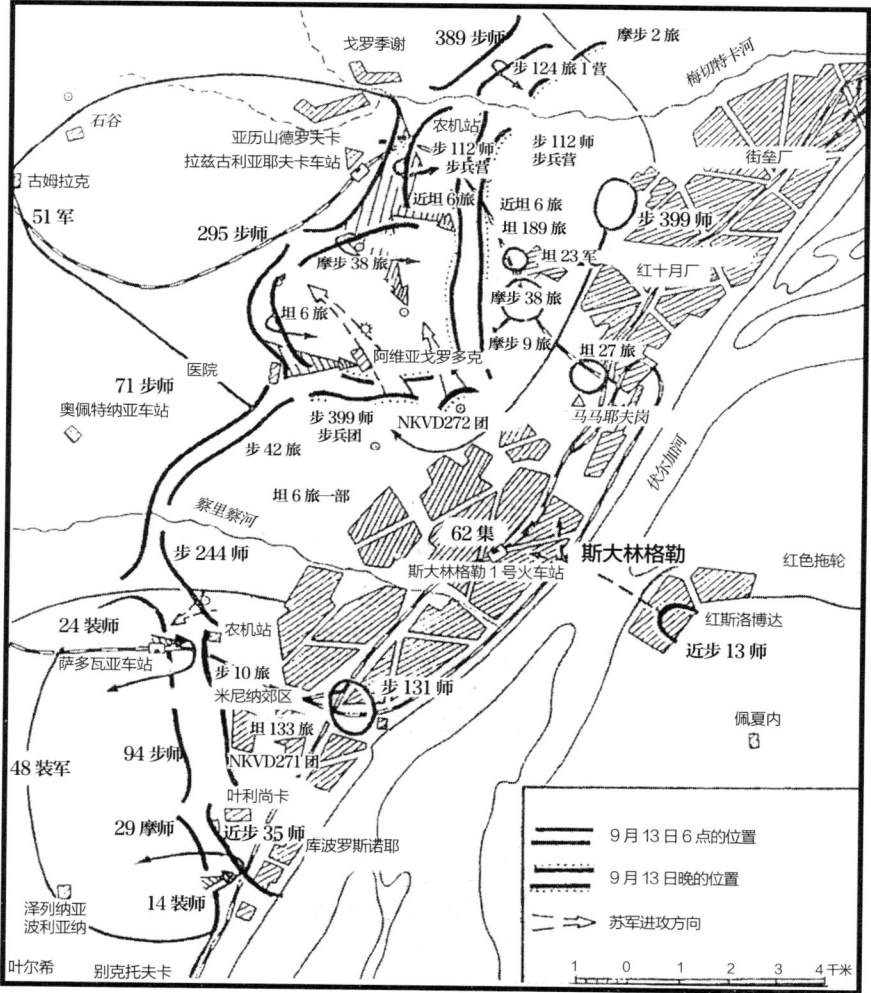

地图 18 1942 年 9 月 13 日—14 日，第 62 集团军的反突击

支援。可是，3个突击集群次日清晨3点30分发起反冲击时，这场进攻被证明毫无意义，因为他们一头撞上魏克斯推进中的突击部队，并遭到了德国空军大批战机的打击。叶廖缅科没有将萨莫达亚的海军步兵第92旅①交给崔可夫，按照约定，该旅本应及时支援这场反冲击。

9月14日

一开始，崔可夫大胆的反冲击行动打乱了第51军第295、第71步兵师的前进步伐。可是，太阳升起后，60架"斯图卡"组成的多个机群发起猛烈打击，再加上德军精准的炮火，致使苏军的反冲击戛然而止。此后的情况正如第62集团军报告的那样：

15点，敌人的1个步兵营从北面攻向奥尔洛夫卡，步兵第115旅、摩托化步兵第2旅、步兵第196师步兵第724团和混编团已将该营歼灭。

坦克第23军——该军作战部队6点30分遭到敌俯冲轰炸机的猛烈攻击。7点起，（敌人的）1个步兵师和40—50辆坦克朝医院和"红十月"新村这一总方向发起进攻。15点30分，敌人将我方部队逼退，并前出至以下一线：（"红十月"新村西面）树林以西的铁路线（含）、126.2高地东坡、（医院东面的）无名村。

由于通信中断，日终前尚无法确定该军各部队所处的具体位置。战斗中烧毁16辆敌坦克。

步兵第42旅——继续坚守原先的阵地，同时从右侧对自身进行掩护。

步兵第244师、步兵第10旅、NKVD步兵第271团和近卫步兵第35师继续坚守已占领的阵地至14点。敌人14点向库波罗斯诺耶发起的进攻被击退。与各部队的有线通信中断，尚未收悉情况发生变化的报告。[27]

在一个装甲营的率领下，哈特曼第71步兵师第194、第211团的步兵从赛德利茨第51军的左翼发起进攻，在医院以东一举突破巴特拉科夫步兵第42旅右翼

---

① 译注：该旅的番号是步兵第92旅，但该旅主要由波罗的海舰队和北海舰队的水兵组成，称之为海军步兵旅似乎也不为过。

的防御，向东南方疾进，夺取112.5高地。第71步兵师右翼的第191团粉碎了巴特拉科夫左翼的防御，迫使该旅和阿法纳西耶夫步兵第244师位于察里察河北面的一个团向东退入城市或向南退往河谷。据第6集团军的每日报告称，第194团的先遣队冲下市中心西面的高地，突入市区街道，中午时到达斯大林格勒中央火车站（1号车站）（参见地图16）。崔可夫的说法证实了这一报告："敌冲锋枪手组成的个别群体从112.5高地附近沿峡谷穿行，14点前渗透进市区，16点30分到达火车站。与敌冲锋枪手的战斗正在市内进行。"[28]德军第71步兵师的大胆推进令崔可夫猝不及防，迫使他调集起所能找到的一切部队——主要是担任预备队的坦克第6旅的一部——将他们投入市中心的战斗。

就连霍普科坦克第6旅的坦克也无法遏止德军的突击，此时，前进中的德军距离崔可夫的指挥所已不到800米。双方展开殊死搏斗，每座房屋都成为长时间激战的地点，在这场战斗中，坦克第6旅声称击毁6辆敌坦克。[29]NKVD第10师的部队、第62集团军司令部警卫部队和当地民兵单位也加入到坦克第6旅守卫市中心的战斗中。9月14日，1号车站、政府和党组织所在的建筑以及毗邻的红场至少易手了五次，接下来的几天，这些地点一直是双方争夺的焦点，崔可夫投入近卫步兵第13师予以增援。在这场混乱的战斗中，德军第71步兵师第194团的小股部队大胆渗透至苏军前沿阵地后方，破坏通信、阻挡对方的援兵，甚至一度到达了伏尔加河。[30]

9月14日下午，崔可夫的参谋长克雷洛夫将军以司令部人员组织起两个小股战斗群，第一个战斗群获得6辆KV坦克的加强，这些坦克来自第62集团军最后的预备队——斯库巴上校的近卫坦克第6旅，第二个战斗群得到该旅3辆KV坦克的增援。这些临时拼凑起来的部队拖缓了德军第71步兵师第194团的前进步伐，德国人正从1号车站向东冲往伏尔加河中央渡口。下午晚些时候，德国人实际上已到达河岸，并以反坦克炮击沉了2艘正在渡河的宝贵渡轮。[31]9月14日唯一令崔可夫稍感宽心的是，杜比扬斯基的近卫步兵第35师拖缓了德军第29摩步师在米尼纳各条街道的推进，从而阻止了德军突击大潮席卷城市的整个南部区域。

当晚，态势变得更加清晰，红军总参谋部在每日战事概要中阐述了9月14日第62集团军防区内的激战：

敌人的1个步兵师在坦克的支援下，从阿维亚戈罗多克至斯大林格勒北部一线发起进攻，第62集团军与其展开激战。

步兵第124、第149旅和（NKVD）步兵第282团守卫着原先的防线。

步兵第399师、（NKVD）步兵第272团和坦克第6旅遭受的损失高达70%—80%，在敌人的重压下向东退却。

近卫坦克第6旅（没有坦克）9月14日18点在火车站附近［1号车站］与敌冲锋枪手组成的一些战斗群展开激战。

步兵第112师、步兵第124旅的1个营、10辆坦克（KV）和坦克第133旅［克雷洛夫组织的战斗群］已投入敌突破地域。

近卫步兵第13师9月14日20点开始渡过伏尔加河，赶至西岸。

我方部队［近卫步兵第35师］已将敌人对库波罗斯诺耶发起的进攻击退。[32]

当晚，OKW（德国国防军统帅部）得意扬扬地宣布："在斯大林格勒的战斗中，尽管敌人激烈抵抗，但我地面部队的突击单位在炮兵强有力的支援下一举突破敌军阵地，攻占了市中心西北方的高地。敌人发起的反击被击溃，损失了29辆坦克。"[33]稍晚些时候，B集团军群报告：

斯大林格勒要塞之战的特点是敌人的抵抗极为顽强、激烈。在铁路线以南发起进攻的第94步兵师杀入南郊，击退了从伏尔加河方向而来的敌人。路北，我们的一个装甲师［第24装甲师］突破至伏尔加河西岸的给水站。给水站北面，我们的另一个师［第71步兵师］打垮了敌人的顽强抵抗，渗透进市区。该地域以北，敌人［克雷洛夫的战斗群］从伏尔加河与铁路线之间发起的进攻被［第71步兵师］击退，敌人损失惨重。[34]

值得注意的是，这份报告又补充道："敌人企图在卡赞斯卡亚（Kazanskaia）附近，［意大利］'帕苏比奥'师左翼渡过顿河，但没有取得成功。"[35]这一点表明，苏军最高统帅部越来越关注他们在斯大林格勒遥远西北方沿顿河集结的兵力。

不知是以何种方式，斯大林格勒市中心几近绝望的守军一直坚守到了9月

14日夜幕降临。但是，正如崔可夫对辖内各兵团的兵力所做出的评估那样，很明显，他们已无法继续实施抵抗，除非获得大批援兵。例如，他在9月14日晚的态势报告中记录下了他目前的兵力：步兵第115旅——4185人，摩托化步兵第2旅——666人，步兵第724团——223人，步兵第196师——548人，步兵第399师第1315团——36人。[36]当晚，崔可夫获得了第一股强有力的增援力量——近10000人的近卫步兵第13师，尽管这支新锐援兵中有1000多人没有步枪。[37]该师师长亚历山大·伊里奇·罗季姆采夫少将已于白天渡过伏尔加河，赶至集团军指挥所时，他浑身上下满是泥土，因为他在途中不得不多次卧倒，避开德国人投下的炸弹。罗季姆采夫的参战热情很高，但他不得不耗费一整晚时间——不仅要将全师渡过伏尔加河，还要搞到足够的步枪和弹药装备他的部下。

罗季姆采夫1905年出生于奥伦堡州，这位有着15年军旅生涯的红军老兵在20和30年代担任过从排长到骑兵团团长的各种职务，西班牙内战期间，他作为一名志愿者跟随西班牙共和军转战各处。在那里，罗季姆采夫少校获得了"苏联英雄"称号。1939年，他从伏龙芝军事学院毕业。苏德战争爆发时，他已是一名上校，1941年6—11月指挥西南方面军辖下的空降兵第5旅，在此期间，他率领该旅逃出了灾难性的基辅包围圈。1941年11月，空降兵第5旅的上级机构空降兵第3军改编为步兵第87师，罗季姆采夫担任该师的第一任师长。1941—1942年冬季战役期间，步兵第87师在第40集团军辖下的表现可圈可点，1942年1月，NKO授予该师"近卫步兵第13师"荣誉番号，四个月后，罗季姆采夫晋升为少将。在西南方面军第28集团军辖下，罗季姆采夫的近卫师参加了7月份顿巴斯地域的激战，他的师几乎全军覆没（参见第一卷第五、第六章）。7月底，西南方面军将该师残部撤至顿河以东地域，8月份，该师获得重建，但没等重建完成，9月初便被匆匆派往斯大林格勒地域。[38]

罗季姆采夫的步兵师渡河之时，师属炮兵在河东岸提供炮火支援，该师辖下近卫步兵第39和第42团的6000名士兵在S. S. 多尔戈夫和I. P. 叶林少校的率领下负责肃清市中心的德军，特别是被称为"专家楼"的建筑和1号车站。与此同时，D. I. 帕尼欣少校的近卫步兵第34团应占据马马耶夫岗的阵地，师属教导营和勤务连担任罗季姆采夫的预备队。[39]可是，缓慢而又艰难的渡河行动使叶林的近卫步兵第42团无法在当晚渡过伏尔加河，这就意味着该师辖下的各步兵营将在9月15日零星投入战斗。在此期间，帕尼欣步兵团的部队必须加强马马耶夫岗的防御。

虽然罗季姆采夫的近卫军士兵们及时赶到，但与辖下大多数兵团失去联系的崔可夫无法预见到他的集团军即将在次日遭遇到一场灾难——魏克斯打算发起一场迅猛的突击，攻入斯大林格勒南部的中心地带。在9月15日拂晓发起的突击中，魏克斯计划以赛德利茨第51军攻向"红十月"新村西面的高地，并从察里察河北面向东冲往马马耶夫岗，以肯普夫第48装甲军从察里察河南面向东冲往市区南部的中心地带和米尼纳、库波罗斯诺耶郊区（参见地图19）。

在这些大胆的行动中，第24装甲师打算以一个强有力的战斗群直接攻入斯大林格勒南部市区，如果获得成功，他们便能与赛德利茨的先遣部队会合，很可能包围崔可夫设在"察里津地窟"的新指挥所：

> 军部极为重视的事实是，第24装甲师将于次日以一个强有力的战斗群发起进攻，冲向察里察河谷南面的火车站。12点20分，友邻第51军辖下的第71步兵师到达斯大林格勒中央火车站。12点33分，集团军司令部的范格尔上校打电话给弗里贝上校："应与左侧的友邻部队建立联系。第24装甲师何时以'埃德尔斯海姆'战斗群发起突击？"……
>
> 16点45分，冯·门格斯少校打电话给军部的弗里贝上校，向他汇报以"埃德尔斯海姆"战斗群发起进攻的计划。作为突击群，一个营正在抓紧准备，主要目标是南部的火车站。[40]

待第24装甲师的部队进入位于叶利尚卡河以北高地和萨多瓦亚车站以东的前沿阵地后，肯普夫给伦斯基师下达了当日的任务：

> 第24装甲师应于9月15日3点30分发起冲击，将兵力集中在一处，以一场突袭攻破敌人的防御阵地。以一个战斗群展开坚决的推进，穿过车站以西的市区，并夺取该火车站。迅速达成的渗透会使敌人无法像过去那样设立起新防御。成功突破后应消灭敌人并肃清突破地域。[41]

146

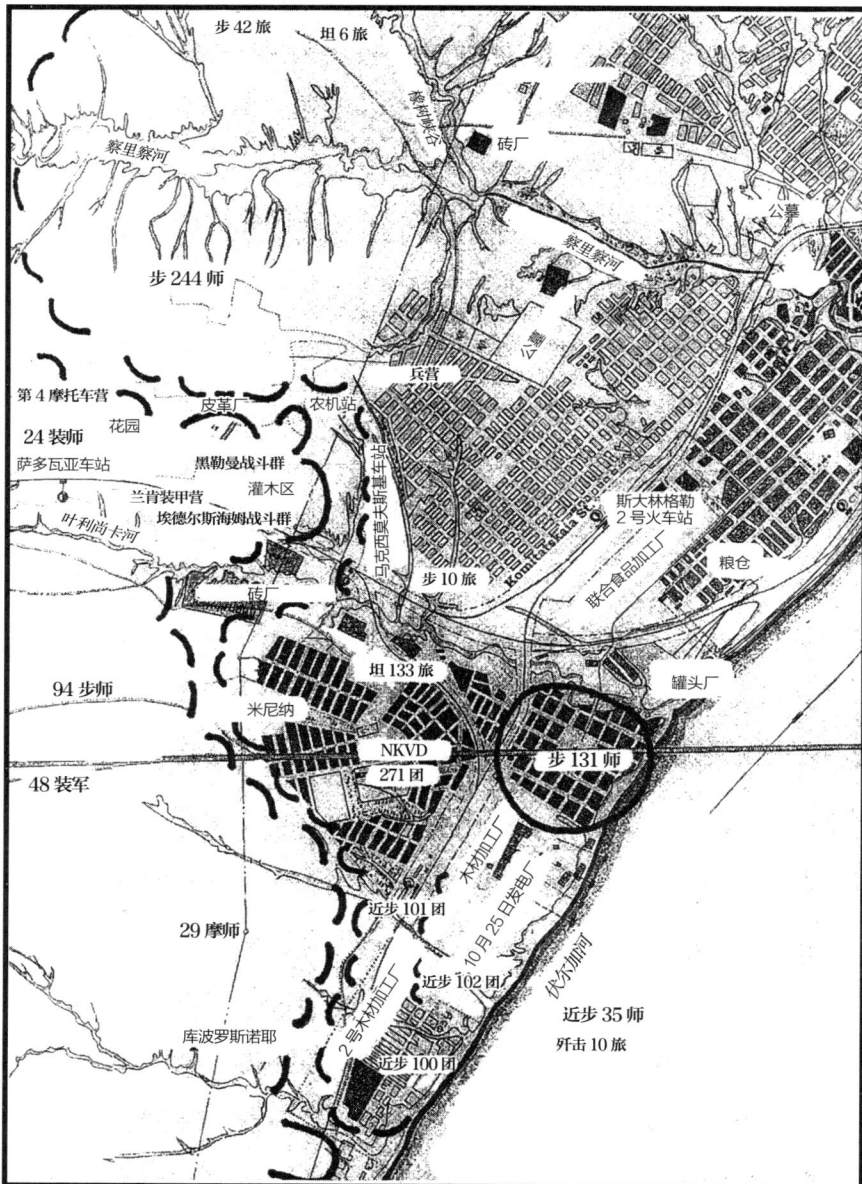

地图 19 1942 年 9 月 14 日晚，第 48 装甲军的态势

当晚20点，伦斯基的作战官下达了第20号师部令，批准次日拂晓前以2个战斗群继续进攻斯大林格勒。获得重武器大力加强的"埃德尔斯海姆"战斗群将沿叶利尚卡河北面的铁路线向东突击，一旦到达主铁路线与另一条通往伏尔加河的支线的连接点，便转身向北，沿主铁路线和委员会（Komitetskaia）大街推进，夺取2号车站。"黑勒曼"战斗群在东面和北面掩护埃德尔斯海姆的侧翼。两个战斗群的编成如下：

- "埃德尔斯海姆"战斗群
  - 第26装甲掷弹兵团
  - 第21装甲掷弹兵团第1营
  - 第4摩托车营（欠第1连）
  - 第40装甲工兵营第1、第3连
  - 第40装甲工兵营所有的喷火器兵
  - 第89装甲炮兵团（欠第4连）
  - 第670装甲歼击营营部及部分部队（配有5门76.2毫米口径自行火炮）
  - 第40装甲歼击营第2连（欠1个排）
  - "兰肯"装甲营的10辆坦克
- "黑勒曼"战斗群
  - 第21装甲掷弹兵团（欠第1营）
  - 第635工兵营
  - 第89装甲炮兵团第4连
  - 第670装甲歼击营一部
  - 第40装甲歼击营第2连的1个排

"埃德尔斯海姆"战斗群的计划是以2个步兵营突破城市西部的敌防线，尽快攻入火车站，并将其拿下。[42]

9月15日

9月15日拂晓，伴随着一场被崔可夫描述为"狂轰滥炸"的空袭，魏克斯的突击部队恢复了进攻。[43]赛德利茨第51军左翼，武特曼第295步兵师辖下的第516、第517团从戈罗季谢和126.3高地以东地域向东突击，冲向"红十月"新村前方高地，对霍普科的近卫坦克第6旅[①]、布尔马科夫的摩托化步兵第38旅和为其提供支援的摩托化步兵第9旅的残部发起打击（参见地图20）。与此同时，位于右翼的第518步兵团冲向东南方的马马耶夫岗，打击NKVD步兵第10师第269团和为其提供支援的波波夫坦克第27旅。再往南，哈特曼第71步兵师辖下的第194团继续在1号车站附近战斗，而师里的第211、第191团也在第51军左翼[②]沿察里察河北岸向东推进。抗击哈特曼第71步兵师的是巴特拉科夫步兵第42旅的残部、阿法纳西耶夫步兵第244师位于北岸的1个团和罗季姆采夫近卫步兵第13师已赶到的先遣部队，双方在市区的一个个街区和一座座建筑内展开厮杀。

第51军右侧，第48装甲军辖下的第24装甲师和第94步兵师向东突击，前者从察里察河南面冲向斯大林格勒南部的农机站和2号车站，后者从叶利尚卡河南面穿过斯大林格勒南部的米尼纳郊区。他们对苏军步兵第244师位于南岸的2个团、步兵第10旅和提供支援的坦克第6旅发起打击。

德军当日最引人注目的推进当属伦斯基第24装甲师的突击，该师3点30分发起冲击，一举攻入了斯大林格勒城南部的中心地带（参见地图21）。在"黑勒曼"战斗群一部的增援下，"埃德尔斯海姆"战斗群沿铁路线及其北部地域向正东方突击，进入斯大林格勒城南部；"黑勒曼"战斗群的其他部队负责在毗邻"埃德尔斯海姆"战斗群左翼的工厂和街区肃清被绕过的苏军，这些苏军大多来自步兵第42旅和步兵第244师。第24装甲师左翼，第4摩托车营向东进击，攻向城市南部西面高地上的兵营，苏军步兵第42旅的一个营据守在那里。第24装甲师右侧，普法伊费尔的第94步兵师从叶利尚卡河南面向东、东北方推进，肃清斯大林格勒南部米尼纳、叶利尚卡郊区的苏军，并掩护伦斯基攻入市区的装甲部队的右翼。

① 译注：近卫坦克第6旅旅长是斯库巴上校。
② 译注：应为右翼。

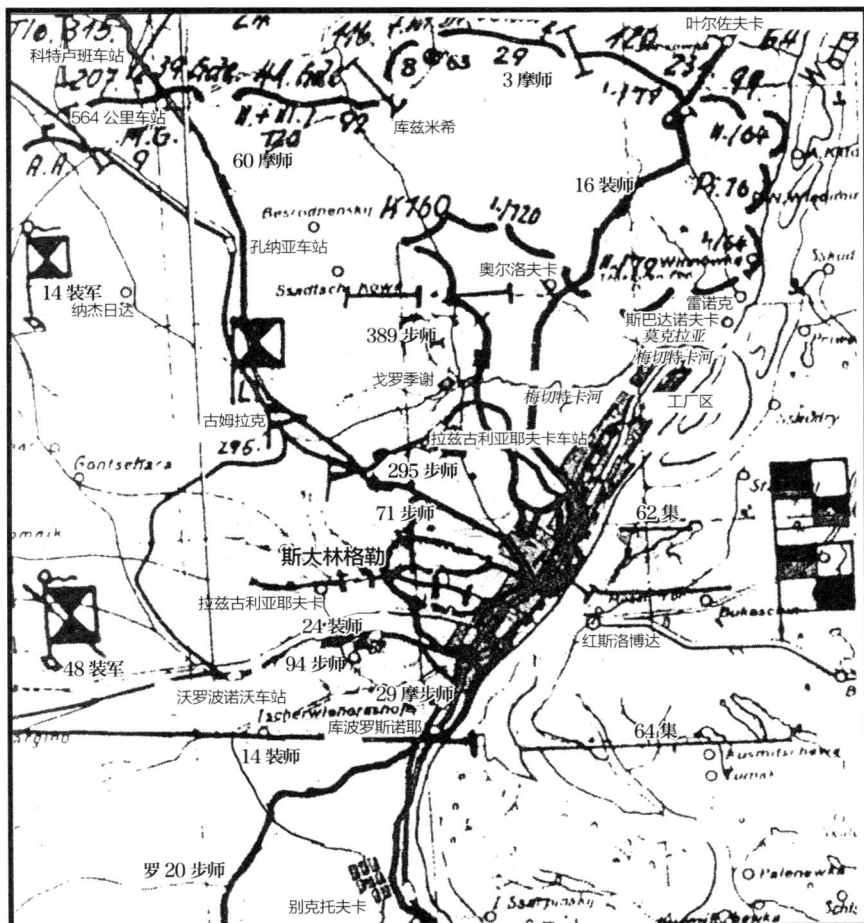

地图20 1942年9月15日—16日，第6集团军的态势

　　"埃德尔斯海姆"战斗群迅速向前推进，经过"复杂地形条件下长时间的顽强作战"，沿铁路线及其北部地带夺取了一片狭窄的区域，上午10点左右，又将伏尔加河西面约2公里处的铁路枢纽拿下。[44]在那里，苏军强有力的抵抗暂时遏止了德军的前进，"英勇的苏军步兵在铁轨两侧的散兵坑里实施顽强防御"，尽管"面对被坦克碾碎或炸死的前景，他们中的大多数人举手投降了"。[45]

　　待"埃德尔斯海姆"战斗群与右侧的第94步兵师建立起紧密的联系，并

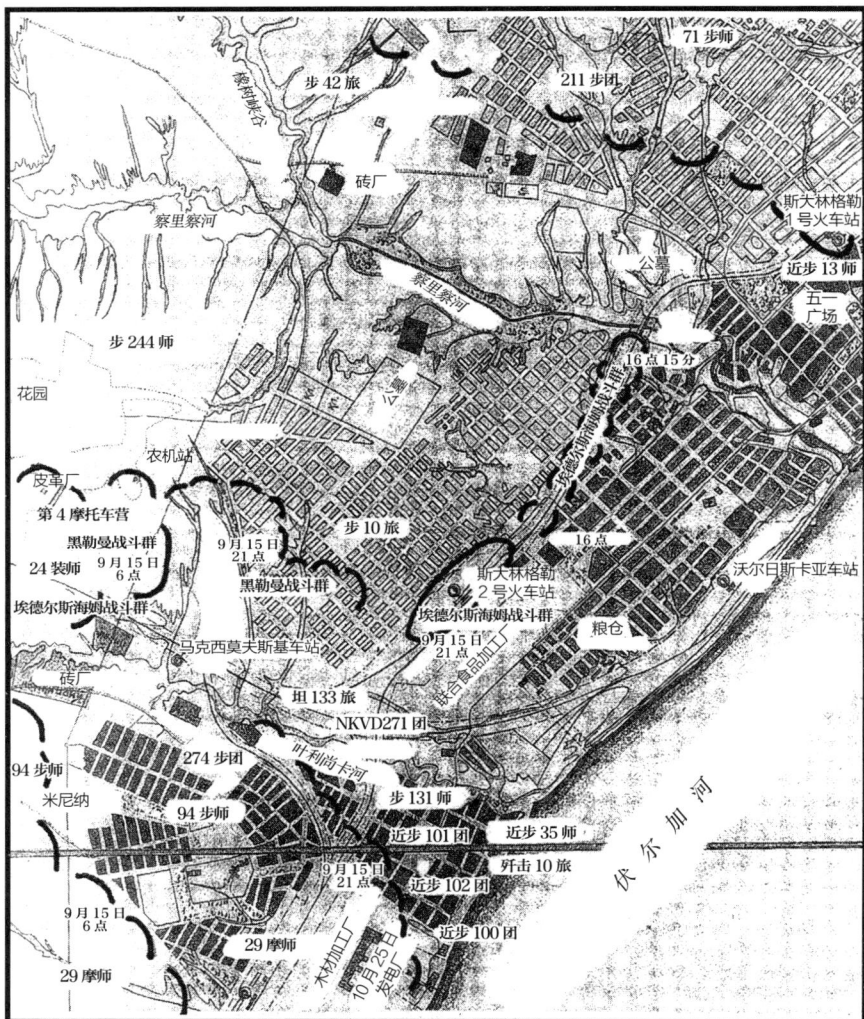

地图 21　1942 年 9 月 15 日，第 48 装甲军的推进

确保他们和普法伊费尔的炮兵压制了敌人从叶利尚卡河南岸射向其侧翼的火力
后，埃德尔斯海姆左转90度，沿委员会大街和南北向主铁路线穿过城市密集的
街区向北而去。"各掷弹兵和步兵班沿前进路线穿过一座座仓库、棚屋和建筑
物，掩护着装甲部队的两翼并搜寻着敌人"，他们又前进了2公里。上午10点

左右，埃德尔斯海姆的坦克和装甲掷弹兵们到达2号车站以西地域。在此过程中，苏军猛烈的侧射火力、作战"顽强"的苏军小股步兵以及"不得不以艰巨的白刃战和近距离作战单独肃清的每条街道"拖缓了他们的前进步伐。推进中的德军士兵对"始终处于俯视状态、充满威胁意味、坚固的灰色粮仓［这是该地域的主要地标，位于德国人南面不到300米处］"深感惊讶，不明白"俄国人为何不据守这座坚不可摧的据点"。[46]

德军暂时停止前进，投入支援火炮和"斯图卡"战机，沿计划中的前进路线削弱苏军防御，经过短暂战斗，"埃德尔斯海姆"战斗群主力16点攻占了火车站。这场突击非常漂亮，唯一的意外是第24装甲师遭到友军火力的误击：

"斯图卡"战机被召来，对（我）师前方的敌军防御和其他障碍物发起打击。掷弹兵们蹲在狭窄的冲沟、溪谷中或灌木丛后，兴奋地看着炸弹落向守军，令对方大吃苦头，但情况很快发生了糟糕的逆转："斯图卡"战机投下的炸弹悄然落向他们，在德军战线间炸开。狂乱的无线电电报迅速发出，要求立即停止轰炸，几分钟后，飞行员接到了误炸友军的消息，轰炸停止下来。[47]

这场不幸并未令埃德尔斯海姆气馁，他留下一支骨干力量守卫车站，战斗群主力继续向北前进，将一个个敌小股群体打散，大多数敌人正试图向东逃窜。16点15分，"埃德尔斯海姆"战斗群到达察里察河谷南岸。埃德尔斯海姆将他的战斗群向西调动，肃清左后方兵营周围制高点上的敌人时，18点30分，兴高采烈的伦斯基向肯普夫的军部报告："敌人的前线发生后撤，被突破后已没有连贯的防御。从南面射来的侧翼火力不胜其烦。与第94步兵师的联系尚未彻底完成。未完全占领车站。敌人的一个连向东逃窜。察里察河没有敌人。我装甲部队从察里察河向西推进。详细报告随后附上。"[48]之前的18点10分，OKH已通知第4装甲集团军，为便于统一指挥，肯普夫的第48装甲军转隶保卢斯第6集团军，次日零点生效。[49]

第24装甲师为这场迅猛、漂亮的突击付出的代价是25辆坦克折损了5辆，据称其中3辆"被第71步兵师的高射炮击毁"——该师正沿察里察河靠近预期中的会合点。[50]当晚，"埃德尔斯海姆"战斗群围绕着他们轻松赢得的重要战果设立起"刺猬"防御,以从察里察河撤回的装甲部队守卫火车站。傍晚时,普法伊费尔第94步兵师辖下的第274掷弹兵团①夺取了叶利尚卡河上的铁路桥。叶利尚卡河向东流淌,在火车站南面和库波罗斯诺耶北面汇入伏尔加河,普法伊费尔的步兵在那里与伦斯基的装甲掷弹兵会合。

尽管他们取得了会合,但苏军步兵第10旅的主力和NKVD安保部队仍据守在南北向铁路线与伏尔加河之间的狭窄地域。第24装甲师构成"刺猬"防御的装甲警戒线穿过市区主街道,沿一条狭窄的走廊排列,从察里察河南面向南延伸至叶利尚卡河,在一段时间里,这条防线上仍有许多漏洞。通过电报商讨了下一步该如何行事后,第48装甲军20点50分给伦斯基下达了新的命令:

> 9月16日晨,第24装甲师应向铁路线以西进击,直至察里察河河谷,在那里建立登陆场,与第71步兵师会合。另外,该师的任务仍是歼灭盘踞在斯大林格勒西部和西部高地上的敌人,肃清直至察里察河的整片地域。应与在铁路线东侧推进的第94步兵师保持密切联系。[51]

在此期间,第48装甲军右翼,弗雷梅赖的第29摩步师在第14装甲师少量坦克的支援下,在叶利尚卡河南面发起突击。抗击德军进攻的是杜比扬斯基近卫步兵第35师、佩索钦步兵第131师主力、NKVD步兵第271团的一部和坦克第133旅,他们守卫着叶利尚卡和库波罗斯诺耶的西接近地。当日日终前,苏军的防御被突破,混乱中,据守第62集团军左翼的各部队杂乱无章地进行了战斗后撤,向东退入斯大林格勒城南部和察里察河、叶利尚卡河南面伏尔加河西岸上的狭长地段。

当晚,第62集团军的报告总结了降临在其左翼的灾难:

> 步兵第42旅,左右两翼遭到压迫,守卫着列索波萨多奇纳亚(Lesoposadochnaia)、医院(含)、133.4高地东南方树林的东部边缘、50.7里

---

① 译注:1942年10月15日才改称掷弹兵团。

程碑以东2公里处的两座建筑（含）一线。

步兵第244师遭受到严重损失，左翼撤至米尼纳郊区西郊，目前守卫着50.7里程碑以东2公里处的两座建筑、127.6里程碑（含）、米尼纳郊区外围一线。

步兵第10旅在米尼纳郊区外围战斗，其右翼沿铁路线据守。

近卫步兵第35师与步兵第131师、坦克歼击第10旅、独立"机枪－火炮"第52营，当日与发起进攻的敌人展开激战，敌战机和火炮导致他们的兵员损失高达70%—80%，日终前在米尼纳郊区西部边缘和库波罗斯诺耶北部边缘一线战斗。[52]

德国人为轻松夺取2号车站而欢欣鼓舞，但第24装甲师和第94步兵师的步兵兵力不足，无法包围并俘虏该地域残缺不全的苏军并占领斯大林格勒南部所有重要建筑物。因此，肯普夫的部队当晚设立"刺猬"防御阵地时，崔可夫被粉碎的左翼上，残存的守军抓住机会占据（有时候甚至重新夺回）了重要的建筑物和另一些潜在的防御阵地。虽说这些被击败、遭受严重损失的部队中的一些士兵混乱后撤，但还有一些士兵（通常组成一个个小股战斗群）将途中的一些主要建筑物打造成了不折不扣的堡垒支撑点。

例如，从被打垮的前沿阵地撤退后，巴特拉科夫步兵第42旅、阿法纳西耶夫步兵第244师、步兵第10旅和坦克第133旅残存的士兵在城市南部西面的兵营地域周围占据了防御阵地。另一些守军在2号车站附近突出的粮仓和建筑物内重新占据并加强了防御。南面，杜比扬斯基近卫步兵第35师、佩索钦步兵第131师的士兵们获得NKVD步兵第271团残部的支援，在米尼纳和叶利尚卡错综复杂的建筑物内、2号木材加工厂、横跨叶利尚卡河的联合食品加工厂、库波罗斯诺耶东面的水塔里从事着同样的工作。因此，次日晨，伦斯基的装甲掷弹兵、普法伊费尔的步兵和弗雷梅赖的装甲掷弹兵决心完成他们的新任务时，面对的却是前方、侧翼和后方新出现的抵抗，苏军士兵犹如凤凰涅槃般地从貌似已被德军攻占的街区和建筑物内现身。无疑，这将严重拖缓肯普夫的进军步伐。

与此同时，激烈的战斗也在斯大林格勒中央和北部地带沿马马耶夫岗和"红十月"新村前方高地的接近地肆虐，在那里，第51军辖下的第71和第295步兵师正竭力突向伏尔加河西岸。在这些地域，罗季姆采夫近卫步兵第13师的到达极大地缓解了崔可夫的困境。第62集团军司令部与辖内大多数部队的联系仍未恢复，只能报告"他们正以顽强的战斗消灭突入斯大林格勒城各区域的敌步兵和坦克"：

> 近卫步兵第13师9月14日至15日晚渡过伏尔加河到达西岸，15日晨投入战斗，消灭突入斯大林格勒城南部各独立区域的敌冲锋枪手。截至9月15日15点，该师已肃清铁路线以东的城市各区域，并以2个营的兵力前出至102.0高地〔马马耶夫岗〕。
>
> 日终前尚未收悉集团军辖内其他部队所处位置的报告。[53]

实际上，9月15日，帕尼欣近卫步兵第34团的2个营为马马耶夫岗上深陷困境的NKVD第269团提供了增援，使该团得以北调，去增援同样饱受重压的摩托化步兵第38、第9旅，这两个旅仍在126.3高地东面抗击德军第295步兵师第516、第517团的突击。不久后，"克雷洛夫"战斗群的残部，包括步兵第112师第416团，也投入到马马耶夫岗的战斗中。

城内，1号车站易手数次，近卫步兵第13师的先遣部队——叶林近卫步兵第42团第1营最终从德军第71步兵师第194团手中夺回了车站，但帕尼欣近卫步兵第34团的余部没能夺回附近的专家楼（参见地图22）。与此同时，多尔戈夫近卫步兵第39团以近半数兵力冲入1号车站南面和北面的市区，另一半兵力与近卫步兵第34团的一部坚守沿伏尔加河西岸北延至多尔吉冲沟和马马耶夫岗南面的阵地。但在此期间，叶林近卫步兵第42团的主力仍在伏尔加河东岸，等待渡轮将他们运过河去。

双方展开激烈厮杀之际，9月16日，斯大林格勒方面军特别部门（即NKVD单位）主任，NKVD少校N. N. 谢利瓦诺夫斯基，给身处莫斯科的NKVD负责人拉夫连季·贝利亚及其副手V. S. 阿巴库莫夫发去了一封异常坦率、很能说明问题的电报，描述了第62集团军的真实状况：

> 截至9月15日24点的态势，是敌人在斯大林格勒占领了粮仓，40辆敌坦克和几股摩托化步兵已突破至那里，专家楼也落入敌手，该楼紧邻伏尔加河——离渡口

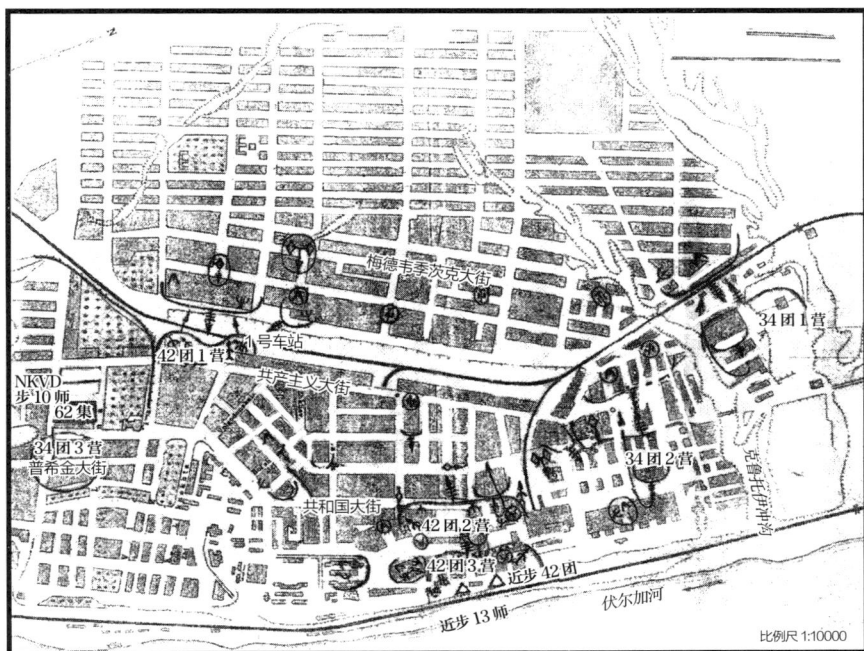

地图 22　1942 年 9 月 16 日，近卫步兵第 13 师近卫步兵第 34 和第 42 团的部署

只有150—180米。集结在那里的敌人有20多辆坦克、几股冲锋枪手和迫击炮兵。

　　敌人正在攻占火车站、原国家银行大楼和另一些建筑物，这些建筑已被（我们）改造为支撑点。敌人已占领马马耶夫岗（120高地），从那里可以俯瞰整个斯大林格勒城和伏尔加河左岸——伏尔加河半径25—30公里内的一切，敌人可以通过这座高地控制所有渡口和通往红斯洛博达（Krasnaia Sloboda）的所有道路。

　　近卫步兵第13师（由罗季姆采夫少将指挥）于夜间到达这里，该师8月份撤至后方重建，最近两周一直处于行军状态，9月15日在斯大林格勒与敌人展开战斗。

　　该师配备的武器严重不足，赶至斯大林格勒作战阵地时甚至没有弹药。他们已采取措施获取弹药。

　　9月15日的战斗中，近卫步兵第13师阵亡、负伤400余人，自动武器的弹药消耗殆尽，但是该师到9月16日午夜仍未获得弹药和火炮。

该师目前急需火炮；他们需要用火炮摧毁敌冲锋枪手盘踞的建筑物。

将伤员疏散至伏尔加河左岸的问题非常糟糕，近卫步兵第13师师长对此束手无策。

轻伤员们自己动手扎木筏，他们还背负着重伤员，渡河赶往左岸时，很容易被河水卷走，他们散入对岸的一个个村庄，在那里寻求帮助。

这就是第62集团军的状况。

总体说来，斯大林格勒城并未做好防御准备。各条街道上没能及时修筑工事，地下掩体里也没有储备各种弹药、医疗用品和食物。

巷战只进行了一天，各部队的弹药已然耗尽。目前，弹药和食物必须从伏尔加河对岸运来——这是单向航运工作，而且只能在夜间进行。

方面军司令员叶廖缅科同志已要求在夜间立即为斯大林格勒城内的近卫步兵第13师提供50万发自动武器子弹、1万支反坦克步枪[①]、10门配备炮弹的火炮和1—2艘运送伤员的拖网渔船，并将该师9月14日至15日夜间仍未渡河的1500名士兵运过伏尔加河。

过去几天里，敌人一直用火炮、迫击炮和自动武器射击伏尔加河上的渡口，今天，四对渡轮中的三对被他们击毁。

一如既往，敌人的飞机对斯大林格勒城内的我方部队不断实施轰炸，今天，他们开始轰炸红斯洛博达。

近卫步兵第13师赶至斯大林格勒城前，第62集团军的阻截支队将敌人阻挡在火车站附近。支队中的许多同志作战表现英勇，已获得颁发勋章的推荐。

混乱和疏忽大意的情况仍在发生。9月15日至16日夜间对斯大林格勒城的亲身视察表明，近卫步兵第13师指挥所和第62集团军通信所（设在伏尔加河河岸上的NKVD大楼内）的防御未与伏尔加河的防御工作紧密相连，而敌人距离该指挥所和通信所只有100—150米。这个问题已向近卫步兵第13师师长罗季姆采夫同志指出，正采取措施组织防御并加强指挥所的保卫工作。

---

①译注：似乎应该是1万发反坦克步枪子弹。

另一个很有代表性的例子也能说明通信工作的短视。刚刚在红斯洛博达的街上遇到两名士兵，他们携带着近卫步兵第13师步兵第42团战地通信所的两块蓄电池，搭乘简易船只渡过伏尔加河，赶往该师后方，但他们不知道哪里能为蓄电池充电，而在此期间，通信所无法工作。

9月14日22点，沿梅德韦季茨克（Medveditskaia）大街突破后，一群敌自动武器射手占领了警备司令指挥的独立第8连的指挥所，该指挥所设在一座煤矿的坑道中。指挥所陷落，约80名苏军指战员被俘，这些俘虏被分成一个个小组，为德军自动武器射手们运送弹药。NKVD人员在近卫步兵第13师指挥所附近抓获了这样一个小组，共6名成员，其中4人作为祖国的叛徒被就地枪决。相关调查工作正在进行。

9月15日，争夺NKVD大楼的战斗中，一个会讲德语、自称名叫沃罗季娜的女人积极参加了战斗，站在德国人一方充当自动武器射手，结果被我们俘虏。由于她身负重伤，无法对她进行审讯，我们的人枪毙了这个沃罗季娜。

第62集团军NKVD特别部门（OO）组建了一个特别小组，由红军士兵组成，负责逮捕一切可疑人员。

9月15日23点，我们的特别小组在市区集市附近遭遇到一所房屋内射出的火力。对房屋进行搜查后，在地下室里发现5名身穿红军军装的人。这5人都被逮捕。相关情况正在调查。

9月13日至15日，第62集团军特别部门的阻截队扣留了1218人：其中，21人被枪毙，10人被逮捕，其他人被遣送回各自的部队。这些被扣留的人员大多来自NKVD步兵第10师和步兵第399师的各个团，被他们的团长和政委丢弃在了战场上。

由于逃离战场、抛弃部队这种怯懦的表现，步兵第399师涉事团团长茹科夫少校和他的政委拉斯波波夫已被枪毙在队列前。[54]

这份报告和另一些报告证实了前线的混乱状况、战斗的残酷性以及NKVD为恢复秩序采取的无情措施。这些措施中，最普遍、最武断、最残酷的是部署阻截队。阻截队由NKVD人员或普通士兵组成，部署在发起冲锋或实施防御的红军各部队身后，任务是以一切必要手段维持秩序、防止开小差、阻止散兵游勇——必要手段通常意味着执行枪决。另外，按照当时的惯例，东南方面军和第62集团军继续投入一个个惩戒营和惩戒连，惩处那些犯下各种违规行为的人，派他们执行最危险的任务。这些单位中至少包括第62集团军的独立惩戒营和第64集团军独立惩戒第1—5连。[55]

尽管存在着这样或那样的棘手问题，但罗季姆采夫近卫步兵第13师仍然及时赶到，使崔可夫得以在城内继续实施防御，此时他的集团军似乎即将消亡并彻底崩溃。该师的到达也是一个贯穿整个9月和10月的进程的开始，即：在关键时刻，将新鲜血肉填入斯大林格勒这部绞肉机（参见图表15）。

图表15：1942年9月和10月，第62集团军获得的主要援兵 *

渡过伏尔加河的日期	部队	指挥员
9月14日	近卫步兵第13师	A. I. 罗季姆采夫少将
9月16日	海军步兵第92旅	塔拉索夫中校
9月16日	坦克第137旅	K. S. 乌多维琴科中校
9月19日—20日	步兵第95师	V. A. 戈里什内上校
9月21日—23日	步兵第284师	N. F. 巴秋克上校
9月25日—27日	步兵第193师	F. N. 斯梅霍特沃罗夫少将
9月29日—30日	近卫步兵第39师	S. S. 古里耶夫少将
9月30日	步兵第42旅（重建）	M. S. 巴特拉科夫上校
9月30日	海军步兵第92旅（重建）	塔拉索夫中校，11月10日由什特里戈尔少校接替
9月30日	步兵第308师	L. N. 古尔季耶夫上校（12月7日晋升为少将）
10月3日	近卫步兵第37师	V. G. 若卢杰夫少将
10月4日	坦克第84旅	D. N. 别雷上校
10月12日	步兵第112师第524团（重建）	
10月15日	步兵第138师	I. I. 柳德尼科夫上校（1943年1月27日晋升为少将）
10月16日	步兵第45师	V. P. 索科洛夫上校

*注：从10月中旬起，按照崔可夫的要求，不再以整师的方式提供增援，而是将补充兵纳入各行进营和行进连[①]。

---

① 译注：行进营和行进连，书中用的是march-battalions and march-companies，这两个词指的是以后勤人员、厨师、卫兵、宪兵等后方人员编成的营或连，有时也授予临时性番号；由于主力已开赴前线，而行进营和行进连必须留在后方召集刚赶到的新兵和志愿者，然后以强行军赶上主力部队，故得此名。

不算以行进连或行进营的形式赶至市区的援兵，这8个步兵师和独立坦克旅为崔可夫集团军增加的兵力超过10万人，远多于派往该地域的德军兵团的兵力（参见图表16）。这就意味着，尽管经历了骇人听闻的激战，第62集团军遭受到巨大损失，但崔可夫集团军的实力仍能保持在50000多人，并围绕不断萎缩的防线实施有效的防御。

从德国人的角度看，他们迫切需要这些援兵，因为保卢斯集团军已严重减员，没有这些援兵便处在实力耗尽的危险下。指出这一悲惨现实的是第6集团军9月14日中午发出的一份电报，表明第51军辖下所有的师以及第14装甲军和第8、第11、第17军辖下的大多数师，战斗力正在迅速衰落（参见图表17）。

第6集团军9月14日拥有的109个步兵、装甲掷弹兵和猎兵营的平均战斗力被评为略高于"中等"，但这种评定是一个误导，因为第6集团军本应有132个齐装满员的作战营。[56]集团军辖下的营，数量之所以少于编制表核准的数字，是因为战斗减员迫使集团军辖内各个师将力量虚弱的营整合进实力更强的营里。例如，截至9月14日，第51军第389步兵师有6个营，而不是9个营；第295步兵师有7个营，而非9个营。与此同时，第11军辖下的第384步兵

图表 16：1942 年 9 月和 10 月，调入、调出第 6 集团军的主要援兵

到达日期	部队	指挥官
9月11日—12日	"施塔赫尔"战斗群（空军）	
9月19日—20日	第24装甲师（后撤）	
9月20日—21日	第16装甲师（一部）	
9月25日—26日	第100猎兵师	维尔纳·桑内中将
9月26日	第24装甲师（重新投入）	
9月29日	第29摩步师（后撤）	
9月29日	第14装甲师（部分部队后撤）	
10月13日	第14装甲师（重新投入）	
10月13日	第305步兵师	库尔特·奥彭兰德尔中将，11月1日由伯恩哈德·施特恩梅茨中将接任
10月20日	第79步兵师（2个团）	里夏德·冯·什未林中将

图表 17：1942 年 9 月 14 日，第 6 集团军各个师的状况

- 第51军
  - 第71步兵师
    - ▲步兵营（8个）——8个虚弱
    - ▲工兵营——中等
  - 第295步兵师
    - ▲步兵营（7个）——2个中强、3个中等、2个虚弱
    - ▲工兵营——中等
  - 第389步兵师
    - ▲步兵营（6个）——1个中强、3个中等、2个虚弱
    - ▲工兵营——中等
- 第14装甲军
  - 第16装甲师
    - ▲装甲掷弹兵营（5个）——3个中强、2个中等
    - ▲工兵营——中等
  - 第3摩步师
    - ▲装甲掷弹兵营（5个）——2个中强、2个中等、1个虚弱
    - ▲工兵营——虚弱
  - 第60摩步师
    - ▲装甲掷弹兵营（7个）——1个中强、6个中等
    - ▲工兵营——中等
- 第8军
  - 第76步兵师
    - ▲步兵营（9个）——5个中强、4个中等
    - ▲工兵营——中等
  - 第305步兵师
    - ▲步兵营（9个）——3个强、2个中强、4个中等
    - ▲工兵营——中等
- 第11军
  - 第384步兵师
    - ▲步兵营（6个）——3个强、1个中强、2个中等
    - ▲工兵营——强
  - 第44步兵师
    - ▲步兵营（9个）——7个中等、2个虚弱
    - ▲工兵营——中等
  - 第100猎兵师
    - ▲猎兵营（4个）——4个强
    - ▲克罗地亚步兵营（1个）——强
    - ▲工兵营——中强
  - 第376步兵师
    - ▲步兵营（7个）——6个中等、1个虚弱
    - ▲工兵营——中等
- 第17军
  - 第113步兵师
    - ▲步兵营（8个）——5个强、3个中强

　　　　▲工兵营——中等
　　○第79步兵师
　　　　▲步兵营（9个）——6个中等、3个虚弱
　　　　▲工兵营——中等
　　○第298步兵师
　　　　▲步兵营（6个）——6个强
　　　　▲工兵营——强
　　○第22装甲师
　　　　▲装甲掷弹兵营（2个）——强
　　　　▲摩托车营（1个）——强
　　　　▲工兵营——强
　　○罗马尼亚第13步兵师
　　　　▲步兵营（7个）——7个强
　　○罗马尼亚第1骑兵师
　　　　▲骑兵营（4个）——4个强

※ 资料来源：弗洛里安·冯·翁德·楚·奥夫塞斯男爵，《第6集团军作战日志附件册，第一卷，1942年9月14日至11月24日》，第12页，"Betr.: Zustand der Divisionen, Armee-Oberkommando 6, Abt. Ia, A. H. Qu., den 14 September 42, 12.35 Uhr"（关于：各个师的状况，第6集团军司令部作战处，1942年9月14日12点35分）。

　　师有6个营，而非9个营；第100猎兵师有5个营，而不是6个营。因此，单从作战营的数量来看，9月中旬时的第6集团军，实力已比编制兵力少了16%。更糟糕的是，该集团军的19个步兵营被评为"虚弱"，也就是说勉强能参加持续作战，25个营被评为"强"，45个营被评为"中等"，另外20个营被列为"中强"。

　　减员情况最严重的当属第51军，魏克斯和保卢斯主要依靠这股步兵力量夺取斯大林格勒城。到9月中旬，赛德利茨编制中的27个营已减少了6个。剩下的21个营，12个被认为"虚弱"，6个被评为"中等"，3个被列为"中强"，没有一个营被评定为"强"。这些令人沮丧的数据强调出一点——第6集团军急需援兵，特别是因为斯大林格勒争夺战刚刚开始。

9月16日

9月16日，斯大林格勒地域最激烈的战斗发生在从"红十月"新村西面的高地向南延伸，经马马耶夫岗，穿过斯大林格勒市中心直至叶利尚卡这片地区（参见地图20）。崔可夫在每日作战总结中写道：

当日，我集团军击退小股敌军对防线北部地段的进攻，守住了相关阵地，另外，在防线中央和南部地段，集团军展开了激烈的战斗，近卫步兵第13师与北部作战地段各部队相配合，以部分兵力发起进攻，试图夺回102.0高地〔马马耶夫岗〕。[57]

红军总参谋部的每日作战概要注意到了第62集团军态势的恶化：

9月16日一整天，第62集团军继续在斯大林格勒市中心进行顽强的巷战。

步兵第112师与近卫步兵第13师的1个营于9月16日15点夺回斯大林格勒〔城〕北面的102.0高地〔马马耶夫岗〕。

近卫步兵第13师各部队13点30分肃清了〔1号〕火车站的敌人，该师的1个团〔近卫步兵第39团〕沿铁路线和〔车站南面的〕库尔斯克（Kurskaia）、科尔博瓦亚（Korbovaia）大街坚守阵地。

步兵第10旅和坦克第133旅（实力虚弱）艰难地据守着〔2号车站东北方的〕粮仓。

敌人发起正面进攻夺取粮仓，同时从两翼迂回，并朝东北方推进。

步兵第244师沿察里察河南岸（"奥佩特纳亚车站"国营农场东南方2公里处）和从上叶利尚卡通往斯大林格勒西郊的公路一线进行战斗。敌人突入该师后方，占领了斯大林格勒2号车站。

近卫步兵第35师与步兵第113师的一部，在2号木材加工厂和〔库波罗斯诺耶东郊的〕铁路水塔附近与敌冲锋枪手交战。[58]

9月16日的激烈战斗中，赛德利茨第51军左翼，武特曼第295步兵师辖下的第516、第517团，从126.3高地向东艰难推进，攻向"红十月"新村西郊，与苏军近卫坦克第6、坦克第189和摩托化步兵第38旅展开厮杀，苏军还获得了步兵第87师残部、摩托化步兵第9旅和NKVD步兵第10师第269团一部的加强。[59]为争夺马马耶夫岗，武特曼步兵师辖下的第三个团——第518步兵团，与近卫步兵第13师第39团第1、第2营和步兵第112师第416团第1、第2营展开了长时间的拉锯战（参见地图23）。

　　证明后续战斗激烈而又混乱的是：9月16日拂晓后不久，苏军这4个步兵营发起冲锋，重新夺回了至关重要的马马耶夫岗。但当日下午，德军第295步兵师第518团展开反击，再次夺回了马马耶夫岗顶峰，这里成为德军士兵俯瞰全市的最佳观察所。此后，双方都声称自己控制了马马耶夫岗，实际上交战双方均未能彻底掌握这座山丘，为夺取该制高点，沿坟冢山坡展开的浴血厮杀持续了数日。[60]对德军和苏军而言，占领马马耶夫岗意义重大，因为他们都意识到，掌握该高地，就能控制整座城市、毗邻的工人新村和伏尔加河两侧的接近地。

　　南面，斯大林格勒城中央地带，9月15日至16日之夜，在苏军近卫步兵第13师的猛攻下稍稍退却后，哈特曼第71步兵师第194、第211、第191团从左至

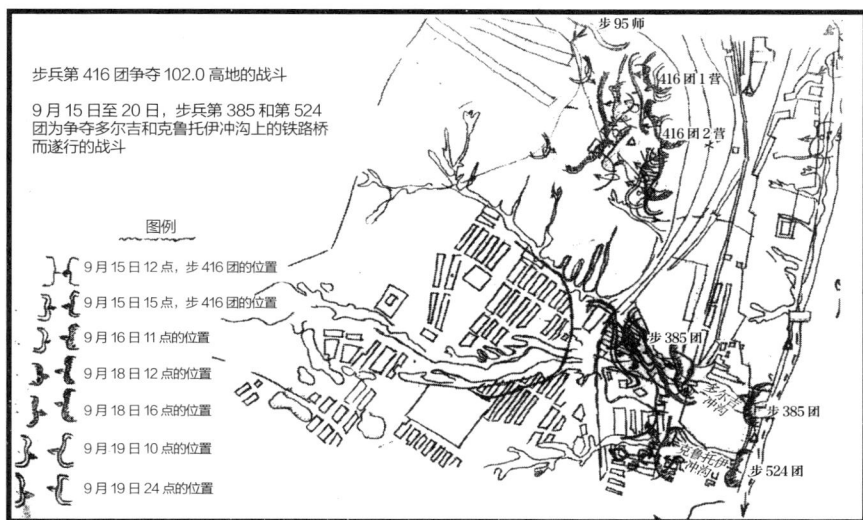

地图23　1942年9月15日—20日，步兵第112师的位置

右排列，继续并肩攻入城区（参见地图22）。第194团和左侧第295步兵师第518团的1个营，为夺取克鲁托伊和多尔吉冲沟的上方接近地，与苏军步兵第112师第524、第358团展开激战，但没能将这股守军驱散。南面，第71步兵师第194团的主力和右侧第211团的主力，与苏军近卫步兵第13师第34、第42团的各个营展开逐街逐屋的混战，这片3.5公里宽的条状战场从多尔吉冲沟向南延伸，穿过1号车站直至察里察河，满是已成废墟的建筑物和布满弹坑的街道。最激烈的战斗发生在"1月9日"广场，为争夺广场侧面的几座建筑物的废墟，第194团先遣营与苏军近卫步兵第34团第2营、近卫步兵第42团第2营展开了凶猛的对决，火车站附近同样如此，近卫步兵第42团第1营顽强坚守着车站和共产主义（Kommunisticheskaia）大街上被摧毁的建筑物。

哈特曼步兵师右侧，第48装甲军的作战区域内，两场独立但又相互关联的战斗正在展开：第一场战斗是夺取斯大林格勒城位于察里察河南面的区域，第二场战斗是将苏军驱离米尼纳、叶利尚卡和库波罗斯诺耶郊区的立足地（参见地图24）。拂晓时，战斗打响，第24装甲师和第94步兵师恢复了进攻。两个师都预计当日的战斗会比昨天更加激烈，因为军部作战处已告知："敌人在以伏尔加河—'察里察冲沟'火车站为边界的三角地带强化了他们的防御。"[61]

这片4公里宽的作战区域从察里察河向南延伸，跨过叶利尚卡河下游，直至米尼纳南郊，沿此战线推进，伦斯基的装甲部队和普法伊费尔的步兵将遭遇到巴特拉科夫步兵第42旅的残部、德里亚赫洛夫步兵第10旅、阿法纳西耶夫步兵第244师、布布诺夫坦克第133旅（没有坦克，坦克兵作为步兵投入战斗）、NKVD步兵第271团和佩索钦步兵第131师的右翼部队。这些部队当日应该已获得塔拉索夫新锐步兵第92旅的加强，在察里察河南面的高地、城市西面高地上的兵营及其周边区域、南北向主铁路线和2号车站西面错综复杂的街道、叶利尚卡河下游占据防御阵地，并获得粮仓附近、铁路线与伏尔加河之间另一些重要建筑物中设立的后方阵地的支援。这些防御阵地既不连贯也不毗邻，或在开阔地带依靠峡谷和冲沟，或沿叶利尚卡河，或在半毁的城市内依托建筑物，构成一个个独立支撑点。

第24装甲师9月16日的具体任务是确保察里察河北岸的一座登陆场，与第

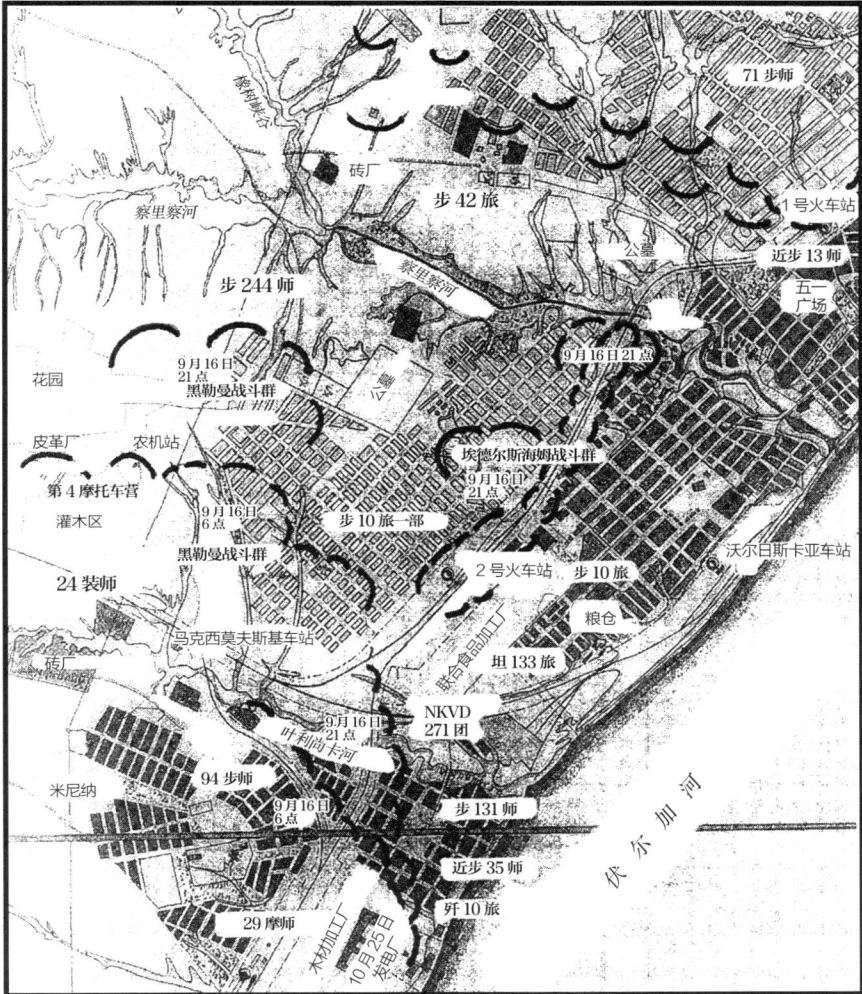

地图 24 1942 年 9 月 16 日，第 48 装甲军的推进

71步兵师会合，从兵营高地和察里察河上游河谷向西，肃清被绕过的苏军。第94步兵师的任务是肃清米尼纳郊区的苏军，跨过叶利尚卡河和通往伏尔加河的主铁路线的分支，并肃清盘踞在铁路线与伏尔加河之间各座建筑物和各条街道中的所有苏军。日终前，这两个师将前出至察里察河南岸。

拂晓后不久，"埃德尔斯海姆"战斗群在"兰肯"装甲营（师里剩下的坦克都编入该营）的支援下，沿铁路线向北推进，面对巴特拉科夫步兵第42旅一部的激烈抵抗，在察里察河北岸夺得一处立足地。"埃德尔斯海姆"战斗群左侧，"黑勒曼"战斗群（其左翼由师属第4摩托车营提供掩护）席卷向西北方，对兵营高地上的阿法纳西耶夫步兵第244师和德里亚赫洛夫步兵第10旅发起打击。第24装甲师右（南）侧，普法伊费尔第94步兵师的几个团在4个营组成的突击群的率领下顺利突向东北方，穿过米尼纳郊区北部。这场进攻迫使布布诺夫坦克第133旅、NKVD步兵第271团和佩索钦步兵第131师放弃了他们的阵地。但是，普法伊费尔的步兵中午前不久渡过叶利尚卡河后，在北岸的沟渠和前方铁路路基处遭遇到了更加激烈的抵抗，布布诺夫的坦克兵、科斯捷尼岑的NKVD内卫士兵和佩索钦的步兵决心坚守到底。

艰难地跨过铁路路基，进入斯大林格勒联合食品加工厂的建筑群，期间遭受到了严重损失的第94步兵师先遣营终于在下午晚些时候停止了前进，他们在粮仓和毗邻的建筑物间遭遇到了更加猛烈、坚决的抵抗。据守这些难以对付的据点的不仅仅是坦克第133旅和NKVD步兵第271团，还包括步兵第10旅的士兵，该旅已穿过第24装甲师封锁线上的漏洞向东退却，这道封锁线由北向南延伸，沿铁路线穿过斯大林格勒城南半部。德军第94步兵师不仅没能完成当日的任务，缓慢的进展还使第24装甲师的右翼暴露出来，特别是"埃德尔斯海姆"战斗群，该战斗群目前相当脆弱，因为中午前不久，伦斯基将"兰肯"装甲营调去加强"黑勒曼"战斗群的推进。

在第24装甲师作战地域内，尽管"黑勒曼"战斗群设法从苏军步兵第244师和步兵第10旅手中夺取了兵营和相邻的兵营高地，但中午时苏军步兵第42旅和NKVD部队从各个方向发起冲锋，猛攻"埃德尔斯海姆"战斗群位于察里察河对岸的登陆场。"黑勒曼"战斗群试图赶往察里察河增援埃德尔斯海姆的部队，但未能成功，埃德尔斯海姆无计可施，只能在日落后放弃了该登陆场。令态势变得更加复杂的是，由于第71步兵师对斯大林格勒城中央地带的进攻面对苏军顽强的抵抗亦陷入停滞，哈特曼的士兵无法为埃德尔斯海姆提供任何支援。结果，当日日终时，伦斯基的装甲师只剩下19辆可用的坦克。[62]肯普夫获悉情况后评论道："第24装甲师最大的希望是第94步兵师封锁该地域，而不是遂行进攻任务。"[63]

9月16日，第48装甲军作战地域内的第二场厮杀发生在一片2.5公里宽，从米尼纳南郊向南延伸，穿过库波罗斯诺耶东南郊直至伏尔加河的区域内。在这里，弗雷梅赖第29摩步师受领的任务是将杜比扬斯基近卫步兵第35师的残部和佩索钦步兵第131师的2个团逐出米尼纳和库波罗斯诺耶南部的据点，夺取2号木材加工厂和发电厂的建筑群，前出至叶利尚卡河与伏尔加河交汇处附近并渡过该河。此后，第29摩步师应为第94步兵师提供一些支援，但更重要的是，该师主力应撤入集结地，为进军阿斯特拉罕做好准备。可是，第29摩步师遭遇到的抵抗远比预期的更加激烈。尽管该师力图与第94步兵师保持并进，但还是在距离叶利尚卡河不远处停下了脚步。

面对集团军左翼出现的危机，崔可夫做出了强有力的应对，12点30分，他命令步兵第131师残部、步兵第10旅和NKVD步兵第270团的剩余兵力加入近卫步兵第35师。在杜比扬斯基上校的指挥下，获得加强的近卫步兵师应"坚守以下防区：右侧是铁路线（萨多瓦亚车站和斯大林格勒2号车站），左侧是伏尔加河"。[64]

第62集团军晚些时候提交的每日作战总结准确地判断出德国人的重点在两个方向，主要突击从戈罗季谢和阿维亚戈罗多克地域发起，攻向斯大林格勒城中央地带，辅助突击从萨多瓦亚车站展开，冲向米尼纳、库波罗斯诺耶和城市南半部。报告中指出，"敌先遣部队15点前出至察里察河，争夺铁路桥的战斗正在继续"，敌人强大的坦克和步兵队列正"从萨多瓦亚赶往斯大林格勒2号车站和东面"。[65]

这份作战总结还对集团军辖下各兵团、部队9月16日24点占据的位置做出了详细说明：

北部作战地域，辖步兵第115、第124、第149旅和步兵第196、第315师残部及坦克第23军，继续坚守原先的阵地。

步兵第112师以1个团争夺102.0高地［马马耶夫岗］，2个团沿［以下］防线占据防御阵地：步兵第524团——（35.8里程碑西面）树林西部边缘；步兵第385团——98.9高地和（红十月）树林西部边缘。步兵第416团在102.0高地战斗，16点前到达102.0里程碑东北面2公里处至102.0里程碑北面0.5公里处一线。

[近卫步兵第13师]近卫步兵第39团从东面攻向102.0高地，13点夺取该高地，并继续向西北方攻击前进。

[近卫步兵第13师]近卫步兵第42团沿102.0里程碑南面的沟壑展开争夺伏尔加河河岸的战斗，近卫步兵第42团第2营在斯大林格勒城东北部附近从事巷战。

[近卫步兵第13师]近卫步兵第34团继续在火车站附近展开巷战，1个营在集团军指挥所附近战斗。

NKVD步兵第10师沿[以下]防线作战：步兵第272团横跨在通往112.5高地东南方市区的公路上；步兵第270团沿从112.5高地南坡、列索波萨多奇纳亚、20.7里程碑、斯大林格勒西郊至铁路线一线战斗；步兵第275团守卫着2.0里程碑（含）和列索波萨多奇纳亚一线。

步兵第42旅沿2.5里程碑、列索波萨多奇纳亚（含）、列索波萨多奇纳亚南面树林的西部边缘、50.7里程碑东面4公里处的2座建筑物一线战斗。已派出一个支队肃清敌人在左侧结合部达成的渗透。

步兵第244师沿以下防线作战：50.7里程碑东面的2座建筑物（含）、矩形树林（含）、城市西郊和铁路线。敌人已从左侧包围该师。

步兵第10旅和近卫步兵第35师所处的位置正在核实中。

指挥所——普希金斯卡亚3号，已遭到敌人火炮、机枪和自动武器的射击。9月16日24点起，集团军指挥所将设在"红十月"（码头）。[66]

9月17日

9月17日，斯大林格勒城南半部的战斗到达了高潮，第51军第71步兵师第211团沿市中心南面的察里察河与第48装甲军辖下的第24装甲师会合，距离崔可夫的指挥所不到1公里（参见地图25）。

可是，红军总参谋部9月18日8点提交的每日作战概要却乐观地指出："东南方面军辖内部队9月17日继续在斯大林格勒城内进行激烈的巷战，同时以部分兵力在库波罗斯诺耶地域击退了敌人的进攻。"[67]而实际情况远比这种说法严峻得多，正如崔可夫当晚向总参谋部汇报时详细指出的那样：

9月17日一整天，第62集团军都在斯大林格勒城内进行着激烈的巷战。

近卫步兵第13师以部分兵力［近卫步兵第39团］在102.0高地［马马耶夫岗］西南坡战斗，另一部［近卫步兵第34团］沿从多尔吉冲沟至克鲁托伊冲沟

地图25　1942年9月17日—18日，第6集团军的态势

的铁路线战斗，在敌人的重压下撤至油库。面对敌人的进攻，近卫步兵第42团弃守1号车站，以部分兵力在专家楼附近战斗。

NKVD步兵第10师第272团和坦克第34旅［错误］，9月17日晨遭到优势敌军进攻后被迫退却，日终前沿农机站——20.7里程碑高地——察里察河一线战斗。

步兵第10旅和坦克第133旅（3辆KV坦克）在粮仓附近战斗。

近卫步兵第35师和步兵第131师继续在城市南部、水塔附近及其北面占据防御阵地。

集团军辖内其他部队的位置未发生变化。[68]

实际上，赛德利茨的第51军当日继续向东缓慢推进，在从戈罗季谢以东向南延伸，穿过维什涅瓦亚峡谷西部边缘直至马马耶夫岗北坡的这片区域内，面对苏军坦克第23军近卫坦克第6旅、坦克第189旅、摩托化步兵第38和第9旅的顽强抵抗，耶内克第398步兵师[①]第544、第545、第546团和武特曼第295步兵师第516、第517团缓慢但却稳步获得进展。南面，第295步兵师第518团继续在马马耶夫岗洒满鲜血的山坡上对付苏军步兵第112师第416团和近卫步兵第13师第39团。再往南，斯大林格勒市中心的北面，哈特曼第71步兵师第194团为争夺多尔吉和克鲁托伊冲沟，与苏军步兵第112师第385、第524团展开激战，并迅速到达伏尔加河西岸。

两条冲沟的南面，德军第71步兵师第211、第191团沿共产主义大街及其东部，为争夺几座公园和主要建筑物与苏军近卫步兵第13师第42、第34团发生战斗，特别是在1号车站及其周边，以及具有战术重要性的"1月9日"广场，这座广场与伏尔加河西岸仅隔着3个街区（参见地图26）。日终前，哈特曼的2个团控制了主铁路线西面几乎所有的建筑物和街道，从近卫步兵第42团第1营手中重新夺回1号车站，并击退了苏军对专家楼及其周边德军阵地发起的持续但却徒劳的反击。在这场激战中，火车站易手四次，双方都宣称赢得了车站废墟中的战斗。日终时，叶林的第42团报告称已击毁或烧毁8辆敌坦克，100多具

---

① 译注：第389步兵师。

德军士兵的尸体散落在车站周围。[69]

当天晚些时候，德军第71步兵师第211团的先遣部队终于同第24装甲师"黑勒曼"、"埃德尔斯海姆"战斗群取得会合，前者位于察里察河上游，后者已靠近河上的铁路桥。在此期间，哈特曼的步兵和伦斯基的装甲掷弹兵将巴特拉科夫步兵第42旅的残部和阿法纳西耶夫步兵第244师的主力包围在了一个细长的"口袋"里，这个包围圈沿察里察河河谷由西向东延伸。夜幕降临时，哈特曼的第191团转身向东，跟随第211团加入了第194团争夺斯大林格勒市中心的战斗。

第51军第295、第71步兵师争夺马马耶夫岗、多尔吉和克鲁托伊冲沟并越来越深地楔入斯大林格勒市中心之时，第48装甲军辖下的第24装甲师和第94步兵师恢复了进攻，对城市南部的苏军步兵第244师、步兵第10旅和坦克第133团的残部发起打击。在此过程中，他们重新夺回了当天早些时候被苏军步兵第42旅夺取的2号车站。与此同时，第24装甲师"埃德尔斯海姆"、"黑勒曼"战斗群向察里察河展开一场夹击，意图与第71步兵师取得会合，该师正穿过市中心西部的街道赶往察里察河北岸。这些部队发起向心推进时，位于他们左侧的第94步兵师在埃德尔斯海姆登陆场东面沿察里察河南岸构设起了一道连贯的防线（参见地图27）。

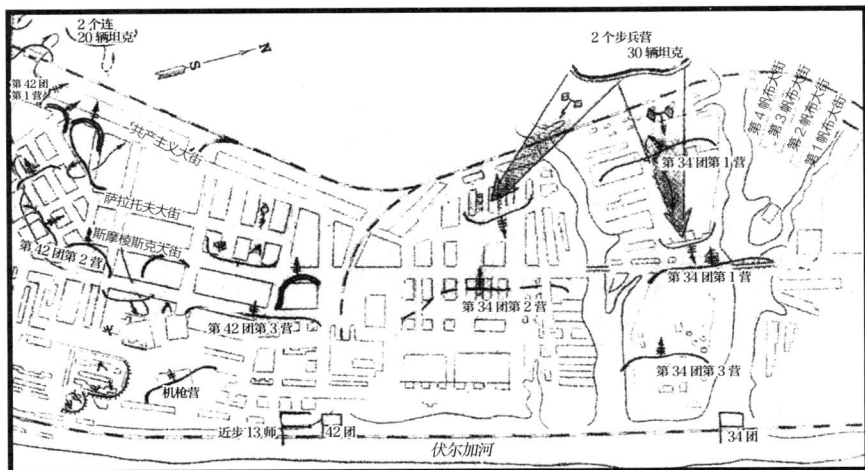

地图 26　1942 年 9 月 17 日—19 日，近卫步兵第 13 师的部署

拂晓后不久，第24装甲师第26装甲掷弹兵团（隶属于"埃德尔斯海姆"战斗群）第1、第2营从主铁路线向西北方推进，到11点20分，他们已将苏军步兵第42旅和步兵第244师的部队逐出铁路线以西和察里察河以南错综复杂的街道，并靠近了察里察河南岸。左侧，"黑勒曼"战斗群和师属第4摩托车营从兵营地域向北席卷，迫使苏军步兵第244师、步兵第42和第10旅被绕过的部队向北逃往察里察河谷，或向东穿过"埃德尔斯海姆"战斗群仍存在许多漏洞的后方，退入市区的街道。这个任务完成后，午后不久，黑勒曼的部队向北进击，"穿过混乱的敌军"，一举夺取了察里察冲沟南面的丘陵地带，伦斯基命令黑勒曼停止前进。当天晚些时候，"黑勒曼"战斗群辖内第21装甲掷弹兵团的一个支队沿察里察河南岸向东推进，与第71步兵师第211团的部队相配合，该团在哈特曼师右翼行动，受领的任务是确保察里察河北岸。[70]

第24装甲师的2个战斗群沿察里察河南岸朝同一方向前进时，向上级报告称已方正与"一股绝望的敌人"展开战斗，对方"在察里察冲沟陡峭侧壁的窄沟和缝隙中实施抵抗，直至他们的状况已趋无望"，随后，"他们三三两两地溜走，试图逃往伏尔加河"。[71]苏军步兵第42旅和步兵第244师的残部被挤入包围圈，北面是德军第71步兵师第211团，西面是第24装甲师第21装甲掷弹兵团的一部，而第26装甲掷弹兵团位于察里察河上的铁路桥和南面，这股苏军只剩下桥梁北面一片狭窄的区域，穿过这片区域，他们可以逃往近卫步兵第13师设在市中心的防御阵地。

巴特拉科夫和阿法纳西耶夫的疲惫而又混乱的步兵竭力穿越德军封锁线时，伦斯基第24装甲师的部队缓慢但却稳固地清理着察里察河南面和南北向铁路线西面的整片地域。伦斯基右侧，普法伊费尔第94步兵师的部队试图与第24装甲师保持齐头并进，消灭仍盘踞在主铁路线以东和察里察河下游以南的苏军，从而在第24装甲师右侧靠近察里察河下游。但是，第94步兵师发现这场行动远比预想的更加困难。当日上午，该师第267团沿主铁路线及其东部地域向北推进，右后方是第274团的梯次编队，第276团留下肃清联合食品加工厂建筑群内的苏军。

面对苏军步兵第10旅、坦克第133旅、NKVD步兵第271团和步兵第131师一部的顽强抵抗，德军的推进异常缓慢，第267团的一个营设法沿铁路线向北前进，最终与第24装甲师"埃德尔斯海姆"战斗群的一部在察里察河对岸的登

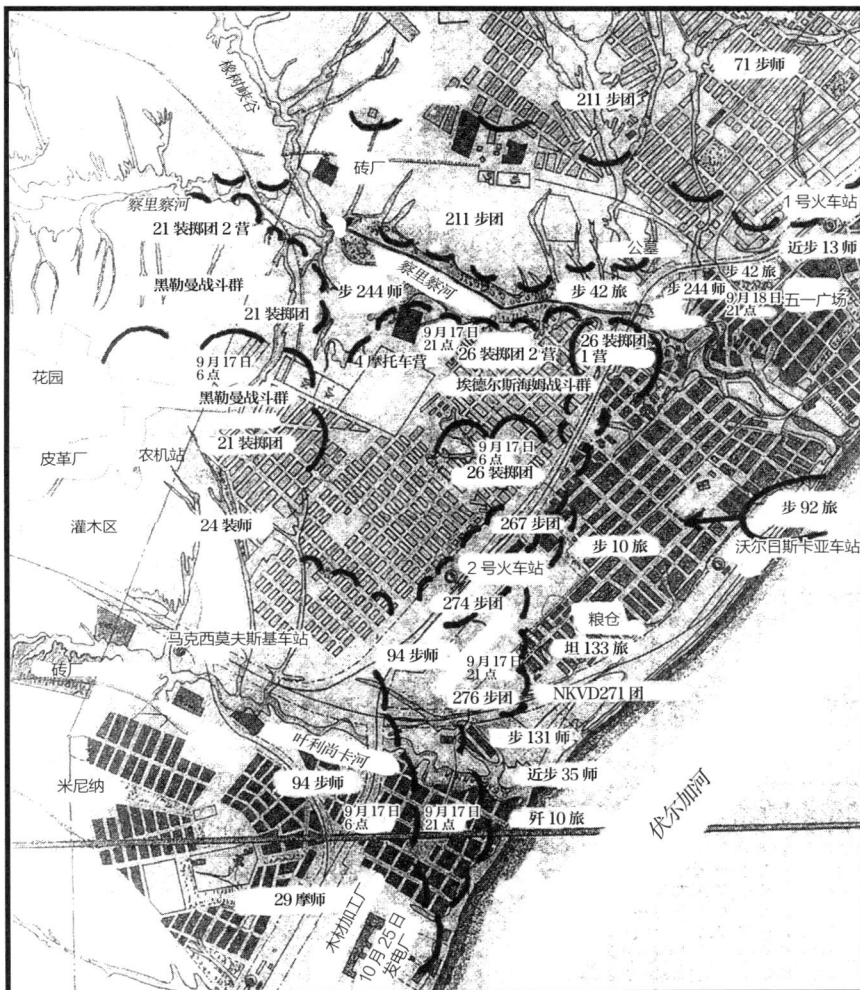

地图 27 1942 年 9 月 17 日—18 日，第 48 装甲军的推进

陆场会合。但在后方，第267团的余部仍在设法打垮盘踞在粮仓和铁路线东面
另一些加强建筑物内的苏军，而第276团在联合食品加工厂的废墟中与苏军展
开了激战。实际上，当日日终前，他们的前进彻底停顿下来，几位团长奉命暂
停进攻，依据任务将辖内部队编为战斗群，这些战斗群配有步兵、工兵和摧毁

大批令人挠头不已、有时候甚至是致命的苏军支撑点所需要的重武器。肯普夫一直对第24装甲师在进攻初期未能夺取粮仓懊恼不已。

但让肯普夫稍稍释怀的是，17点55分，伦斯基向他报告，第24装甲师已肃清并确保了察里察河以南和主铁路线以西地域。而此时第71步兵师第211团的步兵和第24装甲师2个战斗群的装甲掷弹兵终于沿察里察河构成了一道连贯的防线，这条防线从河流上游东延至河上的铁路桥。伦斯基的装甲掷弹兵和普法伊费尔第94步兵师的步兵也构成一道绵亘战线，从察里察河沿铁路线向南延伸，直至2号车站和联合食品加工厂附近。

但是，面对苏军的坚决抵抗，第94步兵师向铁路线以东的推进先是放缓，随后便停滞不前。德里亚赫洛夫步兵第10旅、NKVD步兵第271团、步兵第131师右翼团的残部仍顽强据守着铁路线与伏尔加河之间的狭长地带，这片防区从察里察河南岸向南延伸，穿过联合食品加工厂，直至叶利尚卡河北岸。

弗雷梅赖第29摩步师穿越叶利尚卡西北部、木材加工厂北半部和发电厂的进军也没有取得更大的进展。第29摩步师的装甲掷弹兵，在第14装甲师少量坦克的支援下，将杜比扬斯基近卫步兵第35师的残部、步兵第131师提供支援的2个团的残部和NKVD步兵第270团逐出了2号木材加工厂的北部建筑物、发电厂和叶利尚卡河南面的另一些建筑物，迫使这些守军向北逃窜，渡过叶利尚卡河，或向东逃往伏尔加河西岸。但日终时，他的装甲掷弹兵仍面对着苏军在河流南岸构设的几个加强支撑点。

因此，除了肃清斯大林格勒南部城区的西半部，肯普夫第48装甲军还必须在9月17日夜幕降临前消灭将苏军步兵第42旅和步兵第244师困在察里察河铁路桥西北面和北面的包围圈。肯普夫将这个任务交给了伦斯基的第24装甲师，但伦斯基建议军部不要理会这股苏军，9月18日应以他的师和普法伊费尔的第94步兵师发起一场联合行动，肃清铁路线东面街区的敌人，并前出至从察里察河南延至叶利尚卡河的伏尔加河河段。[72]为完成这项任务，伦斯基愿意为第94步兵师在粮仓附近的战斗提供炮火支援。但是，他的建议落了空，因为没过24小时，保卢斯便命令肯普夫将第24装甲师交给赛德利茨的第51军，协助该军在斯大林格勒北部工厂区展开更具决定性的战斗。这道命令等于承认第6集团军对斯大林格勒的突击不像预计的那么顺利。不管怎样，第24装甲师在斯大林格勒城南部的作战行动很快就将结束。

虽然伦斯基为他的装甲师在前两天取得的胜利欢欣鼓舞，但他担心的是，第24装甲师未能彻底歼灭当面之敌，自身的战斗力不断下降，补给情况也日趋恶化，他的理由非常充分：

第24装甲师这几日的作战行动非常成功：昨天抓获400名俘虏，今天又是300人；击落2架敌机，击毁敌人8辆坦克、2门反坦克炮、55支反坦克步枪和12门迫击炮。唯一的问题是，敌人仍能退往东北偏北方，但这不是（我）师的过错。我师完成了上级交付的所有任务。夜间，铁路线以西和察里察河以南我师攻击地域内的所有敌军已被彻底歼灭。仅在"埃德尔斯海姆"和"黑勒曼"战斗群所处的兵营地域便发现俄国人的46辆坦克，其中包括23辆T-34，这些坦克都被德国武器击毁。我师可投入的坦克力量为7辆二号坦克、3辆三号kz［短身管］坦克、6辆三号lg［长身管］坦克、1辆四号kz坦克、4辆四号lg坦克和2辆Bfwg［指挥坦克］。我师只遭受到轻微伤亡——2人阵亡、37人负伤，其中14名伤员仍留在各自的部队里。弹药严重短缺的问题令第48装甲军辖内各师的补给人员焦虑不已。第24装甲师同样严重缺乏弹药，轻型步兵炮炮弹仅有15%，轻型榴弹炮为25%，20毫米高射炮所用的反坦克炮弹，目前为0%。最后一个数字表明了战斗的激烈度。这些20毫米高射炮安装在半履带车的平板车厢上，交给各战斗群，为掷弹兵们提供支援，经常在紧急情况下成为唯一的反坦克力量。[73]

面对这样的消耗，保卢斯的主要突击力量——伦斯基第24装甲师最终丧失战斗力仅仅是个时间问题而已。

崔可夫清楚他的集团军面临的潜在灾难，24小时前，他已向方面军司令员叶廖缅科发出紧急呼吁，请求增派援兵，以免第62集团军失守斯大林格勒城。崔可夫要求调派2—3个齐装满员的步兵师，但当天晚些时候，叶廖缅科只答应为他提供塔拉索夫中校的海军步兵第92旅和乌多维琴科中校的坦克第137旅，9月16日晚些时候，方面军终于将这2个旅交给第62集团军。[74]

崔可夫在9月17日晚发给叶廖缅科的每日报告中，清晰明了地概括了第62集团军日益严重的问题：

从当日早晨起，敌人便不断投入摩托化步兵和坦克，企图拓宽在城内夺取的区域。

集团军击退了优势敌军发起的猛烈进攻，目前正在前线北部地域据守原先的阵地。

步兵第112师、近卫步兵第13师第39团自早晨起继续进攻，正在夺取102.0高地［马马耶夫岗］西南坡。

近卫步兵第13师继续在市中心与敌步兵和坦克进行巷战，在专家楼和火车站附近实施了最顽强的抵抗。持续三天的战斗使该师遭受到严重伤亡。

前线南部地域，各部队已撤至以下防线：萨多瓦亚东南方3公里处的火车站（含）、医院（含）、米尼纳郊区南部边缘（含）。其他各部队的位置未发生变化。

集团军司令员已向方面军司令员报告，现有的预备队已耗尽，必须立即调派新部队增援集团军，以免近卫步兵第13师彻底消耗殆尽。[75]

截至9月17日日终，沿前线大多数地段，崔可夫的守军被逼入了一片浅浅的区域，纵深不到4公里，防线的长度为17公里，他们身后就是伏尔加河。只有北面，从雷诺克和斯巴达诺夫卡向南延伸，穿过莫克拉亚梅切特卡河，直至"红十月"新村西郊和马马耶夫岗的这片区域，第62集团军尚有一定的防御纵深。但即便在那里，德军第14装甲师和第389步兵师也逐渐向南、向东压缩着崔可夫的登陆场。此时，第14装甲军已有了一位新军长。冯·维特斯海姆将军9月14日被解除职务，这显然是因为他先前请求批准他的军撤离城市北部过于暴露的位置，还建议第6集团军在斯大林格勒地域转入防御，并认为将坦克投入城市争夺战的部署也是错误的，这令元首大为恼火。接替维特斯海姆的是第16装甲师镇定自若的师长汉斯·胡贝。[76]

但城市争夺战远未结束。9月16日晚，叶廖缅科终于勉强批准了崔可夫急需援兵的一再请求，将海军步兵第92旅和坦克第137旅调拨给第62集团军。塔拉索夫的旅由波罗的海舰队和北海舰队的水兵组成，此前一直担任最高统帅部预备队；坦克第137旅由K. S. 乌多维琴科中校指挥，只有15辆配备45毫米主炮的T-60轻型坦克，一直隶属于坦克第2军，此前守卫着伏尔加河东面的阵地。[77]9月16日至17日夜间,伏尔加河区舰队的船只将这两个旅送过河去。崔可夫立即将塔拉索夫的步兵旅部署到从察里察河南延至叶利尚卡河以东铁路枢纽这片地域,支援步兵第10旅、坦克第133旅和获得加强的近卫步兵第35师,这些部队守卫着主铁路线与伏尔加河之间的建筑物和街道,以及从北面的察里察河至南面的叶利尚卡河这片区域。

渡过伏尔加河后,塔拉索夫将旅里的独立步兵第2、第3、第1营投入从联合食品加工厂向北面的主铁路线以东地域延伸,直至察里察河南岸的这片区域,部署在从左至右延伸的防御阵地上。旅里的第4营在伏尔加河西岸守卫预备阵地,这片防区从叶利尚卡河与察里察河的中间位置向北延伸,直至察里察河南岸(参见地图28)。海军步兵第92旅的任务是增援位于粮仓附近和相邻建筑物内的步兵第10旅、坦克第133旅、NKVD步兵第271团的残部。此后,这股合兵一处的力量将沿察里察河向西进攻,消灭铁路桥附近的德军登陆场,与察里察河北面的步兵第42旅和步兵第244师的部队会合。乌多维琴科的坦克将集结在马马耶夫岗以东地域,支援在坟冢上战斗的步兵第112师和近卫步兵第13师的部队。伏尔加河东面,坦克第2军的坦克第169旅将在斯塔连基(Staren'kii)和图马克(Tumak)地域接防乌多维琴科原先的阵地。[78]

9月17日,苏军最高统帅部将F. N. 斯梅霍特沃罗夫少将的步兵第193师调拨给东南方面军。第62集团军参谋长克雷洛夫立即代替崔可夫命令斯梅霍特沃罗夫将他的新锐师集结在伏尔加河以东10公里处,齐甘斯卡亚扎里亚(Tsyganskaia Zaria)东面的森林中。1942年1月3日,步兵第193师在莫斯科西南方的梁赞地域第二次组建,原先的步兵第193师已在一个月前的战斗中全军覆没。[79]该师新任师长是老资格的步兵指挥员费奥多尔·尼坎德罗维奇·斯梅霍特沃罗夫,他自1940年6月以来一直率领步兵第135师,指挥步兵第193师直至1943年3月18日。步兵第193师完成编组后,6月份加入布良斯克方面军预备队。隶属布良斯克方面军"奇比索夫"集群(连同巴秋克上校的步兵第284师)期间,7月份下半月,斯梅霍特沃罗夫师在沃罗涅日以西的战斗中损失惨重,该师被包围在苏哈亚韦列伊卡口袋中,几乎全军覆没。这场战役结束后,该师残存的官兵撤至乌拉尔军区,8月初重建,9月中旬匆匆赶赴斯大林格勒地域。因此,与大多数派去增援崔可夫陷入困境的集团军的师一样,第193师主

178

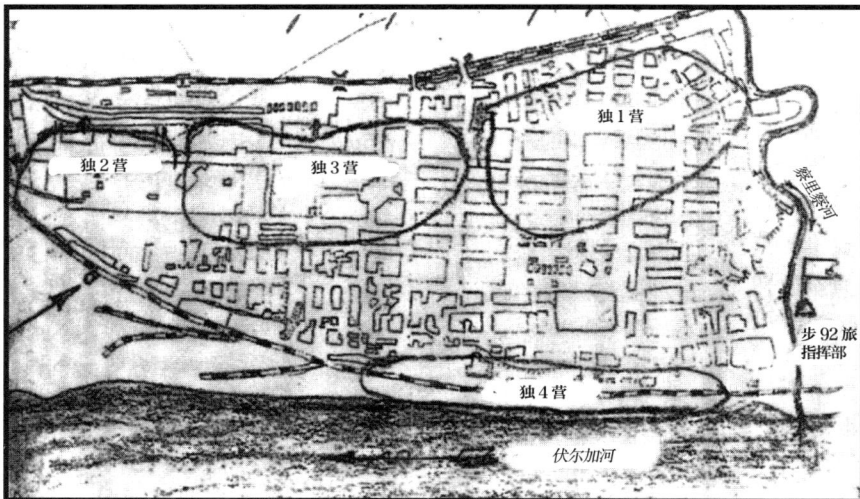

地图 28 1942 年 9 月 20 日 6 点，步兵第 92 旅的位置

要由新兵组成，尽管有一些来自彼尔姆①机枪-迫击炮学校的干部和太平洋舰队的水兵，还有一位经验丰富的师长。[80]

除了斯梅霍特沃罗夫师，分别由 V. A. 戈里什内上校和 N. F. 巴秋克上校指挥的步兵第95师和步兵第284师也在赶往斯大林格勒的途中；这两个师都来自最高统帅部预备队。前者9月18日集结在伏尔加河东面6公里处的佐纳利内（Zonal'nyi）地域，后者9月21日集结在红斯洛博达北面。[81]克雷洛夫暂时将戈里什内的师用于加强在马马耶夫岗战斗的各部队，巴秋克的师用于填补市中心近卫步兵第13师与步兵第95师（待其到达马马耶夫岗后）之间的缺口。

叶廖缅科采取行动加强第62集团军对市区的防御时，9月17日，他告诉崔可夫，他打算在科特卢班以南地域再次发起反突击，打击盘踞在顿河与伏尔加河之间陆桥上的德国第14装甲军和第8军。朱可夫已于9月12日返回莫斯科，将

——————————
① 译注：1942年时，该城的名字是莫洛托夫。

在那里待到9月26日，对这场新攻势，他与叶廖缅科已达成一致。[82]叶廖缅科试图以科特卢班以南地域发起的新攻势突破德军防御，向南推进，与斯大林格勒废墟中的第62集团军会合。即便这场进攻失利，他也希望至少能将第6集团军的部分兵力调至北翼，从而缓解第62集团军的压力。

为支援这场攻势，叶廖缅科命令崔可夫也发起一场反突击，阻止德军向"红十月"新村危险的逼近，并迫使德国人撤离马马耶夫岗和斯大林格勒市中心的战斗。叶廖缅科判断，如果崔可夫的反突击得手，切断并歼灭进攻城市西部的德军，对他在北面发起的攻势极为有利。另外，叶廖缅科还命令舒米洛夫以第64集团军发起一场辅助突击，打击将第64集团军（别克托夫卡）与第62集团军（斯大林格勒）隔开的德国第4装甲集团军的部队。

叶廖缅科策划他的新攻势时，崔可夫对城内陷入困境的部队进行了重组。他指示阿法纳西耶夫将步兵第244师在察里察河北面作战的残部纳入巴特拉科夫的步兵第42旅。巴特拉科夫的混编部队负责掩护市中心近卫步兵第13师的右翼，肃清察里察河上的德军登陆场，可能的话，与塔拉索夫位于察里察河南面的步兵第92旅建立联系。崔可夫还把在察里察河南面作战的所有部队合并起来，包括步兵第10旅、坦克第133旅、步兵第131师、NKVD步兵第270和第217团的残部，把他们纳入塔拉索夫的步兵第92旅或杜比扬斯基的近卫步兵第35师。[83]从理论上说，这些命令试图将第62集团军左翼的所有部队划拨给三个指挥部——步兵第42、第92旅和近卫步兵第35师，从而恢复指挥的统一性，并在该地域重新构设起一道连贯的防线。但实际上，这些部队中的大多数不可避免地混杂在了一起；更糟糕的是，德军第48装甲军计划以第94步兵师向东发起突击，构成了分割这些部队的威胁。

叶廖缅科火速向斯大林格勒派遣援兵，崔可夫调整集团军指挥结构和麾下各部队之际，第48装甲军辖下的部队已危险地逼近了崔可夫的集团军指挥所，该指挥所设在伏尔加河西岸，察里察河河口北面。此时，第24装甲师已将其装甲掷弹兵团东调，进入从察里察河南延至2号车站以北的区域，从这里，他们可以加入第94步兵师发起的突击，消灭盘踞在铁路线与伏尔加河之间的苏军。这使第62集团军的指挥所处于伦斯基装甲掷弹兵迫击炮火的射程内。但崔可夫及时转移了他的指挥所，从而逃过一劫，新指挥所设在"红十月"工厂东

渡过伏尔加河进入斯大林格勒城前，红军士兵向祖国宣誓。右图的红旗上写着"为了我们的苏维埃祖国"

斯大林格勒城南部，2号火车站位于正上方，SU83131的左侧是谷仓，铁路线和叶利尚卡河位于左侧

察里察河南北部地域，2号火车站和谷仓位于左下方

在斯大林格勒城南部街
道战斗的红军士兵和海
军步兵

面，伏尔加河西岸的轮渡码头。此时，第62集团军据守的西岸极其危险，崔可夫的转移实际上是从察里察河口渡过伏尔加河，沿河流东岸一路向北，然后在"红十月"工厂对面再次渡过伏尔加河。[84]

9月18日

虽然肯普夫9月16日和17日赢得了辉煌的胜利，但第48装甲军在城市南部的战斗却迟迟无法结束，因为苏军丝毫不肯放弃。崔可夫试图将德国人的注意力和兵力从南部的战斗中调离，9月17日至18日夜间，他命令在斯大林格勒北面守卫雷诺克和斯巴达诺夫卡的"戈罗霍夫"集群"于9月18日5点发起一场牵制性进攻，以加强支队打击德军第16装甲师位于（斯巴达诺夫卡北面和西北面）101.3高地和135.4高地的阵地"。[85]但是，正如第62集团军当晚报告总参谋部时指出的那样，这场进攻未能达成预期目的：

9月18日15点①，第62集团军右翼部队转入进攻，截至17点，已占领［以下］阵地：

步兵第124旅，据守雷诺克（含）—斯巴达诺夫卡一线的同时，以部分兵力占领了34.0里程碑地域（雷诺克北面500米处）。

步兵第149旅，据守斯巴达诺夫卡和93.2里程碑（雷诺克以西4公里处）一线的同时，以部分兵力攻向101.3高地，正缓慢向前推进。

NKVD步兵第282团，沿93.2里程碑至单独的树林（奥尔洛夫卡东南方1—2公里处）一线占据防御阵地。

步兵第42旅损失惨重，撤至1号车站南面300米处的花园附近。

步兵第244师，沿从屠格涅夫（Turgenevskaia）大街至铸造厂（Liteinaia）大街［铁路桥东北方400—800米处］的铁路线占据防御阵地。

步兵第92旅已将察里察河南面斯大林格勒数个街区内的小股敌人肃清，并前出到阿赫图巴河（Akhtubinskaia）大街［察里察河上的铁路桥以东600米

---

① 译注：上文指出是5点，崔可夫回忆录中也提及是"清晨"。

处］至粮仓［2号车站以东800米处］的铁路线。

　　近卫步兵第35师、步兵第10旅和步兵第131师击退敌人的数次进攻后，继续坚守粮仓以北1公里处的铁路线、水塔和利沃夫车道一线。

　　近卫步兵第13师击退了敌人向油库的猛攻，继续坚守阿尔乔莫夫（Artemovskaia）、涅克拉索夫（Nekrasovskaia）、果戈里（Gogolia）和共和国（Respublikanskaia）大街。[86]

　　"戈罗霍夫"集群进攻的失败，使德国人将注意力集中于第62集团军在察里察河南面日益萎缩的立足地，稍稍兼顾斯大林格勒市中心。肯普夫装甲军与北面第51军辖下的第71步兵师相配合，发起猛烈进攻，但只取得喜忧参半的结果。

　　当日，哈特曼第71步兵师的3个团继续与近卫步兵第13师坚守斯大林格勒市中心的2个团进行巷战，为争夺1号车站、毗邻的"1月9日"广场和附近的建筑物，双方展开拉锯战，许多建筑物易手数次。南面，苏军步兵第42旅和第244师的残部（只剩下几百人，由巴特拉科夫指挥）逃离德军第24装甲师和第71步兵师逐渐合拢的铁钳，从铁路桥西面沿察里察河两岸向东退却。在此过程中，苏军士兵在必要时渡过河去，占据了屠格涅夫大街上的建筑物和北面的几座花园。此时，巴特拉科夫这股微弱的力量获得了NKVD士兵和当地民兵的加强，面对着德军第71步兵师沿察里察河北岸向东推进的第211团以及第24装甲师位于铁路桥登陆场内的部队。巴特拉科夫的部队设法推迟德国人向伏尔加河的推进，并给哈特曼已严重减员的师增添了新的伤亡。

　　第71步兵师继续在察里察河北面作战之际，第24装甲师巩固了对察里察河登陆场和南延至2号车站的主铁路线的防御，普法伊费尔第94步兵师和弗雷梅赖第29摩步师负责执行一项艰巨的任务：粉碎铁路线与伏尔加河（从火车站南延至叶利尚卡河）之间苏军残存的一切抵抗。这个任务看似简单，却引发了一场激烈的、经常沦为白刃战的战斗，这场战斗从9月18日起，一连持续了七天。最初卷入这场激战的是伦斯基第24装甲师、普法伊费尔第94步兵师和弗雷梅赖第29摩步师。但没过24小时，保卢斯便命令第24装甲师离开该地域，实施重组后赶往北面，加强第51军向斯大林格勒工厂区的推进。收拾斯大林格勒南部残局的任务留给了第94步兵师和第29摩步师。

没等第24装甲师离开，第94步兵师便发起了争夺这片城区的战斗，第267、第274和第276团并排部署，从2号车站东面的街道南延至叶利尚卡河北面的联合食品加工厂。这几个团将向东推进，与第24装甲师位于北面的装甲掷弹兵相配合，粉碎苏军在铁路线以东特别是在粮仓附近的抵抗，并将残存的俄国人赶入东面的伏尔加河。第29摩步师提供支援，负责肃清从联合食品加工厂南部边缘南延至叶利尚卡河下游这片区域内的苏军。

德军这场行动缺乏重点，结果沦为了争夺分散但至关重要的据点的数十场小规模战斗。这些据点包括混凝土粮仓、毗邻2号车站的建筑物、铁路线东面和察里察河南面密集街区内的建筑物、联合食品加工厂内获得强化的仓库、附近另一些小型工厂和企业，甚至包括叶利尚卡河南面坐落在伏尔加河西岸的一些建筑物。这些令人厌烦的障碍物由班、排、实力耗损的连据守，有时候甚至是由以苏军不同兵团或部队的2—5名士兵构成的小组守卫，每个据点都已变为小型堡垒。

步兵第92旅3个先遣营的士兵，与步兵第10旅、坦克第133旅、NKVD步兵第271团的残部，在步兵第42旅和步兵第244师散兵游勇的加强下，守卫着最重要的区域：从联合食品加工厂向北延伸，穿过粮仓和2号车站，直至察里察河南岸。这些部队由塔拉索夫中校指挥（参见地图27）。南面，杜比扬斯基获得加强的近卫步兵第35师以类似配置的部队守卫着从伏尔加河和叶利尚卡河至联合食品加工厂的防线，尽管他的另一些部队仍坚守着叶利尚卡河下游以南的一些据点。

该地域随后展开的战斗由无数场交火组成，交战双方毫不留情。德军步兵在迫击炮、反坦克炮和直瞄火炮的支援下，从各条街道冲入相邻的街区和独立建筑物，与使用轻武器、机枪、汽油燃烧瓶（被称作"莫洛托夫"鸡尾酒）以及手头一切致命武器的苏军步兵展开厮杀。有时候，获得更好组织和支援的苏军士兵，例如步兵第92旅，幸运地获得了76毫米野炮、37毫米反坦克炮和50毫米步兵迫击炮的支援。各个街区内的建筑物和独立房屋沦为战场，一些楼层——甚至是房间——多次易手。

塔拉索夫步兵第92旅第3营奉命增援粮仓及其周围的步兵第42旅，营里的一名海军步兵后来写下了他对这场残酷战斗的印象：

敌人的坦克和步兵，数量约为我方兵力的10倍，很快从南面和西面发起冲击。第一次进攻被击退后，他们又发起第二次、第三次进攻，一架侦察机在上方盘旋，负责纠正火力并报告我们所处的位置。总之，9月18日击退了敌人的十次进攻……

粮仓里的粮食起火燃烧，机枪的冷却水蒸发了，伤员们口干舌燥，但附近没有水。我们就这样不分昼夜地坚守着阵地，一连坚持了三天。炎热、硝烟、干渴——我们的嘴唇都已开裂。白天，我们中的许多人爬到粮仓高处，从那里朝德寇开火射击；晚上，我们再下来，在建筑物周围构成环形防御……夜里，战斗短暂平息时，我们清点着手头的弹药。剩下的弹药已不多……随着敌人的大批坦克突向粮仓北面和东面，我们决定向南突围，撤至别克托夫卡地域。

20日夜间……我们动身出发……我们穿过沟壑，跨过铁路线，无意间遇到敌人的一个迫击炮连，该连刚刚在夜幕的掩护下进入阵地。我们摧毁了他们的三门迫击炮和一车炸弹（炮弹）。德国人丢下七具尸体四散奔逃，他们丢弃的不仅仅是武器装备，还有面包和水。我们都快渴晕了。"有水喝了！有水喝了！"这就是我们当时的想法。黑暗中，我们痛饮一番，然后嚼着从德国人那里缴获的面包继续上路。[87]

在这场混乱、激烈的战斗中，德军步兵第94师要求第24装甲师提供支援，以该师配备的88毫米高射炮轰击苏军据守的令人恼火的粮仓。第24装甲师提供了这一火力支援，但炮兵观测员指出："（对它）没有造成太大影响。"[88]

战斗期间，9月18日18点15分，第6集团军参谋长阿图尔·施密特将军打电话给第48装甲军参谋长，通知他："第94步兵师和第24装甲师将转隶第51军。我会向集团军司令报告。第24装甲师的部队应尽快脱离战斗并重新部署。"[89]这道命令意味着伦斯基的装甲师和普法伊费尔的步兵师将撤出前线，重新部署至北面，增援第51军对工厂区的艰难进攻。20点25分发来的后续电文证实了这一点："第24装甲师转隶第51军，9月19日8点生效。"当晚晚些时候，伦斯基接到指示，次日拂晓后迅速将他的师向北调动，日终前集结于叶佐夫卡（Ezovka）、沃罗波诺沃和种羊场（Schafzucht）地域。[90]

对保卢斯将军来说，这是策略上的一个重大改变。他认为第48装甲军肃清斯大林格勒城南半部苏军部队的行动基本上已取得胜利，再有几个小时便能彻底完成这项任务。他还判断，攻入北部工厂区的第51军很可能遭遇到了困难。因此，这位第6集团军司令认为，应该（尽管不是必须）以第24装甲师和第94步兵师加强第51军，特别是因为赛德利茨3个步兵师的实力正被逐渐削弱。可是，做出这些决定时，保卢斯忽略了两个新的、令人很不愉快的现实。首先，肃清察里察河以南苏军部队的任务远未完成。实际上，第94步兵师的主力不得不在南面多停留一周，以完成这项任务。其次，保卢斯做出这些决定后不久，崔可夫就打乱了德军指挥官的计划，他命令城市南半部的苏军投入一场先发制人的反突击。除了使赛德利茨意图发起的进攻变得更加困难外，苏军的行动还将第24装甲师拖入新的战斗，使其无法在获得休整和补充后对斯大林格勒北部工厂区发起决定性突击。

城市作战战术

争夺斯大林格勒的战斗中，双方的各个单位出现在作战地图上，并在书面记述中被写为完整的师、旅、团。但除了沿斯大林格勒工厂区西面高地和马马耶夫岗山坡上的这些精心设计、基本呈直线排列的战斗，截至9月16日日终，市内的大多数战斗都由一个个战斗组遂行，这些小组通常不超过50人。对苏联守军来说更是如此，各部队令人绝望地与来自几个兵团的士兵拼凑而成的突击组混杂在一起。德国人夺取一座建筑物后，残存的红军士兵逃离，加入由仍能作战的士兵组成的、最靠近的突击组。对双方而言，这场战役开始呈现出一种噩梦般的性质。夜幕减缓了空军和炮兵的攻击，但双方步兵在大片废墟中孤立无援，四面被奇怪的声音和看不见的危险所包围。狙击手和遭遇战变得司空见惯。

对德军而言，第一次大胆突击未能夺取这座城市，随后便遭受到惨重伤亡，这促使他们采取了更谨慎、更有条理的作战方式。而对苏军士兵来说，活着的每一天，挫败德国人的每一次进攻，仅仅是增加了一种宿命论式的决心。伏尔加河和NKVD无情的阻截队就在身后，苏军士兵别无选择，只能奋战到底。由于各部队损失惨重，就连阻截队有时候也不得不投入前线的战斗。

担任集团军司令员的最初几天混乱的日子里，崔可夫继续研究着德军的战术，并进行了细致的分析。[91]例如，他注意到，近距离空中支援与步兵和支援武器实施协同的常见问题因城市作战的地形而恶化。虽然"斯图卡"俯冲轰炸机远比高空轰炸机更加准确，但"斯图卡"飞行员对炸弹精确落点的掌控极为有限。因此，除非存在庞大且清晰可见的无人地带，否则德军飞行员不太愿意朝靠近己方部队处投掷炸弹，这一点可以理解，特别是因为第24装甲师先前遭到过误炸。另外，德国空军的行动受到一定限制，他们基本只在天气晴朗的白天发起攻击。

崔可夫迅速得出显而易见的结论：为保存有生力量，守军必须逼近到距离德军步兵100米甚至50米处，这样一来，敌"斯图卡"飞行员和炮兵观测员都不敢对红军发起打击，生怕误伤己方部队。另外，苏军通常在白天发起反冲击，这给德国人提供了更多的打击目标。因此，除了实施一些夜袭，崔可夫不再组织反冲击，除非敌人构成的威胁太大使他别无选择。相反，这位将军鼓励他的部下以突击小组的形式展开战斗，他们发起进攻，实施防御，更像是一群群城市游击队，而非有组织的营和团。这些突击小组伏击落单的德军坦克和小股步兵分队，然后撤退，从下水道转移到其他防御阵地。如果德国人在某个角落处夺取了一座设防的房屋，他们很可能发现，苏军士兵在德军先遣队身后占据了防御阵地，而不是退入越来越狭小的市区。进攻方和防御方（在一座建筑内通常只隔着一堵墙）每晚只能断断续续地睡上一会儿。

这些非常规打法开始后，崔可夫逐渐制订出一套城市作战战术。这些战术也许无法确保苏军获胜，但至少能让德国人为胜利付出更多的时间和更大的代价，特别是斯大林格勒工厂区废墟上的争夺沦为噩梦般的激战时。

斯大林格勒成为一种象征

到9月中旬，德国国防军和苏联红军已被牢牢牵制在斯大林格勒的废墟中，德国人"蓝色"行动的最初计划中几乎没有提及这座城市。守军发现他们的城市已成为整个战役的焦点，他们也对此感到惊讶莫名。

诚然，由于斯大林格勒城横跨在莫斯科通往高加索的剩余河流和铁路线上，再加上城内有诸多军工厂，因而这座城市具有重要的军事价值。但在德国领导人看来，她的名字——斯大林格勒（使这座城市等同于苏联独裁者和困难重重的共产党政权，以及斯大林在俄国内战期间抗击白军保卫察里津的所谓壮举），赋予了这座城市一种心理和政治重要性，与其实际军事价值完全不成比例。德国方面的宣传报道越来越集中于为争夺这座以斯大林的名字命名的城市而展开的激烈战斗。随着秋季来临，A集团军群进军高加索的行动放缓，随后便停顿下来，使得斯大林格勒和伏尔加河河曲部看上去越来越像结束"蓝色"行动的顺理成章的停止点。希特勒此前发表的讲话使夺取该城成为一个关乎他个人威望的问题，但德军指挥官、士兵和平民百姓都开始对斯大林格勒产生一种井蛙之见。正如一位德军指挥官沮丧地指出的那样："与清醒的军事判断相比，政治、威望、宣传和情绪占了上风。"[92]

守军的奋战有许多相同的理由：斯大林格勒已成为苏联实施抵抗的一种强烈的政治和心理象征。但从更实际的角度看，苏军指挥员（从斯大林、朱可夫到崔可夫）显然意识到，红军将德国侵略者引入斯大林格勒旷日持久的争夺战中，使其动弹不得，从而抵消了对方在机动作战方面的优势，并耗尽其兵力。[93]德军每日推进的速度，曾经以几十公里计，现在下降为一个个街区。这种打法牵制了第6集团军，也使守军有时间在侧翼发起一系列反突击和反冲击。如上所述，这些反击的准备工作很糟糕，通常收效不大，但从长远看，这些行动锻炼了苏军指挥员的能力，进一步削弱了苏联南部已捉襟见肘的轴心国军队。

出于这些原因，斯大林格勒争夺战（德国人估计还要几周才能完成）月复一月地持续了下去。交战双方都已筋疲力尽，他们的表现越来越像拳台上苦斗的拳击手：脚步踉踉跄跄，几乎已无法打出一连串组合拳，但拒不承认自己已失败。

第二次科特卢班攻势，9月18日—10月2日

斯大林格勒方面军在城市北面和西北面发起的第三场攻势①正是这样一场反突击。希特勒低估了苏军在斯大林格勒实施抵抗的决心，而苏联领导人也认为对手的实力已被削弱。对第6集团军陷入巷战的半数力量来说，情况的确如此，他们只能以寥寥无几的预备队应对苏军在其他地段发起的大规模行动。可是，第6集团军和为其提供支援的空军力量依然强大。尽管如此，9月12日返回莫斯科前，朱可夫仍然指示叶廖缅科以斯大林格勒方面军左翼的3个集团军再发起一场大规模反突击，9月18日打响，他们认为，德军现在的防区肯定比方面军8月底和9月初以4个集团军突击的地域更加虚弱。

叶廖缅科确信，上一次攻势失利的主要原因是他的突击集群遭遇到德军装甲和摩托化部队，即第14装甲军辖下的第16装甲师和第60、第3摩步师。为避免重蹈覆辙，他决定将主要突击方向从奥尔洛夫卡北面的139.7高地和库兹米希地域向西调整至科特卢班正南面的萨莫法洛夫卡和"564公里"车站地域，那里主要是德国第8军和第14装甲军左翼的步兵，守卫着从西北方通入斯大林格勒的主铁路线。

在该地域发起进攻似乎较为有利，主要基于两个原因。首先，方面军突击群将对德国第8军与第14装甲军结合部的防御发起打击，叶廖缅科认为敌人在那里的防御最为虚弱。据守该地域的德军只有1个步兵团（第230团）、第8军第76步兵师侦察营、第14装甲军第60摩步师侦察营和隶属第14装甲军的第9机枪营。其次，在该地域发起进攻将利用进入斯大林格勒最便捷的路线：通往城市西北郊的铁路线。除了这些优势，正如几周前的情况那样，也存在一些不利因素，科特卢班南部的地形仍需要叶廖缅科的部队跨过开阔的草原发起进攻，面对敌人的火力，只有夜幕和纵横交错的诸多峡谷能提供些遮掩。

为提高科特卢班攻势获胜的机会，叶廖缅科指示第62集团军（从斯大林格勒市区）和第64集团军（从城市南面的登陆场）发起辅助性反突击。特别是崔可夫的集团军，应在一个新锐步兵师的加强下，从市区向西南方进攻，将德

---

① 译注：第二场。

国第6集团军的注意力和兵力从北面的主要突击行动吸引开。与此同时，舒米洛夫应以右翼部队组织一场反突击，从戈尔纳亚波利亚纳地域向北推进，歼灭库波罗斯诺耶和叶利尚卡地域的德军，与守卫城市的第62集团军会合。为强化舒米洛夫的反突击，叶廖缅科从托尔布欣第57集团军抽调I. K. 莫罗佐夫上校的步兵第422师，派该师加强第64集团军。叶廖缅科命令，两个方面军的所有炮兵群以及空军第8集团军的所有战机为这些反突击和反冲击提供支援。[94]

叶廖缅科选中从主铁路线上的"564公里"车站至萨莫法洛夫卡西南方5公里处的科特卢班峡谷这一17公里的地段作为这场新攻势的目标。据守该地段的仅有科兹洛夫第24集团军，该集团军的实力太弱，无法率领这场攻势，叶廖缅科只能调整方面军辖下各集团军，以便将必要的兵力集中在新进攻地段。他命令第24集团军和莫斯卡连科的近卫第1集团军互换防区，然后将他们左右两翼的防区交给马利诺夫斯基的第66集团军和克留琴金的坦克第4集团军，缩窄两个集团军的进攻地段。为避免部队大举调动（这肯定会让德国人判断出苏军正准备发起一场新攻势），叶廖缅科命令科兹洛夫和莫斯卡连科互换辖下的师和防区，而不是让部队在防线上横向调动。可是，由于莫斯卡连科的近卫集团军执行方面军的主要突击需要获得大力加强，这同样涉及大批部队的调动。

莫斯卡连科受领的任务颇具挑战性，他不仅要将司令部和部分部队西调，还要接手指挥第24集团军辖内近半数师及其战术地幅，同时应在9月17日夜幕降临前为进攻行动做好一切必要的准备。因此，在短短三天时间里，莫斯卡连科将集团军防区和辖下所有的师移交给了第66和第24集团军，将集团军司令部迁至科特卢班车站地域，接管了从"564公里"车站北面西延至萨莫法洛夫卡南面的12公里防区，并将第24集团军辖内的步兵师纳入他这个集团军的战斗编组。完成这番重组后，除了坦克第4、第7和第6军外，近卫第1集团军已成为一支全新的部队——不到30天，这已是第三次！[95]

虽然是全新组建，但莫斯卡连科的集团军远远谈不上齐装满员和新锐（参见图表18）。辖下8个步兵师①是从最高统帅部预备队调来的满编或近满

---

① 译注：9个师。

编师，可就连这些师的迫击炮、机枪和轮式运输车辆也不足额。另外5个师（步兵第173、第207、第221、第292、第308师）在9月初第24和第66集团军的进攻行动中伤亡惨重，并未获得相应的补充。[96]

图表 18：1942 年 9 月 15 日，近卫第 1 集团军各步兵师的兵力

步兵第173师——7149人
步兵第207师——4789人
步兵第221师——5724人
步兵第258师——13429人
步兵第260师——13303人
步兵第273师——12770人
步兵第308师——8671人
步兵第316师——10495人
步兵第292师——9970人
总计——86300人
集团军总实力——123882人、611门火炮、1956门迫击炮

※ 资料来源：伊萨耶夫，《斯大林格勒：伏尔加河后方没有我们的容身处》，第184、第192—193 页，引自 TsAMO RF, f. 220, op. 220, d. 72,1. 36。

　　至于为莫斯卡连科提供支援的坦克军，3个军都在先前的进攻行动中损失惨重，目前严重缺编；他们的许多重型和中型坦克正在维修，剩下的都是些轻型坦克。例如，罗特米斯特罗夫的坦克第7军有93辆坦克，其中45辆是T-60轻型坦克。坦克第4、第16军的情况与之相似，最高统帅部9月11日答应为他们补充94辆T-34，但他们只收到其中的一部分，另外，两个军的军长克拉夫钦科上校[①]和马斯洛夫少将，以及军里的大多数坦克组员，在进攻发起的几天前才刚刚到达。[97]最终，3个坦克军共获得243辆坦克，这使近卫第1集团军的坦克数量达到340辆（参见图表19）。

---

　　① 译注：应为少将。

图表 19：1942 年 9 月 18 日，近卫第 1 集团军各坦克军和坦克旅的实力

部队	KV重型	T-34中型	T-70轻型	T-60轻型	总计
坦克第4军	11	38	—	31	80
坦克第7军	12	36	—	45	93
坦克第16军	11	22	—	37	70
坦克第148旅	8	2	—	14	24
坦克第12旅	—	22	13	—	35
坦克第3旅	—	23	15	—	38
总计	42	143	28	127	340

※ 资料来源：伊萨耶夫，《斯大林格勒：伏尔加河后方没有我们的容身处》，第 185 页，引自 TsAMO RF, f. 38, op. 11360, d. 120,1. 13。

　　莫斯卡连科集团军受领的任务是从"564公里"车站北面西延至科特卢班峡谷这一地段向南突击，突破德军第8军与第14装甲军结合部的防御，沿博罗德金—纳杰日达方向向南扩大战果，与第62集团军的部队在斯大林格勒西面的古姆拉克地域会合（参见地图29）。莫斯卡连科左侧，科兹洛夫第24集团军在右翼遂行主要突击，进攻并突破德军第60摩步师设在"564公里"车站东面的防御，并沿通往戈罗季谢的铁路线向南扩大战果。科兹洛夫左侧，马利诺夫斯基的第66集团军将遂行一场辅助突击，攻向139.7高地北面德军第16装甲师与第3摩步师的结合部，然后向南扩大战果，夺取该高地，并与第62集团军据守奥尔洛夫卡的部队会合。

　　为贯彻这场攻势，莫斯卡连科将他的集团军编为两个梯队，主要突击群位于左翼。在这里，步兵第316、第308、第292师与坦克第7军坦克第87、第67和第12旅相配合，负责在"564公里"车站西面3公里宽的地段突破德军第60摩步师左翼的防御，然后向南疾进，穿过博罗德金和纳杰日达村，赶往集团军的最终目标：古姆拉克地域。突击群右侧，步兵第258和第173师将从科特卢班峡谷以东地域向南推进，击败德军第76步兵师的右翼部队，然后从博罗德金村西面向南扩大战果，掩护主要突击群的右翼。莫斯卡连科将克拉夫钦科坦克第4军、步兵第221和第207师留在第二梯队，命令他们在适当的时候提供增援，加强集团军向古姆拉克的推进，并挫败德军的反击。马斯洛夫坦克第16军和步兵

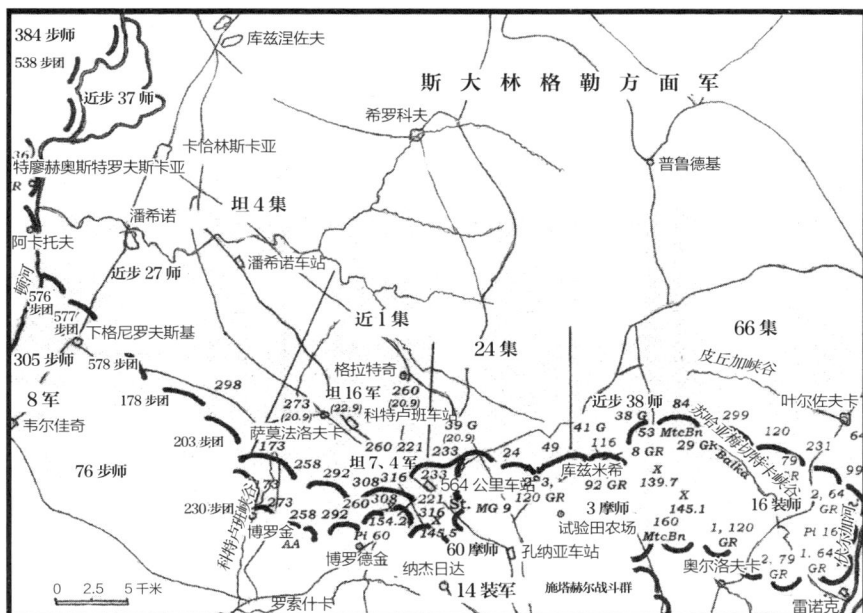

地图 29 1942 年 9 月 18 日—22 日，斯大林格勒方面军的科特卢班攻势

第260师担任预备队，必要时加入集团军的进攻行动。

　　因此，按照最初的配置，莫斯卡连科的主要突击力量约为34000人和90辆坦克，另外10000人和80辆坦克提供支援，而他这个集团军的步兵总数约为86000人，外加340辆坦克。这股力量面对的是德军第76步兵师第230团和侦察营，以及第60摩步师第60工兵营和第9机枪营，德军的兵力约为6000人，至于装甲力量，就算有的话也寥寥无几。[98] 但是，守军牢牢据守着精心构设的密集防御网。

　　近卫第1集团军左侧，科兹洛夫奉命向南突击的第24集团军，将步兵第49、第24和第233师并排部署在从库兹米希北面西延至"564公里"车站这片约10公里宽的地段上。为科兹洛夫的步兵提供加强的是坦克第246和第69旅，这两个旅只有18辆坦克。[99] 但是，该集团军在右翼3公里宽的地段上投入了更多兵力，在那里，第二梯队的近卫步兵第39师将增援从"564公里"车站东面发起突击的步兵第233师。因此，科兹洛夫投入约18000人和少量坦克，打击德军第60摩步师第120掷弹兵团第2、第3营和第9机枪营的右翼，这股守军的兵力不超过2500人。[100]

科兹洛夫左侧，马利诺夫斯基计划以第66集团军的一个突击集群发起辅助突击，该集群由近卫步兵第41、第38师及步兵第116师组成，从集团军右翼的苏哈亚梅切特卡河西面和139.7高地北面约8公里宽的地带展开行动。这股苏军约18000人，配有少量坦克，他们要对付的是德军第60摩步师第92掷弹兵团和第3摩步师第8掷弹兵团——约5000人，并获得两个摩步师30—40辆坦克的支援。[101]

叶廖缅科3个集团军的3个突击集群沿14公里宽的战线发起进攻，兵力（6:1）和坦克（5:1）都占有绝对优势，但德国守军据守着一条连贯的支撑点防线，配有大量暗堡、掩体和火力点，并得到精心布设的障碍物的保护。[102]另外，斯大林格勒方面军的突击行动还获得空军第16集团军123架战机的支援（118架歼击机、84架强击机和21架轰炸机）①，但这股力量远不及德军战机的数量，其结果可想而知。[103]

除了过于乐观地误判了德军防御的虚弱性，叶廖缅科提议发起的这场攻势还有另外几个问题。首先，和以往一样，叶廖缅科认为形势紧迫，因而匆匆将那些由疲惫的士兵或缺乏经验的新兵组成的实力严重短缺的兵团（特别是近卫第1集团军辖下的各个师）投入作战行动，根本没有足够的准备时间。其结果完全可以预料：一场缺乏协同的行动白白浪费了士兵们的英勇和军工厂生产的武器。其次，近卫第1集团军的突击正面太窄，缺乏经验的各部队无法实施机动。第三点，叶廖缅科选择白天发起进攻，虽然简化了一些协同问题，但也使进攻部队暴露在空中打击下，此时的德国空军与红空军相比，仍占有压倒性优势。最后一点，正如下文将讨论的那样，第62和第64集团军并不适合发起一场投入多个师的反突击，去包围第6集团军。他们的各个师和旅残破不全，据崔可夫计算，他的集团军只有35辆坦克，其中的许多已无法行驶，只能作为固定火力点使用。[104]

尽管如此，一场90分钟的炮火准备（基本上没起到什么效果）后，9月18日7点，叶廖缅科还是按时发起了他在科特卢班地域的第三次攻势②。近卫第1

---

① 译注：原文如此。
② 译注：第二次攻势。

集团军和第24集团军的突击集群再次试图夺取科特卢班南面的高地。对进攻方来说，不幸的是，德军第8军和第14装甲军已遵照自第一次世界大战起便成为德国军队标准的做法构筑起纵深防御。[105]这种纵深防御只派少量部队占据前沿阵地，以免在敌人发起进攻时遭受大量伤亡。因此，苏军的炮火准备和初步地面进攻大多落了空；从后方设在地势较高处的德军主阵地上，机枪、迫击炮和炮兵火力朝进攻方猛烈射击。苏军步兵、炮兵、坦克和飞机各自为战，指挥员们发现很难穿过这片毫无特征的开阔草原。凭借坚定的决心，近卫第1集团军的士兵们在一些地段前进了3公里，随即便停滞不前，而德军的主防线依然完整无损。

9月18日晚，红军总参谋部报告："9月18日晨，斯大林格勒方面军以部分兵力朝斯大林格勒这一总方向发起进攻，突破敌防御前沿后，当日日终前在一些地段取得3公里进展。"[106]参与进攻的各集团军的报告更为详细：

近卫第1集团军9月18日7点朝斯大林格勒这一总方向发起进攻，以左翼部队突破敌防御前沿，截至16点，推进了3公里。

步兵第173师，截至9月18日16点，前出至108.4高地南坡和107.2高地西南坡（大罗索什卡以北7—8公里处）一线，师里的各部队抓获25名德军俘虏。

步兵第258师沿107.2高地北坡和123.6高地西北坡（大罗索什卡东北方7公里处）一线战斗。

步兵第292师攻占了123.6高地北坡和143.8高地北坡（"564公里"车站西南方4公里处）一线。

步兵第308师夺取了博罗德金地域，正沿143.8高地北坡和博罗德金国营农场（"564公里"车站西南方3公里处）一线战斗。敌人以50辆坦克从波德索布诺耶（Podsobnoe）农场方向对该师辖下各部队发起反冲击。争夺154.2高地（"564公里"车站西南方2公里处）的战斗正在继续。

步兵第316师夺取了45.5高地地域（"564公里"车站东南方3公里处），已接近孔纳亚车站（库兹米希西南方5公里处）。

坦克第7军正与步兵第308、第316师的部队协同作战。

坦克第4军投入突破口，9月18日15点30分逼近"564公里"车站。

第24集团军9月18日7点朝斯大林格勒这一总方向发起进攻，但在当日的激战中未取得显著进展。

步兵第233师9月18日10点30分前夺取了"564公里"车站和车站东面1公里处的无名高地地域。

步兵第24和第49师正进行争夺库兹米希的战斗。

第66集团军9月18日8点以右翼部队发起进攻，遭遇敌顽强抵抗后无法继续前进。[107]

当日，近卫第1集团军辖下I. E. 祖巴列夫上校指挥的步兵第316师，在I. V. 沙巴洛夫上校坦克第87旅的支援下，从德军第60摩步师第9机枪营手中成功夺取了"564公里"车站。肃清车站附近的德军后，祖巴列夫的一个团向南推进，对第60摩步师工兵营据守的145.5高地发起进攻，另外两个团转向西南方，对第60摩步师工兵营设在152.4高地①上的防御展开进攻，该高地位于"564公里"车站西面5公里处，德国人称之为"大山顶"。祖巴列夫右侧，L. N. 古尔特耶夫上校的步兵第308师，在D. K. 古梅纽克中校坦克第62旅的支援下，11点加入步兵第316师对154.2高地的突击。不久后，沙巴洛夫的坦克第87旅赶上祖巴列夫的右翼团，协助其夺取145.5高地。

莫斯卡连科的辅助突击从西面发起，S. V. 利申科夫少将的步兵第292师在V. M. 巴达诺夫上校坦克第12旅6辆坦克的支援下，成功突入德军第76步兵师第230团和师属侦察营的防御，向南推进了约3公里，到达博罗德金农场北部。OKW及时报告道："大股敌坦克部队（多达3个团）破坏了科特卢班南面道路上的桥梁并渗透至博罗德金。敌人从东北方调来了新锐力量。"[108]

可是，当日下午，莫斯卡连科的突击开始动摇，德军第60和第3摩步师匆匆集结起装甲战斗群，在每组15—20架"斯图卡"战机提供的多波次支援下，以坦克和摩托化步兵从大罗索什卡地域发起反冲击，攻向北面的154.2高地、145.5高地和博罗德金农场。[109]这使OKW在报告中补充道："幸亏在2个师〔第

---

① 此处疑为154.2高地的笔误。

76步兵师和第60摩步师］的侧翼发起了英勇、果断的行动，我方的反冲击在坦克、突击炮和高射炮［88炮］的支援下赶至遭渗透处，敌坦克被击毁，前沿防御得到恢复。敌人对科特卢班以南的进攻瓦解。共击毁106辆敌坦克，抓获大批俘虏。"[110]

德军的反冲击令近卫第1集团军突击集群的推进戛然而止，14点，莫斯卡连科命令克拉夫钦科的坦克第4军和第二梯队的步兵第221、第207师（分别由 P. I. 布尼亚申和S. S. 古曾科上校指挥）投入战斗，恢复突击势头。可是，这些部队赶至"大山顶"地域时已经太晚，无法遏止德军的反冲击；据报，截至18点，德军的50辆坦克已将苏军步兵第308和第316师的步兵逐离154.2高地的山坡和山顶。德国空军猛烈的空中打击和德军炮兵毁灭性的精确炮火消灭了苏军步兵第308和第316师获得的坦克支援，两个师的士兵也没能沿他们的新阵地挖掘战壕，"无法抗击敌人的猛攻"。[111]此后，这两个师，以及集团军右翼各个师的师部，失去了对辖内各部队的控制，致使残存的士兵别无选择，只能弃守博罗德金国营农场、154.2高地和"564公里"车站地域，三五成群或孤身向北溃败，逃往出发阵地附近的新防线。莫斯卡连科后来将这场可耻的失败归咎于士兵们的软弱和疲惫，以及各级指挥员的缺乏经验。不管是什么原因，事实就是当日日终前，德国人令他的部队大败而归。莫斯卡连科后来声称，他的部队"在接下来的四天几乎一刻不停地对那些高地发起进攻"，但"德国人前调了足够的兵器和兵力，致使（我们）无法夺取那些高地"。[112]

9月18日和19日的激战使莫斯卡连科的集团军付出了可怕的代价，投入战斗的123000名士兵中，阵亡、负伤或失踪的人数多达36000人，另外，根据这一时期获得的坦克补充统计，该集团军最初的340辆坦克折损过半。第24和第66集团军的损失同样惨重，前者的伤亡超过32000人，后者约为20000人（参见图表20、21）。

在9月19日晚的作战概要中，红军总参谋部承认，第24集团军的进展很有限，而第66集团军在历时两天的战斗中没有取得任何进展。[113]OKW对这两日的战果深感满意，在报告中写道："敌人对科特卢班东南方西北翼的渗透已被肃清。在博罗德金东北方达成渗透后，敌人投入大股步兵和坦克发起进攻。争夺154.2高地的坦克战仍在继续。"[114]

图表 20：1942 年 9 月 20 日 18 点，近卫第 1 集团军的坦克力量

部队	KV	T-34	T-70	T-60	其他	总计
坦克第16军	13	37	—	36	—	86
坦克第7军	3/3	32*/10	0/2	8/28	—	43/40
坦克第4军	6/17	14/47	11/1	10/11	0/2+1**	41/79
坦克第148旅	1/7	0/2	—	4/13	—	5/22
坦克第3旅	—	2/4	2/2	—	—	4/6
坦克第12旅	—	2	2	—	—	4***
总计	23/27	87/63	15/5	58/52	0/3	183/150

※ 资料来源：伊萨耶夫，《斯大林格勒：伏尔加河后方没有我们的容身处》，第 205 页，引自 TsAMO RF, f.
38, op. 11360, d. 120,11. 14, 16, 16. ob。

注：斜杠前是可使用的坦克，斜杠后是需要修理的坦克。
＊坦克第 7 军获得 21 辆 T-34 坦克的补充。
＊＊坦克第 4 军有 2 辆 BT-5 和 1 辆 MK Ⅲ 英制坦克。
＊＊＊坦克第 12 旅的实力为 9 月 21 日的统计。

图表 21：1942 年 9 月 1 日—20 日，斯大林格勒方面军近卫第 1 集团军、第 24 集团军和第 66 集团军的人员损失

集团军	阵亡	负伤	失踪	其他原因	总计
近卫第1集团军	7726	26627	1267	196	35806
第24集团军	5747	20061	6629	67	32504
第66集团军	3237	13125	3798	245	20405
总计	16710	59803	11694	508	88715

※ 资料来源：伊萨耶夫，《斯大林格勒：伏尔加河后方没有我们的容身处》，第 206 页，引自 TsAMO RF, f.
220, op. 220, d. 72,1. 85。

　　莫斯卡连科的持续突击发生动摇之时，斯大林再次插手干预，他指示仍在莫斯科的朱可夫更改叶廖缅科进攻行动的方式和方向：

　　在我看来，您应该将主要突击从库兹米希方向转移到库兹米希东北方6—8公里处，130.7高地与128.9高地之间。这样，您就有可能与斯大林格勒军民会合，包围伏尔加河西岸的敌军集团，腾出第66集团军向斯大林格勒发起积极的行动。为实现这一点，您可以从近卫第1集团军和第24集团军抽调3个步兵师和3个坦克旅，加强马利诺夫斯基的右翼，近卫第1集团军和第24集团军的作战地域转入积极防御。这样一来，沿两个集团军正面的防御应当加强，您可以从第63和第21集团军抽调2—3个师过来。此举是可行的，因为敌人已从第63和第21集团军防区对面抽调部队投入斯大林格勒，那里只剩下虚弱的罗马尼亚和意大利军队，他们没有能力发起积极的行动。迅速与斯大林格勒守军的北部集群会合是一个先决条件，做不到这一点，您的一切行动都不会成功。[115]

　　根据这一指示，朱可夫和叶廖缅科拟定了一个新计划，将近卫第1集团军的突击方向调整至更西面，沿科特卢班峡谷两侧发起进攻，这座峡谷位于集团军右翼，科特卢班车站西南方5公里处。叶廖缅科要求莫斯卡连科继续保持对"564公里"车站以西德军防御的无情压力。为提高近卫第1集团军赢得胜利的可能性，叶廖缅科从坦克第4集团军和第21集团军抽调了几个师加强该集团军。待这些新锐力量加入近卫第1集团军后，莫斯卡连科将于9月23日拂晓重新发起进攻。

　　遵照叶廖缅科的指示，莫斯卡连科组建起2个突击集群遂行进攻任务。第一个集群实力较强，部署在集团军右翼，由步兵第258、第173、第273师构成，步兵第260师在左侧、步兵第298师在右侧提供支援，第298师调自坦克第4集团军。坦克支援力量包括来自坦克第148、第3和第12旅的50辆坦克以及马斯洛夫坦克第16军的45辆坦克。[116]该集群受领的任务是向南攻往科特卢班峡谷以东地域，对德军第76步兵师第203与第230团的结合部发起打击。掩护突击群右翼的步兵第298师将向南进攻，突向峡谷以西地域。第二个突击集群部署在集团军左翼，由4个步兵师构成，马斯洛夫坦克军的30辆坦克为其提供支援。该集群将步兵第207和第221师部署在第一梯队，步兵第316和第24师（调自第24集团军）位于第二梯队，他们将对"564公里"车站德军第60摩步师第9机枪营的防御发起进攻。次日，获得罗特米斯特罗夫坦克第7军和第24集团军3个步兵师的加强后，马利诺夫斯基的第66集团军也将投入进攻，对德军第16装甲师设在叶尔佐夫卡及其西部地域的防御发起打击。

　　9月22日晚，莫斯卡连科完成了将突击集群集结在科特卢班峡谷附近的工作。次日晨，他的两个突击集群再次向南发起进攻，但并未取得比过去六天更大的进展（参见地图30）。[117]

在9月23日晚的战事概要中，红军总参谋部承认了这一事实：

近卫第1集团军，9月23日6点30分以部分兵力继续向南进攻，克服敌人猛烈的防御火力和反冲击，前进了2—2.5公里。

步兵第173师和坦克第148旅前出至108.4高地东南坡。

步兵第273师击退敌人一个步兵连和坦克发起的反冲击后，13点到达130.4高地以西1.5公里处。

步兵第258师击退了敌人发起的七次反冲击，正沿107.2高地东北坡至该高地东北方2公里处一线战斗。消灭敌人的1个步兵营和35辆坦克。

步兵第207师14点前逼近145.5高地。

坦克第16军在步兵第273师进攻地域投入战斗，日终前正在夺取130.4高地（科特卢班以南7公里处）。

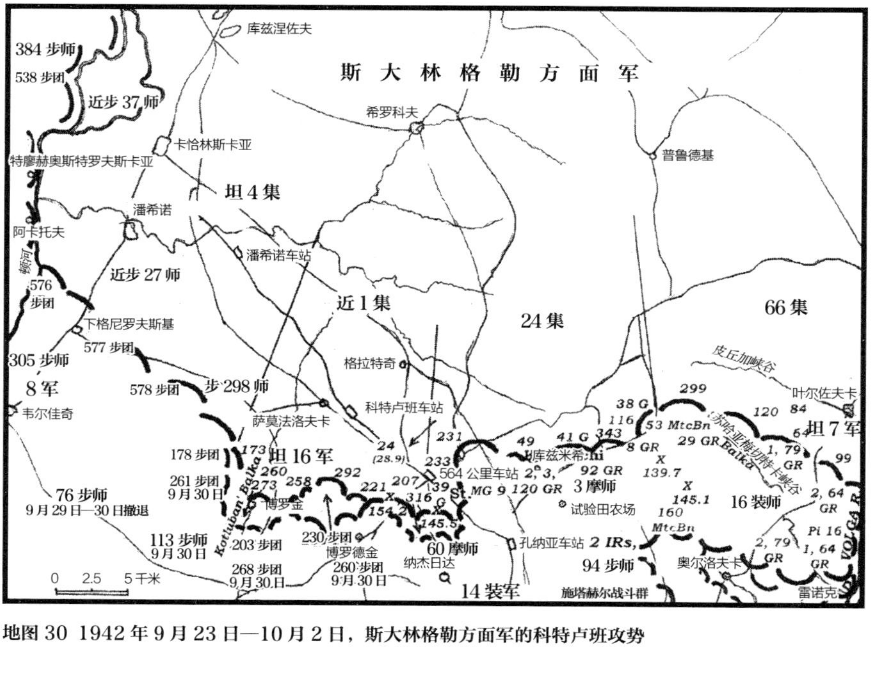

地图30 1942年9月23日—10月2日，斯大林格勒方面军的科特卢班攻势

第24集团军，9月23日晨试图从原先的阵地发起进攻，但遭遇敌人猛烈的防御火力和持续空中打击后，这一尝试未能成功。[118]

但是，经历了9月23日的挫败后，莫斯卡连科的两个突击集群次日取得了更好的进展。虽然第24集团军的进攻在库兹米希地域遭遇惨败，但9月24日日终前，近卫第1集团军的两个突击集群终于突破了德军前沿防御。位于集团军右翼的步兵第273师和坦克第16军一举攻占130.4高地，楔入德军第76步兵师的防区达2.5公里深，集团军左翼的步兵第221师再次从德军第9机枪营手中夺取了"564公里"车站。[119]

东面，马利诺夫斯基第66集团军9月24日晨投入进攻。集团军突击集群由步兵第64和第99师组成（兵力分别为7148和8531人），在罗特米斯特罗夫坦克第7军82辆坦克的支援下，攻向叶尔佐夫卡西面德军第16装甲师第79装甲掷弹兵团第1营和第64装甲掷弹兵团第2营的防御。[120]虽然这场突击楔入德军第16装甲师防区约1公里深，但正如OKW当晚所指出的那样："经过激烈的战斗，敌人对北部拦截阵地发起的进攻被我军击退，在此过程中，敌人损失了36辆坦克。"[121]

苏军第66集团军试图扩大前一天取得的战果，9月25日报告："左翼部队5点30分再度向南发起突击，克服敌人的顽强抵抗后，前出至从129.6高地山顶，经坟冢向前1.6和1.4公里，直至托米林（Tomilin）（叶尔佐夫卡西南和南面3.5—4公里处）北郊一线。"[122]与苏军这份报告相矛盾的是，德军第16装甲师在当天晚些时候宣称，该师击毁罗特米斯特罗夫的31辆坦克，并"击退了敌人对叶尔佐夫卡地域强有力的进攻"。[123]实际上，罗特米斯特罗夫的2个坦克旅在两天的激战中损失了75辆坦克，其中29辆被彻底击毁。[124]次日，第66集团军报告，他们击退了德军步兵在多达40辆坦克支援下发起的八次反冲击。据该集团军的后续报告称，马利诺夫斯基的进攻行动在10月初停顿了下来。

与此同时，西面，莫斯卡连科集团军的进攻也发生了动摇，于9月26日晚陷入停顿，主要是由于德军猛烈的空袭和强有力的局部反冲击所致。因此，OKW在报告中既指出苏军近卫第1集团军取得的进展，也谈到了马斯洛夫提供支援的坦克第16军在这些激战中遭受的严重损失："敌人向科特卢班以南地域投入大批坦克，在几个地点突破我方防御。沿前线整个北部地域，击伤击毁35辆敌坦克。"[125]实际上，马斯洛夫的坦克军9月24日损失了11辆KV和28辆T–34，据该军报告，9月25日日终时他们只剩下14辆可用的坦克（3辆T–34和11辆T–60）。[126]

此后，莫斯卡连科集团军多次对德军第76步兵师的防御发起进攻，直至10月4日，但投入的兵力越来越弱，取得的战果也急剧下降。此时，苏军每日的进展只有区区几百米。虽说苏军的兵器和人员不断遭受到依然高昂的损失，但近卫第1集团军、第24集团军和第66集团军在9月份最后一周的损失明显低于他们在当月前20天的损失（参见图表22）。

为莫斯卡连科提供支援的坦克力量也遭受到严重损失。例如，该集团军9月18日拥有的340辆坦克，到9月27日日终时已不到100辆。据官方统计，坦克第16军只剩下6辆T–60轻型坦克，坦克第4军只剩下19辆坦克（4辆KV、8辆T–34和7辆T–70），而坦克第7军也只剩下18辆坦克（3辆KV、2辆T–34和13辆T–70）。[127]虽然遭受到可怕的损失，但叶廖缅科坚持认为，莫斯卡连科应该继续进行这场毫无结果的突击，哪怕仅仅是为了稍微缓解在斯大林格勒地域苦战的崔可夫部队的压力。

虽说在城市持续激战的刺耳喧嚣的背景下失利，但斯大林格勒方面军对科特卢班以南地域激烈、旷日持久的反突击还是对苏军守卫斯大林格勒城产生了积极影响。例如，第3摩步师师史中记录下了科特卢班以南地域的激战，

图表 22：1942 年 9 月 20 日—26 日，斯大林格勒方面军近卫第 1 集团军、第 24 集团军和第 66 集团军的人员损失

集团军	阵亡	负伤	失踪	其他原因	总计
近卫第1集团军	2009	7097	1320	186	10612
第24集团军	1181	4700	405	19	6305
第66集团军	432	1273	99	17	1821
总计	3622	13070	1824	222	18738

※ 资料来源：伊萨耶夫，《斯大林格勒：伏尔加河后方没有我们的容身处》，第213页，引自 TsAMO RF, f. 220, op. 220, d. 72,1. 86。

其中指出，苏军在9月30日的战斗中投入120多辆坦克，被该师战斗群击毁37辆，他们在后续战斗中击毁了更多敌坦克。师史中还一带而过地提到，被击毁的敌坦克中有许多是根据租借法案提供的美制和英制坦克。[128]这份报告和第16装甲师的其他报告强调了这样一个事实：第60、第3摩步师和第16装甲师在这场历时一周的战斗中赢得胜利，完全是因为他们从奥尔洛夫卡以北的南部战线抽调了宝贵的坦克和装甲掷弹兵，协助加强科特卢班南部地域和叶尔佐夫卡的防御并实施反冲击。这使第14装甲军辖下的3个师无法投入奥尔洛夫卡和斯大林格勒市区的战斗，至少要等到10月2日科特卢班和叶尔佐夫卡地域的战事平静下来。

与对德军第14装甲军造成的不利影响相比，更引人注目的是，莫斯卡连科近卫第1集团军在科特卢班车站南面夺得近20平方公里的区域，并在激战中攻占了至关重要的"564公里"车站。与此同时，他的近卫集团军还给德军第8军辖下的第76步兵师造成了严重伤亡。该师损失惨重，致使保卢斯不得不在9月29日和30日以实力更强的第113步兵师替换第76步兵师，而第113步兵师原本被指定用于参加对斯大林格勒城的突击。此后，第76步兵师撤至后方集结区，接受休整和补充。[129]图表23所示的战斗力等级，无声地证明了朱可夫（后来是叶廖缅科）在科特卢班地域发起的攻势对德国第6集团军守卫该地域的各个师造成的有害影响（参见图表23）。

图表23：1942 年 9 月 14 日—10 月 5 日，第 6 集团军守卫科特卢班地域的各个师辖下步兵营和工兵营的战斗力等级

	9月14日	9月26日	10月5日
第76步兵师（9个步兵营）	5个中强、4个中等	4个中强、3个中等、2个虚弱	3个虚弱、6个耗尽
（1个工兵营）	中等	中强	虚弱
第3摩步师（5个步兵营）	2个中强、2个中等、1个虚弱	1个中强、3个中等、1个虚弱	3个中等、2个虚弱
（1个工兵营）	虚弱	强	耗尽

第60摩步师 （7个步兵营）	1个中强、6个中等	6个中等、1个虚弱	4个中等、2个虚弱、1个耗尽
（1个工兵营）	中等	虚弱	耗尽
第16装甲师 （5个步兵营）	3个中强、2个中等	3个中强、2个中等	3个中强、1个中等、1个虚弱
（1个工兵营）	中等	中等	中等

※ 资料来源：弗洛里安·冯·翁德·楚·奥夫塞斯男爵，《第6集团军作战日志附件册，第一卷，1942年9月14日至11月24日》，第12—13、第59—62、第128—130页，"Betr.: Zustand der Divisionen, Armee-Oberkommando 6, Abt. Ia, A. H. Qu., den 14 September 42, 12.35 Uhr"（关于：各个师的状况，第6集团军司令部作战处，1942年9月14日12点35分）、"Betr.: Zustand der Divisionen, Armee-Oberkommando 6, Abt. Ia, A. H. Qu., den 26 September 42"（关于：各个师的状况，第6集团军司令部作战处，1942年9月26日）和 "Betr.: Zustand der Divisionen, erstmalig nach neu festlegter Bestimmung des Begriffes "Gefechsstärke," Armee-Oberkommando 6, Abt. Ia, A. H. Qu., den 5 Oktober 1942"（关于：各个师的状况，重新规定"战斗力"这一术语后的首次，第6集团军司令部作战处，1942年10月5日）。

争夺马马耶夫岗和市中心，9月19日—26日

斯大林格勒的守军并不知道这一切，他们期盼的是一场重大胜利，能够缓解他们的痛苦。但是，莫斯卡连科9月18日的进攻牵制了第14装甲军，并将支援攻城战的德国空军和炮兵力量中的很大一部分吸引了过来。一天半的时间里，德国空军停止了对斯大林格勒城的空袭。另外，科特卢班地域的激战也使保卢斯愈发谨慎起来——他放慢了赛德利茨第51军的进军速度，并推延了从北翼抽调部队加强攻城力量的计划。[130]

受到最高统帅部的压力，东南方面军司令部9月18日18点给崔可夫下达了新的命令：

斯大林格勒方面军已向南转入全面进攻，遭到该方面军辖下各部队的打击，沿库兹米希—苏哈亚梅切特卡峡谷—阿卡托夫卡一线的敌人损失惨重。为抵抗我北方集团的进攻，敌人从斯大林格勒和沃罗波诺沃地域抽调了一些兵团和部队，经古姆拉克派往北面。

为与斯大林格勒方面军协同行动，粉碎敌斯大林格勒集团，我命令：

1. 第62集团军，以不少于3个步兵师和1个坦克旅的兵力在马马耶夫岗附近组建一个突击群，向斯大林格勒西北郊发起进攻，遂行歼灭该地域敌军的任务。当日任务是歼灭斯大林格勒城内的敌人，牢牢据守雷诺克、奥尔洛夫卡、128.0高地和98.9高地一线，以及斯大林格勒西北郊和西郊。

方面军炮兵主任应从右起戈罗季谢和古姆拉克、左至察里察河这一地域发起强大的炮兵突击［炮火准备］，支援第62集团军的进攻。

步兵第95师［戈里什内］1942年9月18日19点转隶第62集团军，应于1942年9月19日5点前将师里的大多数部队［团］经"红十月"新村的北部渡口渡过伏尔加河赶至斯大林格勒，以这些部队从102.0高地［马马耶夫岗］附近穿过城市西北郊发起突击。

步兵第112师受领的任务是在夜间恢复其阵地，并做好9月18日晨发起一场反突击的准备。

步兵于9月19日12点实施进攻。[131]

23点50分，第62集团军下达了进攻令。介绍相关态势和第62集团军及友邻部队受领的任务后，崔可夫给辖内部队分配了任务：

1. 敌人将预备力量投入战斗，夺取了斯大林格勒市中心，企图前出至伏尔加河，分割我集团军。

2. 集团军在遂行主要任务（守卫斯大林格勒城）的同时，于1942年9月19日以部分兵力发起一场反突击，目的是歼灭突入城内的敌人。

3. 右侧，斯大林格勒方面军的左翼部队发起一场进攻，歼灭雷诺克西北地域的敌军集团，与第62集团军的部队会合。

左侧，第64集团军的部队在沃罗波诺沃地域投入进攻。

与这些部队的分界线保持不变。

4. 我已决定从102.0高地［马马耶夫岗］朝火车站［1号车站］这个总方向发起一场进攻，切断并歼灭突入市中心的敌人。

我命令：

1. 坦克第23军——以摩托化步兵第9旅［3辆坦克］攻向126.6高地和医

院，受领的任务是粉碎敌军［第389步兵师第544团］，夺取［高地］前方0.8公里一线，并从西北方掩护突击集群。［NKVD步兵第269团担任预备队。］

左侧分界线——107.5高地、货车棚（含）和列索波萨多奇纳亚［林场］。

2. 坦克第137旅——从"红十月"新村西南郊附近攻向货车棚，受领的任务是粉碎102.0高地西坡的敌人［第295步兵师第517团］，入夜前夺取货车棚和112.5高地。

左侧分界线——102.0高地（含）、农机站（含）［112.5高地西南方0.5公里处］。

3. 步兵第95师——从102.0高地攻向农机站，受领的任务是粉碎进攻地域内的敌人［第295步兵师第516团］，入夜前夺取斯大林格勒城西北部。

左侧分界线——"红十月"新村渡河点（含）和火车站（含）（伏尔加河泵房以西3公里处）。

4. 近卫步兵第39团（近卫步兵第13师）——从102.0高地东南地域沿通往火车站（1号车站）的铁路线［向南］发起进攻，受领的任务是粉碎敌军［第295步兵师第518团］，与近卫步兵第13师的其他部队会合，切断敌人向西逃窜的路线。

5. 近卫步兵第13师［近卫步兵第34、第42团］（欠近卫步兵第39团）——继续遂行你们先前的任务，入夜前消灭市中心之敌［第71步兵师第194、第191团］。

左侧分界线——察里察河。

6. 步兵第112师［步兵第385、第524团］——9月19日11点前前出至多尔吉冲沟、克鲁托伊冲沟桥梁地域的铁路线。待近卫步兵第39团越过峡谷（102.0高地以南）一线后，占领并守卫102.0高地的西坡和南坡。

7. 戈罗霍夫同志的战役集群（步兵第124、第149旅和NKVD步兵第282团）——继续进攻，与斯大林格勒方面军左翼部队相配合，将敌人［第16装甲师］消灭在雷诺克西北地域。

8. 步兵第42旅与步兵第244师的余部——从南面沿铁路线攻向火车站，与近卫步兵第13师的左翼部队密切配合。

左侧分界线——保持不变。

9. 步兵第92旅——继续遂行先前受领的任务［守卫从阿赫图宾斯克（Akhtiubinskaia）大街至粮仓的铁路线，抗击德军第94步兵师第267、第

274团〕。

10. 集团军辖内其他各兵团、各部队的指挥员应坚守各自的阵地，阻止敌军渗透进斯大林格勒城。

11. 集团军炮兵主任应以坦克第137旅和步兵第95师（的炮兵力量）组建一个步兵支援群。以如下地域多个火箭炮团组成的炮兵群消灭敌人：从北面——102.2高地南面的峡谷；从东面——铁路线；从南面——察里察河。要特别留意货车棚地域。

崔可夫，古罗夫，克雷洛夫[132]

根据命令中的第10条，集团军辖内的其他部队据守以下地域：

● 步兵第115旅和步兵第724团（步兵第196师）——奥尔洛夫卡地域〔抗击"施塔赫尔"战斗群和第389步兵师第545、第546团〕；

● 摩托化步兵第2、第38旅，近卫坦克第6旅，坦克第189旅——从戈罗季谢东面南延至"红十月"新村西北方〔抗击第389步兵师第544团和第295步兵师第517团的一部〕，坦克第27旅在"红十月"新村附近担任预备队；

● 近卫步兵第35师、步兵第131师、步兵第10旅、坦克第133旅和NKVD步兵第271团——察里察河南面〔抗击第94步兵师和第29摩步师〕。

9月19日

虽然崔可夫对德军的虚弱不抱任何幻想，但东南方面军辖下第62和第64集团军还是在9月19日12点发起了进攻。德军再次以激烈的地面防御和凶猛的空中打击痛宰崔可夫的突击部队，致使苏军要么停滞不前，要么在获得些许成功的地段无法取得更大的进展（参见地图31）。

红军总参谋部次日凌晨的每日战事概要描述了这场行动：

东南方面军9月19日12点以部分兵力转入进攻，打击已突入斯大林格勒城的敌步兵和坦克部队，在一些地段前进了1—1.5公里……

第62集团军9月19日12点以右翼和中央部队沿35.0、93.2、135.4、102.0高

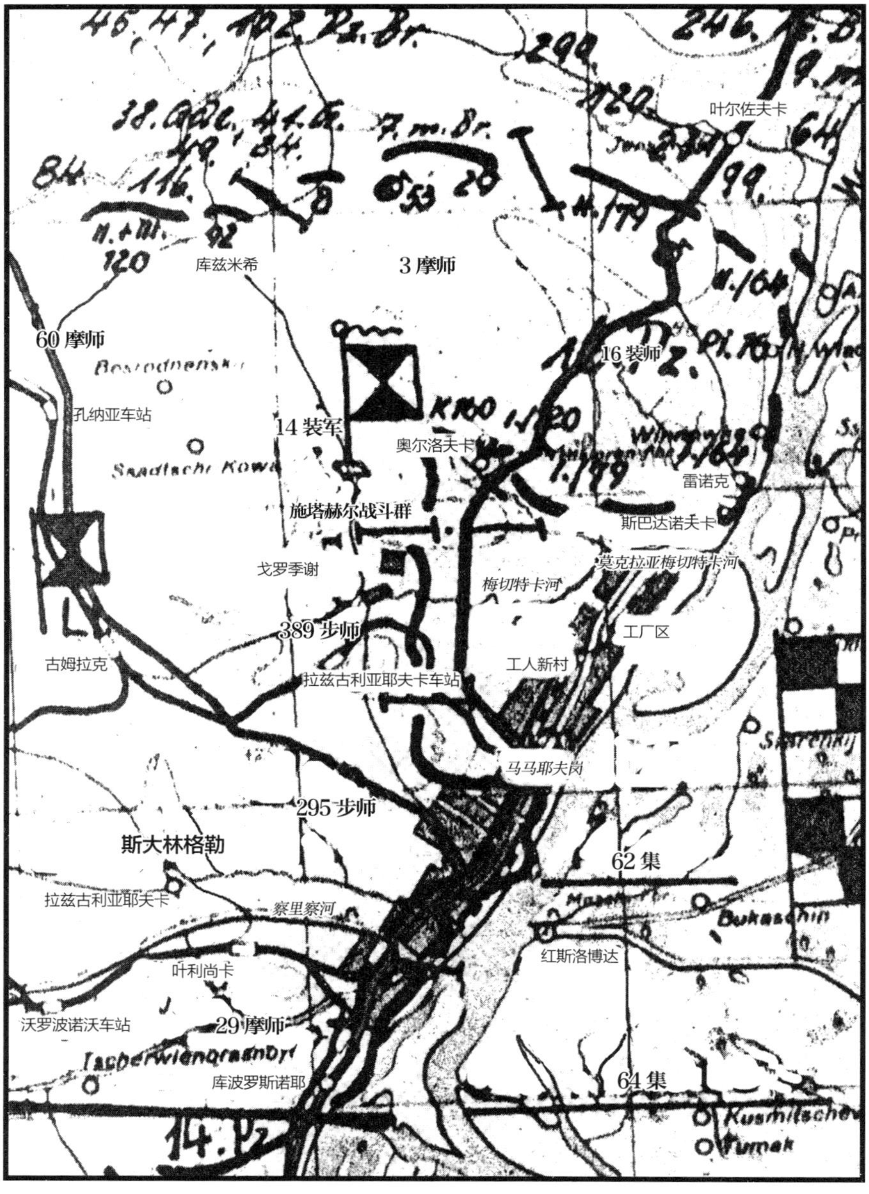

地图 31 1942 年 9 月 19 日—20 日，第 6 集团军的态势

地一线和斯大林格勒市中心发起进攻。

步兵第124、第148旅和NKVD步兵第282团，克服敌人的顽强抵抗，向前缓慢推进。

步兵第115旅和步兵第196师混编团据守着原先的防线，并击退敌人的反冲击。

摩托化步兵第9旅攻占了126.3高地，正继续实施进攻。

坦克第137旅从102.0高地西北坡附近发起进攻，前出至货车棚东面1公里地域（"红十月"村西南方2公里处）。

步兵第95师12点发起进攻，前出至102.0高地山顶后，被敌人猛烈的火炮和迫击炮火力所阻。

步兵第112师克服了敌人的顽强抵抗，14点以1个团夺取了波洛特诺耶（Polotnoe）东郊（第一、第二、第三、第四车道）；师里的其他团沿阿尔乔莫夫大街守卫克鲁托伊冲沟上的桥梁。

近卫步兵第13师在市中心从事激烈的巷战；该师已遭受到严重损失。

步兵第42旅、步兵第244师、近卫步兵第35师、坦克第133旅和步兵第131师及步兵第10旅的残部继续在市内进行巷战；正在确认他们所处的位置。

步兵第92旅沿粮仓、瓦尔代（Valdaiskaia）大街、无名峡谷和伏尔加河右岸一线占据防御。

第64集团军9月19日12点以右翼部队沿库波罗斯诺耶南郊和145.5高地北坡（库波罗斯诺耶西南方5公里处）一线转入进攻。

步兵第422师（欠1334团）遭遇到敌人猛烈的防御火力，正沿库波罗斯诺耶南郊和泽列纳亚波利亚纳东南方1公里处"正方形"（Kvadratnyi）树林东南边缘一线战斗。

近卫步兵第36师沿树林南部边缘（泽列纳亚波利亚纳南面）和145.5高地北坡一线战斗。

集团军辖内其他部队在原先的阵地上与敌人交火。[133]

崔可夫突击群右（北）翼，2个实力不足的摩托化步兵旅（第9和第38旅）发起猛攻，一举攻占了126.3高地和附近的一道山脊，迫使德军第295步兵师第517团（该团先遣分队已逼近"红十月"新村）向西退却。南面的马马耶夫岗附近，戈里什内步兵第95师第90和第161团的2个营，作为最先派出的援兵已渡过伏尔加河，刚好来得及加入叶尔莫尔金步兵第112师第416和第385团发起的突击，南面，第524团向西攻往多尔吉冲沟。

瓦西里·阿基莫维奇·戈里什内上校的履历与红军大多数师级指挥员一样，在此之前一直籍籍无名。1942年8月16日，戈里什内出任步兵第95师师长，原先的步兵第95师隶属于滨海集团军，已在1942年7月中旬的塞瓦斯托波尔保卫战中全军覆没。因此，重新组建的步兵第95师9月20日在斯大林格勒投入战斗时，师里的士兵多为缺乏经验的新兵，师长到任也不到三周。尽管如此，该师在斯大林格勒的残酷战斗中仍表现得极为出色，1943年1月3日获得"近卫步兵第75师"荣誉番号，戈里什内一直率领着该师，直至战争结束。[134]

由于来不及策划或协同，戈里什内的新锐部队在将德军第295步兵师第518团逐出马马耶夫岗的战斗中没取得太大进展。但是，在步兵第95师南翼，叶尔莫尔金步兵第112师第385和第524团设法向前突击，重新夺回了从马马耶夫岗南延至多尔吉冲沟的铁路路基（坟冢南面1.5公里处）的控制权。

市中心南面，罗季姆采夫近卫步兵第13师9月19日晨发起的反突击没有对哈特曼第71步兵师的2个团造成任何影响。尽管如此，罗季姆采夫获知巴秋克上校步兵第284师（这是叶廖缅科早就答应提供给崔可夫的另一支援兵）终于到达红斯洛博达北面的伏尔加河东岸，就在市中心和他防御中的近卫步兵第13师对面时，不禁深受鼓舞。不过，巴秋克师无法在9月19日渡河，因为德国人靠得太近，导致中央渡口无法使用。因此，巴秋克师只有小股部队搭乘小船渡过伏尔加河，罗季姆采夫师不得不孤军奋战，与德军第71步兵师第194、第191团围绕红场和1号车站展开争夺，在此过程中"遭受到严重损失"。[135]

与此同时，罗季姆采夫左侧的察里察河北面，巴特拉科夫步兵第42旅和阿法纳西耶夫步兵第244师支离破碎的残部（各自的兵力都不到200人），在铁路线东面的几座建筑物内和五一广场周围顽强奋战，抗击德军第71步兵师第211团（从西面而来）和第94步兵师的部队（牢牢据守着察里察河）。

沿察里察河及其南部地域，第48装甲军辖下的第94步兵师和第29摩步师继续前进，前者艰难向东缓缓推进，冲下察里察冲沟赶往伏尔加河，一个街区接一个街区地穿过察里察河南面、主铁路线以东的错综复杂的街道；后者向北跨过叶利尚卡河，向东穿过联合食品加工厂。在察里察冲沟，普法伊费尔的掷弹兵将巴特拉科夫步兵第42旅和阿法纳西耶夫步兵第244师位于察里察河北面的营级兵力赶到了东面的五一广场。河流南面，塔拉索夫步兵第92旅和德里亚赫洛夫步兵第10旅、布布诺夫坦克第133旅所剩无几的残部从铁路线向东退却，但争夺粮仓和毗邻建筑物的战斗仍在激烈进行中。

　　再往南，杜比扬斯基损失惨重的近卫步兵第35师获得佩索钦步兵第131师和NKVD步兵第271团残部的加强，但与德军第29摩步师在城市南部激战数日后，该师几乎已不复存在。此时，杜比扬斯基只剩下几百名士兵，沿着从联合食品加工厂（也被称为"罐头加工厂"）东北角南延至叶利尚卡河下游再东延至伏尔加河西岸的这条1.5公里长的防线，守卫着几座建筑物。杜比扬斯基师里的第101和第100团守卫着从联合食品加工厂北延至粮仓南接近地的地域，师里的余部据守着近卫步兵第35师连接伏尔加河的左翼。德军第29摩步师的一个战斗群发起猛攻，几乎将杜比扬斯基的师切为两段，并构成了沿2号车站东南方约500米处、联合食品加工厂北面的铁路线包围第101团（约80余人）的态势，杜比扬斯基命令该团退守新防线，新防线从工厂建筑区向西延伸，直至叶利尚卡河北岸的房屋、附近的沟壑以及河上的桥梁。师里的第100团继续守卫他们的防区，该防区正面朝西，位于叶利尚卡河上的铁路桥与车站东南方粮仓南部边缘之间。[136]

　　德军当日下午反复发起突击，第94步兵师第276团的步兵在第29摩步师约20辆坦克的支援下终于突破了杜比扬斯基设在2号车站东南方的防御。杜比扬斯基手上没有任何火炮或坦克支援力量，无奈之下，他只得下令实施战斗后撤，沿一座座建筑逐次抵抗，向东退往伏尔加河和仅剩的唯一逃生路线——察里察河下游的渡口，塔拉索夫步兵第92旅的左翼部队目前仍守卫着该渡口。尽管塔拉索夫和杜比扬斯基位于察里察河南面的部队令德军追兵苦不堪言，但这股苏军只剩下不到5000人，正逐渐瓦解。[137]9月19日下午晚些时候，朱可夫[①]的

---

　　① 译注：应为叶廖缅科。

攻势显然已失败，"斯图卡"战机重返斯大林格勒城上空，苏军发起大规模白昼突击已不复可能。[138]

但从德国人的角度看，斯大林格勒南部的战斗并不像所计划的那般顺利。由于伦斯基第24装甲师正向北变更部署，支援第51军，只留下普法伊费尔第94步兵师在弗雷梅赖第29摩步师坦克力量的支援下完成肃清察里察河以南苏军的任务。待第94步兵师第276团将塔拉索夫和杜比扬斯基的步兵驱离联合食品加工厂后，普法伊费尔命令该团北调，赶往师左翼，并赋予他们夺取察里察河下游的艰巨任务。如果普法伊费尔的师控制住察里察冲沟至其河口部，位于该河南面的所有苏军将与北面的友军相隔断。但是，完成这项任务还需要数日激战。9月19日晚，第6集团军报告："当日下午，在激烈的巷战中，第94步兵师在察里察河南面到达伏尔加河西岸一片狭窄的前线地域。察里察河北面，第71步兵师肃清了从城市西部至铁路线的敌人。"[139]因此，9月19日日终时，崔可夫位于斯大林格勒南部残缺不全的各部队别无选择，只能一个街区接一个街区、一座建筑接一座建筑地撤往伏尔加河。

9 月 20 日

斯大林格勒方面军辖下的近卫第1集团军和第24集团军坚持在科特卢班地域执行艰巨的进攻任务，第66集团军也在叶尔佐夫卡地域对德军防御发起打击。因此，崔可夫9月20日命令他的集团军继续在城内发起突击，尽管他知道这场进攻收效甚微。为此，他以NKVD步兵第10师第269团支援坦克第23军的摩托化步兵第9旅和坦克第137旅，这两个旅正对126.3高地上的德军第295步兵师第517团发起进攻。但与此同时，德军第295步兵师第516团再次攻向马马耶夫岗山顶，对炮兵来说，这是个理想的观察点，可以俯瞰全城，戈里什内步兵第95师第90和第161团刚刚奉命增援步兵第112师第416、第385团便卷入到了这场激战中（参见地图32）。白天时，崔可夫还命令戈里什内刚刚渡过伏尔加河的第三个团——步兵第241团占据马马耶夫岗和多尔吉冲沟东面的预备防御阵地，做好必要时发起反冲击的准备。[140]

马马耶夫岗随后爆发的激烈争夺战结束了第24装甲师在后方接受休整和补充的短暂喘息。由于马马耶夫岗周围的态势恶化，第51军军长赛德利茨命令伦斯基以第26装甲掷弹兵团增援第295步兵师在坟冢陷入困境的团。德军装甲掷弹兵3点30分从种羊场出发，沿铁路线赶往古姆拉克机场，然后转身向东，进入飞行员学校以西地域。不久后，赛德利茨命令伦斯基师接管第295步兵师

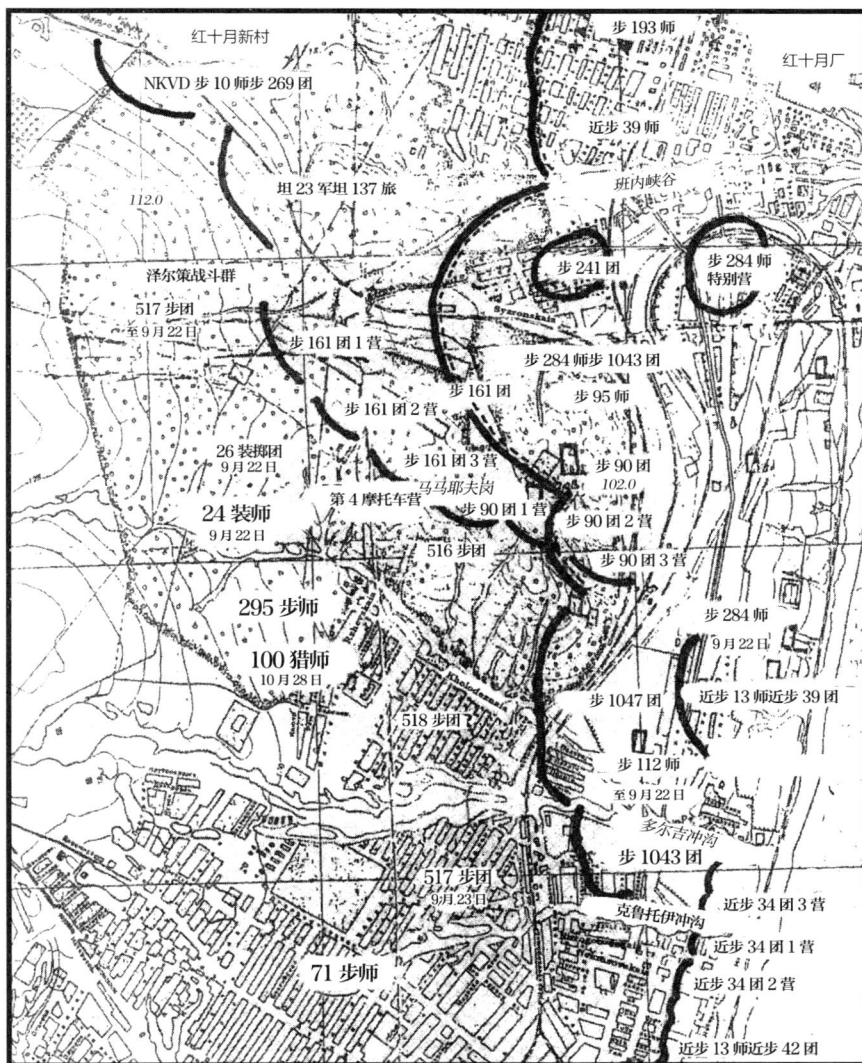

地图32　1942年9月20日—10月5日，马马耶夫岗争夺战

位于马马耶夫岗西面的防区、这样，武特曼师便可以集结兵力，对坟冢和前方的伏尔加河发起一场果断突击。[141]换防将在9月20日至21日、21日至22日的夜间进行。

这场再部署的结果是，第24装甲师终于接过了第295步兵师的防区，该防区从马马耶夫岗西坡向西延伸，直至机场和飞行员学校西北部，该师左翼与第389步兵师第544团右翼相连。伦斯基的右翼，师属第4摩托车营与第295步兵师位于马马耶夫岗山顶的第516团保持联系，第26装甲掷弹兵团在机场西面守卫着师中央防区，"泽尔策"战斗群（第40装甲歼击营第2连和第40装甲工兵营第3连）部署在师左翼，112.0高地东面和东南面。伦斯基师里的余部，包括第21装甲掷弹兵团和"兰肯"装甲营（第24装甲团剩余的力量，可用的坦克已不到10辆），仍在种羊场附近担任师预备队。

争夺马马耶夫岗的激战正在持续之际，叶尔莫尔金步兵第112师第524团（现已获得第385团的加强）击退了德军第295步兵师第517团沿多尔吉冲沟南面铁路线发起的多次进攻。这使德国人无法向东推进，跨过多尔吉和克鲁托伊冲沟，从而前出至伏尔加河西岸，分割近卫步兵第13师和步兵第95师的防御。与此同时，叶尔莫尔金的第416团掩护着步兵第95师的左翼，该师正在马马耶夫岗上战斗。

在市中心，罗季姆采夫的近卫步兵第13师继续实施顽强防御，抗击德军第71步兵师第194和第191团，在此过程中"遭受到严重损失"。[142]此时，罗季姆采夫师守卫着主铁路线和1号车站东面的1—2个街区，第42团居左，第39团居中，第34团居右（参见地图33）。[143]罗季姆采夫左侧，巴特拉科夫步兵第42旅和阿法纳西耶夫步兵第244师的残部，面对德军第71步兵师第211团的巨大压力，从五一广场附近向东后撤，退往伏尔加河。与此同时，察里察河南面，塔拉索夫的混编步兵第92旅继续在铁路线东面的建筑群内从事激烈的战斗，并竭力坚守察里察河上的铁路桥，以便让杜比扬斯基近卫步兵第35师的残部逃往北面的安全处。与塔拉索夫的部队脱离后，德里亚赫洛夫的步兵第10旅从粮仓东北面的街道向东后撤，以便构设环形防御，掩护察里察河南面的伏尔加河西岸仅剩的渡口。

当日白天，崔可夫命令杜比扬斯基将叶利尚卡河北面的防区交给塔拉索夫步兵旅，率领近卫步兵第35师的幸存者和佩索钦步兵第131师及NKVD步兵第271团的残部撤入第二梯队，以便疏散至伏尔加河东岸。但是，杜比扬斯基率部撤退前，他的部队不得不在被杜比扬斯基描述为"极度困难的条件"下向北杀开血路，从步兵第92旅后方穿过。[144]接着，杜比扬斯基的一群近卫军士兵被德军第94步兵师第274团的战斗群包围在粮仓附近，尽管接到了命令，但他们拒绝后撤。这群战士中，只有几个人逃出了包围圈。杜比扬斯基报告："9月21日7点，只剩下80人。我艰难地守卫着察里察河南面的建筑物。我只能派出侦察兵掩护与步兵第92旅的结合部。"[145]获得塔拉索夫步兵旅提供的一个海军步兵营的加强后，杜比扬斯基的部队突破德军第94步兵师一个突击营的封锁，赶至步兵第10旅掩护伏尔加河西岸渡口的防线。

待塔拉索夫的步兵旅接过杜比扬斯基留下的防区（包括粮仓东南方地域和联合食品加工厂东北部的几座建筑）后，杜比扬斯基师里的幸存者先试图向北退却，从河口处渡过察里察河。但此时普法伊费尔第94步兵师第276

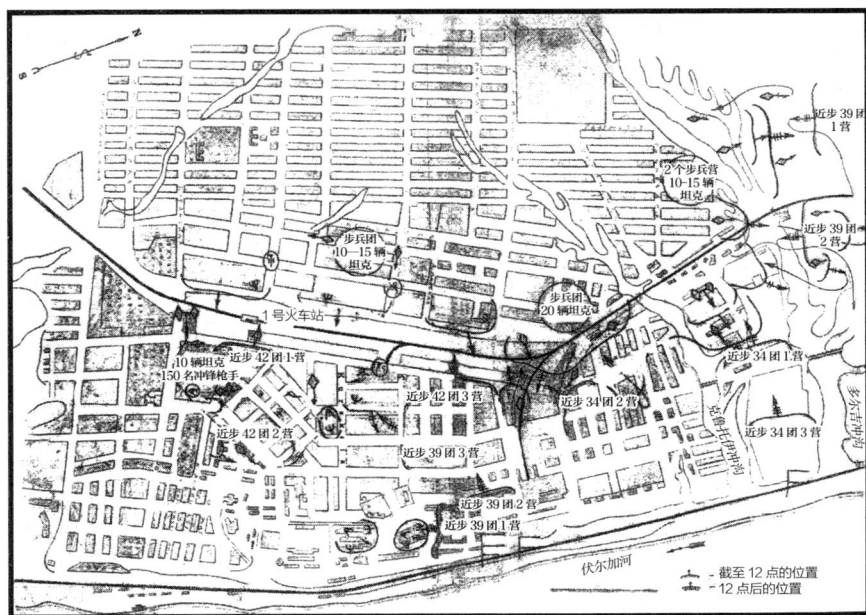

地图33　1942年9月21日，近卫步兵第13师的部署

团的先遣分队已占领该地域河上的桥梁，并向东推进，赶往河口处，有效地堵住了杜比扬斯基的退路。9月21日日终时，一场激烈的战斗爆发开来，近卫步兵第35师第101团发起一场殊死冲锋，冲破德军的封锁，到达并渡过河去。这场自杀式冲锋的生还者寥寥无几；团长和团政委都在战斗中身负重伤。[146]但直到9月25日，普法伊费尔第94步兵师第276团才将延伸至河口的察里察冲沟拿下。

至于杜比扬斯基师和配合其作战的部队中的幸存者，一些小股群体渡过察里察河，在斯大林格勒市中心南部加入了巴特拉科夫的步兵第42旅，其他人或同步兵第92旅在察里察河南面的包围圈内丧生，或在他们守卫的建筑物废墟中阵亡。该师师部和后勤支援单位最终于9月22日至23日的晚上渡过伏尔加河，集结在佐纳利内农场附近的森林中。9月28日，该师撤往后方，接受休整和补充，12月2日，全新组建的近卫步兵第35师再次做好了战斗准备。[147]在斯大林格勒废墟的无名墓地里，杜比扬斯基的近卫师留下了9000多名阵亡将士。

斯大林格勒方面军特别部门（即NKVD单位）成员别洛乌索夫的报告摘要，说明了第62集团军在补给、卫勤保障特别是保持纪律和部队士气方面面临着越来越多的问题：

今天，敌人的炮兵发起尤为猛烈的炮击，并从空中对市中心和渡口码头实施轰炸。两个中央码头已被烧毁。伤亡很大。伏尔加河右（东）岸[①]码头依然混乱不堪。

第62集团军司令部和所辖各兵团的代表没有及时接收已在夜间运过河去的弹药，结果，这些弹药放在岸边，经常在白天遭到敌人炮火的打击。重伤员们没有获得救助——他们正在死去。尸体无人清理，也没有派去卡车。这里没有医护人员。当地妇女都着照料伤员。

我刚刚将这些问题向方面军参谋长扎哈罗夫同志作了汇报，他已下达向

① 译注：伏尔加河右岸指的是西岸，左岸指的是东岸。

斯大林格勒派遣医护人员的命令，并下令将尸体归集起来。近卫步兵第13师师长命令，尽快在夜间让两座码头做好准备。

第62集团军特别部门（ＯＯ）的一个行动小组在伏尔加河右岸①发现5门完好无损的火炮，这些火炮属于步兵第92旅。旅长塔拉索夫上校解释说，那些火炮留在那里是因为缺乏渡河工具。特别部门的工作人员已找到车辆，并将这些火炮运到了渡口处。

今天，斯大林格勒码头的岸上突发大火，负责渡口的主任被烧死。特别部门的工作人员采取措施抢救弹药，我们在很大程度上成功完成了这项工作。

谢利瓦诺夫斯基同志今天待在斯大林格勒"红十月"工厂附近。

9月19日—20日，阻截队扣押了184人，其中21人被枪毙，7个是间谍，5个是祖国的叛徒，2个是因为自残，6个是因为怯懦和恐慌，1个是因为开小差。40人被逮捕。

遭逮捕者中包括第62集团军炮兵副主任别利亚科夫上校，他从事反苏宣传，并被怀疑是一名间谍，其他被扣留者被送回各自的部队。

因间谍罪被枪毙者中有一名步兵第126师的班长，G. A. 普什科夫，9月14日在斯大林格勒城郊被德国人俘虏，受招募后接受了刺探我方大型指挥所所在地、多管火箭炮发射阵地、NKVD总部和特别部门工作人员所在位置的任务。今天，普什科夫在执行德国情报机构赋予的任务时被我们抓获，经初步审讯后予以枪决。

在渡口处被扣留者中有一名NKVD步兵第10师的士兵，I. G. 帕拉福诺夫，他开小差逃离了自己的部队，并将沾有鲜血的绷带裹在头上，装作头部负伤的样子。帕拉福诺夫在一群被扣留的士兵面前被枪毙，这些士兵被送回各自的部队。[148]

9月21日

崔可夫集团军的左翼在德军第94师和第29摩步师的猛烈突击下土崩瓦

---

① 译注：左岸。

解，双方在市中心、马马耶夫岗山坡和山顶、126.3高地附近、坟冢北面浴血厮杀时，崔可夫竭力保持着反突击的势头。9月21日，乌多维琴科的坦克第137旅（9辆T–60）沿112.0高地南面的班内峡谷北接近地突破了德军第295步兵师第517团的防御（被第24装甲师"泽尔策"战斗群接替的一天前），但在右侧攻向112.0高地的摩托化步兵第9旅和NKVD步兵第269团没能及时跟上，坦克第137旅除了后撤别无选择。[149]与此同时，戈里什内步兵第95师第90、第161团对德军第295步兵师第516团和第24装甲师第4摩托车营发起猛攻，一举夺取马马耶夫岗东坡。戈里什内左侧，叶尔莫尔金步兵第112师第385和第524团向西渗透，到达科洛杰兹纳亚（Kolodeznaia）大街北面300米处，多尔吉冲沟上段接近地东面。尽管如此，面对德军凶猛的火力，戈里什内和叶尔莫尔金无法继续前进。叶尔莫尔金的突击部队左翼获得近卫步兵第13师第39团的加强，但也在多尔吉冲沟和铁路线以南地域止步不前。

此时的市中心，罗季姆采夫近卫步兵第13师第42和第34团，仍在与德军第71步兵师第194、第191团的残酷巷战中遭受着严重的伤亡（参见地图33）。最激烈的战斗发生在共产主义大街、共和国大街、红色彼得堡（Krasnopiterskaia）大街、斯大林（Stalinskaia）大街和岸堤（Naberezhnaia）大街，左侧距离伏尔加河只有1.5公里，右侧离伏尔加河更近。[150]据报，在这场备受关注的战斗中，150名德军冲锋枪手组成的战斗群，在10辆坦克（很可能是突击炮）的支援下，将苏军近卫步兵第42团第1营逐出1号车站东面街区的防御据点，将他们半包围在东面的另一个街区。北面，德军第二个战斗群在20辆坦克（可能有突击炮夹杂其中）的支援下，在"1月9日"广场西北面突破苏军近卫步兵第34团第2营的防御，但苏军从沃洛格达（Vologodskaia）大街发起一场猛烈的反冲击，遏止了德军的突破。

市中心南面，巴特拉科夫步兵第42旅和阿法纳西耶夫步兵第244师的残部与第62集团军司令部的联系已中断，沿普希金（Pushkinskaia）大街和察里察河守卫着他们的防区；再往南，塔拉索夫步兵第92旅竭力营救杜比扬斯基的部队，并坚守主铁路线以东、察里察河南面日益萎缩的登陆场。日终前，向东推进的德军第94步兵师第276团进入察里察冲沟，以轻武器、机枪和迫击炮的猛烈火力封锁察里察河及其河口部的所有渡口，几乎将塔拉索夫的部队与巴特拉科夫、罗季姆采夫的部队隔断。南面，德军第94步兵师第267团发起的正面突击终于消灭了苏军在粮仓和附近建筑物内的一切抵抗。[151]此时，巴特拉科夫和塔拉索夫旅是仍在市中心南面实施抵抗的唯一有组织的部队。当晚，OKW宣布："［2号］车站东南方至伏尔加河河岸的市区，敌人已被肃清。敌人在粮仓顽强抵抗。察里察河北面，第71步兵师占领了区党委大楼以东至伏尔加河河岸的部分建筑物。"[152]

在崔可夫看来，即便在战斗如此绝望的阶段，依然有希望存在。巴秋克步兵第284师终于搞到了必要的运输工具，9月21日至22日的夜晚，师里的第一个团（第1043团）到达伏尔加河西岸。巴秋克师共有10000名士兵，但许多人没有武器。实际上，一段时间以来，该师的3个团中，只有1个团配足了步枪。渡过伏尔加河后，第1043团集结在从"红十月"厂南延至马马耶夫岗东面的地域，担任第62集团军唯一的预备队。[153]9月22日至23日的夜间，师里的第1045和第1047团终于渡过伏尔加河。尼古拉·菲利波维奇·巴秋克上校出生于乌克兰（1905年出生于苏梅地区的阿赫特尔卡），1942年9月时38岁，他在15年军旅生涯中逐步获得晋升，1942年2月2日出任步兵第284师师长。此后，他率领该师参加了7月份在沃罗涅日以西的激烈战斗，该师表现出色，8月初，该师的残部被调至乌拉尔，接受休整和补充。没等这项工作结束，9月初，巴秋克师便奉命赶赴斯大林格勒。[154]

巴秋克师到达后，虽然缺乏步枪，但崔可夫还是立即将他们投入了马马耶夫岗至克鲁托伊冲沟这片地域的战斗中。步兵第284师接替了叶尔莫尔金筋疲力尽的步兵第112师，崔可夫随即将第112师调往北面，加强第62集团军在"红十月"新村西面的防御。

9月22日

在此期间，武特曼第295步兵师辖下的第516和第518团重新发起突击，猛攻苏军步兵第95、第112师在马马耶夫岗和南面多尔吉冲沟中段的防御，以打破坟冢顶部的僵局，引发了迄今为止最为激烈的战斗（参见地图31）。保卢斯将武特曼的2个团对坟冢的这场突击视为赛德利茨第51军向斯大林格勒工厂区南半部发起总攻并赢得胜利的先决条件。如果德军的2个团能将俄国人逐离坟冢，敌人就无法对第51军右翼构成威胁。为确保胜利，武特曼将辖下的第三个团（第517团）从左翼调至右翼，命令该团9月23日投入战斗，增援另外两个团的突击。第517团的阵地由第24装甲师"泽尔策"战斗群接防。

第8航空军的战机发起空中突击后，清晨5点，一场猛烈的炮火准备接踵而至，6点20分，德军第295步兵师的2个团在晴朗的天气条件下投入地面进攻。但是，德军的轰炸没能给敌人造成重创，对方"以迫击炮、火炮和火箭炮为支援，从构筑防御的房屋和无数暗堡……实施顽强抵抗，部分炮火来自伏尔加河东岸，他们还发起猛烈的反冲击。代价高昂的激战中，德军步兵使用喷火器和炸药包，在突击炮和工兵的大力支援下取得了一些进展，但兵力不足使他们无法获得更大的战果"。[155]

虽然戈里什内步兵第95师第90和第161团实施了激烈抵抗，但德军第516、第518团的突击群还是将戈里什内实施防御的两个团逼至坟冢南坡，并使苏军遭受到严重伤亡。在此过程中，这股德军突破了叶尔莫尔金步兵第112师第385、第524团在多尔吉冲沟南面沿铁路线构设的防御，并在数个地点"经过艰巨的战斗"赶往伏尔加河西岸。[156]但当天晚些时候，巴秋克步兵第284师第1047和第1045团及时赶至，将德军第517团先遣战斗群驱离了伏尔加河西岸脆弱的立足点。德军第295步兵师的突击部队耗费几个小时，力图肃清临近街区的苏军，但收效甚微。同样，位于该师左翼的第516团无法突破苏军步兵第95师的防御并冲上坟冢顶部。这场突击证明，"第295步兵师的步兵力量受损，已无法执行巷战的艰巨任务"。在此期间，第24装甲师位于坟冢西坡的第26装甲掷弹兵团，日终前击退了苏军步兵第95师第161团第1、第2营发起的数次反击。

红军总参谋部在每日战事概要中不仅谈到持续的激战和崔可夫缺乏进展的反突击，还提到了步兵第284师到达战场的积极影响：

第62集团军继续在斯大林格勒城内进行激烈的巷战，并以部分兵力继续遂行其攻势，从102.0高地地域冲向西南方。

9月22日晨，敌人以第295、第71、第94步兵师和第29摩步师的部队，在120—200辆坦克［和突击炮］的支援下重新发起进攻，其主要突击沿多尔吉冲沟、顿河（Donskaia）大街、察里察河和萨多瓦亚至粮仓的铁路线展开。在市中心，敌人逼近了油库区。9月22日下午，敌人沿多尔吉冲沟和克鲁托伊冲沟、从"1月9日"广场地域、沿坦波夫（Tambovskaia）大街继续进攻。在"1月9日"广场附近，敌人以超过1个营的步兵和坦克成功到达伏尔加河。

集团军辖内的部队在顽强的防御战中多次击退敌人向多尔吉冲沟口部发起的进攻。截至15点，我们已削弱了该地域的敌人。

我军从102.0高地［马马耶夫岗］附近向西南方发起的进攻未能成功。

摩托化步兵第9旅在敌人沉重的压力下弃守公路上的阵地，后撤200米，到达［一条峡谷的］东北脊。

步兵第124和第149旅、步兵第282团、NKVD步兵第10师、步兵第115旅、坦克第23军［近卫坦克第6、坦克第6和第189旅］据守着原先的阵地，击退了敌人的所有进攻。

步兵第95师继续向西南方进攻，但遭到敌人发起的两次反冲击，日终前沿102.0高地南坡和西南坡战斗。

步兵第284师，以2个团［第1045和第1047团］击退敌人沿多尔吉冲沟发起的进攻后，守卫着炮兵（Artilleriiskaia）大街上的冲沟桥梁以及从炮兵大街至伏尔加河的克鲁托伊冲沟。

近卫步兵第13师遭受到相当大的损失［伤亡200人］，击退了敌步兵和坦克9月22日一整天发起的猛烈进攻，日终前，1个团（近卫步兵第34团）撤至"1月9日"广场附近。

该师击退了敌人当日发起的十二次进攻，在战斗中击毁42辆敌坦克，日终前占据克鲁托伊冲沟、第2岸堤大街（含）、"1月9日"广场、太阳（Solnechnaia）大街、库尔斯克大街、奥廖尔（Orlovskaia）大街、无产阶级（Proletarskaia）大街、果戈里大街、共产主义大街直至察里察河的防线。

步兵第42旅沿察里察河北岸，在普希金大街附近占据防御。

NKVD步兵第10师守卫着［2号］火车站和察里察河上的铁路桥。

步兵第92旅撤至高加索（Kavkaz）大街、红色乡村（Krasnosel'skaia）大街、库姆（Kum）大街至伏尔加河一线。[157]

德军轰炸和突击的稳步进逼最终给中央渡口周围的守军造成了伤亡。罗季姆采夫的近卫步兵第13师在最初几天的激战中已损失30%，参战一周后，该师只剩下一具空壳，战斗兵力不到1000人。各个团和营的残部大多只剩下几十人，正被德军火力包围、吞噬。第62集团军位于伏尔加河东岸的炮兵集中火力发起还击，给德军的推进造成严重阻碍。但是，哈特曼第71步兵师第211团的士兵们9月22日摸入一条下水道，在1号车站东面的两个地点到达了伏尔加河，不过，他们在当晚不得不后撤。在这场战斗中，哈特曼的部下将近卫步兵第42团第1营和第2营第5连包围在火车站东面的红场附近，尽管这两股苏军向东突围，逃出了包围圈，但伤亡惨重。

9月23日—26日

哈特曼的部队9月23日重新发起进攻，罗季姆采夫的近卫师遭受的压力大为增加，特别是他们已崩溃的左翼，给他的师和左侧的友军造成了一场危机，由此引发的激战将持续至9月26日（参见地图34）。

正如第62集团军报告的那样：

近卫步兵第13师继续进行着激烈的巷战，9月23日16点占据［以下］阵地：近卫步兵第34团（730名作战士兵）在2号岸堤大街战斗；近卫步兵第42团据守2号岸堤大街至斯摩棱斯克大街的防线，该团第1营在伏尔加河—顿河大街与果戈里大街之间的两座房屋据守环形防御。

近卫步兵第39团（135名作战士兵）沿共和国大街战斗，其防线从共和国大街与下城（Nizhnegorodskaia）大街、基辅（Kievskaia）大街的交叉口直至东南方的伏尔加河。

军校学员组成的一个支队和一辆装甲列车守卫着码头（Pristan）地域［近卫步兵第13师左侧的伏尔加河渡口］。

步兵第42旅沿察里察河北岸守卫着普希金大街。

步兵第92旅继续坚守原先的防御［具体不详，但位于察里察河南面］。[158]

哈特曼的步兵对罗季姆采夫陷入困境的近卫军士兵发起猛攻，沿着从北

地图 34　1942 年 9 月 22 日—26 日，斯大林格勒市中心之战

面的克鲁托伊冲沟南延至1号车站以东的整段战线打垮了近卫步兵第13师的防御。这场突击还将近卫步兵第13师与左侧的巴特拉科夫步兵第42旅隔开。面对沉重的压力，叶林上校^①的近卫步兵第42团向东退却，从共产主义大街退守共和国大街，其左翼不得不退至重要渡口北面赫尔松（Khersonskaia）大街附近的伏尔加河。叶林右侧，多尔戈夫上校^②的近卫步兵第39团逐渐退却，从太阳

---

① 译注：少校。
② 译注：少校。

大街与基辅大街之间的共产主义大街撤往奔萨（Penzenskaia）大街。罗季姆采夫近卫师右翼，帕尼欣少校的近卫步兵第34团放弃了设在沃洛格达大街和阿尔乔莫夫大街上的前沿阵地，后撤近1公里，退守距离伏尔加河西岸仅有500米的新阵地。

总而言之，夜幕降临前，德军第71步兵师3个团的突击已将罗季姆采夫的部队逼入从克鲁托伊冲沟南延至基辅大街底部伏尔加河的一条500—1000米的狭长地带。[159]但罗季姆采夫的部队声称在激战中击毙500名德寇，击毁43辆敌坦克（实际上是突击炮）。[160]更能说明问题的是第71步兵师8个步兵营战斗力的急剧下降。9月14日，该师的8个步兵营被评为"中等"，但到9月26日，1个营彻底解散后，剩下的7个营，4个被评为"中等"，另外3个营为"耗尽"。[161]

经过后续战斗，第71步兵师9月25日终于攻占了红场附近的党政部门大楼，但这些建筑早已被反复发起的空袭和炮击炸为废墟。苏军抗击掌握空中优势的敌人一周后，不祥的迹象出现了，红军的士气和纪律开始破裂。例如，崔可夫发现，指挥步兵第92旅残部的塔拉索夫上校（巴特拉科夫9月23日在德军的空袭中身负重伤，步兵第42旅的残部也由塔拉索夫指挥）提交了关于辖内部队所处位置和作战情况的虚假报告，蒙骗集团军司令部。具体地说，塔拉索夫报告称他的部队仍在察里察河南面顽强防御，实际上，他抛弃了自己的部队，将指挥所转移到伏尔加河上的戈洛德内（Golodnyi）岛，然后用电台发出假报告，表明他们仍在城内实施积极防御。[162]发现塔拉索夫弄虚作假后，崔可夫立即解除了他的职务，派什特里戈尔少校接替。不管怎样，塔拉索夫和他的部队离开了察里察河以南地域，导致据守崔可夫集团军左翼的部队只剩下罗季姆采夫的近卫师。

尽管在这片狭窄地域的激战还将持续数周，但罗季姆采夫的近卫师已不再是一股重要的力量，除非他们能获得加强（参见地图35）。证明这一点的是，保卢斯9月28日将普法伊费尔第94步兵师的3个团调往北面，协助消灭奥尔洛夫卡突出部，只留下哈特曼第71步兵师对付斯大林格勒市中心残存的苏军。哈特曼的师显然无力做到这一点，最多只能监视罗季姆采夫位于市中心的部队。证明这一事实的是，9月28日，该师的7个营只有1个被评为"中等"，另外7个①被评为"耗尽"。没过一周，这些营都丧失了战斗力。

双方在斯大林格勒市中心激战时，从126.3高地向南穿过"红十月"新村西部边缘、马马耶夫岗（102.0高地）山坡、多尔吉和克鲁托伊冲沟中段，直至近卫步兵第13师沿伏尔加河西岸的右侧分界线的这片宽阔区域内，也爆发了激烈的战斗。在这片区域内，崔可夫竭力确保守卫工厂区的部队与市中心罗季姆采夫师之间的陆地联系，与此同时，他遵照斯大林和朱可夫的指示不断发起反击，牵制城内的德军。因此，步兵第95师继续在马马耶夫岗附近实施反击，崔可夫9月23日命令巴秋克昨晚刚刚渡过河来的步兵第284师向南突击，跨过多尔吉和克鲁托伊冲沟，冲向市中心（参见地图32）。该师受领的任务是协助罗季姆采夫师，将德军第71步兵师驱离市中心南面的渡口和察里察河北部地域。[163]巴秋克师的右侧分界线沿哈尔图林（Khalturinskaia）大街、奥斯特罗夫（Ostrovskaia）大街和果戈里大街延伸。崔可夫谨慎地提醒巴秋克注意城市作战的特点和要求，同时为罗季姆采夫的近卫师派去2000名援兵，以便该师继续战斗。[164]

在此期间，马马耶夫岗北面，波波夫坦克第23军辖下实力严重受损的坦克旅和摩托化步兵旅已在从戈罗季谢东面南延至马马耶夫岗北面这片地域转入防御。经过前一周的激战，这些旅不得不接受休整和补充。坦克第23军的右翼与步兵第124旅第1营位于戈罗季谢东面的防御毗连，该军的防御薄而浅，沿13—15公里宽的战线向东南方延伸，掩护着"红十月"新村西接近地。波波夫以50多辆坦克和1000余名步兵守卫着这道防线。[165]由北至南，波波夫将近卫坦克第6、坦克第189旅部署在维什涅瓦亚峡谷北脊以西，"红十月"新村西北方；摩托化步兵第38和第9旅在"红十月"新村和112.0高地西面占据防御；NKVD步兵第10师第269团和坦克第137旅在马马耶夫岗西北方据守阵地。这些苏军面对的是德军第389步兵师第544团（北面）和第24装甲师第26装甲掷弹兵团（南面），后者次日被师里的第21装甲掷弹兵团接替。

遵照前几晚拟定的计划，崔可夫的各突击群于9月23日10点发起进攻，引

---

① 译注：原文如此。

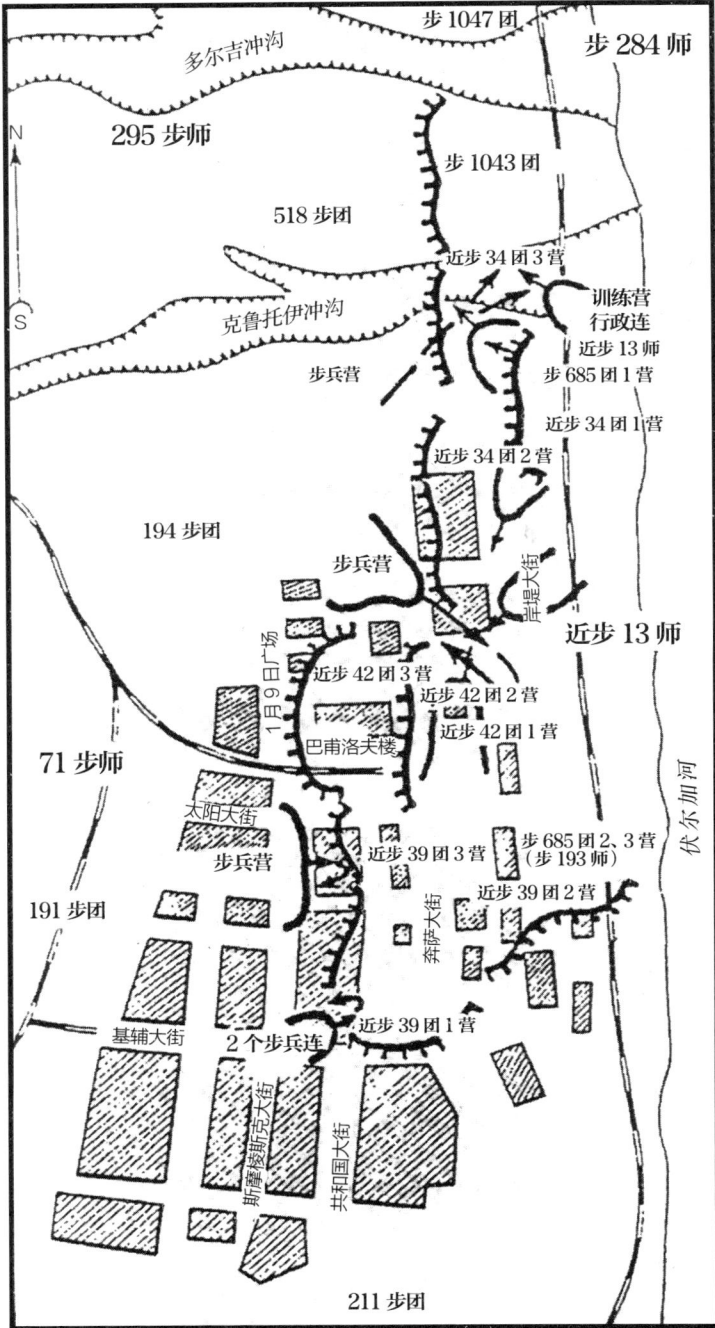

多尔吉冲沟

步 1047 团

步 284 师

295 步师

步 1043 团

518 步团

近步 34 团 3 营

训练营
行政连

近步 13 师

克鲁托伊冲沟

步兵营

步 685 团 1 营

近步 34 团 1 营

近步 34 团 2 营

194 步团

步兵营

岸堤大街

近步 13 师

1 月 9 日广场

近步 42 团 3 营

近步 42 团 2 营

近步 42 团 1 营

巴甫洛夫楼

71 步师

太阳大街

伏尔加河

步兵营

近步 39 团 3 营

步 685 团 2、3 营
(步 193 师)

近步 39 团 2 营

191 步团

莱萨大街

基辅大街

2 个步兵连

近步 39 团 1 营

斯摩棱斯克大街

共和国大街

211 步团

地图 35 1942
年 9 月 30 日—
10 月 1 日，斯
大林格勒市中
心之战

发了另一场持续72小时的激战，第62集团军发给红军总参谋部的作战报告对此做出简述：

「9月23日」

第62集团军9月23日继续在斯大林格勒城内进行激烈的巷战。

步兵第124和第149旅、步兵第282团、步兵第115旅、摩托化步兵第2旅守卫着原先的阵地，击退了敌人小股群体和分队的所有进攻。

步兵第95师在从黑海（Chernomorskaia）大街至顿涅茨（Donetskaia）大街北面0.5公里处这片区域前出至多尔吉冲沟北脊。

步兵第284师前出至多尔吉冲沟铁路桥、铁路（Zheleznodorozhnaia）大街、阿尔乔莫夫大街和涅克拉索夫大街一线。

「9月24日」

第62集团军9月24日继续以步兵第95、第284师的部队在他们先前的地域实施进攻。敌人对集团军各进攻部队实施激烈抵抗，敌空军以5—12架战机组成的编队轰炸我作战部队，在102.0高地［马马耶夫岗］、多尔吉和克鲁托伊冲沟附近尤为猛烈。

步兵第95和第284师各部队沿多尔吉冲沟北脊、科洛杰兹纳亚大街、从铁路线至伏尔加河的克鲁托伊冲沟、第2岸堤大街顽强战斗。

近卫步兵第13师继续在斯大林格勒市中心进行激烈的巷战。

步兵第112师沿102.0高地［马马耶夫岗］东南坡实施防御。师里的第385团据守多尔吉冲沟北脊和炮兵大街一线，第524团守卫多尔吉冲沟南脊以及从炮兵大街至伏尔加河河岸一线。

「9月25日」

第62集团军继续以部分兵力在斯大林格勒城内进行巷战。

步兵第124和第149旅、步兵第282团、步兵第115旅、步兵第196师混编团继续坚守原先的阵地。

步兵第95师占据［以下］阵地：步兵第241团经过长时间战斗前出至乌

斯秋日（Ustiuzhkaia）大街一线，但敌人以1个营的步兵发起反冲击，该团被迫撤至多尔吉冲沟一线，并遭受到严重损失；步兵第161团一度逼近白海（Belomorskaia）大街和亚速海（Azovskaia）大街北部街区，但在敌人猛烈的侧翼火力打击下，该团被迫撤至多尔吉冲沟。

步兵第112师继续坚守原先的阵地。

步兵第284师各部队沿克鲁托伊冲沟一线与敌人战斗。

近卫步兵第13师继续在斯大林格勒城内原先的阵地上实施巷战。

步兵第193师第685团赶去增援近卫步兵第13师，9月25日9点集结在坦波夫大街和第2岸堤大街附近。

步兵第42旅在斯大林格勒城南部进行激烈的巷战。战斗沿察里察河（高加索大街地域）、比尔斯克（Birskaia）大街至科兹洛夫（Kozlovskaia）大街、库姆大街至普加乔夫（Pugachevskaia）大街、普加乔夫大街至铁路岔道口一线肆虐。

「9月26日」

第62集团军继续在斯大林格勒城内进行巷战，多次击退敌人的疯狂进攻。经过长时间激战，敌人设法到达"斯大林"码头，将该码头和伏尔加河中央渡口的三个泊位置于其火力打击下。

集团军北部地域的部队［"戈罗霍夫"集群］继续坚守原先的阵地。

步兵第112师（2558人）沿维什涅瓦亚峡谷［"红十月"新村西面］占据第二道防线。

近卫步兵第13师与步兵第193师第685团前出至"1月9日"广场，并将太阳大街、共和国大街、基辅大街、托博尔斯克（Tobol'skaia）大街和坦波夫大街上数座建筑物内的敌人肃清。

NKVD步兵第10师第272团残部、［近卫步兵第13师］近卫步兵第42团第1营和步兵第42、第92旅的部队，当日以激烈的防御作战抗击优势敌军，敌人从南面攻向察里察河河口，从火车站攻向中央码头。［注意：塔拉索夫步兵第92旅及隶属的步兵第42旅提交的是假作战报告。］敌人突破了这些部队的防线，他们被迫向东退却，并占据了新阵地。正在核实他们目前所处的位置。[166]

　　随着这场战斗的展开,保卢斯准备对工厂区重新发起突击,行动日期定于9月27日。在此之前,整条战线上都发生了零星的激战,妨碍到了第6集团军有条不紊的进攻准备。例如,9月24日,第24装甲师和第295步兵师的战区内,戈里什内将步兵第95师的3个团(第241、第161、第90团)悉数投入,坦克第137旅在右侧提供支援,对第24装甲师第4摩托车营和第295步兵师第516团的防御发起猛攻(参见地图32)。在这种情况下,苏军的反复突击将德军驱离了坟冢南坡和西坡,并抢在德军控制多尔吉冲沟前,沿其上段一路渗透至科洛杰兹纳亚大街。赛德利茨辖下的各个师一直遭到苏军持续不断的炮击。虽然受到了这些攻击,但第51军军部9月24日晚通知第24装甲师,第100猎兵师已从顿河前线赶来参加保卢斯的新攻势,明日开始接替第24装甲师靠前部署的部队。[167]

　　正如第62集团军每日报告和德国方面的记述表明的那样,崔可夫的反突击9月25日陷入停滞,各突击部队未能完成任何目标。OKW证实了这一事实,9月26日宣布:"在斯大林格勒,察里察河北面顽强防御的市区,包括市中心区党委大楼在内的数座筑垒建筑和一些暗堡均被攻克。"[168]崔可夫坦率地承认了这一点,但他对第62集团军的作战表现深感满意:

　　在这场经常演变为白刃格斗的战斗中,敌人从中央码头区发起的推进被遏止。但我们没能消灭进犯到伏尔加河的敌人,也没能与在察里察河另一侧作战的各步兵旅会合。

　　敌人付出了巨大的损失,却只取得部分成功。保卢斯前出至伏尔加河,然后沿伏尔加河对我集团军侧翼和后方发起打击的计划落了空。该计划之所以失败,是因为他的部队遭遇到了罗季姆采夫师、巴秋克师、戈里什内师、巴特拉科夫旅和其他部队的顽强阻截。

　　对第62集团军来说,危机已经过去。敌人第一次突破到伏尔加河,我集团军没有恐惧,也没有动摇。马马耶夫岗仍在我们手中。我军虽然损失很大,但没有一支部队被彻底歼灭。巴秋克的西伯利亚师发起反冲击,遏止了敌人在市内的推进。德国人损失惨重;大街上趴着几十辆烧毁的德军坦克和数千具德国士兵的尸体。[169]

虽然崔可夫实施反突击的部队未能实现朱可夫和叶廖缅科的厚望，但步兵第95和第284师发起的猛烈反冲击，以及马马耶夫岗、多尔吉和克鲁托伊冲沟随后的顽强防御，再加上罗季姆采夫在市中心的坚守，确实遏止了第51军以第295、第71步兵师席卷崔可夫左翼，从南面突入斯大林格勒工厂区的企图。但是，除了马马耶夫岗周边地域和南面的两条冲沟，苏军在城市南部三分之二区域内的抵抗已然崩溃，这片地区基本上落入德国人之手。只有工厂区和北郊以及市中心的几个"口袋"仍在苏军的控制下。

保卢斯为市中心和城市南部的胜利付出了高昂的代价，虽说作战地图上粗粗的黑色线条表明他的部队已在该地域逼近伏尔加河西岸，但保卢斯的实际状况远比地图标记表明的情况虚弱得多。对城市发起进攻的各突击群辖内的所有师，特别是步兵和工兵（战斗工兵）营，实力渐渐消耗殆尽，获得的补充兵寥寥无几。事实上，第51军突击马马耶夫岗和市中心的第295、第71步兵师已遭到严重消耗。如上所述，第71步兵师的4个步兵营9月26日被评定为"虚弱"，另外3个营为"耗尽"[①]；第295步兵师的7个营（9月14日，2个营被评为"中强"，3个营"中等"，2个营"虚弱"）9月26日的战斗力等级下降为2个营"中等"，4个营"虚弱"，1个营"耗尽"。

同样的情况也出现在第48装甲军第94步兵师身上，该师7个步兵营的战斗力9月14日和26日都被评为"中强"，但9月28日骤降为"虚弱"，10月5日，7个营的战斗力直线下降为"耗尽"。[170]第24装甲师也没能逃脱减员的厄运，师里的4个装甲掷弹兵营，从9月14日和26日的2个"中强"和2个"中等"下降为9月28日的2个"中等"、2个"虚弱"，10月5日，这些营的战斗力最终沦为1个"虚弱"、3个"耗尽"，外加1个"耗尽"的装甲工兵营。而该师即将为保卢斯对城市的下一场大规模突击担任先锋！

令人震惊的战斗力等级意味着这些师的前线团和营，兵力远远低于"中等"规定的60%、"虚弱"规定的40%、"耗尽"规定的30%。此时，各个师的突击炮只剩下编制数量的三分之一到二分之一。在作战步兵或工兵方面，德

---

① 译注：与前文不符。

军大多数步兵团和装甲掷弹兵团的有效战斗兵力约为1000人；各步兵、装甲掷弹兵和工兵营，如果被评为"虚弱"，兵力为200—250人，如果被评为"耗尽"，兵力则不足200人。至于突击群的坦克力量，第24装甲师虽然获得了休整和补充，但其前线部队的实力仅为半数，只有约30辆可用的坦克；第29摩步师的坦克数量更少。

第24装甲师的状况代表了整个第6集团军的情况：

我师完全履行了据守防御阵地的任务。敌人的每一次进攻都被击退。这很困难，因为我师的观点是决不为防御提供增援，只要使（对方的）进攻陷入停顿即可。但是，对即将发起的突击而言，每后退一步都意味着出发阵地的恶化。以小股作战部队实施的防御取得了胜利。此前在斯大林格勒市中心和南部参加战斗的士兵们疲惫不堪，他们没有获得应有的休整，又立即投入斯大林格勒北部。[171]

就连经常批评保卢斯及其部队缺乏进取精神的空军指挥官里希特霍芬将军，也在日记中承认遇到了难题：

9月22日。在市区稍稍取得些进展。第6集团军的进攻遭遇困难，主要是因为该集团军的大批部队被敌人从北面不断施加的压力所牵制，还因为援兵（步兵师）到来得太过缓慢。这是一场从一片废墟到另一片废墟，从一个地窖到另一个地窖的肮脏、艰苦的竞赛。

10月3日。……我说："我们缺乏的是清晰的思路和定义明确的目标。像我们这样东一榔头西一棒子是没有用的——我们投入的兵力不足，加剧了这种无效性。一次只能干一件事……当然，我们必须先把已开始的事情干完，特别是在斯大林格勒和图阿普谢。"[172]

实际上，保卢斯进攻斯大林格勒城的突击群，实力已从9月13日的6个师（第389、第295、第71、第94步兵师，第24装甲师和第29摩步师）、约80000名士兵和100辆坦克（突击炮）下降为9月26日的5个半师（第389、第295、第71、第94步兵师，第29摩步师和第24装甲师的半数力量）、不超过65000名士兵和不到25辆坦克。这些士兵中，真正具备战斗力的步兵和装甲掷弹兵可能不到40000人。说明保卢斯的突击群在巷战中遭受到严重损失的是，东南方面军收集的不完整数据表明，9月13日—26日，第62和第64集团军的激烈防御至少击毙了6000名德军士兵、击毁（击落）170多辆坦克（突击炮）、100门大炮/迫击炮和200架飞机。[173]第6集团军档案资料中的零星报告表明，9月14日—26日，光是第71、第295和第389步兵师便阵亡1000人、负伤3000人、失踪100人。

同一时期，尽管崔可夫的集团军遭受到更大的损失，原有的100辆坦克至少损失了69辆，但他得到的援兵多达40000人，包括步兵第92旅、坦克第137旅、近卫步兵第13师、步兵第95和第284师、几支较小的部队以及大批单独的补充兵。因此，虽说遭受到灾难性损失，但崔可夫仍能将防御部队的兵力保持在51000人左右（参见图表24）。总之，9月13日—26日，苏军最高统帅部从预备队抽调10个步兵师、2个坦克军和8个坦克旅加强斯大林格勒方面军和东南方面军，崔可夫集团军获得了其中5个步兵师。[174]

图表 24：1942 年 9 月 25 日，第 62 集团军各作战兵团的兵力

近卫步兵第13师——6906人
步兵第95师——5455人
步兵第112师——2557人
步兵第193师——10273人
步兵第284师——7648人
步兵第10旅——191人
步兵第42旅——1049人
步兵第92旅——2562人
步兵第115旅——4023人
步兵第124旅——4218人
步兵第149旅——3119人
摩托化步兵第2旅——883人
摩托化步兵第20旅——418人
摩托化步兵第9旅——705人
摩托化步兵第38旅——1119人
总计——51126人

※ 资料来源：伊萨耶夫，《斯大林格勒：伏尔加河后方没有我们的容身处》，第 180 页，引自 *TsAMO RF, f. 48, op. 451, d. 41,1. 129*。

虽然提供增援的兵团和单独的补充兵由于巷战经验不足而遭受到严重损失，但第62集团军逐渐开发出了一套体系，将经验丰富的指挥员派往新赶到的部队。如果崔可夫发现某个部队的指挥员和工作人员表现出色，他就把这个指挥部留在身边，将该地域的所有士兵交给他们指挥。但更常见的做法是，一旦某部队（兵团）彻底耗尽，他便把团部和师部人员撤至东岸，在那里以新赶到的补充兵重新组建，然后在稍晚些时候重返战场。原部队（兵团）的幸存者转隶相邻的指挥部。

将大批援兵、补给物资、伤员和平民运过伏尔加河的任务，需要投入河上所有可用的船只。D. D. 罗加乔夫海军少将指挥着伏尔加河区舰队，这是一个由炮艇和扫雷艇支队混编而成的兵团，负责为各部队提供火力支援，同时协助渡河行动。罗加乔夫以2艘炮舰和5艘装甲艇组建起"舰艇北集群"，由海军上尉S. R. 雷先科指挥，该集群在阿赫图巴（Akhtuba）镇附近占据发射阵地。大部分运输任务交给当地渔民，他们接受渡口主任V. F. 舍斯塔科夫少将的统一指挥。9月12日—15日，这些船只和伏尔加河区舰队所有舰船共同将10000名士兵和1000吨军用物资运过伏尔加河。[175]

尽管德军炮兵和空军全力阻截河上的运输，但叶廖缅科还是将新部队和补充兵源源不断地送过了伏尔加河。第62集团军丢失南部的码头后，崔可夫立即下令在北面构设渡河点。可是，截至9月15日，德国人已将市中心的渡河点悉数消灭，9月22日攻占中央渡口，将第62集团军孤立在市中心。此后，A. N. 韦尔秋林中校指挥的巡逻艇第3师负责这一地域的物资运输和伤员疏散。韦尔秋林的舰船冒着敌人持续不断的炮火和空袭遂行任务，大量使用烟雾掩护自己的行动。[176]

9月24日后，以大型船只疏散伤员已不复可能，伏尔加河区舰队投入快速装甲艇，冒着敌人猛烈的炮火执行任务。例如，9月25日至26日的夜间，德军攻向察里察河下游，4艘装甲艇从河口附近疏散了350名伤员。[177]几乎每一艘大型海军或民用船只都因为德军的空袭而受损并导致伤亡。这些无名英雄以惊人的意志确保了第62集团军获得兵员和弹药的补充。[178]

斯大林格勒军级防空地域的高射炮部队提供了他们所能提供的一切掩护，抗击德国空军对城市及其守卫者持续不断的空袭。丧失了城市周围的固定防御阵地和VNOS（vozdushnoe nabliudenie, opoveshchenie I sviaz，苏联早期

236

的预警系统）后，该军级防空地域将辖内所有部队和火炮转移至伏尔加河东岸。叶廖缅科随即命令他们优先掩护河流渡口和方面军炮兵群。仍留在西岸的少数防空部队用高射炮打击敌机，但更常见的是对付地面目标，特别是敌坦克和突击炮。例如，9月13日，高射炮兵第1079、第1082团的5个连为坦克第23军近卫坦克第6和坦克第189旅的防御提供支援，抗击德军第389步兵师对戈罗季谢东南方和古姆拉克机场的突击。尽管5个连中的4个在一天的激战中损失殆尽，但他们报告己方击毁（击落或消灭）了15辆敌坦克/突击炮、3架敌机和多达1个营的敌步兵，主要是通过直接瞄准射击。[179] 另外，一个特别防空群在38架歼击机（包括歼击航空兵第102师提供的23架伊-15、伊-16、伊-163歼击机）和几辆高射装甲列车的支援下组建起来。该防空群的任务是沿城市东部从帕拉索夫卡（Pallasovka）到韦尔布柳扎（Verbliuzh'ia）、从上巴斯昆恰克（Verkhnyi Baskunchak）到阿赫图巴的铁路线部署，防止敌人破坏重要的铁路运输。[180]

在保卢斯看来，崔可夫保持第62集团军实力的出色能力意味着，如果第6集团军想要夺取斯大林格勒工厂区，他别无选择，只能重新部署并加强他的突击群，集中足够的兵力，以谨慎（很可能代价高昂）的突击夺取该地域。另外，朱可夫和叶廖缅科在科特卢班地域的果断进攻导致第6集团军无法从胡贝第14装甲军抽调任何重要的力量对崔可夫的北翼施加压力，这加剧了保卢斯的困境。事实上，苏军对科特卢班地域的进攻还将德军第113步兵师（该师的8个步兵营，7个"强"，1个"中强"）调离了斯大林格勒城这一原定目标。强调这场战斗毁灭性影响的是，投入战斗仅仅两天，第113师的1个营"耗尽"，10月5日，又有3个营被评为"虚弱"。

希特勒也对保卢斯施加了巨大的压力，特别是鉴于A集团军群在高加索地区的缓慢进展。第6集团军司令敏锐地意识到了辖内步兵部队遭受的损失，但9月下旬一段很短的日子里，他又变得乐观起来。根据所收到的报告，保卢斯9月26日下午如蒙大赦般地宣布，德军攻占了市中心，"自中午起，德军战旗便已飘扬在党部大楼上"。[181] 但是，保卢斯清楚迄今为止他的部队遭受的损失，也知道面前还存在艰巨的任务，他拟定了计划并为此集结兵力，因为他相信，对城市工厂区的最终突击将结束斯大林格勒战役。

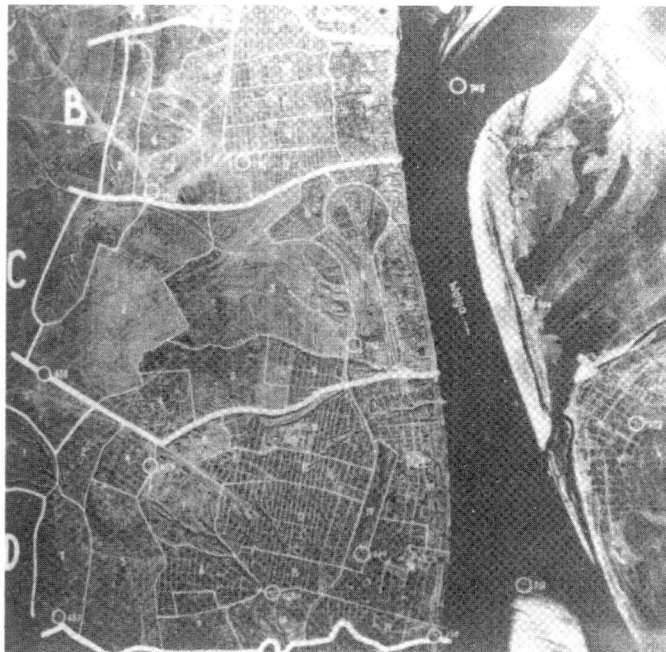

斯大林格勒城中部，从"红十月"厂工人新村和工厂（B）向南穿过马马耶夫岗、"网球拍"（C）和斯大林格勒市中心（D），直至察里察河（750点左侧）

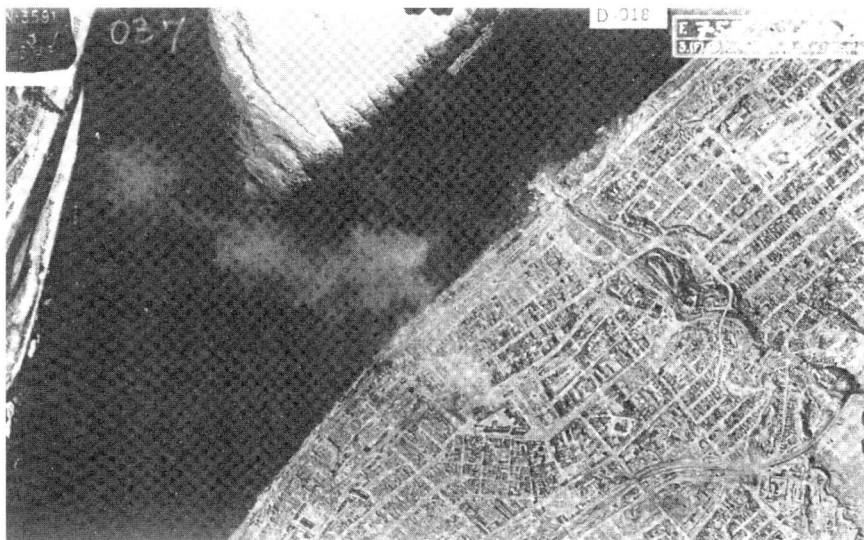

1942年9月17日，德军第71步兵师发起突击时的斯大林格勒城中部。图片视角由北至南，多尔吉和克鲁托伊冲沟位于左下方，1号火车站位于中央，察里察河位于右上方

238

战火中的斯大林格勒城中部，"1月9日"广场和"巴甫洛夫"大楼位于正上方，1号火车站位于中央偏左处，红场位于正下方

烈焰中的斯大林格勒城中部

斯大林格勒城中部的巷战

被烈火吞噬的 1 号火车站

240

近卫步兵第 13 师师长 A. I. 罗季姆采夫将军

1 号火车站（左）和斯大林格勒城中部

铁路线东面的斯大林格勒城中部

位于斯大林格勒城中部的 NKVD 总部

斯大林格勒城中部的废墟

斯大林格勒城中部的北半部

"1月9日"广场

244

斯大林格勒城中部，近卫步兵第
13 师的士兵在 NKVD 总部附近
战斗

战后的红场

红军士兵在斯大林格勒城中部穿过战壕

"巴甫洛夫"大楼（右下方）

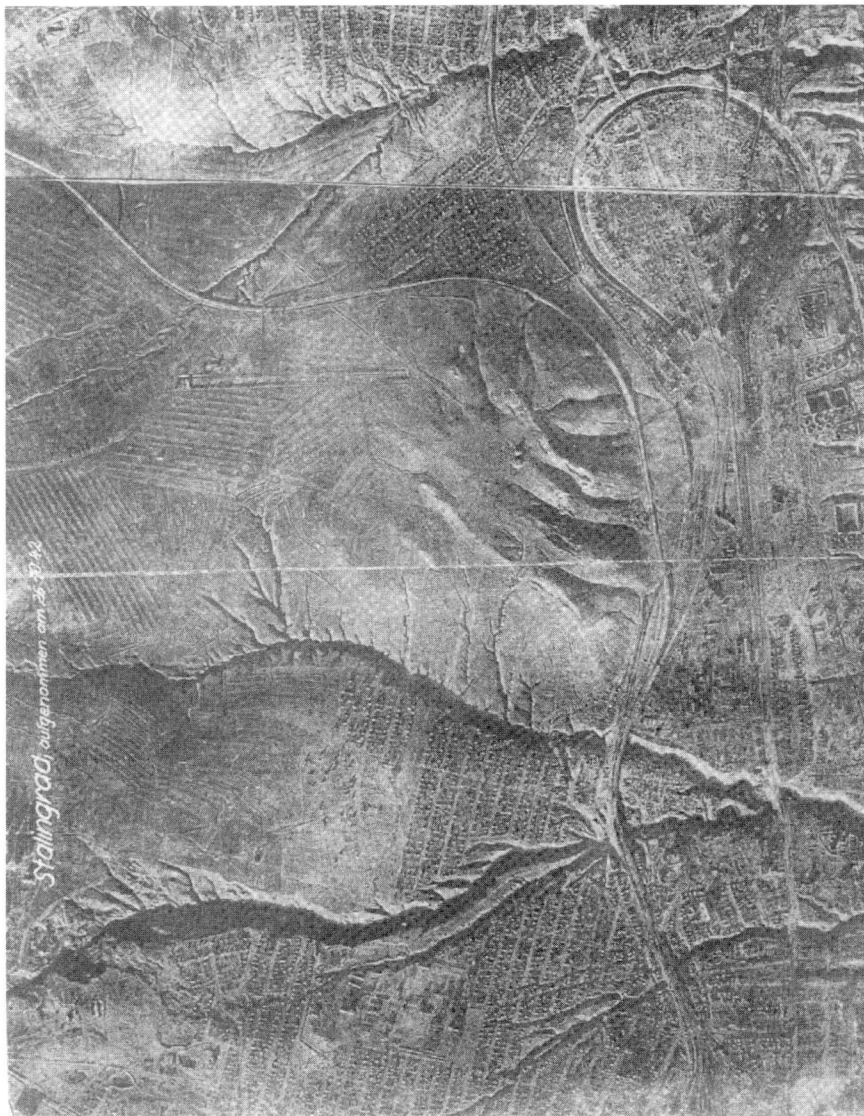

1942 年 10 月 26 日的航拍照片，马马耶夫岗位于中央，班内峡谷和"网球拍"位于右侧和右下方，多尔吉和克鲁托伊冲沟分别位于中央偏左处和左侧

步兵第284师师长N. F. 巴秋克上校在马马耶夫岗东面的指挥所里

1942年10月，伏尔加河区舰队的船只将海军步兵运过伏尔加河

1942 年 10 月，苏军在伏尔加河上搭设的一座突击桥

1942 年 9 月下旬，苏军士兵以救生筏渡过伏尔加河

1942 年 9 月下旬，苏军步兵在科特卢班地域发起进攻

1942 年 9 月下旬，科特卢班地域，苏军机枪手支援进攻行动

1942 年 9 月下旬，斯大林格勒方面军政委 N．S．赫鲁晓夫和司令员 A．I．叶廖缅科将军在科特卢班附近向苏军坦克兵发表讲话

总结

9月13日—26日，斯大林格勒的街道和瓦砾中历时两周的血腥激战，为争夺这座城市的后续战斗以及作为一个整体的B集团军群和"蓝色"行动的命运确立了特点。魏克斯和保卢斯曾计划以他们的坦克、突击炮、装甲掷弹兵和步兵从南北两面包围斯大林格勒，胜利进入并穿过这座城市。但截至9月26日，这场攻城战已沦为保卢斯与崔可夫部队之间一场缓慢得令人痛苦的、激烈且代价极其高昂的逐屋逐巷争夺战。德军不得不缓缓穿过市区的各条街道——而且只能从西面和南面推进。

斯大林守卫城市的决定剥夺了德军在机动性、策略和准确、压倒性、致命的炮火及空中支援方面的传统优势，迫使进攻方一点点突破崔可夫的防御，与前两个夏季常见的闪电战相比，这场战斗更像1916年的索姆河和凡尔登战役。虽然受到希特勒的干扰，但魏克斯和保卢斯仍决定以抵消德军一切传统优势的突击夺取斯大林格勒，并将第6集团军投入到一场无法获胜的战斗中，特别是因为苏军最高统帅部的主要目的是发起一场大反攻，歼灭保卢斯的部队，相比之下，谁占有斯大林格勒完全是次要问题。

　　无论最终结果如何，斯大林格勒的战斗仅仅是斯大林和苏军最高统帅部自1942年7月下旬以来一直奉行的策略中的一个要素。他们的目的是遏止或至少充分减缓德军的进军势头，让红军在轴心国军队过度延伸（苏联领导人认为这一点不可避免）之际发起一场大规模反攻。这种策略在7月下旬、8月和9月初没能赢得胜利，仅仅是因为虽然红军频频发起反击，但B集团军群总是在关键时刻得以恢复第6集团军的进军势头。但到9月中旬，希特勒夺取斯大林格勒的决定剥夺了第6集团军掌握的这种势头，反而将其塞入红军手中。在斯大林和苏军最高统帅部看来，使崔可夫的50000名部下和为保持第62集团军战斗力而调派的援兵无情地牺牲在斯大林格勒的各条街道和废墟中，与100多万名士兵为赢得胜利而即将发起的大反攻相比，只是个小小的代价而已。

　　9月13日—26日发生的每一场战斗都为这一策略发挥了重要作用。保卢斯对斯大林格勒的突击使他的部队投入到了一场丧失机动性的战斗中，这场战斗最多只能赢得一场得不偿失的胜利，必然会削弱第6集团军的实力。这将迫使该集团军以缺乏经验的意大利和罗马尼亚部队接替德国部队，结果削弱了他们在其他关键地域的防御。叶廖缅科北部集群在科特卢班地域一再发起猛烈的反突击，打乱了保卢斯以其北钳（第14装甲军）迅速而兵不血刃地夺取斯大林格勒城的计划。叶廖缅科给德国第8军造成重创，保卢斯无计可施，只能抽调原本用于夺取斯大林格勒城的宝贵兵力（步兵第113师）加强北翼的防御。苏军的科特卢班攻势还使保卢斯的另一个步兵师（步兵第76师）基本丧失了战斗力。

　　在城内卷入致命的漩涡后，保卢斯的突击部队遭受到严重伤亡，他不得不将一个个新锐师投入这部绞肉机，这也削弱了B集团军群左翼的防御。这段时间里，保卢斯集团军的装甲力量（这是推动该集团军进入斯大林格勒的生力军）大幅下降，如果红军学会并有效部署其看似源源不绝的坦克和坦克兵，灾难性失败的幽灵将再次出现。第6集团军关于其步兵营和工兵营状况的战备报告揭示出了巷战对该集团军造成的损伤程度（参见图表25）。

　　正如表中所示，经过两周的激战，第14装甲师撤出战斗后，第6集团军和第4装甲集团军已没有一个营被评定为"强"，评为"中强"的营也从25个下降为6个。另外，评为"虚弱"或"耗尽"的营分别从13个和0个增加到23个和

图表 25：1942 年 9 月 14 日—26 日，第 6 集团军和第 4 装甲集团军在斯大林格勒作战的各个师辖下步兵、工兵营的战斗力等级

	9月14日	9月26日
第14装甲军		
第3摩步师 （5个步兵营） （1个工兵营）	2个中强、2个中等、1个虚弱 虚弱	1个中强、3个中等、1个虚弱 强
第60摩步师 （7个步兵营） （1个工兵营）	1个中强、6个中等 中等	6个中等、1个虚弱 虚弱
第16装甲师 （5个装甲掷弹兵营） （1个装甲工兵营）	3个中强、2个中等 中等	3个中强、2个中等 中等
第51军		
第71步兵师 （8—7个步兵营） （1个工兵营）	8个虚弱 中等	4个虚弱、3个耗尽 中等
第295步兵师 （7个步兵营） （1个工兵营）	2个中强、3个中等、2个虚弱 中等	4个虚弱、3个耗尽 中等
第295步兵师 （7个步兵营） （1个工兵营）	2个中强、3个中等、2个虚弱 中等	2个中等、4个虚弱、1个耗尽 中等
第389步兵师 （6个步兵营） （1个工兵营）	1个中强、3个中等、2个虚弱 中等	2个中等、4个虚弱 虚弱
第48装甲军		
第24装甲师 （4个装甲掷弹兵营） （1个装甲工兵营）	2个中强、2个中等 中等	2个中强、2个中等 中等
第14装甲师 （4个装甲掷弹兵营） （1个装甲工兵营）	4个中强 中等	未参加市区的战斗
第29摩步师 （6个步兵营） （1个工兵营）	3个中强、3个中等 强	3个中强、3个中等 强
第94步兵师 （7个步兵营） （1个工兵营）	7个中强 中等	7个中强 中等

总计 59—54个步兵营	25个中强、21个中等、13个虚弱	16个中强、20个中等、14个虚弱、4个耗尽
10—9个工兵营	1个强、8个中等、1个虚弱	2个强、5个中等、2个虚弱

※ 资料来源：弗洛里安·冯·翁德·楚·奥夫塞斯男爵，《第6集团军作战日志附件册，第一卷，1942年9月14日至11月24日》，第12—13、第59—62页，"Betr.: Zustand der Divisionen, Armee-Oberkommando 6, Abt. Ia, A. H. Qu., den 14 September 42, 12.35 Uhr"（关于：各个师的状况，第6集团军司令部作战处，1942年9月14日12点35分）、"Betr.: Zustand der Divisionen, Armee-Oberkommando 6, Abt. Ia, A. H. Qu., den 26 September 42"（关于：各个师的状况，第6集团军司令部作战处，1942年9月26日）。

11个。这就意味着在此期间，两个集团军的整体战斗力等级从"中强"与"中等"之间下降为"虚弱"。

面对这一严峻的前景，保卢斯尚未充分认识到最终的后果，9月26日晚，他命令各突击群做好发起最后突击的准备，夺取斯大林格勒城的剩余部分——北部工厂区。山的那一边①，崔可夫第62集团军准备在斯大林格勒工厂和工人新村的废墟中继续其殊死但至关重要的防御战。

---

① 译注：the other side of the hill是一个军事用语，意思是交战另一方的情况。

注释

1. 德军的部署和调动，可参阅"Ia. Lagenkarten Nr. 1 zum KTB Nr. 13, Jul-Oct 1942, " AOK 6, 23948/Ia, in NAM T-312, Roll 1446（1942年7—10月，第6集团军第13号作战日志第1号态势图集，作战处；国家档案馆微缩胶片，序列号T-312，第1446卷）。

2. 参阅"Lagenkarten zum KTB. Nr. 5 (Teil Ⅲ.), PzAOK 4, Ia, 21 Oct-24 Nov 1942, " PzAOK 4, 28183/12, in NAM T-313, Roll 359〔1942年10月21日—11月24日，第4装甲集团军第5号作战日志（第Ⅲ部分）态势图集，作战处；国家档案馆微缩胶片，序列号T-313，第359卷〕；以及海沃德的《止步于斯大林格勒：德国空军和希特勒在东线的失败，1942—1943年》，第231页。1942年11月下旬，施塔赫尔上校逃出斯大林格勒包围圈，12月初指挥另一个以他的名字命名的战斗群沿奇尔河实施防御。1943年2月中旬，施塔赫尔在守卫扎波罗热的战斗中发挥了重要作用，1944年夏末任驻华沙德军司令。"施塔赫尔"战斗群出现后，1942年12月，OKH开始组建并部署空军野战师。

3. "Lagenkarten zum KTB. Nr. 5 (Teil Ⅲ.), PzAOK 4, Ia, 21 Oct-24 Nov 1942" PzAOK 4, 28183/12, in NAM T-313, Roll 359〔1942年10月21日—11月24日，第4装甲集团军第5号作战日志（第Ⅲ部分）态势图集，作战处；国家档案馆微缩胶片，序列号T-313，第359卷〕。

4. 关于9月12日—13日这场会议，可参阅格尔利茨《保卢斯与斯大林格勒》一书第159—160页，保卢斯本人的记述。

5. 日林，《斯大林格勒战役》，第545页，引自《OKW作战日志》，第二册，第520页。

6. 同上。

7. 齐姆克和鲍尔，《从莫斯科到斯大林格勒：东线决战》，第395页；布劳，《德国对苏战争》，第168页。

8. 《苏联军队作战编成，第2部分，1942年1—12月》，第171—172页；日林，《斯大林格勒战役》，第542—543页。

9. 萨姆索诺夫，《斯大林格勒战役》，第176页。

10. 同上，第176页，指出第62和第64集团军共有120辆坦克，而德军为夺取城市投入了500辆坦克。但是，即便将第14装甲军的坦克和第177、第244、第245突击炮营的突击炮计入，这个数字也被严重夸大了。

11. 莫什昌斯基和斯莫里诺夫，《保卫斯大林格勒：1942年7月17日—11月18日，斯大林格勒战略防御作战》，第41—43页，引自"Doklad o boevykh deistviiakh avtobronetankovykh voisk Stalingradskogo fronta za period s II sentiabria po 1 oktiabria 1942 goda"（关于斯大林格勒方面军汽车装甲兵1942年9月11日—10月1日作战行动的报告），TsAMO, f. 38, op. 80038ss, d. 49,1. 5。

12. 延茨，《装甲部队：德国坦克部队的组建和作战部署指南大全，1933—1942年》，第一册，第248页；马克在《"跳跃骑士"的覆灭：第24装甲师在斯大林格勒》一书第157页指出，第24装甲师9月13日有7辆二号坦克、5辆三号短身管坦克、6辆三号长身管坦克、1辆四号短身管坦克、3辆四号长身管坦克和1辆指挥坦克。

13. 关于这些突击炮营每日的实力，可参阅第6集团军1942年9月1日—11月18日的每日实力恢复，NAM T-312, Roll 1453（国家档案馆微缩胶片，序列号T-312，第1453卷）。

14. 罗科索夫斯基，《伏尔加河畔的伟大胜利》，第169页。

15. 同上，第170页。

16. 第48装甲军命令第24装甲师遂行该军的主要突击，沿察里察河南面的主铁路线及其北部地域向东攻击前进，进入斯大林格勒南部的中心地带，然后转身向北渡过察里察河，与第51军辖下的第71步兵师相配合，肃清斯大林格勒中央地带的苏军。第24装甲师右侧，第94步兵师和第29摩步师负责歼灭斯大林格勒南部米尼纳、叶利尚卡和库波罗斯诺耶郊区的苏军。参阅马克的《"跳跃骑士"的覆灭：第24装甲师在斯大林格勒》，第156—158页。

17. 第62集团军作战日志，"Chastnyi boevoi prikaz no. 188 Shtarm 62 11. 9. 42"（第62集团军司令部188号特别命令，1942年9月11日签发）。

18. 萨姆索诺夫在《斯大林格勒战役》一书第173页指出，从8月底到10月初，政府部门将125000名居民疏散至伏尔加河对岸，不完整的官方统计数据表明，这一时期和10月份剩下的日子里，空袭和炮击造成42754名居民丧生，数万人受伤。但萨姆索诺夫又在第275页指出，11月初只有几千名居民留在城内。

19. 这些炮兵包括隶属于东南方面军炮兵群和坦克第2军炮兵群的6个火炮、迫击炮团。参见罗科索夫斯基的《伏尔加河畔的伟大胜利》，第171页。

20. 日林，《斯大林格勒战役》，第549页。

21. 同上，第549页。

22. 莫什昌斯基和斯莫里诺夫，《保卫斯大林格勒：1942年7月17日—11月18日，斯大林格勒战略防御作战》，第45页。

23. 伦斯基接任第24装甲师师长的详情，可参阅马克的《"跳跃骑士"的覆灭：第24装甲师在斯大林格勒》，第157—158页。

24. 同上，第157页。

25. 详情可参阅崔可夫的《斯大林格勒战役》，第86—87页。他在书中写道："有几个掩蔽部被摧毁，集团军司令部的人员亦有伤亡。"在这一段里，崔可夫错误地认为德军第76步兵师也是第51军突击部队的组成部分，后来的许多相关著作都重复了这个错误。

26. 第62集团军作战日志，"Boevoi prikaz no. 145 Shtarm 62. 13. 9. 42 22.30"（第62集团军司令部145号作战令，1942年9月13日22点30分签发）。苏联方面的旧资料在谁是步兵第92旅旅长的问题上存在混乱之处。F. I. 戈利科夫撰写的"V Oborona Stalingrada"（《保卫斯大林格勒》）刊登在A. M. 萨姆索诺夫主编的Stalingradskaia epopeia（《斯大林格勒的史诗》）（莫斯科：科学出版社，1968年）一书中，他在第311页指出，担任该旅旅长的是V. I. 萨莫达亚少校。但是，NKVD的报告中提及该旅旅长是塔拉索夫，并将他的指挥描述为"玩忽职守"，崔可夫也在回忆录中提及塔拉索夫抗命不遵，但没有谈到他的最终下场。苏联方面描述这场战役的著作，都没有提及这二位。步兵第92旅的每日态势图和作战报告解开了这个谜，因为上面签有塔拉索夫的名字。这些地图还表明，11月初指挥该旅的是什特里戈尔少校。塔拉索夫很可能被枪毙了，不然就是被送入了惩戒营或惩戒连。

27. 第62集团军作战日志，"Opersvodka no.150-151"（第150—151号作战概要）。

28. 同上，"Opersvodka no.151-152"（第151—152号作战概要）。齐姆克和鲍尔在《从莫斯科到斯大林格勒：东线决战》一书第394页指出，德军12点到达火车站，15点前出至伏尔加河。而罗科索夫斯基主编的《伏尔加河畔的伟大胜利》一书第172页声称德军17点到达火车站。

29. 莫什昌斯基和斯莫里诺夫，《保卫斯大林格勒：1942年7月17日—11月18日，斯大林格勒战略防御作战》，第46页。

30. 详细情况可参阅崔可夫的《斯大林格勒战役》，第90—91页。

31. 同上，第87—91页；齐姆克和鲍尔，《从莫斯科到斯大林格勒：东线决战》，第393—394页。

32. 日林，《斯大林格勒战役》，第555页。

33. 同上，引自《OKW公报》。

34. 同上，第556—557页，引自《OKW作战日志》，第二册，第1245—1246页。

35. 同上。

36. 第62集团军作战日志，"Opersvodka no.151-152"（第151—152号作战概要）。

37. 崔可夫，《斯大林格勒战役》，第91页。近卫步兵第13师在6月末和7月初的战斗中隶属于西南方面军第28集团军，在罗索希以西的激战中几乎全军覆没。但师里的一些指挥人员成功东撤，退到了乌拉尔军区，7月底、8月和9月初，该师在那里重新组建。7月25日，该师仅有1235人。赶往斯大林格勒参战前，该师刚刚完成训练任务，与奉命增援第62集团军的许多师一样，该师主要由伤愈的老兵和缺乏经验的新兵组成。近卫步兵第13师9月13日的兵力为9603人。与许多加强师一样，近卫步兵第13师投入战斗前，步枪和重武器的数量远远达不到编制规定的数量，只有7774支步枪、170支冲锋枪、30挺轻机枪和16挺重机枪，没有高射机枪。参见I. A. 萨姆丘克的Trinadtsataia gvardeiskaia（《近卫步兵第13师》）（莫斯科：军事出版社，1971年），第97—99页；伊萨耶夫，《斯大林格勒：伏尔加河后方没有我们的容身处》，第171页，引自TsAMO RF, f. 48, op. 451, d. 41,1. 69。但崔可夫后来以集团军的资源为罗季姆采夫的师增加了武器装备。例如，遭受初步损失后，9月15日，近卫步兵第13师共有8009人，配有5616支步枪、325挺轻机枪、36挺重机枪、720支冲锋枪和229支反坦克步枪。参见伊萨耶夫，《斯大林格勒：伏尔加河后方没有我们的容身处》，第173页，引自TsAMO RF, f. 48, op. 451, d. 41,1. 67。

38. VE，第七册（莫斯科：军事出版社，2003年），第251页，"亚历山大·伊里奇·罗季姆采夫"。罗季姆采夫出生于1905年，1927年参加红军。他最初是一名骑兵，1932年毕业于莫斯科联合军校骑兵班，1939年毕业于伏龙芝军事学院，1941年毕业于红空军指挥员和领航员学院，战后，1947年毕业于伏罗希洛夫总参学院。1932年3月—1936年1月，罗季姆采夫在骑兵第36师任排长、营长，西班牙内战期间，他在共和军担任"志愿者"，因作战英勇，两次获得红旗勋章，并荣获"苏联英雄"称号。返回苏联后，1937—1938年，他在骑兵第36师任第61团团长，1939年5月—1941年5月，他担任该师副师长，在此期间，他的师参加了1939年9月入侵波兰东部的行动。1941年5月，罗季姆采夫出任空降兵第3军第5旅旅长，1941年8月率领该空降兵旅守卫基辅，9月在第40集团军辖下参加了阻挡德国第2装甲集群的作战行动。空降兵第3军和罗季姆采夫旅的主力逃出基辅包围圈后，NKO将该军改编为步兵第87师，罗季姆采夫担任师长。1941年秋季和1941—1942年冬季战役期间，他一直率领着这个师，在库尔斯克以东地域的战斗中表现出色。为表彰该师在冬季战役中的杰出表现，1942年3月，NKO授予该师"近卫步兵第13师"荣誉番号，仍由罗季姆采夫担任师长。"蓝色"行动期间，该师在夏季战役中几乎全军覆没，重建后，9月份调至斯大林格勒地域。斯大林格勒战役1943年2月初结束后，罗季姆采夫继续率领该师至1943年4月，后担任近卫步兵第32军军长，直至战争结束。在此期间，他率部参加了红军一些最著名的战役，包括1943年7—8月的库尔斯克战役、1943年底和1944年乌克兰地区的战役、1945年1月波兰的维斯瓦河—奥得河进攻战役以及1945年春季的柏林战役和布拉格战役。战争结束后，他继续率领近卫步兵第32军直至1946

年5月。参加总参军事学院高级速成班的学习后，1947年3月—1951年2月，罗季姆采夫任近卫步兵第11军军长。此后，他担任西伯利亚军区[1]驻阿尔巴尼亚总军事顾问兼苏联驻阿尔巴尼亚大使馆武官（1953—1956年），后担任北部军区第一副司令员，直至1966年退役后加入国防部总监组。他去世于1977年。关于他的更多情况，可参阅《军级指挥员，军事人物志，两卷本》，第一册，第477—478页。

39. 崔可夫，《斯大林格勒战役》，第92页。崔可夫赋予罗季姆采夫师的任务还可参阅萨姆索诺夫《斯大林格勒战役》一书第183页。

40. 马克，《"跳跃骑士"的覆灭：第24装甲师在斯大林格勒》，第160—161页。在这场突击中，第24装甲师投入了25辆坦克，包括8辆二号坦克、6辆三号短身管坦克、6辆三号长身管坦克、1辆四号短身管坦克、4辆四号长身管坦克和2辆指挥坦克。该师剩下的坦克担任预备队，一旦突击取得成功，他们将提供支援。

41. 同上。

42. 同上。

43. 崔可夫，《斯大林格勒战役》，第95页。

44. 对第24装甲师大胆推进的生动描述，可参阅马克的《"跳跃骑士"的覆灭：第24装甲师在斯大林格勒》，第163—170页。

45. 同上，第163页。

46. 同上，第168页。

47. 同上，第165—166页。

48. 同上，第170页。

49. 同上，第173页。这仅仅是战术性转隶，也就是说，肯普夫第48装甲军的补给和补充仍依靠霍特的第4装甲集团军。

50. 同上，第170页。

51. 同上。

52. 第62集团军作战日志，"Opersvodka no. 153 Shtarm 62"（第62集团军司令部153号作战概要）。

53. 日林，《斯大林格勒战役》，第562页。

54. 《斯大林格勒的史诗：首次出版的俄罗斯联邦安全局解密文件》，第197—199页，"Donesenie OO NKVD STF v NKVD SSSP o khode boev v Stalingrad,16 sentiabria 1942 g."（斯大林格勒方面军NKVD特别部门关于斯大林格勒战役进程的报告，1942年9月16日签发），引自TsA FSB RF（俄罗斯联邦安全局中央档案馆），f. 14, op. 4, d. 326,11，第220—223页。

55. I. V. 库兹米希耶夫，Shtafniki（《惩戒士兵》），刊登在Serzhant（《军士》）杂志第14期，2006年，第25—34页。关于建立、部署惩戒营、惩戒连和阻截队的详情，可参阅弗拉基米尔·代涅斯的Strafbaty i zagradotriady Krasnoi Armii（《红军中的惩戒营和拦截队》）（莫斯科：亚乌扎-艾克斯摩出版社，2008年）。

---

① 译注：应为东西伯利亚军区。

56. 对于这种评定，德国方面的术语是"强"（stark）、"中强"（mittelstark）、"中等"（durchschnitten）和"虚弱"（schwach）。尽管从根本上说有些主观，但这种评定以作战士兵的数量为基准，还是能反映出各个师的战斗力的，特别是他们的步兵营和工兵营。第五类是"耗尽"（abgekampft），在后来的报告中开始出现，意思是该营的兵力、弹药、物资和（或）士气已耗尽——实际上，比"未做好战斗准备"严重得多。基于这样一份"状况"报告，一个实力为15097人、作战兵力为5906人的步兵师，拥有3264名步兵，辖5个"中强"步兵营和2个"中等"步兵营，评定的等级在"中强"与"中等"之间。还有一个例子，一个12277人的步兵师，作战兵力为4723人，包括2235名步兵，辖2个"中等"和5个"虚弱"的步兵营，评定的等级在"中等"与"虚弱"之间。最后一个例子，一个10578人的步兵师，作战兵力为3345人，包括1231名步兵，辖5个"虚弱"和4个"耗尽"的步兵营，获得的评定等级介于"虚弱"与"耗尽"之间。以各个师作战兵力与其总兵力相对比的百分比来表述，一个"强"师为60%，"中强"师为50%，"中等"师为40%，"虚弱"师为30%，"耗尽"师低于30%。

在营一级，德国人的报告表明了以下各类型营的战斗力等级和战斗兵力平均数量（括号内是实际兵力的例子）。注意这些类别中以实际兵力评定等级的主观性。

- 步兵营——编制兵力为900—1000人
  - 强——700或700人以上
  - 中强——500—700人
  - 中等——400—500人
  - 虚弱——300—400人
  - 耗尽——少于300人
- 装甲掷弹兵营——编制兵力为950—1000人
  - 强——700或700人以上
  - 中强——500—700人（450、500人）
  - 中等——400—500人（420人）
  - 虚弱——300—400人（410、360、340、330人）
  - 耗尽——少于300人（290、270人）
- 工兵营——编制兵力为843—885人
  - 强——600或600人以上
  - 中强——400—600人
  - 中等——300—400人（365、233、294、201、256、242人）
  - 虚弱——200—300人（218、227、209人）
  - 耗尽——少于200人（176、76、313人）

这些数据表明，德军与苏军一样，经常将实力不足的师、团、营投入战斗。即便这些部队的兵力已减少到编制兵力的30%以下，仍然继续从事作战行动。

57. 第62集团军作战日志，"*Opersvodka no.154 Shtarm 62*"（第62集团军司令部154号作战概要）。

58. 日林，《斯大林格勒战役》，第573—574页。

59. NKVD步兵第10师（"斯大林格勒"师）参加斯大林格勒战役的详情，可参阅V. V. 杜申金主编的*Vnutrennye voiska v Velikoi Otechestvennoi voine 1941–1945 gg.: Dokumenty i materially*（《1941—1945年，伟大卫国战争中的内卫部队：资料和文件》）（莫斯科：法律文献出版社，1975年），第362—409页。NKVD步兵第10师辖第269、第270、第271、第272、第282团，9月1日的兵力为7568人。第269团在斯大林格勒市中心和马马耶夫岗以北地域战斗了15天。第270团最初隶属于第269团，后加强第272团，在市中心投入战斗，增援近卫步兵第13师。第271团部署在米尼纳和库波罗斯诺耶郊区，后调至察里察河南面，配合步兵第131师、近卫步兵第35师和坦克第133旅作战。第282团在城市北部战斗，先是作为"戈罗霍夫"集群的组成部分部署在奥尔洛夫卡以东地域，后调至拖拉机厂附近，在那里支援步兵第115旅和"戈罗霍夫"集群。截至9月15日，NKVD步兵第10师只剩下2410人，具体如下：第269团——435人；第270团——540人；第271团——135人；第272团——210人；第282团——1100人。

60. 崔可夫，《斯大林格勒战役》，第90—97页；萨姆索诺夫，《斯大林格勒战役》，第184—188页；齐姆克和鲍尔，《从莫斯科到斯大林格勒：东线决战》，第384页。

61. 马克，《"跳跃骑士"的覆灭：第24装甲师在斯大林格勒》，第174页。

62. 同上，第176—181页。这些坦克包括7辆二号坦克、3辆三号短身管坦克、4辆三号长身管坦克、1辆四号短身管坦克、4辆四号长身管坦克和2辆指挥坦克。

63. 同上，第181页。

64. 第62集团军作战日志，*"Boevoe rasporiazhenie no.149 Shtarm 62 16. 9. 42 12.30"*（第62集团军司令部149号战斗令，1942年9月16日12点30分签发）。

65. 第62集团军作战日志，*"Opersvodka no.154 Shtarm 62"*（第62集团军司令部154号作战概要）。

66. 同上。

67. 日林，《斯大林格勒战役》，第572页。

68. 同上，第573—574页。

69. 莫什昌基和斯莫里诺夫，《保卫斯大林格勒：1942年7月17日—11月18日，斯大林格勒战略防御作战》，第47页。

70. 对这场战斗的生动阐述，可参阅马克的《"跳跃骑士"的覆灭：第24装甲师在斯大林格勒》，第184页。

71. 同上。

72. 同上，第184—185页。

73. 同上，第185页。第24装甲师越来越虚弱，第24装甲团、第21和第26装甲掷弹兵团的战斗兵9月21日分别减少为1171、1049、1095人，而这几个团的总实力分别为2298、1375、1464人。同上，第196页。

74. 崔可夫，《斯大林格勒战役》，第99页。

75. 第62集团军作战日志，*"Opersvodka, 16. 9. 42 Shtarm 62"*（第62集团军司令部1942年9月16日作战概要）。

76. 齐姆克和鲍尔，《从莫斯科到斯大林格勒：东线决战》，第395页。

77. 塔拉索夫和乌多维琴科的生平履历至今依然模糊不清。根据第92旅作战地图上的签名，我们获知了前者的姓氏，但不知道他的名字和中间名。这两位指挥员显然都没有晋升为少将。

78. 崔可夫，《斯大林格勒战役》，第98—99页、第103页；莫什昌斯基和斯莫里诺夫，《保卫斯大林格勒：1942年7月17日—11月18日，斯大林格勒战略防御作战》，第47页；罗科索夫斯基，《伏尔加河畔的伟大胜利》，第173页。第62集团军作战日志，崔可夫9月17日签署的命令，具体如下：

1. 步兵第92旅和坦克第137旅转隶第62集团军，他们将于9月17日至18日的夜间赶至斯大林格勒城。

2. 渡过伏尔加河后，他们将集结在以下地域：

（a）步兵第92旅——20.7里程碑东南方3公里和登陆地西南方1公里处，火车站（含）和察里察河上的铁路桥附近。任务是歼灭突入其集结区的敌支队，并占领以下防区：北面——察里察河，南面——在瓦尔代斯卡亚大街附近交叉的矩形铁路线，并沿铁路线设立正面朝西的防线。以及阻止敌人从萨多瓦亚车站方向沿察里察河谷突入防区，并歼灭粮仓地域的敌人。

（b）坦克第137旅——部署在102.0高地东北方1.5公里处的铁路回转线地域（被称为"网球拍"），占领环形防御，任务是阻止敌人从该防区突向伏尔加河，同时阻止敌人沿铁路线向北推进。

79. 国防人民委员部（NKO）组建"二次组建"师替代在先前的战斗中被歼灭的各个师。这些师保留了被歼灭部队的番号。红军的一些师在战争期间重建的次数多达四次。

80. 关于步兵第193师战时征程的详情以及该师在斯大林格勒战役中发挥的作用，可参阅 *Pomnit dnepr-reka: Vospominaniia veteranov 193-I strelkovoi Dneprovskoi ordena Lenina, Krasnoznamennoi, ordena Suvorova i Kutuzova divizii*（《牢记第聂伯河：荣获列宁勋章、苏沃洛夫勋章和库图佐夫勋章的红旗第聂伯河步兵第193师老兵的回忆》）（明斯克：白俄罗斯出版社，1986年），第7—11页，其中包括该师师长F. N. 斯梅霍特沃罗夫的回忆。1942年1月3日出任步兵第193师师长前，1940年6月13日至1941年12月27日，斯梅霍特沃罗夫曾指挥过步兵第135师。"蓝色"行动后，斯梅霍特沃罗夫率领步兵第193师至1943年3月18日，1943年5月14日—1943年8月1日，他指挥步兵第106师。尽管对他此后的军旅生涯不甚明了，但我们知道斯梅霍特沃罗夫出生于1900年，1989年去世。参见网站：www.generals.dk。

81. 罗科索夫斯基，《伏尔加河畔的伟大胜利》，第173页。

82. 关于朱可夫的战时行程，可参阅S. I. 伊萨耶夫的"*Vekhi frontovogo puti*"（《前路的里程碑》），*VIZh*，第10期（1991年10月），第24—25页。8月31日至9月11日，朱可夫在斯大林格勒面军；9月29日至10月3日，在斯大林格勒方面军和顿河方面军；10月6日至12日，在西南方面军；10月30日至11月16日，在西南方面军、顿河方面军和斯大林格勒方面军。10月21日至29日，他在加里宁方面军；11月19日至12月6日在西方面军和加里宁方面军；12月9日至26日，整个"火星"行动期间，他策划并监督了两个方面军的行动。除了视察战地，朱可夫其他时间待在莫斯科，通常是在总参谋部或克里姆林宫。

83. 崔可夫，《斯大林格勒战役》，第103页。

84. 同上，第104—106页。

85. 参见第62集团军作战日志9月18日的条目。

86. 日林，《斯大林格勒战役》，第581页。

87. 崔可夫，《斯大林格勒战役》，第100—102页。

88. 马克，《"跳跃骑士"的覆灭：第24装甲师在斯大林格勒》，第189页。

89. 同上，第191页。

90. 同上。

91. 崔可夫，《斯大林格勒战役》，第84—85页。

92. 森格尔·翁德·埃特林，*Die 24. Panzer-Division vormals 1. Kavallerie-Division 1939-1945*（《第24装甲师（原第1骑兵师），1939—1945年》），第120页。

93. S. M. 什捷缅科，《战争年代的总参谋部，1941—1945年》，第一册，第116页。

94. 罗科索夫斯基，《伏尔加河畔的伟大胜利》，第173—174页。

95. 莫斯卡连科，《在西南方向上》，第一册，第336—337页。

96. 同上，第337页。据伊萨耶夫在《斯大林格勒：伏尔加河后方没有我们的容身处》第184页指出，近卫第1集团军各步兵师1942年9月15日的兵力如下：

部队	士兵	步枪	重机枪	轻机枪	冲锋枪	迫击炮	火炮	反坦克炮	反坦克枪
步兵第173师	7149	6179	53	166	679	188	44	30	198
步兵第207师	4789	3882	29	57	583	95	37	20	145
步兵第221师	5724	6341	56	142	653	230	41	28	215
步兵第258师	13429	9174	85	225	746	222	44	30	277
步兵第260师	13303	8913	80	207	649	207	44	30	269
步兵第273师	12770	9001	81	200	739	222	44	30	279
步兵第308师	8671	8408	56	195	713	260	44	30	275
步兵第316师	10495	6820	46	188	858	180	44	30	239
步兵第292师	9970	6212	81	210	911	188	44	30	228
总计	86300	62930	567	1590	6531	1792	386	258	2125

97. 坦克第7军在此期间的状况，可参阅罗特米斯特罗夫的《钢铁近卫军》，第124—125页。

98. 莫斯卡连科，《在西南方向上》，第一册，第341—342页；日林，《斯大林格勒战役》，第580、第581、第588页。德军这一时期的部署和调动，可参阅"*la. Lagenkarten Nr. 1 zum KTB Nr. 13, Jul-Oct 1942,*" *AOK 6, 23948/la, in NAM T-312, Roll 1446*（1942年7—10月，第6集团军第13号作战日志第1号态势图集，作战处；国家档案馆微缩胶片，序列号T-312，第1446卷）。

99. 坦克第246旅有13辆坦克（6辆T-34和7辆T-70），坦克第69旅有5辆坦克（4辆T-34和1辆T-70）。参见伊萨耶夫的《斯大林格勒：伏尔加河后方没有我们的容身处》，第187页。

100. 同上，第192页。第24集团军的总兵力约为54000人，与第66集团军大致相等。

101. 第3摩步师有24辆坦克（6辆二号坦克、15辆三号短身管坦克、2辆三号长身管坦克、1辆四号长身管坦克），第60摩步师也有24辆坦克（7辆二号坦克、3辆三号短身管坦克、12辆三号长身管坦克、2辆四号长身管坦克）。另外，在必要情况下，第16装甲师的66辆坦克（8辆三号短身管坦克、55辆三号长身管坦克、3辆四号长身管坦克）也可以提供增援。参见伊萨耶夫的《斯大林格勒：伏尔加河后方没有我们的容身处》，引自第6集团军每日实力记录。

102. 日林，《斯大林格勒战役》，第580、第581、第588页；"la. Lagenkarten Nr. 1 zum KTB Nr. 13, Jul-Oct 1942, " AOK 6, 23948/la, in NAM T-312, Roll 1446（1942年7—10月，第6集团军第13号作战日志第1号态势图集，作战处；国家档案馆微缩胶片，序列号T-312，第1446卷）。

103. 伊萨耶夫，《斯大林格勒：伏尔加河后方没有我们的容身处》，第187页。

104. 崔可夫，《斯大林格勒战役》，第112页。

105. 关于第14装甲军的防御详情，可参阅迪克霍夫，《第3步兵师，第3摩步师，第3装甲掷弹兵师》，第204页；韦尔滕，《第16装甲师师史，1939—1945年》，第118—120页。

106. 日林，《斯大林格勒战役》，第579页。

107. 同上，第580—581页。

108. 同上，第583页。

109. 莫斯卡连科，《在西南方向上》，第一册，第342页。

110. 日林，《斯大林格勒战役》，第583页。

111. 莫斯卡连科，《在西南方向上》，第一册，第342页。

112. 同上，第343—344页。

113. 德军第16装甲师报告称苏军第66集团军以10辆坦克暂时突破了该师的防御。但苏军的报告未对此加以证实。

114. 日林，《斯大林格勒战役》，第595页。

115. 同上，第594页，引自最高统帅部170619号令，签发日期为1942年9月21日。

116. 马斯洛夫坦克第16军的实力为4519人和87辆坦克，包括14辆KV、42辆T-34、31辆T-60。参见伊萨耶夫，《斯大林格勒：伏尔加河后方没有我们的容身处》，第209页，引自TsAMO RF, f. 3414, op. 1, d. 25,1. 16。

117. 莫斯卡连科，《在西南方向上》，第一册，第344页。

118. 日林，《斯大林格勒战役》，第610页。另可参阅红军总参谋这段时间的战事概要，日林，《斯大林格勒战役》，第580、第610页。

119. 同上，第616页。"la. Lagenkarten Nr. 1 zum KTB Nr. 13, Jul-Oct 1942, " AOK 6, 23948/la, in NAM T-312, Roll 1446（1942年7—10月，第6集团军第13号作战日志第1号态势图集，作战处；国家档案馆微缩胶片，序列号T-312，第1446卷）。

120. 坦克第7军的82辆坦克包括混编坦克第87旅的39辆（24辆T-34和15辆T-60）和坦克第58旅的43辆坦克。参见伊萨耶夫，《斯大林格勒：伏尔加河后方没有我们的容身处》，第208页。

121. 日林，《斯大林格勒战役》，第618页；另可参阅罗特米斯特罗夫的《钢铁近卫军》，第127页，书中指出："我们的坦克第7军……在叶尔佐夫卡地域进行了积极的战斗，直至9月底。"10月6日，最高统帅部将该军撤出战斗，派往萨拉托夫地域接受休整和补充。

122. 日林，《斯大林格勒战役》，第622页。

123. 同上，第624页。

124. 伊萨耶夫，《斯大林格勒：伏尔加河后方没有我们的容身处》，第209页。

125. 日林，《斯大林格勒战役》，第622页。

126. 伊萨耶夫，《斯大林格勒：伏尔加河后方没有我们的容身处》，第211页，引自*TsAMO RF, f. 3414, op. 1, d. 25,1. 16*。

127. 日林，《斯大林格勒战役》，第632页。参阅斯大林格勒方面军9月24日至10月4日发给红军总参谋部的每日报告，同上，第616—676页。

128. 详情参见《第3步兵师，第3摩步师，第3装甲掷弹兵师》，第204—206页。

129. *"la. Lagenkarten Nr.1 zum KTB Nr.13, Jul-Oct 1942, " AOK 6, 23948/la, in NAM T-312, Roll 1446*（1942年7—10月，第6集团军第13号作战日志第1号态势图集，作战处；国家档案馆微缩胶片，序列号T-312，第1446卷）。

130. 齐姆克和鲍尔，《从莫斯科到斯大林格勒：东线决战》，第395页。

131. 第62集团军作战日志，*"Boevoi prikaz no.00122, Shtab luVF 18. 9. 42 18.00"*（东南方面军司令部00122号作战令，1942年9月18日18点签发）；另可参阅崔可夫的《斯大林格勒战役》，第109—110页。

132. 第62集团军作战日志，*"Boevoi prikaz no.151, KP Shtarm 62 18. 9. 42 23.50"*（第62集团军司令部151号作战令，1942年9月18日23点50分签发）；日林，《斯大林格勒战役》，第581页。

133. 日林，《斯大林格勒战役》，第588—589页。

134. *Komandovanie korpusnogo i divizionnogo zvena Sovetskikh vooruzhennykh sil perioda Velikoi Otechestvennoi voiny 1941-1945 g.*（《1941—1945年，伟大卫国战争期间，苏联武装力量军、师级指挥员》）（莫斯科：伏龙芝军事学院，1964年），第146、第325页。戈里什内出生于1903年，战前的履历不详。出任步兵第95师师长前，他曾在1942年初担任过NKVD步兵第13师师长。他率领步兵第95师（1943年1月1日改编为近卫步兵第75师）经历了战争剩下的日子。战后，戈里什内晋升为中将，去世于1962年。

135. 第62集团军作战日志，*"Boevoe donesenie nos. 122-123, Shtarm 62, 19. 9. 42."*（第62集团军司令部122—123号作战报告，1942年9月19日签发）。

136. 详情可参阅N. I. 阿法纳西耶夫的*Ot Volgi do Shpree: Boevoi put' 35-i gvardeiskoi strelkovoi Lozovskoi Krasnoznamennoi, ordena Suvorova i Bogdan Khmel'nitskogo divizii*（《从伏尔加河到施普雷河：荣获苏沃洛夫勋章和波格丹·赫梅利尼茨基勋章的近卫红旗洛佐瓦亚步兵第35师的征途》）（莫斯科：军事出版社，1982年），第76—77页，其中包括杜比扬斯基的完整后撤令。

137. 关于这些行动的详情，可参阅第62集团军作战日志，*"Boevoe donesenie nos. 122-123, Shtarm 62, 19. 9. 42."*（第62集团军司令部122—123号作战报告，1942年9月19日签发）。

138. 崔可夫，《斯大林格勒战役》，第113—115页。

139. 日林，《斯大林格勒战役》，第583页。

140. 第62集团军作战日志，*"Boevoi prikaz No. 152 Shtarm 62 20. 9. 42"*（第62集团军司令部152号作战令，1942年9月20日签发）。

141. 第24装甲师62号作战令，参阅马克的《"跳跃骑士"的覆灭：第24装甲师在斯大林格勒》，第193页。

142. 日林，《斯大林格勒战役》，第593页。

143. 萨姆丘克，《近卫步兵第13师》，第109—111页。近卫步兵第39团刚刚撤离马马耶夫岗的战斗。

144. 阿法纳西耶夫，《从伏尔加河到施普雷河：荣获苏沃洛夫勋章和波格丹·赫梅利尼茨基勋章的近卫红旗洛佐瓦亚步兵第35师的征途》，第77页。

145. 同上，第78页。

146. 同上。

147. 同上，第80—81页。杜比扬斯基上校11月16日被送往莫斯科疗养。9月下旬，他的师转隶预备队第2集团军，10月23日又转隶近卫第1集团军的近卫步兵第4军。

148.《斯大林格勒的史诗：首次出版的俄罗斯联邦安全局解密文件》，第205—206页，"Donesenie OO NKVD STF v NKVD SSSP ob obstanovke v Stalingrad, 21 sentiabria 1942 g."（1942年9月21日，斯大林格勒方面军NKVD特别部门发给苏联NKVD特别部门主管的报告，关于斯大林格勒的情况），引自TsA FSB RF（俄罗斯联邦安全局中央档案馆），f. 14, op. 4, d. 326, 11，第229—230页。

149. 莫什昌斯基和斯莫里诺夫，《保卫斯大林格勒：1942年7月17日—11月18日，斯大林格勒战略防御作战》，第48—49页。

150. 日林，《斯大林格勒战役》，第600页，红军总参谋部每日战事概要；第62集团军作战日志。

151. 此后，第94步兵师重新部署至北面。一名士兵出色地描述了该师（特别是第276步兵团）在后续作战中发挥的作用，参阅阿德尔贝特·霍尔的《斯大林格勒的一名步兵：1942年9月24日至1943年2月2日》，詹森·D. 马克和尼尔·佩奇译（澳大利亚，悉尼：跳跃骑士出版社，2005年）。

152. 日林，《斯大林格勒战役》，第601页，引自《OKW公告》。

153. 第62集团军作战日志，"Boevoe rasporiazhenie no. 156 Shtarm 62 21. 9. 42"（第62集团军司令部152号作战令，1942年9月21日签发）。

154. 由于步兵第284师在斯大林格勒战役中表现优异，1943年3月1日，该师获得"近卫步兵第79师"荣誉称号，巴秋克晋升为少将。巴秋克率领该师直至1943年7月28日，在顿巴斯病逝。由于巴秋克是乌克兰人，而罗季姆采夫是俄罗斯人，在苏联方面关于斯大林格勒战役的著作中，后者得到了更多的赞誉和关注。

155. 马克，《"跳跃骑士"的覆灭：第24装甲师在斯大林格勒》，第202—203页。在这场突击中，第295步兵师伤亡200多人，其中46人阵亡，7名军官和164名士兵负伤，4人失踪。第24装甲师阵亡19人，25人负伤。

156. 同上，第203页。

157. 日林，《斯大林格勒战役》，第606页。更多详情可参阅第62集团军作战日志。

158. 同上，第611页。

159. 关于近卫步兵第13师的战斗详情，可参阅萨姆丘克的《近卫步兵第13师》，第120—130页。

160. 罗科索夫斯基，《伏尔加河畔的伟大胜利》，第174页。

161. 弗洛里安·冯·翁德·楚·奥夫塞斯男爵，《第6集团军作战日志附件册，第一卷，1942

年9月14日至11月24日》，第12—13、第59—62页，"Betr.: Zustand der Divisionen, Armee-Oberkommando 6, Abt. Ia, A. H. Qu., den 14 September 42, 12.35 Uhr"（关于：各个师的状况，第6集团军司令部作战处，1942年9月14日12点35分）、"Betr.: Zustand der Divisionen, Armee-Oberkommando 6, Abt. Ia, A. H. Qu., den 26 September 42"（关于：各个师的状况，第6集团军司令部作战处，1942年9月26日）。

162. 关于假报告的详情，可参阅崔可夫的《斯大林格勒战役》，第140页。

163. 崔可夫的完整进攻令可参阅第62集团军作战日志，"Chastnyi prikaz, Shtarm 62 22. 9. 42"（第62集团军司令部特别命令，1942年9月22日签发）。

164. 崔可夫，《斯大林格勒战役》，第132—133页。

165. 莫什昌斯基和斯莫里诺夫，《保卫斯大林格勒：1942年7月17日—11月18日，斯大林格勒战略防御作战》，第49页，提供了坦克第23军及所辖各部队9月23日的实力，具体如下：

- 近卫坦克第6旅——23辆坦克（21辆T-34、2辆T-70）
- 坦克第27旅——8辆T-34（外加9辆无法使用的坦克）
- 坦克第137旅——9辆T-60
- 坦克第189旅——10辆坦克（7辆T-34、3辆T-70）
- 摩托化步兵第38旅——395人、10挺机枪、9支反坦克步枪
- 摩托化步兵第9旅——280人、23门火炮、13支反坦克步枪
- NKVD步兵第10师第269团——3个步兵营

166. 日林，《斯大林格勒战役》，第611、第616—617、第622、第627页。另可参阅第62集团军作战日志中的多份报告。步兵第42旅9月25日和26日的报告被证明是错误的，因为塔拉索夫已将该旅和步兵第92旅的残部撤至伏尔加河的岛上。

167. 马克，《"跳跃骑士"的覆灭：第24装甲师在斯大林格勒》，第208页。第24装甲师一直遭受着伤亡，9月23日，32人阵亡，122人负伤；9月24日，25人阵亡，76人负伤；9月25日，14人阵亡，58人负伤。同上，第205、208—209页。第24装甲师21点签发的第64号令，通知据守马马耶夫岗西部的第4摩托车营和第21装甲掷弹兵的一部，第100猎兵师将于次日19点接替他们。

168. 日林，《斯大林格勒战役》，第624页，引自《OKW作战日志》，第二册，第1323页。

169. 崔可夫，《斯大林格勒战役》，第133—134页。

170. 弗洛里安·冯·翁德·楚·奥夫塞斯男爵，《第6集团军作战日志附件册，第一卷，1942年9月14日至11月24日》，第12—13页、第59—62页、第128—132页，"Betr.: Zustand der Divisionen, Armee-Oberkommando 6, Abt. Ia, A. H. Qu., den 14 September 42, 12.35 Uhr"（关于：各个师的状况，第6集团军司令部作战处，1942年9月14日12点35分）、"Betr.: Zustand der Divisionen, Armee-Oberkommando 6, Abt. Ia, A. H. Qu., den 26 September 42"（关于：各个师的状况，第6集团军司令部作战处，1942年9月26日）和"Betr.: Zustand der Divisionen, erstmalig nach neu festlegter Bestimmung des Begriffes "Gefechsstärke" Armee - Oberkommando 6, Abt. Ia, A. H. Qu., den 5 Oktober 1942"（关于：各个师的状况，重新规定"战斗力"这一术语后的首次，第6集团军司令部作战处，1942年10月5日）。

171. 马克，《"跳跃骑士"的覆灭：第24装甲师在斯大林格勒》，第210页。

172. 里希特霍芬，引自格尔利茨的《保卢斯与斯大林格勒》，第192页。

173. 罗科索夫斯基，《伏尔加河畔的伟大胜利》，第178页。

174. 同上，第178页。

175. 同上，第175页。

176. 同上，第175—176页。

177. 同上，第176页。

178. 埃里克森，《通往斯大林格勒之路》，第409页。

179. 罗科索夫斯基，《伏尔加河畔的伟大胜利》，第177页。

180. 同上，第176页。

181. 齐姆克和鲍尔，《从莫斯科到斯大林格勒：东线决战》，第396页。

第四章
对工人新村的初步突击和消灭奥尔洛夫卡突出部

1942年9月27日—10月3日

保卢斯的进攻计划

9月26日夜幕降临时，保卢斯得出结论——斯大林格勒市中心和南部的战斗即将结束。在市中心，德军第51军第71步兵师第194、第191、第211团已将苏军第62集团军近卫步兵第13师（获得新赶到的步兵第193师第685团的加强）困在沿伏尔加河西岸南延至基辅大街底部的一条1—3个街区深的狭长通道内（参见地图36）。城市南部，第48装甲军第94步兵师在右侧第29摩步师的支援下，将第62集团军步兵第42、第92旅的残部以及另外一些遭到重创的苏军部队（步兵第244、第131师，近卫步兵第35师，步兵第10旅，坦克第133旅，NKVD步兵第271团）逼向伏尔加河西岸。这些部队被包围在察里察河河口北面和南面，崔可夫想把他们撤至东岸。随着作战任务几近完成，普法伊费尔第94步兵师的掷弹兵们打算撤离废墟、舔舐伤口，为北面更具决定性的行动做好准备。[1]

可是，斯大林格勒市中心北面，赛德利茨的突击在距离目标不远处发生了动摇。截至9月26日晚，面对苏军在奥尔洛夫卡西面、西南面和戈罗季谢东面临时构设的防御，德军第389步兵师几乎停滞不前。耶内克右侧，面对苏军坦克第23军、步兵第95和第284师的防御，第295步兵师的3个团（现已获得第24装甲师半数力量的加强）没取得太大进展。这些苏军的防御从101.4高地、112.0高地附近延伸至"红十月"新村西面，然后沿马马耶夫岗西坡和南坡向

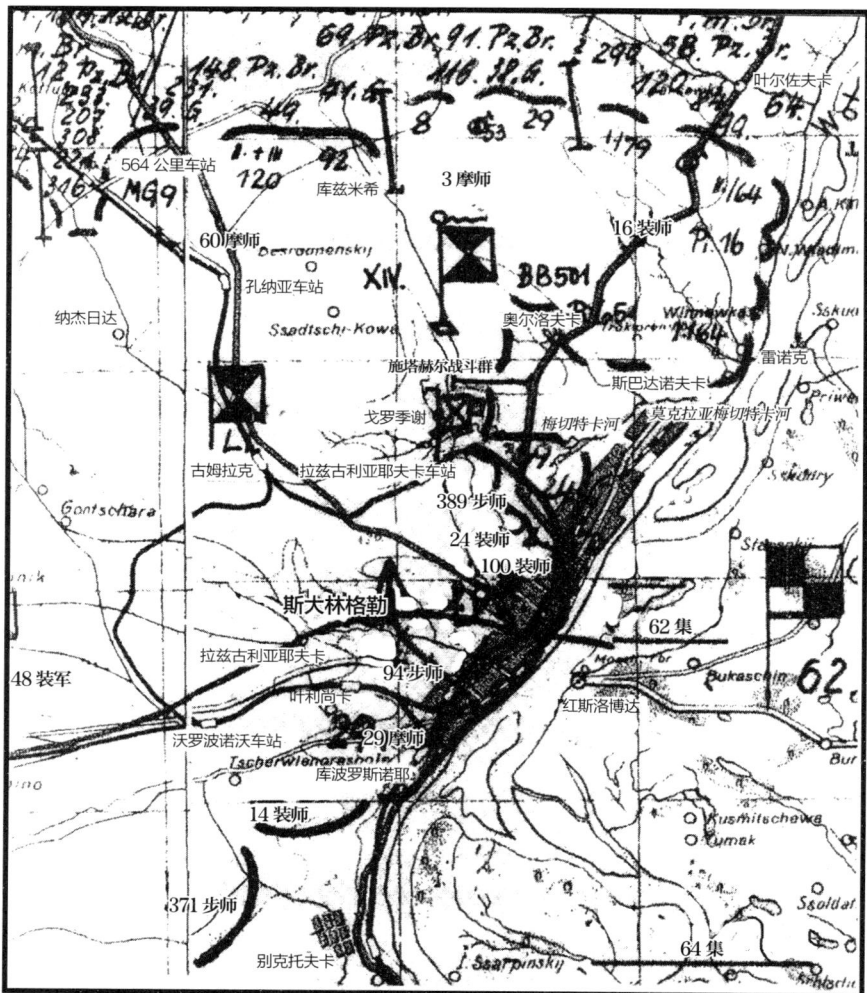

地图 36 1942 年 9 月 27 日—28 日，第 6 集团军的态势

南延伸，直至多尔吉和克鲁托伊冲沟中段和下段。虽然武特曼的步兵在两条冲沟附近距离伏尔加河仅一箭之遥，但苏军猛烈的反冲击已将他的部队驱离坟冢的大多数山坡和科洛杰兹纳亚大街接近地。

由于第295、第71和第94步兵师的实力受损，第6集团军尚未夺取整个市中心。但保卢斯认为，不值得为彻底控制该地区付出大量伤亡。相反，他决定将集团军主力调往斯大林格勒北部工厂区，以齐装满员的第24装甲师和新锐第100猎兵师加强赛德利茨第51军第389、第295步兵师组成的主要突击群。他还想调整突击群的进攻方向，朝东北方攻入工厂区核心地带。但赛德利茨的部队先要对付崔可夫守卫工人新村的部队——这片住宅区坐落在工厂西面的高地上——然后还要解决北面顽固的奥尔洛夫卡突出部，该突出部伸向西北方，位于第51军与第14装甲军的结合部。

保卢斯清楚他的集团军在进攻市中心和城市南部期间遭受的损失，9月25日，他开始有条不紊地重新配置他的集团军，并加强赛德利茨第51军，次日，这一举措加速进行。他的目的是组建两个突击群，共同遂行集团军新发起的主要突击——这场最终突击将突破并夺取城市工厂区。具体说来，赛德利茨的2个突击群将攻向东北方，穿过"红十月"新村，对苏军在马马耶夫岗的防御发起打击，沿多尔吉和克鲁托伊冲沟向东推进，直抵伏尔加河。南面，第94和第71步兵师（目前在第48装甲军辖内作战）将发起一场辅助突击，消灭苏军在斯大林格勒市中心的最后抵抗。

赛德利茨在第51军左翼展开行动的突击群实力更强些，由9个团组成：耶内克第398步兵师[①]第544、第545、第546团，伦斯基第24装甲师第24装甲团和第26、第21装甲掷弹兵团，桑内第100猎兵师第54、第227猎兵团和克罗地亚第369步兵团。随着约100辆坦克和突击炮组成的装甲先锋部队集结在112.0高地以西和"红十月"新村西郊，突击群的出发阵地从拉兹古利亚耶夫卡车站附近和戈罗季谢东南方南延至马马耶夫岗南坡。该集群受领的任务是深深突入工人新村，肃清马马耶夫岗的苏军，可能的话，开始夺取工厂区。南面，实力较弱的第二个突击群由武特曼第295步兵师第516、第517、第518团和哈特曼第71步兵师第194团组成，奉命在从马马耶夫岗南部坡底向南延伸，穿过多尔吉和克鲁托伊冲沟中部，直抵伏尔加河西岸这片区域向东突击。到达伏尔加河后，第295步兵师应转身向北，肃清"网球拍"（马马耶夫岗东面的铁路回转线地

①译注：第389步兵师。

域）的苏军；而第71步兵师第194团应向南攻往克鲁托伊冲沟，包抄在市中心战斗的苏军。如果这场突击取得成功，将把守卫市中心与北部工厂区的苏军切断，德军可以从南面对工厂区发起进攻。

担任突击先锋的第24装甲师部署在北突击群的中央地带，该师的任务是：

> 消灭铁路线及其南部的敌人，攻占107.5高地，肃清该高地东北和北面的市区。如果情况允许，夺取74c坐标方格内冲沟西北边缘的隘口，确保其畅通，以便发起后续进攻。

右侧，第100猎兵师交错跟进，夺取"红十月"新村东南部。左侧，第389步兵师担任侧翼掩护，稍后以强有力的右翼从西面席卷敌军阵地。[2]

伦斯基的第一个目标是前方约4公里处的107.5高地，该高地控制着南北向主铁路线以西"红十月"新村（也被称为"奥夫拉什纳亚"）高处与低处之间的开阔地以及"红十月"工厂。他的最终目标位于被称为"公社"的建筑区之间的开阔地和"红十月"新村西部边缘。74c坐标方格（每个坐标方格代表一平方公里的区域）内的冲沟，位于主铁路线西面和"红十月"新村北端，107.5高地北面2.2公里、"硅酸盐"厂南面600米处。对斯大林格勒发起进攻前，德国人已准备好城市地图，给每个坐标方格标上数字（从南至北，由西向东），每个坐标方格的四角以a、b、c、d字母标注（从西向东，先顶后底）（参见地图37）。有了这些标注，给在市区作战的各部队分配任务和目标就较为容易，特别是在斯大林格勒废墟遍地的情况下。

第24装甲师左侧，第389步兵师的3个团齐头并进，将从戈罗季谢东和东南地域向东攻击前进，跨过主铁路线，推进至维什涅瓦亚峡谷，然后沿峡谷两侧转向东北方，从西面迂回工人新村。第24装甲师右侧，第100猎兵师将以第54、第227猎兵团发起突击，设法粉碎苏军在马马耶夫岗及其西北面的防御，夺取该坟冢，然后向北冲往铁路线以西地域和"网球拍"，跨过班内峡谷，夺取"红十月"工人新村的低处和"红十月"工厂。一旦完成各自的任务，这三个师将处在从南面和西面突击并夺取拖拉机厂、"街垒"厂、"红十月"厂的理想位置上。[3]

地图 37 德军标注的斯大林格勒工厂区坐标方格

9月26日18点30分，第24装甲师下达了如下命令：

本师将在X时以帝国男爵冯·埃德尔斯海姆上校的非装甲突击群展开推进，与此同时，冯·温特费尔德少校指挥的装甲突击群从左侧发起突击，歼灭铁路线及其南面的敌人；跨过铁路线并实施集结后，在东翼的掩护下夺取107.5高地，并设法攻占位于东面、东北面和北面的市区（62a、63c、63a、54d坐标方格［铁路线西面的"红十月"新村］），并肃清这些地域。

主攻点位于右侧，［"埃德尔斯海姆"战斗群］应突破敌人设在丛林地带的防御，第一进攻目标是夺取铁路线，第二进攻目标是利用"温特费尔德"战斗群的推进夺取奥夫拉什纳亚。第三目标视情况而定：在东翼的掩护下，以战斗群主力突向107.5高地，如果107.5高地已被"温特费尔德"战斗群攻占，便突入命令中提及的市区（62a、63c、63a、54d坐标方格），以此作为第三目标。应肃清这些地域的敌人。

［"温特费尔德"战斗群应］歼灭铁路线南面森林中的敌人，为"埃德尔斯海姆"战斗群打开通往铁路线的通道。第一进攻目标是夺取735点东面的铁路线，届时，一个装甲连转身向东，及时转隶"埃德尔斯海姆"战斗群。然后，如果情况允许，穿过奥夫拉什纳亚赶往第二进攻目标——107.5高地。夺取该高地并消灭据守之敌。如果态势有利，赶往107.5高地北面的住宅区（63b、63a）。后一个目标如果有问题的话，应冲向74c冲沟西北端的隘口。[4]

另外，第三个较小的战斗群由黑勒曼上校[①]指挥的第21装甲掷弹兵团组成，奉命向正北方推进，穿过马马耶夫岗西部坡底，前出至班内峡谷。其任务是掩护装甲师右翼，并与右侧的第100猎兵师保持联系。

保卢斯将第8航空军的大多数战机和集团军所属的大部分炮兵派去支援赛德利茨的突击。这就意味着共17个炮兵连为伦斯基第24装甲师提供支援。地面突击发起前，炮兵将实施12分钟的炮火准备，装甲和装甲掷弹兵攻入苏军防御

---

① 译注：中校。

纵深时，炮火将向前延伸。[5]

　　第51军强大的北突击群攻入工人新村时，第295步兵师3个实力虚弱的团（获得突击炮和工兵的加强）和第71步兵师左侧同样虚弱的第194团组成的较小的南突击群，将对马马耶夫岗南部坡底与多尔吉、克鲁托伊冲沟之间的苏军防御重新发起进攻。赛德利茨的突击取得进展时，正从城市南部向北调动的第94步兵师第276团将加强北突击群的进攻。[6]

　　第51军的两个突击群突入工人新村，夺取马马耶夫岗和南面的两条冲沟时，胡贝的第14装甲军将从西面、北面和东面攻向苏军在奥尔洛夫卡周围占据的突出部。胡贝将以由第60摩步师和第16装甲师组建的营、连级战斗群发起突击。由于胡贝的实力太过虚弱，无法独力消灭该突出部，保卢斯打算为他提供援兵。首先，这位第6集团军司令指示第94步兵师，完成肃清斯大林格勒南部的任务后，将第267、第274团北调，加强胡贝的突击。其次，保卢斯命令第389步兵师支援胡贝对奥尔洛夫卡的进攻，以第546、第545团向东、东北方攻击前进，从根部切断该突出部。

　　胡贝的进攻计划要求第16装甲师装甲掷弹兵团组成的营级战斗群在第654工兵营和第501炮兵营的支援下从东面攻向突出部。与此同时，第60摩步师第160摩托车营组成的连级战斗群将从北面攻向奥尔洛夫卡，第94步兵师第267、第274团组成的营级战斗群将从西面发起进攻。"施塔赫尔"战斗群的空军地面部队将掩护第94步兵师2个团向前部署，进入其出发阵地，他们发起进攻后，掩护其侧翼和后方。南面，第389步兵师第546和第545团也组织起营级战斗群，部署在戈罗季谢东北方，他们将向东、东北方突击，冲往梅切特卡河以北，夺取109.4和97.7高地，打垮苏军沿突出部西南侧的防御，前出至奥尔洛夫卡河，从根部切断该突出部。

　　虽然胡贝策划得非常周密，但前线其他地段的激战在两个重要方面妨碍了他的进攻准备。首先，苏军不断对第14装甲军在科特卢班、库兹米希和叶尔佐夫卡地域的防御发起猛攻，使胡贝无法将足够的兵力集结在奥尔洛夫卡北面，以一场迅速、果断的突击打垮苏军的防御并夺取奥尔洛夫卡。[7]其次，苏军在斯大林格勒南部的抵抗比预期的更加顽强，导致第94步兵师赶往北面支援胡贝突击群的再部署耽误了数日。因此，胡贝原本的计划是以两天的突击消灭苏军极为虚弱的残部所据守的令人厌烦的突出部，结果却演变为一场历时一周的血腥激战。

最后，遵照希特勒的意愿，待斯大林格勒城南部落入第4装甲集团军手中后，霍特应将他的两个快速师撤出前线——弗雷梅赖的第29摩步师撤离斯大林格勒南部，海姆的第14装甲师撤离别克托夫卡接近地——接受一周的休整和补充，然后发起期待已久的突击，夺取伏尔加河下游的阿斯特拉罕。

崔可夫的反突击计划

就在保卢斯的部队为新攻势加紧准备之际，第62集团军情报部门发现了德军的准备工作，判断出德国人即将发起新一轮进攻。崔可夫迅速做出应对，9月25日23点修改了前几天下达的进攻令，要求步兵第95、第284师在这场反突击行动中发挥更加重要的作用。他以这样一个警告作为命令的开场白："敌人正将1个步兵师集结在戈罗季谢和亚历山德罗夫卡地域，准备朝戈罗季谢、'街垒'厂这个总方向发起进攻。"他命令第62集团军"以部分兵力在巷战中消灭斯大林格勒城内之敌，并继续坚守目前守卫的防线"。[8]崔可夫随后给辖内各部队下达了具体任务：

1. 步兵第112师［叶尔莫尔金］，在1个50毫米迫击炮连和反坦克炮兵第186团的支援下，于1942年9月26日4点前沿维什涅瓦亚峡谷［"红十月"新村西面］占据并加固第二道防线。

右侧［分界线］——季泽利纳亚（Dizel'naia）西面1公里处花园西北角，"街垒"新村北面600米梅切特卡河上的桥梁。左侧［分界线］——维什涅瓦亚峡谷东岸至铁路线，维什涅瓦亚峡谷至"红十月"新村东南郊的铁路线。

2. 任务：

（a）阻止敌人前出至"街垒"新村和"红十月"新村地域。

（b）阻止敌人沿梅切特卡河河谷向"拖拉机厂"新村附近的一切推进。

3. 准备三股守军，每股由一个自动武器排和冲锋枪手组成，用于各新村内的战斗。以一个排准备并守卫第32号学校建筑和热尔杰夫斯基（Zherdevskaia）大街上的石制建筑（3号支撑点）。

以第二个排准备并守卫10号支撑点——〔"街垒"新村科尔帕克（Kolpakovskaia）大街上的〕幼儿园和商店建筑。

以第三个排准备并守卫2号支撑点——第20号学校建筑物和澡堂〔位于哥萨克（Kazach'ia）大街与杜布林（Dublinskaia）大街的交叉路口〕。

防御前沿应沿维什涅瓦亚峡谷东侧构设。在梅切特卡河和铁路线地域构设一道防坦克防线，配以连贯的反坦克雷区，并在遭受威胁最严重的地带构筑崖壁和断崖[①]。

步兵第112师指挥所——哥萨克大街与杜布林大街交叉路口附近的峡谷。

4. 步兵第284师师长〔巴秋克〕——接管步兵第112师沿多尔吉冲沟的防区，并构设一道防坦克防线，以不少于2个营的兵力实施可靠防御。该师应沿索夫纳尔科姆（Sovnarkomovskaia）大街和霍皮奥尔河（Khoperskaia）大街一线固守，并以剩下的兵力守卫克鲁托伊冲沟至伏尔加河一线。

无论如何不能让敌人到达炮兵大街和伏尔加河河岸。做好继续执行肃清市区任务的准备。

5. 步兵第95师〔戈里什内〕——应沿科洛杰兹纳亚大街树林的南部边缘固守，以1个步兵营在102.0高地的山坡上构设一个环形防御支撑点。无论如何不能让敌人夺取102.0高地上的据点。做好继续执行肃清市区任务的准备。

6. 近卫步兵第13师〔罗季姆采夫〕——固守中央渡口区域，并继续消灭市中心的敌人。

7. 集团军辖内的所有部队应在9月26日拂晓前做好准备，击退敌人有可能发起的进攻，特别是沿戈罗季谢和"街垒"新村方向。

崔可夫，古罗夫，克雷洛夫[9]

城内战斗的规模微不足道，这一点被这样一个事实反映出来：崔可夫的命令为这番调整指定了每个具体位置，任务甚至下达到与集团军司令部相差五级的各个排。特别是他花了很多心思在城市北部和中央构设新的纵深防御。

---

①译注：崖壁和断崖都是防坦克土工障碍物，区别是崖壁面朝进攻方，断崖面朝防御方。

在北部，他将叶尔莫尔金步兵第112师沿维什涅瓦亚峡谷东部边缘部署，加强与德军第51军第389步兵师和第24装甲师直接接触的波波夫坦克第23军的各个旅。在中央地带，他将巴秋克步兵第284师第1045团部署在"网球拍"及其附近的预备阵地上，加强戈里什内坚守马马耶夫岗的步兵第95师，该师面对着德军第295步兵师和新近赶到的第100猎兵师。而在南部，他派出巴秋克步兵第284师第1043、第1047团，巩固集团军对多尔吉、克鲁托伊冲沟的防御。马马耶夫岗是该地域最重要的防御点，戈里什内步兵第95师辖下的第90、第161、第241团从左至右部署，守卫坟冢南坡和西南坡的底部，师属教导营沿铁路线掩护其左翼，机枪营在山顶构筑了预备阵地。在沟壑、弹坑和残垣断壁中，守军构设了一系列荫蔽支撑点和伏击点，以击败德军。

9月25日晚，崔可夫计划中的反突击和赛德利茨重新发起进攻约36小时前，第62集团军提交了一份长长的报告，详细阐述了他们的作战部署，也强调了集团军防御的零散和脆弱性：

截至9月25日晨，集团军各部队占据以下阵地：

斯大林格勒北部防区——"戈罗霍夫"集群——由步兵第124、第149旅和NKVD步兵第282团构成，继续坚守原先的阵地。

步兵第124旅据守雷诺克、+35.0里程碑、斯巴达诺夫卡一线。

步兵第149旅沿斯巴达诺夫卡（含）、93.2里程碑东南方独立农屋、93.2里程碑和东南方小树林一线［实施防御］。

NKVD步兵第282团守卫着93.2里程碑（含）、135.4高地上两座南部坟堆和85.1里程碑。

步兵第115旅与步兵第893团（步兵第196师）和摩托化步兵第2旅继续守卫原先的阵地。

步兵第115旅第1营守卫着135.4高地上的两座坟堆（含）、144.4高地（含）和奥尔洛夫卡东北郊。

步兵第115旅第3营守卫着144.4高地、147.6高地南坡和洼地。

步兵第893团（步兵第196师）守卫着洼地北坡（含）、147.6高地西南方的洼地、108.8里程碑（含）和129.1里程碑地域。

摩托化步兵第2旅守卫着120.5里程碑（含）和129.1高地上的坟堆（含）。

步兵第115旅第2营守卫着129.1高地西南坡、109.4高地和108.8高地一线。

独立"机枪－火炮"第227营守卫着109.4高地及南坡一线。

步兵第115旅第4营位于第二梯队。

坦克第23军沿35.8高地西面1.5公里处的桥梁、98.9高地、126.3高地东南坡和奥夫拉日纳亚树林南部边缘一线占据防御。

近卫坦克第6旅沿35.8高地西面1.5公里处的桥梁、98.0高地和高架桥（含）一线［部署］。该旅有21辆T-34（其中5辆和摩托化步兵第9旅的2辆坦克担任集团军司令员的预备队）和20辆T-70坦克可用于战斗。

坦克第189旅沿高架桥西侧实施防御。该旅有7辆T-34和2辆T-70坦克可用于战斗。

摩托化步兵第38旅守卫着果园西北边缘和奥夫拉日纳亚树林北部边缘一线。该旅有4门120毫米迫击炮和8门82毫米迫击炮。

摩托化步兵第9旅据守126.7高地东南坡一线。该旅有12门76毫米火炮和11门82毫米迫击炮。

NKVD步兵第269团以第1营守卫摩托化步兵第38旅与摩托化步兵第9旅的结合部，第2营沿126.3高地东南坡（含）和奥夫拉日纳亚树林南部边缘的沟壑（含）实施防御。该团有3门45毫米火炮、3门82毫米迫击炮和8支反坦克步枪。

坦克第137旅沿奥夫拉日纳亚树林南部边缘的北脊实施防御。该旅有1辆T-34和10辆T-60。

坦克第27旅以1辆T-34和1辆T-60沿奥夫拉日纳亚树林西部边缘实施防御，无法行驶的6辆T-34和5辆T-60半埋入地下充当固定火力点。

步兵第95师继续以其左翼部队进攻敌军防御，9月24日日终前到达［以下］位置：

步兵第241团位于多尔吉冲沟北脊（北坡）。

步兵第161团在白海大街北部地段夺取了冲沟北脊。

步兵第90团以第2、第3营沿102.0高地南面500米处的洼地南脊战斗。第1营在顿涅茨大街北面逼近冲沟北脊。反坦克炮兵第499团和迫击炮兵第141团的

2个连提供支援。

步兵第112师沿［以下］防线占据防御：

步兵第416团沿102.2高地东南方的独立木屋和铁路线南部侧线（含）［占据防御］。

步兵第385团沿铁路线南侧线、多尔吉冲沟北脊至师（Divizionnaia）街一线占据防御。

步兵第524团沿多尔吉冲沟北脊、沿通往伏尔加河河岸的铁路线实施防御。

步兵第284师继续进攻防御之敌。该师正沿［以下］战线战斗：

步兵第1047团沿克鲁托伊冲沟北脊战斗，右翼位于通往阿尔乔莫夫大街的铁路线上。

步兵第1043团沿阿尔乔莫夫大街（含）一线战斗，左翼位于通往冲沟北脊的铁路线上。

步兵第1045团担任集团军预备队。

近卫步兵第13师在市中心战斗。

近卫步兵第34团沿第2岸堤大街一线战斗，从涅克拉索夫大街至坦波夫大街，正面朝西。

近卫步兵第42团第2营沿红色工厂（Krasnozavodskaia）大街北部一线战斗，正面朝西。

近卫步兵第42团第3营从奔萨大街转角处沿太阳大街一线战斗，包括斯摩棱斯克大街西角，正面朝北。

近卫步兵第39团第3营在共和国大街守卫着三个被切断的街区。

近卫步兵第39团第1、第2营守卫着奔萨大街南部和红色工厂大街南部，再往南直至渡口东北方600米处仓库附近的伏尔加河河岸。

近卫步兵第42团第1营沿果戈里大街一线战斗。

NKVD步兵第272团守卫着市区花园一线。

步兵第42旅在普希金大街附近沿察里察河北岸实施防御［实际上该旅已在步兵第92旅的指挥下撤往伏尔加河］。

步兵第92旅沿库姆大街和察里察河以南地域实施防御，其右翼在伏尔加河战斗，左翼位于高加索大街的察里察河河段 [该旅也已撤往伏尔加河]。[10]

　　尽管崔可夫迅速对不断变化的情况做出应对，但德军第295步兵师9月26日对马马耶夫岗的突击依然成功夺回了坟冢的部分南坡，打乱了第62集团军的反突击准备，这再次迫使崔可夫更改他的计划。集团军情报部门提交的新报告表明德军正实施集结，准备对工人新村发起一场协调一致的突击，9月26日19点40分，崔可夫签署了修改过的反突击令，这一次他打算先发制人，以波波夫实力锐减的坦克第23军发起反击，以获取更大的机动空间：

　　3. 坦克第23军 [波波夫] 以坦克第137旅和NKVD步兵第269团的部队朝112.0高地和 [勒热夫] 大街方向发起进攻。当前任务是夺取勒热夫大街与巴塔－霍韦（Bata-khovskaia）大街之间的脊陇，尔后任务是夺取勒热夫（Rzhevskaia）大街以南的公墓。

　　左侧分界线位于铁路与班内峡谷南面500米处土路的结合部、卡希拉（Kashirskaia）大街西面200米处的独立农场、额尔齐斯（Irtyshskaia）大街和切尔夫连纳亚（Chervlennaia）大街。反坦克炮兵第397团提供支援。

　　4. 步兵第95师 [戈里什内] 应向马马耶夫岗和市区公园 [夏伯阳（Chapaevskaia）大街和顿涅茨大街] 发起进攻。当前任务是夺取多尔吉冲沟南脊，尔后任务是前出至市区公园。

　　左侧分界线位于102.0高地南面400米处的独立小屋和索夫纳尔科姆大街。反坦克炮兵第651团和迫击炮兵第101团提供支援。

　　5. 步兵第284师 [巴秋克] 以右翼部队攻向霍皮奥尔河大街、卡拉博维恰（Karabovicha）大街和火车站。当前任务是夺取克鲁托伊冲沟一线，尔后任务是攻占火车站。

　　左侧分界线位于伏尔加河。炮兵第457团第2连提供支援。

　　6. 近卫步兵第13师 [罗季姆采夫] 继续遂行先前受领的任务，消灭市中心之敌。当前任务是夺取中央渡口，尔后任务是肃清该地域至火车站一带的敌人。

　　7. 集团军炮兵主任以集团军辖内所有炮兵和火箭炮团支援步兵第95师的

进攻。

任务：

（a）歼灭102.0高地南坡的敌暗堡；

（b）压制多尔吉冲沟上段和公墓附近的敌迫击炮连；

（c）阻止（敌）预备队从西北方沿古姆拉克—斯大林格勒公路逼近。

8. 炮火准备应于1942年9月27日5点发起；步兵于1942年9月27日6点投入进攻。

9. 我再次提醒各兵团、各部队指挥员，不要将整个部队，例如连和营，投入行动或战斗。组织进攻主要依靠小股强击组，配以冲锋枪、手榴弹、燃烧瓶和反坦克步枪。应以团属、营属炮兵支援各强击组，以直接瞄准的方式射击窗户、射孔和阁楼。

崔可夫，古罗夫，克雷洛夫[11]

这道命令要求波波夫坦克第23军的左翼部队（现已获得叶尔莫尔金步兵第112师的支援，该师刚刚从马马耶夫岗南面北调至维什涅瓦亚峡谷）对坟冢西面伦斯基第24装甲师的前沿防御发起突击。与此同时，戈里什内步兵第95师将在从坟冢南延至多尔吉冲沟上段这片地域对武特曼第295步兵师的左翼和中央发起打击，巴秋克第284步兵师沿多尔吉冲沟下段和克鲁托伊冲沟对武特曼的右翼展开进攻。但崔可夫下达命令时，并不知道桑内的第100猎兵师正在马马耶夫岗西面和西南面接替第24装甲师和第295步兵师的部队。因此，崔可夫次日清晨发起的这场反突击几乎沦为一场自杀式冲锋。

下达进攻命令24小时前，崔可夫已告诉各参战部队即将发起一场反突击。但由于他的部队直接冲入了保卢斯集结起来准备投入新攻势的部队中，第62集团军的反突击发起后没过几分钟便发生了动摇。

德军对工人新村的初步突击，9月27日—28日
9月27日

220门火炮和迫击炮实施1小时炮火准备后，9月27日6点，崔可夫的突击群发起了反突击（参见地图38）。

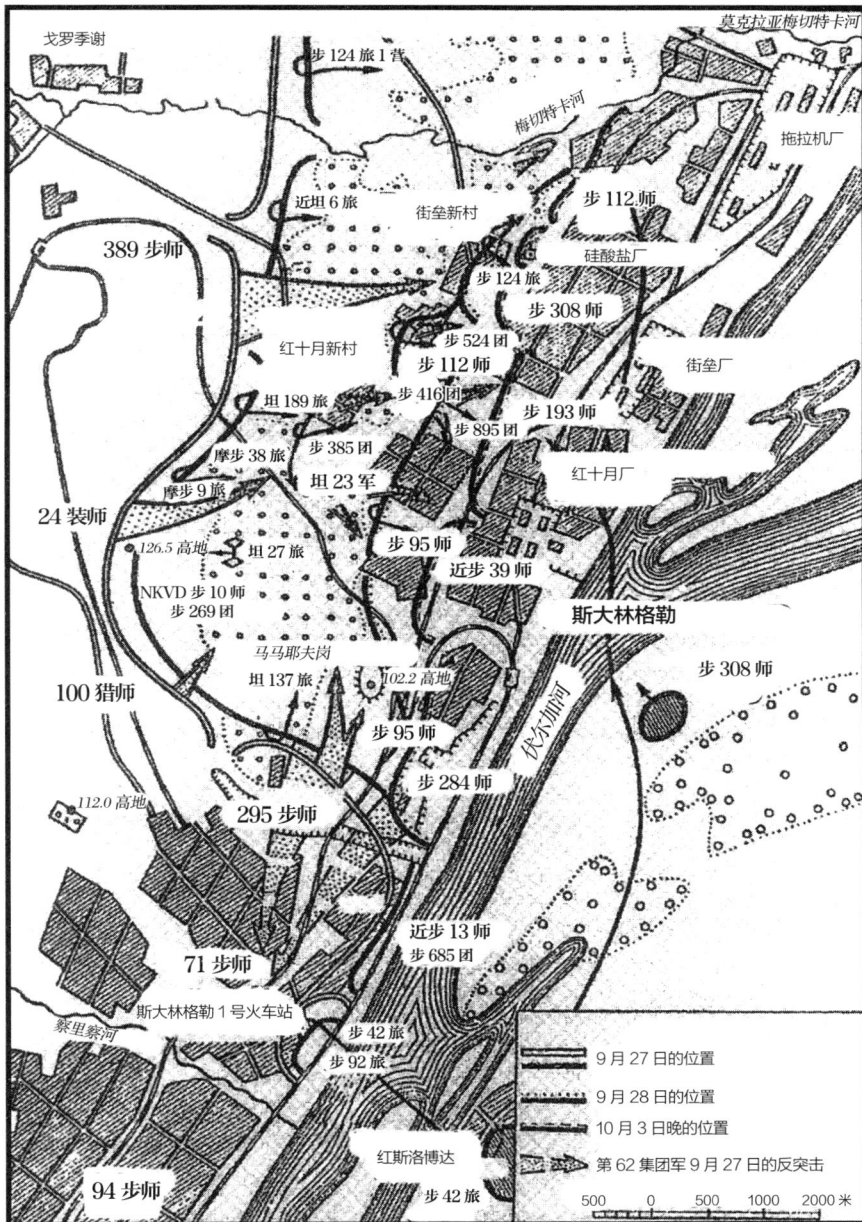

地图 38　1942 年 9 月 27 日—10 月 3 日，红十月和街垒新村争夺战

可是，还没等突击部队取得任何值得一提的战果，用崔可夫的话来说——"8点，敌人的数百架俯冲轰炸机猛烈袭击我方作战编队"，迫使进攻部队"卧倒隐蔽"。[12]德军的猛烈空袭"彻底摧毁了"戈里什内步兵第95师在马马耶夫岗顶部构设的支撑点，打乱了步兵第95师和坦克第23军的反突击行动，崔可夫的指挥所也遭到持续轰炸，附近的一些储油罐起火燃烧。德军第24装甲师对此的描述是：

清晨6点，俄国人以坦克第137旅和摩托化步兵第9旅从机场向东发起进攻，他们部署在一条宽大的战线上，企图占领102.0高地……预有准备的炮火粉碎了进攻中的俄国人……德军炮兵以毁灭性炮火覆盖前线，将进攻中的俄国士兵一片片刈倒……

德军炮弹猛轰俄国人的战线时，"斯图卡"战机及时赶至，伴随着刺耳的尖啸，朝前线投下一颗颗炸弹。这些Ju-88呼啸着掠过头顶，将炸弹投向197.5高地。进攻地域被硝烟笼罩在阴霾中，尘土和呛人的烟雾腾空而起，爆炸的闪烁照亮了雾霾。对准备投入进攻的地面部队来说，眼前的场景看上去、听起来就像是一片伴随着雷鸣和闪电的暴风云。[13]

德军战机痛击第62集团军的突击编队后，10点30分，耶内克第389步兵师集结起来的步兵、伦斯基第24装甲师和桑内第100猎兵师开始向奥尔洛夫卡突出部的根部、"红十月"工人新村和马马耶夫岗发起协调一致的突击（参见地图39）。

担任第24装甲师突击先锋的"埃德尔斯海姆"战斗群"必须突破（敌人在）灌木丛地带的顽强抵抗，并消灭从两翼射出的令人不快的侧射火力"。[14]为完成这项任务，黑勒曼中校的第21装甲掷弹兵团在靶场附近冲过一个遍布灌木丛的红军训练场。以下是对这场行动的生动描述：

右侧是高耸的马马耶夫岗的后坡，一颗颗炮弹撕裂了地面，光秃秃的山顶沸腾起来，大块泥土、木片和硝烟腾空而起。右侧的景象令人极不愉快，士兵们跳入灌木丛，朝靶场推进。遭遇战在近距离发生。灌木丛中射出一串子

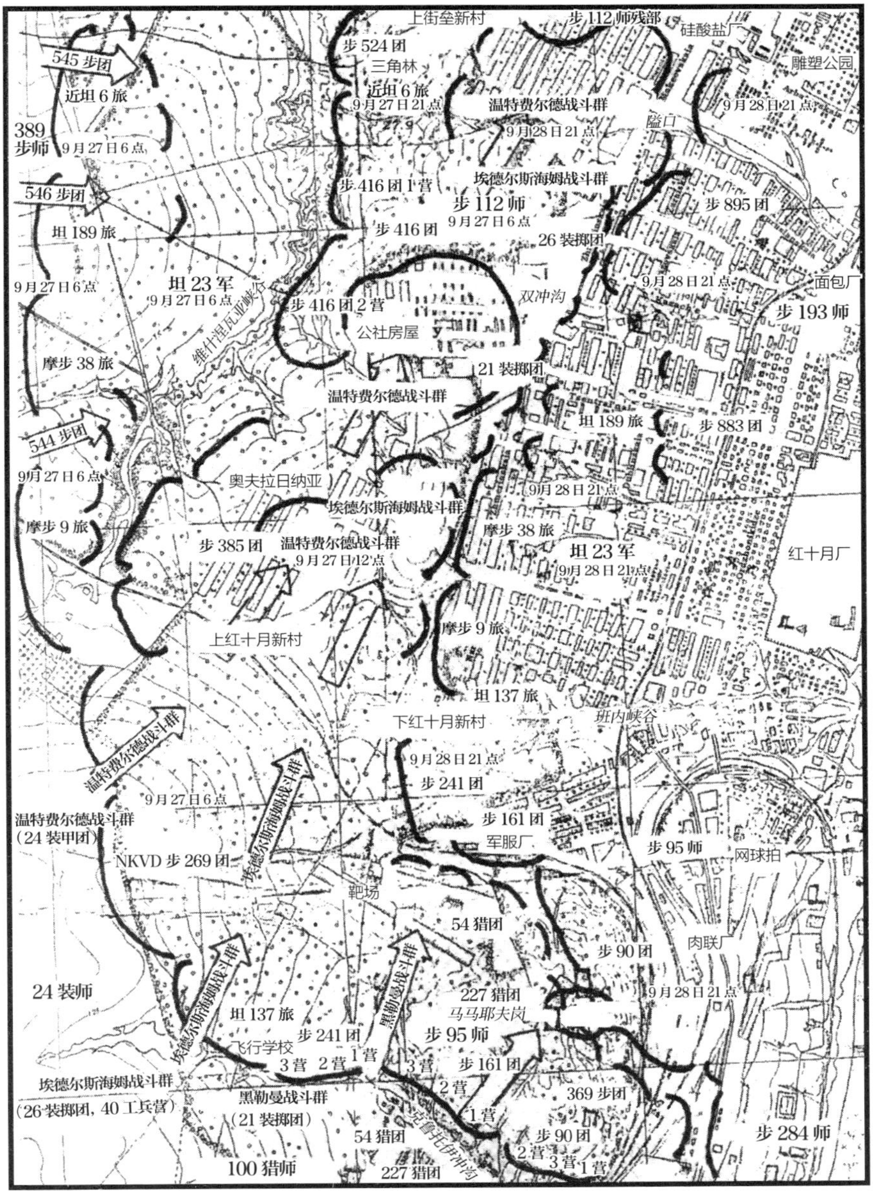

地图 39 1942 年 9 月 27 日—28 日，第 51 军的突击

弹，一名士兵便应声倒地，他的战友们也迅速卧倒，朝可疑处还击，投出的手榴弹将灌木丛炸得七零八落。这种遭遇战通常以俄国人被击毙而告终。然后，他们继续前进，直到再次发生交火。这片噩梦般的地带为俄国人提供了出色的掩护和伪装，尤尔根·帕赫尼奥中尉率领的第3中队伤亡11人，中尉本人也在其中，他被子弹击中肺部，身负重伤。[15]

崔可夫后来也写下了保卢斯这场突击造成的影响：

从戈罗季谢附近发起进攻的敌坦克不顾一切地闯过地雷场。一波波敌步兵紧跟在坦克身后向前蠕动。接近中午时分，我指挥所与各部队的电话通信变得很不稳定，无线电台也坏了……

无法与各部队保持稳定的联系，我们不能待在指挥所里无所事事。虽说指挥所距前沿最多不超过两公里，但我们还是无法准确地掌握前线的情况，为了对战斗进程施加积极的影响，我们必须离前线再近些。

我们分别带上联络军官赶赴前线，古罗夫［集团军政委］到坦克兵团［坦克第23军］的前沿；我到巴秋克师［步兵第284师］；克雷洛夫［集团军参谋长］到戈里什内师［步兵第95师］的指挥所。

可是，即便我们亲临前沿，还是无法弄清整体战斗情况，因为浓烟密布战场，无法进行观察。晚上，我们返回指挥所时，发现集团军司令部又损失了许多参谋人员。直到深夜，我们才搞清情况。形势非常严峻：敌人已穿过雷区和我们的前沿阵地，虽然损失惨重，但他们仍在一些地段向东推进了2—3公里。[16]

OKW（德国国防军最高统帅部）9月27日晚的每日报告确认了崔可夫对战斗的记述，也证实了他对自己的部队能否守住日益萎缩的阵地的疑虑：

在争夺斯大林格勒的战斗中，察里察河两侧的建筑物正被肃清；因此，我们的部队已占领城市至伏尔加河的整个地域。该地域北面，第100猎兵师和第24装甲师已投入进攻。他们的南翼位于铁路线，北翼位于"红十月"工厂南面的市郊。该地域的北面，第398步兵师①正以其右翼部队肃清"红十月"新村西面之敌，并向这一目标发起进攻。与进攻中的［第16］装甲师相配合，第389步兵师的北翼［第545、第546团］到达戈罗季谢东南方的铁路线。（敌人）对科特卢班通道的所有进攻均被击退。在前线其他地段，（敌人的）局部进攻被击退。[17]

保卢斯集团军重新部署的新攻势取得的战果非常有限，对此，第6集团军在作战日志中含糊地提到，已夺取的目标包括"107.5高地、该高地西北方的几排房屋、'红十月'工人新村西北方的冲沟"。[18]

待崔可夫和他的参谋人员9月27日晚终于弄清情况后，次日8点，红军总参谋部的每日报告反映出了崔可夫对战斗和他的防御遭受破坏的程度的看法：

第62集团军以激烈的防御作战抗击敌人的2个步兵师和150辆坦克，10点30分，敌人沿"红十月"新村西面0.5公里处的果园和多尔吉冲沟（直至铁路线上的索夫纳尔科姆大街）一线向东、东北方发起进攻。

近卫坦克第6旅以10—12辆坦克沿桥梁（38.5高地西面）、93.3高地和高架桥一线战斗。

坦克第189旅在维什涅瓦亚峡谷西部战斗，其正面朝南。

步兵第112师以两个团［第416、第385团］沿维什涅瓦亚峡谷、沙赫京斯克（Shakhtinskaia）大街北面的树林和纳罗德纳亚（Narodnaia）大街一线战斗，另一个团［第524团］几乎已被敌人悉数消灭。

摩托化步兵第9旅、坦克第137旅、步兵第269团和NKVD第10师的残部正沿"红十月"新村西南郊战斗。

步兵第284师第1045团的1个营，正沿从纳罗德纳亚大街至铁路线，再至东面的瑟兹兰卡河（Syzranskaia）大街一线战斗。

步兵第95师占领了铁路线以南地域（马马耶夫岗北面）、102.0高地东北

---

① 译注：应为第389师。

坡至多尔吉冲沟，其正面朝南、西。该师还剩400名士兵。

步兵第284师各部队在斯大林格勒城中央地带战斗，据守着原先的阵地。

近卫步兵第13师与进抵中央渡口的敌人展开战斗，未能获胜。

步兵第92、第42旅，NKVD步兵第10师第270团的残部，兵员损失超过80%后，放弃了伏尔加河右岸，一个个零散、缺乏组织的小组集结在察里察河河口对面的岛上。

敌人的炮火和空袭给集团军各部队造成了严重损失。坦克第27和第189旅都只剩下2辆坦克，摩托化步兵第38旅仅剩120人，步兵第112师第416和第524团剩下300人。坦克第23军只剩20辆坦克。

9月27日的战斗中，（我军）消灭了敌人的2个步兵团和50辆坦克。[19]

在这场喧嚣的激战中，赛德利茨北突击群的左翼，耶内克第389步兵师的步兵和突击炮向东推进，跨过铁路线，然后沿维什涅瓦亚峡谷及其北部地域继续前进，第545团居左，第546团居中，第544团居右。12点前，这场突击打垮了苏军坦克第23军近卫坦克第6、坦克第189旅和摩托化步兵第38、第9旅的防御。这4个旅不得不混乱后撤，占据了掩护峡谷南北两脊和上"街垒"新村西接近地的新防御阵地。日终前，耶内克的步兵师将第545、第546团部署在峡谷北面的大片宽阔地带，第544团位于峡谷附近。9月27日夜幕降临时，耶内克的先遣部队已前进了大约3公里，右翼的第544团几乎已到达峡谷上的桥梁，位于107.5高地以西1200米处，上"红十月"新村（奥夫拉什纳亚）西郊。该师左翼和中央地带对面，波波夫近卫坦克第6和坦克第189旅的残部死守匆匆构设的防御，掩护着上"街垒"新村西面的峡谷西接近地。

赛德利茨北突击群的中央，第24装甲师"埃德尔斯海姆"和"温特费尔德"战斗群担任第51军的主要突击，他们轻松击退了坦克第23军坦克第137旅和NKVD步兵第269团在112.0高地南面发起的反冲击。粉碎这两股苏军和步兵第112师第385团的一些守军（该团为波波夫的部队提供支援）后，德军的两个战斗群向北推进，以两场截然不同的冲刺攻入并穿过上"红十月"新村。第一个行动（大约在11点10分结束）中，"埃德尔斯海姆"战斗群粉碎了坦克第23军坦克第137旅和NKVD步兵第269团在靶场西端和马马耶夫岗西北方跑道的防御。埃德尔斯海姆跨过铁路线，先是夺取了上、下"红十月"新村之间的开阔地，随后在"温特费尔德"战斗群装甲连的支援下，一举攻克了他的第一个目标——107.5高地。在这场推进中，"温特费尔德"战斗群还与一直在NKVD步兵第269团身后守卫着预备阵地的坦克第23军坦克第27旅展开战斗，并将对方击败。埃德尔斯海姆左侧，"温特费尔德"战斗群向北疾进，一举粉碎坦克第23军在NKVD步兵第269团与摩托化步兵第9旅结合部的防御，跨过了铁路线。随后，该装甲战斗群与苏军步兵第112师第385团（获得数辆T–34坦克的支援）激战，就势攻占了上"红十月"新村西部地域，"温特费尔德"战斗群随即转向东面，增援位于107.5高地的"埃德尔斯海姆"战斗群。

第24装甲师右翼，"黑勒曼"战斗群利用右侧马马耶夫岗的混乱和左侧埃德尔斯海姆戏剧性的突破向北挺进，攻向靶场和机场东部边缘。尽管"黑勒曼"战斗群成功粉碎了苏军步兵第95师第241团的防御，但该战斗群的兵力较少，无法跟上左翼友军的前进步伐。日终前，"黑勒曼"战斗群的推进在军服厂和班内峡谷南面陷入停顿，在那里，戈里什内以喷火器第71连为核心构设起新的防御支撑点，该连来自最高统帅部预备队，崔可夫匆匆将其分配给了步兵第95师。尽管如此，德军第389步兵师和第24装甲师的联合突击还是给波波夫坦克军的几个旅和叶尔莫尔金的步兵第112师造成了重创，特别是该师第385、第524团。

被彻底击溃的苏联守军仓促且极为混乱地向东退往班内峡谷上方、向东北方穿过上"红十月"新村。除了歼灭坦克第23军坦克第137旅、摩托化步兵第9旅和NKVD步兵第269团并击溃步兵第112师第385团外，伦斯基第24装甲师的第一场猛攻还打垮了坦克第23军摩托化步兵第38旅和坦克第189旅的左翼，迫使其残部放弃左翼的防御，撤入维什涅瓦亚峡谷，其防线正面朝东。因此，德军的进一步推进构成了从南北两侧迂回波波夫位于峡谷中的部队，将他们与崔可夫在峡谷南面作战的主力隔开，最终将其逐一歼灭的威胁。

德国人没有给苏军留下任何喘息之机，中午后不久，伦斯基的装甲师发起了第二场迅猛突击。"埃德尔斯海姆"和"黑勒曼"战斗群掩护着107.5高地和逐渐延长的右翼，"温特费尔德"战斗群又向北推进2.2公里，夺取了第24装甲师的第二个目标——上"红十月"新村北部边缘沟壑西面被称作"公社"的建筑区。[20]这场突击只遭到波波夫支离破碎的坦克、摩托化步兵旅的残部和叶尔莫尔金实力锐减的步兵第112师小股士兵的零星抵抗。因此，夜幕降临前，第24装甲师已深深楔入崔可夫设在下"红十月"新村以西和东面工厂地域的防御，其矛头指向北面的"街垒"新村，左翼①位于107.5高地，下"红十月"新村与上"红十月"新村之间的开阔地。21除了粉碎第62集团军位于"红十月"新村西面的防御，这场大胆的突击还构成了沿维什涅瓦亚峡谷及其西部隔断波波夫坦克第23军各个旅和叶尔莫尔金步兵第112师的威胁。

在崔可夫看来，对波波夫和叶尔莫尔金的部队来说唯一值得庆幸的是，据称，伦斯基第24装甲师的装甲战斗群在战斗中损失了半数以上的坦克力量。崔可夫后来评论道：

> ［步兵第112师］受领了担任主攻的任务并遭受到严重损失，到9月27日傍晚，占领了从梅切特卡河上的桥梁、"街垒"新村以西2—3公里、新村西南部、"红十月"新村西郊至班内峡谷一线。德国人已到达沙赫京斯克大街、热尔杰夫斯基大街和107.5高地。22

赛德利茨北突击群左翼和中央的部队猛攻崔可夫设在"红十月"新村和马马耶夫岗北面的防御时，为争夺马马耶夫岗、马马耶夫岗与靶场之间的北部地域，双方也展开了激烈的厮杀（参见地图39）。在那里，第24装甲师右侧，桑内第100猎兵师的步兵和突击炮充分利用了德军初步发起的炮击和轰炸，这场轰炸（和炮击）摧毁了苏军步兵第95师的指挥所，粉碎了步兵第241、第161和第90团部署在马马耶夫岗北坡及其西北方的防御。第24装甲师"黑勒曼"战斗群居左，武特曼第295步兵师居右，向东攻往马马耶夫岗南部，冲向多尔吉、克鲁托伊冲沟和伏尔加河，在他们的掩护下，桑内的猎兵径直对坟冢北坡和山顶发起突击。

第54和第227猎兵团并肩投入战斗，克罗地亚第369步兵团担任预备队，桑内的部队设法将苏军步兵第95师第241、第161团驱离西坡，但至少

---

① 译注：应为右翼。

在最初阶段, 由于戈里什内的步兵第90团实施了坚决抵抗, 德军进攻坟冢南坡取得的进展不超过100米。可是, 当日下午, 德军凶猛的炮击, 再加上第227猎兵团的猛攻, 给戈里什内的步兵第161和第90团造成了严重伤亡, 这两个团的残部据守着山顶。双方的激烈争夺持续了一整晚, 桑内的猎兵最终攻占了至关重要的山顶, 尽管一些被绕过的苏军士兵沿南坡和西坡继续坚守了数日。[23]当晚, 依然较为新锐的第100猎兵师迫使苏军步兵第95师第241、第161团的残部退往军服厂南面、班内峡谷上部、坟冢北坡和西北坡的新阵地, 而该师的步兵第90团 (现已获得师属教导营的加强) 坚守东坡和通往东南方的铁路线。

当激战在马马耶夫岗山顶、西坡和南坡肆虐时, 桑内终于将位于第100猎兵师右翼、担任预备队的克罗地亚第369步兵团调出, 加入武特曼第295步兵师左翼第516团发起的突击, 这场进攻旨在突破苏军步兵第284师第1045团设在马马耶夫岗东南方的防御, 渗透至"网球拍"地域, 夺取位于班内峡谷南面, 与东坡毗连的肉联厂 (屠宰场)。南面, 位于武特曼师中央和右翼的第518、第517团, 沿多尔吉和克鲁托伊冲沟向东突击, 力图粉碎苏军步兵第284师第1047、第1043团的防御并前出至伏尔加河。全靠巴秋克3个团顽强、通常还有些狂热的抵抗, 才使德军第295步兵师无法进抵伏尔加河, 并将崔可夫集团军切为两段, 从而避免了一场更大的灾难。[24]

第51军的主力突击群在工人新村西面和马马耶夫岗山顶、南面猛攻崔可夫的防御时, 第48装甲军辖下的第71步兵师继续在市中心遂行辅助突击任务。虽然哈特曼7个步兵营中的3个被评为"耗尽", 但第194和第191团还是对罗季姆采夫近卫步兵第13师和步兵第193师获得加强的第685团设在市中心的防御重新发起了进攻 (参见地图35)。第71步兵师右翼, 第211团与第94步兵师第276团相配合, 后者正沿察里察河下游展开行动。这两个团在河口南部和北部地域肃清了苏军步兵第42、第92旅的残部和另一些散兵游勇。此举在一些地段引发了激战, 包括近卫步兵第39团守卫的专家楼、红色工厂大街南部和巴甫洛夫大楼。巴甫洛夫大楼位于"1月9日"广场附近的重要位置上, 近卫步兵第13师第42团雅科夫·F. 巴甫洛夫中士率领的一个侦察组将其占领后强化了防御, 在此实施固守。[25]巴甫洛夫将这座四层楼房改造成一个要塞, 由48名战士据守,他们配有2挺重机枪、2挺轻机枪、4支反坦克步枪、2门50毫米迫击炮、20支步枪和8支自动武器，这个小组在这里坚守了58天。尽管斯大林格勒市中心的战斗仍在持续，但当日晚些时候，普法伊费尔终于开始将第94步兵师第276团撤出市区的废墟，调往北面的"红十月"新村。该团受领的任务是为第24装甲师提供步兵支援。不久后，普法伊费尔又将第267和第274团北调，增援第14装甲军消灭奥尔洛夫卡突出部的战斗。

在普法伊费尔北调部队之际，保卢斯指示哈特曼的第71步兵师负责伏尔加河西岸的整片区域——从多尔吉冲沟向南延伸，穿过察里察河和叶利尚卡河，穿过米尼纳郊区，直至库波罗斯诺耶北郊。为执行保卢斯的命令，哈特曼再次对辖内各团做出调整，第211团掩护从叶利尚卡河南延至库波罗斯诺耶的宽阔地域，第191团守卫从察里察河南延至叶利尚卡河的地带，第194团控制从多尔吉冲沟南延至察里察河这片区域，并负责肃清近卫步兵第13师在市中心的登陆场。这项任务仅凭一个团根本无法完成，特别是因为该团辖内几个营的战斗力只介于"虚弱"与"耗尽"之间。

令哈特曼的问题更加复杂的是，9月29日和30日，苏军在斯大林格勒南部的湖区发起了一场新攻势，迫使第48装甲军将第14装甲师和第29摩步师从位于保卢斯突击群南翼的预备队集结区调往南面。当日，东南方面军第57和第51集团军对守卫萨尔帕（Sarpa）湖南面的罗马尼亚部队发起进攻（参见第五章）。因此，除了要求第71步兵师将其兵力薄弱地散布在斯大林格勒中央和南部地带，2个快速师的调离也使保卢斯失去了对城市工厂区发起最后突击急需的力量。

9月27日激战的结果是，截至夜幕降临，赛德利茨第51军的两个突击群已迫使崔可夫的守军退守沿下工人新村西郊构设的第二道防线，离伏尔加河的距离减少了一半。战斗在夜间平息下来时，赛德利茨的部队已渗透至"街垒"和"红十月"新村西端，并占据了马马耶夫岗山顶。此时，崔可夫的整个集团军被逼入一片不到20公里长、纵深不超过2公里的区域，主力位于班内峡谷（马马耶夫岗北面1公里处）以北。第62集团军位于城市南部三分之二处的部队只有罗季姆采夫获得加强的近卫步兵第13师，该师据守着市中心日益萎缩的登陆场，另外还有巴秋克的步兵第284师，该师拼死守卫着多尔吉、克鲁托伊冲沟和连接崔可夫愈发孤立的第62集团军被围部队的狭窄通道。虽然崔可夫失败的反突击无疑在一定程度上破坏了保卢斯的进攻，但第62集团军这位受挫的司令员知道："再来一次这样的战斗，我们就将被赶入伏尔加河。"[26]

可是，第51军发起进攻后，赛德利茨的北突击群面临着战役布势造成的一个棘手问题。耶内克第389步兵师部署在第24装甲师左侧，并与伦斯基推进中的装甲部队保持着联系，但桑内位于第24装甲师右侧的第100猎兵师却无法做到这一点，因为该师前方的地形非常复杂，苏军的抵抗更有组织、更加坚决。因此，第24装甲师向北进击时，过度延伸的右翼缺乏掩护，很容易招致敌人从下"红十月"新村西部边缘密布的建筑区发起反击。由于苏军残破不堪的部队相当虚弱，伦斯基起初可以从师主力抽调一些小股部队掩护暴露的侧翼，缓解这个问题。但最终却是苏军援兵气势汹汹地赶至工厂区，迫使伦斯基将获得加强的第276步兵团（隶属于第94师）部署在第24装甲师长长的右翼。事实证明这一举措并不够，伦斯基不得不请求军长赛德利茨提供帮助，将第100猎兵师的作战区域调整至他的右侧。[27]而目前，第100猎兵师缓慢的进展迫使第24装甲师不得不留下宝贵的兵力掩护其脆弱的侧翼。

9月27日部队严重受挫后，崔可夫连夜采取行动，加强自己摇摇欲坠的防御。首先，他命令新锐步兵第193师师长斯梅霍特沃罗夫将军，9月28日拂晓前将该师另外两个团（第883和第895团）经宰采夫斯基（Zaitsevskii）岛渡过伏尔加河（步兵第193师第685团已在市中心支援近卫步兵第13师）。为加强叶尔莫尔金步兵第112师在"红十月"新村和"街垒"新村西郊已发生动摇的防御，斯梅霍特沃罗夫应沿下"红十月"新村西段，从位于"街垒"新村南郊的公墓沿工业（Promyshlennaia）大街向南至班内峡谷上段一线占据阵地。[28]同时，集团军司令员指示波波夫将坦克第23军所剩无几的残部撤入"红十月"工厂西部边缘的预备防御阵地。最后，崔可夫命令戈里什内步兵第95师的残部（特别是步兵第90团，该团获得第二梯队第241团和巴秋克第284步兵师一部的加强）发起一场突击，重新夺回马马耶夫岗山顶。组织这场突击时，崔可夫告诉他的炮兵主任："以火炮和迫击炮彻夜不停地轰击马马耶夫岗，阻止敌人在岗上加固防御。"[29]

9月28日

可是，还没等崔可夫发起反突击，赛德利茨的突击群便再次先发制人，于9月28日拂晓重新投入进攻（参见地图39）。

崔可夫回忆道：

敌空军不停地对我军部队、各个渡口和集团军指挥所实施密集突击。敌机不仅投掷炸弹，还扔下金属块、犁、拖拉机轮子、耙子、空铁桶等。这些东西从空中呼啸而下，落在我们战士的头上。

在伏尔加河上从事运输工作的6艘货船只剩下1艘未被击沉。集团军指挥所中，烟熏和闷热令人窒息。油罐的熊熊火焰一直燃烧到军事委员会的掩蔽部。敌俯冲轰炸机的每一次袭击都使我们的电台和人员受到损失。

就连炊事员格林卡（他把厨房设在一个弹坑里）也被炸伤。[30]

9月28日拂晓，德军发起进攻，赛德利茨的两个突击群跨过前线向前推进。遵照第51军的进攻命令，伦斯基凌晨1点告诉他的两个战斗群，向下"红十月"新村西北地段和上、下"街垒"新村之间的开阔地进军。他的命令要求"埃德尔斯海姆"战斗群攻向东北方；"温特费尔德"战斗群先据守既有阵地，然后以侧射火力支援"埃德尔斯海姆"战斗群，设法扩大后者的战果。虽然赛德利茨将第100猎兵师的左侧分界线向北调整，试图堵住该师与第24装甲师之间的缺口，但掩护第24装甲师漫长右翼这项令人分心的任务基本上还是由第24装甲师自己完成。[31]

伦斯基装甲师的左侧，耶内克第389步兵师将沿维什涅瓦亚峡谷及其北部继续向东推进，第544步兵团直接进入峡谷，掩护第24装甲师，并前出至上"街垒"新村西部边缘。耶内克将第545、第546团部署在峡谷北面，以便从西面和西南面直接进攻苏军位于奥尔洛夫卡突出部周边的防御。第24装甲师右侧，桑内第100猎兵师开始将辖内部队向北调动，穿过位于其左翼的班内峡谷上部，同时对苏军步兵第95师据守马马耶夫岗北坡和东坡、肉联厂、班内峡谷南面军服厂附近地域的几个团保持压力。桑内面临的最重要的任务是让其左翼团（第54猎兵团）向北推进，跨过班内峡谷上部，前出至107.5高地东面的建筑区，从而封闭他的步兵与伦斯基装甲掷弹兵之间的缺口。这项任务必须在伦斯基的部队安全地发起突击、深入工人新村前完成。南面，武特曼第295步兵师的3个团将加固他们在马马耶夫岗南坡的防御，同时从南面对"网球拍"、从北面对多尔吉和克鲁托伊冲沟的苏军防御实施迂回，并前出至伏尔加河西岸。

OKW的每日战事总结记录下了各部队突击的进展：

> 在斯大林格勒地域，第100猎兵师变更部署，向东北方发起进攻。该师夺取了三分之二个肉联厂。第24装甲师肃清了"红色街垒"厂西部之敌，直至铁路线西北方500米处。该师位于西北方的部队突入了"街垒"新村地域。第389步兵师以其东翼部队前出至戈罗季谢流域，并占领了一片农民的小木屋。[32]

第6集团军在作战日志中确认，第51军夺取了"半个'街垒'新村"、马马耶夫岗底部肉联厂周围"三分之二"的建筑区和"红十月"工厂的"西部"。[33]

红军总参谋部的每日战事概要简要地阐述了9月28日的战斗：

> 第62集团军继续在斯大林格勒城内进行顽强的巷战，多次击退敌步兵和坦克发起的进攻。9月28日日终前，集团军各部队仍据守着原先的阵地。
>
> 步兵第124、第149旅，NKVD步兵第10师第282团，步兵第115旅和摩托化步兵第2旅继续坚守既有阵地，并击退了小股敌人发起的进攻。
>
> 坦克第23军击退了敌人2个步兵营和12辆坦克发起的一场进攻，并占据以下阵地：
>
> 近卫坦克第6旅守卫着三角树林西北角和沙赫京斯克大街西部一线；
>
> 摩托化步兵第38旅以其残部守卫着扎赖斯克（Zaraiskaia）大街西部和旋转（Karusel'naia）大街；
>
> 摩托化步兵第9旅的残部守卫着"红十月"新村西郊、旋转大街（含）和班内峡谷北脊；
>
> 坦克第137旅沿班内峡谷实施防御；
>
> 坦克第189旅将其坦克部署在中央（Tsentral'naia）大街与旋转大街之间；

坦克第27旅以其剩余的坦克占据了中央大街入口处。

步兵第193师第895团，9月28日11点30分在"街垒"新村南郊的公墓附近击退了敌人的1个步兵营和8辆坦克发起的进攻；4辆敌坦克前出至日梅林卡（Zhmerinskaia）大街。已派出歼击组去消灭这些坦克。

步兵第95师守卫着原先的阵地。9月28日10点45分，8辆敌坦克前出至瑟兹兰卡河大街西面200米处的铁路线，并炮击该师作战编队。我方炮火驱散了这些坦克。

敌人从顿河大街附近对步兵第284师第1047团发起两次进攻，均被击退，敌人损失惨重。

近卫步兵第13师和步兵第112师守卫着原先的阵地。[34]

德国空军对第24装甲师前方的建筑区实施短暂轰炸并对"街垒"厂发起猛烈空袭后，6点15分，"埃德尔斯海姆"战斗群派出几个侦察小组，进入下"红十月"新村深处，查明了苏军防御的薄弱点。[35]这番侦察结束后，战斗群从107.5高地周围的阵地向前推进，穿过从西面300米处一座公寓楼射出的轻武器火力朝东北方而去。据守该地域的是苏军步兵第112师第416、第385团的小股步兵，并获得坦克第23军摩托化步兵第38、第9旅残部的支援。在其右翼，"埃德尔斯海姆"战斗群遭到坦克第23军坦克第27、第189、第137旅少量坦克的炮火袭击，这些苏军已撤入从班内峡谷北延至旋转大街的阵地，掩护着下"红十月"新村的西段。除此之外，苏军的抵抗很微弱。叶尔莫尔金实力锐减的步兵第112师的3个团被德军的突击彻底打乱，无力阻止对方的任何渗透。此时，激烈的战斗使波波夫坦克第23军仅剩下150人和17辆坦克，根本无法抗击拥有3000多人和30辆坦克的第24装甲师。

12点左右，"埃德尔斯海姆"战斗群到达并占领了雕塑公园西面建筑区正西方两条冲沟之间的防御阵地，距离该师的最终目标——"硅酸盐"厂南面600米处的另一条冲沟，德国人称之为"隘口"——仅剩下1公里左右。虽然右翼仍遭到一些苏军坦克的炮火袭击，但"埃德尔斯海姆"战斗群现在面对的是沿冲沟北脊掘壕据守的苏军摩托化步兵第38旅左翼的步兵。此时，"埃德尔斯海姆"战斗群位于"温特费尔德"战斗群昨晚夺取的阵地的正东面。"埃德尔斯海姆"战斗群到达后，"温特费尔德"战斗群率领师里剩余的坦克向北突击，攻向下"街垒"新村西部边缘。在此过程中，该战斗群打垮了苏军步兵第112师第416团的残部，前进了1公里左右，最终遭遇到坦克第23军近卫坦克第6旅的防御，该旅的阵地设在沙赫京斯克大街西部三角树林西北角与摩托化步兵第38旅在上"街垒"新村西半部沿扎赖斯克大街西部和旋转大街部署的右翼和中央之间：

> "温特费尔德"装甲战斗群发起突击，攻入［"红十月"和"街垒"新村］最西郊之间的空地。这片毫无遮掩的草原上布满弹坑和俄国人的战壕线。他们的目标是夺取64d［坐标方格］的陡峭冲沟与西北方"街垒"建筑区之间的隘口。这个目标非常重要，因为坦克可以由此轻松进入城市北部，不需要穿过堵塞的郊区或跨过一条条易守难攻的冲沟。[36]

"温特费尔德"战斗群以两个子战斗群发起进攻，第一个子战斗群转身向北，从西面迂回"街垒"新村，第二个子战斗群直接扑向村子西南边缘的一座公墓，"温特费尔德"战斗群迅速压上，夜幕降临前攻占了"硅酸盐"厂［3号"硅酸盐"厂］南面大半个上"街垒"新村。在这场突击中，温特费尔德位于南面的子战斗群遭遇到了苏军步兵第193师第895团第1营，他们刚刚从伏尔加河西岸向前部署至横跨门户（Portal'naia）大街和日梅林卡大街的防御阵地，位于"硅酸盐"厂南面500—600米处。在"温特费尔德"战斗群的冲击下，该步兵营向东撤入下"街垒"新村，并要求团里迅速派遣援兵。"温特费尔德"战斗群右侧，"埃德尔斯海姆"战斗群加快了前进速度，一举夺取了第24装甲师的当日目标：上、下"街垒"新村之间隘口部的冲沟南脊。

9月29日夜幕降临前，伦斯基的两个战斗群又前进了1—1.5公里，两天内，第24装甲师取得的进展超过6公里，并夺取了至关重要的隘口。在此过程中，第24装甲师在第62集团军的防区插入了一个4公里深的楔子，危险地指向斯大林格勒工厂区的北部。温特费尔德的装甲部队攻占隘口西北方上"街垒"新村的建筑区时，埃德尔斯海姆的装甲掷弹兵在隘口周围以及沿直角向南延伸、穿过下"红十月"新村西段的几条街道上构设起了防御阵地。伦斯基的两个战斗群报告，他们抓获280名俘虏，击毁或缴获5辆坦克、9门反坦克炮、32支反坦克步枪、7门迫击炮、2具喷火器、4条地雷犬，而为此付出的代价是25人阵亡，164人负伤。[37]第24装甲师缴获的有限战利品表明崔可夫守卫该地域的部队非常薄弱。第24装甲师在当日的战斗中阵亡28人，负伤94人。

入夜后，"温特费尔德"战斗群设立起环形防御，掩护其据守的"街垒"新村上半部分。但是，由于第100猎兵师尚未靠近第24装甲师的右翼，埃德尔斯海姆需要设防的战线较长。他派出第26装甲掷弹兵团，从"硅酸盐"厂南面600米处的隘口南延至雕塑公园西面的两条冲沟，正面朝北、朝东实施防御。第21装甲掷弹兵团正面朝东守卫着一片宽阔的区域，从两条冲沟向南延伸，穿过107.5高地。[38]这片阵地极其危险，首先是因为德军装甲掷弹兵团的战斗兵不到1000人，其次是因为崔可夫已集结兵力，准备夺回丢失的工人新村上半部分。

第24装甲师深深楔入工人新村时，该师左侧，耶内克第389步兵师第544团沿维什涅瓦亚峡谷及其北部向东推进，与苏军坦克第23军近卫坦克第6旅的残部发生交战，并将该旅和步兵第112师第524团逐入上"街垒"新村西端。日终前，耶内克的部队又向东前进了1200米，到达上"街垒"新村西端对面的峡谷，位于该村与梅切特卡河交汇部南面400米处。此时，耶内克留下部分兵力据守峡谷，重新部署师主力向北赶往梅切特卡河上的渡口，以便对苏军在奥尔洛夫卡周围据守的突出部发起一场突击。但是耶内克的行动受阻，因为崔可夫已从"戈罗霍夫"集群抽调兵力守卫梅切特卡河和奥尔洛夫卡南接近地。

因此，9月28日日终前，苏军步兵第124旅第1营——步兵第149旅第1营位于其右侧——在奥尔洛夫卡西南方守卫着从124.9高地和129.1高地向南延伸，然后又向东南方延伸至梅切特卡河的阵地，掩护着突出部西、西南接近地。[39]尽管遭遇到这一障碍，但德军第389步兵师还是打算从他们位于铁路线和戈罗季谢东面、维什涅瓦亚峡谷北面的前沿阵地向东进击，沿梅切特卡河及其北部地域突破苏军防御，并向东北方推进，打垮苏军沿奥尔洛夫卡突出部南部边缘构设的防御。如果一切顺利，耶内克的突击将从根部切断奥尔洛夫卡突出部，并阻止守军沿奥尔洛夫卡河向东南方撤退，重新加入崔可夫守卫斯大林格勒工厂区北部的部队。

虽然第24装甲师的左（西）翼较为安全，但其右（南）翼却并非如此，因为桑内第100猎兵师的轻步兵们一直没能跟上第24装甲师的进军步伐。[40]9月28日拂晓重新发起进攻后，第54和第227猎兵团将守卫飞行学校和靶场的苏军步兵第95师第241、第161团赶往了北面，但这场向马马耶夫岗西北方铁路线的推进只取得800米进展，随后便被苏军的猛烈火力所阻。此时，NKVD步兵第269团的残部和坦克第137旅的几辆坦克加入到戈里什内的两个团里。当日的战斗结束时，第54猎兵团夺取了铁路线南面靶场的南段，第227猎兵团左翼的几个营占领了俯瞰班内峡谷（马马耶夫岗和军服厂北面）的几座高地，但在这里他们的推进停顿下来，因为苏军步兵第95师第241和第161团已将该厂改造成一个支撑点，并构筑了大量机枪阵地。

与此同时，第100猎兵师右翼，第227猎兵团和克罗地亚第369步兵团的部分部队在马马耶夫岗山顶东段抗击着苏军步兵第95师获得师教导营加强的步兵第90团。克罗地亚第369步兵团的余部与第295步兵师左翼的第516团相配合，试图将苏军步兵第284师第1045团驱离肉联厂和"网球拍"，却只是徒劳无功。再往南，德军第295步兵师位于中央和右翼的第518、第517团对巴秋克师横跨多尔吉和克鲁托伊冲沟下段的第1047、第1043团发起进攻，但没能取得任何进展。证明9月29日[①]这场激战的是，第100猎兵师报告，该师阵亡70人、负伤276人、失踪10人，第295步兵师也有10人阵亡、44人负伤。第100猎兵师5个营的战斗力仍被评为"强"，但第295步兵师的3个营已"耗尽"，另外4个营则被评为"虚弱"。[41]

因此，尽管德军第389步兵师和第24装甲师缓慢、稳定地向前推进，但到9月28日日终时，第100猎兵师和第295步兵师仍然没能在自己的作战地域内粉碎苏军的抵抗。这使赛德利茨北突击群的矛头——第24装甲师处在暴露、易遭受攻击的前沿位置上。除了盘踞在下"红十月"新村纵深处的波波夫坦克第23军和叶尔莫尔金步兵第112师的残部，伦斯基的装甲师现在还必须对付斯梅霍特沃罗夫步兵第193师第883、第895团。这些苏军仍在上"街垒"新村北部边缘、"硅酸盐"厂和隘口东面的下"街垒"新村西部边缘固守着他们的防御阵地。除非第100猎兵师将其部队调往西北方的107.5高地，否则，"埃德尔斯海姆"

---

① 译注：9月28日。

战斗群（特别是其左翼第21装甲掷弹兵团的1000名士兵）极易遭受苏军从下"红十月"新村西段和"街垒"新村发起的反击，这一威胁将在次日晨兑现。

赛德利茨的突击重创了苏军的防御，但崔可夫在日终时得出的结论是德国人取得的进展很有限，而且"他们已是强弩之末"。他继续解释道："他们的进攻很不协调，已不像过去那样迅速、组织周密。敌人获得坦克支援的各步兵营在不同地段投入战斗，信心不足。这使我们可以集结火力击退敌人的一切进攻，然后转入反冲击。因此，我请求航空兵司令员赫留金提供援助，他没有拒绝——他为我们提供了他能提供的一切。"[42]

崔可夫声称，德国人在当天的战斗中"损失了不下1500人，30多辆坦克被烧毁，仅在马马耶夫岗的山坡上就丢下近500具尸体"。但他承认，第62集团军的损失同样惨重：波波夫坦克军伤亡626人，巴秋克步兵第284师伤亡近

斯大林格勒方面军军事委员会成员（从左至右）：军事委员会委员 N. S. 赫鲁晓夫、斯大林格勒城防委员会主席 A. S. 丘亚诺夫、斯大林格勒方面军司令员 A. I. 叶廖缅科

第62集团军参谋长N. I. 克雷洛夫少将、第62集团军司令员V. I. 崔可夫中将、第62集团军军事委员会委员（政委）K. A. 古罗夫中将、近卫步兵第13师师长A. I. 罗季姆采夫少将

第62集团军司令员V. I. 崔可夫中将（右）和第62集团军军事委员会委员、师级政委K. A. 古罗夫

步兵第 138 师师长 I. I. 柳德尼科夫上校（右）与炮兵主任 A. Ia. 特钦斯基、参谋长 V. I. 舒巴、政委 N. I. 季托夫研究战事

近卫步兵第 35 师师长 V. A. 格拉兹科夫少将

步兵第 95 师师长 V. A. 戈里什内上校

步兵第 193 师师长 F. N. 斯梅霍特沃罗夫少将

近卫步兵第 39 师师长 S. S. 古里耶夫少将

步兵第 308 师师长 L. N. 古尔季耶夫上校

近卫步兵第 37 师师长 V. G. 若卢杰夫少将

300人；戈里什内步兵第95师的兵力"所剩无几"。[43]

除了城内的防御遭受到重创，崔可夫目前面临的最严重的问题是伏尔加河上运送人员和物资的船只遭受的损失。德军持续不断的空袭构成了切断运送至关重要的援兵、阻止伤员疏散至东岸的威胁。德国人集结部队、调集援兵准备发起新攻势时，崔可夫知道，工厂区之战即将达到高潮。因此，9月28日19点30分，他给第62集团军下达了详细的命令：

1. 敌人在投入新锐预备队（第100猎兵师）的同时，正竭力夺取斯大林格勒城和"红十月"、"拖拉机厂"新村的郊区。

2. 集团军遂行的主要和重要任务是坚守斯大林格勒城及其工业中心和"红十月"、"街垒"、"拖拉机厂"新村。

我命令：

3. 步兵第124旅守卫雷诺克、斯巴达诺夫卡北郊和93.2高地（含），阻止敌人前出至斯巴达诺夫卡和"拖拉机厂"新村地域。

其左侧分界线位于3.9里程碑（宰采夫斯基岛上）、123.4高地西面2公里处的十字路口、75.9高地。

应以1个营在戈罗季谢东面2.5公里处、树林边缘以西地域实施防御，阻止敌人沿莫克拉亚梅切特卡河河谷的一切行动。

4. 步兵第149旅与NKVD步兵第282团，守卫斯巴达诺夫卡（含）、斯巴达诺夫卡西面的树林、粮仓、135.4高地南坡的坟冢一线。阻止敌人前出至"拖拉机厂"新村西北郊。

其左侧分界线位于公墓（"拖拉机厂"新村西面）、75.9高地、135.4高地和农机站。

应以1个营守卫109.4高地西南方1公里处，阻止敌人前出至97.7高地附近的卡曾纳亚（Kazennaia）峡谷。

5. 步兵第115旅和摩托化步兵第2旅，守卫135.4高地（含）、144.4高地（含）、147.6高地（含）、107.8里程碑、129.1高地和109.4高地一线。建立起稳固的环形防御，阻止敌人前出至奥尔洛夫卡地域。

其左侧分界线位于109.4高地和戈罗季谢。

6. 坦克第23军（近卫坦克第6旅，坦克第27、第137、第189旅，摩托化步兵第9、第38旅）守卫109.4高地南面1800米处的梅切特卡河桥梁、三角树林南部边缘、"街垒"新村西南郊和公墓一线。阻止敌人前出至"街垒"新村或沿梅切特卡河河谷朝该村推进。应在"街垒"新村西郊或南郊构设连贯的反坦克雷区和防步兵障碍物。以环形防御将"街垒"新村构设成一个支撑点。

其左侧分界线位于梅津河（Mezenskaia）大街、卡卢加（Kaluzhskaia）大街、公墓和绿色（Zelenaia）峡谷。

7. 步兵第193师（欠第685团）守卫门户大街南部、切尔诺列琴斯卡亚（Chernorechenskaia）大街和班内峡谷一线，阻止敌人在该师防区前出至市区。遵照先前的指示和方案对石制建筑物加以改造，作为市内的支撑点和抵抗中心。

在城市西郊沿煤炭（Ugol'naia）大街、工业大街、纳罗德纳亚大街和奥夫拉什纳亚大街构设连贯的防坦克、防步兵障碍物。

其左侧分界线位于班内峡谷口部、班内峡谷和112.0高地。

8. 步兵第95师守卫班内峡谷（含）、马马耶夫岗北面1公里村庄的西郊、102.0高地北坡一线。

其左侧分界线位于格尔岑（Gertsen）大街、格里博耶多瓦（Griboedova）大街、102.0高地和白海大街。

9. 步兵第284师守卫102.0高地三角点北面600米处峡谷的上段、102.0高地东坡、铁路桥、索夫纳尔科姆大街与波洛特尼纳亚（Polotninaia）大街路口、第4波洛特尼纳亚大街、乌拉尔（Uralskaia）大街与阿尔乔莫夫大街路口、第3岸堤大街和横跨克鲁托伊冲沟一线。阻止敌人前出至化工厂（Khimicheskaia）地域［拉祖尔化工厂］和克鲁托伊冲沟附近的伏尔加河河岸。以环形防御将黑海大街、瑟兹兰卡河大街和埃姆斯（Emskaia）大街这片三角地带内的建筑物设置成支撑点，阻止敌人前出至班内峡谷与其北坡之间的市区，以环形防御在铁路回转线［网球拍］内的村庄设置第二个支撑点。

在两个支撑点沿对外防线构设连贯的防坦克、防步兵障碍物。

其左侧分界线位于涅克拉索夫大街。

10. 近卫步兵第10师、第685团和2个迫击炮连坚守市中心已占领的阵地，以小股强击组和阻截组依次消灭被敌人占领的建筑物内的敌军，并继续解放其他街区。

11. 步兵第112师担任我的预备队，应改善你们在"街垒"新村占据的防御，并做好向西、向南展开行动的准备。[44]

为响应斯大林早些时候给部队下达的命令，崔可夫这道作战令的最后几段包含了旨在体现这场即将到来的防御战的性质并加强指战员们战斗意志的指示：

12. 我希望各部队指挥员以最快的速度进行工程作业，加固自己的阵地，在前沿和纵深构筑防坦克、防步兵障碍物，并对一些建筑物加以改造，使之适用于巷战。

应利用一切可用器材设置障碍和障碍物，甚至拆除一些房屋、铁轨和电车轨道，通过地方政府把居民们组织起来一起干。

主要工作应由各部队自己完成，要昼夜不停地进行工作。

前期工作（主要是设置防坦克障碍物）应于9月29日晨之前完成，确保城市及工业中心的防御坚不可摧。每一道障碍都应得到各种火力的可靠掩护。

要向全体指战员说明：集团军目前是在最后的防线上战斗，我们已经无路可退。每个指战员的职责就是坚守自己的掩体，守卫自己的阵地，不许后退一步！无论付出怎样的代价，必须将敌人消灭！

擅自放弃掩体和阵地的士兵和指挥员，将作为祖国的敌人就地处决。

崔可夫，古罗夫，克雷洛夫[45]

苏军的指挥决策

崔可夫组织部队抗击保卢斯的下一场突击时，苏军最高统帅部和东南方面军也正积极采取行动加强第62集团军的防御。首先，最高统帅部几天前已命令第159筑垒地域将12个"机枪-火炮"营在9月28日至10月1日间部署至斯大林格勒地域，9月25日从坦克第4集团军和近卫第1集团军抽调近卫步兵第37、第39师，从东南方面军第21集团军派出步兵第308师。除了这些师，最高统帅部9月25日还命令预备队第4集团军将重新组建的步兵第87、第315师交由最高统帅部控制,以便将他们部署至斯大林格勒方面军后方,最终派至伏尔加河畔卡梅申西南方70—80公里处。[46]三天后的9月28日,最高统帅部指示汽车装甲坦克车辆管理总局主任将坦克第84和第90旅从萨拉托夫地区调出,交给东南方面军指挥,乌拉尔军区将步兵第93、第96和第97旅交给东南方面军,补充新组建的步兵第7军(参见图表26)。[47]

将这些新锐部队派往斯大林格勒地域后,最高统帅部终于在9月28日采取措施,对该地域参战部队混乱不堪的指挥体系进行整顿。最高统帅部的新指令中写道:

图表 26:1942 年 9 月 25 日—28 日,最高统帅部派给斯大林格勒和东南方面军的援兵

部队	来源	部署地点
步兵第97旅	乔普拉亚戈拉 (乌拉尔军区)	普里斯坦,弗拉基米尔车站 (步兵第7军)
步兵第93旅	库纳尔 (乌拉尔军区)	哈拉巴利车站 (步兵第7军)
步兵第96旅	兹拉托乌斯塔 (乌拉尔军区)	上巴斯昆恰克车站 (步兵第7军)
坦克第84旅	萨拉托夫 (伏尔加河沿岸军区)	渡口车站 (东南方面军)
坦克第90旅	萨拉托夫 (伏尔加河沿岸军区)	渡口车站 (东南方面军)
步兵第87师	预备队第4集团军 (伊洛夫利亚车站)	阿列什金车站(最高统帅部预备队),10月2日部署至扎哈罗夫卡车站(卡梅申西南方80公里处)
步兵第315师	预备队第4集团军 (洛格车站)	阿尔卡达克车站(最高统帅部预备队),10月2日部署至津泽瓦特卡车站(卡梅申西南方70公里处)

鉴于斯大林格勒地域和各方面军的态势日益复杂，各集团军统辖的部队越来越多，为便于指挥和控制，最高统帅部大本营特此命令：

1. 在斯大林格勒地域组建两个独立方面军，直接隶属于最高统帅部大本营：原斯大林格勒方面军改为顿河方面军，辖第63、第21、第24、第66军，坦克第4军和近卫第1集团军；原东南方面军改为斯大林格勒方面军，辖第62、第64、第57、第51和第28集团军。

2. 任命A. I. 叶廖缅科上将为斯大林格勒方面军司令员。

3. 任命K. K. 罗科索夫斯基中将为顿河方面军司令员，免去他布良斯克方面军司令员的职务。

4. 另外，军政委级A. S. 热尔托夫作为军事委员会委员［政委］加入顿河方面军军事委员会，免去他第63集团军军事委员会委员的职务。

5. 另外，斯大林格勒州党委第一书记丘亚诺夫同志加入斯大林格勒方面军军事委员会，任军事委员会委员［政委］①。

6. 免去斯大林格勒方面军副司令员V. N. 戈尔多夫中将、斯大林格勒方面军作战部长I. N. 鲁赫列少将的职务，后续工作由国防人民委员部酌情安排。

7. 任命K. A. 科瓦连科少将为顿河方面军副司令员，免去他斯大林格勒方面军参谋长的职务。

8. 任命M. S. 马利宁少将为顿河方面军参谋长，免去他布良斯克方面军参谋长的职务。

9. 任命博伊科夫上校为顿河方面军作战部长，免去他总参作战部长的职务。

最高统帅部大本营

I. 斯大林，A. 华西列夫斯基[48]

将斯大林格勒方面军和东南方面军改编为顿河方面军和斯大林格勒方面军（两个方面军都有自己的司令员和司令部）的这道指令结束了叶廖缅科在前任副手戈尔多夫将军毫无名分的协助下指挥两个方面军的尴尬局面。虽说这次

---

① 译注：9月30日改称"顿河方面军"前，丘亚诺夫任斯大林格勒方面军军事委员会委员，东南方面军军事委员会委员赫鲁晓夫兼任斯大林格勒方面军军事委员会委员；9月30日更改番号后，斯大林格勒方面军军事委员会委员是赫鲁晓夫。

改编后来给历史学家们造成了极大的混乱，但它并非毫无意义的术语变化。这道指令确认叶廖缅科的司令部现在负责城市防御，而罗科索夫斯基顿河方面军的任务是为日后沿顿河和城市西北方科特卢班地域发起进一步攻势做好准备。

这些命令和指示下达后不久，斯大林9月29日再次将华西列夫斯基和朱可夫派往斯大林格勒，前者赶往斯大林格勒方面军的辅助指挥所，后者奔赴顿河方面军设在卡梅申的指挥部，顺路探访莫斯卡连科近卫第1集团军的指挥所。朱可夫的任务是视察罗科索夫斯基方面军的状况，以及轴心国军队在该地域的部署情况，特别是顿河方面军设在谢拉菲莫维奇和克列茨卡亚附近的登陆场，最高统帅部打算日后从这里发起反攻。在这番视察中，朱可夫证实了罗科索夫斯基的判断——顿河方面军缺乏必要的兵力兵器，既无法阻止德国人在斯大林格勒进一步采取行动，也无力发起一场强有力的反击。[49]

斯大林迅速对朱可夫的视察结果做出了应对，10月1日，他指示最高统帅部签发两道新指令，加强罗科索夫斯基方面军的实力。第一道指令要求罗科索夫斯基将克拉夫钦科的坦克第4军撤入方面军预备队，在NKO各部门负责人的协助下，"1942年10月15日前［按照人员和装备编制表］完成补充工作"。[50] 第二道指令以7个新锐步兵师（步兵第277、第62、第252、第212、第226、第333和第293师）加强顿河方面军，这些部队原本隶属于刚刚在后方完成补充的预备队第10集团军。预备队第10集团军驻扎在莫斯科军区，将于10月7日—14日将这些师调拨给罗科索夫斯基。[51]

总体来说，这些措施加强了对斯大林格勒地域苏军参战部队的指挥和控制，但并未立即缓解崔可夫第62集团军的压力，在接下来的几天，这种压力还将加剧——保卢斯的进攻深入工厂区，迫使崔可夫的部队背水一战。为达成这一目标，保卢斯9月29日命令第24装甲师继续进攻，突向"拖拉机厂"工人新村。为了给伦斯基提供维系攻势的必要兵力，第6集团军司令9月30日决定以第94步兵师第276团加强第24装甲师，这样一来，伦斯基便可以守住他不断延伸的左翼①，并与第100猎兵师重新建立起密切联系。同时，第6集团军命令赛德

---

①译注：右翼。

利茨第51军的南突击群（现在由第100猎兵师和第295步兵师构成）向前推进，跨过班内峡谷和"网球拍"，进入"红十月"新村东南段和"红十月"工厂南部。南突击群还将肃清马马耶夫岗东坡的苏军，将其逐出多尔吉和克鲁托伊冲沟，赶入伏尔加河。与此同时，胡贝第14装甲军的突击群和位于赛德利茨第51军左翼的第389步兵师将对崔可夫据守暴露在外的奥尔洛夫卡突出部的部队发起期待已久的突击。

马马耶夫岗和工人新村之战，9月29日—30日
9月29日

9月29日晨，第51军的北、南突击群继续进攻，肃清残留在工人新村的苏军，但崔可夫的守军还是给德国人造成了很大的麻烦（参见地图40、41）。

例如，9月29日4点30分，第24装甲师发起进攻前，苏军步兵第193师第883和第895团攻向在隘口北面守卫着装甲师右翼的"埃德尔斯海姆"战斗群第26装甲掷弹兵团。苏军从东面对该团第2营发起打击，引起了德军的高度关注：

> 装甲掷弹兵们已在长满蔬菜的菜园中、木栅栏后和半毁的木屋里构设了阵地，由于防线穿过菜园和木屋，这里没有清晰的射界。借助炮弹爆炸瞬间的闪烁，掷弹兵们看见街道另一端匆匆穿过菜园的一个个身影。有些人甚至看见了T-34坦克凶险的轮廓。机枪吼叫起来，曳光弹钻入伫立在对面的木屋，或泼向砖制烟囱摇摇欲坠的残骸。火焰四起，给战场蒙上一片可怕的橙色光芒。俄国人渗透进德军防线，打死了几名坚守在散兵坑内的掷弹兵。手榴弹的爆炸声和俄国人嘶哑的喊叫声扑面而来，柴油引擎低沉的轰鸣震颤着空气。德军士兵依托一个个阵地顽强抵抗，阻止了防线的崩溃。师部接到求救电话，他们立即做出反应；冯·温特费尔德少校奉命派坦克增援饱受重压的掷弹兵，没过多久，这些坦克赶到了。受到围困的德军营里的军官以这些坦克为核心组织起一场反冲击，将敌人打得措手不及，迅速恢复了态势。[52]

这场突袭实际上是苏军两个步兵团的几个营在少量坦克的支援下实施的一场武力侦察，很快就以失败告终。但"埃德尔斯海姆"战斗群为此付出的代

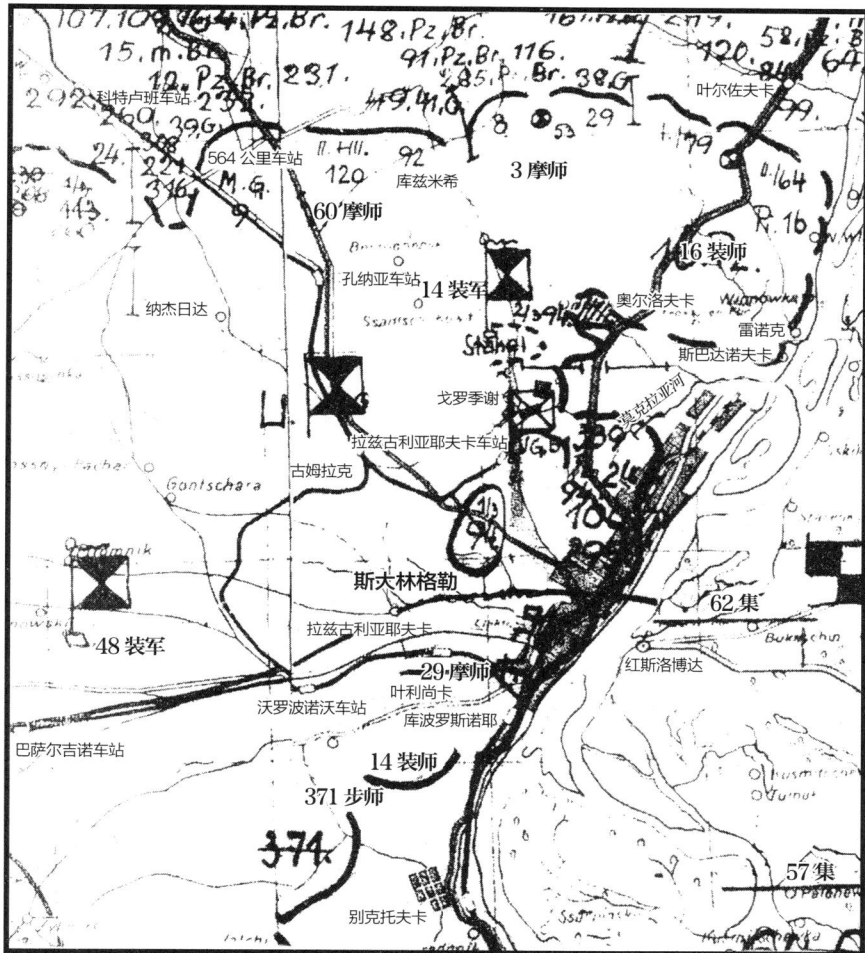

地图40 1942年9月29日—30日，第6集团军的态势

价是1人阵亡、7人受伤、8人失踪①。[53]苏军这场鲁莽的、不成功的袭击并未对第24装甲师造成影响，中午后不久，伦斯基的装甲师继续向北推进，攻向"拖拉机厂"工人新村。伦斯基左侧，耶内克第389步兵师第544团沿维什涅瓦亚峡

---

① 译注：这种武力侦察行动中，失踪的德军士兵多半被抓了"舌头"。

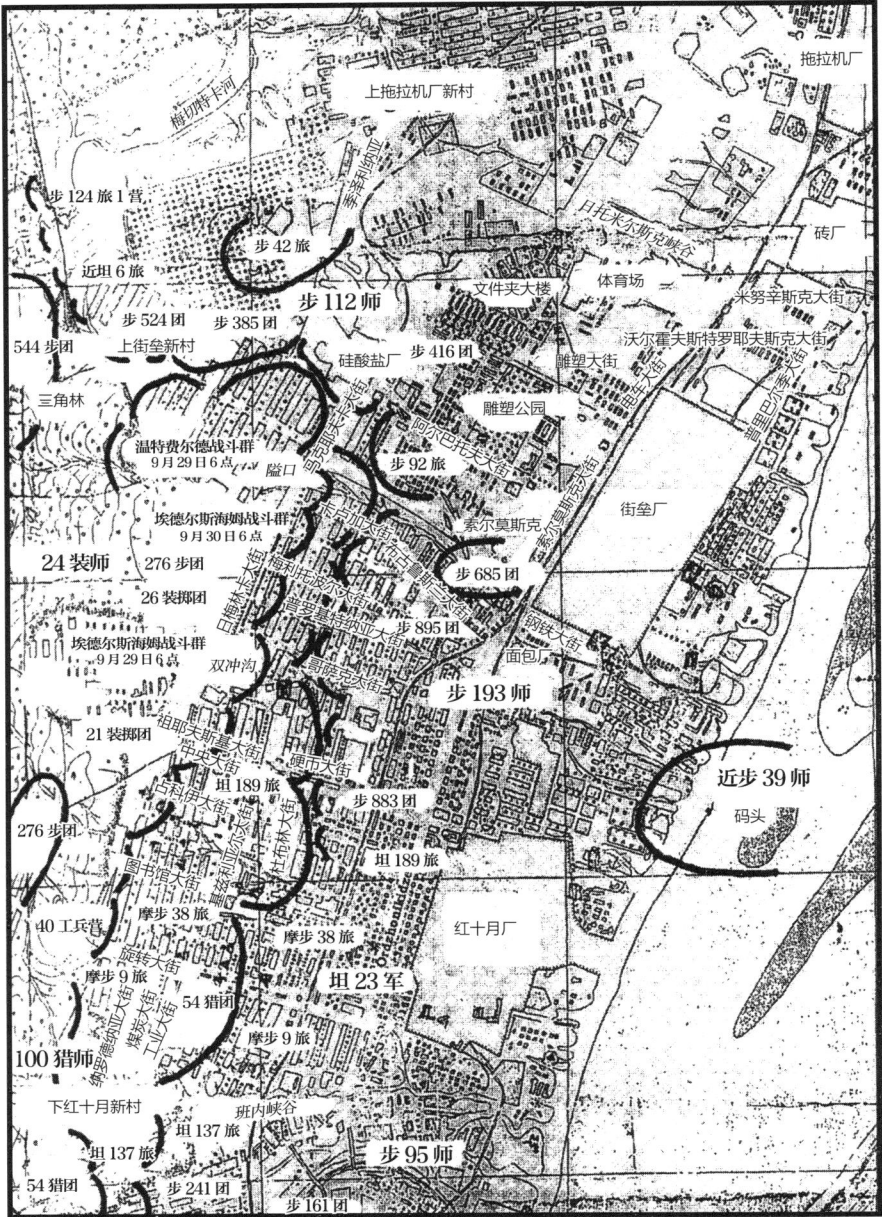

地图 41 1942 年 9 月 29 日—30 日，第 51 军的突击

谷冲向东北方，赶往"街垒"新村西北边缘，师里的余部跨过梅切特卡河，向北冲往奥尔洛夫卡。伦斯基右侧，第100猎兵师和第295步兵师重新向班内峡谷、马马耶夫岗东面的伏尔加河、多尔吉和克鲁托伊冲沟下（东）段发起进攻。德国空军为这场突击提供了一个炽热的背景，他们无情地轰炸着工厂区，拖拉机厂起火燃烧。

沿维什涅瓦亚峡谷向东北方推进的第389步兵师第544团将苏军坦克第23军近卫坦克第6旅、坦克第189旅、摩托化步兵第9旅的残部逐出峡谷最东端，到达并渡过梅切特卡河，对据守上"街垒"新村西北边缘的苏军步兵第124旅第1营和步兵第112师第524团的残部发起打击。峡谷南面，派出几辆坦克协助"埃德尔斯海姆"战斗群解决苏军的突袭后，"温特费尔德"战斗群重新集结部队，向北前进数百米，从苏军步兵第112师第416团和步兵第193师第895团残部手中夺取了上"街垒"新村的剩余部分，这些苏军随后掘壕据守，掩护"硅酸盐"厂南接近地。伦斯基装甲师里的其他部队据守着各自的阵地，直至该师长长的右翼得到确保。

南面，第24装甲师漫长右翼的对面，桑内第100猎兵师终于在中午前后沿班内峡谷西面的铁路线打垮了苏军的防御，并以左翼部队冲向107.5高地。将NKVD步兵第269团的残部逐出他们沿铁路线构设的强化防御后，第54猎兵团赶往北面的107.5高地，第227猎兵团的一部紧随其后。第227猎兵团将苏军步兵第95师第241和第161团的大部驱离马马耶夫岗山顶和北坡后，桑内已将该团调至右翼。但是，该团肃清山顶的速度并不比苏军发起的新突击更快，后者一举夺取了毗连山顶的三角点。最终，桑内的两个猎兵团占据了一条正面朝东、从107.5高地南延至班内峡谷的新防线，在此过程中接替了"埃德尔斯海姆"战斗群陷入困境的第21装甲掷弹兵团。埃德尔斯海姆随后将这些装甲掷弹兵北调，加强战斗群的主力。桑内将战线向北延伸至第24装甲师右翼时，克罗地亚第369步兵团（1个加强营）在第295步兵师第516团1个营的支援下，从苏军步兵第95师第90团和步兵第284师第1045团手中夺取了肉联厂西部，这使他们的战线愈加接近伏尔加河——但尚未到达那里。[54]

保卢斯和魏克斯都视察了伦斯基的前沿阵地，察看赛德利茨9月29日突击行动的进展。不过，第24装甲师当日的进展很有限，只有几百米，却为此付出了阵亡39人、负伤94人、失踪8人的代价，是阵亡人数最多的一天。[55]第100猎兵师报告，该师伤亡346人。

与此同时，赛德利茨南突击群的右翼，武特曼第295步兵师第517、第518团重新对苏军步兵第284师守卫马马耶夫岗南坡、多尔吉和克鲁托伊冲沟南接近地的第1047和第1043团发起突击，试图将守军赶入伏尔加河，但没能成功。保卢斯战线的最南端，第48装甲军辖下的第71步兵师继续在斯大林格勒市中心肃清苏军近卫步兵第13师和步兵第193师第685团据守的筑垒建筑物和支撑点，特别是在"1月9日"广场周围。但执行该任务的只有一个团（第194步兵团），这么一点点兵力根本无法完成这场艰巨的行动。

尽管崔可夫捉襟见肘的部队拼死抵抗，但当日日终前，赛德利茨推进中的部队仍然已将苏军逐出上"红十月"新村和"街垒"新村的大多数地域，并夺取了"硅酸盐"厂南面的前沿阵地。在此过程中，他们沿"硅酸盐"厂南面的哥萨克大街西接近地，沿苏军步兵第112师第416、第385团与斯梅霍特沃罗夫步兵第193师提供增援的第883、第895团之间的分界线，在苏军防线上插入了一个深深的楔子。此时，第24装甲师的两个先遣战斗群距离伏尔加河畔的"红十月"渡口只剩下1.5公里，如果到达伏尔加河上这个至关重要的渡口，他们便可以转身向南，隔断并歼灭崔可夫据守马马耶夫岗、多尔吉和克鲁托伊冲沟的步兵第95和第248师，或向北穿过"街垒"厂，将第62集团军的主力包围、歼灭在工厂区。

在很大程度上多亏了斯梅霍特沃罗夫步兵第193师的英勇奋战，崔可夫得以守住该地域的防线——为此付出的代价是3名团级和营级指挥员在战斗中阵亡[①]。傍晚时，步兵第193师报告："我们前出至［红十月］新村西郊的尝试未获成功。另外，我们在9月29日击退了敌人数次强有力的反冲击。各个团在'红十月'新村东段，沿艾瓦佐夫（Aivazovskaia）、杜布林和基兹利亚尔（Kuzliarskaia）大街一线实施防御。"[56]

第6集团军在当日的作战日志中指出，第51军的部队夺取了面包厂（位于"红十月"与"街垒"厂中间）西面的几排房屋，但也丢失了在肉联厂附近攻克的一些房屋，"街垒"新村的部分地域失而复夺。[57]

[①] 译注：本章注释58指出，阵亡的是3名团长和3名营长。

当晚，红军总参谋部报告：

第62集团军9月29日继续在斯大林格勒城内进行激烈的巷战，并在奥尔洛夫卡地域战斗……

坦克第27和第137旅沿陶器（Goncharnaia）大街和航空（Aeroflotskaia）大街一线战斗，击毁15辆敌坦克。

步兵第112和第193师以顽强的防御作战抗击敌人的1个步兵师和60—70辆坦克，这股敌人已前出至陶器大街和"硅酸盐"厂附近。敌人占领了"街垒"新村和"硅酸盐"厂。

步兵第193师击退敌人的两次进攻，敌人的第三次进攻在哥萨克大街附近楔入该师各部队的作战编队。

步兵第95师第90团夺取了102.0高地［马马耶夫岗］的三角点［山顶］。

近卫步兵第13师继续守卫原先的阵地，并以小股强击组与藏身独立建筑物内的敌人展开巷战。[58]

崔可夫9月29日收到的唯一一个好消息，是戈里什内的步兵第95师对据守马马耶夫岗的德军发起了一场反冲击，这场进攻发生在德军第100猎兵师将其部队调往北面，第295步兵师接防坟冢后不久。在空军第8集团军大规模空中突击的支援下，获得巴秋克步兵第284师第241团一部和第1045团2个营支援的步兵第95师第90团差一点从德军第295步兵师手中重新夺回马马耶夫岗山顶，苏军损失惨重，没能取得更大的战果。正如著名历史学家A. M.萨姆索诺夫后来在他的战史中所写的那样：

在方面军航空兵［T. T.赫留金少将指挥的空军第8集团军］最猛烈的一场突击期间，步兵第95师的1个团和步兵第284师的2个营发起了一场反冲击。他们以决定性的突击占领了马马耶夫岗上的三角点，但没能攻至最高处的水槽。双方的炮弹雨点般落向最高处，没人能在那里存生。[59]

9月30日

9月30日，赛德利茨的两个突击群遵照第51军"据守并改善已到达阵地"的命令加固他们的阵地。[60]对第24装甲师各部队加以调整的同时，伦斯基还下令发起局部进攻，改善防御阵地，并为随后向东北方突击、肃清工人新村残敌的行动做好准备（参见地图41）。获得第94步兵师第276团的增援后，他命令该团接防"埃德尔斯海姆"战斗群位于107.5高地北面的南半部防区。待位于上下"街垒"新村之间、74c坐标方格内的隘口南部获得巩固后，"埃德尔斯海姆"战斗群将向北进攻，夺取隘口北面的一座桥梁。这将使"埃德尔斯海姆"战斗群与西面的"温特费尔德"战斗群保持平齐。[61]

赛德利茨进攻中的各个师已沿维什涅瓦亚峡谷及其南部地域以及"红十月"和"街垒"新村的上段将大部分苏军逐出开阔地。第100猎兵师现在面对着肃清107.5高地南面"红十月"新村下段的艰巨任务，在那里，苏军步兵第95师第241和第161团、坦克第23军摩托化步兵第38旅、坦克第27和第137旅、NKVD步兵第269团的残部、步兵第193师第883团借助密集的建筑物强化了自己的防御，以迟滞德军的进攻。在赛德利茨向北渗透的最远点，第24装甲师的"温特费尔德"战斗群准备突入"拖拉机厂"工人新村。这场进攻必须打垮苏军近卫坦克第6、坦克第189旅和步兵第112师几个消耗殆尽的步兵团的防御，但10月1日拂晓，这股苏军获得了重新组建的步兵第42旅的支援。

与此同时，在第24装甲师面朝北面和东面的右翼，"埃德尔斯海姆"战斗群和第276步兵团9月30日向东发起进攻，试图肃清107.5高地北面的"红十月"和"街垒"新村下段至隘口北面这片地域内的苏军步兵第193师第895团。第276步兵团的到来深受欢迎，但该团实力虚弱的两个步兵营总共只有160名战斗兵。[62]第24装甲师日益减少的坦克也不适合在这片城市地带作战，因而该师不再率领这场漫长、引人注目的进军，而是跟随在步兵身后，通常以慢如蜗牛般的速度前进，负责轰击敌人的掩体和筑垒阵地，与步兵师的突击炮和反坦克炮相配合，为步兵突击组提供直接火力支援。

现在，保卢斯已将第6集团军的主攻重点转向城市西北方的奥尔洛夫卡突出部，而崔可夫开始获得新锐援兵。但是，在对奥尔洛夫卡进行突击之时，激烈的战斗继续沿整个工厂区的战线肆虐，战线从"街垒"新村西北接近地向南延伸，穿过"硅酸盐"厂、下"街垒"新村和"红十月"新村西部边缘，直至班内峡谷东脊和马马耶夫岗南坡。此时的战斗已沦为一场残忍的厮杀，双方的前进和退却往往以数十米、几百米计。

赛德利茨南、北突击群的左翼获得耶内克第389步兵师的掩护，该师辖下第545、第546团沿梅切特卡河转向北面和东北面，配合第14装甲军进攻奥尔洛夫卡。第389步兵师将第544团的主力留在梅切特卡河河谷，掩护着第24装甲师的左翼。赛德利茨的中央地段，第24装甲师的"温特费尔德"战斗群据守着上"街垒"新村周边的阵地，而"埃德尔斯海姆"战斗群，右翼获得第276步兵团（该团向南部署至107.5高地东面）的掩护，与第100猎兵师第54猎兵团（该团集结在107.5高地南面）开始进入下"街垒"新村和"红十月"新村的纵深处。向前推进时，他们遭遇到苏军坦克第23军残缺不全的坦克和摩托化步兵旅及步兵第193师第895、第883团的部分部队，这股苏军守卫着下"街垒"新村和"红十月"新村。步兵第112师第416和第524团据守着"硅酸盐"厂及其西部地域。

此时，波波夫已将坦克第23军残余的兵力全部纳入近卫坦克第6旅（尽管该旅正重新部署至新阵地），这使该旅的实力在9月30日日终时达到21辆可用的坦克（14辆T-34、1辆T-70和6辆T-60）、5辆无法使用的T-34、268名战斗兵、1门反坦克炮、4门76毫米野炮、6门120毫米迫击炮、10门82毫米迫击炮。[63]另外，斯梅霍特沃罗夫的步兵第193师获得第685团主力的加强，该团刚刚从斯大林格勒市中心近卫步兵第13师的防区归建。[64]第685步兵团赶到后，斯梅霍特沃罗夫命令该团在师右翼、索尔莫斯克（Sormosk）西面的街道和建筑物占据防御。再往南，赛德利茨第51军的右翼，第100猎兵师仍忙于完成以下任务：肃清从"红十月"厂接近地至该厂中央地带苏军步兵第112师2个团被绕过的残部，攻占班内峡谷上部和马马耶夫岗西坡。桑内的右侧，第295步兵师的3个团继续战斗，竭力将苏军步兵第284师的3个团驱离马马耶夫岗北坡和东坡、肉联厂南部、"网球拍"、多尔吉和克鲁托伊冲沟。

红军总参谋部的每日战事概要描述了当日的战斗：

第62集团军9月30日继续在斯大林格勒城内进行顽强的防御作战，其右翼在奥尔洛夫卡附近抗击敌步兵和坦克。

步兵第42旅［重建］以部分兵力（3个步兵连）在"街垒"新村东北方的树林地带占据防御。

近卫坦克第6旅沿"街垒"新村北面树林的南部边缘占据防御。

坦克第23军将剩下的技术装备和人员［17辆坦克和150名士兵］转隶近卫坦克第6旅。

步兵第112师以第416和第524团的残部守卫"硅酸盐"厂以北地域。

步兵第92旅［重建］沿从"硅酸盐"厂南郊以西地域经马克耶夫卡（Makeevskaia）大街至峡谷一线占据防御。

步兵第193师，9月30日晨投入小股部队，以进攻行动消灭"红十月"新村西郊附近的敌人。该师辖下的步兵第685团集结在"街垒"厂以西地域。

步兵第95和第284师坚守原先的阵地，击退了小股敌军的多次进攻。

近卫步兵第13师继续坚守阵地，并以小股强击组在斯大林格勒城内展开巷战。近卫步兵第39师（3500人）和步兵第308师（4000人）摆渡至伏尔加河右岸，增援斯大林格勒城内的守军。[65]

当日激烈但却零散的战斗中，赛德利茨突击群的前进速度明显放缓，90度的楔子最终向东插入斯大林格勒工厂区，但深度不超过250米。"温特费尔德"战斗群停在上"街垒"新村周围，准备10月1日发起进攻；"埃德尔斯海姆"战斗群，右翼获得第276步兵团和桑内第100猎兵师左翼团的掩护，以逐街逐屋的战斗缓慢又吃力地进入下"红十月"新村西部，前进速度仅为每小时几十米。日终时，"埃德尔斯海姆"战斗群已在隘口周围建立起一座100米深的登陆场。

两个战斗群保持平齐后，伦斯基16点15分命令他们做好10月1日拂晓发起一场协同突击的准备，"占领84a、85c、75d和75c坐标方格内的山脊，从而夺取'街垒'新村东北边缘的高地"。[66]南面，第276步兵团和第100猎兵师第54、第227猎兵团向东推进了150—250米，进入下"红十月"新村，赶往铁路线和工厂。再往南，第100猎兵师编成内的克罗地亚第369步兵团和第295步兵师第516团在马马耶夫岗上并肩战斗，顽强地守卫着山顶和北、东坡。但是，9月30日的战斗中，赛德利茨的突击群还是没能夺取"硅酸盐"厂、突入"红十月"厂或将马马耶夫岗的守军赶入伏尔加河。

日终前，第24装甲师的两个战斗群面对着苏军步兵第112师第416团的残部，对方在"硅酸盐"厂固守着正面朝南的阵地，右翼由守卫着"街垒"新村北面林地的叶尔莫尔金步兵第112师第385团提供掩护。叶尔莫尔金师的右翼，步兵第524团的2个连（132人）与波波夫坦克第23军残余的少量坦克和士兵（现已加入近卫坦克第6旅）守卫着从树林西部边缘至莫克拉亚梅切特卡河的这片地域。

步兵第112师左侧，斯梅霍特沃罗夫步兵第193师第685、第895和第883团并排部署，正面朝西，与戈里什内的防御成直角，守卫着沿日梅林卡、艾瓦佐夫、杜布林和基兹利亚尔大街向南延伸的阵地。他们抗击着德军第276步兵团和第100猎兵师第54、第227猎兵团，掩护铁路线和"红十月"厂接近地。德军第100猎兵师辖下的克罗地亚第369步兵团和第295步兵师左翼第516团对面，戈里什内的步兵第95师在马马耶夫岗北坡和东坡坚守着来之不易的立足地，以右翼和中央的第241、第161团固守坟冢北坡，掩护着军服厂接近地。戈里什内的左翼，步兵第90团在步兵第284师第1045团几个营的加强下，据守着坟冢东坡和肉联厂接近地。

最后是马马耶夫岗南面，德军第295步兵师右翼第518和第517团对面，巴秋克步兵第284师编成内的第1045、第1047和第1043团从北至南并排部署，守卫着伏尔加河西面的狭长地带，这片防区从马马耶夫岗南坡向南延伸，穿过多尔吉和克鲁托伊冲沟，直至该师与近卫步兵第13师的左分界线。

在工人新村的激战中，赛德利茨的突击群已取得实质性进展，但在马马耶夫岗的战果极其有限。更糟糕的是，事实证明，第48装甲军第71步兵师仍在斯大林格勒市中心战斗的一个团（第194步兵团）无法压缩苏军近卫步兵第13师的防御。那里与伏尔加河西岸仅隔3—4个街区，罗季姆采夫以多个排、连、营支撑点设置起一道近乎坚不可摧的防御，这些支撑点遍布"1月9日"广场北面和南面密集的建筑区。借助这种配置，他的士兵完全能够挫败哈特曼的掷弹兵发起的每一次进攻。9月30日日终时，近卫步兵第13师第39团，由步兵第193师第685团获得加强的第1营提供支援，在师左翼沿"1月9日"广场南面的共和国大街和奔萨大街实施防御。该师第42团在中央地带掩护广场周边及其北部；

右翼，近卫步兵第34团守卫着从岸堤大街北延至克鲁托伊冲沟一线，与伏尔加河仅隔一个街区。[67]

9月28日至10月1日，与左翼第295步兵师第517团相配合，哈特曼第71步兵师辖下的第194团以数个连或营级兵力对罗季姆采夫的防御发起了四次突击。北面，9月30日至10月1日夜间，德军第517步兵团的300名士兵试图沿克鲁托伊冲沟南脊突破苏军近卫步兵第34团第3营的防御。可是，近卫步兵第34团第1营、近卫步兵第39团教导营和勤务连及时提供支援，协助击退了这场冲击。南面，德军第194步兵团对"1月9日"广场北面的近卫步兵第42团第2、第3营发起进攻，对广场南面的近卫步兵第39团第1、第3营发起两次突击，这些冲击都没能赢得胜利。哈特曼竭尽了全力，但月底时，双方仍在斯大林格勒市中心保持着僵持状态。

除了苏军持久、坚决、通常都很狂热的抵抗外，最令保卢斯沮丧的是苏军援兵源源不断地涌入市区和工厂区，以及他的部队无力夺取伏尔加河西岸至关重要的渡口这一事实。从9月29日至30日夜间起，接下来的几天，崔可夫获得了新锐援兵，包括重新组建或改编的步兵第42、第92旅和近卫步兵第37、第39师及步兵第308师。这些援兵将崔可夫最初的14万兵力增加到20来万，使他得以在最关键、受威胁最大的地段稳住自己的防线。这种增援非常必要，因为据斯大林格勒方面军报告，9月26日—30日，他们损失了16174人，其中3767人阵亡，10217人负伤，878人失踪，1311人死于其他原因。[68]

保卢斯提供的援兵无法与之相比。面对这些困难，赛德利茨的突击开始陷入停顿，具体表现为德军第295步兵师重新发起的冲击未能突破苏军步兵第95和第284师在马马耶夫岗周围和沿多尔吉、克鲁托伊冲沟的防御。巴秋克师发起的一场局部反冲击在马马耶夫岗东面的山底重新夺回了肉联厂的一部分，令问题趋于严重。

崔可夫获得增援，9月29日—10月1日

9月30日，斯大林格勒方面军将S. S. 古里耶夫少将和V. G. 若卢杰夫少将的近卫步兵第39、第37师，以及L. N. 古尔季耶夫上校的步兵第308师调拨给崔可夫集团军，并命令舒米洛夫第64集团军在城市南面发起一场进攻，将德国人

的兵力和注意力从斯大林格勒市区的战斗中分散开（参见第五章）。[69]

在斯大林格勒地域投入战斗的部队士兵都不是新手，古里耶夫的近卫步兵第39师曾在坦克第4集团军和近卫第1集团军辖下经历过争夺克列茨卡亚登陆场的激战，8月下旬和9月初还参加过朱可夫在科特卢班地域发起的反突击。[70]在这些交战中遭受严重伤亡后，9月25日，叶廖缅科将古里耶夫师（现有兵力4082人）交给第62集团军，并指示崔可夫以该师加强斯大林格勒城内的守军。[71]

虽说兵力严重缺编，但古里耶夫师里都是空降兵第5军久经沙场的老兵，1942年3月25日至8月6日，该军改编为近卫步兵第39师。现年40岁的师长斯捷潘·萨维利耶维奇·古里耶夫是一位经验丰富的战地指挥员，自1941年12月6日起便指挥空降兵第5军，当时还是上校，1942年3月5日晋升为少将，1942年夏季，空降兵军改编为近卫步兵师后，他一直指挥着该师。[72]9月25日—28日，古里耶夫师在伏尔加河和斯大林格勒城东面的红斯洛博达地域重组，很快便能投入城内的战斗。

若卢杰夫的近卫步兵第37师，9月25日有6695名士兵，10月3日至4日夜间渡过伏尔加河时的兵力未发生变化，该师的历史与古里耶夫师非常相似。[73]与近卫步兵第39师同时组建的近卫步兵第37师由空降兵第1军改编而成，也是以经验丰富的空降兵组成，在坦克第4集团军辖内参加过8月末和9月初克列茨卡亚、科特卢班地域的战斗。[74]37岁的师长维克托·格里戈里耶维奇·若卢杰夫自1941年12月15日起便指挥空降兵第1军，当时他是上校，1942年1月19日晋升为少将，率领该军直至其改编为近卫步兵师。[75]9月28日—10月2日，若卢杰夫师在伏尔加河和斯大林格勒城东面的红色拖轮（Krasnyi Buksir）以及齐甘斯卡亚（Tsyganskaia）地域实施重组，准备参加城内的战斗。

最后是古尔季耶夫的步兵第308师，9月25日，该师有4248名士兵，也是一支作战经验丰富的部队。[76]原先的步兵第308师全军覆没后，于1942年1月12日重新组建。此后，步兵第308师在第24和第21集团军辖下参加了8月和9月科特卢班地域的血腥激战。该师师长是51岁的列昂季·尼古拉耶维奇·古尔季耶夫，1942年2月出任第二次组建的步兵第308师师长前，曾担任过团长和步兵师参谋长。[77]9月29日和30日，古尔季耶夫师进入城市东面的新集结地。

除了上述的3个新师，叶廖缅科还为崔可夫陷入困境的守军提供了步兵第

42和第92旅，9月24日—25日，这两个旅未经批准便撤离斯大林格勒市中心；在新旅长的指挥下，他们获得休整和补充，并做好了战斗准备。9月29日至30日夜间，两个旅渡过伏尔加河，进入斯大林格勒城。步兵第42旅在步兵第193师右翼第685团与步兵第112师左翼第416团的结合部加强第62集团军的防御。该旅据守的阵地，右翼位于"硅酸盐"厂西北方350米处的路口，左翼设在"街垒"厂东北方800米处的树林中。步兵第92旅在"红十月"厂附近接替波波夫实力锐减的坦克第23军的残部。[78]

不久后，9月30日至10月1日的夜间，古里耶夫近卫步兵第39师第112、第117和第120团搭乘装甲艇渡过伏尔加河，并在"红十月"厂附近占据了环形防御。该师渡河时，各个连队的兵力为40—50人。崔可夫起初打算将古里耶夫师部署在右起"硅酸盐"厂（步兵第112师的左翼），左至祖耶夫斯基（Zuevskaia）大街（在这里与步兵第193师的防御相连）的防线上，并做好发起一场反冲击，将德军逐出"街垒"新村的准备。但是，德军第24装甲师10月1日发起进攻，在"硅酸盐"厂南面楔入苏军步兵第112师与第193师之间的防御，对"红十月"厂构成威胁，崔可夫被迫更改了古里耶夫师的任务。近卫步兵第39师将在斯梅霍特沃罗夫步兵第193师身后担任第二梯队。因此，近卫步兵第39师据守的防线，从"硅酸盐"厂东面的雕塑公园沿阿尔巴托夫（Arbatovskaia）大街向南延伸至索尔莫斯克（Sormoskaia）大街，在布古鲁斯兰（Buguruslanskaia）大街穿过铁路线交汇处，再往南，沿奥尔忠尼启大街延伸至旋转大街和班内峡谷。进入阵地后，近卫步兵第39师将把第112团部署在左侧，第120团居中，最后赶至城内的第117团居右。除了坚决守卫这道防线外，古里耶夫还应"固守'红十月'厂的各个车间，将其构筑为强有力的支撑点"。[79]

崔可夫对古里耶夫和他的部下不乏赞美之词，他描述古里耶夫"个头不高，但很敦实，正如大家所说的那样，敌人别想让他轻易让步"，并断言，古里耶夫和他的部下一样，"从不知道什么叫后退，德军冲锋枪手的手榴弹在入口处炸开，古里耶夫也不愿离开自己的指挥所"。[80]

9月30日至10月1日夜晚，古尔季耶夫的步兵第308师也搭乘装甲艇开始渡过伏尔加河，这一过程将持续两天。该师辖下的第351团，在获得加强的反坦克和机枪营的支援下，于当晚率先渡河，和步兵第42、第92旅在"街垒"厂西面的"硅酸盐"厂附近占据防御阵地。[81]此时，古尔季耶夫先遣团的左（南）翼由步兵第193师和近卫步兵第39师掩护，这两个师一前一后呈梯次部署，右（北）翼是步兵第112师的残部和步兵第42旅。古尔季耶夫的余部，第339、第347团，10月1日至2日夜间渡过伏尔加河，迅速在雕塑村和雕塑公园附近与第351团会合。

步兵第308师师长古尔季耶夫似乎冥冥中有神明保佑。"个头很高，身材匀称，面对敌人的狂轰滥炸不愿低头弯腰"，展现出"无与伦比的勇气"，他鼓励部下们以更大的努力战斗。古尔季耶夫在这场战役中生还下来[①]。[82]古尔季耶夫的先遣团（第351团）刚一到达，便与左翼的步兵第92旅相配合，准备在10月2日拂晓对"街垒"新村的敌人发起一场决定性反冲击。第24装甲师"埃德尔斯海姆"战斗群刚刚朝相反的方向发起猛攻，结果古尔季耶夫的反冲击一无所获。几天内，苏军投入进攻的两支部队便损失惨重，无奈之下，崔可夫只得解散了步兵第92旅，将其残部纳入古尔季耶夫师。

凭借这些援兵，第62集团军10月1日晚报告，他们在斯大林格勒城内的作战部队共有44201人（参见图表27）。[83]

图表27：1942 年 10 月 1 日 18 点，第 62 集团军各作战部队的兵力

斯大林格勒城内
近卫步兵第13师——5866人
近卫步兵第39师——3741人
步兵第95师——2592人
步兵第112师——2722人
步兵第193师——4687人
步兵第284师——3469人
步兵第308师——4055人
步兵第42旅——1151人
步兵第92旅——1831人
步兵第124旅——4154人

---

① 译注：古尔季耶夫牺牲得也很英勇，1943年8月3日，在加里诺夫卡村附近的战斗中，敌迫击炮弹袭来，古尔季耶夫用自己的身躯掩护了第3集团军司令员戈尔巴托夫。

图表 27：1942 年 10 月 1 日 18 点，第 62 集团军各作战部队的兵力（接上页）

步兵第149旅——3302人
摩托化步兵第2旅——1131人
步兵第115旅——3464人
近卫坦克第6旅——963人和21辆坦克（14辆T-34、1辆T-70、6辆T-60）
NKVD步兵第282团——1073人
城内兵力总计——44201人

伏尔加河东岸
近卫步兵第37师——6695人
坦克第84旅——2500人（估计）和49辆坦克（5辆KV、24辆T-34、20辆T-70）
坦克第2军（重建）——4000人（估计）
坦克第23军（重建）——只有军部

※ 资料来源：第 62 集团军作战日志，1942 年 10 月 1 日 18 点的条目。

消灭奥尔洛夫卡突出部，9月29日—10月3日

9月29日起，激烈的战斗在工厂区接近地和"红十月"新村、"街垒"新村剩余部分肆虐之际，保卢斯将部分注意力转移到消灭苏军在奥尔洛夫卡村周围占据的恼人的突出部上（参见地图42）。这个突出部从奥尔洛夫卡河与莫克拉亚梅切特卡河的交汇处沿奥尔洛夫卡河向西北方延伸近10公里，顶部宽3公里，腰部宽度为1.5公里。对保卢斯来说，该突出部是个大麻烦，因为它将胡贝的第14装甲军与南面赛德利茨的第51军隔开，牵制了进攻斯大林格勒城急需的部队。第6集团军必须消灭这个突出部，否则它将继续牵制这些部队，并给德军夺取工厂区造成严重妨碍。

9月28日前，围绕突出部展开的战斗最多只能称之为断断续续，双方发起的"小规模进攻造成的战线变动甚微，总共不超过100—200码"。[84]朱可夫多次对德军第14装甲军位于叶尔佐夫卡与科特卢班地域之间的防御发起冲击，分散了胡贝对该突出部的关注。但正如崔可夫解释的那样："除了个别几次反冲击外，我们没有实施、也不可能实施什么积极行动，因为我们没有这个力量。"[85]

截至9月28日，崔可夫以由步兵第115旅、摩托化步兵第2旅、步兵第196师第724团组成的混编支队和步兵第112师250名士兵组成的另一个支队，以及步

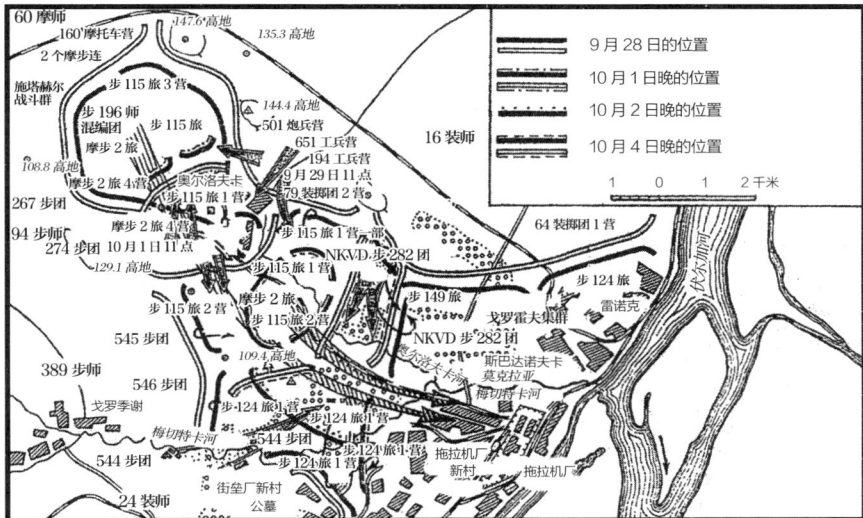

地图42 1942年9月29日—10月3日，奥尔洛夫卡争夺战

兵第124旅第1营和步兵第149旅第1营守卫着日益孤立、脆弱的突出部。这些部队由步兵第115旅旅长K. M. 安德留先科上校统一指挥，共约6500人，配有50门76毫米野炮、200门迫击炮、36门反坦克炮、72挺重机枪和150支反坦克步枪。

步兵第115旅第1、第3营沿突出部东部边界部署，其阵地从奥尔洛夫卡河北面3公里处135.4高地的南面沿5公里长的战线向北延伸，直至奥尔洛夫卡村正北面3公里处147.3高地的南面。步兵第115旅的右（东）翼由"戈罗霍夫"集群的NKVD步兵第282团掩护，该团部署在135.4高地南面一座国营农场的防御阵地上，另外还有步兵第149旅第1营的一部，也隶属于"戈罗霍夫"集群。再往东，"戈罗霍夫"集群步兵第124、第149旅的主力守卫着奥尔洛夫卡河、莫克拉亚梅切特卡河和工厂区北面的斯巴达诺夫卡、雷诺克地域。

相反方向，步兵第115旅的左翼由步兵第196师混编第724团提供掩护，其防区从147.6高地南面延伸至108.8高地东面，掩护着奥尔洛夫卡西北接近地。第724团左侧，摩托化步兵第2旅第4和第2营、步兵第115旅第2营、步兵第124旅第1营据守的阵地向南延伸至124.9高地和129.1高地东面，然后向东南方延伸，直至梅切特卡河，掩护着突出部西、西南边界。[86]

9月28日，保卢斯集团军投入3个师对付突出部内的苏军。突出部东面，NKVD步兵第282团和步兵第115旅第1营防区对面，安格恩第16装甲师第79装甲掷弹兵团第2营、第501炮兵营和第651工兵营从左至右（由东向西）部署在135.4高地至144.4高地的战线上。突出部北面，苏军步兵第115旅第3营防区对面，科勒曼第60摩步师第160摩托车营在147.6高地附近占据阵地。突出部西北面和西面，混编步兵第724团和摩托化步兵第2旅对面，德国空军"施塔赫尔"战斗群据守的战线从147.4高地西面向南延伸，穿过108.8高地，直至戈罗季谢东北方的124.9和129.1高地。

9月28日至29日夜间，普法伊费尔第94步兵师第267、第274团从斯大林格勒城南部调往北面，在"施塔赫尔"战斗群的掩护下，进入从108.8高地南延至124.9、129.1高地的出发阵地。最后是突出部西南面，耶内克第389步兵师第545、第546团的部队已部署在从戈罗季谢东北方南延至梅切特卡河的战线上，面对着苏军步兵第115旅第2营和步兵第124旅第1营的防御。[87]

保卢斯粉碎奥尔洛夫卡突出部的计划要求胡贝第14装甲军辖下的第16装甲师和第60摩步师组织多个营、连级战斗群，从东面和北面攻向奥尔洛夫卡。可是，由于胡贝的3个师仍忙着在北面的科特卢班和叶尔佐夫卡地域击退苏军持续不断的进攻，这位军长只能投入数量有限的部队（包括一小批宝贵的装甲掷弹兵，并配以炮兵、工兵和摩托车单位的徒步士兵）粉碎苏军在突出部的防御。因此，他投入的突击力量仅仅是第16装甲师第79装甲掷弹兵团第2营，并以第6集团军配属给第14装甲军的第501炮兵营、第194和第651工兵营提供支援。这些实力受损的部队将从奥尔洛夫卡东面135.4高地至144.4高地这片区域对突出部的防御发起冲击。第16装甲师右翼，第60摩步师第160摩托车营将在该师摩步团抽调的几个连的支援下从147.6高地向南冲击，从北面攻向奥尔洛夫卡。

再往西，第94步兵师第267、第274团（他们的4个营被评为"虚弱"）的战斗群，由"施塔赫尔"战斗群提供左翼掩护，将从108.8、124.9和129.1高地附近冲击突出部，然后从西面攻向奥尔洛夫卡。最后，在第51军的指挥下，耶内克第389步兵师第545、第546团（他们的4个营也被评为"虚弱"）将从戈罗季谢以东、梅切特卡河以北地域向东推进，打垮突出部的南部边界，从根部将其切断，并防止守军沿奥尔洛夫卡河向东南方退却，加入崔可夫守卫工厂区北部的部队。

9月29日

为削弱突出部的防御，保卢斯组织了一场猛烈的空中突击，从9月28日20点至9月29日6点，德国空军的战机朝突出部守军投下的炸弹多达7000颗。随后，胡贝的炮兵加入战斗：

9月29日，火箭炮发出刺耳的呼啸；Ju-87不断朝奥尔洛夫卡发起俯冲，炮弹轰击着敌人的工事。然后，新赶到的第651工兵营的2个连和［第79装甲掷弹兵团］第8连向前推进。但俄国人阻挡并粉碎了（德军的）进攻，战斗一直持续至下午。

9月30日，斯图卡接踵而至！褐色烟柱腾入空中；德军士兵穿过硝烟向前冲去，与越来越顽强的对手展开激战，一举夺取奥尔洛夫卡［的一部分］，并将该地域肃清。

第194、第651工兵营的进攻［向南攻往奥尔洛夫卡］……面对极大的困难前进了100米。[88]

第62集团军的每日作战总结含糊地描述了9月29日的战斗：

［"戈罗霍夫"集群］步兵第124和第149旅继续坚守原先的阵地。

NKVD步兵第282团击退了敌人从135.4高地地域发起的进攻。

步兵第115旅以顽强的防御作战抗击敌人的进攻，右翼稍稍撤离原先的阵地。

摩托化步兵第2旅实施了激烈的防御作战，面对敌人的重压，撤至104.6高地（奥尔洛夫卡西面2公里处）附近。[89]

7点—8点，德军炮兵对突出部的防御实施炮击后，胡贝沿两个方向投入进攻，以连级侦察群试探苏军的防御力量。与第651工兵营的2个连相配合，第16装甲师第79装甲掷弹兵团第8连沿134.5和144.4高地之间道路的两侧向南冲往奥尔洛夫卡，但被NKVD步兵第282团和步兵第115旅第1营的防御所阻。与此同时，德军第94步兵师的几个加强连从124.9、129.1高地向东推进，冲向奥尔洛夫卡西南方500米处的火车站，但苏军摩托化步兵第2旅的防御阻挡住了德军的突击。

胡贝的部队完成武力侦察后，10点，他的步兵和战斗工兵发起主要突击，这一次是沿三个不同方向进行。[90]前两个方向是135.4高地北面（第16装甲师第79装甲掷弹兵团第2营、第501炮兵营、第651工兵营）和124.9、129.1高地方向（普法伊费尔第94步兵师的2个营）。最后是第60摩步师的营级战斗群从147.6高地向南攻往奥尔洛夫卡，据称获得15辆坦克和突击炮的支援。这场进攻打击的是苏军步兵第115旅第3营的防御。虽然第60摩步师没能攻破安德留先科的防御，但第94步兵师战斗群的冲击沿摩托化步兵第2旅的防线和该旅与步兵第724团的结合部突破了突出部的防御。普法伊费尔战斗群的进攻使第94步兵师的先遣部队前出至火车站（奥尔洛夫卡南面300米处）和奥尔洛夫卡河上的铁路桥（南面500米处）半公里范围内。这场进攻还将摩托化步兵第2旅切为两段，迫使该旅第4营退往北面的108.2高地，在那里与混编步兵第724团构设起环形防御。摩托化步兵第2旅第1、第2、第3营别无选择，只能撤往奥尔洛夫卡南郊。

德军第94步兵师突破口的南面，苏军步兵第115旅第2营向东南方退却，在108.3高地（奥尔洛夫卡南面1.5公里处）与109.4高地（奥尔洛夫卡南面3公里处）之间构设起新防线。可是，除了抗击第94步兵师从西面和西北面而来的迅猛突击外，16点，第2营的防御又遭到德军第389步兵师1个步兵营的冲击，据称这股德军获得炮火和50辆坦克/突击炮的支援。第389步兵师的战斗群跨过从梅切特卡河北岸向北延伸的卡曾内（Kazenniaia）峡谷攻向东北方。面对从四面八方而来的敌人，第2营撤往构设在108.3和109.3高地顶部的环形防御。[91]

与此同时，德军第16装甲师战斗群从奥尔洛夫卡东北方的135.4高地发起突击，迫使苏军步兵第115旅第1营不断退却，最终撤至村北郊。但步兵第115旅第3营（该营击退了德军第60摩步师战斗群从西北方攻向奥尔洛夫卡的一切尝试）和摩托化步兵第2旅第4营（该营已撤至108.2高地）在奥尔洛夫卡西面和西北面的阵地上坚守了一整天。德军第16装甲师和第389步兵师的战斗群无法切断并包围突出部内的苏军。

9月30日—10月8日

9月30日，德军从北面、西面和东面对安德留先科部队的防御发起猛攻，逐渐将苏军奋战在奥尔洛夫卡西面和西北面的2个营以及围绕奥尔洛夫卡村战斗的2个营的一部逼入更紧密的"口袋"里。安德留先科的防御使前进中的德军付出了高昂的代价。[92]夜幕降临时，"戈罗霍夫"集群的NKVD步兵第282团仍在135.4高地南面的阵地上坚守，掩护着进入突出部狭窄根部的北接近地。突出部中央，步兵第115旅第1营，现在获得摩托化步兵第2旅第1、第2、第3营的加强，守卫着奥尔洛夫卡村南段，防御正面朝向东北方。北面，步兵第115旅第1营的主力守卫着奥尔洛夫卡西北方的阵地，以1个连掩护村庄西南接近地。西面，摩托化步兵第2旅第4营据守着面朝西和西南方的阵地，从108.2高地至108.8高地东面。南面，步兵第115旅第2营仍守卫着108.3、109.4高地上的阵地，而左侧的步兵第124旅第1营坚守从109.3高地至莫克拉亚梅切特卡河这条通道的南侧。德军持续不断的进攻将突出部和相关通道的宽度压缩至1000—1200米，苏军防御中的各个营只剩下200—250人。[93]

当晚，红军总参谋部汇报：

> 步兵第124、第149旅和NKVD步兵第282团，继续坚守原先的阵地。
> 敌人从东北和西南方对奥尔洛夫卡村发起多次冲击，9月30日日终前，步兵第115旅的左翼分队和摩托化步兵第2旅的右翼分队退至沙谷（Peschanaia Balka）和水谷（Vodianaia Balka）。该地域的战斗仍在继续。个别敌坦克前出至奥尔洛夫卡村郊区。[94]

10月1日11点，第94步兵师战斗群恢复进攻，一举夺取奥尔洛夫卡西面300米处的公墓。东面，第16装甲师战斗群发起两次果断的突击后，占领了大半个奥尔洛夫卡村。在此过程中，第16装甲师的部队将苏军步兵第115旅第3营、摩托化步兵第2旅第4营包围在从村子西北面延伸至西面的一个狭小"口袋"里。步兵第115旅第1营的残部和摩托化步兵第2旅剩下的3个营在奥尔洛夫卡南部拼死守卫阵地。红军总参谋部及时报告道："步兵第124、第149旅和NKVD步兵第282团继续坚守原先的阵地。步兵第115旅击退了敌人的

1个步兵团和坦克发起的多次冲击，继续坚守阵地。〔未收悉摩托化第2旅的报告。〕"[95]

10月2日起，激烈的战斗在奥尔洛夫卡南面爆发开来。德军第389步兵师第545、第546团的战斗群对苏军步兵第115旅第2营在109.4高地及其北面、步兵第124旅第1营在梅切特卡河北面的防御反复发起冲击。耶内克的战斗群11点投入进攻，苏军认为对方投入了一个满编团和30辆坦克/突击炮，向东攻往河流北面。经过两小时的激战，步兵第124旅第1营被迫东撤，退往97.7高地东南方1公里处的树林，距离"街垒"新村西北方仅有3公里。

10月3日，情况发生了变化，德军已包围奥尔洛夫卡，但对斯大林格勒工厂区的进攻却进展不顺，第6集团军司令保卢斯再次调整部队，以便为第51军进攻拖拉机厂提供必要的兵力。为此，他派普法伊费尔第94步兵师第267、第274团接替耶内克第389步兵师位于梅切特卡河北面的第545、第546团。耶内克的2个团随后将向南推进，跨过梅切特卡河，与师里的第544团会合，支援第24装甲师的进攻——在该师左侧向东突击。这个决定使苏军步兵第115旅第1营在10月3日获得了短暂的喘息之机，因为保卢斯必须重组他的部队。

普法伊费尔的第267、第274团进入新阵地并重新发起进攻后，德军对安德留先科据守奥尔洛夫卡周边阵地的部队展开的新冲击引发了一场历时两天的激战。这场战斗粉碎了苏军沿奥尔洛夫卡通道整个南侧的防御，并构成了包围、歼灭安德留先科麾下所有部队的威胁。奥尔洛夫卡通道的北侧也不再安全，因为10月4日起朱可夫停止了对科特卢班地域的进攻，胡贝的第14装甲军终于能够从第14装甲师和第60摩步师抽调更多的部队，全力以赴对奥尔洛夫卡突出部展开突击，并对"戈罗霍夫"集群位于雷诺克和斯巴达诺夫卡的登陆场、莫克拉亚梅切特卡河北面及斯大林格勒工厂区发起打击。

红军总参谋部在10月2日的报告中承认了奥尔洛夫卡的丢失和安德留先科辖下2个营被围：

〔10月2日〕
步兵第124、第149旅和NKVD步兵第282团，继续坚守原先的阵地。

步兵第115旅和摩托化步兵第2旅的部队在石谷（Kamennaia Balka）、水谷南脊（含）和铁路线附近的包围圈内战斗，正击退敌人的1个步兵团从144.2高地、1个步兵营从108.2高地地域发起的进攻，在战斗中消灭了敌人的2个步兵连和3辆坦克……

面对敌人的重压，我军10月2日放弃了奥尔洛夫卡村。

「10月3日」

步兵第124、第149旅和NKVD步兵第282团，继续坚守原先的阵地。

步兵第115旅第3营、摩托化步兵第2旅第4营正在先前地域的包围圈内战斗。[96]

获悉这场胜利后，OKW（国防军最高统帅部）10月2日晚得意扬扬地宣布："斯大林格勒西北方，斯大林格勒郊区强大的奥尔洛夫卡据点已被我军攻克，大批敌军被包围在西面。"[97]

将安德留先科实力严重受损的部队包围在奥尔洛夫卡及其西北地域，并完成麾下部队的再部署后，保卢斯10月4日着手歼灭包围圈，并切断了仍在突出部与工厂区这条日益萎缩的通道间负隅顽抗的所有苏军部队。这一次，胡贝决定投入第60摩步师和第16装甲师的小股战斗群，在"施塔赫尔"战斗群的支援下，对奥尔洛夫卡包围圈内苏军7个营的残部发起进攻，而第16装甲师的主力则对通道北侧和"戈罗霍夫"集群在斯巴达诺夫卡的防御实施打击。与此同时，通道南面，德军第94步兵师第267、第274团的战斗群将向东北方的梅切特卡河北面攻击前进，前出至奥尔洛夫卡河，与第16装甲师会合，从根部彻底切断奥尔洛夫卡突出部。

10月4日16点，第16装甲师的战斗群发起进攻，一举粉碎了NKVD步兵第282团在135.4高地南面国营农场的防御，迫使苏军的半个团退往东南方，加入"戈罗霍夫"集群的步兵第149旅，另外半个团向西退却，在奥尔洛夫卡南郊加入步兵第115旅第1营和摩托化步兵第2旅第1、第2、第3营。而当日中午后不久，德军第94步兵师2个团的战斗群对苏军步兵第124旅第1营位于通道南侧的防御展开进攻。这场冲击迫使该营向东后撤，退过梅切特卡河，在"拖拉机厂"工人新村西面，步兵第112师的右翼，沿河流南岸据守新阵地。

10月4日夜幕降临前，第16装甲师与第94步兵师的战斗群终于在奥尔洛夫卡河与梅切特卡河交汇部北面会合，就此将安德留先科的"奥尔洛夫卡"集团包围在两个"口袋"里：第一个"口袋"将步兵第115旅第3营和摩托化步兵第2旅第4营困在奥尔洛夫卡北面，第二个包围圈将步兵第115旅第1、第2营和摩托化步兵第2旅第1、第2、第3营的残部围在奥尔洛夫卡南面。当晚，红军总参谋部承认奥尔洛夫卡守军的态势岌岌可危：

> 步兵第149旅和NKVD步兵第282团在敌人的重压下撤至国营农场（"街垒"新村西北方2公里处）南郊。
> 半面受围的步兵第115旅和摩托化步兵第2旅继续沿奥尔洛夫卡村南部、108.8高地南坡、97.7高地北坡（拖拉机厂西北方3公里处）至铁路线一线战斗。[98]

10月5日和6日，胡贝推进中的战斗群收紧了绞索，安德留先科位于奥尔洛夫卡村南面和北面的防御日益萎缩。崔可夫既无法增援，也无力救援安德留先科支离破碎的守军，因为他在"拖拉机厂"新村的守军也遭到了德军的猛攻。无奈之下，崔可夫只能以"喀秋莎"火箭炮实施远距离齐射，轰击集结在莫克拉亚梅切特卡河北面的德军。[99]与此同时，他的指挥部将奥尔洛夫卡两个"口袋"和"戈罗霍夫"集群斯巴达诺夫卡登陆场的最新情况汇报给红军总参谋部，报告中写道：

> 「10月5日」
> 步兵第124旅沿雷诺克村西北郊、123.8里程碑（含）和64.7里程碑（含）一线占据防御。
> 步兵第149旅和NKVD步兵第282团的残部位于64.7里程碑和斯巴达诺夫卡西郊一线，并沿奥尔洛夫卡河和莫克拉亚梅切特卡河部署正面朝南的掩护部队。
> 步兵第115旅和摩托化步兵第2旅在石谷、水谷和沙谷附近，奥尔洛夫卡村东南郊及铁路桥附近的包围圈内战斗。[100]

「10月6日」

步兵第149旅和NKVD步兵第282团的残部击退了敌人超过1个步兵营和11辆坦克从国营农场（奥尔洛夫卡村东南方2.5—3公里处）附近对其左翼发起的一次进攻，消灭敌人的1个步兵连和5辆坦克。

步兵第115旅和摩托化步兵第2旅继续在奥尔洛夫卡村西北方和东南方的包围圈内进行激烈的战斗，严重缺乏弹药和食物。[101]

随着激烈的战斗沿整个奥尔洛夫卡突出部肆虐，10月6日晚，沮丧不已的崔可夫终于命令被困在奥尔洛夫卡地域的部队向东南方突围，与守卫"拖拉机厂"工人新村的部队会合。安德留先科的北集团四面受围，突围期间全军覆没。但是，由于崔可夫组织起猛烈的火箭炮齐射，安德留先科的南集团分成大大小小的群体向西逃窜[①]，最终回到第62集团军位于"拖拉机厂"工人新村西郊的防线。红军总参谋部当日的战事概要为安德留先科的部队提供了一份墓志铭：

「10月7日」

步兵第124旅继续坚守原先的阵地。

步兵第149旅和NKVD步兵第282团的残部击退了敌小股步兵发起的多次进攻，继续坚守原先的阵地。

步兵第115旅和摩托化步兵第2旅继续在包围圈内进行激烈的战斗。被困在奥尔洛夫卡西北方的守军（步兵第115旅第3营和摩托化步兵第2旅第4营）与敌人从东北和西南方发起进攻的2个步兵营和22辆坦克展开激战。被困在奥尔洛夫卡村东北方的守军（两个旅的其余部队）10月7日晨起与敌人展开激战。13点，与这些守军的无线电通信中断。

「10月8日」

步兵第115旅第3营和摩托化步兵第2旅第4营（共220人）突出包围圈，在奥尔洛夫卡河与莫克拉亚梅切特卡河交汇处附近占据防御。[102]

①译注：向东南方逃窜。

虽然苏联方面的记述对最终逃出奥尔洛夫卡突出部的苏军人数说法不一，但最可信的看法是，最初被困在该地域的6500人中，从两个"口袋"逃脱者不超过220人。[103]这个数据不包括NKVD步兵第282团和步兵第124旅第1营的士兵，这两支部队尽管损失惨重，但最终都撤到了第62集团军位于莫克拉亚梅切特卡河南面和北面的防线。

奥尔洛夫卡短暂、血腥的争夺战仅仅是斯大林格勒城及其工厂区激战中的一个插曲。但是，这场战斗（在此期间，苏军的小股部队抗击着4个德军师仓促组建的战斗群）代表着整片地域更大规模的交战。从战术角度看，保卢斯顺利消灭该突出部，极大地改善了他对攻城部队的指挥和控制。但是，苏军2个旅9月26日—10月4日在该地区的顽强防御，严重妨碍了第6集团军对城市工厂区发起行动，使他无法投入必要的兵力赢得一场迅速、果断的胜利。

总结

9月份最后一周，第6集团军在斯大林格勒北部工业区成功夺取"红十月"新村和"街垒"新村西半部，包围了守卫奥尔洛夫卡突出部的苏军，攻占了大半个（并非全部）马马耶夫岗。与一周前第6集团军对市中心的突击如出一辙，保卢斯以伦斯基第24装甲师的装甲兵和装甲掷弹兵遂行他对工厂区发起的主要突击，第389和第94步兵师各投入一个步兵团提供支援。伦斯基的装甲师熟练地运用了突击和机动战术，在两天的战斗中前进了6公里，一举粉碎崔可夫在工人新村西面的防御，并为攻入"拖拉机厂"工人新村西部、下工人新村和拖拉机厂的后续突击占据了理想的出发阵地。然而，经过48小时激战，伦斯基的装甲师终于沦为数周持续不断的战斗造成的累计减员的牺牲品，已无力继续前进。

保卢斯为麾下部队在斯大林格勒西北方奥尔洛夫卡地域取得的进展欢欣鼓舞。通过包围奥尔洛夫卡突出部的守军，保卢斯希望恢复集团军左翼与中央部队之间的紧密联系，甚至有可能集结更多兵力对工厂区发起最后的突击。但事实证明，奥尔洛夫卡的胜利远不如预期的那么重要。尽管拔除了第6集团军的眼中钉，但罗科索夫斯基顿河方面军各集团军对据守伏尔加河与顿河之间通道的德军发起的新攻势的持续威胁，在很大程度上消除了奥尔洛夫卡胜利的积极影响。保卢斯估计苏军随时会对他的第8军和第14装甲军发起新攻势，因而不敢从这两个军向南抽调部队，参加对城市工厂区的最终突击。另外，苏军在斯大林格勒南部湖区对第4装甲集团军的进攻也给第6集团军造成了同样的不利影响。

因此，虽然第51军向工人新村的初步进军蔚为壮观（特别是第24装甲师），但第6集团军9月下旬的进展远未达到其指挥官的预期。第24装甲师只得到2个步兵团的支援，无奈之下，只能将向"拖拉机厂"新村的进军推延至9月底。同样，第100猎兵师和第295步兵师在"街垒"厂和"红十月"厂西面和南面的建筑区、马马耶夫岗、班内峡谷、多尔吉和克鲁托伊冲沟中段越来越深地陷入激烈且代价高昂的战斗中。在更南面战斗的第71步兵师也没能粉碎崔可夫守卫斯大林格勒市中心的残部。

第6集团军的损失与日俱增，无奈的保卢斯只能在10月1日和2日暂停向工人新村的进军，休整和重组赛德利茨第51军辖下的部队，然后以第389步兵师辖内的其他部队加强该军。保卢斯希望这项工作完成后，赛德利茨军便能完成其受领的任务。正如图表28所表明的那样，保卢斯有充分的理由担心战斗减员给他的集团军造成的明显破坏（参见图表28）。如表中所示，被评为"中强"的营，从16个急剧下降为3个，而被评为"虚弱"和"耗尽"的营却从18个飙升至39个。就整体而言，第6集团军在斯大林格勒参战部队的战斗力等级从"中等"跌至"虚弱"之下。

毫无疑问，苏军第62集团军在9月份最后三天和10月份前三天遭遇到了一场重大挫败。除了崔可夫策划的先发制人的反突击被德军击败外，赛德利茨第51军的进攻亦粉碎了他在工人新村西面的防御，一举攻占"红十月"和"街垒"新村的上段，在其下段夺得立足点，并占据了向拖拉机厂发起后续突击的理想出发阵地。与此同时，胡贝的装甲军包围并歼灭了崔可夫在奥尔洛夫卡地域的守军，南面，赛德利茨的部队设法攻占了大半个马马耶夫岗。在这场激战中，苏军步兵第112师和坦克第23军遭到重创。从崔可夫的角度看，唯一值得庆幸的是3个新锐师（近卫步兵第37、第39和步兵第308师）及时赶到了斯大林格勒，以及重新组建的步兵第42、第92旅再次回到了他的麾下。问题是，这些援兵的到来能否抵消伦斯基装甲师对第62集团军造成的破坏并恢复该集团军的有效防御？从保卢斯的角度看，最迫切的问题是，赛德利茨的第51军能否在没有大股援兵的情况下，以目前的作战编成恢复并保持进攻——如果不能，那么从哪里搞到新锐援兵？

图表28：1942年9月26日—10月5日，第6集团军在斯大林格勒作战的各个师辖下步兵、工兵营的战斗力等级

	9月26日	10月5日
第14装甲军		
第3摩步师 （5个步兵营） （1个工兵营）	1个中强、3个中等、1个虚弱 强	3个中等、2个虚弱 耗尽
第60摩步师 （7个步兵营） （1个工兵营）	6个中等、1个虚弱 虚弱	4个中等、2个虚弱、1个耗尽 耗尽
第16装甲师 （5个装甲掷弹兵营） （1个装甲工兵营）	3个中强、2个中等 中等	3个中强、1个中等、1个虚弱 中等
第51军		
第71步兵师 （7—8个步兵营） （1个工兵营）	4个虚弱、3个耗尽 中等	1个虚弱、7个耗尽 中等
第295步兵师 （7个步兵营） （1个工兵营）	2个中等、4个虚弱、1个耗尽 中等	4个虚弱、3个耗尽 虚弱
第389步兵师 （6个步兵营） （1个工兵营）	2个中等、4个虚弱 中等	6个虚弱 耗尽
第48装甲军		
第24装甲师 （4个装甲掷弹兵营） （1个装甲工兵营）	2个中强、2个中等 中等	1个虚弱、3个耗尽 中等
第29摩步师 （6个步兵营） （1个工兵营）	3个中强、3个中等 强	未参加市区的战斗
第100猎兵师 （5个步兵营） （1个工兵营）	未参加市区的战斗	4个中等、1个虚弱 虚弱

第94步兵师 （7个步兵营） （1个工兵营）	7个中强 中等	7个耗尽 中等
总计 54个步兵营	16个中强、20个中等、14个虚弱、4个耗尽	3个中强、12个中等、18个虚弱、21个耗尽
9个工兵营	2个强、5个中等、2个虚弱	4个中等、2个虚弱、3个耗尽

※ 资料来源：弗洛里安·冯·翁德·楚·奥夫塞斯男爵，《第6集团军作战日志附件册，第一卷，1942年9月14日至11月24日》，第59—62、第128—132页，"Betr.: Zustand der Divisionen, Armee-Oberkommando 6, Abt. Ia, A. H. Qu., den 26 September 42"（关于：各个师的状况，第6集团军司令部作战处，1942年9月26日），以及 "Betr.: Zustand der Divisionen, erstmalig nach neu festlegter Bestimmung des Begriffes "Gefechsstärke," Armee-Oberkommando 6, Abt. Ia, A. H. Qu., den 5 Oktober 1942"（关于：各个师的状况，重新规定"战斗力"这一术语后的首次，第6集团军司令部作战处，1942年10月5日）。

注释

1. 关于第94步兵师争夺该地域的作战详情以及臭名昭著的粮仓之战，可参阅阿德尔贝特·霍尔的《斯大林格勒的一名步兵：1942年9月24日至1943年2月2日》，第16—70页。9月24日12点30分，第6集团军命令该师："肃清至察里察河河口的市区后，第94步兵师调至戈罗季谢以北地域，并肃清奥尔洛夫卡周边地带。"由于察里察河河口附近的激战，该师直到9月28日晚才脱离市区的战斗。第51军在9月29日23点20分的报告中指出："第94步兵师将于9月29日晨出发，赶去加入第14装甲军，不包括已靠近第14装甲军的部队，也不包括第276步兵团，该团仍在第51军辖内……"同上，第16、第75页。

2. 马克，《"跳跃骑士"的覆灭：第24装甲师在斯大林格勒》，第211页。

3. 作为一个猎兵师，第100师只有2个团——第54、第227猎兵团，每个团辖2个猎兵营。为加强该师的战斗力，B集团军群1941年[1]夏季将克罗地亚第369步兵团交给桑内师，但这个克罗地亚团只编1个营。

4. 马克，《"跳跃骑士"的覆灭：第24装甲师在斯大林格勒》，第212—213页、第216—218页。"埃德尔斯海姆"战斗群由第21和第26装甲掷弹兵团（后者欠第1营）、第40装甲工兵营的2个连、第40装甲歼击营第1连组成。"温特费尔德"战斗群编有第24装甲团的坦克（约25辆坦克，编入一个营）、第26装甲掷弹兵团第1营的装甲车、第4摩托车营第2连、第89装甲炮兵团第1营。此时，第21和第26装甲掷弹兵团、第40装甲工兵营的前线作战兵力分别为456、479、156人。"埃德尔斯海姆"战斗群被迫以区区1000人的兵力在400米宽的地域发起进攻。

5. 同上，第213页。

6. 德军的部署和部队调动，可参阅"Ia. Lagenkarten Nr. 1 zum KTB Nr. 13, Jul-Oct 1942, " AOK 6, 23948/Ia, in NAM T-312, Roll 1446（1942年7—10月，第6集团军第13号作战日志第1号态势图集，作战处；国家档案馆微缩胶片，序列号T-312，第1446卷）；罗科索夫斯基，《伏尔加河畔的伟大胜利》，第179页。第94步兵师第267、第274团将向北部署至戈罗季谢地域，参加消灭奥尔洛夫卡突出部的战斗。

7. "Ia. Lagenkarten Nr. 1 zum KTB Nr. 13, Jul-Oct 1942, " AOK 6, 23948/Ia, in NAM T-312, Roll 1446（1942年7—10月，第6集团军第13号作战日志第1号态势图集，作战处；国家档案馆微缩胶片，序列号T-312，第1446卷）。

8. 崔可夫，《斯大林格勒战役》，第137页。

9. 第62集团军作战日志，"Boevoi prikaz no. 164 Shtarm 62 25. 9. 42"（第62集团军司令部164号作战令，1942年9月25日签发）；另可参阅崔可夫的《斯大林格勒战役》，第137—138页，对该命令的翻译稍有不同。

10. 第62集团军作战日志，"Opersvodka no. 171 Shtarm 62 25. 9. 42"（第62集团军司令部171号作战概要，1942年9月25日签发）。

11. 第62集团军作战日志，"Boevoi prikaz no. 166/op, Shtarm 62, 26. 9. 42"（第62集团军司令部166号作战令，1942年9月26日签发）；另可参阅崔可夫的《斯大林格勒战役》，第149—150页。

---

① 译注：1942年。

12. 崔可夫，《斯大林格勒战役》，第151页。

13. 马克，《"跳跃骑士"的覆灭：第24装甲师在斯大林格勒》，第216页。

14. 同上，第217—218页。

15. 同上，第218页。

16. 崔可夫，《斯大林格勒战役》，第152页。

17. 日林，《斯大林格勒战役》，第636页，引自《OKW作战日志》，第二册，第1332—1333页。

18. 齐姆克和鲍尔，《从莫斯科到斯大林格勒：东线决战》，第396页，引自 *AOK 6, Ia Kriegstagebuch Nr. 13, 27 Sep 42, in AOK 6 2394811 file*（第6集团军2394811号文件中，第6集团军作战处第13号作战日志，1942年9月27日）。

19. 日林，《斯大林格勒战役》，第632页。第62集团军作战日志中的完整报告表明了集团军所辖兵团和部队在以下日期所处的位置：

「9月27日晨」

●步兵第124、第149旅，NKVD步兵第282团，步兵第115旅和摩托化步兵第2旅——在雷诺克、斯巴达诺夫卡和奥尔洛夫卡的位置未发生变化。

●坦克第23军，摩托化步兵第38、第9旅，NKVD步兵第269团，坦克第137旅——（损失惨重）位于从101.4高地以西1.5公里处的路口南延至维什涅瓦亚峡谷一线。

　　○近卫坦克第6旅和坦克第189旅位于从公墓至日梅林卡大街一线。坦克第27旅和摩托化步兵第38旅的残部位于片斯卡亚（Penskaia）大街西面。

　　○摩托化步兵第9旅、NKVD步兵第269团和坦克第137旅的残部位于切尔诺列琴斯卡亚大街至班内峡谷一线。

●步兵第95师（第241、第161团）位于从班内峡谷（含）至瑟兹兰卡河大街的城市西郊、铁路线正西面至102.0高地北坡一线。

●步兵第284师——第1045团担任集团军预备队，第1047和第1043团位于从102.0高地东坡至多尔吉冲沟上的铁路桥、克鲁托伊冲沟口部一线。

●近卫步兵第13师和第685团（步兵第193师），位于市中心东部地带。

　　○近卫步兵第42团第1营渡过伏尔加河到达左岸，集结在红斯洛博达地域。

●步兵第92、第42旅和NKVD步兵第272团的残部撤至伏尔加河的岛上，部分部队撤至左岸，接受休整和补充。

●步兵第112师沿维什涅瓦亚峡谷、"红十月"新村东面构建起第二防御带。

　　○步兵第385团（165人）被穿过步兵第524团的敌坦克粉碎。

●步兵第193师（第883、第895团）撤至伏尔加河左岸。

「9月27日日终」

●第62集团军位于"街垒"新村东南郊至"红十月"新村西郊和102.0高地北坡。

●坦克第23军（人员和武器损失惨重）

　　○近卫坦克第6旅位于从101.4高地北面1.5公里处的路口东延至维什涅瓦亚峡谷一线。

　　○坦克第189旅位于从公墓（含）至梅津河大街一线。

　　○坦克第27旅和摩托化步兵第38旅的残部位于片斯卡亚大街西面。

〇摩托化步兵第9旅、NKVD步兵第269团、坦克第137旅的残部位于切尔诺列琴斯卡亚大街至班内峡谷一线。

●步兵第193师位于从"街垒"新村南郊公墓南延至班内峡谷一线。

●步兵第92、第42旅（残部）位于步兵第95师与步兵第284师结合部的102.0高地上。

20. 马克，《"跳跃骑士"的覆灭：第24装甲师在斯大林格勒》，第215—228页。

21. 同上，第225—226页，书中指出第24装甲师9月27日俘虏（缴获）550名苏军士兵和22门迫击炮，击毁15辆敌坦克，自身阵亡36人，负伤221人。

22. 崔可夫，《斯大林格勒战役》，第152页。另可参阅V. 哈尔科夫的"112-ia strelkovaia diviziia v Bitva za Stalingradom"（《斯大林格勒战役中的步兵第112师》），VIZh，第3期（1980年3月），第36—43页；以及该师的作战日志。崔可夫错误地将该师师长写为I. P. 索洛古布上校，实际上，索洛古布在8月份的战斗中身负致命重伤，已被叶尔莫尔金接替①。

23. 关于第100猎兵师的作战详情，可参阅汉斯·内德哈特的Mit Tanne und Eichenlaub: Kriegschronik der 100. Jäger-Division vormals 100. leichte Infanterie-Division（《松树和橡树叶：第100猎兵师（原第100轻步兵师）战史》）（格拉茨-斯图加特：利奥波德斯托克出版社，1981年），第210—211页。

24. 崔可夫，《斯大林格勒战役》，第152页。

25. 巴甫洛夫大楼最激烈的战斗发生在10月份下半月。巴甫洛夫本人负伤，11月下旬疏散至后方，但他后来重新归队，1945年获得"苏联英雄"称号。1942年9月27日至1943年2月2日，近卫步兵第13师的部队牢牢守卫着这座大楼。更多详情可参阅萨姆丘克，《近卫步兵第13师》，第139—140页；《苏联英雄》，第二册，第223页。

26. 萨姆丘克，《近卫步兵第13师》，第139—140页。

27. 马克，《"跳跃骑士"的覆灭：第24装甲师在斯大林格勒》，第224页。

28. 斯梅霍特沃罗夫两个团的任务是"消灭突入'红十月'新村之敌，据守该村西郊"。该师师部应设在毗连"红十月"工厂的专家楼内。渡过伏尔加河后，斯梅霍特沃罗夫分配给第895团的任务是沿日梅林卡大街占据防御，第883团在"红十月"工厂西面据守煤炭大街。师教导营、坦克歼击第50营的几个连和独立"机枪-火炮"第184营担任该师的第二梯队或预备队。该师及时赶至指定位置，遏止德军对其防线的突击。师里的第685团已在斯大林格勒市中心加强近卫步兵第13师的防御。参见《牢记第聂伯河：荣获列宁勋章、苏沃洛夫勋章和库图佐夫勋章的红旗第聂伯河步兵第193师老兵的回忆》，第12页，F. N. 斯梅霍特沃罗夫撰写的"Ispytaniia na stoikost'"（《对意志的考验》）一文。

29. 崔可夫，《斯大林格勒战役》，第154页。

30. 同上，第154—155页。

31. 马克，《"跳跃骑士"的覆灭：第24装甲师在斯大林格勒》，第228页。

32. 日林，《斯大林格勒战役》，第641页，引自《OKW作战日志》，第二册，第1335—1337页。

---

① 译注：中文版《崔可夫元帅回忆录》中未发现这一错误，相反，崔可夫还几次"缅怀步兵第112师的两位师长——索洛古布上校和叶尔莫尔金上校"。

33．齐姆克和鲍尔，《从莫斯科到斯大林格勒：东线决战》，第396页，引自*AOK 6, Ia Kriegstagebuch Nr. 13, 28 Sep 42, in AOK 6 2394811 file*（第6集团军2394811号文件中，第6集团军作战处第13号作战日志，1942年9月28日）。

34．日林，《斯大林格勒战役》，第639—640页。第62集团军作战日志中的完整报告表明了集团军所辖兵团和部队在以下日期所处的位置：

「9月28日日终时」

●步兵第124、第149旅，NKVD步兵第282团，步兵第115旅和摩托化步兵第2旅在雷诺克、斯巴达诺夫卡和奥尔洛夫卡地域坚守阵地。

●坦克第23军（伤亡626人）

　　○近卫坦克第6旅守卫着三角树林西北角和沙赫京斯克大街西部一线；

　　○摩托化步兵第38旅（残部）守卫着扎赖斯克大街西部，并沿从"红十月"新村西郊至旋转大街一线据守；

　　○摩托化步兵第9旅（残部）沿"红十月"新村西郊、旋转大街（含）至班内峡谷北脊一线据守；

　　○坦克第137旅位于班内峡谷；

　　○坦克第189旅位于中央大街与旋转大街之间；

　　○坦克第27旅位于中央大街入口处，担任预备队。

●步兵第193师位于从公墓至训练机场、扎赖斯克大街和班内峡谷一线。

●步兵第95师（第241和第161团）守卫着从班内峡谷至瑟兹兰卡河大街的城市西郊、铁路线正西面和102.0高地北坡一线。

●步兵第284师（39人阵亡、137人负伤、127人失踪）守卫着既有阵地。

●近卫步兵第13师正设法改善既有阵地。

●步兵第112师守卫着既有阵地，第416团撤至公墓地域。

35．关于第24装甲师9月28日作战行动的详情，可参阅马克的《"跳跃骑士"的覆灭：第24装甲师在斯大林格勒》，第228—234页。

36．同上，第230、第233—234页。

37．同上。

38．同上，第234页。

39．同上，第160页及地图[①]；莫什昌斯基和斯莫里诺夫，《保卫斯大林格勒：1942年7月17日—11月18日，斯大林格勒战略防御作战》，第56页。为避免术语的混淆：莫克拉亚梅切特卡河从奥尔洛夫卡河与梅切特卡河的交汇处向东流淌，汇入雷诺克和斯巴达诺夫卡南面的伏尔加河。汇聚成莫克拉亚梅切特卡河之前，奥尔洛夫卡河从奥尔洛夫卡地域流向东南方，梅切特卡河从戈罗季谢地域向东奔流。

40．详情可参阅内德哈特的《松树和橡树叶：第100猎兵师（原第100轻步兵师）战史》，第211页。

41．弗洛里安·冯·翁德·楚·奥夫塞斯男爵，《第6集团军作战日志附件册，第一卷，1942年9月14日至11月24日》，第76页，*"Betr.: Zustand der Divisionen, Armee-Oberkommando 6, Abt. Ia, A. H.*

---

① 译注：页数似乎有误。

Qu., den 28 September 42, 12.20 Uhr"（关于：各个师的状况，第6集团军司令部作战处，1942年9月28日12点20分）。

42. 崔可夫，《斯大林格勒战役》，第155页。

43. 同上。

44. 第62集团军作战日志，*"Boevoi prikaz no. 171 KP Shtarm 62 28. 9. 42 19. 30"*（第62集团军司令部171号作战令，1942年9月29日19点30分签发）。

45. 崔可夫，《斯大林格勒战役》，第155页。

46. 苏军总参谋部的相关指令可参阅V. A. 佐洛塔廖夫（主编）的*General'nyi shtab v gody Velikoi Otechestvennoi voiny: Dokumenty i materialy 1942*（《伟大卫国战争中的总参谋部：1942年的文献资料》），刊登在*Russkii arkhiv: Velikaia Otechestvennaia*（《俄罗斯档案：伟大卫国战争》），第23册（12-2）（莫斯科：特拉出版社，1999年），第334、第339页。以下简称为《总参谋部，1942年》，并附以相应的页数。

47. 同上，第336—337页。

48. 佐洛塔廖夫，《最高统帅部，1942年》，第403—404页，最高统帅部994209号令，1942年9月28日签发。这份指令伴随着另一道命令，斯大林格勒方面军第63集团军辖下的步兵第127师（及其防区）转隶沃罗涅日方面军第6集团军。

49. 朱可夫，《回忆与思考》，第二册，第100页。朱可夫声称自己10月1日飞返莫斯科，但*VIZh*第10期（1991年10月）第24页记载的朱可夫战时行程表明，他于10月3日返回莫斯科。

50. 佐洛塔廖夫，《最高统帅部，1942年》，第407页，最高统帅部994215号令，1942年10月1日签发。

51. 同上，第407—408页，最高统帅部994216号令，1942年10月1日签发。

52. 马克，《"跳跃骑士"的覆灭：第24装甲师在斯大林格勒》，第234页。

53. 同上。

54. 内德哈特，《松树和橡树叶：第100猎兵师（原第100轻步兵师）战史》，第212页。

55. 马克，《"跳跃骑士"的覆灭：第24装甲师在斯大林格勒》，第235—236页。

56. 《牢记第聂伯河：荣获列宁勋章、苏沃洛夫勋章和库图佐夫勋章的红旗第聂伯步兵第193师老兵的回忆》，第16页。步兵第193师的目标是"红十月"新村西部的煤炭大街，该师的突击在相距一—四个街区处失败了。

57. 齐姆克和鲍尔，《从莫斯科到斯大林格勒：东线决战》，第396页，引自*AOK 6, Ia Kriegstagebuch Nr. 13, 29 Sep 42, in AOK 6 2394811 file*（第6集团军2394811号文件中，第6集团军作战处第13号作战日志，1942年9月29日）。

58. 日林，《斯大林格勒战役》，第644—645页。第62集团军作战日志中的完整报告表明了集团军所辖兵团和部队在以下日期所处的位置：

「9月29日日终时」

● 步兵第124旅（3085人）、步兵第149旅（3958人）和NKVD步兵第282团（1058人）在雷诺克、斯巴达诺夫卡和奥尔洛夫卡地域坚守阵地。

○ 步兵第115旅和摩托化步兵第2旅（5121人）与优势敌军展开激战。

○ 步兵第115旅第1营和摩托化步兵第2旅几乎全军覆没。步兵第115旅损失453人、8挺重机枪、11

挺轻机枪、28支反坦克步枪、21门82毫米迫击炮、7门120毫米迫击炮、4门45毫米火炮和2门76毫米火炮。摩托化步兵第2旅只剩下57人。步兵第196师的混编团损失100人。

●坦克第23军（17辆坦克和150名士兵）在公墓和"街垒"新村地域与敌坦克和步兵展开激战，但已不具备战斗力。

●步兵第112师（2493人，包括1327名后勤分队人员），第416团只有39名战斗兵，第524团只有19名战斗兵，与优势敌军激战后撤至"硅酸盐"厂东北郊。

●步兵第193师遭到敌人猛烈进攻，损失惨重，3名团长和3名营长阵亡。

●步兵第95师（230名战斗兵）——步兵第90团据守着102.0高地上的三角点，步兵第241和第161团的位置未发生变化。

●步兵第284师（6820人，包括1280名后勤分队人员）守卫着既有阵地。

●近卫步兵第13师（6888人，其中3973人位于伏尔加河右岸）守卫着既有阵地。

●步兵第42和第92旅（残部）将于9月29日至30日的夜间渡过伏尔加河赶至西岸，接替坦克第23军守卫梅切特卡河、"硅酸盐"厂和卡卢加大街地域。

●步兵第685团（步兵第193师）将增援步兵第193师，随后负责肃清市中心和"红十月"厂，并在城内组建防御组。

59. 萨姆索诺夫，《斯大林格勒战役》，第211页[1]。

60. 马克，《"跳跃骑士"的覆灭：第24装甲师在斯大林格勒》，第237页。

61. 同上，第239页。

62. 同上，第238页。这个数字不包括重机枪、反坦克炮或步兵炮组员。

63. 伊萨耶夫，《斯大林格勒：伏尔加河后方没有我们的容身处》，第225—226页。

64. 《牢记第聂伯河：荣获列宁勋章、苏沃洛夫勋章和库图佐夫勋章的红旗第聂伯河步兵第193师老兵的回忆》，第16—17页。第685团至少留下了1个营支援罗季姆采夫的近卫师。归建后，第685团在该师右翼沿日梅林卡大街部署，左翼获得该师第895、第883团的掩护。此时，该师的防线长3公里。

65. 日林，《斯大林格勒战役》，第650页。第62集团军作战日志中的完整报告表明了集团军所辖兵团和部队在以下日期所处的位置：

「9月30日日终时」

●步兵第124、第149旅和NKVD步兵第282团守卫着原先的阵地。

●步兵第115旅和摩托化步兵第2旅（遭到敌人的猛烈进攻）：

　　○步兵第115旅第1营位于奥尔洛夫卡东南郊。该营营长萨迪科夫中尉表现怯懦，丢下他的营逃至后方，并提交虚假的作战汇报。他因此被逮捕，经军事法庭审判后处决。

　　○摩托化步兵第2旅（在激战中损失惨重，只剩下75人）位于铁路桥和108.3高地北坡。（步兵第115旅和摩托化步兵第2旅的）战斗群伤亡257人、失踪75人，损失3门45毫米火炮、3门76毫米火炮、7门82毫米迫击炮、8门50毫米迫击炮、6支反坦克步枪……

●步兵第42和第92旅据守着原先的阵地。

---

① 译注：在中文版《200天大血战》中，萨姆索诺夫称这场战斗发生在9月28日。

●坦克第23军（14辆T-34，其中5辆无法使用；1辆无法使用的T-70；6辆T-60，其中2辆无法使用）加强了位于"硅酸盐"厂西北和东北方300—400米处的近卫坦克第6旅。

●步兵第112师（398名战斗兵）守卫着原先的阵地。

●步兵第193师以小股部队发起进攻，以消灭城市西郊（"红十月"新村）附近的敌人。

●步兵第95和第284师（6515人，包括1195名后勤人员）击退了敌人的进攻，正坚守自己的阵地。

●近卫步兵第13师正在肃清市中心的个别建筑物。

●近卫步兵第39师开始摆渡至伏尔加河右岸。

●步兵第308师加入第62集团军，但仍在伏尔加河东岸。

●决定：

   ○以反坦克炮兵第499团（6门炮）和步兵第124旅的2个步兵连加强步兵第115旅。

   ○近卫步兵第39师应占据"硅酸盐"厂和祖耶夫斯基大街地域。

   ○准备于10月1日晚以近卫步兵第39师夺取公墓和"街垒"厂，以步兵第193师夺取107.5高地。

66. 马克，《"跳跃骑士"的覆灭：第24装甲师在斯大林格勒》，第239页。

67. 近卫步兵第13师的部署和作战详情，可参阅萨姆丘克的《近卫步兵第13师》，第125—130页。

68. 伊萨耶夫，《斯大林格勒：伏尔加河后方没有我们的容身处》，第226页，引自*TsAMO RF, f. 220, op. 220, d. 72, 1. 85.*。

69. 参见第62集团军作战日志，*"Vypiska iz boevogo prikaza no. 00142/op Shtab CTF 30. 9. 42 20.46."*（摘自斯大林格勒方面军司令部作战处00142号作战令，1942年9月30日20点46分签发），具体如下：

敌人以其主力在方面军右翼实施进攻——在第62集团军作战区域内，敌人企图夺取斯大林格勒。

敌人正沿前线其他地段实施辅助进攻。

斯大林格勒方面军各部队的当前任务是将敌人歼灭在斯大林格勒接近地，守住斯大林格勒城。

以频繁的进攻和无情、顽强的防御歼灭敌人人员和兵器，同时防止敌人窜犯阿斯特拉罕和伏尔加河。阻止敌人沿整条战线继续推进。

以近卫步兵第39、步兵第308师加强第62集团军，上述两师应于9月30日20点转隶该集团军。

随后，应以持续不停的行动将敌人逐出"街垒"新村、"红十月"新村、马马耶夫岗地域和马马耶夫岗南面的毗连街区。为此，应将主要火力手段（火炮和迫击炮）分配给每个行动。邻近的炮兵子群是最高统帅部预备队近卫炮兵第1103、第457、第1105和第256团。

第64集团军的目的是减轻敌人对第62集团军战线的压力，并将其从斯大林格勒城引开，应于10月1日至2日夜间转入进攻，在右翼攻向佩先卡和沃龙佐沃（Vorontsovo）。

70. 近卫步兵第39师详细的战时记录，可参阅A. M. 莫罗佐夫的*39-ia Barvenkovskaia*（《巴尔文科沃近卫步兵第39师》）（莫斯科：军事出版社，1981年）。经历了科特卢班地域的激战后，该师的兵力为3801人，参见萨姆索诺夫的《斯大林格勒战役》，第277页。

71. 古里耶夫师有2978支步枪、695支冲锋枪、24挺轻机枪、12挺重机枪、2挺高射机枪、114支反坦克枪、13门野炮和7门反坦克炮。参见伊萨耶夫，《斯大林格勒：伏尔加河后方没有我们的容身处》，第207页。

72. 《1941—1945年，伟大卫国战争期间苏联武装力量军、师级指挥员》，第55、第314页。古里耶夫出生于1902年，1919年参加红军，经历过俄国内战。他1925年毕业于伊万诺沃−沃兹涅先斯克步兵学校，1928年毕业于莫斯科军政培训班，1937年毕业于"射击"指挥员培训班，1941年毕业于红空军学院的指挥员与领航员培训班，1944年毕业于伏罗希洛夫总参军事学院。20年代，古里耶夫担任过排长和连政治军官。30年代初期，在红旗远东特别集团军步兵第35师从事更多政治工作并担任营长后，1939年8月和9月的哈拉哈河战役中，古里耶夫率领着步兵第57师第293团；1941年3月，他在波罗的海特别军区任空降兵第5军第10旅旅长。德国发动入侵后，古里耶夫参加了边境交战，1941年10月3日[①]出任空降兵第5军军长。率领他的伞兵旅[②]参加了莫斯科保卫战后，他的师[③]在8月改编为近卫步兵第39师，并被派至斯大林格勒地域，参加了科特卢班地域的激烈战斗。为表彰他在斯大林格勒战役中的英勇表现，古里耶夫1942年12月7日晋升为少将[④]，指挥该师直至1943年4月17日，随后出任近卫步兵第28军军长，率领该军直至1943年12月去伏罗希洛夫大学院参加学习。1944年4月，古里耶夫重返前线，出任第11集团军近卫步兵第16军军长，率领该军参加了1944年夏季的白俄罗斯战役。由于他的军在柯尼斯堡战役中表现出色，1945年4月，古里耶夫获得"苏联英雄"称号。1945年4月22日，古里耶夫被一名德军狙击手打死，杰出的军旅生涯就此结束。关于他的更多情况可参阅《军级指挥员，军事人物志，两卷本》，第二册，第14—16页。

　　73. 若卢杰夫师配有5842支步枪、1157支冲锋枪、154挺轻机枪、82挺重机枪、10挺高射机枪、254支反坦克枪、41门野炮和29门反坦克炮。参见伊萨耶夫，《斯大林格勒：伏尔加河后方没有我们的容身处》，第229页。

　　74. 近卫步兵第37师详细的战时记录，可参阅N. I. 沃罗斯特诺夫的 *Na ognennykh rubezhakh*（《在发射阵地上》）（莫斯科：军事出版社，1983年）。

　　75.《1941—1945年，伟大卫国战争期间苏联武装力量军、师级指挥员》，第54、第314页。若卢杰夫出生于1905年，1922年参加红军。他1923年毕业于彼得格勒第2步校，1925年毕业于伊尔库茨克的指挥员培训班，1934年毕业于赤塔的空降兵指挥员培训班，1934年毕业于伏龙芝军事学院。尽管若卢杰夫参加红军较晚，没有经历过内战，但20年代，他还是在远东担任了排长和连长。1936年，他在红旗远东特别集团军率领空降兵第36支队，1939年8月，在打击日军的哈桑湖战役中，他在第57特别军指挥一个摩托化营。1938年9月返回西部后，1940年，若卢杰夫在喀山指挥过预备步兵第20、第18旅，1941年4月出任步兵第234师师长，1941年3月[⑤]任空降兵第3军第6旅旅长。"巴巴罗萨"战役期间，若卢杰夫旅参加了1941年7—8月的基辅防御作战，他在战斗中负伤；伤愈后，9月份出任空降兵第212旅旅长，但没过多久，该旅便和整个西南方面军被包围、歼灭在基辅地域。若卢杰夫在基辅的惨败中被俘，但他设法逃回了苏军防线，12月出任空降兵第1军军长，1942年8月，最高统帅部将该军改编为近卫步兵第37师，若卢杰夫率领该师参加了斯大林格勒保卫战，在争夺拖拉机厂的战斗中负伤。伤愈后，若卢杰夫率领近卫步兵第37师直至1943年4月8日，他被任命为步兵第35军军长，并晋升为中将[⑥]。1944年7月28日，若卢杰夫率领该军参加白俄罗斯进攻战役时阵亡。关于他的更多情况可参阅《军级指挥员，军事人物志，两卷本》，第二

---

　　① 译注：日期与正文不符。
　　② 译注：原文如此。
　　③ 译注：原文如此。
　　④ 译注：与正文不符。
　　⑤ 译注：5月。
　　⑥ 译注：若卢杰夫是否获得中将军衔的问题存疑。

344

册，第18—19页；以及马斯洛夫，《陨落的苏军将领》，第147—149页。

76. 古尔季耶夫师配有5513支步枪、476支冲锋枪、106挺轻机枪、33挺重机枪、119支反坦克枪、45门野炮和20门反坦克炮。参见伊萨耶夫的《斯大林格勒：伏尔加河后方没有我们的容身处》，第227页。

77. 《1941—1945年，伟大卫国战争期间苏联武装力量军、师级指挥员》，第255页。1942年12月7日，古尔季耶夫晋升为少将，指挥步兵第308师直至1943年8月3日，在奥廖尔战役中阵亡。当时，他的师隶属于第3集团军步兵第41军。参见马斯洛夫的《陨落的苏军将领》，第100—101页。

78. 萨姆索诺夫，《斯大林格勒战役》，第277页；罗科索夫斯基，《伏尔加河畔的伟大胜利》，第184页。

79. 崔可夫，《斯大林格勒战役》，第164页。

80. 同上，第164页。

81. 同上，第164—165页；萨姆索诺夫，《斯大林格勒战役》，第214页。

82. 崔可夫，《斯大林格勒战役》，第165页。

83. 伊萨耶夫，《斯大林格勒：伏尔加河后方没有我们的容身处》，第228—229页，引自*TsAMO RF, f. 48, op. 451, d. 41,1. 104*，列举的第62集团军10月1日在斯大林格勒城内各作战部队的兵力数稍有些不同，具体如下（方括号内是第62集团军每日报告提交的数据）：

- 近卫步兵第13师——6075人［5866人］
- 近卫步兵第39师——3745人［3741人］
- 步兵第95师——2616人［2592人］
- 步兵第112师——2551人［2722人］
- 步兵第193师——4154人［4687人］
- 步兵第284师——2089人［3469人］
- 步兵第308师——4055人［相同］
- 步兵第42旅——1151人［相同］
- 步兵第92旅——92人［1831人］
- 步兵第124旅——4154人［相同］
- 步兵第149旅——3138人［3312人］[①]
- 摩托化步兵第2旅——1312人［1131人］
- 步兵第115旅——3464人［相同］
- 近卫坦克第6旅——913人［963人］
- NKVD步兵第282团——1088人［1073人］
- 总计——40598人[②]［44201人[③]］

84. 崔可夫，《斯大林格勒战役》，第160页。

①译注：方括号内的数字与正文相比多了10人。
②译注：40597人。
③译注：44211人。

85. 同上。

86. 同上，第160页，以及地图；莫什昌斯基和斯莫里诺夫，《保卫斯大林格勒：1942年7月17日—11月18日，斯大林格勒战略防御作战》，第56页。

87. 参阅"la. Lagenkarten Nr. 1 zum KTB Nr. 13, Jul-Oct 1942, " AOK 6, 23948/la, in NAM T-312, Roll 1446（1942年7—10月，第6集团军第13号作战日志第1号态势图集，作战处；国家档案馆微缩胶片，序列号T-312，第1446卷）。

88. 韦尔滕，《第16装甲师史，1939—1945年》，第113页。

89. 日林，《斯大林格勒战役》，第645页。

90. 崔可夫在《斯大林格勒战役》一书第162页描述了这场进攻：

这场对突出部的进攻从三个方向发起。敌人的一个步兵营和18辆坦克跨过135.4高地向南进攻，另一个步兵营和15辆坦克跨过147.6高地攻向东南方。

敌人的2个步兵营和16辆坦克从乌瓦罗夫卡向东进攻，意图绕过奥尔洛夫卡南部……

下午3点，约50辆敌坦克在冲锋枪手的掩护下，从戈罗季谢攻向109.4和108.9高地，击溃安德留先科步兵旅第2营的部队后，从南面逼近奥尔洛夫卡。

与此同时，敌步兵和坦克从北面攻向奥尔洛夫卡，粉碎了安德留先科步兵旅第1营。该营损失惨重，撤至（村子）北郊。奥尔洛夫卡西面的战斗构成了包围这些部队的威胁。

91. 对奥尔洛夫卡突出部之战的这番描述，主要是根据莫什昌斯基和斯莫里诺夫的《保卫斯大林格勒：1942年7月17日—11月18日，斯大林格勒战略防御作战》，第57—60页。

92. 同上，书中声称，德军在最初两天的战斗中阵亡1200人，50辆坦克被击伤或击毁。

93. 同上，第58页。

94. 日林，《斯大林格勒战役》，第650页。

95. 同上，第659页。

96. 同上，第665、672页。

97. 同上，第660页，引自《OKW公告》。

98. 同上，第676—677页。

99. 莫什昌斯基和斯莫里诺夫，《保卫斯大林格勒：1942年7月17日—11月18日，斯大林格勒战略防御作战》，第58页。

100. 日林，《斯大林格勒战役》，第684页。

101. 同上，第692页。

102. 同上，第700、704页。

103. 崔可夫，《斯大林格勒战役》，第166页；莫什昌斯基和斯莫里诺夫在《保卫斯大林格勒：1942年7月17日—11月18日，斯大林格勒战略防御作战》第59页指出："北集团的121人成功突出包围圈，10月8日8点与驻守拖拉机厂北部的部队会合。"

第五章
对工人新村的最后突击和第 6 集团军
侧翼之战
1942 年 10 月 3 日—13 日

争夺工人新村，10月3日—7日

保卢斯的计划

保卢斯的北突击群肃清奥尔洛夫卡突出部的苏军时，两天的平静打断了工人新村外围的激战。10月1日和2日，保卢斯和赛德利茨为发起最后突击、一举攻克城市北部工厂区集结着必要的兵力。但在这场平静中，赛德利茨和崔可夫正在对各自的部队实施加强并变更部署，零星的战斗时有发生。崔可夫还组织了反冲击，阻挡德军的前进（参见地图43、44）。

直到9月30日晚，保卢斯仍希望赛德利茨的第51军能在次日以第24装甲师、第100猎兵师和第295步兵师继续前进。在第94步兵师第276团的支援下，三个师将沿原先的方向，在北起梅切特卡河、南至克鲁托伊冲沟这片宽大的区域向前推进。第24装甲师再次为这场突击担任先锋。9月30日16点15分下达的命令中，第24装甲师指示辖下的两个战斗群10月1日向北突击，前出至下"街垒"新村东北边缘的低丘处。"埃德尔斯海姆"战斗群居右，"温特费尔德"战斗群居左，第24装甲师将于当日X时发起进攻，夺取从季泽利纳亚地域东延至日托米尔斯克（Zhitomirsk）峡谷的山脊（84a、85c、75a和75c坐标方格）。此后，他们将向北推进，朝胡贝第14装甲军从北面来的部队而去，并挤压德军两支"铁钳"之间的苏军奥尔洛夫卡突出部东端的瓶颈部。新赶到的第

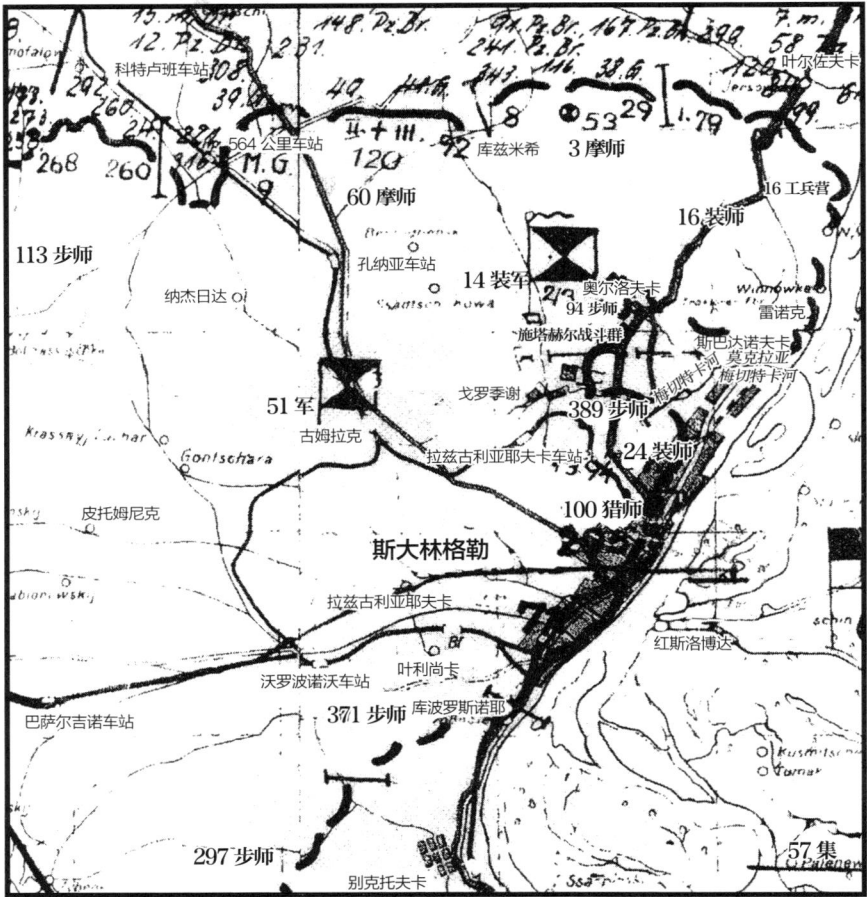

地图 43 1942 年 10 月 1 日—2 日，第 6 集团军的态势

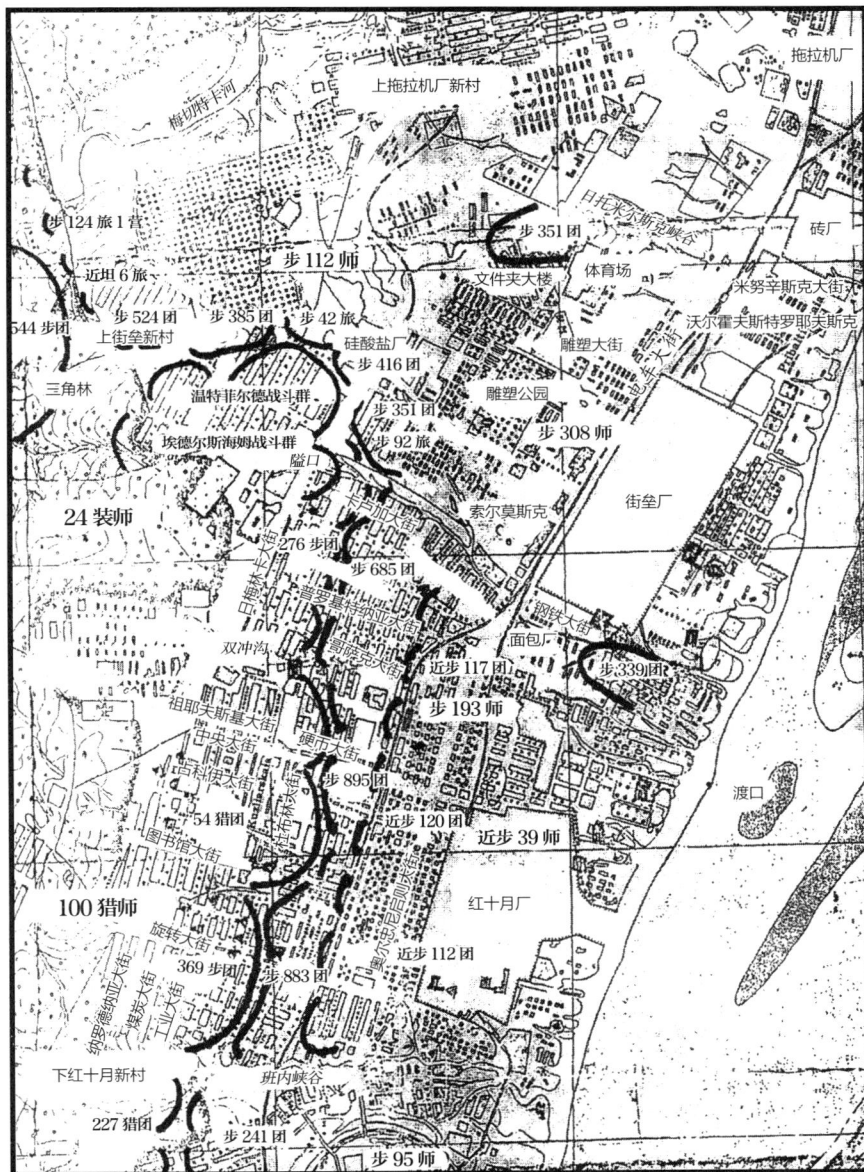

地图44 1942年10月1日—2日，第51军的态势

276步兵团掩护这场突击的南翼。[1]

这个计划要求伦斯基的装甲师沿从梅切特卡河东面东延至"硅酸盐"厂的这片约1.2公里宽的区域发起进攻，夺取上"拖拉机厂"新村西南接近地和97.7高地南接近地以及季泽利纳亚地域前方的建筑区，并攻占隘口北面600米处的"硅酸盐"厂。耶内克第389步兵师第544团沿梅切特卡河及其北面展开行动，掩护第24装甲师的左翼。第100猎兵师和第295步兵师掩护伦斯基师的右翼，有可能的话，从西面攻入下"红十月"新村，从南面跨过马马耶夫岗并穿过"网球拍"。

可是，9月30日午夜，赛德利茨第51军的缓慢进展和持续不断的减员使保卢斯确信，继续进攻徒劳无益，除非他能为第51军提供增援。第51军9月30日22点发给第6集团军司令部的情况报告说明了这个问题：

9月30日，第51军的战线上，敌人在"红十月"和"街垒"地区发起强有力的反冲击。击退这些进攻后，第100猎兵师得以在两个地段前出至"红十月"地区的铁路线，第24装甲师夺取了"街垒"新村的74c街区。

具体情况如下：

第100猎兵师9月30日从北翼发起进攻，面对敌人的激烈抵抗，在两处前出至"红十月"地区的铁路线。由于敌人在左侧发起反冲击，（该师）不得不放弃北翼夺得的一些地域。已与第24装甲师建立起联系。

第24装甲师发起进攻，与强敌展开艰巨的巷战，以第276步兵团与第100猎兵师取得联系，几个步兵班在74c［坐标方格］冲沟的北面夺得一座登陆场，这是向东北方发起计划中的进攻的必要条件……

9月30日的伤亡：

第100猎兵师：阵亡——15名军官和士兵；负伤——2名军官、68名士官和士兵；失踪——7人。

第24装甲师：阵亡——5人；负伤——30人；

第94步兵师：负伤——2名军官。

（没有其他数据）[2]

该军9月30日的损失似乎并不大，但正如图表25所示的那样，赛德利茨麾下各个师在当月遭受的累计损失终于给该军的战斗力造成了负面影响。例如，截至10月1日，第24装甲师的战斗兵力下降为6943人，与之形成对比的是，该师的总兵力[1]为13098人。更具破坏性的是，该师最重要的战斗单位——第24装甲团和第21、第26装甲掷弹兵团，其战斗兵数量分别为1089、896、923人，而他们的总兵力却为2064、1213、1293人。师属营级战斗单位的情况同样糟糕，第4摩托车营、第40装甲歼击营和第40装甲工兵营的战斗兵分别为586、368、264人，但其总兵力却为784、490、553人。[3]虽说该装甲师在低于编制兵力的情况下运行良好，但他们的实际战斗兵力只接近编制的30%。赛德利茨辖下各步兵师的情况也好不到哪里去。一言以蔽之，他和保卢斯都意识到，第51军要想继续完成其雄心勃勃的计划，就必须获得增援。

因此，保卢斯决定，将参加奥尔洛夫卡突出部消灭行动的一些部队调往南面，加强伦斯基实力耗损的第24装甲师。最终抽调的部队是普法伊费尔第94步兵师的第267、第274团和耶内克第389步兵师的第545、546团，这些部队一直在奥尔洛夫卡突出部西部边界战斗，第14装甲军将普法伊费尔2个团的控制权转交给了第51军。接下来的两天，耶内克将师里在梅切特卡河北面向东前进的2个团调往右侧的河流南面，组成一个突击群，在第24装甲师左翼采取行动。普法伊费尔师里的2个团转身向南，在莫克拉亚梅切特卡河北岸占据正面朝东的阵地。[4]

面对这些现实问题，保卢斯别无选择，只能将后续进攻推延至10月3日晨，以便耶内克有足够的时间重新部署他的部队。该师到达后将部署在第24装甲师左翼，并参加后者的突击行动。除此之外，保卢斯9月30日给赛德利茨第51军辖内其他各部队下达的命令保持不变。

除了推迟赛德利茨即将发起的突击，保卢斯还密切留意着崔可夫的防御力量。9月30日21点，第6集团军情报官报告：

> 敌军部署：

---

[1] 译注：领取口粮的人数。

A. 最新确认：

（1）"街垒"新村西部边缘：步兵第193师第883、第895团（7月份该师从沃罗涅日附近调离，派往科甘［车里雅宾斯克］补充兵力）。获得补充后，该师的数个连队9月28日在拖拉机厂附近渡过伏尔加河。师长：斯梅霍特沃罗夫少将……

B. 已确认：

（1）……

（2）"红十月"新村：步兵第95师。

（3）戈罗季谢以东：步兵第112师（第416团）。

近卫坦克第6旅，9月28日仍有8辆T-34、3辆T-70，正等待拖拉机厂制造的4—5辆新坦克。摩托化步兵第38旅，9月中旬获得来自列宁斯克步兵第178、第190、第390团的补充，但9月25日再度遭到德军装甲部队的重创……[5]

虽然这份对崔可夫部队的评估是准确的，但它低估了第62集团军防御部队的实力。截至9月30日傍晚，第24装甲师"温特费尔德"战斗群和"埃德尔斯海姆"战斗群部署在从梅切特卡河东面300米处向东延伸，绕过上"街垒"新村的北部边缘，直至隘口北侧和东侧的这片地域内，面对着苏军坦克第23军近卫坦克第6旅、步兵第112师第524团的2个连和该师第385团，苏军据守的防区从梅切特卡河河谷向东南方延伸至"硅酸盐"厂西部边缘。叶尔莫尔金步兵第112师实力锐减的第416团守卫着"硅酸盐"厂。此时，斯库巴上校的近卫坦克第6旅尚有13辆坦克，包括9辆T-34和4辆T-70，另外8辆坦克（5辆T-34、1辆T-70、2辆T-60）无法使用，这也是崔可夫第62集团军仅剩的坦克力量。[6]

但是，9月30日晚，崔可夫以匆匆重建、刚刚赶到的步兵第42旅加强了叶尔莫尔金的步兵师，该旅在步兵第112师左翼后方、季泽利纳亚南面的林地占据防御阵地。另外，10月1日晨，崔可夫命令古尔季耶夫刚赶到的步兵第308师，将其先遣团（步兵第351团）部署在"硅酸盐"厂东南方、叶尔莫尔金步兵师与斯梅霍特沃罗夫步兵第193师右翼部队结合部的前进防御阵地上，掩护"街垒"厂接近地。

待另外2个步兵团（第339、第347团）到达后，古尔季耶夫师将对"埃德尔斯海姆"战斗群所掩护的恶名昭著的隘口阵地，以及部署在第24装甲师右翼的第276步兵团的左翼和中央构成致命威胁。德军第276步兵团的阵地向南穿过南北向铁路线西面150—200米处的下"街垒"新村西段，直至掩护着前方"街垒"厂和面包厂的双冲沟的东面。除左翼和中央地带面对着古尔季耶夫步兵第308师新近赶到的部队外，第276步兵团的右翼还面对着苏军步兵第193师位于双冲沟附近的步兵第685团。

再往南，桑内第100猎兵师辖下的第54猎兵团右翼获得了克罗地亚第369步兵团的支援，后者已于9月30日晚从师右翼重新部署至该地域。这两个团面对着斯梅霍特沃罗夫步兵第193师编成内的第883、第895团，在铁路线西面，沿日梅林卡大街和基兹利亚尔大街，苏军这两个团从右至左部署在正面朝西的防御阵地上，掩护"红十月"厂接近地。斯梅霍特沃罗夫的部下将密集建筑区内的许多建筑物改造成坚固的堡垒，迟滞德军的推进。

令桑内猎兵师的任务变得更加困难的是，9月30日，什特里戈尔少校获得重建的步兵第92旅加强了斯梅霍特沃罗夫的防御，在"红十月"厂据守阵地；次日，古里耶夫近卫步兵第39师的3个团向前调动，最终在斯梅霍特沃罗夫身后的几个街区占据了第二梯队防御阵地。第100猎兵师右翼，第227猎兵团夺取马马耶夫岗西北方的铁路线后，占据了横跨班内峡谷的阵地。位于第227猎兵团对面的是苏军步兵第193师第895团的一部和步兵第95师3个实力受损的团，他们部署在下"红十月"新村南段和"网球拍"西面的马马耶夫岗上。

掩护赛德利茨右翼的是武特曼第295步兵师，该师已接替第100猎兵师守卫马马耶夫岗山顶，沿一条3.5公里长的防线部署，从坟冢东坡和"网球拍"西部边缘向南延伸至多尔吉和克鲁托伊冲沟，对面是巴秋克的步兵第284师，该师仍固守着两条冲沟的下段和肉联厂的一部分。

由于崔可夫正在获得援兵，而保卢斯却没有，所以对赛德利茨的突击群来说，要完成受领的任务（肃清整个工厂区的苏军）非常困难。正如一名德军老兵正确地指出的那样："9月底，保卢斯将军发起一场协调一致的进攻，试图逐一粉碎斯大林格勒最后的堡垒。但是，德军兵力不足，无法对整个工厂区展开全面突击。"[7]德军没有像以前那样投入各个团组建的多个营级战斗群遂行突击任务，由于步兵兵力严重短缺，赛德利茨辖内的各个师被迫依靠少量虚弱的营级战斗群或多个连级战斗群，将眼下能够投入的一切作战力量拼凑起来，并以工兵和少量坦克/突击炮予以加强。除了以数量有限、实力虚弱的战斗群在过宽的地段从事战斗外，赛德利茨突击群的坦克和突击炮越来越少，这使他们很难击败防御中的苏军步兵师。守军经常将密集建筑区内的房屋、建筑物和工厂改造成防御堡垒，这就意味着保卢斯的后续进攻将以蜗牛般的速度进行。

崔可夫的反突击，10月1日—2日

10月1日，平静的第一天，崔可夫决定抢占先机，以前一天和夜间获得的援兵发起一场大规模反突击，重新夺回隘口地域，可能的话，从德国人手中夺回大半个上"街垒"新村。这场反突击发起前，9月30日晚，崔可夫命令位于隘口对面的部分部队次日实施强有力的武力侦察。奉命执行武力侦察的是步兵第112师第385、第416团和步兵第193师第685团的几个加强营，其目的是为10月2日发起的进攻改善出发阵地，试探德军的防御，并在步兵第308师到达前尽可能多地夺回隘口以东地域。

但苏军的这番努力未能奏效。第24装甲师对这场进攻做出了如下描述："敌人以强有力的部队在一条宽大的战线上对我师防线——特别是各防区的结合部发起进攻。他们在各处的进攻均被击退。我师继续坚守局部地段获得改善的既有防线。"[8]第51军引用了这份报告，并称："第24装甲师守住了他们的阵地。敌人的所有进攻均被击退。该师防线前方的敌人待在暗堡里，并在强大的炮位上部署了坦克。"[9]

红军总参谋部也在每日战事概要中描述了当日的行动——崔可夫发起反突击前的平静，甚至没有提及这场武力侦察：

10月1日一整天，第62集团军继续在斯大林格勒城内进行顽强的巷战，多次击退敌人的进攻……

步兵第42旅、坦克第6旅、步兵第112师和步兵第92旅继续坚守原先的阵地。

步兵第193师击退了敌步兵发起的进攻，沿煤炭大街至卡卢加大街、工业大街至班内峡谷占据防御阵地。

步兵第95师守卫着原先的防线。

步兵第284师的部队在多尔吉与克鲁托伊冲沟之间击退了敌人2个步兵营发起的进攻，继续坚守原先的阵地。

近卫步兵第13师击退了敌人1个步兵营发起的进攻。

近卫步兵第39师已完成摆渡至伏尔加河西岸的任务，并在雕塑地域南面的公园附近占据防御，其防线从阿尔巴托夫大街起，沿索尔莫斯克大街、铁路线与布古鲁斯兰大街交汇处、奥尔忠尼启大街直至旋转大街。

步兵第308师第351团、卫生营、反坦克营、机枪营和通信营摆渡至伏尔加河西岸。渡河部队集结在体育场西面的铁路地区。[10]

10月1日晚些时候，第62集团军报告，古里耶夫的近卫步兵第39师已渡至伏尔加河西岸，并在步兵第193师身后的下"红十月"新村占据第二梯队防御阵地。起初，该师的3个团用于掩护"街垒"厂接近地，但没过24小时，该师又接到新命令，要求将第112、第120和第117团从左至右并排部署，其防线从班内峡谷北延至铁路线与布古鲁斯兰大街交汇处，支援步兵第193师。另外，古尔季耶夫步兵第308师第351团的300名士兵渡过伏尔加河，到达体育场（德国人称之为"运动场"）西面的冲沟附近。[11]在同一份报告中，第62集团军汇报，该集团军在斯大林格勒城内的各兵团共计44201人。

当日深夜，耶内克将第389步兵师主力南调，重新部署至梅切特卡河河谷时，保卢斯决定再次推延下一阶段的攻势，进攻时间定于10月3日晨。[12]

尽管崔可夫守卫下"红十月"新村的部队10月1日顶住德军激烈的巡逻行动，守住了自己的阵地，但他还是对武力侦察取得的有限战果和德军在"硅酸盐"厂西、南地域的进展深感震惊。因此，10月1日18点，他命令部队集结在下"街垒"新村，准备对隘口以东和上"街垒"新村的德军防御发起突击。他们的任务是打垮德军第24装甲师和提供支援的第276步兵团据守的伸入"拖拉机厂"新村的直角突出部，并将德军驱离一周前夺取的区域。

具体说来，10月2日6点起，从左至右部署在从隘口东南方北延至"硅酸盐"厂东南方地区的步兵第92旅、古尔季耶夫步兵第308师第351团、步兵第42旅，将向西发起进攻，肃清从隘口和上"街垒"新村至公墓和维什涅瓦亚峡谷东脊的德军。崔可夫将叶尔莫尔金实力不济的步兵第112师留在"红十月"厂附近担任预备队，并命令古尔季耶夫，待他的第339和第347团到达后，立即为进攻行动提供增援。而斯梅霍特沃罗夫步兵第193师第883和第895团的任务是继续肃清下"红十月"新村之敌，然后准备发起一场进攻，夺回西面的107.5高地。[13]在这道命令的最后，崔可夫告诉各位师长和旅长，以精心挑选的战斗群发起突击，给他们配备适合近距离巷战的武器，并组建所谓的巩固梯队，加强攻占的建筑物，阻止前方部队未经批准的擅自后撤。

10月2日

崔可夫的反突击在10月2日准时发起，但由于糟糕的协同，再加上只有步兵第308师的1个步兵团（第351团）及时赶到战场，这场进攻未能实现既定目标。尽管第62集团军的说法与之相反，但步兵第42旅没能削弱"温特费尔德"战斗群在上"街垒"新村西北部的防御，致使该战斗群向上级报告称他们击退了苏军的进攻，在他们看来，这场进攻仅仅是微不足道的"侦察试探"。[14]与此同时，在南面，苏军步兵第308师第351团攻入了"硅酸盐"厂南面的建筑区，但对"埃德尔斯海姆"战斗群左翼的打击收效甚微，随即便被德军猛烈的火力所阻。该师第339团终于在下午到达战场，但已无法恢复古尔季耶夫的进攻势头。同样，在崔可夫反突击部队的南翼，步兵第92旅沿马克耶夫卡大街、文尼察（Vinnitskaia）大街和东南方峡谷对德军第276步兵团右翼和第100猎兵师左翼的突击也以失败告终。

与此同时，沿下"红十月"新村西段的战线，沿图书馆（Bibliotechnaia）大街和旋转大街，苏军步兵第193师第895、第883团与德军第100猎兵师第54猎兵团和克罗地亚第369步兵团的小股步兵及提供支援的少量突击炮展开厮杀。这场战斗杂乱无章，因为桑内的2个团仍在接防第276步兵团的防区，这一过程将持续至入夜。[15]

10月2日晚些时候，战斗平息后，古尔季耶夫步兵第308师的另外两个团（第339、第347团）在10月2日至3日的夜间开始向前部署。与此同时，崔可夫将古尔季耶夫师和斯梅霍特沃罗夫步兵第193师调入更牢固的防御阵地，试图收复失地。红军总参谋部的报告描述了当日的战斗：

10月2日一整天，第62集团军继续在斯大林格勒城内进行顽强的巷战，多次击退敌步兵和坦克发起的进攻……

步兵第42旅缓慢推进，10月2日日终前夺取了"街垒"新村西北部。

步兵第308师第351团彻底肃清了"硅酸盐厂"新村之敌，前出至该村南郊，在那里被敌人猛烈的火力所阻。

步兵第92旅前出至马克耶夫卡大街街角至文尼察大街一线，并沿峡谷冲向东南方。

步兵第193师与攻向图书馆大街和旋转大街的敌步兵和坦克展开战斗。

步兵第112、第95、第284师和近卫步兵第13师继续坚守阵地，并击退了敌人的进攻。

近卫步兵第39师在第二梯队占据防御，构设起防御支撑点。

在敌人的重压下，我军放弃了奥尔洛夫卡。

25架敌机10月2日在斯大林格勒地域轰炸了伏尔加河上的渡口，90%的渡口受损。[16]

意识到自己的反突击行动受挫后，崔可夫10月2日19点35分给他的突击部队下达了新命令，抽调部分部队，赋予他们新任务，以便更好地抗击预期中德军向拖拉机厂及其西面工人新村发起的进攻。用崔可夫的话来说：

10月2日晚，我们决定对一些部队重新做出部署：

——将索洛古布师［叶尔莫尔金的步兵第112师］调至戈罗霍夫北集群［位于莫克拉亚梅切特卡河北面的斯巴达诺夫卡地域］左侧，占据从75.9高地南面800码河流上的铁路桥至97.7高地，然后沿冲沟至梅切特卡河东南方一线的防御；

——将古尔季耶夫步兵第308师调至从"街垒"新村北面的果园至"硅酸盐"厂、马克耶夫卡大街、冲沟一线的防御阵地上；

——古里耶夫师［近卫步兵第39师］沿协会（Tsekhovaia）、圣经（Bibleiskaia）和北（Severnaia）大街构设防御，接替斯梅霍特沃罗夫师［步兵第193师］的部队，从而加强后者，并组建部分预备队。[17]

除了将步兵第112师调往西面的梅切特卡河，这道命令还以近卫步兵第39师的两个团接替步兵第193师第883团，并批准第883团北调，在步兵第193师第895团身后构成第二梯队。

10月2日的激战中，德国空军轰炸机取得了显著战果，至少暂时瘫痪了第62集团军司令部对辖内部队的指挥控制。为赛德利茨次日晨的突击行动所做的准备中，"德国空军轰炸了选定的目标，这些目标主要集中在伏尔加河一线，谁也不知道的是，这场轰炸几乎令第62集团军群龙无首"。[18]不经意间，德军轰炸机命中了崔可夫的指挥所，该指挥所设在伏尔加河西岸的一条冲沟内，就在"红十月"厂东北郊一座小型水库的下方。早些时候，德军的轰炸引燃了石油，将第62集团军指挥所"覆盖在一块黑色的毯子下，这块黑毯向东面的草原延伸了25公里，黑色的烟柱持续数日，为进攻部队提供了完美的定位点"。[19]德国空军新发起的空袭命中了指挥所附近的其他油罐，燃烧的石油顺着沟壑流淌，涌向指挥所，引燃了附近的驳船，就连伏尔加河的河水也燃烧起来。崔可夫的参谋长克雷洛夫迅速接手，尽管通信线路都被烧毁，但他还是恢复了秩序，并从相邻的隐蔽所通过电台指挥战斗。叶廖缅科的司令部后来询问崔可夫及其工作人员的情况以及第62集团军司令部所在地时，崔可夫和克雷洛夫回答："哪里的火势最大、烟雾最猛，我们就在哪里。"[20]

虽然10月2日取得了这些战果，但保卢斯还是对第6集团军虚弱的实力忧心忡忡，尤其是赛德利茨的突击群。第6集团军在10月2日晚的作战日志中哀叹道："参谋长向集团军群汇报，尽管所有部队付出了全力，但如果没有援兵，步兵部队低下的战斗力会使攻占斯大林格勒的行动无限期地推延下去。"[21]与此同时，第24装甲师指出："敌人的公告表明，俄国人正不断将援兵运过伏尔加河。"[22]尽管如此，该师得出的结论却是："如果继续保持强劲的攻势，迅速推进至伏尔加河是能做到的。"[23]

虽然存在这些保留意见，但耶内克第389步兵师的再部署非常顺利，保卢斯决定按计划行事，次日晨恢复赛德利茨的进攻。基于第389步兵师能于10月3日拂晓前在第24装甲师左翼进入出发阵地这一前提，赛德利茨命令伦斯基的装甲师于X时发起进攻（发起进攻的准确时间此时尚未确定），右翼由第276步兵团掩护，正面朝东北方，夺取74d、74a和84a坐标方格（上"街垒"新村的剩余部分），然后转向东南方。攻向东北方的"埃德尔斯海姆"战斗群负责夺取74b2和74b4坐标方格内的"对称住宅群"，然后将整个战线转向东南方，占领并守住74d和84a坐标方格内有利地形上的防御阵地。与此同时，"温特费尔德"战斗群将夺取84a坐标方格内的独立建筑群，并防范敌人有可能从北面发起的反冲击。完成这项任务后，"温特费尔德"战斗群将面朝东南方部署，并对"埃德尔斯海姆"战斗群当面之敌的右翼发起打击。[24]

　　对计划进行进一步修改后，第24装甲师当晚22点下达了最终进攻令。[25]命令中要求"埃德尔斯海姆"和"温特费尔德"战斗群10月3日向东北方的"街垒"新村发起一场目标有限的突击，但直到此时，准确的进攻发起时间仍未确定。伦斯基的两个战斗群投入行动前，耶内克第389步兵师位于左侧的两个步兵团将于8点从55坐标方格展开进攻，推进1.5公里，赶至梅切特卡河南面75a和75c坐标方格中的南北向冲沟一线，距离上"拖拉机厂"新村西郊只有几百米。这场推进将使步兵部队前出至与第24装甲师出发阵地相平行的位置上。伦斯基的战斗群将根据耶内克步兵师取得的进展发起突击。

　　一如既往，展开进攻前，第24装甲师将辖内各部队编入两个战斗群，这两个战斗群不仅有精心混编的作战单位，还配有必要的支援武器（参见图表29）。[26]

　　待耶内克第389步兵师进攻中的2个团（第544和第546团）到达与第24装

图表29：1942年10月3日，第24装甲师作战编成

"埃德尔斯海姆"战斗群
　　第21装甲掷弹兵团
　　第26装甲掷弹兵团（欠半履带装甲车第1营）
　　第4摩托车营（欠第1、第2连）
　　　　第40装甲工兵营第1、第2连
　　　　第40装甲歼击营第1连
　　　　第89装甲炮兵团第3营、第2重型火箭炮团大口径火箭炮第2营（支援）
"温特费尔德"战斗群
　　"温特费尔德"装甲支队，配以装甲工兵和高射炮排，以及第24装甲团的工兵排
　　第26装甲掷弹兵团半履带装甲车第1营
　　第4摩托车营第2连
　　第89装甲炮兵团第1营，配以第851重型炮兵营2个105毫米榴弹炮连和第733重型炮兵营2个210毫米迫击炮连（支援）

甲师左翼平齐的位置后，伦斯基的装甲师将遂行第51军的主要突击，2个战斗群向北攻往上"拖拉机厂"新村。"温特费尔德"战斗群将从季泽利纳亚东面的铁路线向东穿过所谓的"Schnellhefter"（"文件夹"）大楼（苏联人称之为"六角大厦"），赶往"硅酸盐"厂，夺取"拖拉机厂"新村以南地域。温特费尔德右侧，"埃德尔斯海姆"战斗群负责夺取"文件夹"大楼南面与之相对称的建筑区，以及雕塑公园西面的下"街垒"新村地段。"埃德尔斯海姆"战斗群向北突击，穿过雕塑公园时，部署在第24装甲师右侧的第276步兵团将为该战斗群不断延伸的右翼提供掩护。伦斯基装甲师为此次进攻拼凑起28辆坦克，第244、第245突击炮大队（营）为第51军第389步兵师和第100猎兵师分别提供17辆和7辆突击炮，这使该军的装甲力量达到52辆战车。[27]

第24装甲师右侧，桑内第100猎兵师已将辖下的第54猎兵团、克罗地亚第369步兵团和第227猎兵团从左至右并排部署在下"红十月"新村西段，从冲沟穿过日梅林卡大街向南延伸至上班内峡谷。这些猎兵受领的艰巨任务是从107.5高地东面向南至班内峡谷，继续肃清南北向铁路线和"红十月"厂西面密集建筑区内的苏军。再往南，武特曼第295步兵师的左翼团负责肃清马马耶夫岗的苏军，夺取军服厂、肉联厂和"网球拍"，并前出至伏尔加河西岸。该团随后应转身向北，跨过下班内峡谷，可能的话，与第100猎兵师相配合，攻占"红十月"厂南段。位于第295步兵师中央和右翼的2个团应克服苏军在多尔吉和克鲁托伊冲沟下段的防御，转向南方，协助第71步兵师第194团消灭苏军在斯大林格勒市中心最后的支撑点。不过，基于先前的经历，保卢斯认为第24装甲师和第389步兵师的任务太重。

10月3日

一场短暂的炮火准备后，10月3日8点，德军第389步兵师第544、第546团投入进攻（参见地图45—47）。他们的左翼靠着梅切特卡河，两个团的营级战斗群绕过上"街垒"新村西部边缘，他们跨过的这片地带，"基本上是无遮无掩的干土地，整片进攻地域散布着几个小果园，但在前进路线上……有几条交错的冲沟"。[28]事实证明，斯库巴近卫坦克第6旅在梅切特卡河东面的抵抗比预计的更加顽强，部分原因是前一天晚上步兵第112师第416和第385团已在近卫坦克第6旅右翼沿梅切特卡河占据防御阵地,步兵第112师第524团和步兵第42旅的右翼部队在斯库巴坦克旅左翼的上"街垒"新村守卫着牢固的阵地。因此,耶内克的部队中午才到达指定目标(梅切特卡河南面的冲沟),晚于计划时间,该师付出的代价是5人阵亡、43人负伤。[29]没等第389步兵师再次发起进攻,苏军步兵第112师3个实力不济的团和斯库巴近卫坦克第6旅的残部便迅速后撤,在"硅酸盐"厂北面600米处的铁路调车线弯曲部占据了新防御阵地,掩护上"拖拉机厂"新村西部边缘、97.7高地和季泽利纳亚西接近地。[30]

由于第389步兵师进展缓慢,伦斯基认为他可能不得不再次推迟第24装甲

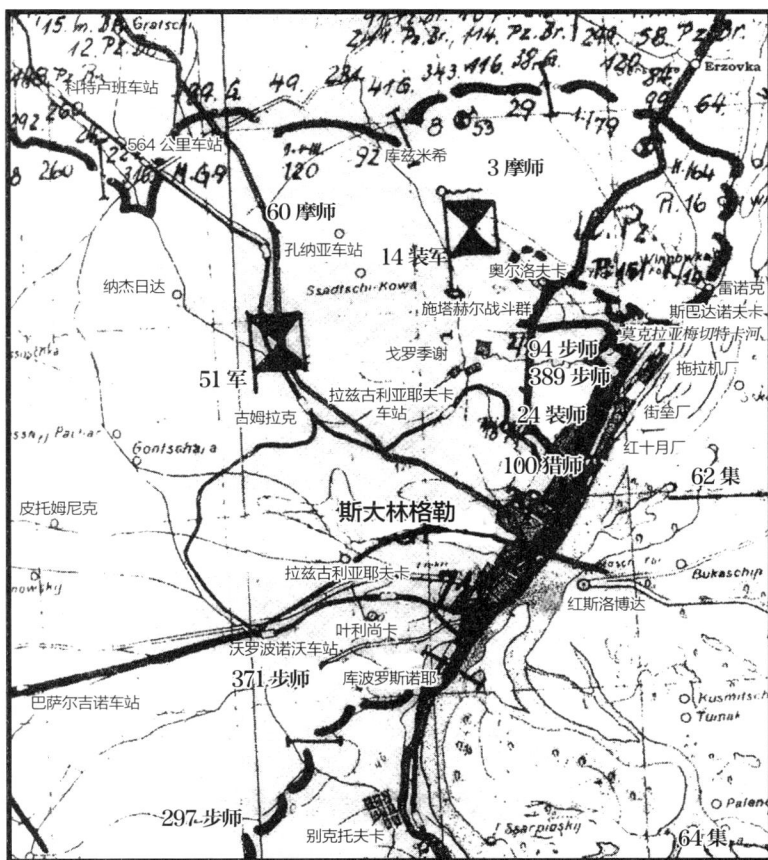

地图45 1942年10月3日—4日,第6集团军的态势

步 416 团

拖拉机厂

步 124 旅 1 营

梅切特卡河

步 416 团 上拖拉机厂新村

步 385 团

近步 109 团
10 月 4 日—5 日

近步 37 师
10 月 4 日—5 日

近步 118 团
10 月 4 日—5 日

步 416 团

389 步师

步 385 团

近步 114 团
10 月 4 日 21 点

步 339 团
上午 3 点 10 分

砖厂

近步 6 旅

步 385 团

389 步师

近坦 6 旅

步 524 团

温特菲尔德战斗群

文件夹大楼

近步 6 旅

步 42 旅

米努辛克大街

体育场

沃尔霍夫斯特罗耶夫斯克

步 416 团

步 42 旅

步 42 旅

埃德尔斯海姆战斗群

步 339 团

雕塑大街

步 351 团

硅酸盐厂

上街垒新村

温特菲尔德战斗群

雕塑公园

步 308 师

三角林

埃德尔斯海姆战斗群

埃德尔斯海姆战斗群

临口

步 92 旅

步 347 团

阿木巴扎夫大街

近步 37 师
10 月 4 日 6 点

步 347 团
上午 3 点 10 分
索尔莫斯克

街垒厂

24 装师

276 团

梅利霍夫普罗弗基特斯大街

波尔沃大街

哥萨克大街

步 685 团

钢铁大街
面包

双冲沟

祖耶夫斯基大街

近步 117 团

硬汉大街

步 193 师

渡口

占科伊大街

步 895 团

近步 120 团

近步 39 师

54 猎师

图布雷大街

红十月新村

100 猎师

369 步团

步 883 团 近步 112 团

下红十月新村

班内峡谷

227 猎团

步 241 团

步 95 师

地图 46　1942 年 10 月 3 日—4 日，第 51 军的突击

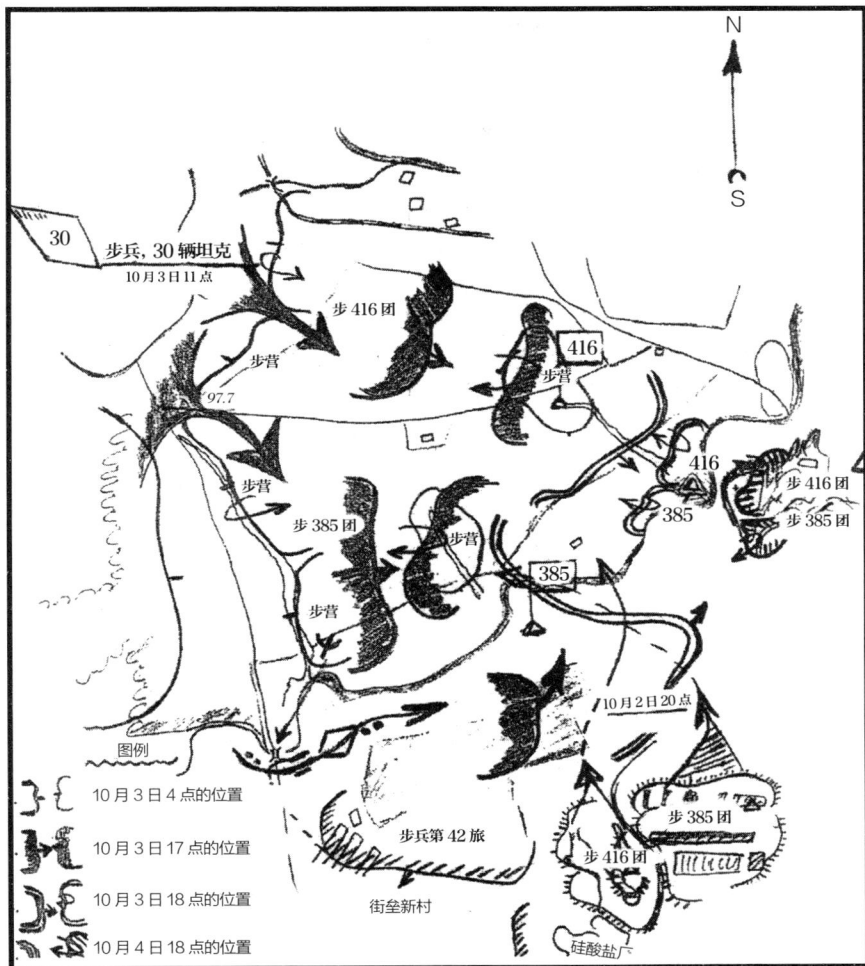

地图47 1942年10月3日—4日，步兵第112师的位置

师的进攻，但14点，师属重武器实施2分钟炮火急袭、"斯图卡"俯冲轰炸机发起近距离空中打击（特别是对"硅酸盐"厂）后，伦斯基的部队还是投入了进攻。"温特费尔德"战斗群率领着师里的坦克，从上"街垒"新村东北边缘向北突击。亲历者称，"穿越的地带没有建筑物，但遍布洼地、丘陵和〔"硅酸盐"厂〕边缘陡峭的凹陷地"。德军坦克"避开恶劣的地形，沿两条穿过这

364

片地区的土路前出至已被炮火和炸弹彻底摧毁的郊区边缘"，虽然"只剩下几十个烟囱和一堆堆灰烬、焦木、碎砖乱瓦，可即便在这里，俄国人还是依托废墟中的地窖和壕沟顽强防御"。[31]尽管障碍重重，苏军的抵抗也很坚决，但温特费尔德的部队还是到达了他们的目标，并就地据守。

温特费尔德右侧，埃德尔斯海姆的装甲掷弹兵"设法穿过破碎的街道，钻过被毁的木屋、建筑和菜园，直至雕塑公园西部边缘，这片杂草丛生的区域位于可怕的'街垒'火炮厂的西面"，他们在这里构设起防御，右侧紧靠着一座"结构坚固的"建筑。[32]该战斗群的左翼部队前出至"雕塑"村西北部、"文件夹"大楼西南边缘，并夺取了南面的几座建筑，但未能攻占这片堡垒似的街区。因此，到下午晚些时候，伦斯基的装甲师已将指定目标拿下，并将守军逼退至沿74d3、74d4、74b4、74b2、75d3坐标方格一线构设的新防御阵地上。但此时的第24装甲师已被激烈的战斗严重削弱，这场战斗经常沦为近距离白刃战。

伦斯基进攻中的战斗群对苏军步兵第42旅左翼和古尔季耶夫步兵第308师第351团的防御发起打击。这股苏军守卫着"硅酸盐"厂西部地带、"硅酸盐"厂、冲沟北面的下"街垒"新村和雕塑公园西北方的六角大厦（"文件夹"大楼）。这场进攻给古尔季耶夫的步兵团造成了"严重损失"，迫使该团弃守"硅酸盐"厂，退往下乌金斯克（Nizhneudinskaia）大街南面沿铁路线构设的新阵地。第62集团军晚间的报告称："该团余部［及时撤离的人寥寥无几］被敌人打散、消灭，团长马尔克洛夫少校身负重伤。"[33]步兵第308师向前部署的第339、第347团接到命令："消灭［达成突破的］敌人，沿'硅酸盐'厂北部边缘转入防御。"[34]

除了威胁到"拖拉机厂"新村和前方的工厂，第24装甲师的推进还构成了这样一种态势：沿苏军步兵第112师与第308师之间的分界线（"硅酸盐"厂及其西面）以及在南面据守的步兵第193师的防区将崔可夫的防御切为两段。这样一来，德军就将向正东方前进，冲往"红十月"厂北面伏尔加河畔至关重要的渡口。

就在耶内克第389步兵师和伦斯基第24装甲师的部队突向东北方，夺取既定目标之际，上"拖拉机厂"新村和"文件夹"大楼（这是通往下"拖拉机厂"

新村和拖拉机厂的门户）的西部和南部，德军第276步兵团、桑内第100猎兵师和武特曼第295步兵师继续沿从"硅酸盐"厂南延至克鲁托伊冲沟这条延长的战线逼压着崔可夫的防御。但这场行动非常艰难，进展只能以单独的建筑物计。

桑内第100猎兵师第54猎兵团和克罗地亚第369步兵团的几个小股战斗群费力地穿过图书馆大街和旋转大街西面、下"红十月"新村铁路线东面的建筑群，结果卷入到激烈的巷战中，与斯梅霍特沃罗夫步兵第193师第685团左翼部队、第883和第895团展开逐屋逐楼的争夺。守军为这场抵抗付出了高昂的代价，该师各个团的兵力只剩下200人左右。当日激烈而又分散的战斗中，桑内的猎兵取得的进展只能以几十米、几百米计。夜幕降临时，桑内的猎兵将斯梅霍特沃罗夫的部队逼退了数个街区，苏军第685、第895团沿图书馆大街和旋转大街至圣经大街一线据守，第883团退至三月（Martovskaia）大街和协会大街。[35]由于弹药短缺，斯梅霍特沃罗夫的部下频频发起刺刀冲锋，以白刃战抗击进攻中的德军。饱受重压的步兵第193师被迫后撤，傍晚时，古里耶夫近卫步兵第39师的部队前调，为其提供支援。

第100猎兵师右（南）翼，面对马马耶夫岗东坡、班内峡谷以西地域的戈里什内步兵第95师和马马耶夫岗东面、南面及沿多尔吉和克鲁托伊冲沟南延的巴秋克步兵第284师，武特曼第295步兵师的战斗群同样进展缓慢。武特曼的步兵最终肃清了马马耶夫岗北坡的苏军，但向东面的肉联厂和伏尔加河的推进没能取得太大进展。该师左翼团组建的战斗群将苏军步兵第95师第241团（获得步兵第284师第1045团一个营的加强）驱离了马马耶夫岗北坡，这股苏军穿过军服厂，退至与班内峡谷南脊毗邻的新阵地。

但是，德军第295步兵师中央和右翼的部队进展得不太顺利。该师中央地带，戈里什内步兵第95师第161和第90团（每个团只剩下百余人）沿班内峡谷南面的铁路线顽强守卫着他们的阵地。而在右翼，武特曼试图重复他在10月1日赢得的胜利，当时，第295步兵师一个300人的战斗群在克鲁托伊冲沟挫败了苏军近卫步兵第13师右翼的第34团。但面对巴秋克步兵第284师的坚决抵抗，武特曼的突击没能取得胜利。在这场极其激烈的战斗中，巴秋克师里的第1047和第1043团在师属第二梯队第1045团的支援下成功挫败了武特曼沿一个狭长地区（从肉联厂沿伏尔加河西岸向南延伸，穿过多尔吉和克鲁托伊冲沟）突破巴秋克强有力防御的一切企图。对赛德利茨来说，在这些地域展开的战斗，除了接连不断的挫败外一无所获。但是，鉴于进攻中的各个师和团实力严重下降，他也无法期望更多的东西。[36]

指挥所遭到毁灭性打击，反突击的进展极为有限，这一切并未吓倒崔可夫，相反，他命令所有部队发起反冲击，抗击德军10月3日的进攻行动。为此，他将古尔季耶夫步兵第308师刚刚赶至前线的另外两个团投入战斗。红军总参谋部的每日战事概要描述了当日激烈的战斗：

> 第62集团军10月3日继续实施顽强的防御作战，击退敌步兵和坦克发起的进攻……
>
> 步兵第112师在97.7高地［季泽利纳亚地域］附近以激烈的防御作战抗击敌人的1个步兵团和17辆坦克。由于损失严重，该师于日终前弃守97.7高地。战斗沿高地东坡继续进行。
>
> 遭到敌人2个步兵团和坦克的进攻，步兵第42旅、步兵第308师第351团和步兵第92旅损失惨重，撤至花园（"街垒"新村东北方）西和西南边缘、"硅酸盐厂"新村北郊、雕塑公园西角一线。
>
> 近卫步兵第39师据守［以下］防线：步兵第112团的防线从雕塑公园西南角沿冲沟延伸，正面朝西南方；步兵第120团的防线从驯马场（Manezhnaia）大街至费奥多西耶夫（Feodosievskaia）大街；步兵第117团的防线沿图书馆大街至门捷列耶夫（Mendeleev）大街。
>
> 步兵第193师第883团在三月大街和协会大街占据防御。
>
> 步兵第95师第241团和步兵第284师第1045团的1个营沿班内峡谷南脊占据防御。
>
> 近卫步兵第37师的2个团渡至伏尔加河西岸，集结在斯大林格勒"拖拉机厂"新村南面1公里处。[37]

崔可夫的反冲击紧随德军戏剧性的进攻而来，证明这场反冲击异常激烈的是，当晚，"温特费尔德"战斗群不得不顽强奋战，才能保住他们的前沿阵地。在一名亲历者看来，德军装甲兵进行着"紧张、令人疲惫不堪的战斗"：

　　燃烧的建筑物将这片位于被摧毁的工棚和洼地周围的战场照亮，闪烁的火焰制造出摇摆、舞动的阴影，根本无法发现拿着燃烧瓶摸近的苏军坦克杀手。交火会以惊人的速度爆发开来；有人发现了阴影中的动静，一发照明弹射出，犹如一枚火箭窜入夜空上百米，身后拖着长长的尾迹，照明弹炸开，就像一颗灿烂的白星，然后缓缓落下，将方圆数百米内的一切照得雪亮。[38]

　　赛德利茨发起新一轮猛攻，崔可夫遂行反冲击的部队损失惨重，其侧翼面临着被包围的威胁，深夜时，苏军停止了进攻，撤至新防御阵地。叶尔莫尔金步兵第112师实力严重受损的几个团别无选择，只能弃守季泽利纳亚西面的97.7高地，并在高地东坡构设起环形防御。东南方，斯库巴近卫坦克第6旅、步兵第42旅、古尔季耶夫步兵第308师的两个加强团、什特里戈尔步兵第92旅停止了进攻，朝东、东北方撤往沿驯马场大街和费奥多西耶夫大街构设的新阵地。步兵第42旅退向"街垒"新村东北方公园处的防线，步兵第308师撤向"硅酸盐"厂北郊、东郊和"文件夹"大楼，步兵第92旅退守"硅酸盐"厂东南方雕塑公园周围的阵地。[39]近卫坦克第6旅的坦克在"硅酸盐"厂北面和东面提供支援。

　　这股苏军的南翼，位于古里耶夫近卫步兵第39师右翼的第117团，沿图书馆大街至门捷列耶夫大街占据防御阵地，掩护步兵第92旅的左翼。再往南，与斯梅霍特沃罗夫步兵第193师的三个团（第685、第895和第883团）相配合，古里耶夫师第112和第120团成功遏制住了桑内第100猎兵师在铁路线和"红十月"厂西面的街道废墟及建筑物间发起的突击。崔可夫说："斯梅霍特沃罗夫师一整天都在与敌人争夺公共澡堂和炊具厂。公共澡堂易手数次，但最终仍在我们手中。该师的各个团现在只剩下100—150人[①]。"[40]

　　因此，10月3日日终前，德军第389步兵师和第24装甲师的两个战斗群已粉碎崔可夫设在"硅酸盐"厂及其西北面的防御，并已将苏军步兵第112师、步兵第42旅和步兵第308师逐往北面和东面。伦斯基的部队正准备攻入"拖拉

　　[①] 译注：中文版崔可夫回忆录称"该师各团不过200—250个战斗员"。

机厂"新村及其前方的拖拉机厂——前提是该师能集结起必要的兵力。此时，伦斯基的坦克力量增加到36辆战车，但各装甲掷弹兵团的兵力已不到1000人，这反映出第24装甲师出色的修复能力。负责支援第389步兵师和第100猎兵师的第244、第245突击炮营分别拥有7辆和13辆突击炮。[41]

尽管如此，赛德利茨仍坚持认为这场进攻必须继续进行，因而命令第389步兵师和第24装甲师10月3日傍晚前"夺取斯大林格勒北郊西部边缘的高地"。据此，伦斯基下达了71号作战令，要求他的装甲师10月4日向东北方发起一场有限突击，前出并据守"街垒"新村北部边缘的高地。而第276步兵团继续掩护该师右翼，"埃德尔斯海姆"和"温特费尔德"战斗群应于9点展开协同进攻，前者夺取"文件夹"大楼东南部，后者负责西北部。攻占这座大楼后，埃德尔斯海姆的部队将转向东南方并构设防御，抗击敌人有可能发起的反冲击。但进攻发起前，"温特费尔德"战斗群应于6点30分承担起守卫"文件夹"大楼北部边缘的责任。[42]

在第389步兵师和第24装甲师准备恢复向北的推进，赶往拖拉机厂及其工人新村之际，桑内第100猎兵师和武特曼第295步兵师竭力沿下"红十月"新村西半部、班内峡谷、马马耶夫岗和向南穿过多尔吉、克鲁托伊冲沟的地域对崔可夫的部队保持着压力。

经过当日的血腥激战，崔可夫能用于堵截德军攻向上"拖拉机厂"新村、"文件夹"大楼和下"拖拉机厂"新村的部队只有叶尔莫尔金步兵第112师严重受损的残部，为其提供支援的是斯库巴近卫坦克第6旅所剩无几的坦克、步兵第42旅和古尔季耶夫步兵第308师近半数力量。因此，前一天晚上（10月2日至3日晚间），崔可夫已请求斯大林格勒方面军将若卢杰夫的近卫步兵第37师交给他指挥。叶廖缅科10月3日晚予以批准，崔可夫立即命令该师尽快渡过伏尔加河，部署在步兵第308师右翼，阻截德军向拖拉机厂的一切推进。尽管崔可夫设法在拂晓前将该师的三个团运过了伏尔加河，但由于渡轮不足，该师师部和反坦克炮兵没能赶至西岸。这就意味着崔可夫必须派他的参谋人员带领已到达的几个团进入指定阵地。这项工作刚刚完成，若卢杰夫的部队便立即投入战斗，10月4日接下来的12个小时里，他们以零零碎碎的方式加强步兵第112和第308师摇摇欲坠的防线。[43]

　　若卢杰夫师向前部署时，叶尔莫尔金遵照崔可夫的指示，开始将步兵第112师的残部重新部署至若卢杰夫右翼、上"拖拉机厂"新村最西端正面朝西的新阵地。[44]该师第385团沿晓尔科沃（Shchelkovskaia）大街部署，面对着德军第389步兵师的先遣部队，其左翼获得近卫步兵第37师第109团的支援。[45]步兵第42旅和近卫坦克第6旅的残部在雕塑区西北部和雕塑公园西面加强步兵第308师在"硅酸盐"厂北面的防御。

　　赛德利茨10月3日的冲击粉碎了崔可夫在"硅酸盐"厂附近发起的反冲击，并构成向"拖拉机厂"新村和"红十月"厂东面的伏尔加河更深地楔入第62集团军防御的威胁。但保卢斯突击群的严重耗损提醒这位集团军司令，如果没有额外的援兵，他的突击群遂行既定任务会有多么困难。保卢斯10月3日晚向魏克斯表述了这种担心，他抱怨道："目前，就连突破个别建筑区也必须实施冗长的再部署，将所能找到的少量尚有战斗力的突击单位集结起来才能完成。"[46]但魏克斯没有额外的部队可用，这位集团军群司令无奈地告诉保卢斯，他必须以手头现有的兵力赢得胜利。保卢斯只能自行解决问题，他决定恢复进攻，但只针对更加有限的目标。左翼获得第94步兵师位于梅切特卡河北面的2个团的掩护，右翼得到第100猎兵师在下"红十月"新村西半部的2个团的保护，耶内克第389步兵师和伦斯基第24装甲师将在拖拉机厂和"街垒"厂西面更深地楔入崔可夫的防御。

10月4日

　　10月4日晨，温特费尔德和埃德尔斯海姆重组部队，恢复进攻。6点30分前，"温特费尔德"战斗群辖内第4摩托车营的一部接防"埃德尔斯海姆"战斗群的北部防区，8点15分，伦斯基赶至前进指挥所，亲自监督这场进攻。德国空军直到9点才对苏军防御发起打击，重点是苏军步兵第308师第339团在"文件夹"大楼、第351团（该团目前隶属于步兵第92旅）在雕塑公园及其周边的防御。第89装甲炮兵团实施10分钟炮火准备后，两个战斗群在温特费尔德辖内36辆坦克的率领下投入进攻。战斗群里的前进观测员指引着提供支援的炮火，两股部队冒着轻武器、迫击炮和火炮的火力向北冲去。苏联守军显然被打得措手不及，温特费尔德的装甲兵击毁数辆T-34，到达六层高的"文件夹"大楼，大楼的"几十扇窗洞凝视着德军装甲兵，每个窗洞后都可能躲着一名苏军狙击手"。[47]面对苏军大量机枪巢和持续不断的炮火，经过数小时激战，两个战斗群夺取了各自的目标："温特费尔德"战斗群——"文件夹"大楼；"埃德尔斯海姆"战斗群——大楼正东面的体育场。第24装甲师报告，他们在这场战斗中击毁9辆敌坦克，其中包括7辆T-34，可能是近卫坦克第6旅的残部。

与此同时，耶内克第389步兵师的战斗群从上"拖拉机厂"新村西南方的冲沟突向东北方，对苏军步兵第112师第385团的前沿防御发起打击，将其逼退至该团沿晓尔科沃大街构设的主防线上。第389步兵师向前缓缓推进，突破数个街区进入上"拖拉机厂"新村，当天晚些时候，这场突击停顿下来。此时，该师向东冲往季泽利纳亚地域南部的右翼部队攻占了"文件夹"大楼西北方数百米处建筑群的一部分。

德军第389步兵师和第24装甲师战斗群的集中推进粉碎了叶尔莫尔金步兵第112师第385团在"拖拉机厂"新村西段沿晓尔科沃大街部署的防御。他们还打垮了苏军步兵第42旅、古尔季耶夫步兵第308师第351团及其获得加强的第339团在"文件夹"大楼及周边的防御。在此过程中，近卫坦克第6旅残余的坦克被德军击毁大半，东面的体育场也被攻占。"温特费尔德"战斗群将步兵第42旅的左翼部队以及为其提供支援的坦克向北逼入下"拖拉机厂"新村南郊的冲沟时，"埃德尔斯海姆"战斗群迫使步兵第308师右翼的第351、第339团从梅季什奇（Mytishchi）、飞行员（Aviatornaia）、彼得罗扎沃茨克（Petrozavodskaia）大街和"硅酸盐"厂西南方向东退往铁路线，更深地进入"雕塑"村。

在这场激战中，苏军步兵第308师第351团的主力遭到包围和歼灭。该师10月4日的作战日志中指出：

步兵第351团，除了"硅酸盐"厂北面冲沟地域的30名士兵外，一连数小时击退了敌步兵和坦克从沃古尔（Vogul'skaia）、科帕什耶夫（Koppashevskaia）、乌什马（Ushimaskaia）、马克耶夫卡和文尼察大街发起的猛烈进攻。尽管被敌人彻底包围，但该团的指战员们坚决守卫他们的阵地，在消灭大批法西斯官兵和其技术装备的同时，与团政委弗罗洛夫一同英勇牺牲在"硅酸盐"厂南面。[48]

在此期间，步兵第308师右翼，步兵第42旅的左翼部队和近卫坦克第6旅的残部在97.7高地附近的日托米尔（Zhitomirskaia）大街附近占据了新防御阵地。当天晚些时候，崔可夫命令古尔季耶夫将步兵第308师支离破碎的几个团调往南面的新阵地——该防区从雕塑大街向南延伸，经彼得罗扎沃茨克大街至布古鲁斯兰大街——在那里掩护"街垒"厂西接近地。最后，若卢杰夫近卫步兵第37师到达伏尔加河西岸后，即接防步兵第308师原先位于"文件夹"大楼北面和体育场东面的阵地。

伦斯基的装甲掷弹兵逐一肃清"文件夹"大楼内的抵抗后，利用苏军遭受的挫败，"埃德尔斯海姆"战斗群试图向东推进，赶往南北向主铁路线和拖拉机厂与"街垒"厂之间的缺口。但苏军的顽强抵抗（目前已获得若卢杰夫近卫步兵第37师先遣部队的加强）阻止了德军的推进，迫使埃德尔斯海姆将部队撤回体育场东部边缘。[49]因此，当日日终前，"温特费尔德"战斗群夺取了"文件夹"大楼的关键地带，并在"埃德尔斯海姆"战斗群的支援下巩固了所占据的目标：从84a坐标方格东北角北延至第389步兵师右翼（位于上"拖拉机厂"新村南部边缘85c4坐标方格内的十字路口）的这片区域。第389步兵师到达新村西部三分之一处，从85c至85b坐标方格西部边缘的建筑区。但德军情报部门此时已发现"大股新锐敌军［近卫步兵第37师］"出现在第24装甲师第21装甲掷弹兵团右翼前方。第24装甲师的战斗力不断遭到消耗，再加上苏军愈发顽强的抵抗，致使伦斯基的师无法继续扩大战果。相反，苏军的抵抗还迫使他的两个战斗群将部队"稍稍后撤"。[50]

就在体育场东面的战斗继续进行，最终迫使埃德尔斯海姆在当天晚些时候将部队撤至更利于防御的位置时，崔可夫再度调整防御，这次是将若卢杰夫近卫步兵第37师的几个团投入战斗，加强步兵第112师、步兵第42旅和步兵第308师脆弱的防线。若卢杰夫10月4日将近卫步兵第114团向前部署，第109和第118团次日晚加入，这3个团都是从行进间直接投入战斗。

10月4日昼间渡过伏尔加河后，近卫步兵第114团赶往正西面，迎战进攻中的德军。前进中，他们与德军第389步兵师右翼战斗群的先遣部队迎头相遇，适逢德国人刚刚到达他们的既定目标——步兵第42旅和近卫坦克第6旅防御阵地（97.7高地东面）的后方，"文件夹"大楼西北方数百米处。近卫步兵第114

团及时赶到，使叶尔莫尔金步兵第112师第385和第416团击退了德军第389步兵师12点向下"拖拉机厂"新村发起的进攻。这场遭遇战遏止第389步兵师的推进后，近卫步兵第114团的3个营接替坦克第23军近卫坦克第6旅和步兵第42旅严重受损的部队沿日托米尔大街和附近的日托米尔峡谷占据了800米长的防御阵地，防线从97.7高地地面向南延伸，经体育场东侧至"雕塑"村东北边缘。

与此同时，叶尔莫尔金步兵第112师最右（南）翼，第416团击退了德军第94步兵师先遣部队冲锋枪手强渡梅切特卡河的数次尝试。由于第416团沿河流的防御备受威胁，据守上"拖拉机厂"新村西部的第385团也遭受到敌人的沉重压力，叶尔莫尔金焦急地等待着近卫步兵第37师第109团提供增援，该团奉命加强步兵第112师的防御。[51]

10月4日至5日夜间渡过伏尔加河的近卫步兵第109团拂晓前赶至沿梅切特卡河的指定防区，10月5日晨加强了步兵第112师严重受损的第416团。近卫步兵第109团随即将第1营部署在梅切特卡河东岸的防御阵地上，掩护"拖拉机厂"新村西北面，第3营部署在新村最西端加强步兵第112师第385团摇摇欲坠的防御阵地，第2营部署在后方数个街区处担任预备队——就这样，近卫步兵第109团阻止了德军在该地域的进一步推进。若卢杰夫师里的第三个团——近卫步兵第118团，也于10月4日至5日夜间渡过伏尔加河，并在近卫步兵第114团身后1000米处占据第二梯队防御阵地，掩护拖拉机厂西南接近地。[52]

与此同时，断断续续的战斗和巡逻活动在南面继续进行。"硅酸盐"厂东面，步兵第308师第339团向南调至新防御阵地后，堵住了"埃德尔斯海姆"战斗群右翼部队向雕塑公园的推进。再往南，步兵第308师左翼，第347团与步兵第92旅的残部守卫着从雕塑大街南延至彼得罗扎沃茨克、布古鲁斯兰大街的建筑物，抗击德军第24装甲师"埃德尔斯海姆"战斗群和第276步兵团向东攻往"街垒"厂的一切突击。更南面，斯梅霍特沃罗夫步兵第193师的3个团，在古里耶夫近卫步兵第39师、戈里什内步兵第95师、巴秋克步兵第284师的支援下，抗击桑内第100猎兵师和武特曼第295步兵师，致使德军在"红十月"新村、马马耶夫岗、多尔吉和克鲁托伊冲沟没能取得任何显著进展，前进速度慢如蜗牛。

红军总参谋部在每日战事概要中阐述了当日混乱的战斗和德军的进展：

第62集团军以激烈的防御作战抗击敌人的1个步兵师和50—60辆坦克，10月4日全天，敌人沿从梅切特卡河至"街垒"新村的战线发起进攻。

……

近卫步兵第6旅①的人员和兵器遭受到严重损失，撤至日托米尔大街附近。

步兵第308师沿雕塑大街、彼得罗扎沃茨克大街和布古鲁斯兰大街一线展开激战。

步兵第193、近卫步兵第39、步兵第95和第284、近卫步兵第13师守卫着原先的阵地。

近卫步兵第37师沿诺金（Nogin）大街和体育场一线进行战斗。

步兵第42、第92旅损失严重，撤至"拖拉机厂"新村西部和雕塑公园东北部。[53]

OKW的每日战事概要从德军的角度阐述了当日的战斗：

在斯大林格勒，第24装甲师攻占了火车站地域。由于步兵兵力不足，坦克和步兵向齐格利亚（Tsigeliaia）大街的推进未能成功。该师左翼的一部突破至拖拉机厂西面的东建筑区，日终前将该建筑区攻克。我方部队继续向北进攻，到达铁路线，并从南面和北面发起进攻，将该地域夺取。前线北部地段，突击群进行着重要的局部战斗。[54]

对赛德利茨的缓慢进展深感沮丧的第6集团军参谋长10月4日晚在集团军作战日志中强调了目前最严重的问题："没有援兵，集团军无法迅速夺取斯大林格勒。还存在着这样的危险，即俄国人会发起强有力的反攻，我们可能无法守住防线，因为防线后方没有预备队。"[55]

似乎是为了证实这位参谋长的说法，10月4日至5日夜间，苏军新锐预备队源源不断地赶来增援崔可夫集团军。除了若卢杰夫近卫步兵第37师剩下的2个团外，叶廖缅科还将坦克第84旅运过伏尔加河，加强崔可夫严重耗损的坦克

_____

① 译注：近卫坦克第6旅。

力量。该坦克旅有49辆坦克，包括5辆KV、24辆T-34和20辆T-70，在数量上超过了整个第24装甲师所能拼凑起的坦克。[56]旅长丹尼尔·尼基托维奇·别雷上校是一名经验丰富的坦克部队指挥员，自1942年2月1日起便指挥该旅。[57]但是，由于缺乏大型船只，该旅只有20辆T-70轻型坦克渡过伏尔加河；这些坦克编为小股单位，为古尔季耶夫奋战于雕塑公园西郊的步兵第308师与若卢杰夫在"雕塑"村和西北方"文件夹"大楼周围战斗的近卫步兵第37师提供火力支援。这些夜间摆渡任务使伏尔加河区舰队的资源变得紧张起来，因为该舰队还承担着另一项任务：将新锐步兵第45师运至斯大林格勒别克托夫卡南郊对面、伏尔加河中央的戈洛德内岛和萨尔平斯基岛设防。

叶廖缅科和崔可夫的努力有了结果，第62集团军10月4日至5日夜间得以集结起以下部队守卫工厂区：

● 步兵第124、第149旅及NKVD步兵第10师第282团（"戈罗霍夫"集群）守卫着莫克拉亚梅切特卡河北面的斯巴达诺夫卡村和拖拉机厂北、西北接近地，抗击德军第16装甲师。

● 步兵第115旅和摩托化步兵第2旅守卫着被包围的奥尔洛夫卡。

● 步兵第112师［第416团97人，第385团124人］、步兵第42旅和近卫步兵第37师守卫着从梅切特卡河东延至"雕塑"村西北边缘的区域，以及"拖拉机厂"新村和拖拉机厂接近地，抗击梅切特卡河西面德军第94步兵师的1个团、梅切特卡河与97.7高地东面之间的第389步兵师、第24装甲师位于"六角大厦"的"温特费尔德"战斗群。

● 步兵第308师和步兵第92旅［50人］守卫着体育场东部边缘、"雕塑"村、雕塑公园和"街垒"厂接近地，抗击第24装甲师"埃德尔斯海姆"战斗群和第276步兵团。

● 步兵第193师［528人］和近卫步兵第39师守卫着下"红十月"新村和铁路线、"红十月"厂接近地，抗击第100猎兵师第54猎兵团和克罗地亚第369步兵团。

● 步兵第95师守卫着班内峡谷中段、马马耶夫岗北坡和东坡、"红十月"厂南接近地，抗击第100猎兵师第227猎兵团和第295步兵师的1个团。

●步兵第284师守卫着班内峡谷下段、肉联厂、多尔吉和克鲁托伊冲沟下段以及伏尔加河接近地，抗击第295步兵师的2个团。

●近卫步兵第13师守卫着从基辅大街向北延伸，经"1月9日"广场至克鲁托伊冲沟下段的市中心，抗击第71步兵师第194团。[58]

在10月4日的战斗中又遭受到阵亡23人、负伤89人的损失后，伦斯基当天晚些时候告诉赛德利茨，第24装甲师目前的战斗力不足以继续实施积极的进攻行动。在8天持续不断的战斗中，他的师一路向北，的确完成了受领的任务，但截至10月5日，4个装甲掷弹兵营中的3个，以及工兵营都被评为"耗尽"，他的师只剩下1个"虚弱"的装甲掷弹兵营。这一阶段的战斗结束时，耶内克第389步兵师沿梅切特卡河向北推进的6个"虚弱"的步兵营已与胡贝第14装甲军取得联系，并攻占了梅切特卡河南面的高地。但在第24装甲师右侧，第100猎兵师没能跟上伦斯基装甲师的前进步伐。因此，第24装甲师不得不掩护自己不断延伸的右翼，防范敌人有可能对其正面和侧翼发起的反冲击。这种状况，再加上第24装甲师遭受的严重战斗减员，导致该师无法扩大已取得的战果。[59]

目前，第24装甲师第21和第26装甲掷弹兵团的战斗兵已减少为265、319人，而第4摩托车营和第40装甲工兵营减少为160、94人，师属装甲团只剩下27辆可用的坦克。[60]因此，第24装甲师只能拼凑起800余名战斗兵，而崔可夫正以近卫步兵第37师的8000名新锐士兵加强工厂区的守军。由于赛德利茨麾下各步兵师都面临着兵力不足的问题，保卢斯无计可施，只能结束对斯大林格勒工厂区的这一阶段进攻，除非他的集团军获得额外的援兵。

第 51 军的有限目标进攻战，10 月 5 日—7 日

保卢斯默许了伦斯基和赛德利茨暂停进攻的请求，命令第6集团军突击群主力转入防御。但同时他又指示落后于第24装甲师的第389步兵师发起一系列有限目标进攻战，将前沿阵地与伦斯基装甲师拉齐。这引发了一场历时三天、规模有限但依然血腥的激战，双方都在为即将到来的更具决定性的战斗加紧准备（参见地图48）。保卢斯的部队组织这些进攻行动时，叶廖缅科5点命令崔可夫集团军："10月5日7点发起冲击，消灭突入'拖拉机厂'新村和前出至

梅切特卡河、'街垒'新村一线之敌。"[61]鉴于目前的态势,这道命令纯属多余,命令中提出的要求太不现实。

遵照保卢斯的决定,伦斯基10月5日12点45分命令第24装甲师坚守并加固在"街垒"新村北部夺取的阵地,直至后续命令下达。伦斯基的部队并不知道何时恢复进攻行动,因而在原地挖掘战壕,打算加强他们的防御阵地。该师

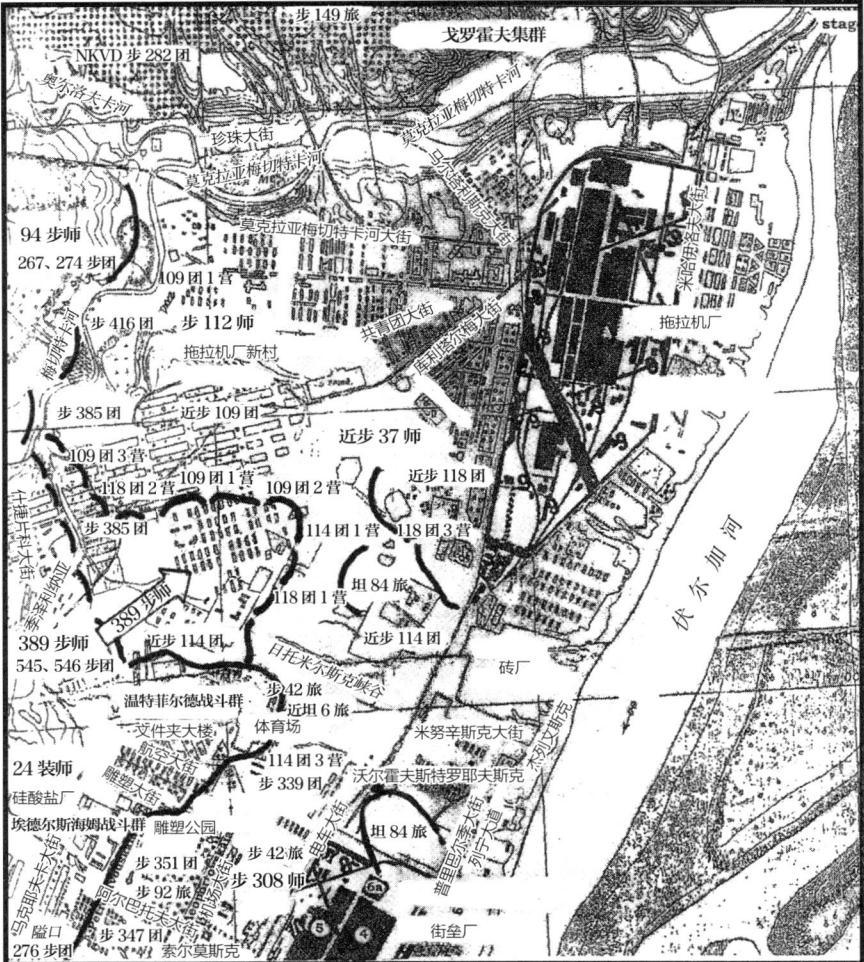

地图48 1942年10月5日—7日,第51军目标有限的进攻行动

左翼，"温特费尔德"战斗群同位于上"拖拉机厂"新村西南边缘冲沟内的第389步兵师保持着密切的联系，防御重点是"文件夹"大楼北部边缘和战斗群右侧分界线。"埃德尔斯海姆"战斗群奉命坚守在中央地带夺取的阵地。第24装甲师右翼，第276步兵团与第100猎兵师第54猎兵团第1营建立起了紧密的联系，尽管后者此时尚未肃清其左侧分界线。[62]

赛德利茨也给第51军部署在工厂区周边的其他部队下达了类似的命令。虽说前线大体保持着平静，但赛德利茨的部队继续遭受着伤亡。例如第24装甲师报告称他们在10月5日阵亡25人，负伤95人。[63]

魏克斯批准了保卢斯的决定，证明这一点的是，第6集团军在次日的作战日志中指出："集团军不得不暂停攻入斯大林格勒的行动，因为步兵战斗力实在太低。"集团军辖内的各个师，营平均战斗力下降为3名军官、11名士官和62名士兵。尽管集团军可以从勤务部门搜罗到足够的补充兵并以此取得一些小进展，但作战日志中坦承："以这种方式是无法攻占整座城市的。"[64]

赛德利茨的进攻行动停顿下来，但遵照保卢斯的指示，从10月5日起，耶内克第389步兵师在伦斯基装甲师调拨的1个装甲连的支援下继续遂行作战行动，拉直该师位于上"拖拉机厂"新村及其南面的战线。为此，10月5日晨和10月7日，第389步兵师反复发起冲击，从97.7高地附近攻向上"拖拉机厂"新村南接近地。

耶内克第389步兵师10月5日发起的冲击（崔可夫估计德国空军投入了700架次的战机提供支援）使该师左翼部队前进400米，攻占了"文件夹"大楼西面与之毗连的阵地。这场突击打垮了苏军近卫步兵第37师第114和第109团（他们还获得步兵第112师第385团残部的加强）的防御。若卢杰夫的几个团之所以最终能挡住这场被称为"异常激烈"的进攻，完全是因为反坦克炮兵第499、炮兵第11、榴弹炮兵第85团提供的有效支援。[65]另外，别雷上校坦克第84旅的轻型坦克也终于赶至战场，加强了近卫步兵第37师的防御。头顶上，德军战机投下密集的炸弹，对斯巴达诺夫卡至马马耶夫岗南面冲沟的这一整片战场实施地毯式轰炸。崔可夫写道："10月5日，敌人仅在城市工厂区上空就出动了近2000架次的飞机。从拂晓起，部队的所有行动都停止了，任何行动都会招致德国空军的打击。伤员在天黑前无法离开避弹壕和掩体，只能在夜幕降临后爬向伏尔加河岸边的伤兵后送站。"[66]

红军总参谋部10月5日的每日战事概要反映出了这些有限目标进攻战的激烈度：

> 10月5日一整天，第62集团军以激烈的防御作战抗击敌人的步兵和坦克……步兵第112师沿公墓——"拖拉机厂"新村西郊一线实施防御。
>
> 近卫步兵第37师以激烈的防御作战抗击敌人攻向季泽利纳亚——日托米尔斯克地域的2个步兵团和坦克。12辆敌坦克突入日托米尔斯克地域。该师的部队沿什捷片科（Shtepenko）大街至航空（Vozdukhoplavatelnaia）大街一线部署。
>
> 步兵第42旅的残部在日托米尔斯克东北方的建筑区附近占据防御。
>
> 步兵第92旅的残部［50人］在雕塑公园以东地域占据防御。
>
> 步兵第308师沿航空大街、彼得罗扎沃茨克大街、格洛夫（Glovskaia）大街、布古鲁斯兰大街至铁路线一线实施防御。
>
> 步兵第193师［528名战斗兵］沿奥恰科夫（Ochakovskaia）大街的冲沟、普罗基特纳亚（Prokitnaia）大街、哥萨克大街、格洛夫大街至占科伊（Dzhankoiskaia）大街一线占据防御。
>
> 近卫步兵第39师守卫协会大街、圣经大街、北大街至班内峡谷一线。
>
> 步兵第95师据守的防线从班内峡谷南脊的铁路线至同志（Tovarishcheskaia）大街，从这里沿铁路线向南延伸，再沿瑟兹兰卡河大街至102.0高地的三角点［马马耶夫岗山顶］。
>
> 步兵第284师的防线从102.0高地的三角点（含）至第4帆布（Polotnaia）大街，沿多尔吉冲沟北脊至炮兵大街，再往南，沿克鲁托伊冲沟至第3岸堤大街。
>
> 近卫步兵第13师守卫着原先的阵地。[67]

尽管崔可夫的指挥所在几天前石油起火燃烧的惨痛事故中幸免于难，但德军准确、破坏性强大的迫击炮火迫使崔可夫再次转移指挥所。10月4日至5日夜间，他将集团军指挥所迁至NKVD步兵第10师原先的师部，这个掩蔽所位于北面500米处，仍在伏尔加河西岸上，这样一来，他离拖拉机厂附近的战斗更近了。

仿佛是为了让崔可夫和他的部队喘口气，德军第389步兵师10月6日暂停

进攻，以便将足够的兵力调至左翼，10月7日重新发起拉直战线的行动。红军
总参谋部正式报告了这场短暂的平静：

> 第62集团军辖内部队击退了敌人的猛烈进攻，10月6日在前线所有地段继
> 续坚守原先的阵地……
>
> 近卫步兵第37师击退了敌小股步兵的进攻，守卫着原先的阵地。
>
> 步兵第193师守卫着原先的阵地，以部分兵力击退了攻向杜布林大街的小
> 股敌军。
>
> 坦克第84旅辖内的摩托化步兵营10月6日晚到达前线，其防区从"红十
> 月"厂和伊阿梅（Iamy）东北郊至该厂北面0.5公里处。
>
> 集团军辖内其他部队的位置未发生变化。
>
> 敌人继续从古姆拉克和戈罗季谢地域将新锐部队前调至季泽利纳亚大街
> 附近、"街垒"新村和"硅酸盐"厂。我们已发现季泽利纳亚大街附近有40辆
> 敌坦克和大批搭载步兵的车辆。
>
> 敌机对"拖拉机厂"新村和斯大林格勒地域的伏尔加河渡口发起大规模
> 空袭。[68]

赛德利茨于10月6日暂停了第389步兵师的进攻，但德国空军仍继续实施
猛烈空袭。一个具体例子是，德军战机在"雕塑"村东段袭击了步兵第308师
第339团的指挥所，包括团长和团政委在内的团部人员悉数身亡。

地面行动暂停带来的平静以及新情报强调了德军很快将向拖拉机厂发起
突击的可能性，这一切促使叶廖缅科敦促崔可夫尽快发起另一场反冲击。这
位方面军司令员这次希望将德军逐出威胁"拖拉机厂"新村的阵地，特别是
季泽利纳亚、日托米尔斯克地域以及97.7高地至南部一线。崔可夫将这种敦
促描述为"巨大的压力"，他勉强同意组织一场反冲击，将德军驱离这些地
区。[69]这场反冲击将从若卢杰夫近卫步兵第37师与古尔季耶夫步兵第308师毗
连的侧翼发起，以前者的第114团和担任预备队的第118团以及后者集结在雕塑
公园北面的第339团遂行。[70]

可是，没等叶廖缅科雄心勃勃的计划付诸实施，德国人便率先采取了行动：

我们决定于10月7日下午开始反冲击，因为我们估计，天黑前敌人来不及组织反击，而且他们的飞机也不可能投入。

凌晨4时，我〔崔可夫〕签署了实施反冲击的命令。但我们来不及执行这个命令了，因为11时20分敌人以强大的兵力发起了新的进攻。我军遭遇到进攻方从预有准备、掩蔽得十分巧妙的阵地上射来的火力。[71]

德军这场突击代表了耶内克第389步兵师拉直第6集团军位于上"拖拉机厂"新村南面的前沿战线的最终尝试。上午晚些时候，第389步兵师在第24装甲师一个装甲连10辆坦克和第245突击炮营约10辆突击炮的支援下向北突击，对近卫步兵第37师的中央和右翼防御发起打击。第389步兵师两个团的数个营级战斗群从上乌金斯克（Verkhneudinskaia）大街附近沿"文件夹"大楼西北面的铁路调车线投入进攻，其中三分之一兵力直接攻入"拖拉机厂"新村西端。这场突击只涉及到两个团的部分兵力和20辆战车的支援，但是崔可夫后来夸大了德军投入的力量，他写道：

这是一场全面进攻。敌人从上乌金斯克大街附近投入2个步兵师和500多辆坦克①。第一轮进攻被击退。若卢杰夫师的部队使敌人遭受到重大伤亡。德国人调来预备队，反复发动数次冲击。经过激烈的战斗，日终前，敌人楔入我方防线，占领了拖拉机厂工人住宅区的一条街道，并向体育场逼近。斯塔霍诺夫采夫（Stakhonovtsev）大街和雕塑公园仍在我们手里。[72]

第62集团军的报告比崔可夫后来的回忆更加准确：

敌人在季泽利纳亚、"街垒"新村和107.5高地地域集结起大批兵力（多达2个步兵师和80—90辆坦克），11点30分朝"拖拉机厂"新村这个总方向发起冲击……

---

① 译注：崔可夫回忆录中文版中写的是"50多辆坦克"。

近卫步兵第37师和坦克第84旅与敌人进攻中的2个团和45—50辆坦克展开激烈的战斗。敌人还沿其他方向投入进攻：上乌金斯克大街和"拖拉机厂"新村，以及上乌金斯克大街和日托米尔斯克。敌人的初步进攻被击退，损失惨重。[73]

不管德军到底投入了多少兵力，反正这场突击打垮了苏军近卫步兵第37师第114团的防御，迫使该部向东后撤了约300米。获得近卫步兵第118团第1营和坦克第84旅1个机枪连、1个坦克营的支援后，第114团阻挡住了德军的推进。德军进攻期间，若卢杰夫还将近卫步兵第109团第1、第2营投入部署，前者从梅切特卡河一线、后者从预备阵地将德军的推进遏止在"文件夹"大楼北面500米处。与此同时，德军第389步兵师左翼，第三个团的战斗群穿过季泽利纳亚大街北面的建筑区，向东推进了两个街区。在这场战斗中，梅切特卡河北面，第389步兵师左侧的第94步兵第267、第274团试图从苏军步兵第112师第385团手中夺取铁路桥南面的河流渡口，但未能成功。崔可夫对此的描述是："18时，敌人的一个加强步兵营在梅切特卡河铁路桥以西转入进攻。我们用'喀秋莎'猛烈轰击，几乎全歼了这个营。"[74]这些战斗在双方的作战地图上貌似壮观，而实际上参战部队主要是营、连级战斗群，每个战斗群的兵力不过几百人，在苏军一方，经常不到一百人。

红军总参谋部的每日战事概要反映出了崔可夫对10月7日作战行动的回忆，但没有采纳他关于德军坦克力量的说法：

第62集团军以激烈的防御作战抗击敌人的3个步兵师和1个摩托化师，这股敌军11点30分朝斯大林格勒"拖拉机厂"新村这个总方向发起进攻……

近卫步兵第37师、坦克第84旅和步兵第112师的残部与攻向斯大林格勒"拖拉机厂"新村和日托米尔斯克的敌人展开激战。10月7日日终前，敌人进抵苏尔科夫（Surkov）大街和乌斯秋日大街角、日托米尔斯克上段（含）和雕塑公园（含）。当日，（我军）消灭了敌人的4个步兵营和16辆坦克。敌人的后续推进已被遏止。

步兵第42旅到达（雕塑公园北面的）两座独立建筑和雕塑公园西北部一线。

集团军辖内其他部队的位置未发生变化。[75]

    无论崔可夫的说法多么夸张，事实就是耶内克的第389步兵师重创了崔可夫位于上"拖拉机厂"新村南面的防御，但没能拉直第51军的战线。10月7日短暂但又激烈的战斗导致第24装甲师51名官兵负伤，第389步兵师阵亡20人，负伤45人。10月7日日终时，耶内克的部队制造出一个新的突出部，这个突出部呈直角，向北伸向上"拖拉机厂"新村南郊。突出部的北面与苏军近卫步兵第37师第109团和步兵第112师第385团构设的防御相接，这两个团在季泽利纳亚大街北面的建筑区和梅切特卡河东岸据守着他们的防御阵地（参见地图49）。突出部东侧，若卢杰夫的近卫步兵第114团（现在获得第118团一部的加强）坚决抗击着德军进入拖拉机厂南接近地。对赛德利茨和保卢斯来说，现在的情况很明显：必须获得大批援兵，他们的部队才能顺利到达并攻占拖拉机厂。

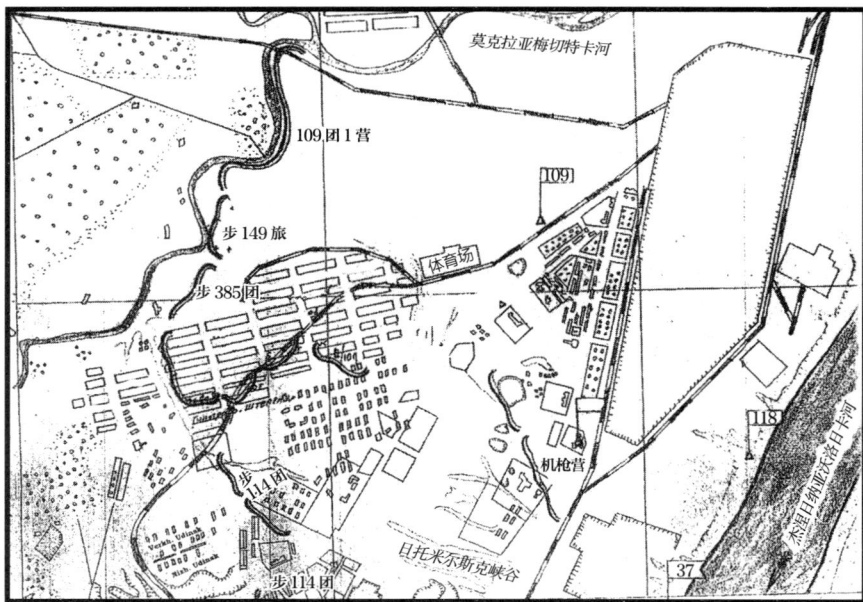

地图 49　1942 年 10 月 5 日，近卫步兵第 37 师的部署

赛德利茨和保卢斯的决定使第6集团军的整条战线出现了怪异的平静，打破这种平静的是偶尔出现的侦察机、双方的偷袭、持续不断的火炮/迫击炮炮火和空袭。[76]在此期间，崔可夫竭尽全力加强他的防御，保卢斯则在集结兵力，希望以一场决定性突击彻底结束这场旷日持久的争夺。

侧翼的战斗，9月29日—10月11日

苏军的计划

双方围绕奥尔洛夫卡突出部、斯大林格勒工厂区和市中心展开激战时，苏军最高统帅部并未坐视不管。相反，他们再次组织进攻，对城市北面和南面的德军侧翼发起打击，试图分散对方的注意力。除了责令顿河方面军辖内第24、第66和近卫第1集团军继续对德军第14装甲军位于城市北面顿河与伏尔加河之间的防御发起猛攻外，最高统帅部还要求斯大林格勒方面军在城市南面发起牵制性进攻。正如罗科索夫斯基后来所写的那样：

> 为分散城内的敌军，哪怕能将部分敌军调离也好，斯大林格勒方面军司令员决定，9月29日晚［9月28日至29日夜间］在城市南面发起局部进攻行动。这场进攻的目的是前出至京古塔（Tinguta）、阿布加涅罗沃（Abganerovo）和萨多瓦亚（Sadovaia）车站附近的敌南部集团的后方，迫使敌人削弱城内的兵力。第57和第51集团军各投入一个混编支队（由一个加强步兵团组成）遂行这一行动。
>
> 空军第8集团军受领的任务是对城内的七个敌目标发起打击，瓦解敌人为下一阶段进攻所做的准备。为防止空军误伤己方部队，第62集团军应以信号灯清晰标明前沿阵地。[77]

另外，舒米洛夫的第64集团军（9月27日和28日，为支援崔可夫第62集团军的反突击，该集团军也发起进攻，但未获成功）也奉命于10月2日发起进攻，支援第57和第51集团军的突击。[78]

最高统帅部派华西列夫斯基协调这场行动，他后来写道：

> 我飞赴东南方面军［9月29日后改称斯大林格勒方面军］，任务是着重了

解第57集团军所在地域和第51集团军右翼部队的情况，同时也了解这两个集团军当面之敌的情况。

到达东南方面军后，我在第57集团军开展工作。这项工作完成后，我建议第51和第57集团军司令员在近期内采取措施，从敌人手中夺取萨尔帕湖、察察（Tsatsa）湖和巴尔曼察克（Barmantsak）湖之间隘路的入口并加以固守。[79]

当时据守该地域的轴心国军队包括守卫着萨尔帕湖与察察湖之间隘路的罗马尼亚第6军第1步兵师，以及守卫着察察湖与巴尔曼察克湖之间隘路的第4步兵师。

南翼：湖区和别克托夫卡之战，9月29日—10月3日

遵照华西列夫斯基的指示，第57集团军司令员托尔布欣将军以步兵第1334、第115团和坦克第155旅组成混编支队，反坦克炮兵第1188团和近卫迫击炮第18、第76团提供支援。该支队将对罗马尼亚第1步兵师位于萨尔帕湖南面的防御发起进攻。与此同时，科洛米耶茨将军的第51集团军也以坦克第254旅和步兵第91师的1个营组建起另一个混编支队，由步兵第302师师长E. F. 马卡尔丘克上校指挥，在近卫迫击炮第80团的支援下，负责突破罗马尼亚第4步兵师在察察湖南面的防御。第57集团军近卫步兵第15师的步兵和炮兵为这场突击提供支援。[80]

9月28日至29日夜间，托尔布欣和科洛米耶茨投入了他们的部队，这场突击迅速取得了成功（参见地图50）。罗马尼亚第4步兵师被打得措手不及，科洛米耶茨的支队突破了该师设在温吉捷里亚奇（Ungi-Teriachi）村南面的防御，据称击溃该师辖下的第5和第21步兵团，前进了18公里，一举夺取了萨多瓦亚村。北面，托尔布欣的支队突破罗马尼亚第1步兵师的防御，前进了大约5公里，10月1日14点攻占了察察村、谢姆金（Semkin）村、87.0高地附近和至关重要的橡树（Dubovoi）峡谷。[81]

红军总参谋部的作战概要阐述了斯大林格勒方面军左翼部队在接下来两天的行动：

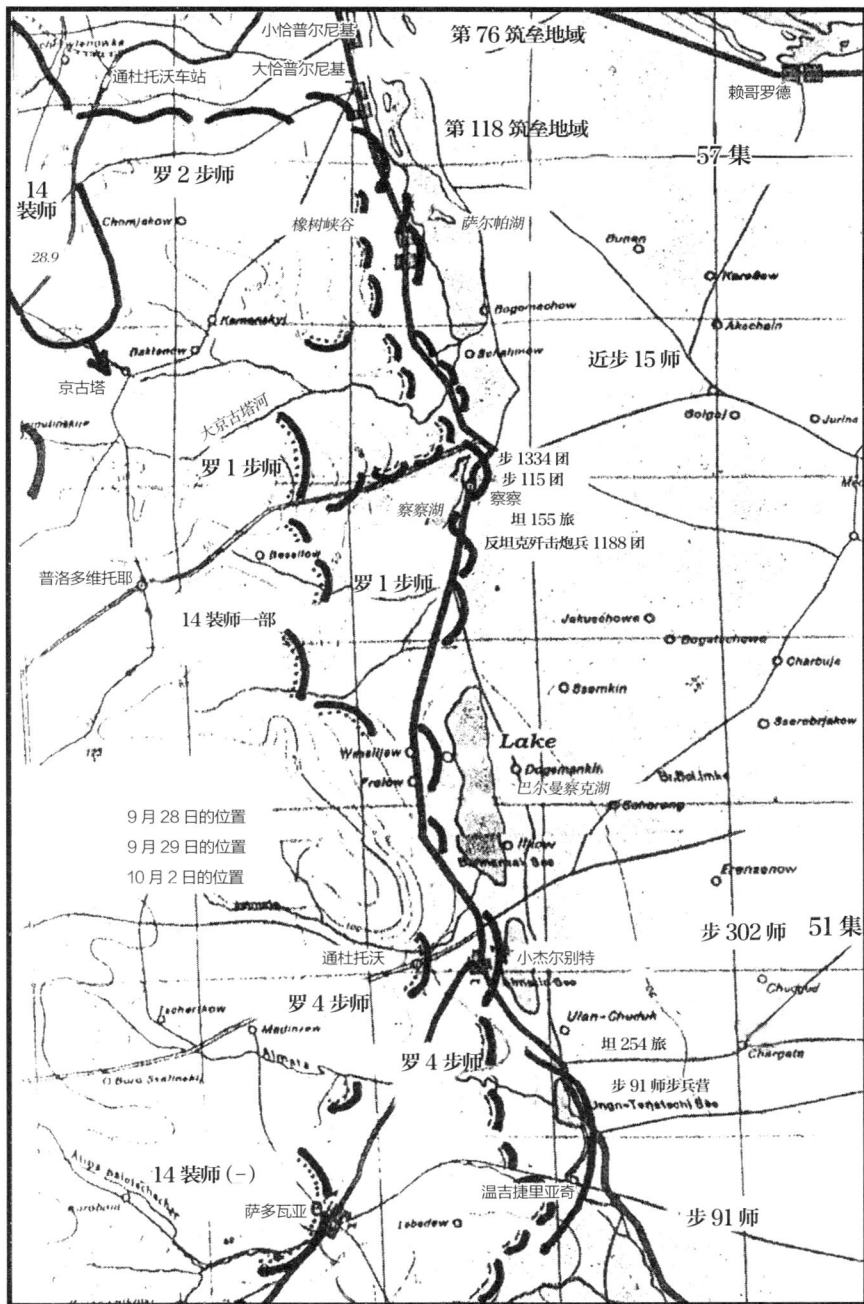

地图 50 1942 年 9 月 28 日—30 日，第 57 和第 51 集团军的反突击

「9月29日」

第64集团军守卫着原先的阵地。

第57集团军的混编支队前出至察察村—谢姆金村地域，在那里固守。

第51集团军的混编支队发起进攻，夺取了萨多瓦亚、83.1高地、谢尔京（Sertin）地域和杰杰拉明（Dede-Lamin）村（萨多瓦亚南面33公里处）西北方1公里地域。

第28集团军守卫着原先的阵地。

「9月30日」

第64集团军守卫着原先的阵地。

第57集团军，近卫步兵第15师的支队克服了敌人的火力抵抗，9月30日15点夺取了橡树峡谷村北郊。该地域的战斗仍在继续。

集团军特别集群（步兵第1334团、坦克第155旅、反坦克炮兵第1188团、近卫迫击炮第18和第76团）投入进攻，冲向普洛多维托耶（Plodovitoe）村，9月30日14点到达无名高地（普洛多维托耶村东面和东南面9公里处）。集团军辖内其他部队的位置未发生变化。

第51集团军守卫着原先的阵地，以部分部队与敌人的1个步兵团在小杰尔别特（Mai.Derbety）村和通杜托沃（Tundutovo）村以南地域、与敌人的2个步兵营在杰杰拉明村一线展开战斗。

关于第28集团军辖内部队的部署，尚未收悉新的汇报。[82]

罗马尼亚陆军史证实了苏军前两日的进攻对第6军辖内部队造成的破坏：

他［安东内斯库］特别担心第6军的处境，因为该军损失严重，在开阔的草原上过度延伸，既没有住处，也无法从当地弄到食物。第4步兵师守卫着60公里长的战线，在9月29日的战斗中伤亡惨重，苏军甚至突破到了该师师部。整个10月份，红军对第6军发起一连串成功的试探性进攻，打垮了第1、第4步兵师位于湖区一线的防御阵地，该军暴露出诸多缺陷。[83]

罗马尼亚部队在斯大林格勒南面60—75公里处湖区附近遭遇的败绩，敲响了保卢斯指挥部里的警钟。没过几个小时，保卢斯便命令肯普夫的第48装甲军派第14装甲师赶往南面，救援罗马尼亚人，该装甲师正与第29摩步师担任第4装甲集团军的预备队，等待着向阿斯特拉罕发起计划中的突击的命令。9月30日夜间，海姆装甲师迅速向南部署，10月1日在普洛多维托耶村东面投入战斗，支援被打得焦头烂额的罗马尼亚第4步兵师。[84]红军总参谋部10月1日的报告概括了这一影响：

第64集团军守卫着原先的阵地。

第57集团军，近卫步兵第15师的部队14点前夺取了橡树峡谷地域，并在那里据守。

集团军混编支队10月1日11点30分遭到敌人的1个步兵营和50辆坦克在87.0高地附近（察察村西南方9公里处）发起的反冲击。这场进攻被我方炮兵和火箭炮炮火击退。击毁16辆敌坦克。敌人再次发起冲击，将我方混编支队逼退并占领了谢姆金地域。

第51集团军，步兵第91师在杰杰拉明地域与敌人展开战斗。

集团军混编支队逼近通杜托沃，在那里与敌人的1个步兵团展开战斗。

第28集团军守卫着原先的阵地。[85]

海姆的装甲师设法稳定住了罗马尼亚师防区内的态势，但无法驱散科洛米耶茨的混编支队并恢复察察湖与巴尔曼察克湖之间原有的防线。结果在接下来的十天里，保卢斯无法将海姆的装甲师用于对斯大林格勒工厂区发起的决定性突击。

令保卢斯的困境雪上加霜的是，第14装甲师徒劳地试图恢复罗马尼亚人在斯大林格勒南部湖区的防御时，稍北面，舒米洛夫第64集团军对德国第4军在别克托夫卡西北方的防御发起了进攻（参见地图51）。10月1日至2日的夜间，舒米洛夫第64集团军以集结在别克托夫卡北面和西北面的右翼主力，对德军第371步兵师设在佩先卡及其西面的防御发起打击。舒米洛夫以5个步兵师（步兵第29、138、第157、第422师，近卫步兵第36师）和海军步兵第66旅沿从叶尔希向东北方延伸至泽列纳亚波利亚纳的这条8公里长的战线实施冲击。当日晚些时候，集团军第二梯队的步兵第204师与步兵第138师一同投入战斗，力图夺取旧杜博夫卡和佩先卡。

这场进攻失败了，但确实分散了保卢斯的注意力。不过，这一行动的效果与苏军最高统帅部的期望相差甚远。正如步兵第422师（该师遂行此次行动的主攻任务）师长I. K. 莫罗佐夫少将描述的那样："第64集团军辖下的各个师夜以继日地向北冲击，力图与第62集团军会合，但两个集团军之间的距离几乎没有减少。"[86]红军总参谋部的每日战事概要叙述了这场徒劳的行动：

10月2日4点30分，第64集团军以右翼和中央部队沿先前的方向转入进攻。

步兵第422师从泽列纳亚波利亚纳地域投入进攻，从东北方包围"托波尔"树林。

近卫步兵第36师攻向145.5高地（佩先卡西南方4公里处）附近，那里的战

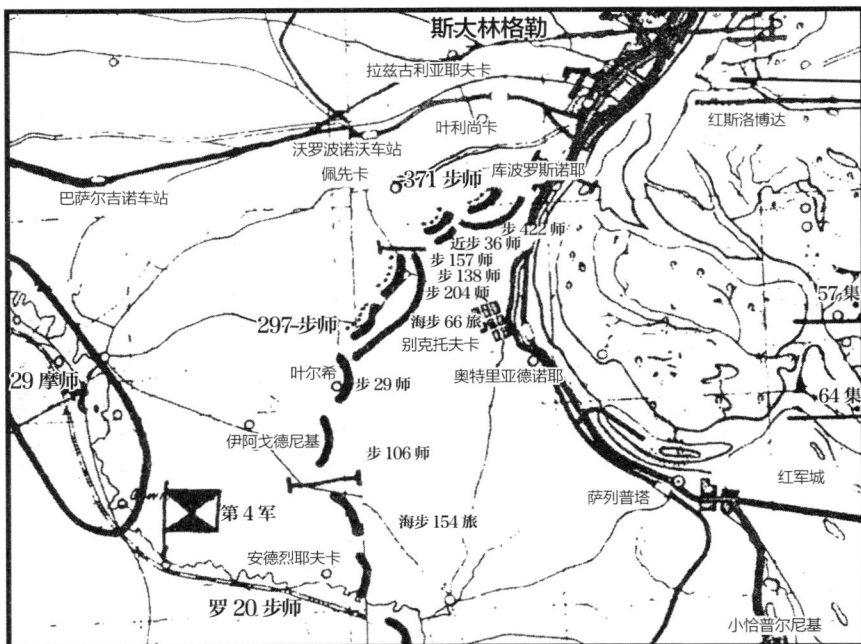

地图51 1942年10月1日—2日，第64集团军的反冲击

斗仍在继续。

步兵第157师攻向佩先卡，战斗沿戈尔纳亚波利亚纳国营农场至136.1高地（佩先卡南面4公里处）的公路肆虐。

步兵第138师攻向旧杜博夫卡，正沿136.1高地南坡战斗。

海军步兵第66旅沿127.5里程碑东北面1公里处的灌木丛地带至该里程碑南坡一线投入进攻。

步兵第29师沿叶尔希村东郊至121.7高地一线战斗。

步兵第204师从步兵第138师身后发起进攻，前出到135.4里程碑至131.3里程碑（佩先卡南面7公里处）一线。

第57集团军守卫着原先的阵地。

集团军混编支队10月2日11点20分占领了谢姆金地域，正与攻向察察湖与巴尔曼察克湖之间地域的敌步兵和坦克激战。

第51和第28集团军继续守卫既有阵地，并实施了侦察行动。

总参谋部10月4日的报告为第64集团军在斯大林格勒南部的短暂牵制作战行动提供了一份墓志铭，报告中简单地指出："第64集团军继续守卫既有阵地，并对左翼部队实施部分再部署。"[87]

直到10月4日日终，德军第389步兵师和第24装甲师对"拖拉机厂"新村的进攻发生动摇之际，保卢斯才意识到苏军对斯大林格勒南部第4装甲集团军的防御发起进攻的重要性。首先，这场进攻打乱了希特勒和B集团军群派第48装甲军辖下相对新锐、获得补充的第14装甲师和第29摩步师深入阿斯特拉罕和伏尔加河下游的计划。第二点对保卢斯而言更加重要，苏军这场进攻使这两个快速师无法驰援他对工厂区的突击。其结果是，保卢斯这位集团军司令不得不等到10月9日海姆装甲师从湖区北调，再用四天时间休整和补充，然后才能参加对第6集团军最重要目标的最终突击。

北翼：第三次科特卢班攻势，10月9日—11日

叶廖缅科在城市南面发起的进攻刚刚受挫，苏军最高统帅部便再次命令罗科索夫斯基的顿河方面军恢复在城市北面和西北面科特卢班、叶尔佐夫卡地

域的进攻。这一次，罗科索夫斯基的行动将与叶廖缅科各集团军在南部发起的牵制性进攻相协同。红军总参谋部10月7日23点05分下达的指令中指出：

> 遵照最高统帅部大本营的命令，斯大林格勒方面军司令员应于10月20日前拟制一份进攻计划，以其左翼获得加强的第57和第51集团军朝察察湖和通杜托沃这一总方向发起突击，歼灭斯大林格勒的敌军。
>
> 与此同时，顿河方面军必须朝科特卢班和阿列克谢耶夫卡这一总方向发起一场会合突击，为此，你部应投入调拨给方面军的7个师。
>
> 你们可以按照近期的计划向斯大林格勒发起一场短促突击，不必顾及这道命令。
>
> 要求你们在10月10日前将你们对本计划的决定和看法提交给最高统帅部批准。[88]

此后，最高统帅部、罗科索夫斯基和叶廖缅科就如何以他们辖下的部队在城市北面和南面最好地实施协调一致的反突击行动广泛交换了建议和反建议。在此期间，罗科索夫斯基勉强恢复了在科特卢班附近的进攻。9月下旬和10月份头几天发起的进攻失利后，没等部队得到休整，罗科索夫斯基便于10月9日将第24集团军和近卫第1集团军投入到新攻势中（参见地图52）。

根据方面军每日报告的记录，这些进攻并未取得比过去更大的战果。

「10月9日」

近卫第1集团军10月9日14点以部分部队发起具有局部重要性的进攻，遭遇到敌人强有力的抵抗。

步兵第298师以部分兵力在113.3高地（科特卢班西南方4公里处）以南地域投入进攻，前进了300—400米。

步兵第258师在123.6高地附近发起进攻，但未获得成功。

步兵第207师在123.6高地附近发起进攻，在普里斯坦（Pristan'）地域夺取了敌人的几个暗堡和散兵坑。

集团军辖内其他部队的位置未发生变化。

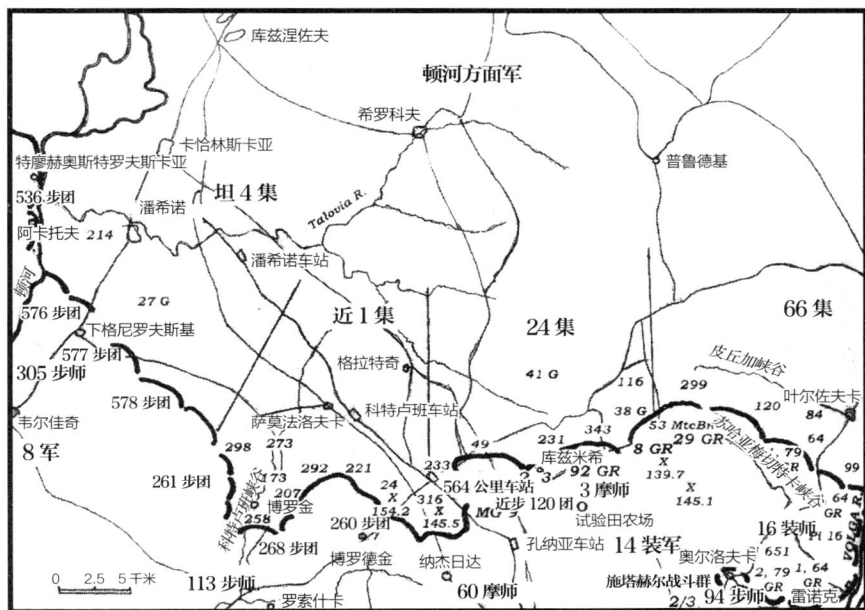

地图52 1942年10月9日—11日，顿河方面军的科特卢班反突击

　　第24集团军10月9日14点以部分部队发起具有局部重要性的进攻，以改善其位于130.7高地附近和农机站（"试验田"国营农场西北方9公里处）的阵地，但遭遇到敌人强有力的抵抗，行动未能取得成功。

「10月10日」

　　近卫第1集团军守卫着原先的阵地，并以部分部队投入战斗，改善在123.6高地附近占据的阵地，并击退小股敌军在个别地段发起的进攻。

　　10月10日11点至11点30分，步兵第258、第207和第173师试图以部分兵力恢复对123.6高地北面2公里处之敌的进攻，但没能取得成功，目前正在原有的阵地上战斗。

　　第24集团军守卫着原先的阵地。

　　步兵第343师以1个团夺取姆特（Mty）地域（库兹米希东南方8公里处）。[89]

正如方面军随后的每日报告所指出的那样，罗科索夫斯基虚弱无力的进攻于10月11日发生动摇，又一次没能取得任何实质性结果。这些徒劳的进攻，与叶廖缅科在城市南部展开的行动一样，最多只能说不断分散了保卢斯的注意力。更重要的是，这些进攻还提醒保卢斯，第6集团军的北翼（位于伏尔加河与顿河之间）和南翼（城市南面的湖区）依然极其脆弱。

风暴前的平静，10月8日—13日

筋疲力尽、紧张不堪的保卢斯预见到斯大林格勒之战不会轻而易举地结束。10月2日，希特勒要求立即夺取这座城市；接下来的一个月里，他的公开承诺导致采取其他任何措施在政治上都是不可行的。实际上，为抵消德军在埃及的失败，10月初赢得斯大林格勒的胜利在心理上变得更加重要。与此同时，OKH（陆军总司令部）人员告诉希特勒，德国陆军缺编100万。这位独裁者对此的应对是将德国空军防空部队的40万人调拨给地面部队，但这番再分配需要很长时间才能在1942年秋季提供具有实际意义的援兵。[90]

10月7日前没能夺取工厂区的德军偃旗息鼓了数日，为下一场大规模进攻进行准备。除了日常的狙击和侦察行动引发的局部交火，德国人试图为新进攻行动加强出发阵地、苏军意图巩固防御阵地或夺回某些关键地段，也导致了一些小规模战斗。[91]例如10月8日8点30分和13点，上"拖拉机厂"新村东南方日托米尔斯克地域两次爆发战斗，德军第389步兵师的连级战斗群试图夺取该地域的剩余部分，但苏军近卫步兵第37师和步兵第112师的残部击退了这些进攻（参见地图53）。

正如第62集团军作战报告中所指出的那样："当日，敌人在近卫步兵第37师的防区发起两次进攻，但前线其他地段，敌步兵和坦克未采取行动。"[92]当天，崔可夫采取措施加强第62集团军在工厂区的防御，他将戈里什内步兵第95师调至该地域，并命令近卫步兵第37师发起局部进攻，夺回数日前在拖拉机厂西南方丢失的阵地。崔可夫的命令中写道：

集团军司令员决定于1942年10月9日晚对部分部队实施再部署，步兵第95师应占据并守卫日托米尔斯克和"雕塑"地域，步兵第284师接防步兵第95师原先

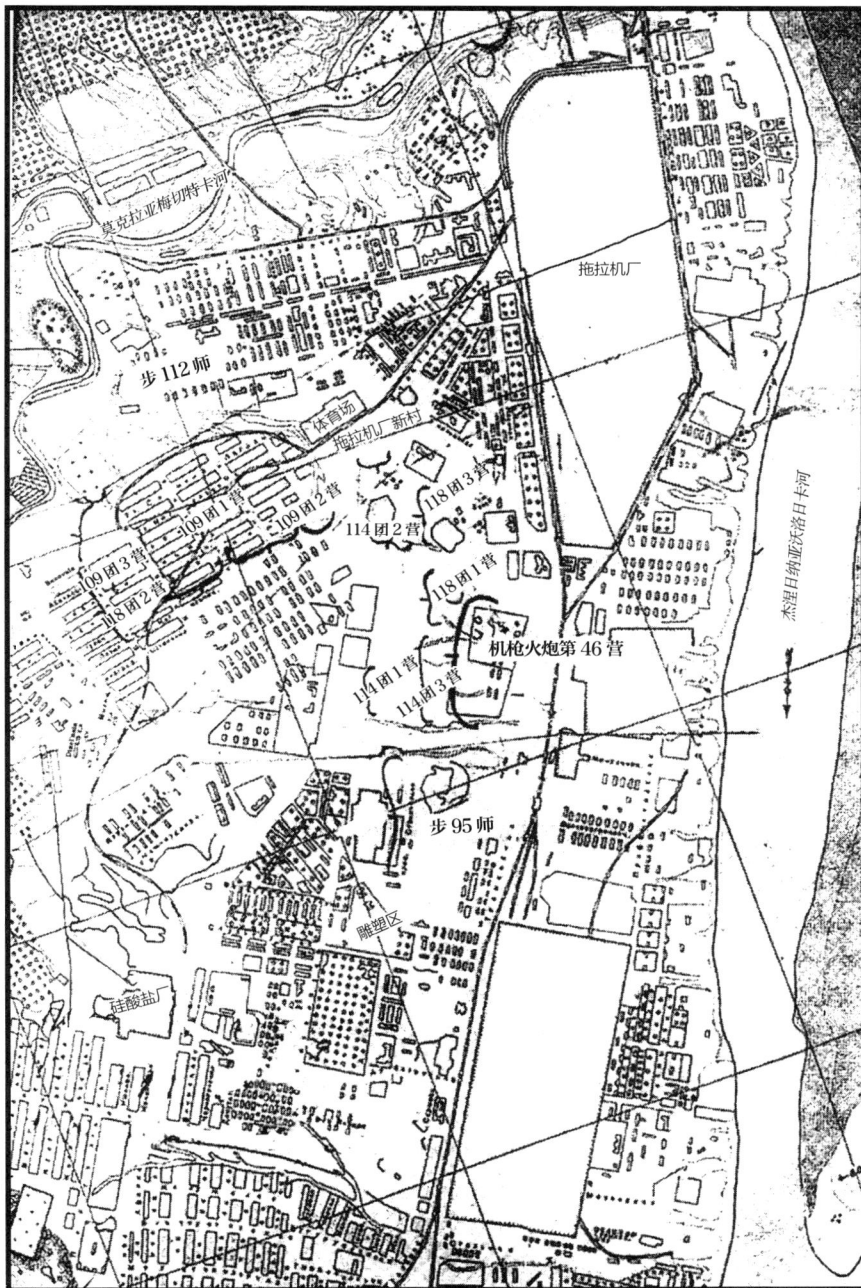

地图53 1942年10月10日6点，近卫步兵第37师的部署

的阵地，同时，以缩短战线为代价，集结近卫步兵第37师的战斗编队并组建局部预备队，做好为恢复近卫步兵第37师原有阵地而即将发起的进攻的准备。

　　近卫步兵第37师各部队应做好在坦克和炮兵的支援下发起进攻的准备，任务是将敌人赶回梅季什奇和日托米尔斯克北面的峡谷一线。炮火准备16点30分发起，17点投入进攻行动。[93]

　　10月9日，步兵第193和第284师报告，他们击退了德军2个营19点对其防区发起的进攻，除此之外，"集团军继续守卫既有阵地，并构筑掩体和障碍"，同时，"对部分部队实施再部署：步兵第284师据守步兵第95师第161和第241团的防区，第95步兵师被接替的部队在新指定的防区占据阵地"。[94]但由于步兵第95师完成向北部署所耗费的时间，近卫步兵第37师除了遂行局部袭击外，直到10月12日才发起大规模反冲击。

　　10月10日平静的一天结束后，10月11日，近卫步兵第37师第114团报告，德军第24装甲师"埃德尔斯海姆"战斗群对该团位于体育场东面的左翼防御发起进攻。这场突击迫使该团撤离体育场南面"雕塑"村的六角大厦，退守从公墓、巴枯宁（Bakunin）大街、科捷利尼克（Kotel'nik）大街、苏尔科沃（Surkovo）大街至日托米尔斯克村北面峡谷的新防线。再往南，已进入指定防区的步兵第95师也报告，他们击退了敌人的几次局部进攻。崔可夫意识到德国人想要达成的目的，21点30分，他命令已获得步兵第95师第90团加强的近卫步兵第37师"10月12日晨发起一场反冲击，任务是恢复近卫步兵第37师防区的态势，切实掩护'拖拉机厂'新村接近地"。除了夺回上"拖拉机厂"新村丢失的部分，崔可夫还打算打德国人一个措手不及，破坏他们的进攻准备。[95]

　　次日晨，近卫步兵第37师第114团在步兵第95师右翼第90团的支援下，试图夺回几天前在体育场南面六角大厦附近丢失的阵地。但是，若卢杰夫的反冲击失败了，步兵第90团只前进了150—200米。这场反冲击进行之际，南面的步兵第308师第339团正试图驱离盘踞在机场（Aeroportovskii）公园西面200米处建筑物内的德军，但未能成功，而步兵第193师和近卫步兵第39师击退了德军小股步兵的数次进攻。[96]

　　10月13日，上、下"拖拉机厂"新村西部和南部的阵地争夺战继续进行，近卫步兵第37师右翼的第109团报告称已击退德军第389步兵师以步兵和坦克发起的两次突袭。与此同时，若卢杰夫师的余部顽强据守六角大厦，近卫步兵第114团在六角大厦西南方的"雕塑"村夺得两座楼房，近卫步兵第118团在日托米尔斯克东南方攻占了另一座楼房。[97]

在靠前部署的各德军师巩固、改善其阵地之际，10月5日—13日，第6集团军和B集团军群对辖内部队进行调整，以便为保卢斯集团军提供他们认为强大到足以夺取斯大林格勒工厂区的兵力。同时，两个司令部竭力维持前线其他地段的可靠防御，特别是第14装甲军在城市北面的防区和在西北方沿顿河设置的防线。在此期间，主要因为第48装甲军为南面的罗马尼亚人提供支援，再加上保卢斯迫切需要援兵，希特勒批准了第48装甲军取消进抵阿斯特拉罕的计划，勉强同意将海姆第14装甲师调拨给保卢斯，加强他用于夺取城市工厂区的突击群。

另外，希特勒和魏克斯还批准为保卢斯的突击群增派2个步兵师：调自第17军的第79步兵师——该师一直掩护着第6集团军的左翼，防范顿河畔谢拉菲莫维奇登陆场内的苏军；调自第8军的第305步兵师——该师守卫着第6集团军位于顿河与伏尔加河之间、正面朝北的防御的西半部分。[98]第305步兵师及时赶至斯大林格勒西面的集结地，准备参加保卢斯10月14日发起的进攻。但第79步兵师几天后才进入集结区，而且只派来2个团。与此同时，9月30日和10月1日，保卢斯将实力受损的第76步兵师撤出第8军位于科特卢班南面的防线，以第17军第113步兵师接替。由于战斗减员，第76步兵师已将辖内的9个步兵营整合为6个，换防后，该师转移至卡拉奇以北、顿河东面的休整区。[99]

10月1日至10日间，德军的一连串再部署达到高潮，B集团军群将整个罗马尼亚第3集团军调至顿河南岸实施防御，其防线从霍皮奥尔（Khoper）河东延至克列茨卡亚地域（参见地图54a、54b）。[100]将罗马尼亚第3集团军派至如此重要的地区，希特勒和魏克斯完全是在进行一场豪赌，他们赌的是红军不会在这一关键地区发起大规模攻势，但事实证明他们错了。B集团军群派罗马尼亚第3集团军（171256人）据守的防区面对的是红军的谢拉菲莫维奇登陆场和克列茨卡亚登陆场的西端。这些罗马尼亚部队部署在空阔草原暴露的位置上，缺乏必要的火力抗击红军的大规模进攻，弹药短缺，食物不足，尽管其兵力和士气优于罗马尼亚第4集团军。[101]

希特勒拒绝了罗马尼亚第3集团军司令杜米特雷斯库的一再请求，后者建议采取行动，彻底或部分消灭苏军位于顿河南岸的登陆场，改善第3集团军的防御，这一举措加剧了问题：

9月24日，杜米特雷斯库将军请求德军提供支援，以罗马尼亚第3集团军尚未投入部署的半数力量发起一场进攻，重新夺回顿河防线［谢拉菲莫维奇登陆场］，他急需该河作为一道防坦克障碍。但是，德国人不愿从进攻斯大林格勒的行动中抽调任何资源，因而拒绝了这一要求，宁愿第3集团军沿意大利人现有的防线构设起更加薄弱的防御，完全不顾罗马尼亚人的反对意见。[102]

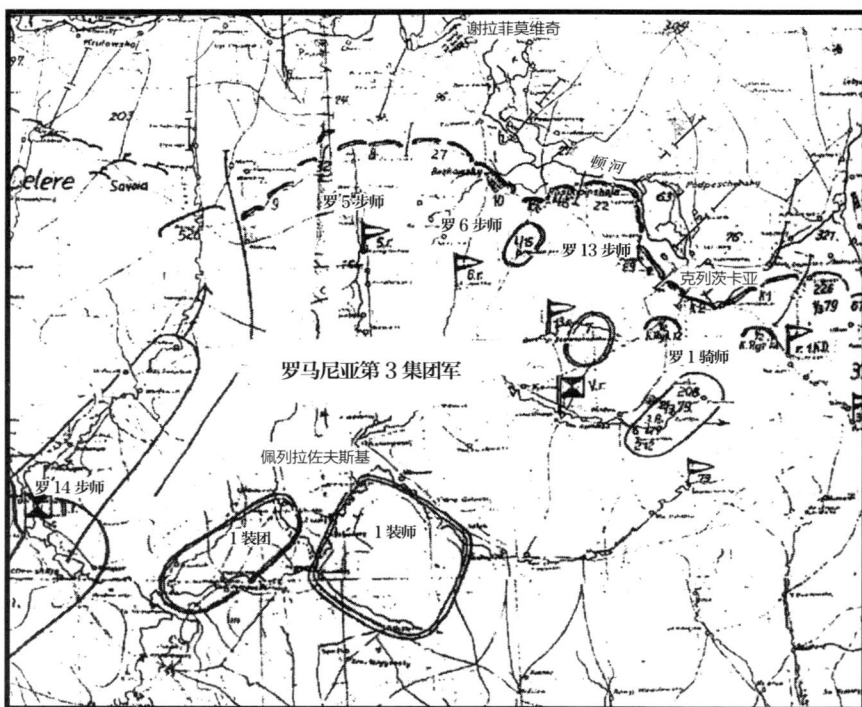

地图 54a 1942 年 10 月 1 日—10 日，罗马尼亚第 3 集团军沿顿河的部署（西部）

此后,从10月14日起,10月份的许多日子里,谢拉菲莫维奇登陆场内的苏军对罗马尼亚第3集团军发起越来越激烈的试探性进攻,意图将德军调离斯大林格勒。[103]

这些调动正在进行之际,保卢斯慢慢集结着用于对斯大林格勒工厂区发起最终突击的部队。首先,他将普法伊费尔第94步兵师的2个团从赛德利茨第51军转隶给胡贝第14装甲军,配合安格恩第16装甲师对莫克拉亚梅切特卡河北面的苏军防御发起进攻。然后,他将肯普夫第48装甲军辖下的海姆第14装甲师以及奥彭伦德尔将军新赶到的第305步兵师交给赛德利茨第51军,他们将与该

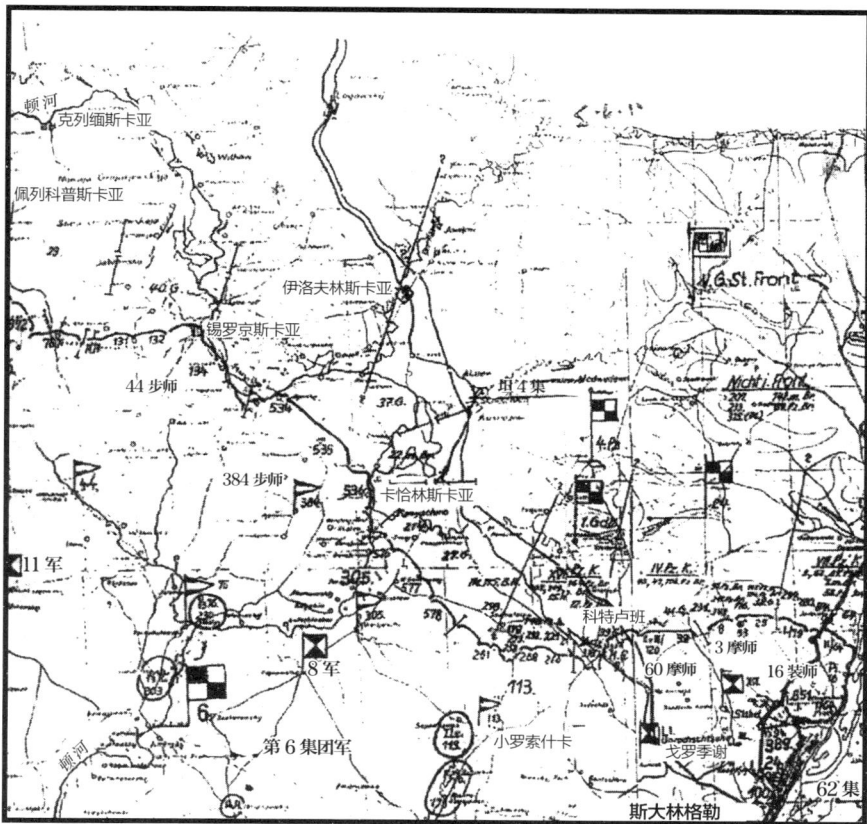

地图 54b 1942 年 10 月 1 日—10 日,罗马尼亚第 3 集团军沿顿河的部署(东部)

军辖下的第24装甲师、第389步兵师、第100猎兵师和第295步兵师一同对工厂区发起突击。从第4装甲集团军第48装甲军转隶第51军后，哈特曼第71步兵师将以第194团消灭斯大林格勒市中心的苏军残部，以第191和第211团守卫从伏尔加河西岸南延至库波罗斯诺耶的防区。保卢斯的南翼，霍特的第4装甲集团军将以第4军、罗马尼亚第6军和第48装甲军军部（没有配备部队）守卫从库波罗斯诺耶向南穿过湖区的防线，第29摩步师担任预备队。

根据苏联方面的统计，凭借这些增援，保卢斯将其突击群的实力增强到了90000人左右，并获得2300门火炮/迫击炮、300辆坦克和突击炮、第4航空队1000架战机的支援。[104]不过，这些数据很值得怀疑，因为它们将第29、第60摩步师和第16装甲师的兵力和坦克也计算在内，而此时这些师要么在斯大林格勒北面和西北面顿河与伏尔加河之间，要么在城市南面的湖区。另外，第14装甲师此时能投入的坦克，任何一天都不超过50辆，而第24装甲师只有约30辆坦克。[105]因此，保卢斯针对工厂区的突击群，装甲力量不到100辆坦克和突击炮，突击炮隶属于提供支援的第244和第245突击炮营。[106]

此外，苏联（和俄罗斯）方面的资料还将德军第76步兵师、第29和第60摩步师、第16装甲师也计入了保卢斯进攻斯大林格勒城的兵力，但这些部队中参加保卢斯对工厂区和城市其他地区最终突击的单位寥寥无几（如果有的话）。另外，由于保卢斯麾下各步兵师和装甲师减员率最高的是步兵和装甲掷弹兵，第6集团军的实际战斗兵力远远低于80000人，有可能等于甚至少于崔可夫集团军的55000人。第6集团军10月17日的报告强调了这一点：其总兵力为334000人，但战斗兵的数量只有66549人，其中许多人部署在斯大林格勒城北面和南面。[107]

第6集团军准备对工厂区继续发起进攻的各部队，辖内各个营的战斗力等级（参见图表30）强调了保卢斯的担心：他的部队是否有能力继续战斗，赢得彻底的胜利？

因此，虽然德军在斯大林格勒参战的步兵营数量从54个增加到61个，工兵营从9个增加到10个，但第6集团军在市区作战的部队，平均战斗力等级依然是"虚弱"。另外，战斗减员迫使第389和第71步兵师裁撤"耗尽"的营，以其兵力加强更具战斗力的营。实际上，截至10月12日，第295、第389、第71步兵师已丧失战斗力，第24装甲师的实力也近乎耗尽。这就意味着保卢斯只能依靠第305步兵师被评为"中等"的9个步兵营来完成手头的任务。

　　魏克斯和保卢斯集结突击群准备对工厂区发起最终进攻之际，不断接到最高统帅部新训令和指示的崔可夫也做好了防御部署。通过华西列夫斯基，斯大林10月5日14点30分为新的战斗定下基调，他在电报中严厉申斥叶廖缅科，并将电报副本发给了顿河方面军的罗科索夫斯基：

图表 30：1942 年 10 月 5 日—12 日，第 6 集团军在斯大林格勒作战的各个师辖下步兵、工兵营的战斗力等级

	10月5日	10月12日
第14装甲军		
第3摩步师（5个步兵营）（1个工兵营）	3个中等、2个虚弱　耗尽	2个中等、2个虚弱、1个耗尽　耗尽
第60摩步师（7个步兵营）（1个工兵营）	4个中等、2个虚弱、1个耗尽　虚弱	4个中等、2个虚弱、1个耗尽　耗尽
第16装甲师（5个装甲掷弹兵营）（1个装甲工兵营）	3个中强、1个中等、1个虚弱　中等	2个中强、2个中等、1个虚弱　中等
第94步兵师（7个步兵营）（1个工兵营）	7个耗尽　中等	7个耗尽　虚弱
第51军		
第24装甲师（4个装甲掷弹兵营）（1个装甲工兵营）	1个虚弱、3个耗尽　中等	1个虚弱、3个耗尽　耗尽
第100猎兵师（5个步兵营）（1个工兵营）	4个中等、1个虚弱　虚弱	4个中等、1个虚弱　虚弱
第305步兵师（9个步兵营）（1个工兵营）	未参加市区的战斗	9个中等　强
第295步兵师（7个步兵营）（1个工兵营）	4个虚弱、3个耗尽　中等	4个虚弱、3个耗尽　虚弱

第389步兵师 （6—5个步兵营） （1个工兵营）	6个虚弱 耗尽	1个虚弱、4个耗尽 耗尽
第48装甲军		
第71步兵师 （8—7个步兵营） （1个工兵营）	1个虚弱、7个耗尽 中等	7个虚弱 虚弱
总计 54—61个步兵营 9—10个工兵营	3个中强、12个中等、18个虚弱、21个耗尽 4个中等、2个虚弱、3个耗尽	2个中强、21个中等、19个虚弱、19个耗尽 1个中强、1个中等、4个虚弱、4个耗尽

※ 资料来源：弗洛里安·冯·翁德·楚·奥夫塞斯男爵，《第6集团军作战日志附件册，第一卷，1942 年 9 月 14 日至 11 月 24 日》，第 128—132、第 156—160 页，"Betr.: Zustand der Divisionen, erstmalig nach neu festlegter Bestimmung des Begriffes "Gefechsstärke," Armee – Oberkommando 6, Abt. Ia, A. H. Qu., den 5 Oktober 1942"（关于：各个师的状况，重新规定"战斗力"这一术语后的首次，第 6 集团军司令部作战处，1942 年 10 月 5 日），以及 "Betr.: Zustand der Divisionen, Armee –Oberkommando 6, Abt. Ia, A. H. Qu., 12 Oktober 1942, 10.00 Uhr"（关于：各个师的状况，第 6 集团军司令部作战处，1942 年 10 月 12 日 10 点）。

我认为您没有注意到斯大林格勒方面军各部队遭受的威胁。敌人已占领市中心并突破至斯大林格勒北面的伏尔加河，他们企图夺取你们的渡口，包围第62集团军并将其俘获，然后包围您的南部集团，即第64集团军和其他各集团军，将他们也一网打尽。敌人有可能实现他们的企图，因为斯大林格勒城北、市中心和城南的伏尔加河渡口区都被他们占领了。为防止出现这种危险，您必须将敌人驱离伏尔加河，重新夺回敌人从你们手中夺走的那些街道和房屋。为此，必须将斯大林格勒的每栋房屋、每条街道都变为堡垒。不幸的是，您没能做到这一点，仍在将一个个街区拱手让给敌人。这证明您的表现不佳。您在斯大林格勒地域的兵力比敌人多，可尽管如此，敌人还是占据了上风。我对您在斯大林格勒方面军的表现不满意，我要求您采取一切措施守卫斯大林格勒，决不能将斯大林格勒让给敌人，被敌人占领的地方一定要夺回来。[108]

就在同一天，斯大林将方面军参谋长格奥尔基·费奥多罗维奇·扎哈罗夫少将擢升为方面军副司令员，参谋长一职由第37集团军参谋长I. S. 瓦连尼科夫少将接任。斯大林以此强调他对叶廖缅科及其工作人员的不满。扎哈罗夫自方面军组建伊始便担任参谋长，这位45岁的指挥员具有丰富的参谋工作经验。苏德战争前，他担任乌拉尔军区参谋长（1939年至苏德战争爆发）；1941年，他在第22集团军和布良斯克方面军任参谋长①，1941—1942年冬季在朱可夫的西方面军任参谋长和副司令员②，1942年初在布琼尼的北高加索方向总指挥部和北高加索方面军任参谋长；"蓝色"战役初期，西南方面军遭遇惨败，他在该方面军任副司令员和参谋长③。[109]作为一名卓有成效的组织者和才华出众的高级参谋人员，扎哈罗夫的职业生涯颇具声望，他这些特点将在斯大林格勒保卫战期间接受最严峻的考验。叶廖缅科的新参谋长是41岁的伊万·谢苗诺维奇·瓦连尼科夫将军，他也是一位经验丰富的参谋长，1940—1941年担任过第26集团军参谋长，1941—1942年任第37集团军参谋长。[110]

　　另外，斯大林还认为戈利科夫不堪大用，因而解除了他方面军副司令员的职务，调回最高统帅部另作任用。[111]次日，华西列夫斯基代表斯大林给叶廖缅科下达了加强斯大林格勒防御的明确指示：

　　最高统帅部大本营命令，继续肃清斯大林格勒城内之敌的同时，立即在斯大林格勒地区的伏尔加河群岛上组织起坚固的防御，要特别留意宰采夫斯基和斯波尔内（Spornyi）岛的防御。

　　为守卫这些岛屿，应指派师属、团属重炮和防空兵器部队驻防在这些岛上。大本营决定派出9个"机枪-火炮"营加强斯大林格勒方面军派往各岛屿的防御部队。诸岛屿的防御计划应于1942年10月7日呈交最高统帅部。[112]

　　10月7日，最高统帅部下达了两道与斯大林格勒方面军相关的新指令。第一道指令将一个高射炮团交给叶廖缅科，要求他将该团部署在戈洛德内岛和萨尔平斯基岛北半部，10月9日生效。第二道指令将步兵第45师交给叶廖缅科，要求他将该师派往戈洛德内岛和萨尔平斯基岛北半部设防。[113]最后，为防止斯

---

　　① 译注：还担任过布良斯克方面军司令员。
　　② 译注：扎哈罗夫在该方面军任副司令员，没有担任过参谋长。
　　③ 译注：扎哈罗夫没有担任过这两个职务。

大林格勒城落入德国人之手，苏军最高统帅部10月10日又下达了两道新指令，旨在加强斯大林格勒方面军位于伏尔加河东岸的防御。第一道指令14点10分签发，将骑兵第4军从外高加索方面军转隶给叶廖缅科方面军；第二道指令23点45分签发，将步兵第300师调拨给叶廖缅科，要求他以该师加强方面军位于伏尔加河东岸的防御。[114]到达斯大林格勒地域后，步兵第300师将编入哈辛将军的坦克第2军，该军获得重建的坦克旅和摩托化步兵旅已在伏尔加河东岸占据防御，但该军没有坦克。

除了加强斯大林格勒方面军，最高统帅部还策划了一场新攻势来缓解斯大林格勒城的压力，并于10月7日将进攻方案交给顿河、斯大林格勒方面军司令员。[115]该方案要求罗科索夫斯基顿河方面军辖下的近卫第1、第24和第66集团军10月20日前后沿科特卢班—阿列克谢耶夫卡方向向南发起进攻，沿城市西部铁路线与斯大林格勒方面军第57和第51集团军会合。同时，托尔布欣和科洛米耶茨的第57、第51集团军从斯大林格勒南面的湖区沿察察湖—通杜托沃方向再次向西北方发起进攻。但是，罗科索夫斯基10月9日竭力反对最高统帅部的方案。首先，他详细阐述了德军的防御特点，并断言德国人的防御非常强固，根本无法突破；然后，他又描绘出一幅准确而令人沮丧的画面——他麾下的各集团军在经历一个月的激战后，状况已然不佳：

> 经过一个月的战斗，近卫第1、第24和第66集团军辖内各步兵师被严重削弱，每个师的战斗兵不超过1个营。方面军没有补充兵，无法恢复这些师的战斗力……用于突破和扩大战果的7个步兵师已到达。你们建议沿科特卢班—阿列克谢耶夫卡方向发起进攻，但要达成突破并扩大战果，仅凭这些部队远远不够。要达成目的，至少需要4个步兵师突破敌人的防线，3个步兵师用于扩大突破，还需要3个满编步兵师掩护突击群，抗击敌人从西面和西南面发起的反冲击。
>
> 鉴于步兵师数量不够，不太可能向科特卢班地域发起一场主要突击。[116]

基于以上判断，罗科索夫斯基提出另一个不那么雄心勃勃的计划。他不打算对整个第6集团军实施深远包围，而是建议以他的方面军发起一场浅近突破，与第62集团军在奥尔洛夫卡西面的某处会合。按照他的计划，遂行主要突击任务的第24集团军将以7个新锐步兵师从库兹米希以东地域向南突击，与第62集团军在"街垒"村北部会合。近卫第1和第66集团军分别投入4个、3个步兵师，掩护这场突破的侧翼。[117]

这种对其权威的不同寻常的挑战激怒了斯大林，他拒不接受罗科索夫斯基的建议："最高统帅部不能批准您呈交的作战计划。从北面发起的打击必须与斯大林格勒方面军从南面展开的突击相配合，对此将下达附加命令。"[118]相反，这位独裁者还指示罗科索夫斯基："以方面军左翼各集团军的加强支队展开积极的行动，阻止敌人实施再部署，将进攻斯大林格勒的敌军吸引到您这一方，占领有利的高地，以改善你们的阵地。"[119]在此期间，顿河方面军右翼的集团军（第63、第21集团军和坦克第4集团军）应固守顿河对岸的登陆场。

叶廖缅科也在10月9日对斯大林的方案做出回复。这位斯大林格勒方面军司令员不赞成再度发起科特卢班攻势的构想，德军在那里的防御非常强大，进攻行动将徒劳无获。相反，他建议罗科索夫斯基的顿河方面军发起一场更大范围的合围，从顿河南岸的克列茨卡亚和锡罗京斯卡亚登陆场展开大规模突击，向南攻往顿河畔的卡拉奇。他认为这样一场进攻充分利用了敌人的防御薄弱点和第21集团军先前取得的战果。如果投入诸如近卫骑兵第3军这种快速部队和2—3个独立机械化旅，这场进攻有可能深深地楔入并切断斯大林格勒以西德军至关重要的交通线，还可能包围并歼灭第6集团军。至于他的方面军，叶廖缅科建议以第57和第51集团军从斯大林格勒南面的湖区发起主要突击，攻向顿河畔的卡拉奇，以骑兵第4军和1个独立摩托化步兵旅遂行扩大战果的任务，与罗科索夫斯基的部队会合。第64集团军从别克托夫卡登陆场发起局部辅助突击。[120]

罗科索夫斯基完全正确的反对意见说服最高统帅部推迟了缓解第62集团军压力的新攻势。但保卢斯第6集团军向工厂区发起的后续进攻迫使莫斯科10月15日重新考虑发起反攻的问题。苏军最高统帅部起初采纳了罗科索夫斯基的方案，但最终，斯大林更倾向于叶廖缅科的建议，并以此为基础，为一个多月后发起一场更具戏剧性、更加成功的反攻拟制出计划。

斯大林和最高统帅部设法缓解第62集团军的压力时，崔可夫调整着城内的部队，以加强防御能力。例如，戈里什内步兵第95师（3075人）从原先位于马马耶夫岗和班内峡谷附近的防区调至体育场、日托米尔斯克和"雕塑"地域之间的新阵地后，他指示戈里什内，将步兵第42旅残存的937人纳入步兵第95师。[121]此时，戈里什内获得加强的步兵师在若卢杰夫近卫步兵第37师（在右侧掩护拖拉机厂接近地）与古尔季耶夫步兵第308师（在左侧掩护"雕塑"公园和索尔莫斯克）之间的结合部守卫着第二道防线。步兵第95师从马马耶夫岗地域调离后，巴秋克第284步兵师接防马马耶夫岗山坡和"红十月"厂西南边缘，并继续守卫原先的防区——多尔吉和克鲁托伊冲沟。次日，崔可夫派叶尔莫尔金步兵第112师第524团（该团在东岸进行补充和重建后刚刚渡过伏尔加河）沿莫克拉亚梅切特卡河、合作社（Kooperativnaia）大街和"突击手"体育场（含）占据防御。[122]

工厂区南部三分之一处（从伏尔加河往西看）。"网球拍"和班内峡谷位于左侧（南），维什涅瓦亚峡谷从左至右横跨上部，"红十月"厂和工人新村从上至下位于中央，峡谷和双冲沟从上至下位于右侧

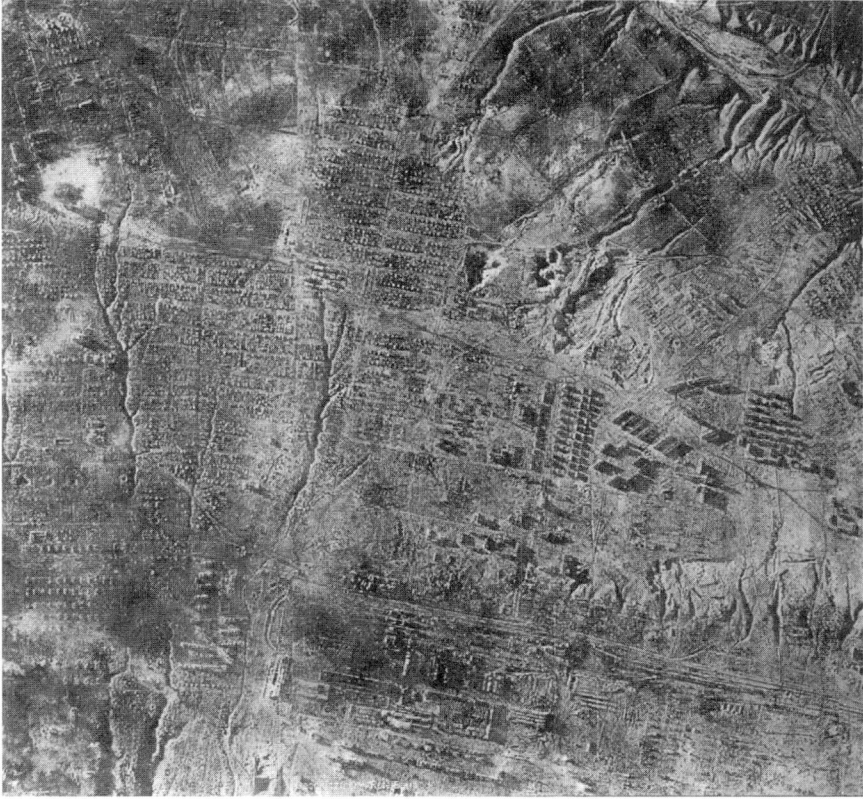

工厂区中央三分之一处（从伏尔加河底部往西看）。峡谷和双冲沟从上至下位于左侧，硅酸盐厂、峡谷和隘口、雕塑公园、街垒厂从上至下位于中央，梅切特卡河、上拖拉机厂新村、日托米尔斯克峡谷、米努辛斯克地域从上至下位于右侧

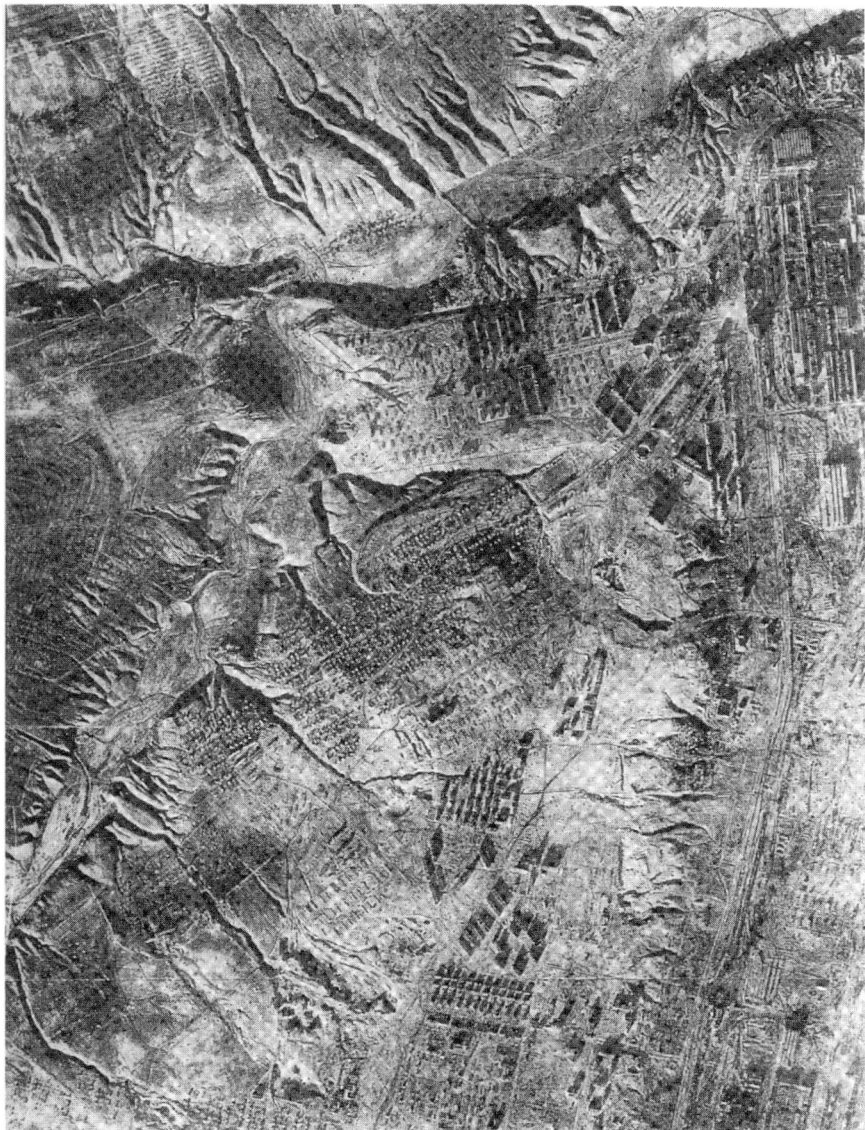

工厂区北部三分之一处（从伏尔加河往西看）。梅切特卡河和莫克拉亚梅切特卡河从左上方斜着伸向右下方，硅酸盐厂和"街垒"厂位于左侧，拖拉机厂新村位于中央和中央偏右处，拖拉机厂位于右下方

苏军士兵在上红十月新村战斗

烈焰中的工厂区

安德留先科据守奥尔洛夫卡突出部的余部终于退回第62集团军的防线后，10月11日，崔可夫将步兵第115旅和摩托化步兵第2旅虚弱的残部沿莫克拉亚梅切特卡河北岸珍珠（Zhemchuzhnaia）大街西端的一条冲沟部署在正面朝西的防御阵地上。随后，他将"戈罗霍夫"集群实力严重受损的NKVD步兵第282团撤过伏尔加河进行休整和补充，并命令戈罗霍夫将步兵第124旅（缺第1营）部署在从雷诺克南面向西穿过斯巴达诺夫卡村直至135.4高地东南坡的防区内。最后，争夺六角大厦的激战结束后，崔可夫10月12日也对该地域的防御部署做出了调整和加强。首先，他将步兵第112师第524团调至新的预备防御阵地，其防线从体育场北部边缘向北延伸，穿过六角大厦东面，至库利塔尔梅（Kul'tarmeiskaia）大街西端。然后，他命令古里耶夫将近卫步兵第39师第117团调至沿日托米尔大街构设的新防御阵地，在近卫步兵第37师与步兵第95师的结合部提供纵深防御。[123]

这番调整的结果是：截至10月13日晚，崔可夫围绕斯大林格勒市中心和工厂区日益萎缩的周边阵地设立起了他认为可靠的防御。此时，"戈罗霍夫"集群据守在莫克拉亚梅切特卡河北面的登陆场，掩护着拖拉机厂及其工人新村的北接近地，辖下步兵第124旅（缺第1营）和第149旅的防线从93.2高地向东延伸，穿过斯巴达诺夫卡北部，直至雷诺克北面的伏尔加河。"戈罗霍夫"集群左侧，步兵第115旅和摩托化步兵第2旅的残部守卫着从93.2高地向南延伸，穿过珍珠大街西端，至莫克拉亚梅切特卡河的冲沟。

该河南面，叶尔莫尔金步兵第112师（获得重建后共有2300人）第416和第385团，以及若卢杰夫近卫步兵第37师的3个团，现在获得步兵第112师第524团和近卫步兵第39师第117团的支援，守卫着梅切特卡河和拖拉机厂西、西南接近地。这些部队据守的防线沿梅切特卡河东岸南延至上"拖拉机厂"新村西部，从梅切特卡河向东延伸，从季泽利纳亚地域与上"拖拉机厂"新村南部边缘之间穿过，然后向南延伸至日托米尔斯克峡谷西端。[124]若卢杰夫近卫师左侧，戈里什内的步兵第95师以及配属给该师的步兵第42旅守卫着从日托米尔斯克峡谷西端向南穿过"雕塑"村西侧至雕塑公园西北角，也就是通往拖拉机厂与"街垒"厂之间地域的接近地。

再往南，古尔季耶夫步兵第308师残存的两个团（第339和第347团）据守着从雕塑公园西北角沿索尔莫斯克西部边缘向南延伸的防线，掩护铁路线和"街垒"厂西接近地。古尔季耶夫师左侧，斯梅霍特沃罗夫步兵第193师第883、第895和第685团守卫的防线沿杜布林大街向南延伸，从卡卢加大街（索尔莫斯克西南角）北面的冲沟南延至中央大街，掩护着"红十月"厂东北接近地。最后，斯梅霍特沃罗夫师左侧，古里耶夫近卫步兵第39师第112和第120团守卫着"红十月"厂西接近地，其防线从中央大街向南延伸，穿过铁路线西面的两个街区，直至班内峡谷。

第62集团军掩护工厂区的防区的最南端，巴秋克第284步兵师守卫着"红十月"厂南接近地，他们坚守的阵地位于马马耶夫岗北半部、肉联厂和班内峡谷南面的"网球拍"南颈部。巴秋克师还坚守着多尔吉、克鲁托伊冲沟的下段，从而与近卫步兵第13师在斯大林格勒市中心的小型登陆场相连接。最后是第62集团军左翼的罗季姆采夫近卫步兵第13师，固守着一片低洼的防区，从克鲁托伊冲沟南延至"1月9日"广场附近。

除了第62集团军在城区的防御，叶廖缅科的斯大林格勒方面军还获得了最高统帅部的支援，在伏尔加河群岛及该河东岸构设起强有力的支撑点防御网和其他阵地。这些防御阵地主要由第77筑垒地域的"机枪–火炮"营、坦克第2军的坦克和摩托化步兵旅守卫，后者由哈辛将军指挥，10月15日后，由坦克第23军原军长波波夫将军指挥（参见图表31）。[125]

据苏联方面的资料称，截至10月10日，崔可夫集团军共有55000人，其中44017人隶属城内的步兵单位，并获得1400门火炮/迫击炮（包括950门76毫米或更大口径的身管火炮）和80辆坦克（包括36辆T–34和33辆轻型T–60、T–70）的支援（参见图表32）。这些坦克属于近卫坦克第6和坦克第84旅，外加1个独立坦克营的23辆坦克（6辆KV、8辆T–34、3辆T–70、6辆T–60），他们在步兵第124旅与第149旅的编队间占据了挖掘好的防御阵地。[126]

至于空中支援，崔可夫依靠的是空军第8集团军，截至10月7日，该集团军拥有188架可投入的战机，包括24架歼击机、63架强击机和101架轰炸机（20架波–2白昼型和81架夜间型）。根据第6集团军和为其提供支援的德国空军的实力计算，保卢斯在兵力和火炮方面占有1.7:1的优势，坦克和突击炮为3.8:1，空中优势超过5:1。[127]但是，保卢斯辖下各个师具有战斗力的步兵和装

图表31：1942年10月13日，斯大林格勒方面军在伏尔加河群岛及东岸的防御

● 伏尔加河群岛

　　○ 斯波尔内岛和宰采夫斯基岛——坦克第2军坦克第39旅（一部），获得第77筑垒地域2个"机枪-火炮"营、2个师属炮兵团、2个高射炮营的加强；

　　○ 戈洛德内岛——坦克第2军坦克第26旅，获得第77筑垒地域1个"机枪-火炮"营、1个师属炮兵团、1个高射炮营的加强，步兵第45师的2个团后来加入该岛的防御；

　　○ 萨尔平斯基岛——第77筑垒地域2个"机枪-火炮"营，获得1个高射炮营的加强，步兵第45师的1个团后来加入该岛的防御。

● 伏尔加河东岸

　　○ 中波格罗姆纳亚（Srednyi Pogromnaia）峡谷和奥萨德纳亚（Osadnaia）峡谷地段——坦克第135旅，获得第77筑垒地域1个"机枪-火炮"营和1个独立步兵营的加强；

　　○ 图日尔基诺（Tuzhilkino）湖和阿赫图巴河河口（10月10日后）——步兵第300师、独立坦克第28教导营，两个兵团都由坦克第135旅指挥；

　　○ 普里韦尔赫（Priverkh）和红斯洛博达地段——坦克第2军坦克第39旅（一部），获得第77筑垒地域2个"机枪-火炮"营和1个独立步兵营的加强；

　　○ 红斯洛博达和图马克地段——坦克第2军坦克第169旅，获得第77筑垒地域1个"机枪-火炮"营和1个独立步兵营的加强；

　　○ 图马克和雷诺克地段——第77筑垒地域1个"机枪-火炮"营和1个独立步兵营；

　　○ 雷诺克和格罗姆基（Gromki）地段——坦克第2军坦克第99旅；

　　○ 雷巴奇、第3"胜利"国营农场和齐甘斯卡亚扎里亚里亚地段——坦克第23军近卫坦克第6、坦克第27旅，摩托化步兵第20旅的残部，坦克第133旅（没有坦克）；

　　○ 斯韦尔特雷亚尔（Svertlyi lar）（第64集团军）——坦克第90旅。

甲掷弹兵的实际数量远远少于苏联方面估计的90000人。这一点，再加上苏联方面对第6集团军坦克力量固有的高估，意味着双方在步兵和坦克力量方面的真实对比更趋于均等。

　　意识到德军在火力支援方面占有优势的崔可夫在叶廖缅科的协助下，采用新技术部署他的炮兵和空中力量，以打乱保卢斯为新进攻所做的准备。首先，针对德军的集结，他组织起一系列更有效的炮火反准备。崔可夫猜到第51军第389步兵师和第24装甲师可能在10月5日发起拉直战线的进攻，因而实施了首次炮火反准备，使用了5个步兵师和2个步兵旅的炮兵以及斯大林格勒方面军的炮兵北部子群。后者编有4个炮兵团、3个反坦克炮兵团、5个"喀秋莎"团，共有300多门火炮和大量火箭炮。这场炮火反准备对集结在"硅酸盐"厂附近和"拖拉机厂"新村西南地段的德军发起急袭。苏联方面称，这场炮击给

图表 32：1942 年 10 月 10 日，第 62 集团军在斯大林格勒城区作战的各步兵师和步兵旅的兵力

近卫步兵第13师——6053人
近卫步兵第37师——4670人
近卫步兵第39师——5052人
步兵第95师——3075人
步兵第112师——2277人
步兵第193师——4168人
步兵第284师——5907人
步兵第308师——3225人
步兵第42旅——760人
步兵第92旅——1050人
步兵第115旅——1135人
步兵第124旅——3520人（10月5日）
步兵第149旅——2556人
摩托化步兵第2旅——569人
总计——44017人

※ 资料来源：伊萨耶夫，《斯大林格勒：伏尔加河后方没有我们的容身处》，第234页，引自 *TsAMO RF, f. 48, op. 451, d. 41,1. 136*。

德国人造成了异常严重的伤亡。[128]德国第6集团军的记录表明，10月5日的伤亡并未增加，但10月6日和7日的损失却有所上升，第24装甲师和第100猎兵师报告，他们的伤亡超过50人——两倍于前几日的伤亡数。另外，第24装甲师报告，第89装甲炮兵团人员和兵器10月6日遭受的损失远较平日为重。该团一名下级军官在日记中写道："10月6日，天色阴沉。我方炮位已在天气晴朗时被敌军观测员确认，因而遭到炮击。直到下午，林登贝格才将一门火炮带至新阵地，并做好开炮准备。三人阵亡。蓬格少尉和另外12人身负重伤。一辆弹药车被炸入空中，三门火炮被毁。"[129]

在此期间，叶廖缅科还改善了指挥和控制，以及方面军炮兵的效能，斯大林格勒方面军目前拥有250门火炮，包括150门120毫米至152毫米口径不等的身管火炮。他把方面军炮兵群分成四个子群，每个子群负责一个具体地段。

另外，崔可夫集团军的空中支援和防空措施也得到了极大的改善。忙着整编辖下部队的红空军负责人诺维科夫将军，作为最高统帅部代表已于8月份赶至斯大林格勒。他和随行的副手P. S. 斯捷潘诺夫将军组织起城市的防空工作。战役初期，红空军遭遇的后勤困难几乎与德国空军一样多，另外，红空军还缺乏经验丰富的飞行员。但到9月下旬，诺维科夫的努力终于初见成效。例如，9月27日至10月8日期间，空军第8集团军在斯大林格勒地域投入4000架次，而德国空军的飞行架次急剧减少。诺维科夫承认他的战机和飞行员尚不能与德国人抗衡，因而特别强调夜间行动的重要性，频频对德军据守的市区发起大规模空袭。这些袭击进一步加剧了德军夜间的压力，对此，第6集团军司令部要求德国空军发起进攻，摧毁苏联空军的基地。尽管如此，要掌握斯大林格勒上方的制空权，红空军还有很长的路要走。[130]

主要由于斯捷潘诺夫付出的努力，崔可夫的防空工作也在这段平静期获得了改善。大批小口径37毫米高射炮和中口径85毫米高射炮（其中许多由女性炮组成员操作）从伏尔加河两岸开炮射击，使德军拦截河道的任务变得更加困难。这些高炮群中最具威力的单位隶属于斯大林格勒军级防空地域，部署在宰采夫斯基、戈洛德内和萨尔平斯基岛上，掩护着伏尔加河畔的渡口。另一个特别高炮群由高射炮兵第748团的56门高射炮、8辆高射装甲列车和第19对空情报营组成，为河流东岸重要的火车站提供防空掩护。[131]

这段时间里，伏尔加河区舰队也在竭力确保将援兵、装备和弹药运抵崔可夫遭到围困的集团军处。冒着德军持续不断、通常毁灭性强大的炮火和空袭，该舰队付出了巨大的努力，设法将步兵第42和第92旅、步兵第308师、近卫步兵第39和第37师以及大批弹药和其他物资运过伏尔加河。返航时，该舰队的船只载满伤员和疏散的平民。

总结

10月3日至13日这11天的激战中，保卢斯的第6集团军巩固了他们在"红十月"和"街垒"村上段夺取的地域，彻底歼灭了被困在奥尔洛夫卡的苏军，并在拖拉机厂西南接近地，"拖拉机厂"新村西部，崔可夫第62集团军的防线上插入了一个凶险的楔子。与此同时，第6集团军的左翼部队较为轻松地击退了顿河方面军在科特卢班地域发起的多次进攻；第4装甲集团军在斯大林格勒南面的湖区同样如此。但是，保卢斯战线的其他地段，战斗已陷入僵持状态。

　　10月初，将针对斯大林格勒工厂区的最终突击推延了两天后，由于第6集团军的实力越来越弱，保卢斯别无选择，只能将作战行动从10月8日再度推延至10月13日，以获得必要的援兵，使赛德利茨的主要突击群恢复攻势。这位第6集团军司令不得不从受威胁较小的地段抽调兵力，并请求B集团军群和相邻的第4装甲集团军提供更多援助。凭借这些近乎绝望的措施，保卢斯得以在10月13日前为他的主要突击群提供了2个师的援兵——第305步兵师和第14装甲师。但在保卢斯搜罗援兵之际，崔可夫也重新部署并加强了他的防御，将大批部队集结在至关重要的"红十月"、"街垒"和拖拉机厂的接近地。

　　实际上，保卢斯第6集团军在10月初只是简单地重复了7月底、8月和9月发生的事情——在进军的关键时刻，没有额外的援兵，第6集团军缺乏必要的兵力果断克服、击败并歼灭当面之敌。在以往的战斗中，保卢斯获得了必要的增援，并赢得了意义重大的胜利。但每次胜利后，第6集团军的实力都有所下降，特别是在该集团军对斯大林格勒城发起进攻之际。

　　第6集团军关于部队实力和战斗力的定期报告生动地描述了该集团军持续恶化的状况。例如，包括第4装甲集团军第48装甲军在内，9月26日，保卢斯和霍特将6个满编师（第71、第94、第295、第389步兵师，第29摩步师，第24装甲师）和另外3个师（第3、第60摩步师，第16装甲师）的部分兵力投入城区作战，共54个步兵/装甲掷弹兵营和9个工兵营，这股力量中只有一个师（第71步兵师）的战斗力等级低于"虚弱"，54个营中，只有4个被评为"耗尽"。可到10月5日，这股力量已恶化到这样一种程度：4个师（第71、第295、第94步兵师和第24装甲师）的战斗力等级低于"虚弱"，54个营中的21个被评为"耗尽"。这一令人沮丧的现实迫使保卢斯以两个新锐步兵师加强集团军辖下的第51军，这两个师是第305步兵师和第100猎兵师，编有14个步兵营和2个工兵营。尽管投入了这股援兵，但到10月12日，保卢斯4个师（第94、第295、第389步兵师，第24装甲师）的战斗力评定仍然远远低于"虚弱"，其中的第94步兵师被认为彻底"耗尽"。因此，虽然两个新锐师加强了保卢斯进攻斯大林格勒的部队，但截至10月15日，61个营中的19个仍被评为"耗尽"，还有19个被评为"虚弱"。此外，这股力量中的10个工兵营，4个被评为"耗尽"，另外还有4个为"虚弱"。这一切表明,除非魏克斯的B集团军群大力加强第6集团军,否则,保卢斯的部队在粉碎斯大林格勒城内苏军的抵抗时会遭遇到严重的困难。

鉴于这种看似永无止境的减员过程,B集团军群10月13日面临着一个最重要的问题:保卢斯的突击群在对斯大林格勒工厂区发起最终进攻前获得的援兵,足以粉碎并彻底歼灭崔可夫的集团军吗?

战斗减员使德军进攻中的部队付出了代价,但也给崔可夫实施防御的第62集团军造成了不利影响。实际上,城市争夺战的最终结果取决于哪支部队——保卢斯的第6集团军还是崔可夫的第62集团军——能找到并获得必要的援兵,消除减员的不利影响。因此,城内的这番较量在某种意义上成了一场决定哪一方能更好地经受消耗战并生存下来的比赛。

崔可夫的集团军并未从10月初的失利中恢复过来,虽然获得了援兵,但守卫拖拉机厂和相邻村庄的部队依然饱受重压。截至10月13日,第62集团军辖下的各个师和旅都损失惨重,一些师的兵力已不到5000人,有的师只剩下2000—3000人,各个旅所能投入的士兵仅有几百人。在越来越狭小的空间内刻意进行一场消耗战,最令崔可夫头痛的问题是,他的部队能否在战斗减员造成防御崩溃前守住斯大林格勒市中心和工厂区。接下来历时一个月的斯大林格勒工厂区争夺战将为崔可夫和保卢斯提供答案。

注释

1. 马克，《"跳跃骑士"的覆灭：第24装甲师在斯大林格勒》，第239页，67号作战令。

2. 霍尔，《斯大林格勒的一名步兵：1942年9月24日至1943年2月2日》，第87页。英文版由作者本人翻译。

3. 马克，《"跳跃骑士"的覆灭：第24装甲师在斯大林格勒》，第242页。

4. 关于这场复杂再部署的图解描述，可参阅"la. Lagenkarten Nr. 1 zum KTB Nr. 13, Jul-Oct 1942, " AOK 6, 23948/la, in NAM T-312, Roll 1446（1942年7—10月，第6集团军第13号作战日志第1号态势图集，作战处；国家档案馆微缩胶片，序列号T-312，第1446卷）。

5. 霍尔，《斯大林格勒的一名步兵：1942年9月24日至1943年2月2日》，第95页。

6. 莫什昌斯基和斯莫里诺夫，《保卫斯大林格勒：1942年7月17日—11月18日，斯大林格勒战略防御作战》，第55页。

7. 卡雷尔，《斯大林格勒：德国第6集团军的败亡》，第148页。

8. 马克，《"跳跃骑士"的覆灭：第24装甲师在斯大林格勒》，第241页。

9. 霍尔，《斯大林格勒的一名步兵：1942年9月24日至1943年2月2日》，第93页。

10. 日林，《斯大林格勒战役》，第659页。

11. 参阅第62集团军作战日志。

12. 马克，《"跳跃骑士"的覆灭：第24装甲师在斯大林格勒》，第241页。参见第24装甲师69号作战令，21点25分签发。

13. 第62集团军作战日志，"Boevoi prikaz no. 179 Shtarm 62 1. 10. 42 18.00"（第62集团军司令部179号作战令，1942年10月1日18点签发），命令中写道：

1. 敌人正在中央地段实施进攻，试图夺取斯大林格勒。

2. 右侧，顿河方面军的部队正发起进攻，其先头部队已前出至苏哈亚梅切特卡峡谷、129.6高地和苏哈亚一线。左侧，第64集团军正对沃罗波诺沃发起进攻。

3. 集团军的主要任务是守住斯大林格勒城和奥尔洛夫卡地域，沿集团军整条防线阻止敌人的一切后续推进。随后应以持续不停的局部行动歼灭敌兵力兵器，将他们逐出"街垒"新村、"红十月"新村、马马耶夫岗、马马耶夫岗南面的毗连街区。

4. 步兵第124、第149旅和NKVD步兵第282团应继续坚守既有阵地，并遂行我下达的171号作战令。

5. 步兵第115旅、摩托化步兵第2旅、坦克歼击第199团、步兵第124和第149旅各分队应继续坚守奥尔洛夫卡地域，阻止东北方和西南方的敌军在奥尔洛夫卡南部地域会合。

6. 步兵第42旅应攻向"街垒"新村西北郊，当前任务是将敌人驱离所占据的街区，前出至"街垒"新村西南郊。尔后任务是夺取维什涅瓦亚峡谷一线。

左侧分界线为乌金斯克（Neudinskaia）大街、贡恰尔（Goncharskaia）大街与叶兰斯卡亚大街交叉口、三角林（101.4高地东北方900米处）南部边缘。

7. 步兵第308师应攻向"硅酸盐"厂，并以一个加强步兵团沿高压线攻击前进，夺取叶兰斯卡亚大街的街区和公墓。

左侧分界线为马克耶夫卡大街与贡恰尔大街的交叉口、公墓和101.4高地。

8. 步兵第92旅应攻向议会（Deputatskaia）大街、伊阿梅（公墓南面）和公路地段（101.4高地东北方900米处），夺取伊阿梅和日梅林卡大街与普罗卡特纳亚（Prokatnaia）大街的交叉口。

左侧分界线为兹拉托乌斯特（Zlatoustovskaia）大街与艾瓦佐夫大街的交叉口、日梅林卡大街与普罗卡特纳亚大街的交叉口、沙赫京斯克大街。

9. 步兵第193师继续肃清城内敌军，沿日托米尔大街和切尔诺列琴斯卡亚大街全力恢复前沿态势。

10月2日15点前做好以炮兵和工兵夺取107.5高地的准备。

分界线保持不变。

10. 步兵第95、第284师及近卫步兵第13师继续坚守各自的阵地，并遂行我下达的171号作战令。

11. 步兵第112师担任我的预备队，应在所占地域构设环形防御，并切断敌人攻入"拖拉机厂"新村的冲击路线。

12. 近卫步兵第39师担任我的预备队，应在以下地域构设环形防御：（a）雕塑公园和毗连的石制建筑物；（b）铁路线交汇处附近、驯马场大街、费多谢耶夫（Fedoseevskaia）大街与北大街交叉口、司汤达（Stendalia）大街；（c）达尔亚利（Dar'ial'skaia）大街与铁路线交汇处、沿北大街的铁路线、沿波德戈尔纳亚（Podgornaia）大街上的中央大街路口，将这些地域改造成支撑点。将所有石制建筑改造成适合巷战的暗堡。

13. 近卫坦克第6旅应以炮火和坦克支援步兵第42旅的进攻。

14. 炮兵主任应组建炮兵群支援步兵第42、第92旅和步兵第308师步兵团的进攻行动，任务是压制"街垒"新村和公墓地域的敌军炮火，遏制敌人从梅切特卡河谷附近和沙赫京斯克大街方向发起的反冲击，并在步兵发起突击前以所有火炮和火箭炮对"街垒"新村和公墓地域实施10分钟的炮火急袭。

炮兵应在10月2日4点做好准备。

15. 步兵应于10月2日6点发起进攻。

16. 应以精心挑选的战斗群和支队投入进攻，给他们配备冲锋枪、手榴弹、燃烧瓶和反坦克步枪。应在这些战斗群身后部署巩固梯队，任务是巩固战斗群夺取的地域，在已占领的建筑物内构筑防御，阻止我方部队擅自后撤……

崔可夫，古罗夫，克雷洛夫

另可参阅莫什昌斯基和斯莫里诺夫的《保卫斯大林格勒：1942年7月17日—11月18日，斯大林格勒战略防御作战》，第55页。

14. 马克，《"跳跃骑士"的覆灭：第24装甲师在斯大林格勒》，第241页。

15. 详情参阅第62集团军作战日志。

16. 日林，《斯大林格勒战役》，第665页。

17. 崔可夫，《斯大林格勒战役》，第167页。作为对比，可参阅第62集团军作战日志中崔可夫的完整命令，"Boevoi prikaz no. 180 Shtarm 62 2. 10. 42 19.35"（第62集团军司令部180号作战令，1942年10月2日19点35分签发），具体如下：

1. 敌人在继续进攻斯大林格勒城的同时，企图前出至梅切特卡河谷，并向109.4、97.7高地发起进攻，从而切断我集团军的防线。

2. 我集团军继续遂行守卫斯大林格勒城和奥尔洛夫卡地域这一主要任务的同时，在既有阵地上击退了敌人的猛烈进攻。

　　3. 步兵第112师应于10月3日5点前占据并守卫75.9高地南面750米河流上的铁路桥、97.7高地至树林西部边缘的冲沟、"街垒"新村北面700米处梅切特卡河上的桥梁这片区域。

　　任务：阻止敌人前出至"拖拉机厂"新村西郊。

　　左侧分界线为莫克拉亚梅切特卡河、奥尔洛夫卡、更西面的无名河河谷。

　　右侧分界线为第3科拉耶夫（Kolaev）大街、博特金大街、瀑布（Vodopadnaia）大街、梅切特卡河上的桥梁、更西面的梅切特卡河一线。

　　步兵第124和第149旅在步兵第112师作战区域内战斗的部队（每个旅各1个营）由步兵第112师师长统一指挥。

　　4. 步兵第308师应于1942年10月3日4点前派1个步兵团占据并守卫雕塑公园内的支撑点，并在上乌金斯克大街和下乌金斯克大街附近构设第二个支撑点。

　　步兵第42和第92团[①]作战时由步兵第308师师长统一指挥，应与步兵第351团继续遂行先前受领的（进攻）任务。步兵第92旅旅长负责确保与近卫步兵第39师的结合部。

　　5. 近卫步兵第39师应沿相应防线接替步兵第883团（步兵第193师）的部队。任务：阻止敌人突入城内。

　　右侧分界线为阿尔巴托夫大街（含）、伊日姆斯克（Izhimsk）南面200米处冲沟的上段、公墓（含）和101.4高地（含）。

　　左侧分界线为班内峡谷和112.0高地。

　　步兵第193师师长负责掩护与步兵第284、第95师的结合部。

　　将1个步兵团留在第二梯队，沿北大街守卫从哥萨克大街街角至左分界线这片区域。要特别留意并可靠守卫沿冲沟和中央大街的接近地。近卫步兵第39师师长负责其与步兵第193师的结合部。

　　6. 步兵第193师，待近卫步兵第39师的部队占据步兵第685团和步兵第895师一部的防区后，应对部分部队实施重组，在107.5高地南面1500米处占据并守卫从占科伊大街街角和工业大街至班内峡谷上段这片区域。

　　无论如何不能让敌人突入市区。你们的防御应设置三个梯队，特别要掩护旋转大街至班内峡谷一线……

崔可夫，古罗夫，克雷洛夫

　　18. 马克，《"跳跃骑士"的覆灭：第24装甲师在斯大林格勒》，第243页。

　　19. 同上。

　　20. 崔可夫，《斯大林格勒战役》，第168—169页。

　　21. 齐姆克和鲍尔，《从莫斯科到斯大林格勒：东线决战》，第397页，引自 *AOK 6, Ia Kriegstagebuch Nr. 13, 2 Oct 42, in AOK 6 2394811 file*（第6集团军2394811号文件中，第6集团军作战处第13号作战日志，1942年10月2日）。

　　22. 马克，《"跳跃骑士"的覆灭：第24装甲师在斯大林格勒》，第241页。

　　23. 同上，第241—242页。

　　24. 同上，第243—245页。

　　25. 同上，第24装甲师70号作战令。

---

　　① 译注：应为旅。

418

26. 同上，第246页。

27. 第24装甲师的28辆坦克是8辆二号坦克、4辆三号短身管坦克、11辆三号长身管坦克、2辆四号短身管坦克和3辆三号长身管坦克[①]，外加2辆指挥坦克。参见弗洛里安·冯·翁德·楚·奥夫塞斯男爵，《第6集团军作战日志附件册，第一卷，1942年9月14日至11月24日》，第109页，*"Tagesmeldung, Gen. Kdo LI. A. K., meldet 22.40 Uhr, A. O. K. 6 Ia, Datum: 02.10.42"*（第51军军部每日报告，1942年10月2日22点40分发给第6集团军司令部作战处）。

28. 马克，《"跳跃骑士"的覆灭：第24装甲师在斯大林格勒》，第246页。

29. 同上。

30. 参阅第62集团军作战日志的相关条目。

31. 马克，《"跳跃骑士"的覆灭：第24装甲师在斯大林格勒》，第246页。

32. 同上。

33. 参阅第62集团军作战日志的相关条目。

34. 同上。

35. 崔可夫，《斯大林格勒战役》，第167页。

36. 关于第62集团军左翼的战斗，可参阅第62集团军作战日志的相关条目。

37. 日林，《斯大林格勒战役》，第672页。

38. 马克，《"跳跃骑士"的覆灭：第24装甲师在斯大林格勒》，第249页。

39. 莫什昌斯基和斯莫里诺夫的《保卫斯大林格勒：1942年7月17日—11月18日，斯大林格勒战略防御作战》，第55页。步兵第308师的主力位于下乌金斯克大街南面的铁路线，左翼位于文尼察大街。在这场战斗中，古尔季耶夫的一名团长（马尔克洛夫少校）身负重伤。当晚，古尔季耶夫撤至梅季什奇、阿维亚托尔纳亚和彼得罗沃茨克大街。参见崔可夫的《斯大林格勒战役》，第170页；以及第62集团军作战日志的相关条目。

40. 崔可夫，《斯大林格勒战役》，第170页。

41. 此时，第24装甲师拥有9辆三号短身管坦克、17辆三号长身管坦克、5辆四号短身管坦克和5辆四号长身管坦克，外加2辆指挥坦克，第244突击炮营有9辆长身管和4辆短身管突击炮，第245突击炮营有3辆长身管和4辆短身管突击炮。参见弗洛里安·冯·翁德·楚·奥夫塞斯男爵，《第6集团军作战日志附件册，第一卷，1942年9月14日至11月24日》，第116页，*"Morgenmeldung Ll. A.K. meldet 06.20 Uhr, A.O.K. 6 Ia, Datum: 04.10.42"*（第51军晨报，1942年10月4日6点20分发给第6集团军司令部作战处）。

42. 马克，《"跳跃骑士"的覆灭：第24装甲师在斯大林格勒》，第250页。

43. 崔可夫，《斯大林格勒战役》，第171页。第62集团军在10月4日的报告中指出："10月3日至4日晚间，近卫步兵第37师渡过伏尔加河，沿莫克拉亚梅切特卡河河口至奥尔洛夫卡河河口、公墓、冲沟、延伸至雕塑大街的铁路线、雕塑大街至雕塑公园门口的公园角落一线占据防御。"参阅第62集团军作战日志。

44. 没过多久，斯库巴的近卫坦克第6旅即奉命撤至后方接受休整和补充。

①译注：四号？

45. 崔可夫，《斯大林格勒战役》，第170页。

46. 齐姆克和鲍尔，《从莫斯科到斯大林格勒：东线决战》，第396页，引自*AOK 6, Ia Kriegstagebuch Nr. 13, 3 Oct 42, in AOK 6 2394811 file*（第6集团军2394811号文件，第6集团军作战处第13号作战日志，1942年10月3日）。

47. 马克，《"跳跃骑士"的覆灭：第24装甲师在斯大林格勒》，第251—252页。

48. 摘自步兵第308师作战日志，1942年10月4日的条目。原件影印本。

49. 马克，《"跳跃骑士"的覆灭：第24装甲师在斯大林格勒》，第252页。

50. 同上，第258页。

51. 莫什昌斯基和斯莫里诺夫的《保卫斯大林格勒：1942年7月17日—11月18日，斯大林格勒战略防御作战》，第63页。

52. 关于近卫步兵第37师初期的向前部署和随后的战斗，可参阅N. I. 沃罗斯特诺夫的《在发射阵地上》，第70—77页。

53. 日林，《斯大林格勒战役》，第676—677页。

54. 同上，引自《OKW作战日志》，第二册，第1344—1345页。

55. 齐姆克和鲍尔，《从莫斯科到斯大林格勒：东线决战》，第396页，引自*AOK 6, Ia Kriegstagebuch Nr. 13, 4 Oct 42, in AOK 6 2394811 file*（第6集团军2394811号文件中，第6集团军作战处第13号作战日志，1942年10月4日）。

56. 罗科索夫斯基，《伏尔加河畔的伟大胜利》，第186页。另可参阅第62集团军作战日志，*"Boevoe rasporiazhenie no. 00150/op Shtab STF. 4. 10. 42 10.50"*（斯大林格勒方面军司令部00150号作战令，1942年10月4日10点50分签发），命令中写道：

方面军司令员命令：

1. 坦克第84旅转隶第62集团军，10月4日19点生效。

2. 1942年10月4日至5日的晚间将该旅摆渡至伏尔加河西岸。

3. 方面军工程兵主任舍塔科夫少将应为坦克第84旅5辆KV、24辆T-34和20辆T-70坦克的渡河行动提供帮助。

4. 坦克第84旅旅长应将该旅集结在"红十月"渡口，不得迟于1942年10月4日19点。以单独或小股群体的方式将坦克和技术装备运至渡口区，并将其谨慎隐蔽在渡口附近的树林中。将KV和T-34坦克渡过伏尔加河，一次一辆。

5. 第62集团军司令员应将这些坦克部署为火力点。在这些坦克到达前，为他们挖掘好发射阵地。渡河后，每辆坦克必须有一条通往发射阵地的堑壕……

扎哈罗夫，舍甫琴科，多西克

57. 别雷的生平依然不详，他出生于1897年，1973年去世。他率领坦克第84旅直至1942年12月8日，随后担任机械化第4军机械化第59旅旅长；率领机械化第59旅至1943年初，其间参加了红军在科捷利尼科夫斯基发起的反击，这场攻势挫败了德军救援被困在斯大林格勒的第6集团军的企图。机械化第4军改编为近卫机械化第3军，机械化第59旅改编为近卫机械化第8旅后，别雷在1943年剩下的日子和1944年上半年一直指挥着该旅。1944年末，他短暂代理过近卫机械化第2军军长职务。

58. 参见第62集团军作战日志的相关条目。

59. 马克，《"跳跃骑士"的覆灭：第24装甲师在斯大林格勒》，第258—259页。

60. 同上。

61. 第62集团军作战日志，"Vypiska iz chastnogo boevogo prikaza STF no. 00451/op 5. 10. 42 5.00"（摘自斯大林格勒方面军00451号作战令，1942年10月5日5点签发）。

62. 马克，《"跳跃骑士"的覆灭：第24装甲师在斯大林格勒》，第261—262页，第24装甲师第72号令。

63. 同上，第263页。

64. 齐姆克和鲍尔，《从莫斯科到斯大林格勒：东线决战》，第396页，引自AOK 6, la Kriegstagebuch Nr. 13, 6 Oct 42, in AOK 6 2394811 file（第6集团军2394811号文件中，第6集团军作战处第13号作战日志，1942年10月6日）。

65. 关于这场战斗的报告，可参阅第62集团军作战日志的相关条目。

66. 崔可夫，《斯大林格勒战役》，第171页。

67. 日林，《斯大林格勒战役》，第684页。方括号内的兵力摘自第62集团军1942年10月5日的作战日志。

68. 日林，《斯大林格勒战役》，第692页。

69. 崔可夫，《斯大林格勒战役》，第173页。

70. 同上，第173页。崔可夫的进攻令可参阅第62集团军作战日志，"Chastnyi boevoi prikaz no. 183 CP Shtarm 62 7. 10. 42 4.00"（第62集团军司令部183号单独作战令，1942年10月7日4点签发），命令中写道（部分）：

1. 敌人在攻占"街垒"新村西部并进抵印刷工（Tipograf）大街（含）、体育场、彼得罗扎沃茨克大街和艾瓦佐夫大街一线后，企图前出至伏尔加河上的渡口，同时对近卫步兵第37师的侧翼和后方构成威胁。

2. 集团军继续坚守既有防线，并以近卫步兵第37师和步兵第308师的部分部队发起进攻，歼灭盘踞在印刷工大街、上乌金斯克大街、文尼察大街和体育场（含）的敌人，夺取梅季什奇大街至铁路线、马克耶夫卡大街、艾瓦佐夫大街北口一线。

这场进攻于1942年10月7日16点30分发起。

3. 近卫步兵第37师和右翼的步兵第112师，据守既有阵地的同时，应歼灭当面之敌，并以近卫步兵第109和第114团的部分兵力夺取印刷工大街和铁路线一线。

左侧分界线为"街垒"厂、航空大街和梅切特卡河上的桥梁，这些地点都包含在近卫步兵第37师防区内。

北部炮兵群（炮兵第1105、第1111、第457、第266团）提供支援。

4. 步兵第308师和步兵第42、第92旅，向"硅酸盐"厂之敌发起进攻，夺取马克耶夫卡大街至艾瓦佐夫大街北口一线。

左侧分界线为"街垒"厂、无名冲沟和公墓（含）。

北部炮兵群（炮兵第1105、第1111、第457、第266团）提供支援。

5. 炮兵应在12点做好开炮准备。炮火准备时间为16点—16点30分。炮兵进攻应于16点30分发起……

崔可夫，古罗夫，克雷洛夫

71. 崔可夫，《斯大林格勒战役》，第173—174页。

72. 同上，第174页。

73. 第62集团军作战日志，*"Boevoe donesenie no. 295, Shtarm 62, 7. 10. 42"*（第62集团军司令部295号作战报告，1942年10月7日签发）。莫什昌斯基和斯莫里诺夫的《保卫斯大林格勒：1942年7月17日—11月18日，斯大林格勒战略防御作战》第64页支持了第62集团军的说法：德军第389步兵师的进攻得到90辆坦克的支援。

74. 莫什昌斯基和斯莫里诺夫在《保卫斯大林格勒：1942年7月17日—11月18日，斯大林格勒战略防御作战》一书第64页指出，步兵第124旅第1营当时的防区位于梅切特卡河北面，他们击退了德军第94步兵师强渡梅切特卡河的行动。

75. 日林，《斯大林格勒战役》，第700页。

76. 关于第24装甲师在这段时间作战行动的详细描述，可参阅马克的《"跳跃骑士"的覆灭：第24装甲师在斯大林格勒》，第265—272页。在这场所谓的平静中，第24装甲师阵亡86人，负伤319人，其中大多数是苏军炮击、反冲击和巡逻行动所致。

77. 罗科索夫斯基，《伏尔加河畔的伟大胜利》，第182—183页。

78. 萨姆索诺夫，《斯大林格勒战役》，第216页。

79. A. 华西列夫斯基，*"Nezabyvaemye dm"*（《难忘的日子》），刊登在*VIZh*，第10期（1965年10月），第19页。

80. 罗科索夫斯基，《伏尔加河畔的伟大胜利》，第183页；萨姆索诺夫，《斯大林格勒战役》，第215页。

81. 萨姆索诺夫，《斯大林格勒战役》，第215页。

82. 日林，《斯大林格勒战役》，第645、第650页。

83. 马克·阿克斯沃西、科尔内尔·斯卡费什和克里斯蒂安·克拉丘诺尤，《第三轴心第四盟友：欧战中的罗马尼亚军队，1941—1945年》，第85页。

84. 格拉姆斯，*Die 14. Panzer-Division 1940-1945*（《第14装甲师，1940—1945年》），第53页。

85. 日林，《斯大林格勒战役》，第645、第659页。

86. I. K. 莫罗佐夫，*"Na iuzhnom uchaske fronta"*（《在前线的南部地区》），刊登在*Bitva za Volge*（《伏尔加河之战》）（斯大林格勒：图书出版社，1962年）一书，第108—109页。

87. 日林，《斯大林格勒战役》，第665—666、第672、第677页。

88. 佐洛塔廖夫，《总参谋部，1942年》，第351页。

89. 日林，《斯大林格勒战役》，第714、第722页。

90. 关于希特勒的动机和讲话，可参阅V. E. 塔兰特的《斯大林格勒：对这场痛苦的剖析》，第86—87页；关于兵力的欠缺，可参阅杰弗里·朱克斯的《希特勒的斯大林格勒决策》，第78页。实际上，除了"施塔赫尔"战斗群，从空军防空部队调拨给兵力匮乏的德国陆军的人员寥寥无几；相反，空军元帅戈林说服希特勒批准组建20个"空军野战师"，为学会地面作战技能，这些只配备轻武器的空军部队往往要付出高昂的代价。参见乔尔·S. A. 海沃德的《止步于斯大林格勒：德国空军和希特勒在东线的失败，1942—1943年》，第207页。

91. 例如，在此期间，红军总参谋部的每日战事概要中记录道：

「10月8日」

第62集团军守卫着原先的阵地，加强防御的同时，以部分部队击退了敌人在日托米尔斯克地域发起的进攻……

近卫步兵第37师，与步兵第112师的残部，10月8日8点30分击退了敌人2个步兵连朝日托米尔斯克的进攻，13点击退了敌人超过1个步兵连发起的进攻。

集团军辖内其他部队的位置未发生变化。

5—7架敌机组成的编队轰炸了斯大林格勒"拖拉机厂"和"街垒"新村附近的我方作战编队，一整天，敌火炮和迫击炮都在集中轰击我集团军各部队所在的阵地以及斯大林格勒城附近伏尔加河畔的渡口。

「10月9日」

第62集团军守卫着原先的阵地，加强防御的同时，对部分部队进行再部署。10月9日，集团军对面之敌未采取任何行动……

从莫克拉亚梅切特卡河至公墓，步兵第112师沿梅切特卡河右岸占据防御阵地。

步兵第95师和步兵第42旅沿冲沟上段（日托米尔斯克村西南方）至雕塑公园和体育场一线占据防御阵地。

集团军辖内其他部队的位置未发生变化。

「10月10日」

第62集团军守卫着原先的阵地，加强防御的同时展开侦察行动。

步兵第193和第284师的部队10月10日19点前击退了敌人2个步兵营发起的进攻，并给对方造成严重损失。

步兵第524团（步兵第112师）（新组建）渡过伏尔加河到达右岸，并沿莫克拉亚梅切特卡河至合作社大街、"突击手"体育场一线占据防御阵地。

「10月11日」

第62集团军10月11日昼间实施防御作战，以部分部队抗击敌人。

步兵第124旅沿雷诺克至斯巴达诺夫卡、135.4高地东南坡一线占据防御阵地。

步兵第149旅和NKVD步兵第282团守卫着原先的阵地。

步兵第115旅和摩托化步兵第2旅在珍珠大街及其南部守卫着冲沟附近的阵地，防御正面朝西。

步兵第112师守卫着原先的阵地。

近卫步兵第37师实施防御作战，抗击敌步兵和坦克，击退了对方的疯狂进攻。日终前，该师辖内的部队放弃了体育场南面的六角大厦，目前正沿公墓至巴枯宁大街、科捷利尼克大街、苏尔科沃大街、日托米尔斯克村北面冲沟上段一线战斗。在克拉辛（Krasin）大街和鲍曼大街附近，与敌冲锋枪手和坦克组成的突破集群进行的战斗正在继续。敌人的2个步兵营和20辆坦克被消灭。

步兵第95师的部队击退了敌步兵和坦克发起的进攻，继续坚守原先的阵地。

集团军辖内其他部队的位置未发生变化。

「10月12日」

第62集团军守卫原先阵地的同时，以部分部队发起进攻，设法恢复"拖拉机厂"新村的态势。

近卫步兵第37师和步兵第95师的1个团10月12日晨为夺回在体育场南面六角大厦附近丢失的阵地而发起进攻。截至18点，该师未能取得成功。

步兵第95师的步兵团前进了150—200米。

步兵第112师第524团沿体育场（北）至六角大厦和库利塔尔梅大街西端占据防御阵地。

步兵第193师和近卫步兵第39师继续守卫原先的阵地，以部分兵力击退小股敌军发起的进攻。

步兵第308师第339团与盘踞在机场公园西面200米处建筑物内的敌人展开战斗。

「10月13日」

第62集团军继续进行顽强的战斗，以部分部队恢复"拖拉机厂"新村的阵地。

近卫步兵第37师击退了敌步兵和坦克发起的两次反冲击，以右翼部队坚守六角大厦。该师第114团在六角大厦西南方的新村夺得两座楼房，第118团在日托米尔斯克西南方攻占了一座楼房。

集团军辖内其他部队的位置未发生变化。

参见日林，《斯大林格勒战役》，第704、第714、第722、第727、第731和第738页。

92. 第62集团军作战日志。该集团军的每日报告还指出，步兵第112师第524团的兵力为320人。

93. 同上。

94. 同上。这份报告指出，摩托化步兵第2旅的160名士兵和步兵第115旅的61名士兵逃出奥尔洛夫卡突出部，在珍珠大街（莫克拉亚梅切特卡河北面）西面并沿马尔捷利斯克（Martel'sk）西面的冲沟占据防御。

95. 同上，"Boevoi prikaz no. 190 Shtarm 62 11. 10. 42. 21.30"（第62集团军司令部190号作战令，1942年10月11日21点30分签发）。

96. 崔可夫，《斯大林格勒战役》，第179页。

97. 日林，《斯大林格勒战役》，第704、第714、第722、第727、第731和第738页。

98. "la. Lagenkarten Nr. 1 zum KTB Nr. 13, Jul-Oct 1942" AOK 6, 23948/la, in NAM T-312, Roll 1446（1942年7—10月，第6集团军第13号作战日志第1号态势图集，作战处；国家档案馆微缩胶片，序列号T-312，第1446卷）。

99. 10月5日，第76步兵师有9个步兵营，3个被评为"虚弱"，6个被评为"耗尽"。将3个实力虚弱的营撤编后，10月12日，该师1个营被评为"中强"，5个营被评为"中等"。尽管采取了这种措施，但该师10月12日的整体实力还是同10月5日一样虚弱。

100. 起初，罗马尼亚第3集团军将辖下第5军第5、第6、第13步兵师和第1骑兵师部署在这片地域。但10月中旬，罗马尼亚第1、第2、第4军加入了第3集团军在该地域的防区。此时，罗马尼亚第3集团军辖第1军第11步兵师，第2军第9、第14和第14步兵师[1]，第4军第1骑兵师和第14步兵师[2]，第5军第5、第6步兵师。第7步兵师和第7骑兵师担任集团军预备队。另外，B集团军群将罗马尼亚第1装甲师、第18步兵师和第5骑兵师留作预备队，而OKH将德军第22装甲师留作预备队，支援罗马尼亚人。参见"la. Lagenkarten Nr. 1 zum KTB Nr. 13, Jul-Oct 1942, " AOK 6, 23948/la, in NAM T-312, Roll 1446（1942年7—10月，第6集团军第13号作战日志第1号态势图集，作战处；国家档案馆微缩胶片，序列号T-312，第1446卷）；马克·阿克斯沃西、科尔内尔·斯卡费什和克里斯蒂安·克拉丘诺尤，《第三轴心第四盟友：欧战

---

① 译注：原文如此，实际上第2军只编有第9和第14步兵师。
② 译注：应为第1骑兵师和第13步兵师。

中的罗马尼亚军队，1941—1945年》，第84—85页。

101. 马克·阿克斯沃西、科尔内尔·斯卡费什和克里斯蒂安·克拉丘诺尤，《第三轴心第四盟友：欧战中的罗马尼亚军队，1941—1945年》，第86—87页。

102. 同上，第86页。

103. 据报，这些进攻发生在10月13日—16日、19日—20日、24日—27日，在此期间罗马尼亚第3集团军伤亡13154人，与英国第8集团军在阿拉曼战役中的伤亡相当。同上，第86页。红军的报告指出，第21集团军步兵第124师和近卫步兵第14师10月13日发起突击，近卫步兵第14师10月19日展开进攻，步兵第76师10月24日实施突击。日林，《斯大林格勒战役》，第738、第776、第796页。

104. 罗科索夫斯基，《伏尔加河畔的伟大胜利》，第191页。

105. 例如，莫什昌斯基和斯莫里诺夫在《保卫斯大林格勒：1942年7月17日—11月18日，斯大林格勒战略防御作战》一书第63、65页指出，第29、第60摩步师和第14、第16、第24装甲师总共有250辆坦克，第14和第24装甲师10月14日进攻工厂区时投入了90辆坦克。实际上，第24装甲师10月11日时只有33辆坦克，包括7辆二号坦克、5辆三号短身管坦克、12辆三号长身管坦克、4辆四号短身管坦克、4辆四号长身管坦克，外加1辆指挥坦克。两天后的10月13日，第6集团军辖下各装甲师和突击炮营汇报了他们的实力，具体如下：

● 第24装甲师——33辆坦克，包括6辆二号坦克、7辆三号短身管坦克、13辆三号长身管坦克、3辆四号短身管坦克、2辆四号长身管坦克、2辆指挥坦克。

● 第14装甲师——50辆坦克，包括3辆二号坦克、9辆三号短身管坦克、24辆三号长身管坦克、6辆四号短身管坦克、4辆四号长身管坦克、4辆指挥坦克。

● 第16装甲师——53辆坦克，包括1辆三号短身管坦克、38辆三号长身管坦克、2辆四号短身管坦克、12辆四号长身管坦克。

● 第3摩步师——33辆坦克，包括5辆二号坦克、19辆三号长身管坦克、5辆四号短身管坦克、4辆四号长身管坦克。

● 第60摩步师——23辆坦克，包括4辆二号坦克、1辆三号短身管坦克、13辆三号长身管坦克、3辆四号短身管坦克、2辆四号长身管坦克。

● 第244突击炮营——18辆突击炮，包括9辆短身管和9辆长身管突击炮，另外3辆短身管突击炮处于维修中。

● 第245突击炮营——13辆突击炮，包括4辆短身管和9辆长身管突击炮，另外13辆短身管和1辆长身管突击炮处于维修中。

参阅弗洛里安·冯·翁德·楚·奥夫塞斯男爵，《第6集团军作战日志附件册，第一卷，1942年9月14日至11月24日》，第164、第166页。

106. 第177突击炮营在城市西北方沿顿河与伏尔加河之间的北翼地带为第8军和第14装甲军提供支援，第243突击炮营在城市南面的湖区加强轴心国军队的防御。

107. 乔尔·S. A. 海沃德的《止步于斯大林格勒：德国空军和希特勒在东线的失败，1942—1943年》，第206页，引自海因茨·施勒特尔的Stalingrad: "... bis letzten Patrone."（《斯大林格勒："……直至最后一颗子弹"》）（伦格里希：克莱恩印务出版社，未注明出版日期），第185页。

108. 佐洛塔廖夫，《最高统帅部，1942年》，第411页，最高统帅部170634号令，1942年10月5日

14点30分签发。

109. 扎哈罗夫出生于1897年5月，第一次世界大战期间是沙皇军队的一名士官[1]，1919年参加红军，作为连长参加了内战。他1920年毕业于萨拉托夫步兵学校，1923年毕业于"射击"高级步校，1933年毕业于伏龙芝军事学院，1939年毕业于总参军事学院。两次世界大战之间，扎哈罗夫先后担任过营长和团长，后晋升为乌拉尔军区参谋长，就此开始了漫长的高级参谋人员职业生涯。1941年夏季和初秋担任第22集团军和布良斯克方面军参谋长后，当年11月和12月，德军进攻莫斯科期间，他担任布良斯克方面军司令员。1941年12月至1942年4月，他作为朱可夫的副手，指挥了西方面军在莫斯科发起的反攻，此后，他在布琼尼的北高加索方向总指挥部任参谋长，后又担任北高加索方面军参谋长。1942年8月，他被任命为东南方面军（后改称斯大林格勒方面军）参谋长，10月份出任方面军副司令员，在斯大林格勒保卫战和红军随后发起的反攻中指挥作战行动。由于表现出色，扎哈罗夫担任南方面军副司令员后没多久，1943年2月被任命为第51集团军司令员，当年6月调任近卫第2集团军司令员。他指挥近卫第2集团军直至1944年6月，参加过罗斯托夫和顿巴斯进攻战役。1944年6月，他出任白俄罗斯第2方面军司令员，率领该方面军参加了1944年夏季的白俄罗斯进攻战役，1944年秋季追击德军至波兰的纳雷夫河。1944年11月至1945年4月，已晋升为大将的扎哈罗夫指挥近卫第4集团军，率部参加布达佩斯战役。扎哈罗夫在乌克兰第4方面军副司令员任上结束了他的战时生涯。战后，他先后担任南乌拉尔军区司令员、东西伯利亚军区司令员、"射击"高级步校校长，1954年4月[2]出任苏联陆军军训总部部长[3]，直至1957年1月去世。更多情况可参阅《伟大卫国战争，集团军指挥员，军事人物志》，第81—82页。

110. 关于瓦连尼科夫军旅生涯的资料非常少，因为他1947年触怒了斯大林，结果在这位独裁者发起的最后清洗中被逮捕。我们所知道的是，瓦连尼科夫出生于1901年，1941—1942年先后担任过第26和第37集团军参谋长，1942—1943年先后担任斯大林格勒方面军和南方面军参谋长。战争末期，他还担任过第40集团军参谋长。战争结束后，1947年，瓦连尼科夫被NKVD逮捕，后来获得释放，可能是在斯大林1953年去世后。他去世于1971年。

111. 佐洛塔廖夫，《最高统帅部，1942年》，第410页，最高统帅部0789号令，1942年10月5日签发。

112. 同上，第413页，最高统帅部170640号令，1942年10月6日3点签发。随后的一道指令（最高统帅部170641号令，1942年10月6日16点20分签发）又将戈洛德内和萨尔平斯基岛添加到防御名单中，同上，第414页。这些分队调自莫斯科军区的"火炮–机枪"第17、第19、第147、第166、第298、第303、第349、第400、第416营。

113. 同上，第415—416页，最高统帅部994226、170642、170643号令，分别签发于1942年10月7日、10月7日19点25分和19点30分。该高射炮团拥有12门37毫米高射炮和20挺大口径高射机枪。另一道指令是最高统帅部1942年10月8日签发的994228号令，告知叶廖缅科步兵第45师到达的时间和地点，并向叶廖缅科重申，只能将该师"用于守卫斯大林格勒地区的伏尔加河诸岛屿"，同上，第417页。

---

① 译注：应为少尉。
② 译注：应为9月。
③ 译注：应为副部长。

114. 同上，第423页，最高统帅部170647和170648号令，1942年10月10日14点10分和23点35分①签发。

115. 同上，第549页，最高统帅部170644号令；也可在日林《斯大林格勒战役》一书第694页查阅这道1942年10月7日23点05分签发的指令。

116. 同上，第549页，顿河方面军司令员0028号报告，1942年10月9日22点40分签发。

117. 罗科索夫斯基的完整计划，同上，第549—550页。

118. 同上，第424—425页，最高统帅部170650号令，1942年10月11日20点35分签发。

119. 同上，第425页。

120. 日林，《斯大林格勒战役》，第707—709页，斯大林格勒方面军司令员2889号报告，1942年10月9日11点17分签发。

121. 罗科索夫斯基，《伏尔加河畔的伟大胜利》，第191页。另可参阅第62集团军作战日志，"Boevoi prikaz no. 185 KP Shtarm 62 8. 10. 42 20.45"（第62集团军司令部185号作战令，1942年10月8日20点45分签发），命令中写道：

1. 敌人将2个步兵师和2个坦克师集结在季泽利纳亚、"街垒"新村和"雕塑"地域（含），企图朝"拖拉机厂"新村这一总方向发起进攻，前出至伏尔加河，并切断我集团军的防线。

2. 我集团军击退敌人白昼发起的进攻后，正继续遂行守卫斯大林格勒城这一主要和首要任务，并固守已占据的阵地。

3. 步兵第112师应占据并守卫莫克拉亚梅切特卡河地段和西南方沿梅切特卡河右岸至公墓（含）一线。

任务：阻止敌人前出至拖拉机厂。

左侧分界线位于莫克拉亚梅切特卡；右侧分界线位于米哈洛夫（Mikhalov）大街东面的花园南郊、共青团（Komsomol'sk）大街、公墓南郊和卡曾纳亚峡谷。

我将掩护右侧分界线的任务交给步兵第124旅长，掩护左侧分界线的任务交给步兵第112师长。

4. 步兵第95师应于1942年10月9日6点前占据并守卫字母"O"西南方100米处冲沟的上段以及"日托米尔斯克和雕塑"标记地域。

任务：阻止敌人前出至沃尔霍夫斯特罗耶夫斯克地域。

在该地段作战的步兵第92旅应接受步兵第95师长的指挥。

右侧分界线为米努辛斯克、日托米尔斯克、上乌金斯克、"街垒"新村北郊、近卫步兵第37师防区内的所有据点；左侧分界线为泰梅尔（Taimyrskaia）大街、"雕塑"区和"硅酸盐"厂，以及阿尔巴托夫大街与机场（Aeroportovskaia）大街的交叉口。

我将掩护右侧分界线的任务交给近卫步兵第37师长，掩护左侧分界线的任务交给步兵第95师长。

步兵第95师的指挥所设在步兵第42旅的指挥所内，使用步兵第42旅的通信线路。

5. 近卫步兵第37师，将部分防区交给步兵第95师后，应集结作战编队，将主力部署在"拖拉机厂"新村以西地域，做好恢复印刷工大街和日托米尔斯克地域态势的准备。

6. 第284步兵师，接替步兵第95师的部队后，应守卫班内峡谷至102.0高地、波洛通（Poloton）南面的

---

① 译注：原文如此。

铁路桥一线。

　　右侧分界线保持不变，左侧分界线从多尔吉冲沟至库尔斯克大街。

　　我将掩护步兵第193与第308师之间分界线的任务交给步兵第308师师长，掩护步兵第193与近卫步兵第39师结合部的任务交给步兵第193师师长……

崔可夫，古罗夫，克雷洛夫

　　122. 关于这番调整，可参阅崔可夫的《斯大林格勒战役》，第179页，以及日林的《斯大林格勒战役》，第704、第714、第722、第727、第731、第738页。

　　123. 崔可夫，《斯大林格勒战役》，第179页。第62集团军作战日志，崔可夫195号作战令，1942年10月12日18点35分签发。

　　124. 罗科索夫斯基，《伏尔加河畔的伟大胜利》，第191页。

　　125. 同上，第191—193页。另外，截至10月1日，斯大林格勒方面军的作战序列中还包括步兵第38、第131、第169、第208、第226、第229、第244、第399师，坦克第254、第6、第84、第135、第163、第188、第18旅和摩托化步兵第2旅，都担任预备队。但这些兵团都是在先前战斗中遭遇重创后的残部，撤至后方接受休整和补充。

　　126. 伊萨耶夫，《斯大林格勒：伏尔加河后方没有我们的容身处》，第235页。

　　127. 罗科索夫斯基，《伏尔加河畔的伟大胜利》，第191页。

　　128. 同上，第187—188页。这场炮火反准备由炮兵少将N. M. 波扎尔斯基亲自组织和监督，对3公里区域实施了40分钟的炮击。

　　129. 马克，《"跳跃骑士"的覆灭：第24装甲师在斯大林格勒》，第26页[①]。要么是崔可夫，要么是马克，混淆了炮火反准备的日期。

　　130. 冯·哈德斯蒂，《火凤凰：苏联空军力量的崛起，1941—1945年》，第93—104页。第6集团军对红空军夜袭的应对，可参阅威廉·克雷格的《兵临城下：斯大林格勒战役》（纽约：读者文摘出版社，1973年），第136—137页。

　　131. 罗科索夫斯基，《伏尔加河畔的伟大胜利》，第189页。还有一些特别高炮群守卫着从阿斯特拉罕经上巴斯昆恰克至阿赫图巴，从上巴斯昆恰克至红库特（Krasnyi Kut）的铁路线。

---

　　① 译注：页数疑有误。

"东线文库" 总策划 王鼎杰

TO THE GATES OF STALINGRAD

斯大林格勒

—— 三部曲 ★ 苏德战争1942.9——1942.11 ——

决战
第二部
下册
4

[美] 戴维·M.格兰茨　　[美] 乔纳森·M.豪斯　著

小小冰人　译

台海出版社

版贸核渝字（2015）第204号

图书在版编目（CIP）数据

斯大林格勒三部曲. 第二部, 决战 / （美）戴维·M.
格兰, (美) 乔纳森·M. 豪斯著；小小冰人译. -- 北京:
台海出版社, 2017.5
　　ISBN 978-7-5168-1391-1

Ⅰ. ①斯… Ⅱ. ①戴… ②乔… ③小… Ⅲ. ①斯大林
格勒保卫战(1942-1943) - 史料 Ⅳ. ①E512.9

中国版本图书馆CIP数据核字(2017)第089610号

斯大林格勒三部曲. 第二部, 决战

著　　者：[美]戴维·M.格兰茨　[美]乔纳森·M.豪斯　　译　　者：小小冰人

责任编辑：刘　峰　高惠娟　　　　　　　　策划制作：指文文化
视觉设计：舒正序　　　　　　　　　　　　责任印制：蔡　旭

出版发行：台海出版社
地　　址：北京市东城区景山东街20号　　　　　邮政编码：100009
电　　话：010－64041652（发行，邮购）
传　　真：010－84045799（总编室）
网　　址：www.taimeng.org.cn/thcbs/default.htm
E－mail：thcbs@126.com

经　　销：全国各地新华书店
印　　刷：重庆大美印刷有限公司
本书如有破损、缺页、装订错误，请与本社联系调换

开　　本：787mm×1092mm　　　　　　　　1/16
字　　数：864千　　　　　　　　　　　　　印　　张：55
版　　次：2017年6月第1版　　　　　　　　印　　次：2017年6月第1次印刷
书　　号：ISBN 978-7-5168-1391-1

定　　价：149.80元

第六章
拖拉机厂和斯巴达诺夫卡村之战
1942 年 10 月 14 日—22 日

双方的计划

  保卢斯意识到战斗减员对其部队造成了不利影响,特别是他的步兵、猎兵、掷弹兵和装甲掷弹兵,故此,他竭力为第6集团军集结起必要的兵力,以彻底粉碎崔可夫第62集团军,迫使其残部后退最后的400—1400米,将他们赶入冰冷的伏尔加河。可是,即便保卢斯以第305步兵师和第14装甲师为赛德利茨第51军提供了支援,德军能否赢得胜利依然是个未知数。赛德利茨军里的各个步兵师(第389步兵师、第100猎兵师、第295和第71步兵师)已严重耗损,每个师编有3个团,每个团的战斗兵基本不超过2000—2500人,也就是说,每个师的作战兵力平均为6000—7500人。例如第94步兵师,该师第267和第274团在第14装甲军辖下作战,而第276团仍隶属于第24装甲师,该师的总兵力为8000人,战斗兵仅有4500人。[1]新赶到的第305步兵师较为新锐,状况稍好些,辖内的9个步兵营都被评为"中等",工兵营评定为"强"。但该师由于在通往伏尔加河的陆桥的西端沿伏尔加河参加了激烈的战斗,受损也很严重。令保卢斯的问题雪上加霜的是,经过四个多月几乎持续不断的战斗,第14、第16和第24装甲师的战斗力急剧下降,每个作战团的兵力不到1000人,每个师在任何一天所能投入的坦克都不超过20—50辆。

  尽管如此,由于希特勒焦急地等待着好消息,保卢斯别无选择,只能命令赛德利茨第51军消灭崔可夫盘踞在工厂区的部队,并命令胡贝的装甲军在莫克拉亚梅切特卡河北面的雷诺克和斯巴达诺夫卡地域发起同样的行动。保卢斯的新计划要求第51军进攻并击败守卫拖拉机厂、"拖拉机厂"新村和南面砖厂的苏军。专门组建的"耶内克"集群将遂行这场突击。除了耶内克自己的第389步兵师，该集群还编有库尔特·奥彭伦德尔中将[①]的第305步兵师、海姆的第14装甲师和伦斯基第24装甲师的几个装甲连（83辆坦克）以及第244和第245突击炮营的31辆突击炮。[2]

赛德利茨左翼，第14装甲军辖下安格恩第16装甲师的一部（第94步兵师的2个团很快会加入其中）负责击败并歼灭盘踞在莫克拉亚梅切特卡河北面135.4高地、雷诺克和斯巴达诺夫卡地域的苏军并掩护"耶内克"集群的左翼。右侧，第24装甲师的装甲掷弹兵（右翼由配属给该师的第276步兵团提供掩护）将向正东方推进，穿过雕塑公园，冲向"街垒"厂，并掩护"耶内克"集群的右翼。保卢斯的计划要求赛德利茨10月14日发起进攻，而胡贝的装甲军于次日投入战斗。

根据第6集团军的进攻令，第51军和第14装甲军精心组织着他们的部队，并分配了具体的目标（参见图表33）。[3]

图表33：1942年10月14日，第14装甲军和第51军的战斗编组

部队	出发阵地
第14装甲军	
第16装甲师（一部）和第651工兵营	723点东南方［第651工兵营的出发阵地从135.4高地向东面的伏尔加河延伸至斯巴达诺夫卡和雷诺克北面］
第51军	
"耶内克"集群	
第389步兵师	76d3—85c3-1、85a3、75b1坐标方格［从梅切特卡河向东延伸，穿过上"拖拉机厂"新村至"文件夹"大楼北面1000米处］
第305步兵师第576、第578团	85b4-2和85b4-1（东）坐标方格［"文件夹"大楼北面1000米至东北面800米处］

---

① 译注：应为少将。

第14装甲师	85d2和b4（东）坐标方格［"文件夹"大楼东北面800—400米处］
第305步兵师第577团、第24装甲师装甲连	85dc（中间）坐标方格［"文件夹"大楼东北面400—100米处］
第24装甲师（一部）	84a2坐标方格［"文件夹"大楼东面的体育场］

另外，保卢斯的突击群为进攻行动进行准备时，第6集团军将第94步兵师第267和第274团从第51军转隶第14装甲军，并将这两个团从梅切特卡河以西地域北调，跨过莫克拉亚梅切特卡河，在第16装甲师右翼进入135.4高地附近的出发阵地。第14装甲军10月15日发起进攻后，这两个团将从那里加入行动。保卢斯随后命令第389步兵师，除了守卫梅切特卡河东面的防区，该师还应沿莫克拉亚梅切特卡河西岸占据阵地，其防线从该河向南延伸，穿过上"拖拉机厂"新村西端。

发起进攻前，第14装甲军也对辖内部队做出了调整。为尽可能多地腾出第16装甲师的部队参加此次进攻，胡贝重建了空军"施塔赫尔"战斗群（奥尔洛夫卡突出部被消灭后不久，该战斗群解散），派他们在第16装甲师原先的左翼据守从伏尔加河西延至叶尔佐夫卡以南的这片8公里宽的防区。这一调动使安格恩的装甲师沿伏尔加河守卫着8公里长的防线，该师将沿6公里宽的战线对"戈罗霍夫"集群在斯巴达诺夫卡和雷诺克周围的登陆场发起进攻。

准备工作完成后，第14装甲军和第51装甲军的部署如下（从北至南）：

●第16装甲师——"克鲁姆彭"战斗群（第79装甲掷弹兵团第2营、第64装甲掷弹兵团第1营、1个装甲连、第16装甲歼击营、第651工兵营），从雷诺克和斯巴达诺夫卡北面至135.4高地以东。

●第94步兵师（第267、第274步兵团）变更部署至莫克拉亚梅切特卡河北面至135.4高地附近。

●"耶内克"集群：

○第389步兵师（第544步兵团位于梅切特卡河北面，第545和第546步兵团位于上"拖拉机厂"新村西部和西南部）。

○第305步兵师第576和第578步兵团位于上"拖拉机厂"新村中央以南地域。

○第14装甲师（第103、第108装甲掷弹兵团，第36装甲团，第64摩托车营）位于上"拖拉机厂"新村东部以南地域。

○第305步兵师第577步兵团和第24装甲师"舒尔特"装甲连位于下"拖拉机厂"新村西部东南方。

●第24装甲师——"埃德尔斯海姆"战斗群〔第26装甲掷弹兵团、第4摩托车营（欠1个连）、"温特费尔德"装甲支队（欠1个连）、第40装甲歼击营第1连、工兵和高射炮排〕位于体育场附近。

海姆第14装甲师遂行第51军的主要突击，并与第305步兵师第576、第578团密切配合，向东北方推进，穿过下"拖拉机厂"新村，进入拖拉机厂北部和中部，而两个步兵团负责在下"拖拉机厂"新村肃清毗邻的建筑区。海姆的左侧，第389步兵师第544、第546团将打垮苏军在上"拖拉机厂"新村和下"拖拉机厂"新村西部的防御，并肃清拖拉机厂西面、莫克拉亚梅切特卡河南岸的苏军。海姆的右侧，第305步兵师第577团将在第24装甲师10辆坦克的支援下向东推进，跨过铁路线，突入拖拉机厂南部。南面，第24装甲师"埃德尔斯海姆"战斗群将掩护"耶内克"集群的右翼，夺取体育场剩余部分，并压制苏军打击耶内克突击部队的火炮、迫击炮和机枪火力。[4]

赛德利茨以第24装甲师第21装甲团[①]和配属的第276步兵团掩护突击群延伸的右翼，第21装甲团部署的战线从雕塑公园西面南延至哥萨克大街南面一个街区的冲沟，而第276团守卫着从冲沟南延至与第100猎兵师沿中央大街的分界线这片区域。再往南，赛德利茨第51军的中央防区和南翼，第100猎兵师、第295和第71步兵师依然实施防御。这三个师对面，苏军沿"红十月"厂西接近地、马马耶夫岗、多尔吉和克鲁托伊冲沟下段部署，另外，苏军还在斯大林格勒市中心沿伏尔加河西岸据守着一片狭长的陆地。新锐第79步兵师10月22日

---

① 译注：第21装甲掷弹兵团？

到达后（届时"耶内克"集群应该已将拖拉机厂和"街垒"厂拿下），将与第100猎兵师第54猎兵团相配合，从西面攻向"红十月"厂，而"耶内克"集群将从北面对该厂发起打击。

保卢斯准备对崔可夫陷入困境的第62集团军发起致命一击时，斯大林已在继续同罗科索夫斯基、叶廖缅科商讨如何更好地发起一场反攻，缓解崔可夫部队的压力。10月14日，斯大林同意了罗科索夫斯基的建议，以顿河方面军第24和第66集团军从北面发起一场猛烈进攻，与崔可夫集团军在斯大林格勒工厂区西北部会合，但尚未为这场进攻拟定细节。这位独裁者还批准叶廖缅科组织第64集团军从南面的别克托夫卡登陆场发起一场辅助突击，威胁保卢斯的右翼，并将德军及其注意力从斯大林格勒城引开。赛德利茨发起进攻时，第64集团军实施辅助突击的计划也没有完成。因此，保卢斯和赛德利茨重新发起的进攻，加重了苏军必须立即发起一场反击的紧迫性。

对拖拉机厂和"街垒"厂的初步进攻，10月14日—18日
10月14日

10月14日，周一，德军集结炮兵发起两个半小时的猛烈炮击，包括大批"斯图卡"俯冲轰炸机在内的1250架德军战机也对崔可夫位于工厂区北半部的防御展开地毯式轰炸，7点30分，"耶内克"集群投入进攻（参见地图55、56）。保卢斯从设在戈罗季谢东郊的指挥所里观察着这场突击。海姆第14装甲师，以第36装甲团的2个装甲连为先锋（每个连获得第103和第108装甲掷弹兵团1个装甲掷弹兵营的配合），从"文件夹"大楼东北面400—800米处的阵地攻向东北方。他们的目标是下"拖拉机厂"新村东部、铁路线和前方的拖拉机厂。海姆的突击获得第305步兵师第578、第576团战斗群的协同和支援，这两个团梯次配置在左侧，第305步兵师第577团梯次配置在右侧，第24装甲师"舒尔特"装甲连为其提供支援。

第14装甲师和第305步兵师发起的协同突击以一个易遭受攻击的90度角攻向崔可夫的防御，其顶端位于下"拖拉机厂"新村中央和拖拉机厂。尖角的北翼是上"拖拉机厂"新村东部的南面，苏军近卫步兵第37师第109团的2个营和步兵第112师第416团（600人）据守在那里。尖角的东翼从"文件夹"大楼东

434

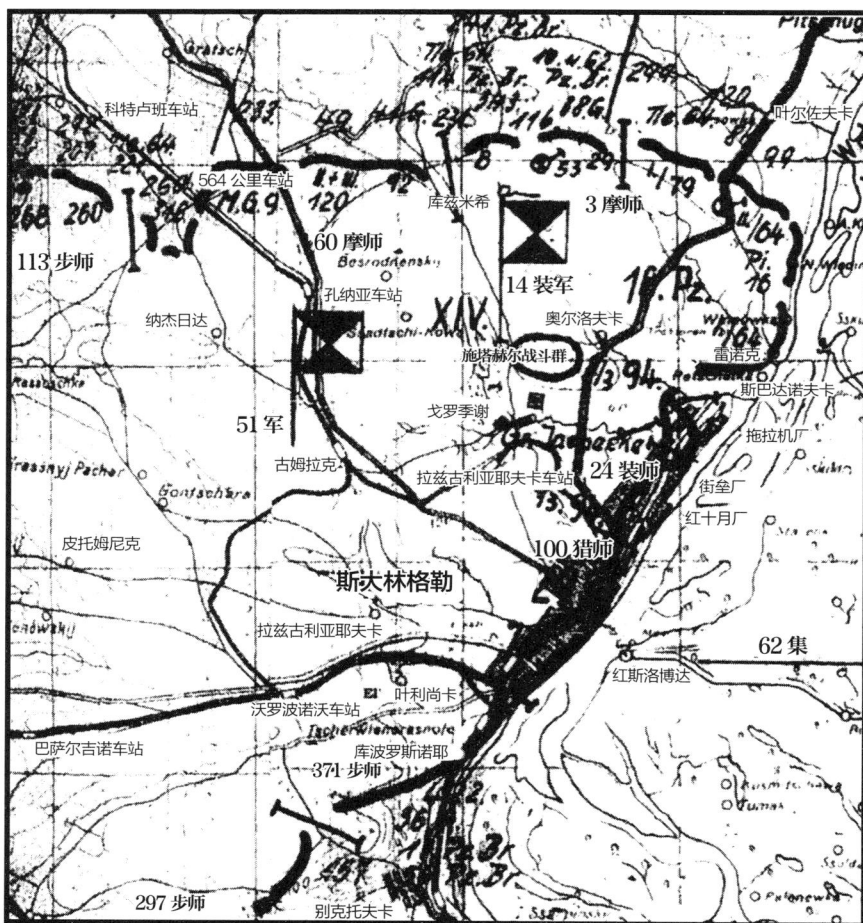

地图 55　1942 年 10 月 13—14 日，第 6 集团军的态势

地图 56　1942 年 10 月 14 日—15 日，第 51 军的突击

北方穿过日托米尔斯克峡谷，由近卫步兵第37师第114和第118团守卫。部署在后方第二梯队和预备阵地上的步兵第112师第524团、近卫步兵第39师第117团、坦克第84旅、步兵第95师第90团为他们提供支援（参见地图57）。

海姆的装甲兵和奥彭伦德尔的步兵发起密切协同的突击，彻底击败了若卢杰夫近卫步兵第37师和为其提供支援的部队。11点30分打垮近卫步兵第109团和步兵第524团的防御后，这股德军将近卫步兵第37师第114和第118团与其右侧的第109团隔开，随后包围并最终歼灭了近卫步兵第109团的2个营，切入并穿过步兵第112师第524团和近卫步兵第37师[1]第117团的第二梯队防御（参见地图58）。

近卫步兵第37师10月14日—15日的作战日志记录下了该师遭遇的惨败：

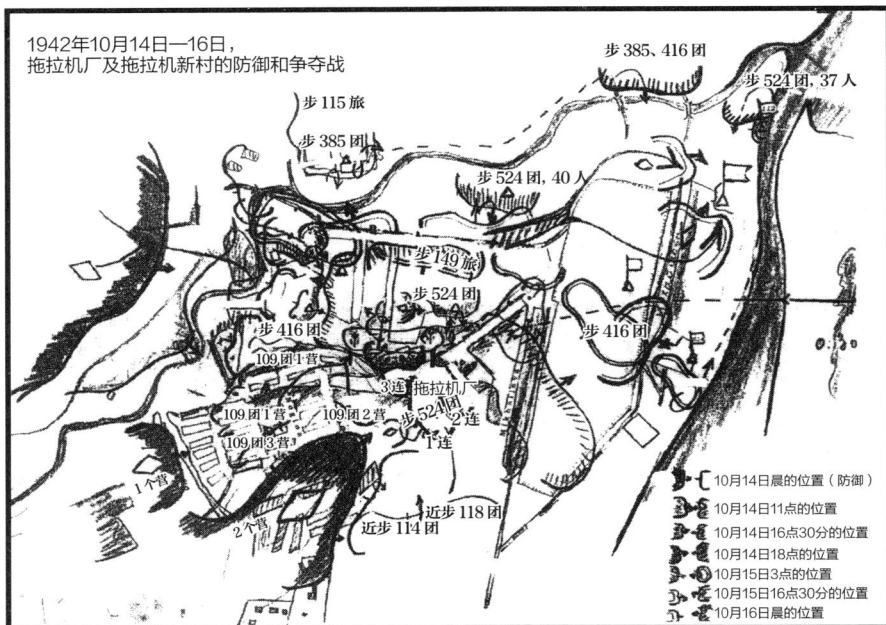

地图57 1942年10月14日—16日，步兵第112师的位置

___

① 译注：近卫步兵第39师。

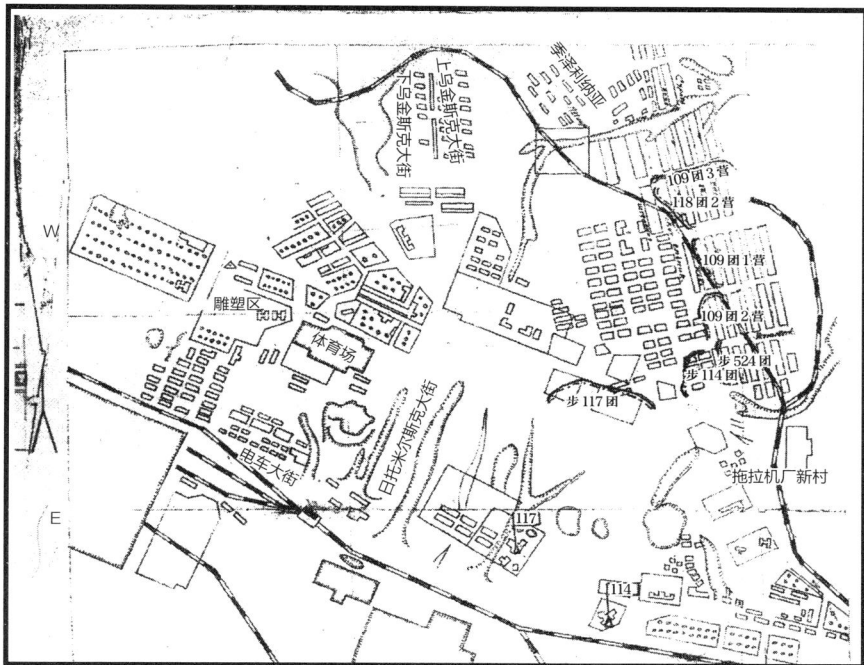

地图 58 1942 年 10 月 14 日，近卫步兵第 37 师的部署

1. 超过2个步兵团的敌人，在60多辆坦克、强有力的空中突击和猛烈的炮火准备的支援下，突破我师防线，并朝近卫步兵第109团与近卫步兵第114团的结合部、近卫步兵第117团与步兵第90团［步兵第95师］的结合部发起进攻，掩护结合部的是步兵第524团［步兵第112师］。

2. 击退敌人进攻的同时，我师人员和兵器损失惨重。

3. 近卫步兵第109团第2营被敌坦克和冲锋枪手消灭。25辆敌坦克和200名冲锋枪手已突破至体育场北面。

近卫步兵第109团与师主力之间的联系被切断，1942年10月15日一整天［应为10月14日］都在包围圈内奋战。

4. 近卫步兵第114和第118团的情况也很严峻。敌步兵、坦克和俯冲轰炸机给这两个团的人员和兵器造成了严重损失。

5. 步兵第524团撤离阵地，结果近卫步兵第109团团部遭到包围，在团部旁击毁2辆敌坦克。

6. 第二股敌人沿近卫步兵第117团与步兵第90团的结合部突向日托米尔斯克峡谷。当日下午，与近卫步兵第117团的通信中断。

7. 步兵第524团和第90团后撤导致我师和师部有被包围的危险。

遵照第62集团军司令员的指示，师部已转移至80里程碑西面60米处的冲沟（位于冲沟桥梁处）。

敌坦克和步兵在米哈伊洛夫（Mikhailov）大街入口的南部地段前出至杰涅日纳亚沃洛日卡（Denezhnaia Volozhka）河［伏尔加河的西河道］河岸，在米努辛斯克（Minusinsk）大街跨过日托米尔斯克峡谷，个别敌坦克突至拖拉机厂南郊的水渠。[5]

若卢杰夫的近卫师被切为两段，近卫步兵第118团的残部向东撤往拖拉机厂南部，而第109和第114团寥寥无几的幸存者逃向"拖拉机厂"新村下段。[6]后撤期间，近卫步兵第117团团长近卫军少校安德烈耶夫阵亡，步兵第112师第416团被包围在六角大厦东面，几乎全团覆没。德军轰炸机命中了若卢杰夫的指挥所，切断了师部与辖内各个团的通信，这加剧了若卢杰夫师的颓势。[7]德军猛烈的坦克突击推动海姆第14装甲师、奥彭伦德尔第305步兵师第576和第578团的战斗群向前疾进，跨过拖拉机厂西面的铁路线，进入下"拖拉机厂"新村，最终攻入该厂北部和中部。

与此同时，海姆和奥彭伦德尔突击部队的左侧，耶内克第389步兵师几个营级战斗群粉碎了苏军步兵第112师第385团和近卫步兵第37师第109团右翼、中央的防御，这股苏军守卫着梅切特卡河防线和上"拖拉机厂"新村的西段。苏军残部边打边撤，退入下"拖拉机厂"新村深处，或逃向东北方，渡过莫克拉亚梅切特卡河，加入北岸的"戈罗霍夫"集群。与此同时，海姆的右侧，德军第305步兵师第577团的战斗群，获得第24装甲师"舒尔特"装甲连的支援，在日托米尔斯克峡谷北面的日托米尔斯克大街转身向东，粉碎了戈里什内步兵第95师第90团的防御，并将该团与右侧的近卫步兵第37师第118团隔开（参见地图59）。再往南，第24装甲师"埃德尔斯海姆"战斗群攻向戈里什内的步兵第161团，迫使该团放弃了体育场东面的阵地，并将其侧翼逐向北面的日托米尔斯克峡谷南脊。[8]

　　"耶内克"集群消灭崔可夫设在工厂区北部的防御时，第6集团军的定期报告仔细追踪着该集群的进展：

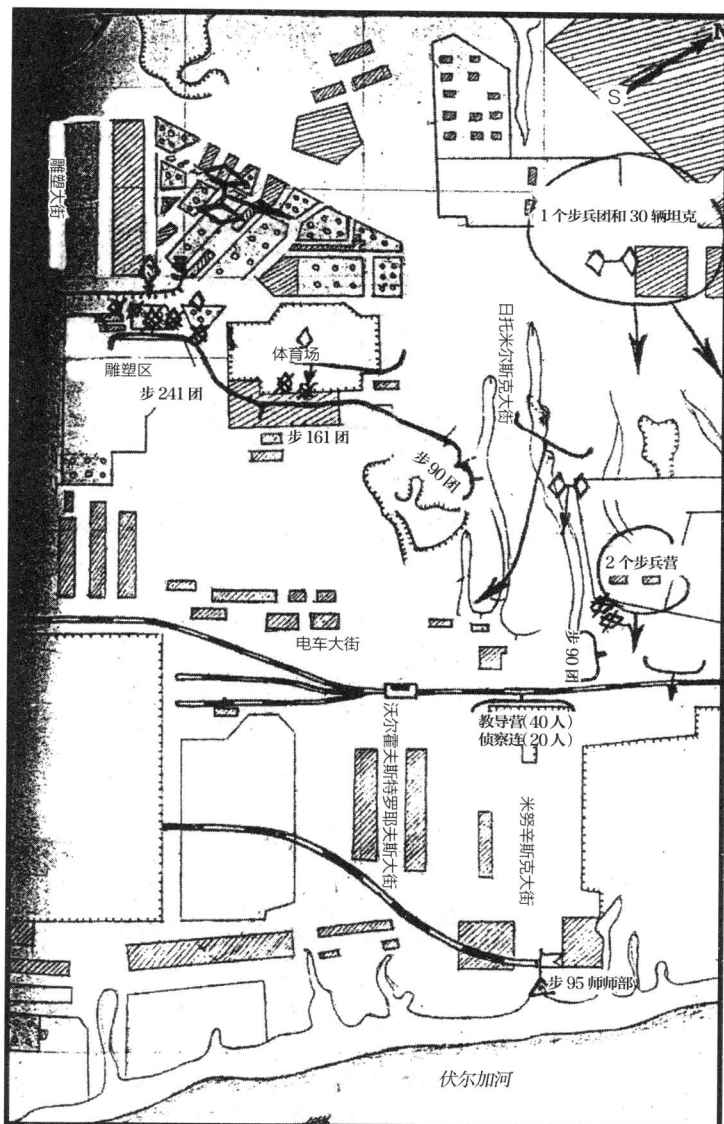

地图59 1942年10月14日21点，步兵第95师的部署

「12点」

第51军7点30分发起进攻。突破俄国人的防线后，第14装甲师前出至拖拉机厂西南方的铁路线，并突入该厂南部。北面，该师的一个战斗群向东突破俄国人的防御（95b2坐标方格［工厂中心西面200米处］），并继续向西南方攻击前进。尚不清楚这场行动的状况。右翼，经过激烈的巷战，第305步兵师［第576和第578团］夺取了拖拉机厂西北边缘的几个路口，继续进攻后占领了96d坐标方格［工厂中心西面100米处］的建筑区。第14装甲师从该地域攻向西北方。尚未收悉这场战斗的详情。步兵第389师的一部进攻并占领了86d3和d4坐标方格［上"拖拉机厂"新村下段］北部的建筑区。

「15点05分」

经过各处的激战，15点前我军到达以下战线：

第24装甲师——84a坐标方格［体育场东面］处的体育场和周边建筑；

第14装甲师（加强）——84b坐标方格的峡谷［日托米尔斯克峡谷］—94a坐标方格内的铁路线西北方100米处［距离拖拉机厂西南角300米］—96d4坐标方格内多个路口的西南方［工厂中心西面100米处］；

第305步兵师——96d4-3坐标方格内的住宅区［工厂中心西面100—300米处］—86d坐标方格内住宅区的北部边缘［上"拖拉机厂"新村东部］。

15点，第14装甲师的装甲团在95a1坐标方格处突入拖拉机厂［主厂区西面100米处的附属建筑］，随后向南攻往95d2坐标方格内的主厂区［工厂南部］，以便与从南面而来的装甲群［"舒尔特"装甲连］会合。进攻行动正在继续……

「15点30分」

第14装甲师师长报告，辖下装甲团的一部已突入拖拉机厂。

「21点」

面对俄国人的顽强抵抗，在斯大林格勒北部的进攻行动当日下午继续进行。第14装甲师以其南翼率领进攻，跨过铁路线冲向拖拉机厂南部，现已到达砖厂南部边缘。第14装甲师已进入拖拉机厂的先头部队稍稍后撤，以便让炮兵对盘踞在厂内的残余俄国人实施炮击，并做好次日发起进攻彻底夺取该厂剩余部分的准备。第305步兵师在冲向西北方的进攻中夺取了几座建筑。当晚，进攻行动将继续进行。[9]

B集团军群的每日战事概要得意地宣布了赛德利茨取得的胜利：

第51军（斯大林格勒）于7点30分投入进攻，与第14装甲师相配合的突击行动夺取了拖拉机厂西南郊的一片建筑群。同时，该师与第305步兵师协同，在指定建筑群的北面突破敌军防御并发起冲击，一举攻占拖拉机厂东北面的另一处建筑群。进攻期间，第389步兵师还设法向更东面突破。一股强大的敌军在科特卢班地域发起牵制性进攻，但未能成功。[10]

在崔可夫和红军总参谋部看来，尽管日终时的态势尚不清楚，但10月14日的战事无疑是一场灾难：

第62集团军投入激烈的防御作战，以部分部队抗击敌人的1个步兵师和100辆坦克，10月14日10点30分，这股敌人对拖拉机厂附近和日托米尔斯克北面发起进攻。

近卫步兵第37师——该师右翼部队被敌人逼退。师里的其他部队继续坚守六角大厦西南方的大型建筑群。

正在核实步兵第95师辖内各部队的位置。

在敌人的重压下，10月14日日终前，我方部队放弃了体育场（北）、雕塑大街、2号环形（Kol'tsevaia）大街和1号环形大街。敌先遣部队占领了拖拉机厂，敌冲锋枪手组成的一些群体到达米哈伊洛夫大街。

截至14点，已发现敌人的1300架飞机，他们朝斯大林格勒的我军阵地投下了5000多颗炸弹。

集团军辖内其他部队的位置未发生变化。[11]

第62集团军的作战日志详细阐述了总参谋部的报告，坦率地承认辖内部队"在步兵第112师、近卫步兵第37师和步兵第95师防区内实施激烈的防御作战，抗击进攻中的敌步兵和坦克"，在此过程中，"优势敌军向拖拉机厂发起主要突击，日终前占领该厂，并切断了集团军的防线"。[12]实施猛烈的空袭和炮火准备后，德国人"以1个步兵师、2个坦克师（第14、第24装甲师）和110多辆坦克，在大批战机的支援下"攻向拖拉机厂，并以"超过1个步兵师和75辆坦克"进攻"拖拉机厂"新村，另外还有"1个步兵团和35辆坦克冲向日托米尔斯克"。第62集团军声称其部队"在前线其他地段坚守着既有阵地"，但也承认"敌人日终前占领了拖拉机厂和米努辛斯克大街，并前出至伏尔加河"。[13]

该作战日志生动地描述了作战行动以及工厂区北部的激烈战斗：

步兵第112师——5点30分，敌人对该师防区发起猛烈的炮火准备，6点30分，步兵第524团的作战编队遭到一场凶猛的空中突击。火炮和迫击炮的炮击一直持续到18点15分。21点，敌人再次发起炮击和空袭。

8点，敌人以2个步兵团和40—50辆坦克沿琥珀（Iantarnaia）大街、鲍曼（Bauman）大街和博特金（Botkin）大街对近卫步兵第109和第114团的防区发起进攻。

11点50分，50辆敌坦克粉碎了步兵第524团的左翼，占领了教堂和通往体育场的接近地，他们从这里朝两个方向发起进攻：（a）以2个冲锋枪手营和20辆坦克沿库利塔尔梅大街和伊万诺夫（Ivanov）大街攻向拖拉机厂；（b）以2个营和15辆坦克沿合作社大街攻向莫克拉亚梅切特卡河大街。

敌人粉碎步兵第524团的作战编队后，投入冲锋枪手，12点前出至步兵第416和第385团后方地域，但16点30分到达莫克拉亚梅切特卡河大街并遭遇我军抵抗后，这股敌人转入了防御。

步兵第524团的残部（40人）沿峡谷（马尔塔利斯克大街西面200米处）南脊占据正面朝南的防御阵地。

步兵第416团守卫着公墓（铁路桥南面450米处）。当日，该团向椭圆形（Oval'naia）树林、97.7高地东坡的花园、铁路侧线和莫克拉亚梅切特卡河大街开火射击。

步兵第385团在铁路桥和独立建筑物（铁路桥南面450米处）地域守卫着梅切特卡河防线。17点，该团留下10名士兵据守阵地，另外80名战士朝体育场发起反冲击，但前进过程中遭到敌人的猛烈空袭和炮击。该团损失惨重，没能取得进展，与步兵第524团一同转入防御。

近卫步兵第37师——敌人的1个步兵师和75辆坦克，在强有力的空中支援下，攻向由步兵第524团［步兵第112师］掩护的近卫步兵第109团与近卫步兵第114团的结合部，以及近卫步兵第117团与步兵第90团［步兵第95师］的结合部。敌人的空袭和炮击给该师造成严重伤亡，面对占据优势的敌步兵和坦克施加的压力，该师残部撤至米努辛斯克东南地域。

近卫步兵第109团——10点，该团击退了敌人2个步兵连和8辆坦克发起的一场进攻，但12点被敌坦克和冲锋枪手粉碎。敌人的125辆坦克和200名冲锋枪手突破至体育场，该团在诺金大街和双环（Dvukhkol'tsevaia）大街附近战斗，当日遭受的伤亡超过80%。

近卫步兵第117团（近卫步兵第39师）在六角大厦南面400米处的包围圈内战斗。

近卫步兵第114团也遭到敌人2个步兵连和8辆坦克的进攻，损失惨重，但到21点，该团各分队所处的位置不明，因为他们与团部的通信已中断。

近卫步兵第118团与敌人的12辆坦克和2个步兵连展开战斗，遭受到严重伤亡。21点，该团剩余的20名战士在拖拉机厂南面的学校附近战斗。

撤离既有阵地的后果是，步兵第524团和近卫步兵第109团团部被包围，他们在参谋长的率领下与敌人展开战斗。

午夜时刻，敌步兵和坦克到达米哈伊洛夫大街和伏尔加河。敌人以大股部队占领了共青团（Komsomolskaia）大街、第2和第3环形大街、库利塔尔梅大街的公园和拖拉机厂。敌坦克继续向南、向东推进，午夜时，战斗仍在持续。

步兵第95师与冲向日托米尔斯克的敌步兵和坦克展开激战。清晨4点，敌人的火炮和迫击炮发起猛烈炮击，7点30分，敌人投入俯冲轰炸机，对该师前沿防御实施轰炸。9点，敌人的1个步兵营和8辆坦克在步兵第90团与近卫步兵第117团的结合部歼灭了前者的右翼部队，并以其坦克前出至"面包厂"新村的峡谷处。

日托米尔斯克峡谷北面和电车线西面300米处，敌人试图以1个冲锋枪手连和2辆坦克从工厂（Fabrichnaia）大街附近步兵第42旅与左翼友军的结合部穿过，但被击退。

步兵第161旅12点在体育场附近遭到敌人100名冲锋枪手、2辆中型坦克和1辆轻型坦克的攻击，但这股敌军被团里的火力击退，敌人集结在前沿阵地附近，在火力支援下重新发起进攻。

步兵第241团的防区，2辆敌坦克反复轰击该团的碉堡。敌人夺取了日托米尔斯克北面的峡谷，并沿米努辛斯克大街攻向伏尔加河。

日终前，该师占据以下阵地：

步兵第90团，由于损失惨重，无法坚守其阵地，团里的残部（11人）日终前加入步兵第161团的右翼部队。

步兵第161和第241团击退了敌人2个步兵营和坦克发起的进攻，日终前继续坚守阵地。[14]

在此期间，"耶内克"集群的南翼，德军战机、第24装甲师和第100猎兵师的火炮、迫击炮，沿着从雕塑公园向南穿过下"红十月"新村至班内峡谷的整条战线，猛轰苏军步兵第308、第193和近卫步兵第39师的防御阵地。与此同时，德国人发起武力侦察、地面试探和突袭，防止崔可夫将这片地域内的部队调离，去增援他们在北面陷入困境的战友。[15]

10月14日日终时，崔可夫设在斯大林格勒工厂区北部的防御一片混乱。若卢杰夫实力雄厚的近卫步兵第37师已严重受损。该师辖下的近卫步兵第109团基本上丧失了战斗力，所剩无几的残部与步兵第112师第385团的幸存者不断逃往东北方的莫克拉亚梅切特卡河，退入"拖拉机厂"新村深处。近卫步兵第37师第114团被彻底粉碎，其残部与近卫步兵第39师遭受重创、无人率领的第117团和步兵第112师倒霉透顶的第524团、第416团试图据守下"拖拉机厂"新村深处和拖拉机厂，但德军第389、第305步兵师构成的铁钳从西面和东面而来，这两股苏军面临着被彻底包围和歼灭的厄运。

拖拉机厂南面，近卫步兵第37师第118团与别雷坦克第84旅残存的坦克和其他被粉碎部队的散兵游勇在米努辛斯克西部战斗，竭力阻止势不可挡的德军攻向砖厂和拖拉机厂南面的伏尔加河。南面，德军在日托米尔斯克地域突破了步兵第95师第90团的防御，戈里什内投入师属预备队（包括他的教导营），沿日托米尔斯克峡谷及其南部重新构设一道新防线，掩护"街垒"厂北接近地。叶尔莫尔金的步兵第112师只剩下1000人，若卢杰夫的近卫步兵师被打散，只剩下一个勉强尚具战斗力的团，戈里什内步兵师辖下的第90团折损大半，这样一来，崔可夫就面临着在该地域维持防御、恢复某种表面秩序的艰巨任务。

赛德利茨的凶猛突击最终使德军进逼到距离崔可夫设在伏尔加河西岸的指挥所不到300米处。德军随后轰炸了他的指挥所，炸死30名工作人员，彻底破坏了集团军司令员与辖下各师、各团的有线通信，苏军许多师和团的指挥所也被摧毁。这种状况迫使崔可夫使用通常不太可靠的无线电通信监督并指挥辖下的部队。当日的幸事之一是：崔可夫指挥部的警卫部队设法将若卢杰夫从被炸塌的指挥所里救出，并把这位将军送到了集团军司令部。[16]

崔可夫后来估计，赛德利茨为这场突击付出的代价是阵亡3000多人，但德军10月14日阵亡、负伤和失踪的人数实际上只有538人。赛德利茨为这场胜利付出的代价相对较低，突出这一点的是，当日的战斗中，第24装甲师的33辆坦克损失了8辆，第14装甲师的50辆坦克只损失了1辆；第244突击炮营的18辆突击炮损失了6辆，而第245突击炮营的13辆突击炮损失了7辆。[17]一如既往，德国人能将大多数受损战车修复。因此，第6集团军似乎已恢复了他们的进军势头。事后，崔可夫不得不承认："我们也损失惨重，特别是轰炸造成的伤亡。10月14日夜间，我们将3500名伤员疏散至伏尔加河左岸，在整个城市争夺战期间，这是个创纪录的数字。"[18]

实际上，第62集团军10月14日和15日遭受的伤亡很可能超过10000人。例如，近卫步兵第37师在这至关重要的两天里承受了集团军的大多数损失，该师10月17日的作战日志中写道：

经历了15天的激战，我师的损失高达100%，只有炮兵团尚存。截至1942年10月17日晚，我师只剩下一个半连的战斗兵。我师已丧失战斗力，必须获得休整。但目前的情况要求剩余的指战员们付出巨大的努力，坚守"街垒"厂。

师指挥部正采取一切措施加强我师的防御能力。所有后勤人员、炮兵、迫击炮兵和各专业分队的剩余人员都被投入工厂的防御。这一举措挽救了局势。敌人遭受到严重损失，正集结新部队，准备对工厂发起进攻。[19]

10月14日晚，崔可夫意识到，增援拖拉机厂正中德国人下怀，投入的新部队肯定会被对方歼灭。当晚，他同斯大林格勒方面军政委尼基塔·赫鲁晓夫商讨此事，后者代表最高统帅部打电话给他。赫鲁晓夫问道："第62集团军将采取何种措施阻止敌人夺取拖拉机厂？"崔可夫解释了这种做法的潜在灾难性影响，他认为集团军的后续防御应以"街垒"和"红十月"厂为重点。赫鲁晓夫表示同意，并答应满足崔可夫最主要的需求——弹药。但一天后，赫鲁晓夫不顾崔可夫的反对，坚持要求第62集团军司令部的主要人员，包括其军事委员会，继续留在伏尔加河西岸。[20]叶廖缅科为崔可夫提供了一丝希望，答应次日将新锐步兵第138师调拨给第62集团军。

崔可夫对自己竭力从叶廖缅科处争取到的援助感到满意，次日凌晨1点，他通过参谋长克雷洛夫对防御做出最后的调整，以承受敌人必然发起的猛攻：

1. 命令步兵第308师师长——立即接替步兵第92旅，遵照1942年10月14日196号作战令，以辖内一部在指定地域占据并固守该旅的防区。

2. 命令步兵第92旅旅长——将你们据守的防区移交给步兵第308师师长，接获命令后，立即部署至米努辛斯克地域，你们在那里的作战行动应接受近卫步兵第37师师长的指挥，并遵照他的命令占据防御阵地。

3. 命令近卫步兵第37师师长和赶到的步兵第92旅——沿新村（拖拉机厂南面）北郊和西北郊、沿铁路线至沃尔霍夫斯特罗耶夫斯克（Volkhovstroevsk）大街一线，在指定地域设立防线。

4. 命令步兵第95师师长和步兵第685团第1营——占据火车站（沃尔霍夫斯特罗耶夫斯克大街西北面）和独立建筑物（雕塑公园西北方200米处）一线。

5. 各师师长应于5点前在指定地域占据防御，并做好击退敌人进攻的准备。

克雷洛夫，叶利谢耶夫，扎利久克[21]

虽然赛德利茨的初步突击使崔可夫守卫工厂区北半部的部队折损大半，但第62集团军司令员和他的部队并未惊慌失措，相反，他们继续实施防御，哪怕防线已被突破。在下"拖拉机厂"新村庞大的废墟和拖拉机厂瓦砾遍地的建筑物间，三五成群的苏军士兵和武装起来的工人们坚持抵抗——逐街逐巷，从一座建筑物到下一座建筑物，从一个房间到另一个房间——竭力让德国人为他们的征服付出相应的代价。这些建筑物的窗户和巨大的天窗破碎，数百万计的玻璃碎片导致了伤亡人数的增加。

10月15日

赛德利茨第51军的一些战斗群在10月14日至15日的夜间继续进攻，但军主力10月15日晨才对第62集团军盘踞在斯大林格勒北部工厂区的残部重新发起集中突击。这一次，第14装甲军的进攻重点是莫克拉亚梅切特卡河北面登陆场内的"戈罗霍夫"集群。第6集团军10月15日清晨和9点30分提交的报告阐述了赛德利茨的进展：

「拂晓前」

斯大林格勒北部，天色尚黑时，第14装甲师的一个装甲掷弹兵团设法突破了俄国人在拖拉机厂的严密防御，向伏尔加河大胆推进后，到达河畔油库的南面，并就地据守。

由于俄国人猛烈的炮火，步兵第305师在拖拉机厂北部西面的进攻受阻。10月14日剩下的时间和14日至15日夜间，第51军的炮兵不停地轰击俄国人强有力的防御。

俄国人夜间以火炮、"喀秋莎"火箭炮和战机对斯大林格勒北部发起猛烈的炮击和轰炸。

「9点30分」

夜间和清晨，斯大林格勒的战斗取得了颇有希望的进展。第14装甲师第103装甲掷弹兵团成功突破至拖拉机厂东面的伏尔加河，第305步兵师第577团〔和一个装甲连〕夜间在砖厂跨过铁路线后，砖厂（94坐标方格）、拖拉机厂东面的油库及二者间的伏尔加河河岸已被夺取。拖拉机厂南半部自晨时起已在我们手中，北半部9点左右被我们占领。为扫荡伏尔加河与奥尔洛夫卡河之间的突出部而发起的进攻〔由第389步兵师和第305步兵师的2个团遂行〕进展良好。随后实施的重组准备向正南方发起突击。第14装甲军一部对斯巴达诺夫卡和雷诺克发起的进攻起初取得了不错的进展，但目前停顿在奥尔洛夫卡河南岸侧面的前方。城市西北部的敌人仍在坚守96和86坐标方格〔下"拖拉机厂"新村北半部〕，我突击群正对他们发起进攻。[22]

柏林的OKW得意扬扬地宣布："在斯大林格勒，我军实施了一场熟练的夜袭后，一个装甲师〔第14装甲师〕成功突破至伏尔加河，随后经过激烈的巷战和逐屋逐房的争夺，他们与步兵部队一同攻占了工厂区北部以及'捷尔任斯基'拖拉机厂的大部。"[23]B集团军群兴高采烈的报告呼应了第6集团军的汇报："第6集团军10月15日的进攻彻底夺取了斯大林格勒北部，包括拖拉机厂和砖厂。第16装甲师的一部突破至雷诺克边缘。俄国人在科特卢班东南方发起的牵制性进攻被击退。"[24]集团军群的情报官补充道：

尽管敌人以大批坦克构筑的固定碉堡防线非常强固，还获得了伏尔加河〔左〕岸和河中岛屿侧射火力的支援，但俄国人无法阻止火炮厂〔"街垒"厂〕半幅地域的丢失。火炮厂西北部爆发的坦克战中，16辆敌坦克被击毁。斯巴达诺夫卡西面的一股敌人被切断。[25]

另一方面，红军总参谋部冷酷地报告道（第62集团军每日报告中的一些细节并未出现在总参谋部的报告中，缺失部分以方括号标出）：

第62集团军继续在斯大林格勒北部进行激烈的防御作战，抗击敌人的步兵和坦克。

　　10月15日晨，敌人从拖拉机厂附近［以3个步兵师和150辆坦克，在强有力的空中支援下］向北、向南发起进攻。

　　步兵第124旅当日击退了敌人从北面发起的数次进攻，在此过程中击毁30多辆敌坦克。日终前，敌人从拖拉机厂向北发起进攻，将步兵第149、第124旅隔开，占领了梅切特卡河口部的栈桥，并到达步兵第124旅后方。

　　步兵第149旅与集团军辖内其他部队之间的联系被敌人从北面和南面发起的进攻切断，与该旅的通信已中断。

　　［步兵第124、第115、第149旅，摩托化步兵第2旅和步兵第112师在包围圈内与从北面、西面和南面发起进攻的敌步兵和坦克展开激战。与渡口相隔断的步兵第124旅（12人）沿珍珠大街战斗，正面朝南。步兵第115旅和摩托化步兵第2旅，以及步兵第124旅的45人、步兵第416团、步兵第112师在拖拉机厂地域的包围圈内战斗。］

　　近卫步兵第37师以激烈的防御作战抗击敌军。敌人朝米努辛斯克和沃尔霍夫斯特罗耶夫斯克大街发起进攻，将该师残部与集团军辖内其他部队隔开，10月15日17点，敌人在普里巴尔季（Pribaltiiskaia）地域到达伏尔加河。该师各部队继续在铁路分岔点附近和杰列文斯克（Derevensk）地域战斗。

　　步兵第95师当日击退了敌步兵和坦克发起的三次进攻，遭受到惨重的损失后，该师将右翼部队撤至"街垒"厂北郊。10月15日18点，6辆敌坦克到达"街垒"厂北郊的两条铁路侧线，他们从这里对第62集团军指挥所和伏尔加河上的人行桥发起炮击。［近卫步兵第37师和步兵第95师的残部总共只剩下不到148人，两个师都已丧失战斗力。］

　　集团军辖内其他部队的位置未发生变化。

　　敌人的100辆坦克集结在拖拉机厂附近。敌机对集团军各部队的作战编队实施猛烈轰炸，10月15日，敌人投入了1036飞行架次。[26]

　　因此，10月15日一天，德军第14装甲师第103和第108装甲掷弹兵团，左翼获得第305步兵师第576、第578团的掩护，右翼得到第577团的保护，在第36装甲团49辆坦克的支援下，完成了摧毁崔可夫在拖拉机厂及其周边的脆弱防御的任务。在此过程中，奥彭伦德尔第305步兵师的先遣部队夺取了伏尔加河与梅切特卡河交汇部南面的栈桥，将位于雷诺克和斯巴达诺夫卡地域的"戈罗霍夫"集群与拖拉机厂南面的第62集团军主力隔开。拖拉机厂西面，面对苏军顽强的抵抗，德军第389步兵师的战斗群缓慢前进，穿过下"拖拉机厂"新村的一条条街道和一座座建筑物，不断遭到苏军从伏尔加河东岸射来的炮火的袭扰。

当日日终前，苏军步兵第112师和近卫步兵第37师未被包围、消灭在"拖拉机厂"新村的部队向北退往莫克拉亚梅切特卡河，进入下"拖拉机厂"新村北半部的建筑中。[27]步兵第112师将第385团撤至下"拖拉机厂"新村西部边缘对面，沿河流北岸布防，将第416和第524团（该团只剩下40人）撤入下"拖拉机厂"新村北部的建筑区深处。在那里，他们与"戈罗霍夫"集群步兵第149、第124旅派往南面的几个营级战斗群会合。但此时赛德利茨的部队已占领了几乎整个拖拉机厂和相邻的新村。

拖拉机厂南面，德军第305步兵师第577团在"舒尔特"装甲连的支援下发起进攻，一路向东挺进，跨过"街垒"厂北面的铁路线，在米努辛斯克腹地突破至普里巴尔季大街附近。从这里，舒尔特的坦克可以炮击"街垒"厂北部边缘和崔可夫的指挥所，第62集团军指挥所设在伏尔加河西岸，就在南面不到200米处。仓促间，崔可夫命令戈里什内将陷入困境的步兵第95师的右翼部队投入，堵住工厂北接近地。夜幕降临前，步兵第95师第90团和师属教导营在崔可夫指挥所警卫部队和别雷坦克第84旅半埋起来的坦克的支援下，右翼获得近卫步兵第37师第118团残部的掩护，在距离工厂不远处成功地挡住了德军的推进。崔可夫说：

> 若卢杰夫师［近卫步兵第37师］承受了敌人最主要的突击，被分割成数段，以独立战斗群的形式在拖拉机厂厂房内和米努辛斯克大街附近战斗。戈里什内师［步兵第95师］也遭受到严重损失，正沿电车（Tramvainaia）大街和雕塑大街的防御阵地战斗。敌人向南突击，构成到达戈里什内师后方和集团军指挥所的威胁。敌冲锋枪手沿我方部队之间的缝隙渗透。集团军司令部的警卫人员投入了战斗。[28]

崔可夫计算（事实证明他算得非常准确），若卢杰夫和戈里什内师的战斗人员在10月15日的激战中伤亡75%。但这两个师严重受损的同时，其残部的坚决防御拖缓了德军的前进步伐（至少是暂时的），并使敌人付出了相应的代价。据崔可夫估计，德国人损失了33辆坦克，"约3个步兵营"。[29]实际上，10月15日的战斗中，德军第24装甲师的坦克从25辆增加到26辆，证明了该师高效的坦克抢修能力。而第14装甲师在当日的行动中遂行主要突击任务，40辆坦克①损失了19辆。[30]据第6集团军记录，10月15日的战斗中，崔可夫集团军除阵亡和负伤的战斗伤亡外，还有1028人被俘（包括31名逃兵），另外还损失了20辆坦克、4辆自行火炮、4门反坦克炮、26挺机枪、8具榴弹发射器和11支反坦克步枪。[31]

　　崔可夫的困境日益严重，雪上加霜的是，除了抗击赛德利茨第51军对拖拉机厂地域的突击，他在10月15日还必须应对第14装甲军第16装甲师为粉碎"戈罗霍夫"集群而对莫克拉亚梅切特卡河北面的防御发起的进攻（参见地图60）。胡贝赋予安格恩装甲师的任务很简单：粉碎俄国人在斯巴达诺夫卡和雷诺克的防御，歼灭莫克拉亚梅切特卡河北面的所有苏军。但这项任务绝非轻而易举，因为戈罗霍夫已精心准备了三个多星期，他在该地域的防御也得到了加固。步兵第124旅在雷诺克周围守卫着强大的防御阵地，步兵第149旅掩护着斯巴达诺夫卡接近地，步兵第115旅和摩托化步兵第2旅的残部正面朝西部署在134.5高地东面的筑垒地域、斯巴达诺夫卡西面、奥尔洛夫卡河与莫克拉亚梅切特卡河交汇处以北。

　　"戈罗霍夫"集群的防御，最强固的部分是构筑在斯巴达诺夫卡北面和西北面两座圆形山丘上的密集暗堡、掩体网，德国人给这两座山丘起的绰号是"Kleinen Pilz"和"Grossen Pilz"（"小蘑菇"和"大蘑菇"）。但戈罗霍夫10月14日削弱了自己的防御，他从步兵第124、第149旅中各抽调一个营去增援崔可夫在"拖拉机厂"新村奋战的部队。

　　胡贝决定对戈罗霍夫的登陆场发起突击，以安格恩第16装甲师的"克鲁姆彭"集群进攻雷诺克和斯巴达诺夫卡，以第94步兵师第267团从西面攻向斯

---

①译注：前文称49辆。

地图 60 1942 年 10 月 15 日—11 月 17 日，雷诺克、斯巴达诺夫卡争夺战

巴达诺夫卡。"克鲁姆彭"集群编有三个营级战斗群，每个约300人。前两个战斗群分别以第79装甲掷弹兵团第2营和第64装甲掷弹兵团第2营组建，攻向"小蘑菇"和"大蘑菇"，第三个战斗群是施特雷尔克营，负责进攻雷诺克周围的苏军防御。每个战斗群都获得10辆坦克和突击炮的支援，目前，第16装甲师尚有49辆可用的坦克，而该师主力仍在等待迎战苏军从北面叶尔佐夫卡地域重新发起的进攻。

正如第16装甲师师史中所描述的那样，这场战斗并非轻而易举：

克鲁姆彭上校和他的部下了解敌人，因而建议不要在白天发起进攻。不顾有可能遭受巨大损失的提醒，部队向上级报告，他们已做好10月15日4点18分发起进攻的准备。火炮和火箭炮实施3分钟炮火准备后，4点20分，掷弹兵们骑在坦克和突击炮上向前冲去。到达苏军主防线时，掷弹兵们跳下战车，随即便遭到苏军反坦克炮和燃烧瓶的打击，他们退回到原先的阵地。

第79装甲掷弹兵团第2营起初取得了不小的进展；5点左右，他们冲上"小蘑菇"山顶，并到达通往南铁路分岔的转换线。右侧的"大蘑菇"和左侧的敌军阵地以猛烈的高射炮火力对该营发起打击，进攻停顿下来，该营损失惨重。第64装甲掷弹兵团第2连赶往异常强大的"大蘑菇"堡垒。这座高耸的堡垒长350米，宽120米。突击炮隆隆驶向右侧，但其中3辆落在后面。第79装甲掷弹兵团第7连的任务是掩护左翼，结果在雷诺克南部边缘遭到相互连接的暗堡体系的猛烈火力打击；连长英根尔夫中尉阵亡，该连后撤。

在雷诺克，施特雷尔克营投入艰巨的巷战。硝烟和四散飞溅的泥土中，工兵们躲避着雨点般的碎片。每条街道、每座建筑的角落都成为激战现场。

所有火炮和战车都用于支援突击"蘑菇"的士兵。布勒姆克中尉率领第64装甲掷弹兵团第2连再次发起进攻，坦克躲避着猛烈的炮火，但这场突击再度陷入停顿。

与此同时，施特雷尔克营也被逐出雷诺克，正在其北郊战斗。第64装甲掷弹兵团第6连遭到猛烈的侧射火力的打击，被迫撤离清晨时夺取的苏军主防线。敌人尾随而至，从该连手中夺回了原先的防线。尽管敌人的防御异常强大，但第64装甲掷弹兵团第2连设法在"蘑菇"前方夺取了敌人的几处阵地，抓获（缴获）了一些俘虏和武器装备，自身的损失也不小。夜间，急救站里挤满伤员，但真正的重伤员仍躺在战场上。坦克在夜色的掩护下将这些伤员收拢起来。少数幸存者沉沉睡去。厨师和各类工匠被调来接替作战士兵，在前沿阵地监视敌人的动向。斯大林格勒血红色的火焰在他们前方闪烁。[32]

第16装甲师没能攻破"戈罗霍夫"集群的防御，第14装甲军军长胡贝深

454

感沮丧，他命令普法伊费尔第94步兵师（该师正将辖内的2个团调入135.4高地东面的进攻阵地）加快速度，赶往东面的斯巴达诺夫卡，10月16日投入进攻。

"戈罗霍夫"集群与崔可夫主力部队之间的联系已中断，通往伏尔加河对岸的至关重要的补给路线也被切断，他们的弹药开始短缺，戈罗霍夫给崔可夫和叶廖缅科发出紧急电报，请求他们提供增援，以免登陆场彻底崩溃。

第62集团军在工厂区北部的防御被粉碎，"戈罗霍夫"集群设在莫克拉亚梅切特卡河北面的登陆场即将崩溃，崔可夫10月15日收到的唯一一个好消息是叶廖缅科答应将步兵第138师调拨给他。因此，在围城战最艰巨的时刻，新锐援兵的到达再次挽救了崔可夫摇摇欲坠的防御。

方面军司令员已于10月14日晚将这一安排告知崔可夫，第62集团军司令员立即命令该师先遣团（步兵第650团）渡过伏尔加河，务必在10月15日5点前进入拖拉机厂。可是，由于该团武器短缺，这一调动被迫推延，而拖拉机厂的激战和德军当日对伏尔加河渡口的猛烈轰炸导致该团的到达再次延误。最后，步兵第650团搭乘伏尔加河区舰队第44大队的船只穿过冰雹般落下的炮弹，于10月15日至16日夜间渡过伏尔加河。[33]崔可夫立即派该团增援步兵第95师在"街垒"厂北面的险象环生的防御，命令该团"1942年10月17日4点前占据并固守杰列文斯克南郊至雕塑公园一线，阻止敌人前出至列宁大道和'街垒'厂"。[34]

步兵第138师10月14日前隶属于第64集团军，并参加了该集团军在别克托夫卡登陆场的防御。至于过去的战斗经历，该师最初作为山地步兵第138师参加卫国战争，1942年3月30日被改编为常规步兵师。此后，7月和8月间，该师在第64集团军辖下沿斯大林格勒接近地参加了艰巨的防御战，10月5日转入斯大林格勒方面军预备队，接受休整和补充。虽说步兵第138师的兵力只有2646人，步枪和机枪也不足，但该师的炮兵力量较强，拥有11门122毫米榴弹炮、31门76毫米火炮和21门反坦克炮——在战斗的这一阶段，这是一股可观的力量。[35]该师师长是40岁的伊万·伊利奇·柳德尼科夫上校，是一名作战经验丰富的老兵，1941年3月起和整个"巴巴罗萨"战役期间，他指挥过步兵第200师和学员步兵第16旅，1942年5月16日出任步兵第138师师长。[36]崔可夫还需要24小时才能将柳德尼科夫的整个师投入到"街垒"厂附近的战斗中。

10月16日

为扩大第51军10月14日和15日取得的可观战果，保卢斯10月15日晚命令赛德利茨重组部队，并于次日晨对第62集团军设在"街垒"厂北部的防御发起一场总攻（参见地图61、62）。保卢斯的新计划要求赛德利茨投入第14装甲师和第305步兵师，第24装甲师在右侧提供支援，向南发起一场协同进攻，突入"街垒"厂。这将使"耶内克"集群的第389步兵师得以肃清"拖拉机厂"新村和拖拉机厂的苏军残部。

为此，耶内克将把第14装甲师和第305步兵师调入出发阵地，这片阵地从体育场南面、雕塑大街北面的三个街区和体育场东面第24装甲师前沿阵地左翼

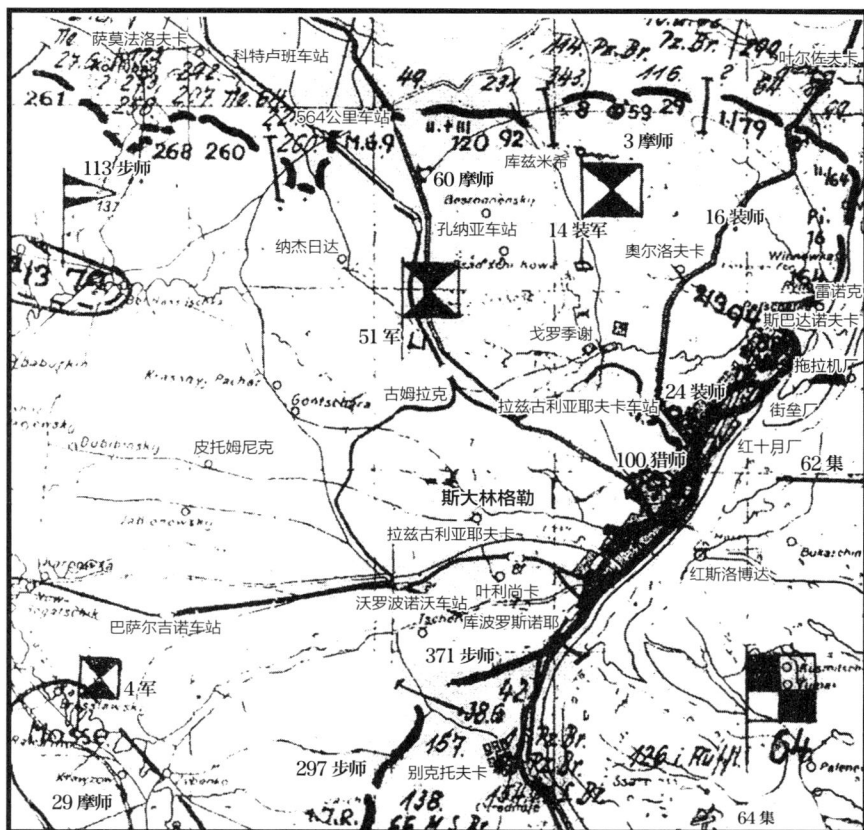

地图61　1942年10月15日—16日，第6集团军的态势

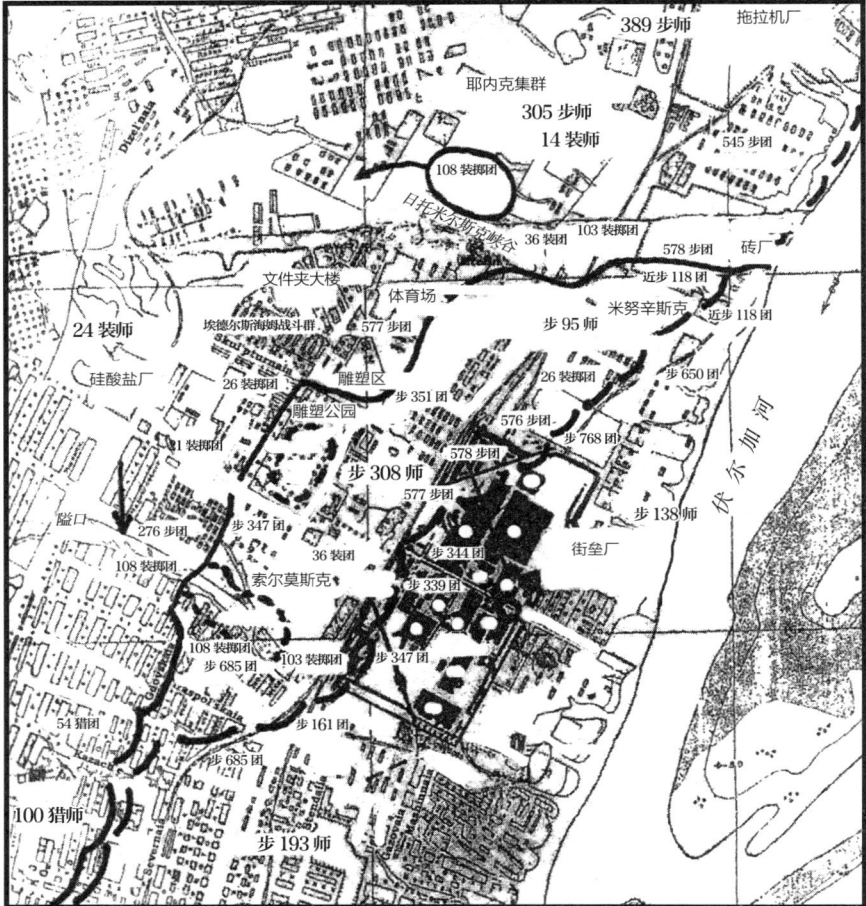

地图 62 1942 年 10 月 16 日—18 日，第 51 军的突击

北延至日托米尔斯克峡谷南脊，然后向东跨过铁路线，穿过砖厂南面的米努辛斯克地域直至伏尔加河。进入阵地后，这股部队将在第24装甲师防线与伏尔加河之间向南突击，歼灭该装甲师对面之敌并占领"街垒"厂。

从8点起，伦斯基第24装甲师将以炮火和佯攻支援第14装甲师和第305步兵师的进攻；耶内克的突击部队穿过该师阵地后，第24装甲师将向东发起突击，歼灭耶内克身后的苏军，并沿伏尔加河西岸占领砖厂与"街垒"厂北面油库之间的阵地。

夜间实施了一场复杂的重组后，"耶内克"集群各突击部队的部署如下：

●第305步兵师第576、第578团位于伏尔加河与砖厂南面铁路线之间的左侧，任务是沿普里巴尔季大街向正南方突击，攻向列宁大道；

●第14装甲师第103装甲掷弹兵团和第36装甲团横跨在铁路线上，其中央位于电车大街，任务是沿两条通道向南进攻；

●第14装甲师第64摩托车营和右翼的第305步兵师第577团位于从电车大街向南穿过体育场至与第24装甲师左翼的结合部这片防区，任务是向南攻往电车大街西面，并与第24装甲师保持密切联系；

●第14装甲师第108装甲掷弹兵团担任总预备队。[37]

按照这种配置，耶内克的突击部队约有10000名战斗兵，并获得约70辆坦克（第24装甲师的26辆，第14装甲师的44辆）和18辆突击炮（第244突击炮营的12辆和第245突击炮营的6辆）的支援。这股力量面对的是戈里什内步兵第95师第241和第161团（守卫着从体育场东面沿雕塑地域西部边缘向南延伸的区域）、步兵第95师第90团和教导营的残部、崔可夫司令部的警卫部队、别雷坦克第84旅的约20辆坦克（守卫着米努辛斯克地域）。近卫步兵第37师的残部现在由该师近卫步兵第118团指挥，守卫的防区从米努辛斯克东部边缘穿过砖厂至伏尔加河。对当日战斗更加重要的是，柳德尼科夫步兵第138师第650团已赶到，在体育场东面加强步兵第95师第161和第241团的防御。虽说崔可夫守卫这片地域的兵力不到6000人，但他们据守着精心构设的阵地，并获得了别雷半埋入地下的坦克的支援。耶内克的右翼，第24装甲师面对着苏军步兵第308师第339团，该团守卫着雕塑公园西部边缘的阵地，第347团部署在"1月9日"大街西端，掩护着进入索尔莫克和前方"街垒"厂的接近地。

10月16日，德军炮兵发起炮击，"斯图卡"也对苏军阵地反复进行攻击，8点，"耶内克"集群投入进攻。尽管已实施毁灭性炮火准备和强有力的空中打击，但耶内克的部队还是遭到了苏军坦克出乎意料的顽强抵抗，别雷的这些坦克沿雕塑大街和电车大街埋设，德国人的轰炸未能将其炸毁。一名亲历者写道：

一场坦克战在近距离内爆发开来，俄国人的坦克直到德军坦克靠近后才开火。几辆德军坦克立即喷出火焰，进攻停顿下来，"喀秋莎"火箭炮的齐射倾泻而下，现场一片混乱。接下来的几个小时，第14装甲师的装甲兵与俄国人的坦克展开激战，对方的坦克半埋在土中，只露出炮塔。快到中午时，这场激烈的战斗才暂告停止，双方的损失如下：俄国人的16辆坦克被击毁〔1辆KV-1、7辆T-34和8辆T-60，都隶属于坦克第84旅〕，第14装甲师损失了17辆坦克……

快速重组后，下午重新发起进攻，俄国人的大多数坦克已被消灭，新发起的突击非常顺利，夜幕降临前，大半个火炮厂已被我们夺取。[38]

崔可夫后来证实了以上的描述，尽管他淡化了德国人当天晚些时候取得的进展：

10月16日，敌大批步兵在坦克的支援下，沿拖拉机厂至"街垒"厂的道路发起进攻。这场大规模决定性突击遭遇到了坦克第84旅半埋入地下的坦克。在电车大街及其西面，我坦克部队从100—200码的距离上以齐射反击敌人的进攻。顷刻间，10余辆敌坦克中弹起火。德国人的攻势受挫。这时，我们位于伏尔加河左岸的炮兵也向受阻的敌步兵和坦克发起猛烈的炮击。

德军将领们远离战场，看不到主要突击地段上的战况，不断投入新锐力量，一批批部队潮水般涌向我防御地区。在这里，我"喀秋莎"以猛烈的齐射歼灭敌人，阻止他们的进攻。敌坦克落入我伪装得很好的T-34坦克和反坦克炮的火力网内，遭到致命的打击，丢下步兵转身逃了回去。[39]

根据第51军的报告，第6集团军当天中午给OKH发去电报，确认"耶内克"集群进展缓慢。电报中还指出，进攻行动缓慢的部分原因是"俄国人半埋入地下的坦克"在"街垒"厂北面顽强抵抗，还因为"急需的再补给直到傍晚才运抵"。[40]但OKH派驻第6集团军司令部的观察员19点30分发出的一份后续电报却含有更令人鼓舞的消息：

> 火炮厂东北部爆发的一场激烈的坦克战消灭16辆敌坦克后，16点，第14装甲师以左翼部队沿铁路线发起进攻，进抵火炮厂的中间车道。第14装甲师已做好夜间继续前进的准备。第305步兵师以右翼部队沿铁路线发起进攻，16点抵达火炮厂中间车道。火炮厂东北部，战斗仍在继续。第305步兵师的左翼团，突破俄国人防御得不太严密的防线后，到达火炮厂东北部，并向油库推进。靠近伏尔加河的几条峡谷处仍有一些虚弱的苏军部队。第305步兵师的战斗仍在继续。[41]

　　根据这份报告，OKW发表战时公告，向全世界宣布：

> 在斯大林格勒，尽管敌人负隅顽抗，但德军步兵师和装甲师与不断发起突击的战机密切配合，在高射炮的支援下继续进攻，摧毁了敌人的大批支撑点和半埋入地下的坦克，攻入"红色街垒"火炮厂。德军向北突击的结果是切断了敌人与斯大林格勒西北部的交通，这股敌军很快将被歼灭。[42]

　　深夜，红军总参谋汇报了恶化的态势（第62集团军每日报告提供的情况以方括号标出）：

> 第62集团军击退了敌步兵和坦克沿雷诺克—斯巴达诺夫卡—"街垒"厂一线持续不断的进攻，在斯大林格勒北部继续进行激烈的防御作战。集团军辖内各部队守卫着原先的阵地，击退了小股敌军沿雕塑公园至南面一线发起的进攻。
>
> 10月16日13点，40辆敌坦克对守卫电车大街和前方列宁大道的我军部队发起进攻；同时，敌步兵和坦克从拉托申卡地域攻向雷诺克，从拖拉机厂攻向斯巴达诺夫卡南郊。14点，敌人［以2个步兵师和100辆坦克］从北面再次对"街垒"厂发起进攻。截至15点，敌人已前出至杰列文斯克至米努辛斯克、沃尔霍夫斯特罗耶夫斯克地域西部至电车大街和雕塑大街一线。［近卫步兵第37师的

残部、步兵第138师第650团、步兵第95师和第308师的残部沿杰列文斯克、米努辛斯克、电车大街和雕塑大街一线与敌步兵和坦克展开激战……近卫步兵第37师和步兵第95师的人员损失高达85%，步兵第92和第42旅只剩下42人。］

近卫步兵第37、步兵第95和第308师在原有阵地上实施顽强的防御作战。

北部集群（步兵第124、第149、第115旅和摩托化步兵第2旅）继续在包围圈内战斗，弹药短缺。正采取措施为他们补充弹药。

北部集群继续坚守雷诺克至斯巴达诺夫卡西南郊和莫克拉亚梅切特卡河北岸的防线。

10月16日日终前，敌人攻占了"街垒"厂北部。

［集团军司令员决定将步兵第138师投入战斗，阻止敌人沿沃尔霍夫斯特罗耶夫斯克、"街垒"厂和雕塑公园一线的进一步行动。］[43]

10月16日夜幕降临前，"耶内克"集群以第14装甲师第103装甲掷弹兵团和第305步兵师第576团攻占了"街垒"厂北半部。但集群左翼的第305步兵师第578团仍在列宁大道与伏尔加河之间激战，位于集群前沿阵地后方300—500米处。这场突击迫使近卫步兵第37师第118团（现已获得1个行进营的加强）沿伏尔加河西岸向南后撤了数百米。德军的进攻还重创了崔可夫守卫日托米尔斯克峡谷南脊的警卫部队，并迫使步兵第138师刚刚赶到的第650团退守从电车大街南面和铁路线至"街垒"厂北面、沃尔霍夫斯特罗耶夫斯克大街北端的新防线。[44]

"耶内克"集群的中央地带，第14装甲师第36装甲团沿电车大街向南突破至雕塑大街南面的几个街区，该团的几辆坦克攻入"街垒"厂西半部。该集群右翼，第305步兵师第577团将苏军步兵第95师第161和第241团驱离体育场东面的防御阵地，并向南推进，赶往雕塑大街，其左翼营①在那里与第24装甲师第26装甲掷弹兵团的左翼营会合。在与第36装甲团相配合、沿电车大街发起的大胆推进中，第577团还打垮了苏军步兵第95师第90团和教导营的防御，并消

---

① 译注：应为右翼。

灭了坦克第84旅许多半埋入地下的坦克。这迫使戈里什内将步兵第161团调入新阵地，掩护雕塑公园北、东北接近地。但是，步兵第95师遭受的重创使该师基本上丧失了战斗力，戈里什内只得将残余人员纳入第161团，并命令该团退守"街垒"厂南面的面包厂防御阵地。

苏军正赶来的援兵与崔可夫在"街垒"地域的防御同样脆弱。10月16日23点50分，第62集团军命令柳德尼科夫的步兵第138师"﹝沿沃尔霍夫斯特罗耶夫斯克大街﹞占据并固守从杰列文斯克南郊至雕塑公园的防区，阻止敌人前出至列宁大道附近和'街垒'厂"。[45]该师已渡过伏尔加河的第650团应"构筑支撑点网，阻止敌人进入'街垒'厂"。[46]

但是，指定给该师的防御阵地，大多已在入夜前被德军占领。因此，伏尔加河区舰队第44大队10月17日5点开始将步兵第138师的剩余部队运过伏尔加河，过河后，两个团散开，掩护"街垒"厂剩余的部分以及工厂与伏尔加河之间的地带。第344团部署在"街垒"厂中央厂房，第768团在工厂东北面沿列宁大道布防，左翼由步兵第95师第90团的残部掩护，右翼由步兵第138师第650团和近卫步兵第37师第118团掩护。由于合适的地点非常少，步兵第138师过河后，柳德尼科夫不得不将他的师部挤入已被第62集团军司令部人员占据的几座破损的掩体内。

"耶内克"集群向南突击并攻入"街垒"厂之际，莫克拉亚梅切特卡河北面也进行着一场同样激烈的战斗，第14装甲军第16装甲师的战斗群正在那里全力夺取雷诺克和斯巴达诺夫卡，试图歼灭"戈罗霍夫"集群（参见地图60）。10月15日攻占两个村镇的尝试未果后，"克鲁姆彭"战斗群于次日中午再度发起进攻，这一次取得了较大的进展：

10月16日中午，第64装甲掷弹兵团第1连的另一个突击组再次攻向"矛头"﹝斯巴达诺夫卡北面和西北面﹞的南部。敌人已在先前的战斗中耗尽了力量。我方士兵打垮了堡垒西南面80米处战壕体系中的敌人。16点左右，第64装甲掷弹兵团第2连在"希勒"装甲连1个排、1辆突击炮、4门高射炮的支援下继续攻向"矛头"北部，经过一番激战，成功地将其夺取。扫荡工作一直持续至深夜。英勇的敌人在这片地域丢下了200具尸体，我们还抓获（缴获）了50名俘虏和大批战利品。斯巴达诺夫卡的一部分已被我们占领。[47]

苏军步兵第124旅丢失斯巴达诺夫卡西北方的一些阵地，部分原因是守军耗尽了弹药。

取得这一进展后，10月15日晚已撤出前沿阵地的第79装甲掷弹兵团第2营赶往西南方，日终前与第94步兵师第267团先遣部队在斯巴达诺夫卡西面会合。[48]这样一来，德军便砰然关闭了合围"戈罗霍夫"集群的包围圈，第16装甲师战斗群居北，第94步兵师第267和第274团居西，而第389步兵师的3个团位于莫克拉亚梅切特卡河南岸。但截至10月15日，第94和第389步兵师辖内的所有步兵营都被评为"耗尽"。此后，随着德军包围"戈罗霍夫"集群的铁环越收越紧，叶廖缅科竭尽全力从伏尔加河对岸发起救援——但组织救援行动需要耗费几天时间。

除了全力抗击德军对"街垒"厂和"戈罗霍夫"集群在莫克拉亚梅切特卡河北面的防御重新发起的进攻外，崔可夫还必须应付越来越不耐烦的斯大林和最高统帅部不断提出的质询。例如，10月16日16点30分，在斯大林的坚持下，红军总参谋部打电话给崔可夫，要求他"立即报告他的集团军这么快就放弃拖拉机厂的原因、接到电话时的前线态势以及他的下一步打算"，以便他们向斯大林汇报。[49]虽然不清楚崔可夫作何答复，但我们知道这位集团军司令员请求批准他将司令部转移到伏尔加河对岸。可是，斯大林通过最高统帅部当场驳回了这一请求。随着"告急报告不断传来"，崔可夫辖下的许多部队，"有的请求增援，有的请示该干些什么、如何干"。对此，崔可夫以简短的命令做出回复："以现有兵力战斗到底，决不后退！"[50]

激战期间，斯大林格勒方面军司令员叶廖缅科和他的副手M. M. 波波夫中将10月16日至17日夜间视察了崔可夫的指挥所。斯大林担心输掉这场战役，因而派叶廖缅科亲自去找崔可夫，弄清楚他需要什么帮助。叶廖缅科和波波夫渡过被照明弹照亮、不时有炸弹炸开的伏尔加河，崔可夫赶至码头迎接他的上司，他后来描述了现场的可怕场景：

我和军事委员会委员古罗夫一同赶去码头迎接他们。炮弹在周围爆炸，轰鸣声震耳欲聋，德国人的六管火箭炮不停地轰击着伏尔加河。几百名伤员朝码头和渡口爬去。途中，我们不时要跨过一些尸体。

我们不知道方面军司令员乘坐的快艇在何处靠岸，只好沿河岸来回寻找一阵，但没有找到，只得返回掩蔽部……令我们惊讶的是，叶廖缅科将军和波波夫将军已经在指挥所里。

出现在他们眼前的是一片凄凉的景象。指挥所的掩蔽部像个大弹坑，一根根圆木从土里露出。河岸上的一切都覆盖着一层厚厚的煤渣和尘土。

黎明道别时，我请求方面军司令员给我们多派些兵力，不必派整师，只要补充一些小股部队即可，另外还有弹药。

"您会得到您需要的东西。"司令员说道。离开时，他提出建议，鉴于步兵第138师已赶到，我们应该将集团军指挥所沿伏尔加河右岸稍稍向南迁移。[51]

会谈中，近卫步兵第37师师长（曾引以为豪的这个师的兵力已所剩无几）若卢杰夫向叶廖缅科汇报他的师遭受的巨大损失时，据说情绪一度失控。叶廖缅科答应提供更多的弹药，但次日运抵的弹药远远不够，因为守军徒劳地试图阻止德军的推进时射出了成千上万发子弹。现在回想起来，很明显，叶廖缅科和最高统帅部已开始为日后的反攻囤积弹药，但斯大林格勒守军当时有一种被欺骗感，这一点可以理解。

接下来的24小时，崔可夫没有转移他的指挥所，而是采取措施加强"街垒"厂周边的防御。当晚，除了命令柳德尼科夫步兵第138师占据掩护"街垒"厂的防御阵地外，他还指示戈里什内将步兵第95师残余的兵力纳入第161团，撤出雕塑大街的前沿阵地，退守索尔莫斯克地域东部和"街垒"厂中央地段正西面几条街区的预备防御阵地。[52]此时，崔可夫以近卫步兵第39师和步兵第193、第308、第138师守卫着"红十月"厂西接近地和"街垒"厂南半部，步兵第95师残部、步兵第42旅和近卫步兵第37师第118团提供加强。这些部队据守的防线从班内峡谷中段沿主铁路线以西地域和杜布林大街北延至索尔莫斯克和雕塑公园东郊，然后向东急转，穿过"街垒"厂，直至沃尔霍夫斯特罗耶夫斯克大街南面的伏尔加河（参见图表34）。[53]

10月16日至17日夜间，保卢斯命令赛德利茨重组部队并恢复进攻，夺取

图表 34：1942 年 10 月 17 日，第 62 集团军在工厂区的防御

● 步兵第284师（巴秋克），以步兵第1045、第1047、第1043团从左至右部署在从多尔吉和克鲁托伊冲沟下段沿马马耶夫岗东坡北延至班内峡谷一线，掩护"网球拍"南面伏尔加河西岸接近地，以及德军第295步兵师对面的"红十月"厂南接近地；

● 近卫步兵第39师（古里耶夫），以近卫步兵第112、第120团从左至右部署在铁路线西面的下"红十月"新村，防线从班内峡谷北延至中央大街，守卫德军第100猎兵师第227猎兵团和克罗地亚第369步兵团对面的"红十月"厂接近地；

● 步兵第193师（斯梅霍特沃罗夫），以步兵第883、第895、第685团从左至右部署在铁路线西面的下"街垒"新村，防线从中央大街北延至卡卢加大街北面的峡谷，守卫"红十月"厂北接近地和"街垒"厂南接近地。位于德军第100猎兵师第54猎兵团和第24装甲师第276步兵团右翼部队的对面；

● 步兵第308师（古尔季耶夫），以步兵第347、第339团从左至右部署，防线从卡卢加大街北面的峡谷沿雕塑公园西部边缘向北延伸，直至公园东北角，守卫"街垒"厂西接近地。当面之敌为德军第24装甲师第276步兵团左翼部队和该师"埃德尔斯海姆"战斗群（第21、第26装甲掷弹兵团）。

● 步兵第95师（戈里什内），将残余的兵力纳入步兵第161团，在索尔莫斯克东部守卫预备防御阵地；

● 步兵第138师（柳德尼科夫），以步兵第344、第768、第650团从左至右部署（右翼由近卫步兵第37师第118团掩护），防线从雕塑公园东北角向东、向东南延伸至铁路线，向东穿过"街垒"厂中央部分，然后向东北方延伸至砖厂南面的伏尔加河。当面之敌为德军第305步兵师第577团、第14装甲师第36装甲团和第103装甲掷弹兵团、第305步兵师第578和第576团。

"街垒"厂剩下的部分，并将苏军驱离雕塑公园和南面的索尔莫斯克地域，占领"街垒"厂西南方铁路线的弯曲部，可能的话，攻占"街垒"厂南面的面包厂和整个"街垒"厂。赛德利茨计划以两股"铁钳"发起进攻，包围、歼灭这些地区的苏军。第一支"铁钳"是第51军的主力突击群，由第14装甲师第36装甲团和第103装甲掷弹兵团组成，右翼由第305步兵师第577团掩护，左翼由该师第578和第576团掩护。这支"铁钳"将向南攻击前进，夺取"街垒"厂的剩余部分。第二支"铁钳"遂行第51军的辅助突击，由第24装甲师第26、第21装甲掷弹兵团和第276步兵团构成，后来在右翼获得第14装甲师第108装甲掷弹兵团的加强。其作战地域从雕塑公园向南穿过索尔莫斯克，直至卡卢加大街（峡谷南面形成隘口处），他们将向东发起进攻，歼灭雕塑公园及其南面以及索尔莫斯克地域的苏军，并从西面突入"街垒"厂南部和面包厂。

位于第51军北钳左翼的是第305步兵师第578和第576团，这两个团将向南突击，肃清"街垒"厂东半部和工厂与伏尔加河之间狭长地带上的苏军。与此同时，北钳的中央地段，第14装甲师第103装甲掷弹兵团将在该师第36装甲团的支援下，沿电车大街攻向正南方，穿过"街垒"厂西半部，夺取雕塑公园以东、索尔莫斯克和工厂西南部地域。最后是北钳的右翼，第14装甲师第64摩托车营和第305步兵师第577团将从北面攻入雕塑公园深处，与右侧第24装甲师的部队相配合，肃清公园内的苏军，同时与两支铁钳推进中的各部队保持联系和相互支援。

　　构成第51军西钳的是第24装甲师第26、第21装甲掷弹兵团和第276步兵团，从左至右并排部署，其战线从雕塑公园西北边缘向南延伸，穿过公园西部和索尔莫斯克，直至狭窄峡谷处。他们将向东攻入公园和索尔莫斯克，歼灭防御中的苏军，并将其残部逐向"街垒"厂和第51军进攻中的北钳。为确保两支铁钳彻底包围并歼灭公园和索尔莫斯克地域的苏军，赛德利茨将第14装甲师第108装甲掷弹兵团交给第24装甲师指挥。随后，他指示伦斯基将该团部署在第24装甲师右翼，从雕塑公园西南角西面向南穿过峡谷至卡卢加大街这片区域。就位后，第108装甲掷弹兵团将沿峡谷南面的卡卢加、布古鲁斯兰大街向正东面发起突击，在73c坐标方格内的铁路线弯曲部附近和"街垒"厂西南角与北钳的先遣部队会合。这样一来，取得会合的德军将切断并包围雕塑公园和索尔莫斯克附近的苏军。第100猎兵师第54猎兵团部署在第108装甲掷弹兵团右侧，为这场突击提供支援并掩护其右翼。待这场钳形攻势完成后，第108装甲掷弹兵团将返回第14装甲师麾下。[54]

　　如果这场攻势得到有效的执行，的确能将苏军步兵第138师和近卫步兵第37师提供支援的团驱离"街垒"厂，并将整个步兵第308师和步兵第193师第685团包围在"街垒"厂以西地域。但是，德军进攻计划的缜密和复杂性掩盖了各突击部队的一些严重缺陷。例如，官方记录表明第24装甲师尚有33辆坦克，但该师10月18日的报告却指出，许多坦克需要进行不同程度的维修。因此，第24装甲师以汉斯·W.梅塞施密特中尉的装甲连加强第108装甲掷弹兵团，但该连只能投入5辆坦克。[55]就这一方面而言，第14装甲师可以投入33辆坦克支援本师和第305步兵师的突击部队，第244和第245突击炮营能投入约12辆突击炮。对赛德利茨突击群来说，幸运的是，与其对阵的苏军坦克第84旅，辖内的坦克在前几天的战斗中已折损大半。

　　赛德利茨第51军将重点集中在夺取"街垒"厂之际，胡贝第14装甲军将在雷诺克和斯巴达诺夫卡地域完成歼灭"戈罗霍夫"集群的任务，这一次，德军将从北面和西面对该地域发起一场联合突击。

10月17日

10月17日清晨对部队加以重组后，8点，赛德利茨发起了他的钳形攻势。第103装甲掷弹兵团和第36装甲团提供支援的坦克向南突击，迅速取得了进展，一举粉碎苏军步兵第138师第768与第650团结合部的防御，迫使这两个团向南退往索尔莫斯克，更深地撤入"街垒"厂北部和西部。柳德尼科夫位于第二梯队的步兵第344团12点卷入了混战（参见地图63、64）。当日日终前，柳德尼科夫的三个团都被逼退，在新阵地上投入战斗，掩护"街垒"厂西、北接近地。在此过程中，柳德尼科夫将步兵第308师①暴露出的右翼撤到了雕塑公园北部。德军第36装甲团的坦克在第103装甲掷弹兵团先遣部队的伴同下一路追击，截至中午已前进了500多米，到达"街垒"厂西南角西面的铁路枢纽，他们在这里与从西面发起突击的第108装甲掷弹兵团先遣部队会合。

构成第24装甲师西钳的第14装甲师第108装甲掷弹兵团也于8点发起进攻。在梅塞施密特5辆坦克的率领下，他们在苏军步兵第308师第347团与步兵第193师第685团的结合部突破了崔可夫设在狭窄峡谷南面的防御，随后沿卡卢加大街推进，几乎不受任何阻碍地向东而去。正如一名亲历者描述的那样："第108装甲掷弹兵团的掷弹兵们冲过一条条街道和一座座破旧的木屋，将俄国人赶出藏身处，但俄国人的抵抗非常顽强，特别是他们意识到自己已深陷重围时。"[56]第100猎兵师第54猎兵团第1营在右侧提供支援，当日中午，第108装甲掷弹兵团在"街垒"厂西南角对面的铁路线附近与第14装甲师主力突击群会合。

海姆和伦斯基的铁钳合拢并困住古尔季耶夫步兵第308师据守雕塑公园和索尔莫斯克的第339和第347团时，第24装甲师的余部面临着一项艰巨的任务——肃清盘踞在公园内的苏军步兵第339团，这是因为第14装甲师"向西推

---

① 译注：第138师。

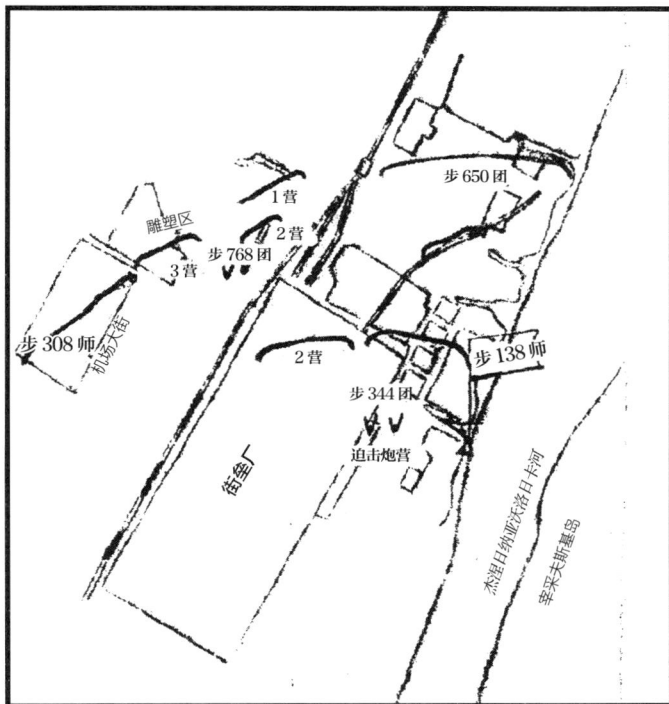

地图 63　1942 年 10
月 17 日 12 点，步兵
第 138 师的部署

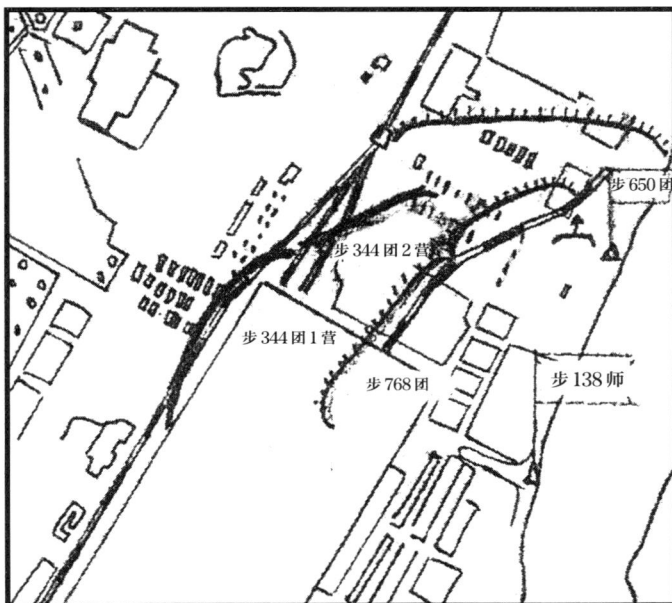

地图 64　1942 年 10
月 17 日 24 点，步兵
第 138 师的部署

进得不够远，无法打击第24装甲师当面之敌"。[57]因此，第24装甲师第26和第21装甲掷弹兵团的战斗群，在右侧第276步兵团的支援下，从西面攻向雕塑公园，在此过程中对苏军步兵第339团据守的密集防御工事发起打击。公园内的激战一连持续了近三天，进攻中的德军装甲掷弹兵最终肃清了防空洞、散兵坑和相互连接的战壕构成的庞大防御体系内的守军。

10月17日晚，步兵第308师师长古尔季耶夫在作战日志中记录下当日的战况[①]，证实了眼前灾难性的态势：

1942年10月17日晨，敌人以火炮和迫击炮猛轰步兵第339、第347团的作战编队和指挥所，并利用（我方部队）位于雕塑公园峡谷区域、奥恰科沃（Ochakovaia）大街北面的结合部，以及"街垒"厂西北角铁路线三岔路口附近的缺口发起进攻。

敌人的一个步兵营和17辆坦克位于铁路线缺口附近，另一个步兵营和坦克在雕塑公园附近，第三个步兵营和坦克出现在与［步兵第193师］第685团的结合部附近。

在"街垒"厂西北地域粉碎了我们的预备队，并切断步兵第339、第347团团部与辖下部队之间的联系后，（敌人）将步兵第339团包围在雕塑公园附近，将步兵第347团困在彼得罗扎沃茨克和"1月9日"大街附近。

10月17日和18日，被彻底包围的部队夜以继日地进行着激烈的战斗。包围圈内，没有一个战士或指挥员擅自放弃自己的阵地，没有人在消灭法西斯匪徒的战斗中苟且偷生。第339和第347团中，只有极少数被派往后方传递消息的士兵幸免于难。利用向南突击所取得的战果，敌人开始攻向"街垒"厂。NKVD步兵第178团的一个连和一个工人武装支队在工厂坚守了一整天，与数倍于己的优势敌军展开激战，由于兵力耗尽，被迫撤至工厂东部。NKVD步兵连和工人武装支队总共只剩下5个人。[58]

---

①译注：参见下文，古尔季耶夫17日晚居然能写下18日的战事。

由于缺乏与古尔季耶夫师的可靠通信，第62集团军只在其作战日志中简单地指出，该师击退了敌人对其右翼发起的两次进攻，"坚守着原先的阵地"。[59]

但是，最终，古尔季耶夫师第339团没有阵亡在雕塑公园内的士兵，或单独或三五成群地结束了战斗。幸存者向东穿过德军第14装甲师第103装甲掷弹兵团第1营不够严密的封锁线，逃往"街垒"厂，或向南逃入横跨卡卢加大街北面的峡谷及其北部遭到半包围的"口袋"，被困在那里的是第347团的残部。因此，除了在雕塑公园的战斗中遭受到严重损失外，步兵第308师的许多士兵还被消灭、包围在峡谷和索尔莫斯克南部。逃脱的士兵不到该师原有兵力的四分之一，他们要么在"街垒"厂西南部加入步兵第95师第161团，要么加入柳德尼科夫步兵第138师据守在工厂深处的团。

步兵第308师在"街垒"厂西面为生存而战时，柳德尼科夫步兵第138师第344和第768团（这两个团已被德军第14装甲师在"街垒"厂北面和西北面的初期进攻粉碎）实施了缓慢但却坚定的战斗后撤，退入"街垒"厂西半部的新阵地。[60]

第14装甲师左翼，德军第305师第578和第576团面对的是苏军步兵第138师第768和第650团以及近卫步兵第37师第118团，这些苏军守卫的防区从"街垒"厂东北角向东北方延伸至砖厂东面的伏尔加河。经过激烈的战斗，德军的两个步兵团将苏军逼退数百米，随后被多个支撑点和掩体射出的猛烈火力所阻，苏军构筑的工事从"街垒"厂东北角沿波罗的海（Baltiiskaia）大街向北延伸，通往砖厂东面和东南面的伏尔加河西岸。

该地区的战斗非常混乱，再加上通信中断，导致第62集团军司令部不清楚那里的具体情况。起初，第62集团军报告："步兵第138师在'街垒'厂正北面沿伏尔加河和雕塑公园一线与进攻中的敌步兵和坦克展开战斗。预备队已投入。战斗仍在继续。"[61]可是，随后的报告便开始解释步兵第138师遭遇的惨败以及德军已攻入"街垒"厂的事实。尽管德国人未能一举攻占"街垒"厂，但他们取得的进展对崔可夫的指挥所构成了直接威胁，迫使他再次转移，这一次将指挥所迁至南面，"红十月"厂附近的安全地带。

当日，第6集团军不断将第51军的进展汇报给B集团军群和OKH。例如，当天中午，第6集团军报告，第100猎兵师的北翼正在战斗，该师辖下的部队（实际上是第108装甲掷弹兵团）已到达63d4坐标方格（"街垒"厂西南方），在那里，第14装甲师的1个装甲掷弹兵团（第103团）已突入"街垒"厂西南部。[62]日终时，第6集团军又在报告中对战斗加以详细阐述，声称工厂南部的战斗仍在继续，并以坐标方格的形式列出了第51军和第14装甲军辖内各部队前沿阵地的准确位置，具体如下：

第51军：

第100猎兵师——从62b4至63d4和63d3［沿格多夫（Gdovskaia）大街向东北方延伸，并向北通往峡谷处］；

第14装甲师和第24装甲师一部——从63d3至73c2和73d2［从峡谷向东延伸至"街垒"厂西南角西面的铁路枢纽］；火炮厂西面的包围圈，从73c2至73a4、73a2和73b1，从73b3至73d2［从峡谷至索尔莫斯克地域和雕塑公园以南地域］；

第305步兵师——从火炮厂西南边缘至南部边缘、93a1和砖厂东南面的伏尔加河河岸。

第14装甲军：

第94步兵师——从730,点南面700米处［沿莫克拉亚梅切特卡河南岸］至西南方1.2公里处的奥尔洛夫卡南部边缘，再至斯巴达诺夫卡西北角；

第16装甲师——从斯巴达诺夫卡西北角至佩茨切特卡（Petschetka）西北边缘。[63]

赛德利茨的部队正在全力夺取"街垒"厂之际，莫克拉亚梅切特卡河北面的雷诺克和斯巴达诺夫卡地域继续进行着同样激烈的战斗，第14装甲军第16装甲师的一部和第94步兵师正对"戈罗霍夫"集群的防御发起进攻（参见地图60）。10月16日，为协助胡贝消灭"戈罗霍夫"集群的防御，耶内克第389步兵师肃清了拖拉机厂和下"拖拉机厂"新村被绕过的苏军，前出至"戈罗霍夫"集群后方的莫克拉亚梅切特卡河南岸。此时，第16装甲师、第94步兵师和第389步兵师的联合力量似乎足以将"戈罗霍夫"集群的防御彻底粉碎。但实际情况却并非如此，因为保卢斯正竭力加强赛德利茨的第51军，以使该军完成攻占工厂区的任务。结果，令胡贝大为恼火的是，10月16日至17日的夜晚，保卢斯命令普法伊费尔将第94步兵师的一个团调至莫克拉亚梅切特卡河南岸，在那里接替耶内克第389步兵师的两个团，这样，这两个团便可以调往南面，加强赛德利茨第51军对"街垒"厂的突击。因此，普法伊费尔将第274步兵团南调，渡过莫克拉亚梅切特卡河，河北岸只留下第267步兵团，该团将从西面发起突击，配合第16装甲师对斯巴达诺夫卡和雷诺克的进攻。

普法伊费尔对两个团做出调整之际，10月17日拂晓，安格恩第16装甲师对"戈罗霍夫"集群的防御发起了新一轮进攻。前一天攻克了斯巴达诺夫卡北郊和西北郊两个高耸的"蘑菇"的一部分后，10月16日晚些时候，安格恩派第64装甲掷弹兵团第1营的150名士兵加强"克鲁姆彭"战斗群，并以少量坦克和突击炮提供支援。当晚，这个新锐但实力严重不足的营向南调动，与第94步兵师第267团从西南方对斯巴达诺夫卡发起一场联合突击。该营由于没能与右侧的步兵团"靠拢"，结果在进攻中损失了45人，但这两支部队还是推进了数百米，15点30分前进入斯巴达诺夫卡西部。[64]

这场激烈的战斗使崔可夫承认："20多辆敌坦克掩护着冲锋枪手突至斯巴达诺夫卡镇南郊。我们的人在那里奋战到底。指挥员稍微有一点软弱或惊慌，都会给整个集群造成一场灾难。"[65]他的担心得到了证实，步兵第124旅旅长兼"戈罗霍夫"集群司令员戈罗霍夫请求批准他的部队撤至雷诺克东面伏尔加河中的斯波尔内岛。崔可夫拒绝了这一请求，并派他的作战处长卡梅宁上校赶往日益萎缩的登陆场，加强戈罗霍夫的决心。[66]

双方对10月17日的战果进行评估，显然，保卢斯的部队占据了上风。除了一举粉碎崔可夫位于"街垒"厂西面和北面的防御，重创古尔季耶夫的步兵第308师，并迫使柳德尼科夫的步兵第138师丢人现眼地退入"街垒"厂外，第51军还报告，他们在当日的战斗中俘虏860名苏军士兵，其中包括103名逃兵，另外还缴获了大批苏制武器和装备。[67]崔可夫断言，他的部队击毁了赛德利茨的40辆坦克，击毙近2000名德军步兵，可事实是，德国人总共伤亡576人——91人阵亡、469人负伤、16人失踪。[68]不过，崔可夫所说的击毁德军坦克的数量接近事实：当日日终时，第24装甲师的33辆坦克只剩4辆，第14装甲师的33辆坦克还剩19辆。[69]

当日日终时，OKW满怀热情但稍嫌乐观地宣布，进攻斯大林格勒的德国军队"粉碎了敌人的顽强防御，一举夺取'红色街垒'火炮厂内的所有建筑，在血腥的战斗中击退了敌人强有力的反击，并将他们驱离了相邻的街区"；除了指出支援突击部队的"大批飞机消灭了敌人位于伏尔加河东岸的大量火炮"外，OKW还声称，"被包围在斯巴达诺夫卡地域西北方的布尔什维克部队已悉数就歼"。[70]

在崔可夫看来，10月17日的战斗仅仅是增添了前三天的灾难而已。红军总参谋部的每日战事概要简单但直言不讳地指出：

第62集团军当日继续进行激烈的防御作战，抗击敌步兵和坦克。

敌人10月17日9点重新发起进攻，以1个步兵师和坦克从北面、西面和南面攻向雷诺克和斯巴达诺夫卡，以1个步兵团和坦克从北面攻向"街垒"厂，以1个步兵营攻向哥萨克大街附近。

北部集群（步兵第124、第149、第115旅，摩托化步兵第2旅——共2000人）继续在包围圈内进行激烈的防御作战，击退了敌人野蛮的进攻。该集群继续坚守雷诺克、斯巴达诺夫卡和莫克拉亚梅切特卡河北岸。5辆敌坦克突入斯巴达诺夫卡南郊。10月16日，消灭敌人的3个步兵营、28辆坦克、8门火炮、10个迫击炮组和10辆卡车。

步兵第138师的部队和步兵第95师的残部继续以激烈的防御作战抗击敌步兵和坦克，并占据米努辛斯克（含）、"街垒"厂北郊和雕塑公园一线。个别敌步兵群和坦克前出至"街垒"厂西北郊。

步兵第308师的部队击退了敌人1个步兵营和坦克在哥萨克大街附近发起的进攻。

根据初步报告，集团军各部队10月17日消灭1200名敌军官兵和17辆坦克。

当日……敌机轰炸了雷诺克、斯巴达诺夫卡和"街垒"厂地域，以及伏尔加河左岸的我方炮兵阵地。8点—10点，敌人投入524飞行架次。我防空火力击落5架敌机。[71]

　　第62集团军位于伏尔加河河岸的指挥所现在遭到机枪和轻武器火力以及持续不断的空袭和炮击的袭扰，崔可夫最终听从叶廖缅科的建议，将指挥所转移到了南面更安全处。一开始，他把新指挥所设在伏尔加河西岸班内峡谷的下端，但这里也遭到了机枪火力的袭击，后来他又把指挥所转移到班内峡谷南面800米处，位于"网球拍"西面，距离步兵第284师设在马马耶夫岗的前沿阵地仅有800米。斯大林格勒战役剩下的日子里，他的指挥所一直留在那里。[72]

　　虽然崔可夫和他的参谋长克雷洛夫都不清楚当日失利的程度，但为了避免更大的灾难，他们在10月17日下午晚些时候下达了两道新命令。第一道命令是在德国人重新发起进攻后没过几个小时下达的，命令中严厉申斥了柳德尼科夫上校，因为他的师没能守住分配给他们的防御阵地：

　　您没有完成我下达的占据火车站和电车、雕塑大街的命令［209号令］。因此，您没能掩护步兵第308师的右翼，结果，您的师与步兵第308师之间出现了缺口，敌人利用这个缺口肆无忌惮地沿铁路线发起进攻，并构成攻占"街垒"厂、继续向南进犯的威胁。

　　截至目前，您甚至没有向我报告前线的情况以及您的部队采取的行动。

　　我命令：

　　您亲自负责封闭与步兵第308师之间的缺口，掩护该师的右翼，与该师建立起紧密联系后，您应当确保，无论如何不能让敌人突入"街垒"厂地域或您的师与步兵第308师的结合部。您应对该结合部负责。

　　及时向我汇报您采取的措施及效果。每三小时向我呈交作战报告（口头或无线电传送）。

崔可夫，古罗夫，克雷洛夫[73]

　　第二道命令旨在确保在"街垒"厂及其周边作战的各个师严格执行崔可夫的命令，命令中写道：

　　集团军司令员命令：

　　将位于"街垒"厂的NKVD步兵第178团各保卫连和工人武装支队划拨给

474

各个师，行动中，应坚定不移地履行第62集团军关于以支撑点守卫"街垒"厂及周边地域的209号作战令。

执行作战行动时，应与步兵第38师［应为步兵第138师］及其左侧的步兵第308师密切配合。

每三个小时派传令兵向我汇报战斗进展，每六个小时用电报和电话向我汇报。

克雷洛夫，叶利谢耶夫[74]

至于第6集团军，保卢斯已命令赛德利茨于10月17日至18日的夜间重组部队，次日清晨重新发起进攻，夺取"街垒"厂及其南部地域。第51军辖第14装甲师主力和第305步兵师的主突击群将向南推进，应于10月19日日终前进抵从62b2坐标方格（"红十月"厂西北方，中央大街附近峡谷上的铁路桥）东延至82a2–4坐标方格（"街垒"厂东南方，通入伏尔加河的峡谷口部）一线。[75]在他们的右后方，第24、第14装甲师和第276步兵团实力较弱的部队负责肃清雕塑公园及其周边被绕过的苏军，以及被包围在隘口与索尔莫斯克地域之间的俄国人。此时，第6集团军司令开始将第389步兵师的各个团南调以投入战斗，并命令第79步兵师加快速度进入斯大林格勒地域。

赛德利茨的主突击群由奥彭伦德尔较为新锐的第305步兵师的3个团构成，并获得第14装甲师第103装甲掷弹兵团主力、第36装甲团19辆坦克、第244和第245突击炮营18辆突击炮提供的支援。该突击群的任务是夺取"街垒"厂西南方的街区、"街垒"厂剩余的厂房、南面一个街区外的面包厂和"街垒"厂东南面通入伏尔加河的峡谷。突击群右侧，第100猎兵师第54猎兵团将向东冲往主铁路线，左侧，第24装甲师和第389步兵师将沿伏尔加河西岸（从砖厂南延至"街垒"厂）粉碎苏军最后的抵抗。

与此同时，主突击群的右后方，第24装甲师第21装甲掷弹兵团和配属的第276步兵团将肃清仍盘踞在雕塑公园、索尔莫斯克和卡卢加大街北面峡谷内的所有被绕过的苏军。具体地说，第276步兵团和第14装甲师第108装甲掷弹兵团负责被绕过的峡谷的相邻地域，第21装甲掷弹兵团、第103装甲掷弹兵团第1营和第24装甲师的10辆坦克负责掩护雕塑公园和索尔莫斯克南面的区域。[76]

　　主突击群向南推进，后方部队消灭被绕过的苏军时，第24装甲师第26装甲掷弹兵团将向东赶往"街垒"厂东北方的伏尔加河河段。到达那里后，该团将接替第305步兵师第576团（欠一个营），以便该团加入第51军的主要突击。第24装甲师完成清剿任务后，预计时间为10月18日8点，该师辖下的第21装甲掷弹兵团将向东赶往"街垒"厂东北方，与师里的其他部队会合，并将配属给该师的第276步兵团撤入预备队，加以休整和补充。最后，待第94步兵师第274团接替莫克拉亚梅切特卡河南面的第389步兵师第545团后，后者将向南调动，在第24装甲师左侧沿砖厂接近地占据阵地。第545步兵团就位后，将与第24装甲师第26、第21装甲掷弹兵团和第24装甲团的10辆坦克在10月18日日终前攻占砖厂。[77]

10月18日

　　10月18日拂晓后不久，执行如此复杂计划的固有困难便立即显现出来。赛德利茨精心策划的突击迅速演变为一场代价高昂的激战，进攻中的德军与发起反冲击的苏军混战数日，只取得微不足道的进展。德军第305步兵师第577、第578团投入战斗，在第14装甲师19辆坦克的支援下，攻入"街垒"厂深处。对此，柳德尼科夫命令步兵第138师第344团主力退入工厂，为争夺每一座破损的厂房和建筑物而战（参见地图65、66）。与此同时，古尔季耶夫被粉碎的步兵第308师的散兵游勇向东逃入工厂，加入柳德尼科夫的守军之中。随后，奥彭伦德尔第305步兵师的步兵和海姆第14装甲师的装甲掷弹兵发起一场烦琐、代价高昂的行动，将苏军步兵和工兵逐出每一间房屋、车间和城内大批厂房中的缝隙。在这场混乱而又激烈的战斗中，进攻方继续前进，但慢得令人难以忍受。他们越靠近伏尔加河，就愈发暴露在苏军从对岸射来的炮火下。"街垒"厂10月17日似乎已基本落入德国人之手，但实际上并非如此。争夺"街垒"厂和砖厂的战斗渐渐演变成一场从一个房间到另一个房间、从一座建筑到另一座建筑的激战，双方士兵都毫不留情。

　　与此同时，德军第305步兵师左侧，第24装甲师第26和第21装甲掷弹兵团终于在日终前到达伏尔加河畔的指定位置。面对近卫步兵第37师第118团不

476

到200名士兵的顽强抵抗（这股苏军还获得步兵第138师第650团的支援），他们与刚刚从梅切特卡河战线赶来的第389步兵师第545团相配合，一举攻占了砖厂。但在第24装甲师右翼，获得第305步兵师第576团第1营支援的第26装甲掷弹兵团面对着更为激烈的抵抗。尽管该团设法从苏军步兵第138师第650团手中夺取了一小段遍布沟壑的伏尔加河西岸，但他们的突击很快便停顿下来。德军报告，"俄国人挖掘了更加牢固的战壕"，苏军"从对面的岛屿射来极其猛烈、密集的炮火"，他们熟练地"在陡峭的河岸上［和冲沟中］修筑了防御暗堡，只有专门的武器能对付它们"。[78]

"街垒"厂西面，德国人承认他们冒着苏军几乎持续不断的炮火，在激烈、通常是白刃交锋的战斗中遭受到"非常大"的伤亡，配属给第24装甲师的第276步兵团，与第14装甲师第108装甲掷弹兵团、第103装甲掷弹兵团第1营、第64摩托车营相配合，竭力肃清峡谷周围和北面、索尔莫斯克地域古尔季耶夫步兵第308师的残部。第51军的作战报告反映出这场战斗的复杂性和困难性：

「17点55分」

今天，10月16日和17日已被我们夺取的区域内，敌人恢复了抵抗……肃清73b3坐标方格内的冲沟［隘口东面］的行动尚未完成。10月18日……敌人在第100猎兵师北翼和第14装甲师前方的炮火有所加强……

「22点40分」

第51军10月18日以第24装甲师的部分部队执行清剿任务。在73b1-3坐标方格的冲沟里，敌人被压缩到最窄处，但仍在负隅顽抗。

10月18日抓获（缴获）的俘虏和战利品如下：

537名俘虏，包括10名逃兵；19挺机枪、2门反坦克炮、32支反坦克步枪、2门迫击炮、10支冲锋枪。[79]

第62集团军从他们的角度做出了报告：

步兵第308师遭受到严重伤亡，整个昼夜，该师一直与敌人零散的群体战

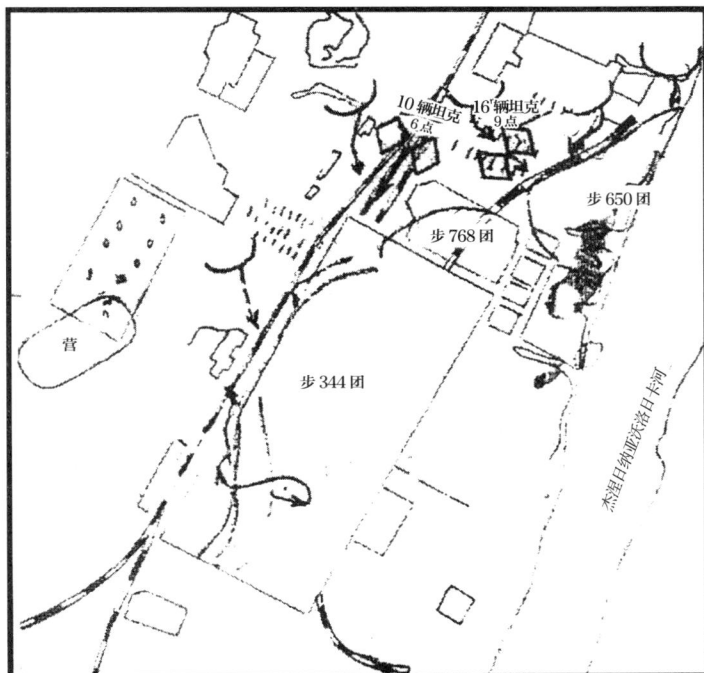

地 图 65 1942
年 10 月 18 日
12 点，步兵第
138 师的部署

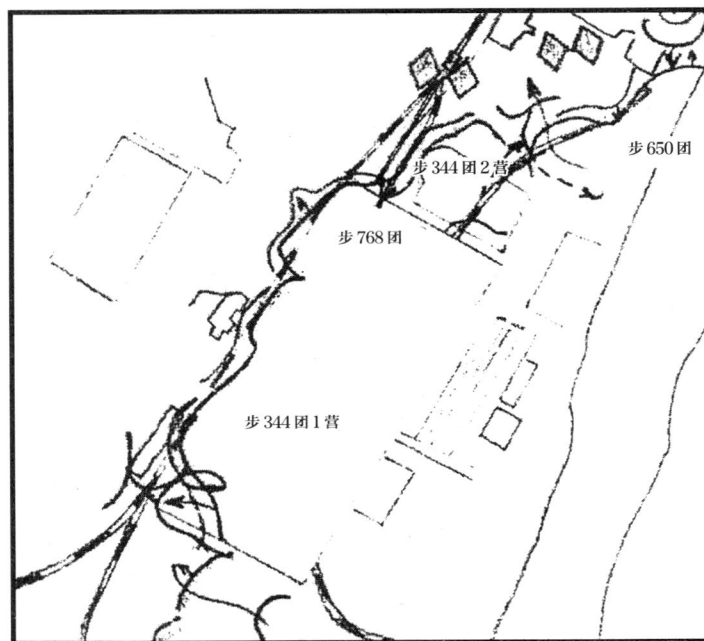

地 图 66 1942
年 10 月 18 日
21 点，步 兵 第
138 师的部署

斗，步兵第339和第347团只剩下几个人。当日，NKVD步兵第178团的连队和工人武装支队在"街垒"厂内抗击数倍于己的优势敌军，实力严重消耗后，被迫撤至工厂东部。NKVD连和工人武装支队总共只剩下5个人。当日日终前，敌人粉碎了该师的作战编队，前出至"街垒"厂西面的火车站。[80]

尽管雕塑公园和索尔莫斯克地域的战斗异常艰难，但10月18日22点45分，第24装甲师仍命令第276步兵团迅速完成清剿行动，并在雕塑公园北面的体育场以西地域担任师预备队。[81]

日终时，OKW再次以乐观的态度总结了当日的战斗，宣称："在斯大林格勒，我们肃清了盘踞在先前已被我们夺取的居民区和厂区内的敌人。我们的战机对斯大林格勒城内及其周围的军事目标实施打击，并对伏尔加河东岸的敌军队列和铁路交通发起攻击，击毁11列火车，其中包括两列油罐车。"[82]

但与这种乐观完全不同的是，赛德利茨的部队显然没能实现保卢斯赋予他们的当日目标。日终时，赛德利茨的部分部队仍在竭力肃清他们后方的苏军士兵，而第14装甲师第103装甲掷弹兵团和第64摩托车营，与第305步兵师第577团一同在"街垒"厂深处坍塌的厂房和车间里打击苏军步兵第138师第344团和步兵第308师第339、第347团所剩无几的残部。东面，德军第305步兵师第578团在工厂北部对付苏军步兵第138师第768团；更东面，德军第305步兵师第576团，左翼获得第24装甲师第26和第21装甲掷弹兵团的掩护，在工厂东面的街道和砖厂西面、伏尔加河西岸的冲沟处，与苏军步兵第138师第650团和近卫步兵第37师第118团的残部陷入僵持状态。

工厂内的激战，再加上峡谷及其北面的战斗，导致第14装甲师和第305步兵师没能完成当日的目标。面包厂和"街垒"厂东南方的峡谷仍在戈里什内步兵第95师第161团手中。与德国人的报告相反，柳德尼科夫步兵第344团的3个营实力都很虚弱，古尔季耶夫的兵力也少得可怜（其中包括步兵第308师教导营），但他们仍坚守着"街垒"厂。实际上，除了在厂内据守个别获得强化的厂房和车间外，这些苏军还发起局部反冲击，甚至夺回了一些厂房。在此期间，由于柳德尼科夫师依然控制着工厂与伏尔加河西岸之间的地域，因而该师能获得较为稳定的补给和增援，主要是行进营和行进连，以及运入厂区的弹药和新武器。

　　第14装甲军争夺雷诺克和斯巴达诺夫卡的战斗进行得也不太顺利（参见地图60）。第16装甲师"克鲁姆彭"战斗群和第94步兵师第267团对"戈罗霍夫"集群沿斯巴达诺夫卡西郊的防御发起的突击又一次失败了。据此，卡梅宁上校向崔可夫汇报，那里的态势"非常严重，但并非毫无希望，突入斯巴达诺夫卡的敌人已被消灭"。卡梅宁还报告，"戈罗霍夫"集群在雷诺克北郊和斯巴达诺夫卡南郊守卫着他们的阵地，梅切特卡河河口附近至关重要的码头也在他们的控制下。虽然"戈罗霍夫"集群伤亡惨重，但截至10月19日，该集群仍有3953人，配有95挺轻机枪、15挺重机枪、57支反坦克步枪，并获得22门45毫米反坦克炮、20门76毫米野炮和21门120毫米迫击炮的支援。[83]据崔可夫说，这个消息"使我们稍稍松了口气，不必再为集团军右翼担心了"。[84]更令他鼓舞的是这样一个消息："数量充足的船只和快艇正加紧前运弹药和食物，实施空投的必要性已减弱。"[85]

　　红军总参谋部的每日战事概要反映出崔可夫越来越强烈的乐观情绪——他的部队能守住：

　　第62集团军沿整条防线以激烈的防御作战抗击敌步兵和坦克，"街垒"厂附近的防御尤为顽强。当日日终前，敌人的所有进攻均被击退。

　　10月18日10点45分，敌人以超过1个步兵团的兵力和30辆坦克［第305步兵师和第14装甲师］从北面恢复了对"街垒"厂的进攻，并以超过1个步兵团的兵力［第24装甲师］攻向雕塑公园。经过激战，10月18日日终前，敌人从雕塑公园突破至"街垒"厂南郊。我方部队［步兵第138师和步兵第308师残部］继续坚守"街垒"厂。战斗中击毁18辆敌坦克。

　　北部集群（步兵第124、第149、第115旅，摩托化步兵第2旅）守卫着原先的阵地，击退敌人的数次进攻。该集群的各部队获得了弹药和食物。

　　正在核实集团军辖内其他部队的位置。[86]

　　不过，崔可夫战后对这场战斗的回忆更加坦率。首先，他承认德军第14装甲师步兵和坦克沿电车大街向南发起突击，当晚前出至"街垒"厂西面的铁路线，第24装甲师的进攻打垮了斯梅霍特沃罗夫步兵第193师的右翼团（步兵第685团），并对古尔季耶夫步兵第308师的部队构成合围之势。其次，崔可夫承认，在城市争夺战期间，他首次下令后撤，以拉直集团军的防线。他在命令中写道："古尔季耶夫师应于10月19日4时前，沿索尔莫斯克大街和图皮科夫（Tupikovskaia）大街占据防御。"他又补充道："这意味着撤离雕塑公园。"[87]

崔可夫估计，敌人在10月18日的激战中损失了18辆坦克和近3个步兵营，虽然态势依然严峻，但他知道，德国人的实力和士气都在战斗中遭到了消耗：

可以看出，不仅我们的部队实力受损，敌人也无力不停地发起疯狂的进攻。他们已大伤元气，物资储备也消耗殆尽。德国空军从一昼夜的3000架次骤减到1000架次。

尽管损失惨重，但保卢斯不肯放弃夺取整座城市的意图。某种令人费解的力量驱使敌人继续进攻。敌新锐步兵和坦克部队出现在战场上，他们不顾损失，扑向伏尔加河。看来，希特勒为了夺取这座城市，准备把整个德国都葬送掉。

但是，德国人已江河日下，就连其新锐部队和援兵现在也尝到了伏尔加河畔的战斗究竟是什么滋味。[88]

与崔可夫的说法相矛盾的是，第6集团军的记录表明，赛德利茨的突击群10月18日只伤亡213人，其中45人阵亡、165人负伤、1人失踪。[89]但是，鉴于第6集团军不断下降的实力，OKH派驻第6集团军的联络官评论道："俄国人在斯大林格勒夜间的空中优势已达到令人难以忍受的程度，士兵们得不到休息，他们的承受力已趋于极限。人员和物资的损失从长远看是难以承受的。"[90]实际上，即便每日的伤亡不大，这些数字累积起来也很可怕。自9月13日以来，第6集团军已伤亡13343人，这使该集团军8月21日渡过顿河以来的伤亡总数多达40068名官兵。虽说保卢斯集团军自8月21日以来俘获了57800名红军士兵，其中包括9月13日后抓获的17900人，但红军的这些损失远远低于此前的战役。[91]不过，保卢斯依然相信，这场战斗最多再持续

2—3天。但由于他的力量被削弱，而苏军的抵抗明显加强，德军情报机构也报告说苏军新锐营正源源不断地赶来，保卢斯决定将第79步兵师前调，"以防不测"。[92]

赛德利茨的步兵和坦克继续在"街垒"厂和相邻街区的废墟上战斗时，10月18日，他开始重新部署他的火炮和火箭炮，准备对第51军接下来的目标发起打击——面包厂和"红十月"冶金厂，面包厂坐落在"街垒"厂正南面峡谷的对面，而"红十月"冶金厂位于更南面800米处。可是，夜间下起了断断续续的大雨，妨碍到至关重要的补给物资运过顿河桥梁的交付，最终导致保卢斯无法恢复他的进攻。德国人期待天色放晴，但间歇性大雨——有时候夹杂着小雪——一连持续了两天，直到10月21日晨才结束。天气造成进攻行动的延误，这令保卢斯烦躁不已，崔可夫和他的上司却利用这个机会重新部署部队，加强他们的防御，击退德军偶尔发起的进攻和侦察试探，并在斯大林格勒工厂区内外发起强有力的反冲击。

平静期，10月19日—22日

一连三天的降雨期间，保卢斯命令里夏德·冯·什未林中将[①]刚刚赶到的第79步兵师的两个团（第208和第212团）在第51军后方进入集结区（参见地图67）。到达那里后，他们将做好向"红十月"厂和"街垒"厂剩余部分发起一场协调一致的进攻的准备。40岁的什未林将军[②]是一位经验丰富的指挥官，自1942年初起便指挥第79步兵师。[93]虽然持续性降雨迫使德军将总攻推延至10月23日晨，但保卢斯命令赛德利茨位于"街垒"厂内及其周边的部队在天气条件允许的情况下继续进攻，将苏军逐出"街垒"厂、面包厂和毗邻的区域，并占领有利阵地，以便对"红十月"厂发起全面突击。虽说随后的战斗是战术需要，但在士兵们看来，这些战斗戳穿了"平静期"这种随意说法的病态谎言。

例如，10月18日22点45分，赛德利茨命令军里的部队次日发起进攻，夺

---

① 译注：少将。
② 译注：什未林出生于1892年，1942年参加斯大林格勒战役时50岁。

取前一天没能攻占的目标。其中包括从62b2坐标方格内峡谷上的铁路桥〔"红十月"厂西北角西面400米处硬币（Monetnaia）大街和北大街交叉口附近〕至82a2–4坐标方格内峡谷口部（距离"街垒"厂东南角50米）一线，再往前直至"街垒"厂东南面的伏尔加河河岸。海姆第14装甲师的主力担任赛德利茨的主要突击部队，将攻占面包厂并夺取从72a坐标方格内的多层建筑（"红十月"厂北面300米处）东延至82a1坐标方格内的峡谷中段（"街垒"厂南面，峡谷与伏尔加交汇处西面500米处）一线。海姆的部队面对的是位于"街垒"厂南部的苏军步兵第138师第344团第1营、位于面包厂的苏军步兵第95师第161团

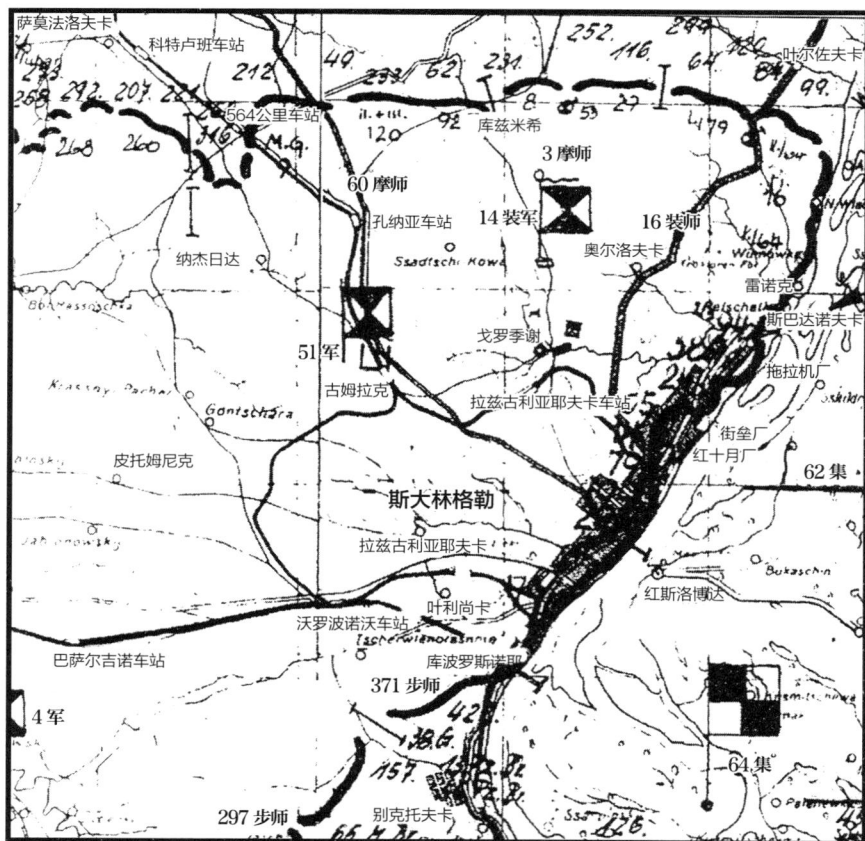

地图 67　1942 年 10 月 19 日—20 日，第 6 集团军的态势

的残部、位于"街垒"厂西南方铁路线以西的苏军步兵第193师第685团的右翼
和中央部队。

　　第14装甲师左侧，奥彭伦德尔的第305步兵师在第14装甲师一个装甲连的
支援下，将于8点至9点间发起进攻，肃清"街垒"厂北部和东部的苏军，然后
向南进击，前出至从82a2-5坐标方格（"街垒"厂南面的峡谷中段）东延至
"街垒"厂东南面伏尔加河西岸一线。奥彭伦德尔将参与进攻的第577、第578
和第576团编为三个战斗群，命令前两个战斗群突向"街垒"厂北部，第三个
战斗群在从工厂东北部东延至伏尔加河西岸的这片地域发起进攻。奥彭伦德尔
师面对的是盘踞在"街垒"厂北部和中央厂房内的苏军步兵第138师第768团和
第344团第2营。

　　与此同时，第305步兵师左侧，伦斯基第24装甲师和耶内克第389步兵
师负责肃清伏尔加河西岸的苏军，其战线从砖厂向南穿过"街垒"厂东部边
缘，直至第51军当日的目标——"街垒"厂南面的峡谷。伦斯基的主攻部队
是"贝洛"战斗群，该战斗群几乎包括了第24装甲师所有的战斗力量（欠一
个装甲连），并获得友邻第576步兵团一个营的支援。"贝洛"战斗群约有
1500名装甲掷弹兵和19辆坦克，将沿"街垒"厂东北面的伏尔加河西岸对苏
军防御发起打击。[94]该突击群面对的是苏军步兵第138师第650团和近卫步兵第
37师第118团。

　　最后，在第14装甲师右侧，桑内第100猎兵师将第54猎兵团投入部署，将
在第24装甲师9辆坦克的支援下夺取"红十月"厂北面的建筑群，并与铁路线
东面的第14装甲师保持联系。桑内这个战斗群面对着苏军步兵第193师第685团
左翼部队和该师第895团主力。

　　由于第51军实力虚弱，参加赛德利茨突击行动的各作战团只能拼凑起
1500—2000人，比营级战斗群稍大些，并获得约10辆坦克/突击炮的支援。例
如，第14装甲师以第103和第108装甲掷弹兵团组成的两个战斗群投入进攻，约
30辆坦克提供支援，右翼由第100猎兵师第54猎兵团的一个战斗群掩护，该战
斗群获得第24装甲师一个装甲连的加强。

10月19日

赛德利茨的部队对"街垒"厂发起突击时，恶劣的天气条件加上苏军的坚决抵抗和毁灭性火力，导致德军这场进攻戛然而止，德军为此付出了高昂的代价。更糟糕的是，崔可夫的守军大胆利用恶劣的天气，发起了强有力的反冲击。例如，拂晓后不久，德军第305步兵师第576和第578团的战斗群按照计划攻入"街垒"厂北部，逼退了柳德尼科夫步兵第138师第768团（参见地图68）。前进中的德军步兵穿过满是雨水的弹坑，爬过一座座瓦砾堆时，遭到该师第344团第2营猛烈的轻武器和机枪侧射火力的打击，苏军炮兵第295团也加入其中，致命的迫击炮和火炮火力倾泻而下，经常是直瞄射击。德军被苏军火力所阻，空军没有提供支援，付出惨重的伤亡后，该师的进攻停顿下来。

日终时，苏军步兵第138师报告：

步兵第138师击退了敌步兵和坦克发起的多次进攻，敌人企图突破步兵第

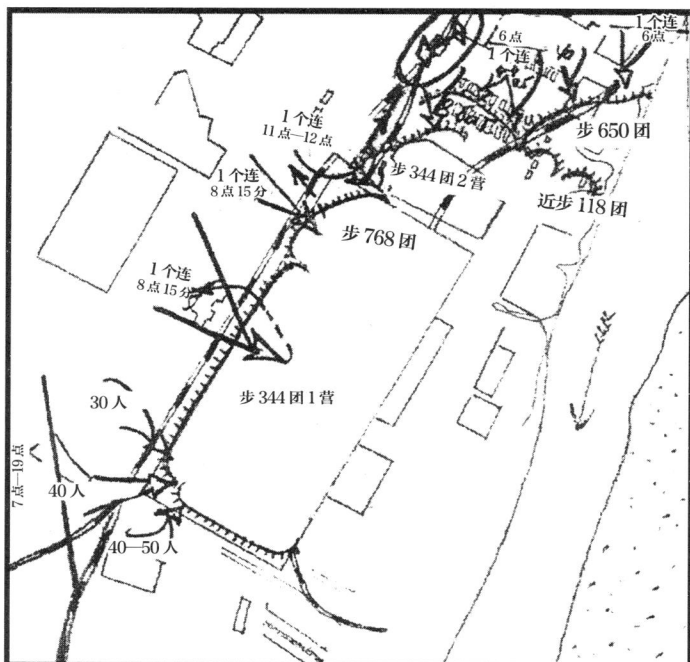

地图68 1942年10月19日19点，步兵第138师的部署

650和第768团的防区。（敌人）朝工厂南郊的进攻仍在继续。据不完全统计，采取积极行动击退敌人进攻的战果是：俘虏5人（一名上尉），缴获5挺重机枪、8挺轻机枪、3门迫击炮、17支自动武器和200支步枪。

敌人投入新锐力量，20点楔入"街垒"厂西南部，那里的战斗仍在继续，（我方）取得部分胜利。[95]

由于"第576步兵团团长认为情况很明显，肃清6号（制造车间）和4号车间（装配车间）[位于"街垒"厂北部三分之一处]的行动将沦为一场代价高昂、旷日持久的战斗"，师长奥彭伦德尔要求取消后续进攻行动。[96]不久后，赛德利茨命令军内所有部队推迟行动，具体时间另行通知。

赛德利茨刚刚下达停止进攻的命令，苏军步兵第138师师长柳德尼科夫便命令他的步兵第344团，在古尔季耶夫步兵第308师第339和第347团残部的支援下发起反冲击，尽可能多地夺回"街垒"厂。正如第62集团军报告的那样："步兵第308师（第339和第347团的残部）继续进行抵抗，并攻入'街垒'厂西南角附近，任务是前出至与步兵第193师的结合部。"[97]德军对此的记述是："第305步兵师的进攻行动取消后，俄国人转入进攻，他们发起一场突袭，重新夺回火炮厂北部，并扩大了第305步兵师对面的登陆场。"[98]赛德利茨和麾下的师长们担心苏军发起额外的反冲击，因而命令各部队就地据守，保持警惕，并组织火炮和迫击炮火力掩护前沿阵地。

OKW对当日的行动加以粉饰，宣称："在斯大林格勒北部，德国军队夺取了更多的建筑。攻占'红色街垒'火炮厂的战斗仍在继续。战术支援飞机猛烈轰炸'红十月'厂内的加强支撑点。"[99]

红军总参谋部的每日战事概要提供了更多的细节，承认古尔季耶夫步兵第308师面临的严峻态势，并准确地阐述了"街垒"厂及其周边的状况（第62集团军每日报告中的额外信息以方括号标出）：

第62集团军，10月19日在斯大林格勒北部继续以激烈的防御作战抗击敌步兵和坦克。

截至10月19日13点，北部集群辖下的部队击退了敌人的1个步兵团和40辆

486

坦克向斯巴达诺夫卡西南郊发起的进攻。13点，敌人又投入30辆坦克，攻向斯巴达诺夫卡西郊。日终时，战斗仍在原先的位置上继续。

步兵第138师的部队与近卫步兵第37师第118团的分队共同击退了敌人的1个步兵营和5辆坦克沿沃尔霍夫斯特罗耶夫斯克与"街垒"厂西郊毗邻的铁路线一线发起的进攻。日终前，敌人成功地楔入"街垒"厂西南部。

步兵第308师在包围圈内战斗，以部分兵力在雕塑公园和"1月9日"大街附近依托独立支撑点实施防御，并以剩余的兵力在"街垒"厂西南部附近战斗［掩护与步兵第193师的结合部］。

步兵第193师与步兵第95师第161团的分队，［当日9点］击退了敌人的1个步兵营和30辆坦克在"街垒"厂西南郊发起的进攻，并继续坚守"街垒"厂西南角、图皮科瓦亚（Tupikovaia）大街、普罗基特纳亚大街至格多夫大街一线。

集团军辖内其他部队的位置未发生变化。

［从被俘的敌士兵和一名上尉那里获得的情况表明，德军第305步兵师的人员伤亡已达70%，各个连队只剩下35人。德军官兵没有大衣，冻得半死。第305步兵师和第14装甲师的任务是攻占"街垒"厂，夺取渡口。］100

据第62集团军的每日报告记载，当天晚些时候，崔可夫赋予步兵第138和第308师的任务是"击退楔入'街垒'厂西南角的敌人"。101这位集团军司令员还断言，他们在10月17日的工厂争夺战中击毁了45辆敌坦克，击毙约2000名德军士兵，18日的战斗中，他们击毁18辆敌坦克，消灭了敌人的2个步兵营。但第6集团军的报告表明，赛德利茨第51军19日伤亡186人（34人阵亡、137人负伤、15人失踪），截至当日日终，第14和第24装甲师分别只剩下11、22辆坦克，这就意味着他们当日分别损失了22辆和7辆坦克。102

10月20日

随着恶劣天气的持续，10月20日—22日，一切大规模军事行动都无法实施。在此期间，保卢斯和赛德利茨忙着重新部署、补充他们的部队，为新攻势拟制计划，并试图发起局部进攻，改善辖内部队的防御和出发阵地。举例来说，10月20日，德国人的行动仅限于侦察和巡逻，正如OKW的每日战事概要宣布的那样："斯大林格勒的战斗仍在继续。高射炮兵击沉了伏尔加河上的一艘货船。我们的炮兵使敌人的运输车队和铁路交通中断，伏尔加河东岸的苏军机场昼夜都无法使用。"[103]

崔可夫声称，他的部队在前线北部和中央地段击退了敌步兵和坦克发起的进攻，但敌人在南部地域只投入了小股部队。德国人在北部继续进攻，"他们以2个营的兵力和25—30辆坦克对步兵第138师发起两次进攻，第一次是6点30分，第二次在13点"，但均被击退。其结果是，柳德尼科夫师"前出至'街垒'厂南部附近，在那里与楔入工厂西南部之敌展开战斗"（参见地图69）。与此同时，步兵第308师"以左翼部队前出至钢铁（Stal'naia）大街，任务是进抵铁路支线附近"，而步兵第193师和步兵第95师第161团守卫着"钢铁大街、铁路线、北大街、费多谢耶夫大街和采霍夫（Tsekhovskaia）大街一线"，10月19日"伤亡300人"。[104]另外，崔可夫还报告，他的集团军10月20日击毙500多名敌军，摧毁对方2门火炮、1辆汽车、1门迫击炮、4具炮架和2挺重机枪。[105]第6集团军的记录再次驳斥了这种说法，报告中指出，第51军损失147人（45人阵亡、95人负伤、7人失踪），而第79步兵师遭遇到了城市争夺战的首次伤亡——10人阵亡、40人负伤。[106]

红军总参谋部的每日战事概要反映出这些报告的内容：

10月20日，第62集团军在斯巴达诺夫卡西南郊和"街垒"厂西南部继续以激烈的防御作战抗击敌步兵和坦克。

北部集群的部队继续与敌人激战，对方攻占了斯巴达诺夫卡西南郊的两座建筑。

10月20日15点，步兵第138师以右翼部队击退了敌人的两次进攻，（敌人）第一次是以2个步兵连和15辆坦克攻向"街垒"厂，第二次是以2个步兵营和25辆坦克发起的进攻。该师继续坚守着原先的阵地，并在战斗中歼灭了"街垒"厂西南部的小股敌军。

步兵第308师的1个营前出至"街垒"厂南部。

步兵第161团［步兵第95师］和步兵第193师沿钢铁大街附近—铁路线—北

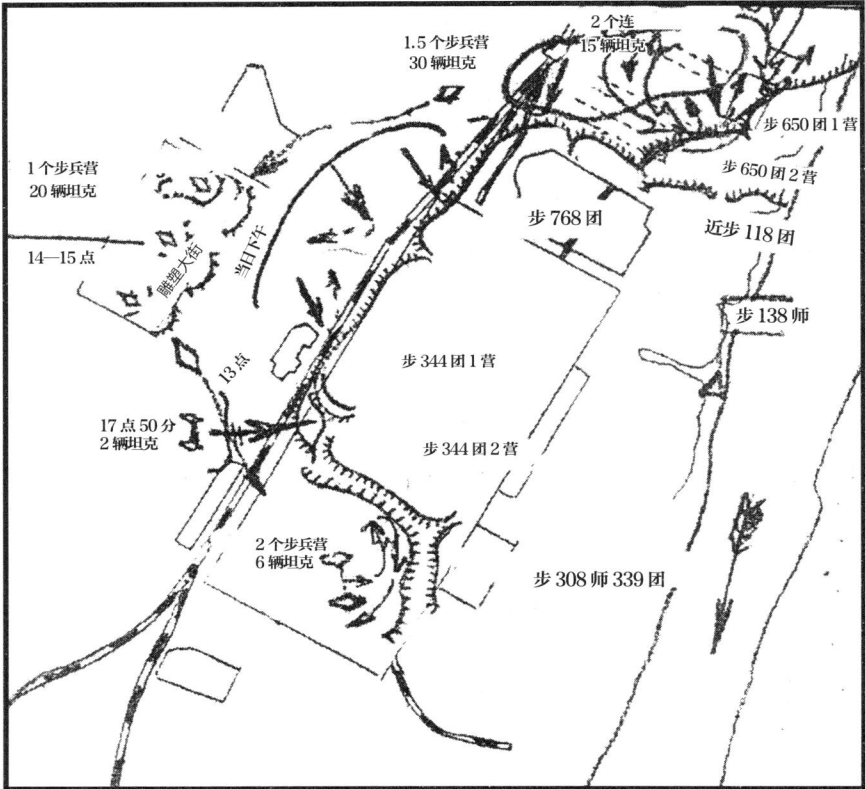

地图 69 1942 年 10 月 20 日 20 点, 步兵第 138 师的部署

大街、费多谢耶夫大街和格多夫大街的前沿据守着他们的阵地。

集团军辖内其他部队的位置未发生变化。

截至 10 月 20 日 12 点,敌机(52 架)一直在轰炸"街垒"厂。[107]

当日战斗的结果是,崔可夫命令步兵第 138 和第 308 师"击退楔入'街垒'厂西南角的敌人,守住你们目前占据的阵地"。[108]

由于胡贝第 14 装甲军辖下第 16 装甲师和第 94 步兵师面对"戈罗霍夫"集群在斯巴达诺夫卡和雷诺克的防御没能取得任何进展,10 月 20 日,赛德利茨命令伦斯基的第 24 装甲师将第 276 步兵团交还给第 94 步兵师。10 月 21 日,该团北调，最终在莫克拉亚梅切特卡河北面第94步兵师的中央地段占据阵地。

　　战场上的平静一直持续至10月21日，但前一天的13点15分，赛德利茨命令什未林将军的第79步兵师（该师的2个团刚刚在桑内第100猎兵师的左翼靠前部署）接防桑内防区的左半部，接掌第100猎兵师第54猎兵团，为计划中的总攻进行准备。什未林将于次日晨以第54猎兵团发起进攻，以便与左侧第14装甲师的部队建立起"稳固的联系"。命令中写道："作为X日（10月23日）发起突击的先决条件，获得第54猎兵团加强的第79步兵师应于10月21日突破63d4坐标方格内敌人设在工厂区的支撑点，并与位于铁路线的第14装甲师取得联系。为此，第24装甲师的'舒尔特'装甲连将划拨给该师。"[109]

　　这场突击的目标是位于公社（Kommunal'naia）大街街角和基兹利亚尔（Kizliarskaia）大街的炊具厂，该厂在哥萨克峡谷南面，铁路线以北两个街区，"红十月"厂西北方600米处。守卫这个支撑点的是步兵第193师第685团第1营。执行进攻任务的是"韦伯"战斗群（该战斗群以第54猎兵团团长的名字命名）辖下的3个连级战斗群，"舒尔特"装甲连的10辆坦克提供加强。为支援这场突击，第14装甲师第24装甲团第2营将在第54猎兵营左翼前方对"街垒"厂西南部及其周边苏军步兵第138师的防御发起打击。

10月21日—22日

　　这段时间代价高昂的战斗颇具代表性，"韦伯"战斗群经过一整天的激战，的确夺取了既定目标，但在战斗中，该战斗群阵亡20人、负伤131人、失踪3人，舒尔特的10辆坦克折损7辆，这些坦克试图冲破苏军雷区，结果被炸毁。"舒尔特"装甲连阵亡两人（舒尔特本人也在其中），数人负伤。[110]当晚，第62集团军汇报了步兵第193师防区内的战斗："11点，敌人的2个步兵营和12辆坦克沿中央大街和公社大街对该师左翼发起进攻。2辆敌坦克到达前沿阵地，敌步兵被击退。截至15点，敌人的这场进攻被彻底击退。17点，〔敌人〕再次发起进攻，还是没能成功，遭受损失后撤回其出发阵地。"[111]

　　这份报告中提及的反冲击力量包括步兵第193师第895团第9连、团机枪营第1连、师教导营第2连。另外，崔可夫还以巴秋克步兵第284师第1043团的1个营加强斯梅霍特沃罗夫师。无论单独的连队还是完整的营，崔可夫灵活部署

490

着从各处抽调来的预备力量，彻底挫败了保卢斯和赛德利茨发起的所有局部进攻。

正如第62集团军每日报告中阐述的那样，第14装甲师的部队在"韦伯"战斗群左侧对苏军步兵第138师发起的进攻没能取得持久的成功，尽管崔可夫仍对接下来有可能发生的情况焦虑不已：

步兵第138师和近卫步兵第118团6点40分击退了敌步兵和坦克对"街垒"厂西南角发起的进攻。敌人损失惨重。

10点，敌人投入超过1个步兵营的兵力和坦克。经过反复进攻，敌人逼退了步兵第344团第1营。白刃战仍在继续。

步兵第344团伤亡惨重。"街垒"厂的态势依然严峻。前线抽调不出增援该地域的兵力。

步兵第308师（110名战斗兵）继续进行着争夺"街垒"厂西南角的战斗。激战仍在持续，我方取得了不同程度的战果。[112]

尽管苏军步兵第138师成功地守住了阵地，但这些进攻不过是德军即将发起的突击行动的一个重要前兆。

这些和另一些战斗结束后，OKW宣布："在斯大林格勒的战斗中，我军发起具有局部重要性的猛烈进攻，一举攻占数座强化阵地。德国空军针对城市北部的敌军据点发起打击。"[113]另一方，红军总参谋部阐述了第14装甲师和第54猎兵团发起的进攻，以及"街垒"厂废墟中和第62集团军缩短的战线其他地段上持续不断的残酷厮杀：

第62集团军——北部集群10月21日击退了敌人对斯巴达诺夫卡西郊发起的进攻，继续坚守原先的阵地。

步兵第138师以右翼部队成功击退了敌人［第305步兵师］对"街垒"厂西郊发起的进攻，其左翼部队在"街垒"厂西南部与敌人的2个步兵营和6辆坦克［第14装甲师］展开激战。激烈的战斗经常沦为白刃相搏，步兵第344团损失惨重。

步兵第308师在"街垒"厂西南部与转入防御的敌人展开战斗，取得了不同程度的战果。

步兵第193师守卫着原先的阵地，成功击退了敌人的2个步兵营和12辆坦克［"韦伯"战斗群］发起的多次进攻。

集团军辖内其他部队的位置未发生变化。

10月21日战斗的结果是消灭了超过一个营的敌步兵和12辆坦克。[114]

在第62集团军的每日作战报告中，崔可夫不仅描述了局部的胜利，也承认他的集团军"损失惨重"，并要求"立即提供兵力和反坦克武器的支援"，因为"稀疏的作战编队使敌人得到了突破我方防线的机会"。同时，他命令辖下陷入困境的各个师"守住既有阵地，阻止敌人的进一步推进"。[115]作为一项绝望之举，崔可夫命令集团军直属的火焰喷射器连加强最后渡口的接近地；他还解除了集团军第1阻截支队负责拦截擅自后撤的部队的任务，将该支队投入战斗。

10月22日

保卢斯和赛德利茨完成10月23日的突击计划时，激战仍在继续，双方为争夺"街垒"厂内多座独立厂房与毗邻工厂西南角和东北角的街区展开断断续续、代价高昂的战斗。正如第62集团军每日报告中描述的那样：

步兵第138师和近卫步兵第188团击退了敌人2个步兵营和坦克发起的进攻，敌人从沃尔霍夫斯特罗耶夫斯克和索尔莫斯克攻向"街垒"厂北郊和西南郊。

该师守卫着原先的阵地。步兵第344团第2营与步兵第339团［步兵第308师］的1个营相配合，将敌人逐出"街垒"厂南部的几座独立建筑物。

步兵第308师在"街垒"厂内掘壕据守。[116]

当日，德国空军猛烈的空袭给崔可夫的部队造成严重伤亡。最严重的事件是德国人的炸弹炸死了迫击炮兵第141团团部的全体工作人员，包括19名士兵、团长、负责政治工作的副团长和团长的另外两位副手，近卫步兵第37师第117团团长安德烈耶夫中校①也被炸死。[117]

日终时，OKW简单地宣布，"敌人在斯大林格勒发起的反击被击退"，而红军总参谋部的每日战事概要则强调了第62集团军的成功防御：

第62集团军继续坚守既有阵地，击退了敌人对普里巴尔季大街、从西面对"街垒"厂的进攻。

步兵第124旅据守着原先的阵地。

步兵第149旅守卫着从伊阿梅以西的铁路线至塔吉尔（Tagilskaia）大街、翡翠（Izumrudnaia）大街、红色工厂大街和阿斯别斯托夫斯基（Asbestovskaia）大街一线（含），更南面的防线从斯巴达诺夫卡西郊至水泥桥（Betonnyi Bridge）。

步兵第124旅第1营守卫着从水泥桥起，沿莫克拉亚梅切特卡河北岸直至伏尔加河的防线。

步兵第308师在"街垒"厂掘壕据守。10月22日17点，近卫步兵第118团［近卫步兵第37师］的防区内，敌人以1个步兵营和6辆坦克发起的进攻被该团各种武器的火力击退。

步兵第284师粉碎了敌步兵在靠近该师前沿阵地处巩固战线的企图。

步兵第1047团以第23连和火焰喷射器第104连的1个排沿梅津河大街和机器（Mashinnaia）大街一线占据发射阵地。

集团军辖内的其他部队继续坚守原先的阵地。[118]

第62集团军重新部署防御

利用天气造成的延误，崔可夫再次对他的部队做出调整。苏军情报机构发现德军在107.5高地附近，第51军后方上、下"红十月"新村之间的开阔地集结。基于这些报告，第62集团军司令员得出的结论是：赛德利茨正进行再部

---

① 译注：前文称他为少校。

署，准备对"红十月"厂发起一场更猛烈的进攻，因此，他也采取了相应的措施。例如，10月20日至21日夜间，崔可夫将麾下受损最严重的部队撤过伏尔加河，接受休整和补充。这些部队包括叶尔莫尔金步兵第112师师部及该师残部（第416、第385、第524团）、步兵第115旅、摩托化步兵第2旅、戈里什内步兵第95师师部和若卢杰夫的近卫步兵第37师。[119]崔可夫已将步兵第95师和近卫步兵第37师的残部分别纳入第161团和近卫步兵第118团。前者在斯梅霍特沃罗夫步兵第193师的指挥下守卫面包厂和毗邻的街区，后者在柳德尼科夫步兵第138师辖下，与步兵第650团一同坚守"街垒"厂东北面的伏尔加河西岸。在此期间，叶廖缅科将补充完毕的步兵第87和第315师交给第62集团军。但这两个师目前仍在伏尔加河东岸。[120]

苏军最高统帅部也利用战场平静期这一有利之机，重新部署了斯大林格勒地域的部队，密切关注着为日后发起、旨在将德军驱离该地域的进攻行动所做的准备。例如，10月21日，最高统帅部命令近卫第1集团军将司令部和其他保障机构从顿河方面军防区内的普季什切沃（Ptishchevo）地域通过铁路线转移到伏尔加河沿岸军区管区内的新安年斯卡亚（Novo-Annenskaia）地域，接受休整和补充。[121]就在几天前，近卫第1集团军司令员莫斯卡连科将军奉命回莫斯科报到，最高统帅部任命他为沃罗涅日方面军第40集团军司令员，10月18日生效。[122]近卫第1集团军司令部搭乘火车返回后前，已将辖下的各个师和提供支援的坦克军移交给相邻的集团军和方面军。[123]

10月21日，苏军最高统帅部还将顿河方面军的坦克第4集团军改编为第65集团军，次日生效，并派布良斯克方面军原副司令员P. I. 巴托夫中将接替坦克第4集团军司令员克留琴金将军。最高统帅部更改坦克第4集团军番号的决定，部分是由于该集团军缺乏坦克的尴尬局面所致。集团军参谋长I. S. 格列博夫上校不无讽刺地给坦克第4集团军起了个绰号——"只有4辆坦克的集团军"，这是因为该集团军8月份在顿河大弯曲部、9月份在克列茨卡亚登陆场的防御战中损失了数百辆坦克，到10月中旬只剩下4辆坦克，这些坦克都被用于掩护集团军司令部。[124]此时，巴托夫集团军编有9个步兵师，其中包括身经百战的近卫步兵第4、第27、第40师以及著名的"萨马拉-乌里扬诺夫卡"步兵铁24师。[125]

第65集团军新任司令员，49岁①的帕维尔·伊万诺维奇·巴托夫，是一位经验丰富的指挥员，但他的军旅生涯曾被严重玷污：1941年11月，他指挥的第51集团军在克里木遭到令人尴尬的惨败。这场风波平息后，巴托夫的表现节节攀升，1942年1—2月，他出色地指挥了布良斯克方面军第3集团军，1942年2—10月，他担任布良斯克方面军副司令员，同样表现出色（其中三个月是在罗科索夫斯基的指挥下）。作为一名完全称职、深受尊敬的指挥员，巴托夫洗刷了耻辱，出任第65集团军司令员后，率领该集团军直至战争结束。[126]

10月22日，最高统帅部采取了重要措施，改组在顿河北面作战的苏军部队，一方面是为了改善指挥和控制，另一方面也是为了便于日后发起进攻行动。斯大林和华西列夫斯基签署指令，以原近卫第1集团军司令部为核心组建新的西南方面军，并将顿河方面军第63、第21集团军和布良斯克方面军坦克第5集团军调拨给巴托夫的新方面军②：

1. 10月31日前组建西南方面军。

2. 第63、第21集团军和坦克第5集团军编入西南方面军，建立起［以下］分界线：

（a）沃罗涅日方面军与西南方面军之间的分界线：从普季什切沃、波沃里诺（Povorino）、新霍皮奥尔斯克（Novokhopersk）、上马蒙和坎捷米罗夫卡（Kantemirovka）至利西昌斯克（Lisichansk）。前两个地点归属西南方面军防区。

（b）西南方面军与顿河方面军的分界线：从阿特卡尔斯克（Atkarsk）、巴兰达（Balanda）、拉科夫卡（Rakovka）、克列茨卡亚、谢利瓦诺夫（Selivanov）至叶夫谢耶夫（Evseev）。上述地点，除阿特卡尔斯克外，都归属西南方面军防区。

3. 西南方面军司令部以近卫第1集团军司令部为基础组建，设在新安年斯卡亚地域。

---

① 译注：巴托夫出生于1897年，应为45岁。
② 译注：重新组建的西南方面军，司令员并非巴托夫，而是瓦图京。

4. 任命中将瓦图京同志为西南方面军司令员，解除他沃罗涅日方面军司令员的职务。任命斯捷利马赫少将为西南方面军参谋长。任命中将戈利科夫同志为沃罗涅日方面军司令员。

5. 总干部部部长和NKO各总部部长应根据02/206、02/209、02/165、010/1b号编制表，在10月28日前为西南方面军司令部配齐必要的指挥和领导干部。

6. 给GLAVUPROFORM（红军预备队组建总部）部长下达指示，以近卫第1集团军辖下各坦克军［坦克第4和第16军］为方面军司令部配齐必要的辅助单位和后勤机构。

7. 总通信兵部部长应遵照总参谋部的指示，在10月30日前为方面军司令员派出必要的通信单位。

8. 红军总后勤部部长应从其他方面军抽调出预备和多余的后勤单位和设施，10月30日前将他们交给西南方面军司令员。[127]

从上马蒙东延至克列茨卡亚，沿顿河130公里长的战线上部署的所有部队都由新组建的西南方面军统一指挥。10月22日，该方面军只编有第63和第21集团军，但最高统帅部打算重新部署自9月22日以来一直在布良斯克方面军后方普拉夫斯克（Plavsk）接受补充的坦克第5集团军，先调至西南方面军后方，然后在适当的时候调入方面军中央的谢拉菲莫维奇地域。[128]同一天，最高统帅部从沃罗涅日方面军抽调骑兵第8军、1个步兵师和5个炮兵团加强西南方面军。骑兵第8军将于11月2日前集结在韦申斯卡亚（Veshenskaia）东南方50公里处，步兵师（7000—8000人）11月2日前集结于沃罗涅日卡拉奇附近，几个炮兵团11月3日前进入谢布里亚科沃（Sebriakovo）地域。[129]骑兵第8军军长是42岁的米哈伊尔·德米特里耶维奇·鲍里索夫，"巴巴罗萨"战役期间，这位经验丰富的骑兵曾指挥过独立骑兵第31师。莫斯科反击战期间，第50集团军辖下的独立骑兵第31师在图拉地域立下赫赫战功。鲍里索夫后来指挥骑兵第9军，还在著名的近卫骑兵第1军担任过副军长，1942年10月出任骑兵第8军军长。[130]

最高统帅部10月25日命令罗科索夫斯基的顿河方面军将步兵第226、第293、第333、第277师及坦克第4军、近卫骑兵第3军、11个炮兵团、5个高射炮

496

团和2个高射炮营交给瓦图京方面军，11月2—3日生效，从而完成了对西南方面军的首轮补充。[131]与众不同的是，这道指令还要求NKVD采取措施，"将一切可疑人员清除出这些师即将到达的驻地和他们的行军路线"。[132]

10月23日，组建西南方面军一天后，苏军最高统帅部又组建了新的近卫第1、第2集团军，以加强其战略预备力量。近卫第1集团军在预备队第4集团军的基础上组建，将于1942年11月10日前在顿河畔谢拉菲莫维奇北面150—190公里处的普季舍沃（Ptishevo）、基尔萨诺夫（Kirsanov）、巴拉绍夫（Balashov）、阿特卡尔斯克和科雷舍（Kolyshei）地域进入战备状态。近卫第1集团军司令员由I. M. 奇斯佳科夫少将担任，集团军编有近卫步兵第4军（辖近卫步兵第35、第41师，步兵第195师）、近卫步兵第6军（辖近卫步兵第38、第44师，步兵第266师）和近卫机械化第1军，后者以近卫步兵第1师组建而成。[133]42岁的集团军司令员伊万·米哈伊洛维奇·奇斯佳科夫是一名经验丰富的老兵，1941年指挥过西方面军步兵第64旅和近卫步兵第8师，后者在莫斯科战役期间表现出色；1942年，奇斯佳科夫出任近卫步兵第2军军长。[134]

近卫第2集团军将在沃罗涅日东北方100—120公里处的坦波夫地域，以预备队第1集团军为核心组建而成，奉命在11月25日前做好战斗准备。最初指挥该集团军的是Ia. G. 克列伊泽尔少将，近卫第2集团军编有近卫步兵第1军（辖近卫步兵第24、第33师，步兵第98师）、近卫步兵第13军（辖近卫步兵第3、第49师，步兵第387师）和近卫机械化第2军。近卫步兵第49师将以现有的近卫摩托化步兵第2师组建，而近卫机械化第2军由近卫步兵第22师组建而成。[135]近卫第2集团军司令员是37岁的雅科夫·格里戈里耶维奇·克列伊泽尔，1941年夏季悲惨的斯摩棱斯克战役期间，他指挥着著名的莫斯科摩托化步兵第1师；1941—1942年冬季莫斯科反击战期间，他担任西南方面军第3集团军司令员；1942年间，他在多个集团军担任过副司令员。[136]

最高统帅部打算以近卫第1集团军加强西南方面军，以近卫第2集团军加强西方面军（沿莫斯科方向）或顿河方面军（沿斯大林格勒方向）。最后，最高统帅部11月1日以近卫第1集团军沿顿河接替西南方面军第63集团军，第63集团军的3个步兵师加入奇斯佳科夫的集团军。[137]但10月份剩下的日子和整个11月，近卫第2集团军一直留在坦波夫地域，等待着再部署的指令。

顿河方面军的反突击（第四次科特卢班战役），10月20日—26日

斯大林、罗科索夫斯基和叶廖缅科为日后沿顿河战线发动反攻重新部署部队的同时，还采取措施应对德军在拖拉机厂附近战果颇丰的猛烈突击，并竭力缓解斯大林格勒工厂区剩余部分遭受的威胁。早在10月15日晨，斯大林便意识到德军新攻势的危险性，这位独裁者让朱可夫和华西列夫斯基拟制一道指令，命令罗科索夫斯基加快进攻准备，至少部分实施他在一周前建议发起的大规模进攻：

> 为立即支援斯大林格勒军民，最高统帅部大本营命令您，从139.7高地附近、MTF（拖拉机厂）、128.9高地朝奥尔洛夫卡和75.9高地这一总方向发起您的主要突击，在那里，您应同斯大林格勒方面军的部队会合。
>
> 除了斯大林格勒方面军的部队，应从那些已到达的师中抽调4个步兵师，沿大伊万诺夫卡（Bol'shaia Ivanovka）和戈尔纳亚普罗莱卡（Gornaia Proleika）一线投入进攻。为突破敌人的防线，应在每公里正面不少于60—65门火炮、不少于12个近卫迫击炮团的基础上组建一个炮兵群。坦克投入的数量由方面军司令员决定。
>
> 应从叶尔佐夫卡地域向奥尔洛夫卡东面2.5公里处的135.4高地发起一场辅助突击。应从伏尔加河东岸组织额外的炮火支援，抽调火炮的事宜与斯大林格勒方面军司令员协调。
>
> 10月19日日终前做好进攻准备。
>
> 10月15日23点前提交作战计划。[138]

几分钟后，朱可夫和华西列夫斯基将第二道指令发给叶廖缅科，命令他在斯大林格勒南部发起一场类似的进攻：

> 为支援第62集团军并尽快肃清斯大林格勒中部之敌，最高统帅部大本营命令您从戈尔纳亚波利亚纳国营农场地域发起一场进攻，当前任务是肃清库波罗斯诺耶、佩先卡、斯大林格勒南部至察里察河之敌，并掩护您伸向佩先卡的

侧翼，尔后任务是肃清城市中部，与第62集团军的部队会合。

除了第64集团军的部队，还应投入步兵第7军和坦克第90旅。每公里正面部署的火炮不应少于60门，第64和第57集团军的所有近卫迫击炮单位都应投入炮兵进攻。将骑兵第61师集结在索洛德尼科夫（Solodnikov）地域，骑兵第81师集结在黑亚尔（Chernyi Iar）地域，掩护伏尔加河上的渡口。

10月19日日终前做好进攻准备。

10月17日22点前提交作战计划。[139]

当日19点45分，罗科索夫斯基对斯大林的命令做出回复；两天后，叶廖缅科也发出相应的答复。罗科索夫斯基接受了最高统帅部的建议，并据此重新拟制方面军的任务：

行动目的是突破145.1和139.7高地、MTF、128.9高地的防御带，并沿139.7、145.1、147.6、144.4高地的山峰和奥尔洛夫卡扩大进攻，与斯大林格勒守军在75.9高地附近会合，然后，与斯大林格勒方面军右翼部队相配合，歼灭奥尔洛夫卡、拉托申卡、阿卡托夫卡和大苏哈亚梅切特卡（Bol.Sukhaia Mechetka）地域之敌。[140]

罗科索夫斯基的进攻计划，要求顿河方面军的突击群（由部署在马利诺夫斯基第66集团军右翼的一股较强的兵力和部署在第24集团军左翼的一股较小的兵力组成）在库兹米希北面和东北面15公里宽的战线上突破德军防线，攻向东南方的奥尔洛夫卡（参见地图70）。他的部队将在五天内（10月20日—24日）完成这项任务。此时，指挥第24集团军的是I. V. 加拉宁中将①，原司令员科兹洛夫已被任命为沃罗涅日方面军副司令员。伊万·瓦西里耶维奇·加拉宁是一名经验丰富的老兵，1939年8—9月曾在哈拉哈河打击过日军，当时他指挥着步兵第57师；"巴巴罗萨"战役期间，他先后指挥过步兵

---

① 译注：应为少将。

第18军[①]和第18、第59、第16集团军[②]。出任第24集团军司令员时，他43岁。[141]

马利诺夫斯基第66集团军的突击群由4个较为新锐的步兵师组成，即步兵第62、第252、第212、第226师，这些师刚刚从最高统帅部预备队调来，另外，满编的坦克第91、第121、第64旅为他们提供支援，每个旅约有53辆坦克。进攻将从集团军中央地段发起，战线从苏哈亚梅切特卡峡谷上部西延至库兹米希东北方，主要突击群将步兵第212、第252、第62步兵师部署在第一梯队，每个师获得一个坦克旅的加强，步兵第226师位于第二梯队。突击群的当前目标是112.7、139.7高地，尔后目标是奥尔洛夫卡。664门火炮/迫击炮以及12个近卫迫击炮团为突击行动提供炮火支援。集团军剩下的9个步兵师，包括集团军原有的步兵第64、第84、第99、第120、第299师和从第24集团军抽调的

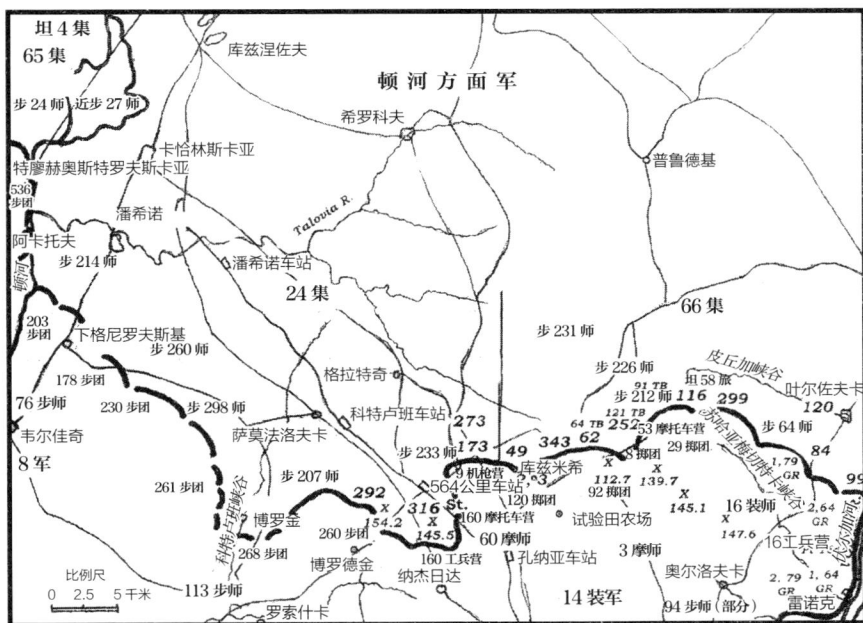

地图 70　1942 年 10 月 20 日—26 日，顿河方面军的科特卢班反突击

① 译注：步兵第17军。

② 译注：加拉宁担任过第12、第59集团军司令员，在第16集团军指挥过"加拉宁"集群，至于第18集团军，他最初指挥的步兵第17军隶属于该集团军。

步兵第49、第116、第231、第343师，将在集团军左右两翼发起辅助突击。但这些师都已严重受损，每个师的战斗兵力约为一个营。

第66集团军主突击群的左侧，步兵第116和第299师将在坦克第58旅8辆坦克的支援下，对叶尔佐夫卡以西的德军防御发起进攻。主突击群的右侧，获得少量坦克加强的步兵第49和第343师将从库兹米希正北面的出发阵地向南发起突击。

第66集团军右侧，第24集团军由步兵第316、第173、第233师（这些师的实力也严重不足）组成的突击群为第66集团军的突击行动提供支援和掩护。罗科索夫斯基为他的进攻部队分配了四天作战行动中每天需要完成的具体任务。[142]

鉴于科特卢班地域过去两个月血腥的、令人沮丧的激战，罗科索夫斯基后来坦率地承认，这场突击收效甚微：

我顿河方面军从顿河登陆场开展积极行动牵制敌军，使其无法向斯大林格勒派遣增援部队。同时，我第24集团军以其左翼协同第66集团军，击溃城北之敌，并与斯大林格勒方面军第62集团军会合。为实施这一战役，准许我们动用调自大本营预备队的7个步兵师，但方面军未得到任何加强兵器（火炮、坦克、飞机）。在这种条件下难以期望获得胜利，特别是在敌军集团在此地区有坚固的阵地为依靠的情况下。

由于主要突击任务由第66集团军执行，我同马利诺夫斯基通了电话，他劝我不要把7个新锐师投入战斗。他说："这样做只会白白把他们葬送掉。"

幸运的是，到大本营规定的进攻日期，我们只得到了这7个师中的2个〔实际上是4个〕，这2个师调拨给了第66集团军。另外几个师晚些时候抵达，我们将他们留作方面军预备队。后来，他们在战斗中发挥了重要的作用。

正如我们预料的那样，这场突击失败了，顿河方面军的部队未能突破敌人的防御，斯大林格勒方面军的进攻也没能达到预期目的。但是，我们毕竟迫使敌军将其军队集团留在了两河之间，这极大地影响了斯大林格勒会战尔后的进程。[143]

　　罗科索夫斯基的悲观情绪是有道理的。胡贝的第14装甲军，以第3摩步师第8掷弹兵团和第60摩步师第92掷弹兵团守卫着第66集团军对面的防区，在库兹米希北面和东北面构设了坚固的阵地。这股德军的左翼由第60摩步师第120掷弹兵团掩护，该团横跨在从科特卢班南延至斯大林格勒的公路和主铁路线上。在右侧提供掩护的是第16装甲师第29装甲掷弹兵团，空军"施塔赫尔"战斗群提供支援，该团守卫着叶尔佐夫卡以西、苏哈亚梅切特卡峡谷东面的防区。所有德军部队都据守着筑垒防御，并获得大规模炮火和相互连接的机枪及轻武器火力的掩护。一如既往，罗科索夫斯基的进攻完全是一场牺牲——如果不能说是自杀的话。

　　仿佛罗科索夫斯基的任务尚不够挑战似的，斯大林10月16日更改了罗科索夫斯基各集团军的任务，并要求他们提前一天发起进攻：

　　对于您提交的作战计划，现做出如下修改：

　　1. 不要从库兹米希和112.7高地发起辅助突击；主要突击群突破敌人的防线后，应调集兵力，将您的右翼转向"试验田"国营农场和库兹米希，以腾出的部队加强奥尔洛夫卡这一主攻方向。

　　2. 针对斯大林格勒日益恶化的态势，您应于10月19日晨，而非20日，发起进攻。

　　您的计划基本上已获得批准。

朱可夫，华西列夫斯基[144]

　　不知道罗科索夫斯基对这些变更作何反应，但命令终究是命令，而且1942年秋季红军中的风气就是没有哪位指挥员会违背斯大林的指示。不过，不管有没有得到斯大林的批准，罗科索夫斯基10月19日晨发起进攻时，投入的部队确实远远少于斯大林的预期。苏军在雨天发起进攻，正是这几日的降雨迫使保卢斯和赛德利茨推迟了对工厂区的进攻，罗科索夫斯基的部队再次重复了他们在过去四周遭遇到的血腥失利。红军总参谋部的每日战事概要阐述了前两天的进攻行动：

502

「10月19日」

第66集团军以部分兵力在不同地区进行具有局部重要性的战斗。

步兵第64师几个独立支队10月19日6点起为夺取141.5高地（叶尔佐夫卡西面5公里处）而战，但遭遇到敌人强有力的抵抗，进展甚微。

6点起，步兵第84师的部队以防御作战抗击敌人的1个步兵营、3辆坦克和5辆装甲车，这股敌军从+1.2土堆攻向129.6高地（叶尔佐夫卡西南方3.5公里处）……敌人楔入该师防区的深度可忽略不计。[145]

「10月20日」

第24集团军守卫着原先的阵地，10月20日9点以其左翼部队转入进攻，面对敌人猛烈的火力，各处取得的进展微乎其微。

步兵第316师从出发阵地向前推进了100—150米，遭遇到敌人猛烈的火力后停滞不前，目前正在战斗。

步兵第173师攻向128.1高地（库兹米希以西4公里处）附近，前进了150—200米，但敌人猛烈的火力使该师无法继续前进。

步兵第233师取得的进展甚微，目前在原先的阵地上与敌人交火。

第66集团军10月20日8点以其右翼部队转入进攻，10点在敌人的防御地带内战斗。敌人实施顽强抵抗，并发起反冲击。

步兵第252师经过激战，夺取了130.7高地地域（库兹米希东北方6公里处）和130.7高地东面2公里处的路口。

10月20日日终前尚未收悉集团军各进攻部队所在位置的准确报告。[146]

谈及10月20日的战斗，OKW宣布："在顿河与伏尔加河之间的战线上，调至该地区的敌步兵和坦克部队从北面发起牵制性进攻，但被我军击退。敌人损失惨重，40辆坦克被击毁，大批士兵被俘。"[147]红军总参谋部的每日战事概要继续谈及10月21日和22日的战斗，强调了德军的猛烈抵抗：

「10月21日」

第24集团军试图以其左翼部队向南进攻，但遭到敌人的顽强抵抗，未取得进展。

第66集团军10月21日一整天继续沿原先的方向实施突击。

敌人的抵抗非常顽强,三五成群的敌机对集团军突击部队的战斗编队实施轰炸。

步兵第49师试图发起进攻,但遭到敌人从库兹米希地域射来的猛烈火力,未能取得进展。

步兵第62师克服了敌人的激烈抵抗,夺取了两条散兵坑线,10月21日6点在112.7高地(库兹米希以东3公里处)附近战斗。

步兵第343师遭遇到敌人猛烈的火力,在库兹米希东北方4公里处战斗。

步兵第252师在130.7高地(库兹米希以东6公里处)南面1.5公里处与敌人战斗。

步兵第212师对128.9高地(库兹米希东北方10公里处)南面发起进攻,从出发阵地前进了300米,遭遇到敌人的猛烈火力,目前仍在战斗。

步兵第116和第299师的位置正在确认。

集团军辖内其他部队的位置未发生变化。[148]

「10月22日」

第24集团军守卫着原先的阵地,10月22日以3个师(步兵第316、第173、第273师)的突击群从左翼发起进攻,但遭遇到敌人的激烈抵抗后无法前进。

第66集团军以右翼和中央部队沿原先的方向实施进攻。敌人以猛烈的火力打击集团军突击部队,并以每组2—3架的战机轰炸该集团军的作战编队。

步兵第49和第343师在原先的阵地上战斗。

步兵第62师发起进攻,攻占了112.7高地地域(库兹米希东北方3公里处),10月22日14点,在该高地南坡和130.7高地西南方1.5公里处的公路(库兹米希东北方5公里处)战斗。

步兵第252师夺取了农机站地域(库兹米希东北方8公里处),10月22日14点,沿从130.7高地西南方1.5公里处至农机站南面1公里处的公路路口一线战斗。

步兵第212师设法扩大步兵第252师左翼取得的战果,10月22日14点,沿从农机站南面1公里处的公路路口至128.9高地(库兹米希东南方8—10公里处)

一线战斗。

　　步兵第116师和坦克第58旅10月22日发起进攻，正核实其战果。

　　步兵第299师各部队的位置正在核实。

　　步兵第64、第84、第99师10月22日采取积极的行动，改善他们占据的阵地。

　　步兵第120、第226、第231师仍在原先的位置上。[149]

　　OKW简洁地宣布："在德国和罗马尼亚战机的支援下，敌人对斯大林格勒北部我军部队发起的牵制性进攻被击退。"[150]但是，第3摩步师报告，该师在129.6高地周围的防御遭到猛烈进攻，激战使该师已受损的部队付出了高昂的代价。此时，第3摩步师以第8掷弹兵团第1营据守高地，第29掷弹兵团第1营居右，第29掷弹兵团第2营部署在高地两侧的防御阵地上。该师报告，他们在10月21日的战斗中击毁18辆敌坦克，10月22日又击毁2辆，大多是该师第103装甲营第3连发起反冲击取得的战果。但该师在这场战斗中的减员也很严重，第8掷弹兵团第7连仅有1.5个排，第53摩托车营只剩下8名士兵，该师的装甲力量也只剩下30辆坦克，其中许多需要修理。[151]

　　10月22日的夜间公告中，OKW淡化了苏军发起进攻的重要性，指出："在顿河与伏尔加河之间地域，苏军夜里发起几次协调欠佳的牵制性进攻，均被我军击退，敌人损失惨重。"[152]尽管没能取得显著战果，但红军总参谋部在报告中指出罗科索夫斯基的部队10月23日继续进攻：

　　第24集团军，右翼和中央部队守卫着原先的阵地，左翼部队（步兵第316、第173、第273师）10月23日11点发起进攻，但行动不太成功。

　　第66集团军，10月23日以左翼和中央部队沿原先的方向投入进攻，敌人以猛烈的火力打击集团军进攻部队。

　　步兵第49和第343师在原先的阵地上战斗。

　　步兵第62师克服了敌人的抵抗，在112.7高地（库兹米希东北方3公里处）南坡战斗，当日前进了300米。

　　步兵第252师前进了700—800米，攻占137.8高地，正为争夺139.7高地（库兹米希以东8公里处）西北坡进行战斗。

步兵第212师以右翼和中央部队前进了1公里，正在139.7高地北坡战斗。

步兵第84师和步兵第120师的1个团，10月23日击退了敌人1个步兵营和30辆坦克在129.6高地（叶尔佐夫卡西南方3.5公里处）附近发起的四次进攻。战斗正在继续。敌人在10月23日的战斗中损失了70名官兵、16辆坦克和2辆装甲车。

据不完全的消息统计，集团军辖内各部队10月20日—21日击毙7000名敌军官兵，烧毁或击毁57辆敌坦克，消灭敌人100多门火炮和70挺机枪，击落26架敌机。我们还缴获了150多辆在先前战斗中受损的我方和敌方的坦克。[153]

OKW再次宣布："微不足道的敌军在城市北部发起的牵制性进攻已被击退。"[154]在最高统帅部的督促下，罗科索夫斯基的部队以越来越徒劳的进攻继续保持对第14装甲军的压力，直至10月26日：

「10月24日」
第24集团军据守着原先的阵地，对其进行强化，并实施了侦察行动。
第66集团军遭遇到敌人猛烈的火力，继续以左翼和中央部队实施进攻。
步兵第39［近卫］、第343、第62师沿原先的方向发起进攻。战果尚未确认。
步兵第226师10月24日10点穿过步兵第252师的作战编队，沿所到达的位置掘壕据守，并以部分兵力争夺139.7高地地域（库兹米希以东8公里处）。
步兵第64、第84和第99师的位置正在确认。
步兵第120、第231师位于他们先前占据的位置上。[155]

「10月25日」
第66集团军10月25日遭遇到敌人猛烈的火力，以左翼和中央部队继续沿原先的方向实施进攻，但未能取得成功。[156]

「10月26日」
第66集团军10月26日继续沿原先的方向实施进攻。敌人的火力异常猛烈。战斗沿原先的战线继续进行。[157]

尽管OKW（德国国防军最高统帅部）10月23日后不再提及苏军在科特卢班地域实施的任何进攻行动，但10月24日，OKH（德国陆军总司令部）却报告："伏尔加河与顿河之间的北部前线，敌人当日多次发起进攻，共投入约5个营和20—30辆坦克。这些进攻均被击退。"[158]由于这些行动轻微且无关痛痒，OKH后来也不再予以理会。罗科索夫斯基知道，继续进攻徒劳无益，经最高统帅部批准，10月26日晚，他终于命令辖内部队转入防御。红军总参谋部次日的报告证实了这一情况："10月27日，第66集团军沿已到达的位置转入防御，并将部队有序部署在右翼。敌人未采取积极行动。"[159]

罗科索夫斯基第66和第24集团军的突击行动旨在阻止第14装甲军向南抽调兵力，参加斯大林格勒工厂区的战斗。但是，由于第3和第60摩步师据守城市北部走廊的部队实力严重受损，这两个师都不可能派出强有力的单位增援赛德利茨第51军。从这个意义上说，罗科索夫斯基这场突击仅仅是个徒劳无益、代价高昂的姿态而已。

总结

赛德利茨对拖拉机厂和下"拖拉机厂"新村发起的突击的确是个大胆的举措。这也是保卢斯第6集团军最后一次利用突袭和机动成功夺取像拖拉机厂及其新村这么大的目标。保卢斯悄然前调第14装甲师和第305步兵师，将第389步兵师派至梅切特卡河南岸，把这三个师编入"耶内克"集群，从而为一举粉碎崔可夫在工厂西南面和工人新村的防御集结起了足够的兵力。这股德军在两天内前进了2.5—3.5公里。结果，10月15日日终前，拖拉机厂落入赛德利茨手中，他的部队穿过拖拉机厂与"街垒"厂中间的米努辛斯克地域赶往伏尔加河，构成了将崔可夫的防御切为两段的威胁。

德军的大胆突击令苏军措手不及，崔可夫集团军损失惨重，实力最强的一个师（若卢杰夫的新锐近卫步兵第37师）伤亡超过四分之三，而戈里什内的步兵第95师第90团和叶尔莫尔金步兵第112师的残部在德军的打击下丧失了战斗力。德国人还夺取了莫克拉亚梅切特卡河一线和戈罗霍夫在伏尔加河畔的渡口，从而将"戈罗霍夫"集群与第62集团军主力切断。另外，第14装甲军辖下的第16装甲师也在斯巴达诺夫卡地域取得了一些进展，特别是在两个"蘑菇"

处夺得了立足地，迫使即将被包围、孤立的"戈罗霍夫"集群不得不越来越绝望地进行战斗。

攻占拖拉机厂后，赛德利茨10月16日试图重复第51军10月14日和15日完成的壮举，他命令"耶内克"集群迅速重组，转身向南夺取"街垒"厂。尽管这些部队非常灵活，适应性也很强，但第14装甲师和第305步兵师10月16日的突击没能重演他们在前两天的神勇表现。

截至10月15日晚，崔可夫显然已无力应对眼前的危局，防线之所以能守住，完全是因为方面军司令员叶廖缅科及时投入了新锐援兵，这次是柳德尼科夫的步兵第138师。柳德尼科夫师逐次投入辖内各团，确保交战双方的实力旗鼓相当（德军占有2:1的优势），这使崔可夫稳住阵脚，并在"耶内克"集群再次发起突击夺取另一个重要目标（"街垒"厂）前拖缓对方的进军步伐。

但赛德利茨10月17日再度发起了进攻，这次是一场钳形机动，第14装甲师和第305步兵师从北面而来，获得加强的第24装甲师从西面杀至，攻向崔可夫位于雕塑公园、"街垒"厂西面索尔莫斯克附近的防御。虽说这场机动的规模不及第51军10月14日—15日的行动，但在两天的激战中，赛德利茨熟练的迂回歼灭了古尔季耶夫步兵第308师的主力，并使德军进入"街垒"厂，到达了"红十月"厂东北接近地。

可是，被困在"街垒"厂西部的苏军顽强抵抗，导致赛德利茨第51军元气大伤，10月18日傍晚，该军的进攻再次停滞不前。实际上，柳德尼科夫的步兵第138师在战斗期间及时赶到，他的部队渗透进"街垒"厂，将厂内的许多废墟改造成坚固的防御阵地。保卢斯再次前调新锐援兵（第79步兵师的2个团），意图恢复赛德利茨实力衰减的第51军的突击势头，但在接下来的四天里，双方都在调整"街垒"厂及其周边的阵地，战斗又一次陷入僵局。

第51军在斯大林格勒工厂区北半部取得了显著的战果，但德国人不知道的是，斯大林和苏军最高统帅部重新部署并加强了他们在斯大林格勒地域的部队，以便更好地守卫城市，并为在斯大林格勒西北方发起一场更庞大、更有效的攻势做好准备。为此，苏军最高统帅部组建起新的西南方面军，将其部署在顿河、沃罗涅日方面军之间的顿河防线上，另外还组建了两个新集团军——近卫第1、第2集团军，这两个集团军将担任突击矛头，突击行动可能在斯大林格

拖拉机厂（中央），莫克拉亚梅切特卡河从左至右跨过顶部，拖拉机厂新村位于左侧

拖拉机厂及其车间和厂房

斯巴达诺夫卡村，梅切特卡河和拖拉机厂位于底部

斯巴达诺夫卡村西北
面的散兵坑和弹坑

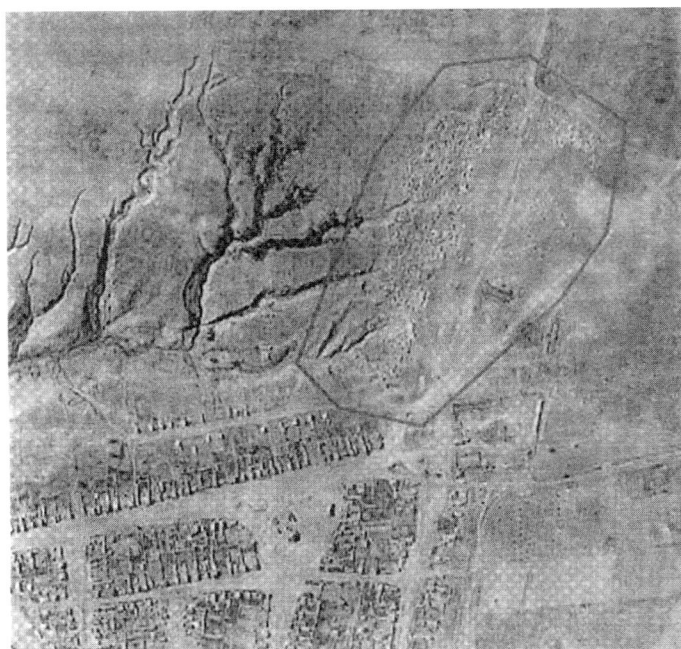

框中标出的是雷诺克
村及其北部接近地

勒附近发起，也可能在莫斯科以西地域展开。这些措施使西南方面军和顿河方面军在顿河南岸各获得一个登陆场，前者掌握着谢拉菲莫维奇登陆场，后者控制着克列茨卡亚登陆场，日后，他们可以从这些登陆场发起进攻，并通过这些登陆场为进攻行动提供大批援兵。

晚些时候，苏军最高统帅部还命令顿河和斯大林格勒方面军对德国第6集团军的侧翼发起积极进攻，前者再次攻向斯大林格勒西北部的科特卢班地域，后者从城市南部的别克托夫卡登陆场展开行动（参见第七章）。顿河方面军10月20日在城市北部发起突击，六天后，第64集团军在城市南部投入行动，严重分散了第6集团军对城市工厂区战斗的注意力。

截至10月22日日终，第6集团军为夺取斯大林格勒北部工厂区实施的机动宣告结束。赛德利茨的部队在一周内进行了两场熟练的机动，一举攻占拖拉机厂，并在"街垒"厂内获得了一个立足地。但是之后再也没有实施机动的空间。随着三座工人新村和拖拉机厂落入德国人手中，工厂与相关的工人新村之间布满弹坑但较为开阔的地域已在赛德利茨身后。伫立在他前方的仅仅只有"街垒"和"红十月"厂，德国空军的轰炸和第6集团军的炮击已将这两座工厂炸成扭曲、满目疮痍的废墟。可是，崔可夫的步兵、工兵和狙击手却将一片片废墟变为坚固的支撑点和抵抗中心。在接下来的战斗中，赛德利茨的步兵、装甲掷弹兵和工兵将像掏老鼠那样把崔可夫的守军逐出这些废墟。

保卢斯投入8个新锐步兵营和2个工兵营加强他在市区作战的部队，但琐碎、艰巨的巷战导致第6集团军的实力和战斗力日趋下降。对比第6集团军各步兵营和工兵营1942年10月12日和19日的战斗力评定，便能清楚地看出这一点（参见图表35）。

因此，10月12日—19日，第6集团军在斯大林格勒地域作战的师从10个增加到11个，步兵营（或装甲掷弹兵营）的数量从61个增加到63个。保卢斯集团军获得的一些补充兵，再加上第14装甲军对辖内各个营的调整和合并，终于使该集团军有了1个"强"、13个"中强"营。但是，这14个营中的6个在城市北面的科特卢班和叶尔佐夫卡地域作战。而在城区，"中等"、"虚弱"和"耗尽"的师基本与原先一样。总之，被评为"虚弱"或"耗尽"的师，从5个（第24装甲师，第71、第94、第295、第389步兵师）增加到6个（第305步兵

图表35：1942年10月12日—19日，第6集团军在斯大林格勒作战的各个师辖下步兵、工兵营的战斗力等级

	10月12日	10月19日
第14装甲军		
第3摩步师 （5个步兵营） （1个工兵营）	2个中等、2个虚弱、1个耗尽 耗尽	2个中等、2个虚弱、1个耗尽 耗尽
第60摩步师 （7个步兵营） （1个工兵营）	4个中等、2个虚弱、1个耗尽 耗尽	2个中强、4个中等、1个耗尽 虚弱
第16装甲师 （5—4个装甲掷弹兵营） （1个装甲工兵营）	2个中强、2个中等、1个虚弱 中等	1个中强、1个中等、2个虚弱 虚弱
第94步兵师 （7个步兵营） （1个工兵营）	7个耗尽 虚弱	7个耗尽 虚弱
第51军		
第24装甲师 （4个装甲掷弹兵营） （1个装甲工兵营）	1个虚弱、3个耗尽 耗尽	1个虚弱、3个耗尽 耗尽
第100猎兵师 （5个步兵营） （1个工兵营）	4个中等、1个虚弱 虚弱	1个强、3个中强、1个中等 中强
第305步兵师 （9个步兵营） （1个工兵营）	9个中等 强	9个虚弱 虚弱
第295步兵师 （7个步兵营） （1个工兵营）	4个虚弱、3个耗尽 虚弱	4个虚弱、3个耗尽 虚弱
第389步兵师 （5—4个步兵营） （1个工兵营）	1个虚弱、4个耗尽 耗尽	1个中等、1个虚弱、2个耗尽 耗尽
第14装甲师 （4个装甲掷弹兵营） （1个装甲工兵营）	未参加市区的战斗	4个中强 中等
第71步兵师 （7个步兵营） （1个工兵营）	7个虚弱 虚弱	2个中等、3个虚弱、2个耗尽 虚弱
总计 61—63个步兵营 10—11个工兵营	2个中强、21个中等、19个虚弱、19个耗尽 1个强、1个中等、4个虚弱、4个耗尽	1个强、13个中强、11个中等、20个虚弱、18个耗尽 1个中强、1个中等、7个虚弱、2个耗尽

※ 资料来源：弗洛里安·冯·翁德·楚·奥夫塞斯男爵，《第6集团军作战日志附件册，第一卷，1942 年 9 月 14 日至 11 月 24 日》，第 156—160、第 185—188 页，"Betr.: Zustand der Divisionen, Armee −Oberkommando 6, Abt. Ia, A. H. Qu., 12. Oktober 1942, 10.00 Uhr"（关于：各个师的状况，第 6 集团军司令部作战处，1942 年 10 月 12 日 10 点），以及 "Betr.: Zustand der Divisionen, Armee − Oberkommando 6, Abt. Ia, A. H. Qu., 19 Oktober 1942, 12.35 Uhr"（关于：各个师的状况，第 6 集团军司令部作战处，1942 年 10 月 19 日 12 点 35 分）。

师）。赛德利茨第51军自10月5日起增加的2个师，第305步兵师的战斗力等级从"中等"降为"虚弱"，第14装甲师从"强"降为"中强"。

激烈、残酷、持续不断的战斗在最恶劣的环境下进行，给双方士兵的士气造成了不利影响。德军第24装甲师第21装甲掷弹兵团的一名高级军士10月18日描述了"街垒"厂及其西部的情况，他将斯大林格勒称为"一个无法填满的混乱深渊"，并称"很难相信有什么人能在这里坚守"。[160]工厂废墟中的战斗打响后——"对掷弹兵们来说，这是个噩梦般的世界：听见的动静是在风中晃动的铁皮，还是隐蔽着的俄国人正伺机割断某人的喉咙？"[①][161]而最令士兵们沮丧的是，他们知道，面前的敌人"绝不会投降"。[162]伦斯基承认，他的部下面临着两个新的、持续不断的威胁，他指出，第24装甲师装甲掷弹兵团的伤亡"主要是苏军狙击手和越来越令人不快的'斯大林管风琴'造成的"，这位师长断言，"每天的伤亡平均为10人。这样计算起来，我师的战斗步兵很快便会消耗殆尽"。[163]

如果说这种恶劣环境下的可怕战斗还不至于引起足够的重视，那么，黄疸病和传染性肝炎这类疾病也"给卷入斯大林格勒市区战斗的德军部队造成了一场浩劫"；一名德军士兵回忆，被黄疸病打垮时，他正跟战友们吃着"干硬的黑面包、肉类罐头和脱水蔬菜"，他被送至后方，"因为在俄国无法治疗此病，这里也没有药物"。[164]到达卡尔波夫卡的救护站时：

过道和房间里，重伤员们紧密地排列在稻草上。许多伤员动弹不得，脸上爬满了苍蝇。一张张胡子拉碴的面孔肮脏、憔悴，由于失血过多，脸色苍

---

① 译注：这一段摘自马克的《"跳跃骑士"的覆灭》，描述的是夜间的情形。

白如纸，有些伤员因为发着高烧而神志不清。但救护站里没有德国护士帮助他们缓解伤痛……大多数伤员是头部、腹部或胸部负伤，但共同点是，他们都有烧伤。[165]

与赛德利茨第51军辖下的其他装甲师和步兵师一样，参加斯大林格勒北部工厂区的战斗前，第24装甲师"已在前几个月的战斗中遭到严重消耗"，该师获得的少量补充兵迅速蒸发，"就像一滴水落在滚烫的石头上"。[166]很快，就连德军高级指挥官也对这种消耗提出了异议。例如，第24装甲师师长伦斯基代表第6集团军辖内损失惨重的各装甲师发言，尖锐地批评了分散使用他的坦克、将坦克当作突击炮支援步兵进攻的做法，声称"这种莫名其妙的打法造成了毫无意义的伤亡"。[167]

保卢斯步兵部队的状况也好不到哪里去。第276步兵团对据守雕塑公园南面峡谷的苏军发起突击，听完战果报告后，该团步兵连的一名士兵写道①：

包围圈被消灭了，第5、第6、第7连的战斗兵总共只剩下23人。其中7人属于第7连。第3营的各个连只剩下21人。我们营8人阵亡、14人重伤，其他人中伤或轻伤……

我目瞪口呆，一句话也说不出来。我们团成了什么？补充兵在哪里？如果没有经验丰富、久经沙场的兵员赶来，光剩下行政人员、后勤单位和重武器单位又有什么用？我们这些步兵才是跟敌人密切接触的人。当天的伤亡再次证明了这一点。[168]

后来，获悉自己所在的团将为第24装甲师进攻面包厂的行动提供支援，而不是撤离前线接受休整和补充时，这位步兵抱怨道：

我简直不敢相信听到的这一切。这位先生疯了吗，还是师里不了解情

---

① 译注：下文引自霍尔的《斯大林格勒的一名步兵》一书，他是一名少尉，而非士兵，因而有"听取报告"和"报告"一说。

况？……我再次做出报告，并提及能投入战斗的人员（2个营总共只有44人）。报告时，我想到那些阵亡和负伤的战友。眼中噙着泪水，我以这样一句话作为结束："就这么几个人也要去充当炮灰吗？"……你被"借给"另一个单位，这种情况非常典型。战斗到最后一人，等你的作用发挥完，你就被直接抛弃了。[169]

尽管承认"敌人在这里的抵抗始终顽强而又激烈"，但他坚信："等到斯大林格勒陷落，赤色独裁者的威望就将荡然无存。秋季一定能攻占这座城市，我对此毫不怀疑。"[170]

德国士兵士气低迷，但他们仍在前进。与之形成鲜明对照的是，崔可夫的将士们知道他们的状况正迅速恶化，德国人近在咫尺的突击毫不停顿；面对不可避免的阵亡或被俘，许多苏军士兵的耐力的确已趋于极限。逃兵越来越多，这表明有些人已超出了这一极限。在此期间，NKVD特别部门（苏军各集团军和方面军内的反间谍机构，负责监督部队的士气，并在士兵中执行纪律惩戒）通过检查士兵们寄给家人和朋友的信件，密切留意着不断下降的士气。斯大林格勒战役到达高潮之际，NKVD关于家书内容的报告准确而又阴森地描绘出了红军士兵的士气和状况。

例如，步兵I. V. 希巴科夫写道："我们在亚罗斯拉夫尔时便得到了军装……我们穿着军装四处跋涉……这些军装已破旧不堪。我有内衣，但只有一套，所以无法更换，内衣也破破烂烂的。我们无法洗澡，没有肥皂。自五月份以来就没洗过澡。身上满是虱子。至于喝的，能弄到什么就喝什么。现在的天气很冷，我们的靴子和大衣都很破旧，但我们得不到其他衣物。我不知道我们要做些什么。我们的食物也很糟糕。"[171]另一名身处斯大林格勒东面转运医院的士兵写道："我们的情况很恶劣。正如您见到的那样，敌人一直在推进，他们再次占据了优势。我们中的大多数人不再相信胜利……这让我觉得，无论在前线还是后方，我们在任何事情上都缺乏明确性和组织。"[172]

搭乘火车赶往斯大林格勒的步兵V. T. 拉科夫列夫，对自己可能遭遇到的命运做出了同样令人沮丧的描述：

我一直在南方, 这里非常炎热, 但我终有一天会到达斯大林格勒, 并投入打击德寇的战斗。这就意味着我为我的家人献出了自己的生命。这封信是我在行军途中所写, 离德寇越来越近了, 无疑, 这将是我生命中的最后时刻, 因为我已听说了前线的情况。我告诉你们, 一列火车将4000名官兵送上前线, 4000名指战员, 只有15—20人能活下来。这个师全军覆没只需要短短的15分钟。[173]

NKVD的另一份报告谈到崔可夫集团军的食物补给严重短缺, 摘自士兵家书的内容中不乏尖刻的评论。巴秋克步兵第284师的机枪手阿加诺夫告诉他哥哥: "我的状态很不好, 上次吃饭还是在三天前。德国人对我们的轰炸非常猛烈, 我饥肠辘辘地趴在散兵坑里, 背上扛着机枪, 我浑身无力, 无法开火射击, 脑子里想的全是吃、吃、吃。"[174]步兵基里洛夫赞同这种抱怨, 他写道: "在这里, 他们没有食物, 他们会被饿死, 而不是被子弹打死。"步兵洛帕京写道: "前线士兵从未见过果酱和黄油这类食品。在后方, 他们说一切为了前线, 可我现在见到的是, 红军士兵, 无论身强体健者还是病倒的人, 都没有得到黄油, 吃的是其他东西。"[175]

步兵梅尔努茨在写给妻子的信中表达了更加愤怒的情绪:

玛塔! 今天, 我不知道该如何活过这一天。我吃了饭, 可一如既往地, 食物根本不够。你知道, 他们给我们提供的食物"非常好"。可那些待在AKhO［行政-经济科］的混蛋, 应该用枪把他们押上前线。派他们负责管理, 一个管黄油, 一个管糖, 另一个管酒; 军需仓库就更简单了, 那帮家伙穿着深蓝色的裤子, 佩戴着亮闪闪的肩章, 用香皂洗手, 一个个架子十足, 四处闲逛, 可我们要弄副绑腿都很难。而且, 像狼一样, 你会感到短缺和饥饿无处不在。战争结束后, AKhO和军需仓库的那些人会活下来, 而我们很可能会再次得到口粮。[176]

步兵第149旅被困在雷诺克包围圈内, 该旅士兵阿布罗西莫夫在给妻子的信中补充道: "我就要死了。今天, 10月15日, 我的肠子翻江倒海, 肿胀不堪, 原因就是那该死的面团和小麦粥。吃这些东西还不如挨饿, 他们还发给我们面粉吃。"[177]

撰写这份报告的是斯大林格勒方面军特别部门主任，NKVD少校N. N. 谢利瓦诺夫斯基，这份报告直接发给莫斯科的副内务人民委员兼NKVD特别行动部部长V. S. 阿巴库莫夫。谢利瓦诺夫斯基支持士兵们的意见，并在报告中提交了相关数据，作为食物补给不足的证据。他还告诉阿巴库莫夫，他已将第64集团军食物部主任、近卫步兵第13师军需主任和另外一些干部撤职，并逮捕了第62集团军的AKhO主任。尽管谢利瓦诺夫斯基建议采取措施改善这种状况，但作战环境使得这些措施很难实施。[178]

11月初，谢利瓦诺夫斯基给阿巴库莫夫发去一份类似的报告。他在这份报告中加入了正面评价（"对斯大林格勒方面军各部队指战员的信件进行的检查表明，大多数信件对保卫斯大林格勒、抗击德国侵略者表达出了积极的态度"），另外还引用了三封信件来证明他所说的"公开发表反苏意见、吹捧法西斯军队、对红军的胜利缺乏信心"。[179]例如，步兵佐林在给亲属的信中写道："你们根本不可能知道，我对军乐是多么反感，特别是我对谁的话都不想听。在后方，他们叫嚣'一切为了前线'，可前线什么都没有；我们这帮弟兄吃得很差，食物非常少。他们说的一切都是假的。"[180]另一个名叫马克耶夫的士兵在给妻子的信中抱怨道："我告诉你，你根本无法想象前线是多么可怕，每天都有成千上万人死去。我们现在走投无路，根本无法逃脱，斯大林格勒可以被视为已被放弃。"[181]而排长库舍列文科补充道："我接管了一个机枪排，排里的士兵都是少数民族，一个个反应迟钝，和他们一同工作很困难。德国人的坦克非常出色，'梅塞施密特-100'是一款令人印象深刻的战机，很少被击落。'容克'飞机也很厉害。德国轰炸机引燃了整座城市，可我们的高射炮兵击落的敌机寥寥无几。他们［高射炮兵］干得太糟糕了。"[182]

谢利瓦诺夫斯基以NKVD特有的效率对士兵们具有代表性的意见加以整理，他在报告中指出，仅第62集团军就有35封信件抱怨食物不足，更多信件谈及食物不足引发的疾病，另有12747封信件违反保密规定——暴露了部队的番号、谈及前线的指挥控制事宜或提到他们的部队已被敌人包围。关于配给口粮的惊人短缺，独立步兵第1营的一名士兵写信给他的姑姑："我请您给我寄点食物来，当然，这种请求令人尴尬，可我饿得实在受不了了。"[183]另一名士兵则写道："亲爱的妻子，我们待在森林里，吃着能搞到的一切。生南瓜——这是我们最有营养的食物了。现在我们吃的是腐烂的外皮和自己熬的汤。"[184]步兵库尔纳耶夫告诉他儿子："一连六天，他们没有给我们提供任何有营养的东西，我们只能从菜园里挖土豆吃。"另一个名叫切卢舍夫的士兵写信给他的妻子："我病了，痢疾。食物又少又差，我们根本没有烟草和糖。如果这种状况继续下去，我们都会染上传染病。我们身上起了虱子——这可是灾难的初始温床。"步兵库拉托夫告诉他妹妹："夏季已过去，可我们没洗过一次澡。我们一个个虱子缠身，你试图逮虱子，可最终只能放弃。我已病了两周，无法拖动双腿。"[185]

在违反保密规定的问题上，谢利瓦诺夫斯基列举了许多信件。例如，一个名叫卡尔尼萨科夫的士兵在给他哈萨克斯坦的亲属的信中写道："我和一支空降坦克单位赶至斯大林格勒。他们派我当侦察兵。8月26日，我在坦克第99旅。作为一名侦察兵，我在拉兹古利亚耶夫卡实施侦察，随后撤往斯大林格勒。9月9日，我渡过伏尔加河，目前在距离斯大林格勒30公里处沿河流守卫着阵地。"[186]另一个名叫日洛布的士兵告诉他的朋友："我出院了，10月1日被派到坦克第137旅，随后又调到近卫坦克第6旅。"[187]

因此，随着斯大林格勒工厂区战斗的继续，双方指挥官更为担心的并非作战部队实力的下降。幸存者战斗到底的决心将决定战役的结局，士气变得越来越重要。但在这个问题上，无论士气是好还是坏，保卢斯和崔可夫的部下都别无选择，只能坚持下去。

注释

1. 霍尔，《斯大林格勒的一名步兵：1942年9月24日至1943年2月2日》，第138页，书中指出，第94步兵师11月13日的总兵力为7469人，战斗兵为2981人；10月18日—29日，该师损失了565人，据估计，10月30日—11月13日该师损失的人数与此相当。

2. 关于奥彭伦德尔将军生平的资料非常少，他出生于1892年，从1942年4月12日起指挥步兵第305师，直至1942年11月1日被替换，1947年3月17日死于加尔米施战俘营。显然，他在第6集团军1943年2月2日投降前逃出了斯大林格勒包围圈。参阅詹森·D. 马克的《烈焰岛：斯大林格勒"街垒"火炮厂之战，1942年11月—1943年2月》（澳大利亚悉尼：跳跃骑士出版社，2006年），第63页。"耶内克"集群的83辆坦克包括第24装甲师的33辆（6辆二号坦克、7辆三号短身管坦克、13辆三号长身管坦克、3辆四号短身管坦克、2辆四号长身管坦克、2辆指挥坦克）和第14装甲师的50辆（3辆二号坦克、9辆三号短身管坦克、24辆三号长身管坦克、6辆四号短身管坦克、4辆四号长身管坦克、4辆指挥坦克）。

3. 第6集团军的进攻令可参阅汉斯·J. 韦杰斯的《斯大林格勒战役：工厂之战，1942年10月14日—11月19日》（荷兰海伦芬：自费出版，2003年），第11—12页。这本出色的著作中附有许多文件，包括命令和报告以及关于这段时期战斗情况的个人记述，但翻译成英文的表述很糟糕。

4. 第24装甲师的详细作战计划，可参阅马克的《"跳跃骑士"的覆灭：第24装甲师在斯大林格勒》，第269—270页。

5. 近卫步兵第37师10月14日—15日的作战日志，原件影印本。这份简短的记录出现在该师10月15日的作战日志中，之后，有人（可能是师长或作战官）写了一份更长的日志，签署日期为10月15日，阐述了10月14日—15日战斗的更多细节，具体如下：

1. 德国人发起猛烈进攻前，我师各部队已在持续不断的战斗中遭到耗损，人员和装备损失严重。

另外，我师实施夜袭后，已沿所到达的位置挖掘阵地，德国人发起进攻时，我们的防御工事尚未构筑完成。沿前沿阵地准备散兵坑的工作没有完成，在近卫步兵第114和第118团防区构筑火力点的措施不力，妨碍了这些部队实施战斗。

2. 当日晨，敌人发起90分钟的猛烈炮火准备。飞机持续轰炸我师各作战编队，并以坦克和冲锋枪手对我前沿阵地实施武力侦察。10点30分，敌人的2个步兵师和1个坦克师，在强大的轰炸机编队和炮兵火力的支援下，对我师各作战编队发起了一场猛烈进攻。

敌人的主要突击目标是：

（a）近卫步兵第109与第114团的结合部，掩护该结合部的是步兵第524团。

（b）近卫步兵第117团与步兵第90团的结合部。

3. 击退敌人疯狂进攻的同时，我师人员和兵器损失惨重。我们缺乏反坦克炮弹。师里仅剩的反坦克手段无法抗击敌人纵深梯次配置的坦克发起的大规模突击。

我们沿前沿阵地击毁20余辆敌坦克，消灭了敌人的一个步兵营。双方为争夺每一米土地展开激战，在第一梯队敌坦克被烧焦的残骸后面，敌步兵即将被切断，但新一波次的坦克又沿我师整段防线发起进攻，为他们提供了支援。

付出巨大的代价后，敌人突破了我师防御，并开始在近卫步兵第109与第114团的结合部、近卫步兵第117团与步兵第90团的结合部扩大进攻。

近卫步兵第109团第2营被敌坦克和装甲运兵车粉碎。25辆敌坦克和200辆装甲运兵车[1]已突破至体育场。

近卫步兵第109团第1营、近卫步兵第109团第3营、近卫步兵第118团第2营损失惨重，昼间已与师里的其他部队隔断，夜间在包围圈内战斗。

4. 近卫步兵第114和第118团的情况也很严峻。敌步兵、坦克、飞机、火炮给这两个团的人员和兵器造成了严重损失。

两个团英勇抗击优势敌军，在这场不平等的战斗中消灭了：

近卫步兵第114团——15辆敌坦克和超过1个营的敌人。

近卫步兵第118团——13辆敌坦克和1个步兵营。

5. 步兵第524团没能顶住敌人的进攻，撤离了他们据守的阵地，导致局势变得更加严峻。结果，近卫步兵第109团团部被包围。在指挥所争夺战中，团部工作人员、通信排和警卫排消灭了敌人的2辆坦克和2个冲锋枪手排。

6. 第二股敌军沿近卫步兵第117团与步兵第90团的结合部成功突入日托米尔斯克峡谷。近卫步兵第117团昼夜顽强奋战，损失严重。在此过程中消灭11辆敌坦克和1个敌步兵营。

7. 配属我师的反坦克炮兵部署在防御纵深，在与敌坦克展开的战斗中并未表现出坚定不移的斗志，结果被敌人消灭。

8. 步兵第524、第90团后撤，配属的反坦克炮兵在防御纵深的抵抗虚弱无力，这一切导致我师和师部遭受到被包围的威胁。夜间，师里的余部组成一个个不够协调的小股单位，在包围圈内战斗。

6. 例如第14装甲师第36装甲团的一个连，在伯恩哈德·绍万特少校的率领下，与第103装甲掷弹兵团配合作战。参见汉斯·J. 韦杰斯，《斯大林格勒战役：工厂之战，1942年10月14日—11月19日》，第14页。

7. 近卫步兵第37师在沃洛斯特诺夫（Volostnov）战斗的详情，可参阅N. I. 沃罗斯特诺夫的《在发射阵地上》，第100—104页；若卢杰夫师经受的考验，德国一方的视角可参阅汉斯·J. 韦杰斯的《斯大林格勒战役：工厂之战，1942年10月14日—11月19日》，第32页。另可参阅近卫步兵第37师作战日志的相关条目，提供了该师在此期间的战斗和损失详情。作战日志中指出，当日的战斗中，仅近卫步兵第114团便伤亡850人。

8. 关于第24装甲师的战斗详情，可参阅马克的《"跳跃骑士"的覆灭：第24装甲师在斯大林格勒》，第273—278页。当日，第24装甲师阵亡27人，负伤59人。

9. 汉斯·J. 韦杰斯，《斯大林格勒战役：工厂之战，1942年10月14日—11月19日》，第25页。

10. 日林，《斯大林格勒战役》，第749页，引自《OKW作战日志》，第二册，第1456—1457页。B集团军群的情报汇总判断："在斯大林格勒附近，敌人已放弃'概况'段落中提及的那些地域。他们企图渡过伏尔加河赶至西面兵工厂地域，但被我方炮火和飞机击退。拖拉机厂东面的桥梁丢失后，敌人丧失了从伏尔加河东岸获得补给物资的重要途径。奥尔洛夫卡地域北面，敌人被迫退向佩切特卡和雷诺克。"同上，第749页，引自TsAMO RF, f. 500, op. 12462, d. 89,11，第147—148页。

11. 同上，第746页。

---

① 译注：车载步兵？

12. 第62集团军作战日志，*"Boevoe donesenie no. 198, Shtarm 62, 14. 10. 42."*（第62集团军司令部198号作战报告，1942年10月14日签发）。

13. 同上。

14. 同上。

15. 同上。作战日志中写道：

　　步兵第308师——当日晨起，敌人以猛烈的迫击炮火轰击该师作战编队。8点40分，敌人的1个冲锋枪手连沿议会大街南面的峡谷发起进攻，但被我方炮火和轻武器火力遏止，敌人又在艾瓦佐夫大街对面的峡谷发起进攻。

　　步兵第193师——这一整天，敌人采取了积极的空中行动，并以火炮和迫击炮轰击该师作战编队。敌人当日在该师防区投入250多个飞行架次，在步兵第685团防区投下大量炸弹。该师各部队坚守既有阵地，加固阵地并实施了侦察行动。

　　［德国人还对集团军防线的其他地段实施了炮击和轰炸。］

　　敌人的损失：当日，敌人损失40辆坦克和1500名官兵；2个迫击炮连、2个重机枪组亦被消灭。

16. 崔可夫，《斯大林格勒战役》，第181页。

17. 同上，第181—182页。第6集团军作战日志记录下了10月14日的损失，具体如下：

	阵亡	负伤	失踪
第71步兵师	3	12	
第295步兵师	3	12	
第100猎兵师	8	29	
第24装甲师	16	31	1
第14装甲师	31	102	2
第305步兵师	84	283	15

　　参见弗洛里安·冯·翁德·楚·奥夫塞斯男爵，《第6集团军作战日志附件册，第一卷，1942年9月14日至11月24日》，第172页，*"Morgenmeldung, A.O.K. 6, Ia, Datum 15. 10. 42"*（第6集团军晨报，作战处，1942年10月15日）。

18. 崔可夫，《斯大林格勒战役》，第182页。

19. 近卫步兵第37师10月17日的作战日志。

20. 崔可夫，《斯大林格勒战役》，第183—184页。崔可夫认为，将集团军指挥部转移至伏尔加河东岸，可以更有效地协调其炮火。

21. 第62集团军作战日志，*"Boevoe rasporiazhenie no. 205 Shtarm 62 15. 10 42 01.00"*（第62集团军205号作战令，1942年10月15日1点签发）。

22. 汉斯·J. 韦杰斯，《斯大林格勒战役：工厂之战，1942年10月14日—11月19日》，第34—35页，经过本书作者的编辑。

23. 日林，《斯大林格勒战役》，第755页，引自《OKW战时公告》；汉斯·J. 韦杰斯，《斯大林格勒战役：工厂之战，1942年10月14日—11月19日》，第38页。

24. 日林，《斯大林格勒战役》，第749页，引自《OKW作战日志》，第二册，第1461页；汉斯·J.

韦杰斯在《斯大林格勒战役：工厂之战，1942年10月14日—11月19日》一书第38页对此加以证实。这些报告还证明第244和第245突击炮营参加了拖拉机厂和相邻建筑区的战斗。

25. 日林，《斯大林格勒战役》，第756页，引自*TsAMO RF, f. 5.00, op. 12462, d. 89, 11,* 第155—156页。

26. 同上，第752—753页。

27. 详情可参阅近卫步兵第37师作战日志，日志中指出该师损失惨重，近卫步兵第114、第118团"处境艰难"，步兵第95师第524、第90团处在"被包围的威胁"下。

28. 崔可夫，《斯大林格勒战役》，第183页。

29. 同上，第185页。

30. 弗洛里安·冯·翁德·楚·奥夫塞斯男爵，《第6集团军作战日志附件册，第一卷，1942年9月14日至11月24日》，第174页，*"Tagesmeldung, Armee—Oberkommando 6, Abt. Ia, A. H. Qu., 15 Oktober 42"*（第6集团军司令部每日报告，作战处，1942年10月15日）。

31. 同上，第176页，*"Zwischenmeldung, A.O.K. 6,1. a, Datum: 16.10.42"*（第6集团军日中报告，作战处，1942年10月16日签发）。

32. 韦尔滕，《第16装甲师师史，1939—1945年》，第114—115页。苏联方面对这场战斗的看法可参阅第62集团军作战日志中的相关条目。

33. 萨姆索诺夫，《斯大林格勒战役》，第228页。崔可夫的命令中写道："发给步兵第138师师长，接到命令后，立即将一个满编团派往伏尔加河西岸，不得迟于10月16日5点。"参阅I. I. 柳德尼科夫的*Doroda dlinoiu v zhizn*（《生活的道路是漫长的》）（莫斯科：军事出版社，1969年）。步兵第138师的视角，可参阅该师作战日志，标题为*"138-aia Krasnoznamennaia Strelkovaia Diviziia v boiakh za Stalingrad"*（"斯大林格勒战役中的红旗步兵第138师"），此后引用为"步兵第138师作战日志"。该师10月14日的作战日志中指出："由于武器不足，遵照师长的命令，步兵第344和第768团将所有武器移交给第650团，该团将率先渡过伏尔加河，并在'街垒'厂占据防御阵地。"步兵第138师（后改为近卫步兵第70师）详细的战时记录，可参阅B. S. 文科夫和P. P. 杜季诺夫的*Gvardeiskaia doblest': Boevoi put' 70-i gvardeiskoi strelkovoi glukhovskoi ordena Lenina, dvazhdy krasnoznamennoi, ordena Suvorova, Kutuzova i Bogdana Khmel'nitskogo divizii*（《英勇近卫军：荣获列宁勋章、两枚红旗勋章、苏沃洛夫勋章、库图佐夫勋章和波格丹·赫梅利尼茨基勋章的近卫红旗格卢霍夫步兵第70师的征程》）（莫斯科：军事出版社，1979年）。

34. 伊萨耶夫，《斯大林格勒：伏尔加河后方没有我们的容身处》，第239页。

35. 同上，第238页，步兵第138师有1025支步枪、224支冲锋枪、6挺轻机枪、12挺重机枪和27支反坦克步枪。

36. 关于柳德尼科夫生平和军旅生涯的详情，可参阅柳德尼科夫的《生活的道路是漫长的》和《伟大卫国战争，集团军指挥员，军事人物志》，第81—82页。柳德尼科夫出生于1902年，1917年加入赤卫队，1919年参加红军，内战期间作为一名列兵在北高加索地区作战。他1925年毕业于敖德萨步兵学校，1930年毕业于"射击"高级步校，1938年毕业于伏龙芝军事学院，1952年毕业于伏罗希洛夫总参学院。20年代先后指挥过排和连，30年代在弗拉季高加索步兵学校担任营参谋长和总参谋部参谋。1941年3月，柳德尼科夫在基辅特别军区任步兵第200师师长。1941年6—7月，他率领该师在步兵第31军辖下（该军隶属于西南方面军第5集团军）参加了边境交战，8月和9月初，跟随第5集团军实施熟练的战斗后撤，退往基辅地域。他在9月14日基辅东面的激战中负伤并被疏散至后方，从而逃过一劫，他的师和整个第5集团军随后被包围，全军覆没。伤愈后，柳德尼科夫指挥学员步兵第16旅参加了1941年11—12月的罗斯托夫战役。由于他的旅在红军赢得的这场重要胜利中表现出色，柳德尼科夫获得红旗勋章。1942年5月，NKO任命他为步兵第138师师长。1942年秋季，他的师在斯大林格勒工厂区进行了顽强的防御，NKO授予该师"近卫步兵第70师"荣誉番号，并为柳德尼科夫颁发了列宁勋章。柳德尼科夫率领近卫步兵第70师至1943年6月，随后出任第13集团军步兵第15军军长，1943年7—8月，他率领该军参加了库尔斯克战役，1943年9月该军前出至第聂伯河，当年10月，经过激战，该军在河对岸夺得几座登陆场，柳德尼科夫为此获得"苏联英雄"称号。1943—1944年冬季，率领该军参加乌克兰地区的进攻战役后，1944年5月，柳德尼科夫出任第39集团军司令员，指挥该集团军直至战争结束。战争的最后一年，他晋升为上将，他的集团军在1944年夏季的白俄罗斯进攻战役和1945年1—2月的东普鲁士进攻战役中发挥了重要作用。1945年5月，欧洲战事结束后，最高统帅部将柳德尼科夫的集团军调往远东，1945年8—9月，该集团军参加了满洲战役，打击日本关东军。战争结束后，他先后担任第39、近卫第10和第13集团军司令员，直至1949年12月，随后出任苏军驻德军队集群司令员[①]，直至1952年11月。1952年11月至1956年7月，柳德尼科夫先后担任敖德萨、塔夫里亚军区司令员[②]，1956年7月至1959年3月任保加利亚人民共和国国防部首席顾问，1959年3月起，他先后担任"射击"高级步校和伏罗希洛夫总参学院校长[③]，直至1968年7月退役。柳德尼科夫去世于1976年。

37. 马克，《"跳跃骑士"的覆灭：第24装甲师在斯大林格勒》，第278—280页。

38. 同上。

39. 崔可夫，《斯大林格勒战役》，第186页。

40. 汉斯·J. 韦杰斯，《斯大林格勒战役：工厂之战，1942年10月14日—11月19日》，第43页，引自"Zwischenmeldung," Armee-Oberkommando 6, Abt. Ia, A.H.Qu., 16. Oktober 1942（第6集团军日中报告，作战处，1942年10月16日签发）。

41. 同上，第44页，引自V.O./OKH. Bei AOK. 6, A.H.Qu., 16.10.1942 19:30 Uhr.（OKH派驻第6集团军的联络官，1942年10月16日19点30分）。

42. 日林，《斯大林格勒战役》，第762页，引自《OKW战时公告》。

43. 日林，《斯大林格勒战役》，第759页，以及第62集团军作战日志，"Boevoe donesenie no. 200, Shtarm 62, 16. 10. 42"（第62集团军司令部200号作战报告，1942年10月16日签发）。

44. 近卫步兵第37师作战日志。

45. 日林，《斯大林格勒战役》，第762页，以及第62集团军作战日志，"Boevoe donesenie no. 200, Shtarm 62, 16. 10. 42"（第62集团军司令部200号作战报告，1942年10月16日签发）。

46. 日林，《斯大林格勒战役》，第762页。

47. 韦尔滕，《第16装甲师师史，1939—1945年》，第115页。

---

① 译注：副总司令。
② 译注：在敖德萨军区担任司令员助理和第一副司令员。
③ 译注：他在伏罗希洛夫总参学院任系主任。

48. 同上。

49. 佐洛塔廖夫，《总参谋部，1942年》，第372页。

50. 崔可夫，《斯大林格勒战役》，第185页。

51. 同上，第187页。

52. 第62集团军作战日志，"Chastnyi boevoi prikaz no. 209 Shtarm 62 16. 10. 42 23.50"（第62集团军司令部209号单独作战令，1942年10月16日23点50分签发），命令中写道：

1. 已占领拖拉机厂的敌人正从拖拉机厂沿铁路线向南发起进攻，企图攻占"街垒"厂。

2. 集团军继续坚守既有阵地，击退敌人的猛烈进攻。

3. 步兵第138师应占据并固守杰列文斯克南郊防线，切实掩护与步兵第308师的结合部，阻止敌人前出至列宁大道附近和"街垒"厂。

右侧分界线为伏尔加河，左侧分界线为梅津河大街和雕塑大街。

4. 步兵第95师，消灭你师后方的小股敌军并获得步兵第138师接防后，应退守索尔莫斯克地域。

5. 近卫步兵第37师，应在步兵第138师第650团的加强下，占据"街垒"厂地域，在厂内构筑支撑点网，阻止敌人突入工厂。

崔可夫，古罗夫，克雷洛夫

索尔莫斯克有时候会被写成"索尔莫夫斯克"。

53. 更多细节可参阅Bitva pod Stalingradom, chast' 1: Strategicheskaia oboronitel'naia operatsiia（《斯大林格勒战役，第一部：战略防御作战》）（莫斯科：伏罗希洛夫总参学院，1953年）和地图，资料级别为机密。

54. 该计划的详情可参阅马克的《"跳跃骑士"的覆灭：第24装甲师在斯大林格勒》，第281—282页；以及霍尔的《斯大林格勒战役》[①]，第51页。

55. 马克，《"跳跃骑士"的覆灭：第24装甲师在斯大林格勒》，第283页。

56. 同上，第284页。

57. 同上。

58. 参见第308步兵师作战日志，1942年10月17日—18日的条目。

59. 第62集团军作战日志，"Boevoe donesenie no. 201, Shtarm 62 17. 10. 42"（第62集团军201号作战报告，1942年10月17日签发）。

60. 关于该师的作战详情，可参阅步兵第138师作战日志。

61. 第62集团军作战日志，"Boevoe donesenie no. 201, Shtarm 62 17. 10. 42"（第62集团军201号作战报告，1942年10月17日签发）。

62. 霍尔，《斯大林格勒战役》，第51页，引自"Zwischenmeldung" Armee-Oberkommando 6, Abt. Ia, A. H. Qu.（第6集团军日中报告，作战处，1942年10月17日签发）。

63. 同上，第53页，引自"Tagesmeidung" Armee-Oberkommando 6, Abt. Ia, A. H.Qu.（第6集

---

① 译注：原文如此，疑为汉斯·J. 韦杰斯《斯大林格勒战役：工厂之战，1942年10月14日—11月19日》的笔误，后面的相同错误不再逐一指出。

团军每日报告，作战处，1942年10月17日签发）。

64. 韦尔滕，《第16装甲师师史，1939—1945年》，第115页。第62集团军报告：

敌人从三个方向对北部集群发起进攻：从拉塔什昌卡（Latashchanka）攻向雷诺克，从西面和南面攻向斯巴达诺夫卡。一群敌坦克突入斯巴达诺夫卡南郊。同时，敌人继续从拖拉机厂至南面一线发起进攻……北部集群仍在包围圈内进行激烈的防御作战，各部队损失惨重（估计伤亡90—200人），但继续坚守雷诺克、斯巴达诺夫卡和莫克拉亚梅切特卡河北岸。战斗仍在继续。

参阅第62集团军作战日志，"Boevoe donesenie no. 201"（第62集团军司令部201号作战报告）。

65. 崔可夫，《斯大林格勒战役》，第187页。

66. 同上，第188页。

67. 同上。

68. 同上。

69. 弗洛里安·冯·翁德·楚·奥夫塞斯男爵，《第6集团军作战日志附件册，第一卷，1942年9月14日至11月24日》，第180页，"Morgenmeldung Gen. Kdo. VIII. A.K. meldit 04.08 Uhr, A.O.K. 6 I. a, Datum: 18.10.42"（第8军军部4点08分发给第6集团军司令部作战处的晨报，1942年10月15日）。

70. 日林，《斯大林格勒战役》，第766页，引自《OKW战时公告》。

71. 同上，第764—765页。

72. 崔可夫，《斯大林格勒战役》，第189页。

73. 第62集团军作战日志，"Boevoe rasporiazhenie no. 210 Shtarm 62 17. 10. 42"（第62集团军司令部210号作战令，1942年10月17日，没有标明具体时间）。

74. 同上，"Boevoe rasporiazhenie no. 211 Shtarm 62 17. 10. 42 17.30"（第62集团军司令部211号作战令，1942年10月17日17点30分签发）。

75. 霍尔，《斯大林格勒战役》，第57页。

76. 马克，《"跳跃骑士"的覆灭：第24装甲师在斯大林格勒》，第287页，引自第24装甲师10月17日22点15分下达的作战令。另可参阅霍尔的《斯大林格勒战役》，第109—111页。

77. 马克，《"跳跃骑士"的覆灭：第24装甲师在斯大林格勒》，第287—288页。

78. 同上，第291页。

79. 霍尔，《斯大林格勒战役》，第116—117页。

80. 第62集团军作战日志，"Boevoe donesenie no. 202, Shtarm 62 18. 10. 42"（第62集团军司令部202号作战报告，1942年10月18日签发），需要指出的是，第62集团军司令部直接引用了步兵第308师的每日报告（第328、第335页）。

81. 霍尔，《斯大林格勒战役》，第119页。

82. 日林，《斯大林格勒战役》，第769页，引自《OKW战时公告》。

83. 伊萨耶夫，《斯大林格勒：伏尔加河后方没有我们的容身处》，第241页。"戈罗霍夫"集群的核心力量是步兵第124旅，兵力为2640人。但戈罗霍夫对120毫米迫击炮、76毫米野炮和狙击步枪的弹药短缺非常关切。

84. 崔可夫，《斯大林格勒战役》，第189页。

85. 第62集团军作战日志，"Boevoe donesenie No. 202"（第62集团军司令部202号作战报告）。

86. 日林，《斯大林格勒战役》，第768页。

87. 崔可夫，《斯大林格勒战役》，第190页。完整的命令可参阅第62集团军作战日志，"Chastnyi boevoi prikaz no. 215 Shtarm 62 18. 10. 42 20.00"（第62集团军司令部215号单独作战令，1942年10月18日20点签发），命令中写道：

1. 敌人粉碎了步兵第308师的作战编队，已前出至"街垒"厂西郊。

2. 集团军将坚守既有阵地，并击退敌人的疯狂进攻，他们企图攻占"街垒"厂，前出至第62集团军的渡口处。

3. 步兵第138师，应在近卫步兵第37师的加强下，守卫从伏尔加河右岸至沃尔霍夫斯特罗耶夫斯克大街东郊、电车大街西郊（雕塑公园西面400米处）和索尔莫斯克至铁路岔线（钢铁大街北面100米处）这片地域，另外还包括整个"街垒"厂。

任务：阻止敌人攻占"街垒"厂并到达第62集团军的渡口。

左侧分界线为彼列科普（Perekopskaia）大街、钢铁大街和梅津河大街。

4. 近卫步兵第37师（欠第118团）应在伏尔加河右岸守卫62号渡口附近地域，防止敌人夺取该渡口。

5. 步兵第308师应于10月19日4点前占据并守卫索尔莫斯克和卢戈瓦亚（Lugovaia）地域，并阻止敌人向南突入步兵第138师与步兵第193师的结合部。

6. 步兵第193师，应在步兵第161团［步兵第95师］的加强下，守卫步兵第161团占据的防区，并在钢铁大街和奥霍特纳亚（Okhotnaia）大街掩护其右翼。

崔可夫，古罗夫，克雷洛夫

88. 崔可夫，《斯大林格勒战役》，第190—191页。

89. 弗洛里安·冯·翁德·楚·奥夫塞斯男爵，《第6集团军作战日志附件册，第一卷，1942年9月14日至11月24日》，第184页，"Morgenmeldung, Gen. Kdo. Ⅷ. A.K. meldet 04:00 Uhr, A.O.K. 6, I a,, Datum: 19.10.42"（第8军部发给第6集团军司令部作战处的晨报，1942年10月19日）。

90. 齐姆克和鲍尔，《从莫斯科到斯大林格勒：东线决战》，第460页。

91. 同上，第462页。

92. 同上，第460页。

93. 什未林的军旅生涯鲜为人知，只知道他出生于1892年，1951年去世。参见马克的《烈焰岛：斯大林格勒"街垒"火炮厂之战，1942年11月—1943年2月》，第6页。

94. 马克，《"跳跃骑士"的覆灭：第24装甲师在斯大林格勒》，第294—295页。29辆坦克包括6辆二号坦克、3辆三号短身管坦克、16辆三号长身管坦克、1辆四号短身管坦克、1辆三号长身管坦克[①]，外加2辆指挥坦克。这些坦克中，至少9辆派给了支援第100猎兵师的装甲连。

95. 参阅1942年10月19日的第62集团军作战日志。

96. 马克，《"跳跃骑士"的覆灭：第24装甲师在斯大林格勒》，第296页。

97. 1942年10月19日的第62集团军作战日志。

98. 马克，《"跳跃骑士"的覆灭：第24装甲师在斯大林格勒》，第298页。苏军在"街垒"厂内的

---

① 译注：四号长身管坦克。

反冲击，还可参阅文科夫和杜季诺夫的《英勇近卫军：荣获列宁勋章、两枚红旗勋章、苏沃洛夫勋章、库图佐夫勋章和波格丹·赫梅利尼茨基勋章的近卫红旗格卢霍夫步兵第70师的征程》，第40—42页。

99. 日林，《斯大林格勒战役》，第774页，引自《OKW战时公告》。

100. 同上，第772页。

101. 1942年10月19日的第62集团军作战日志。

102. 弗洛里安·冯·翁德·楚·奥夫塞斯男爵，《第6集团军作战日志附件册，第一卷，1942年9月14日至11月24日》，第190页，"Morgenmeldung Ll. A.K meldet 06.35 Uhr, A.O.K. 6 l. A, Datum: 20.10.42"（第51军军部发给第6集团军司令部作战处的晨报，1942年10月20日6点35分）。10月19日，第14装甲师有3辆二号坦克、1辆三号短身管坦克、4辆三号长身管坦克、1辆四号短身管坦克、2辆四号长身管坦克和4辆指挥坦克；第24装甲师有1辆二号坦克、3辆三号短身管坦克、16辆三号长身管坦克、1辆四号短身管坦克、1辆四号长身管坦克和2辆指挥坦克。

103. 日林，《斯大林格勒战役》，第778页，引自《OKW战时公告》。

104. 1942年10月20日的第62集团军作战日志。

105. 同上。

106. 弗洛里安·冯·翁德·楚·奥夫塞斯男爵，《第6集团军作战日志附件册，第一卷，1942年9月14日至11月24日》，第194页，"Morgenmeldung, LI A.K. meldet 06.10 Uhr, A.O.K. 6, I a, Datum: 21.10.42"（第51军军部发给第6集团军司令部作战处的晨报，1942年10月21日6点10分）。

107. 日林，《斯大林格勒战役》，第777页。

108. 1942年10月20日的第62集团军作战日志。

109. 马克，《"跳跃骑士"的覆灭：第24装甲师在斯大林格勒》，第301—302页；霍尔，《斯大林格勒战役》，第102页。

110. 关于这场战斗的详情，可参阅马克的《"跳跃骑士"的覆灭：第24装甲师在斯大林格勒》，第301—304页。

111. 第62集团军作战日志，"Boevoe donesenie no. 206, Shtarm 62 21. 10. 42"（第62集团军司令部206号作战报告，1942年10月21日签发）。

112. 同上。

113. 日林，《斯大林格勒战役》，第786页，引自《OKW战时公告》。

114. 同上，第781—782页。

115. 第62集团军作战日志，"Boevoe donesenie no. 206"（第62集团军司令部206号作战报告）。

116. 1942年10月22日的第62集团军作战日志。

117. 日林，《斯大林格勒战役》，第786页。

118. 同上，第788页，引自《OKW战时公告》；第786—787页，引自第62集团军作战日志。

119. 罗科索夫斯基，《伏尔加河畔的伟大胜利》，第197—198页。

120. 同上。

121. 佐洛塔廖夫，《最高统帅部，1942年》，第439页，最高统帅部994272号令，1942年10月21日签发。

122. 莫斯卡连科，《在西南方向上》，第一册，第351页。

123. 例如，近卫第1集团军辖下步兵第173、第207、第221、第258、第273、第292、第316师转隶第24集团军，步兵第24师加入新组建的第65集团军（原坦克第4集团军），坦克第16、第4军分别移交给顿河方面军和新成立的西南方面军。参见《苏联军队作战编成，第2部分，1942年1—12月》，第193、第215页。

124. 关于格列博夫给集团军所起的绰号，可参阅P. I. 巴托夫的V pokhodakh i boiakh（《在行军和战斗中》）（莫斯科：呼声出版社，2000年），第153页。

125. 巴托夫出生于1897年，作为沙皇军队的一名下级军官参加过第一次世界大战，由于作战英勇，两次获得乔治十字勋章。他1918年参加红军，内战期间担任连长。巴托夫1927年毕业于"射击"高级步校，1950年毕业于伏罗希洛夫总参军事学院。两次世界大战之间，他先后担任过营长和团长，1936年12月至1937年8月，作为一名"志愿者"在西班牙共和国军方面作战。从西班牙归国后，1937年8月至1938年8月，他担任步兵第10军长，1938年8月至1940年4月，他担任步兵第3军军长，率领该军参加了苏芬战争，表现出色。1940年4—11月，担任外高加索军区副司令员后，巴托夫出任哈尔科夫军区特别步兵第9军军长，德国人发动"巴巴罗萨"入侵时，他正率领着这个军。苏德战争的前三个月，巴托夫的步兵军在克里木构设防御，但最高统帅部以他的军为核心组建起第51集团军，1941年8月，他被任命为集团军副司令员，11月出任该集团军司令员。巴托夫接掌第51集团军后不久，德国第11集团军在克里木击败了他的集团军，迫使该集团军混乱不堪地逃离半岛。最高统帅部严厉批评了巴托克，但1942年1月还是任命他为布良斯克方面军第3集团军司令员，2月份又任命他为布良斯克方面军副司令员，他在这个职位上一直干到"蓝色"行动的最初阶段。1942年10月出任第65集团军司令员后，巴托夫率领该集团军直至战争结束。在此期间，他的集团军成为红军最具效力的部队之一，为1942年末斯大林格勒、1943年夏季库尔斯克、1943年秋季进军第聂伯河、1944年夏季白俄罗斯进攻战役、1945年东普鲁士和柏林进攻战役的胜利发挥了重要作用。在此过程中，巴托夫两次荣获"苏联英雄"称号，第一次是在1943年10月，表彰他为强渡第聂伯河做出的贡献，第二次是在1945年6月，表彰他在柏林战役中的出色表现。战后，巴托夫指挥机械化第7集团军至1946年10月，指挥独立坦克第7师[1]至1950年3月，指挥近卫第11集团军至1954年6月。此后，他指挥苏军驻德军队集群[2]至1955年3月，又担任喀尔巴阡军区司令员、波罗的海沿岸军区司令员至1959年11月，任中国人民解放军高级军事顾问至1961年1月，后在匈牙利指挥南军队集群，直至1962年9月。1962年9月至1965年10月，巴托夫担任华沙条约组织联合武装部队第一副参谋长、参谋长，职业生涯到达顶峰；1965年退入国防部总监组，1970年起担任苏联老战士委员会主席，直至1981年。他去世于1985年。巴托夫是红军成就最大的集团军司令员之一，也是寥寥无几的深受士兵们爱戴的指挥员之一，因为他非常注意减少部队的损失。关于他的更多详情，可参阅《伟大卫国战争，集团军指挥员，军事人物志》，第18—20页。

126. 克留琴金调回NKO总干部部另行任用，1943年3月出任第69集团军司令员。

127. 佐洛塔廖夫，《最高统帅部，1942年》，第440—441页，最高统帅部994273号令，1942年10月22日2点50分签发；佐洛塔廖夫，《总参谋部，1942年》，第379页，总参谋部的落实指令。

---

① 译注：应为特别坦克第7集团军。
② 译注：担任第一副总司令。

128. 最高统帅部9月22日已将坦克第5集团军从其预备队调拨给布良斯克方面军，要求将该集团军集结在普拉夫斯克地域；同一天，最高统帅部派罗曼年科中将指挥该集团军[1]。

129. 佐洛塔廖夫，《最高统帅部，1942年》，第441—442页，最高统帅部170678号令，1942年10月22日24点签发。

130. 鲍里索夫出生于1900年，作为沙皇军队的一名士兵参加过第一次世界大战，1918年加入红军，内战期间在东部和土耳其斯坦前线作战。他1926年毕业于基辅联合军校，1940年毕业于伏龙芝军事学院，1947年毕业于伏罗希洛夫总参军事学院。两次世界大战之间，1927年，鲍里索夫在中亚指挥一个骑兵中队参加了镇压叛乱匪帮的行动，1930年参加了镇压巴斯马奇匪帮的行动。1931—1936年，他先后担任独立哥萨克骑兵军副参谋长和参谋长，1937—1938年，他作为"志愿者"参加了西班牙内战，进入伏龙芝军事学院学习前，他担任山地骑兵第19师参谋长。苏德战争爆发后，1941年6月—10月，鲍里索夫任独立骑兵第31师参谋长，1941年10月至1942年2月，他任该师师长，1941年12月莫斯科反击战期间，他出色地指挥了这个师。1942年2—4月，鲍里索夫任骑兵第9军军长，4—10月任近卫骑兵第1军参谋长[2]，后出任骑兵第8军军长。整个"蓝色"行动的衰败期，他一直率领着骑兵第8军，在坦克第5集团军辖下，他的军为红军斯大林格勒反击战的胜利发挥了重要作用。1942—1943年红军冬季攻势期间，鲍里索夫继续指挥骑兵第8军。1943年2月，该军获得"近卫骑兵第7军"荣誉称号后没几天，他率领该军在杰巴利采沃地域大胆深入"南方"集团军群后方，德军发起反击，包围并重创了孤军深入的这个骑兵军，鲍里索夫被俘。结果，他在德国战俘营度过了战争剩下的岁月。1945年4月获救后，鲍里索夫接受了NKVD的"甄别"，以确定他的忠诚，获准继续服役后，他在伏罗希洛夫总参军事学院学习，并在哈尔科夫大学担任军事教员。鲍里索夫1958年退役，1987年去世。更多详情可参阅《伟大卫国战争，集团军指挥员，军事人物志》，第44—45页[3]；关于他在被俘期间的情况，可参阅马斯洛夫，*Captured Soviet Generals*（《被俘的苏军将领：被德国人俘虏的苏军将领的命运，1941—1945年》），第74—76、第95—96、第98—99、第106、第148、第213、第308页。

131. 这番调动的详情，可参阅佐洛塔廖夫的《最高统帅部，1942年》，第443—444页，最高统帅部170679号令，1942年10月25日1点签发。

132. 同上，第444页。

133. 同上，第442页，最高统帅部994275号令，1942年10月23日签发。

134. 奇斯佳科夫出生于1900年，1918年参加红军，作为一名列兵参加了内战。他1920年毕业于机枪学校，1927和1930年毕业于"射击"高级步校，1949年毕业于伏罗希洛夫总参军事学院。20年代，奇斯佳科夫是一名排长，30年代初期先后担任过连长和营长，1936年在步兵第92师任第275团团长，1938年在独立红旗第1集团军任步兵第105师师长，1941年3月在远东担任步兵第39军军长。"巴巴罗萨"战役的前五个月，奇斯佳科夫一直在远东任步兵军军长，随后被调至西部，1941年11月出任西方面军独立步兵第64旅旅长，1942年1月任近卫步兵第8师师长。西方面军发起莫斯科反击战和随后的冬季攻势期间，奇斯佳科

---

① 译注：坦克第5集团军9月3日便已加入布良斯克方面军；罗曼年科11月出任坦克第5集团军司令员。

② 译注：应为副军长。

③ 译注：鲍里索夫只是军级指挥员，似乎不应出现在这本书中。

夫表现出色，最高统帅部擢升他为近卫步兵第2军军长，1942年夏季，他率领该军在西北方面军和加里宁方面军辖下参加了托罗佩茨和霍尔姆地域的防御作战。"蓝色"行动期间，奇斯佳科夫9月份出任近卫第1集团军司令员，10月份改任第21集团军司令员。指挥第21集团军参加了斯大林格勒反击战后，他率领该集团军（1943年4月改称近卫第6集团军）直至欧战结束。其间，他的集团军在1943年7—8月的库尔斯克战役、1943年秋季进攻第聂伯河、1944年夏季的白俄罗斯进攻战役、1944年末和1945年消灭波罗的海地区轴心国军队的作战行动中发挥了重要作用。欧战结束后，1945年8—9月，奇斯佳科夫率领第25集团军参加了打击日本军队的满洲战役。奇斯佳科夫任集团军司令员至1954年，随后出任外高加索军区第一副司令员。他在苏联国防部总监局陆军监察局总监任上结束了自己的军旅生涯，1978年退役[1]，1979年去世。关于奇斯佳科夫生平和军旅生涯的详细情况，可参阅I. M. 奇斯佳科夫的 *Sluzhim otchizne*（《为祖国服役》）（莫斯科：军事出版社，1975年）；以及《伟大卫国战争，集团军指挥员，军事人物志》，第261—262页。

135. 佐洛塔廖夫，《最高统帅部，1942年》，第443页，最高统帅部994276号令，1942年10月23日签发。

136. 克列伊泽尔出生于1905年，是红军中最年轻的集团军司令员之一，他1921年参加红军，内战期间是一名军校生。他1923年毕业于沃尔涅日步兵学校，1931年毕业于"射击"高级步校，1941年毕业于伏龙芝军事学院，1942和1949年毕业于伏罗希洛夫总参军事学院速成班。两次世界大战之间，克列伊泽尔担任过各种指挥职务，直至1941年3月出任莫斯科摩托化步兵第1师师长。苏德战争爆发后，7月初，他率领该师在奥尔沙地域参加了沿第聂伯河的混乱战斗，为此获得了"苏联英雄"称号。随后，他率领布良斯克方面军第3集团军参加了1941年秋季的莫斯科保卫战、1941—1942年冬季的反击战，在叶列茨取得的胜利中，他的集团军表现出色。1942年2—10月，他先后担任第57集团军、预备队第1集团军、近卫第2集团军副司令员[2]，此后，他在斯大林格勒方面军、南方面军辖下指挥近卫第2集团军参加了斯大林格勒保卫战和1942年11月发起的反攻，近卫第2集团军还参加了堵截德军援兵救援被困在斯大林格勒的第6集团军的行动，其间，克列伊泽尔担任该集团军副司令员（司令员是马利诺夫斯基）。1943年8月至战争结束，克列伊泽尔任第51集团军司令员，率领该集团军参加了1943年末和1944年初的顿巴斯和克里木进攻战役、1944年夏季的白俄罗斯进攻战役、1944年末和1945年的波罗的海地区的战斗。战后，克列伊泽尔继续担任集团军司令员，直至1955年5月，后担任南乌拉尔军区、外贝加尔军区、乌拉尔军区、远东军区司令员，直至1963年11月。1963年11月至1969年5月，他在"射击"高级步校任校长。1969年5月，克列伊泽尔退役，加入国防部总监组，同年去世。关于他的更多情况，可参阅《伟大卫国战争，集团军指挥员，军事人物志》，第110—111页。

137. 佐洛塔廖夫，《最高统帅部，1942年》，第446—447页，最高统帅部994278号令，1942年11月1日1点30分签发。

138. 同上，第434—435页，最高统帅部170668号令，1942年10月15日5点23分签发。遵照斯大林的命令，苏军总参谋部10月7日已命令罗科索夫斯基的顿河方面军拟制计划，以第24、第66和近卫第1集团军在科特卢班和叶尔佐夫卡地域发起一场新的进攻，将德军牵制在顿河与伏尔加河之间的走廊。但罗科索夫斯

---

① 译注：应为1968年。
② 译注：他在预备队第1集团军任司令员。

基提交的计划并不令人满意，这使最高统帅部10月11日命令他的方面军"阻止敌人实施再部署，吸引进攻斯大林格勒的部分敌军，夺取有利的高地，改善己方位置"。参见佐洛塔廖夫的《总参谋部，1942年》，第351页；关于发给罗科索夫斯基的电报以及10月10日、11日后续局部行动的细节，可参阅日林的《斯大林格勒战役》，第722—723、第726页。电报往来期间，保卢斯10月14日发起了新的进攻，促使斯大林接受了罗科索夫斯基先前的建议——发起一场更大规模的进攻。

139. 佐洛塔廖夫，《最高统帅部，1942年》，第435页，最高统帅部170669号令，1942年10月15日5点30分签发。

140. 同上，第552页，顿河方面军司令员发给最高副统帅的0053号报告，1942年10月15日19点45分签发。

141. 加拉宁出生于1899年，1919年参加红军，作为一名列兵参加了内战，1921年镇压喀琅施塔得兵变时，他指挥过一个学员班。加拉宁1923年毕业于全俄中央执行委员会军事学校，1931年毕业于"射击"高级步校，1936年毕业于伏龙芝军事学院。20年代，他指挥过学员连和莫斯科克里姆林宫的警卫连。30年代，他在外贝加尔军区担任了一系列指挥和参谋职务，随后出任步兵第57师师长，1939年8—9月在哈拉哈河参加了打击日军的行动，1940年6月出任基辅特别军区步兵第17军军长。苏德战争爆发后，他指挥该军在第18集团军辖下参加了6月底和7月初的边境交战，7—8月在乌克兰实施了激烈的防御作战。逃出乌曼包围圈后，1941年8—11月，加拉宁奉命指挥第18集团军[①]，1941年11月至1942年4月任沃尔霍夫方面军第59集团军司令员，1941年11—12月，他率领该集团军参加了红军在季赫温的胜利反击。加拉宁几乎成了一名消防队员，在一个个重要地区间来回调动，1942年4—6月，他在西方面军第16集团军辖下指挥一个特别集群，6—10月，他先后担任过第33集团军副司令员、沃罗涅日方面军副司令员，随后出任顿河方面军第24集团军司令员。他率领第24集团军参加了斯大林格勒会战中后期的战斗，1943年1月下旬，第24集团军改编为近卫第4集团军，他率领该集团军直至1943年3月，随后出任中央方面军第70集团军（原NKVD部队）司令员。1943年7—8月，他率领第70集团军参加了库尔斯克战役，1943年9月至1944年2月，他再次指挥近卫第4集团军，1944年2月任第53集团军司令员，1944年2—11月复任近卫第4集团军司令员，参加了红军在乌克兰和匈牙利的多次重要战役。加拉宁的所有传记均未提及他此后的职业生涯，这就意味着他很可能被解除了集团军司令员的职务，原因大概是他的集团军未能及时攻克布达佩斯。不管怎样，加拉宁战后担任过步兵军副军长，直至1946年9月退役。他去世于1958年。关于他的更多情况，可参阅《伟大卫国战争，集团军指挥员，军事人物志》，第39—40页。

142. 佐洛塔廖夫，《最高统帅部，1942年》，第553页。

143. 罗科索夫斯基，*Soldatskii dolg*（《军人的天职》），第137—138页；第66集团军对这场突击的看法，可参阅A. S. 扎多夫的*Chetyre goda voyny*（《战争的四年》）（莫斯科：军事出版社，1978年），第54—57页。

144. 佐洛塔廖夫，《最高统帅部，1942年》，第436页，最高统帅部170670号令，1942年10月16日3点30分签发。

145. 日林，《斯大林格勒战役》，第772页。红军总参谋部的每日战事概要是科特卢班地域这场激战的

---

① 译注：应为第12集团军。

唯一资料来源。

146. 同上，第776—777页。

147. 同上，第779页，引自《OKW战时公告》。

148. 同上，第781页。

149. 同上，第786页。

150. 同上，第783页，引自《OKW战时公告》。

151. 迪克霍夫，《第3步兵师，第3摩步师，第3装甲掷弹兵师》，第206页。

152. 日林，《斯大林格勒战役》，第788页，引自《OKW战时公告》。

153. 同上，第790页。

154. 同上，第792页，引自《OKW战时公告》。

155. 同上，第796页。

156. 同上，第801页。

157. 同上，第806页。

158. 同上，第793页，引自OKH东线外军处496号情报概要，*TsAMO RF, f. 500, op. 12462, d. 89, 11*，第227—228页。

159. 同上，第810页。

160. 马克，《"跳跃骑士"的覆灭：第24装甲师在斯大林格勒》，第293页。

161. 同上，第306页。

162. 同上，第313页。

163. 同上，第311页。

164. 同上，第312页。

165. 同上。

166. 同上，第294页。

167. 同上，第304页。

168. 霍尔，《斯大林格勒的一名步兵：1942年9月24日至1943年2月2日》，第117页。

169. 同上，第122页。

170. 同上，第123页。

171. V. K. 维诺格拉多夫等人的《斯大林格勒的史诗：首次出版的俄罗斯联邦安全局解密文件》，第233页，摘自苏联NKVD第2特别部门第54号工作笔记中抄录的信件。

172. 同上。

173. 同上，第234页。

174. 同上，第239页。

175. 同上，第240页。

176. 同上。

177. 同上。

178. 同上，第241—242页。

179. 同上，第251—252页。

180. 同上。

181. 同上。

182. 同上。

183. 同上。

184. 同上。

185. 同上，第252—253页。

186. 同上。

187. 同上。

第七章
进攻"红十月"厂和"街垒"厂
1942 年 10 月 23 日—31 日

计划

在保卢斯的严密监督下，赛德利茨10月22日完成了进攻准备。就在两天前[1]的10月18日17点30分，第6集团军将什未林将军的第79步兵师（欠第226团）调拨给了赛德利茨。赛德利茨指示该师，10月18日夜间起在城市北半部西面沿塔洛沃耶（Talovoe）—古姆拉克一线集结，10月19日至20日的夜间向前部署，在第100猎兵师左翼与中央防线之间占据新阵地。由于什未林辖下的第226步兵团尚未归建，他奉命接管第100猎兵师左翼的第54猎兵团。第79步兵师将第54猎兵团和自己的第208、第212团并排部署在第14装甲师（左侧）与第100猎兵师第369步兵团、第227猎兵团（右侧）之间。根据保卢斯的命令，第79步兵师的左右分界线为：

● 第14装甲师居左——从奥夫拉什纳亚［上"红十月"新村］（53b坐标方格）中间至63a-b坐标方格内的峡谷［双冲沟］和铁路线，再至72a坐标方格中间的多层建筑（大楼）［"红十月"厂西北角北面200米处］；

● 第100猎兵师居右——从与52坐标方格中间的宽街相平行的街道南面的

---

① 译注：原文如此。

机场北端，向东南方延伸至铁路线，再沿61d2的大峡谷延伸至71c3〔峡谷与伏尔加河的交汇处〕。[1]

前一天13点15分，第51军为10月23日的进攻行动下达了最后的指令（参见地图71、72）。第14装甲师和第79步兵师担任第51军的主攻，将从"街垒"厂西南角南延至"红十月"厂西面的旋转大街这片区域向东突击。他们的目标是夺取面包厂和"红十月"厂，肃清两座工厂与伏尔加河西岸之间狭长地带上的苏军。第14装甲师左侧，第305步兵师和第24装甲师的右翼部队将发起一场辅助突击，肃清"街垒"厂余部以及工厂东面和东北面伏尔加河西岸的苏军。[2]

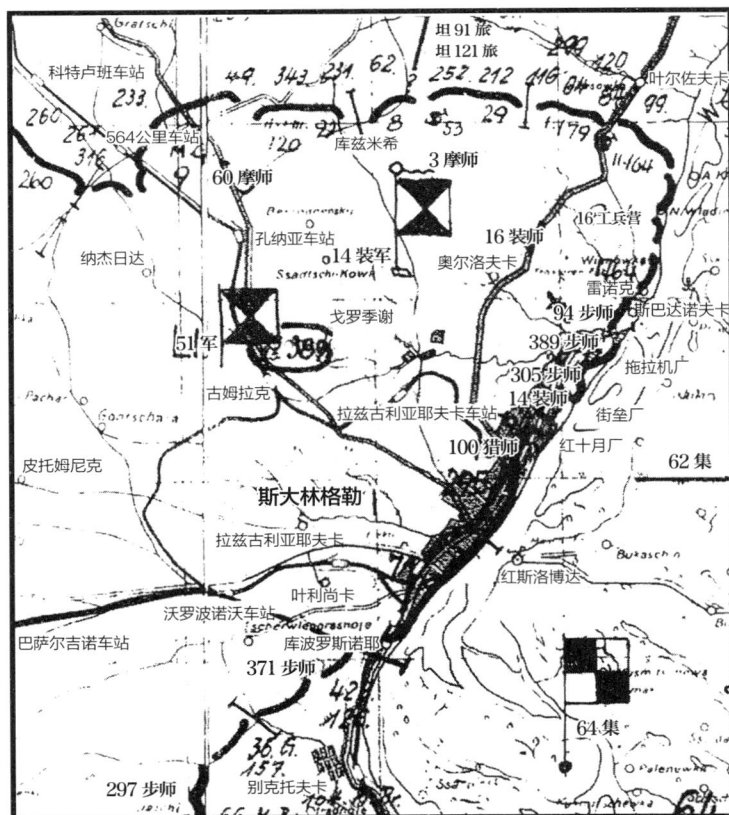

地图71 1942年10月23日—24日，第6集团军的态势

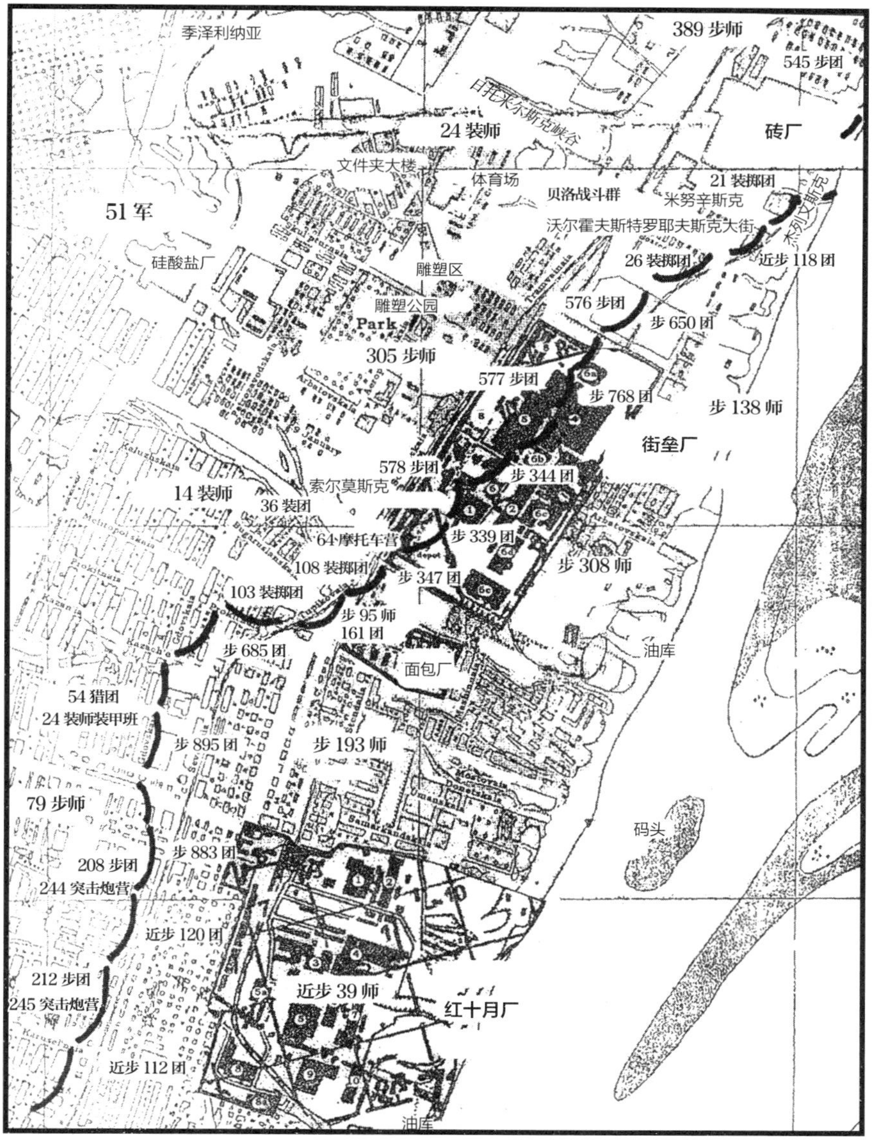

地图 72 1942 年 10 月 23 日，第 51 军的部署

赛德利茨的命令给投入进攻的各个师分配了具体的任务、突击方向、目标和分界线：

主要突击：

●第14装甲师（第103和第108装甲掷弹兵团、第36装甲团、第64摩托车营）应以其装甲先锋部队在面包厂西北方的铁路线达成突破，以此为第一目标，夺取从72a坐标方格中间的多层建筑［大楼］至火炮厂东南方面包厂南部边缘一线，并与第79和第305步兵师前出至伏尔加河西岸；

●第79步兵师（第54猎兵团、第24装甲师7辆坦克的1个装甲连、第208和第212步兵团、第244和第245突击炮营）应突入敌登陆场内的冶金厂［"红十月"厂］，并肃清伏尔加河西面的敌人。以左侧为重心，突破敌人沿铁路线构设的防御，第一目标是夺取冶金厂西北边缘。

辅助突击：

●第24装甲师（辖第21和第26装甲掷弹兵团的"贝洛"战斗群）应为第305步兵师的突击提供火力支援，待第305步兵师肃清"街垒"厂的苏军后，前出至伏尔加河西岸，然后转身向北，以第26装甲掷弹兵团攻向伏尔加河，以此支援［第305步兵师的］突击；

●第305步兵师（第578、第576、第577团及第24装甲师6辆坦克的1个装甲连）应以其右翼部队（第578团）穿过"街垒"厂冲向伏尔加河西岸，然后转身向北，与第24装甲师"贝洛"战斗群的右翼部队（第26装甲掷弹兵团）相配合，歼灭伏尔加河西岸的苏军。

分界线（从左至右，责任划分）：

●第24装甲师与第389步兵师——从76d4坐标方格（第389步兵师）的峡谷口部至85d2坐标方格（第24装甲师）的多层建筑以及砖厂北部边缘；

●第305步兵师与第24装甲师——从65坐标方格内的建筑群至"文件夹"大楼北端、体育场南端，从火炮厂北面的东北边缘至93坐标方格的北部边缘；

●第14装甲师与第305步兵师——从64坐标方格（第14装甲师）西北方峡

谷至64b4坐标方格大批建筑群的北端、火炮厂（73b4）西北边缘的斜坡、面包厂东端和从这里到伏尔加河的峡谷（第305步兵师）；

● 第79步兵师与第14装甲师——从63a2坐标方格内的峡谷至铁路线（第79步兵师），从72a坐标方格（第79步兵师）中间的多层建筑至冶金厂东北端北面100米处的伏尔加河；

● 第100猎兵师与第79步兵师——从与52坐标方格中间的宽街相平行的街道南面的机场北端，向东南方延伸至铁路线，以及从61d4坐标方格内的［铁路］桥至伏尔加河河口这条大峡谷（第100猎兵师）；

● 第295步兵师与第100猎兵师——没有变化；

● 第71步兵师与第195步兵师——没有变化。

　　至于赛德利茨突击部队的配置，第14装甲师组建起三个战斗群，第一个战斗群以第64摩托车营组成，第二和第三个分别以该师第103、第108装甲掷弹兵团组建，第36装甲团的两个小规模装甲连为他们提供支援，每个连约有12辆坦克。三个战斗群将攻向三个目标："街垒"厂与面包厂之间的峡谷、面包厂、72a坐标方格内的大型建筑。夺取这些目标后，突击部队将沿峡谷向东赶往伏尔加河，从而在守卫"街垒"厂与"红十月"厂的苏军之间插入一个楔子。具体来说，第64摩托车营和第108装甲掷弹兵团组成的两个战斗群，将在一个装甲连（"绍范特"装甲连）的支援下攻向峡谷和面包厂，而第103装甲掷弹兵团组成的战斗群则奉命夺取西南面的大型建筑物。[3]三个德军战斗群面对的是苏军步兵第308师第339和第347团的残部，他们据守着"街垒"厂西南段和南面的峡谷，并获得坦克第84旅少量坦克的支援；另外还有盘踞在面包厂附近的步兵第95师第161团，以及步兵第193师第685团右翼部队，他们守卫着面包厂西南面的建筑区及"红十月"厂东北方铁路线西面的普罗基特纳亚大街。

　　第79步兵师2公里宽的进攻区域位于第14装甲师右侧，该师将向东推进，跨过铁路线，以从左至右并排部署的第54猎兵团、第208和第212步兵团对守卫"红十月"厂的苏军发起正面突击。为遂行这场进攻，该师也组织起三个战斗群。位于左侧的是第54猎兵团组建的一个营级战斗群，该战斗群由于实力较弱，因而被部署在该师进攻地带最狭窄处，第24装甲师装甲连的7辆坦克为其提供加强。这股部队将在德国空军接连不断的飞行波次的掩护下展开"三级跳"，首先向东发起突击，跨过铁路线，然后转身向南，突入"红十月"厂北部，夺取1号、2号厂房，最后向东跨过工厂的矿渣堆，赶往伏尔加河西岸。

第79步兵师在中央地带发起的突击也分成三个阶段，第208步兵团组成的战斗群将在一个突击炮连、第179工兵营一个连和一个重型火箭炮营的支援下，沿一片逐渐加宽的区域向东攻击前进。他们的第一个目标是铁路线，第二个目标是"红十月"厂内几座防御严密的行政楼（根据其形状，分别被称为"H"、"梯子"和"钩子"大楼），第三个目标是厂内最重要的几座厂房（3—7号厂房），位于工厂北半部（参见地图73）。第79步兵师右翼，第212步兵团组成的战斗群编有师属第179侦察营主力、一个突击炮连、第179反坦克营一个连和一个轻型火箭炮营。第212步兵团的进攻也是一场"三级跳"，先跨过铁路线，然后攻入并夺取工厂南半部（8—10号、8a号厂房）和工厂南面的峡谷，随后冲向东面的伏尔加河，阻止第62集团军增援工厂内的守军。[4]赛德利茨将第244、第245突击炮营（各有13辆突击炮）交给第79步兵师，支援该师三个战斗群的突击行动。[5]

三个战斗群的作战编队非常典型，每个战斗群的中央组成两个突击楔子（各编有一个营）。每个楔子又包括分为两个波次的三个小组：突击组配备冲锋枪和手榴弹，持有炸药包的工兵提供加强；掩护组配备轻机枪、步枪、手榴弹和迫击炮，梯次部署在左右两侧，掩护突击组的侧翼；清理组负责肃清已夺取的地带，并将更多手榴弹和炸药包前运。第一波次的部队将突破至铁路线，然后就地据守，并实施重组；第二波次的部队继续进攻，穿过工厂，赶往前方的伏尔加河；第三波次的部队紧随其后，肃清工厂内的残敌，并担任预备队。该师下达的进攻令严禁各战斗群背离既定计划：他们必须遵照规定的方式和时间夺取目标，不得利用突然出现的机会擅自行动——这条规定引起了一些团长的强烈反对。[6]

德军第79步兵师的突击部队面对的是整个近卫步兵第39师和步兵第193师三分之二的力量。从左至右，古里耶夫近卫步兵第39师第112和第120团在德军第79步兵师第212和第208团对面守卫着从班内峡谷北延至中央大街南面三个街区的峡谷。古里耶夫师的任务是掩护"红十月"厂南部三分之二处的西

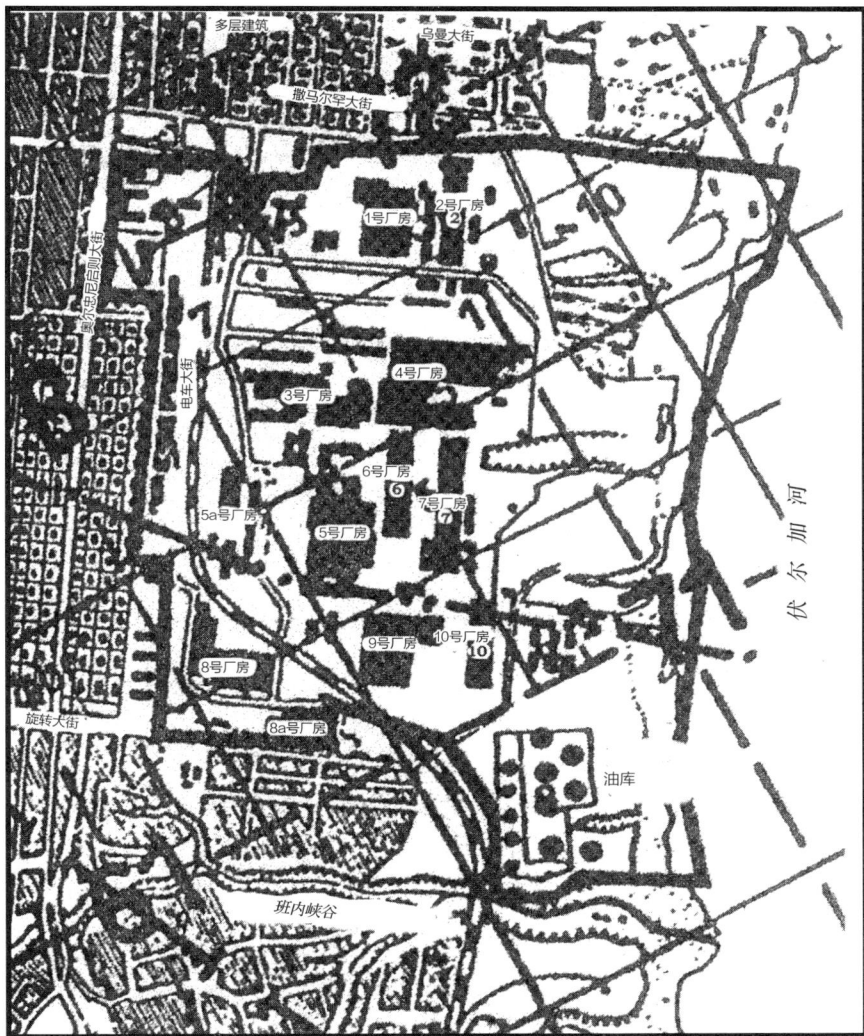

地图 73 红十月厂

接近地。近卫步兵第39师左侧，德军第54猎兵团对面，斯梅霍特沃罗夫步兵第193师第883和第895团守卫着从中央大街南面的峡谷北延至铁路线和"红十月"厂西北面的哥萨克峡谷这片地带。这两个团的任务是掩护"红十月"厂东北接近地。

德军第305步兵师将在第14装甲师左侧发起一场辅助突击，以第578、第577和第576团组成的连、营级战斗群肃清"街垒"厂剩余地区内的苏军。这些战斗群中最强的一个当属该师右翼的第578团，他们将在第24装甲师6辆坦克的支援下攻入该厂南部。[7]第576和第577团组成的另外两个战斗群分别位于该师左翼和中央，他们将穿过"街垒"厂北部和中央地带向前推进。

最后是第24装甲师，这个师的实力太弱，无法独自发起进攻，因而只有等第305步兵师肃清"街垒"厂内的苏军后，"贝洛"战斗群才会投入战斗。截至10月23日晨，伦斯基装甲师只剩下15辆坦克，其中包括2辆指挥坦克，但没有二号坦克和四号短身管坦克。[8]

第305步兵师的三个战斗群面对的是柳德尼科夫步兵第138师第344和第768团，苏军这两个团获得古尔季耶夫步兵第308师第351团残部和第339团一部的加强，别雷坦克第84旅以所剩无几的坦克提供支援，他们守卫着"街垒"厂的废墟。步兵第138师第650团，获得近卫步兵第37师第118团残部的支援，在德军第24装甲师"贝洛"战斗群对面，"街垒"厂东面和东北面，沿伏尔加河西岸守卫着峡谷和冲沟。

德军第79步兵师较为新锐，辖内两个团组成的战斗群，每个战斗群可投入的战斗兵多达2500人。但是，由于先前遭受的战斗减员，配属给该师的第54猎兵团以及第14装甲师、第305步兵师各个团的实力虚弱得多，每个团的战斗兵不超过1000人。因此，什未林①的突击部队总共拥有10000名步兵和装甲掷弹兵。每个德军师都以20—30辆坦克和突击炮支援辖下的各战斗群。至于崔可夫的部队，近卫步兵第37师和步兵第193师以不到5000人的兵力守卫着从班内峡谷向北延伸并穿过"红十月"厂的防区，而步兵第138师和步兵第308师、近卫步兵第37师的残部掩护着"街垒"厂和东北部地区，兵力不到2500人，提供支援的坦克可以忽略不计。

虽然保卢斯和赛德利茨对胜利寄予厚望，但他们都对突击部队的实力担心不已，理由非常充分（参见图表36）。

---

① 译注：原文如此。

图表36：1942年10月24日，第6集团军（第51军）在斯大林格勒作战的各个师的作战兵力

第51军主攻部队		
第14装甲师		
总兵力	12070人	
作战兵力		
装甲掷弹兵（4个营）	1640人	
摩托车营	315人	
装甲团	829人	
炮兵	1184人	俄国志愿者——523人（辅助人员）
高炮营	435人	
工兵营	242人	
反坦克营	289人	
通信营	328人	
作战兵力总计	5462人	
第79步兵师		
总兵力（估计）	9000人	
作战兵力总计（估计）	4500人	
步兵（6个营）（估计）	2500人	
第51军辅助突击部队		
第24装甲师		
总兵力	11785人	
附属单位	1079人	
作战兵力		
装甲掷弹兵（4个营）	1437人	
摩托车营	453人	
装甲团	960人	
炮兵	1200人	俄国志愿者——1431人
高炮营	349人	
工兵营	313人	
反坦克营	316人	
通信营	359人	
作战兵力总计	5387人	

第305步兵师		
总兵力	10578人	
附属单位	988人	
作战兵力		
步兵（9个营）	1231人	
炮兵	1406人	
工兵营	122人	俄国志愿者——1891人
反坦克营	无	
自行车营	322人	
通信营	264人	
作战兵力总计	3345人	
第51军支援部队		
（左翼）第389步兵师		
总兵力	8604人	
附属单位	988人	
作战兵力		
步兵（4个营）	903人	
炮兵	1343人	
工兵营	76人	俄国志愿者——1176人
反坦克营	无	
自行车营	187人	
通信营	227人	
作战兵力总计	2736人	
（右翼）第100猎兵师		
总兵力	11700人	
作战兵力		
步兵（5个营）	2806人	
炮兵	1542人	
工兵营	365人	
反坦克营	411人	俄国志愿者——1851人
自行车营	290人	
通信营	351人	
作战兵力总计	5765人	

（其他）		
第295步兵师		
总兵力	10865人	
作战兵力		
步兵（7个营）	1990人	
炮兵	1225人	
工兵营	230人	俄国志愿者——2553人
反坦克营	无	
自行车营	187人	
通信营	255人	
作战兵力总计	2887人	
第71步兵师		
总兵力	12277人	
附属单位	5941人	
作战兵力		
步兵（7个营）	2235人	
炮兵	1607人	
工兵营	218人	俄国志愿者——1764人
反坦克营	233人	
自行车营	219人	
通信营	211人	
作战兵力总计	4723人	

※ 资料来源：弗洛里安·冯·翁德·楚·奥夫塞斯男爵，《第6集团军作战日志附件册，第一卷，1942年9月14日至11月24日》，第201—205页，"Meldung über Verpflegungs – und Gefechtsstärken der Division, Armee – Oberkommando 6,1 a Nr. 4150/42 geh., A. H. Qu., 24. Oktober 1942"（关于各师总兵力和作战兵力的4150/42号报告，第6集团军司令部作战处，1942年10月24日）。

　　正如图表36所示，第51军辖下各装甲掷弹兵营的兵力从350人到400人不等，各步兵营的兵力从150人（第305步兵师）至500人（第100猎兵师）不等。出人意料的是，许多师里的俄国志愿者数量超过了师里的步兵或装甲掷弹兵。

　　除了作战兵力，德国人的士气也有所下降。例如，第79步兵师第208团团长里夏德·沃尔夫中校与相邻的第54猎兵团团长会面时，后者提醒他："您别指望我的部队能提供更大的帮助。这些日子里，我们已疲惫不堪，实力消耗殆尽，战斗意志也严重下降。等您的部队在这里打上14天，你们也会这样。"可悲的是，沃尔夫发现"事实证明他没说错"。[9]

"街垒"厂和"红十月"厂之战，10月23日—31日

10月23日

尽管保卢斯对第6集团军的实力和士气深感担心，但赛德利茨还是在10月23日1点恢复了进攻行动，第305步兵师的营、连级突击群发起一连串夜袭，旨在试探"街垒"厂东北面沿伏尔加河西岸据守诸多冲沟和峡谷的苏军，然后将他们赶入伏尔加河（参见地图74）。虽说这些突击大多没能取得战果，但德国人实施夜袭的新打法使第62集团军提高了警惕："与过去的突击行动不同，敌人于10月23日凌晨1点发起进攻，目前仍未停止。"第62集团军的每日报告称这些进攻"未果"，并解释道："10月23日凌晨1点起，我集团军击退了敌步兵和坦克沿前线中央地段对'街垒'厂和'红十月'厂发起的进攻，并在前线其他地段与敌小股步兵和少量坦克展开战斗。"[10]

但这些小胜利给苏军带来的鼓舞并未持续太久。试探行动结束后，10月23日8点10分，赛德利茨的主力突击群发起了总攻，在此之前，7点至7点10分，尖啸的"斯图卡"战机反复攻击苏军阵地，7点10分至8点10分，德军火炮、火箭炮和迫击炮弹如雨下，第62集团军不得不承认："夜袭未果后，10点起，敌人沿'街垒'厂和'红十月'厂方向多次对我方阵地发起进攻，投入的兵力超过1个新锐师（第45或第79师），并以重型坦克和大批战机提供支援，全然不顾自身遭受的巨大损失。"[11]德军的进攻拉开了当日这场惨烈激战的帷幕。

面对德国人称之为"坚决"的抵抗，海姆第14装甲师的战斗群沿"街垒"厂南面的峡谷向东推进，并向南进入面包厂和该厂西南面的建筑区。第14装甲师左翼和中央部队的突击重创了苏军步兵第95师第161团和古尔季耶夫步兵第308师提供支援的第347、第339团的前沿防御。虽然德军沿峡谷向东突破了仅仅100多米，在面包厂北部夺得一个立足点，随后便停顿下来，但这场突击给苏军步兵第347团造成严重损失，并消灭了该团团部的一部分。[12]古尔季耶夫在"街垒"厂南面峡谷的一座掩体内指挥着步兵第308师的作战行动，他

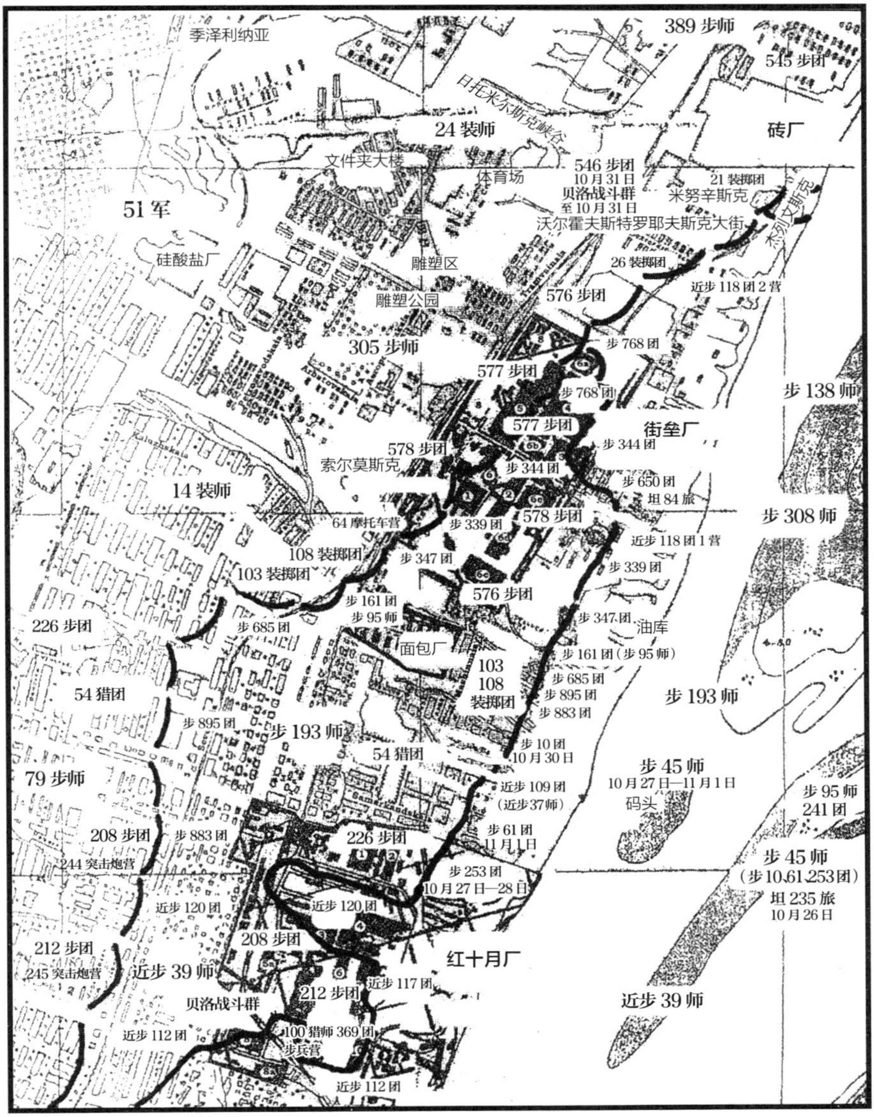

地图 74　1942 年 10 月 23 日—31 日，第 51 军的突击

将步兵第339团的余部撤入工厂深处，将第347团撤入东面的峡谷。

海姆装甲师右翼，第103装甲掷弹兵团组成的战斗群，将苏军步兵第193师第685团的右翼部队向"红十月"厂西北角逼退了数个街区，并在突击停顿下来前夺取了几座建筑物。第14装甲师进展缓慢，再加上第79步兵师第54猎兵团没能在南面突破苏军步兵第193师沿铁路线的顽强防御，导致这两个师毗邻的侧翼未能会合，也没能攻占72a坐标方格内的多层建筑。[13]但是，德军的猛攻使斯梅霍特沃罗夫实施防御的步兵师付出了惊人的代价，并"在该师的防线上打开了一些缺口"，由于缺乏预备队，苏军无法封闭突破口。[14]

第14装甲师右侧，什未林第79步兵师的两个团和部署在该师左翼的第54猎兵团跨过铁路线，较为轻松地攻入"红十月"厂深处。崔可夫轻描淡写地回忆道：

10月23日，敌人将获得加强的第79步兵师和重型坦克投入战斗。他们在大批飞机的掩护下发起进攻。其主要突击方向是沿中央大街和旋转大街攻向"红十月"厂。现在，战斗重心转移到"街垒"厂至班内峡谷这一地段。

傍晚时，损失惨重的敌人突入钢铁大街（面包厂附近），并沿堆满被击毁的车厢的工厂专用铁路向前推进。约一个连的敌冲锋枪手渗透到"红十月"厂西北部。

黄昏时，我们的炮兵对集结在"红十月"厂西北部的敌坦克和步兵发起猛烈炮击。[15]

德军第79步兵师的通信官赫伯特·迈尔中尉密切留意着该师的进展，提供了第62集团军司令员没有披露的事实：

苏军设在货车场的第一道防线很快被我师夺取，对方的抵抗尽管激烈，但很短暂。9点30分，前线发回报告，第一个目标——工厂西部边缘的厂用铁路线已被拿下。由于没有遭遇到抵抗，部队要求批准他们突入工厂，并将火力转至工厂东部边缘和伏尔加河河岸。态势很清楚，一些迅速发起追击的部队已突入工厂。现在快到11点了……

　　右侧的突击楔子迅速在5号和5a号厂房地域攻入工厂，13点30分前，他们已突破至工厂中央，并掩护着两翼。然后，一场众所周知的危机爆发开来。前线没有发回报告［由于有线通信中断，无线电通信也停止了工作，导致传言四起］……

　　对师长来说，这几个小时令他极度紧张。上级部门每隔30分钟便向我们索取最新的态势报告，可我们无法提供。

　　……

　　然后，16点，终于传来令人舒心的消息。突击部队出色地完成了任务，他们已冲破工厂，突至伏尔加河陡峭的河岸。"到达7号厂房东面的伏尔加河河岸——15点30分！"这是第5、第6连骄傲的报告……这份报告立即发给了左右两侧的突击部队。第212步兵团现在还没有接到辖内部队类似的报告……

　　但我非常担心。只有第2营的部分部队（第5、第7连）完成了这项至关重要的任务。在工厂里，他们遇到了最右翼突击部队（第212团）的一部，现在和他们一同站立在伏尔加河畔。但前出至伏尔加河，他们付出了极大的伤亡……当然，厂区内还有许多散兵游勇和迷失了方向的敌军士兵。许多突击组正忙着肃清他们。到达河岸的我方士兵数量很少，他们对敌人强大的侧翼火力抱怨不已……因此，担任团预备队的第11连奉命增援伏尔加河畔的登陆场并予以扩大。[16]

　　第79步兵师进展神速，但迈尔承认，经过9个小时的激战，第208和第212团先遣部队暴露出的侧翼"像一柄达摩克利斯之剑"威胁到这两个团。第212步兵团左翼的战斗群穿过工厂，夺取了8号和9号厂房，但争夺10号厂房的激战仍在持续，该团右翼的战斗群在掩护右侧峡谷并肃清后方被绕过的苏军的战斗中遭到消耗。因此"尚未取得决定性胜利"，这是由于第212团"在铁路线与庞大的8号厂房西面的厂用铁路线之间，为争夺每一座房屋、每一个地窖和每一条街道"进行着艰巨的战斗。[17]

　　在这场僵持中，迈尔判断，"主要障碍是敌人的重武器火力，102.5高地［马马耶夫岗］为其提供指引"。加剧什未林困境的是，尽管第208团右翼的突击楔子已到达伏尔加河，但该团左翼的突击楔子（以及第54猎兵团的战斗群）夺取3号和6号厂房后，在4号厂房前陷入停滞。这样一来，该团的左翼目前从4号厂房西接近地向后一路延伸至出发阵地，很容易招致敌人有可能发起的反冲击。[18]

第79步兵师10月23日23点10分的作战报告证实了迈尔对当日行动的记述：

炮兵和"斯图卡"实施火力准备后，步兵8点10分投入进攻。第208和第212步兵团发起的突击在9点10分前到达61b2与63b2坐标方格之间的厂用铁路线，而第212团的突击组前出至61b3坐标方格［工厂东南角附近］的小峡谷。可是，虽然与两侧的友军保持着联系，但第54猎兵团没能跨过63b2坐标方格峡谷［双冲沟］上的铁路桥。他们被敌人依托暗堡实施的顽强抵抗所阻，步兵和突击炮接近对方的可能性很小。部队实施重组，炮兵和"斯图卡"再次发起火力准备，10点，突击部队跨过厂用铁路线。他们在指定地段成功突入冶金厂时，第212团右翼的突击组却没能跨过峡谷，这是因为敌人依托强化的学校建筑实施了坚决的抵抗。这场推进导致右翼敞开，已派一个警察中队[①]和一个步兵连占据和防卫。

与此同时，在左翼，与第54猎兵团的联系中断，因为该团实力虚弱，不足以维系这一联系。敌人实施了坚决的抵抗，经过激战，4号和6号厂房被我们攻占。一个小时后，5号厂房也落入我们手中。16点15分，报告传来，3个连已到达伏尔加河陡峭的河岸。18点接到报告，4号厂房（南部的一座）和东南方的厂区正发生激战。我方的"斯图卡"非常活跃，敌人的飞机很少出现……

第54猎兵团，包括一个轻型迫击炮营，解除了目前的配属关系，重新回到第100猎兵师辖下。第244突击炮营也结束了隶属关系。另一方面，克罗地亚团（第100猎兵师的第367团[②]）交由第79步兵师指挥。[19]

什末林第79步兵师果断的初步突击，的确在"红十月"厂西面苏军最薄

---

① 译注：这里指的可能是宪兵。
② 译注：第369团。

弱处（古里耶夫近卫步兵第39师第112、第120团与斯梅霍特沃罗夫步兵第193师第883、第895团的结合部）粉碎了对方的防御。在第79步兵师的中央地带，第208步兵团的进攻迫使近卫步兵第39师第120团退过铁路线，撤入工厂内，德军最终夺取了5号、5a号、3号、6号和7号厂房，苏军步兵第120团在4号厂房内加强防御，并将其部队撤至工厂北部的1号、2号厂房。战斗中，步兵第120团团长A. Ia. 戈里亚切夫少校负伤，后来被疏散至后方。第79步兵师右翼，第212团的进攻击溃了苏军近卫步兵第112团右翼和中央的部队，一举夺取8号、9号厂房的大部，苏军近卫步兵第112团组织起残余兵力，在10号厂房实施更加顽强的抵抗。日终前，古里耶夫的两个近卫步兵团在工厂东部三分之一处的10号厂房及其周边成功地阻挡住德军的推进。他们还沿第79步兵师突破口的侧翼构设起可靠的防御，特别是在1号、2号厂房和4号厂房的一部分沿北翼和峡谷，在8号厂房的南部沿南翼设立起了防御。[20]

第62集团军总结了这场战斗的结果，尽管稍显乐观："近卫步兵第39师与进攻中的敌步兵展开战斗。敌人的小股集团设法突破了近卫步兵第112团的前沿阵地。已采取措施消灭突入之敌。一股敌军几乎被彻底歼灭。该团继续坚守着原先的阵地。"[21]

可是，在第79步兵师左翼，根据德国方面的记述，第54猎兵团的进攻遭到惨败，无法跟上南面两个友邻团的前进步伐。该团对苏军步兵第193师第883、第895团位于铁路线西面和 "红十月" 厂北面的防御发起进攻，行动刚一开始，猎兵们的突击便发生了动摇。第79步兵师的作战日志记录下了该团有限的进展：

左翼第54猎兵团没能在62d2坐标方格峡谷［双冲沟］的铁路桥处跨过铁路线，这是因为敌人依托暗堡实施了强有力的抵抗，以及接近地道路的限制……由于损失严重、指挥人员伤亡、敌人的抵抗异常顽强，第54猎兵团11点止步不前。该团只有右翼部队设法在指定区域跨过了第一道铁路线。[22]

因此，截至当日中午，苏军步兵第193师第883、第895团仍沿铁路线及其东部据守着他们的防御阵地，从而阻止了德军第14装甲师与第79步兵师将其毗邻的侧翼连接起来。

但是，第62集团军的报告对步兵第193师态势的描述极不乐观，该师正设法击退德军第14装甲师和第54猎兵团的进攻：

步兵第193师全天都在进行激烈的防御作战，抵御敌人超过两个步兵团和35辆坦克（重型和中型）从中央大街、占科伊大街和旋转大街发起的进攻。当日，敌人前调预备队，并将其投入战斗。

师属各部队继续坚守原先的阵地，但由于损失严重，各部队作战编队间已出现缺口和漏洞。

夜幕降临时，敌人重新发起进攻，6辆坦克成功突破至钢铁大街附近（面包厂），其中两辆被烧毁，剩下的继续战斗，与数股冲锋枪手突入赤工国际（Profintern）大街和中央大街地域，敌人的一个冲锋枪手连攻入"红十月"厂地域。

各部队遭受到严重损失（据初步统计，人员损失高达70%）。敌人发起夜间进攻，并实施猛烈的炮击，战斗仍在继续。[23]

因此，10月23日日终时，德军第79步兵师第208和第212团已在"红十月"厂占据了一个重要的立足点，并夺取了厂内的许多建筑，包括3号、5号、6号、7号、8号厂房和4号厂房的一部分，另外，经过一番激战，10号厂房也落入德军手中。但是，由于侧翼缺乏进展（特别是第54猎兵团没能赶上南面友邻部队的前进步伐），工厂北部的1号、2号、3号厂房和南面8号厂房的南半部仍在苏军手中。这些胜利也让第79步兵师付出了高昂的代价。虽然苏军损失惨重（75名苏军士兵被俘），但第79步兵师也有83名官兵阵亡、364人负伤、1人失踪——从该师战斗群的初始力量来看，这个代价相当高昂。[24]

在此期间，第51军主力突击群的左翼，奥彭伦德尔第305步兵师的三个战斗群8点10分对第62集团军设在"街垒"厂及其北面的防御发起进攻。不久后，第24装甲师"贝洛"战斗群加入对工厂北部的突击，但面对苏军的坚决抵抗，德军进展甚微。在师属炮兵团和第24装甲师第89装甲炮兵团的火力支援下，第305步兵师以第578团战斗群发起主要突击，第24装甲师的6辆坦克在右侧提供支援。这场突击攻向铁路编组场，粉碎了毗邻的仓库，给 "街垒" 厂南半部的厂房造成严重破坏，据守在那里的是苏军的一些残部，可能是步兵第308师第347和第339团两个实力虚弱的营，当天晚些时候，他们获得步兵第138师第650团的加强。

德军第305步兵师第576和第577团战斗群对工厂北部发起进攻，取得的进展更是微不足道，面对苏军步兵第138师第768和第344团的激烈抵抗，德国人只前进了100米（参见地图75）。

因此，与过去的进攻行动一样，德军师的实力太弱，无法克服苏军的顽强抵抗：

清晨美丽的秋日阳光预示着这是个好日子，但10点30分，低垂的云层从东北方飘来，德国空军被迫取消了行动。俄国人抓住这一良机，在火炮厂内发起一场强有力的反冲击，从第305步兵师手中夺回了4号厂房。"贝洛" 战

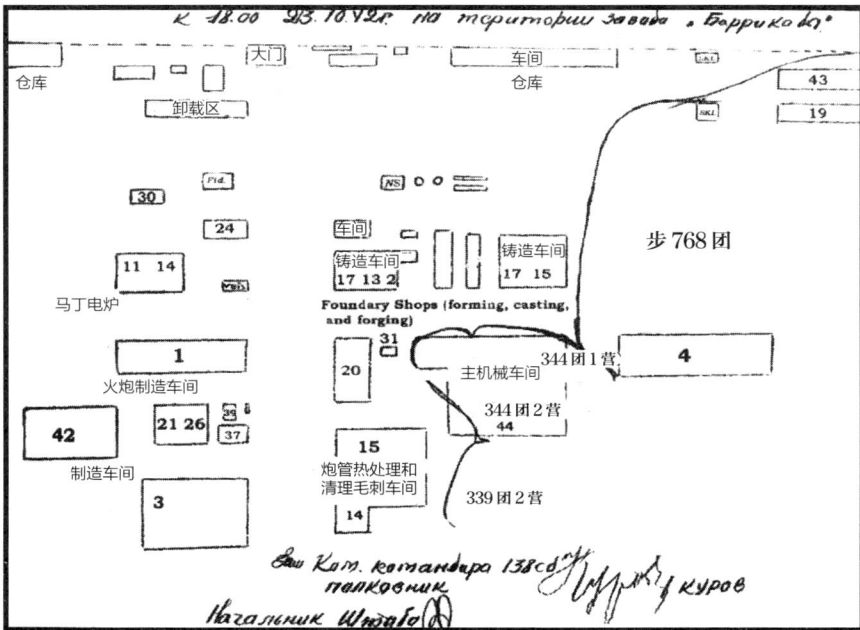

地图75 1942年10月23日18点，步兵第138师第768、第344团在街垒厂的部署

斗群〔第24装甲师〕猛烈的侧射火力无法阻止该厂房的丢失。随着4号厂房落入敌手，第26装甲掷弹兵团〔第24装甲师〕的士兵们形成了一个突出部，这对重新夺回该厂房极为有利，他们的火力也将阻止俄国人在厂房与伏尔加河之间的行动。

俄国人的反冲击和4号厂房被夺取严重打击了第305步兵师的士兵。12点30分拜望该师师长时，保卢斯上将获知，第305步兵师已无力发起大规模进攻。这就意味着"贝洛"战斗群的右翼不会再向前推进……

10点30分出现的低垂云层终于在13点消退了，没过多久，"斯图卡"再次出现在斯大林格勒的空中。火炮厂的4号厂房遭到"斯图卡"和轰炸机的攻击，第305步兵师的炮兵和第24装甲师第89装甲炮兵团也发起炮击。当天剩下的时间里，双方士兵一直蜷缩在散兵坑和地窖里，炮弹在他们四周不停地爆炸。[25]

关于这场战斗，第62集团军只简单地报告道："步兵第138师和近卫步兵第118团正击退敌人（第305步兵师）从西面和西南面对'街垒'厂的进攻。步兵第650团正与企图突破'街垒'厂赶往伏尔加河的敌步兵和坦克激战。"[26]

评估当日的作战行动，保卢斯和赛德利茨已明显落后于预定计划。崔可夫的部队不仅坚守着"街垒"厂和"红十月"厂的一部分，还阻止了德军在两座工厂之间突向东面的伏尔加河，从而避免了他们日益萎缩的登陆场被德军切为两段。由于苏军在北部工厂区南部的防御依然连贯，崔可夫再次得到将新锐预备队投入战斗的机会，继续消耗保卢斯已疲惫不堪的部队——前提是他能找到必要的预备力量。尽管如此，OKW还是在当日日终时乐观地宣布：

在斯大林格勒激烈的巷战中，进攻中的步兵和装甲部队击退了敌军，夺取了"红十月"厂的一部分，并前出至伏尔加河。轰炸机和俯冲轰炸机对敌人的阵地发起大规模打击。另外，德军战机不分昼夜地对伏尔加河中岛屿和东岸的火炮发射阵地发起打击。[27]

B集团军群的每日战事概要更为准确：

第79步兵师夺取了冶金厂［"红十月"厂］西部的铁路线（该师的当前任务），并在突击群的支援下突入工厂中央地区。厂内的大多数车间已被夺取。战斗仍在继续。第14装甲师肃清了面包厂内被围敌军的抵抗。据未经证实的消息，第79步兵师的一个突击群已突破至伏尔加河。[28]

集团军群的情报官将目光投向斯大林格勒北郊仍在继续的战斗，他补充道："在斯大林格勒城，敌人放弃了冶金厂和面包厂附近的几座建筑。敌人强有力的侦察行动没能取得成功。经过顽强抵抗，敌人放弃了斯大林格勒正北面的斯巴达诺夫卡。他们在其东郊据守着几座建筑。"[29]

红军总参谋部的每日战事概要证实了德国人的报告，与第62集团军司令员的报告相比，这份战事概要描绘的态势更为严峻：

第62集团军10月23日在斯大林格勒地域与敌人展开激战。对我军阵地实施炮击和轰炸后，10月23日10点，敌人以2个步兵师和45辆坦克从"街垒"厂至班内峡谷一线发起猛烈进攻。

截至10月23日18点，步兵第138师和近卫步兵第37师第118团击退了敌人在"街垒"厂发起的数次进攻。18点，敌人再度投入进攻。战斗演变成白刃战，夜幕降临后仍在继续。

步兵第308师击退了敌人在"街垒"厂东南部发起的进攻。

步兵第193师以激烈的防御作战抗击敌人的1个步兵师和35辆坦克，日终时坚守住了自己的阵地。战斗仍在继续。敌人的个别群体成功达成突破：6辆敌坦克——在钢铁大街附近；一群敌冲锋枪手——到达赤工国际大街和中央大街街角；1个敌步兵连——到达"红十月"厂西北角。

近卫步兵第39师击退敌人的数次进攻，坚守着原先的阵地。

集团军辖内的其他部队继续坚守原先的阵地。[30]

崔可夫对当日的战斗做出评估，在每日作战报告中承认，他的集团军遭受的损失已超过60%，各部队的作战编队"经过数日激战，已被严重削弱"。[31]更糟糕的是，这种损失无法弥补，因为他的预备队"已耗尽"；其结果是，他的集团军面对着"真正的威胁，敌人可能突破至班内峡谷北面的伏尔加河河段"，从而"将步兵第138和第308师的部队切断"。[32]因此，他请求叶廖缅科尽可能多提供些火炮和火箭炮，支援他陷入困境的部队。

尽管10月23日进展有限，各部队遭受到严重损失，但18点55分，第51军军部命令第305步兵师、第14装甲师和第79步兵师次日拂晓重新发起进攻，夺取前一天未能夺取的目标。具体地说，什未林第79步兵师（目前配属第54猎兵团的一个营）应肃清"红十月"厂内的苏军，并沿伏尔加河西岸的"整段战线构设一道正面朝南的坚固防线"，还应投入一个强有力的战斗群（至少是桑内第100猎兵师的一个猎兵营）从左翼后方向北推进，为第14装甲师提供支援。

第79步兵师左侧，海姆第14装甲师（获得第54猎兵团余部的加强）应攻占面包厂，与工厂西南面第79步兵师的左翼部队会合，然后沿伏尔加河西岸设防。第14装甲师左侧，"耶内克"集群（第305步兵师）应肃清"街垒"厂的残敌，与第14装甲师位于面包厂西南方的第64摩托车营会合，并同第14装甲师配合，肃清"街垒"厂与面包厂之间的狭长地带。第79步兵师与第14装甲师的分界线"从63c坐标方格至62b坐标方格的宽阔大街［中央大街］，火炮厂以北地域，至火炮厂北部边缘，再至伏尔加河"。[33]

什未林决定将第79步兵师的进攻重点放在夺取"红十月"厂4号厂房上。苏联人将该厂房称为"平炉车间"，守卫该车间的是苏军近卫步兵第39师第120团的一部，他们据守在车间高大的、未遭到破坏的烟囱上，以雨点般的火力覆盖德军第79步兵师占据的几乎每一个地段。什未林命令第212步兵团守卫工厂南半部的9号、10号厂房，严防古里耶夫近卫步兵第39师第112团有可能对德军正面和右翼发起的反冲击。同时，他命令第208步兵团，在第179工兵营的支援下发起一场分为两个阶段的进攻，将近卫步兵第39师第120团逐出4号厂房以及工厂中央和北部的其他地段。

根据什未林的计划，第一阶段的进攻于凌晨3点发起，第208团的1个营与第212团留在后方的部队以及第179工兵营第3连负责肃清盘踞在工厂行政楼（5a号厂房）的苏军（前一天，进攻中的德军绕过了这股苏军），缩短该师的战线。行动的第二阶段，第208团第2、第3营将从3号、6号、7号厂房向东突击，夺取4号厂房（平炉车间）；该团右翼的第1营向北攻击前进，夺取1号、2号厂房，并与第54猎兵团会合，该猎兵团将跨过第14装甲师控制下的铁路线，前出至工厂北部边缘，从北面对1号、2号厂房发起突击。[34]

与此同时，在第79步兵师左侧，海姆第14装甲师将投入第64摩托车营，在师里剩余坦克的支援下，对苏军步兵第95师第161团设在面包厂及其周围的防御发起进攻。同时，第14装甲师第103和第108装甲掷弹兵团各投入一个实力较弱的营级战斗群，沿"街垒"厂与面包厂之间的峡谷和钢铁大街向东攻击前进，歼灭苏军步兵第308师第347、第339团的残部，并前出至峡谷口部的伏尔加河西岸。第14装甲师右翼，第54猎兵团的两个营级战斗群将沿主铁路线向东推进，然后攻向东南方的"红十月"厂，突破苏军步兵第193师第883和第685团位于"红十月"厂北面和东北面约六个街区的防御，并沿工厂北部边缘与第79步兵师第208团会合。

第14装甲师左侧，第305步兵师师长奥彭伦德尔前一天已宣布他的师"不适合"发起大规模进攻，因为师里的7个营中，3个被评为"耗尽"，其他的充其量算"虚弱"，他的师只剩下1200名步兵。尽管如此，赛德利茨还是命令第305步兵师恢复进攻，打击柳德尼科夫步兵第138师和古尔季耶夫步兵第308师的残部，这些苏军盘踞在"街垒"厂北部和东部的废墟中，并在工厂东面和东北面沿伏尔加河西岸守卫着诸多峡谷和冲沟。第51军军长强调，他下达这道命令是为了掩护第14装甲师左翼。因此，随着双方作战兵力下降到营、连级战斗群，接下来的战斗演变成了在工厂被摧毁的厂房、车间和仓库的废墟间为生存而展开的殊死搏杀，交战双方的所失和所得只能以几十米计算。

10月24日

10月24日，德军按计划展开进攻，第79步兵师第208和第212团清晨3点投入行动，肃清"红十月"厂行政楼（5a号厂房）内的苏军。尽管苏军频频发起反冲击，但德军还是在当日上午完成了这项任务。下午晚些时候，这两个团扩大了他们的进攻，设法包围工厂北部和东部的目标。迈尔中尉再次密切关注着作战行动，对"红十月"厂废墟中混乱、残酷的厮杀做出了生动的叙述。这番可怕的描绘完全可以代表斯大林格勒工厂区内各处发生的激战：

虽然提供了强有力的火力支援，但当日的作战目标还是没能完成。不过，工厂东部边缘的防线挡住了苏军达成突破、突入厂区的一切企图。4号厂房从西面和南面遭到包围。厂内的8号和8a号厂房已被夺取。但争夺工厂西面［应为西北和北面］街道的战斗只取得极其有限的进展。我师士兵与敌人展开最为激烈的近战，傍晚时，我们看见太阳徐徐落下。令我惊讶的是，次日的国防军公告宣布整个"红十月"厂已被夺取。我打电话给师部，师长告诉我，他也对此感到惊讶，但报告没有错，他只是上报了他所接到的汇报。就这样，争夺"红十月"厂之战的第一阶段结束了。

猛烈的炮火、"斯图卡"和近距离支援战机的狂轰滥炸、火箭炮连的齐射，其激烈度超过以往见过的任何一场战斗。一个个硕大无比的弹坑将这座城市变成了月球般的景观。许多大型建筑沦为高耸的废墟，工厂厂房内巨大的水泥板伸出一根根怪异的钢筋，导致在这里行走不得不采用令人厌恶的攀爬，死神也在这里逡巡，某些隐藏着的狙击手可能会射出一颗致命的子弹。[35]

这名中尉的惊讶完全合理，10月24日，OKW得意扬扬地宣布（尽管有些过早）：

在斯大林格勒具有局部重要性的激战中，德国军队彻底夺取了"红十月"厂，除了一个车间外，还占领了敌人预有准备的阵地、数个街区、斯大林格勒北郊的斯巴达诺夫卡和数座建筑物。前一天攻占的居民区和工业区内，残余的敌人已被肃清。[36]

与OKW乐观的公告相反，第79步兵师10月24日并未占领整个"红十月"厂，辖内的两个步兵团没能完成当日的所有目标。在该师左翼向前推进的第208团成功夺取了4号厂房西半部和1号、2号厂房的南段，辖内部分部队沿工厂东面的狭窄地段向前推进，进抵伏尔加河西岸。但是，当日下午，近卫步兵第39师师长古里耶夫投入担任预备队的第117团发起一场反冲击，力图夺回部分或全部失地。第117团从伏尔加河西岸密集的峡谷和冲沟发起进攻，并从散布的支撑点对德军第208团的渗透发起侧翼突击，夜幕降临前消灭了突入之敌。

与此同时，第79步兵师右翼的第212团试图将近卫步兵第39师第112团逐出8号和8a号厂房的南部。但该团的行动失败了，因为他们不断遭到盘踞在工厂正南面峡谷内的苏军以轻武器、机枪和迫击炮射来的密集火力的打击，南面马马耶夫岗制高点上的苏军也发起猛烈的炮击。谈及当日的作战行动，第62集团军报告道：

近卫步兵第39师据守着既有阵地。步兵第117团在"红十月"厂与敌人战斗，随后将投入步兵第112与第120团的结合部。战斗仍在继续。近卫步兵第13师第34团第1营［从斯大林格勒市中心调来］在右侧掩护着结合部，并沿从FUTB［"街垒"厂东南方的油库］至"红十月"厂西北郊的铁路线实施防御。[37]

与第79步兵师在"红十月"厂取得的有限进展形成鲜明对比的是，北面，第14装甲师第64摩托车营、第103和第108装甲掷弹兵团的战斗群实力严重衰减，无力夺取面包厂和毗邻的峡谷，也无法打垮该师与第79步兵师之间伸向西面铁路线的危险突出部。遵照赛德利茨的命令，海姆装甲师的小股战斗群再次对苏军步兵第95第161团在面包厂的防御和步兵第308师第347、第349团的一部设在面包厂南部峡谷的防御发起进攻，配属给该师的第54猎兵团对苏军步兵第193师第685、第883团在"红十月"厂北面遍布废墟的街道上和被摧毁的建筑物间的防御展开进攻。但这些部队都没能完成分配给他们的任务。

在第14装甲师作战地域最引人注目、希望最大的行动中，以第103装甲掷弹兵团埃利希·多马施克上尉第2营为核心组建的战斗群沿"街垒"厂南面的峡谷向东突击。尽管这场突击成功突破了苏军的第一道防线，但面对古尔季耶夫步兵第308师残部的激烈抵抗，该战斗群只前进了100米便陷入停顿。关于这场战斗，第62集团军含糊地报告道："步兵第308师击退了敌人在'街垒'厂东南部发起的进攻。"[38]第14装甲师第64摩托车营发起的突击，起初突破了苏军步兵第161团设在面包厂北部边缘的防御，并在该厂的行政楼夺得一个立足地，但苏军步兵第161团发起一场反冲击后，德军这场进攻以失败告终。而第54猎兵团的进攻行动也在铁路线东面不到100米处遭到失败。

海姆战斗群在峡谷附近和面包厂取得的有限战果并未令他感到些许安慰，相反，这两天的激战造成的损失促使他汇报第51军军部："9点——在他的指挥所里，第14装甲师师长描述了面包厂之战造成的严重损失。该师的战斗兵现在已减少到约750名步兵。该师师长认为，没有援兵，无法取得更大的战果。"[39]

在沿峡谷和面包厂及其周围的激烈战斗中，第14装甲师的一个战斗群在苏军步兵第308和第193师的防线间插入一个楔子，尽管很浅，却打垮了古尔季耶夫的指挥所，迫使他在"街垒"厂南部边缘的瓦砾间寻找藏身处。遵照崔可夫直接下达的命令，步兵第193师师长斯梅霍特沃罗夫组织起10名冲锋枪手，亲自率领他们发起一场突袭，寻找并营救古尔季耶夫。斯梅霍特沃罗夫成功地完成了这一任务，并与柳德尼科夫共同发起反冲击，设法阻挡住第14装甲师的推进。[40]

当晚，第62集团军向总参谋部提交了一份简短的报告，概述了"街垒"厂南部边缘与西南方铁路线之间的激烈战斗：

步兵第193师——第161团击退了敌步兵和坦克对其右翼的进攻。

17点，敌人以超过1个步兵团的兵力和30辆坦克再次发起进攻，企图前出至伏尔加河，他们以超过2个营的兵力和17辆坦克沿红普列斯尼亚（Krasnopresnenskaia）大街向南冲往"红十月"厂北郊，以1个营的兵力和坦克沿钢铁大街冲向伏尔加河。

在［步兵第193师］第895团的防区内，敌坦克突至团部所在地，紧随其后的敌步兵突入该团稀疏的作战编队，双方展开激战。该师损失300多人。战斗仍在继续。[41]

最后，在第14装甲师左侧，奥彭伦德尔第305步兵师试图再次恢复进攻，肃清"街垒"厂的苏军。可是，德军夺取工厂主机修车间（德国人称之为6b号厂房）的一部分后，柳德尼科夫投入步兵第344团，沿工厂东侧加强第768和第650团的防御，德军的突击陷入停顿。苏军从伏尔加河东岸为柳德尼科夫的防御提供猛烈的炮火支援。但德军当日晚些时候再度发起进攻，第305步兵师第578团在左侧第577团的支援下成功夺取了主机修车间和北面的4号厂房。第62

集团军虽然起初吹嘘步兵第138师和近卫步兵第118团"击退了敌步兵和坦克从西面和西南面对'街垒'厂发起的进攻"，但后来又不情愿地承认，"敌人投入新锐预备队，16点30分发起新的进攻，攻占了'街垒'厂中部和西南部"（参见地图76）。[42]

当日的战斗令进攻方付出了高昂的代价，日终时，第14装甲师第103装甲掷弹兵团的作战兵力只剩下40人，这不仅是"一个营剩下的兵力"，也是"全团仅剩的装甲掷弹兵"。[43]奥彭伦德尔再次声称第305步兵师已消耗殆尽，无力完成任何作战任务时，第14装甲师也报告称他们只剩下11辆战车（2辆二号坦克、1辆三号短身管坦克、7辆三号长身管坦克、1辆四号长身管坦克）；而第24装甲师报告称，他们也只剩下11辆坦克（1辆二号坦克、3辆三号短身管坦克、7辆三号长身管坦克）。第244和第245突击炮营总共只剩下7辆突击炮。从根本上说，这场激战掰掉了第51军的"装甲利齿"。[44]

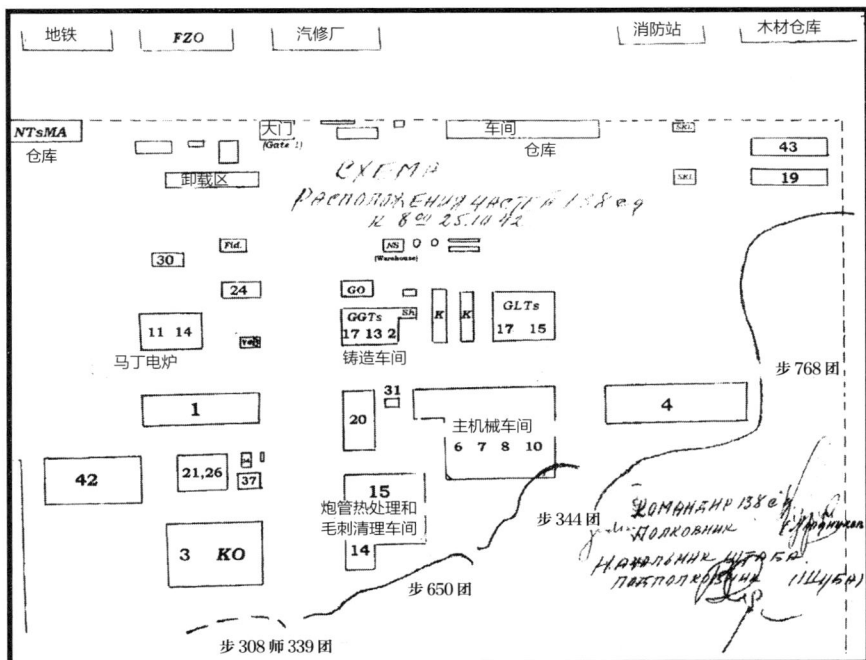

地图76 1942年10月25日8点，步兵第138师在街垒厂的部署

回忆10月24日的作战行动，崔可夫后来声称，他的集团军当日上午击退了德国人最初的进攻，并给对方造成严重损失，但此后的态势变得更加艰巨：

敌人随后投入了第二梯队和预备队。16时30分，经过激战，敌人占领了"街垒"厂中部和西南部。

18点，敌步兵和坦克前出至我［步兵第193师］第895团指挥所。团长乌斯季诺夫少校通过电台与我们取得联系，要求我们以"喀秋莎"火箭炮对他的指挥所发起齐射。"没有别的办法！"这就是他最后的请求。

敌人的2个步兵营和17辆坦克沿红普列斯尼亚大街冲向"红十月"厂西北门。古里耶夫师的近卫步兵第117团与他们展开激战，但敌人的小股冲锋枪手设法突入了厂内的车间。

日终时我们获悉，［步兵第284师］第1045团的指挥所被一颗直接命中的炸弹摧毁，团长季莫申中校不幸牺牲了。[45]

红军总参谋部的每日作战报告准确地概述了当日令人不太愉快的战斗，内容更加详细：

第62集团军继续在斯巴达诺夫卡、"街垒"厂和"红十月"厂地域以激烈的防御作战抗击敌步兵和坦克。战斗在斯巴达诺夫卡西南部和"街垒"厂地域肆虐。

面对敌人的重压，步兵第149旅的部队放弃了翡翠大街和捷列克（Terskaia）大街。

步兵第138师和近卫步兵第118团［近卫步兵第37师］击退了敌人1个步兵营和8辆坦克［第305步兵师第578团］发起的进攻后，继续坚守原先的阵地。

步兵第308师10月24日击退了敌人［第14装甲师］对"街垒"厂的进攻。

步兵第193师和步兵第161团与敌人的2个步兵营和17辆坦克［第14装甲师和第54猎兵团］在"红十月"厂北部激战，并与敌人企图沿钢铁大街前出至伏尔加河的1个步兵营和坦克展开战斗。

近卫步兵第39师继续坚守原先的阵地，并以部分兵力歼灭了突入"红十月"厂的敌冲锋枪手［第79步兵师］。

　　集团军辖内其他部队的位置未发生变化。[46]

　　10月24日这场激烈的非决定性战斗的结果是：第79步兵师左翼，第208团控制着"红十月"厂中央三分之一处的3号、5a号、5号、6号、7号、10号厂房，但仍在工厂中央的4号厂房和北部三分之一处的1号、2号厂房外。第79步兵师右翼，第212团占领了工厂南部三分之一处的9号厂房和大半个8号厂房，但仍在工厂南部边缘的8a号厂房外。此时，什未林的步兵面对着近卫步兵第39师第112团的残部，这股苏军守卫着工厂南面的峡谷、8a号厂房和半个8号厂房，并沿10号厂房与伏尔加河西岸之间的狭长地带掘壕据守，另外还有近卫步兵第120团，该团坚守着1号、2号厂房和大半个4号厂房。

　　从"红十月"厂北延至"街垒"厂的这片狭长地带上，配属给第14装甲师的第54猎兵团沿铁路线及其东部地域据守，其防线从"红十月"厂西北面的数个街区沿多林斯卡亚（Dolinskaia）大街东延至机器大街附近。第54猎兵团的左翼由第14装甲师第103、第108装甲掷弹兵团和第64摩托车营掩护，他们据守的防线沿机器大街向北延伸，穿过苏军在面包厂占据的一个向西伸出的突出部，直至与"街垒"厂南部边缘毗邻的峡谷的中段。第62集团军守卫这片地域的部队由北至南部署，以步兵第193师第883、第895、第685团的残部在"红十月"厂北面的各条街道抵御德军第54猎兵团和第103装甲掷弹兵团的一部，步兵第95师第161团据守面包厂，步兵第308师第347团位于峡谷下段。崔可夫很快将以由近卫步兵第37师已被消灭的近卫步兵第109团重新组建而成的一个支队（100—150人）加强该地区的防御。

　　第14装甲师左侧，第305步兵师实力受损的三个战斗群据守着整个"街垒"厂（除了该厂的东北部），他们面对的是柳德尼科夫步兵第138师第768、第344、第650团的残部（由北至南部署），这股苏军斜穿过工厂的东面，左翼获得古尔季耶夫步兵第308师第339和第347团的掩护，这两个团守卫着工厂东南面的废墟和南面的峡谷。第51军战线最北端，第24装甲师"贝洛"战斗群面对着配属给步兵第138师的近卫步兵第118团的残部以及第768团的右翼部队，这股苏军沿"街垒"厂东北面的伏尔加河西岸守卫着数条峡谷和冲沟。[47]

10月24日日终时，崔可夫声称，近卫步兵第37师、步兵第308和第193师"只剩下几百名战士"，另外，"由于激烈的战斗，步兵第138师、近卫步兵第139师［应为近卫步兵第39师］和步兵第308师、近卫步兵第37师的残部遭受到严重损失，已然丧失师级战斗力"。[48]虽然遭受到这种损失，但崔可夫告诉叶廖缅科，这些部队准备"战斗至最后一兵一弹"。[49]鉴于叶廖缅科方面军辖下各行进连、营不断渡过伏尔加河增援崔可夫日益萎缩的登陆场，近卫步兵第39师和步兵第138师的兵力很可能还是超过2500人/师。面对眼前的态势，崔可夫10月24日晚给位于工厂区的部队下达了如下命令："将担任集团军预备队的两个步兵营交给步兵第193师和近卫步兵第39师，任务是恢复这两个师沿铁路线的防御正面，坚守既有阵地，决不许敌人继续前进。"[50]

实际上，10月24日日终时，双方部队的耐力已趋于极限，谁都无法获得显著的优势。正如一位历史学家后来所写的那样：

> 10月24日后的一周，第51军全神贯注致力于行动中：白天，竭力争夺过去认为微不足道的目标——冶金厂内的1号、5号、10号厂房和该厂的平炉车间；夜间，设法破坏伏尔加河上的航运，以免崔可夫获得援兵，补充他白天遭受的损失。[51]

这场看似永无休止、不可避免的僵持令赛德利茨、保卢斯和希特勒气馁不已，但对崔可夫却起到了相反的效果，他颇有先见之明地写道：

> 很明显，敌人和我们的力量都已所剩无几。在10天的战斗中，敌人再次分割了我集团军，给我方造成严重损失，并占领了拖拉机厂，但他们没能消灭我北部集群和集团军主力……［因此］保卢斯无法再次发起10月14日那种规模的进攻，除非他能得到10—15天的喘息之机，向前运送大批弹药、炸弹、坦克和援兵。[52]

当时，崔可夫错误地认为保卢斯有两个担任预备队的满编师，分别位于古姆拉克和沃罗波诺沃地域（可能是第76和第113步兵师），而实际上，第6集团军司令手头一个师都没有。德军在整个斯大林格勒地域的唯一预备队是第4装甲集团军辖下的第29摩步师，该师有充分的理由为霍特在别克托夫卡登陆场周围的防御提供支援，抵御斯大林格勒方面军第64集团军发起的反突击。具有讽刺意味的是，虽然崔可夫认为德国人拥有预备队的判断是错误的，但保卢斯正在考虑如何更好地加强赛德利茨的军——尽管他直到一周后才同魏克斯和希特勒商讨此事。在此期间，这位第6集团军司令命令赛德利茨尽力重组、调整他的部队，只要有可能取得战果，可以随时随地发起进攻。

遵照保卢斯的指示，赛德利茨10月24日晚命令第79步兵师、第14装甲师、第305步兵师，不管怎样都要在次日晨继续对"街垒"厂和"红十月"厂附近的苏军阵地发起进攻，尽管进攻规模会小一些。同时，保卢斯命令胡贝第14装甲军彻底消灭莫克拉亚梅切特卡河北面斯巴达诺夫卡和雷诺克地域的苏军登陆场。这些命令引发了"街垒"厂和"红十月"厂附近多场激烈而残酷的局部战斗，并在梅切特卡河北面造成了更大规模的激战。

受到保卢斯和赛德利茨的鼓励，10月25日至29日，在从莫克拉亚梅切特卡河南延至"街垒"厂的这片宽阔区域内，第51军第398步兵师[①]和第24装甲师执行了常规侦察、巡逻和火力支援任务。但在南面，第305步兵师、第14装甲师和第79步兵师继续进行着艰巨、旷日持久而大多徒劳无获的战斗，试图将第62集团军的部队逐出"街垒"厂、"红十月"厂余部以及两座工厂之间令人厌烦的突出部。德军多次发起小规模猛烈进攻，意图将苏军驱离"街垒"厂南面臭名昭著的峡谷、面包厂、两座工厂之间被部分摧毁的密集建筑群。战斗进行期间，崔可夫不断调整部队，命令他们频频发起反冲击，阻挡住德军的推进。与此同时，方面军司令员叶廖缅科恰如其分地将新锐预备队投入这口熊熊燃烧的大锅，以免德国人扑灭这团火焰。

10月25日

10月25日，什未林的第79步兵师重新对苏军据守的"红十月"厂厂房发

---

① 译注：第389师。

566

起进攻。他命令第212团据守该师右翼和工厂南半部侧翼的阵地，然后将师里剩下的战斗兵（可能有2500人）交给第208团团长里夏德·沃尔夫中校，并命令沃尔夫夺取4号厂房（平炉车间；参见地图73）。可是，第208团突入厂房深处后不久，这场初步进攻便发生了动摇；守军是近卫步兵第120团的一部，他们隐蔽在一条穿过厂房的暗沟中，从各藏身处和车间的炉子里突然出现，以猛烈的自动武器和机枪火力扫射进攻者。什未林随后以第212团和师属第179侦察营的数百人组成一个营级混编战斗群加强沃尔夫的突击。同时，这位师长还命令第100猎兵师的克罗地亚第369步兵团（该团刚刚转隶第79步兵师，但兵力不超过一个满编营）接防第212团在9号和10号厂房的防御阵地。虽然获得了援兵，但正如沃尔夫回忆的那样：

对4号厂房的突击从西面发起，在强有力的掩护火力下，起初取得了一些战果。我们设法夺取了半座4号厂房。1号和2号厂房也被重新夺回。从这时起，我部的战线将沿其东部边缘延伸。不幸的是，在4号厂房赢得的胜利并不长久。面对苏军［近卫步兵第39师第120团发起］的反冲击，我们的士兵不得不后撤。然后，我部的战线从［4号厂房］西侧延伸。[53]

从另一方面，第62集团军报告道：

近卫步兵第39师……与渗透至"红十月"厂地域的敌冲锋枪手展开战斗……13点，与超过1个步兵团的敌军激战……一群敌冲锋枪手设法前出至撒马尔罕（Samarkandskaia）大街附近［"红十月"厂北面的一个街区］，并对该师的指挥所构成威胁。集团军司令部投入一个警卫连，守卫该师指挥所。[54]

第79步兵师的突击在"红十月"厂内发生动摇之时，第54猎兵团、海姆第14装甲师第103和第108装甲掷弹兵团的战斗群重新发起局部突击，攻向第62集团军设在"红十月"厂与"街垒"厂之间街道和街区内的防御，突入面包厂，并沿"街垒"厂南面的峡谷向东扩展。他们对苏军步兵第193师第895和685团、步兵第95师第161团以及步兵第308师第347和第339团的小股部队发起打击，同样收效甚微。获得炮火和少量坦克支援的第14装甲师第64摩托车营在面包厂狭窄的空间内发起进攻，多次试图打垮苏军步兵第161团在工厂"第二大楼"和厂区东部的防御。第一次突击"在猛烈的防御火力下失败了"，第二次突击终于肃清了大楼，但又在其南部边缘停顿下来。[55]摩托车营左侧，第14装甲师第103和第108装甲掷弹兵营的战斗群现在的实力已减弱到几个连的规模，他们向前推进，对古尔季耶夫两个团的残部发起打击，这股苏军的兵力只剩下200余人，在"街垒"厂南面的峡谷掘壕据守。尽管付出了最大的努力，但德军装甲掷弹兵向伏尔加河的推进还是只取得几十米进展。在此过程中，第103装甲掷弹兵团的所有连长悉数阵亡，团里的先遣战斗群只剩下不到20人。

第62集团军对这场战斗做出了如下描述：

步兵第308师当日在"街垒"厂地域展开激战。敌人投入新锐部队和重型坦克。在该师的防御地段，我方缺乏抵御敌坦克的武器。

步兵第347团遭受到严重损失，只剩下36名作战士兵。当日，该师击退了敌人的一连串进攻，在"街垒"厂东南角与敌接火的同时，从西北面掩护着渡口接近地。

步兵第193师和［步兵第95师］步兵第161团，在10月24日的战斗中损失惨重。敌人逼退了该师的部队，前出至罗夫纳亚（Rovnaia）大街、塞瓦斯托波尔（Sevastopol'skaia）大街和红普列斯尼亚大街北部附近［铁路线以东和"街垒"厂西南面］。

1942年10月25日，［步兵第193师］与敌人的2个步兵团和重型坦克展开激战，敌人以1个步兵团和9辆重型坦克发起主要突击，攻向"街垒"厂西南角和渡口码头，并以部分兵力（1个营）从中央大街发起进攻。敌人投入预备队，突入工厂前部边缘，16点30分前出至烟囱附近。夜幕降临时，战斗仍在继续。敌人遭受到严重损失，但该师的人员伤亡也很惨重。[56]

在此期间，第14装甲师左侧，第305步兵师第576、第577和第578团的战斗群实力已下降至营、连级水准，但他们成功地迫使苏军步兵第138师第768、第344、第650团和步兵第308师第339团退过了"街垒"厂东部边缘的废墟瓦砾。不过，德国人没能将隐蔽在厂区诸多被毁厂房和车间内的苏军步兵彻底肃清。尽管如此，奥彭伦德尔不断遭到削弱的部队还是在日终前夺取了除东北部外的厂区。

第62集团军对当日战事的描述较为乐观，报告中指出："步兵第138师在近卫步兵第118团的支援下，前一晚继续坚守其阵地，白天，他们击退了敌人对'街垒'厂的进攻（北部和东部），并守住了自己的阵地。"[57]崔可夫认为德国人的进攻徒劳无获，他后来指出："位于集团军中部的柳德尼科夫和古尔季耶夫的部队进行了激烈的'街垒'厂保卫战。敌人新调来的生力军显然不善于近战。尽管我们在工厂车间里的战士寥寥无几，但占有5倍兵力优势的敌人，面对我们的强击队，没能取得任何进展。"[58]接着，崔可夫不太诚实地补充道："保卢斯不断将新锐预备队投入战斗，而我们没有任何预备力量。"[59]

红军总参谋部的每日战事概要阐述了崔可夫的简要报告，具体如下：

第62集团军10月25日实施顽强的防御作战，抗击敌人对"街垒"厂与"红十月"厂之间地区发起进攻的1个步兵师和30辆坦克。

北部集群击退了敌人在斯巴达诺夫卡地域的数次进攻，坚守着原先的阵地。

步兵第138和第308师在"街垒"厂附近击退了敌人的进攻，守卫着原先的阵地。

步兵第193师10月25日实施激烈的防御作战，在钢铁大街附近抗击敌人的1个步兵营和9辆坦克，并以部分兵力在钢铁大街和占科伊大街抵御敌人的1个步兵团。14点，敌人将预备队投入战斗，并前出至特鲁布纳亚大街街角和撒马尔罕大街["红十月"厂西北面一个街区]。

近卫步兵第39师击退了敌人1个步兵团发起的进攻，守卫着原先的阵地。

集团军辖内其他部队的位置未发生变化。[60]

实际上，保卢斯没有"生力军"，而崔可夫将在24小时内获得他的"新锐预备队"。

OKW的每日公告准确地描述了当日的作战行动："进攻斯大林格勒的部队遏制住敌人的抵抗中心，并攻占了数个街区。城市北面，德国军队继续进攻，攻占了斯大林格勒的另一处郊区。"[61]B集团军群的报告则强调了崔可夫部队不断发起的反冲击有增强的趋势：

> 在斯大林格勒地域，敌人从南面和东北面向冶金厂发起强有力的反冲击，但被我军击退。在面包厂，又有几个车间的敌人被肃清。工厂北面，我军正在清剿敌人设置在暗堡中的和掩护后方通道的几个抵抗中心。斯大林格勒北面，第94步兵师攻占了斯巴达诺夫卡东郊的一群建筑。[62]

10月25日德军威胁最大的行动——至少在崔可夫看来是这样——是胡贝第14装甲军针对"戈罗霍夫"集群设在莫克拉亚梅切特卡河北面雷诺克—斯巴达诺夫卡地域的防御所取得的进展（参见地图60）。在那里，普法伊费尔第94步兵师10月21日后获得该师第176团的加强，保卢斯将该团调离第24装甲师，交还给第94步兵师。此后，普法伊费尔发起进攻，夺取了大半个斯巴达诺夫卡村，尽管只是暂时的。正如崔可夫所写的那样：

> 敌人以1个步兵师和坦克攻向斯巴达诺夫卡村，给北部集群的正面造成了严峻的局面。
>
> 在航空兵的支援下，敌步兵和坦克迫使我步兵第149旅后退，并占领了古姆拉克—弗拉季米罗夫卡（Vladimirovka）铁路线以南地域和斯巴达诺夫卡村的中心。伏尔加河区舰队的舰只赶来援助戈罗霍夫的北部集群，以炮火重创敌军。[63]

实际上，第14装甲军对斯巴达诺夫卡发起进攻，以第94步兵师第276、第274团沿莫克拉亚梅切特卡河北岸向东突击，第16装甲师第16装甲歼击营在第276团左侧推进。尽管第16装甲师师史中写道，"10月25日，步兵设法肃清了斯巴达诺夫卡最后的抵抗据点，"但他们也不得不承认，"斯巴达诺夫卡与雷诺克之间，由西向东延伸的峡谷的下段，仍有数百名俄国人据守。事实上，'戈罗霍夫'集群的2个步兵旅全力守卫着雷诺克，他们决心坚守伏尔加河西岸的登陆场。"[64]令第16装甲师的担心成真的是，要不了几天，戈罗霍夫的部队就将发起猛烈的反冲击，重新夺回他们丢失的许多阵地，叶廖缅科也将发起一场雄心勃勃的两栖突击，跨过伏尔加河，支援并加强陷入困境的"戈罗霍夫"集群。

570

崔可夫总结了第62集团军10月25日的作战行动，并慨叹步兵第308、第193、第138师和近卫步兵第37师"已然丧失了……战斗力，各个师剩下的人员都是那些新近调来的补充兵"。因此，他补充道："一直处在炮火和空袭压力下的人员需要休整。"[65]他在报告中指出，仅10月24日一天，他的部队就阵亡了356人。

面对这种可怕的状况，第62集团军司令员命令残余的部队不惜一切代价坚守既有阵地，阻止敌人继续向前推进。他还沮丧地补充道："我请求方面军司令员派遣2个配备反坦克炮的满编师，接替遭受到严重损失的步兵第308、第193、第138和近卫步兵第37师。"[66]

第6集团军决心夺取其既定目标，因而命令赛德利茨的部队，不管怎样都要继续进攻崔可夫日趋萎缩的登陆场。这些进攻虽然收效甚微，但从10月26日断断续续地持续到了10月30日——德军在"街垒"厂和"红十月"厂及其东部，沿赫沃斯特（Khvost）峡谷至"街垒"厂南面的伏尔加河河段，沿两座工厂之间向西伸出的突出部的两翼，对苏军防御发起打击。因此，这片战场的宽度仅有2000米，深100—1000米，面积不到1.5平方公里。苏德双方的作战地图表明，共有7个师（德军的1个装甲师和2个步兵师，苏军的4个步兵师）挤在这片狭小的区域内，双方的兵力实际上仅仅只有几个营、连级战斗群，他们为争夺某条街道、某个建筑群、某座建筑或建筑物的一部分、各个厂房内的房间、不同的峡谷和冲沟展开激烈厮杀，德国人的兵力可能不超过6000人，苏军约为3000人。很明显，就像图表37和随后的作战报告所表明的那样，保卢斯第6集团军致力于征服斯大林格勒的部分部队已遭到严重削弱，不再具备战斗力，而崔可夫集团军如果没有额外的援兵，也无力继续坚守下去（参见图表37）。

因此，虽然第6集团军在斯大林格勒城区战斗的步兵营、工兵营的数量分别增加到69个和12个，但被评定为"强"和"中强"的步兵营数量却从10月19日的1个和13个下降为10月26日的1个和8个。同一时期，被评为"虚弱"和"耗尽"的营的数量也发生了变化，从11个"虚弱"和20个"耗尽"[①]变为37

---

① 译注：20个"虚弱"、18个"耗尽"。

图表37：1942年10月19日—26日，第6集团军在斯大林格勒作战的各个师辖下步兵、工兵营的战斗力等级

	10月19日	10月26日
第14装甲军		
第3摩步师 （5—4个步兵营） （1个工兵营）	3个中强、2个中等 虚弱	4个中强 虚弱
第60摩步师 （7个步兵营） （1个工兵营）	2个中强、4个中等、1个耗尽 虚弱	2个中强、1个中等、3个虚弱、1个耗尽 虚弱
第16装甲师 （4个装甲掷弹兵营） （1个装甲工兵营）	1个中强、1个中等、2个虚弱 中等	1个中强、1个中等、2个虚弱 虚弱
第94步兵师 （7个步兵营） （1个工兵营）	7个耗尽 虚弱	7个虚弱 中等（辖2个连和1个俄国志愿者连）
第51军		
第24装甲师 （4个装甲掷弹兵营） （1个装甲工兵营）	1个虚弱、3个耗尽 耗尽	1个虚弱、3个耗尽 耗尽
第100猎兵师 （5个步兵营） （1个工兵营）	1个强、3个中强、1个中等 中强	1个强、1个中强、2个中等、1个虚弱 中等
第305步兵师 （9个步兵营） （1个工兵营）	9个虚弱 虚弱	5个虚弱、4个耗尽 耗尽
第295步兵师 （7个步兵营） （1个工兵营）	4个虚弱、3个耗尽 虚弱	1个中等、4个虚弱、2个耗尽 虚弱
第389步兵师 （4—5个步兵营） （1个工兵营）	1个中等、1个虚弱、2个耗尽 耗尽	1个中等、2个虚弱、2个耗尽 耗尽
第79步兵师 （6个步兵营） （1个工兵营）	未参加城区的战斗	3个中等、3个虚弱 中等
第14装甲师 （4个装甲掷弹兵营） （1个装甲工兵营）	4个中强 中等	4个虚弱 中等

第71步兵师 （7个步兵营） （1个工兵营）	2个中等、3个虚弱、2个耗尽 虚弱	2个中等、5个虚弱 虚弱
总计 63—69个步兵营 11—12个工兵营	1个强、13个中强、11个中等、 20个虚弱、18个耗尽 1个中强、1个中等、7个虚弱、2 个耗尽	1个强、8个中强、11个中等、37 个虚弱、12个耗尽 4个中等、5个虚弱、3个耗尽

※ 资料来源：弗洛里安·冯·翁德·楚·奥夫塞斯男爵，《第6集团军作战日志附件册，第一卷，1942年9月14日至11月24日》，第185—189、第212—216页，"Betr.: Zustand der Divisionen, Armee –Oberkommando 6, Abt. Ia, A. H. Qu., 19. Oktober 1942, 12.35 Uhr"（关于：各个师的状况，第6集团军司令部作战处，1942年10月19日12点35分），以及 "Betr.: Zustand der Divisionen, Armee – Oberkommando 6, Abt. Ia, A. H. Qu., 26. Oktober 1942, 10.15 Uhr"（关于：各个师的状况，第6集团军司令部作战处，1942年10月26日10点15分）。

个"虚弱"和12个"耗尽"。总体说来，集团军各步兵营的平均战斗力等级从稍低于"中等"下降到了"虚弱"。从根本上说，截至10月26日，第51军主要突击力量的4个师，其中的3个（第14和第24装甲师、第305步兵师）被评为"虚弱"或之下，第4个师是不完整的第79步兵师，该师的战斗力等级从3个"强"、2个"中强"和1个"中等"营下降为"中等"之下。除了这些令人沮丧的战斗力等级，到10月26日，第51军只剩下37辆战车，包括第24装甲师的13辆坦克、第14装甲师的15辆坦克以及第244、第245突击炮营的9辆突击炮。这一严酷的现实表明，第6集团军无法承受这样的损失并继续遂行赋予他们的任务，除非获得大批援兵。

10月26日—27日

尽管第51军辖下的各个师都遭到了严重削弱，但赛德利茨还是在10月26日命令第79步兵师和第14装甲师继续进攻，主要是在面包厂和"红十月"厂附近。经过36小时激战，10月27日，有那么一刻，突击部队似乎已攻占伏尔加河西岸，从而将崔可夫位于"街垒"厂与"红十月"厂之间的部队切断。

在这些进攻行动中，最成功的突击发生在10月26日，第14装甲师第103和第108装甲掷弹兵团残部组成的一个战斗群，在约阿希姆·施滕佩尔少尉的率领下，从苏军步兵第95师第161团手中成功夺取了面包厂的第二行政楼。利用苏军防御一时间的混乱，"施滕佩尔"战斗群向东冲往钢铁大街与面包厂之间的赫沃斯特峡谷（德国人的地图上称之为火炮厂冲沟），对苏军步兵第308师第347团与步兵第193师第685团的结合部发起打击。"施滕佩尔"战斗群顺着峡谷前进了200米，一举打垮了斯梅霍特沃罗夫的第685团和戈里什内的第161团，迫使他们向南撤往马特罗斯纳亚（Matrosnaia）大街北面的新防线，这道面朝北的防线沿一条峡谷（格卢博卡亚峡谷，德国人的地图上称之为面包厂冲沟）设置。"施滕佩尔"战斗群随即深入赫沃斯特峡谷，打击并驱散了苏军近卫步兵第109团的小股预备队，并在峡谷口部、主渡口北面数百米处的伏尔加河河岸上夺得一个狭窄的立足地。"施滕佩尔"战斗群前一天组建时只有40人，现在面对的是苏军参谋人员、尚能行走的轻伤员和渡轮水手组成的作战部队。施滕佩尔立即发出紧急求援，最后直接从第6集团军补充兵中心获得80名新兵，但这些士兵"都只有十八九岁，此前从未真枪实弹地打过仗"。没过48小时，这些新兵便非死即伤，不久后苏军新锐部队赶至并发起进攻，迫使第103装甲掷弹兵团放弃了伏尔加河畔脆弱的立足地。[67]

第62集团军的每日作战报告准确地描述了10月26日的危机：

10月25日激战的结果是，步兵第193师与［步兵第95师］步兵第161团据守的防线沿［"街垒"厂南面的］机器大街和钢铁大街延伸至司汤达大街的西桥和字母"R"，再从烟囱处的铁路线延伸至（北部标为字母"R"的）铁路线，更远处，跨过格多夫大街至中央大街和奥尔忠尼启则大街。分散的前哨和小股部队守卫着这条防线。11点30分起，该师与敌人企图前出至渡口地域的1个步兵团［"施滕佩尔"战斗群］和坦克展开激战。15点，敌人将预备队投入战斗，克服我小股部队的抵抗后，前出至巴库（Bakinskaia）大街和气体（Gazovaia）大街［距离伏尔加河一个街区］。步兵第193师阻止了敌人沿该方向的后续推进，遭受到严重损失。日终时，该师继续与兵力占据优势的敌人进行激战。

该师的处境极其严峻，各个团只剩下几十名作战士兵。所有反坦克步枪和反坦克炮都已无法使用。[68]

崔可夫对这场危机的应对，是将两个刚刚渡过伏尔加河的加强行进营交给步兵第193师，并命令斯梅霍特沃罗夫师"阻止敌人前出至渡口附近"。[69]

当晚，OKW简单地指出："在斯大林格勒，激烈的战斗继续在每条街道和每座建筑物中进行。"红军总参谋部的每日战事概要更加准确地描述了当日的作战行动：

10月26日昼间，第62集团军和北部集群与进攻中的敌步兵及坦克展开激战。

步兵第138师，[在"街垒"厂]获得近卫步兵第37师第118团的加强，击退小股敌军[第305步兵师]的进攻，坚守着原先的阵地。

步兵第193师与敌人进攻中的1个步兵团和坦克[第14装甲师的"施滕佩尔"战斗群]展开激战。敌人的重型坦克搭载着突击部队前出至机器大街和气体大街附近[毗邻赫沃斯特峡谷]。战斗仍在继续。

近卫步兵第39师，继续[在"红十月"厂内]坚守着原先的阵地，击退了敌人[第79步兵师]的进攻。

步兵第284师和近卫步兵第13师据守着原先的阵地。[70]

德国方面的资料称，除了第14装甲师向渡口码头的戏剧性推进及令人失望的结果，10月27日，第6集团军战线的其他地段大体保持着平静。但第62集团军的报告与这种说法相矛盾，报告中声称该集团军"当日在北部和中央地段与敌人展开激战"，这些战斗严重削弱了守军。[71]特别是：

持续激战导致步兵第138、近卫步兵第39师的作战编队和步兵第308、第193师的残部被严重削弱。其结果是"街垒"厂和"红十月"厂地域已不存在连贯的防线。据守这些地域的是以刚刚赶到的援兵仓促组建的抵抗中心，这些援兵尚未合并成作战实体。近期战斗的重任落在各指挥所指挥和参谋人员的肩上，他们经常充当普通士兵，击退敌人对其指挥所的进攻。因此，指挥员的伤亡急剧增加，除了营、团级指挥和参谋人员，师级和集团军级的情况尤为严重。

定期加入这些师的援兵从行进间投入战斗，不熟悉他们的指挥员，也没能取得必要的效果。

10月27日白天，敌人增加了兵力，继续发起进攻。[72]

崔可夫在回忆录中强调了10月27日"街垒"厂与"红十月"厂之间恶化的态势：

柳德尼科夫师［步兵第138师］的左翼和古尔季耶夫师［步兵第308师］的一个团被敌人击溃。敌冲锋枪手占领了梅津河大街和图瓦（Tuvinskaia）大街［峡谷口部附近］，开始扫射我们最后一个渡口附近的地域。与此同时，斯梅霍特沃罗夫师［步兵第193师］和古里耶夫师［近卫步兵第39师］击退了德军第79步兵师的多次进攻，这个师把主要突击指向"红十月"工厂。

德军冲锋枪手渗透过上述部队实力严重消耗的作战编队。他们逼近了［近卫步兵］第39师师部，朝古里耶夫的掩蔽所里扔手榴弹。获知这一消息后，我急忙派集团军司令部的警卫连前去援救古里耶夫。该连迅速发起冲锋，将敌冲锋枪手驱离师部，并乘胜追击，一直突至"红十月"厂。我们把这个连补充给古里耶夫师。

敌人继续对渡口和"红十月"厂实施突击，直到下午3点，我们才将敌人击退，但敌人还是成功地占领了机器大街［峡谷口部附近］。

在"街垒"厂和"红十月"厂之间的地段上，敌人距离伏尔加河只有400码左右。因此，我们最后的渡口处在敌机枪和火炮火力的打击下。现在沿河岸运动只能屈膝爬行。这对我们来说是很不方便的。很快，我们的工兵在冲沟上竖起两层木栅栏，在缝隙处填入石头，以此来拦截子弹。[73]

尽管与崔可夫的记述并不矛盾，但第62集团军的每日作战报告提供了关于这场战斗的更多细节：

步兵第308师，当日与兵力占据优势的敌人展开激战，敌人粉碎了步兵第347团的右翼，先遣部队前出至梅津河大街和图瓦大街。日终时，战斗仍在继续。该师损失惨重，步兵第347团的步兵和迫击炮兵仅剩30人，步兵第339团只剩下53人，其中包括22名步兵。

步兵第193师和步兵第161团在10月26日的战斗中遭受到严重的损失，当日上午坚守着机器大街、马特罗斯纳亚大街和小（Malaia）街一线。该师获得步兵第45师2个营的增援，后者已渡过伏尔加河到达西岸，共计1588人（1127支步枪、11挺重机枪、42支冲锋枪、36支反坦克步枪）。

从当日上午起，［步兵第193］师与发起进攻的敌步兵和坦克展开激烈的战斗。10点30分，敌人的2个步兵营和7辆坦克企图从烟囱附近前出至渡口码头，1个步兵营、12辆坦克和突击部队沿中央大街发起进攻，攻占了"红十月"厂西北部。日终时，战斗愈演愈烈，仍在继续。在当天的战斗中，刚刚获得的援兵（2个营）损失了70%的人员。

近卫步兵第39师击退了敌人1个步兵团和6辆坦克的疯狂进攻，敌人企图从西面和西北面攻向"红十月"厂。

敌人的火炮、飞机和迫击炮给该师造成严重损失。各步兵团仅剩下30—40人。敌人将新锐预备队投入战斗，趁该师作战编队稀疏之际，以步兵和坦克前出至"红十月"厂西北部。日终前，经过艰巨的战斗，遏止了敌人的后续推进。

坦克第84旅击退了敌人的进攻，继续坚守既有阵地，达成渗透的敌人切断了该旅左翼与旅主力之间的联系。该旅旅部击退了渗透之敌，但人员损失高达70%。[74]

如果说德国人似乎对当日的战斗有些无动于衷，那么第62集团军却显然不是这样。退无可退的崔可夫再次给残余的部队下达了简单的命令："继续击退敌人的进攻。"崔可夫10月24日报告，他的部队损失326人①（10月25日和26日的损失更高），但10月27日，他已无从统计第62集团军遭受的伤亡。

身处莫斯科的红军总参谋部简洁地记录道：

---

① 译注：前文指出是356人。

　　第62集团军继续在斯巴达诺夫卡地域、"街垒"厂和"红十月"厂与敌步兵和坦克展开顽强的战斗。敌人在"街垒"厂附近成功地将我方部队逼退了250—300米,个别群体前出至梅津河大街附近〔工厂东南面〕。敌人的1个步兵营和12辆坦克〔第54猎兵团〕突入"红十月"厂西北部。战斗仍在继续。"红十月"厂西南部,我方部队〔近卫步兵第112团〕击退了敌人1个步兵营〔第79步兵师〕的进攻,并彻底歼灭了敌人的1个摩托化步兵连。[75]

　　第14装甲师的"施滕佩尔"战斗群未能守住伏尔加河渡口附近来之不易的立足地,但OKW对此未加理会,于10月27日晚宣布:"在斯大林格勒,进攻中的德国军队在面包厂以东地域突破至伏尔加河,并从敌人手中夺取了该城大部分地区。"[76]B集团军群的每日战事概要添加了更多细节,但也没有提及第14装甲师的功亏一篑,相反,报告中断言:

　　第79步兵师夺取了"红十月"冶金厂剩余的部分。工厂北面,从面包厂和"红色街垒"厂附近发起进攻的第14装甲师和第305步兵师的部队沿整条战线前出至伏尔加河和河畔的油库(含)。第305步兵师的部队在油库北面、火炮厂与伏尔加河之间的地带与敌人展开激战。[77]

　　B集团军群的情报官补充道:"敌人在斯大林格勒冶金厂南部发起的反冲击没有取得成功。敌人放弃了几个街区。"[78]

　　德军10月26日的推进使其部队在日终前前出至距离伏尔加河渡口不到400米处,次日对该渡口造成威胁,苏军为第62集团军运送援兵和补给物资的工作受到严重影响。故此,叶廖缅科10月26日中午决定将新锐步兵第45师调拨给崔可夫。邵尔斯步兵第45师(这个名字取自俄国内战期间著名的游击队领导人)是一个较为稚嫩的师,7月初,其前身在西南方面军第40集团军辖下作战,在顿巴斯地域的战斗中几乎全师覆没。7月下旬和8月初获得伏尔加河沿岸军区提供的义务兵的补充后,步兵第45师8月下旬加入预备队第4集团军,最终和步兵第300师一同转隶斯大林格勒方面军。[79]截至10月26日,步兵第45师的兵力约为6400人。[80]

40岁的瓦西里·帕夫洛维奇·索科洛夫将军①自1942年3月10日起便担任步兵第45师师长，是一位经验丰富的老兵，1941年末和1942年初指挥过近卫步兵第42团。步兵第45师将为步兵第193师提供支援，巧的是，步兵第193师师长斯梅霍特沃罗夫将军1941年末也曾指挥过步兵第45师。和先前增援第62集团军的各步兵师的情况一样，由于步枪严重短缺，崔可夫不得不先把该师装备齐全的几个营运过伏尔加河。[81]

索科洛夫师步兵第10团的几个先遣营傍晚时赶至伏尔加河东岸并获得了武器，崔可夫立即安排他们渡河，并将这几个营交给斯梅霍特沃罗夫的步兵第193师，任务是阻止德军前出至伏尔加河和渡口，特别是赫沃斯特峡谷与伏尔加河交汇处的底部。但是，10月27日，激烈的战斗沿峡谷及毗邻地域肆虐，德国人准确地判断出苏军派来了援兵，以猛烈的炮火和空袭对其发起打击，摧毁了渡口西端。因此，崔可夫无法继续使用该渡口，不得不采取其他措施将步兵第45师余下的部队运过伏尔加河，这就耽误了许多时间：

索科洛夫步兵第45师的各个团渡河行动非常缓慢，因为第62集团军的码头已被摧毁，要不然就是燃起了熊熊大火。他们不得不在远离城市的图姆斯克（Tumsk）镇附近的阿赫图巴河搭乘渡船，只能在夜间冒着极大的风险从那里进入伏尔加河，在已突至伏尔加河岸边的敌人的眼皮下潜入集团军防御地段。[82]

索科洛夫步兵第45师缓慢的渡河进程给崔可夫造成了严重的困境，因为他的部队"在索科洛夫师到达前，必须再坚持两三天，可我们从哪里能搞到坚守防线的部队呢？"——崔可夫反复思忖，终于想出一个解决办法：

我们再次缩减了各处和各部门的人员，抽出20人，与从伏尔加河河畔的卫生所和医院出院的30名战士编在一起。令人兴奋的是，我们发现了——或者

① 译注：此时的索科洛夫仍为上校。

说是从战场上拖来了3辆被击毁的坦克：1辆喷火坦克和2辆轻型坦克。我们很快就把它们修好了，于是我决定给敌人一个"出其不意"，以这3辆坦克和50名步兵发起反冲击，沿撒马尔罕大街一线上斯梅霍特沃罗夫师与古里耶夫师之间的结合部实施，敌人在那里几乎已突至伏尔加河……

拂晓前，反冲击开始，左岸的炮兵和叶罗欣上校的"喀秋莎"团提供了支援。这场反冲击虽未能夺取较大的地域，但取得了可喜的战果：喷火坦克烧毁了3辆敌坦克；2辆轻型坦克压死了龟缩在两条堑壕里的许多敌人。就这样，我们在该地域赢得了一天的时间……在"街垒"厂地域，经过反复进攻，部分敌人前出至伏尔加河，但在岸边的白刃战中被消灭。[83]

实际上，崔可夫还派近卫步兵第37师重新组建但实力依然不足的近卫步兵第109团据守一条正面朝西的防线，该防线沿新农村（Novosel'skaia）大街与顿涅茨大街之间的机器大街布设，掩护着渡口地域。他还派步兵第284师第1045团第6连增援面朝北沿多林斯卡亚大街和乌曼（Umanskaia）大街设防的步兵第895团。崔可夫最终以富有想象力的临时性举措遏止了第14装甲师10月27日沿赫沃斯特峡谷向渡口码头的推进。10月27日晚些时候，步兵第45师第10团第1、第2营在近卫步兵第109团两侧占据阵地，此时，该团已向机器大街东面后撤了两个街区，距离伏尔加河西岸仅有500米。而步兵第45师第10、第253和第61团陆续进入指定防区后，持续两天的危机又接踵而至。

D. M. 布尔多夫上校新锐坦克第235旅的1个坦克连跟随着2个先遣营，艰难地穿过城内的废墟瓦砾，进入他们的指定阵地。布尔多夫旅是一支新部队，以经验丰富的下级指挥员为核心，再配以稚嫩的补充兵，1942年9月1日在莫斯科军区组建而成。10月中旬，苏军最高统帅部将该旅派至斯大林格勒，确保崔可夫集团军获得必要的坦克支援力量。该旅旅长杰尼斯·马克西莫维奇·布尔多夫现年44岁，是一名经验丰富的坦克部队指挥员，1938—1941年，他指挥过坦克第28和第129团，1941年11月16日至1942年7月8日任坦克第26旅旅长。坦克第235旅组建伊始，他出任该旅旅长。[84]

一如既往，这些新出现的危机，重点在"街垒"厂、"红十月"厂、两座工厂之间的突出部。面对柳德尼科夫步兵第138师和古尔季耶夫步兵第308师在"街垒"厂及其东面、古里耶夫近卫步兵第37师[1]在"红十月"厂内及外围的激烈抵抗，什未林第79步兵师和奥彭伦德尔第305步兵师继续在两座工厂附近发起进攻。与此同时，海姆第14装甲师继续挤压位于两座工厂之间、斯梅霍特沃罗夫步兵第193师和索科洛夫步兵第45师先遣部队据守的登陆场。

10月28日—29日

崔可夫在战后撰写的回忆录中描述了10月28日和29日的战事，声称他认为渡口之战是这场战役的决定性转折点：

> 集团军正面的其他地段这两天没有发生大的变化。只是在"街垒"厂地域，经过反复进攻，德国人得以前出至新农村大街［工厂东面两个街区］。在这里，敌人的个别冲锋枪手小分队设法冲到了伏尔加河，但在岸边的白刃战中被消灭了。
>
> 柳德尼科夫和古尔季耶夫的部队，这两天内击退了敌人七次进攻。
>
> 巴秋克的步兵第284师和罗季姆采夫的近卫第13师在马马耶夫岗及其南部地域击退了敌人的频繁进攻。他们再次使用了喷火器。[85]

但是，正如第62集团军作战报告中描述的那样，集团军正面防线的北部和中央地带，这几日的战斗"异常激烈"；例如，10月26日晚[2]，第62集团军报告道：

> 敌人以2个步兵师的兵力和35—45辆坦克继续进攻。7点，他们以1个步兵营和坦克攻向斯巴达诺夫卡东北郊，以5个步兵团和25—35辆坦克在沃尔霍夫斯特罗耶夫斯克大街和旋转大街地域［"街垒"厂北面和南面］发起进攻，并从机器大街向码头实施主要突击，企图夺取渡口。日终前，步兵第308和第138师付出巨大的努力，击退了敌人的所有进攻。沿"街垒"厂与"红十月"厂之

---

① 译注：应为近卫步兵第39师。
② 译注：应为10月28日晚。

间的机器大街一线，激战仍在继续……

步兵第308和第138师当日与敌人的1个步兵团和9—12辆坦克展开激战，这股敌人从沃尔霍夫斯特罗耶夫斯克大街和索尔莫斯克大街发起进攻，企图前出至伏尔加河，我军击退了敌人的四次进攻。敌步兵先遣部队到达梅津斯克（Mezensk）峡谷和新农村大街。

步兵第193师与敌人的2个步兵团和17辆坦克展开激战，这股敌人沿撒马尔罕大街攻向渡口。日终时，沿北大街、岸堤大街北部、巴库大街和人民委员（Komissarov）大街一线，战斗仍在继续。该师付出巨大的努力，阻挡住了敌人的猛攻。

近卫步兵第39师继续在"红十月"厂与敌人战斗，敌人1个步兵团和坦克从西北角发起进攻，并攻入"红十月"厂中央地区，但最终被击退。日终时，战斗仍在继续。该师沿工厂东北角至起义（Vosstaniia）大街中央和［独立］建筑物一线据守着原先的阵地。

近卫步兵第109团［近卫步兵第37师］只剩下40名战士，与敌人从气体大街发起进攻的1个步兵营展开战斗，并在渡口西面300米处，沿新农村大街中部和快车道（Mostovaia）大街一线继续战斗。

坦克第84旅以其摩托化步兵营和步兵第339团［步兵第308师］的残部据守着原先的阵地，并在图瓦大街、烟囱和铁路线附近与敌步兵和坦克进行战斗。[86]

崔可夫报告，他又损失了226人，并重申他已下令"击退敌人的进攻，决不能让敌人前出至渡口"。[87]红军总参谋部的每日战事概要也强调了局势的严重性，以及索科洛夫援兵及时赶到的重要性：

「10月28日」
10月28日，第62集团军继续以激烈的防御作战抗击敌人的1个步兵师和坦克，这股敌军以其右翼和中央部队在"街垒"厂与"红十月"厂之间地域发起进攻。

敌人投入12架战机，持续轰炸"街垒"厂和"红十月"厂附近的我方阵地。

北部集群继续坚守阵地，已击退敌人三次进攻。

步兵第138和第308师与敌人1个步兵团［第305步兵师］和9—12辆坦克展开激战。敌步兵先遣部队到达梅津斯克峡谷和新农村大街［"街垒"厂东面，伏尔加河西面100—200米处］。战斗仍在继续。

步兵第193师沿机器大街［"街垒"厂与"红十月"厂之间，距离伏尔加河500米］和"红十月"厂东北角一线，与敌人1个步兵团和17辆坦克［第14装甲师］展开战斗。

近卫步兵第39师在"红十月"厂中部和南部，与进攻中的敌步兵和坦克［第79步兵师］展开战斗。

近卫步兵第37师的1个近卫步兵团［第109团］（40名战士）沿新农村大街至快车道大街（渡口西面300米处）［伏尔加河西面200米处］一线，与敌人1个步兵营展开激战。

步兵第284师、近卫步兵第13师和坦克第84旅守卫着原先的阵地。[88]

从第62集团军的角度看，次日的态势根本没有得到缓解。例如，该集团军10月29日报告，"街垒"厂和"红十月"厂地域发生激战，敌人配有坦克的1个步兵师继续向渡口发起主要突击：

激战的结果，是数个独立街区和建筑物在白刃战中易手数次。敌人的个别支队在坦克的支援下几乎渗透至河岸，他们在那里的白刃战中被消灭。下午，敌人投入新锐部队，前出至图瓦大街东郊和花园（"红十月"厂郊区东北方）西部边缘一线，付出巨大的损失后，敌人的后续推进被遏止。敌人以1个步兵连和4—5辆坦克发起夜袭，前出至梅津河大街东街区，双方在那里展开白刃战……

步兵第138、第308师击退了敌人1个步兵团和坦克从沃尔霍夫斯特罗耶夫斯克和索尔莫斯克地域发起的三次进攻。他们坚守着原先的阵地，并发动夜袭，在梅津河大街以东地域打击达成渗透的敌步兵连和坦克。

步兵第193师与敌人企图突破至渡口的1个步兵团和重型坦克展开激战，抵御兵力占据优势的敌人发动的猛攻。从多林斯卡亚大街南面花园的西部边缘至北大街北部、巴库大街、人民委员大街一线，战斗仍在继续。

近卫步兵第39师继续在"红十月"厂与敌人战斗。该师守卫着原先的阵地。[89]

红军总参谋部再次记录下第62集团军汇报的战况：

「10月29日」

第62集团军继续在斯巴达诺夫卡、"街垒"厂和"红十月"厂附近以顽强的防御作战抗击敌步兵和坦克。

北部集群在斯巴达诺夫卡地域击退了敌人的进攻，坚守着既有阵地。

步兵第138、第308师在"街垒"厂地域实施防御，抗击敌人的1个步兵团和8辆坦克［第305步兵师］，并坚守既有阵地。

步兵第193师、坦克第84旅与敌人企图前出至渡口的1个步兵团和12辆坦克［第14装甲师］展开激战。截至10月29日17点，损失惨重的敌人前进了100米。战斗在多林斯卡亚大街［"红十月"厂东北角北面200米处］南面花园的西部边缘肆虐。

近卫步兵第39师在"红十月"厂击退了敌人［第79步兵师］的进攻，并坚守着原先的阵地。

集团军辖内其他部队继续坚守着原先的阵地。[90]

OKW在此期间密切关注着战斗进展，并于10月28日宣布："击退敌人的数次反击后，德国军队攻占了市区的更多工业和居民区。"10月29日又宣布，德国军队"在俯冲轰炸机的支援下……继续对斯大林格勒发起进攻。在先前战斗中夺取的地域，已将敌人肃清。德军炮兵对伏尔加河上的渡轮和船只实施了炮击"。[91]

关于斯大林格勒战役的许多记述淡化了10月下旬的作战行动，声称德国人只是对位于"街垒"厂和"红十月"厂的阵地进行调整，因为保卢斯忙着搜罗新锐部队，打算对崔可夫第62集团军发起致命打击。但是，正如第62集团军作战报告和红军总参谋部每日战事概要所表明的那样，赛德利茨投入战斗力严重受损的部队，竭力去肃清两座工厂内顽强防御的守军。战斗主要以连级、弱营级战斗群进行，通常获得5—10辆坦克和突击炮的支援，尽管伤亡越来越大，但第51军辖下的第305步兵师、第14装甲师和第79步兵师还是不断发起进攻。

10月28日和29日的激战中，赛德利茨实力受损的主力突击群的左翼，奥彭伦德尔第305步兵师的战斗群终于肃清了"街垒"厂内残存的苏军（参见地图77）。在无数次小而激烈的战斗中，该师由北至南并肩排列的第576、第577和第578团，将位于工厂东部边缘的苏军步兵第138师第768、第344、第650团和步兵第308师第339、第347团逼退，迫使对方撤入工厂与伏尔加河西岸之间的建筑群、街区和街道。据柳德尼科夫步兵第138师记录，德国人10月28日发起十二次进攻，10月29日又发起八次突击，将柳德尼科夫和古尔季耶夫师的残部逼入工厂与伏尔加河之间、诸多峡谷和冲沟构成的500—700米宽的地带。

第305步兵师左侧，海姆第14装甲师继续冲击第62集团军在"街垒"厂与"红十月"厂之间构设的临时防御，特别是对近卫步兵第37师第109团和步兵第45师第10团以及步兵第193师第685、第895、第883团的防御，这些阵地掩护着第62集团军仅剩的渡口和"红十月"厂北部边缘接近地。经过持续不断的突击，第14装甲师实力受损的战斗群将苏军步兵第193师的几个团逼退至乌曼大街，距离"红十月"厂北部边缘不到三个街区，近卫步兵第109团和步兵第10团退向伏尔加河，在机器大街南面的一个街区据守。

这些进攻行动也让德国人付出了高昂的代价。举例来说，奥彭伦德尔第305步兵师报告：10月27日，该师13人阵亡、70人负伤；10月28日，27人阵亡、85人负伤、14人失踪；10月29日，又有38人阵亡、95人负伤、5人失踪。第305步兵师左侧，第14装甲师在"街垒"厂南面狭窄的街道和峡谷内战斗，大伤元气的这个师报告：10月27日，该师13人阵亡、77人负伤、2人失踪；10月28日，22人阵亡、106人负伤、7人失踪；10月29日，又有15人阵亡、81人负伤、10人失踪。失踪的人数这么多，证明了战斗的近距离性以及苏军频繁发起的反冲击。伤亡近300人的第14装甲师报告，10月24日还剩下1640名装甲掷弹兵，10月25日仅剩750人。第305步兵师10月24日报告称还剩下1200名步兵，现在又伤亡300余人。战斗减员不断攀升，雪上加霜的是，10月29日晚些时候，第14装甲师报告，他们只剩下9辆可用的坦克（2辆二号坦克、2辆三号短身管

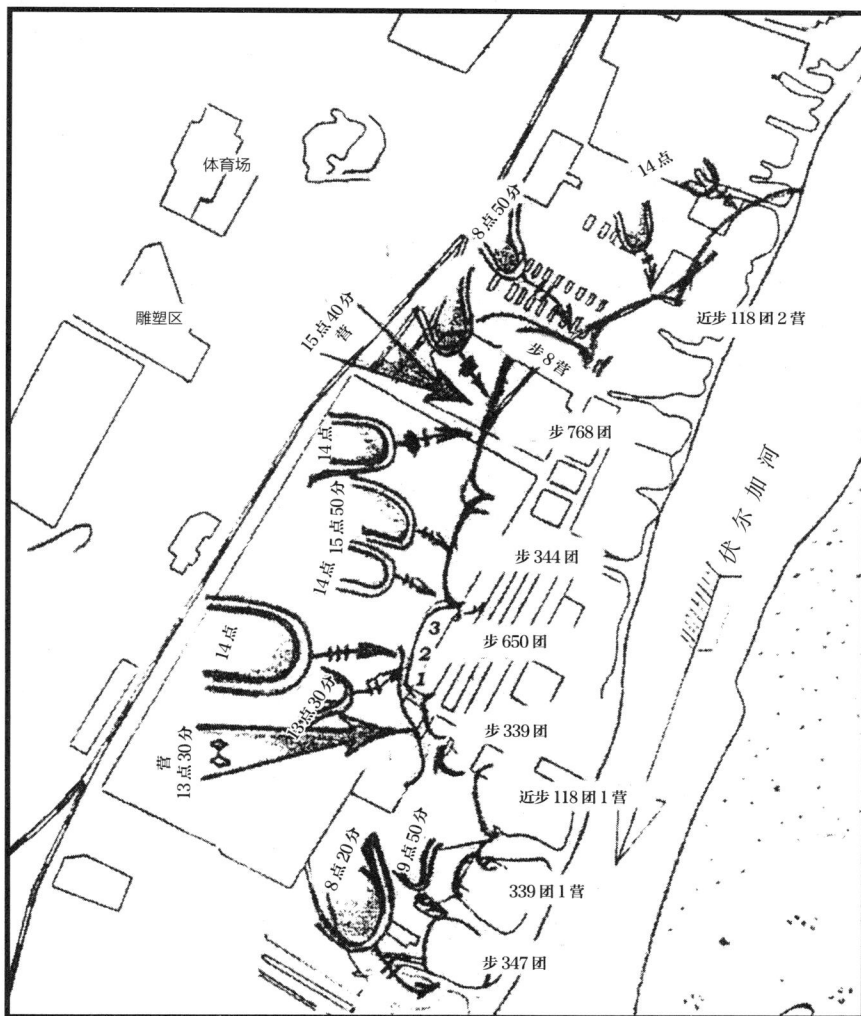

地图 77 1942 年 10 月 28 日 20 点，步兵第 138 师的部署

坦克、2辆三号长身管坦克、1辆四号长身管坦克和2辆指挥坦克），而第244和第245突击炮营声称他们只剩7辆和3辆可用的突击炮。[92]

与此同时，在赛德利茨突击集群的中央地带，什未林第79步兵师10月26日晚些时候获得该师姗姗来迟的第226步兵团的加强。10月27日拂晓，没等该团喘上口气，什未林便立即将其投入师左翼的战斗，命令他们夺取"红十月"厂内的1号、2号厂房。这个新锐步兵团奉命行事，与苏军近卫步兵第39师第120团展开一场激战，于10月27日晚些时候夺取了两座厂房。虽然取得了这一激动人心的战果，但在接下来两天的激战中，什未林获得加强的步兵师还是没能攻破古里耶夫近卫军士兵据守的、现在已变得恶名昭著的4号厂房。

第79步兵师第208团团长沃尔夫中校的看法是：

激战持续至10月29日，所有的办法都用上了。"斯图卡"投下高爆弹和燃烧弹，各迫击炮连和火箭炮营的齐射炸穿了马丁炉车间［4号厂房］。密集的轰炸后，携带着喷火器的各突击组发起向心攻击。他们在夜间渗透进厂房，没有实施任何炮火准备，以便打敌人个措手不及。但他们无法守住厂房。每隔几分钟便遭到向心火力的扫射，一直不见踪影的敌人犹如凭空出现般突然现身，自身的战斗力被严重削弱，以及持续不断的战斗造成的紧张，这一切导致他们无法守住已夺取的区域……刚刚赶到的第226步兵团在左侧投入战斗，试图从1号、2号厂房跨过一堆堆废墟瓦砾突向伏尔加河，最后一次夺取4号厂房的努力失败了……

第79步兵师对冶金厂发起进攻期间，很明显，马丁炉车间［4号厂房］是敌人实施抵抗的基石。车间里摆放着巨大的马丁炉，墙壁很厚，是一座天然堡垒，到目前为止，"斯图卡"的炸弹和炮火都无法将其摧毁，步兵和工兵也无力攻克这座厂房，其结构对防御非常有利。[93]

什未林对"红十月"厂深处反复发起突击，他的师为此付出了高昂的代价。10月27日，该师报告23人阵亡、69人负伤、1人失踪；10月28日，12人阵亡、51人负伤、2人失踪；10月29日，又有19人阵亡、96人负伤、4人失踪。三天的战斗中，该师损失了350人。[94]

10月29日激战期间，崔可夫命令索科洛夫步兵第45师（该师主力现已到达伏尔加河西岸）在"街垒"厂与"红十月"厂之间一股德军的对面构设起牢固的防御，这股德军盘踞在一个向东伸入第62集团军防御地带的突出部内。[95]

10月30日—31日

索科洛夫步兵第45师6400名士兵赶至，尽管每次只有几个营，但还是使斯大林格勒北部工厂区的战斗变得对第62集团军有利起来。崔可夫意识到这一点，评论道："10月29日晚，战斗渐渐平息下来，10月30日，双方只进行了对射；敌人已筋疲力尽。我们知道，苏军赢得了这场战斗。"[96]红军总参谋部在当月最后两天的每日报告中确认了这一点：

「10月30日」

第62集团军据守、加强了原先的阵地，并击退小股敌军在斯巴达诺夫卡、"红十月"厂和炮兵大街附近发起的进攻。

北部集团继续坚守原先的阵地，并发起强有力的侦察行动。

步兵第138、第308和第193师守卫着原先的阵地，并对其加以强化。

近卫步兵第39师，击退敌人［第79步兵师］的两次进攻后，为改善他们在"红十月"厂内的防御阵地展开战斗。

步兵第284师10月30日晨击退了敌人1个步兵连［第295步兵师］沿炮兵大街发起的两次进攻，14点起，小股敌步兵再度对其阵地发起进攻，又被该师击退。[97]

「10月31日」

第62集团军，步兵第300师的1个加强营10月31日4点投入战斗，以夺回拉托申卡地域。

北部集群守卫着原先的阵地。

步兵第138、第308师各分队击退了敌人1个步兵营［第305步兵师］发起的进攻，并据守着既有阵地。

步兵第193师击退了敌人2个步兵营［第14装甲师］发起的进攻，并据守着既有阵地，这股敌军企图前出至渡口。

近卫步兵第39师和步兵第45师的1个团［步兵第10团］10月31日12点30分转入进攻，一举打垮敌人［第79步兵师］的顽强抵抗，16点前重新夺回"红十月"厂内的几座建筑。

集团军辖内其他部队继续坚守着原先的阵地。[98]

仿佛是为了强调战役态势已发生转变，10月31日，索科洛夫步兵第45师第253团和古里耶夫近卫步兵第39师第120团的一部，对向东攻往"街垒"厂与"红十月"厂之间伏尔加河河段的第14装甲师发起强有力的反冲击，并对"红十月"厂内德军第79步兵师的防御发起打击。此时，什未林的左翼已获得伦斯基第24装甲师所剩无几的残部的加强。[99]在这场战斗中，苏军步兵第253团迫使德军第79步兵师的部队向西退至工厂北部，近卫步兵第39师重新夺回了"红十月"厂内的4号、10号厂房和另外几座车间。尽管什未林的步兵在夜幕降临前已将苏军逐出10号厂房，但崔可夫还是夸耀道：

我们在10月31日发起反冲击，据我看，我们取得了重大胜利。我们在一些地区向前推进了100码左右，占领了新农村大街左侧和公园西部；在"红十月"厂夺回了平炉车间［4号厂房］、铸模车间［10号厂房］、型材车间［7号厂房］和成品仓库［10号厂房南面的8a号厂房］。但最重要的是，我们向敌人证明：我们不仅能防御，也能发起进攻，还能夺回原先失去的东西。最后一点，10月14日—31日持续进行的战斗结束时，是我们——而不是敌人——实施了最后的突击。[100]

第62集团军发给总参谋部的每日报告中提供了关于这场战斗的更多详情：

集团军在中央地带击退了敌人发起的几次进攻。步兵第253团（步兵第45

师）和近卫步兵第39师的残部12点30分转入反冲击，任务是歼灭其进攻地域内的敌人，恢复步兵第193师和近卫步兵第39师防区的态势……

步兵第193师击退了敌人2个步兵营向渡口发起的进攻。敌人被逐回出发阵地。

步兵第253团（步兵第45师）12点发起反冲击，受领的任务是歼灭当面之敌，前出到从铁路线至图皮科瓦亚大街和北大街一线。该团遭遇到敌人1个步兵团强有力的抵抗，对方已改善了他们的防御阵地。日终前，步兵第253团到达新农村大街西部至多林斯卡亚大街南面公园的西部边缘。

近卫步兵第39师的任务是沿北大街前出至铁路线。克服敌人的激烈抵抗后，该师的部队于日终前重新夺回了平炉车间、铸模车间、型材车间和成品仓库。[101]

但是，什未林的部队重新夺回10号厂房，使OKW粉饰了恶化的态势，10月30日宣布："德国军队在斯大林格勒地域继续进攻，各战斗侦察组在第一梯队展开行动。"次日，OKW在公告中提及斯大林格勒北部雷诺克地域的特殊行动："敌人的几个营企图在斯大林格勒北部渡过伏尔加河，这一行动被彻底挫败。已击沉对方大批船只，俄国人的主力不是被消灭就是被俘。"[102]

这份不太完整的报告反映出一个全新的、过去从未提及的尝试：为缓解崔可夫集团军遭受的重压，方面军司令员叶廖缅科发起一场两栖登陆战，在斯大林格勒北部渡过伏尔加河。斯大林格勒方面军发起的这场突击证明了崔可夫和叶廖缅科新近恢复的乐观情绪，这场两栖登陆的另一个目的是支援戈罗霍夫的北部集群，该集群目前仍被第14装甲军第16装甲师和第94步兵师困在雷诺克—斯巴达诺夫卡地域（参见地图60）。虽然崔可夫在回忆录中没有提及这场大胆、命运多舛的突击——可能是因为行动失败了——但红军总参谋部的每日战事概要记录下了这场战斗。报告的开头处写道："步兵第300师的1个加强营10月31日4点投入战斗，以夺回拉托申卡地域。"[103]总参谋部在11月1日的报告中提及该师的后续行动，但非常简短："集团军右翼，战斗的结果是，步兵第300师的［两栖］突击营夺取了拉托申卡东北部，随后掘壕据守，与敌人的1个步兵营和14辆坦克交火。"[104]红军总参谋部11月2日没有提及步兵第300师的情况，但在11月3日的报告中指出："步兵第300师的加强营实施战斗后撤，从拉托申卡地域退至铁路线后方，在尼兹科沃德纳亚（Nizkovodnaia）渡口附近继续战斗。"[105]此后再也没有提及相关情况。

但是，德军第16装甲师（该师是叶廖缅科这场两栖登陆战的打击目标）谈到了这场大胆而又不幸的行动，并暗示这并非苏军强渡伏尔加河的首次尝试：

10月31日夜间，俄国人再次企图在拉托申卡夺得一块坚实的立足地。10月30日晚，伏尔加河对岸的动静惊动了"施特雷尔克"战斗群的士兵们。午夜时刻，火炮和拖船渐渐逼近。格克的装甲排开始炮击伏尔加河火车站。3艘各载有50名俄国士兵的船只被击沉，另外几艘受损后转身返回。3艘船只设法在拉托申卡东北边缘和南部靠岸。船上的俄国兵冒着机枪和高射炮火力在岸边阵地据守，随即发起进攻，冲入拉托申卡。尽管敌人的兵力占有优势，但维佩曼少尉（第16装甲高射炮营）和他的高炮组员顽强坚守，并给进攻方造成了损失。60名俄国人转身向南，朝雷诺克冲去。在第16装甲高射炮营第2连的火力打击下，这股敌人悉数就歼［连同他们的指挥员］，幸存者寥寥无几。

北面的敌人逼近第16装甲高射炮营第3连连部，但是克内策尔中尉和他的部下实施了顽强的抵抗。冒着猛烈的炮火，我师准备发起一场反冲击，一举歼灭登陆之敌。俄国人部署在河对岸的所有火炮发起猛烈炮击，反冲击开始了，但无济于事。在［第3连］连部，56名俄国人投降；截至13点，又俘虏了36人。

在此期间，俄国人的另外一些部队和重武器在北面登陆。尽管他们高呼着"乌拉"向南发起进攻，但在9辆坦克的协助下，他们被逼退至拉托申卡北郊。

次日，残余之敌被歼灭或俘虏，从雷诺克发起的进攻也被击退。11月2日至3日夜间，我师击退了敌人几艘企图登陆的大型船只，随后发起清剿行动，肃清敌人残存的抵抗。虽然兵力不及敌人，但英勇的战斗群在施特雷尔克少校出色的指挥下完成了任务：巴什基尔步兵第300师第1049团的400人被击退。由于率领部下实施了英勇的防御，格克少尉获得骑士铁十字勋章。[106]

　　伊萨克·科贝良斯基是苏军步兵第300师第1049团的一名军士，同时担任炮组组长，他对这场战斗的记述提供了步兵第300师突击行动的更多详情，还在不经意间解释了崔可夫忽略这一行动的原因：

　　10月底，一道命令通过各级指挥系统传达下来：发起一场登陆行动，夺取拉托申卡，将雷诺克、斯巴达诺夫卡和斯大林格勒北部工厂区的敌人吸引过来，从而缓解守军的压力。我们团的两个营被指定担任登陆部队。漆黑的夜间，近700名士兵登上停泊在岸边的四艘机动驳船。拂晓时，他们在对岸弃船登陆，没有遭遇到敌人的激烈抵抗，但沿陡峭河岸的推进非常缓慢。我们在对岸听到了战斗的声响。报告传来，登陆部队中午前只夺取了几座农舍。没过多久，我们的指挥部与登陆部队之间的无线电联络中断了。日落前，我们听见激烈的交火声，夜里，一名年轻的士兵游过伏尔加河，带来非常不好的消息。德国人的几辆自行火炮已到达村庄，正将登陆部队击退。他们现在急需援助。

　　指挥部决定加强首批登陆部队。提供支援的登陆部队是我们团的第三个营，并获得1个炮兵排和1个反坦克炮兵排的加强……日落后，我们将两个排的火炮推至登船点，这里离我们的阵地不太远……两艘机动驳船停在岸边，等着将我们运过河去。我们登船时，第一艘驳船已向对岸驶去，为降低引擎的轰鸣，速度很慢。但这次，敌人对我们的渡河行动做出了反应。夜幕刚刚降临，德国人便射出一颗颗照明弹。就这样，他们发现了我们的行动，并发起持续不断的炮击。不管怎样，第一艘驳船顺利到达了对岸，尽管船上的士兵伤亡较重。我们的驳船离开系锚地，引擎刚刚启动，一发炮弹在旁边炸开，剧烈的冲击波震耳欲聋，驳船像一根小木条似的晃动起来。引擎熄火，驳船向下游漂去。几名船员用长木杆将船撑回岸边。幸运的是，没有人员伤亡。我们连参加的登陆行动就这样结束了。

　　身处拉托申卡的登陆部队的命运是一场悲剧。900多名士兵中的大多数人阵亡、被俘或负伤，生还者寥寥无几。[107]

第16装甲师与其他师在工厂区的废墟中苦苦挣扎，在该师看来，"各个连的实力已耗尽，生还者厌倦而又疲惫，武器和装备已破旧不堪……新的任务是补充……［但］目前的情况不允许这样做，［因为］斯大林格勒战役尚未胜利结束"。[108]

第6集团军的记录确切地表明，10月30日后，保卢斯不再继续其代价高昂的进攻，之后的集团军伤亡报告证实了这一事实。第51军的每日报告指出，辖内部队每天的伤亡人数从10月31日前的100多人下降到只有这个数字的三分之一。尽管如此，斯大林格勒工厂区和莫克拉亚梅切特卡河北面斯巴达诺夫卡、雷诺克地域的殊死搏杀表明，赛德利茨和他的上司——保卢斯和魏克斯——都没有想出办法来赢得这场至关重要的战役。

第64集团军的反突击，10月25日—11月2日

赛德利茨在斯大林格勒北部工厂区南段实施代价高昂、进展不顺的突击时，叶廖缅科却在第64集团军防区内发起了进攻行动。从表面上看，舒米洛夫集团军的这场突击是为了肃清斯大林格勒南部的德军，但这场短促突击更现实的目的是将德军从北面更加关键的战斗中吸引过来（参见地图78）。

10月15日接到斯大林的指示后，10月17日18点，叶廖缅科将他拟定的作战计划呈交最高统帅部。据他判断，位于舒米洛夫第64集团军对面的是德军第71步兵师和第29摩步师，并获得第371步兵师一部的支援。这股德军据守着9公里长的防线，从库波罗斯诺耶南面的伏尔加河西岸向西延伸，跨过佩先卡峡谷，直至戈尔纳亚波利亚纳以西5公里处。叶廖缅科的计划要求第64集团军突击群突破德军第371步兵师的防御，向北攻往察里察河，与第62集团军身处斯大林格勒市中心的近卫步兵第13师会合。具体说来，舒米洛夫的集团军将"沿从库波罗斯诺耶至'托波尔'树林（泽列纳亚波利亚纳南面1公里处）这条4公里宽的战线发起一场主要突击"。[109]叶廖缅科希望这种规模的进攻行动能"将敌人位于斯大林格勒地域的1个步兵师和1个装甲师吸引过来"。[110]

叶廖缅科的计划还要求第64集团军以步兵第7军较为新锐的步兵第93、第96、第97旅和步兵第169、第422、第126师发起进攻。突击部队的总兵力约为

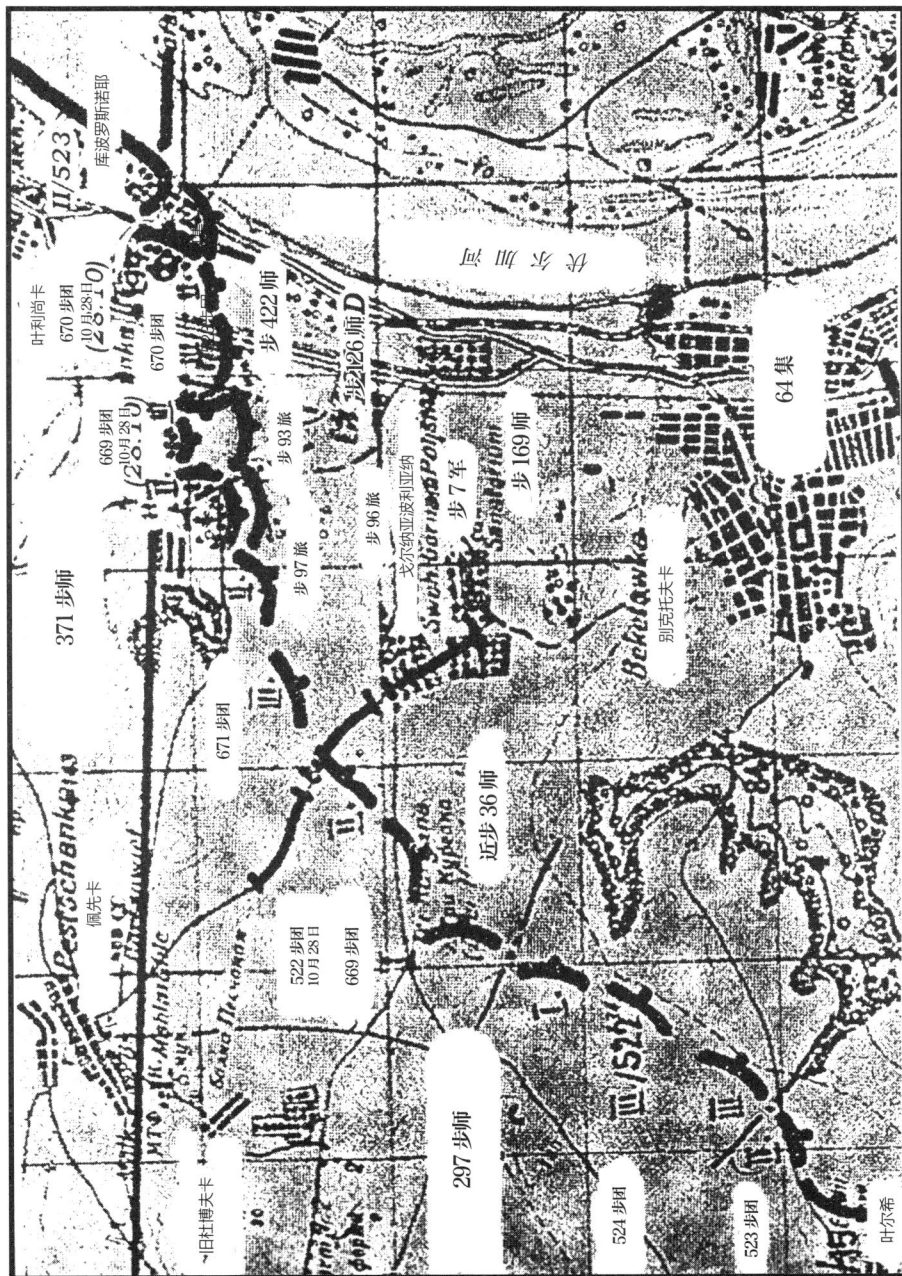

地图 78 1942 年 10 月 25 日—11 月 2 日，第 64 集团军的反突击

30000人。这场进攻将获得独立坦克第90、第56、第13、第155旅80辆坦克和7个近卫迫击炮团92具火箭炮以及第64集团军炮兵部队243门火炮的支援。斯大林格勒方面军所辖的空军第8集团军将以80架歼击机和100架强击机为进攻部队提供空中支援。待突击群集结后,第64集团军将为进攻行动部署两个梯队,步兵第7军第93和第97旅、步兵第422师和两个坦克旅提供支援的55辆坦克位于第一梯队,步兵第126师、步兵第96旅和另外两个坦克旅的25辆坦克位于第二梯队。步兵第169师担任总预备队,受领的任务是根据需要为进攻行动提供支援。[111]

这场进攻将于10月23日拂晓发起。第一阶段,突击群的第一梯队将发起冲击,歼灭德军第371步兵师第670和第671团,向前推进15公里至察里察河。获得第二梯队加强后(必要时将投入预备队),突击群将继续向东北方冲击,肃清斯大林格勒南部之敌,与市中心的第62集团军会合。叶廖缅科估计,舒米洛夫的突击力量为30000人和80辆坦克,他们面对的是德军2个步兵师和1个摩步师,敌人的实力为15000人、100—120辆坦克、400门火炮、80门反坦克炮、185门迫击炮和790挺机枪。因此,他预计完成整个行动需要10天时间。[112]

但是,事实证明这种估测极不准确,实际上,舒米洛夫的突击群面对的仅仅是德军第371步兵师第670和第671团,这两个团将3个步兵营部署在从库波罗斯诺耶的伏尔加河河段西延至泽列纳亚波利亚纳西南方2公里处这条战线上。第371步兵师第669团在戈尔纳亚波利亚纳西南面据守着一条5公里长的防线,右翼获得第297步兵师和第29摩步师一个小股战斗群的掩护——这两支部队都远离第64集团军的主要突击地域。另外,德军第71步兵师以第211团沿伏尔加河西岸据守,其防线从斯大林格勒市中心南延至库波罗斯诺耶,而第29摩步师的主力正在别克托夫卡登陆场西面的预备集结区接受休整和补充。[113]这就意味着,从伏尔加河到泽列纳亚波利亚纳,第64集团军30000名士兵和80辆坦克组成的突击群面对的是德军不到5000人的5个步兵营,虽然德国人据守着精心构设并获得强化的防御阵地。

进攻行动的准备工作被证明比预想的更加困难。最高统帅部的严厉申斥表明,第64集团军显然忽视了必要的保密措施:

今后，最高统帅部大本营严禁你们以密码电报发送任何报告，无论是作战计划还是签署、下达的相关命令。最高统帅部要求派发的作战计划，只能以手写完成，并派专人传递。为这场即将发起的进攻行动下达给各集团军司令员的命令只能亲自标注在地图上。[114]

为完成必要的准备工作，进攻行动推延了数日，10月25日9点，舒米洛夫集团军终于发起了进攻。对接下来的作战行动，集团军军史提供了一份敷衍的说明：

激战前的"红十月"厂和"街垒"厂（拍摄于 1942 年 7 月 21 日）

"街垒"厂6号、2号厂房的南视图

"街垒"厂南部6c厂房的西视图，钢铁大街和峡谷位于左侧。注意照片中的大量弹坑

"街垒"厂 6d 厂房的西南视图

苏军步兵在"街垒"厂内战斗

"街垒"厂南面，面包厂内弹痕累累的建筑

著名的红军狙击手 V．G．扎伊采夫中士，隶属巴秋克步兵第 284 师，斯大林格勒工厂区的战斗中，他给德军造成了极大的伤亡

1942 年 11 月一个简短的仪式上，瓦西里·扎伊采夫中士获得了党员证

"红十月"地域从西（左）至东（右），由北（上）向南（下）流淌的伏尔加河位于最右侧。下"红十月"新村和班内峡谷从上至下位于左侧，从上至下的铁路线位于中央，"红十月"厂油库和"网球拍"从上至下位于右侧

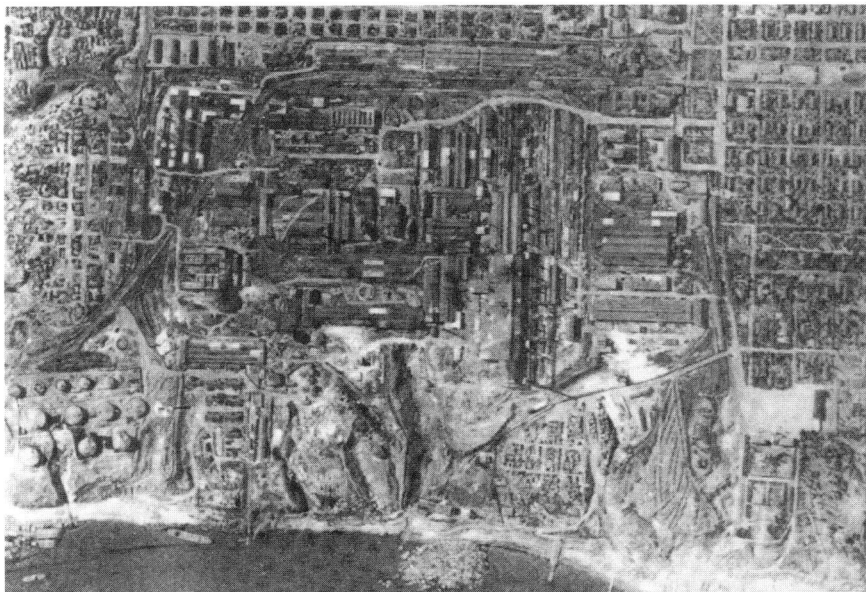

"红十月"厂（中央），铁路线横跨顶部，班内峡谷和油库位于左侧，撒马尔罕大街和顿涅茨大街位于右侧，伏尔加河位于下部

1942 年 10 月，遭到进攻的"红十月"厂

1942 年 10 月下旬，德军轰炸油库和"红十月"厂

激战中的"红十月"厂，3号和4号厂房位于左侧，5号厂房位于右侧

近卫步兵第39师的士兵（位于伏尔加河河岸）在守卫"红十月"厂期间宣誓"奋战到底"

近卫步兵第 39 师的士兵在"红十月"厂的厂房内战斗

近卫步兵第 39 师的士兵守卫着"红十月"厂的部分厂房

参加"红十月"厂保卫战的民兵

数万名百姓在斯大林格勒城内忍受着激烈的战
火，图为其中的几个

　　10月25日晨, 经过一场炮火准备, 各部队投入进攻。进攻发起的首日, 集团军辖下的部队夺取了库波罗斯诺耶的一部分, 但是, 敌人强有力的抵抗阻止了进攻行动的后续发展。

　　前线这一地段的激战从10月25日持续至11月1日。虽然参加此次反突击的部队只取得3—4公里进展, 但敌人被迫将大批兵力留在此地, 并前调了预备队。这场反突击的结果是, 敌人停止了对斯大林格勒工厂区第62集团军的进攻。[115]

　　实际上, 这根本不是事实。德军第371步兵师确实在库波罗斯诺耶镇中心后退了数百米, 设在镇子西面和佩先卡西南面的防御也被撞出了一个1—2公里深的凹陷。但该师将第669步兵团从戈尔纳亚波利亚纳以西地域调入受到威胁的地区, 构设起新的防御, 从而稳定住了态势。该师随后将第670和第676团[①]集结在镇内, 并以第297步兵师第523团的1个营提供加强, 从而稳定住了库波罗斯诺耶的局面。因此, 德国第6集团军认为没有必要从工厂区抽调任何兵力增援库波罗斯诺耶地域。1个获得加强的德军师已遏止舒米洛夫第64集团军发起的这场反突击。

　　除了德国人的每日报告, 红军总参谋部的每日战事概要也提供了第64集团军10月25日在库波罗斯诺耶地域奋战的额外详情:

　　10月25日9点, 第64集团军发起进攻, 部分部队在库波罗斯诺耶地域战斗。
　　步兵第422师, 克服了敌人猛烈的抵抗火力, 一举夺取库波罗斯诺耶南部, 10月25日17点, 前出至科日 (Kozh) 南面峡谷的南脊。
　　步兵第93旅10月25日17点前夺取了43.8里程碑处的树林。
　　步兵第97旅克服了敌人猛烈的火力后, 于同一时间到达泽列纳亚波利亚纳西南方1.5公里处的沙地。
　　集团军辖内其他部队继续坚守原先的阵地。[116]

---

　　① 译注: 第671团。

当晚，B集团军群准确地报告道："斯大林格勒南面，一场强有力的炮火准备后，30—40辆敌坦克在战机的掩护下攻向第371步兵师的防区。进攻被击退，敌人损失惨重。"[117]

次日，斯大林格勒方面军报告："10月26日11点30分，第64集团军的突击群再次沿原先的方向发起突击……克服敌人猛烈的防御火力后，没有取得显著进展。"[118]具体地说，步兵第422师、步兵第97旅和近卫步兵第36师"在原先的阵地上战斗"，而步兵第93旅"与敌人展开激烈交火后，再次逼近43.8里程碑（库波罗斯诺耶以西2公里处）"。[119]步兵第422师10月27日恢复进攻，当晚，斯大林格勒方面军报告："第64集团军辖下的步兵第422师正克服敌第371步兵师的抵抗，攻占库波罗斯诺耶镇南部；步兵第7军和近卫步兵第36师的部队……在库波罗斯诺耶和145.5高地地域一连击退敌人的4次反冲击，继续坚守其既有阵地。"[120]

B集团军群的每日战事概要再次证实了舒米洛夫取得的有限战果：

斯大林格勒南部，昨日下午，敌人多次对第371步兵师位于伏尔加河以西的阵地发起进攻。敌人通过坦克突击和强有力的炮击，扩大了前一天形成的楔形区域。敌人成功突入库波罗斯诺耶镇南部。该楔形区域已被封锁，正采取措施将其消除。[121]

集团军群的情报官补充道，第4装甲集团军防区内，"敌人的1个步兵营在坦克的支援下，对库波罗斯诺耶南面第4军左翼发起进攻，但被击退，中午，敌人又从三个方向同时对第371步兵师的防线发起冲击，成功楔入库波罗斯诺耶镇南部，战斗仍在继续"。[122]

但是，截至10月28日，双方都很清楚，舒米洛夫的行动已无可挽回地停顿下来。例如，当日日终时，红军总参谋部指出，尽管第64集团军"13点以其突击集群继续进攻库波罗斯诺耶地域……但敌人发起猛烈的反冲击，迫使我方部队放弃了库波罗斯诺耶峡谷、矩形树林和'托波尔'树林（两座树林都位于库波罗斯诺耶峡谷以西0.5—1.5公里处）"。[123]OKW证实了这一说法，并补充道："一如既往，大股敌军在坦克的支援下对斯大林格勒南部的德军阵地发起的牵制性进攻被击退，敌人损失惨重。"[124]

尽管如此，但由于斯大林格勒工厂区的态势仍难以确定，叶廖缅科命令舒米洛夫继续进攻。恪尽职守的舒米洛夫10月29日报告，第64集团军"以右翼部队据守既有阵地，并击退了敌人在库波罗斯诺耶地域发起的反冲击"，集团军辖下的步兵第422师"击退了敌人1个步兵营对库波罗斯诺耶镇南部发起的反冲击"。但是，遵照叶廖缅科的命令，"近卫步兵第36师和混编学员团14点对145.5高地（佩先卡东南方3公里处）发起的突击没能取得成功"。[125]这场行动结束后，OKW几乎一字不差地重复了前一天的公告："斯大林格勒南部，与前一天相同，敌人在坦克支援下发起的牵制性进攻被我军各种武器的火力和空军的配合所击退。"[126]

此后，库波罗斯诺耶地域的战斗断断续续地持续了三天，舒米洛夫不折不扣地履行着方面军司令员的命令。尽管舒米洛夫下定了决心，但德国守军却轻而易举地击退了他发起的每一次进攻。与OKW简短的公告相呼应，红军总参谋部的每日战事概要反映出行动失利的悲惨现实：

「10月30日」

第64集团军以其右翼部队击退了敌步兵和坦克从矩形树林（库波罗斯诺耶以西2公里处）附近向南发起的三次进攻。伤亡300余人后，敌人撤回出发阵地。

步兵第7军继续坚守从库波罗斯诺耶南部至库波罗斯诺耶峡谷、泽列纳亚波利亚纳西南方1公里处的沙区中央一线。[127]

同一天，OKW宣布："由于遭受到严重损失，敌人被迫停止了斯大林格勒南部的进攻行动。"[128]

「10月31日」

第64集团军以部分部队在库波罗斯诺耶西南地域遂行进攻任务。

步兵第97旅攻向"托波尔"树林（库波罗斯诺耶峡谷以西2公里处），10月31日18点前在树林南部边缘占领了敌人的前沿堑壕。

近卫步兵第36师以近卫步兵第108团、混编学员团和步兵第93旅的1个营攻

608

向145.5高地（库波罗斯诺耶西南方5公里处），在该高地北坡夺取了敌人的散兵坑。

集团军辖内其他部队继续坚守原先的阵地。[129]

OKW宣称："斯大林格勒南部，敌人再度发起反突击，但又一次遭到失败。"[130]

「11月1日」

第64集团军坚守既有阵地的同时，以部分兵力在库波罗斯诺耶西南地域继续进攻，但遭遇到敌人强有力的抵抗，未能取得进展。

坦克第97旅11月1日击退了敌人2个步兵连从"托波尔"树林（库波罗斯诺耶峡谷以西2公里处）发起的一场进攻。

近卫步兵第36师的1个步兵团、步兵第93旅第1营、混编学员团和坦克第90旅在145.5高地附近（佩先卡东南方4公里处）对敌人发起两次进攻，但遭遇到激烈的抵抗，未能取得胜利。[131]

OKW的回应是："斯大林格勒南部，敌人在坦克支援下发起的新进攻被击退。"[132]

虽然舒米洛夫的反突击只是在第4装甲集团军沿别克托夫卡登陆场北侧的防线上勉强撞出一个凹陷，但苏军的失利却给德军各级指挥层的决策者造成了一种持续的、误导性的影响。苏军7月底和8月维持其攻势的努力一再失利，罗科索夫斯基的几个集团军打垮斯大林格勒北部顿河与伏尔加河之间通道内德军防御的尝试多次受挫，第4装甲集团军轻而易举地挫败了第64集团军在斯大林格勒南部发起的进攻，这一切给德国军队留下了深刻的印象：无论苏军在何时、从何处发起反突击，哪怕是反攻，德军都能轻松将其击退。显然，德军部分高级将领坚定地持有这种信念，尽管越来越多的情报提醒他们，苏军的兵力调动表明对方即将发起一场反攻，但这些将领对此会作何反应可想而知。他们也没有预料到，如果苏军的打击落在卫星国军队而非德国军队的头上，将会发生怎样的状况。

总结

第6集团军竭力打垮第62集团军设在斯大林格勒工厂区南部的防御，这一行动非常艰巨，战斗进展令人沮丧。虽然赛德利茨全力以赴，但第51军没能完成其主要任务——肃清"街垒"厂和"红十月"厂内的苏军，夺取苏军在伏尔加河畔最后的渡口，阻止崔可夫实力衰减的部队继续获得援兵。加剧这一失利的是，将新锐第79步兵师投入战斗后，保卢斯在斯大林格勒地域参战的所有师都遭受到严重损失，几乎每个师都被评为"战斗力耗尽"，而他的装甲师和突击炮营基本上成了一具空壳。例如，截至10月31日，第14装甲师仅能拼凑出11辆坦克，休整了近一周的第24装甲师也只有16辆坦克，而第244和第245突击炮营总共只剩下6辆可用的突击炮。[133]

由于希特勒坚持要求第6集团军彻底粉碎苏军最后的抵抗，保卢斯和赛德利茨不得不以连级——而不是营、团级——战斗群遂行进攻任务。这两位指挥官都不认为此举可行，因而开始寻求其他解决之道，主要是从别处弄到援兵。不幸的是，此举最终意味着继续从其他防线上抽调德军师。

仿佛是为了强调这场消耗战对保卢斯第6集团军造成的不利影响，崔可夫11月1日判断，在斯大林格勒地域，第62集团军的当面之敌是10个德军师。据他估计，这些师（准确地确定为第71、第79、第94、第100、第295、第305、第389步兵师和第14、第16、第24装甲师）共有80个步兵营和28个炮兵营，作战兵力为23000人，外加130—150辆坦克和突击炮。[134]出人意料的是，虽然对德军步兵实力的估计较为准确，但崔可夫高估了第51军的装甲力量，又低估了第14装甲军的装甲力量。按地域划分，崔可夫判断，德军的40辆坦克和突击炮用于对付北部集群（实际数量是113辆），90辆坦克和突击炮位于工厂区苏军部队对面（实际数量是32辆），另外20辆部署在第62集团军的南部防区——这些坦克中的大多数配属给步兵师，支援他们的进攻行动。崔可夫还声称，德国人在戈罗季谢—萨多瓦亚地域集结了100辆坦克和突击炮（来自第29摩步师和第22装甲师），但这种判断是错误的。

第62集团军还估测了战斗对保卢斯步兵部队造成的影响，他们认为，10月20日至11月1日的战斗中，第6集团军伤亡10000人，50辆坦克被击毁，承受这些损失的主要是第305和第79步兵师、第100猎兵师以及第14装甲师。至于德国人下一步的意图，崔可夫估计，他们会向"红十月"厂和102.0高地（马马耶夫岗）发起主要突击，为此，德国人会从戈罗季谢地域抽调1个步兵师和坦克加强他们的突击力量。

认真指出德国人的显著优势后，崔可夫敏锐地评估了德军的战术，并准确地强调了保卢斯的部队不得不克服的困难：

> 从作战原则的角度看，值得一提的是快速机动、重组、加强沿各独立方向发起的突击，哪怕以分割各个师为代价……
>
> 敌人与我方部队保持密切接触的兵力的虚弱性也体现出这一点。敌人的战术原则表明，他们正有条不紊地突破我方防御，并沿已占领的防线实施防御。敌人以小股部队在我方作战编队之间（这些编队坚守至最后一兵一卒）达成渗透，然后以大股步兵和坦克沿这一方向扩大战果。[135]

崔可夫对保卢斯部队面临的问题的清晰认识并未减弱他对第62集团军生死存亡的担心。他在这份评估中承认，10月份最后一周的激战确实是对第62集团军承受力极限的考验，他的部队每天伤亡300—500人。虽然获得了2个师的援兵，使第62集团军的整体兵力保持在50000人左右，但他位于伏尔加河西岸的部队遭受到严重减员，截至10月31日，守军的总兵力只剩下15000人。雪上加霜的是，德军在此期间不断发起进攻，已将他的登陆场分割成三块。"戈罗霍夫"集群被孤立在莫克拉亚梅切特卡河北面；步兵第138、第308、第193、第45师及近卫步兵第39师被牵制在"街垒"厂、"红十月"厂和毗邻地区的浅近登陆场内；步兵第284师和近卫步兵第13师位于斯大林格勒市中心的马马耶夫岗东半部、"网球拍"和伏尔加河西岸的一片狭长地带上。如果说这还不算最糟糕的，那么，德军还对这些地域最后几个渡口构成了威胁，部分结冻的河面上，浮冰很快会使崔可夫更加难以获得援兵和补给。

但归根结底，崔可夫遂行的任务比保卢斯的简单得多。希特勒要求第6集团军以不再具备持续作战能力的部队攻占城市剩余的部分，同时守住集团军漫长的侧翼。相比之下，崔可夫在必要情况下可以给他的集团军下达就地死守的命令，从而完成自己的任务——将德军牵制在城内的战斗中。叶廖缅科为第62

集团军提供填鸭式的援兵，显然，他很清楚牺牲第62集团军的目的所在。

面对这种熟悉的窘境，保卢斯和赛德利茨10月底开始在别处寻找解决途径，来完成现在被许多德军官兵（如果不能说大多数的话）认为不可能完成的任务。第6集团军需要援兵，问题是，从哪里能搞到援兵？在已遭到削弱的状况下，保卢斯集团军的主力集结在斯大林格勒地域，只留下脆弱的卫星国军队守卫着斯大林格勒西北方长长的顿河防线和城市南面广阔的湖区。因此，保卢斯很自然地将目光投向相邻的A集团军群，那里是获得预备队的唯一来源。但是，此时李斯特的集团军群已过度延伸，自身正面临着多重危机。

注释

1. 第51军的完整部署令可参阅韦杰斯的《斯大林格勒战役：工厂之战，1942年10月14日—11月19日》，第59—60页。

2. 参阅第51军的进攻令，同上，第74—79页。

3. 同上；以及卡雷尔的《东进》，第616—617页。

4. 韦杰斯，《斯大林格勒战役：工厂之战，1942年10月14日—11月19日》，第87页。

5. 同上，第82—83、97页。关于第6集团军装甲师、摩步师和突击炮营装甲力量的定期报告，可参阅弗洛里安·冯·翁德·楚·奥夫塞斯男爵的《第6集团军作战日志附件册，第一卷，1942年9月14日至11月24日》，第210页；以及第6集团军作战日志，*NAM T-312, Roll 1453.*（国家档案馆微缩胶片，序列号T-312，第1453卷）。

6. 同上，第85页。

7. 马克，《"跳跃骑士"的覆灭：第24装甲师在斯大林格勒》，第306—309页。

8. 同上，第307页。这些坦克包括2辆三号短身管坦克、10辆三号长身管坦克、1辆四号长身管坦克和2辆指挥坦克。其中7辆支援第79步兵师，6辆支援第305步兵师。

9. 韦杰斯，《斯大林格勒战役：工厂之战，1942年10月14日—11月19日》，第80页。

10. 第62集团军作战日志，*"Boevoe donesenie no. 208, Shtarm 62 23. 10. 42"*（第62集团军司令部208号作战报告，1942年10月23日签发）。

11. 同上。

12. 同上。

13. 对苏军步兵第193师在斯大林格勒城内顽强防御的详细描述，可参阅Ia. A. 列别捷夫和A. I. 马柳金的《牢记第聂伯河：荣获列宁勋章、苏沃洛夫勋章和库图佐夫勋章的红旗第聂伯河步兵第193师老兵的回忆》，第19—20页。

14. 第62集团军作战日志，*"Boevoe donesenie no. 208, Shtarm 62 23. 10. 42"*（第62集团军司令部208号作战报告，1942年10月23日签发）。

15. 崔可夫，《斯大林格勒战役》，第192页。

16. 韦杰斯，《斯大林格勒战役：工厂之战，1942年10月14日—11月19日》，第89—92页。

17. 同上，第92页。

18. 同上。另可参阅威尔·黑勒中士对第208步兵团进攻行动的描述，同上，第96页。

19. 同上，第99页。第79步兵师10月23日的完整作战日志，可参阅同上，第98、第105—106、第108页。

20. 关于近卫步兵第39师在城内防御作战的详情，可参阅莫罗佐夫的《巴尔文科沃近卫步兵第39师》，第15—17页。

21. 第62集团军作战日志，*"Boevoe donesenie no. 208, Shtarm 62 23. 10. 42"*（第62集团军司令部208号作战报告，1942年10月23日签发）。

22. 韦杰斯，《斯大林格勒战役：工厂之战，1942年10月14日—11月19日》，第98、第106页。

23. 第62集团军作战日志，*"Boevoe donesenie no. 208, Shtarm 62 23. 10. 42"*（第62集团军司令

部208号作战报告，1942年10月23日签发）。

24. 韦杰斯，《斯大林格勒战役：工厂之战，1942年10月14日—11月19日》，第108页。

25. 马克，《"跳跃骑士"的覆灭：第24装甲师在斯大林格勒》，第308—309页。

26. 第62集团军作战日志，"Boevoe donesenie no. 208, Shtarm 62 23. 10. 42"（第62集团军司令部208号作战报告，1942年10月23日签发）。更多细节可参阅步兵第138师作战日志的相关条目，作战日志中称，德国人取得了"一些进展"，该师当日获得258名补充兵。

27. 日林，《斯大林格勒战役》，第791页，引自《OKW战时公告》。

28. 同上，第792页，引自《OKW战时日志》，第二册，第1497—1498页。

29. 同上，第792—793页，引自TsAMO RF, f. 500, op. 12462, d. 89, 11，第227—228页。

30. 同上，第790—791页。

31. 第62集团军作战日志，"Boevoe donesenie no. 208, Shtarm 62 23. 10. 42"（第62集团军司令部208号作战报告，1942年10月23日签发）。

32. 同上。

33. 韦杰斯，《斯大林格勒战役：工厂之战，1942年10月14日—11月19日》，第109页，引自第51军军部作战处3373/42号绝密令，"Korpsbefehl Nr. 94 fur den Angriff am 24.10.42"（1942年10月24日发起进攻的94号军部令），1942年10月23日18点55分签发。

34. 同上，第110—111页。

35. 同上，第111页。

36. 日林，《斯大林格勒战役》，第799页，引自《OKW战时公告》。

37. 第62集团军作战日志，"Boevoe donesenie no. 209, Shtarm 62 24. 10. 42"（第62集团军司令部209号作战报告，1942年10月24日签发）。

38. 同上。

39. 弗洛里安·冯·翁德·楚·奥夫塞斯男爵，《第6集团军作战日志附件册，第一卷，1942年9月14日至11月24日》，第200页，"Frontfahrt des Oberbefehlshabers am 24.10.1942, A.O.K. 6, I. a, Datum; 24.10.42"（1942年10月24日司令官对前线的视察，第6集团军作战处，1942年10月24日）。

40. 营救古尔季耶夫的完整记述，可参阅列别捷夫和马柳金的《牢记第聂伯河：荣获列宁勋章、苏沃洛夫勋章和库图佐夫勋章的红旗第聂伯河步兵第193师老兵的回忆》，第20—22页。

41. 第62集团军作战日志，"Boevoe donesenie no. 209, Shtarm 62 24. 10. 42"（第62集团军司令部209号作战报告，1942年10月24日签发）。

42. 同上。步兵第138师作战日志补充道："经过一场血腥激战，19点，敌人在步兵第344团的防区成功夺取了'街垒'厂机修车间。"

43. 韦杰斯，《斯大林格勒战役：工厂之战，1942年10月14日—11月19日》，第117页。

44. 弗洛里安·冯·翁德·楚·奥夫塞斯男爵，《第6集团军作战日志附件册，第一卷，1942年9月14日至11月24日》，第210页，"Tagesmeldung, Armee—Oberkommando 6, Abt. I a, A. H. Qu., 24.Oktober 1942"（第6集团军司令部每日报告，作战处，1942年10月24日）。

45. 崔可夫，《斯大林格勒战役》，第193页。

46. 日林，《斯大林格勒战役》，第796页。

47. 崔可夫对第62集团军对面德军部署大体正确的判断，可参阅第62集团军作战日志，"Gruppirovka protivnika pered frontom 62 Armii na 24. 10. 42"（1942年10月24日，第62集团军当面之敌的部署）。

48. 第62集团军作战日志，"Boevoe donesenie no. 209, Shtarm 62 24. 10. 42"（第62集团军司令部209号作战报告，1942年10月24日签发）。

49. 崔可夫，《斯大林格勒战役》，第193页。

50. 第62集团军作战日志，"Boevoe donesenie no. 209, Shtarm 62 24. 10. 42"（第62集团军司令部209号作战报告，1942年10月24日签发）。

51. 齐姆克和鲍尔，《从莫斯科到斯大林格勒：东线决战》，第462页。

52. 崔可夫，《斯大林格勒战役》，第193页。

53. 韦杰斯，《斯大林格勒战役：工厂之战，1942年10月14日—11月19日》，第123页，经本书作者编辑。关于"红十月"厂内的战斗，包括克罗地亚第369团作战情况的一手记述，可参阅该书第124—125、第131—132页。

54. 第62集团军作战日志，"Boevoe donesenie no. 210, Shtarm 62 25. 10. 42"（第62集团军司令部210号作战报告，1942年10月25日签发）。

55. 卡雷尔，《斯大林格勒：德国第6集团军的败亡》，第149页。

56. 第62集团军作战日志，"Boevoe donesenie no. 210, Shtarm 62 25. 10. 42"（第62集团军司令部210号作战报告，1942年10月25日签发）。

57. 同上。

58. 崔可夫，《斯大林格勒战役》，第194—195页。

59. 同上，第195页。

60. 日林，《斯大林格勒战役》，第801页。

61. 同上，第802页，引自《OKW战时公告》。

62. 同上，第803页，引自《OKW战时日志》，第二册，第1523页。

63. 崔可夫，《斯大林格勒战役》，第194页。

64. 韦尔滕，《第16装甲师师史，1939—1945年》，第115页。谈及雷诺克和斯巴达诺夫卡地域的战斗，第62集团军10月25日的作战日志中写道：

10月24日的战果给北部集群造成了极其艰难的局面：敌人投入超过1个步兵团的兵力和10辆坦克，在航空兵的支援下发起进攻，迫使步兵第149旅退至伊阿梅东面和特韦尔（Tverskaia）大街东北面的铁路线。步兵第124旅第1营在渡口南面100米处，特韦尔大街和萨赖（Sarai）大街附近占据环形防御。

10月25日10点起，北部集群抗击敌步兵和坦克重新发起的进攻。日终时，该集群击退了敌人发起的所有进攻，守住了自己的阵地。可以确定，敌人遭到严重损失后，将新锐预备队投入了战斗。

65. 第62集团军10月25日的作战日志。

66. 同上。

67. 卡雷尔，《斯大林格勒：德国第6集团军的败亡》，第149页。施滕佩尔本人对这些战斗的记述，可参阅韦杰斯的《斯大林格勒战役：工厂之战，1942年10月14日—11月19日》，第125—126、128—130、第133页。施滕佩尔称苏军10月28日在峡谷口部发起反冲击，但卡雷尔在《斯大林格勒：德国第6集团军的败亡》一书第149页、崔可夫在《斯大林格勒战役》一书第197页指出，这个日期为10月27日。另外，卡雷尔在书中指出，施滕佩尔获得的是70名补充兵，而非80名。

68. 第62集团军作战日志，*"Boevoe donesenie no. 211, Shtarm 62 26. 10. 42"*（第62集团军司令部211号作战报告，1942年10月26日签发）。

69. 同上。

70. OKW公告可参阅日林的《斯大林格勒战役》，第807页，引自《OKW战时公告》。红军总参谋部的报告可参阅该书第806页。

71. 第62集团军作战日志，*"Boevoe donesenie no. 212, Shtarm 62 26. 10. 42"*（第62集团军司令部212号作战报告，1942年10月26日签发）。

72. 同上。

73. 崔可夫，《斯大林格勒战役》，第195页。

74. 第62集团军作战日志，*"Boevoe donesenie no. 212, Shtarm 62 26. 10. 42"*（第62集团军司令部212号作战报告，1942年10月26日签发）。

75. 日林，《斯大林格勒战役》，第806、第810页。

76. 同上，第811页，引自《OKW战时公告》。

77. 同上，第812页，引自《OKW战时日志》，第二册，第1539页。

78. 同上，第811页，引自*TsAMO RF, f. 500, op. 12462, d. 89,11*，第236—237页。

79. 《苏联军队作战编成，第2部分，1942年1—12月》，第124、第158、第180页；以及 *Kommandovanie korpusnovo i divizionnogo svena Sovetskikh vooruzhennijkh sil perioda Velikoi Otechestvennoi voiny 1941-1945 g.*（《1941—1945年，伟大卫国战争期间苏联武装力量军、师级指挥员》），第123页。

80. 尽管不太清楚步兵第45师10月26日的确切实力，但11月5日该师拥有6358人，参见伊萨耶夫的《斯大林格勒：伏尔加河后方没有我们的容身处》，第244页。

81. 关于索科洛夫的资料非常少，只知道他指挥过步兵第45师，该师1943年3月1日改编为近卫步兵第74师，他率领该师至1943年8月1日。此后，他可能在伏龙芝军事学院接受在职培训，1943年12月30日至1945年5月9日，他担任近卫步兵第60师师长。

82. 崔可夫，《斯大林格勒战役》，第196页。

83. 同上，第197页。

84. 布尔多夫一直率领着坦克第235旅，该旅1943年2月7日改编为近卫坦克第31旅，1943年10月10日又改编为近卫坦克第7旅。1943年6月7日，布尔多夫晋升为坦克兵少将，当年10月离开前线，战争最后两年一直在高尔基坦克学校任校长。战后，他担任坦克第29师副师长，直至1946年退役。关于他军旅生涯的粗略情况，可参阅以下网站：http://www.generals.dk/general/Burdov/Denis_Maksimovich/Soviet_Union.html。

85. 崔可夫，《斯大林格勒战役》，第197页。

86. 第62集团军作战日志，*"Boevoe donesenie no. 213, Shtarm 62 28. 10. 42"*（第62集团军司令部213号作战报告，1942年10月28日签发）。

87. 同上。

88. 日林，《斯大林格勒战役》，第815页。

89. 第62集团军作战日志，"Boevoe donesenie no. 214, Shtarm 62 29. 10. 42"（第62集团军司令部214号作战报告，1942年10月29日签发）。

90. 日林，《斯大林格勒战役》，第819页。

91. 同上，第816、第820页，引自《OKW战时公告》。

92. 这些伤亡数据可参阅弗洛里安·冯·翁德·楚·奥夫塞斯男爵的《第6集团军作战日志附件册，第一卷，1942年9月14日至11月24日》，第212、第229、第232页，"Morgenmeldung VIII. A.K. meldet 04.30 Uhr, A.O.K. 6,1, a, Datum: 28.10–42"（第8军晨报，1942年10月28日4点30分发给第6集团军司令部作战处）、"Morgenmeldung LI. A.K. meldet 06.20 Uhr, A. O. K. 6, I. a, Datum: 29.10.42"（第51军晨报，1942年10月29日6点20分发给第6集团军司令部作战处）以及"Morgenmeldung VIII. A.K. meldet 04.10 Uhr, A. O. K. 6,1. a, Datum: 30.10.42"（第8军晨报，1942年10月30日4点10分发给第6集团军司令部作战处）。

93. 韦杰斯，《斯大林格勒战役：工厂之战，1942年10月14日—11月19日》，第137页。

94. 弗洛里安·冯·翁德·楚·奥夫塞斯男爵，《第6集团军作战日志附件册，第一卷，1942年9月14日至11月24日》，第212、第229、第232页，"Morgenmeldung VIII. A.K. meldet 04.30 Uhr, A.O.K. 6,1, a, Datum: 28.10–42"（第8军晨报，1942年10月28日4点30分发给第6集团军司令部作战处）、"Morgenmeldung LI. A.K. meldet 06.20 Uhr, A. O. K. 6, I. a, Datum: 29.10.42"（第51军晨报，1942年10月29日6点20分发给第6集团军司令部作战处）以及"Morgenmeldung VIII. A.K. meldet 04.10 Uhr, A. O. K. 6,1. a, Datum: 30.10.42"（第8军晨报，1942年10月30日4点10分发给第6集团军司令部作战处）。

95. 第62集团军作战日志，"Chastnyi boevoi prikaz no. 216 Shtarm 62 29. 10. 42 15.35"（第62集团军司令部216号单独作战令，1942年10月29日15点35分签发），命令中写道：

1. 敌人继续在钢铁大街与梅罗夫斯克（Merovsk）大街之间发起进攻，企图夺取渡口。

2. 集团军击退敌人进攻的同时，应继续坚守既有阵地。

3. 步兵第45师应占据并守卫梅津河大街—梅罗夫斯克大街一线，前沿防线从梅津河大街西部至气体大街和梅罗夫斯克大街东部。应与右侧步兵第308师的分队、左侧的近卫步兵第39师建立起紧密联系。

任务：在你们的防区内，决不能让敌人突至伏尔加河岸边。采取一切措施坚守防线，将部队散开，准备击退敌人的地面和空中突击。将师属炮兵留在伏尔加河左岸，做好10月30日7点起支援各步兵团的准备。

右侧分界线从梅津河大街（伏尔加河岸）至贡恰尔大街（含）。

左侧分界线从快车道大街（伏尔加河岸）至中央大街。

4. 步兵第193师应于10月30日6点起继续坚守既有阵地。步兵第10团交由步兵第193师师长指挥。

崔可夫，古罗夫，克雷洛夫

96. 崔可夫，《斯大林格勒战役》，第197页。

97. 日林，《斯大林格勒战役》，第822页。

98. 同上，第827页。

99. 索科洛夫步兵第45师渡过伏尔加河后，崔可夫10月31日晨下达了这道进攻令。参阅第62集团军作战日志，"Chastnyi boevoi prikaz no. 217 Shtarm 62 31. 10. 42"（第62集团军司令部217号单独作战令，1942年10月31日签发），命令中写道：

1. 敌人企图突破我集团军的防线并前出至伏尔加河，进攻多次失败后，已沿所到达的位置匆匆转入防御并调集预备队，准备重新发起进攻。

2. 步兵第45师到达后，集团军将于1942年10月31日以部分部队发起一场反冲击，任务是歼灭钢铁大街和旋转大街地域的敌人，前出至主（西）铁路线，从而恢复步兵第193师和近卫步兵第39师防区的态势。

3. 决定：以步兵第45师的部队在"街垒"厂与"红十月"厂之间地域发起主要突击，以近卫步兵第39师的部队彻底肃清"红十月"厂之敌，随后前出至主铁路线。

4. 步兵第45师应在以下地域发起冲击：右侧从梅津河大街至贡恰尔大街，左侧从［难以辨认］西南面500米处的峡谷至占科伊大街……

5. 近卫步兵第39师应在你们的防区内发起冲击……

……

8. 我要求你们仔细研究各分队突击方向的地形，并详细制订出各级指挥层步兵与炮兵密切配合和协同的计划。

9. 我要求参加冲击的所有步兵部队和分队巧妙、迅速地向前推进，不得停下来肃清敌人的独立抵抗点，粉碎、彻底歼灭被孤立之敌的任务留给预备队和步兵第193师的分队。

崔可夫，古罗夫，克雷洛夫

100. 崔可夫，《斯大林格勒战役》，第199页。

101. 第62集团军作战日志，"Boevoe donesenie no. 216 Shtarm 62 31. 10. 42"（第62集团军司令部216号作战报告，1942年10月31日签发）。

102. 日林，《斯大林格勒战役》，第823、第828页，引自《OKW战时公告》。

103. 同上，第827页。由于崔可夫没有与步兵第300师取得联系，因而第62集团军的报告中未提及这一行动。

104. 同上，第832—833页。

105. 同上，第838—842页。

106. 韦尔滕，《第16装甲师史，1939—1945年》，第115—116页。

107. 伊弗克·科贝良斯基，《从斯大林格勒到皮劳：一名红军炮兵指挥员对伟大卫国战争的记忆》（劳伦斯：堪萨斯大学出版社，2008年），第94—96页。

108. 韦尔滕，《第16装甲师史，1939—1945年》，第116—117页。

109. 佐洛塔廖夫，《最高统帅部，1942年》，第570页，斯大林格勒方面军司令员发给最高副统帅的3264号报告，1942年10月17日18点签发。

110. 同上。

111. 同上，第571页。

112. 同上，第570页。

113. 参见第4装甲集团军10月24日的每日态势图，"Lagenkarten zum KTB. Nr. 5 (Teil Ⅲ.) PzAK 4, Ia., 21 Oct-24 Nov 1942," PzAOK 4, 28183/12, in NAM T-313, Roll 359.（1942年10月21日—11月24日，第4装甲集团军作战处第5号作战日志3号附件的态势图集；国家档案馆微缩胶片，序列号T-313，第359卷）。

114. 佐洛塔廖夫，《最高统帅部，1942年》，第438—439页，最高统帅部170676号指令，1942年

10月19日20点30分签发。

115. D. A. 德拉贡斯基（主编），*Ot Volgi do Pragi*（《从伏尔加河到布拉格》）（莫斯科：军事出版社，1966年），第30—31页。

116. 日林，《斯大林格勒战役》，第801页。

117. 同上，第803页，引自《OKW战时日志》，第二册，第1523页。

118. 同上，第806页。

119. 同上。

120. 同上，第810页。

121. 同上，第812页，引自《OKW战时日志》，第二册，第1539页。

122. 同上，第811页，引自*TsAMO RF, f. 500, op. 12462, d. 89,11*，第236—237页。

123. 同上，第815页。

124. 日林，《斯大林格勒战役》，第816页，引自《OKW战时公告》。

125. 同上，第819页。

126. 日林，《斯大林格勒战役》，第820页，引自《OKW战时公告》。

127. 同上，第822—823页。

128. 日林，《斯大林格勒战役》，第824页，引自《OKW战时公告》。

129. 同上，第827页。

130. 日林，《斯大林格勒战役》，第828页，引自《OKW战时公告》。

131. 同上，第833页。

132. 日林，《斯大林格勒战役》，第834页，引自《OKW战时公告》。

133. 弗洛里安·冯·翁德·楚·奥夫塞斯男爵，《第6集团军作战日志附件册，第一卷，1942年9月14日至11月24日》，第234页，"*Morgenmeldung Ll. A.K. meldet 04.50 Uhr, A. O. K. 6, l. a, Datum:31.10.42*"（第51军晨报，1942年10月31日4点50分发给第6集团军司令部作战处）。

134. 第62集团军作战日志，"*Deistviia i gruppirovka protivnika za period 20. 10 po 1. 11. 42*"（1942年10月20日至11月1日，敌人的行动和编组）。崔可夫估计，这股德军还有228门重炮、92挺轻机枪、20具六管火箭炮、340门迫击炮、230支反坦克步枪、1800支自动武器和17550支步枪。

135. 同上。

第八章
侧翼的战斗
1942 年 9 月 11 日—11 月 18 日

9月份的高加索，希特勒亲自指挥

外高加索方面军在图阿普谢、莫兹多克和大高加索山脉的成功防御是造成德国国防军最高统帅部（OKW）内部一场严重危机的直接原因。整个夏季，阿道夫·希特勒对他的前线将领越来越失望，特别是对陆军元帅威廉·李斯特，他指挥的A集团军群已发起行动，夺取高加索地区和至关重要的油田及港口。就在斯大林开始信任他的参谋人员和前线指挥员时，他的德国对手却失去了对这些专业人士的最后一丝耐心。希特勒过去曾以钢铁般的意志赢得过多次胜利，拒不接受德国军队无力完成他的战略目标的观点。当年8月，正如下文将阐述的那样，苏军对"中央"集团军群和"北方"集团军群发起的攻势造成一连串小危机，牵制了德军在南方发起进攻、在西欧改善防御态势所需要的预备力量和资源。德军攻占迈科普后却发现这个石油来源无法使用，因为后撤中的苏军摧毁了大部分石油生产设施。最终，李斯特在高加索山区停下了前进步伐，被希特勒认为已被歼灭的红军所阻。[1]

几个月来，希特勒的诋毁之词只向他的参谋人员发泄，他们成为希特勒与战地将领之间有效的缓冲区。8月24日，与第17集团军司令里夏德·鲁夫大将、埃瓦尔德·冯·克莱斯特大将第1装甲集团军的参谋长、第49山地军军长鲁道夫·康拉德将军商讨后，李斯特告知OKH（德国陆军总司令部），由于燃料短缺、部队减员和敌人掘壕据守、调集预备队的能力，A集团军群的行动

"已丧失流动性"。[2]战役进展受到影响,这是个"值得深思的原因"。[3]8月26日,李斯特承认他的部队已落后于计划安排,并报告称暴风雪对位于高海拔处的第49山地军造成了妨碍,他还提出建议,除非在9月15日前获得增援,否则他的部队不得不进入冬季营地休整。

这位集团军群司令激怒了希特勒,后者随即将李斯特的参谋长居尔登费尔特将军①召至文尼察附近的元首大本营——"狼人"。居尔登费尔特的解释并未令希特勒感到满意,他又命令李斯特8月31日亲自来汇报态势。会谈时,德军在新罗西斯克这座港口城市和海军基地赢得的胜利多少令希特勒缓和了态度。尽管对这场会谈的记述各有不同,但它们都有唯一一个明确的结果——希特勒将从斯大林格勒抽调足够的战机支援9月2日发起的"布吕歇尔"Ⅱ号行动(第11集团军突击塔曼半岛)。普遍的看法是,希特勒显然相信这位陆军元帅将对黑海岸边的图阿普谢和高加索产油区的格罗兹尼重新发起进军。而李斯特则认为他已说服这位独裁者,日后的作战行动取决于能否大力改善后勤补给。[4]

这种相互间的理解仅仅持续了一周。9月7日,阿尔弗雷德·约德尔将军赶至斯大林诺(Stalino)视察A集团军群司令部。李斯特和第49山地军军长康拉德将军说服这位OKW作战行动负责人,该山地军已疲惫不堪,无法继续翻越狭窄的山口。相反,李斯特建议将山地军主力重新部署至迈科普地域,与第44军一同对图阿普谢发起进攻。次日,约德尔试图劝说希特勒接受李斯特的建议,这位独裁者勃然大怒:"您的任务是驱使指挥官和部队向前推进,而不是告诉我这是不可能做到的。"[5]约德尔坚称李斯特不过是奉命行事而已,希特勒坚决否认自己下过这种命令,并下达指示:日后他出席的所有会议都必须做出速记。9月9日,希特勒解除了李斯特的职务,他亲自指挥A集团军群,并命令鲁夫和克莱斯特这两位集团军司令直接向他报告。当然,希特勒的精力很少放在这个新"职务"上,A集团军群的作战行动由参谋长汉斯·冯·格赖芬贝格少将②实际负责。[6]

---

① 译注:居尔登费尔特是A集团军群的作战参谋,也就是Ia。
② 译注:应为中将。

　　独裁者的怒火并未因为一名受害者而平息。他拒绝同他的将领们握手或一起吃饭，把自己与他们的建议隔离开。希特勒公开谈及将他的三个重要助手——OKW的凯特尔和约德尔、OKH的哈尔德全部撤换。精神上已疲惫不堪的哈尔德默然接受了这一安排，9月24日将他的职权移交给步兵上将库尔特·蔡茨勒[1]。据称，希特勒在四天前曾说过："现在我对我那些将领丧失了信心；要是知道某个人选的话，我愿意把一名少校擢升为将军，派他担任总参谋长。"[7]凯特尔和约德尔留任，但希特勒打算在适当的时候以保卢斯替代后者。

双方的兵力

　　接下来的两个月里，A集团军群9月初实施重组后，组织结构发生了显著变化，希特勒、克莱斯特和鲁夫将各个军辖下的师来回调动，来找到维系进攻行动、突入其雄心勃勃的目标的深处所需的神奇组合（参见图表38）。

图表38：1942年9月1日—11月20日，A集团军群作战编成

A集团军群——陆军元帅威廉·李斯特，阿道夫·希特勒（9月9日），陆军元帅埃瓦尔德·冯·克莱斯特[2]（11月3日）
　　第1装甲集团军——埃瓦尔德·冯·克莱斯特大将，埃伯哈德·冯·马肯森中将[3]（11月3日）
　　第3装甲军——埃伯哈德·冯·马肯森中将[4]
　　　　第23装甲师——男爵威廉·汉斯·冯·博伊内布格-伦斯费尔德中将[5]（9月中旬）
　　　　第13装甲师——装甲兵上将特劳戈特·赫尔[6]（9月下旬）
　　　　罗马尼亚第2步兵师（9月初）（9月下旬转隶"施泰因鲍尔"集群，10月底归建）
　　　　第370步兵师（9月下旬）（11月中旬转隶第52军）
　　　　党卫队"维京"摩步师（11月下旬）
　　第40装甲军——装甲兵上将莱奥·盖尔·冯·施韦彭堡男爵
　　　　第3装甲师——装甲兵上将赫尔曼·布赖特[7]
　　　　第13装甲师（9月初转隶第53军[8]）

---

[1] 译注：蔡茨勒原为少将，但因为出任陆军总参谋长，直接晋升为步兵上将，跳过了中将这一级。
[2] 译注：应为大将。
[3] 译注：应为骑兵上将。
[4] 译注：应为骑兵上将。
[5] 译注：此时的博伊内布格-伦斯费尔德是少将，1942年11月晋升中将。
[6] 译注：此时的赫尔是少将，1942年12月晋升中将，1943年9月晋升装甲兵上将。
[7] 译注：此时的布赖特是少将，1942年11月晋升中将，1943年3月晋升装甲兵上将。
[8] 译注：应为第52军。

图表38（接上页）

　　　　　第23装甲师（9月中旬转隶第3装甲军）
　　　　　罗马尼亚第2步兵师（9月初转隶第3装甲军）
　　　第52军——步兵上将欧根·奥特
　　　　　第111步兵师（11月下旬暂时隶属于特别军军部）
　　　　　第370步兵师（9月下旬转隶第3装甲军，11月中旬归建）
　　　　　第13装甲师（9月初）（9月下旬转隶第3装甲军）
　　　　　党卫队"维京"摩步师（9月下旬）（11月下旬转隶第3装甲军）
　　　　　第50步兵师（－）＊（11月下旬）
　　　　　"施泰因鲍尔"集群（9月底组建，10月底解散）
　　　　　罗马尼亚第2山地师（10月底转隶第3装甲军）
　　　　　第311炮兵指挥部
　　　特别军军部（10月中旬）
　　　　　第111步兵师（11月下旬暂时隶属于该军军部）
　　　第50步兵师（11月初）（11月底转隶第52军）

第17集团军——里夏德·鲁夫大将
　　　第5军（9月中旬为"韦策尔"集群）——步兵上将威廉·韦策尔
　　　　　第9步兵师
　　　　　第73步兵师
　　　　　第125步兵师（9月下旬转隶第57装甲军）
　　　　　第198步兵师（9月初转隶第57装甲军）
　　　　　罗马尼亚第5骑兵师（9月中旬）（10月中旬担任B集团军群预备队）
　　　　　罗马尼亚第9骑兵师（10月中旬转隶罗马尼亚骑兵军）
　　　　　罗马尼亚第3山地师（9月中旬）（9月下旬转隶罗马尼亚山地军，10月中旬归建）
　　　　　罗马尼亚第10步兵师（10月中旬）
　　　第44军——炮兵上将马克西米利安·德·安格利斯
　　　　　第97猎兵师
　　　　　第101猎兵师
　　　　　第46步兵师（9月下旬）（10月初转隶第49山地军）
　　　第49山地军——山地兵上将鲁道夫·康拉德
　　　　　第1山地师（9月末至10月初，1个团调离）
　　　　　第4山地师（9月末至10月初，1个团调离）
　　　　　第46步兵师（10月初）
　　　第57装甲军——装甲兵上将弗里德里希·基希纳
　　　　　第125步兵师（9月下旬）
　　　　　第198步兵师（9月初）
　　　　　党卫队"维京"摩步师（9月下旬转隶第52军）
　　　　　斯洛伐克快速师
克里木驻军司令
　　　第42军（只有军部）
　　　罗马尼亚山地军
　　　　　罗马尼亚第1山地师
　　　　　罗马尼亚第4山地师
　　　　　"施罗德"战斗群（至10月中旬）

预备队
　　罗马尼亚第8骑兵师（10月下旬担任第4装甲集团军预备队）
　　第50步兵师（11月初担任第1装甲集团军预备队）
　　罗马尼亚第10步兵师（11月中旬）
预备队
　　第46步兵师（9月中旬）（9月下旬转隶第44军）
　　罗马尼亚第3集团军（陆军上将彼得·杜米特雷斯库）（10月初转隶B集团军群）
　　罗马尼亚第7军（10月初至11月初）
集团军群后方地区司令部
　　第444保安师
　　第454保安师

※ 资料来源：威廉·麦克罗登，《德国陆军作战序列，第二次世界大战》（自费出版，修订版，2002 年）。
＊ 注：（－）的意思是缺部分部队。

　　另一方面，苏军最高统帅部9月1日将守卫高加索地区的任务委托给I. V. 秋列涅夫大将的外高加索方面军。根据这一指示，原北高加索方面军以其第12、第18、第47、第56集团军和空军第5集团军改编为外高加索方面军的黑海军队集群。秋列涅夫随后对麾下部队实施改组和加强，以应对德军即将对黑海港口和高加索油田发起的进攻。这位方面军司令员在高加索地区组建新锐部队时，最高统帅部也派出援兵渡过里海赶来增援，并将盟国经伊朗运来的租借物资优先提供给他。秋列涅夫将这些资源中的大多数用于加强他的部队，以抗击德军的攻势。

　　9月初，秋列涅夫方面军编有I. I. 马斯连尼科夫中将的北方集群、Ia. T. 切列维琴科上将的黑海军队集群和部署在外高加索地区的所谓非作战部队（大高加索山脉南面）。马斯连尼科夫的北方集群辖第9、第37、第44、第46、第58集团军和空军第4集团军，负责守卫捷列克河和纳尔奇克（Nal'chik）附近地域，以及位于巴库接近地的格罗兹尼。切列维琴科的黑海集群编有第18、第47、第56集团军和空军第5集团军，负责掩护穿越大高加索山脉的诸山口和黑海东岸至关重要的海军基地。方面军辖下的非作战部队掩护后方地区，特别是巴库油田、黑海港口巴统（Batumi）、苏联与土耳其和伊朗的边境线以及至关重要、经伊朗而来的租借物资运输路线。9月初过后，秋列涅夫方面军和辖下两个战役集群的作战编成也发生了显著变化，反映出1942年秋季高加索地区的调动情况（参见本章结尾处的图表39）。

"莫兹多克—马尔戈别克"战役，9月2日—28日

指挥部门发生的变动并未对A集团军群的进军造成太大影响。漫长补给线的末端，A集团军群不得不付出巨大的努力，经常在宽阔而至关重要的高加索战线来回调动部队，每次一个师，以便发起真正具有胜利希望的进攻。9月份第一周结束时，集团军群辖内部队认为只有在两个地区能够赢得这样的胜利：从迈科普以南地域至黑海岸边的图阿普谢这一穿越西高加索山脉的方向，以及从巴克桑（Baksan）河、捷列克河向南的巴克桑—纳尔奇克、莫兹多克—奥尔忠尼启则方向。鉴于鲁夫向图阿普谢发起进军需要数日（如果不是数周的话），希特勒和OKH（陆军总司令部）9月初将注意力转移到了捷列克河地域。在那里，克莱斯特的部队已于8月25日攻占莫兹多克，并在9月份头几天以欧根·奥特将军第52军辖下的第111和第370步兵师加强了该地域。

截至9月1日，随着康拉德第49山地军转隶第17集团军，克莱斯特的第1装甲集团军编有埃伯哈德·冯·马肯森中将的第3装甲军、莱奥·盖尔·冯·施韦彭堡男爵的第40装甲军和奥特将军的第52军。集团军左翼，第40装甲军辖下分别由赫尔曼·布赖特和特劳戈特·赫尔将军指挥的第3、第13装甲师，在莫兹多克以东沿捷列克河部署。第13装甲师已奉命向西调动，在莫兹多克加入第52军，以便在后续攻势中为克莱斯特担任先头部队，从该城攻向南面的奥尔忠尼启则。装甲集团军中央地带，第52军编成内的第111步兵师在赫尔曼·雷克纳格尔将军的指挥下，在莫兹多克及其东部沿捷列克河占据阵地；博士恩斯特·克莱普中将[1]（9月15日被弗里茨·贝克尔中将[2]接替）的第370步兵师在城市西面沿捷列克河布防，并以一个战斗群守卫西面的普罗赫拉德

---

① 译注：应为少将。
② 译注：应为少将。

内（Prokhladnyi）镇。[8]在克莱斯特长长的右翼，第3装甲军以男爵威廉·汉斯·冯·博伊内布格–伦斯费尔德将军的第23装甲师守卫着普罗赫拉德内以西的巴克桑河一线，以罗马尼亚第2山地师据守更西面的巴克桑地域。[9]

待苏军最高统帅部、秋列涅夫和马斯连尼科夫沿巴克桑河、捷列克河及其南部地域完成部队再部署后，外高加索方面军的北方集群从左至右排列，具体部署如下：

● 第37集团军（P. M. 科兹洛夫少将）以近卫步兵第2师和步兵第275、第392、第295师以及NKVD步兵第11师守卫从巴克桑至普罗赫拉德内以南的巴克桑河河段，防止德军第3装甲军辖内的第23装甲师和罗马尼亚第2山地师向南攻往纳尔奇克；

● 第9集团军（K. A. 科罗捷耶夫少将）以步兵第151、第176、第389、第417师和海军步兵第62旅以及近卫步兵第11军（I. P. 罗斯雷少将）的近卫步兵第8、第9、第10旅据守从普罗赫拉德内南面东延至格罗兹尼西北方、莫兹多克以南的捷列克河河段。集团军的任务是防止德军第52军的第370、第111步兵师和第3装甲军的第13装甲师渡过捷列克河并向南攻往奥尔忠尼启则；

● 第44集团军（I. E. 彼得罗夫少将）以步兵第223、第414、第416师和步兵第9、第10、第60、第84、第256旅守卫从格罗兹尼西北方向东北方延伸至基兹利亚尔（Kizliar）的捷列克河河段，任务是阻止德军第40装甲军的第3装甲师向南攻往格罗兹尼。集团军辖内的骑兵第30、第110师和3辆装甲列车沿从基兹利亚尔北延至阿斯特拉罕的铁路线巡逻，防范第52军掩护着德军漫长左翼的部队；

● 第58集团军（V. A. 霍缅科少将）以步兵第317、第328、第337师和NKVD马哈奇卡拉步兵师以及第二梯队的步兵第3旅据守马哈奇卡拉（Makhachkala）地域；

● 预备队集群，将步兵第89、第347师，坦克第52旅，独立坦克第249、第258、第563营，近卫步兵第10军（I. T. 扎梅尔采夫少将）的近卫步兵第5、第6、第7旅沿奥尔忠尼启则和格罗兹尼方向集结在纵深处。[10]

626

另外，苏军最高统帅部9月18日将N. Ia. 基里琴科少将①的近卫骑兵第4军从图阿普谢北面的山区调出，转隶马斯连尼科夫集群，并以第45和第58集团军的步兵第328、第408师接替该骑兵军。[11]基里琴科骑兵军将在埃利斯塔南面的卡尔梅克草原上防范德军过度延伸的左翼。这使马斯连尼科夫的部队在兵力上超过克莱斯特，但在莫兹多克地域，他只有45辆坦克，而克莱斯特有近200辆坦克。[12]

与以往不同，克莱斯特的部队向奥尔忠尼启则进军的速度慢如蜗牛，主要是因为苏军激烈抵抗，以免德军第52军在莫兹多克南面的捷列克河对岸夺取登陆场。克莱斯特的计划要求该军第111、第370步兵师夺取莫兹多克对面的登陆场，必要的话，第13装甲师将在从第3和第23装甲师抽调的战斗群的支援下从该登陆场攻向西南方，夺取莫兹多克西南方22公里处的马尔戈别克（Malgobek）。此后，克莱斯特的装甲部队将沿阿尔汉丘尔特（Alkhan–Churt）河河谷向南穿越捷列克山和孙扎（Sunzha）山，肃清捷列克河南面和东面河曲部的苏军。有可能的话，他的装甲部队随后将向南沿捷列克河突向奥尔忠尼启则，向东沿阿尔汉丘尔特运河攻向格罗兹尼。[13]

9月2日2点，奥特将军的第52军在莫兹多克地域发起突击，强渡捷列克河，对罗斯雷近卫步兵第11军的防御发起打击（参见地图79）。雷克纳格尔将军的第111步兵师在莫兹多克东郊的普列德莫斯特内（Predmostnyi）附近实施强渡，打击近卫步兵第11军第9旅。与此同时，克莱普将军的第370步兵师对位于莫兹多克西面、基兹利亚尔镇的近卫步兵第11军第9旅实施突击。面对苏军反复发起的反冲击，两股德军在激战中夺取了两座较小的登陆场。当天晚些时候，近卫步兵第11军第9旅的一个加强支队发起一场反冲击，强渡捷列克河。这场强渡行动成功地在巴甫洛多利斯基（Pavlodol'skii）村的河流北岸夺得一个立足地，对德军第370步兵师的右翼构成威胁，并延缓了德军的后续推进。9月2日至3日夜间，德军第52军加强了占据的登陆场，并以第13装甲师第66装甲掷弹兵团组建起一个特别战斗群，消灭巴甫洛多利斯基村的苏军登陆场。[14]

---

① 译注：应为中将。

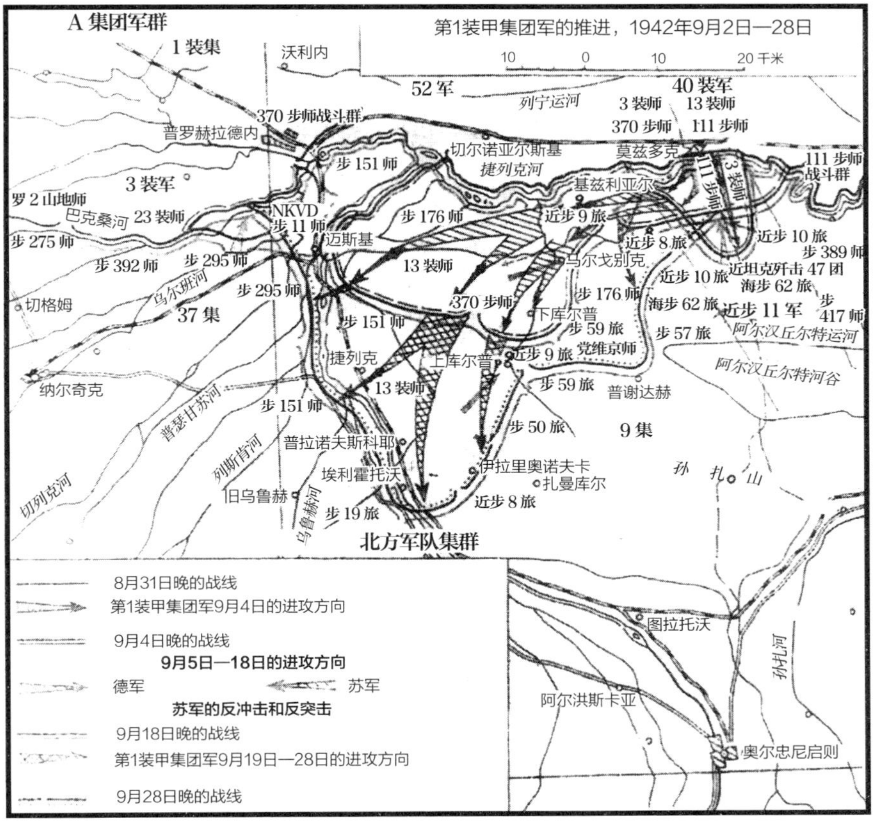

地图79　1942年9月2日—28日，莫兹多克—马尔戈别克战役

9月3日，德军第111步兵师在第23装甲师25辆坦克的支援下恢复了进攻，日终前进抵捷尔斯卡亚（Terskaia）村北郊，在此过程中将其登陆场的深度扩大到了近3公里。9月4日清晨，确保登陆场的同时，第111步兵师与第23装甲师的坦克对捷尔斯卡亚村发起总攻，而第117步兵团第3营组成的一个战斗群和25辆坦克沿公路向南赶往莫兹多克南面10公里处的沃斯涅森斯卡亚（Vosnesenskaia）。但下午晚些时候，苏军第9集团军的海军步兵第62旅和独立坦克第249营投入战斗，阻止了该战斗群的推进并击毁5辆德军坦克，自身损失7辆坦克。[15]

次日，德军第111步兵师攻占捷尔斯卡亚村，克莱斯特以第13装甲师组织起一个战斗群，支援第111步兵师在沃斯涅森斯卡亚北面战斗的部队。这个扩大的战斗群由第117步兵团团长奥托·赫富特上校指挥，编有赫富特团里的2个营和来自第13、第23装甲师的2个装甲营，共计40辆坦克（苏联方面的资料称100辆）。9月6日清晨4点，"赫富特"战斗群向南发起突击，在罗斯雷近卫步兵第8、第9旅的防线间深深地插入一个楔子。可是，该战斗群逼近捷列克山北麓时，遭遇到苏军火炮、喀秋莎和反坦克炮的猛烈打击，苏军防御中的2个步兵旅、海军步兵第62旅、独立坦克第249营（配备29辆英制"瓦伦丁"坦克和美制M-3坦克）、步兵第417师（配有独立坦克第258营的28辆英制"瓦伦丁"坦克和美制M-3坦克）也发起激烈的反冲击。与此同时，在更东面，苏军近卫步兵第10旅和步兵第167师对德军第111步兵师设在捷尔斯卡亚村的防御发起突击。[16]战场上空，K. A. 韦尔希宁空军少将指挥的空军第4集团军每天投入500飞行架次，对莫兹多克及其周围的德军编队、设施和向南推进的部队发起打击。

双方都为9月6日的激战付出了高昂的代价。独立坦克第249营的29辆坦克损失了24辆，独立坦克第258营的28辆坦克折损22辆，主要是英制"瓦伦丁"坦克，这种坦克很容易起火并彻底烧毁。[17]"赫富特"战斗群的损失也很惨重，辖下第111步兵师第117步兵团第2营只剩下80人。[18]战斗群遭到苏军从四面八方而来的打击，登陆场也面临着对方持续不断的进攻，赫富特上校别无选择，只能将战斗群撤至新阵地，从那里加强登陆场的防御。

科罗捷耶夫决心重挫德军，9月7日，他再次发起新的反突击，这次投入了坦克第52旅、独立坦克第75营（共计76辆坦克）、反坦克炮兵第863团和步兵第275师，从西面对"赫富特"战斗群的防御展开进攻。与此同时，近卫步兵第11军近卫步兵第8和第10旅、步兵第62旅、步兵第417师从东面发起突击。[19]虽然德军提供支援的第191突击炮旅粉碎了苏军的进攻，并击毁了14辆T-34和2辆KV坦克，但苏军这场联合进攻迫使赫富特的部队继续后撤。[20]面对9月7日和8日的激战，克莱斯特无计可施，只能将部队撤回莫兹多克，捷列克河南面原先的登陆场。9月8日—10日，罗斯雷近卫步兵第11军继续实施反突击，但第9集团军无法消灭德军位于捷列克河南岸的登陆场。不过，战斗的激烈度生动地强调了这样一个现实：德军发起的一切后续推进都将遭到苏军激烈的抵抗。

　　在希特勒的敦促下，克莱斯特继续为进攻行动做准备。9月8日和9日，他命令布赖特第3装甲师放弃莫兹多克东面的伊什切尔斯卡亚（Ishcherskaia）登陆场，将部队调回莫兹多克地域。他随后组建起"利本施泰因"战斗群，派第3装甲师第6装甲团团长率领，并命令该战斗群集结在基兹利亚尔第370步兵师的登陆场内。该战斗群编有第3装甲师第6装甲团、第3装甲掷弹兵团和第23装甲师第201装甲团的1个装甲营，共约70辆坦克。莫兹多克南面，赫尔的第13装甲师经过短暂休整，组建起"克里索利"战斗群，由该师第93装甲掷弹兵团团长率领，编有第4装甲团和第93装甲掷弹兵团的部分部队，该战斗群将冲出登陆场，朝西南方攻击前进。[21]

　　但是，北方集群司令员马斯连尼科夫命令扎梅尔采夫将军担任预备队的近卫步兵第10军发起一场反冲击，恢复第9集团军的防御。[22]9月10日，扎梅尔采夫的3个近卫步兵旅在莫兹多克以东的梅肯斯卡亚（Mekenskaia）和伊什切尔斯卡亚地域投入进攻，迫使克莱斯特将"利本施泰因"战斗群主力撤回捷列克河北面，并牵制住该城东南方的德军。但是，"克里索利"战斗群在克莱普第370步兵师的支援下，9月11日晨以100辆坦克冲出登陆场，朝西南方攻击前进。利用雨天天气，"克里索利"战斗群朝西南方推进了20公里，9月12日攻占马尔戈别克，9月14日日终前到达上、下库尔普（Kurp）地域，莫兹多克东南方30公里处的阿尔汉丘尔特河。这场推进彻底粉碎了罗斯雷近卫步兵第11军的防御，一举打垮该军辖下的近卫步兵第9旅和提供支援的独立坦克第75营，并挫败了步兵第62旅和坦克第52旅发起的一场反冲击，击毁6辆苏军坦克。[23]科罗捷耶夫投入从第37集团军抽调的步兵第151师堵截德军，这才暂时遏制住德国人的进攻。

　　但是，遵照马斯连尼科夫下达的一份新防御计划，科罗捷耶夫立即为挫败第13装甲师的进攻而发起一连串反突击。首先，科罗捷耶夫组织起两个突击集群，每个集群都获得一个集团军炮兵群的支援，对德军位于捷列克河北面（莫兹多克以东）和莫兹多克南面登陆场周边的防御发起打击。第一个突击集群将投入近卫步兵第10军和步兵第417师，攻向第3装甲师设在梅肯斯卡亚的防御，近卫步兵第10旅则对第3装甲师位于普列德莫斯特内附近、莫兹多克东南方登陆场内的防御发起打击。第二个突击集群将以步兵第275师进攻基兹利亚尔德军登陆场的西翼。其次，坦克第52旅和独立坦克第75营组成的一个特别坦克集群，将在第三个集团军炮兵群的支援下，堵截德军沿阿尔汉丘尔特河向南的一切推进。[24]

从9月14日晨至次日，苏军分阶段投入进攻，三个突击集群展开一场持续四天的战斗，直至德国人集结起足够的兵力继续他们向西南方的攻势。[25]在这场战斗中，德军第13装甲师被迫弃守上库尔普，该师和第370步兵师半面受围，直到苏军这场反冲击的势头耗尽，坦克和人员遭受到严重损失为止。

9月17日晚对部队实施重组后，赫尔第13装甲师的数个战斗群于次日冲出困境，一路向西疾进，冲向捷列克河河谷和阿里克（Arik）镇至关重要的渡口。一旦到达河谷，赫尔的装甲部队将转身向南，夺取埃利霍托沃（El'khotovo）村这个支撑点和附近穿越捷列克山的山口，那是通往奥尔忠尼启则（南面55公里处）的门户。赫尔9月18日和19日连续发起进攻，率先投入的是一支"勃兰登堡人"支队，9月20日清晨，该队在阿里克镇夺取了捷列克河上1200米长的铁路桥，在桥上拆除了近5吨炸药。[26]第13装甲师的迅猛推进粉碎了苏军第9集团军近卫步兵第11军、步兵第275师、坦克第52旅和步兵第62旅的防御。科罗捷耶夫被迫投入独立坦克第44营的14辆坦克，设法在阿里克镇遏制捷列克河西岸的德军登陆场，他还派步兵第59和第60旅封锁阿里克镇南面的上捷列克河河谷和孙扎山西坡。[27]

9月19日夺取阿里克镇北面和南面的河段后，赫尔的装甲部队9月21日到达并攻占了阿里克镇南面10公里处的捷列克镇。西面，第3装甲军辖下的罗马尼亚第2山地师和第23装甲师的一部终于在9月20日晚些时候前出至巴克桑河河谷。东面，奥特第52军辖下的雷克纳格尔第111步兵师，在第3装甲师一个战斗群的支援下，于9月18日晚些时候在莫兹多克登陆场西端突破了苏军的防御。与此同时，更东面，沿捷列克河，布赖特装甲师的主力继续抗击苏军第9集团军近卫步兵第10军发起的反冲击，该军目前由I. A. 谢瓦斯季亚诺夫上校指挥，他于9月15日接替了扎梅尔采夫。[28]

近卫步兵第10军的新军长伊万·亚历山德罗维奇·谢瓦斯季亚诺夫是一名作战经验丰富的老兵，赢得过胜利，也遭遇过失败。他的战时生涯开始于1941年秋季，在克里木保卫战中任步兵第9军步兵第106师参谋长。1941年11月塔曼半岛防御战期间，他指挥着第51集团军步兵第276师，一个月后率部参加了大胆的两栖登陆战，夺取克里木半岛上的刻赤和费奥多西亚，1942年5月在刻赤遭遇到令人尴尬的惨败。短暂担任步兵第1军副军长后，谢瓦斯季亚诺夫再次指挥重新组建的步兵第276师，率领该师守卫北高加索地区，9月15日出任近卫步兵第10军军长。[29]

9月21日晚些时候，苏军在普拉诺夫斯科耶（Planovskoe）以北地区布设的大范围雷区和障碍物阻挡住了德军第13装甲师，此时该师位于其目标埃利霍托沃北面10公里处。克莱斯特停下脚步，重组部队，准备向南发起最后的突击。此时，他的部队沿捷列克河南岸延伸，从莫兹多克东南面向西穿过上库尔普，直至捷列克河畔的捷列克镇。第52军第111步兵师守卫着莫兹多克南面的登陆场，该军辖下的第370步兵师位于上、下库尔普地域，而第40装甲军第13装甲师部署在从上库尔普至上捷列克河的捷列克镇这片区域。克莱斯特左翼，面对苏军第9集团军近卫步兵第10军和步兵第417师施加的压力，第40装甲军编成内的第3装甲师被迫将部队撤离梅肯斯卡亚地域，在梅肯斯卡亚与莫兹多克之间沿捷列克河构设起新的防线。右翼，第3装甲军辖下的第23装甲师继续在普罗赫拉德内镇东面和东南面肃清巴克桑河河谷的苏军，并准备沿捷列克河向南推进，与第13装甲师会合。在其后方，遵照希特勒的命令，党卫队第5"维京"摩步师从迈科普地域向东部署，加强克莱斯特的装甲先遣部队。[30]克莱斯特随即对部队做出调整，将第23、第13装甲师和第370步兵师交给马肯森第3装甲军，将第111步兵师和党卫队"维京"师（待其到达后）交给奥特第52军。次日，马肯森视察了第13装甲师师部，并命令赫尔师9月24日发起进攻，目标是突破埃利霍托沃山口。维修人员彻夜忙碌，将该师9月20日的79辆坦克增加到9月24日的110辆。由于他们将要跨越的地区地形极为崎岖，再加上苏军坦克力量显著增强，德国人的确需要他们所能拼凑起的每一辆坦克。

赫尔筹划进攻行动时，9月21日，博伊内布格-伦斯费尔德第23装甲师将其装甲力量（约80辆坦克）集结在普罗赫拉德内镇南面，9月23日向南进军，9月24日日终前攻占了捷列克河河畔的迈斯科耶（Maiskoe）镇和科特利亚列夫斯卡亚（Kotliarevskaia）镇。在此过程中，第23装甲师一举粉碎苏军第37集团军右翼的步兵第295师和NKVD步兵第11师，占领了上捷列克河西岸，并与第

13装甲师的右翼部队会合（随后为其提供掩护）。[31]在这场沿巴克桑河和上捷列克河展开的战斗中，"切尔夫连纳亚"装甲列车营和NKVD装甲列车第42营投入4辆装甲列车，暂时阻挡住了德军的推进。[32]

华西列夫斯基预料到德国人的这一行动，9月23日，他代表最高统帅部重新确定了马斯连尼科夫北方集群的任务：

1. 外高加索方面军北方集群最主要的、最紧急的任务是击败已突破至捷列克河南岸的敌人，并彻底恢复第9、第37集团军原先的防线。为此，应立即沿捷列克河南岸发起一场主要突击，与在捷列克河北岸作战的近卫步兵第10军相配合，歼灭突入之敌。

2. 无论如何不能削弱古杰尔梅斯（Gudermes）和马哈奇卡拉方向，绝不能从苏拉克（Sulak）河和马哈奇卡拉防线抽调部队。[33]

秋列涅夫立即命令马斯连尼科夫集群，对沿上捷列克河达成突破的德军第3装甲军的侧翼发起两场反突击；但是，克莱斯特的部队再次发起进攻，抢占了先机，迫使秋列涅夫取消了这场反突击。[34]

9月25日拂晓，赫尔第13装甲师投入一群群坦克（每群5—6辆），在装甲掷弹兵的支援下向南推进，夜幕降临前攻占了防御严密的普拉诺夫斯科耶镇，并在东面数公里处的伊拉里奥诺夫卡（I'llarionovka）镇占领了一个相邻的支撑点。这场突击将苏军第37集团军步兵第275师逐至上捷列克河西岸，并迫使第9集团军步兵第59、第60旅退守掩护埃利霍托沃镇和毗邻山口的新防线。[35]但是，这里的地形太过崎岖，赫尔的装甲掷弹兵不得不对苏军大量掩体和防御工事发起最后的突击，艰难前行的坦克只能提供些许支援。进攻中，赫尔被一颗地雷炸死，第13装甲师第93装甲掷弹兵团团长克里索利上校接掌了指挥权[①]。

9月26日晨，克里索利的部队暂停进攻，进行了充分的准备工作，打算对苏军位于埃利霍托沃镇和埃利霍托沃山口的防御发起突击。[36]尽管镇子和山口

---

① 译注：赫尔并未阵亡，而是身负重伤，伤愈后担任过第76装甲军军长等职务；另外，赫尔负伤的准确日期有9月25日和10月31日两种不同的说法，参见下文。

就在南面4公里处，但它们防御严密，周围遍布地形崎岖的森林区，各种掩体和野战工事纵横交错。这些防御工事中，最强大的是谢科（Seko）山和703高地，从侧面掩护着通往东南方的山口。克里索利决定发起突击，穿过埃利霍托沃镇东面的森林，夺取两个至关重要的地点，然后从东南面包围镇子和山口。此时，科罗捷耶夫第9集团军以步兵第60和第62旅、坦克第52旅、步兵第59旅守卫着该地域，这些部队的部署区域从埃利霍托沃镇东延至下库尔普镇。

从9月26日中午起，争夺埃利霍托沃镇和毗邻山口的战斗一连持续了8天，德军的推进慢如蜗牛。第13装甲师第66装甲掷弹兵团最初的突击在夜幕降临前攻占了山口东南面的高地，但无法继续向前。9月28日从西北方再次对山口实施进攻后，第93装甲掷弹兵团在接下来的两天里取得了进展，突破了苏军位于伊拉里奥诺夫卡镇南面的纵深防御。德军再次重组，大雾又耽搁了一天，10月3日清晨的黑暗中，第66装甲掷弹兵团终于突入镇子东北部，7点25分将其夺取，并封锁了镇南面的公路和铁路线。[37]可是，经过这场令人疲惫不堪的战斗，第13装甲师的坦克数量下降至80辆，已无力继续向前推进。[38]

第13装甲师竭力打垮苏军设在埃利霍托沃山口的防御之际，克莱斯特命令党卫队"维京"摩步师（9月15日—19日，该师已到达莫兹多克附近的捷列克河北岸），在第13装甲师左侧与第52军辖下的第370步兵师向东发起一场协同突击。[39]待该师在阿尔汉丘尔特河河畔的上、下库尔普镇附近就位后，克莱斯特于9月22日命令施泰纳的党卫队装甲掷弹兵向东进击，突破苏军在萨戈普申（Sagopshin）村周围的防御（苏军的防御阻挡住了通往捷列克山山口的道路），然后伺机扩大战果，或向东冲向格罗兹尼，或向南攻往奥尔忠尼启则。[40]与此同时，雷克纳格尔第111步兵师将在党卫队"维京"师"北欧"和"日耳曼尼亚"团一部的加强下夺取马尔戈别克。越过马尔戈别克和靠近奥尔忠尼启则的萨戈普申村，便是格鲁吉亚军用公路的一个重要路口，这是该地区唯一一条主要道路。从这里，德国人可以转向东北方，夺取高加索产油区的炼油中心格罗兹尼。进攻发起前夕，克莱斯特发电报激励施泰纳的部队："所有目光都集中在你们师身上，整个行动取决于你们是否英勇奋战。"[41]

在此期间，克莱斯特和施泰纳不知道的是，他们的对手科罗捷耶夫已命令坦克第52、步兵第59旅和独立坦克第75营，在步兵第176师一部的加强下对德军第111步兵师位于阿尔汉丘尔特河河谷的防御薄弱点发起一场反冲击。结果，施泰纳将"日耳曼尼亚"、"北欧"、"西欧"团和师装甲营从左至右并排部署，向马尔戈别克和萨戈普申村发起进攻时，一头撞上了苏军集结起来的重兵集团。这场激烈的厮杀持续了一个多星期，面对苏军的激烈抵抗，"维京"师败下阵来。

在这场战斗中，芬兰人组成的一个党卫队营9月28日攻占了俯瞰萨戈普申村的771高地，但无法继续前进。党卫队"维京"师估计，该师的40辆坦克抗击着苏军的80辆T-34，但苏联方面的资料指出，坦克第52旅只有30辆坦克（5辆KV、2辆T-34、1辆MK-3、8辆M-3、13辆T-60和1辆缴获的德制四号坦克），独立坦克营的坦克数量与之相当。[42]这场激战的结果是党卫队"维京"师和第111步兵师艰难地攻占了马尔戈别克，但没能夺取萨戈普申村和穿越捷列克山的山口。这两个师在战斗中损失惨重。苏联方面的资料将这场防御战的胜利归功于他们对反坦克武器的有效部署，特别是防坦克支撑点和防坦克地域构成的密集防御网内配备的反坦克炮和反坦克步枪。

克莱斯特没有意识到科罗捷耶夫的意图和实力，反而批评施泰纳师没能突破至奥尔忠尼启则是因为该师缺乏凝聚力。[43]但事实是，没有获得实质性增援，他的部队已没有足够的力量继续向前推进。克莱斯特似乎意识到了这一事实，10月3日，他通过OKH问希特勒："请告知，我集团军何时能获得何种援兵，以便继续前进，经奥尔忠尼启则和格罗兹尼攻向马哈奇卡拉。"[44]由于斯大林格勒的问题悬而未决，耽搁了一周后，希特勒10月10日告诉克莱斯特，他在当月晚些时候有可能得到1—2个快速师，在此之前，他的任务是"为获得援兵后继续前进创造最佳条件"。[45]

克莱斯特攻占埃利霍托沃和马尔戈别克后，北方集群司令员马斯连尼科夫向方面军司令员秋列涅夫发出报告。马斯连尼科夫认为，克莱斯特发起进攻，苏军多次展开反冲击，在这些激烈的战斗中，他的部队没有得到休整，也没有获得援兵，已无力继续实施进攻行动，必须转入防御。9月29日，最高统帅部的华西列夫斯基接受了这一建议，但他强调指出，必须采取特别措施守卫该地域：

1. 第9和第37集团军的部队应沿现有位置组织起牢固的防御。

2. 为加强这一防御，防止敌人有可能沿格罗兹尼和奥尔忠尼启则方向达成的突破，也为了尔后转入反攻，应做出［以下］集结：

（a）步兵第337、第256师，近卫步兵第9、第10旅，以及坦克第52旅集结于卡拉乌斯（Kalaus）、沃兹涅先斯卡亚（Voznesenskaia）和巴拉绍夫（Balashov）地域［埃利霍托沃、马尔戈别克和莫兹多克以南］；

（b）步兵第414、第347师，近卫步兵第11军，步兵第84、第131旅，以及近卫坦克第5旅集结于下阿恰卢基（Nizhnye Achaluki）、普谢达赫（Psedakh）和扎曼库尔（Zamankul）地域［莫兹多克和下捷列克河以南］。

3. 将近卫骑兵第4军（辖近卫骑兵第9、第10师）集结在旧谢德林斯基（Staro-Shchedrinskii）地域，尔后视情况将其投入敌"莫兹多克"集团后方展开行动。

4. 为加强奥尔忠尼启则地域的防御，应将步兵第276师从哥里（Gori）调至列丹特（Redant）和巴尔塔（Balta）地域。

5. 为守卫格罗兹尼城，除了NKVD师，还应以步兵第317师据守格罗兹尼防线。

6. 将步兵第43旅从巴库调至古杰尔梅斯地域，担任北方集群预备队。

7. 为确保沿马哈奇卡拉方向的防御，应：

（a）以步兵第389、第223、第402师与步兵第3、第5旅据守捷列克河南岸，从河口部至诺盖米尔济（Nogai-Mirzy），并将步兵第402师从纳希切万（Nakhichevan'）调至古杰尔梅斯地域；

（b）以步兵第416和第319师沿苏拉克河占据防线；

（c）以NKVD师和步兵第271师占据马哈奇卡拉防线。

8. 批准方面军军事委员会自行裁减后勤单位和机构，以腾出的人员补充前线部队并组建新部队。

9. 解散12所军校，其人员作如下分配：

（a）将教职人员从外高加索疏散至副国防人民委员夏坚科同志指定的区域[1]；

---

① 译注：夏坚科时任苏军部队组建和补充总部部长。

636

（b）以军校学员组建反坦克支队和营，配备反坦克步枪。为此，也为了加强前线步兵师的实力，将交付3000支反坦克步枪。这些反坦克支队和营用于加强受敌坦克威胁较大的方向上的各步兵师。

剩下的学员可用于组建步兵旅，或补充现有各近卫步兵军的步兵旅。

10. 解散后勤机构和工兵集团军后腾出的人员，首先用于补充和恢复在前线作战和调至后方接受整编的师，特别应补充黑海集群和第37集团军的各师……

11. 调拨100辆坦克（69辆T-34和31辆T-70）给外高加索方面军的北方集群……

12. 充分利用第比利斯飞机制造厂的产品。目前，最高统帅部再也无法给外高加索方面军调拨飞机了。[46]

最高统帅部和秋列涅夫9月末采取的这些措施和其他一些措施加强了苏军的防御，克莱斯特的部队只有比原先更加强大才能恢复攻势。

除了阻挠克莱斯特向奥尔忠尼启则和格罗兹尼的推进，马斯连尼科夫沿捷列克河的顽强防御也严重削弱了A集团军群在新罗西斯克重新发起进攻并冲向图阿普谢的力量。最后，党卫队"维京"师调往东面的莫兹多克地域，这使鲁夫失去了仅有的装甲支援力量，而要肃清守卫新罗西斯克南部的苏军、加强穿越高加索森林攻向至关重要的黑海港口的行动，这股装甲力量非常关键。实际上，鲁夫第17集团军已于9月23日对图阿普谢发起最后的突击——但施泰纳的装甲兵和装甲掷弹兵不在其中。

10月和11月的高加索地区

9月份，A集团军群没能突破至黑海沿岸，也没能穿过高加索山脉北麓进抵奥尔忠尼启则和格罗兹尼，希特勒希望10月份同时发起两场攻势完成这些任务。但是，德军在该地区的兵力严重短缺（特别是缺乏预备队），迫使希特勒不得不同意实施两场独立的进攻，第一个进攻由鲁夫第17集团军在9月末发起，穿越山区赶往图阿普谢，第二个进攻由克莱斯特第1装甲集团军在10月下旬遂行，直扑奥尔忠尼启则。鉴于集团军群先前遭遇到的问题，再加上斯大林格勒正在进行的争夺战，其结果几乎是可以预见的。

图阿普谢战役（"阿提卡"行动），9 月 23 日—10 月 31 日

克莱斯特的装甲集团军在捷列克河河曲部实施机动，试图前出至奥尔忠尼启则和格罗兹尼但却徒劳无功之际，鲁夫的第17集团军发起了"阿提卡"行动，其最终目标是进抵黑海岸边的图阿普谢（参见地图80）。9月23日，鲁夫集团军以弗里德里希·基希纳将军第57装甲军的3个师展开进攻，两天后，马克西米利安·德·安格利斯将军第44军和康拉德将军第49山地军的4个师也投入了战斗。鲁夫的目标是夺取图阿普谢，包围在图阿普谢东北方35公里处、绍米扬（Shaumian）东北地域实施防御的苏军第18集团军主力。第44军和第49山地军遂行第17集团军的主要突击，他们将从迈科普西南方的哈德任斯基（Khadyzhenskii）和涅夫捷戈尔斯克（Neftegorsk）地域向西冲往绍米扬。第57装甲军将从迈科普以西的戈里亚奇克柳奇（Goriachii Kliuch）地域发起一场辅助突击，向南攻往绍米扬。

虽然他们位于迈科普西面和南面的前沿阵地离黑海海岸只有50公里，这项任务看上去不太困难，但曲折蜿蜒的山路却使部队的行程两倍于此，崎岖的地形更适合山羊和骡子通行，而不是携带着重武器和各种装备的士兵。更糟糕的是，天气肯定会日趋恶化，这场进军还有可能遭遇到对方的激烈抗击。为夺取他们的当前目标（绍米扬镇），鲁夫的部队不得不沿山沟、峡谷和上坡穿越山口，尽管通往图阿普谢剩下的路程下坡比上坡多。

党卫队"维京"师调往莫兹多克地域后，鲁夫重新部署了他的部队，库尔特·希默中将第46步兵师[①]和第49山地军"兰茨"集群组成的一个突击群居左；第44军辖下恩斯特·鲁普中将[②]的第97猎兵师和山地兵上将埃米尔·福格尔[③]的第101猎兵师居中；第57装甲军辖下的斯洛伐克快速师和德国第125、第198步兵师居右。第125和第198步兵师分别由维利·施内肯布格尔和路德维希·米勒将军指挥。德·安格利斯军第97和第101猎兵师横跨图阿普谢公路，他们将并肩发起进攻，夺取绍米扬镇，然后向图阿普谢扩大战果。在他们左侧

[①] 译注：库尔特·希默当年4月已伤重不治，第46步兵师此时的师长是恩斯特·哈希乌斯少将。
[②] 译注：应为少将。
[③] 译注：福格尔此时的军衔是总参上校，10月1日晋升为少将，1944年底晋升为山地兵上将。

斯洛伐克快速师
戈里亚奇克柳奇

雷萨亚山

125 步师

56 集

198 步师
别济米扬诺耶

法纳戈里斯科耶
步 395 师

198 步师

哈特洛

57 装军
（9月23日进攻）

17 集

普希什河

普洛特河

卡巴尔金斯卡亚

44 军
（9月25日进攻）

101 猎师

库拉齐采

科奇卡诺瓦山

特里杜巴

普谢库普斯河

科奇卡诺夫
步 395 师

库拉

101 猎师

哈德任斯基

近步 32 师

97 猎师

49 山地军
（9月25日进攻）

兰茨集群
（1、4 山地师）

希尔万斯卡亚

海步 83 旅
海步 323 团
10月17日

萨多沃耶

涅夫佳纳亚

涅夫捷戈尔斯克车站

涅夫捷戈尔斯克

46 步师

步 236 师

近步 32 师
步 236 师

埃利扎韦特波利斯基山口

盖曼山

古奈山

步383师

步 31 师

步 328 师
10月3日—4日

戈伊特赫斯基艾山口

近骑 12 师
10月3日—4日

绍米扬

97 猎师

普希什河

戈伊特赫

近步 8、9 旅

步 10 旅
10月18日

因久克山

97 猎师

科特洛维纳

46 步师

18 集

步 165 旅

兰茨集群

山步 83 师
10月17日

谢马什霍山

步 383 师

阿尔图比纳尔

库希诺

步 31 师

近骑 11 师

罗热特

步 408 师

阿纳斯塔斯克耶夫斯卡亚

步 119 师
摩步 40 旅
10月1日

格奥尔吉耶夫斯科耶

步 107 旅
10月10日

步 353 师
10月10日

步 408 师
9月28日

盖杜科夫集群
（步 31 师、山步 20 师 2 个团、
步 383 师 1 个团）

步 328 师
10月1日

黑海军队集群

海步 145 团
海步 2 团

图阿普谢

黑海

地图 80 1942 年 9 月 23 日—10 月 31 日，图阿普谢战役

的是康拉德山地军的"兰茨"集群，该集群编有第1山地师第98山地猎兵团、第4山地师第13山地猎兵团以及这两个师的炮兵和工兵单位，指挥该集群的是第1山地师师长胡贝特·兰茨少将。兰茨将从涅夫捷戈尔斯克地域向东推进，穿过山区，从南面迂回苏军沿图阿普谢公路设置的防御。兰茨左侧，刚刚在塔曼地域完成重组的第46步兵师将向佩列瓦利内（Pereval'nyi）地域前进，掩护康拉德的左翼。

鲁夫突击群的右翼，基希纳没有坦克的装甲军辖下的第125、第198步兵师将在南面实施重组，然后从北面攻向图阿普谢山口，军里的斯洛伐克快速师在后方掩护侧面的道路。[47]如果行动取得成功，这场攻向图阿普谢的突击将切断并歼灭苏军第47和第56集团军，A集团军群的战线也将缩短200公里，还可以腾出9个师投入捷列克河以南的重要地域——从而协助克莱斯特计划中向奥尔忠尼启则、格罗兹尼、巴库的进军。

第17集团军发起进攻前夕，I. T. 切列维琴科上将指挥的黑海军队集群辖下的4个集团军沿黑海沿岸、西高加索山脉山峰及其西部地域部署，从新罗西斯克东南方到黑海度假胜地索契（Sochi）东北方的普谢阿什哈（Pseashkha）山口：

●第46集团军（K. N. 列谢利泽中将），以步兵第3军（G. N. 佩列科列斯托夫上校）辖下的山地步兵第9、第20、第242师，步兵第61、第351、第394、第406师，步兵第51、第107、第119、第155旅，骑兵第63师，山地步兵第1—第10支队，1个独立海军步兵营，第51筑垒地域，坦克第562营，装甲列车第11和第12营，守卫苏呼米（Sukhumi）接近地，当面之敌为德军第1装甲集团军第49山地军。

●第47集团军（A. A. 格列奇科少将），以步兵第216、第318师，海军步兵第81、第83、第255旅，步兵第163旅以及独立坦克第126营部署在新罗西斯克东南方黑海集群的左翼，步兵第408师担任预备队，当面之敌为德军第17集团军第5军和罗马尼亚骑兵军。

●第56集团军（A. I. 雷若夫少将），以步兵第339、第353、第349、第30师部署在黑海集群的中央防区，从切尔卡索夫斯基（Cherkasovskii）至旧奥布里亚德切斯基（Staroobriadcheskii），当面之敌为德军第17集团军第57装甲军辖下的第125步兵师、罗马尼亚第19步兵师一部、罗马尼亚骑兵军第6骑兵师。

　　●第18集团军（F. V. 卡姆科夫少将①），以近卫步兵第32师，步兵第395、第236、第383、第31师，近卫骑兵第12师，海军步兵第76、第68旅，部署在黑海集群右翼，从旧奥布里亚德切斯基至图阿普谢正东面62公里处的马塔济克（Matazyk）山，步兵第328师、近卫骑兵第11师、海军步兵第145团、摩托化步兵第40旅担任预备队，当面之敌为德军第17集团军第44军和第49山地军的一部。[48]

　　鉴于控制西高加索山脉和图阿普谢港口的重要性，秋列涅夫从方面军预备队调出步兵第328、第408师和步兵第119旅，又从北方集群抽调步兵第10旅，以这些部队加强切列维琴科集群。另外，9月29日，苏军最高统帅部将已解散的第12集团军的剩余人员纳入了第18集团军。几周前，最高统帅部还建立起由黑海舰队负责的图阿普谢防御地域，用以守卫这座港口城市。与此同时，秋列涅夫、切列维琴科和各集团军司令员沿海岸线、各条山路、山口和隘路构设起强化支撑点、掩体和另一些纵深防御阵地。[49]通过这番努力，第18集团军掩护图阿普谢的防御得到了极大的改善。但是，由于道路有限，前线部队无法获得足够的物资补给，他们缺乏武器和弹药，存粮只够维持5—7天。

　　9月23日，第17集团军对图阿普谢发起进攻，第57装甲军辖下的第125、第198步兵师从戈里亚奇克柳奇以南地域向南突击。9月25日，第44军和第49山地军投入行动，从涅夫捷戈尔斯克地域向西攻击前进。此后，德军的攻势分成两个阶段。第一阶段（9月25日至10月23日），鲁夫的部队前出至普希什（Pshish）河、谢马什霍（Semashkho）山、戈伊特赫（Goitkh）村和绍米扬镇一线。第二阶段（10月23日至12月20日），苏军第18集团军发起反突击，阻止德军前出至谢马什霍山和格奥尔吉耶夫斯科耶（Georgievskoe）地域。

　　第57装甲军最初的进攻中，第198步兵师在斯洛伐克装甲部队的支援下，于9月23日和24日对苏军步兵第395师位于法纳戈里斯科耶（Fanagoriiskoe）东

---

　　①译注：应为中将。

面的防御发起突击，但取得的战果极其有限。苏军步兵第395师师长，40岁的萨比尔·乌马尔-奥格雷·拉希莫夫上校是一位经验丰富的步兵指挥员，"巴巴罗萨"战役期间指挥过步兵第1149团，1942年9月4日起任步兵第395师师长。拉希莫夫是红军中军衔最高的乌兹别克军官之一，素以坚强和英勇而著称，1945年在战斗中阵亡，20年后，他终于被追授"苏联英雄"称号。[50]

9月25日，第44军辖下的第97和第101猎兵师投入战斗，后者获得第46步兵师1个团的加强，他们从哈德任斯基向西突击，对苏军近卫步兵第32师沿绍米扬公路的防御发起打击。为争夺穿越哈德任斯基以西山区的一条通道，双方展开的战斗尤为激烈。"猛烈的战斗"持续了三天，德国人"为每一米地面付出了高昂的代价"，近卫步兵第32师缓缓后撤，使德军只取得几公里的进展，尽管他们夺取了至关重要的通道。[51]近卫步兵第32师师长米哈伊尔·费多罗维奇·吉洪诺夫上校是一名经验丰富的老兵，1941年夏季混乱的白俄罗斯战役期间，他指挥过空降兵第4军第7旅；1941年夏末任空降兵第2军军长；1942年5月，该军改编为近卫步兵第32师，该年整个夏季，他一直指挥着这个师。由于吉洪诺夫在高加索战役中表现出色，最高统帅部1942年11月晋升他为少将，后又派他担任步兵军军长，直至战争结束。[52]

将进攻重点转向南面后（鲁普将军的第97猎兵师在那里取得了比友邻部队更大的进展），两个猎兵师随后对苏军步兵第236和第383师据守的雷萨亚（Lysaia）山发起进攻，经过激战，夺取了这座位于盖曼（Geiman）山和古奈（Gunai）山东面的山丘。苏军这两个师的师长分别是N. E. 丘瓦科夫和K. I. 普罗瓦洛夫少将，两人都是参加过"巴巴罗萨"战役的老兵，最终都晋升为军长，也都获得过"苏联英雄"称号。[53]北面，第57装甲军辖下的第198步兵师扩大了对苏军步兵第30、第395师设在法纳戈里斯科耶的防御的进攻，但又一次进展甚微，尽管斯洛伐克快速师的一部也投入了战斗。[54]

为打破僵局，鲁夫9月27日投入"兰茨"集群，对苏军步兵第383师的右翼发起突击。他的目标是穿越古奈山，前出至苏军师后方的古奈卡（Gunaika）河和戈伊特赫村。突破苏军防御后，"兰茨"集群将沿河岸转向西北方，对哈德任斯基以西苏军近卫步兵第32师横跨绍米扬公路的防御实施迂回。该集群的整片突击地域都是没有道路的茂密森林，苏军在此设有大量暗堡、掩体和战壕，并获得无数障碍物的掩护。[55]希默将军第46步兵师掩护兰茨的左翼。由于防区的宽度长达25公里，面对"兰茨"集群的猛烈突击，普罗瓦洛夫别无选择，只能于9月30日率领步兵第383师向西退却。此举导致丘瓦科夫步兵第236师右翼的防御发生崩溃，迫使该师也随之后撤。结果，截至10月5日，兰茨的山地兵攻占了古奈山和盖曼山，前出至古奈卡河河谷，逼近了科特洛维纳（Kotlovina）村，深入苏军第18集团军防区15—20公里。[56]

"兰茨"集群左侧，第49山地军辖下的第46步兵师于9月28日从萨穆尔斯卡亚（Samurskaia）以西地域向西发起进攻，在苏军步兵第383师与步兵第31师的结合部突破了第18集团军的防御，迫使这两个师后撤。截至10月5日，希默第46步兵师已将马拉图基（Maratuki）村和奥普列彭（Oplepen）山拿下，距离苏军第18集团军右翼的罗热特（Rozhet）村已不到5公里。尽管步兵第31师和获得加强的近卫骑兵第11师在离罗热特村不远处阻挡住了德军第46步兵师的推进，但如果德军继续在该地域取得进展，就将对普舍哈（Pshekha）河河谷和黑海岸边的拉扎列夫斯卡亚（Lazarevskaia）接近地构成威胁。[57]

红军总参谋长华西列夫斯基对切列维琴科的防御极为不满，9月29日给秋列涅夫发去一封电报，严厉申斥道：

> 虽然我军在哈德任斯基—图阿普谢方向有足够的兵力，这些部队也早已占据了防御阵地，可敌人没用几天便前出到了守卫哈德任斯基—图阿普谢公路的第18集团军的侧翼和后方。
>
> 敌人尔后的意图是从科特洛维纳村、古奈山、盖曼山和法纳戈里斯科耶方向沿普谢库普斯（Psekups）河河谷行动，迂回我"哈德任斯基"集团主力，并将其分割，同时构成进抵图阿普谢地域的真正危险。[58]

斯大林批评第18集团军司令员卡姆科夫分散兵力，没有坚决守卫重要的山头，没有发起必要的反冲击，也没有建立起强大的纵深梯次防御。这位独裁者补充道："我们认为，你们必须立即组建几个突击集团，采取积极的攻势行动，彻底恢复哈德任斯基以南地域和戈里亚奇克柳奇地段的态势，决不能让敌人突入图阿普谢地域。"[59]根据最高统帅部的指示，秋列涅夫以步兵第31、近卫骑兵第11师和步兵第383师的一个团组成一个战役集群，交由第18集团军副司令员V. A. 盖杜科夫少将指挥。秋列涅夫命令盖杜科夫，阻止德军前出至普舍哈河河谷。韦尼亚明·安德烈耶维奇·盖杜科夫也是一名久经沙场的老兵，"巴巴罗萨"战役和1941—1942年冬季战役期间，他指挥过骑兵第17师和骑兵第2军（后改为骑兵第9军），"蓝色"行动结束后，他担任步兵军军长，直至战争结束。[60]盖杜科夫的部队10月7日发起反冲击，在奥普列彭山地域和西面的马拉图基村恢复了连贯的防御。与此同时，切列维琴科从黑海集群预备队中抽调步兵第328师和摩托化步兵第40旅，将他们交给卡姆科夫第18集团军，并指示将其用于加强集团军中央和右翼。[61]

　　苏军最高统帅部10月2日再次下达指示，提醒秋列涅夫，黑海集群的任务是"无论如何不能让图阿普谢或其他方向的敌人突破至黑海岸边"，因此，"为歼灭敌哈德任斯基集团的进攻行动分配兵力时，不应削弱图阿普谢方向上的守军"。[62]为此，秋列涅夫应当：

　　1. 将步兵第40旅留在科特洛维纳地域，任务是守卫普希什河河谷接近地，防止敌人［第46步兵师］前出至我守卫图阿普谢公路的部队的后方；

　　2. 将步兵第31、近卫骑兵第11师和步兵第383师的1个团集结在罗热特和马拉图基地域，任务是前出至萨穆尔斯卡亚以南地域后，向切尔尼亚科夫（Cherniakov）和白格利纳（Belaia Glina）发起一场短促突击，进入敌涅夫捷戈尔斯克集团［"兰茨"集群］的侧翼和后方。以山地步兵第20师的一部从马塔济克地域攻向萨穆尔斯卡亚，掩护突击集群侧翼；

　　3. 以步兵第119旅、步兵第328师的1个团、步兵第68旅的一部从白格利纳地域发起突击，攻向佩尔沃迈斯基（Pervomaiskii）、哈德任斯基和古里耶夫斯基（Gurievskii），歼灭突入帕波尔特内（Paportnyi）和库林斯基（Kurinskii）之敌［第101和第97猎兵师］；

　　4. 以近卫步兵第32、步兵第236和328师（欠1个团）严守哈德任斯基—图阿普谢公路，积极配合从侧翼发起进攻的部队；

　　5. 继续以海军步兵第145、第2团守卫图阿普谢地域；

　　6. 为确保法纳戈里斯科耶方向［抗击第57装甲军第198步兵师］，应在战役发起前将步兵第408师的2个团调至新米哈伊洛夫斯科耶（Novo-Mikhailovskoe）地域［图阿普谢西北方15公里处］；

7. 继续采取措施，以方面军辖内额外的部队加强黑海集群，同时以各行进连、营增援黑海集群。[63]

"兰茨"集群在科特洛维纳地域突破黑海集群的防御后，切列维琴科决定于10月2日以步兵第328、第383师和近卫骑兵第12师以及摩托化步兵第40旅发起一场反突击，歼灭突入盖曼山地域之敌。但是，"兰茨"集群10月1日抢先发起进攻，一举攻占了科特洛维纳村。同一天，福格尔将军的第101猎兵师也对吉洪诺夫近卫步兵第32师的防御再度发起突击，占领了哈德任斯基以西10公里处的库林斯基，但苏军随后发起一场强有力的反冲击，阻止了德军的进一步推进。[64]

苏军第18集团军在德军10月3日的突击下竭力恢复平衡后，司令员卡姆科夫开始筹划10月7日的反突击，打算以步兵第236师、近卫骑兵第12师、摩托化步兵第40旅和步兵第119旅对"兰茨"集群位于古奈卡河河谷的前沿阵地发起打击。但是，由于计划仓促，组织不佳，这场进攻没能削弱"兰茨"集群的防御。切列维琴科随即命令卡姆科夫停止这些混乱的行动，集结部队，在古奈卡河和科特洛维纳村地域发起连续反突击。这些进攻行动终于在10月9日阻挡住了"兰茨"集群的前进步伐，该集群距离哈德任斯基—图阿普谢公路已近在咫尺。卡姆科夫集团军估计，到目前为止，他们至少给鲁夫的进攻部队造成了10000余人的伤亡。[65]

在最恶劣的地形条件下历时两周的激战令德军疲惫不堪，10月10日—13日，第17集团军暂停行动，以便辖内部队休整、重组和补充。在此期间，鲁夫从东面的罗热特村附近抽调兵力，加强位于古奈卡河河谷和科特洛维纳村地域、沿图阿普谢公路部署的"兰茨"集群。

秋列涅夫也对这一短暂的战役间歇加以利用，以第18集团军步兵第353师以及方面军预备队的步兵第107旅和4个炮兵团加强黑海集群。而切列维琴科则以第47集团军辖下的海军步兵第83旅和第137团加强卡姆科夫位于图阿普谢地域的防御。这些援兵显著加强了卡姆科夫的兵力对比优势。可是，还没等第18

集团军将这些新锐预备队投入部署，最高统帅部就于10月11日解除了切列维琴科黑海军队集群司令员的职务，派北方集群第44集团军司令员I. E. 彼得罗夫少将接任。[66]K. S. 梅利尼克少将接替彼得罗夫担任第44集团军司令员。42岁的孔德拉特·谢苗诺维奇·梅利尼克是一名经验丰富的骑兵，"巴巴罗萨"战役期间指挥过独立骑兵第53师，1942年3月起在伊朗率领骑兵第15军。[67]

切列维琴科离开指挥岗位前，卡姆科夫已拟制了一份新的进攻计划，意图歼灭敌"古奈"和"哈德任斯基"集团，也就是"兰茨"集群、第46步兵师、第101和第97猎兵师。他打算以一个突击集群从纳瓦金斯基（Navaginskii）地域发起进攻，沿绍米扬以东8公里处的图阿普谢公路攻向哈德任斯基，第二个突击集群从马拉图基和罗热特地域攻向涅夫捷戈尔斯克，包围并歼灭德军的两个集团。但是，这个计划是有缺陷的，由于道路条件所限，突击部队无法抢在敌人再度发起进攻前及时完成集结，另外，这一部署也使集团军的中央防区过于虚弱。

仿佛是为了强调指出卡姆科夫进攻计划中的问题所在，他刚刚实施武力侦察，还没来得及发起主要突击，德军第17集团军就于10月14日恢复了进攻，发起一场双重突击，意图合围第18集团军主力，并前出至图阿普谢。第49山地军的"兰茨"集群投入第一个进攻，从古奈卡河和盖曼山地域向西攻往绍米扬。第42军[①]第101和第97猎兵师遂行第二个突击，沿图阿普谢公路及其北部地域向西冲往绍米扬和绍米扬以北8公里处的萨多沃耶（Sadovoe）。与此同时，第57装甲军辖下的第125步兵师（该师已重新部署至第198步兵师的作战区域）从法纳戈里斯科耶以东地域攻向西南方的萨多沃耶和绍米扬北面6公里处的埃利扎韦特波利斯基（Elizavetpol'skii）山口，支援第44军的进攻。[68]据德国人称，这场突击"彻底消灭了"［苏军步兵第395师］第714和第726团。[69]

与此同时，"兰茨"集群经过激战，夺取了绍米扬西面2公里处的公路和铁路枢纽。该师的作战日志总结了其为这番胜利付出的代价，日志中指出：

---

① 译注：第44军。

战斗在人迹罕至的深山密林中持续了19天，"兰茨"师突破了98个暗堡群，攻克了1083个作战阵地。就这样，第98山地猎兵团的战斗群前进了36公里，深入海拔1000米的山林，而第13山地猎兵团的战斗群前进了40公里。地形极其困难，敌人的抵抗异常激烈，德军损失严重。5名军官、384名军士和士兵阵亡；53名军官、1417名军士和士兵负伤。[70]

面对德军这场突击，刚刚赶至新指挥所的彼得罗夫将军10月15日命令普罗瓦洛夫西调步兵第383师，赶往绍米扬以西8公里处的戈伊特赫山口，NKVD步兵第26团据守北面10公里处的埃利扎韦特波利斯基山口。[71]苏军最高统帅部也对德国人的双重突击担心不已，因而提醒秋列涅夫，不要低估黑海军队集群的重要性，应为其提供必要的资源：

由于您经常视察北方军队集群，并将大部分兵力编入该集群，最高统帅部认为您对黑海军队集群、黑海海岸战役和战略作用的重要性估计不足。

最高统帅部认为，黑海方向的意义并不亚于马哈奇卡拉方向，因为敌人若能穿过埃利扎韦特波利斯基山口进入图阿普谢，就能把几乎整个黑海军队集群与方面军主力之间的联系切断，势必导致这些部队被敌人俘获；如果敌人前出至波季（Poti）和巴统地域，我们的黑海舰队就将丧失最后几处基地，同时，敌人便可趁机穿过库塔伊西（Kutaisi）和第比利斯，并从巴统穿过阿哈尔齐赫（Akhaltsikh）和列宁纳坎（Leninakan），沿山谷向东，进入方面军其他部队的后方，并进逼巴库。[72]

最高统帅部要求秋列涅夫亲自负责帮助彼得罗夫的部队，并命令他从北方集群预备队抽调3个步兵旅加强第18集团军，再从巴库抽调步兵第34、第164和第165旅接替北方集群调离的部队；立即将第46集团军骑兵第63师和山地步兵第83师（该师正从中亚军区赶来）派至图阿普谢方向；以"方面军自身资源"在后方组建6个新步兵师，以便日后将他们部署至方面军关键地段。[73]

苏军最高统帅部采取行动之时，鲁夫的部队继续向前推进，10月16日以第44军辖下的第97和第101猎兵师攻占纳瓦金斯基。10月17日，他们占领了绍米扬，并到达埃利扎韦特波利斯基山口东接近地。与此同时，"兰茨"集群从南面和东面逼近绍米扬。北面，米勒第198步兵师向南突破了约8公里，10月18日到达萨多沃耶以北5公里处的科奇卡诺瓦（Kochkanova）山北坡，位于埃利扎韦特波利斯基山口北面9公里处。早在10月16日，鲁夫的乐观情绪便在A集团军群作战日志中表露无遗："最近几日，敌人在图阿普谢地域的抵抗已明显减弱，这使我们得出这样一个结论：我军接连不断的进攻，加之有效的空中支援，已给俄国守军造成重创。"[74]

面对德军重新发起的进攻，彼得罗夫和他的参谋人员10月17日视察了卡姆科夫后撤中的部队，了解相关情况。他们在那里获知，卡姆科夫与集团军左翼部队失去了联系，甚至不知道德国人已占领绍米扬这一情况，还在徒劳地试图保持一道绵亘的防御正面，导致关键地段的防御力量被削弱。因此，经最高统帅部批准，彼得罗夫次日解除了卡姆科夫的职务，以第47集团军司令员格列奇科将军接任。[75]同一天，最高统帅部命令秋列涅夫，待他集结起足够的兵力守卫图阿普谢后，便将近卫骑兵第11、第12和骑兵第63师交给马斯连尼科夫北方集群的基里琴科近卫骑兵第4军，但不得迟于11月3日。[76]

格列奇科判断，德国人企图攻向戈伊特赫山口和萨多沃耶，在第18集团军与雷若夫第56集团军的结合部达成突破。他随即调整辖下部队，堵截预计中德军的推进。这番再部署完成后，A. A. 卢钦斯基上校的新锐山地步兵第83师集结在山口北面的因久克（Indiuk），普罗瓦洛夫的步兵第383师在山口和毗邻的山峰上担任预备队。亚历山大·亚历山德罗维奇·卢钦斯基是一位经验丰富的指挥员，自1941年4月起便率领山地步兵第83师，与红军中的许多师级指挥员一样，他将担任更高的职务，在战争剩下的岁月里指挥军和集团军。[77]与此同时，第56集团军辖下的海军步兵第323团和第47集团军辖下的海军步兵第83旅，在戈伊特赫斯基艾（Goitkhskiai）山口北面的阿法纳西耶夫斯基波斯季克（Afanas'evskii Postik）村周围设防，堵截德军第198步兵师向萨多沃耶的推进。另外，从北方集群抽调的近卫步兵第8、第9旅和步兵第10旅部署在山口南面的戈伊特赫地域，步兵第165旅在山口东南方的佩列瓦利内地域担任预备队。

格列奇科打算以这些部队发起两个向心反突击，打击从绍米扬向西窜犯

648

的德军，但鲁夫再度抢占先机，于10月19日拂晓恢复了进攻。夜幕降临前，米勒第198步兵从拉希莫夫步兵第395师（第18集团军左翼）手中夺取了科奇卡诺瓦山，第101和第97猎兵师占领了该集团军中央防区的埃利扎韦特波利斯基山口，"兰茨"集群将第18集团军右翼的普罗瓦洛夫步兵第383师从科特洛维纳驱往南面①。

第18集团军中央地段的防御行将崩溃，集团军左翼的拉希莫夫步兵第395师和吉洪诺夫近卫步兵第32师即将被围，面对这种状况，格列奇科10月20日命令左翼部队撤离萨多沃耶以东地域和埃利扎韦特波利斯基山口。尽管格列奇科采取的果断措施挽救了他的左翼，但10月21日，"兰茨"集群和鲁普第97猎兵师在右翼希默将军第46步兵师的支援下又从古奈卡河河谷发起一场突击，攻向第18集团军右翼的戈伊特赫村和格奥尔吉耶夫斯基耶。第97猎兵师和"兰茨"集群的双重突击粉碎了缺乏经验的步兵第408师和步兵第107旅的防御，而德军第46步兵师则对苏军摩托化步兵第40旅掩护普希什河河谷的防御构成了威胁。稚嫩的步兵第408师刚刚从土耳其斯坦调来，10月14日部署至该地域时齐装满员，但在先前抗击"兰茨"集群推进的孤军奋战中遭受到严重损失。[78]

德军猛烈的炮击摧毁了步兵第408师设在谢马什霍山附近的指挥所，大批师部人员非死即伤，德军随后发起突击，一举夺取戈伊特赫村，包围并歼灭了该师的大部，迫使其残部分成一个个小组突围，加入毗邻的步兵第353和第383师。与此同时，希默第46步兵师从苏军摩托化步兵第40旅手中夺取了佩列瓦利内村，迫使该旅沿普希什河向南退却。[79]佩列瓦利内村的战斗尤为激烈，阵地易手数次，但10月23日日终前，该村和谢马什霍山都落入了德军之手。这座至关重要的山峰和相邻公路的丢失，切断了格列奇科所有的横贯道路，并使"兰茨"集群进入图阿普申卡（Tuapsinka）河河谷，距离图阿普谢仅剩30公里。

格列奇科预料到这场新的灾难，他已为另一场更加有力的反突击拟制出计划，行动再次由两个突击集群执行，他们将对突入之敌的侧翼实施打击。

① 译注：格列奇科的《高加索会战》一书中指出，是"被敌压迫到科特洛维纳地域"。

这场反突击定于10月25日发起，意图重新夺回戈伊特赫村，并将进攻中的德军第97猎兵师和"兰茨"集群包围、歼灭在谢马什霍山地域。格列奇科的计划要求步兵第107、第109旅和海军步兵第68旅以及吉洪诺夫近卫步兵第32师在集团军左翼实施"坚定的"防御，摩托化步兵第40旅在集团军右翼扼守佩列瓦利内村以南地域；格列奇科的两个突击集群——集团军右翼的步兵第10旅和步兵第383、第353师，集团军中央防区的近卫步兵第9旅——从东面、南面和西面同时发起向心突击，打击谢马什霍山周边地域的德军（第97猎兵师和"兰茨"集群）。[80]一个集团军炮兵群和空军第5集团军的战机将为这场反突击提供支援，近卫骑兵第12师将在普希什河畔的阿尔图比纳尔（Altubinal）及其南部地域掩护第18集团军的右翼。

10月23日拂晓，步兵第353师开始了这场反突击，对谢马什霍山以南福格尔第101猎兵师和"兰茨"集群的防御发起进攻。经过艰难的战斗，日终前，苏军攻占该山，并包围了第101猎兵师的一部。[81]指挥步兵第353师的是F. S. 科尔丘克少将，这位颇有才干的指挥员曾在大清洗期间被逮捕过，但幸免于难，1942年5月出任该师师长，战争结束前指挥过一个步兵军。[82]东面，普罗瓦洛夫步兵第383师10月25日对希默第46步兵师设在佩列瓦利内村的防御发起突击，但在这场激战中没能夺取该村。此后，双方相互发起反冲击，一直混战到10月30日，谁都没能占据上风，不过，步兵第383师设法在普希什河北岸夺得一个小小的登陆场，并切断了佩列瓦利内—戈伊特赫公路。

格列奇科突击集群辖内的其他部队10月28日发起突击，步兵第10旅攻向佩列瓦利内村，近卫步兵第9旅突向戈伊特赫村。与"兰茨"集群激战后，步兵第10旅11月3日攻占了佩列瓦利内村，但近卫步兵第9旅在戈伊特赫村夺得一个立足地后遭到德军的猛烈反击，被迫退回出发阵地。[83]10月24日的战斗中，德军第57装甲军辖下的斯洛伐克快速师从图阿普谢公路北面向西攻往埃利扎韦特波利斯基山口西北方5公里处的萨赖（Sarai）山，从苏军步兵第68旅手中夺取了该山。但是，吉洪诺夫近卫步兵第32师和步兵第328师对斯洛伐克快速师的侧翼发起反冲击，破坏了该师的推进，并将步兵第68旅原先的阵地夺回。[84]

截至11月初，在艰难地形上历时一个多月的激战使双方部队筋疲力尽，并都遭受到战斗减员的不利影响，鲁夫面临的问题更加严重，因为他缺乏新锐预备队。如果说战斗减员这个理由并不足以让交战双方停止行动，那么，雪天的到来便解决了这个问题。格列奇科第18集团军以自身部队和外高加索方面军、最高统帅部提供的预备队不断发起单路、多路反突击，终于挫败了德军夺取图阿普谢的企图，这也是希特勒1942年秋季在高加索地区的两个目标中的第一个。

随着鲁夫第17集团军10月底在图阿普谢方向的失利，希特勒只能将在该地区获胜的希望寄托于更东面克莱斯特装甲部队沿捷列克河和奥尔忠尼启则方向展开的行动。至于山区地带，整个11月基本保持着平静，双方的行动仅限于断断续续的偷袭、侦察和伏击。这场因为自身因素和天气条件在大高加索山脉造成的停顿直至11月26日拂晓才宣告结束，届时，遵照最高统帅部的命令，格列奇科将利用德军在斯大林格勒遭遇的意外重新发起进攻，意图彻底歼灭位于因久克和谢马什霍地域的德军集团。

纳尔奇克—奥尔忠尼启则战役，10月25日—11月12日

虽然第17集团军没能在"阿提卡"行动中突破大高加索山脉并进抵图阿普谢，但希特勒仍坚持要求克莱斯特的第1装甲集团军继续进攻，夺取奥尔忠尼启则，有可能的话，抢在冬季到来前攻占格罗兹尼。希特勒将克莱斯特的进攻行动视为几个局部例外之一，因为他在10月14日的1号元首令中宣布，德军的夏季攻势结束了。[85]

在希特勒的督促下，克莱斯特10月14日命令第3装甲军军长马肯森拟制作战计划，准备经奥尔忠尼启则西北方100公里处的纳尔奇克向奥尔忠尼启则和格鲁吉亚军用公路发起进攻。这份计划由马肯森和他的参谋长冯·格雷内维茨中校制订，要求罗马尼亚第2山地师向南进攻，在巴克桑东面渡过巴克桑河，并对苏军设在纳尔奇克前方的防御发起打击。一天后，第3装甲军辖下的第13和第23装甲师将从迈斯基（Maiskii）和科特利亚列夫斯卡亚地域沿上捷列克河发起主要突击，从东面和东北面攻向纳尔奇克。[86]希特勒10月16日批准了克莱斯特的计划，进攻日期定于10月25日。

战役间歇期间，克莱斯特将第40装甲军辖下的博伊内布格–伦斯费尔德第23装甲师转隶第3装甲军，并将该师集结在迈斯基和科特利亚列夫斯卡亚地域，

师先遣部队部署在两个镇西面、捷列克河西岸的登陆场内。与此同时，马肯森将赫尔的第13装甲师从埃利霍托沃和伊拉里奥诺夫卡地域调往北面河流东岸阿里克和捷列克镇附近的集结区，并将贝克尔第370步兵师的部分部队西调，接防第13装甲师原先的阵地。东面，奥特将军的第52军以雷克纳格尔的第111步兵师和施泰纳的党卫队"维京"摩步师扼守莫兹多克和捷列克南面的登陆场。待这些部队进入集结区后，马肯森指定罗马尼亚第2山地师为西突击集群，第23和第13装甲师担任东突击集群，以保安部队掩护两个突击集群之间的20公里区域，并将这片区域称为"中央安保防区"。[87]经过一段时间的休整和补充，第13和第23装甲师共有约200辆坦克，坦克力量是莫兹多克战役后的两倍多。[88]

整个10月份，外高加索方面军马斯连尼科夫将军指挥的北方军队集群也在忙着集结兵力，准备发起一场新的进攻，将第1装甲集团军逐出捷列克地域。作为这场集结的组成部分，方面军司令员秋列涅夫决定利用斯大林格勒方面军左翼与外高加索方面军右翼之间400公里宽的缺口。为此，9月下旬，他将基里琴科的近卫骑兵第4军调至方面军最右翼，基兹利亚尔以西和捷列克河以北的旧谢德林斯基地域。此时，德国人正试图以两支部队堵住A、B集团军群之间的这个缺口。北面，第16摩步师（该师驻扎在埃利斯塔）的几个支队向东赶往伏尔加河下游的阿斯特拉罕。南面，空军将领赫尔穆特·费尔米指挥的"费尔米"特别军（该军的6000名士兵主要是从德军战俘营招募的穆斯林）驻扎在阿奇库拉克（Achikulak），位于基兹利亚尔以西180公里处的库马河以南地域。[89]

秋列涅夫决定利用第1装甲集团军左翼的这一弱点，他命令基里琴科近卫骑兵第4军采取行动，威胁克莱斯特的左翼和后方。与此同时，北方集群的第9集团军在莫兹多克以南地域展开行动，谢瓦斯季亚诺夫近卫步兵第10军在捷列克河北面、莫兹多克以东沿伊什切尔斯卡亚方向投入行动，威胁第1装甲集团军的左翼，可能的话，包围该集团军的整个左翼。[90]从10月2日起，基里琴科近卫骑兵第4军用12天时间（主要是在夜间）在干旱的草原上前进了150公里，他们的速度太慢，马斯连尼科夫不得不将计划中的进攻行动向后推延。尽管如此，基里琴科骑兵军还是在10月15日到达阿奇库拉克郊外，在那里对"费尔米"特别军的防御发起了一连数日的进攻。但这一切均属徒劳，因为苏军情报

652

部门低估了该特别军的实力。

骑兵军失利后，10月下旬获得调自滨海军队集群①的骑兵第63师的加强，月底，基里琴科再次发起进攻，试图夺取阿奇库拉克，又一次遭到失败，主要是因为后勤补给问题②。近卫骑兵第4军损失惨重，被迫向东撤退，破坏了马斯连尼科夫进攻莫兹多克的计划，招致北方集群司令员的严厉申斥。91

基里琴科的骑兵对第1装甲集团军左翼发起徒劳的突袭之时，马斯连尼科夫正在筹划另一场进攻行动，意图迫使德军退回捷列克河北面。但是，马斯连尼科夫没有注意到第1装甲集团军正准备发起一场新攻势，他的注意力主要集中在莫兹多克地域，忽视了加强纳尔奇克方向的防御。加剧这一错误的是，马肯森9月25日在上捷列克河南岸的迈斯基附近夺得几个小型登陆场后，第37集团军司令员科兹洛夫和北方集群司令员马斯连尼科夫都没有做出强有力的应对，去消灭这些登陆场，因为他们只剩下实力虚弱的步兵第151师守卫该地域。另外，整个10月份期间，第1装甲集团军在更东面的马尔戈别克地域发起一连串局部进攻和突袭，进一步迷惑了这两位苏军指挥员。同时，克莱斯特以第1山地师第99山地猎兵团第1营加强位于巴克桑的罗马尼亚第2山地师，并将准备投入进攻的部队增强至33894人、460门火炮和迫击炮、约200辆坦克，主要集中在巴克桑地域和迈斯基以西20公里宽的登陆场内。92

但在此期间，外高加索方面军仍持过度乐观的态度，正如方面军参谋长博金中将10月6日发给红军总参谋部作战部部长的报告中显露的那样：

评估马斯连尼科夫的状况，必须指出，我们已成功地将敌人牵制在第9集团军的防线前，如果敌人向前推进，会非常缓慢并遭受严重伤亡。当然，我们缺乏坦克，这有利于敌人的进攻。我相信敌人会在接下来的几天内发起进攻，但很快便会耗尽力量，因为我们没有发现敌预备队沿莫兹多克方向逼近，第9集团军防区内的这一方向并不危险。指战员们斗志高昂，充满信心。步兵们英勇抗击敌人的坦克，即使这些坦克冲到了他们的后方，这些步兵依然坚守着自

---

① 译注：黑海集群。
② 译注：苏联方面认为该骑兵军两次失利的主要原因是"犹豫不决、行动迟缓"。

己的阵地。通常说来，我们会将敌步兵与坦克之间的联系切断。我必须指出，这主要归功于我们的炮兵。如果敌人不加强对付马斯连尼科夫的空中力量，一切都会安然无虞。[93]

10月23日晚，马斯连尼科夫[①]向最高统帅部呈交了发起一场新攻势的提案，在前文部分对态势和德军的弱点做出评估：

北方集群正面之敌步兵和坦克主力集团集结在莫兹多克西南方的上下库尔普、埃利霍托沃、阿里克和斯列德（Sled）地域。北方集群的主要目的和任务是歼灭这股敌军。

根据以往的作战经验判断，我军沿捷列克河北岸向伊什切尔斯卡亚和莫兹多克发起行动时，敌人会将主力集团的部分兵力撤至捷列克河北岸。但是，我们将大股兵力调至这一方向对我们并不有利，因为这将削弱至关重要的格罗兹尼和奥尔忠尼启则方向。

有鉴于此，展开如下行动似乎更为有利：沿捷列克山由东至西发起一场主要突击，沿捷列克河北岸向伊什切尔斯卡亚和莫兹多克发起一场辅助突击，同时以一个骑兵集团冲向库马河中游，以第37集团军的援兵沿普罗赫拉德内方向进击，从而一举歼灭敌莫兹多克集团。[94]

秋列涅夫随后指示马斯连尼科夫以步兵第337、第176、第317师和步兵第3军（步兵第9、第57、第60旅）以及坦克第5、第15、第52旅组织并实施北方集群的主要突击，由科罗捷耶夫第9集团军统一指挥。这股力量将从普列德戈尔内（Predgornyi）和东马尔戈别克地域攻向日格扎波日（Zhigzapozh）山和下库尔普，当前任务是夺取西马尔戈别克—下库尔普一线，尔后向捷列克河畔的阿里克镇扩大进攻。与此同时，步兵第9军（步兵第157、第43、第256旅）、近卫步兵第10军、1个坦克旅和骑兵第63师，将在梅利尼克第44集团军

---

① 译注：应为秋列涅夫。

的指挥下发起北方集群的辅助突击。梅利尼克的部队将从伊什切尔斯卡亚以东的旧布哈罗夫（Staro–Bukharov）和卡普斯京（Kapustin）地域向西攻往莫兹多克，将德军从莫兹多克西南方的主要突击地域引开，并从北面包围第1装甲集团军的莫兹多克集团。最后是克留琴金的近卫骑兵第4军，该军将从基兹利亚尔向西突击，进入第1装甲集团军后方，破坏其交通和后勤补给线。西面，科兹洛夫第37集团军应坚守其防线，并以至少1个师的兵力攻向东面的阿里克，与第9集团军的突击集群会合。马斯连尼科夫将近卫步兵第11军、步兵第10军和步兵第414师留作预备队，用于扩大战果或击退德军发起的反冲击。[95]

克莱斯特的部队发起新攻势18个小时后，10月25日晚，苏军最高统帅部批准了秋列涅夫的计划。最高统帅部对秋列涅夫的计划做出了几个重要的修改，但由于德军的迅猛突击，这些修改变得毫无意义。[96]马斯连尼科夫继续为这场将于11月3日发起的新攻势重新调整辖内部队，将他们部署在从巴克桑河畔的巴克桑以西地域东延至捷列克河畔的基兹利亚尔的这条350公里宽的战线上，具体如下：

● 第37集团军（科兹洛夫），以NKVD步兵第11师，步兵第392、第295、第151、第275师和近卫步兵第2师沿巴克桑河和捷列克河防御，从巴克桑以西30公里处的贡杰连（Gundelen）东延至埃利霍托沃以西5公里处的兹梅斯卡亚（Zmeiskaia），当面之敌为罗马尼亚第2山地师、第23和第13装甲师、第370步兵师；

● 第9集团军（科罗捷耶夫），以步兵第10军（P. E. 洛维亚金少将）的第59和第164旅，步兵第11军（I. A. 鲁巴纽科上校）的步兵第19、第34和第131旅，山地步兵第3军（G. N. 佩列科列斯托夫上校）的步兵第9、第57和第60旅，步兵第89、第337、第417、第176、第347师，近卫坦克第5旅和坦克第15、第52旅，沿从埃利霍托沃南面的达尔格科赫（Darg-Kokh）东延至格罗兹尼东北面的别诺伊乌尔特（Beno-Iurt）一线设防，当面之敌为第52军辖下的党卫队"维京"摩步师和第111步兵师；

● 第44集团军（梅利尼克），以步兵第9军（I. T. 扎梅尔采夫少将）的步兵第43、第157旅和步兵第414、第402、第389、第223师，据守从别诺伊乌尔特向东、东北方延伸至基兹利亚尔的捷列克河南岸；

●第58集团军（霍缅科），以步兵第271、第319、第416师和第二梯队的NKVD马哈奇卡拉步兵师掩护马哈奇卡拉方向；

●集群预备队，将近卫骑兵第4军（N. Ia. 基里琴科少将）的近卫骑兵第9、第10师和骑兵第110、第30师部署在基兹利亚尔以西地域，抗击敌"费尔米"特别军；近卫步兵第10军（I. A. 谢瓦斯季亚诺夫上校）的近卫步兵第5、第6、第7旅和骑兵第63师据守伊什切尔斯卡亚东面的捷列克河以北地域，抗击德军第3装甲师；近卫步兵第11军（I. P. 罗斯雷少将）的步兵第34和第62旅位于格罗兹尼以西的后方。[97]

尽管克莱斯特对进攻行动进行了精心准备，但德军突击部队的对面之敌在兵力和火炮数量上占有优势，不过苏军没有坦克。故此，克莱斯特将北方集群实力最弱的部队（科兹洛夫第37集团军）选为目标，该集团军没有任何坦克力量，从而使成功的机会大为增加。但是，克莱斯特要想赢得胜利，辖下的两个装甲师必须抢在马斯连尼科夫集结起优势兵力实施防御前迅速进抵纳尔奇克和奥尔忠尼启则。不管怎样，10月25日拂晓，科兹洛夫倒霉的第37集团军，更确切地说是该集团军辖下的3个步兵师，面对的是一股兵力三倍于己、火炮九倍于己、坦克力量占尽优势的德军。

10月25日拂晓，马肯森第3装甲军发起进攻，德军先实施了一场猛烈的炮火准备，随后又以一波波轰炸机和战斗机对苏军前沿和纵深防御展开突击（参见地图81）。在这场轰炸中，70多架德军战机对第37集团军设在纳尔奇克南面多林斯科耶（Dolinskoe）的指挥所发起打击，炸死许多工作人员，彻底摧毁了该集团军的通信体系，迫使科兹洛夫将指挥所和剩下的工作人员转移到南面数公里处的哈萨尼耶（Khasan'e）村。炮击和轰炸结束后，10点，罗马尼亚第21山地师在从巴克桑东延至巴克萨涅涅克（Baksanenek）①的这片地域对苏军步兵第392与第295师的结合部发起进攻。在一波波"斯图卡"战机的支援下，德

---

① 译注：疑为巴克萨涅诺克（Baksanenok）。

军第1山地师第99山地猎兵团第1营率先发起突击，这场进攻前进了8公里，到达切格姆（Chegem）河北岸的1号切格姆镇，距离纳尔奇克只剩下半数里程。由于缺乏通信手段和预备队，科兹洛夫无法指挥步兵第392和第295师的行动，这两个师迅速向南、向东退却。[98]

10月26日，罗马尼亚-德国联军加快了进军速度，夜幕降临前到达纳尔奇克北郊。科兹洛夫的应对是以涅夫尔·格沃尔科维奇·萨法良上校的步兵第295师第875团从纳尔奇克东北方18公里处的多克舒基诺（Dokshukino）向

地图81 1942年10月25日—11月12日，纳尔奇克—奥尔忠尼启则战役

西发起一场反冲击。萨法良是亚美尼亚人，1942年6月15日起担任步兵第295师师长。[99]但是，萨法良的部队太过脆弱，无法阻挡住罗马尼亚第21山地师的推进。

令科兹洛夫的态势雪上加霜的是，博伊内布格–伦斯费尔德第23装甲师和赫尔第13装甲师从左至右并排部署的数个战斗群投入100辆坦克，从位于科特利亚列夫斯卡亚、迈斯基和普里希布斯卡亚（Prishibskaia）地域，上捷列克河西岸的数个登陆场向西南方发起突击。这场进攻粉碎了苏军步兵第151师第626团和萨法良步兵师另外两个步兵团的防御，迫使这些部队向西、西南方溃退。两个德军装甲师发起追击，日终前推进了20公里。第23装甲师占领了阿尔古丹（Argudan）镇和纳尔奇克与埃利霍托沃中途的列斯肯（Lesken）车站，第13装甲师前出至纳尔奇克以东15公里处切列克（Cherek）河河谷的旧切列克（Staryi Cherek）和普瑟甘苏（Psygansu）。[100]

获知德军发起进攻的消息后，马斯连尼科夫错误地认为，德国人不过是想消灭第37集团军位于上捷列克河以西的登陆场，而不是发起一场大规模进攻，从西面迂回奥尔忠尼启则的防御。因此，他没有迅速对敌人的进攻做出应对，直到夜幕降临时才弄清德国人的真正意图。而A集团军群则满怀信心地向希特勒报告：

> 显然，在第1装甲集团军的作战区域内，向纳尔奇克发起的进攻将敌人打得措手不及。各装甲师第一天便前出至普瑟甘苏，部分部队已转身向北，为合围敌人的4个师创造有利条件。接下来的几天，这股敌军必将被彻底歼灭。敌人正被逐入山区。看来，装甲部队挥师向南，然后向东冲往奥尔忠尼启则的广阔前景正在出现。[101]

苏军必须迅速采取行动，阻止进一步的灾难，此时正在黑海军队集群司令部亲自组织图阿普谢防御工作的方面军司令员秋列涅夫立即飞赴北方集群司令部。与此同时，他命令位于苏呼米的步兵第155旅和第58集团军步兵第319师向北调动，进入北方集群防区。他还命令彼得·叶尔莫拉耶维奇·洛维亚金少将，将新近组建的步兵第10军部署至德军突破地域。45岁的洛维亚金是一名经验丰富的指挥员和参谋人员，苏德战争最初的几个月，他担任伏罗希洛夫防化学院院长，后出任南方面军步兵第102师师长，"蓝色"行动初期，他先后担任第24、第9集团军参谋长，1942年10月任步兵第10军军长。[102]

洛维亚金的步兵军编有步兵第59和第164旅，并获得步兵第275师、2个反坦克炮兵团和3个炮兵营的加强。该军将于10月26日至27日夜间沿乌鲁赫（Urukh）河（位于纳尔奇克与奥尔忠尼启则中途）东岸占据防御，防线从奇克拉（Chikola）镇北延至乌鲁赫河与捷列克河的交汇处。另外，秋列涅夫还命令罗斯雷将军担任方面军预备队的近卫步兵第11军扼守奥尔忠尼启则防御地域，G. N. 佩列科列斯托夫上校的山地步兵第3军集结在埃利霍托沃以东10公里处的扎曼库尔地域。与罗斯雷一样，佩列科列斯托夫也是一位颇具经验的指挥员，但有违反纪律的不良记录，他在1941年指挥过空降兵旅，军事法庭为他洗脱罪名后，又于1942年出任骑兵师师长。[103]这些措施显著加强了北方集群沿奥尔忠尼启则方向的防御。

10月27日和28日，马肯森第3装甲军继续向前快速推进，以彻底击败科兹洛夫第37集团军。在右翼提供掩护的罗马尼亚第2山地师，10月28日一举攻占纳尔奇克，并将第37集团军辖下的步兵第392和近卫步兵第2师逼退至高加索山脉的山麓，第23和第13装甲师向南推进了20公里。克里索利的装甲部队①夺取了列斯肯，从而对北方集群沿乌鲁赫河的新防线的左翼构成威胁。与此同时，赫尔的装甲部队协助肃清了纳尔奇克的苏军，并夺取了切列克河畔的卡什塔考（Kashtakau）村，切列克河在那里流经一个重要的山口。德军这场突击在第37集团军的防线上冲出一个20公里宽的缺口，苏军撤往西南方的各个山口和洛维亚金步兵第10军沿乌鲁赫河构设的新防线，突破这道防线，德军就将直接攻入东南方的奥尔忠尼启则。[104]

马肯森意识到这个良机，于10月29日和30日命令博伊内布格-伦斯费尔德第23装甲师转身向东，沿切列克河进入奇克拉地域，赫尔第13装甲师也向东突击，在第23装甲师左侧沿该河进入乌鲁赫地域。他打算以这两个装甲师向东发

---

① 译注：应为第23装甲师。

起一场协同进攻，跨过乌鲁赫河，直扑奥尔忠尼启则。[105]

10月31日拂晓，两股德军以70辆坦克发起突击，博伊内布格–伦斯费尔德的装甲战斗群撕开苏军步兵第10军位于奇克拉附近的左翼，一举捣毁了洛维亚金步兵军的军部，并攻入该军后方地域。当日，奉命增援步兵第10军的坦克第52旅反复发起反冲击，先是减缓，最终沿乌鲁赫河以东10公里处的杜尔杜尔（Dur–Dur）河阻止了第23装甲师的推进。但是，15点30分，赫尔第13装甲师投入60辆坦克组成的一股力量，在几个"勃兰登堡人"小队的带领下，粉碎了步兵第10军的右翼，迅速攻向东南方20公里处的阿尔东（Ardon）镇。

10月31日和11月1日，德军这两个装甲师试图包围并歼灭苏军步兵第10军和坦克第52旅，一场激战在季戈拉（Digora）镇和阿尔东镇附近爆发开来。据苏军称，他们在这场激战中击毁32辆敌坦克，消灭了大批敌军和武器装备。[106]苏联人不知道的是，第13装甲师师长赫尔在战斗中身负重伤，11月1日，博士瓦尔特·库恩上校接任师长一职，没过多久，赫尔穆特·冯·德·舍瓦勒里少将正式出任第13装甲师师长，这位资深指挥官在1941和1942年先后指挥过第86步兵团和第10步兵旅，最近还担任过第22装甲师师长。[107]

这场引人注目的战斗结束后，洛维亚金将步兵第10军的残部撤至阿拉吉尔（Alagir）镇与奥尔忠尼启则东北方30公里处阿尔东河畔基洛沃（Kirovo）镇之间的一条新防线上。马肯森的装甲部队发起追击，11月1日日终前攻占阿拉吉尔镇，并在附近的阿尔东河夺得一个渡口。[108]同一天，德国人对奥尔忠尼启则发起猛烈空袭，在此过程中命中、摧毁了外高加索方面军的前进指挥所，方面军参谋长P. I.博金中将和政委A. N.萨德日亚①阵亡。在奥尔忠尼启则上空展开的战斗中，双方都宣称对方战机损失惨重。[109]

面对日益恶化的态势，秋列涅夫决定停止北方集群在伊什切尔斯卡亚附近沿捷列克河北岸发起的进攻，将第44集团军近卫步兵第10军从该地域南调至奥尔忠尼启则，他预计这场调动需要两天时间。另外，秋列涅夫还命令第9集团军坦克第2旅、近卫步兵第11军近卫坦克第5旅、5个反坦克炮兵团和3个

---

① 译注：萨德日亚是外高加索方面军军事委员会委员。

660

近卫迫击炮团集结在奥尔忠尼启则地域。这些措施使马肯森的前进步伐稍稍放缓，但11月2日晨，第13和第23装甲师投入约100辆坦克，在菲安格东（Fiang-Don）和朱阿利考（Dzuarikau）附近到达并突破了奥尔忠尼启则的外围廓，距离城西已不到20公里。与罗斯雷近卫步兵第11军和NKVD步兵第11师激战后，两个德军装甲师的先头部队在日终前到达并夺取了奥尔忠尼启则西郊的吉谢利（Gisel），距离市中心只剩下9公里。[110]空中，空军第4集团军在德军推进期间出动2600飞行架次，声称消灭80余架敌机。[111]

11月3日和4日，马肯森的两个装甲师继续进攻奥尔忠尼启则西郊。[112]两天前，希特勒将A集团军群的指挥权正式交给克莱斯特，马肯森接任第1装甲集团军司令。同一天，马肯森告诉希特勒："我们可以断定，近期位于我军对面、沿捷列克河布防的敌军已被歼灭……正向弗拉基高加索［奥尔忠尼启则］追击敌军。"[113]但11月4日，第1装甲集团军司令部却向A集团军群司令部发去不太乐观的报告："我们不得不暂停对奥尔忠尼启则的进攻，因为捷列克河以南地域的敌军尚未肃清，必须消除敌人对我各装甲师侧翼和后方发起突击的危险。"[114]实际上，北方集群此时仍以4个步兵军——I. A. 鲁巴纽科上校的步兵第11军、洛维亚金的步兵第10军、罗斯雷的近卫步兵第11军和谢瓦斯季亚诺夫的近卫步兵第10军，据守着从埃利霍托沃南面南延至奥尔忠尼启则的捷列克河东岸。[115]这些颇有实力的部队对德军伸向东南方奥尔忠尼启则地域狭窄突出部的左翼构成了威胁，致使两个德军装甲师有可能陷入潜在的"口袋"里。

德国人发现自己所处的位置岌岌可危，这使秋列涅夫得出以下结论：

1. 北方集群当面之敌正不惜一切代价向里海突破，同时辅以向巴库发起的一场进攻，企图彻底切断外高加索与阿斯特拉罕之间的交通线，并消除外高加索方面军和斯大林格勒方面军所辖部队对其侧翼的威胁。

2. 黑海集群当面之敌企图包围在图阿普谢东北方作战的我军部队，意图前出至图阿普谢地域的黑海沿岸，从而切断我军补给路线。

3. 为此，缺乏纵深预备队的敌人会拼凑出部分兵力，用于加强沿前线积极行动的部队，并以人员和装备（坦克和火炮）补充作战部队。[116]

奥尔忠尼启则争夺战的转折点出现于11月5日，守军在城市西郊和西北郊彻底遏制住了舍瓦勒里第13装甲师的先头部队。[117]当日，希特勒给克莱斯特发去一封电报："可以预料，俄国人将在11月7日革命节这一天，沿整个东线发起大规模进攻。元首希望各部队坚守每一寸土地，战斗到最后一人。"[118]希特勒预料得没错。当天，秋列涅夫和马斯连尼科夫同时提出发动一场新的反突击——前者打算投入整个北方集群，后者只想在关键地段投入部分兵力。秋列涅夫修改了马斯连尼科夫的提议，新进攻计划要求苏军发起两场突击。第一个突击以谢瓦斯季亚诺夫的整个近卫步兵第10军在右翼罗斯雷近卫步兵第11军的支援下从奥尔忠尼启则以北和西北地域发起，突破第3装甲军左（北）翼。第二个突击由部署在城市南面和西南面的步兵第276、第352师和第155旅遂行，突破第3装甲军右（南）翼的防御，并向前推进，与北突击群会合。[119]

可是，马斯连尼科夫的两个突击群并未同时发起进攻，而是以零零碎碎的方式投入战斗，严重削弱了反突击的效果。近卫步兵第11军辖下的近卫步兵第10、步兵第57、近卫坦克第5、坦克第63旅11月6日拂晓从菲安格东地域攻向朱阿利考。但是近卫步兵第10军的近卫步兵第4旅和坦克第52、第2旅直到中午才向吉谢利发起进攻。结果，面对德军第23装甲师反复发起的反冲击，后者的进攻发生动摇。尽管如此，多亏罗斯雷近卫步兵第11军的成功突击，德军第23装甲师被迫向西撤往朱阿利考，而第13装甲师的主力却被困在奥尔忠尼启则西北面的吉谢利附近。对舍瓦勒里的装甲部队而言，唯一的逃生路径极其狭窄，这条通道从奥尔忠尼启则以西12公里处的迈拉马达格（Mairamadag）向西穿过苏阿尔斯科耶（Suarskoe）冲沟和迈拉马达格峡谷，直至朱阿利考。[120]为消灭被围的德军，马斯连尼科夫投入新锐独立步兵第34旅，封堵穿过苏阿尔斯科耶冲沟的道路，该旅经验丰富的海军步兵在接下来的9天里遂行着这项任务。

为救援舍瓦勒里被困的装甲师，马肯森重新集结起罗马尼亚第2山地师和"勃兰登堡"团的士兵，在炮兵和第23装甲师60辆坦克的支援下，对苏军步兵第34旅设在迈拉马达格的阻截阵地发起进攻。德军从三个方向实施突击，围绕该村的激战爆发开来，战斗一直持续至北方集群11月13日发起总攻。步兵第34旅在村内顽强据守，直到11月10日才被近卫步兵第10旅接替。总之，这两个旅阻止了德军攻占迈拉马达格并穿过苏阿尔斯科耶冲沟，从而使第13装甲师仍被困在吉谢利地域。[121]

救援第13装甲师的首度尝试受挫后，克莱斯特匆匆将施泰纳的党卫队"维京"摩步师从马尔戈别克地域北调，每次一个战斗群，以加强第23装甲师的救援行动。11月10日，"维京"师"北欧"团开始到达朱阿利考以北地域，次日，"日耳曼尼亚"团的两个营赶至。11月11日下午，"北欧"团的一个战斗群向东发起突击，试图与第13装甲师被围的部队会合。两股德军好不容易合兵一处，随即穿过苏军火炮、迫击炮、坦克炮、机枪从苏阿尔斯科耶冲沟两侧射来的交叉火力，次日清晨前，第13装甲师的大多数人员、伤员和少量装备成功突围至相对安全的朱阿利考地域。[122]

虽然马斯连尼科夫试图集结起足够的兵力包围德军第13装甲师，防止该师逃脱，并将其彻底歼灭，但这些部队并未下定决心、全力以赴地投入行动，完成他们的任务。例如，据守马米索伊斯基（Mamisoiskii）山口的步兵第351师掩护着奥塞梯军用公路，就在德军突围路径正南面，他们本应向北突击，堵住第13装甲师的逃生通道，为歼灭被围敌军发挥至关重要的作用。可是，该师没有发起果断的进攻，切断这条通道，而是消极地待在防御阵地上，这就使德军救援部队得以在11月10日—11日穿过这条致命的通道，并在次日夜间将第13装甲师从包围圈内救出。[123]第13装甲师逃脱后，科罗捷耶夫第9集团军的左翼部队粉碎了第13装甲师后卫的防御，一举攻占吉谢利，并于11月12日向西突击，穿过苏阿尔斯科耶山口，冲向迈拉马达格河和菲安格东。

这场激战结束后，博伊内布格-伦斯费尔德的第23装甲师受到严厉批评，因为该师没能发起强有力的救援行动；但实际情况是该师也遭到猛攻，辖内部队分散在一片广阔区域，根本无法执行这样一场救援。[124]事实上，第1装甲集团军各部队都在奥尔忠尼启则周围的激烈战斗中遭受到了严重损失。突破苏军包围圈和封锁线的激战使第13装甲师、"勃兰登堡人"的支援部队（例如第45白俄营、第7工兵营、第525反坦克营、第336独立土耳其营）和第1山地师提供配合的1个山地猎兵营付出了高昂的代价，第23装甲师和罗马尼亚第2山地师也遭受到了不太严重的损失。突围期间，第13装甲师别无选择，只能将坦克、车辆和重武器摧毁。苏联方面指出，（加上第23装甲师的损失）共击毁或缴获40辆坦克、7辆装甲车、70门火炮、2350辆汽车、183辆摩托车、100多万发子弹和其他大量物资，击毙5000余名德国、罗马尼亚士兵。[125]

至于德国方面的记录，A集团军群作战日志指出，第13装甲师的损失为507人阵亡、1918人负伤、82人失踪，63辆坦克和1088辆卡车被击毁。马肯森在回忆录中称，德军的损失为1275人阵亡、5008人负伤、273人失踪，而苏军阵亡16100人，188辆坦克被击毁或缴获。因此，第13装甲师的坦克力量从11月1日的119辆下降为11月17日的32辆，这一点不难理解。[126]这场战役的代价导致克莱斯特距离格罗兹尼仅剩72公里的装甲部队再也无力继续向前推进。

北方军队集群在奥尔忠尼启则的成功防御，特别是在吉谢利的反突击，结束了A集团军群在该地域最后的进攻行动，标志着希特勒占领至关重要的高加索油田的梦想彻底破灭。但是，北方集群成功实施防御的同时，上级部门的批评也强调了马斯连尼科夫和第37集团军司令员科兹洛夫犯下的严重错误，他们毫无必要地招致了高昂的伤亡，并使奥尔忠尼启则门前的胜利差一点功败垂成。

具体而言，战役开始时，马斯连尼科夫和科兹洛夫都严重误判了德军的进攻意图，从而造成北方集群最初的失利。尽管北方集群司令员迅速做出调整，巧妙地集结起部队，对发起纵深推进的德军实施打击，但在最终击败对方前，德国人已深入到奥尔忠尼启则门前。战役进行期间，辖下的一些指挥员，

第1装甲集团军、A集团军群司令埃瓦尔德·冯·克莱斯特大将

外高加索方面军司令员伊万·弗拉基米罗维奇·秋列涅夫大将

高加索主山脉中的红军骑兵

红军冲锋枪手在北高加索地域战斗

红军机枪手在莫兹多克地域战斗

红军冲锋枪手和反坦
克步枪手在北高加索
地域战斗

如步兵第351师师长，如果具备更强的主动性和决心，便能赢得更大的胜利，可他们没有果断采取行动。另一方面，缺乏经验的步兵部队没能与提供支援的坦克和炮兵密切配合，结果，取得的战果不尽理想。

从德军这一方看，至少在最初阶段，第3装甲军的侦察部门干得非常出色，证明其能力的是，他们发现并摧毁了第37集团军司令部，从而打开了通往纳尔奇克和奥尔忠尼启则的道路，并使该集团军无法在后续作战中发挥任何作用。一如既往，第13和第23装甲师再次证明了齐装满员的德军装甲师一旦深入苏军后方能做到些什么，特别是在与空军密切配合的情况下。但是，战役后期，德军情报部门未能发现马斯连尼科夫集结起来准备在奥尔忠尼启则发起反突击的部队。

不过，第13和第23装甲师也证明了，这些装甲师在没有足够的步兵部队提供支援的情况下是多么脆弱。这一现实强调了第1装甲集团军和A集团军群犯下的最大的错误——以并不充裕的兵力发起一场大规模攻势。克莱斯特忘记了1941年间在斯摩棱斯克、季赫温、罗斯托夫，甚至是在莫斯科得到的教训，向纳尔奇克发起进攻不啻为一场冒险，他和他的部下以鲜血和奥尔忠尼启则郊外的失败为这场冒险付出了代价。从这个意义上说，一个多星期后，保卢斯的整个第6集团军在斯大林格勒不过是重复了克莱斯特的厄运而已。

北方集群的反突击

奥尔忠尼启则以西的激战并未随着第13装甲师的顺利突围而告终。该师刚刚逃至安全处，苏军最高统帅部便命令秋列涅夫和马斯连尼科夫，以北方集群的全部力量对克莱斯特的部队发起打击，以防这股德军向斯大林格勒地域抽调部队，苏军最高统帅部正在那里为一场大规模反攻进行最后的准备。因此，马斯连尼科夫拟制了沿纳尔奇克和莫兹多克方向发起一场协调一致的大规模反攻的计划。科罗捷耶夫遂行纳尔奇克攻势的第9集团军将向阿尔东镇、季戈拉镇和杜尔杜尔河发起进攻，歼灭敌"阿尔东–阿拉吉尔"集团，恢复乌鲁赫河防线。[127]这场行动分为三个阶段：第一阶段，11月15日前进抵阿尔东河一线；第二阶段，11月20日前夺取阿拉吉尔地域；第三阶段，11月29日前到达乌鲁赫河。[128]

　　马斯连尼科夫和科兹洛夫策划新攻势时，克莱斯特和马肯森正忙着构设连贯的防御，以掩护并加强他们伸向东南方奥尔忠尼启则、依然暴露在外的突出部，他们意识到，苏军的反突击不可避免。11月12日至13日的夜间，马肯森将实力严重受损的第13装甲师撤至后方接受休整和补充，并构设起一道新防线，这条防线从埃利霍托沃沿捷列克河南延至菲安格东河，沿菲安格东河经阿尔东镇南延至朱阿利考，从朱阿利考向西延伸，经阿拉吉尔至哈塔尔东（Khataldon）正南面和纳尔奇克。他命令第23装甲师，在党卫队"维京"师的加强下（该师辖下的部队正在赶来），守卫从达尔格科赫以西地域南延至朱阿利考，再向西延伸至阿拉吉尔的菲安格东河防线。罗马尼亚第2山地师据守从阿拉吉尔向西北方延伸至哈塔尔东的这片地域，"施泰因鲍尔"集群守卫的防区更大些，从哈塔尔东至纳尔奇克以西地域。可是，这条防线太过虚弱，马肯森无计可施，没等第13装甲师完成休整，便将该师残破不全的各部队零零碎碎地投入阿尔东镇附近，沿菲安格东河占据防御阵地。[129]

　　此时，交战双方的实力都被先前的战斗严重消耗。科罗捷耶夫第9集团军辖下各部队损失惨重，兵力最多只剩下原先的四分之一，由于在奥尔忠尼启则接近地的战斗中遭受到损失，该集团军的坦克力量也明显下降。例如，佩列科列斯托夫步兵第3军辖下的步兵第275和第319师，受领的任务是攻向阿尔东镇，但他们的兵力总共只有8000人；位于步兵第3军左翼的是谢瓦斯季亚诺夫的近卫步兵第10军和罗斯雷的近卫步兵第11军，遂行的任务是攻向阿尔东镇南面8公里处的卡德戈龙（Kadgoron），但他们的兵力总共只有13000人。率领或支援北方集群突击行动的5个坦克旅（坦克第2、第15、第52、第63旅和近卫坦克第5旅）共投入80辆坦克，其中较为先进的T-34坦克只有8辆。[130]德军第13和第23装甲师的坦克已不到100辆，但党卫队"维京"师还有30—40辆坦克可资弥补。[131]

　　11月13日拂晓，第9集团军左翼的突击集群（近卫步兵第10、第11军和步兵第3军，获得5个坦克旅的支援）发起进攻。可是，经过九天激烈、代价高昂的战斗，他们没能突破德军第23装甲师在奥尔忠尼启则西北方沿菲安格东河构设的防御。在此期间，坦克第63和近卫坦克第5旅以44辆坦克（大多为租借法案提供的英美制坦克）组成一个坦克集群，与罗斯雷近卫步兵第11军配合作战，但也没能突破德军第13装甲师在阿尔东地域的防御。不过，11月17日，坦克第52旅和谢瓦斯季亚诺夫近卫步兵第10军辖下的近卫步兵第5旅，终于在哈塔尔东以东10公里处的拉斯韦特（Rasvet）附近将一个10公里深的楔子插入第13装甲师的防区，但最终又被党卫队"维京"师装甲营遏止。[132]苏联方面对这场战斗的评述严厉批评了第9集团军没有集中力量发起进攻，各突击部队的协同也很糟糕。[133]

11月19日，苏军坦克第5集团军发起进攻，在斯大林格勒西北方突破罗马尼亚第3集团军防御的同一天，克莱斯特将党卫队"维京"师转隶第3装甲军，并派施泰纳的掷弹兵守卫该军的整个右翼。五天后，施泰纳辖内的所有部队已进入指定地域，OKH命令第23装甲师向北赶往普罗赫拉德内，然后搭乘火车赶赴科捷利尼科沃地域。该师将担任B集团军群的先头部队，从那里发起进攻，解救保卢斯被困在斯大林格勒的第6集团军。[134]尽管捷列克河以南地域的战斗仍在断断续续地进行，但此刻，所有注意力都集中在斯大林格勒的大决战上，致使A集团军群雄心勃勃的行动几乎被遗忘。

苏军最高统帅部对北方集群在进攻行动中的表现极不满意，特别是因为斯大林格勒地域的大反攻在即——这场行动将于11月19日发起。因此，斯大林11月15日将秋列涅夫和马斯连尼科夫召至莫斯科，命令他们重新发起一场威力更大的反突击。北方集群的任务是"向敌莫兹多克-阿拉吉尔集团的两翼发起进攻，歼灭该集团，并继续沿通往格罗兹尼和奥尔忠尼启则的各主要方向实施严密防御"。[135]进攻发起前，马斯连尼科夫应把近卫骑兵第11、第12师调入基兹利亚尔地域，这两个师已从黑海集群转隶北方集群，他们将与已在该地域展开行动的骑兵第63师会合，组成新的顿河哥萨克近卫骑兵第5军，由A. G. 谢利瓦诺夫少将指挥。[136]此后，谢利瓦诺夫骑兵军将与基里琴科近卫骑兵4军和独立骑兵第110师共同组成一个骑兵集团军，由基里琴科统一指挥。骑兵集团军的任务是对第1装甲集团军位于基兹利亚尔以西和莫兹多克以北地域的左翼发起打击，以此配合科罗捷耶夫第9集团军对克莱斯特位于莫兹多克以南和奥尔忠尼启则以西的右翼发起的突击。

为配合这项措施并确保北方军队集群辖内各部队更有效地进行战役协同，最高统帅部11月18日为外高加索方面军、北方集群和方面军辖下的第18、第45集团军任命了新的参谋长。这一决定使黑海集群参谋长A. I. 安东诺夫中将出任外高加索方面军参谋长，他最终调至莫斯科担任红军总参谋长。[137]11月20日，西南方面军和顿河方面军在斯大林格勒发起反攻的一天后，最高统帅部对北方集群的编成和指挥人员做出调整，以便该集群更好地执行一场持续进攻：

1. 不要组建骑兵集团军，而应以现有的骑兵师组成两个军：库班哥萨克近卫骑兵军，辖近卫骑兵第9、第10师和骑兵第30师；顿河哥萨克近卫骑兵军，辖近卫骑兵第11、第12师和骑兵第63师。

骑兵第110师的组建工作完成后，交由北方集群司令员指挥……

2. 任命基里琴科中将为库班哥萨克近卫骑兵军军长，谢利瓦诺夫少将为顿河哥萨克近卫骑兵军军长。

3. 以NKVD步兵第11师和5个NKVD步兵团（1个来自杰尔宾特，3个来自马哈奇卡拉，1个来自格罗兹尼）补充近卫步兵第10、第11军或调拨给骑兵部队的摩托化步兵旅。

4. 解散步兵第295、第275、第319师，以其人员、武器和运输工具补充近卫步兵第2师。

5. 任命霍缅科少将为第44集团军司令员，解除他第58集团军司令员的职务。

6. 任命梅利尼克少将为第58集团军司令员，解除他第44集团军司令员的职务。

7. 作战行动完成后，将第37集团军司令部撤至马哈奇卡拉地域，由方面军司令员掌握。[138]

这场再部署完成后，11月27日，科罗捷耶夫第9集团军左翼部队在奥尔忠尼启则以西地域沿季戈拉方向投入进攻，从西北方至西南方，其突击集群沿四个向心方向推进，对第3装甲军向东伸出的突出部发起打击，该突出部位于奥尔忠尼启则西面，从乌鲁赫河至菲安格东河：

●山地步兵第3军（G. N. 佩列科列斯托夫上校），以步兵第275、第

389、第319师，步兵第9旅，坦克第140和第52旅渡过菲安格东河，攻向阿尔东和季戈拉镇；

●近卫步兵第10军（V. V. 格拉戈列夫上校，他11月11日接替了谢瓦斯季亚诺夫上校），以近卫步兵第4、第5、第6、第7旅和坦克第15、第207旅渡过菲安格东河，攻向卡德戈龙；

●近卫步兵第11军（I. P. 罗斯雷少将），以近卫步兵第10旅和步兵第34、第57、第62旅，以及近卫坦克第5和坦克第63旅渡过菲安格东河，攻向诺格凯（Nogkai）；

●以1个步兵旅（可能是第155旅）从阿拉吉尔以西地域攻向哈塔尔东。[139]

近卫步兵第10军新任军长，44岁的瓦西里·瓦西里耶维奇·格拉戈列夫上校是一名久经沙场的骑兵，苏德战争最初的8个月里，他在克里木指挥骑兵第42师，后任第24集团军步兵第73师师长，"蓝色"行动初期，该师被包围、歼灭在米列罗沃地域。从包围圈逃生后，1942年10—11月，他率领第9集团军步兵第176师参加了莫兹多克、奥尔忠尼启则战役，随后出任近卫步兵第10军军长。战争结束时，他已是一位战功卓著的集团军司令员，并获得了"苏联英雄"称号。[140]

经过三天激战，科罗捷耶夫的突击集群没能打垮第3装甲军的防御。12月4日，苏军再度发起进攻，但又一次遭到失败，迫使方面军停止了行动，并计划发起新的攻势。但此时，红军在斯大林格勒成功的反击战一劳永逸地解决了这个问题，迫使马肯森装甲集团军和A集团军群开始从高加索地区艰难后撤——为挽救整个集团军群，这场后撤最终演变成一场与时间、与追兵展开的竞赛。

北翼
沃罗涅日再起战火

尽管苏军1942年7—8月在沃罗涅日地域发起的反突击和反攻悉数失利，但最高统帅部9月中旬又决定在该地域发起新的进攻。苏军最高统帅部认为，基于两个原因，这场进攻非常必要。首先，这将进一步阻止德军对红军8月末在顿河南岸谢拉菲莫维奇和克列茨卡亚夺取的登陆场发起反突击。其次，可以有力地支援斯大林格勒方面军9月份上半月对斯大林格勒西北方、保卢斯第6集团军位于顿河与伏尔加河之间的防御发起的反突击。最高统帅部认为，在斯大林格勒西北方诸集团军全力以赴打击德军"蓝色"行动的北翼之际，让沃罗涅日地域的诸集团军袖手旁观是非常愚蠢的。虽然辖内的坦克军已调回或调至最高统帅部预备队或前线其他地域，但M. E. 奇比索夫中将的第38集团军依然强大，I. D. 切尔尼亚霍夫斯基中将第60集团军、M. M. 波波夫中将第40集团军的实力也很雄厚。[141]

9月攻势出自沃罗涅日方面军司令员尼古拉·费多罗维奇·瓦图京将军的设想，事实证明，他不仅是一名颇具战略眼光、才华横溢的年轻参谋人员，也是一位大胆的战地指挥员。8月下旬，瓦图京说服斯大林，为避免重复沃罗涅日过去的失败，统一指挥该地域的红军突击集群非常必要。根据瓦图京的建议，最高统帅部8月30日将奇比索夫的整个集团军——4个步兵师、5个步兵旅、3个坦克旅、I. V. 拉扎罗夫少将的坦克第11军、A. S. 扎多夫少将的骑兵第8军以及炮兵和支援单位的主力——由布良斯克方面军转隶沃罗涅日方面军。[142]这使瓦图京掌握了第38、第60、第40集团军与坦克第11、第18、第25军。[143]奇比索夫麾下指挥员中的新成员是阿列克谢·谢苗诺维奇·扎多夫将军（1942年前名叫日多夫），他是一名经验丰富的骑兵，"巴巴罗萨"战役最初的几个月里，他指挥过骑兵第4军，莫斯科战役和1941—1942年冬季战役期间，他担任第3集团军参谋长。[144]

瓦图京随后拟制了一个计划，意图包围盘踞在沃罗涅日突出部内的德军（参见地图82）。该计划要求奇比索夫的第38集团军在拉扎罗夫坦克第11军的支援下向南发起突击，攻向顿河以西地域，夺取沃罗涅日西面10公里处的旧谢米卢基（Starye Semiluki）。顿河东面，切尔尼亚霍夫斯基第60集团军和波波夫第40集团军，在B. S. 巴哈罗夫上校坦克第18军和P. P. 巴甫洛夫少将坦克第25军的支援下，分别从北面和东面攻向德国第2集团军设在沃罗涅日的防御，然后渡过顿河，与奇比索夫的部队在旧谢米卢基地域会合。这场突击的重点在于巴甫洛夫的坦克第25军，该军将利用第40集团军取得的突破向西疾进，穿过沃罗涅日南郊，与第38集团军在谢米卢基会合。

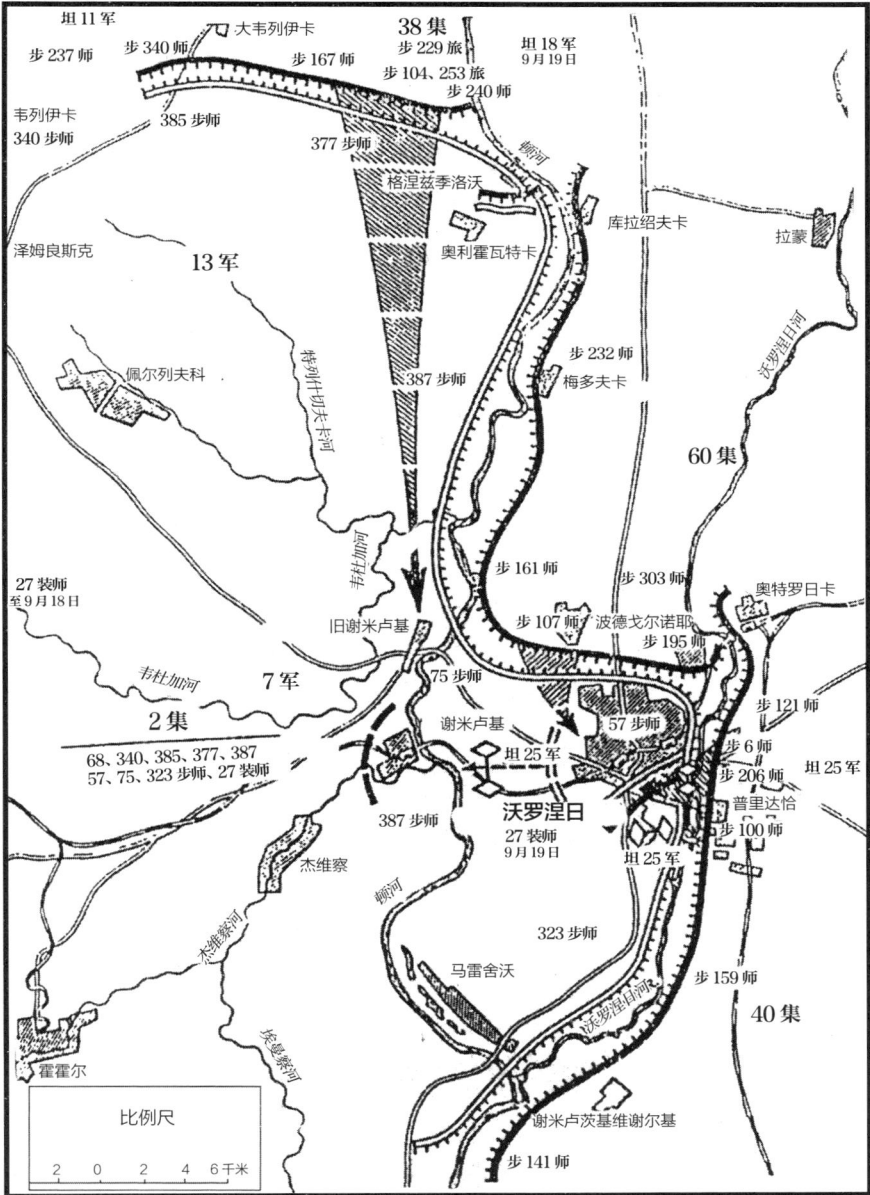

地图 82 1942 年 9 月 15 日—19 日，沃罗涅日方面军的沃罗涅日攻势

　　无论这个计划多么可行，还是在9月7日得到了重大修改，因为最高统帅部从沃罗涅日方面军抽调了4个步兵师增援斯大林格勒。[145]实际上，最高统帅部对瓦图京辖下的师（每个师的平均兵力仅为5000—5500人）能否达成突破深感怀疑，7—8月间，苏军的实力强大得多，却没能做到这一点。瓦图京不得不据理力争，以免这一计划被取消；进攻发起日期从9月9日推延至15日。[146]截至进攻发起日，与防御中的德军相比，瓦图京的部队明显占有兵力优势，此时的德军，只有虚弱的第27装甲师充当预备队。而瓦图京拥有3个坦克军、19个步兵师、6个步兵旅、4个坦克歼击旅和7个坦克旅，当面之敌为德军的6个步兵师（第13军的第385和第377步兵师，第7军的第387、第75、第57、第323步兵师），因此，进攻发起时，瓦图京的步兵优势为3:1，坦克优势为10:1。尽管如此，瓦图京的9月攻势并不比前几次表现得更好。

　　9月15日，苏军发起突击，进攻方缺乏足够的坦克和火炮，无法突破德军精心构设的防御。与方面军司令员的作战计划相违背的是，坦克第25军没等第40集团军在沃罗涅日达成突破便投入战斗，结果坦克部队陷入了巷战。中央地带，德军发起一场炮火反准备，打乱了城市北面苏军第60集团军计划中的进攻行动；顿河西面，奇比索夫的部队突破德军第一道防御后疲惫不堪。但瓦图京下定决心要赢得胜利。9月19日，不顾最高统帅部停止进攻的建议，瓦图京将巴哈罗夫新赶到的坦克第18军投入第38集团军正面的战斗，但收效甚微。方面军司令员瓦图京坚持继续进攻，结果招致了更大的伤亡，直到9月28日华西列夫斯基命令立即停止进攻，并从沃罗涅日方面军抽调了更多的部队后，他才作罢。[147]

　　总体说来，苏军在沃罗涅日发动的进攻，付出的代价远远高于所取得的战果。仅在6月和7月，布良斯克方面军便伤亡66212人，几乎是其总实力的三分之一，沃罗涅日方面军也损失了76129人；8月和9月，苏军进攻行动的代价同样高昂。在此期间，德国和卫星国军队部署在该地域的师从7月中旬的16个下降为9月份的11个，实力强大的第9和第11装甲师也被较弱的第27装甲师接替，充当战役预备队。因此，苏军的攻势不仅没能包围任何德军部队，也没能牵制其他地区所需的德国军队。[148]

争夺杰米扬斯克的持续战斗

西北方面军7月和8月对杰米扬斯克的进攻行动失利，苏军最高统帅部对此极为不满，因而命令方面军司令员P. A. 库罗奇金上将[①]9月15日重新发起进攻，再次将德国人的注意力从南面的战斗中吸引过来。V. Z. 罗曼诺夫斯基中将突击第1集团军疲惫不堪的各部队，特别是步兵第129和第130师，不得不从与先前相同的位置发起进攻，尽管他们获得了比原先更多的火炮和高射炮的支援。不出所料，这场进攻以惨败告终。杰米扬斯克进攻战役中最值得一提的，大概是苏军的行动引发了德军扩大拉穆舍沃（Ramushevo）通道的一系列进攻。德军这些行动中的最后一个，代号为"温克尔里德"，被苏军持续不断的攻势推延了两个月。这一行动最终在9月27日发起，试图包围盘踞在通道底部、向北伸出的突出部内的突击第1集团军（参见地图83）。此时，突击第1集

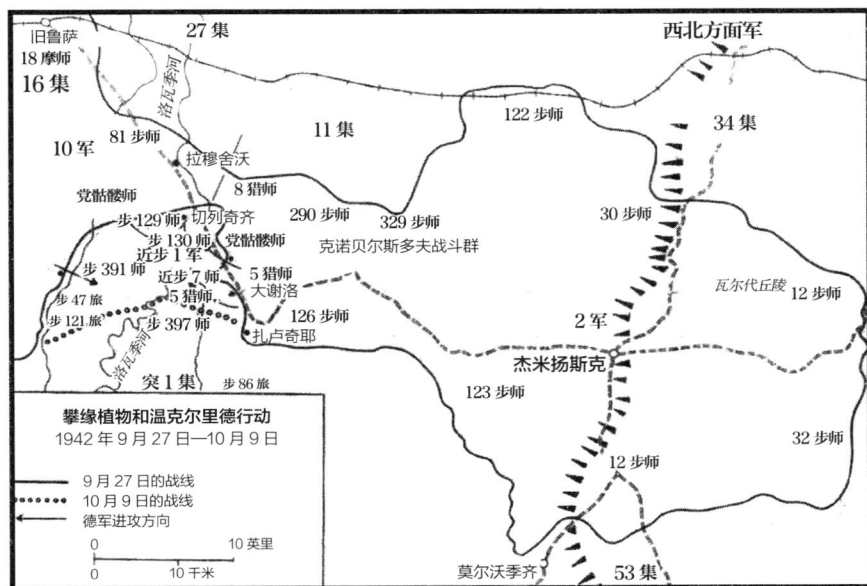

地图83　1942年9月15日—10月9日，杰米扬斯克战役

团军防御中的近卫步兵第1军已元气大伤——辖下的1个步兵团只剩下344名士兵，守卫着6公里长的防线。尽管该突击集团军大多数部队逃出了包围圈，但"温克尔里德"行动使苏军对杰米扬斯克包围圈的控制大为松动，也使西北方面军一连串收效甚微的进攻暂时告一段落。[149]

总结

红军1942年秋季在杰米扬斯克和沃罗涅日地域代价高昂的进攻战役，很少或根本没有影响到斯大林格勒大决战的结果。但高加索地区的战斗却不能这样说。当年秋季，A集团军群在高加索地区发起了三场大规模进攻，前两场发生在9月，德军攻向黑海岸边的图阿普谢，攻向奥尔忠尼启则和格罗兹尼，那是进入外高加索油田巴库的两座门户，第三场进攻是10月下旬向奥尔忠尼启则和格罗兹尼的突击。

总的说来，这些行动力求实现希特勒在"蓝色"行动中雄心勃勃的目标：夺取外高加索地区丰富的石油资源。因此，A集团军群无力完成这一任务就意味着整个"蓝色"行动的失败。由于A集团军群在11月第一周结束时默认了失利，所以，第6集团军和B集团军群在斯大林格勒失败前，"蓝色"行动已然破产。但是，就如同斯大林格勒的激战使双方将领和历史学家们相信"蓝色行动"消亡于斯大林格勒的废墟中一样，它亦掩盖了这样一个事实：在红军投入坦克铁钳包围保卢斯第6集团军之前，"蓝色"行动已寿终正寝。

从战略意义上说，"蓝色"行动重复了一年前的"巴巴罗萨"战役。德军1941年12月初在莫斯科城下失败前，已在列宁格勒和罗斯托夫地域遭遇到严重挫败。可以说，在"中央"集团军群沿莫斯科接近地发起的进攻遭受重创的数周前，"北方"和"南方"集团军群已承认进攻失利，并转入防御。1942年秋季同样如此，B集团军群在斯大林格勒遭遇惨败的两周前，A集团军群已承认失败，并在高加索地区转入防御。

从战术意义上看同样如此，德军在高加索的战斗重复了他们1941年秋季的作战行动。一年前，面对苏军坚决的、不断加强的抵抗，兵力日益紧张的"南方"集团军群稳步缩短战线，对越来越有限的目标发起打击，临时性举措也越来越多，可还是在罗斯托夫遭遇了败绩。1942年秋季的情况与之类似，面对相似的抵抗和许多相同的问题，A集团军群沿逐渐减少的方向发起间歇性突击，在此过程中，兵力不断遭到消耗，最终在图阿普谢接近地和奥尔忠尼启则门前被击败。因此，正如德军1941年11月在季赫温和罗斯托夫的失利代表"巴巴罗萨"战役的最终失败，A集团军群1942年12月初在奥尔忠尼启则的挫败标志着"蓝色"行动的最终破产。

图表 39：1942 年 9 月 1 日—11 月 1 日，外高加索方面军作战编成

A 1942年9月4日，外高加索方面军作战编成

外高加索方面军——I. V. 秋列涅夫大将
　　北方军队集群——I. I. 马斯连尼科夫中将
　　　　第9集团军——K. A. 科罗捷耶夫少将
　　　　　　近卫步兵第11军——I. P. 罗斯雷少将
　　　　　　　　近卫步兵第8、第9、第10旅
　　　　　　步兵第151、第176、第389师
　　　　　　海军步兵第62旅
　　　　　　独立装甲列车第36、第42营
　　　　第37集团军——P. M. 科兹洛夫少将
　　　　　　近卫步兵第2师，步兵第275、第295、第392师
　　　　　　NKVD步兵第11师
　　　　　　骑兵第127团（骑兵第30师）
　　　　第44集团军——I. E. 彼得罗夫少将
　　　　　　步兵第223、第414、第416师
　　　　　　步兵第9、第10、第256旅
　　　　　　独立海军步兵第84旅
　　　　　　骑兵第30、第110师
　　　　　　独立坦克第44营
　　　　　　独立装甲列车第66营和独立18号装甲列车
　　　　第46集团军——K. N. 列谢利泽少将
　　　　　　山地步兵第3军——G. N. 佩列科列斯托夫上校
　　　　　　　　山地步兵第9、第20师
　　　　　　步兵第61、第394、第406师
　　　　　　步兵第51、第155旅
　　　　　　骑兵第63师
　　　　　　第51筑垒地域
　　　　　　独立坦克第12营
　　　　　　独立装甲列车第11、第12营和独立41号装甲列车

图表 39（接上页）

第58集团军——V. A. 霍缅科少将
> 步兵第317、第328、第337师
> 马哈奇卡拉NKVD步兵师
> 步兵第3旅

空军第4集团军——K. A. 韦尔希宁空军上将[1]，1942年9月由N. F. 瑙缅科空军少将接替
> 歼击航空兵第216、第217、第265师
> 歼击-轰炸航空兵[2]第218师
> 轰炸航空兵第219师
> 歼击航空兵第790团
> 侦察航空兵第4中队
> 组建中：
>> 歼击航空兵第229师
>> 强击航空兵第230师
>> 歼击航空兵第8、第247团
>> 强击航空兵第103团
>> 近程轰炸航空兵第459团
>> 混成航空兵第647团
>> 轻型轰炸机航空兵第718、第762、第889团

工兵[3]第8集团军——I. E. 萨拉什琴科上校
> 工兵第11、第23、第24、第25、第26、第28、第29、第30旅

近卫步兵第10军——I. T. 扎梅尔采夫少将，9月15日由I. A. 谢瓦斯季亚诺夫上校接替
> 近卫步兵第4、第5、第6、第7旅

步兵第89、第347、第417师

坦克第52旅

独立坦克第249、第258、第563营

黑海军队集群——Ia. T. 切列维琴科上将（9月4日以北高加索方面军组建）

第12集团军——A. A. 格列奇科少将（9月4日解散，所辖部队编入第18集团军，领率机构改为图阿普谢防御地域）
> 步兵第395师
> 步兵第16旅，海军步兵第68、第81旅

第18集团军——F. V. 卡姆科夫少将
> 步兵第31、第236、第383师
> 近卫骑兵第10师
> 步兵第1331团

第47集团军——A. A. 格列奇科少将
> 步兵第77、第216师
> 步兵第103旅，海军步兵第1、第83旅，混编步兵旅
> 独立坦克第126营
> 独立16号装甲列车

---

① 译注：空军少将。
② 译注：夜间轰炸航空兵。
③ 译注：工程兵。

第56集团军——A. I. 雷若夫少将

步兵第30、第261、第349、第353师

海军步兵第76旅

罗斯托夫人民兵团

独立装甲列车第7营

空军第5集团军——S. K. 戈留诺夫空军中将

轰炸航空兵第132师，歼击航空兵第236、第237师

侦察航空兵第742团

组建中：

强击航空兵第238师

轻型轰炸机航空兵第763团、混成航空兵第931团

方面军直属部队（来自原北高加索方面军）

近卫骑兵第4军——N. Ia. 基里琴科少将

近卫骑兵第9、第11、第12师

近卫步兵第32师，步兵第318、第339师

独立步兵第976团

独立步兵第67营、海军步兵第323营、独立空降兵突击营

突击第1、第2支队

第69、第151筑垒地域

独立摩托化步兵旅

独立摩托化步兵第1营、独立坦克第62营

独立53号装甲列车

方面军直属部队（外高加索方面军）

山地步兵第242师，步兵第271、第276、第319、第351师

步兵第19、第34、第43旅

坦克第14军——坦克兵少将N. N. 拉德科维奇

坦克第138、第139旅，摩托化步兵第21旅

近卫坦克第5旅，坦克第2、第15、第63、第140、第191旅

独立坦克第75、第562、第564营

独立装甲列车第8、第19营，独立14、15号装甲列车

非作战部队

第45集团军——F. N. 列梅佐夫中将

步兵第228、第320、第402、第408、第409师

第55筑垒地域

坦克第151旅

驻伊朗的部队

步兵第75师

骑兵第15军——K. S. 梅利尼克少将

骑兵第1、第23师

坦克第207旅

图表 39（接上页）

B 1942年10月1日，外高加索方面军作战编成

外高加索方面军——I. V. 秋列涅夫大将
　　北方军队集群——I. I. 马斯连尼科夫中将
　　　　第9集团军——K. A. 科罗捷耶夫少将
　　　　　　近卫步兵第11军——I. P. 罗斯雷少将
　　　　　　　　近卫步兵第8、第9、第10旅，步兵第57旅
　　　　　　步兵第89、第176、第417师
　　　　　　步兵第19、第59、第60、第131、第256旅，海军步兵第62旅
　　　　　　近卫坦克第5旅、坦克第52旅
　　　　　　独立坦克第75、第249营
　　　　　　独立装甲列车第41、第42营
　　　　第37集团军——P. M. 科兹洛夫少将
　　　　　　近卫步兵第2师，步兵第151、第275、第295、第392师
　　　　　　NKVD步兵第11师、NKVD独立步兵第113团
　　　　　　骑兵第127团（骑兵第30师）
　　　　第44集团军——I. E. 彼得罗夫少将，10月11日由K. S. 梅利尼克少将接替
　　　　　　步兵第223、第317、第337、第389师
　　　　　　步兵第9、第157旅
　　　　　　独立骑兵团（营）
　　　　　　独立装甲列车第19、第36、第65营
　　　　第58集团军——V. A. 霍缅科少将
　　　　　　步兵第271、第319、第416师
　　　　　　马哈奇卡拉NKVD步兵师
　　　　　　步兵第43旅
　　　　空军第4集团军——N. F. 瑙缅科空军少将
　　　　　　歼击航空兵第216、第217、第265师
　　　　　　歼击-轰炸航空兵第218师
　　　　　　轰炸航空兵第219师
　　　　　　强击航空兵第230师
　　　　　　侦察航空兵第4中队
　　　　　　组建中：
　　　　　　　　歼击航空兵第229师
　　　　　　　　歼击航空兵第8、第45、第247、第483团
　　　　　　　　强击航空兵第136、第570、第590、第657团
　　　　　　　　轻型轰炸机航空兵第585、第762团
　　　　　　　　混成航空兵第647团
　　　　工兵第8集团军——I. E. 萨拉什琴科上校
　　　　　　工兵第11、第23、第24、第25、第26、第28、第29、第30旅
　　　　近卫步兵第10军——I. A. 谢瓦斯季亚诺夫上校
　　　　　　近卫步兵第4、第5、第6、第7旅
　　　　近卫骑兵第4军——N. Ia. 基里琴科少将
　　　　　　近卫骑兵第9、第10师，骑兵第30、第110师
　　　　步兵第414师

　　NKVD步兵第19师
　　步兵第10旅
　　独立坦克第44、第258、第563营
黑海军队集群——Ia. T. 切列维琴科上将，10月11日由I. E. 彼得罗夫接替
　　第18集团军——F. V. 卡姆科夫少将，10月18日由A. A. 格列奇科少将接替
　　　　近卫步兵第32师，步兵第31、第236、第328、第383、第395师
　　　　海军步兵第68旅
　　　　近卫骑兵第12师、独立骑兵团
　　　　摩托化步兵第40旅
　　第46集团军——K. N. 列谢利泽少将
　　　　山地步兵第3军——G. N. 佩列科列斯托夫上校
　　　　　　山地步兵第9、第20、第242师
　　　　步兵第61、第351、第394、第406师
　　　　步兵第51、第107、第119、第155旅
　　　　骑兵第63师
　　　　混编步兵团（谢苗诺夫上校）
　　　　山地步兵第1—第10支队
　　　　独立海军步兵营
　　　　第51筑垒地域
　　　　独立坦克第562营
　　　　独立装甲列车第11、第12营
　　第47集团军——A. A. 格列奇科少将，10月18日由F. V. 卡姆科夫少将接替
　　　　步兵第216、第318师
　　　　步兵第163旅，海军步兵第81、第83、第255旅
　　　　步兵第672团（步兵第408师）、海军步兵第137团
　　　　独立坦克第126营、独立摩托化步兵第1营
　　第56集团军——A. I. 雷若夫少将
　　　　步兵第30、第339、第353师
　　　　海军步兵第76旅
　　　　罗斯托夫民兵团
　　　　第69筑垒地域
　　空军第5集团军——S. K. 戈留诺夫空军中将
　　　　轰炸航空兵第132师
　　　　歼击航空兵第236、第237、第295师
　　　　强击航空兵第214师
　　　　轻型轰炸机航空兵第763团
　　　　混成航空兵第718、第750、第931团
　　　　侦察航空兵第742团
　　步兵第77师
　　步兵第16、第103旅
　　近卫骑兵第11师
　　独立空降兵营
　　第151筑垒地域
　　独立坦克第62营

图表 39（接上页）

   独立装甲列车第8营
   图阿普谢防御地域
     步兵第408师（欠第762团）
     海军步兵第145团
     海军步兵第143、第324营
     独立第1支队
  方面军直属部队
    步兵第261、第276、第347、第349师
    步兵第34、第164、第165旅，海军步兵第84旅
    独立山地滑雪营
    坦克第2、第15、第63、第140、第191旅
    独立坦克第132、第266、第564营
  非作战部队
    第45集团军——F. N. 列梅佐夫中将
      步兵第228、第320、第402、第409师
      第55筑垒地域
      坦克第151旅
    驻伊朗的部队
      步兵第75师
      骑兵第15军——K. S. 梅利尼克少将，V. F. 达姆别尔格上校10月16日接任
      骑兵第1、第23师
      坦克第207旅

C 1942年11月1日，高加索地区的苏军作战编成

外高加索方面军——I. V. 秋列涅夫大将
  北方军队集群——I. I. 马斯连尼科夫中将
    第9集团军——K. A. 科罗捷耶夫少将
      步兵第3军——G. N. 佩列科列斯托夫上校
        步兵第9、第57、第60旅
      步兵第11军——I. A. 鲁巴纽科上校
        步兵第19、第34、第131旅
      步兵第89、第176、第317、第337、第347、第417师
      近卫步兵第10旅
      近卫坦克第5旅
      坦克第2、第15旅
      独立装甲列车第41、第42、第66营
    第37集团军——P. M. 科兹洛夫少将
      步兵第10军——P. E. 洛维亚金少将
        步兵第59、第164旅
      近卫步兵第2旅，步兵第275、第295师
      NKVD步兵第11师、NKVD独立步兵第113团

独立坦克第563营
第44集团军——K. S. 梅利尼克少将
　　步兵第9军——I. T. 扎梅尔采夫少将
　　　　步兵第43、第157旅
　　近卫步兵第10军——I. A. 谢瓦斯季亚诺夫上校，11月11日由V. V. 格拉戈列夫上校接替
　　　　　近卫步兵第4、第5、第6、第7旅
　　步兵第223、第389、第402师
　　骑兵第63师（11月15日转隶近卫骑兵第5军）
　　坦克第63旅
　　独立坦克第132、第488营
　　独立装甲列车第19、第36营
第58集团军——V. A. 霍缅科少将
　　步兵第271、第416师
　　马哈奇卡拉NKVD步兵师
空军第4集团军——N. F. 瑙缅科空军少将
　　歼击航空兵第216、第217师
　　歼击-轰炸航空兵第218师
　　轰炸航空兵第219师、强击航空兵第230师
　　混成航空兵第647团
　　侦察航空兵第4中队
　　组建中：
　　　　歼击航空兵第229师
　　　　歼击航空兵第8、第247、第483、第805、第863团
　　　　强击航空兵第136、第570、第590、第657团
　　　　轰炸航空兵第288团
　　　　轻型轰炸机航空兵第585团
近卫步兵第11军——I. P. 罗斯雷少将
　　步兵第34、第62旅
近卫骑兵第4军——N. Ia. 基里琴科少将
　　近卫骑兵第9、第10师，骑兵第30、第110师
近卫骑兵第5军（11月15日组建）——A. G. 谢利瓦诺夫少将
　　近卫骑兵第11、第12师，骑兵第63师
步兵第276、第319、第320、第414师
NKVD步兵第19师
步兵第256旅
坦克第52旅
独立坦克第44、第75、第249、第258、第266营
独立装甲车第37营
独立装甲列车第20营
黑海军队集群——I. E. 彼得罗夫少将
　　第18集团军——F. V. 卡姆科夫少将，10月18日由A. A. 格列奇科少将接替
　　　　近卫步兵第32师，步兵第328、第353、第383师
　　　　近卫步兵第8、第9旅，步兵第10、第68、第107、第119、第165旅
　　　　独立骑兵团

图表 39（接上页）

　　　　摩托化步兵第40旅
　　第46集团军——K. N. 列谢利泽少将
　　　　山地步兵第9、第20、第242师
　　　　步兵第61、第394、第406师
　　　　苏呼米NKVD步兵师
　　　　步兵第51、第155旅
　　　　山地步兵第7、第8支队
　　　　第51筑垒地域
　　　　独立坦克第562营
　　　　独立装甲列车第11营
　　第47集团军——F. V. 卡姆科夫少将
　　　　步兵第216、第318师
　　　　海军步兵第81、第255旅
　　　　海军步兵第137团
　　　　第69筑垒地域
　　第56集团军——A. I. 雷若夫少将
　　　　步兵第30、第339、第395师
　　　　海军步兵第76、第83旅
　　　　独立民兵第814团、独立民兵（罗斯托夫）团
　　　　海军步兵第323营
　　　　第151筑垒地域
　　空军第5集团军——S. K. 戈留诺夫空军中将
　　　　轰炸航空兵第132师
　　　　歼击航空兵第236、第295师
　　　　轻型轰炸机航空兵第718、第763团
　　　　混成航空兵第750、第931团
　　　　侦察航空兵第742团
　　近卫骑兵第11、第12师（11月15日转隶近卫骑兵第5军）
　　独立坦克第62营
　　独立装甲列车第12营
　　图阿普谢防御地域
　　　　步兵第236、第408师
　　　　步兵第408旅
　　　　独立坦克第126营
方面军直属部队
　　步兵第12军
　　　　步兵第77、第261、第349、第351师
　　步兵第31、第151师
　　步兵第16、第103旅
　　独立山地步兵第67团、独立步兵第691团
　　独立反坦克第69—第83营
　　坦克第140、第191旅
　　独立摩托化步兵旅
　　独立坦克第564营

独立装甲列车第8营
非作战部队
　　第45集团军——F. N. 列梅佐夫中将
　　　　步兵第228、第409师
　　　　第55筑垒地域
　　　　坦克第151旅
　　驻伊朗的部队
　　　　步兵第75师
　　　　骑兵第15军——V. F. 达姆别尔格上校
　　　　　　骑兵第1、第23师
　　　　坦克第207旅

※ 资料来源：
A：《苏联军队作战编成，第2部分，1942 年 1—12 月》，第 173—174、第 182 页。
B：《苏联军队作战编成，第2部分，1942 年 1—12 月》，第 195—197、第 204 页。
C：《苏联军队作战编成，第2部分，1942 年 1—12 月》，第 217—218、第 226 页。

注释

1. 朱克斯，《希特勒的斯大林格勒决策》，第43—60页；哈尔德，《哈尔德日记：弗朗茨·哈尔德大将私人战时日记，第二册》，第664页。关于德军未能使用迈科普的石油，可参阅海沃德的《止步于斯大林格勒：德国空军和希特勒在东线的失败，1942—1943年》，第159—160页。李斯特元帅的生平可参阅本三部曲第一部第一章。

2. 齐姆克和鲍尔，《从莫斯科到斯大林格勒：东线决战》，第375页。

3. 同上。

4. 同上，第375—376页；哈尔德，《哈尔德日记：弗朗茨·哈尔德大将私人战时日记，第二册》，第665页；朱克斯，《希特勒的斯大林格勒决策》，第60页。

5. 西摩·弗里丁和威廉·理查森（合编），《致命的决定》（纽约：威廉·斯隆联合出版社，1956年），第135—136页，援引库尔特·蔡茨勒将军的话。

6. 齐姆克和鲍尔，《从莫斯科到斯大林格勒：东线决战》，第376—379页；朱克斯，《希特勒的斯大林格勒决策》，第63—64页。

7. 引自朱克斯的《希特勒的斯大林格勒决策》，第67页；另可参阅哈尔德的《哈尔德日记：弗朗茨·哈尔德大将私人战时日记，第二册》，第668—669、第671页。

8. 9月15日，贝克尔少将接替博士恩斯特·克莱普少将，出任第370步兵师师长。克莱普原是奥地利军队的一名军官，1938年德奥合并后，他加入德国国防军，1938年在第45步兵师、1938年末和1939年在第30步兵团任参谋，1940年8月—1942年4月1日任第526步兵团团长。第370步兵师在法国组建后不久，1942年4月1日，他出任该师师长。此后，他在1943年指挥"克里特"要塞旅，1943年末—1944年1月指挥第4野战师，1944年3月—1945年1月指挥第133要塞师，1945年1—5月任第702步兵师师长，后被盟军俘虏。克莱普于1947年获释，1958年去世。贝克尔将军出生于1892年，参加过第一次世界大战，两次世界大战之间先后担任过营长和团长。"巴巴罗萨"战役期间，他指挥第60步兵团，"蓝色"行动初期在第365高级战地指挥部任职，后出任第370步兵师师长。贝克尔指挥该师直至1944年7月，1944年临时指挥第46和第24装甲军，1944年9月至1945年3月，他担任第389步兵师师长，1945年3月25日，他在盟军的空袭中负伤。伤愈后，贝克尔任不来梅城防司令，当年4月被英军俘虏。1948年1月，贝克尔获释，他去世于1967年。关于这两位将领的更多情况，可参阅网站www.generals.dk。

9. 蒂克，《高加索和石油：1942—1943年高加索地区的苏德战事》；"Lagenkarten PzAOK 1, la, 1-30 Sep 1942" PzAOK 1, 24906/15, in NAM T-313, Roll 36.（1942年9月1日—30日，第1装甲集团军态势图集，作战处；国家档案馆微缩胶片，序列号T-313，第36卷）。

10. 格列奇科，《高加索会战》，第115页；《苏联军队作战编成，第2部分，1942年1—12月》，第173—174页。另可参阅V. A. 沙波瓦洛夫主编的《文件和资料中的高加索战役》，第200—201页，霍缅科9月4日关于第58集团军沿马哈奇卡拉方向设防的报告。

11. 佐洛塔廖夫，《最高统帅部，1942年》，第393页。苏军最高统帅部重新部署该骑兵军的指令，可参阅最高统帅部170617号指令，1942年9月20日2点25分签发，同上，第394页。

12. I. N. 谢尔盖耶夫主编的Voennaia entsyklopidiia v vos'mi tomakh, T. 5（八卷本《苏联军事百科全书》，第五册）（莫斯科：军事出版社，2001年），第196页，V. F. 莫佐列夫撰写的"Mozdok-

Malgrobekaia operatsiia 1942"（《莫兹多克—马尔戈别克战役，1942年》）。

13. 蒂克，《高加索和石油：1942—1943年高加索地区的苏德战事》，第149—156页，涵盖了至9月15日的作战行动；另可参阅格列奇科的《高加索会战》，第116—128页。

14. 更多详情可参阅格列奇科的《高加索会战》，第116—117页；蒂克，《高加索和石油：1942—1943年高加索地区的苏德战事》，第153—154页；*"Lagenkarten PzAOK 1, Ia, 1-30 Sep 1942," PzAOK 1, 24906/15, in NAM T-313, Roll 36*（1942年9月1日—30日，第1装甲集团军态势图集，作战处；国家档案馆微缩胶片，序列号T-313，第36卷）。

15. 格列奇科，《高加索会战》，第117页，提及德军的损失；而蒂克在《高加索和石油：1942—1943年高加索地区的苏德战事》一书第154页指出，德军在这场战斗中没有损失坦克。

16. 格列奇科，《高加索会战》，第117页；蒂克，《高加索和石油：1942—1943年高加索地区的苏德战事》，第155—156页；马克西姆·科洛米耶茨和伊利亚·莫什昌斯基的*"Oborona Kavkaza (iiul'-dekabr' 1942 goda)"*（《1942年7—12月，高加索防御战》），刊登在*Frontovaia illiustratsiia*（《前线画刊》）2000年第2期（莫斯科：KM战略出版社，2000年）。

17. 对北方集群8月底和9月初作战行动及相关损失的坦诚而又详尽的描述，可参阅贝利亚和秋列涅夫9月9日23点25分发给斯大林的报告，V. A. 沙波瓦洛夫主编的《文件和资料中的高加索战役》，第215—219页。

18. 蒂克在《高加索和石油：1942—1943年高加索地区的苏德战事》一书第156页指出，在这场战斗中，46辆苏军坦克被击毁，150名苏军士兵被俘；而科洛米耶茨和莫什昌斯基在《1942年7—12月，高加索防御战》一文第22页指出，苏军损失的坦克，半数以上是被烧毁的。

19. 科洛米耶茨和莫什昌斯基，《1942年7—12月，高加索防御战》，第22—23页。坦克第52旅投入46辆坦克（10辆KV、20辆T-34、16辆T-60），坦克第75旅①投入30辆美制M-3坦克。

20. 蒂克，《高加索和石油：1942—1943年高加索地区的苏德战事》，第157页。科洛米耶茨和莫什昌斯基在《1942年7—12月，高加索防御战》一文第23页指出，德国人在四天的激战中损失20辆坦克、7门火炮、10门迫击炮，800人阵亡。

21. 蒂克，《高加索和石油：1942—1943年高加索地区的苏德战事》，第157—160页。

22. 扎梅尔采夫将军的生平参阅本三部曲第一卷。

23. 蒂克，《高加索和石油：1942—1943年高加索地区的苏德战事》，第161—162页；科洛米耶茨和莫什昌斯基，《1942年7—12月，高加索防御战》，第24—25页。

24. 科洛米耶茨和莫什昌斯基，《1942年7—12月，高加索防御战》，第25页。马斯连尼科夫的进攻计划包含在北方集群关于歼灭敌"莫兹多克"集团的0100号作战令中，可参阅沙波瓦洛夫主编的《文件和资料中的高加索战役》，第223—225页。

25. 这场战斗的详情可参阅科洛米耶茨和莫什昌斯基的《1942年7—12月，高加索防御战》，第26页；蒂克，《高加索和石油：1942—1943年高加索地区的苏德战事》，第162页。

26. 马肯森，*Vom Bug zum Kaukasus. Das Ⅲ. Panzerkorps im Feldzug gegen Sowjetrußland*

---

① 译注：正文为独立坦克第75营。

1941/42（《从布格河到高加索，对苏作战中的第3装甲军，1941—1942年》），第96—100页；勃兰登堡人的突袭可参阅维尔纳·豪普特的《南方集团军群：德国国防军在苏联，1941—1945年》，第197—198页。

27. 科洛米耶茨和莫什昌斯基，《1942年7—12月，高加索防御战》，第26页。独立坦克第44营有3辆KV、7辆T-34和4辆BT-7坦克。

28. "Lagenkarten PzAOK 1, la, 1–30 Sep 1942," PzAOK 1, 24906/15, in NAM T-313, Roll 36（1942年9月1日—30日，第1装甲集团军态势图集，作战处；国家档案馆微缩胶片，序列号T-313，第36卷）。

29. 谢瓦斯季亚诺夫出生于1900年，1918年3月参加红军，内战和1920年的苏波战争中在西线作战，战后在步兵第56师任营长。他1919年毕业于彼得格勒指挥培训班，1922年毕业于共产国际步兵高级战术学校，1934年毕业于伏龙芝军事学院，1950年毕业于伏罗希洛夫总参军事学院。1922和1923年他在布哈拉军队集群步兵第7旅、镇压巴斯马奇匪帮期间在步兵第4师任营长，1924—1930年在步兵第81师任营长。从伏龙芝军事学院毕业后，1934年5月—1936年6月，他在步兵第81师任参谋，1936—1937年调至红军总参谋部担任科长，1937年末和1938年，任红旗独立远东集团军步兵第22师参谋长。此后，他在伏龙芝军事学院担任了两年战术教员，苏德战争爆发后，他出任步兵第106师参谋长。1941年和1942年初，他在克里木和塔曼地域先后指挥过步兵第156和第276师，后出任步兵第1军副军长，最终晋升为近卫步兵第10军军长。他率领该军从1942年9月15日至11月10日，在奥尔忠尼启则和格罗兹尼保卫战中表现出色。1942年11月16日至1943年12月5日，他担任步兵第276师师长；1944年2月17日至4月3日，任步兵第280师师长；1944年4月至战争结束，任步兵第36军副军长。1944年，他参加了乌克兰第1方面军在乌克兰的作战行动，1945年参加了东普鲁士和捷克斯洛伐克进攻战役。战后，谢瓦斯季亚诺夫先后在几个军区担任参谋，并在伏龙芝、伏罗希洛夫军事学院任教，直至1953年退役，他去世于1974年。关于他的更多情况可参阅《军级指挥员，军事人物志，两卷本》，第一册，第504—506页。

30. "Lagenkarten PzAOK 1, la, 1–30 Sep 1942," PzAOK 1, 24906/15, in NAM T-313, Roll 36（1942年9月1日—30日，第1装甲集团军态势图集，作战处；国家档案馆微缩胶片，序列号T-313，第36卷），参见9月21日的态势图。

31. 蒂克，《高加索和石油：1942—1943年高加索地区的苏德战事》，第163—164页；"Lagenkarten PzAOK 1, la, 1–30 Sep 1942," PzAOK 1, 24906/15, in NAM T-313, Roll 36（1942年9月1日—30日，第1装甲集团军态势图集，作战处；国家档案馆微缩胶片，序列号T-313，第36卷）。

32. 科洛米耶茨和莫什昌斯基，《1942年7—12月，高加索防御战》，第26—27页。这些列车包括独立装甲列车第36营的1、2号装甲列车，独立装甲列车第42营的1、2号装甲列车，独立17、18、66号装甲列车和独立NKVD装甲列车。

33. 佐洛塔廖夫，《最高统帅部，1942年》，第395—396页，最高统帅部170622号指令，1942年9月23日1点签发。

34. 格列奇科，《高加索会战》，第122页。遵照外高加索方面军9月24日签发的00662号指令，马斯连尼科夫策划了一场反突击，其详情可参阅沙波瓦洛夫主编的《文件和资料中的高加索战役》，第231—234页；秋列涅夫旨在提高方面军作战能力的指令，可参阅沙波瓦洛夫主编的《文件和资料中的高加索战役》，第232—234页。

35. 科洛米耶茨和莫什昌斯基，《1942年7—12月，高加索防御战》，第26页。

36. 苏军在埃利霍托沃周围实施防御的详情，可参阅格列奇科的《高加索会战》，第121页。

37. 蒂克，《高加索和石油：1942—1943年高加索地区的苏德战事》，第165页。

38. 延茨，《装甲部队：德国坦克部队的组建和作战部署指南大全，1933—1942年》，第一册，第251页。

39. 党卫队"维京"师编有2000名非德国志愿者，其中包括佛兰芒人（比利时人）、瓦隆人（荷兰人）、斯堪的纳维亚人，甚至还有些瑞士人。

40. 蒂克，《高加索和石油：1942—1943年高加索地区的苏德战事》，第167页。

41. 齐姆克和鲍尔，《从莫斯科到斯大林格勒：东线决战》，第379页。

42. 这场战斗的详情可参阅蒂克的《高加索和石油：1942—1943年高加索地区的苏德战事》，第167—185页；科洛米耶茨和莫什昌斯基，《1942年7—12月，高加索防御战》，第28—29页。

43. 齐姆克和鲍尔，《从莫斯科到斯大林格勒：东线决战》，第379页。

44. 蒂克，《高加索和石油：1942—1943年高加索地区的苏德战事》，第180页。希特勒暗示，攻占斯大林格勒后，他将把第48装甲军连同第24装甲师和第29摩步师调回A集团军群。

45. 同上。

46. 佐洛塔廖夫，《最高统帅部，1942年》，第404—405页，最高统帅部170628号指令，1942年9月29日2点30分签发。

47. 蒂克，《高加索和石油：1942—1943年高加索地区的苏德战事》，第196—197页。

48. 格列奇科，《高加索会战》，第175页。第18集团军沿图阿普谢方向的作战详情可参阅M. M. 波瓦利伊的*Vosemnadtsataia v srazheniia za Rodiny*（《卫国战争中的第18集团军》）（莫斯科：军事出版社，1982年），第129—158页。

49. 修建防御工事的详情和最高统帅部的相关指示，可参阅格列奇科的《高加索会战》，第176—178页。

50. 拉希莫夫出生于1902年，指挥步兵第395师直至1943年4月8日；晋升为少将后，1944年11月16日至1945年3月，他担任近卫步兵第37师师长；东普鲁士战役期间，他的师强攻但泽港，3月26日，他在战斗中阵亡。更多详情可参阅网站www.generals.dk；马斯洛夫，《陨落的苏军将领》，第174—175页。

51. 蒂克，《高加索和石油：1942—1943年高加索地区的苏德战事》，第199页。

52. 吉洪诺夫出生于1900年，1918年参加红军，内战期间作为一名骑兵参加了南线的战斗。他1919年毕业于莫斯科骑兵培训班，1921年毕业于哈尔科夫骑兵指挥员培训班，1930年毕业于伏龙芝军事学院，1941年毕业于红空军指挥员和领航员学院，1953年毕业于伏罗希洛夫总参军事学院。吉洪诺夫在20年代指挥过一个骑兵中队并先后担任团级、师级参谋；30年代，他担任蒙古人民军顾问，后指挥骑兵第1旅第1团；1939—1940年苏芬战争期间，他在该旅指挥第28团。由于吉洪诺夫在苏芬战争中表现出色，1941年5月，他被任命为空降兵第4军第7旅旅长。"巴巴罗萨"战役初期，他率领该旅参加了别列津纳河的激战，在战斗中身负重伤。伤愈后，吉洪诺夫1941年9月指挥新组建的空降兵第2军，后又指挥由该军改编而成的近卫步兵第32师，直至1943年3月4日。1943年3—8月，他任第9集团军近卫步兵第11军军长，后又先后担任第58、第56集团军副司令员，直至1943年11月。晋升为中将后，吉洪诺夫率领第42集团军步兵第108军参加了1944年1—2月列宁格勒方面军打破列宁格勒包围圈的攻势，1944年8月至战争结束，他在近卫第9集团军指挥近卫空降兵第39军（后改为步兵军）。战争的最后几个月，他的军参加了解放匈牙利、攻克维也纳的战役，他为此荣获"苏联英雄"称号。战后，吉洪诺夫在伏龙芝军事学院任教，在伏罗希洛夫总参军事学院学习后，1953年9月至1957年3月，他先后担任匈牙利人民军首席军事顾问和驻布达佩斯武官。在后一个职位上，他为镇压1956年的匈牙利起义发挥了主导作用。在古比雪夫军事工程学院任教后，吉洪诺夫于1962年10月退役，去世于1971年。关于他的更多情况可参阅《军级指挥员，军事人物志，两卷本》，第一册，第568—570页。

53. 尼基塔·叶梅利亚诺维奇·丘瓦科夫出生于1901年，1919年参加红军，内战期间是一名步兵。他1919年毕业于莫斯科步兵指挥员培训班，1928年毕业于伏龙芝军事学院，1951年毕业于伏罗希洛夫总参军事学院。两次世界大战之间，丘瓦科夫1921年参加了对喀琅施塔得兵变的镇压，20年代初期指挥过一个步兵连，20年代末在土耳其斯坦步兵第4师担任"阿拉木图"步兵第11团参谋长，30年代初先后担任车里雅宾斯克步兵第85师参谋长和师长，1938—1939年任斯大林格勒步兵第31师师长。1940年，他在哈尔科夫军区任副参谋长，1941年6月苏德战争爆发时，他在红军总参谋部负责各高等军事院校。进一步担任高级参谋职务后，1942年1月，他出任南方面军第12集团军副司令员。1942年8月，一场灾难落在他头上，军事法庭认为他没有执行斯大林的227号令（"不得后退一步！"），特别是其关于组建并使用阻截队和惩戒单位的规定。丘瓦科夫被判处4年有期徒刑，但外高加索方面军暂缓了对他的惩戒，1942年9月2日派他指挥步兵第236师。他指挥该师直至1943年3月4日，作为一名高效、坚定的指挥员再次获得了声望。由于他出色的指挥，方面军军事法庭1943年2月撤销了对他的定罪，并推荐他继续担任高级指挥职务。因此，1943年3月至1944年7月[①]，丘瓦科夫指挥着步兵第23军，1944年3月[②]至12月指挥步兵第35军，1944年12月至战争结束，指挥步兵第18军。在军长任上，他率领部队在1943年8月的别尔格罗德—哈尔科夫进攻战役、1943年秋季的第聂伯河战役、1944年乌克兰第1方面军在乌克兰的多次胜利攻势，以及1945年的东普鲁士、东波美拉尼亚和柏林进攻战役中发挥了重要作用。他在战斗中尽力减少部队的伤亡，因而受到士兵们的爱戴，1943年10月，由于在强渡第聂伯河的行动中表现英勇，他获得"苏联英雄"称号，1945年晋升为中将。战后，丘瓦科夫先后指挥步兵第18和第136军，直至1948年，后在苏军各高等教育机构担任各种高级职务。他1955年退役，去世于1965年。关于他的更多情况可参阅《军级指挥员，军事人物志，两卷本》，第一册，第620—622页。

康斯坦丁·伊万诺维奇·普罗瓦洛夫出生于1906年，1928年参加红军，因而成为红军中最年轻的将领之一。他1929年毕业于步兵第39师团属学校，1931年毕业于伊尔库茨克步兵学校，1941年毕业于伏龙芝军事学院，1950年毕业于伏罗希洛夫总参军事学院。两次世界大战期间，1929年，他率领一个排与中国军队在满洲作战，1938年，他晋升为步兵第40师第120团团长，率领该团在红旗独立第1集团军辖下参加了打垮日军的哈桑湖战役。普罗瓦洛夫在战斗中两次负伤，由于表现英勇，获得"苏联英雄"称号。苏德战争爆发时，他正在伏龙芝军事学院学习，1941年8月毕业后，他负责组建并指挥步兵第383师，直至1943年6月。在此期间，他的师参加了1941年秋季第18集团军在顿巴斯和罗斯托夫地域的防御和反攻行动

[①] 译注：应为1944年4月。
[②] 译注：应为7月。

以及1941—1942年的冬季战役，1942年夏季和秋季参加了南方面军和外高加索方面军在顿巴斯和高加索地区的防御作战，1942—1943年的冬季和1943年春季，参加了高加索和塔曼地域的反攻。1943年6月，普罗瓦洛夫晋升为中将，并出任外高加索方面军步兵第16军军长，率部参加了解放塔曼、克里木半岛的进攻战役。1944年5月至战争结束，他在第31集团军任步兵第113军军长，参加了1944年夏季的白俄罗斯进攻战役和1945年1—2月的东普鲁士战役，1945年4—5月，他率领该军在乌克兰第1方面军辖下参加了布拉格进攻战役，就此结束了他的战时生涯。战后，普罗瓦洛夫指挥近卫步兵第3、第9军，直至1948年；从伏罗希洛夫总参军事学院毕业后，先后指挥步兵第13、第31军和第4集团军，直至1959年，随即出任喀尔巴阡军区第一副司令员，在这个职位上干到1962年9月。此后，他担任驻匈牙利的南军队集群司令，直至1969年10月，后任国防部第一副总监，1973年11月退役后加入国防部总监组，去世于1981年。关于他的更多情况可参阅《军级指挥员，军事人物志，两卷本》，第一册，第456—457页。

54. 蒂克，《高加索和石油：1942—1943年高加索地区的苏德战事》，第200页。

55. 同上，第202—203页。

56. 格列奇科，《高加索会战》，第180页；蒂克，《高加索和石油：1942—1943年高加索地区的苏德战事》，第204页。

57. 蒂克，《高加索和石油：1942—1943年高加索地区的苏德战事》，第204页。

58. 沙波瓦洛夫主编的《文件和资料中的高加索战役》，第237—238页，华西列夫斯基157318号指令，1942年9月29日17点05分签发。

59. 佐洛塔廖夫，《最高统帅部，1942年》，第408—409页，最高统帅部170631号指令，1942年10月2日22点40分签发。

60. 盖杜科夫出生于1895年，参加过第一次世界大战，1918年参加红军，内战期间在南方战线上的骑兵第2师中先后担任过政委和副旅长。他1915年毕业于埃利扎韦京斯克骑兵学校，1927年毕业于新切尔卡斯克骑兵指挥员培训班，1948年毕业于伏罗希洛夫总参军事学院。两次世界大战之间，盖杜科夫先后指挥过"琼加"骑兵第6师第5团、"萨马拉"骑兵第7师第38团，还担任过步兵第8师、"高加索"骑兵第2师、"顿河"骑兵第13师副师长，1939年1月至苏德战争爆发，他在外高加索军区任骑兵第17师师长。他率领该师至1942年1月，随后任骑兵第2军（1月24日改编为骑兵第9军）军长。1942年8—11月担任第18集团军副司令员后，1942年11月至1943年1月，他担任步兵第16军军长，1943年1月至1944年1月，他指挥骑兵第15军，沿苏联—伊朗边境驻防。晋升为中将后，盖杜科夫在外高加索方面军先后担任第34、第4集团军司令员。他在该方面军第58集团军[1]司令员任上结束了战时生涯，负责保卫苏联—伊朗边境和经伊朗而来、至关重要的租借物资运输线路。战后，盖杜科夫担任第4集团军副司令员至1947年3月，在伏罗希洛夫总参军事学院学习后，先后指挥过步兵第19军和近卫步兵第27、第14军，直至1955年8月退役。他去世于1980年。关于他的更多情况可参阅《军级指挥员，军事人物志，两卷本》，第二册，第49—50页。

61. 格列奇科，《高加索会战》，第180页。

62. 同上。

63. 同上，第181—182页。

---

① 译注：应为步兵第58军。

64. 同上，第182页。

65. 同上，第183页。

66. 佐洛塔廖夫，《最高统帅部，1942年》，第423—424页，最高统帅部170649号指令，1942年10月11日签发。

67. 梅利尼克出生于1900年，1918年参加红军，内战期间在西南战线担任过骑兵连连长。他1926年毕业于骑兵指挥员进修班，1933年毕业于伏龙芝军事学院。20年代担任过骑兵连连长、骑兵团参谋长和团长，1935年至1937年7月，他先后担任独立骑兵第4旅和独立骑兵第16师参谋长。1937年7—12月，他担任骑兵第30师师长，1938年任远东方面军副参谋长，参加了哈桑湖作战，1938年9月至1939年7月，他在远东方面军担任红旗独立第2集团军参谋长。1939年8月至1941年7月，梅利尼克在伏龙芝军事学院任教后，最高统帅部任命他为独立骑兵第53旅（1941年10月改编为近卫独立骑兵第4师）旅长，他率领该旅参加了斯摩棱斯克和莫斯科战役。在此期间，他参加了多瓦托尔将军骑兵集群深入敌后的著名突袭，并获得红旗勋章。1942年3—10月，他在伊朗指挥骑兵第15军；1942年10—11月，他指挥第44集团军；1942年11月至1943年10月，任第58集团军司令员；1943年10—11月，任第56集团军司令员；在独立滨海集团军担任了一段时间的副司令员后，1944年4月至战争结束，梅利尼克一直担任该集团军的司令员。1942年末和1943年在高加索地区，1944年在克里木，他参加了红军的大多数防御和进攻战役。战争结束后，梅利尼克任塔夫里亚军区司令员至1946年，在国防部短暂任职后，又担任罗马尼亚人民军首席顾问和驻布加勒斯特苏联武官。他在苏联支援陆海空三军志愿协会训练主任的任上结束了自己的军旅生涯，1961年退役，1971年去世。关于他的更多情况可参阅《伟大卫国战争，集团军指挥员，军事人物志》，第148—150页。

68. 蒂克，《高加索和石油：1942—1943年高加索地区的苏德战事》，第204页。

69. 同上，第205页。

70. 同上，第205页。

71. 格列奇科，《高加索会战》，第184页。

72. 佐洛塔廖夫，《最高统帅部，1942年》，第434页，最高统帅部170660号指令，1942年10月15日5点10分签发。

73. 同上。这6个师将部署至黑海岸边的新米哈伊洛夫斯科耶、图阿普谢、拉扎列夫斯卡亚，以及阿拉吉尔（Alagir）、巴库和耶烈万（Erevan）。

74. 格列奇科，《高加索会战》，第185页。

75. 佐洛塔廖夫，《最高统帅部，1942年》，第438页，最高统帅部170675号指令，1942年10月18日16点50分签发。最高统帅部在指令中对卡姆科夫的批评，可参阅170673号指令，1942年10月17日21点40分签发，同上，第436—437页。

76. 同上，第437—438页。最高统帅部从巴库抽调步兵第165旅，接替这些被调离的骑兵师。

77. 卢钦斯基出生于1900年，1919年参加红军，作为一名骑兵参加了内战。他1940年毕业于伏龙芝军事学院，1948年毕业于伏罗希洛夫总参军事学院，1955年晋升为大将。两次世界大战期间，他担任过从排长至团长的各级指挥职务，1941年4月出任山地步兵第83师师长。"巴巴罗萨"战役和"蓝色"行动期间，他一直指挥着该师，1943年4月4日被任命为山地步兵第3军军长，在解放北高加索、塔曼地域和克里木半岛的战役中出色地指挥着该军。此后，他指挥第28集团军参加了1944年夏季的白俄罗斯进攻战役、

1945年1—2月的东普鲁士进攻战役、1945年4月的柏林进攻战役和1945年5月的布拉格进攻战役。1945年4月获得"苏联英雄"称号后，他率领第36集团军参加了8—9月的满洲战役，就此结束了自己的战时生涯。战后，卢钦斯基指挥第4、第28集团军至1949年，1949—1953年任苏军驻德军队集群副总司令。他晋升为大将，在国防部第一副总监察长的职务上结束了自己的军旅生涯。他1964年退役，1990年去世。关于他的更多情况可参阅《伟大卫国战争，集团军指挥员，军事人物志》，第132—133页。

78. 格列奇科，《高加索会战》，第186—187页。指挥该师的是P. N. 基楚克上校，他后来的情况不明，步兵第408师当年11月撤编，可能是由于该师在先前的战斗中表现不佳所致。

79. 同上，第187—188页。

80. 同上，第190—191页。

81. 蒂克，《高加索和石油：1942—1943年高加索地区的苏德战事》，第207—208页。被围的德军大多突围而出。

82. 科尔丘克出生于1894年，在沙皇军队中参加了第一次世界大战，1917年圣彼得堡革命期间指挥过一个赤卫队营，1919年参加红军。内战期间在打击高尔察克海军上将的白军并支援捷克军团的战斗中，科尔丘克被俘，被关押了10个月，1919年3月被征入高尔察克的白军；当年5月，他逃离高尔察克军队，重新加入红军，1919年在土耳其斯坦前线指挥一个步兵营，并在1920年的苏波战争中负伤。内战结束后，他1924年毕业于"射击"高级步校，1931年毕业于伏龙芝军事学院。两次世界大战之间，1921—1922年，他先后指挥过"萨马拉-辛比尔斯克"步兵铁24师第214、第208和第210团，1927—1928年指挥步兵第2师"土耳其斯坦"团。1931年3月从伏龙芝军事学院毕业后，科尔丘克在远东方面军[1]指挥独立铁道兵第6旅，直至1936年4月，并获得劳动红旗勋章。1938年7月，他遭到逮捕，被控为叛徒，并被判处两年徒刑，最终于1941年7月获释，并加入预备役。苏德战争爆发后，NKO将他召回现役，先派他指挥南方面军预备步兵第182团，1942年5月任命他为步兵第353师师长。1942年5月至1944年5月，他率领该师参加了南方面军在北高加索、顿巴斯和乌克兰的进攻战役，任第46集团军步兵第37军军长后，1944—1945年，他率领该军参加了乌克兰第3方面军在罗马尼亚、匈牙利和奥地利的进攻战役。尽管有过被逮捕入狱的经历，但科尔丘克是一位出色的指挥员，战后，他指挥该步兵军直至1950年，在第一汽车学校校长任上结束了自己的军旅生涯。他1953年退役，去世于1972年。关于他颇具传奇色彩的职业生涯的更多情况，可参阅《军级指挥员，军事人物志，两卷本》，第一册，第276—278页。

83. 蒂克，《高加索和石油：1942—1943年高加索地区的苏德战事》，第192页。

84. 波瓦利伊，《卫国战争中的第18集团军》，第148页；蒂克，《高加索和石油：1942—1943年高加索地区的苏德战事》，第209—210页。

85. 齐姆克和鲍尔，《从莫斯科到斯大林格勒：东线决战》，第451、第453页。

86. 蒂克，《高加索和石油：1942—1943年高加索地区的苏德战事》，第221页。

87. 同上。第1装甲集团军在这场进攻中的每日部署，可参阅"Lagenkarten PzAOK 1, Ia, 1-31 Oct 1942, " PzAOK 1, 24906/16, in NAM T-313, Roll 36.（1942年10月1日—31日，第1装甲集团军态势图集，作战处；国家档案馆微缩胶片，序列号T-313，第36卷）。对苏军部署的判断，可参

---

① 译注：远东方面军此时尚未组建，应为红旗远东特别集团军。

694

阅"*Feindlagekarten, PzAOK 1, Ic, 1–29 Oct 1942,* " *PzAOK 1, 24906/27, in NAM T–313, Roll 38.*（1942年10月1日—29日，第1装甲集团军态势图集，情报处；国家档案馆微缩胶片，序列号T–313，第38卷）。

88. 延茨在《装甲部队：德国坦克部队的组建和作战部署指南大全，1933—1942年》第一册第251页指出，第13装甲师10月20日拥有130辆坦克。

89. 齐姆克和鲍尔，《从莫斯科到斯大林格勒：东线决战》，第453页。

90. 格列奇科，《高加索会战》，第196页。苏军最高统帅部关于这场进攻的命令，包含在最高统帅部关于捷列克河以南地域实施全面防御的指令中，佐洛塔廖夫，《最高统帅部，1942年》，第404—405页，最高统帅部170628号指令，1942年9月29日2点30分签发。

91. 近卫骑兵第4军作战行动的详情，可参阅格列奇科的《高加索会战》，第196—199页；蒂克，《高加索和石油：1942—1943年高加索地区的苏德战事》，第145—148页；以及沙波瓦洛夫主编的《文件和资料中的高加索战役》，第263—266页，基里琴科的00966号报告，1942年11月5日签发。

92. 格列奇科，《高加索会战》，第199—200页。

93. 沙波瓦洛夫主编，《文件和资料中的高加索战役》，第250—251页。另可参阅外高加索方面军发给总参谋长，关于方面军进攻和防御准备以及请派援兵的0957/op号报告，1942年10月9日签发，同上，第251—253页；以及方面军发给北方集群，关于第37集团军组织防御的00211/op号指令，1942年10月10日签发，同上，第253—255页。

94. 佐洛塔廖夫，《最高统帅部，1942年》，第556—557页，外高加索方面军司令员发给北方集群司令员，关于歼灭敌莫兹多克集团的00944/op号令，1942年10月23日19点40分签发。

95. 同上。

96. 最高统帅部的批准和修改建议，可参阅最高统帅部1942年10月25日19点签发的170680号指令，同上，第445页；以及外高加索方面军同一天发给北方集群的0170号命令，沙波瓦洛夫主编，《文件和资料中的高加索战役》，第258—259页。

97. 同上，第200—201页；以及《苏联军队作战编成，第2部分，1942年1—12月》，第217页。

98. 格列奇科，《高加索会战》，第202—203页；蒂克，《高加索和石油：1942—1943年高加索地区的苏德战事》，第221—222页。

99. 关于萨法良军旅生涯的资料较少，可参阅网站www.generals.dk。

100. 格列奇科，《高加索会战》，第203页；蒂克，《高加索和石油：1942—1943年高加索地区的苏德战事》，第222页。

101. 格列奇科，《高加索会战》[1]。

102. 洛维亚金出生于1897年，第一次世界大战期间在沙皇军队服役，1919年1月参加红军，内战期间在东线和南线战斗。他1917年毕业于莫斯科第4准尉学校，1924年毕业于哈尔科夫指挥员培训班，1929年毕业于伏龙芝军事学院，1949年毕业于伏罗希洛夫总参军事学院。两次世界大战之间，洛维亚金20年代担任过营级指挥员，从伏龙芝军事学院毕业后，1936—1937年任步兵第43师参谋长，1937年任明斯克军校

---

① 译注：未注明页数。

校长，1937年11月至1941年12月任防化学院院长。1941年12月调至前线后，洛维亚金指挥南方面军步兵第102师，经历了"巴巴罗萨"战役的衰退阶段和1941—1942年的冬季战役。"蓝色"战役期间，他先后担任第24、第9集团军参谋长，1942年9月任近卫步兵第10军参谋长，参加了捷克克河的激烈战斗。1942年10月奥尔忠尼启则战役期间，他担任新组建的步兵第10军军长，后被解除职务，并被判处10年徒刑，罪名是没有执行上级的命令。但苏联最高法院重新审查了他的案子，于1943年4月推翻了对他的判决，理由是证据不足。1943年5月，洛维亚金重返指挥岗位，5—6月任南方面军突击第5集团军步兵第31师副军长后，他在该集团军任步兵第55军军长，率领该军参加了1944年夏季的顿巴斯进攻战役、秋季的梅利托波尔和克里木进攻战役。1944年末，洛维亚金率领该军守卫黑海海岸。晋升为中将后，1945年3月，他担任远东方面军步兵第88军军长，并率领该军在第25集团军辖下参加了1945年8—9月的满洲战役。战争结束后，洛维亚金在远东先后指挥步兵第88和第65军，直至1949年。1949年4月至1953年12月，他担任国防部作战和体能训练局局长，1954年2月至1957年12月，任中国人民解放军军事顾问，后又担任另外一些次要职务，直至1958年退役。他去世于1971年。关于他职业生涯的更多情况，可参阅《军级指挥员，军事人物志，两卷本》，第一册，第331—333页。

103. 格列奇科，《高加索会战》①。罗斯雷的生平可参阅本三部曲第一卷。格里戈里·尼基弗罗维奇·佩列科列斯托夫出生于1904年，1922年9月参加红军，1925年在克拉斯诺格勒毕业于乌克兰骑兵学校，1941年毕业于茹科夫斯基空军学院，1944年毕业于伏罗希洛夫总参军事学院。两次世界大战之间，1930—1935年，佩列科列斯托夫先后担任骑兵第1师第1团副参谋长和师副参谋长；1935—1938年，先后担任骑兵第28师第110团团长和独立骑兵第92团团长。从空军学院毕业后，他在哈尔科夫军区指挥空降兵第4旅，直至苏德战争爆发。他率领该旅在空降兵第2军辖下参加了基辅、切尔卡瑟地域的防御作战，1941年9月被解除职务，原因是"在作战失利的情况下缺乏指挥部队的能力"——他旅里的两个营未接到命令便擅自后撤。当年10月，军事法庭判处他10年有期徒刑，但他的案子获得复查，并被发回重审。1941年11月，NKO派他担任骑兵第5军骑兵第60师师长，1942年1—2月，该师在南方面军发起的巴尔文科沃—洛佐瓦亚进攻战役中表现出色。8—9月，短暂担任第9集团军副司令员后，1942年10月，佩列科列斯托夫出任山地步兵第3军军长，率领该军参加了高加索地区的防御和进攻战役，1943年1月改任第18集团军步兵第16军军长。1944年从伏罗希洛夫总参军事学院毕业后，他指挥步兵第65军，直至战争结束。在此期间，他的军在1944年夏季的白俄罗斯进攻战役、1945年1—2月的东普鲁士进攻战役、1945年8—9月打击日军的满洲战役中发挥了重要作用。1945年，他晋升为中将，并因在满洲战役中的杰出表现荣获"苏联英雄"称号。战后，佩列科列斯托夫指挥步兵第16军至1946年8月；1946年8月至1950年4月，在远东先后担任第39集团军和红旗第1集团军副司令员，后任伏尔加河沿岸军区副司令员、司令员，直至1953年病倒。他在莫洛托夫军事学院后勤补给副院长和沃罗涅日军区助理司令员任上结束了自己的军旅生涯。佩列科列斯托夫1958年退役，1992年去世。关于他的更多情况，可参阅《军级指挥员，军事人物志，两卷本》，第一册，第421—423页。

104. 同上，第204页。秋列涅夫发给马斯连尼科夫的关于沿乌鲁赫河设防的4405号令，1942年10月30日签发，可参阅佐洛塔廖夫的《最高统帅部，1942年》，第558页；另可参阅蒂克的《高加索和石油：

---

① 译注：未注明页数。

1942—1943年高加索地区的苏德战事 》，第222—223页。

105. 蒂克，《 高加索和石油：1942—1943年高加索地区的苏德战事 》，第224页。

106. 格列奇科，《 高加索会战 》，第205页；蒂克，《 高加索和石油：1942—1943年高加索地区的苏德战事 》，第224—225页。

107. 舍瓦勒里出生于1896年，1914年加入德皇军队，参加过第一次世界大战，他在战斗中两次负伤并被俘。在数个步兵团和骑兵团任职后，1939—1940年，他在波兰和法国战役中先后指挥步兵团和战斗群。1941—1942年，舍瓦勒里指挥第86步兵团和第10步兵旅，1941年10月[①]代理第22装甲师师长。他指挥第13装甲师直至1943年10月，在战斗中负伤。伤愈后，1943年11月—1944年5月，舍瓦勒里任第273预备装甲师师长，1944年8—11月任第233预备装甲师师长，在西苏台德区司令的任上结束了自己的战时生涯。1945年5月起舍瓦勒里被囚禁，1947年6月获释。他去世于1965年。关于他的更多情况，可参阅网站www.geocities.com/orioii47/WEHRMACHT/Heer。

108. 蒂克，《 高加索和石油：1942—1943年高加索地区的苏德战事 》，第227页。

109. 格列奇科，《 高加索会战 》，第205页。

110. 同上，第206页；蒂克，《 高加索和石油：1942—1943年高加索地区的苏德战事 》，第227—228页。德军从北面对奥尔忠尼启则发起的这场突击，代号为"达尔格科赫"行动。

111. 格列奇科，《 高加索会战 》，第208页。

112. 详情可参阅蒂克的《 高加索和石油：1942—1943年高加索地区的苏德战事 》，第229—231页。第13装甲师11月4日阵亡14人、负伤88人，坦克力量下降为70辆。第23装甲师第201装甲团第2营只剩下10辆坦克。

113. 格列奇科，《 高加索会战 》[②]。

114. 同上。

115. 伊万·安德烈耶维奇·鲁巴纽科出生于1896年，第一次世界大战期间在沙皇军队服役，1917年12月参加红军，内战期间作为一名下级指挥员在南部战线作战。他1924年毕业于哈尔科夫中高级指挥员培训班，1928年毕业于莫斯科指挥员进修班，1948年毕业于伏罗希洛夫总参军事学院。两次世界大战之间，20年代，鲁巴纽科先后担任过连、营级指挥员，并在师部任职，1934—1937年任步兵第7团团长，与许多曾在沙皇军队服役过的同僚一样，他在大清洗期间遭到逮捕。幸运的是，鲁巴纽科被NKVD审查了两年后，于1940年4月获释，并被任命为奥德赛军校学员营营长，在这个职位上一直干到苏德战争爆发。"巴巴罗萨"战役期间，鲁巴纽科先后指挥过预备队第131团和步兵第591团，1942年夏季"蓝色"行动期间，他担任第12集团军步兵第176师副师长。他的师在莫兹多克地域的战斗中表现得非常出色，最高统帅部于1942年10月13日任命他为新组建的步兵第11军的军长。鲁巴纽科1942年11月10日晋升为少将，率领步兵第11军直至1943年2月11日，其间参加了奥尔忠尼启则防御作战和红军随后在北高加索和塔曼地域发起的反攻。1943年2月12日至战争结束，鲁巴纽科一直担任近卫步兵第11军[③]军长，1944年9月晋升为中

---

① 译注：1942年10月。

② 译注：未注明页数。

③ 译注：近卫步兵第10军。

将，参加了红军在乌克兰、匈牙利和捷克斯洛伐克的大多数战役。与许多在斯大林大清洗运动中被逮捕的同僚不同，鲁巴纽科的职业生涯没有被葬送，战后，他担任近卫步兵第11[①]、第20军军长，直至1952年；1952—1957年，他先后担任第14和第25集团军司令员。他在中国人民解放军高级顾问的任上结束了自己的军旅生涯，在这个职位上干到1959年去世。关于他的更多情况，可参阅《军级指挥员，军事人物志，两卷本》，第一册，第481—483页。

116. 沙波瓦洛夫主编，《文件和资料中的高加索战役》，第260—263页，秋列涅夫1942年11月3日发给最高统帅部的关于前线总体态势、他对德军意图的判断、为守卫奥尔忠尼启则采取的措施以及恢复进攻的报告。

117. 详情可参阅蒂克的《高加索和石油：1942—1943年高加索地区的苏德战事》，第231—232页。战斗期间出现了一个错误的传言——斯大林已赶至奥尔忠尼启则，亲自指挥该城的防御。

118. 格列奇科，《高加索会战》，第208—209页。

119. 同上，第209页。德军对这场反突击的看法，可参阅蒂克的《高加索和石油：1942—1943年高加索地区的苏德战事》，第232—233页。

120. 格列奇科，《高加索会战》，第209页。

121. 同上，第210页。

122. 蒂克，《高加索和石油：1942—1943年高加索地区的苏德战事》，第235—236页。

123. 格列奇科，《高加索会战》，第210—211页。

124. 蒂克，《高加索和石油：1942—1943年高加索地区的苏德战事》，第237页。

125. 格列奇科，《高加索会战》，第211页[②]。

126. 蒂克，《高加索和石油：1942—1943年高加索地区的苏德战事》，第237页。

127. 科洛米耶茨和莫什昌斯基，《1942年7—12月，高加索防御战》，第64页。

128. 格列奇科，《高加索会战》，第215页。

129. 蒂克，《高加索和石油：1942—1943年高加索地区的苏德战事》，第239页。

130. 科洛米耶茨和莫什昌斯基，《1942年7—12月，高加索防御战》，第64页。

131. 蒂克，《高加索和石油：1942—1943年高加索地区的苏德战事》，第237页。苏联方面的资料称第13装甲师有106辆坦克，第23装甲师有154辆，党卫队"维京"师有60辆，而实际上第13装甲师只有32辆坦克，第23装甲师约有80辆，党卫队"维京"师的坦克不超过40辆。

132. 更多详情可参阅科洛米耶茨和莫什昌斯基的《1942年7—12月，高加索防御战》，第65—66页；蒂克，《高加索和石油：1942—1943年高加索地区的苏德战事》，第239—241页。

133. 格列奇科，《高加索会战》，第215页。

134. 蒂克，《高加索和石油：1942—1943年高加索地区的苏德战事》，第242页。

135. 格列奇科，《高加索会战》，第216页。

136. 同上；另可参阅佐洛塔廖夫的《最高统帅部，1942年》，第449页，最高统帅部170687号指

---

① 译注：近卫步兵第10军。
② 译注：这组数据来自格列奇科的《高加索会战》，但该书中指出缴获的坦克数为140辆，这个数字显然过于夸大。

令，1942年11月12日5点05分签发；沙波瓦洛夫主编，《文件和资料中的高加索战役》，第266—268页，外高加索方面军001090/op和00110/op号令，分别签发于1942年11月13日和15日。谢利瓦诺夫的生平可参阅本三部曲第一卷。

137. 佐洛塔廖夫，《最高统帅部，1942年》，第450—451页，最高统帅部170690号指令，1942年11月18日21点20分签发。阿列克谢·因诺肯季耶维奇·安东诺夫出生于1896年，1919年参加红军，内战期间担任过旅参谋长。他1931年毕业于伏龙芝军事学院，1937年毕业于总参军事学院。两次世界大战之间，安东诺夫担任过各种指挥和参谋职务，晋升为少将后，1941年在基辅特别军区任副参谋长。苏德战争爆发后，1941年8月至1942年7月，安东诺夫任南方面军参谋长，1942年7—8月任北高加索方面军参谋长，后任黑海军队集群参谋长，11月出任外高加索方面军参谋长。1942年12月，斯大林任命安东诺夫为红军总参谋部第一副总参谋长兼作战部部长。此后，安东诺夫的职业生涯迅速上升，1943年5月，他成为红军总参谋部唯一一位第一副总参谋长，1945年2月起任红军总参谋长、最高统帅部大本营成员，直至战争结束。作为斯大林最青睐的参谋人员，安东诺夫协助策划了1943—1945年红军的大多数进攻战役，并在1945年雅尔塔"三巨头"会议和波茨坦会议上发挥了重要作用。战争结束后，安东诺夫继续担任总参谋长，直至1950年[①]，1950—1954年任外高加索军区司令员。1954—1955年，安东诺夫再度担任总参第一副总参谋长兼国防部部务委员会委员、华沙条约缔约国军队参谋长。安东诺夫退役后，去世于1962年。关于他的更多情况，除了诸多传记外，也可参阅*VOV*，第59页。

138. 佐洛塔廖夫，《最高统帅部，1942年》，第452页，最高统帅部170692号指令，1942年11月20日签发。

139. 格列奇科，《高加索会战》，第217页；《苏联军队作战编成，第2部分，1942年1—12月》，第241页。

140. 格拉戈列夫出生于1898年，第一次世界大战期间是沙皇军队的一名列兵，1918年参加红军，内战期间在乌拉尔和北高加索地区作战。他1921年毕业于巴库第三指挥学校，1926和1931年毕业于新切尔卡斯克骑兵指挥员进修班，1941年毕业于伏龙芝军事学院。1922—1924年，格拉戈列夫在骑兵第12师指挥骑兵中队，1924—1929年在步兵第1师任连长，后在独立高加索集团军独立骑兵第2旅任团参谋长。从骑兵指挥员进修班毕业后，1943年[②]1月至1939年8月，他在骑兵第12师指挥骑兵第76团，后担任师参谋长。战争爆发前两年，他在北高加索军区任步兵第157师师长和独立骑兵第42旅旅长。德国人发动"巴巴罗萨"入侵后，他在克里木战役期间指挥骑兵第42师，1942年2月改任第24集团军步兵第73师师长，从而避免了和他的骑兵师一同在1942年5月的刻赤战役中覆灭。7月下旬，步兵第73师遭包围后全军覆没，格拉戈列夫又一次死里逃生，并改任第9集团军步兵第176师师长，参加了奥尔忠尼启则保卫战。1942年11月11日至1943年2月11日，他指挥近卫步兵第10军，后接替科罗捷耶夫担任第9集团军司令员，先后率领第9、第46和第31集团军参加了1943年秋季的第聂伯河战役、1944年夏季的白俄罗斯进攻战役，其间晋升为上将，并在强渡第聂伯河的行动中表现杰出而获得"苏联英雄"称号。作为对他出色表现的奖励，1945年1月，格拉戈列夫被任命为近卫第9集团军司令员，该集团军由精锐的空降兵部队改编而成，完全由

---

① 译注：战后担任苏军总参谋长的是华西列夫斯基，安东诺夫任第一副总参谋长。
② 译注：1933年？

空降兵组成，被派至匈牙利执行先期行动，夺取奥地利及其首都维也纳。格拉戈列夫指挥近卫第9集团军直至1947年，后出任空降兵司令员，直至1947年9月去世。关于他的更多情况可参阅《伟大卫国战争，集团军指挥员，军事人物志》，第43—45页。

141. 这些红军指挥员的生平可参阅本三部曲的第一卷。

142. 佐洛塔廖夫，《最高统帅部，1942年》，第378页，最高统帅部270593号指令，1942年8月30日签发。

143. 同上，第378页，最高统帅部170593号指令，1942年8月30日16点10分签发。

144. 日多夫出生于1895年，1941年末更名为扎多夫，可能是因为他是犹太人的缘故。第一次世界大战期间，他在沙皇军队服役，1917年11月参加赤卫队，1918年加入红军，作为一名骑兵参加了内战。他1922年毕业于哈尔科夫军事委员培训班，1923年毕业于高级战术学校，1926年毕业于"射击"高级步校，1947年毕业于伏罗希洛夫总参军事学院。两次世界大战之间，他先后担任过团、师级指挥员和政委，1940年任中亚军区山地骑兵第21师师长。苏德战争爆发后，1941年6月末和7月，他率领空降兵第4军参加了明斯克和第聂伯河的防御作战，后担任第3集团军参谋长，参加了1941年秋季布良斯克方面军在莫斯科以南的防御作战和随后的冬季战役，协助策划了方面军在叶列茨地域的反击战。1942年5—10月，他任骑兵第8军军长，后任顿河方面军第66集团军司令员；1943年4月，该集团军改编为近卫第5集团军，他指挥该集团军直至战争结束，在1943年夏季的库尔斯克防御和反击战、1943年秋季进军第聂伯河以及1944和1945年初的乌克兰、波兰战役中发挥了重要作用；1945年4—5月，他率部参加了柏林和布拉格战役。战争结束前，扎多夫已晋升为上将，并获得"苏联英雄"称号。战后，1945—1950年，他任陆军副总司令，负责军事训练，1950—1954年任伏龙芝军事学院副院长、院长，1954—1955年任派驻捷克斯洛伐克的中部军队集群司令员，1956—1964年任陆军第一副总司令，1964—1969年任国防部第一副总监察长，1969年退役后加入国防部总监组，去世于1977年。关于他的更多情况可参阅《伟大卫国战争，集团军指挥员，军事人物志》，第74—75页。

145. 佐洛塔廖夫，《最高统帅部，1942年》，第388页，最高统帅部170601号指令，1942年9月7日18点10分签发。

146. 更多详情可参阅格兰茨的《1941—1945年，苏德战争中被遗忘的战役》，第三册，第76—85页。

147. 佐洛塔廖夫，《最高统帅部，1942年》，第403页，最高统帅部170627号指令，1942年9月28日签发。

148. 苏军伤亡人数取自G．F．克里沃舍夫（主编）的《二十世纪苏联的伤亡和作战损失》，第123—124页；德军的实力可参阅格兰茨的《1941—1945年，苏德战争中被遗忘的战役》，第三册，第83—84页。

149. 详情可参阅格兰茨的《1941—1945年，苏德战争中被遗忘的战役》，第三册，第190—193页；齐姆克和鲍尔，《从莫斯科到斯大林格勒：东线决战》，第421—422页；别尔德尼科夫，《突击第1集团军》，第111—116页。

第九章

对"街垒"厂和"红十月"厂的突击
1942 年 11 月 1 日—18 日

德军策划最后的行动，11月1日—8日

　　截至11月1日，对崔可夫设在斯大林格勒工厂区的防御发动猛烈进攻后，保卢斯的部队控制了斯大林格勒90%以上的区域，各处战线距离伏尔加河都已近在咫尺，但尚未完成希特勒赋予的任务。第6集团军没能肃清第62集团军并将其残部赶入伏尔加河，相反，崔可夫实力不济、缺乏补给的部队继续沿河流西岸据守着数个狭长的登陆场，具体如下（参见地图84、85）：

　　●"戈罗霍夫"集群（步兵第124、第149旅），在莫克拉亚梅切特卡河北面，雷诺克与斯巴达诺夫卡之间，守卫着1000米宽、800米深的包围圈；

　　●步兵第138师（柳德尼科夫）和近卫步兵第37师第118团，据守着"街垒"厂东北和东面1000米宽、200—400米深的狭长地带；

　　●步兵第308师（古尔季耶夫）第339和第344团，在"街垒"厂东、东南面扼守着400米宽、300米深的狭长地带；

　　●近卫步兵第39师第120团、步兵第193师（斯梅霍特沃罗夫）、步兵第45师（索科洛夫）第61和第253团，在"红十月"厂4号厂房与"街垒"厂南面峡谷之间据守着1200米宽、200—500米深的狭长地带。11月1日至2日夜间，步兵第95师第161和第241团加强了这股力量；

　　●近卫步兵第39师（古里耶夫）第112团和第120团的一部、第45步兵师

第10团，守卫着从班内峡谷至"红十月"厂8a号、10号厂房的800米宽、100—500米深的狭长地带；

●步兵第284师（巴秋克）守卫着3600米宽、100—800米深的狭长地带，其防线从克鲁托伊冲沟下段起，穿过多尔吉冲沟、102高地（马马耶夫岗）的三角点、"网球拍"（崔可夫的指挥所位于其东面），直至班内峡谷；

●近卫步兵第13师（罗季姆采夫），在斯大林格勒市中心扼守着1200米宽、200米深的狭长地带。[1]

但情况很明显，即便德国人顺利夺取整座城市，他们在1942年也无法更

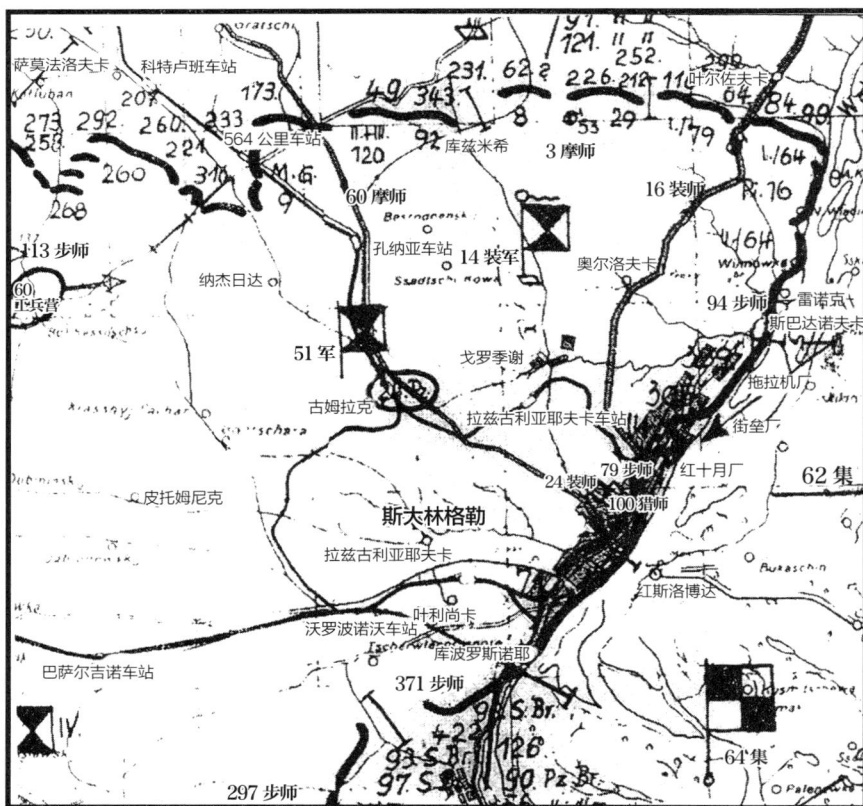

地图84 1942年10月31日—11月1日，第6集团军的态势

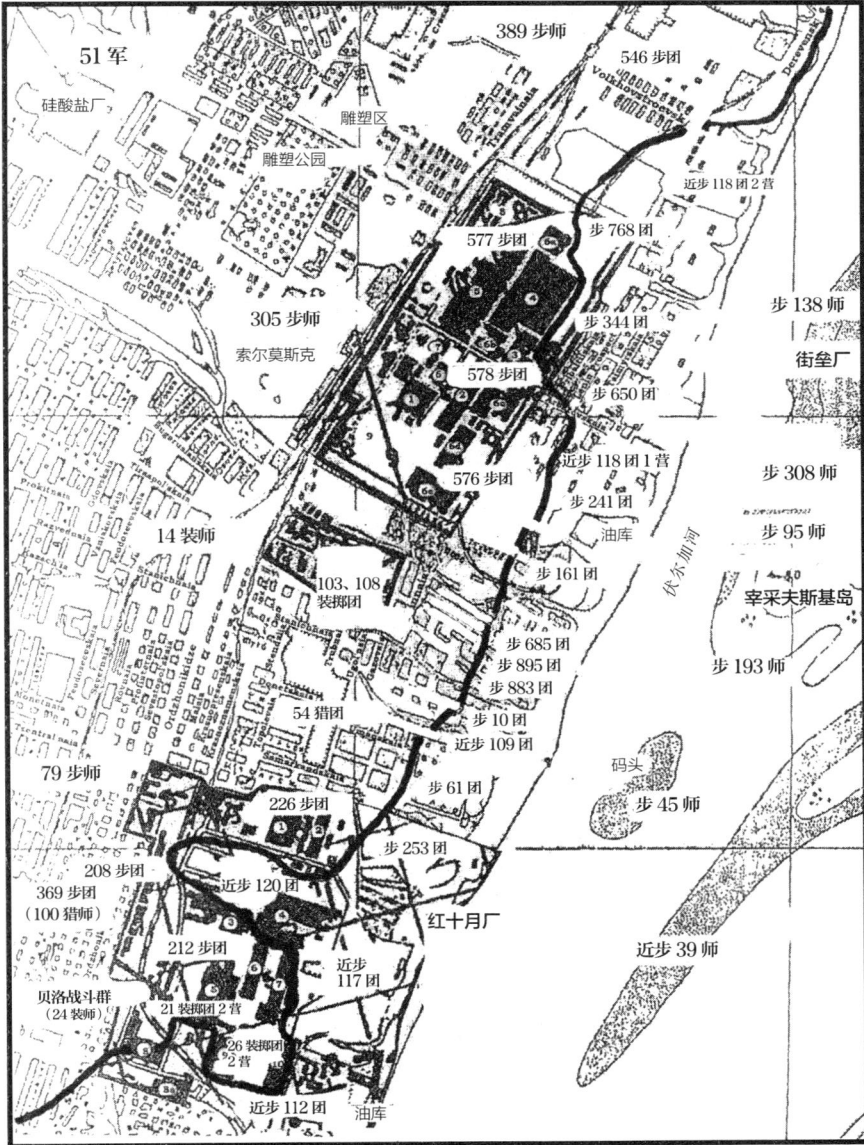

地图 85 1942 年 11 月 1 日的态势

704

进一步。因此，从10月中旬起，遵照保卢斯的命令，所有未直接卷入战斗的部队都开始全力构设半永备性工事，做好过冬准备。尽管如此，出于政治的需要，战斗必须继续进行。保卢斯考虑如何完成元首的心愿时，为赛德利茨第51军寻找援兵依然是他的首要问题。保卢斯注视着集团军所处的位置，他在10月底得出结论，最重要的目标是位于"红十月"厂和班内峡谷南面、"网球拍"内的拉祖尔化工厂。如果德军攻占该厂，就将把崔可夫集团军切为两段，并使第62集团军在"街垒"厂以东、"红十月"厂内的小型登陆场变得无关紧要。

11月1日，在拉兹古利亚耶夫卡第8航空军司令部内，保卢斯、赛德利茨和他们的参谋长与第4航空队司令里希特霍芬、第8航空军军长马丁·菲比希将军商讨了援兵和空中支援事宜。在这个问题上，保卢斯最关心的是如何以新锐部队支援第79步兵师，"加强"对斯大林格勒的突击——该师辖下的各个团，与友邻第14装甲师和第305步兵师的部队一样，"已无法遂行较大的任务"。[2]保卢斯对恢复进攻的最初想法是以第24装甲师接替第305步兵师，11月4日和5日将第305步兵师撤离前线，休整数日后，于11月8日和9日将这个师派至斯大林格勒西北方通道的北翼，接替第14装甲军辖下的第60摩步师。经过一周休整，拥有3—4个被评为"中强"但已丧失机动性的加强营和9个炮兵连的第60摩步师，将在于11月15日前后对化工厂发起的进攻行动中担任先头部队。另外，保卢斯还打算以第100猎兵师的1个团级混编战斗群和从其他师抽调的3个突击连加强第60摩步师。

11月1日晚，第6集团军参谋长施密特少将与B集团军群参谋长格奥尔格·冯·佐登施特恩少将[①]商讨了这些问题。告知佐登施特恩第79步兵师可以守住"红十月"厂的阵地，但无力向化工厂发起突击后，施密特提出以第60摩步师执行这项任务的想法。但当他表示计划中的进攻将于11月15日打响时，佐登施特恩指出："这肯定会造成一场灾难。"[3]19点，保卢斯打电话给魏克斯，向他阐述了自己的计划，并告诉他，如果没有更多援兵，就无法发起最后的突击。魏克斯提出建议，担任第4装甲集团军预备队的第29摩步师正在戈罗季谢

---

① 译注：应为步兵上将。

地域休整和补充，可以以该师的2个团（不含炮兵）支援第79步兵师对化工厂的突击。这是因为第29摩步师几个团的实力仍被评为"高于平均水准"。但没过几分钟，魏克斯重新考虑调拨这支至关重要的预备队的问题后，建议还是使用第60摩步师，或者以该师接替第29摩步师。

最终，保卢斯和魏克斯放弃了这种想法，因为抗击苏军在科特卢班地域发起的多次进攻后，第60摩步师的实力严重受损，在不久的将来，该师很可能再次卷入该地域的防御作战。另外，他们也没有接受使用第4装甲集团军预备队第29摩步师部分或全部力量的建议，因为需要该师抗击第64集团军日后从别克托夫卡登陆场发起的进攻。不管怎样，将这两个师调至"红十月"厂耗费的时间太长，另外还要以其他部队接替他们。

由于这些建议不太令人满意，11月3日，佐登施特恩提出，以第6集团军的五个战斗工兵营为先锋，向"红十月"厂发起突击，肃清苏军残余的据点，其中四个营从据守在意大利第8集团军沿顿河构设的防区的各个师抽调，另一个营从第6集团军预备队抽调。实际上，这个建议源自希特勒，最受他青睐的空军将领、第一次世界大战中的王牌飞行员冯·里希特霍芬，已向他介绍了战斗工兵营在对拖拉机厂的成功突击中发挥的重要作用。保卢斯接受了这一建议，尽管他的参谋长施密特将军认为，工兵"无论怎样都不能代替步兵"。[4]

佐登施特恩建议的援兵包括第45、第50、第162、第294、第336工兵营，并辅以第44步兵师的1个突击连和第24装甲师的1个装甲连。第45工兵营有451人，是第6集团军的直属部队；第50（装甲）工兵营有539人，隶属于第22装甲师；第162工兵营有437人，调自第62步兵师；第294和第336工兵营各有408、336人，分别隶属于第294和第336步兵师。第44步兵师突击连约有300名士兵，而第24装甲师突击连约有150人。[5]

在进行这些商讨前，保卢斯正忙着采取措施，加强赛德利茨在"红十月"厂附近战斗的突击群。例如，遵照最初的进攻构想，他命令伦斯基第24装甲师以坦克组员和支援单位组建一股步兵力量，接防与第305步兵师毗邻的阵地，从而腾出后者的步兵，投入后续进攻行动——伦斯基称，他完全无法理解这道命令。[6]可是，还没等第24装甲师对这道指令做出反应，第51军的命令就接踵而至：

10月30日至31日夜间，第389步兵师应接防第24装甲师的防线。第24装甲师应做好接防第79步兵师南部防线的准备，从（红十月）冶金厂西南角至71b1坐标方格内的伏尔加河冲沟口部（不含）。接防该地域的最早时间为11月1日至2日的夜间。[7]

10月30日至31日的夜间，遵照赛德利茨的命令，第389步兵师（现在由埃里希·马格努斯少将指挥，他刚刚接替了耶内克①）接替了第24装甲师的"贝洛"战斗群，这使贝洛得以将他的部队撤至古姆拉克车站附近的后方集结区。[8]在那里，伦斯基装甲师11月1日接到了新命令："1942年11月1日至2日夜间，第24装甲师接替部署在第79步兵师南翼的部队，防线从与第100猎兵师的结合部至南部厂房（含）。"[9]伦斯基和他的部下对此深感不快：

这可不是我师想要的：没有得到理应获得的休整，却被派至斯大林格勒的另一片区域，这次是可怕的"红十月"冶金厂。这座庞大的工厂遍布矿渣堆、铁路专用支线和已沦为钢筋骨架的巨大钢结构建筑物。交战双方射出的大口径炮弹落在厂内，撕裂了地面，摧毁了建筑物，扭曲的大梁、金属板和瓦砾形成了难以形容的混乱……尽管如此，命令终究是命令。[10]

11月1日至2日的夜间，伦斯基装甲师接替第79步兵师第212团，占据了700米宽的防线——从"红十月"厂10号厂房的南部边缘向西延伸，绕过8a号厂房北缘，直至工厂西南角的冲沟——在那里，该师的右边界与第100猎兵师的左边界相交。此时，苏军近卫步兵第39师第112团的部队守卫着10号厂房东接近地和整个8a号厂房。第24装甲师报告，截至10月31日，该师的战斗兵为960人。可是，在工厂占据阵地前后，该师又拼凑出了700多名战斗兵，主要是以俄国志愿者在非作战阵地上接替德军士兵后腾出的兵员。[11]

进入充满不祥意味的"红十月"厂后，伦斯基将第26装甲掷弹兵团第2营

---

① 译注：耶内克11月1日晋升为工兵上将，改任第4军军长。

和第4摩托车营部署在10号厂房南部边缘与8a号厂房东部边缘之间。他随后又派第21装甲掷弹兵团第2营绕过8a号厂房北部边缘，向西赶往冲沟和与第100猎兵师的结合部。温特费尔德上校的装甲支队尚有20辆可用的坦克，因而成为师属预备队，部署在75坐标方格内的集结区（上"街垒厂"新村与拖拉机厂新村之间）。[12]可是，令伦斯基懊恼的是，11月2日，赛德利茨命令温特菲尔德调拨7辆坦克，支援第305步兵师位于"街垒"厂以东地域的部队。第24装甲师的接防使什未林第79步兵师得以将第208和第212团集结起来，在第179工兵营和克罗地亚第369步兵团（调自第100猎兵师）的加强下守卫工厂的6号和7号厂房，并组织起强有力的突击群，准备重新夺回4号厂房。第79步兵师第226团负责据守1号、2号厂房，并向东发起突击，攻向工厂北部。

采取措施调整集团军战术部署的同时，保卢斯11月2日马不停蹄地视察了赛德利茨各个师的指挥所。基于这番视察掌握的情况，以及各突击群面对兵力明显占据优势的敌军所取得的有限进展和遭受的严重损失（共伤亡400多人），保卢斯面临着进退两难的窘境。虽然他命令赛德利茨第51军"肃清突入第79步兵师阵地之敌"，并于次日"继续以第389步兵师南翼部队发起进攻"，但如果没有新锐预备队，更多的伤亡显然徒劳无益。[13]因此，保卢斯进一步缩减了主要进攻行动，同时与B集团军群继续就必要的援兵问题进行商讨——这里指的是5个战斗工兵营。当日的电报往来中，B集团军群证实，第29摩步师肯定不会交给保卢斯使用。这就意味着木已成舟：第51军要想在最后的行动中赢得胜利，只能依靠自身力量和5个战斗工兵营。基于以往的经验，这么点援兵无异于杯水车薪。

第6集团军默然接受了这些现实，于11月3日18点25分给赛德利茨第51军下达了发起最后突击的命令，行动代号为"胡贝图斯"。命令中要求赛德利茨重组部队后发起进攻，于11月9日或10日夺取拉祖尔化工厂北部地域，保卢斯认为这个目标对苏军第62集团军的防御至关重要。第51军的命令中写道：

> 第51军应暂时转入防御，并准备发起一场进攻，从敌人的登陆场夺取拉祖尔化工厂周边地带……
>
> 各师应坚守阵地，尽可能予以加强，并采取一切措施沿前线设置障碍

物。如果敌人真在他们的革命纪念日（11月7日）发起进攻，我们只有一个选择：不得后退一步！流血牺牲换来的战果，在任何情况下都必须无条件地坚守。[14]

赛德利茨的命令随后规定了各进攻部队的编成和任务（由南至北）：

● 第295步兵师——班内峡谷和拉祖尔化工厂对面的"网球拍"和马马耶夫岗地域；

● 第100猎兵师［命令中并未具体提及该师，以从第14装甲师归建的第59猎兵团和第294、第336工兵营］——"红十月"厂西南角对面，从马马耶夫岗至班内峡谷以北；

● "什未林"集群（由第79步兵师、第14装甲师"赛德尔"战斗群、第24装甲师"舍勒"战斗群构成，11月5日8点生效）——"红十月"厂内；

● 第14装甲师（不全）——第62集团军渡口对面，"红十月"厂与"街垒"厂之间；

● 第305步兵师（获得战斗工兵营的加强）——第62集团军渡口以北，"街垒"厂东部边缘。[15]

就在保卢斯集团军和赛德利茨第51军为最后的突击下达初步命令时，魏克斯通知保卢斯："整体态势要求尽快结束斯大林格勒周边的战斗。"[16]他还告诉保卢斯，第6集团军将在下周获得5个战斗工兵营，"这些工兵营应与步兵部队相结合，由装甲掷弹兵团级参谋人员指挥"，用于最后的突击行动。[17]

尽管魏克斯和保卢斯同意将位于"红十月"厂南面"网球拍"内的拉祖尔化工厂列为进攻目标，但是11月5日和6日，形势发生了巨大的变化。11月5日14点30分，赛德利茨第51军签发的107号令宣布："'胡贝图斯'行动是第51军在X日对拉祖尔化工厂发起的进攻，旨在突至伏尔加河……。必须加紧完成所有准备工作，确保11月10日拂晓（Y时）开始进攻。"[18]命令要求第100猎兵师担任主攻，并将第295步兵师的1个加强团、5个加强工兵营、3个新组建的突击连和大多数提供支援的炮兵和火箭炮单位交给该师。待第100猎兵师的突击成功后，"什未林"集群将投入战斗，对"红十月"厂发起打击。

保卢斯的计划出现偏差的第一个迹象出现在11月5日23点15分，魏克斯的参谋长佐登施特恩打电话通知保卢斯的参谋长施密特，希特勒对第6集团军进攻目标的优先等级提出了质疑。具体地说，由于希特勒认为必须先消灭苏军在冶金厂（"红十月"）和火炮厂（"街垒"）的抵抗，然后再解决化工厂，OKH刚刚询问过B集团军群司令部，为何要先对化工厂发起进攻。佐登施特恩告诉陆军总参谋长蔡茨勒，先对冶金厂和火炮厂发起进攻会削弱集团军的实力，导致最终无法夺取化工厂。蔡茨勒答应向元首反映这个问题，他又提出：何时能发起这两场进攻？先进攻化工厂的理由是什么？

在一份长长的回复中，保卢斯强调他的部队实力较弱，并阐述了他对两个行动能否取得胜利的怀疑。简言之，他认为两个行动都可以在11月10日发起。列举了两个行动各自的利弊后，一如既往地，保卢斯强调指出，在第6集团军进攻化工厂前，先打击冶金厂和火炮厂，肯定能肃清集团军北翼，但很可能削弱集团军的实力，导致其无法对后一个目标发起进攻。相比之下，进攻化工厂将夺取最具决定性的目标，但有可能推迟攻占另外两座工厂的行动。这位集团军司令对两个选择进行总结，他的结论是：

我再次重申先前表述过的意见，在以化工厂为最终目标的前提下，无法确定哪一个方案更有可能取得成功，这是因为集团军可用的部队非常少——这也是无论选择哪种方案，都最好能提供给集团军更多步兵单位的原因。由于俄国人前几天又将新锐部队投入斯大林格勒，这种举措就显得更加有必要了。[19]

将保卢斯的回复传达给佐登施特恩时，施密特补充道："请做出决定并给我们下达命令，我们会遵照执行。"[20]19点40分，B集团军群作战参谋告诉第6集团军作战参谋："我们已接到OKH作战处的决定；元首下令，原先的决定依然有效；因此，应先消灭'危害较轻的一个'（火炮厂和冶金厂东面的登陆场）。"[21]20点10分，尘埃落定，B集团军群通知第6集团军：

元首已下达命令：恢复夺取拉祖尔化工厂的进攻前，应攻占火炮厂和冶金厂以东仍被敌人占据的两块市区。只有在伏尔加河河岸完全落入我军之手后，才能对化工厂发起突击。[22]

11月7日10点15分，第51军下达的108号令确认了保卢斯的最终行动计划已告夭折，命令中宣布："'胡贝图斯'行动推迟。"[23]这道命令还为即将发起的进攻对军里的编组做出了部分调整：第336工兵营、第44步兵师和第24装甲师的突击连仍隶属第100猎兵师，第79步兵师的突击连隶属"什未林"集群，第14和第24装甲师的装甲连听候第51军调遣，第45、第50和第162工兵营负责支援军里的步兵师。据此，第51军11月7日10点30分下达的109号令将集结起来实施"胡贝图斯"行动的部队一分为二，执行各自的任务，具体如下：

● "什未林"集群，辖第79步兵师、2个工兵营、第24装甲师1个装甲连、半个突击炮营、3个火箭炮营（1个重型，2个轻型），负责夺取"红十月"厂平炉车间；

● 第305步兵师辖2个工兵营、1个突击炮营、第14装甲师的1个装甲连、第44步兵师的1个突击连，第389步兵师的右翼部队编有1个工兵营、半个突击炮营、第24装甲师1个装甲连，负责粉碎"街垒"厂与伏尔加河之间狭长地带上的苏军。[24]

最后，第14装甲师的"赛德尔"战斗群将在第305步兵师右侧展开行动，掩护其侧翼，防止苏军发起反冲击攻入两个突击群之间的缺口。

可是，由于赛德利茨和他的许多属下认为分割部队是个错误，11月7日14点35分，第51军下达了修改后的109号令，将进的顺序错开，优先考虑夺取"街垒"厂以东地域。现在的主要目标是"第305步兵师和第389步兵师（南翼）完成周密准备后，于11月11日攻占火炮厂以东的伏尔加河河岸"。[25]这道命令加强了第305和第389步兵师的实力，前者获得3个工兵营，后者得到2个工兵营和1个完整的突击炮营。而"什未林"集群将在11月14日后的某个时候夺取"红十月"厂内的平炉车间。[26]

次日，11月8日，第6集团军将必要的援兵分配给第305和第389步兵师，包括从前者第576、第577、第578团和后者第544、第546团抽调的7个步兵连，

5个新赶到的工兵营，集团军的2个师属工兵连①，2个突击炮营（第244和第245），第14装甲师装甲连和第51军炮兵主力。此时，第244突击炮营尚有17辆可用的突击炮（5辆长身管、8辆短身管75毫米主炮的突击炮，另有5辆配备150毫米重型步兵炮的新型突击炮②），而第245突击炮营只剩下3辆突击炮（2辆长身管和1辆短身管75毫米主炮的突击炮）。²⁷对"街垒"厂以东地域的进攻将在11月11日晨发起，进攻"红十月"厂的部队实施重组后，将对该厂以东地域发起突击，不早于11月15日。²⁸

　　但10月8日晚些时候，与集团军司令部进一步商讨后，第51军再次修改了进攻令，这一次没有提及"什未林"集群对"红十月"厂的进攻行动。根据这道14点下达的110号令，第51军要"夺取火炮厂以东，从油库（含）至砖厂西南地域的伏尔加河河岸"。²⁹具体说来：

　　　第305步兵师和第389步兵师的南翼部队应在拂晓（Y时）以强有力的工兵部队支援各掷弹兵团，沿宽大的正面发起一场突袭，夺取伏尔加河河岸。

　　　应将准备就绪的强大预备队纵深部署，确保其源源不断地投入前线，保存其战斗力，并留出足够的兵力消灭被绕过的敌军据点，肃清被攻占建筑物的地下室。

　　　不得将工兵营编为整团或整营使用，应将其配属给步兵，与步兵和步兵们的重武器进行最密切的协同……

　　　第71、第295步兵师和第100猎兵师及"什未林"集群应精心准备并实施突击行动，诱使敌人误判我进攻正面的宽度……。"什未林"集群的另一个任务是：从进攻开始时起，以步兵武器和火炮的猛烈射击消灭敌人从"什未林"集群左翼前方对第305步兵师右翼部队的侧射影响。³⁰

　　凭借这道命令，第305步兵师获得了第50、第294和第336工兵营，而第389步兵师得到了第45和第162工兵营。

---

① 译注：工兵营。
② 译注：这样算来应为18辆。

因此，希特勒、OKH、魏克斯、保卢斯和赛德利茨之间的商讨，第6集团军和第51军作战计划的频繁更改，体现出了他们的优柔寡断，保卢斯和赛德利茨——更不必说普通德军士兵了——都对赢得胜利缺乏信心。赛德利茨目前的计划不是同时粉碎苏军的整个登陆场，而是打算每次消灭对方的一个堡垒。

作战计划的频繁变更也给执行最后行动的部队造成了连锁影响。例如第24装甲师，11月4日晨，伦斯基派亚历山大·冯·舍勒上校接替"贝洛"战斗群指挥官冯·贝洛上校，并将该战斗群改称为"舍勒"战斗群，仍编有各调自第21、第26装甲掷弹兵团的一个营（第2营），以及师属摩托车营和工兵营。[31]然后，14点15分，军部下达了新命令：组建"什未林"集群，由第79步兵师师长指挥，辖第79步兵师的数个战斗群和第24装甲师的"舍勒"战斗群，11月5日8点生效。舍勒的部队还获得"温特菲尔德"装甲支队10辆坦克组成的一个装甲连的加强，其左侧分界线也做出调整，将"红十月"厂10号厂房包含在内。这就要求"舍勒"战斗群在夜间接替第79步兵师位于10号厂房内的"索博特卡"战斗群。最后，这道新命令提醒什未林和舍勒的部队，估计俄国人会在11月7日苏联十月革命纪念日当天"发起大规模进攻"，并指出："在大量伏特加的驱使下，（俄国人）将发起坚决、猛烈的进攻。"[32]23点前，舍勒的部队顺利接替了"索博特卡"战斗群据守在10号厂房的105名官兵，没有发生意外或伤亡。

除了这种重组和其他师进行的类似调整，第51军军部下达的命令还要求第14装甲师、第79步兵师和第24装甲师各组建一个突击连，在日后的进攻行动中担任先锋。每个突击连由150名士兵组成，配有重机枪、重型迫击炮、37毫米反坦克炮和一个工兵班，三个突击连都交给第100猎兵师统辖，用于"一周后发起的进攻"。[33]

风暴前的平静：战役"间歇"期间的战斗，11月1日—10日

11月1日

11月头几天，魏克斯、保卢斯和赛德利茨为迎合希特勒的要求而对计划做出调整并重新部署斯大林格勒工厂区对面的部队时，整条战线上，断断续续但通常都很激烈的殊死搏斗仍在继续。11月1日最激烈的战斗发生在渡口接近

地和"红十月"厂内，也就是所谓的前线中央地带。据第62集团军每日报告称，在那里，"敌人反复对我军阵地发起进攻，突向梅津河大街和乌曼大街，企图夺取渡口。同时，敌人妄图重新夺回'红十月'厂内被我方部队收复的厂房"。在这场战斗中：

步兵第138、第308和第193师击退了敌人1个步兵营和坦克向渡口发起的两次进攻，守住了他们的阵地。

步兵第45和近卫步兵第39师击退了敌步兵和坦克向梅罗夫斯克（Merovsk）和渡口发起的进攻，继续坚守既有阵地。

近卫步兵第39师正在"红十月"厂内战斗。[34]

就在赛德利茨调整部队，竭力保持对第62集团军的最大压力之时，崔可夫投入了伏尔加河西岸所能集结起来的一切力量，加强第62集团军在"街垒"厂与"红十月"厂之间的防御，特别是掩护西岸最后的、至关重要的渡口。为此，这位集团军司令员命令戈里什内步兵第95师第161和第241团（这两个团前几日一直在伏尔加河东岸接受休整和补充）于11月1日至2日的夜间返回西岸。渡河后，这两个团将占据防御阵地，阻止敌人前出至伏尔加河河岸。[35]另外，崔可夫还命令若卢杰夫近卫步兵第37师师部和该师第109团（崔可夫先前派该团渡过伏尔加河，支援柳德尼科夫的步兵第138师）撤至河东岸休整补充。不过，崔可夫将该师留在西岸的所有人员都交给了柳德尼科夫师指挥。[36]红军总参谋部的每日战事概要报告道：

第62集团军继续坚守既有阵地，击退了敌步兵和坦克在梅津河大街和乌曼大街附近以及"红十月"厂内发起的数次进攻。

11月1日昼间，敌空军以5—12架战机为编组，不断轰炸位于"红十月"厂至班内峡谷地域以及"街垒"厂附近的我军作战编队。

步兵第138、第308、第193、第45师和近卫步兵第39师的部队继续坚守原先的阵地，击退了敌步兵和坦克反复发起的进攻，梅津河大街和乌曼大街附近以及"红十月"厂内的战斗尤为激烈。

步兵第284师发起夜袭，攻占了敌人的6个掩体。

近卫步兵第13师在既有阵地上与敌交火。

集团军右翼，战斗的结果是步兵第300师的（两栖）突击营夺取了拉托申卡东北部，在那里转入防御，并与敌人的1个步兵营和14辆坦克交火。[37]

OKW的报告在很大程度上对工厂区的战斗持漠视态度，因为他们认为无关紧要，报告中称："斯大林格勒北部，苏军再度企图渡过伏尔加河，但没能成功。我军击沉对方两艘炮艇和数艘大型登陆艇，击伤一艘炮艇，俘获数百名苏军士兵。"[38]

B集团军群与保卢斯在援兵问题上相互推诿之际，11月1日，第6集团军司令命令赛德利茨第51军，以现有兵力尽可能多地夺取"街垒"厂以东地域。保卢斯把第24装甲师调整至右侧，希望将第305步兵师（该师现由伯恩哈德·施特恩梅茨上校指挥，几个小时前，他接替了奥彭伦德尔）集结起来，尽快肃清"街垒"厂残余部分及该厂以东地域的苏军。[39]

11月1日10点55分，第51军下达命令，要求第305步兵师和第389步兵师的南翼部队肃清"街垒"厂残余部分和该厂与伏尔加河西岸之间狭长地带内的苏军（步兵第138、第308师）。[40]为确保行动取得成功，赛德利茨以第244突击炮营、第14装甲师第4装甲歼击营的1个自行反坦克炮连、第24装甲师1个装甲连加强第305步兵师，又将第24装甲师第40装甲歼击营的1个自行反坦克炮连调拨给第389步兵师。[41]

11月1日至2日晚，崔可夫采取措施，收紧并加强"街垒"厂以东、"街垒"厂与"红十月"厂之间的防御，确保他的部队将德军挡在至关重要的渡口外。例如，1点05分，他将步兵第45师左侧分界线调整至从代表巴库大街的字母B经政治委员（Kommissarskaia）大街至占科伊大街一线，并派步兵第45师师长索科洛夫上校负责掩护该师左侧与近卫步兵第39师的结合部。[42]同时，崔可夫解散了集团军司令部的警卫连，将人员和武器派去支援近卫步兵第39师。[43]最后，这位集团军司令员命令步兵第95师第241团（该团已渡过伏尔加河）守卫步兵第308与第193师之间的重要地段，特别是渡口。师部到达前，该团暂时由古尔季耶夫步兵第308师指挥。[44]

11月2日

　　11月2日9点，赛德利茨的部队向前推进，第305步兵师第578和第576团的小股战斗群从"街垒"厂中部和南部向东突击，该师第577团在左侧提供掩护。北面，第389步兵师第546团的数个连级战斗群从"街垒"厂向东发起进攻。第576团战斗群在第305步兵师右翼展开行动，打击古尔季耶夫步兵第308师的防御，步兵第308师现在已获得步兵第95师第241团的加强。前进数百米后，第576团在距离工厂东南方的油库不远处停顿下来。北面，德军第578团各战斗群在工厂中部以东地域遭遇到苏军步兵第138师第650团的激烈抵抗，进攻发生动摇。同样，德军第389步兵师第546团也在"街垒"厂东面遇到苏军步兵第138师第768团和配属的近卫步兵第118团的顽强阻击。

　　正如第62集团军11月2日晚些时候报告的那样：

　　敌人从纵深处调来生力军，并加强了作战部队，7点，以配有坦克的1个步兵团在前线北部攻向斯巴达诺夫卡，并以2个步兵师和35—40辆坦克在中部发起进攻。

　　敌航空兵投入一波波战机，彻日不停地轰炸这些地区，并以30多架战机一组的各个机群在各独立地段对我作战编队发起攻击……

　　步兵第138师——敌人以超过1个步兵团的兵力，在坦克的支援下，从沃尔霍夫斯特罗耶夫斯克地域沿伏尔加河投入进攻，从北面对该师的防御实施突击，但该师击退了对方的四次进攻，继续坚守原先的阵地。

　　步兵第308师和步兵第241团（步兵第95师）击退了敌人的四次进攻，这股敌军企图从梅津河大街前出至伏尔加河河岸，但我方部队守住了自己的阵地。

　　当日，步兵第193和第45师击退了敌人向渡口发起的数次进攻，继续坚守阵地。步兵第45师以左翼部队发起反冲击，击退了敌人的进攻，日终时沿铸模、初轧车间至成品仓库一线战斗。敌人损失惨重。[45]

　　红军总参谋部的每日战事概要支持了第62集团军的说法：

　　第62集团军——北部集群（步兵第124、第149旅）11月2日在斯巴达诺夫卡地域击退了敌人1个步兵团和坦克发起的数次进攻。

步兵第138师11月2日在"街垒"厂地域击退了敌人的四次进攻，继续坚守阵地。

步兵第308师和步兵第95师第241团击退了敌人从梅津河大街发起的四次进攻。

步兵第193和第45师11月2日击退了敌步兵和坦克发起的五次进攻，这股敌军企图夺取渡口。步兵第45师的部队发起反冲击，夺回了"红十月"厂内的数个厂房。

集团军辖内其他部队继续坚守原先的阵地。[46]

崔可夫报告，他的部队在当日的战斗中毙伤1200多名德军士兵，并击毁10辆敌坦克，他命令后勤机构为前线部队补充弹药，并要求各部队准备"击退敌人筹备中的进攻"。[47]

OKW的注意力再次集中于斯大林格勒北部的战斗："（我军）继续进攻斯大林格勒地域，激烈的巷战仍在持续。俯冲轰炸机对城市北部敌人的抵抗中心发起持续打击。尽管俄国人拼死抵抗，但其部队不断后撤。敌人发起的数次反击均被击退。"[48]

11月3日—4日

保卢斯和赛德利茨忙着为最后的行动拟制计划时，中央地带的战斗强度在接下来的两天里急剧下降，这是因为第51军辖下的部队限制了己方的行动，以拉直战线并为最后的突击改善出发阵地，从而彻底粉碎第62集团军的防御。例如，11月3日，斯大林格勒方面军试图将步兵第300师撤离伏尔加河西岸、雷诺克北面危险的立足地时，崔可夫集团军报告"击退了敌步兵和坦克在中央地带发起的进攻"，这股敌军"企图前出至伏尔加河并攻占渡口"，集团军辖内各部队继续坚守既有阵地。[49]具体说来，柳德尼科夫步兵第138师击退了敌人一个加强步兵连沿树林（Derevianskaia）大街发起的进攻，还击退了敌人另一个步兵营对"街垒"厂东北角的进攻。与此同时，戈里什内步兵第95师击退了敌步兵营和坦克沿钢铁大街发起的突击，索科洛夫步兵第45师和古里耶夫近卫步兵第39师在"街垒"厂与"红十月"厂之间和"红十月"厂内将敌人的小股战斗群击退。

当日日终时，红军总参谋部报告了已减弱的战斗：

斯大林格勒方面军：

步兵第300师的步兵营实施战斗后撤，从拉托申卡地域撤至铁路线后，继续在尼兹科沃德纳亚渡口附近战斗。

第62集团军11月3日继续坚守原先的阵地，并击退了敌人的进攻。

北部集群的部队继续坚守既有阵地，击退了敌人发起的两次进攻。

步兵第138师击退了敌人1个步兵连向杰列文斯克（Derevensk）地域、敌人1个步兵营和坦克从"街垒"厂东南角向泰梅尔斯克（Taimyrsk）发起的进攻。

步兵第95师击退了敌人1个步兵营沿钢铁大街发起的进攻。

近卫步兵第39师击退了敌人1个步兵营在"红十月"厂附近发起的进攻。

集团军辖内其他部队的位置未发生变化。[50]

日终时，OKW简短地宣布："我军继续在斯大林格勒已占领区域肃清敌人。在此过程中包围了数股敌军。俄国人发起的几次反冲击均被击退。俯冲轰炸机对集结在伏尔加河河曲部以西的敌军发起打击。在斯大林格勒北部，敌人渡河的企图未获成功，在此过程中又损失一艘炮艇。"[51]

崔可夫估计第6集团军随时可能重新发起大规模进攻，11月3日15点45分，他给辖内各师分配了具体的防区，并给他们下达了明确的防御指示。最重要的是，各个师必须在11月3日23点前完成重组，11月4日4点前做好击退敌人进攻的准备。接下来的10个小时，这些部队要"扩宽"他们的登陆场，"发起局部战斗，每天至少要将前沿阵地向前（向西）推进80—100米，以便在11月6日日终前彻底肃清'街垒'厂和'红十月'厂内的敌人"，另外，"在沃尔霍夫斯特罗耶夫斯克—班内峡谷地域将前沿阵地推进至主（西）铁路线"。[52]

随着双方都在为他们认为即将到来的城市争夺战高潮阶段加紧准备，11月4日，战斗行动几乎完全停止。第62集团军报告，敌人只以"小股部队"对其正面发起进攻，集团军继续调整力量并加强防御。根据崔可夫的命令，步兵第138师将近卫步兵第118团撤至预备阵地，崔可夫命令步兵第45和第193师发起局部进攻，改善"街垒"厂与"红十月"厂之间的阵地。红军总参谋部的报告反映出战斗规模的减小，报告中称，第62集团军"11月4日击退了敌人以部分兵力从杰列文斯克、班内峡谷、库尔斯克大街、'红十月'厂附近这些方向发起的试探性进攻，并继续坚守既有阵地"，尽管敌航空兵"以5—7架战机为一组，在前半天持续轰炸'街垒'厂和'红十月'厂"。[53]

OKW在战时公告中宣布："我们的战斗侦察组在斯大林格勒顺利展开行动。敌人的据点被消灭，敌人的进攻被击退。我军部署在伏尔加河畔的警戒部队击沉了对方一艘渡船。我方战机对伏尔加河河曲部以西的敌据点、河流东岸的敌炮兵阵地展开强有力的打击。"[54]

根据眼前的平静和情报部门的报告，崔可夫得出结论："保卢斯很可能在11月1日前已开始为下一轮进攻进行准备，但在激烈的战斗中，我们没有发现这一点……。很明显，斯大林格勒争夺战并未结束。"[55]更能说明问题的是，叶廖缅科通知崔可夫，"敌人正打算中止对第62集团军的进攻"，因此，他们已"开始将部队从集团军正面撤至后方和侧翼"。根据这一情况，崔可夫得出的结论是："最高统帅部正准备发动一场反攻，叶廖缅科自然对此心知肚明，上级已决定不惜一切代价，主要是通过城内的积极行动，将敌集团牵制在伏尔加河。"[56]如果这种判断被证明准确无误，崔可夫相信，保卢斯会尽快完成他在斯大林格勒的行动。就像他在11月4日的日记中所写的那样："接下来的几天，敌人将继续实施猛烈的进攻。他们会投入约两个师的生力军，但很明显，敌人是在作最后的挣扎。"[57]

11月4日晚，第62集团军提交了一份对苏军登陆场对面之敌的相当准确的评估。报告的开头部分提出这样一种判断："近日，敌人以其主力对斯巴达诺夫卡、'街垒'厂和'红十月'厂发起猛烈进攻，已遭受到严重损失。"[58]关于德军的实力，报告中称，沿第62集团军防线展开行动的是敌人的10个师，分别为第295、第71、第79、第94、第100、第305、第389步兵师和第14、第16、第24装甲师，保卢斯集团军尚能拼凑起200辆坦克和1000门火炮。报告中还附上了各德军师和团的名单，甚至包括一些独立营，另将德军各部队占据的防区逐一列出，其准确性令人咋舌。保卢斯第6集团军11月9日提交的状况报告证实了崔可夫认为第6集团军实力虚弱的判断，尽管他过度夸大了该集团军的坦克力量（参见图表40）。

虽然第6集团军通过合并部队，增加了1个被评为"强"的营，被评为"中等"的营的数量也有所上升，但该集团军在斯大林格勒及其周边地域作

图表40：1942年10月26日—11月9日，第6集团军在斯大林格勒作战的各个师辖下步兵、工兵营的战斗力等级

	10月26日	11月9日
第14装甲军		
第3摩步师（4—3个步兵营）（1个工兵营）	4个中强 虚弱	3个中强 中等
第60摩步师（7—6个步兵营）（1个工兵营）	2个中强、1个中等、3个虚弱、1个耗尽 虚弱	1个中强、1个中等、3个虚弱、1个耗尽 虚弱
第16装甲师（4—3个装甲掷弹兵营）（1个装甲工兵营）	1个中强、1个中等、2个虚弱 虚弱	1个中强、2个虚弱 虚弱
第94步兵师（7个步兵营）（1个工兵营）	7个虚弱 中等（辖2个连和1个俄国志愿者连）	2个虚弱、5个耗尽 中等
第51军		
第24装甲师（4个装甲掷弹兵营）（1个装甲工兵营）	1个虚弱、3个耗尽 耗尽	1个中强、3个中等 耗尽
第100猎兵师（5个步兵营）（1个工兵营）	1个强、1个中强、2个中等、1个虚弱 中等	2个中强、3个虚弱 中等
第305步兵师（9—6个步兵营）（1个工兵营）	5个虚弱、4个耗尽 耗尽	2个虚弱、4个耗尽 耗尽
第295步兵师（7个步兵营）（1个工兵营）	1个中等、4个虚弱、2个耗尽 虚弱	1个中等、5个虚弱、1个耗尽 虚弱
第389步兵师（5—6个步兵营）（1个工兵营）	1个中等、2个虚弱、2个耗尽 耗尽	4个中等、2个虚弱 虚弱

第79步兵师 （6个步兵营） （1个工兵营）	3个中等、3个虚弱 中等	1个中等、5个虚弱 中等
第14装甲师 （4—2个装甲掷弹兵营） （1个装甲工兵营）	4个虚弱 中等	2个强 中等
第71步兵师 （7个步兵营） （1个工兵营）	2个中等、5个虚弱 虚弱	5个中等、2个虚弱 虚弱
总计 69—62个步兵营 12个工兵营	1个强、8个中强、11个中等、37个 虚弱、12个耗尽 4个中等、5个虚弱、3个耗尽	2个强、8个中强、15个中等、26个 虚弱、11个耗尽 5个中等、5个虚弱、2个耗尽

※ 资料来源：弗洛里安·冯·翁德·楚·奥夫塞斯男爵，《第6集团军作战日志附件册，第一卷，1942 年 9 月 14 日至 11 月 24 日》，第 212—216、第 248—253 页，"Betr.: Zustand der Divisionen, Armee － Oberkommando 6, Abt. Ia, A. H. Qu., 26. Oktober 1942, 10.15 Uhr"（关于：各个师的状况，第 6 集团军司令部作战处，1942 年 10 月 26 日 10 点 15 分），以及 "Betr.: Zustand der Divisionen, Armee － Oberkommando 6, Abt. Ia, A. H. Qu., 09. November 1942, 16.20 Uhr"（关于：各个师的状况，第 6 集团军司令部作战处，1942 年 11 月 9 日 16 点 20 分）。

战的营，总数却从69个下降为62个。更糟糕的是，截至11月9日，第51军7个师中的3个（第94、第295、第79步兵师）被评为"虚弱"与"耗尽"之间，另外2个师（第389步兵师和第14装甲师）的战斗力等级勉强接近"中等"，这完全是因为他们合并了几个营的缘故。另外，截至11月11日，第6集团军只能拼凑出21辆坦克和28辆突击炮支援第51军最后的行动，其中包括第14装甲师"赛德尔"战斗群的13辆坦克、第24装甲师"舍勒"战斗群的8辆坦克、第244突击炮营的18辆突击炮、第245突击炮营的10辆突击炮。[59]在斯大林格勒北部行动的第14装甲军11月11日报告，第16装甲师尚有55辆坦克（41辆三号长身管坦克、3辆四号短身管坦克、11辆四号长身管坦克），11月14日该军又报告，第3和第60摩步师分别拥有28辆、23辆坦克。[60]因此，崔可夫11月11日认为第6集团军有200辆坦克的判断并不准确，保卢斯的部队在斯大林格勒实际上只有127辆坦克和28辆突击炮，其中只有49辆支援第51军的行动。公正地说，崔可夫的估计可能将第22装甲师和第29摩步师也计算在了其中。

11月5日—10日

在保卢斯和赛德利茨确定进攻方案并为最后的行动集结兵力时，从"街垒"厂至"红十月"厂，双方沿整条战线展开了侦察和局部进攻。第62集团军的每日作战报告指出，德军不断以连、营级兵力发起试探性进攻，特别是在步兵第95、第45师和近卫步兵第39师的防区。红军总参谋部总结了当日的作战行动：

11月5日，第62集团军的部队继续击退敌人发起的一切进攻，并坚守既有阵地。

敌航空兵11月5日投入500飞行架次，轰炸"红十月"厂、班内峡谷、戈尔纳亚波利亚纳国营农场、别克托夫卡、斯韦特雷亚尔（Svetlyi Iar）和集团军渡口。

步兵第95师与敌人发起进攻的1个步兵营和坦克展开战斗，敌人（第14装甲师）对其防御阵地展开突击，封锁了我军设在列宁大道上的两个支撑点。

步兵第45师击退了敌人1个步兵营和坦克（第79步兵师）从"红十月"厂西北角向平炉车间发起的进攻，继续坚守原先的阵地。

近卫步兵第39师与敌人1个步兵营和10辆坦克（第79步兵师）在"红十月"厂中心展开战斗。

集团军辖内其他部队的位置未发生变化。[61]

谈及当日的行动，崔可夫指出，11月5日的战斗毙伤750名德军士兵，但两名苏军指挥员也在战斗中阵亡，分别是"戈罗霍夫"集群步兵第149旅旅长博尔维诺夫上校和步兵第193师第895团团长乌斯季诺夫少校，德国人的炸弹炸毁了他们的指挥所，这两位指挥员和几名参谋受了致命伤。[62]崔可夫称，他的应对是命令各强击组加强夜间行动，据他说，巴秋克步兵第284师的士兵"夺取了一个个掩体和暗堡，消灭了里面的敌守军"。[63]针对当日的行动，OKW轻描淡写地指出："德军和敌战斗侦察组11月5日在斯大林格勒展开积极行动，敌人发起的几次进攻均被击退。"[64]

前线相对的平静持续至11月6日，尽管第24装甲师报告称他们击退了苏军对"红十月"厂10号厂房猛烈的试探性进攻，以及对其他地段规模较小的进攻。这些小规模冲突中较为典型的是，在第24装甲师防区内，"一个较大的突击队……，三十多人从东面的冲沟和一小片建筑群对10号厂房发起突击，经过15分钟的战斗，这场突袭被击退"。[65]但第62集团军的记录中没有提及这些进攻。下午开始的大雨浇灭了后续作战行动，伴随雨水而来的还有一股凛冽的冷空气。

在红军总参谋部看来，报告中唯一值得一提的行动是"步兵第45师和近卫步兵第39师的分队以火力击退了企图在'红十月'厂进攻我军阵地的敌小股步兵"，另外，"集团军辖内各部队的位置未发生变化"。[66]OKW承认并证实了这一点："在斯大林格勒，具有局部重要性的战斗继续进行，轰炸机和俯冲轰炸机对伏尔加河东面的敌炮兵阵地和部队集结地发起空中打击。"[67]

俄罗斯的冬季即将到来，崔可夫指出："气温骤降，当地居民向我们介绍了伏尔加河的情况；11月会出现小冰块，然后变成大冰块，漂浮在河中。浮冰期间，伏尔加河上的交通会中断，因为船只无法穿行。"[68]这使第62集团军司令员对敌人即将发起的进攻担心起来，他得出的结论是："保卢斯可能正在等待这种时候来发起新的进攻。"情报部门告诉他，德军第44步兵师正朝斯大林格勒开进，崔可夫对此担心不已："我们面临着两面作战的严重局面——同敌人和同伏尔加河。"[69]崔可夫的情报部门掌握的情况并不准确，德军第44步兵师仍在克列茨卡亚西面沿顿河设防，但崔可夫得出的结论没错，德军的进攻行动已迫在眉睫。

11月7日，战场上的平静被双方的常规突袭打破，这使崔可夫得出结论："敌人实施武力侦察，并从纵深地带前调生力军。"这清楚地表明，德国人正准备发起某种更大规模的进攻。[70]当晚，红军总参谋部的每日战事概要对第62集团军的防御做出了更加完整的描述：

第62集团军11月7日击退了小股敌军发起的数次进攻，继续坚守既有阵地。根据已获得确认的材料，集团军各部队据守的阵地如下：

步兵第124旅、步兵第149旅的分队——水塔北面200米处的伏尔加河河岸、雷诺克北郊和西郊、斯巴达诺夫卡村北部的三座独立建筑、斯巴达诺夫卡村南部的梯形街区；

步兵第138师和近卫步兵第118团——杰列文斯克中央地带的伏尔加河河岸、普里巴尔季大街的铁路交叉口、沃尔霍夫斯特罗耶夫斯克东南部、"街垒"厂东北部和普里巴尔季斯克；

步兵第95师（欠1个团）——普里巴尔季斯克（含）、梅津河大街南面峡谷的西北坡、图瓦大街、花岗岩（Granitnaia）大街东部；

步兵第45师——从花岗岩大街至"红十月"厂东北郊，并沿该厂向西南方延伸；

近卫步兵第39师——沿"红十月"厂至铁路岔线、俄罗斯村（Russkaia Derevnia）大街南部和斯坦尼斯拉夫斯基（Stanislavski）大街，并沿铁路路基至班内峡谷；

步兵第284师——班内峡谷南坡、黑海大街、斯大林格勒（Stalingradskaia）大街和科技（Tekhnicheskaia）大街西郊、102.0高地（马马耶夫岗）和多尔吉冲沟东脊；

近卫步兵第13师——多尔吉冲沟中段、涅克拉索夫大街东部、坦波夫大街中段、"1月9日"广场中央、共和国大街北部、渡口北面600米处的伏尔加河河岸；

坦克第84旅部署在第二梯队——新农村大街和多林斯卡亚大街东部；

步兵第193师掩护渡口——从巴库政治委员（Bakinskii Komissarov）大街南部至铁路信号房；

步兵第308师的位置正在确认。[71]

当天早些时候，第6集团军以火炮和迫击炮对伏尔加河东岸的苏军炮兵阵地发起一场炮火反准备，炮击断断续续地持续了四天，但在11月10日变得猛烈起来。除了这场炮击、空袭和苏军炮兵偶尔发起的还击外，11月8日—10日，斯大林格勒工厂区的地面战斗依然较为稀疏。不过，双方继续展开侦察试探，随着保卢斯进攻日期的临近，第62集团军在"红十月"厂的侦察行动愈演愈烈，这清楚地表明，崔可夫知道德军即将发起进攻。

红军总参谋部密切关注着前线的动静，并在11月8日的报告中指出：

"第62集团军守卫着原先的阵地，并以部分兵力粉碎了敌小股部队在不同地段突入我防御纵深的企图。7点15分，敌人的35架Ju–87战机轰炸了博布罗夫（Bobrov）和红斯洛博达地域（位于斯大林格勒东面的伏尔加河左岸）。"[72] 当天的战斗结束后，崔可夫命令他的部队"派侦察小组探明集团军当面之敌的编组情况"，并重申了先前的命令："将敌人驱离他们占据的阵地，有条不紊地摧毁敌支撑点后将其夺取，借此扩大伏尔加河右岸的防御登陆场。"[73]

11月9日，第62集团军的每日报告极为简短，只是提到近卫步兵第39师为争夺"红十月"厂内的型材车间与敌人展开战斗。红军总参谋部简单地汇报道："第62集团军守卫着原先的阵地，并以部分兵力粉碎了敌小股部队在不同地段突入我防御纵深的企图。"[74]另一方的OKW没有提及任何地面战斗，尽管赛德利茨部署在前线的师汇报称苏军以30至200人不等的小股部队展开的试探行动有所增加，特别是在"红十月"厂附近。[75]

崔可夫相信德国人即将发起进攻，11月10日再次命令辖内部队发起大规模试探行动和反冲击，尽可能最大程度地破坏保卢斯的进攻准备，主要是在"红十月"厂附近，并全力加强登陆场的防御。红军总参谋部报告道：

第62集团军继续坚守原先的阵地，击退了敌步兵和坦克在不同地段发起的多次进攻。

北部集群的部队（步兵第124、第149旅）所处的位置未发生变化。

步兵第138师在原先的阵地上与敌人交火。

步兵第95师击退了敌人1个步兵营和2辆坦克在"街垒"厂以南地域发起的四次进攻。在战斗中缴获4支冲锋枪和9000发子弹。

步兵第45师据守着原先的阵地。

近卫步兵第39师守卫着原先的阵地，并以部分兵力在"红十月"厂附近与小股敌军展开战斗。

步兵第284师，当日12点以部分兵力击退了敌人1个步兵连从班内峡谷发起的进攻。

步兵第92旅的2个营渡过伏尔加河，到达步兵第284师防区内的伏尔加河右岸。

集团军辖内其他部队的位置未发生变化。[76]

据第62集团军每日报告称，步兵第92旅的2个营与步兵第284师第1043团集结在铁路环线（"网球拍"）附近，担任该师第二梯队。这一调动可能是因为崔可夫担心德军对化工厂发起大规模进攻，他给步兵第92旅下达了以下命令："完成集结并实施部分重组后，展开积极行动，扩大'红十月'厂和克鲁托伊冲沟地域（包括马马耶夫岗）的登陆场。"[77]

OKW注意到苏军的行动有所加强，于11月9日宣布"各战斗侦察组继续在斯大林格勒展开积极行动"。11月10日，B集团军群作战部门含糊地报告道："（敌人）从东面和南面对冶金厂发起的进攻被击退，敌人损失惨重。"[78]尽管如此，集团军群的情报官仍对目前的僵局持乐观态度：

虽然我方部队对斯大林格勒城区的进攻遭遇到顽强抵抗，但油库附近和火炮厂东北方之敌正被迫后撤。前线其他地段未发生大规模战斗……

第6集团军——敌人在少量坦克的支援下，再次在冶金厂东部发起进攻。这场进攻未能成功。面对我军进攻部队，敌人顽强抵抗，但最终放弃了油库和火炮厂东北部。在佩切特卡（Pechetka），敌人丢失了两个机枪阵地、数个碉堡和工事。[79]

但在第24装甲师看来，苏军近卫步兵第39师11月10日在"红十月"厂内的试探性进攻不同寻常，不过，苏联方面的资料并未提及这场行动：

7点30分，一场猛烈的炮击落在10号厂房及其周边，这道火力网将第26装甲掷弹兵团的防区与工厂其他地段隔开。5分钟后，敌人的数个突击群冲出油库（工厂东南方），沿铁路线（工厂南面）扑向10号厂房南端。至少有几百名俄国人。他们刚一离开出发阵地，炮击便戛然而止。俄国人潮水般涌向防线前，掷弹兵们几乎来不及将武器架上胸墙或伸入射孔。机枪的几个连射撂倒了一些俄国人，但战斗迅速沦为一场激烈的白刃战。几股掷弹兵被进攻中的敌人切断，他们继续坚守阵地，直至弹药耗尽，有些人以刺刀和工兵锹力战至死，还有些人隐蔽在废墟间，待眼前的危险过去后再返回战友身边。敌人冲出油库，沿铁路线发起的这场进攻直指10号厂房，同时也攻向东——南防线。

面对进攻方的压力，德军被迫后撤，10号厂房南端周围的掷弹兵们边打边撤，退守至9号、10号厂房之间的预备阵地，俄国人突入10号厂房南端的三层建筑，占领了重要的楼梯间。经过1个小时的激战，8点45分左右，敌人终于停止了进攻，第26装甲掷弹兵团第2营和第4摩托车营几个意志坚定的班击退了敌人的所有进攻，在10号与8a号厂房之间的开阔地死死守卫着10号厂房西南面的防线。10号厂房北部，第26装甲掷弹兵团第2营的余部继续击退敌人从东面发起的进攻，但他们已被迫将南部的防线向西弯曲，偏离厂房的西面，以便同现在已成为前线的预备阵地会合。他们抗击着穿过南翼三层建筑的两扇门、攻入厂房废墟内的敌强击组。这些进攻均被击退。9点45分，第26装甲掷弹兵团第2营准备发起反冲击重新夺回10号厂房南端时，敌人再次投入进攻。各反冲击组被迫击退敌人的进攻，他们成功地做到了这一点，但计划中的反冲击却遭到破坏……

敌人昨天的进攻仅仅是侦察行动，并未获得炮火支援，但今天，敌人的炮火支援非常猛烈。[80]

这场协同一致的反冲击，可能是古里耶夫近卫步兵第39师第112团的步兵们发起的，事实证明，这场突击的力度非常大，致使"舍勒"战斗群被驱离10号厂房。例如，当日"敌人投入200—300名士兵，发起六次进攻……最后一次在18点，德军无法实施反冲击"。[81]由于苏军这场进攻，"什未林"集群（第79步兵师和第24装甲师）面对着11月11日发起两场突击的艰巨任务，第一个突击由第79步兵师攻向"红十月"厂10号厂房①（赛德利茨刚刚将进攻日期改为11月11日），第二个突击由"舍勒"战斗群同步发起，旨在夺回10号厂房。在赛德利茨看来，古里耶夫11月10日的反冲击也妨碍了"舍勒"战斗群的重组，使其无法向北支援第305步兵师在"街垒"厂附近发起的进攻。

---

① 译注：应为4号厂房。

　　不管怎样，参加第51军11月11日最终突击行动的部队于11月10日晚完成了进攻准备（参见地图86）。赛德利茨主突击群的左翼，施特恩梅茨第305步兵师左侧获得马格努斯第389步兵师主力的掩护，辖内部队从左至右（由北至南）部署在约2.5公里宽的地域内，这片战区从砖厂（距离伏尔加河100米）西南角沿"街垒"厂（距离伏尔加河300—400米）东部边缘向南延伸，直至该厂南部冲沟（距离伏尔加河300米）下段。突击群左翼，第389步兵师6个步兵营中的3个组成的战斗群在师属第389工兵营和第162工兵营（调自第62步兵师）的支援下，部署在从砖厂南延至"街垒"厂东北边缘的战线上，当面之敌是苏军步兵第138师第768团和配属的近卫步兵第118团。[82]

　　第389步兵师右侧，第305步兵师将其第577、第578和第576团从左至右沿"街垒"厂东部边缘并排部署。第336工兵营（调至第336步兵师）加强第577团，第305步兵师第305工兵营和直属第6集团军的第50（摩托化）工兵营加强第578团，第294工兵营（调至第294步兵师）加强第576团。第14装甲师以2个装甲连（共7辆坦克）支援该师的突击。每个工兵营约有450人，但第305和第389工兵营分别只有150、220人。施特恩梅茨的当面之敌为苏军步兵第138师第344、第650团和步兵第95师第241团，他们还获得了步兵第308师少量残余士兵的加强。虽然无法确定这一阶段双方兵力的准确数字，但第305和第389步兵师很可能为这场进攻集结起了3000名步兵，并获得2000名工兵的加强，共5200人，而苏军的兵力不到其半数。[83]

　　与此同时，在赛德利茨主突击群的右翼，尽管受到崔可夫10月10日反冲击的破坏，但"什未林"集群（获得加强的第79步兵师）和辖下的"舍勒"战斗群仍于当晚集结起部队，准备对"红十月"厂4号和10号厂房发起突击。什未林将第208团部署在左侧，面对10号厂房北半部，"舍勒"战斗群居右，面对10号厂房南半部。第226步兵团和第24装甲师第21装甲掷弹兵团第2营掩护主突击群位于1号、2号厂房东面的左翼，第4摩托车营掩护突击群位于8a号厂房北面的右翼。

　　什未林打算以师属第179工兵营120名士兵组成的一个突击群为先锋，在第24装甲师第40装甲工兵营第3连的支援下，对4号厂房发起进攻。该突击群将以4个战斗楔形投入进攻，每个楔子分成两个波次，第208步兵团战斗群的

728

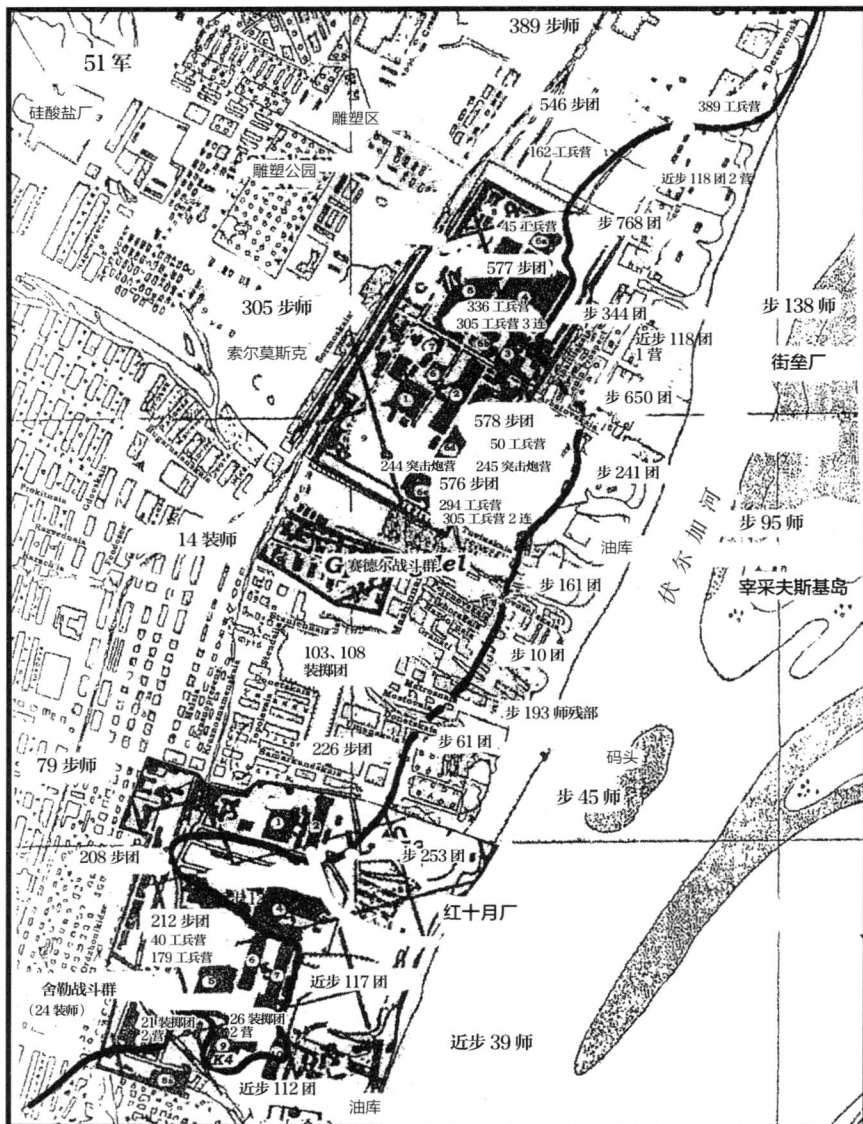

地图 86　1942 年 11 月 10 日晚的态势

1000名士兵和克罗地亚步兵团残余的191人在身后提供支援。[84]据德方报告,这股力量面对的是苏军守卫10号厂房的约400名士兵,包括近卫步兵第39师第120团的135人、步兵第45师第253团的205人和60余人组成的数个反坦克连。[85]但是,苏军这两个团还有数百人以班、排、连的形式守卫着工厂东部的4号厂房,这使"什未林"集群的进攻行动变得复杂起来。

什未林右侧,第24装甲师"舍勒"战斗群面临着一项艰巨的任务——将苏军驱离10号厂房,并把他们赶入伏尔加河。舍勒的计划是以第26装甲掷弹兵团第2营各班级突击组执行这一任务,调自另一些师属单位的额外兵力提供加强,第89装甲炮兵团的火炮和师里剩下的7辆坦克提供支援。这股德军的兵力约为400人,当面之敌是苏军据守10号厂房的100—150名士兵。[86]

海姆第14装甲师在此次进攻中只担任次要角色,但还是为施特恩梅茨的步兵提供了一些装甲支援。该师组建起"赛德尔"战斗群,隶属两个装甲掷弹兵团和战斗支援营的部队负责压制位于"街垒"厂与"红十月"厂之间的苏军,并以火力支援赛德利茨突击群的两翼。最重要的是,"赛德尔"战斗群还负责掩护施特恩梅茨位于"街垒"厂南面的右翼。

对苏军计划和方向的判断

保卢斯和赛德利茨再次希望这场进攻将是斯大林格勒争夺战的最后阶段,并为此重新部署兵力,而此时其突击群极度虚弱的实力表明,在这场即将成为斯大林格勒工厂区南部争夺战最后阶段的战斗中,这两位指挥官完全知道他们已打出最后的底牌。崔可夫也清楚这一点,顽强地准备着他的防御。身处莫斯科的斯大林和最高统帅部竭尽全力确保第62集团军的防御取得成功,并为发起新的、果断的反攻而加紧改善红军的部署和实力。但与此同时,过去不计其数的、令人不快的回忆历历在目——他们付出艰苦的努力精心组织的进攻总是遭到失败。

不管怎样,从10月下旬开始——11月前两周又加快了速度——斯大林和最高统帅部不停地忙碌着,准备实现其进攻梦想。他们下达了一道道指令,意图为这场新攻势集结兵力,但此时这些部队离科特卢班、叶尔佐夫卡血腥的战场尚十分遥远。在此过程中,最高统帅部命令NKO将3个新组建的机械化旅和配属的坦克团交给斯大林格勒方面军。因此，机械化第17、第61、第62旅及辖下的坦克第44、第176和第163团，将在斯大林格勒以北500公里处的坦波夫地域登上火车，在斯大林格勒东南方60公里处的卡普斯京亚尔（Kapustin Iar）地域卸载、集结，11月中旬前赶至斯大林格勒城附近。[87]

就在几个小时前，苏军最高统帅部将西南方面军第63集团军改编为近卫第1集团军，以此加强斯大林格勒西北方沿顿河防线据守的苏军部队；将第63集团军辖下的步兵第1、第153和第197师纳入新组建的近卫集团军，并派西方面军第30集团军司令员D. D. 列柳申科中将担任该集团军司令员。[88]11月5日，红军总参谋部又指示列柳申科将步兵第1、第153和第197师编入新组建的步兵第14军，11月10日生效，以改善该集团军的指挥和控制。[89]另外，为更有效地协调沿斯大林格勒北部方向展开行动的空军部队，斯大林11月4日派红空军第一副司令员G. A. 沃罗热伊金中将协调沃罗涅日、西南方面军的一切空中行动。[90]

苏军最高统帅部继续加强顿河战线，总参谋部11月9日把三个新锐步兵师和两个步兵旅交给沃罗涅日方面军，并指示将三个步兵师编为一个新步兵军，交由第6集团军指挥，加强方面军的左翼，两个步兵旅留作第6集团军预备队。[91]保卢斯和赛德利茨在工厂区发起最后突击的三天后，11月14日，红军总参谋部又派出两个步兵师（第315和第87师）加强叶廖缅科的斯大林格勒方面军。总参谋部指示叶廖缅科，将这两个步兵师部署在伏尔加河东岸，确保方面军在斯大林格勒地域的防御能力。[92]

但是，这些措施仅仅只是莫斯科正在进行中的密集战略规划的部分反映，沃罗涅日、顿河、斯大林格勒方面军及其辖下的各集团军司令部也在拟制广泛的战略、战术计划。德军各指挥层的情报机构的确发现了苏军部署的变化，并发出了俄国人有可能发动进攻的警告。可是，由于全神贯注于斯大林格勒及其周边的战斗，大多数迹象未被德国人发现。德军空中侦察和无线电拦截单位也取得了一些成绩，但苏军有力的伪装措施，再加上己方缺乏可靠的人类智慧，导致德军情报人员很难探明苏军后方的情况。另外，德军指挥官通常会对这些情报和相关警告大加申斥，因为他们根本不相信其真实性，或因为以往的经验滋生出过度的自信，认为德国军队完全能够击退苏军发起的任何进攻。

例如，自10月25日起至11月第一周，莱因哈德·盖伦将军领导的OKH情报机构——东线外军处，通过包括空中侦察、无线电拦截和活动于红军后方的"阿布维尔"特工在内的各种收集手段获得了令人不安的情报。这些情报表明，"薄弱但源源不断的援兵"正赶去加强与守卫顿河防线的罗马尼亚第3集团军对峙的苏军部队。虽然盖伦后来声称"直到这一阶段后期，我们才弄清楚苏联人的意图"，但他却在10月29日通知陆军总参谋长蔡茨勒将军："这里没有为大规模进攻进行准备的任何迹象，但整个地区的情况还需要继续观察。"[93]

FHO（东线外军处）很快便收到了其他报告，主要来自侦察机，大多是关于苏军援兵到达谢拉菲莫维奇地域、沿通往谢拉菲莫维奇的铁路线进行的大规模运输和卸载活动、在克列茨卡亚渡过顿河的繁忙交通的报告。盖伦又一次做出了与原先相同的判断，10月31日提醒OKH："敌人有可能对罗马尼亚人设在谢拉菲莫维奇的防御发起局部进攻。"[94]接下来的几天，FHO获得了更多关于苏军援兵到达谢拉菲莫维奇以西地域的报告，以及顿河方面军第65、第21集团军的部队调至同一地区的一些报告。这些情报的数量和可信度的提高促使盖伦11月2日向他的上级提出建议："我们必须预料到，罗马尼亚第3集团军当面之敌正在继续加强，甚至有可能发起一场进攻。"不过，和以往一样，他对这种判断稍作保留，并称"我们必须等待更多的迹象"。[95]

次日，德军空中侦察报告，敌坦克和野战炮兵正从斯大林格勒北部战线调往谢拉菲莫维奇地域，盖伦立即通知OKH："情况越来越明显，敌人正为进攻罗马尼亚第3集团军加紧准备，但目前尚在早期阶段。"[96]他又一次为自己的判断留下一些余地："我们还不能确定这场进攻的目的是为了将我方部队从斯大林格勒引开，还是另有更大的意图。"（尽管盖伦声称他倾向于前一种可能性。）[97]德国人还发现苏军援兵涌入斯大林格勒，盖伦11月4日做出判断——"敌人并未放弃争夺斯大林格勒的战斗"，而且他们正在加强城市南面别克托夫卡登陆场的部队。但同时，他也告知OKH，苏军仍忙着将顿河与伏尔加河之间陆桥地域的部队调往谢拉菲莫维奇，大批车辆（可能来自新锐步兵师和坦克师）正驶入克列茨卡亚以北地域。[98]

这些情报和无线电拦截表明，一个新的指挥部（西南方面军）已接管顿河以北、谢拉菲莫维奇地域的苏军部队，盖伦判断，苏军的确有可能发起一场进攻。因此，11月10日，他直截了当地提醒蔡茨勒："苏军西南方面军司令部出现在谢拉菲莫维奇西北方的某处，表明敌人即将发起一场大规模进攻。"[99]

虽然大多数德军指挥官并不怀疑这些情报和相应警告的准确性，但基于几个令人信服的理由，他们仍对其重要性漠然处之。首先，自8月下旬以来，部署在顿河与伏尔加河之间的苏军对第6集团军左翼发起过多次进攻，每次至少投入2个集团军，有时候甚至多达4个，这种进攻通常辅以3个坦克军的数百辆坦克。但正如这些进攻行动最后一次（几天前刚刚以彻底失败而告终）所表明的那样，德国守军总是能较为轻松地将其击退。另外，苏军9月份曾在谢拉菲莫维奇地域发起过新的攻势，虽然他们仍控制着在顿河南岸夺取的登陆场，但实施防御的轴心国军队已遏制住这些登陆场。最后一点，苏军也从斯大林格勒南面的别克托夫卡登陆场发起过大规模进攻，最后一次是在10月末，但这些进攻均被迅速击溃，没能取得任何显著战果。因此，以往的经历表明，一两个德军师便足以抵挡苏军的多个集团军。有人认为，罗马尼亚和意大利部队可能无法抵御苏军的协同进攻，对此，德军指挥官们指出，德军步兵师正在为这些卫星国部队提供支援，具体说来，第298步兵师部署在新卡利特瓦（Novaia Kalitva）以东、意大利人的防区内，第376步兵师位于克列茨卡亚东面，而第48装甲军军部和第22装甲师很快就将部署至谢拉菲莫维奇、罗马尼亚部队防线的后方。

其次，几个月来，盖伦的东线外军处一直无法准确预测苏军的主要战略攻势将落在东线何处。FHO认为苏军肯定会发起一场冬季攻势，但其战略重点究竟是莫斯科还是斯大林格勒，FHO无法确定。例如，8月29日，盖伦认为，俄国人很可能对"（勒热夫—维亚济马突出部的）中央集团军群发起进攻，消除对莫斯科的威胁，并赢得一场胜利，那里的战线配置不会对苏军下级指挥员的战术能力提出太高要求"。[100]但9月15日，盖伦又承认，鉴于斯大林格勒地域的现状，苏军可能先在这里展开进攻，因为据他估计，苏联的资源只够在当年秋季发起一场大规模攻势。[101]随后，根据苏联在莫斯科以西、勒热夫突出部两侧繁忙的铁路运输行动，盖伦9月17日更改了自己的判断，再次认为苏军很可能对"中央"集团军群位于突出部内的第9集团军发起进攻。

10月初，苏军在勒热夫地域的调动情况有所加剧，这使盖伦得出了结论。首先，他在10月初表示，"集结在第9集团军周围的苏军都是作战部队"，10月中旬他又指出，苏军的进攻很可能会针对突出部内第9集团军的中央和左翼。[102]但10月15日，据特工人员报告，萨拉托夫地域组建起了新的西南方面军，FHO得出结论——苏军"最终"试图对B集团军群的防区发动进攻，但他们必须放弃对"中央"集团军群的攻势。[103]此后，苏军10月下旬在顿河以北地域调兵遣将的情报促使FHO做出预测：苏军最多在谢拉菲莫维奇地域发起局部性进攻。

11月6日，虽然盖伦已发出警告——苏军有可能沿顿河对罗马尼亚第3集团军发动进攻，但FHO还是签发了另一份评估，尽管并未破坏其他报告的可信度，但肯定会削弱那些报告的影响力：

1. 苏军日后对德军东线的进攻重点将落在"中央"集团军群的防区，这一点日益明显。尚不清楚的是，与此同时，俄国人是打算沿顿河发起一场大规模进攻，还是在南方实现有限的目标。这是基于这样一种考虑：他们的兵力不足，无法在两个方向同时赢得胜利。不管怎样，我们可以得出结论——他们正准备在南方发起的进攻不会前出得太远，必须预料到，不久的将来他们将在这里发起一场大规模行动，但同时也会对"中央"集团军群展开进攻。目前没有情报表明俄国人已彻底放弃渡过顿河发起进攻的想法，这个想法无疑会对他们先前的意图造成影响。这场行动很可能根据时间给予他们的优势来划分，暂时将指定用于这场进攻的部队留作预备队，若态势发展允许，便将其投入对"中央"集团军群的进攻。

这里，我们不考虑南翼苏军的作战能力。

妨碍敌人在不久后对"中央"集团军群采取决定性行动的最重要因素如下：

（a）出于军事和政治原因赢得一场快速的重大胜利的必要性。敌人认为他们能够完成对"中央"集团军群的进攻行动，其难度要低于对B集团军群的打击。在"中央"集团军群防区内赢得胜利将减轻德军进攻莫斯科的危险。敌人担心德军会在明年发起这一进攻。

（b）"中央"集团军群防线的配置，再加上从运输和有利出发地域（苏希尼奇—托罗佩茨突出部）的角度看，现有的集结区适合对斯摩棱斯克发起行动，这一切对一场大规模行动的发展极为有利。斯摩棱斯克地域应被视为苏军对"中央"集团军群发起一场决定性行动的首要目标。从距离上看，这个目标完全符合苏军指挥部门的资源和能力。

（c）如果这场进攻赢得胜利，歼灭德军防线中央的部队后，敌人有可能继续向西扩大战果，攻入波罗的海诸国，从而切断北翼德军。

（d）与之相比，对罗斯托夫发起进攻，在掌控部队和补给问题上面临的困难更大。即便这样一场行动取得成功，虽然有可能歼灭德军南翼，进一步扩大战果的机会也很小。尽管如此，我们必须预料到，敌人在对"中央"集团军群发起主要突击的同时，也会沿顿河展开行动。[104]

盖伦先前的一系列报告，很好地说明了俄国南部的大批德军高级将领为何会弄不清苏军的进攻意图。不过，希特勒自8月中旬以来一直担心苏军会对罗斯托夫发起一场他所说的"标准的进攻"——1920年，布尔什维克对弗兰格尔将军的白军发起著名的突袭后，这种进攻已成为一种模式；因此，他采取了谨慎的措施，预防苏军发起这种进攻，并坚持要求他的指挥官也这样做。[105]例如，10月26日，他命令德国空军将一些新组建的野战师（这些师的装备和地面作战训练都很有限）派去支援沿顿河设防的卫星国军队。

收到盖伦关于苏军在谢拉菲莫维奇附近集结的报告后，希特勒11月2日取消了空军野战师东调的命令，可能是对这些师的作战能力不太放心。两天后，他命令位于法国海岸的第6装甲师和2个步兵师转隶B集团军群，在意大利第8集团军和罗马尼亚第3集团军身后担任预备队。这场调动需要4—5周时间才能完成，这表明希特勒"没有料到苏军会在12月前发起进攻"，也证明德军最高统帅部对苏军将于何时、在何处发起进攻的问题犹豫不定。[106]虽说存在这种持续的不确定性，但在接下来的几周里，魏克斯和保卢斯还是采取了他们认为的谨慎措施，以确保不会出现糟糕的情况。

尽管德国人漠然处之，但11月中旬前的一切迹象都表明，苏军的确打算发起某种进攻行动。可是，这些迹象大多出现在苏军过去曾发动过进攻，并被德军轻松击退的地域。例如，盖伦的东线外军处11月17日报告，B集团军群的战区内，"敌军的位置基本未发生变化"。除确定步兵第422师出现在第64集团军辖下（这一点已根据几天前关于别克托夫卡地域战斗情况的每日作战报告予以确认）之外，FHO还根据特工的报告确定了坦克第13军军部隶属于斯大林格勒方面军辖下的第57集团军。不过，该军编成内的坦克第13、第56、第90旅仍在第64集团军的别克托夫卡登陆场内。报告中还确认了坦克第91和第8旅，前者从第66集团军调至第65集团军，后者从第65集团军调至第21集团军。这份报告最后指出，卫星国军队沿顿河构设的防区内"正在修建工事"，"敌人没有采取行动"。[107]

在沿顿河据守的卫星国军队指挥官看来，他们受到的威胁非常明显。与意大利第8集团军不同，罗马尼亚人兵力不足，除了守卫他们的侧翼，甚至无力据守顿河防线。但他们位于河流南面的防线却长达30公里，这就使西南方面军为即将发起的进攻掌握了庞大的登陆场。罗马尼亚第3集团军司令彼得·杜米特雷斯库将军并不蠢：自从受领了守卫该地域的任务后，他便一再坚称，对一支严重缺乏反坦克武器的部队而言，河流本身就是唯一有效的防御。魏克斯的B集团军群司令部原则上同意他的观点，但斯大林格勒的战斗占用了杜米特雷斯库需要用于消灭苏军登陆场的额外兵力和火力支援。10月16日，杜米特雷斯库再次提出这个问题，请求批准他对布利诺夫（Blinov）附近发起小规模进攻。但B集团军群司令部却命令杜米特雷斯库将正面防线向西延伸，接防意大利人的部分防区，以腾出1个意大利师担任预备队。[108]11月初，杜米特雷斯库的前线部队报告称，有迹象表明苏军正调入顿河西岸的登陆场。

最后一击：第6集团军对"街垒"厂的突击，11月11日—15日
11月11日

随着冬季严寒的到来，11月11日清晨，保卢斯和赛德利茨对崔可夫据守"街垒"厂和"红十月"厂的部队发起了等待已久的最后突击（参见地图87）。展开全面进攻前，第6集团军拂晓时沿从雷诺克南延至斯大林格勒市中心的整条战线发起了一系列广泛的试探和突袭行动，目的是让第62集团军无法弄清德军真正的兵力重心和保卢斯的主攻目标。[109]

这些初步行动结束后，3点40分，第6集团军的火炮和火箭炮开始实施炮火准备，削弱第62集团军的防御。15分钟后（这场炮火准备在接下来的30分钟

736

内还将加强），第305和第389步兵师突击群向前推进，由配属给他们的工兵营
打头阵，并由第244和第245突击炮营的突击炮提供支援。这些实力严重耗损的

地图 87 1942 年 11 月 11 日—12 日，第 51 军的突击

部队开始了赛德利茨对"街垒"厂以东、苏军步兵第138和第95师防御阵地的主攻。发起主要突击前展开武力侦察和多个佯攻迷惑敌人，这是苏军的标准战术，因此，崔可夫的部队肯定知道这些行动的意图。第62集团军后来报告道：

当日（11月11日），敌人投入优势兵力发起猛攻。

一场猛烈的炮火准备后，6点30分（莫斯科时间），敌人投入5个步兵师（第389、第305、第79、第100、第295师）和第24、第14装甲师的部队，在第294步兵师几个独立单位（1942年11月10日用飞机从罗索希运抵）和第161步兵师部分部队（1942年11月10日用飞机从米列罗沃运抵）的支援下，沿沃尔霍夫斯特罗耶夫斯克大街和班内峡谷发起进攻，其主要突击指向梅津河大街，企图分割我集团军正面，并前出至伏尔加河。

步兵第138师的防区内，越来越多的敌军不断发动猛攻。敌人将预备队投入战斗并遭受到惨重损失。最终，敌人设法在步兵第95师第241团的防区内沿200米宽的正面（梅津河大街和图瓦大街以东）前出到了伏尔加河河岸。

敌人在近卫步兵第39师的防区内将近卫步兵第117团的一部逼退。

敌航空兵以4—5架战机为一组，轰炸我作战编队和炮兵观察哨。[110]

柳德尼科夫步兵第138师的报告如下：

30分钟猛烈的炮火准备后，6点（莫斯科时间），敌人以3个步兵团和2个工兵营沿我师整个正面防线发动进攻。敌第544、第546步兵团和调自最高统帅部预备队的第45独立工兵营，从北面和西北面攻击我师右翼和中央（近卫步兵第118团和步兵第768团）。敌第577步兵团和第336工兵营对我师左翼（步兵第344和第650团）发起突击。敌人的进攻得到战机、火炮和坦克的支援。[111]

红军总参谋部总结了当日的战斗，包括德军先行发起的试探和突袭，报告中写道：

11月11日6点30分起，第62集团军在前线所有地段展开持续的战斗。

北部集群11月11日10点向拖拉机厂发起进攻，克服了敌人的顽强抵抗，从出发阵地向前推进了400米。

步兵第138师击退了敌人1个步兵团（第305步兵师第578团）和坦克发起的数次进攻，坚守着原先的阵地。

步兵第95师在梅津河大街附近实施激烈的防御作战（抗击敌第305步兵师第578团）。

步兵第45师在"红十月"厂东北地域击退了敌人（第79步兵师）的进攻，继续坚守原先的阵地。

近卫步兵第39师位于"红十月"厂内的几个分队，面对敌人（第24装甲师）的沉重压力，放弃了部分阵地。日终前正在恢复该地域的态势。

步兵第284师击退了敌人2个步兵营发动的两次进攻。

近卫步兵第13师击退了敌冲锋枪手发起的进攻，并在既有阵地上与敌人交火。[112]

第305和第389步兵师的5个步兵团，以配属的工兵营为先锋，在16辆突击炮的支援下，从"街垒"厂和北部地域"跨过一片庞大的瓦砾堆，它向伏尔加河微微倾斜——河边伫立着一道陡峭的岸堤"，发起进攻（参见图表41）。[113]

按照这种配置，施特恩梅茨第305步兵师以右翼和中央的第576、第578团发起主要突击。[114]该师的主攻旨在夺取油库并前出至伏尔加河，而第389步兵师在"街垒"厂北面的辅助突击意图以一场钳形机动包围并歼灭"街垒"厂东面的所有苏军部队。

第578步兵团右翼的突击群率先发起施特恩梅茨的主要突击，该突击群以第50装甲工兵营为先锋，第245突击炮营的10辆突击炮提供支援，向东攻往两个至关重要的目标（以德国人起的绰号命名）：位于"街垒"厂中央正东面两个街区外的"药店"，距离伏尔加河400米；北面数座建筑外的"政委楼"，距离伏尔加河也是400米（参见地图88）。苏军步兵第138师师长柳德尼科夫将他的指挥所设在政委楼的废墟中。与此同时，德军第578步兵团右侧的第576团和第294工兵营向东突击，横跨梅津河大街、工厂与冲沟之间的地域，试图

图表41：1942年11月11日，第305和第389步兵师的战斗编组、任务和目标

●**第389步兵师：**

　　○**第544步兵团**，以第389工兵营为先锋，从砖厂南面向东攻往伏尔加河，打击苏军步兵第138师近卫步兵第118团。

　　○**第546步兵团**，以第45和第162工兵营为先锋，在（第24装甲师）第24突击连和第244突击炮营的支援下，从"街垒"厂（东北角）的6a号厂房向东攻往波罗的海大街北端和列宁大道，打击苏军步兵第138师第768团。

●**第305步兵师：**

　　○**第577步兵团**，以第336工兵营、第305工兵营第3连、第44突击连为先锋，从"街垒"厂4号厂房的一部分发起进攻，夺取波罗的海大街上的建筑物和列宁大道，打击苏军步兵第138师第650和第344团的侧翼结合部（前者有167名战斗兵，后者有207名）。

　　○**第578步兵团**，以第50工兵营、第305工兵营第1连为先锋，在第245突击炮营的支援下，从"街垒"厂3号厂房的一部分向东突击，跨过阿尔巴托夫大街攻向其主要目标——1—2个街区外的两座坚固建筑物。第一座建筑被称为"药店"，位于阿尔巴托夫大街南侧与阿波捷克（Apothekskaia）大街交界处，据守"药店"的是苏军步兵第95师第241团左翼部队。第二个目标被称为"政委楼"，位于阿尔巴托夫大街北面，是一座庞大的U型建筑，其开口端面朝泰梅尔大街，由步兵第138师左翼的步兵第650团守卫。

　　○**第576步兵团**，以第294工兵营和第305工兵营第2连为先锋，从"街垒"厂（东南角）的6d号和6e号厂房向东突击，跨过梅津河大街攻向油库，打击苏军步兵第95师第241团（420人）。

前出并夺取冲沟口部和北面的油库。第578步兵团另外两个突击群（第一个获得第305工兵营第1连的加强，第二个只是一个加强步兵营）的目标分别是"药店"北面400米处的冲沟和距离工厂东北角400米的78号楼，这两个突击群直到右侧友邻部队攻占了他们的最初目标后才投入行动。施特恩梅茨师左翼，第577步兵团和第336工兵营，左侧获得第389步兵师小股突击队的支援，从砖厂向南攻往78号楼（德国人和俄国人将这些房屋编为不同的号码）。[115]

　　第578步兵团右翼突击群（第305工兵营第1连）的进攻令苏军措手不及，在步兵第95师第241团与步兵第138师第650团结合部附近突破对方的防御，迅速夺取了"药店"附近的废墟。但在右侧，第50装甲工兵营又向前推进了100米，到达政委楼的废墟时，却发现大楼的所有入口已被一堆堆瓦砾堵住。由于无法将炸药包投入楼内，德军工兵和提供支援的步兵只得撤至附近的弹坑，结果被敌人猛烈的火力所压制。

　　第578步兵团攻向"药店"和政委楼之际，右侧的第576步兵团和第294工兵营取得了"缓慢但却持续的进展"，苏军步兵第95师第241团顽强抵抗，但

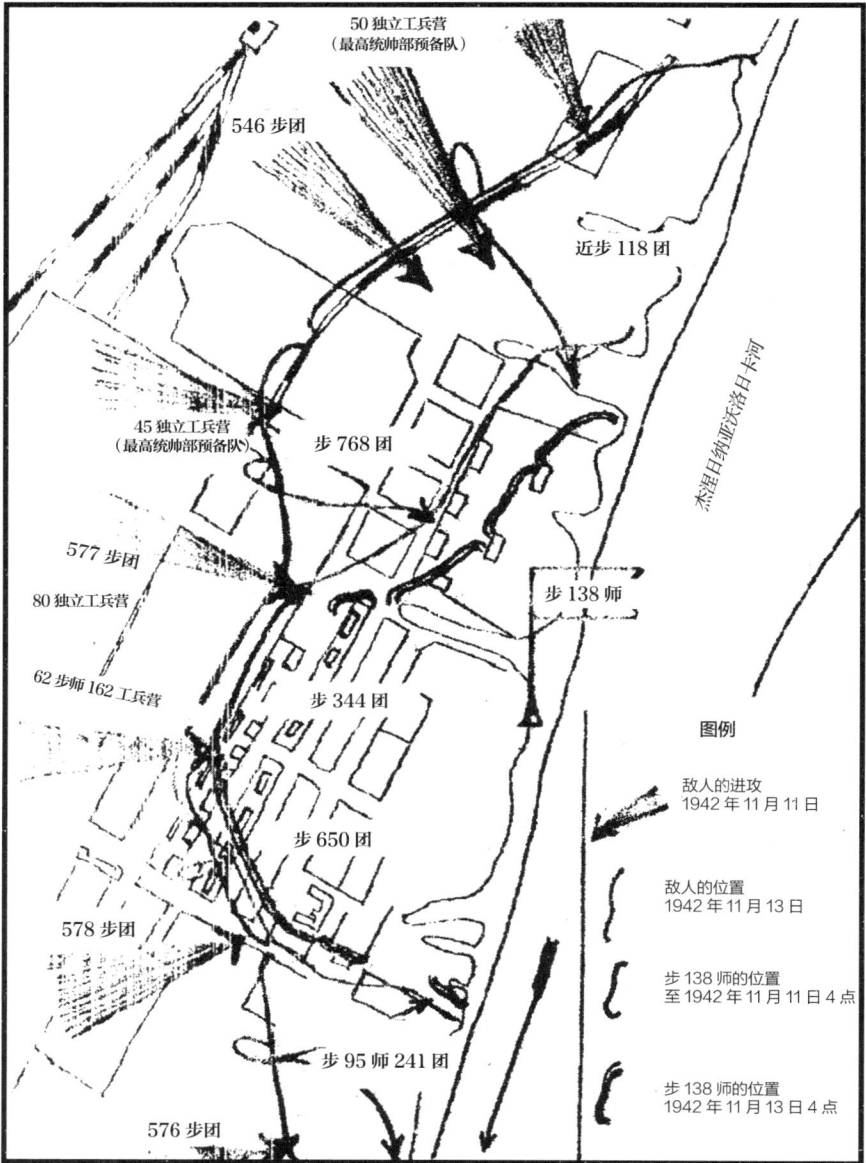

50 独立工兵营
（最高统帅部预备队）

546 步团

近步 118 团

45 独立工兵营
（最高统帅部预备队）

步 768 团

577 步团

80 独立工兵营

步 138 师

62 步师 162 工兵营

步 344 团

杰涅日纳亚沃洛日卡河

步 650 团

图例

敌人的进攻
1942 年 11 月 11 日

敌人的位置
1942 年 11 月 13 日

步 138 师的位置
至 1942 年 11 月 11 日 4 点

步 138 师的位置
1942 年 11 月 13 日 4 点

578 步团

步 95 师 241 团

576 步团

地图 88 1942 年 11 月 11 日 4 点—13 日 4 点，步兵第 138 师的防御

德国人最终攻占了油库，并从由油库南端北延至"药店"东面的冲沟口部这片地域前出至伏尔加河西岸。第578步兵团左翼的两个突击群9点投入进攻，迅速突破至"药店"东面的冲沟，到达伏尔加河，随后转身向北，从苏军步兵第138师第650团手中夺取冲沟北侧的79号楼。但是猛烈的侧翼火力从政委楼附近射来，那里"控制着该师前方的开阔地"，致使第578团无法继续前进。

与此同时，第305步兵师左翼，由于苏军步兵第138师第344团顽强抵抗，第577步兵团无法取得进展。但在其左侧，德军第389步兵师第546团，以第45和第162工兵营为先锋，在第24突击连和第244突击炮营的支援下向前推进，力图沿波罗的海大街和列宁大道从苏军步兵第138师第768团手中夺取数个街区，在此过程中，他们在柳德尼科夫的防线上插入了一根30米深的楔子，距离伏尔加河已不到200米。第546步兵团左侧，第389工兵营也向伏尔加河插入了一根楔子，将近卫步兵第118团第1营和第2营隔开，日终前迫使该团的残部退至柳德尼科夫位于"街垒"厂东面的主登陆场。

11月11日夜幕降临前，第305步兵师报告称他们已将"2000名俄国人"包围在"街垒"厂以东地域，打算在次日清晨将这股苏军一举歼灭，从而胜利完成任务。但正如一位亲历者所说的那样："清点战果并不令人愉快，当日高昂的损失前所未见。我们总共夺取了两三座楼，取得了三四百米的进展。不得不承认，我们在这里被迫进行的是另一种战争。"[116]第305步兵师的报告证实了这一事实，报告中指出，该师在当天的战斗中阵亡13人、负伤119人。配属给该师的第245突击炮营的10辆突击炮折损了7辆（包括6辆150毫米步兵突击炮中的5辆），不过其中一些是因为机械故障。第389步兵师切断并歼灭了苏军近卫步兵第118团主力，但自身的伤亡也很惨重。虽说该师只有2人阵亡、13人负伤，但提供支援的第24装甲师突击连阵亡48人、负伤152人、失踪180人，第244突击炮营的18辆突击炮损失了3辆。[117]

苏军步兵第138师的每日报告详细描述了当日混乱的、代价高昂的战斗：

步兵第138师在持续的激战中损失惨重，各部队坚守阵地直至10点30分。10点30分起，敌人（第389步兵师第546团）投入新锐部队（第45工兵营），粉碎了近卫步兵第118团第1营兵力处于劣势的残部，前出至伏尔加河。

虽然遭到了半包围，但近卫步兵第118团仍旧继续击退敌人的进攻。直到当日日终，近卫步兵第118团全军覆没后，敌人才彻底占领该团的阵地。该团只有7名战士幸存，和他们负伤的团长科罗巴夫尼科夫中尉一同撤离战斗。

敌人竭力切断步兵第138师与集团军的联系，一股敌军在步兵第138师与第95师的结合部到达伏尔加河。步兵第138师与第62集团军之间的联系被切断……步兵第768团击退了敌人（第546步兵团）的数次进攻，13点，敌人包围了该团右翼，并以部分兵力渗透至该团后方。师部人员和师里的一个连阻止了敌人的推进，15点前，达成渗透的敌人被彻底消灭。15点30分，敌人再次对步兵第768团各分队发起一场醉醺醺［原文如此］的进攻。他们粉碎了这些分队，继续向伏尔加河推进。该团剩下的24名士兵，连同迫击炮兵，继续守卫"街垒"厂东、东北角150米处的建筑群。

6点起，步兵第344团击退了敌人［第577步兵团］从4号、14号厂房方向发起的猛烈进攻。11点30分，小股敌冲锋枪手（第336工兵营）成功突破了该团左翼的前沿阵地。该团在防御纵深处与达成渗透的敌冲锋枪手展开激战，并抗击敌人从两翼不断发起的进攻，直至16点。此时，达成渗透的敌冲锋枪手被彻底歼灭。

17点40分起，敌人再次对该团中央防区发起进攻，这些进攻均被击退。

5点30分起，步兵第650团与步兵第241团相配合，与敌人一个步兵团（第578团）和10辆坦克展开激战。步兵第650团击退了敌人当日发起的所有进攻，消灭400名希特勒分子，烧毁3辆坦克，击毁1辆。

15点20分起，由于损失惨重，步兵第241团放弃了占据的阵地，未事先告知便向南退却，导致师左翼彻底暴露。那里没有与友邻部队的紧密联系。9名希特勒分子被停。750名敌官兵被我方火力、反冲击和白刃战消灭。[118]

崔可夫后来勉强承认施特恩梅茨的进攻造成了破坏性影响，但他坚称德国人的进攻并不具有决定性：

工厂的烟囱被轰炸和炮火炸塌。显然，敌人把主要突击指向柳德尼科夫师（步兵第138师）和戈里什内师（步兵第95师）之间的结合部。近卫步兵第118团昨天还有250名士兵，但到中午时只剩下6人，团长身负重伤。

11时30分，德国人投入预备队，其步兵和坦克击溃了戈里什内师右翼的防线，沿550—600码的正面前出至伏尔加河。集团军第三次被分割，柳德尼科夫师与集团军主力之间的联系被切断。[119]

南面的"红十月"厂，11月11日也爆发了两场独立但同样激烈、代价高昂的战斗：第一场是"什未林"集群为夺取平炉车间（10号厂房①）发起的突击；第二场是"舍勒"战斗群为重新夺回昨日丢失的10号厂房实施的反冲击。什未林第79步兵师的突击群编有第179工兵营和第24装甲师第40装甲工兵营，4点后不久收到"马丁"的代号，随即对据守4号厂房的苏军发起进攻（参见地图89）。该突击群编为4个突击组，称之为战斗楔子，他们获得14门火炮的支援，其中包括1个210毫米迫击炮连和2门实施直瞄射击的150毫米步兵炮。具有讽刺意味的是，3点40分，德军突击群准备发起进攻的15分钟前，崔可夫以火炮和火箭炮猛轰德军集结地，突击群第3战斗楔子的1名班长和4名士兵被炸死。[120]

德军从3号厂房西部向北突击，突击群的第1战斗楔子逼近4号厂房南部边缘时遭遇到猛烈的轻武器和机枪火力，他们迅速撤至厂房南面的机车棚，在那里依然遭到猛烈火力的压制。已在夜间潜至4号厂房西部边缘的第2战斗楔子一举突入厂房西南角，却被困在机器、砖石和扭曲的钢筋构成的废墟间，面对苏军猛烈的火力，他们也被迫撤至机车棚。第3战斗楔子的情况也好不到哪里去，苏军先前发起的炮火反准备已给他们造成损失，该战斗楔子突至厂房西面，其指挥官在那里阵亡。此后，苏军猛烈的火力，再加上密不透风的浓烟和火焰，迫使他们退回出发阵地。同样的命运等待着第4战斗楔子，他们沿厂房西北面发起的突击也没能取得进展。

关于这场进攻失利的原因，第179工兵营的结论是："敌人的密集防御极其顽强，再加上快速的炮火准备，不得不让人怀疑我们的进攻刚好撞上正准备发起大规模进攻的敌人。如果从这个角度看，我们这场失败的进攻倒可以看作是一场成功的防御。"[121]第179工兵营的120名士兵中，54人阵亡、负伤或失

---

① 译注：应为4号厂房。

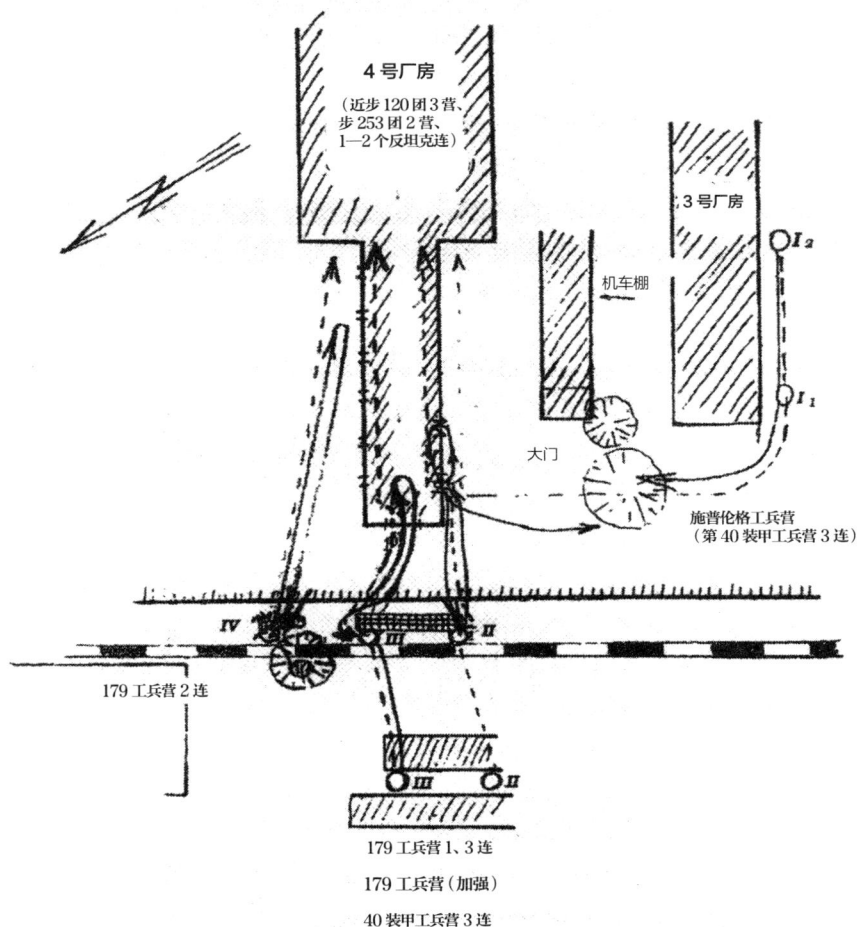

Skizze zum Bericht über den Angriff des Pi.Btl.179 auf die Martinofenhalle.

429

4 号厂房

（近步 120 团 3 营、
步 253 团 2 营、
1—2 个反坦克连）

3 号厂房

I_2

机车棚

I_1

大门

施普伦格工兵营
（第 40 装甲工兵营 3 连）

IV

III

II

179 工兵营 2 连

III

II

179 工兵营 1、3 连

179 工兵营（加强）

40 装甲工兵营 3 连

图例

▦	厂房、车间	
▤	砖堆	
◠	石碓	
⊛	弹坑	

○	战斗楔子	I	出发阵地
◉	同上	II	
◉	同上	III	
◉	同上	IV	

not to scale

– - – · –	计划中的进攻方向
– – – –	同上
·–·–·–	同上
–··–··–	同上

——	实际进攻方向
——	同上
——	同上
——	同上

地图 89 1942 年 11 月 11 日，什未林集群（第 79 步兵师）对 4 号厂房（平炉车间）的突击

踪，这证明了这场战斗的激烈程度。[122]另外，什未林报告，第79步兵师23人阵亡、101人负伤、10人失踪。[123]

11月11日，"什未林"集群右翼，第24装甲师"舍勒"战斗群的400名士兵忙着重新夺回前一天丢失的10号厂房，并不太想发起任何雄心勃勃的进攻行动。拂晓前击退了苏军几次虚弱无力的试探性进攻后，舍勒在10号厂房北半部（那里仍在该战斗群的控制下）和西面不到100米处的9号厂房的安全处组织起几个突击组。经过5分钟迫击炮火急袭，6点55分，这些突击组对10号厂房发起突击。

配备冲锋枪、手榴弹和工兵铲的各突击组穿过三层厂房怪异的废墟，迫使措手不及的100多名苏联守军7点前放弃了这座建筑，穿过工厂东南方油罐北面的冲沟向东退却。[124]一小股苏军发起反冲击，但德军掷弹兵在几辆坦克的协助下轻松将其击退。截至14点，舍勒的部队已顺利夺回原先的防御阵地。由于战斗群的实力较弱，舍勒放弃了继续进攻的想法，等次日清晨再说。他的战斗群在这场战斗中阵亡12人、负伤26人。[125]

第62集团军的每日作战报告总结了11月11日的战斗：

北部集群——11月10日，经过一场炮火准备和空中突击，我军步兵转入进攻。尽管敌人的防御火力异常猛烈，但步兵们向前缓缓推进，目前，前头部队位于莫克拉亚梅切特卡河河口部铁路桥南面500米处。

步兵第138师和配属的近卫步兵第118团，击退了敌人3个步兵团、2个工兵营和坦克6点30分发起的进攻。经过这场激战，近卫步兵第118团的200名士兵只剩下6人，团长身负重伤。该师正与企图从南北两面达成合围的敌军展开艰苦的战斗。

步兵第95师击退了敌人2个步兵团和坦克6点30分发起的进攻。10点30分，敌人投入2个预备营，再次发动进攻，粉碎了步兵第241团的右翼，前出至伏尔加河河岸。师里的其他部队继续在原先的阵地上战斗，击退了敌步兵发起的猛烈进攻。

步兵第45师击退了敌人的进攻，在既有阵地上与敌人交火。

近卫步兵第39师——敌人的两次进攻失败后，调集预备队投入战斗，将近卫步兵第117团逼退。恢复近卫步兵第117团阵地的顽强战斗正在继续。

步兵第284师击退了敌人1个步兵团发起的两次进攻。在步兵第1045团的防区内，敌人成功楔入第1营第2连的防御阵地。正采取措施恢复态势。战斗仍在继续。该师其他部队的位置未发生变化。

近卫步兵第13师击退了两股敌冲锋枪手发起的进攻，继续坚守原先的阵地。

集团军辖内其他部队的位置未发生变化。[126]

在这份报告的结尾处，除了汇报击毙2000名德军官兵并击毁4辆敌坦克外，崔可夫还决定"恢复步兵第241团防区的态势，歼灭渗透至伏尔加河岸边的敌先头部队，同时以步兵第92旅已到达伏尔加河右岸的2个营和步兵第95师的部队发起联合行动，防止步兵第138师被敌人彻底包围"。[127]为此，他请求叶廖缅科"为伏尔加河左右两岸的炮兵增加弹药补给，并派左岸所有炮兵和航空兵支援第62集团军11月12日的行动"。[128]另外，他还请求方面军派步兵第95师辖下的第90团渡河增援该师，消灭渗透至伏尔加河畔的敌人。

虽说赛德利茨的部队11月11日取得了一些引人注目的战果，特别是在"街垒"厂东南方，但这与保卢斯的希望和期待相差甚远。而他们付出的高昂代价——仅第305、第389步兵师和支援部队便阵亡、负伤、失踪了445人——与微薄的战果完全不成比例。[129]因此，夜幕降临时，保卢斯告知OKH："面对兵力占据优势并实施顽强防御的敌人，对斯大林格勒火炮厂以东的突击取得了部分成功。"他又补充道，他将在次日重组部队，11月13日重新发起进攻。[130]赛德利茨的突击结束后，OKW的每日公告隐瞒了当日的挫败，只简单地指出："在斯大林格勒，德军各突击群在激烈的战斗中攻占了数个街区和敌据点。炮兵和空军击沉了伏尔加河上的5艘快艇和货运驳船。德军战机对伏尔加河东岸的敌炮兵阵地和后方交通线发起猛烈打击。"[131]

但在当日，FHO呈交了一份更加不祥的报告，详细阐述了B集团军群面临的态势。这一次，根据特工人员的报告，盖伦确认西南方面军司令部设在谢拉菲莫维奇东北方33公里处的库梅尔申斯卡亚（Kumylshenskaia），而新组建的近卫第1集团军——其编成尚未确定——位于（沃罗涅日）卡拉奇附近。[132]根据这份新情报，盖伦11月12日向OKH的蔡茨勒呈交了一份令人不寒而栗（但质量很高）的评估，对红军的能力和意图做出判断，认为敌人会在B集团军群防区内的某处发起一场新的、甚至更大规模的攻势。报告中直截了当地指出:"集团军群的防线上,敌人的进攻意图——正如我们一直怀疑的那样——变得越来越清晰。"这份报告随后列举了盖伦掌握的证据:

除了建立起两个主要集群,我们已探明这两个集群位于罗马尼亚第3集团军两翼的对面——现在可以说那里的敌人已做好进攻准备,越来越多的迹象表明,敌人正在更西面集结,主要是在卡拉奇地域[指的是沃罗涅日州的卡拉奇,位于上马蒙东北方50公里处](我们已截获苏军第63集团军与6—7个番号不明的部队之间的无线电通信,并发现坦克第5集团军的部分部队有可能正在运输途中;阿布维尔的报告也表明敌人的援兵正赶至卡拉奇),也有可能位于匈牙利人防线前方。[133]

但盖伦以一个强有力的先决条件缓和了这份严厉的警告:"这些集群的整体状况与地点、时间相关,尚不清楚他们的实力,也没有迹象表明敌人有可能发起一场进攻。"[134]盖伦承认:"以目前尚未确定的情报,不可能对敌人的情况[俄文译为"意图"]做出任何总体评估。"奇怪的是,他随后又对敌人的能力和意图做出如下判断:

我们必须预料到,敌人会先行进攻罗马尼亚第3集团军,目的是切断我们通往斯大林格勒的铁路线,从而危害到东面的所有德军部队,并迫使我们位于斯大林格勒的部队后撤。此举将重新打开伏尔加河水道。敌人从事这样一场大规模行动的兵力太少(目前约有16个步兵师和1—4个坦克旅,位于罗马尼亚第3集团军右翼对面,另有7个步兵师和3个骑兵师位于其左翼对面)。

目前,我们尚无法确定敌人是否会跨过顿河,对意大利第8集团军和匈牙利第2集团军发起一场大规模进攻——以罗斯托夫为目标,从时间上看,这场进攻将放在对罗马尼亚第3集团军的打击后;或者对意大利第8集团军和匈牙利第2集团军发起一场目标有限的进攻。[135]

报告的结尾处提供了一些发人深思的消息:"不管怎样,据一名被俘的苏军军官交代，他受领的任务是以莫罗佐夫斯克—斯大林格勒公路为进攻目标，这证实了这一想法。"[136]尽管魏克斯11月9日已考虑重新部署弗雷梅赖的第29摩步师，将该师从第4装甲集团军后方调往北面，加强罗马尼亚第3集团军，但他很快放弃了这个想法，因为霍特强烈反对抽调他的预备队，特别是在第64集团军即将从别克托夫卡登陆场发起进攻之际。[137]无奈之下，魏克斯将集团军群预备队的第48装甲军军部调入罗马尼亚第3集团军后方，并不顾霍特的反对，命令第29摩步师做好准备，"一接到命令"便迅速北调。[138]魏克斯试图进一步加强罗马尼亚人的防御，11月12日命令保卢斯"从工兵和炮兵单位抽调10000人，在罗马尼亚人身后据守一道支援防线"。[139]霍特也对大批敌军在第4装甲集团军前方调动的报告担心不已，他表示，俄国人的忙碌肯定不会仅仅是为了加强他们的防御。[140]

11月12日

遵照保卢斯暂停进攻的指示，11月12日，赛德利茨位于"街垒"厂以东作战地域的部队转入防御。他们实施重组，准备重新发起进攻时，第305和第389步兵师展开了新的试探行动，以改善自己的阵地或夺取有利于次日进攻的重要地点。但是，崔可夫没有给对方留下任何喘息之机，他迅速发起猛烈的反冲击——主要是为了消除通往伏尔加河的这条危险的走廊。第62集团军承认战场暂时平静下来，并指出："集团军击退了敌人的进攻，并发起反冲击，以恢复中央地段的防御。"具体说来：

敌人在11月11日的战斗中遭受到惨重损失后，11月12日上午实施部分重组，并前调生力军。

从尸体上缴获的证件表明，敌人调来的新锐部队是：第161步兵师第336团、第44步兵师第132团、第162步兵师第162工兵营、第294步兵师第294工兵营［原文如此］。

当日下午，获得援兵的敌人重新发动进攻，从梅津河大街扑向东面的伏尔加河。

与此同时，发现敌步兵集结在107.5高地附近和旋转大街。

敌人以火炮和迫击炮对我作战编队和渡口发起猛烈炮击。

敌机实施侦察，一架飞机轰炸了我作战编队。

北部集群——在原有阵地上与敌人交火。在拖拉机厂战斗的支队只剩下102人。据核实，在昨日的战斗中阵亡76人、负伤160人。

步兵第138师与占据明显优势的敌人展开激战。事实证明，付出高昂的代价后，该师无法恢复防区的态势。18点，步兵第193师混编团交由步兵第138师师长指挥，受领的任务是恢复态势。

步兵第95师击退了敌人2个营发起的三次进攻，并继续与敌人战斗，以恢复右翼阵地。在当天的战斗中，油库易手数次。

16点，前调预备队后，敌人以2个营的兵力再度发起进攻，粉碎了步兵第241团右翼，再次攻占了油库。恢复态势的战斗正在继续进行。

步兵第45师击退了小股敌步兵的进攻，继续坚守原先的阵地。

近卫步兵第39师经过持续激战，彻底恢复了近卫步兵第117团的阵地。该师辖内其他团的位置未发生变化。

步兵第284师击退了敌人1个步兵营发动的两次进攻，并以部分兵力投入反冲击，彻底恢复了步兵第1045团第1营防区内的态势。

由于步兵第138师的实力太过虚弱，步兵第193师组建起一个混编团（200人），该团将于18点调入步兵第138师防区，以恢复左翼的态势。

集团军辖内其他部队的位置未发生变化。

步兵第90团（步兵第95师）未能到达渡口地域，另外一些指定用于加强渡口区的部队也没有赶到，只有低功率拖轮"杰娜"号到达，这对运送部队和弹药造成了妨碍。[141]

报告中提及的战斗包括德军的局部进攻，以及步兵第95师为重新夺回油库并恢复与被孤立的步兵第138师的联系而频繁发起的反冲击（参见地图90）。这一行动开始于7点30分，步兵第241团在步兵第92旅第3营海军步兵的加强下发起进攻，从德军第305步兵师第576团手中夺得数座掩体。这场拉锯战持续了大半天，但步兵第241团没能夺回油库。该团在前几天的战斗中损失高达90%，现在只剩下23名战斗兵。该师第161团还剩235人，步兵第92旅第3营只剩下15人。[142]德军第305步兵师的损失为21人阵亡、21人负伤。[143]显然，要完成崔可夫的命令，援兵必不可少。

当天晚些时候，战斗有所减弱，崔可夫重新部署部队，掩护"街垒"厂以东地域和至关重要的码头区。首先，为"歼灭前出至伏尔加河畔的敌人"，集团军参谋长克雷洛夫16点30分签署命令，派步兵第193师混编团"立即集结至班内峡谷口部以北地域"。完成集结后，该团由步兵第138师指挥，与步兵第95师的部队相配合，"歼灭在油库和梅津河大街附近前出至伏尔加河的敌

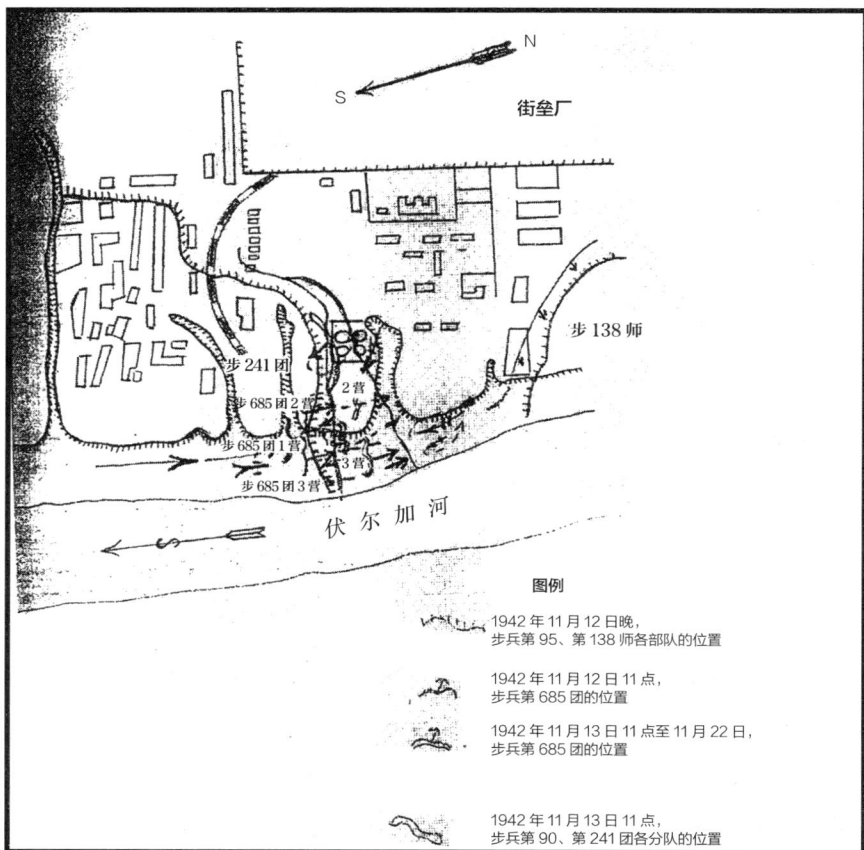

地图90 1942年11月12日—22日，步兵第193师第685团和步兵第95师的部署，意图与步兵第138师会合

人，并恢复步兵第138与第95师结合部的态势"。[144]

随后，19点15分，崔可夫着手解决 "红十月" 厂不断加剧的危机，那里的态势正如他描述的那样："敌人企图突破 '红十月' 厂东南部的防线，前出至伏尔加河。" 为防止这种可能性，他决定加强若卢杰夫[①]近卫步兵第39师的左翼，以肃清工厂内的全部敌人。这道命令也由克雷洛夫签发，要求巴秋克步兵第284师 "11月12日至13日夜间以第1043团的部分兵力接替近卫步兵第112团（近卫步兵第39师）的左翼营，并做好坚守阵地的准备"。若卢杰夫[②]应以从近卫步兵第112团抽调出的这个营 "加强师中央和左翼的作战编队，任务是彻底恢复态势，肃清工厂内的敌人"。[145]23点，克雷洛夫给斯梅霍特沃罗夫损失惨重的步兵第193师下达命令，让他将师部和辖内各个团撤至伏尔加河东岸。该师的混编团只剩下289人，转隶柳德尼科夫步兵第138师，师属炮兵交由第62集团军炮兵主任指挥。[146]

在11月12日作战报告的结尾处，崔可夫慨叹道：

缺乏补充兵，步兵第92旅各个营和步兵第90团迟迟未到，使集团军处于极其困难的境地。完全是靠战士们卓越的英雄气概和在战斗中的坚定不移，他们才守住了今天的阵地，击退优势敌军进攻的同时，还给对方的人员和装备造成了惨重损失。

集团军各部队也在激烈的战斗中损失严重，急需补充人员。

集团军司令员呼吁斯大林格勒方面军派遣10000名补充兵，加强弹药补给，并采取措施改善集团军的渡河手段（船只）。[147]

尽管崔可夫对实力严重耗损的各部队的生存问题担心不已，但他知道，这些部队也令敌人付出了惨重的代价。例如，集团军情报部门在11月13日呈交的一份关于德军实力和编组情况的报告中估测，第62集团军 "在11月11日—12日的战斗中给敌作战士兵造成的伤亡高达45%"，这个事实被可怕地

---

① 译注：应为古里耶夫。
② 译注：应为古里耶夫。

752

记录为"战场上可以看见3000多具敌官兵的尸体"。[148]不过，崔可夫判断，
"1942年11月13日—18日期间，敌人还会继续企图沿'街垒'厂和'红十
月'厂拓展其攻势，同时在南面发起辅助进攻，向班内峡谷展开更加积极的
行动"。有趣的是，崔可夫将他的评估限定在11月18日前——这大概表明某
些重大事件即将发生。

第6集团军11月12日的报告证实了崔可夫关于德军损失的说法，这份发给
B集团军群的报告中提到了兵力的短缺和近期遭受的损失（参见图表42）。

图表42：截至1942年11月1日，第6集团军各步兵师的人员短缺

部队	军官	行政人员	军士	士兵	合计	损失（10月3日—31日）
第44步兵师	134	27	622	3270	4053	185
第71步兵师	125		1026	5928	7079	274
第76步兵师	157	24	993	5591	6765	226
第79步兵师	222	31	1124	4947	6324	1970
第94步兵师	219	37	1146	5600	7002	1233
第113步兵师	140	22	808	3625	4595	1259
第295步兵师	187	28	1170	6928	8313	724
第305步兵师	149	16	870	4609	5644	2876
第376步兵师	158	16	1125	5007	6206	158
第384步兵师	177	13	1032	4643	5865	72
第389步兵师	223	28	1007	5298	6556	1296
第100猎兵师	20	21	807	4757	5705	2034
总计	1810[1]	263	11730	60193[2]	73996[3]	12297[4]

※ 资料来源：弗洛里安·冯·翁德·楚·奥夫塞斯男爵，《第6集团军作战日志附件册，第一卷，1942年9月14日至11月24日》，第271页，"Personeller Fehlbestand der Infanterie Divisionen (Stand 01.11.42), Armee – Oberkommando 6, la Nr 4534/42 geh., A. H. Qu.,12. November 1942"〔各步兵师人员的短缺（截至1942年11月1日），第6集团军司令部作战处4534/42号报告，1942年11月12日〕。

[1] 译注：应为1911。
[2] 译注：应为60203。
[3] 译注：应为74107。
[4] 译注：应为12307。

这些数字表明，第6集团军的12个步兵师，10月份伤亡12000多人后，截至11月1日，缺员近74000人。这些缺员主要是作战损失所致，其中大多为步兵和战斗工兵，是各个师最重要的作战力量。另外，12个师里的5个（第79、第94、第305、第389步兵师和第100猎兵师）隶属于赛德利茨第51军，遭受的伤亡占全集团军伤亡数的75%（9409人）。

哀叹这种损失的同时，德军各级指挥官也在思考FHO不祥但经常自相矛盾的情报评估的真正含义，并据此调整部署。例如，11月12日晚，保卢斯命令赛德利茨巩固前一天在斯大林格勒工厂区取得的战果，重组部队，加强最重要的突击群，特别是在"街垒"厂以东地域，并于11月13日恢复进攻，彻底粉碎崔可夫守军的残余力量。[149]因此，赛德利茨11月13日从第389步兵师抽调第162工兵营，将该营交给第305步兵师，命令施特恩梅茨以该营加强第578步兵团次日对政委楼发起的突击。[150]

当日日终时，OKW的公告反映出战斗中为期一天的喘息之机："在斯大林格勒，德国军队清理了前一天占领的地域，将残余的敌人悉数歼灭。"而第62集团军的报告则强调他们仍在顽强抵抗："正为恢复'街垒'厂的态势继续战斗……当日下午，击退了敌人1个步兵团在梅津河大街和'红十月'厂地域发起的所有进攻。"[151]

11月13日

由于第51军在"红十月"厂的兵力太过虚弱，无法在11月13日发起任何规模的突击，赛德利茨决定将进攻重点集中于"街垒"厂以东地域（参见地图91、92）。在那里，第576步兵团和第294工兵营击退了苏军从南面经油库发起的进攻；而施特恩梅茨第305步兵师辖下的第578和第577团——现在获得3个而不是2个工兵营的加强，另外还有海姆第14装甲师的8辆坦克、第245突击炮营的4辆突击炮——将肃清陷入重围的柳德尼科夫步兵第138师和配属的近卫步兵第118团。[152]和先前一样，施特恩梅茨的主要目标是政委楼，柳德尼科夫的指挥所就设在那里，该楼与南面的油库之间是一片致命的开阔地，列宁大道上的78号楼位于北面。

突击群右翼，第578步兵团以第50和第162工兵营为先锋，将在第44突击连和12辆坦克/突击炮的支援下，从79号楼和"药店"与伏尔加河之间冲沟的北脊向北攻往政委楼，以拓宽伏尔加河西岸的立足地。施特恩梅茨的左翼，第577步兵团和第336工兵营将沿波罗的海大街和列宁大道至北面的78号楼，肃清每所房屋中的苏军，将他们赶往西面的泰梅尔大街，由推进中的第578步兵团予以解决。

一名亲历者生动地描述了这片战场：

这里有一些孤立的废墟，对我军侧翼构成了威胁，因此必须不惜一切代价将其清除。这些废墟与伏尔加河之间是一片平坦的荒地，在河岸处急剧下降

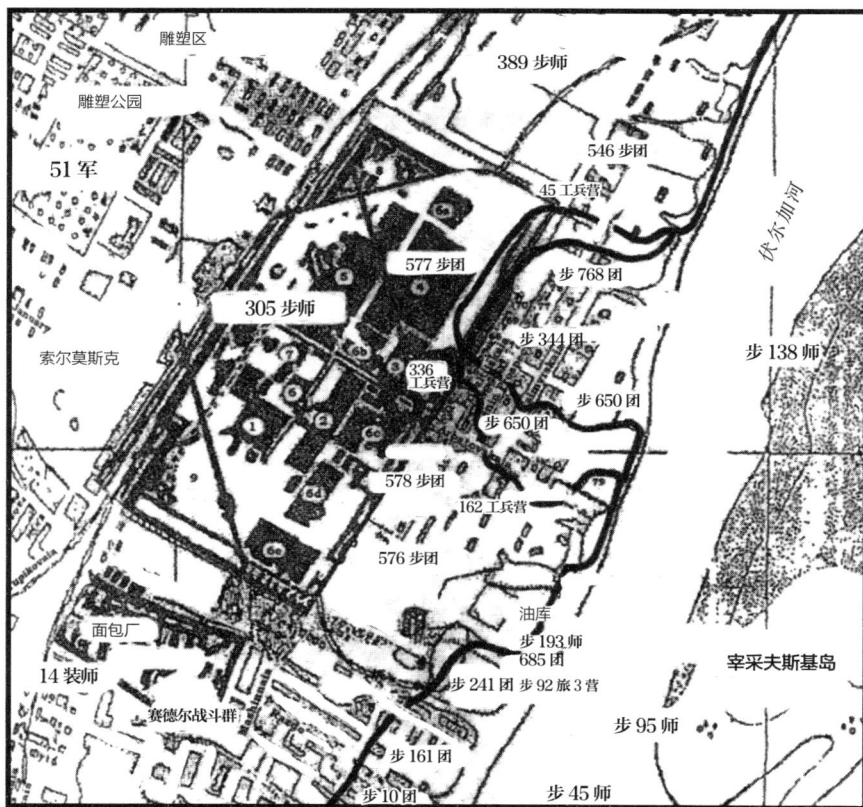

地图 91 1942 年 11 月 13 日—15 日，第 51 军的突击

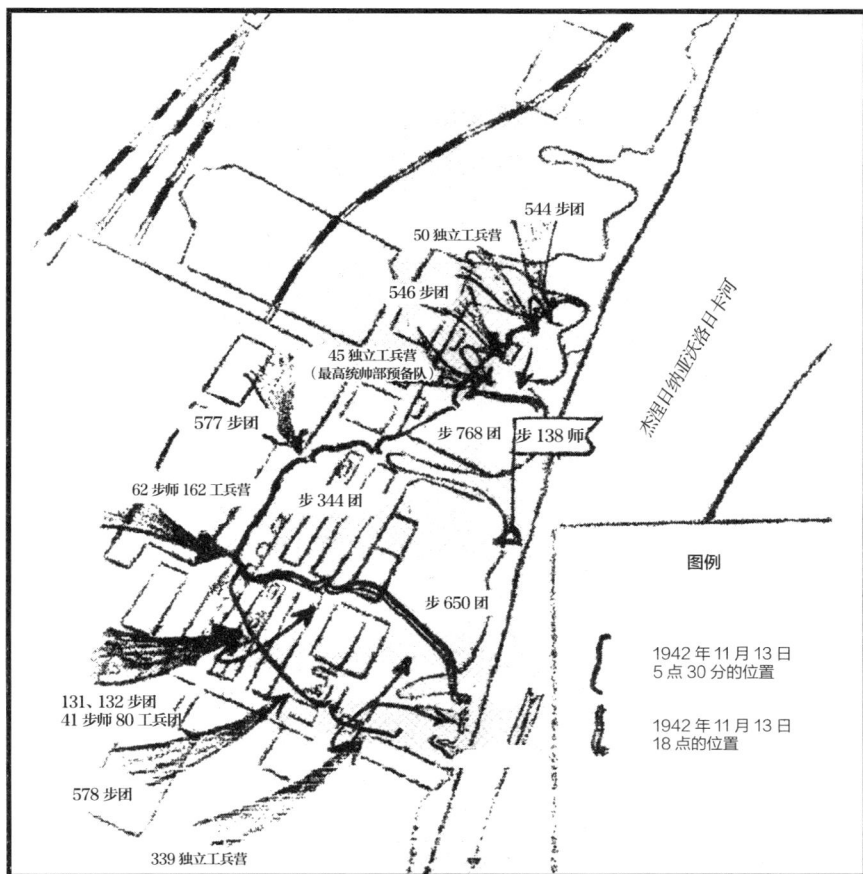

地图92 1942年11月13日5点30分—18点，步兵第138师的战斗态势

形成陡坡。俄国人在这些陡坡的半山腰构筑了掩体，并以布设在顶部边缘的阵地加以掩护，这些阵地能以有效的火力扫射前方开阔地。他们还获得了伏尔加河对岸准确的火力支援。所以，在这里发起进攻非常困难。[153]

柳德尼科夫步兵第138师的任务非常简单——不惜一切代价据守他的"孤岛"，阻止德军前出至伏尔加河。具体说来，他的2000名部下应"顽强坚守既有阵地，战至最后一人，阻止敌人进抵伏尔加河"。[154]为此，柳德尼科夫命令他的各级指挥员："动员一切兵力，不惜一切代价完成任务，不得后退一步！加强观察，坚决击退敌人的所有进攻。"[155]令德军第305步兵师的任务复杂化的是，11月13日一整天，崔可夫位于柳德尼科夫"孤岛"南面的部队一直在步兵第95师第241团的防区内反复发起反冲击，试图夺回油库并取得突破，以挽救柳德尼科夫陷入包围的部队。

日出前几小时的3点45分，施特恩梅茨的部队投入进攻，试图将守军打个措手不及。德军从"药店"和79号楼发起突击，的确令步兵第138师第650团猝不及防，还没等他们反应过来，德国人已冲至政委楼的围墙旁。第578步兵团第2营营长埃伯哈德·雷滕迈尔少校描述了第305步兵师的突击：

[第50]工兵营的突击组实施重组，并配备了梯子。突击政委楼的同时，还将从79号楼跨过开阔地发起一场进攻，向两侧[向南、向北]拓展伏尔加河畔小小的立足地。再一次……炮兵的炮火拉开了战斗的帷幕。这一次，第50工兵营的工兵们取得了成功。在梯子的帮助下，他们钻过窗户突入楼内。俄国人逃入地下室，并在那里据守。工兵们掀开地板，以发烟弹、炸药包和汽油消灭敌人。大楼的所有缝隙都在冒烟，爆炸声一整天不绝于耳。直到晚上，俄国人才从地下室里消失了，他们通过侧面的一个出口逃之夭夭。第一个传令兵从前线返回时，指挥所里一片欢腾；白天我们只能通过电台与前方联系。[156]

步兵第138师在报告中准确地描述了当日的战斗：

11月13日清晨6点，德军第305步兵师（获得第131、第132步兵团各分队和第80工兵营［原文如此］的加强）、第44步兵师（获得第45和第50工兵营的加强）以及第162和第336工兵营转入进攻，从我师左翼的梅津河大街方向发起主要突击，任务是前出至我师指挥所附近的后方。敌人的进攻获得火炮和迫击炮火力强有力的支援。

截至7点30分，掩护我师左翼的部队已被优势敌军彻底消灭。

70余名敌冲锋枪手成功渗透至我师后方地域、步兵第344团迫击炮连的发射阵地，他们将大批手榴弹投向迫击炮连阵地。迫击炮兵们发起反冲击，与敌人展开白刃战。

部分敌冲锋枪手渗透至师指挥所附近。此时，独立步兵第179营残余的12名士兵和警卫连的6名战士高呼着"为了祖国"，发起一场反冲击。突入之敌在白刃战中被消灭，10点，师左翼的态势稳定下来。师部人员在师长柳德尼科夫上校的率领下参加了反冲击。

师中央地带和右翼的战斗越来越激烈，敌人不断投入新锐部队。

12点，敌人将大批步兵集结在"街垒"厂的房屋内，以不下2个营的兵力和坦克再次攻向步兵第650团的左翼。

敌人反复发起的进攻直到15点才被击退，此时步兵第650团的左翼部队已非常薄弱，敌人投入10辆坦克，以直射火力摧毁P形大楼的上层，并设法攻占了这座大楼已成废墟的上部。

步兵第650团的迫击炮兵为争夺P形大楼激战了数个小时。他们要求我方炮兵"向我开炮"，这才得以守住这座大楼。日终前，大楼被敌人炸毁。我方只有10名士兵（其中大多数已负伤或被烧伤）设法逃出了被摧毁的P形大楼。敌人不断以大批步兵和坦克反复发起进攻，直到夜幕降临。日终前，敌人设法消灭了35、36号楼［德国人称之为66、73号楼］和P形大楼的守军，并占领了这些建筑。[157]

施特恩梅茨突击群左翼，进攻发起后不久，第577步兵团和第336工兵营的突击组遭遇到苏军步兵第138师第344团和第650团右翼部队的顽强抗击，这些苏军部队沿波罗的海大街和列宁大道上的建筑物实施防御（66、67号楼位于波罗的海大街，73号楼位于列宁大道）。苏军的顽强抵抗使第577步兵团无法向南推进并与正在政委楼周围苦战的第578步兵团会合。雪上加霜的是，在接下来的战斗中，苏军发起一场反冲击，导致第577团丢失了一些已夺取的建筑。

突击群右翼，取得初步战果后，第578步兵团也遭到苏军强有力的抵抗，这使雷滕迈尔指出，虽然第578步兵团的中央战线"在当日取得了成功，但（第305步兵师左翼伏尔加河河畔）小小的立足地只稍稍扩大了一点点"。[158]

谈及这场战斗，另一名德军亲历者写道："11月13日，靠近政委楼的81号楼被夺取。首先突破的是该楼的地下室，随后，争夺一个个房间的战斗持续了一整天。双方士兵在战斗中的艰辛和毅力简直难以想象。"[159]他又补充道，11月13日的战斗代价极其高昂：

> 总之，11月9日［应为11日］至13日的战斗中，阵亡、负伤的工兵多达30%。突击炮不时与工兵一同发起进攻，但在此之前必须仔细检查道路，因为某些地段可能无法通行。突击炮无法跟上进攻中的工兵突击组，只能从后方提供火力掩护。即便这样，突击炮还是遭受到了损失，因为俄国人将反坦克武器部署在前沿，伪装得非常好。在我们这个地段，没有使用喷火坦克。[160]

这场激战的结果是，德军第578步兵团夺取了政委楼，随后向北推进，差一点到达柳德尼科夫的新指挥所——几天前，他已把自己的指挥所向北转移了300米，设在伏尔加河岸的一条冲沟里，就在泰梅尔大街东侧87号楼（德国人称之为红色大楼）的东面。

激烈的战斗席卷柳德尼科夫日益萎缩的周边阵地时，苏军再次在油库附近发起进攻，这一次是9点，步兵第193师混编团攻向德军第305步兵师第576团的防御。尽管这场进攻失败了，但10点——甚至当天更晚些时候，苏军再度发起了新的冲击。第62集团军描述了岌岌可危的态势：

> 从步兵第95师右翼后方投入战斗的步兵第193师混编团，沿从梅津河大街东延至伏尔加河一线停顿下来。激烈的战斗仍在继续。该师的情况非常困难。过去的两天里，弹药运输和疏散伤员的工作已停止。
>
> 步兵第95师——敌人沿河岸向南突击、扩大突破的所有企图均被击退。各部队继续坚守既有阵地，但未能恢复步兵第241团右翼的态势。[161]

11月13日夜幕降临后，第51军向第6集团军报告称，"突击部队实施了成功的行动"，一举夺取了两个街区和政委楼，次日将继续进攻。[162]柏林的OKW宣布："在斯大林格勒，我军战斗侦察群经过激烈的战斗攻占了数个街区。敌人发起的反冲击被击退。在俯冲轰炸机的支援下，我军火炮和高射炮的密集火力消灭了位于出发阵地的敌人。"[163]公告中承认德军统帅部日益关注苏军有可能即将发起的攻势——"斯大林格勒南面的罗马尼亚军队击退了敌人发起的几次具有局部重要性的进攻"，但在北面，"顿河战线上，德国军队和盟友击退了敌人具有局部重要性的进攻，并发起反冲击，将他们逐回了出发阵地"。[164]

OKH的每日报告总结了斯大林格勒的战斗："在斯大林格勒，各突击群攻占了两个街区和'红色街垒'厂东面的政委楼，并击退了150名敌军发起的进攻。"[165]报告中补充道："敌人多次以连、营级兵力进攻罗马尼亚部队位于察察湖和斯大林格勒南面的阵地，均未获成功。"另外，在谢拉菲莫维奇地域，"敌人投入了2个营的兵力"。[166]虽然意识到这种类型的武力侦察通常意味着苏军即将发起一场进攻，但德军相关人员普遍认为这些进攻无关紧要，因为他们的部队较轻松地击退了苏军过去发起的所有反突击。

第62集团军11月13日晚的每日报告证明战斗极为激烈，并特别强调了柳德尼科夫和戈里什内被围部队面临的危险，据德方统计，被包围的苏军不到2000人。崔可夫声称他的部队11月12日击毙3000多名德寇，11月13日又击毙1200余名，当日日终时，他命令各部队"以现有兵力击退敌人的进攻，恢复梅津河大街的态势，并以即将赶到的步兵第90团和步兵第92旅的余部阻止敌人继续推进，同时歼灭前出至油库的敌人"。[167]

红军总参谋部也对当日的战斗做出总结：

第62集团军——北部集群11月13日在原先的阵地上与敌人交火。

步兵第138师以防御作战抗击敌人1个步兵师、4个工兵营和15辆坦克。该师左翼之敌成功突破了我军前沿阵地，并继续向前推进。正在核实该师各部队的位置。

步兵第95师与步兵第193师混编团相配合，在梅津河大街东面的油库附近展开激战，以恢复原先的阵地，遭遇到敌人顽强的抵抗后，该师各部队无法继续前进。

集团军辖内其他部队在原先的阵地上与敌人交火。[168]

760

从设在马马耶夫岗东面"网球拍"内的指挥所里，崔可夫更加生动地描述了当日的战斗：

11月12日［应为11月13日］晨，敌人调来更多预备队，这就意味着他们即将发起新的进攻。果然，当天中午，敌人再度投入进攻。集团军正面的所有地段上，战斗已趋白热化。醉醺醺或发疯似的法西斯分子一波波冲上来。增援戈里什内师的远东水兵向敌人展示了光荣的红海军的威风。图瓦大街上的一些油库易手数次。激战中，红海军战士脱掉大衣，只穿戴着海魂衫和水兵帽，击退了敌人的攻击，随后又转入进攻。"红十月"、"街垒"厂和马马耶夫岗的战斗同样激烈。我们的战士个个都是无畏的勇士，任何力量都战胜不了他们……11月12日［应为11月13日］晚，敌人的猛攻停顿下来。[169]

另外，崔可夫还认为血腥的突击无情地削弱了第6集团军的进攻力量。"我们由从被击毙的敌军士兵身上缴获的证件获知，德国人的进攻已无力维持太久，"他认为，"两三天内，敌人的实力就将耗尽。"[170]但是，步兵第138师还能坚持多久，这一点无法确定，因为柳德尼科夫说："弹药和食物即将耗尽，只剩下一天的补给量。这一整天，敌人一直以火炮和迫击炮猛轰渡口、宰采夫斯基岛和伏尔加河左岸。共落下500发迫击炮炮弹。"[171]

另外，崔可夫的整个集团军在激烈的战斗中遭受到了严重减员。例如，苏联方面旧有的一些资料指出，截至11月13日晚，该集团军的总兵力为47000人，并获得800门火炮和迫击炮（大多位于伏尔加河东岸）、19辆坦克（7辆重型坦克、12辆中型坦克）的支援。[172]实际上，该集团军仍在伏尔加河西岸战斗的兵力很可能不超过8000人，相当于一个步兵师，具体如下：

● "戈罗霍夫"集群（步兵第124、第149旅）守卫着雷诺克和斯巴达诺夫卡地域，每个旅500—600人，共计1000—1200人；
● 步兵第138师（柳德尼科夫），以步兵第339、第344团和近卫步兵第118团的残部，在"街垒"厂与伏尔加河之间守卫着400米×700米的区域，兵力约为1500人；

●步兵第95师(戈里什内)第161、第241团和步兵第193师(斯梅霍特沃罗夫)混编团以及步兵第92旅的残部,在"街垒"厂南面守卫着冲沟南面300×500米的区域,兵力约为1500人(步兵第193师的残部已并入该师步兵第685团);

●步兵第45师(索科洛夫)第10、第61团,在"红十月"厂东北面守卫着300×500米的区域,兵力约为1200人;

●近卫步兵第39师(古里耶夫)第120、第112团,和步兵第45师第253团守卫着4号、8a号厂房和"红十月"厂东郊,兵力约为1200人;

●步兵第284师(巴秋克)守卫着从克鲁托伊冲沟下段至"红十月"厂西南方的冲沟,兵力约为1200人;

●近卫步兵第13师(罗季姆采夫)守卫着从斯大林格勒市中心至克鲁托伊冲沟南脊这片区域,兵力约为1500人。

11月11日—13日,赛德利茨第51军的部队猛攻崔可夫位于"街垒"厂附近的残部时,B集团军群正密切留意着苏军后方的兵力调动情况。OKH东线外军处对苏军紧锣密鼓的调动,特别是在斯大林格勒南面、德国第4军防区对面的调动震惊不已,故而在11月14日报告:"敌人实施再部署,将新锐部队投入集团军群防线的各个地段,察察湖与大恰普尔尼基(Bol'shie Chapurniki)之间,罗马尼亚第6军前方还出现了高射炮,证明敌人有可能在该地域发起进攻。"[173]不过,盖伦再次给这一判断留下了余地,声称"敌人在集团军群防线其他地段的态势未发生变化"。[174]但是,在标题为"敌军编组"的这一段,报告的作者确认顿河北面的近卫骑兵第6师位于谢拉菲莫维奇以东地域,而骑兵第21师位于叶兰斯卡亚东南方,罗马尼亚第1军对面。FHO并未就这一情况做出进一步推论,报告的结论是,苏军已将这些部队所属的近卫骑兵第3军、骑兵第8军部署至这一地域。[175]

11月14日

赛德利茨第51军已不再强大到足以在斯大林格勒北部工厂区的其他地段发起大规模进攻,因此,11月14日,该军再次设法消灭"街垒"厂东面包围圈内的苏军（参见地图93、94）。一如既往地，这项任务交给了疲惫的第305步兵师。为遂行这场进攻，施特恩梅茨投入第577步兵团右翼部队，以第336工兵营的2个连为先锋，第244和第245突击炮营的23辆突击炮为支援。[176]这股部队将从"街垒"厂3号、4号厂房向东攻往67号、68号楼，打击苏军步兵第138师第344团的右翼。右侧，第305步兵师第44突击连将攻向74号楼，据守在那里的是苏军步兵第650团的士兵。德军投入3000余名士兵，进攻发起时间为9点30分——而非拂晓，施特恩梅茨的部下和提供支援的工兵穿过政委楼与伏尔加河之间的狭长地带，据守在此处的苏军兵力不及德军的一半，但他们守卫的数百个支撑点散布在整片废墟中。

一名参加了此次进攻行动的亲历者描述道：

11月14日重新发起进攻。和以往一样，第294工兵营［和第576团］守卫油库区。第50装甲工兵营从政委楼向东发起突击，第162工兵营攻向北面。有一些单独的废墟必须夺取，因为敌人从这些地方射出纵射火力。废墟与伏尔加河之间是一片开阔地，它伸向河岸，朝伏尔加河陡降。俄国人在陡坡的半山腰构筑了掩体，沿陡坡坡顶实施防御，并对前方地带进行控制。另外，他们还获得了伏尔加河对岸精准火力的支援。因此，在这里发起进攻非常困难，不过，我们穿过一条通往伏尔加河的沟渠顺利到达那里，扩大了我们位于伏尔加河畔的阵地。现在必须将俄国人驱离登陆场的剩余部分，但他们一次次地调来新的人员和物资。我们发起的突击没能成功，因为敌人聪明而又顽强。我们投出的手榴弹沿着陡坡滚下并炸开，但没取得任何作用。其他重武器的轰击效果与之相似。大多数炮弹落入了伏尔加河。一条条坑道大多与陡坡半山腰的苏军掩体相连接。我们不得不采用另一些手段，一步步挖掘、爆破，改善我们位于伏尔加河的前沿阵地。[177]

第305步兵师的步兵在工兵的支援下发起进攻，尽管付出了巨大的努力，且持续遭受到严重损失，但11月14日夜幕降临前，施特恩梅茨实力受损的部队并未完成受领的任务。拉锯战持续了一整天，德国人只取得数十米而非数百米的进展。步兵第138师的报告阐述了当日的战斗，并强调他们的物

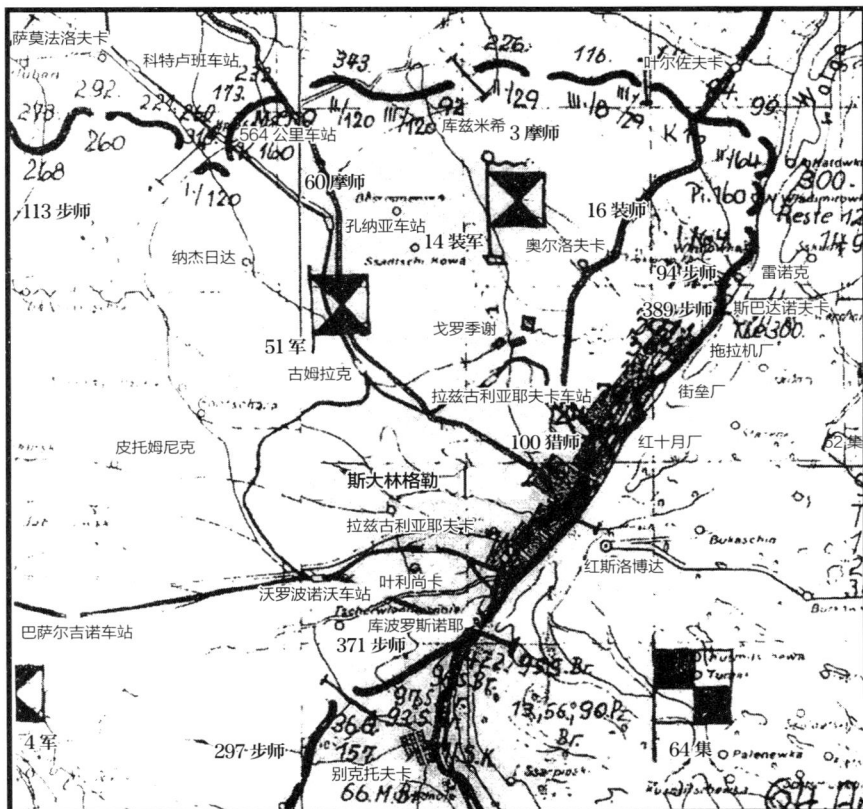

地图93 1942年11月14日—15日,第6集团军的态势

资极度匮乏:

10点30分,集团军司令员命令步兵第95师和步兵第193师混编团于11月14日向北发起进攻,恢复前线,与被切断的步兵第138师会合。11点50分,敌人试图前出至伏尔加河的2个连从"街垒"厂14号、15号厂房附近对我步兵第650团和第344团的左翼发起进攻。兵力和武器均占有优势的敌人消灭了37号、38号楼[德国人称之为74号、67号楼]的守军,并占领了这些建筑;但据守这些建筑的敌军很快又被步兵第344团的一个强击群歼灭,我军再次夺回了这些建筑。

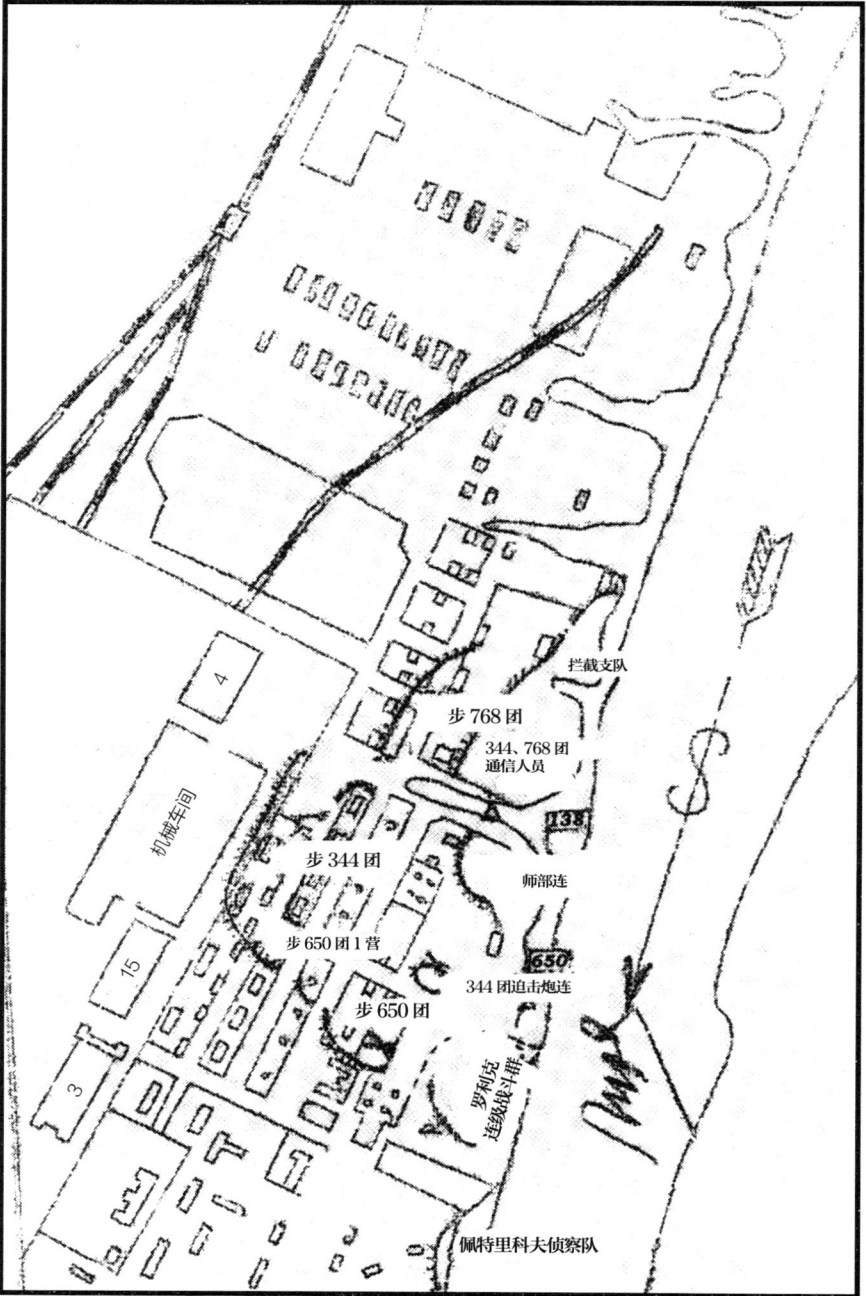

地图 94 1942 年 11 月 14 日 4 点—19 点，步兵第 138 师的部署

步兵第344团强击群的行动获得了宰采夫斯基岛上我军炮兵的支援。我们的炮兵发射了200发炮弹。

13点30分至16点50分之间，一些覆盖着篷布的车辆到达14号、15号厂房附近。敌军士兵兴奋的举动表明，接替他们的人员已到达。

敌机在我师作战编队上空盘旋了一整天，并对宰采夫斯基岛、伏尔加河左岸和师指挥所发起打击。

截至11月14日，步兵第138师已耗尽了所有的物资。一连五天，只能依靠从敌人那里缴获的弹药继续进行激烈的战斗。

波-2飞机投下的包裹大多落入敌人手中。尽管食物和弹药短缺，但我师指战员坚定守卫伏尔加河右岸，展现出了卓越的英雄主义气概。[178]

步兵第138师随后对过去三天的战斗加以总结，为"街垒"厂东面废墟间的战斗提供了一幅独特的画面：

我师与集团军其他部队及其基地的联系被彻底切断。遭受到严重损失的敌人前出至图瓦大街地域，开始控制伏尔加河河岸，破坏了（我师）食物和弹药的日常补给。我师获得的食物和弹药已减少，只能满足师里35%人员的需求。11月12日—13日，敌人渗透至伏尔加河畔。

11月13日，1500名醉醺醺的希特勒分子突破了我师的作战编队。步兵第138师投入全部兵力抗击敌人的进攻。战斗持续了11个小时。在最激烈的战斗中，70名敌冲锋枪手渗透至师指挥所附近，但被我师18—20名顽强的勇士所阻，并被彻底歼灭。仅在我师防线前方，敌人便丢下了1000多具尸体。

敌人在这场战斗中没能取得成功，遂放弃了大规模进攻，改执行以小股部队夺取独立建筑物的战术。

在各个楼层和房间以手榴弹展开的战斗具有特殊的重要性。德国人经常将不愿投降的英勇战士炸死在楼梯井里。

与集团军辖内的其他部队失去了联系，我师越来越需要弹药和食物补给。截至11月14日，弹药已耗尽，食物也吃完了。[179]

日终时，柳德尼科夫步兵第138师的500名幸存者，浑身血迹但依然不屈、顽强地据守着伏尔加河西岸的散兵坑、战壕和掩体。OKW含糊地承认了这一事实，没有明确提及失利的原因："敌人在斯大林格勒发起的反冲击被击退。德国空军在这场战斗中提供了有效的空中支援，轰炸了伏尔加河东面的敌炮兵阵地和机场。俯冲轰炸机和攻击机对敌军阵地和顿河下游的部队集结区发起打击。"[180]

在此期间，柳德尼科夫"孤岛"的南面，崔可夫的部队继续试图取得突破并挽救步兵第138师。在每日报告中，第62集团军强调了其顽强的防御，声称辖内部队"当日击退了敌人的进攻，并竭力恢复左翼的态势"。[181]同时，报告中高度赞扬了柳德尼科夫的坚决防御和解救其部队的反复尝试，称：

步兵第138师，尽管遭到半包围，但还是击退了敌人1个步兵团对其左翼和小股敌军对其中央地带发起的进攻。

敌人企图收紧对该师的包围，不断对该师侧翼和中央防线发起进攻。战斗正在继续进行。各部队在原先的阵地上击退了敌人的进攻。该师的弹药、食物和医疗用品严重短缺。

步兵第95师、步兵第92旅第3营和步兵第193师混编团，为恢复步兵第241团［步兵第95师］的态势而投入激烈的战斗，目的是与步兵第138师建立起紧密联系。油库附近的战斗仍在继续。该师左翼部队在原先的阵地上战斗。[182]

这份报告以现在已变得很熟悉的慨叹为结束：

船只没有悉数到达。一连三天的补给计划被打乱。指定的援兵无法渡河，各部队面临着弹药和食物的严重短缺。由于河面上的浮冰，从图马克（Tumak）赶来的船队和步兵第90团各分队无法渡河，只能返回。浮冰彻底中断了第62集团军渡口与左岸的联系。[183]

面对当日的危机，崔可夫再次采取了强有力的措施。确认"敌人突破步兵第95师的正面防御，已到达伏尔加河岸边"的同时，他还承认"步兵第241

团放弃了阵地，将步兵第138师的左翼暴露在外，造成该师被包围的威胁"。

通过克雷洛夫，崔可夫指示戈里什内步兵第95师恢复态势，命令如下：

> 步兵第95师和配属的步兵第92旅第3营、步兵第92旅1个自动武器连、步兵第193师混编团［第685团］应于1942年11月14日从右翼后方沿伏尔加河河岸向北发起一场进攻，恢复步兵第95师结合部内的防线，并与步兵第138师的部队重新建立起紧密联系。
>
> 集团军炮兵主任应以其火力支援步兵第95师的行动。[184]

11月14日，双方在"街垒"厂东面的建筑物废墟中继续混战之际，斯大林格勒方面军辖下的第64集团军在城市南面发起了新的进攻（参见地图第78）。这场突击令德国人猝不及防，集团军编成内的步兵第96旅在库波罗斯诺耶南郊突破了德军第371步兵师的防御。正如第64集团军司令员舒米洛夫日终时报告的那样，该旅"15点在库波罗斯诺耶镇中心战斗"。[185]虽然B集团军群和OKW刻意淡化了这场进攻的重要性，但事态极为严重，保卢斯不得不要求第24装甲师的"舍勒"战斗群将20辆坦克中的10辆抽调出来增援第71步兵师第211团——他已命令该团作为预备队集结在斯大林格勒南郊的米尼纳，随后赶往南面，加强第371步兵师的防御。[186]当晚，舒米洛夫报告，"步兵第96旅在镇中心加强了自身的防御"，该旅还将在那里坚守近48小时。[187]11月17日，德军第71步兵师预备队发起反冲击，迫使该旅从斯大林格勒南郊撤回原先的阵地。

11月15日

赛德利茨对11月13日和14日未能粉碎沿伏尔加河西岸据守的苏军深感沮丧，因此他再次重组部队——这是四天来的第三次——并命令他们11月15日沿同一片地带重新发起进攻。这一次，赛德利茨将重点缩小到单座建筑物，他的部队将发起两场有限进攻，力图从北面和南面压缩柳德尼科夫的防区。第一个突击由第305步兵师第578团遂行，实力严重受损的第50装甲工兵营和少量突击炮提供支援，向北攻击步兵第138师第650团位于政委楼正北面的防御。第二个突击由第389步兵师第546团执行，第45工兵营和第44突击炮营①约10辆突击炮提供支援，他们将向南攻往红楼，据守在那里的是苏军步兵第138师第768团。

两股德军发起进攻时再次遭遇到崔可夫已严重减员的集团军发起的猛烈反冲击。施特恩梅茨第305步兵师的步兵和工兵，以排、连级突击组展开行动，竭力将柳德尼科夫的守军驱离密集的防御阵地网。尽管第51军报告称"正进一步压缩火炮厂东面的登陆场"，但令德军惊讶、懊恼的是，他们不得不击退苏军"沿整条战线"反复发起的反冲击。[188]

苏军步兵第138师在报告中描述了这场防御战以及其兵力和弹药的严重短缺：

当日，敌人展开积极行动，包围了我师侧翼。他们发起多次猛攻，大多被我师坚定不移的战士们粉碎。傍晚时，敌人开始集结在我师侧翼的前方。

截至日终时，步兵第768团已耗尽［丧失战斗力］。连同指挥员在内，步兵第650团只剩下31人，步兵第344团还剩123人。弹药：每支步枪还有20—30发子弹；没有手榴弹和冲锋枪子弹。全师人员只吃了一顿饭。食物已彻底耗尽。250名伤员安置在师指挥所。师部请求集团军司令员立即采取措施，为我师提供弹药和食物，并设法疏散伤员。[189]

日终时，OKW的每日公告谨慎地宣布："在斯大林格勒，战斗侦察群攻占了三个街区，并击退了敌人发起的反冲击。"[190]第62集团军则在报告中强调了其顽强的防御和不断发起的反冲击：

集团军当日击退了敌人在右翼发起的进攻。部分部队正全力恢复梅津河大街的态势。

当日，敌人在"街垒"厂地域不断对我军阵地发动进攻。同时，他们还

---

① 译注：第244突击炮营。

对我军前沿阵地实施侦察，特别是在"红十月"厂和班内峡谷……

步兵第138师击退了敌人当日沿该师整段防线发起的猛攻。损失惨重的敌人三次前调生力军。尽管敌人占有兵力优势，但日终前，他们发起的所有进攻均被击退。

该师的处境极其困难。弹药和援兵尚未运抵，伤员无法后送。他们在半面受围的状况下继续战斗。

30分钟的炮火准备后，步兵第95师、步兵第92旅第3营和混编步兵第685团于13点30分以部分兵力投入进攻，目的是恢复梅津河大街地域的态势。尽管敌人的防御火力极其猛烈，但我方部队仍缓缓向前推进。油库地区爆发了激烈的白刃战，该地区易手数次。

敌人投入生力军发起进攻，日终前再次占领了油库。战斗仍在继续。步兵第241团防线的态势未能恢复。

"红十月"厂内，步兵第45师和近卫步兵第39师击退了小股敌步兵发起的进攻，敌人企图突入我方部队据守的厂房，但没能成功。

步兵第284师在原先的阵地上以火炮和迫击炮打击敌人，当日击毙150名敌军官兵。[191]

11月15日至16日的夜间，崔可夫命令戈里什内步兵第95师和混编步兵第685团"发起夜袭，消灭突破至伏尔加河河岸的敌人"，恢复梅津河大街以东的态势，并与柳德尼科夫师再次建立起联系。他还请求叶廖缅科"责成宰采夫斯基岛筑垒地域的部队为步兵第138师提供弹药，并将伤员运过杰涅日纳亚沃洛日卡（Denezhnaia Volozhka）河道"——这条河隔开了宰采夫斯基岛与伏尔加河西岸。[192]

崔可夫后来称赞了他的集团军在逆境和极其困难的条件下发起卓有成效的反冲击的英勇气概：

我们不得不从右岸部队里找到——或者说挤出——一些作战力量。首先，集团军军事委员会决定，将斯梅霍特沃罗夫师［步兵第193师］的所有部队编入一个团，即第685团，并将其集结在戈里什内师［步兵第95师］右翼，然后沿伏尔加河向北发起反冲击，与柳德尼科夫师会合。

从斯梅霍特沃罗夫师的所有部队中，我们只调集到250名战斗兵。戈里什内师的右翼部队还逐渐获得从左岸而来的一些小分队的补充，我们便以这些部队不断向北实施反击至11月20日，力图与柳德尼科夫的部队会合。

坦率地说，我们的反冲击没能恢复阵地，但敌人也无法歼灭柳德尼科夫师。[193]

苏德双方作战报告完全相符的实例有很多，以下便是其中之一。崔可夫称："11月15日夜间，我们的夜航飞机为柳德尼科夫空投了4包食物和4包弹药。"[194]德军第578团第2营营长雷滕迈尔少校证实了此事，并指出："15日下午，我们得到一个意外的惊喜。两架苏军飞机以很低的高度在阵地［政委楼附近］上方盘旋。突然，它们投下一些看上去完全不像炸弹的东西。原来是一个个麻袋，其中的一些落在我方阵地上。麻袋里装着面包和肉，看来，被包围的俄国人苦头吃大了；我们为这一意外收获和即将彻底赢得胜利的希望欢呼起来。"[195]

深渊的边缘：11月16日—18日

11月11日至15日激烈但毫无结果的战斗使保卢斯和赛德利茨相信，除非他们休整、重组并增援第51军严重受损的各突击群，否则他们不会取得太大的进展。接下来的三天，他们这样做了，准备在11月20日重新发起进攻。但在此期间，第一场降雪不期而至，给工厂内怪异扭曲的机器残骸和被毁建筑物熏黑的外壳铺上了一层白色的雪毯，也加剧了双方士兵的痛苦。伴随着冬季的第一场降雪，伏尔加河上的浮冰越来越厚，截至11月20日，已形成了一道难以逾越的冰障，从伏尔加河东西两岸向前延伸近75米。这道冰障严重妨碍了崔可夫加强仍在西岸苦战的各部队的努力。[196]

保卢斯和赛德利茨为11月20日的突击调集兵力时，魏克斯却越来越担心，万一盖伦的预测被证明是正确的，那么罗马尼亚第3集团军能否守住他们的阵地就值得怀疑了。他采取了新的措施加强罗马尼亚人的防御。11月16日，他决定将支援意大利第8集团军的第22装甲师东调，进入罗马尼亚第3集团军后方，该师将在那里与罗马尼亚第1装甲师一同转隶第48装甲军军部，他已于11月10日将该军部调至这一地域。[197]

一些亲历者后来对这一调动提出批评，认为此举"毫无作用"，因为该地域的情况需要"实力较强的预备队"。第22装甲师只有46辆坦克，虽说罗马尼亚第1装甲师拥有122辆坦克，但其中只有21辆德制三号坦克，其他的都是缴获的捷克坦克，只配有37毫米小口径主炮。当时德国人展现出了他们精湛的维修能力，第6集团军辖下的第14、第16和第24装甲师分别拥有48、50、46辆坦克。[198]但是，鉴于斯大林格勒最后的争夺战尚未结束这一事实，魏克斯和保卢斯一致认为，从这三个装甲师抽调力量支援沿顿河布防的罗马尼亚和意大利部队的举动太过鲁莽。[199]

赛德利茨重组部队准备对据守在伏尔加河西岸的苏军再次发起突击时，施特恩梅茨第305步兵师的步兵和工兵对柳德尼科夫步兵第138师的残部发起局部突击，为11月20日的进攻行动改善出发阵地（参见地图95）。[200]例如，该师16日昼间发起的进攻没能夺取政委楼东北面的74号楼，该师第577团的几个突击组在16日至17日的夜间、第336工兵营在17日夺取了73号楼南面70号街区的两座房屋，11月18日又攻占了政委楼正北面的77号楼。这些战果使雷滕迈尔少校得出结论："战斗的代价不再居高不下，敌人的兵力似乎已耗尽。据我的经验判断，一场大规模进攻将于次日发起［实际是11月20日］。"他又懊恼地补充道："但事情变得完全不同了。"[201]

赛德利茨的部队正在为11月20日的进攻加紧准备之际，崔可夫虽然对胜利充满信心，却为柳德尼科夫师的命运担心不已，因为他们被困在施特恩梅茨的步兵与堆积在伏尔加河西岸的大量浮冰之间。他在回忆录中指出："我们终于感觉到，德国人的好日子不多了。但柳德尼科夫师的命运令人担忧。我们必须解救他们。我们的部队倾尽全力，日复一日、昼夜不停地对在柳德尼科夫部与集团军主力之间突至伏尔加河河岸的敌人发起进攻。"[202]接着，崔可夫稍有些夸大地说道："我们的强击队在集团军正面的其他地段，确切地说，是沿整个正面，正一步步从敌人手里夺回一座座房屋和一个个掩体。戈罗霍夫上校的集群从北面攻向拖拉机厂；索科洛夫师和古里耶夫师向'红十月'厂发动进攻；巴秋克上校的师攻向马马耶夫岗；罗季姆采夫师在城内

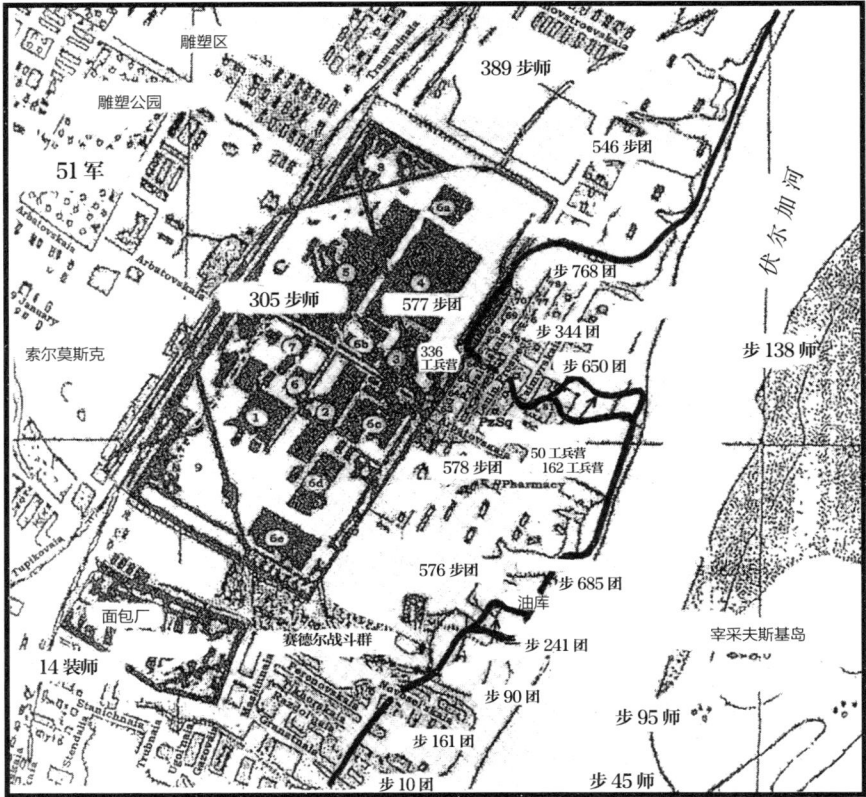

地图 95　1942 年 11 月 16 日—18 日，"柳德尼科夫岛"争夺战

对独立房屋发起突击。"[203]

　　双方的作战报告只是部分证实了崔可夫的说法。例如，16 日的战斗结束后，红军总参谋部的战事概要中汇报了该集团军各部队的准确位置，并未提及任何协调一致的进攻行动：

　　第 62 集团军，北部集群（步兵第 124、第 149 旅）据守以下防线：雷诺克—斯巴达诺夫卡村大冲沟的西部—斯巴达诺夫卡铁路线（含）南面的东坑—捷列克大街—莫克拉亚梅切特卡河上的钢筋混凝土铁路桥（含）—东南面直至伏尔加河。

步兵第138师击退了故人2个步兵营自11月16日晨起反复发起的进攻，据守以下防线：沃尔霍夫斯特罗耶夫斯克大街东南面的冲沟—沿"街垒"厂东部边缘的500米防线—东南面直至伏尔加河。

步兵第95师据守以下防线：梅津河大街东面的街区—机器大街（含）—花岗岩大街南面冲沟的北脊。

步兵第45师沿列兹措瓦亚（Reztsovaia）大街—"红十月"厂北部南延至该厂中央地带一线据守。

近卫步兵第39师守卫着"红十月"厂中央至该厂东南部，向西从起义大街南面至冲沟，向北沿俄罗斯村大街西延300米至斯坦尼斯拉夫斯基大街，并沿苔藓（Mokhovaia）大街、北大街和奥夫拉日纳亚大街向南延伸至班内峡谷。

步兵第284师守卫的防线沿班内峡谷南脊至黑海大街西部、科技大街、102.0高地、102.0高地东南面800米处的工厂西北部，沿炮兵大街至该厂东南部，并沿水库（Rezervuarnaia）大街至伏尔加河。

步兵第92旅据守工厂西部和南部（102.0高地东南面800米处）。

近卫步兵第13师守卫着师街街角、水库大街、涅克拉索夫大街东部、第2岸堤大街和坦波夫大街上的大型建筑、"1月9日"广场至基辅大街街角和共和国大街，东南面沿奥廖尔大街至伏尔加河一线据守。[204]

第62集团军的每日报告证实了汇报给红军总参谋部的情况，但又补充道："当晚，飞机空投补给物资，［步兵第138］师获得4包食物、2包45毫米炮弹、2包82毫米迫击炮炮弹，以及急需的医疗用品、冲锋枪子弹和手榴弹。"报告中指出，更重要的是："当晚，11、12、13、61、63号装甲艇和'斯巴达克'、'普加乔夫'、'潘菲洛夫'号渡轮驶过伏尔加河，为该师运送了弹药、食物和集团军后方的援兵。"[205]

当天最有趣的报告之一，是步兵第138师在其作战日志中描述了白天的战斗后，有人添加的一段陈述（以大写字母书写，可能是事后补充的），声称德军和他们一样，也已陷入困境：

敌人继续集结部队。步兵第138师坚守防线，击退了小股敌军发起的多次进攻。我们的飞机提供了一些援助，但远远不够。我们没有手榴弹，没有子弹，也没有食物。师长规定了每个战士的每日定量——25克面包皮、12克荞麦、5克糖。

师长请求［集团军］司令员采取措施缓解我师的情况，据我们估计，敌人会在11月17日晨发起进攻。

显然，当日对步兵第138师来说是最紧张的一天。很明显，敌人已无法以类似的状态发起11月11日和13日那种猛烈的进攻。毫无疑问，由于步兵第138师的顽强抗击，敌人已耗尽了力量，并要求（休整）数日，以便再次发起进攻。①206

11月16日至17日的夜间，崔可夫下达了新的命令，以反冲击抗击德军的进攻，无论如何必须确保戈里什内的步兵第95师和柳德尼科夫的步兵第138师守住阵地。命令中写道：

1. 敌人在梅津河大街以东地域前出至伏尔加河河岸并切断步兵第138师的部队后，逐渐在步兵第95师的正面掘壕据守，目的是阻止该师恢复前线态势并与步兵第138师会合。

2. 集团军继续坚守既有阵地并阻止敌人的后续推进，应于11月17日以部分兵力对梅津河大街以东地域的敌人发起反冲击。

任务是消灭突破至伏尔加河河岸的敌人，并与步兵第138师会合。

3. 步兵第95师与提供加强的部队应于11月17日14点发起一场反冲击，歼灭梅津河大街以东地域至油库的敌人，恢复步兵第241团的防线，与步兵第138师的部队会合。

第62集团军炮兵群将提供支援。

---

① 译注：此段为上文提及的大写陈述。

4. 炮兵：

（a）7点—13点45分，摧毁梅津河大街东面油库附近的敌碉堡，压制敌火力点。

（b）13点45分—14点，对敌防御前沿发起炮火急袭，为进攻实施炮火准备。

（c）14点，炮火延伸，压制敌防御纵深的作战编队（步兵发起进攻时）。

5. GMCh［近卫迫击炮部队］：

（a）12点—14点，压制"街垒"厂东南部的敌突击群和预备队。

（b）14点，以连续齐射打击油库附近的敌前沿阵地。

6. 步兵进攻时间为1942年11月17日14点……

崔可夫，古罗夫，克雷洛夫[207]

OKW的每日公告没有提及任何地面行动，只是简单地指出："轰炸机对伏尔加河以东的铁路交通发起精确打击。"[208]第24装甲师支持了这一观点，报告道："整条战线上除了炮兵和步兵各种轻重武器猛烈的火力外，敌人没有发起地面行动，敌人的空中活动依然疲软。"[209]但当日22点，遵照第6集团军的命令，伦斯基装甲师准备抗击敌人的大规模反冲击。第6集团军命令辖内的一些装甲和摩托化部队（第14和第24装甲师）："做好从目前阵地迅速调离的准备，应为转移后发起反冲击和机动防御加以准备。"[210]

11月17日，第62集团军报告，德军对"戈罗霍夫"集群位于雷诺克的防御发动了猛攻，但其他地域较为平静，只有步兵第95师在"街垒"厂以东再次试图达成突破，解救步兵第138师：

集团军当日击退了敌人发起的进攻，同时竭力恢复梅津河大街地域的态势。

敌人以超过1个步兵团的兵力和18辆坦克对雷诺克和斯巴达诺夫卡西郊发动进攻，并以2个营进攻步兵第138师的阵地。

在雷诺克地域，敌人成功地楔入我军防御。恢复态势的战斗正在进行。其他进攻方向上，敌人被击退，遭受到惨重损失……

步兵第138师击退了敌人2个步兵营和坦克发起的猛攻，虽然敌人占有兵力优势，但日终前，他们的进攻均被击退，并遭受到严重损失。

步兵第95师，经过一场炮火准备，14点以步兵第241、第90、第685团的部队对梅津河大街以东的敌人发起进攻。步兵第90团克服了敌人的顽强抵抗，攻占了油库，其先头部队继续向北攻击前进。

步兵第241、第685团夺取了梅津河大街东北面150米处的冲沟，继续沿伏尔加河河岸攻击前进。敌人将预备队投入战斗。激烈的战斗正在加剧。

步兵第45师和近卫步兵第39师在"红十月"厂地域与敌人交火。

前线其他地段，各部队继续坚守原有阵地，并击退了小股敌步兵发起的进攻。[211]

OKH的每日作战报告证实了第62集团军的报告，并指出："斯大林格勒城内，我军彻底歼灭了被包围在库波罗斯诺耶地域皮革厂的敌军。敌人再次企图从北面突破至油库，但未能成功。在城市北面的雷诺克地域，我军发起进攻，敌人被迫放弃该地域。集团军正面的其他地段基本未发生战斗。"[212]与此同时，尽管苏军的火炮和火箭炮火力极为猛烈，德军第305步兵师继续在"街垒"厂东面展开逐屋逐房的战斗，但位于至关重要的"红十月"厂内的第24装甲师却声称，"这一天平静地度过了"。[213]

第62集团军报告步兵第138师的防区爆发激战，而这种说法并不准确，可能是与该师的无线电通信中断所致，除了步兵第95师反复发起反冲击，设法从南面突破至柳德尼科夫的"孤岛"外，步兵第138师的前线一直保持平静。德军停止进攻的理由非常充分：如果赛德利茨11月20日的进攻想要取得成功，施特恩梅茨的第305步兵师（该师只剩3530名战斗兵，包括1600名步兵）显然需要休整和补充。[214]

这场短暂的平静的确很幸运，因为正如步兵第138师的每日报告所指出的那样，该师的处境越来越绝望：

敌人继续在14号和15号厂房、主机械车间、35号和36号楼附近集结兵力，特别是在"街垒"厂大门东面200米处。当日，敌小股冲锋枪手多次企图在我师左翼渗透至伏尔加河。步兵第138师与敌人交火。集团军司令部当日采取措施，派波－2飞机空投了少量补给。但是，投下的13个包裹，步兵第138师只拿到8个，其他的落入了敌军阵地或伏尔加河。我师严重缺乏子弹、迫击炮弹和食物。

师长认为目前的处境非常困难。通过船运补充食物和弹药的措施均未成功。截至日终时，师部附近有350名伤员。敌人从两翼前出至伏尔加河，反复以步枪和机枪火力扫射我师作战编队，我师目前据守的防区，正面长400米，纵深300米。

伏尔加河日夜遭到步枪、机枪、火炮和迫击炮火力的猛烈打击。最近五天，步兵第138师主要以缴获的武器和弹药从事战斗，在这种困难的情况下继续坚守阵地，敌人付出极其高昂的代价后，仅取得200米进展。[215]

柳德尼科夫的防区较为平静，但南面却并非如此，步兵第95师终于得到了第90团的加强。在"街垒"厂东南面峡谷附近，以及德军第14装甲师"赛德尔"战斗群与第305步兵师第576团结合部正东面，戈里什内步兵第95师遵照崔可夫昨晚下达的命令发起反冲击（参见地图96）。经过数小时炮火准备，步兵第90团第1营、步兵第241团和步兵第193师混编步兵第685团于11点30分突向东面的油库。与过去的反冲击不同，苏军的这场突击穿过油库，越过冲沟口部，给防御中的德军造成了严重伤亡。但是，由于自身损失也很惨重，戈里什内无法突破至步兵第138师的防区。[216]

11月17日最激烈的战斗发生在北面的雷诺克地域，德军第16装甲师再次发起进攻，力图攻克苏军顽强的支撑点（参见地图60）。师里的一些军官和士兵认为这样一场进攻毫无意义，因为俄国人显然已集结在防线后，第16装甲师已遭到消耗，而该师的各种武器完全可以从各个方向控制雷诺克。尽管如此，第16摩托车营和第79装甲掷弹兵第2营仍然在25辆"精心修复的"坦克的支援下，于11月17日4点，冒着猛烈的暴风雪对"戈罗霍夫"集群步兵第124旅设在雷诺克的防御发起突击。[217]第14装甲军16点25分汇报了进展情况：

沿装甲军东部战线，第16装甲师以两个战斗群从西面攻向雷诺克村。

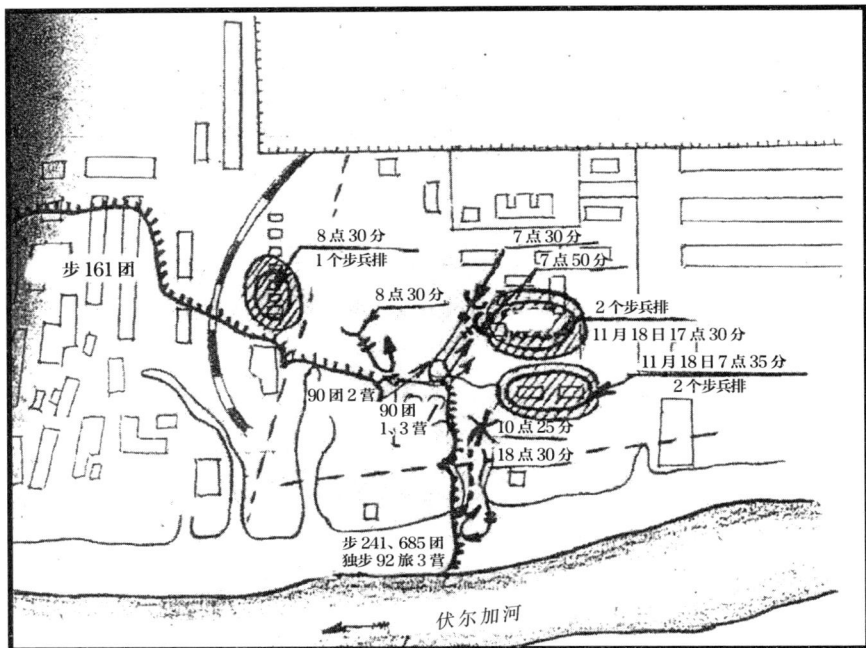

地图 96 1942 年 11 月 18 日 20 点，步兵第 95 师的部署

两个战斗群起初成功地突入了村内。糟糕的能见度和敌人猛烈的防御火力
使这两个战斗群无法相互联系。俄国人在 4 辆坦克的支援下发起反冲击，迫
使我战斗群撤离村北角和西角。猛烈的反坦克和坦克炮火，再加上地雷，
给我装甲部队造成大量损失……。实施重组后，我师 13 点重新发起进攻。
战斗仍在继续。[218]

　　尽管第 16 装甲师报告说，这场短暂的突击中伤亡 122 人，其中阵亡 19 人，
但第 6 集团军 18 点命令该师："继续进攻雷诺克，目标是［在 11 月 18 日］夺取
该村并控制伏尔加河河岸。"[219]次日，该师再次投入战斗，但进攻"陷入令人
绝望的困境，没有援兵根本无法恢复"。[220]最后，进退两难的德军只得坚守阵
地，直到 11 月 19 日晚，第 14 装甲军才批准该师后撤。第 16 装甲师师史为该师在

雷诺克的战斗提供了一份恰如其分的墓志铭，成为斯大林格勒地域其他地区交战情况的一个缩影："第16装甲师对雷诺克的进攻未能获胜。惨重的损失再次削弱了该师。沿着弗罗洛夫至斯大林格勒的铁路线，已有4000名最英勇的士兵躺在墓地中。这片布满十字架的庞大墓地横跨过满是积雪的草原。此时，斯大林格勒争夺战已进入一个新的阶段。"[221]

战斗在雷诺克肆虐并沿第6集团军战线其他地段断断续续地进行之时，希特勒采取了愈加绝望的措施——11月17日，他向保卢斯下达了新的元首令，13点15分，第6集团军作战官尽职尽责地传达给集团军辖内疲惫不堪的部队：

将以下命令口头传达给在斯大林格勒地域作战的从集团军至团级的所有指挥官：

"我深知斯大林格勒战斗的艰巨和作战力量日趋枯竭的情况，但伏尔加河上的浮冰给俄国人造成的困难更大。如果我们有效地利用这段时间，就能避免日后付出更大的牺牲。

"因此我希望全体将士像以往经常表现出的那样，再次奉献自己的力量和精神，至少在火炮厂和冶金厂突破至伏尔加河，并占领市区的这些地段。

"空军和炮兵必须尽一切力量为这场进攻做好准备，并提供支援。"[222]

保卢斯支持这道命令，他评论道："我可以肯定，对我们英勇的部队来说，这道命令就是一个新动力。"他给希特勒回电："我请求向元首报告，身处斯大林格勒的指挥官和我正完全遵照这道命令的指示行事，对过去几天伏尔加河上的浮冰给俄国人造成的弱点加以利用。元首的命令将为部队提供新的动力。"[223]无论内心是否真的赞同元首的指示，反正保卢斯决定11月20日恢复进攻。

赛德利茨向希特勒保证，不管怎样，他的部下都将继续战斗下去；随后，他继续重组部队，希望11月20日的进攻能取得胜利。就在他加紧准备时，第6集团军继续进行着一些战斗，主要是为了改善雷诺克和"街垒"厂东面、柳德尼科夫"孤岛"对面的态势。但一如既往地，没有任何迹象表明目前的僵局即将结束。

除了雷诺克周围的厮杀，11月18日最重要的战斗是第305步兵师第578团以第50、第162工兵营为先锋，在第24装甲师10辆坦克和15辆突击炮的支援下于清晨4点发起的一场精心策划的进攻，这场突击首先从苏军步兵第138师第650团手中夺取了政委楼北面100米处的77号楼。当天晚些时候，德军战斗群沿伏尔加河西岸又向前推进了约100米，夜幕降临时，这场进攻才被遏止。[224]

步兵第138师在报告中描述了这场战斗：

根据师长的决定，守卫左翼的任务交给步兵第650团团长［F. I. 佩切纽克少校］。彼得连科上尉的小队、NKVD中尉森奇科夫斯基的集团军阻截队和佐林大尉的小队由步兵第650团团长指挥。

敌人6点发起一场进攻，在超过一个排的炮兵和5—7辆坦克的支援下（每个方向）攻向我师左翼和中央。尽管损失惨重，但敌人仍然企图突至我师指挥所附近。这些进攻持续了一整天，但每次都被我们坚定、英勇的战士们击退。

从通信员到团、师参谋长，每个人都投入了防御战。由于伤员无法疏散，再加上医疗用品短缺，伤重不治的伤员有所增加。

我师的处境越来越困难，甚至可以说危在旦夕。没有食物，没有弹药，我们的步枪子弹不到作战规定量的一半。电台也已损坏，因而无法呼叫伏尔加河左岸的炮兵提供支援。[225]

第62集团军在每日报告中描述了步兵第138师的战斗，以及集团军防线其他地段的行动：

集团军当日击退了敌人对右翼发起的进攻，其他地段，各部队在原先的阵地上与敌人交火。

当日，敌人以1个步兵团和坦克在雷诺克和斯巴达诺夫卡西郊反复进攻我军阵地，并以2个营进攻步兵第138、第95师的阵地。日终前，所有进攻均被击退，敌人损失惨重。同时，敌人在"街垒"厂附近调集预备队，并以火炮和迫击炮猛轰我作战编队。

北部集群击退了敌人以超过1个步兵团的兵力和坦克对雷诺克和斯巴达诺夫卡西郊发起的进攻，并以部分兵力展开一场反冲击，任务是恢复雷诺克地域的态势。经过长时间的战斗，敌人被驱离雷诺克西北郊，态势得到彻底恢复。1942年11月17日和18日，［我军］消灭800名敌官兵和11辆坦克，其中9辆被烧毁。该集群剩余的战斗兵为：步兵第124旅——745人，步兵第149旅——475人。该集群急需弹药和食物补给。

步兵第138师击退了敌人2个步兵营和坦克发起的进攻。敌人前调生力军，设法逼退该师左翼，并占领了三座建筑。

步兵第95师击退了敌人以超过1个营的兵力在油库附近发起的进攻。步兵第90团守卫油库地域，在那里掘壕据守。步兵第241和第685团沿梅津河大街东北面150米处的冲沟一线实施防御。

步兵第45师和近卫步兵第39师沿原先的防线与小股敌步兵展开战斗，改善他们的阵地。

集团军防线的其他地段上，各部队继续坚守阵地，并击退了小股敌步兵的进攻。[226]

报告的结尾处，崔可夫提到一个好消息："'普加乔夫'号渡轮和11、12、61、63号装甲艇渡过伏尔加河，为部队运来167名补充兵、弹药和食物，并疏散了400名伤员。"[227]随后，他又重复了几个早已耳熟能详的命令——"坚守既有阵地""阻止敌人继续推进""以部分兵力发起反冲击，与步兵第138师的部队会合"。[228]

但在战役这一阶段，正如日后的情况表明的那样，这些命令毫无必要。虽然柳德尼科夫的处境极其困难，戈里什内的部下屡屡受挫，但他们和崔可夫集团军辖内其他幸存者一样，已经完成了他们的任务。这些身处绝境的战士在斯大林格勒的废墟中坚守阵地，严重消耗了保卢斯集团军。11月18日日终时，第6集团军的报告证明，该集团军的精华已在这座废墟遍地的城市中遭到重创（参见图表43）。

第6集团军在斯大林格勒参战的各部队的战斗力状况并未发生太大变化，这一点并不奇怪：集团军遭受的重创早已存在。11月发生的事情仅仅能够证

图表43：1942年11月9日—16日，第6集团军在斯大林格勒作战的各个师辖下步兵、工兵营的战斗力等级

	11月9日	11月16日
第14装甲军		
第3摩步师 （3—4个步兵营） （1个工兵营）	3个中强 中等	3个中强、1个中等 中等
第60摩步师 （6个步兵营） （1个工兵营）	1个中强、1个中等、3个虚弱、1个耗尽 虚弱	3个中等、2个虚弱、1个耗尽 虚弱
第16装甲师 （3—4个装甲掷弹兵营） （1个装甲工兵营）	1个中强、2个虚弱 虚弱	1个中强、1个中等、2个虚弱 虚弱
第94步兵师 （7个步兵营） （1个工兵营）	2个虚弱、5个耗尽 中等	2个虚弱、5个耗尽 中等
第51军		
第24装甲师 （4个装甲掷弹兵营） （1个装甲工兵营）	1个中强、3个中等 耗尽	1个中强、3个中等 中强
第100猎兵师 （5个步兵营） （1个工兵营）	2个中强、3个虚弱 中等	2个中强、2个中等、1个虚弱 中等
第305步兵师 （6个步兵营） （1个工兵营）	2个虚弱、4个耗尽 耗尽	2个虚弱、4个耗尽 耗尽
第295步兵师 （7个步兵营） （1个工兵营）	1个中等、5个虚弱、1个耗尽 虚弱	1个中等、5个虚弱、1个耗尽 虚弱
第389步兵师 （6个步兵营） （1个工兵营）	4个中等、2个虚弱 虚弱	2个中等、4个虚弱 虚弱
第79步兵师 （6个步兵营） （1个工兵营）	1个中等、5个虚弱 中等	6个虚弱 耗尽
第14装甲师 （2个装甲掷弹兵营） （1个装甲工兵营）	2个强 中等	2个强 中等
第71步兵师 （7个步兵营） （1个工兵营）	5个中等、2个虚弱 虚弱	5个中等、2个虚弱 虚弱

总计		
62—64个步兵营	2个强、8个中强、15个中等、26个虚弱、11个耗尽	2个强、7个中强、18个中等、26个虚弱、11个耗尽
12个工兵营	5个中等、5个虚弱、2个耗尽	1个中强、4个中等、5个虚弱、2个耗尽

※ 资料来源：弗洛里安·冯·翁德·楚·奥夫塞斯男爵，《第6集团军作战日志附件册，第一卷，1942年9月14日至11月24日》，第248—253、第285—290页，"Betr.: Zustand der Divisionen, Armee－Oberkommando 6, Abt. Ia, A. H. Qu., 09. November 1942, 16.20 Uhr"（关于：各个师的状况，第6集团军司令部作战处，1942年11月9日16点20分），以及 "Betr.: Zustand der Divisionen, Armee－Oberkommando 6, Abt. Ia, A. H. Qu., 16. November 1942, 12.00 Uhr"（关于：各个师的状况，第6集团军司令部作战处，1942年11月16日12点）。

明，该集团军在10月份便已山穷水尽。话虽如此，但第60摩步师的整体实力从"中等"滑向了"虚弱"，第389和第79步兵师更加明确地沦为"虚弱"，而第94和第305步兵师依然是"耗尽"。在保卢斯看来，他的集团军也许能在这场消耗战中存活下来，最积极的迹象是各装甲师实力的恢复。付出艰巨的努力后，第14、第16和第24装甲师的机修工和机动维修单位成功地将各个师的坦克力量恢复到约50辆战车。这份"总账"消极的一面是，保卢斯和他的指挥官对苏军将貌似无穷无尽的援兵派入城内废墟的能力深感困惑，这些援兵要么是新锐师，要么是编入数十个行进营、连的补充兵。魏克斯和保卢斯完全无法提供能与之相比的增援力量。

　　与此同时，更加不祥、更加危险的事态发展发出的微弱警告正悄然出现。不过，11月第二周的激战结束后，盖伦的东线外军处11月18日提交了一份每日情报汇总，虽然这份报告很透彻，但还是流露出了一丝明显的乐观态度。报告以直截了当的陈述为开始："在斯大林格勒城及其北部地域，敌人没能阻挡住我军的推进。罗马尼亚第3集团军的防区内，敌人从谢拉菲莫维奇西南方登陆场内的多个地点发起攻击，均未取得成功。集团军群正面的其他地段未发生重要的战斗。"[229]报告中指出，第6集团军在库波罗斯诺耶以南地域、冶金厂、油库击退了"敌人虚弱无力的进攻"，敌人已"无法成功阻止我军在火炮厂东面取得局部进展"，并被迫"放弃了雷诺克西郊的一片建筑"。[230]

关于B集团军群辖内的卫星国军队，盖伦指出，罗马尼亚第3集团军"击退了"苏军数个强击支队对其右翼发起的行动，具体说来是敌人的3个营在卡尔梅科夫斯基（Kalmykovskii）以东、在布利诺夫和西北面发起的进攻，另外，除了他所说的"常见的"侦察行动和苏军强击支队失败的进攻，意大利第8集团军、匈牙利第2集团军和德国第2集团军的防区内未发生战斗。[231]

最后，在"敌军编组"这一段，盖伦在报告中指出，苏军步兵第270师和近卫步兵第46师刚刚到达顿河北面，担任第6集团军预备队，并探明机械化第17旅已重新部署至城市东南方，担任斯大林格勒方面军预备队，坦克第25军位于沃罗涅日地域，近卫步兵第44师在利夫内附近担任第48集团军预备队。尽管这些识别并不是发出警报的原因，但盖伦还报告说近卫步兵第9师可能已从沿顿河布防的第21集团军调至勒热夫突出部西南面的别雷（Belyi）。这似乎表明俄国人正将部队从斯大林格勒地域调入勒热夫地区，有可能在莫斯科以西发起进攻。[232]

盖伦后来断然驳斥了"11月18日报告中的内容明显无关痛痒"的说法，他在回忆录中指出："虽然罗马尼亚第3集团军对面的苏军正继续进入其进攻阵地（据一名逃兵交代，3个新锐坦克旅正调入罗马尼亚第6军对面的防线），但我在18日报告过，不能排除苏军同时从斯大林格勒南面的别克托夫卡地域发起进攻的可能性。"[233]

根据东线外军处11月9日—18日呈交的报告，盖伦后来指责希特勒和其他高级将领忽略了他关于苏军即将发起进攻的警告，"犯下了低级的指挥错误"。例如，回顾往事，1943年2月10日，他在一份显然属于私人的文件中写道："从11月9日起，我们的情报摘要指出，苏军正准备对罗马尼亚第3集团军发起一场大规模进攻，大约在同一时间，我们一再告诫他们应做好准备，敌人可能对意大利第8集团军、匈牙利第2集团军和沃罗涅日发起进攻。"[234]可是，仔细研究FHO这段时间的情报评估，便会发现尽管他们确实预测到了苏军有可能发起进攻，特别是对罗马尼亚第3集团军，但盖伦的情报分析员始终在苏军进攻的力量和时间选择方面有所保留，这就降低了这些报告的警告力度。后来，盖伦在回忆录中再次指责希特勒和那些高级将领，却故意没有提及他11月6日的报告，这份报告认为苏军最有可能在北面对勒热夫突出部的德军发起主攻。

无论盖伦是否曾向希特勒和德军高级将领发出关于苏军即将转入进攻的足够警告，事实是，在那些过去曾与苏军交锋，并轻而易举地击败兵力占据优势的苏军发起的无数次进攻的德军将领们看来，预测苏军即将发起进攻是一回事，担心其后果却是完全不同的另一回事。他们的部队自8月下旬以来，在斯大林格勒南北两面发现并挫败了苏军发起的多次进攻，通常都给进攻中的红军部队造成了破坏性影响，在他们看来，有什么理由认为他们在日后无法做到这一点呢？即便如此，面对盖伦有所保留的提醒，他们还是谨慎对待，虽然有些过度自信，但魏克斯和保卢斯确实采取了一些预防措施（虽说力度不大），确保一旦苏军发起进攻，德军便重演击败他们的历史。

总结

第6集团军11月争夺斯大林格勒工厂区南部的战斗，是一场彻底、可怕的消耗战。按照过去的打法，虽然获得了第79步兵师的增援，但赛德利茨第51军的士兵们别无选择，只能对崔可夫第62集团军的残部发起正面进攻，为争夺

步兵第138师师长I. I. 柳德尼科夫上校在他的指挥所

786

步兵第138师的士兵守卫着"柳德尼科夫岛"内的建筑

"柳德尼科夫岛"内的苏军交通壕

坚守"柳德尼科夫岛"的一个苏军迫击炮组

争夺"柳德尼科夫岛"的战斗中，步兵第138师的士兵们冲出一座掩体，准备击退德军的进攻

"街垒"厂东南面的油库区。1942年11月上半月，为营救被困在"柳德尼科夫岛"内的部队，这里成为激战的现场

"街垒"厂和"红十月"厂的废墟展开残酷的较量,双方在这场血腥角逐中毫不留情。对一支新锐、精力充沛的部队来说,这是一项艰巨的任务;而对一支疲惫之师而言,这是一场无法获胜的战斗。

随后的战斗是步兵和工兵进行的一场厮杀,他们组成营级或更常见的连级突击组,并获得单独或一小组突击炮的加强,有时候也能得到坦克和火炮直瞄射击的支援。这些突击组、突击群和战斗群为争夺单独的建筑物或建筑区苦战数日,经常为一个房间、一座掩体、一个散兵坑、地下室内的阵地或一台扭曲报废的机器激战数小时。在这样的战斗中,伤亡居高不下,有些部队的缺员高达90%,迅速丧失了一切战斗力。

赛德利茨以第305步兵师残余的步兵和第79步兵师并排对"街垒"厂和"红十月"厂发起突击,并将第14和第24装甲师(由于缺乏坦克,这些装甲师现在仅仅在名义上是装甲部队)剩余的装甲掷弹兵当作普通步兵使用,要么夹杂在第51军当中,要么掩护该军的侧翼。10月23日和24日,德军以一场充满戏剧性但令其疲惫不堪的突击攻入"红十月"厂后,该厂内和"街垒"厂以东地域的战斗便沦为一场历时三周的激烈厮杀,其特点是:反复发起的短促突击经常被双方的冲击和反冲击打断,进展微乎其微,很少超过几十米。这种战斗迅速耗尽了双方的力量,唯一获得加强的是僵持状态。

斯大林格勒方面军第64集团军10月26日和之后在斯大林格勒南部发起的突击使保卢斯的处境雪上加霜,进一步拉伸了第6集团军的防御,并将他日益减少的装甲力量和预备队从主要突击方向吸引了过来。虽然第51军巧妙地利用提供增援的工兵营,在11月11日和之后取得了显著进展,但叶廖缅科将另一个新锐步兵师(步兵第45师)投入战斗,抵消了赛德利茨援兵的影响,并确保这场僵局按照苏联方面的需要继续下去。

在苏军最高统帅部看来,长期坚守斯大林格勒的必要性,意味着崔可夫集团军必须死守日趋萎缩的登陆场,直至苏军发起期待已久的大反攻。就在第6集团军继续进攻斯大林格勒已成废墟的各座工厂时,正如德军情报机构的报告中暗示的那样,红军的确在实施进攻准备。虽然德国人不清楚苏军的准确意图,但根据以往的经验,德军战地指挥官们认为,他们的部队完全能够应对任何不测事件。但问题是,目前据守漫长顿河战线的诸卫星国集团军是否也能做到这一点。11月18日前，魏克斯和保卢斯采取了他们认为已足够的措施，确保这些卫星国集团军发挥出预期的水平。

德军士兵经常描述工厂区北半部的战斗为地狱般可怕，而11月争夺"街垒"厂和"红十月"厂的战斗加剧了这种恐怖，部队骇人听闻的伤亡令其雪上加霜。一名士兵描述了第24装甲师的减员情况——"据厕所里的小道消息说——这往往是普通士兵唯一的消息来源——"，他所在的团元气大伤，"尚具战斗力的连不超过两个"。[235]针对下降的士气（尽管这恰恰解释了为何德军将领们依然坚信胜利在握），师长伦斯基宣布："应加强教育，强调我们高于俄国人的优越感，提高（补充兵的）战斗士气。"[236]

但是，这种优越感很快就将在一片新战场上接受考验——"红十月"厂的废墟，第24装甲师的作战日志将其描述为这样一个地区——"极为错综复杂的工厂废墟、巨大的弹坑，俄国人频频展开活动，双方的战线相距极近，我们的作战优势微乎其微"，而且"被证明极其困难"。[237]因此，该师的装甲掷弹兵对4号厂房发起突击时，发现"混乱的铸铁配件、残垣断壁、损坏的机器、扭曲的大梁和金属、遍地的瓦砾、对任何进攻者来说都不啻为一场噩梦"，令他们在其间"晕头转向"。[238]待工厂内的激战结束后，"对德国人来说最痛苦的事实，是俄国人并未被消灭，他们仍在满目疮痍的斯大林格勒顽强据守着小小的登陆场"，他们开始明白，自己很可能要在这里（"红十月"厂的废墟里）过冬，这对士气毫无益处。[239]

北面，11月初，第16装甲师的士兵们将雷诺克—斯巴达诺夫卡地域称为"小凡尔登"，因为"这里的每一平方米土地几乎都被炸弹和炮弹掀开过"。[240]尽管"这片地域无法部署坦克"，而且敌人的抵抗"仍未被摧毁"，但第94步兵师的一名连军士声称："小伙子们的士气依然高昂，我们都对上级充满信心。"[241]几天后，该师对苏军据守的日益萎缩的登陆场发起进攻，但这场突击失败了，这位军士又说道：

前线的小伙子们表现得几乎就像是超人。他们中的大多数仍没有冬装……他们蜷缩在散兵坑里，用帐篷布抵御潮湿和寒冷。这里的时间似乎永无止尽。许多人穿着破破烂烂的军装投入战斗，然后简短地说上一句："没关系，军装破总好过骨头碎。"

我认识，也了解这些小伙子。有一件事我可以确定：我们经历的这一切，日后会对我们的健康造成影响——要是我们能幸运地在这场战争中活下来的话。[242]

崔可夫麾下陷入困境的士兵们也持同样的观点——这一点可以肯定。表明他们处境的是，11月13日，NKVD少校V. T. 斯姆洛金斯基（NKVD第2特别部门副主任，是谢利瓦诺夫斯基上校的同事）[①]向莫斯科的上级呈交了一份报告，根据对士兵家书的审查，他在报告中谈到崔可夫第62集团军的士气和他所称的"反苏行为"。一个曾在苏联列宁主义青年团工作，名叫霍夫斯基的士兵在信中写道：

今天，我从前线返回，前线的情况非常困难。德国人依靠强有力的组织和精良的武器装备，把我们逼得走投无路。依我看，如果不开辟第二战场，希特勒会在今年轻松夺取莫斯科。德国人掌握着制空权，不断发起残酷的轰炸。毫无疑问，德国人要不了几天就能占领斯大林格勒……显然，由于我们的软弱和指挥不力，希特勒将统治我们的国土。[243]

躺在野战医院的步兵A. V. 巴克沙耶沃伊补充道：

我们团在两天内全军覆没。死伤者不计其数，这让我久久无法忘怀。向你描述这一切需要好多信纸。前线究竟发生了什么情况？德国人发起了打击，所以，无处可逃。到处都有人叛变投敌。在后方和前线，他们每三天为我们提供一次食物，我们从来就没吃饱过。他们为我们提供600克面包、难以下咽的汤和一点点荞麦粥。不知何故，妇女和孩子们想法活了下来，感谢主，这显然是纯属运气。[244]

---

① 译注：第六章写的是NKVD少校N. N. 谢利瓦诺夫斯基。

最后是一名近卫军士兵，回顾前几周所发生的事情的同时，他向他的母亲诉说了自己的绝望之情，并在信中强调了政治形势和他在散兵坑里的思想转变：

亲爱的妈妈，没错，9月18日—20日，这里发生了一场大规模战斗，目前仍在继续。对这段战线的进攻开始于9月18日，"绞肉机"开动了。在这两三天里，许多人死于非命，血流遍地。这一切究竟是为了什么啊？是因为荣誉、当权者和一小批富人。不过，就像俄罗斯谚语所说的那样，"以眼还眼，以血还血"、"恶有恶报"。为了人民遭受的苦难，为了付出的鲜血，为了那些遗孀和孤儿，这场战争的组织者很快会付出代价——老话说得好，他们会"遭天谴"。亲爱的妈妈，我在这里待了15—20天后，他们说我已彻底脱胎换骨，没错，现在的我跟过去截然不同了。现在我终于明白了这场战争的政治意义，我们抛头颅洒热血所为何物，我们的公债、募集、捐赠和税收用到了哪里。这些钱是为了让我们付出牺牲，根本不是用于祖国的和平建设。如果我能平安归来，哪怕为贷款、募捐支付一个戈比，我都会遭到诅咒。我宁可把钱用于买醉，送给穷困潦倒的人，或者干脆丢进厕所里，但我绝不会捐赠。我请求您，替我去教堂，花点时间为我祈祷……在圣像前点燃几支蜡烛，为迅速结束这场战争，为苦难的俄罗斯人民，为新的和平向主祈祷。[245]

虽然这份报告的重点只集中于负面因素，但斯姆洛金斯基呈交给上级的摘录毫无疑问地表明，第62集团军的士兵中，许多人存在矛盾的心态。无论崔可夫部下们的士气状况如何，多亏叶廖缅科及时提供支援，才使第62集团军在斯大林格勒城内及其工厂区里守住了越来越小的登陆场。这是一场消耗战，但崔可夫11月20日报告称，他守卫这座城市的兵力仍有35377人（参见图表44）。[246]

结束语

保卢斯第6集团军将其迅速衰减的兵力中的最后一部分投入斯大林格勒工厂区废墟间残酷、徒劳的战斗时，斯大林、最高统帅部大本营的高级军事领导人和红军各方面军司令员正为一场大规模反攻拟制计划，旨在令德军的处境变

图表 44：11 月 20 日，第 62 集团军在斯大林格勒城内参战的各步兵部队的兵力

近卫步兵第13师——5201人
近卫步兵第37师——2194人
近卫步兵第39师——2770人
步兵第45师——4696人
步兵第95师——2078人
步兵第112师——659人
步兵第138师——1673人
步兵第193师——1734人
步兵第284师——4696人
步兵第308师——1727人
步兵第42旅——294人
步兵第92旅——3637人
步兵第115旅——271人
步兵第124旅——2898人
步兵第149旅——848人
合计——35377人
第62集团军的总兵力——41199人

※ 资料来源：伊萨耶夫，《斯大林格勒：伏尔加河后方没有我们的容身处》，第 248—249 页。

得彻底无望。以去年"巴巴罗萨"战役期间发生的事情——特别是去年秋季沿季赫温、莫斯科和罗斯托夫方向的战斗——为背景，斯大林自1942年7月中旬以来一直试图发起一场反攻，当时他投入三个新组建的坦克集团军，力图阻止希特勒控制整个苏联南部。苏军7月份在沃罗涅日和顿河大弯曲部发起的反攻惨败后，斯大林打算发起新的反攻（实际上是目标较为有限的反突击），先从城市西北方的科特卢班和叶尔佐夫卡地域，稍晚些时候再从南面的别克托夫卡地域展开行动。这些反突击包括：

●8月23日—29日，由斯大林格勒方面军"科瓦连科"和"什捷夫涅夫"集群在科特卢班地域发起；

●9月3日—12日，朱可夫指挥斯大林格勒方面军辖下的坦克第4集团军、第24集团军、近卫第1集团军和第66集团军，在顿河与伏尔加河之间的整片地域发起；

●9月18日—10月2日，由斯大林格勒方面军辖下的近卫第1集团军和第24、第66集团军在科特卢班地域发起；

●9月29日—10月7日，由斯大林格勒方面军辖下的第57、第51、第64集团军在斯大林格勒南面的别克托夫卡和湖区地带发起；

●10月20日—26日，由顿河方面军第24和第66集团军在科特卢班地域发起；

●10月24日—11月2日，由斯大林格勒方面军第64集团军在库波罗斯诺耶地域发起。

虽说这些反突击确实削弱并拖缓了第6集团军对斯大林格勒的突击，但并没能取得更大的进展。其结果是，斯大林和其他苏军将领开始相信，在距离斯大林格勒这么近的地方发起进攻纯属徒劳。10月9日，叶廖缅科向最高统帅部呈交了一份大胆的计划，建议发起一场更大的包围，歼灭整个斯大林格勒地域的德军。此后，根据叶廖缅科的建议，斯大林和他的主要军事助手们将工作重点放在了实施一项更具雄心的计划上。10月份剩下的日子和11月前几周，他们一直忙于此事，"天王星"计划就此诞生：包围并歼灭斯大林格勒地域的德国第6集团军。实际上，11月初，苏军最高统帅部就完成了"天王星"战役和在莫斯科以西的勒热夫地域发起其姊妹行动"火星"战役的策划工作。进攻计划的详情可参阅本三部曲第三卷。重要的是，就算德军情报机构发现苏军正在策划进攻，他们也无法获知这场大反攻的规模。

为实施这场决定性反攻，11月前三周，苏军最高统帅部沿斯大林格勒西北方的顿河，以及斯大林格勒南面的伏尔加河以西地域加紧集结部队，11月8日，朱可夫发电报通知叶廖缅科和罗科索夫斯基，这场反攻将于11月13日发起。这些电报要求"伊万诺夫［叶廖缅科的化名］亲启"、"顿佐夫［罗科索夫斯基的化名］亲启"，电报中写道："重新安置定于11月13日。"[247]他用的词是"pereselenie"（意思是"重新安置"或"搬迁"），这是斯大林和最高统帅部提到"天王星"行动时的代号。两位方面军司令员肯定知道这个代号的意思，但没有迹象表明崔可夫和第64集团军司令员舒米洛夫清楚即将发生什么事。

除了强调出部分苏军高级将领并没有掌握发起新反攻的确切时间外，这些电报还证明盖伦不愿预测苏军将于何时、何处发起进攻是有道理的。朱可夫和华西列夫斯基行使了他们的酌情决定权，最终命令西南方面军和顿河方面军第65集团军于11月19日发起突击，斯大林格勒方面军11月20日投入进攻——斯大林立即批准了这些决定。[248]

激烈的战斗在斯大林格勒北部工厂区的废墟间持续时，11月15日13点10分，斯大林打消了对进攻时机的一切顾虑，发电报给朱可夫（他的化名是"康斯坦丁诺夫"）：

费多罗夫［瓦图京］和伊万诺夫［叶廖缅科］重新安置的日期由您酌定，待您返回莫斯科后再向我汇报。如果您认为他们中的某一位应提前或推迟一两天重新安置，那我赋予您酌情决定权。

瓦西里耶夫［斯大林］[249]

不到四天后，这封简短的电报将使德军指挥官对其部队不可战胜的信心接受最终的考验。

注释

1. 参见第62集团军作战日志，11月1日—2日的条目。

2. 齐姆克和鲍尔，《从莫斯科到斯大林格勒：东线决战》，第463页，引自*AOK 6, Ia KriegstagebuchNr.14, 3 Nov 42, AOK 6 33224/2 file*（第6集团军作战处第14号作战日志，1942年11月3日）。对德军这些会议的出色阐述，可参阅詹森·D. 马克的《烈焰岛：斯大林格勒"街垒"火炮厂之战，1942年11月—1943年2月》，这本著作还从苏德双方的角度对这场战斗做出了最透彻的战术评述。

3. 马克，《烈焰岛：斯大林格勒"街垒"火炮厂之战，1942年11月—1943年2月》，第14页。

4. 齐姆克和鲍尔，《从莫斯科到斯大林格勒：东线决战》，第464页。

5. 对这些提供增援的战斗工兵营和其他单位的详细描述，可参阅马克的《烈焰岛：斯大林格勒"街垒"火炮厂之战，1942年11月—1943年2月》，第25—49页。

6. 马克，《"跳跃骑士"的覆灭：第24装甲师在斯大林格勒》，第315页。伦斯基对此的应对是组建起一个被称为第24装甲团应急单位的临时战斗群，由该团辖下的3个装甲营各抽调1个连组成。

7. 马克，《"跳跃骑士"的覆灭：第24装甲师在斯大林格勒》，第316页，引自第51军101号令。

8. 埃里希·马格努斯将军1892年7月31日出生于但泽，1979年8月6日在汉堡去世。

9. 马克，《"跳跃骑士"的覆灭：第24装甲师在斯大林格勒》，第316页，引自第51军103号令。

10. 同上，第335页。

11. 同上，第334页。这些兵力包括第21装甲掷弹兵团的410人，第26装甲掷弹兵团的299人，第4摩托车营的129人，第40装甲工兵营的131人。

12. 同上，第337页。第24装甲师两个装甲掷弹兵团的第1营仍在后方休整并接受补充兵。

13. 马克，《烈焰岛：斯大林格勒"街垒"火炮厂之战，1942年11月—1943年2月》，第20页。

14. 同上，第51—52页。

15. 同上，第52—53页。

16. 齐姆克和鲍尔，《从莫斯科到斯大林格勒：东线决战》，第465页，引自*AOK 6, Ia KriegstagebuchNr.14, 3 Nov 42, AOK 6 33224/2 file*（第6集团军作战处第14号作战日志，1942年11月3日）。

17. 同上。

18. 马克，《烈焰岛：斯大林格勒"街垒"火炮厂之战，1942年11月—1943年2月》，第54—55页。

19. 同上，第56页。

20. 同上。

21. 同上，第57页。

22. 同上；齐姆克和鲍尔，《从莫斯科到斯大林格勒：东线决战》，第465页，引自*AOK 6, Ia KriegstagebuchNr.14, 6 Nov 42, AOK 6 33224/2 file*（第6集团军作战处第14号作战日志，1942年11月6日）。

23. 马克，《烈焰岛：斯大林格勒"街垒"火炮厂之战，1942年11月—1943年2月》，第57页。

24. 同上，第58页。

25. 同上，第59页。

26. 同上。

27. 弗洛里安·冯·翁德·楚·奥夫塞斯男爵，《第6集团军作战日志附件册，第一卷，1942年9月14日至11月24日》，第247页，"Morgenmeldung Ll. A. K. meldet 05.45 Uhr, A. O. K. 6, I.a, Datum 09.11.42"（第51军晨报，1942年11月9日5点45分发给第6集团军司令部作战处）。配给第244突击炮营的新型步兵突击炮是试验性的33B型150毫米步兵突击炮，这些突击炮刚刚赶至斯大林格勒。关于这种突击炮的详情，可参阅马克的《烈焰岛：斯大林格勒"街垒"火炮厂之战，1942年11月—1943年2月》，第43—51页。

28. 马克，《烈焰岛：斯大林格勒"街垒"火炮厂之战，1942年11月—1943年2月》，第60页。另可参阅齐姆克和鲍尔的《从莫斯科到斯大林格勒：东线决战》，第465页，引自AOK 6, Ia Kriegstagebuch Nr.14, 8-10 Nov 42, AOK 6 33224/2 file（第6集团军作战处第14号作战日志，1942年11月8日—10日）。

29. 马克，《烈焰岛：斯大林格勒"街垒"火炮厂之战，1942年11月—1943年2月》，第61页。

30. 同上。

31. 马克，《"跳跃骑士"的覆灭：第24装甲师在斯大林格勒》，第342页。贝洛上校返回后方休整。

32. 同上。

33. 第24装甲师突击连的准确编成，可参阅同上，第344—345页。

34. 第62集团军作战日志，"Boevoe donesenie no. 217, Shtarm 62 1. 11. 42"（第62集团军司令部217号作战报告，1942年11月1日签发）。

35. 同上，"Chastnyi boevoi prikaz no. 218 KP Shtarma 62 1. 11. 42 13.35"（第62集团军司令部218号单独作战令，1942年11月1日13点35分签发），命令中写道：

1. 敌人正调集新锐预备队，目的是重新发起进攻，前出至渡口地域的伏尔加河河岸。

2. 我集团军在击退敌人进攻的同时，继续坚守既有阵地。

3. 第95步兵师（欠1个团）应于1942年11月1日至2日的夜间在第62集团军渡口附近渡河赶至右岸，占据并守卫以下地域——"街垒"厂南部—梅津河大街—花岗岩大街，沿"街垒"厂东郊构设前沿防线，并沿机器大街向南延伸。

任务：阻止敌人在北部地区前出至伏尔加河河岸。

右侧分界线从字母T南面150米处的院落至索尔莫斯克。包括泰梅尔大街在内的所有据点都由步兵第138师据守。

左侧分界线从渡口北面100米处的峡谷口部至代表机器大街的字母"Sh"和普罗卡特纳亚（Prokatnaia）大街。所有据点都由步兵第95师据守。

4. 我派步兵第138师师长确保右侧分界线，左侧分界线交由步兵第95师师长负责。

5. 步兵第95师的指挥所应设在梅津河大街以东地域。

6. 步兵第95师占据防御阵地时，步兵第308师在步兵第95师防区内作战的部队应撤入步兵第138师的防区，步兵第193师的分队应撤入步兵第45师的防区。

上述部队将防区移交，并由步兵第95师占据后，方可执行后撤。

步兵第193师的部队应留在原地，任务是掩护渡口接近地。

7. 步兵第95师师长应从1942年11月1日17点起，每隔两个小时汇报渡河和占据防御阵地的情况。

崔可夫，古罗夫，克雷洛夫

36. 同上，*"Boevoe rasporiazhenie no. 227, Shtarm 62 1. 11. 42"*（第62集团军司令部227号作战指令，1942年11月1日签发）。

37. 日林，《斯大林格勒战役》，第832—833页。

38. 同上，第834页，引自《OKW战时公告》。

39. 伯恩哈德·施特恩梅茨出生于1896年8月13日，1940年指挥过第8军[①]，斯大林格勒工厂区争夺战后期出任第305步兵师师长。显然，第6集团军投降前，他撤离了斯大林格勒地域。1943年，施特恩梅茨在重新组建的第94步兵师担任第274掷弹兵团团长，1944年1月2日起在意大利指挥该师，直至第94步兵师1945年4月22日向美军投降。他去世于1981年1月22日。关于他军旅生涯的并不太多的情况，可参阅小塞缪尔·W. 米查姆的《希特勒的军队：二战德军作战序列》（纽约：斯坦＆戴出版社，1985年），第110页；以及网站www.axishistory.com/index。

40. 第51军的102号令可参阅马克的《烈焰岛：斯大林格勒"街垒"火炮厂之战，1942年11月—1943年2月》，第17页。

41. 同上。苏联方面的资料将德军突击炮和自行反坦克炮都统计为坦克。

42. 第62集团军作战日志，*"Boevoe rasporiazhenie no. 228 Shtarma 62 2. 11. 42 01.05"*（第62集团军司令部228号作战指令，1942年11月2日1点05分签发）。

43. 同上，*"Boevoe rasporiazhenie no. 229 Shtarma 62 2. 11. 42 01.05"*（第62集团军司令部229号作战指令，1942年11月2日1点05分签发）。

44. 同上，*"Boevoe rasporiazhenie no. 231 KP Shtarma 62 2. 11. 42 01.05"*（第62集团军司令部231号作战指令，1942年11月2日1点05分签发）。

45. 同上，*"Boevoe donesenie no. 218, Shtarm 62 2. 11. 42"*（第62集团军司令部218号作战报告，1942年11月2日签发）。

46. 日林，《斯大林格勒战役》，第838页。

47. 第62集团军作战日志，*"Boevoe donesenie no. 218"*（第62集团军司令部218号作战报告）。

48. 日林，《斯大林格勒战役》，第839页，引自《OKW战时公告》。

49. 第62集团军作战日志，*"Boevoe donesenie no. 219"*（第62集团军司令部219号作战报告）。

50. 日林，《斯大林格勒战役》，第842页。

51. 同上，第843页，引自《OKW战时公告》。

52. 第62集团军作战日志，*"Boevoi prikaz no. 197 KP Shtarma 62 3. 11. 42 15.45"*（第62集团军司令部197号作战令，1942年11月3日15点45分签发），具体如下：

3. 步兵第138师（柳德尼科夫），应在近卫步兵第118团的加强下，据守目前占据的阵地，并阻止敌人前出至泰梅尔斯克—阿尔巴托夫大街地域。

4. 步兵第95师（欠步兵第90团），应在1个KV坦克连的加强下，坚守已占据的阵地，并阻止敌人前出

---

① 译注：担任参谋长。

至新农村大街地域和伏尔加河，切实掩护左侧与步兵第45师的结合部。左侧分界线从新农村大街南面400米处的峡谷口部至字母V（代表气体大街）、卡希拉大街街角和沃尔霍夫斯特罗耶夫斯克大街。

5. 步兵第45师应据守既有阵地，阻止敌人前出至"红十月"厂东北部，并掩护左侧与近卫步兵第39师的结合部。左侧分界线从巴库大街和政治委员大街侧面的南郊至扎赖斯克大街。

6. 近卫步兵第39师，应在1个KV坦克连的加强下，坚守已占据的防御阵地和防区内的工厂厂房，阻止敌人夺取"红十月"厂东部、东南部并前出至工厂东面的伏尔加河河段。左侧分界线从班内峡谷口部起，沿班内峡谷直至班内峡谷上的铁路桥。

7. 步兵第284师应坚守既有阵地，阻止敌人在师防区内前出至伏尔加河。应特别注意掩护侧翼和左侧与近卫步兵第13师的结合部。左侧分界线从多尔吉冲沟至第聂伯罗彼得罗夫斯克（Dnepropetrovsk）。

8. 近卫步兵第13师应坚守既有阵地，阻止敌人在师防区内前出至伏尔加河。师主力应部署在右翼。

9. 步兵第193师应沿巴库大街和政治委员大街侧面的南郊、沿"红十月"厂东郊至铁路线（含）占据防御阵地，掩护集团军渡口接近地。

10. 各部队应遵照这道命令，在1942年11月3日23点前完成重组。各师长应切实掩护各自负责的结合部，并以辖内各团占据分配给他们的防区。

11. 各级指挥员应以工程兵的意识加强各自的阵地，并让辖内所有部队就位，在1942年11月4日4点前做好充分准备，击退敌人有可能发起的进攻。

12. 组织强有力的夜袭，抓捕停虏，探明各个师前方的敌军编组。

13. 我给各个师下达的共同任务是：以局部作战扩大据守的登陆场，每天至少将前沿阵地向前（向西）推进80—100米，以便在11月6日日终前将"街垒"厂和"红十月"厂内的敌人全部肃清，并在沃尔霍夫斯特罗耶夫斯克—班内峡谷地域将前沿阵地推进至主（西）铁路线……

崔可夫，古罗夫，克雷洛夫

在战后所写的回忆录中，崔可夫对11月3日采取的措施做出了额外的阐述：

以小股强击队展开积极行动的同时，集团军设法组织起了一定数量的预备队。在伏尔加河左岸，我们有戈里什内师的两个步兵团和师部（他们在那里得到了补充），以及步兵第92旅，该旅已获得从远东调来的海军官兵的加强。

这些部队陆续渡河赶至城区时，我们决定重新部署兵力。我们把戈里什内的两个团放在柳德尼科夫师（步兵第138师）和索科洛夫师（步兵第45师）之间，即"街垒"工厂以南，这点我们只做到了一半，因为只有一个团渡过河来；将若卢杰夫师（近卫步兵第37师）的所有士兵和下级指挥员编入步兵第118团，该团留在已占领的阵地上，作战上隶属柳德尼科夫；将古尔季耶夫师（步兵第308师）的所有士兵和下级指挥员补充给柳德尼科夫；将若卢杰夫和古尔季耶夫的师部和团部转移到左岸，并把左岸炮兵交给集团军炮兵司令员直接指挥；我们解散了集团军司令部警卫营（原集团军预备教导团），将人员和装备补充给古里耶夫师（近卫步兵第39师）；把斯梅霍特沃罗夫师（步兵第193师）转入第二梯队，掩护仅剩的一个渡口。

各个师的共同任务是：以有限的作战行动扩大集团军占据的登陆场，每天至少要把前沿阵地向前（向西）推进80—100米，以便在11月6日日终前彻底肃清"街垒"厂和"红十月"厂内的敌人。每次推进，不管多么微小，都应立即组织牢固可靠的固守。

他随后得出了正确的结论：

这些措施的执行耗费了数日，使得两座工厂附近的防御更加连贯，以1500—2000名援兵加强了守卫力量，两座工厂间的防御纵深也增加了一倍。这是德军第24装甲师的力量无法抗衡的，保卢斯将该师投入了"红十月"厂内。

53. 日林，《斯大林格勒战役》，第845页。

54. 同上，第846页，引自《OKW战时公告》。

55. 崔可夫，《斯大林格勒战役》，第201页。

56. 同上，第201页。

57. 同上，第203页。

58. 完整的情报报告可参阅第62集团军作战日志，*"Spravka o gruppirovke i deistviiakh protivnika pered frontom 62 Armii k iskhody 4. 11. 42 g"*（1942年11月4日日终时，第62集团军防线正面之敌编组和行动的情况）。

59. 截至11月11日晨，第24装甲师[1]的13辆坦克为10辆三号长身管坦克、1辆四号短身管坦克、1辆四号长身管坦克和1辆指挥坦克；第14装甲师[2]的8辆坦克为1辆三号短身管坦克、6辆三号长身管坦克和1辆指挥坦克；第244突击炮营的18辆突击炮为5辆短身管、7辆长身管75毫米突击炮，外加6辆新型150毫米步兵突击炮；第245突击炮营的10辆突击炮为2辆短身管、2辆长身管75毫米突击炮，和6辆新型150毫米步兵突击炮。弗洛里安·冯·翁德·楚·奥夫塞斯男爵，《第6集团军作战日志附件册，第一卷，1942年9月14日至11月24日》，第257页，*"Morgenmeldung Ll. A. K. meldet 06.00 Uhr, A. O. K. 6, I. a, Datum 11.11.42"*（第51军晨报，1942年11月11日6点发给第6集团军司令部作战处）。

60. 同上，第275页，*"Tagesmeldung ⅩⅣ A. K. meldet 20.30 Uhr, A. O. K. 6, I. a, Datum 14.11.42"*（第14军每日报告，1942年11月14日20点30分发给第6集团军作战处）。

61. 日林，《斯大林格勒战役》，第848页。

62. 第62集团军作战日志，*"Boevoe donesenie no. 221 Shtarm 62 5. 11. 42"*（第62集团军司令部221号作战报告，1942年11月5日签发）。

63. 崔可夫，《斯大林格勒战役》，第204页。

64. 日林，《斯大林格勒战役》，第849页，引自《OKW战时公告》。

65. 马克，《"跳跃骑士"的覆灭：第24装甲师在斯大林格勒》，第346—347页。

66. 日林，《斯大林格勒战役》，第852页。第62集团军作战日志的每日报告证实了这一点。

67. 日林，《斯大林格勒战役》，第853页，引自《OKW战时公告》。

68. 崔可夫，《斯大林格勒战役》，第206页，确认了严寒气候于11月9日到达，当日，一股强冷锋穿过该地区。第24装甲师报告："温度计跌至零下15度（摄氏），从这一刻起，温度一直保持在零下。刺骨的寒风呼啸着掠过草原，穿过城市的废墟。"另可参阅马克的《"跳跃骑士"的覆灭：第24装甲师在斯大林格勒》，第352页。

69. 崔可夫，《斯大林格勒战役》，第207页。

70. 第62集团军作战日志，*"Boevoe donesenie no. 223, Shtarm 62, 7. 11. 42"*（第62集团军司令

---

① 译注：第14装甲师？
② 译注：第24装甲师？

部223号作战报告，1942年11月7日签发）。

71. 日林，《斯大林格勒战役》，第854—855页。

72. 同上，第858页。

73. 第62集团军作战日志，"*Boevoe donesenie no. 224, Shtarm 62, 8. 11. 42*"（第62集团军司令部224号作战报告，1942年11月8日签发）。

74. 日林，《斯大林格勒战役》，第861页。

75. 这些行动的细节可参阅马克的《"跳跃骑士"的覆灭：第24装甲师在斯大林格勒》，第350—351页。

76. 日林，《斯大林格勒战役》，第864页。

77. 第62集团军作战日志，"*Boevoe donesenie no. 226, Shtarm 62, 10. 11. 42*"（第62集团军司令部226号作战报告，1942年11月10日签发）。

78. 日见日林，《斯大林格勒战役》，第862、第864—865页，引自《OKW战时公告》。

79. 同上，第867页，引自《OKW战时公告》。

80. 马克，《"跳跃骑士"的覆灭：第24装甲师在斯大林格勒》，第353—354页。

81. 同上，第354页。截至11月10日日终时，"舍勒"战斗群只剩下7辆坦克，包括1辆三号短身管坦克、6辆三号长身管坦克和1辆指挥坦克[①]，外加15门50毫米反坦克炮和7门自行反坦克炮。

82. 关于第305和第389步兵师作战编成和实力的详情，可参阅韦杰斯的《斯大林格勒战役：工厂之战，1942年10月14日—11月19日》，第160—162页，其中包括参与此次战斗的德方亲历者的报告。

83. 3000名步兵的数据是由第305、第389步兵师10月24日和11月15日的兵力报告而来的，具体如下：

	10月24日	11月15日
第305步兵师		
总兵力	10678人	6683人
战斗兵力	3345人	2915人
步兵	1231人	900人（估计）
工兵	122人	80人（估计）
第389步兵师		
总兵力	8604人	7540人
战斗兵力	2736人	4021人
步兵	903人	2079人
工兵	76人	200人

参见弗洛里安·冯·翁德·楚·奥夫塞斯男爵的《第6集团军作战日志附件册，第一卷，1942年9月14日至11月24日》，第201—202、第268—269页，"*Meldungen über Verpflegungs—und Gefechtsstarken der Division, Armee—Oberkommando 6, Ia Nr. 4548/42 geh, A. H. Qu., 24.*

---

① 译注：原文如此。

Oktober 1942, 08.30 Uhr"（第6集团军司令部作战处关于各师总兵力和战斗兵力的4548/42号报告，1942年10月24日8点30分）和*"Verpflegungs—und Gefechtsstarken, Oberkommando 6, Ia Nr. 4150/42 geh, A. H. Qu.,13. November 1942"*（第6集团军司令部作战处关于各师总兵力和战斗兵力的4150/42号报告，1942年11月13日）。

84. 更多详情可参阅马克的《"跳跃骑士"的覆灭：第24装甲师在斯大林格勒》，第356—357页，以及韦杰斯的《斯大林格勒战役：工厂之战，1942年10月14日—11月19日》，第141、第150页。

85. 韦杰斯，《斯大林格勒战役：工厂之战，1942年10月14日—11月19日》，第139页。

86. 马克，《"跳跃骑士"的覆灭：第24装甲师在斯大林格勒》，第356—359页。

87. 佐洛塔廖夫，《最高统帅部，1942年》，第447页，最高统帅部994277号指令，1942年11月1日4点15分签发。最终，这3个旅构成了新组建的坦克第13军的核心力量，尽管该军的番号是坦克军，但它实际上是一个机械化军，因为该军主要由机械化部队组成。

88. 同上，第446—447页，最高统帅部994278号指令，1942年11月1日1点30分签发。

89. 佐洛塔廖夫，《总参谋部，1942年》，第383—384页。

90. 佐洛塔廖夫，《最高统帅部，1942年》，第448页，最高统帅部170685号指令，1942年11月4日9点55分签发。

91. 佐洛塔廖夫，《总参谋部，1942年》，第383—384页。这些部队包括新组建的步兵第72、第267师，分别有9746、9166人，调自西方面军的步兵第350师有7891人（其中的5111人是打过仗的老兵），重新组建的步兵第106旅有6019人，重新组建的步兵第129旅有3514人（包括1661名老兵）。

92. 同上，第390页。

93. 莱因哈德·盖伦，《盖伦将军回忆录》，戴维·欧文译（纽约：世界出版社，1972年），第56页。

94. 同上。

95. 同上，第56—57页。

96. 同上，第57页。

97. 同上。

98. 同上。

99. 同上。

100. 厄尔·F. 齐姆克，《从斯大林格勒到柏林：德国在东线的失败》（华盛顿特区：美国陆军军事历史办公室，1968年），第47页，引自*OKH, GenStdH, Fremde Heere Ost (1) Nr. 2492/42, Gedanken zur Weiterenwicklung der Feindlage im Herbst und Winter, 29.8.42, in H 3/190 file.*（陆军总司令部，东线外军处2492/42号报告，对秋冬季敌态势发展的思考，1942年8月29日）。

101. 同上，第48页。

102. 戴维·卡恩，《情报案例研究：奥苏加河防御战，1942年》，《航天历史》杂志总第28期，1981年12月第4期，第243页。

103. 齐姆克，《从斯大林格勒到柏林：德国在东线的失败》，第48页；日林，《斯大林格勒战役》，第749—750页，引自*TsAMO RF, f. 500, op. 12462, d. 89,11*，第147—148页。

104. 日林，《斯大林格勒战役》，第849—850页，引自《OKW作战日志》，第二册，第1305—1306

页。盖伦报告的精简版也可参阅戴维·卡恩的《情报案例研究：奥苏加河防御战，1942年》，第248页。盖伦在回忆录中没有提及11月6日的报告，可能是因为他声称自己曾判断苏军随后将沿顿河发起进攻，从而将后来的溃败归咎于德军高级战地指挥官，而这份报告与他的说法相违背。

105. 齐姆克，《从斯大林格勒到柏林：德国在东线的失败》，第48页。

106. 同上，第49页。

107. 日林，《斯大林格勒战役》，第893页，引自*TsAMO RF, f. 500, op. 12462, d. 89,11*，第421—423页。

108. 格尔利茨，《保卢斯与斯大林格勒》，第195—196页。

109. 这些试探和突袭包括第16装甲师的2个战斗群从斯巴达诺夫卡北面和东北面发起的突击，第94步兵师从斯巴达诺夫卡西面发起的进攻，第305步兵师从"街垒"厂东北和东南面发起的突袭，第79步兵师在"红十月"厂内对4号厂房（平炉车间）的大规模突击，第100猎兵师沿班内峡谷和马马耶夫岗北坡展开的进攻，第295步兵师在马马耶夫岗上发起的突击，以及第71步兵师在"1月9日"广场附近实施的攻击。更多详情可参阅马克的《烈焰岛：斯大林格勒"街垒"火炮厂之战，1942年11月—1943年2月》，第98—99页。

110. 第62集团军作战日志，*"Boevoe donesenie no. 227 Shtarm 62 11. 11. 42"*（第62集团军司令部227号作战报告，1942年11月11日签发）。

111. 步兵第138师作战日志，1942年11月11日的条目。

112. 日林，《斯大林格勒战役》，第870页。

113. 韦杰斯，《斯大林格勒战役：工厂之战，1942年10月14日—11月19日》，第161页。关于11月11日—18日（此后到1943年2月2日）"街垒"厂及其东部战事完整、出色、极其详尽的描述（苏德双方视角），可参阅马克的《烈焰岛：斯大林格勒"街垒"火炮厂之战，1942年11月—1943年2月》，第95—245页。

114. "街垒"厂以东地域当日战斗的详情，可参阅马克的《烈焰岛：斯大林格勒"街垒"火炮厂之战，1942年11月—1943年2月》，第101—148页。

115. 详情可参阅韦杰斯的《斯大林格勒战役：工厂之战，1942年10月14日—11月19日》，第168—172页。

116. 同上，第169页。

117. 弗洛里安·冯·翁德·楚·奥夫塞斯男爵，《第6集团军作战日志附件册，第一卷，1942年9月14日至11月24日》，第266页，*"Morgenmeldung Ll. A.K. meldet 06.45 Uhr, A.O.K. 6,1. a, Datum 12.11.42"*（第51军晨报，1942年11月12日6点45分发给第6集团军司令部作战处）。

118. 步兵第138师作战日志，1942年11月11日的条目。

119. 崔可夫，《斯大林格勒战役》，第209—210页。一如既往地，崔可夫无意间夸大了德军进攻部队的实力，他认为德军除了投入第389、第305、第79步兵师和第100猎兵师及第14、第24装甲师外，还投入了第44步兵师。这是因为他的情报部门发现了第44步兵师的工兵营。

120. 详情可参阅马克的《"跳跃骑士"的覆灭：第24装甲师在斯大林格勒》，第356—362页；韦杰斯的《斯大林格勒战役：工厂之战，1942年10月14日—11月19日》，第151页，其中包括第179工兵营11月12日的作战报告。

121. 韦杰斯，《斯大林格勒战役：工厂之战，1942年10月14日—11月19日》，第152页。

122. 同上，第144—150页。伤亡的54人中，7人阵亡、38人负伤、4人失踪、5人冻伤。关于第179工兵营的突击行动，以及克罗地亚第369步兵团发挥的作用，也可参阅该书。

123. 弗洛里安·冯·翁德·楚·奥夫塞斯男爵，《第6集团军作战日志附件册，第一卷，1942年9月14日至11月24日》，第266页，"Morgenmeldung LI. A.K. meldet 06.45 Uhr, A.O.K. 6,1. a, Datum 12.11.42"（第51军晨报，1942年11月12日6点45分发给第6集团军司令部作战处）。

124. "舍勒"战斗群的作战详情，可参阅马克的《"跳跃骑士"的覆灭：第24装甲师在斯大林格勒》，第360—361页。

125. 同上，第361页。

126. 第62集团军作战日志，"Boevoe donesenie no. 227 Shtarm 62 11. 11. 42"（第62集团军司令部227号作战报告，1942年11月11日签发）。

127. 同上。

128. 同上。

129. 关于这些伤亡的详细分类，可参阅马克的《烈焰岛：斯大林格勒"街垒"火炮厂之战，1942年11月—1943年2月》，第144—145页。

130. 齐姆克和鲍尔，《从莫斯科到斯大林格勒：东线决战》，第467页。

131. 日林，《斯大林格勒战役》，第871页，引自《OKW战时公告》。

132. 同上，第867页，引自TsAMO FR, f. 500, op. 12462, d. 89,11，第365—367页。

133. 盖伦，《盖伦将军回忆录》，第58—59页；日林，《斯大林格勒战役》，第872页，引自《OKW作战日志》，第二册，第1305—1306页。后者的译本将"判断近卫第1集团军将向顿河战线调动"添加到了苏军进攻行动迫在眉睫的迹象中。

134. 日林，《斯大林格勒战役》，第872页。盖伦的回忆录中没有提及这一"先决条件"。

135. 同上；盖伦，《盖伦将军回忆录》，第59页，略去了"敌人从事这样一场大规模行动的兵力太少（目前约有16个步兵师和1—4个坦克旅，位于罗马尼亚第3集团军右翼对面，另有7个步兵师和3个骑兵师位于其左翼对面）"这一句。

136. 日林，《斯大林格勒战役》，第872页。

137. 齐姆克，《从斯大林格勒到柏林：德国在东线的失败》，第49页。

138. 齐姆克和鲍尔，《从莫斯科到斯大林格勒：东线决战》，第466页。

139. 同上，第467页。

140. 同上。

141. 第62集团军作战日志，"Boevoe donesenie no. 228, Shtarm 62 12. 11. 41"（第62集团军司令部228号作战报告，1942年11月12日签发）。据步兵第138师作战日志称，步兵第193师混编团的兵力为289人。

142. 马克，《烈焰岛：斯大林格勒"街垒"火炮厂之战，1942年11月—1943年2月》，第156—157页。

143. 弗洛里安·冯·翁德·楚·奥夫塞斯男爵，《第6集团军作战日志附件册，第一卷，1942年9月14日至11月24日》，第268页，"Morgenmeldung LI. A.K. meldet 06.10 Uhr, A.O.K. 6,1. a, Datum 13.11.42"（第51军晨报，1942年11月13日6点10分发给第6集团军司令部作战处）。

144. 第62集团军作战日志，"Boevoe rasporiazhenie no. 237 Shtarma 62 Stalingrad 12. 11. 42

16.30"（第62集团军司令部237号作战指令，1942年11月12日16点30分签发）。

145. 第62集团军作战日志，*"Boevoe rasporiazhenie no. 239 Shtarma 62 Stalingrad 12. 11. 42 19.15"*（第62集团军司令部239号作战指令，1942年11月12日19点15分签发）。

146. 同上，*"Boevoe rasporiazhenie no. 240 Shtarma 62 Stalingrad 12. 11. 42 23.00"*（第62集团军司令部240号作战指令，1942年11月12日23点签发）。

147. 同上，*"Boevoe donesenie no. 228, Shtarm 62 12. 11. 41"*（第62集团军司令部228号作战报告，1942年11月12日签发）。

148. 同上，*"Gruppirovka i deistviia protivnika pered frontom 62 Armiii na iskhodu 12. 11. 42"*（1942年11月12日日终时，第62集团军防线正面之敌的编组和行动）。

149. 齐姆克和鲍尔，《从莫斯科到斯大林格勒：东线决战》，第466页，引自*AOK 6, Ia Kriegstagebuch Nr. 14, 11 Nov 42, in AOK 6 33224/2 file.*（第6集团军司令部作战处14号作战日志，1942年11月11日）。

150. 韦杰斯，《斯大林格勒战役：工厂之战，1942年10月14日—11月19日》，第168页。

151. 日林，《斯大林格勒战役》，第874—875页，引自《OKW战时公告》和红军总参谋部的每日战事概要。关于"红十月"厂断断续续的战斗的详情，可参阅马克的《"跳跃骑士"的覆灭：第24装甲师在斯大林格勒》，第361—362页。"什未林"集群和"舍勒"战斗群当日击退了苏军以40—50名士兵为一组发起的武力侦察，并加紧防御准备，他们认为苏军次日必然会发起更猛烈的反冲击。舍勒的报告证明了德军不断下降的实力，第21装甲掷弹兵团的战斗兵只剩下211人，包括6名军官、47名军士和168名士兵。

152. 11月14日晨，第14装甲师报告还剩下8辆坦克，包括1辆二号短身管坦克、6辆三号长身管坦克和1辆指挥坦克。第245突击炮营还剩下1辆75毫米长身管突击炮、3辆150毫米步兵突击炮，而第244突击炮营尚有8辆75毫米长身管突击炮、5辆75毫米短身管突击炮和6辆150毫米步兵突击炮。参见弗洛里安·冯·翁德·楚·奥夫塞斯男爵的《第6集团军作战日志附件册，第一卷，1942年9月14日至11月24日》，第274页，*"Morgenmeldung Ll. A.K. meldet 06.10 Uhr, A.O.K. 6,1. a, Datum 14.11.42"*（第51军晨报，1942年11月14日6点10分发给第6集团军司令部作战处）。

153. 马克，《烈焰岛：斯大林格勒"街垒"火炮厂之战，1942年11月—1943年2月》，第159—160页。

154. 步兵第138师作战日志，11月13日的条目。

155. 同上。

156. 韦杰斯，《斯大林格勒战役：工厂之战，1942年10月14日—11月19日》，第171页。第305步兵师老兵们对11月11日和13日进攻行动的回忆，经常将日期搞混淆。例如，较早些的回忆录将进攻日期写为11月9日和10日，而第6集团军、第62集团军和红军总参谋的记录清楚地表明，德军于11月11日发起进攻，13日再次恢复进攻。

157. 步兵第138师作战日志，11月13日的条目。

158. 同上[①]。

---

① 译注：此处的"同上"似乎应指韦杰斯的《斯大林格勒战役：工厂之战，1942年10月14日—11月19日》，第171页。

159. 韦杰斯，《斯大林格勒战役：工厂之战，1942年10月14日—11月19日》，第172页。

160. 同上。

161. 第62集团军作战日志，*"Boevoe donesenie no. 229, Shtarm 62 13. 11. 42"*（第62集团军司令部229号作战报告，1942年11月13日签发）。

162. 齐姆克和鲍尔，《从莫斯科到斯大林格勒：东线决战》，第467—468页。

163. 日林，《斯大林格勒战役》，第878页，引自《OKW战时公告》。

164. 同上。

165. 同上，第878页，引自《OKW作战日志》，第二册，第1700页。

166. 同上。

167. 第62集团军作战日志，*"Boevoe donesenie no. 229, Shtarm 62 13. 11. 42"*（第62集团军司令部229号作战报告，1942年11月13日签发）。

168. 日林，《斯大林格勒战役》，第876—877页。

169. 崔可夫，《斯大林格勒战役》，第210—212页。集团军的记录和红军总参谋部的概要证明，崔可夫错误地将政委楼的战斗记为11月12日，应该是11月13日。

170. 同上，第212页。

171. 步兵第138师作战日志，11月13日的条目。

172. 可参阅罗科索夫斯基的《伏尔加河畔的伟大胜利》，第201页。步兵第138师表面上还拥有第344团的123人、第650团的31人、第768团的残部以及配属的近卫步兵第118团。

173. 日林，《斯大林格勒战役》，第871页，引自*TsAMO RF, f. 500, op. 12462, d. 89,11*，第392—394页。

174. 同上。

175. 同上。

176. 弗洛里安·冯·翁德·楚·奥夫塞斯男爵，《第6集团军作战日志附件册，第一卷，1942年9月14日至11月24日》，第274页，*"Morgenmeldung Ll. A.K. meldet 06.10 Uhr, A.O.K. 6,1. a, Datum 14.11.42"*（第51军晨报，1942年11月14日6点10分发给第6集团军司令部作战处），报告中指出，第244突击炮营有8辆75毫米长身管突击炮、5辆75毫米短身管突击炮、6辆150毫米步兵突击炮，第245突击炮营有1辆75毫米长身管突击炮和3辆150毫米步兵突击炮。

177. 韦杰斯，《斯大林格勒战役：工厂之战，1942年10月14日—11月19日》，第172页。

178. 步兵第138师作战日志，11月14日的条目。

179. 同上。

180. 日林，《斯大林格勒战役》，第884页，引自《OKW战时公告》。

181. 第62集团军作战日志，*"Boevoe donesenie no. 230, Shtarm 62 14. 11. 42"*（第62集团军司令部230号作战报告，1942年11月14日签发）；红军总参谋部的报告可参阅日林的《斯大林格勒战役》，第882—883页。

182. 日林，《斯大林格勒战役》，第883页。

183. 同上。

184. 第62集团军作战日志，*"Boevoe rasporiazhenie no. 241 Shtarma 62 14. 11. 42 10.30"*（第

62集团军司令部241号作战指令，1942年11月14日10点30分签发）。

185. 日林，《斯大林格勒战役》，第883页。

186. 马克，《"跳跃骑士"的覆灭：第24装甲师在斯大林格勒》，第371页。这道命令是86号师部命令，在第24装甲师一些高级军官看来，"是继续滥用、削弱该师的组成部分"。

187. 日林，《斯大林格勒战役》，第888页。

188. 齐姆克和鲍尔，《从莫斯科到斯大林格勒：东线决战》，第468页。

189. 步兵第138师作战日志，11月15日的条目。

190. 日林，《斯大林格勒战役》，第888页，引自《OKW战时公告》。

191. 第62集团军作战日志，"Boevoe donesenie no. 231, Shtarm 62 15. 11. 42"（第62集团军司令部231号作战报告，1942年11月15日签发）。另可参阅红军总参谋部的报告，日林，《斯大林格勒战役》，第889页。

192. 第62集团军作战日志，"Boevoe donesenie no. 231, Shtarm 62 15. 11. 42"（第62集团军司令部231号作战报告，1942年11月15日签发）。

193. 崔可夫，《斯大林格勒战役》，第215页。

194. 同上，第216页。

195. 韦杰斯，《斯大林格勒战役：工厂之战，1942年10月14日—11月19日》，第173页。

196. 马克，《"跳跃骑士"的覆灭：第24装甲师在斯大林格勒》，第370页；齐姆克和鲍尔，《从莫斯科到斯大林格勒：东线决战》，第468页。

197. 齐姆克，《从斯大林格勒到柏林：德国在东线的失败》，第49页。

198. 弗洛里安·冯·翁德·楚·奥夫塞斯男爵，《第6集团军作战日志附件册，第一卷，1942年9月14日至11月24日》，第284、第291、第296页，"Morgenmeldung Ll. A. K. meldet 05.55 Uhr, A. O. K. 6, I. a, Datum 16.11.42"（第51军晨报，1942年11月16日5点55分发给第6集团军司令部作战处）、"Tagesmeldung XIV A. K. meldet 20.35 Uhr, A. O. K. 6,1, a, Datum 16.11.42"（第14军每日报告，1942年11月16日20点35分发给第6集团军司令部作战处）、"Morgenmeldung Ll. A. K. meldet 06.00 Uhr, A. O. K. 6, I. a, Datum 18.11.42"（第51军晨报，1942年11月18日6点发给第6集团军司令部作战处）。

199. 齐姆克，《从斯大林格勒到柏林：德国在东线的失败》，第50页。

200. 11月16日—18日战斗的详情，可参阅马克的《烈焰岛：斯大林格勒"街垒"火炮厂之战，1942年11月—1943年2月》，第207—245页。

201. 韦杰斯，《斯大林格勒战役：工厂之战，1942年10月14日—11月19日》，第173页。

202. 崔可夫，《斯大林格勒战役》，第216页。

203. 同上，第216—217页。

204. 日林，《斯大林格勒战役》，第890—891页。

205. 第62集团军作战日志，"Boevoe donesenie no. 232, Shtarm 62 16. 11. 42"（第62集团军司令部232号作战报告，1942年11月16日签发）。

206. 步兵第138师作战日志，11月16日的条目。

207. 第62集团军作战日志，"Chastnyi boevoi prikaz no. 220 Shtarma 62 17. 11. 42 01. 37"（第

62集团军司令部220号单独作战令，1942年11月17日1点37分签发）。

208. 日林，《斯大林格勒战役》，第892页，引自《OKW战时公告》。

209. 马克，《"跳跃骑士"的覆灭：第24装甲师在斯大林格勒》，第370页。

210. 同上，第371页。

211. 第62集团军作战日志，"Boevoe donesenie no. 233, Shtarm 62 17. 11. 42"（第62集团军司令部233号作战报告，1942年11月17日签发）。崔可夫还报告了将伤员疏散至伏尔加河东岸的情况，11月10日383人，11月11日356人，11月12日760人，11月13日357人，11月14日180人，11月15日543人，耽搁一天后，11月17日又疏散432人。参见日林的《斯大林格勒战役》，第896页，红军总参谋部的每日战事概要，其中写道：

第62集团军——11月17日8点，敌人以1个步兵团和18辆坦克从北面攻向雷诺克，从西南方攻向斯巴达诺夫卡，北部集群（步兵第124、第149旅）与敌人展开激战。截至12点，我军击退了敌人的所有进攻。我们在战斗中击毁6辆敌坦克，击毙250名敌官兵。15点40分，敌人2个步兵营和14辆坦克再次对该集群的部队发动进攻。

步兵第138师日终前击退了敌人在"街垒"厂以东发起的进攻，并在原先的阵地上与敌人交火。

步兵第95师11月17日14点发起进攻，夺取了"街垒"厂南部东面400米处的油库地域。

集团军辖内其他部队继续坚守原先的阵地。

212. OKH第520号情报汇总，参见日林，《斯大林格勒战役》，第892页，引自TsAMO RF, f. 500, op. 12462, d. 89,11，第421—423页。

213. 马克，《"跳跃骑士"的覆灭：第24装甲师在斯大林格勒》，第372页。

214. 马克，《烈焰岛：斯大林格勒"街垒"火炮厂之战，1942年11月—1943年2月》，第216页。

215. 步兵第138师作战日志，11月17日的条目。

216. 这场战斗的详情可参阅马克的《烈焰岛：斯大林格勒"街垒"火炮厂之战，1942年11月—1943年2月》，第220—222页。

217. 韦尔滕，《第16装甲师师史，1939—1945年》，第118页，书中将苏军位于雷诺克的防御描述为"喷火的堡垒、错综复杂的战壕、隐蔽的坦克、雷区和反坦克步枪巢"。师里的工兵突击群为坦克肃清通道、炸毁街道上的雷区障碍、粉碎镇内地窖中的掩体后，第79装甲掷弹兵团第2营确保了西面的侧翼；而在南面，"米斯"营夺取了墓地，9点左右前出至伏尔加河，在那里构设起一道向南的掩护屏障，并设立起正面朝北（雷诺克）的防线。尽管德军装甲掷弹兵在镇内夺得了一个立足地，但这场进攻随后就停顿下来，德军损失惨重，估计是苏军援兵赶到的缘故。

218. 霍尔，《斯大林格勒的一名步兵》，第144页。

219. 同上，第145页。

220. 同上。

221. 韦尔滕，《第16装甲师师史，1939—1945年》，第119页。

222. 日林，《斯大林格勒战役》，第892页，引自《OKW作战日志》第二册，第6集团军作战处4640/42号令。

223. 齐姆克和鲍尔，《从莫斯科到斯大林格勒：东线决战》，第468页。

224. 这场战斗的详情可参阅马克的《烈焰岛：斯大林格勒"街垒"火炮厂之战，1942年11月—1943

年2月》，第228—232页。

225. 步兵第138师作战日志，11月18日的条目。

226. 第62集团军作战日志，"Boevoe donesenie no. 234, Shtarm 62, 18. 11. 42"（第62集团军司令部234号作战报告，1942年11月18日签发）。红军总参谋部的每日报告可参阅日林的《斯大林格勒战役》，第二册，第26页，具体如下：

　　第62集团军——北部集群（步兵第124和第149旅）的部队11月18日击退了敌人2个步兵营和坦克在雷诺克和斯巴达诺夫卡地域发起的六次进攻，继续坚守其阵地。战斗中，他们击毁11辆敌坦克，击毙800名敌官兵，缴获12挺机枪，俘房12人。

　　步兵第138师击退了敌人1个步兵营和3辆坦克在"街垒"厂东、东北面发起的数次进攻。敌人逼退该师左翼，11月18日日终前攻占了三座建筑。

　　步兵第95师在油库地域（"街垒"厂东南面）击退了敌人1个步兵营发起的三次进攻，沿所占据的阵地掘壕据守。

　　集团军辖内其他部队11月18日击退了小股敌步兵发起的进攻，在原先的阵地上与敌人交火。

227. 同上。

228. 同上。

229. 日林，《斯大林格勒战役》，第一册，第897—898页，引自TsAMO RF, f. 500, op. 12462, d. 89,11，第430—432页，OKH第521号情报汇总。

230. 同上。

231. 同上，第898页。

232. 同上。

233. 盖伦，《盖伦将军回忆录》，第59页。

234. 同上，第61页。

235. 马克，《"跳跃骑士"的覆灭：第24装甲师在斯大林格勒》，第317页。

236. 同上，第318页。

237. 同上，第340页。

238. 同上，第359页。

239. 同上，第371页。

240. 霍尔，《斯大林格勒的一名步兵》，第135页。

241. 同上。

242. 同上，第145页。

243. V. K. 维诺格拉多夫等人的《斯大林格勒的史诗：首次出版的俄罗斯联邦安全局解密文件》，第258页。

244. 同上。

245. 同上，第257页。

246. 由于第62集团军登陆场的空间有限，这35377人中的一部分，特别是后勤和炮兵单位的人员，仍留在伏尔加河东岸。例如，截至11月18日，近卫步兵第13师以3118名士兵守卫着斯大林格勒市中心，2071人位于伏尔加河东岸。同样，步兵第95师编有步兵第90、第161、第241团，外加步兵第685团和步兵第92旅第3营，共2100人，但只有705人位于登陆场内。参见伊萨耶夫，《斯大林格勒：伏尔加河后方没有我们的容身处》，第249页。

247. 日林，《斯大林格勒战役》，第一册，第856页，引自*TsAMO RF,f. 48a, op. 1640, d. 180,11*，第361—362页，原件。

248. 朱可夫，《回忆与思考》，第二册，第121—122页。

249. 最高统帅部170688号令，1942年11月15日13点10分发给最高统帅部代表（朱可夫），佐洛塔廖夫，《最高统帅部，1942年》，第449—450页。

斯大林格勒的战斗

　　1942年9月份上半月在斯大林格勒郊区发生的激战，为尚未到来的、更加殊死的搏杀设立起了一个模式。朱可夫的几个集团军在科特卢班和叶尔佐夫卡地域发起猛烈、残酷、代价高昂的反突击，面对这种干扰，保卢斯第6集团军着手夺取斯大林格勒城。斯大林、朱可夫和叶廖缅科相信希特勒会为攻占这座城市投入一切必要的部队，因而决定以崔可夫第62集团军和舒米洛夫第64集团军为"绞肉机"，通过消耗战耗尽进攻中的德军，同时，他们为一场决定性反攻拟定计划。就其本质而言，这两个集团军成了牺牲品，唯一的作用是将做好战斗准备的德军引入城内，待他们进城后，在巷战中消耗其有生力量，而德军士兵既未接受过这种战斗的训练，也不习惯这种打法。苏军士兵贴近进攻方，为每一个街区展开争夺，以这种方式抵消了德军最大的优势：火力和机动性。

　　与此同时，城市北面，科特卢班和叶尔佐夫卡地域的战斗发挥出致命的作用，牵制了第6集团军辖下的第8军和第14装甲军，使其无法增援城内的战斗。

　　虽然德军在科特卢班和叶尔佐夫卡地域成功击败了苏军反复发起的突击，但这些战斗在两个重要方面对第6集团军的命运造成了不利影响。首先，除了明显拖缓保卢斯向斯大林格勒的初步推进外，战斗还打乱了他的进攻计划，导致该集团军的北钳，维特斯海姆的第14装甲军，无法加入对城市工厂区的突击。反过来说，这又挫败了德军从行进间攻占斯大林格勒的企图。其次，

第6集团军编成内的第14装甲军和第8军为城市北面多次赢得的胜利付出了得不偿失的代价，再加上第4装甲集团军后来在城市南面成功击退苏军第64集团军的突击，导致德军指挥官骄傲自满，深信他们可以击败苏军在任何时候、任何地点发起的进攻、反突击和反攻。

因此，截至9月26日，这场战役已沦为一场缓慢得令人痛苦的、激烈且代价极其高昂的消耗战，保卢斯和崔可夫的部队为争夺每一片街区、每一座建筑而展开角逐。德军穿过城内的街道缓缓推进——但仅仅是从西面和南面。斯大林坚守该城的决定剥夺了德军在机动性和精确性、压倒性、致命性炮火及空中支援方面的传统优势，迫使他们不得不一点点突破崔可夫的防御，这场战斗更像1916年的索姆河和凡尔登战役，而非他们熟悉的前三个夏季的闪电战。虽说希特勒也施加了一些压力，但是魏克斯和保卢斯强攻斯大林格勒的决定导致德军的传统优势荡然无存，第6集团军就此陷入一场无法获胜的争夺战之中，特别是因为谁能拥有这座城市对苏军最高统帅部来说无关紧要，他们的主要目的是发起一场大反攻，彻底歼灭保卢斯的部队。

无论最终结果如何，斯大林格勒争夺战仅仅只是斯大林和苏军最高统帅部自1942年7月下旬以来一直奉行的战略中的一部分：阻止，或至少严重拖缓德军的进军势头，待轴心国军队过度拉伸之后（苏联领导人认为这一点不可避免），红军便可以发起一场大规模反攻。这一策略在7月底、8月和9月初没能赢得胜利，仅仅是因为尽管红军频频发起反突击，但在关键时刻，B集团军群总是能恢复第6集团军的进军势头。可是，希特勒9月中旬强攻斯大林格勒的决定剥夺了第6集团军的这一势头，并将其拱手让予红军。在斯大林和苏军最高统帅部看来，将崔可夫的50000名将士（还要加上为维系该集团军的抵抗而不断投入的援兵）无情地牺牲在斯大林格勒的街道和废墟中，对让红军投入上百万士兵发起期待已久的反攻，从而赢得决定性胜利而言，仅仅是个微不足道的代价。

9月26日后发生的每一起军事行动，都为这一策略发挥了至关重要的作用。保卢斯对斯大林格勒的突击，将第6集团军投入了一场令其陷入瘫痪的战斗。即使作最乐观的估计，这场突击也许能赢得一场代价过于高昂的胜利，但势必也会削弱该集团军的实力，并迫使他们从其他重要防御地段抽调援兵，比如以缺乏经验的意大利、罗马尼亚部队接替久经沙场的德军部队。苏军在科特卢班和叶尔佐夫卡地域反复发起残酷的进攻，继续扰乱德军迅速攻占斯大林格勒的计划，导致保卢斯无法将计划中的北钳（第14装甲军）投入城市争夺战，并给第6集团军辖下的第8军造成重创，保卢斯别无选择，只能从进攻斯大林格勒的宝贵兵力中抽调力量（第113步兵师），加强北翼的防御。

陷入致命的巷战中后，第6集团军的各突击群损失惨重，保卢斯不得不源源不断地将新锐师投入这台"绞肉机"，再次削弱B集团军群左翼的防御。这段时间以来，保卢斯集团军的装甲力量（率先攻入斯大林格勒的机动部队）急剧下降，遭遇惨败的可怕幽灵再次出现——如果红军学会更有效地使用其看似源源不绝的坦克和坦克兵的话。

在这种情况下，保卢斯在9月份下半月将第24装甲师投入最后一场机动战，以达成突破并夺取两个目标——首先是斯大林格勒城南部，然后是斯大林格勒北部工厂区"红十月"厂和"街垒"厂新村的西半部。与此同时，其他部队包围了奥尔洛夫卡突出部的苏军，并攻占了半个马马耶夫岗。可是，战斗减员最终抵消了德军的机动性，导致德军第24装甲师的坦克无法完成其任务。结果保卢斯不得不投入另一个装甲师（调自第4装甲集团军的第14装甲师）和第389步兵师，在结束奥尔洛夫卡争夺战后，去增援第6集团军突击群在工厂区内的战斗。这股力量被编为"耶内克"集群，向南发起突击，10月下旬夺取了大半个"街垒"厂，但自身也已疲惫不堪。

斯大林格勒北部工厂区的战斗逐渐演变为一场断断续续的激战，双方为争夺工人新村、工厂、建筑区、部分工厂、独立建筑物、街道、厂房、冲沟而展开厮杀，最终又为建筑物中的不同楼层和房间、每条峡谷和冲沟的不同部分而战。第6集团军元气大伤，无奈之下，保卢斯不得不在10月和11月多次停止进攻，以便集结足够的兵力继续战斗。通过这种方式，他将6个较为新锐的师投入战斗——第389和第94步兵师、第14装甲师、第100猎兵师、第305步兵师，最后是第79步兵师——导致第6集团军和B集团军群的左翼遭到削弱。到11月，保卢斯已没有更多的师可用，只能从其他师抽调工兵营，此举使相关师的实力受到了影响。这段时间里，第6集团军详细记录下了破坏性消耗对其辖内部队曾经优秀的战斗力造成的影响（参见图表45）。

图表45：1942年9月14日—11月16日，第6集团军在斯大林格勒作战的各个师辖下步兵、工兵营的战斗力等级

	9月14日	11月16日
第14装甲军		
第3摩步师 （5—4个步兵营） （1个工兵营）	2个中强、2个中等、1个虚弱 虚弱	3个中强、1个中等 中等
第60摩步师 （7—6个步兵营） （1个工兵营）	1个中强、6个中等 中等	3个中等、2个虚弱、1个耗尽 虚弱
第16装甲师 （5—4个装甲掷弹兵营） （1个装甲工兵营）	3个中强、2个中等 中等	1个中强、1个中等、2个虚弱 虚弱
第94步兵师 （7个步兵营） （1个工兵营）	7个中强 中等	2个虚弱、5个耗尽 中等
第51军		
第71步兵师 （8—7个步兵营） （1个工兵营）	8个虚弱 中等	5个中等、2个虚弱 虚弱
第295步兵师 （7个步兵营） （1个工兵营）	2个中强、3个中等、2个虚弱 中等	1个中等、5个虚弱、1个耗尽 虚弱
第389步兵师 （6个步兵营） （1个工兵营）	1个中强、3个中等、2个虚弱 中等	2个中等、4个虚弱 虚弱
第24装甲师 （4个装甲掷弹兵营） （1个装甲工兵营）	2个中强、2个中等 中等	1个中强、3个中等 中强
第100猎兵师 （5个步兵营） （1个工兵营）	未参加城内的战斗	2个中强、2个中等、1个虚弱 中等
第305步兵师 （6个步兵营） （1个工兵营）	未参加城内的战斗	2个虚弱、4个耗尽 耗尽
第79步兵师 （6个步兵营） （1个工兵营）	未参加城内的战斗	6个虚弱 耗尽
第48装甲军		
第14装甲师 （4—2个装甲掷弹兵营） （1个装甲工兵营）	4个中强 中等	2个强 中等

814

第29摩步师 （6个步兵营） （1个工兵营）	3个中强、3个中等 强	未参加城内的战斗
总计 59—64个步兵营 10—12个工兵营	25个中强、21个中等、13个虚弱 1个强、8个中等、1个虚弱	2个强、7个中强、18个中等、 26个虚弱、11个耗尽 1个中强、4个中等、5个虚弱、2 个耗尽

※ 资料来源：弗洛里安·冯·翁德·楚·奥夫塞斯男爵，《第6集团军作战日志附件册，第一卷，1942 年 9 月 14 日 至 11 月 24 日》，第 12—14、第 284—290 页，"Betr.: Zustand der Divisionen, Armee −Oberkommando 6, Abt. Ia, A. H. Qu., 14. September 1942, 12.35 Uhr"（关于：各个师的状况，第 6 集团军司令部作战处，1942 年 9 月 14 日 12 点 35 分），以及 "Betr.: Zustand der Divisionen, Armee − Oberkommando 6, Abt. Ia, A. H. Qu., 16. November 1942, 12.00 Uhr"（关于：各个师的状况，第 6 集团军司令部作战处，1942 年 11 月 16 日 12 点）。

　　因此，9月14日至11月16日间，保卢斯在城市附近参战的部队获得了3个满编步兵师（第100猎兵师、第305和第79步兵师）共23个步兵营的加强。这本应使该地域的德军实力从59个营增加到82个营。可是，由于战斗减员，德国人不得不将一些营撤编，以其人员补充其他受损的营，从而组成更具战斗力的单位，因此，第6集团军的兵力只增加了5个营（从59个上升为64个）。强调第6集团军遭受到破坏性影响的是，虽然获得了补充兵，但集团军辖下被评为"强"或"中强"的营从25个下降为9个，被评为"虚弱"或"耗尽"的营却从13个上升为37个。总体而言，第6集团军在该地域参战部队的战斗力，从略高于"中等"下降到了略高于"虚弱"。因此，斯大林和叶廖缅科的"绞肉机"可以说达到了预期目的。

　　在此期间，崔可夫第62集团军也遭受到了惊人的损失，其位于伏尔加河西岸的登陆场不断萎缩。10月初，崔可夫丢失了几个工人新村和奥尔洛夫卡；10月中旬，拖拉机厂失守；10月底，半个"街垒"厂和"红十月"厂被德军攻占。但第62集团军受领的任务是顽强防御，在可能的情况下随时随地发起反冲击，必要的话与阵地共存亡。战斗过程中，该集团军唯一的任务是给保卢斯集团军造成尽可能多的伤亡。因此，第62集团军的确伤亡惨重，先是损失了在斯大林格勒南面作战的部队，随后又是守卫马马耶夫岗、工人新村、奥尔洛夫卡的部队，最后是据守工厂区的大部分兵力。为确保崔可夫集团军完成其使命，苏军最高统帅部和叶廖缅科将新锐部队投入斯大林格勒"绞肉机"，包括数个师和旅，虽然这些部队从字面上看颇具实力，但都在过去的战斗中遭受过重创，大多缺乏武器，只能勉强弥补崔可夫遭受的损失。

实际上，保卢斯集团军10月和11月发生的情况，仅仅是7月下旬、8月和9月的模式的重复。在这场进军最关键的时刻，第6集团军没有获得援兵，因而缺乏足够的兵力果断克服、击败、歼灭与之对垒的苏军。截至11月中旬，德国人的补充兵已见底。

与此同时，苏军最高统帅部利用消耗战这一策略，对其部队加以重组和再部署，以便对B集团军群位于斯大林格勒地域的部队发起更具决定性的进攻。根据叶廖缅科提出的建议，苏军最高统帅部在斯大林格勒西北方沿顿河组建起顿河方面军和西南方面军，以新锐部队加强这两个方面军，并命令他们做好日后从谢拉菲莫维奇和克列茨卡亚登陆场发起突击的准备。斯大林格勒工厂区争夺战最关键的时刻，这些方面军，以及位于斯大林格勒南面的苏军集团军，从城市北南两面重新发起反突击，加大了对第6集团军的压力。

对交战双方而言，10月份最后一周和11月上半月，保卢斯对斯大林格勒工厂区南半部的进攻成了一场可怕的殊死搏杀。机动战已不复可能，赛德利茨第51军对崔可夫第62集团军的残部发起正面突击，德军步兵和工兵竭力将崔可夫的守军逐出"街垒"厂和"红十月"厂的废墟，这场残酷的较量犹如捕捉洞中的老鼠。双方都毫不留情。对一支新锐的、精力充沛的部队来说，这是一项艰巨的任务；而对一支疲惫之师而言，这是一场无法获胜的战斗。在这场厮杀中，德军步兵和工兵以营级战斗群的方式投入战斗，更常见的是连级突击组，并获得单独或一小组突击炮的加强，有时候也能得到坦克和火炮直瞄射击的支援。这些突击组、突击群和战斗群为争夺单独的建筑物或建筑区苦战数日，经常为一个房间、一座掩体、一个散兵坑、地下室内的阵地或一台扭曲报废的机器激战数小时。双方都为此付出了可怕的代价，各部队的战斗力迅速耗尽。

在这场战斗中，崔可夫集团军奉命尽可能地坚守下去，这就意味着该集团军支离破碎的残部（已不到一个满编师）必须死守住日趋萎缩的登陆场，直至苏军发起期待已久的大反攻。至于保卢斯的第6集团军，和B集团军群一样，确实在怀疑红军正在筹划某种行动，但他们无法确定究竟是什么行动。德国人不清楚苏军的意图，而雪上加霜的是，德军战地指挥官们根据以往的经验，坚信他们能够应对任何不测事件。

遥远侧翼之战的影响

由于斯大林在整个"蓝色"行动期间采取的策略，从1942年9月至该年11月，苏德战线其他地段的战斗与斯大林格勒方向的激战无情地交织在了一起。简言之，从北面的杰米扬斯克地域到南面的高加索主山脉，苏军多次发起进攻、突击和反突击，意图削弱斯大林格勒的德军。从这个意义上看，德国人深入高加索地区的决定，或从较小范围的角度说，他们沿沃罗涅日方向展开行动，正中苏军最高统帅部的下怀。

虽然红军1942年秋季在杰米扬斯克和沃罗涅日地域发起的进攻很少或没有对斯大林格勒更具决定性的战斗的结果造成影响，但南面高加索地区和北面勒热夫地域的战斗却不能这样说。总的说来，A集团军群当年秋季向图阿普谢、奥尔忠尼启则和格罗兹尼发起了六次大规模进攻，意图夺取外高加索地区重要的石油资源，完成希特勒的梦想。但A集团军群无力在11月初进抵油田，这标志着"蓝色"行动总体上的失败。正如斯大林格勒的战斗使双方将领和历史学家们相信"蓝色"行动已在斯大林格勒的废墟中告终那样，它也掩盖了这样一个事实：A集团军群在高加索的失利，导致斯大林格勒最后的血腥激战变得几乎无关紧要。

从战略意义上说，"蓝色"行动重复了一年前的"巴巴罗萨"战役。德军1941年12月初在莫斯科城下失败前，已在列宁格勒和罗斯托夫地域遭遇到严重挫败。可以说，"中央"集团军群沿莫斯科接近地的进攻发生崩溃的数周前，"北方"和"南方"集团军群已承认进攻失利并转入防御。1942年秋季同样如此，B集团军群在斯大林格勒遭遇惨败的两周前，A集团军群已承认失败，并在高加索地区转入防御。

从战术意义上看同样如此，高加索地区的战斗重复了德军1941年的作战表现。一年前，面对红军坚决的、不断加强的抵抗，推进中的"南方"集团军群稳步缩短战线，以日趋紧张的兵力对越来越有限的目标发起打击，临时性举措也越来越多，可还是在罗斯托夫遭遇败绩。1942年秋季的情况与之类似，面对相似的抵抗和许多相同的问题，A集团军群沿逐渐减少的方向发起间歇性突击。在此过程中，其兵力不断遭到消耗，最终在图阿普谢接近地和奥尔忠尼启则门前被击败。因此，正如德军1941年11月在季赫温和罗斯托夫的失利代表着"巴巴罗萨"战役的最终失败，A集团军群1942年12月初在奥尔忠尼启则的挫败标志着"蓝色"行动的最终破产。

1942年夏末和初秋，勒热夫地域的激战也对"蓝色"行动的结果造成了显著影响。除了导致德国人过度延伸并将德军牵制在莫斯科战略方向上外，朱可夫的"勒热夫—瑟乔夫卡"进攻战役（7月30日—8月23日）还为苏军日后的进攻行动确立了一个明确的模式。基于他的部队在此次攻势中取得的进展，朱可夫依然深信，投入1—2个集团军，他便能彻底击败他的老对手——德国"中央"集团军群。因此，他在7月和8月的进攻将成为11月一场更加宏大的攻势的最后彩排。

无论苏军在侧翼发起的这些进攻究竟牵制了德军多少兵力，它们毕竟给希特勒和德军指挥机构造成了心理压力。这反过来又使德军参谋人员很难对希特勒的指令提出任何质疑，另外还导致希特勒越来越不相信他的下属，最终解除了他那些经验最丰富的将领的职务。这位独裁者不知道苏联红军的作战效能与日俱增，他认为他那些战地指挥官故意搪塞、拖延进攻，并对此越来越不耐烦。但这些心理影响是否值得苏联付出巨大的生命和物资代价，这一点见仁见智。

红军

如果说德国军队在苏联发起前两场战役时带着危险的错误想法，那么，其对手可以说是同样如此。每一次，斯大林犯下的错误是只统计坦克和士兵的数量，并坚信红军应该能够发起成功的突击，打败更有经验的德军。因此，和希特勒一样，属下们没能将明显处于劣势的敌人扫荡一空时，斯大林便沮丧万分。而在潜意识里，斯大林和希特勒都犯了错：1942年3月，前线陷入僵持状态时，他们都认为自己一方已从冬季战役中恢复过来，而对方仍像先前那般虚弱。但最终，斯大林开始信赖他的部下，至少是那些他选定的将领，允许他们行使指挥权，哪怕这些将领（例如朱可夫）偶尔会打败仗。苏军指挥员的能力和政治可靠性获得了更大的信赖，这方面最明显的标志是当年秋季政委在军事指挥方面的权力被削弱。[1]德国一方，这种情况发生时，希特勒却公开质疑属下们的能力和忠诚度。

斯大林对其对手的低估，以及许多下属不敢反对他的决定，是德军1942年5月在刻赤和哈尔科夫、7月在"威廉"和"弗里德里库斯"行动中赢得初步胜利的一个关键因素。但此后，斯大林越来越愿意听从他那些高级将领的建议，特别是朱可夫、华西列夫斯基和叶廖缅科。

另外，红军在1942年目睹了武器生产和军力增长达到前所未有的高度——这是工业生产和军事实力的奇迹，特别是坦克和机械化军，这为苏联最终的胜利奠定了基石。不幸的是，战前的大清洗和1941年的灾难意味着红军在1942年的战役中缺乏高级指挥员。因此，红军新组建的部队大批出现，有能力指挥这些部队的参谋人员和指挥员的数量却远远不够。1942至1943年间，许多苏军指挥员掌握了经验教训，这使苏军坦克兵得以发挥自己的潜力，但这种经验是以鲜血和财富为代价换取的。

除了1942年春季最初的战略失误外，苏军指挥部门还有一种普遍的急躁心态，他们发起了数十次反突击和反攻，但都未达成足够深的突破。从某种程度上说，这种急躁心态完全可以理解，因为侵略者意图并正在深深地攻入苏联腹地。特别是在斯大林格勒，红军对德军侧翼反复发起进攻，其目的非常明确，就是为了缓解崔可夫陷入困境的守军的压力。单独来看，这些意图太过直接的进攻往往会遭到失败。例如，斯大林10月19日坚持要求顿河方面军再次对科特卢班地域发起进攻，而罗科索夫斯基心知肚明，即便牺牲四个步兵师和提供支援的炮兵力量，也无法让德军从对"拖拉机厂"新村的进攻中撤出哪怕是一个营的兵力。通常情况下，这些进攻行动的失败是因为苏军指挥部门既没有足够的准备时间，也缺乏熟练的参谋人员为有效的进攻行动集结兵力、提供补给。结果，数千名苏军士兵阵亡，数百部车辆损毁，却没有给敌人造成明显的影响。更重要的是，德国守军越来越自负，坚信自己完全有能力击败苏军日后发起的类似进攻。但是，日积月累，苏军7月份从沃罗涅日、8—10月在科特卢班持续发起的反突击为牵制、消耗侵略者做出了显著贡献。因此，保卢斯以守卫侧翼的部队替换斯大林格勒城内的团和师时，这些新赶到的"生力军"，战斗力仅比被替换部队稍好些。

与此同时，正如上面所说的那样，苏军参谋人员渐渐学会了如何有效地从事工作，而斯大林也开始信赖他的部下们。虽然对德军实施浅近战术合围的行动一再失败，但这些苏军将领11月拟制了一个深远战役合围的计划，这场合围的进攻重点不是保卢斯左右两翼的德国部队，而是掩护B集团军群漫长侧翼的装备拙劣的卫星国军队。这些变化，再加上足够的准备时间，将在11月给疲惫不堪的德军造成巨大的后果。

整个"蓝色"行动期间，主要因为苏军士兵在夏季的表现不佳，德国人一直轻视其战斗技能和持久力，直到秋季依然如此。德国人认为苏军士兵缺乏想象力，但与这种固有印象相反，斯大林格勒的守军证明他们的战术极具创新性。有时候，这种创新源自绝望，一些小股守军凑在一起，临时创造出某种防御方式，抗击令他们痛恨的德寇。但久而久之，9月中旬首次出现的战术成为标准，新兵们很快便学会了。苏军战斗群贴近其对手——可以这么说，他们始终尽可能地贴近德国人。此举不仅妨碍了德军飞行员和炮兵，还使德军士兵一直处在焦虑状态——他们无法放松，甚至无法站直身子，因为随时会引来苏军的火力。苏军总是在夜间发起进攻，不让德国人得到休息，并增加了他们的惶恐和不安。

双方都使用了狙击手，但守军将狙击手作为他们消耗德军兵力的一个系统组成部分。拂晓前，苏军男女狙击手隐蔽到废墟中，他们经常会等上一整天，然后对一名缺乏警惕的德军士兵射出致命的一枪。步兵第284师首屈一指的狙击手是瓦西里·扎伊采夫，他在当时是苏联宣传的主题，后来又成为小说和电影《兵临城下》的主角。据说扎伊采夫的狙杀战果超过300个，他眼睛受伤后从事训练狙击手的工作，受训者中包括维克托·梅德韦杰夫，他的最终战果超过了扎伊采夫，并跟随红军一路杀入柏林。[2]

但苏军的防御绝不只是依靠个人的勇气和技能。保卢斯对其对手的情况知之甚少，相反，崔可夫和他的各级指挥员经常派出小股侦察组确定德军的集结地，并抓捕俘虏加以审问。这些原始情报使守军得以预先获知德军的大举进攻。苏军的小规模反冲击通常在拂晓德国空军尚未到来前发起，去破坏德军的进攻准备。如果做不到这一点，守军便设立起一系列杀伤区，消耗并击败德军。除了诡雷和各种地雷，第62集团军还伏击进攻方的先头部队，将德军步兵与在建筑区需要近距离保护的坦克隔开。接下来，也许是在街道前方的两个街区内，苏军隐蔽着的反坦克炮将对付落单的德军坦克，而配备近距离反坦克武器的苏军士兵会让德军坦克驶过，然后射击坦克后部的装甲薄弱处和引擎格栅。

实施这种防御的基本组成单位是20—50人的强击群，配有机枪、手榴弹和炸药包，以支撑点和建筑群构成环形防御，周围构设起防坦克障碍，射界也得到清理。火炮或坦克部署在底楼，机枪和炮兵前进观测员位于楼上。在这些支撑点之间，苏军强击群保持机动，他们钻入下水道，或打穿相邻建筑的墙壁，这样便能潜至德军先头部队身后，而不会暴露在街道上。有一次，苏军步兵第45师的一个强击群需要在"红十月"厂内打穿一座大型建筑物的墙壁，以便从一个意想不到的方向对敌人发起进攻。他们将一门122毫米榴弹炮拆散，逐一搬入楼内后组装起来，以近距离平射的方式炸开了墙壁！[3]

智慧、纪律和决心的结合使第62集团军得以将斯大林格勒战役继续下去，如果采用传统的防御措施，恐怕德国人早已赢得胜利。

代价

鉴于"蓝色"行动庞大的规模和范围，准确统计双方付出的代价几乎是不可能做到的。俄罗斯官方资料表明，布良斯克方面军、西南方面军和南方面军1942年6月28日投入防御，抗击"蓝色"行动时，兵力分别为169400、610000和522500人。包括亚速海区舰队的8900名水兵在内，苏军沿南战略方向展开的兵力共计1310000人。"沃罗涅日—伏罗希洛夫格勒"防御战役期间（1942年6月28日—7月24日），三个方面军伤亡568347人，其中阵亡、重伤、被俘或失踪370522人，197825人负伤或生病。[4]

此后，斯大林格勒方面军和伏尔加河区舰队7月17日以447600人的兵力投入行动。将随后四个月该方面军获得的数十万援兵统计在内，斯大林格勒防御作战期间（1942年7月25日—11月18日），斯大林格勒方面军、东南方面军和顿河方面军又损失了643842人，其中阵亡、重伤、被俘或失踪323586人，

319986人负伤或生病。[5]这就使苏军在沃罗涅日和斯大林格勒方向上（不包括7月24日后沃罗涅日方向的损失）的伤亡总数多达1212189人，其中阵亡、重伤、被俘或失踪694108人，517811人负伤或生病（截至11月17日）。

另外，南方面军、北高加索方面军和黑海舰队7月25日沿罗斯托夫和高加索方向展开行动时，共投入了603200人。再加上后来获得的援兵，这两个方面军，以及外高加索方面军的北方集群和滨海集群，在北高加索防御作战期间（1942年7月25日—12月31日）共伤亡373911人，其中阵亡、重伤、被俘或失踪192791人，181120人负伤或生病。[6]这就使红军沿斯大林格勒和高加索方向遭受的伤亡多达1586100人，其中阵亡、重伤、被俘或失踪886899人，698931人负伤或生病。

尽管这些损失高得令人咋舌，但红军拥有强大的再生能力，证据就是截至1942年11月18日日终时，西南方面军、顿河方面军和斯大林格勒方面军的总兵力为1143500人，包括西南方面军的398100人、顿河方面军的307500人、斯大林格勒方面军的429200人，外加伏尔加河区舰队的8700人。[7]

至于苏军在遥远侧翼发起的辅助突击，朱可夫指挥加里宁方面军和西方面军在"勒热夫—瑟乔夫卡"进攻战役（1942年7月30日—8月23日）中投入345100人，损失193683人，其中阵亡、重伤、被俘或失踪51482人，142201人负伤或生病。[8]另据苏联官方统计，科泽利斯克进攻战役期间（1942年8月22日—29日），西方面军投入218412名士兵，损失34549人，其中阵亡、重伤、被俘或失踪12134人，22415人负伤或生病。[9]到目前为止，俄罗斯人尚未公开其他战役的官方伤亡数据，例如1942年秋季沃罗涅日周围和杰米扬斯克的战斗。

技术装备方面，苏联官方资料指出，布良斯克方面军和西南方面军在德军"蓝色1号"和"蓝色2号"行动期间（1942年6月28日—7月24日）损失2436辆坦克、13716门火炮和迫击炮、783架战机；斯大林格勒方面军、东南方面军和顿河方面军在斯大林格勒防御作战期间（1942年7月25日—11月18日）损失1426辆坦克、12137门火炮和迫击炮、2063架战机；南方面军、北高加索方面军和外高加索方面军在北高加索防御作战期间（1942年7月25日—12月31日）损失990辆坦克、5049门火炮和迫击炮、644架战机。[10]这样算来，苏军在五个月的战斗中至少损失了4852辆坦克，四倍于"南方"集团军群发起"蓝色"行动时投入的1260辆坦克。

虽然德军在"蓝色"行动期间的确切伤亡人数依然模糊不清，部分原因是德军推进期间各集团军的编成频频发生变动，但有一点很明确，1942年8月21日至10月17日，第6集团军伤亡40068人，包括1068名军官和39000名士兵。[11]"蓝色"行动头两个月的伤亡稍低些，城内激战最后一个月的伤亡率与之相似，因此，苏军11月大反攻发起前，第6集团军的伤亡人数可能已超过100000人。这样算来，规模较小的第4装甲集团军在攻向斯大林格勒期间的伤亡人数约为30000人。

第6集团军、第4装甲集团军、罗马尼亚第3和第4集团军以及B集团军群预备队11月中旬的兵力统计表生动地强调了减员造成的破坏性影响，也证实了这些伤亡数字（参见图表46—49）。例如，1942年中期，一个德军步兵师的编制兵力约为15000人，摩托化师和装甲师的兵力分别为16000人和17000人。但11月中旬，第6集团军和第4装甲集团军辖下的14个德军步兵师，兵力少的只有6683人（第389步兵师），兵力多的也只有10601人（第44步兵师），每个师的平均兵力约为8853人；与规定的编制相比，这些师短缺6467人（43%）。同时，4个装甲师（第14、第16、第22、第24装甲师）的兵力从10950人至11051人不等，平均兵力为10863人，与规定的编制相比，短缺6137人（36%）；4个摩托化师（第3、第16、第29、第60摩步师）的兵力从8653人至12000人不等，平均兵力为9896人，与规定的编制相比，短缺6104人（38%）。对德军而言，更糟糕的是，短缺的人员大多是步兵、装甲掷弹兵和战斗工兵——这是德军突击力的核心。

将第6集团军各作战师11月15日的缺员简单相加便能知道，仅该集团军辖下的这些部队便缺编115414人。鉴于这些师在"蓝色"行动发起时已有15%的缺额（即每个步兵师缺2225人，每个装甲师缺2550人），第6集团军投入战斗时缺编50000人。进攻期间，这个数字又增加了65000人，导致缺编总数超过115000人。由于获得的补充兵不到这个数字的70%，这就证明第6集团军损失了100000人。

罗马尼亚军队的情况与之类似，7月1日至10月31日共伤亡39089人，其中，第3集团军损失13154人，第4集团军的伤亡更大，另外还要加上11月上半月的伤亡数。[12]由于补充兵被留给冬季战役使用，这些损失使第3集团军缺员17000人，第4集团军的缺编数更大些。

至于德军在战线其他地段的兵员损失，同样有些晦暗不明。但是有数据可表明这些严重损失：勒热夫战役期间，截至8月17日，莫德尔第9集团军伤亡20000人，以每天2000人的伤亡率计算，截至9月1日，共伤亡42000人。[13]此后，战斗继续在格扎茨克和维亚济马地域进行，直至9月22日，莫德尔声称他的集团军无法继续承受这种损失，否则将彻底丧失战斗力。

至于坦克损失，由于德国人有效的后送和维修体系，很难确定其坦克和突击炮的实际损失数。但是，总损失数以及各装甲师、摩托化师和突击炮营可投入使用的坦克和突击炮数量不断下降，证明损失的确是个大问题。1942年7月1日至11月30日，德军共损失1613辆坦克，包括20辆一号坦克、159辆二号坦克、205辆38（t）坦克、33辆三号短身管坦克、936辆三号长身管坦克、257辆四号短身管坦克、3辆四号长身管坦克，其中至少1000辆被各部队用于"蓝色"行动（沃罗涅日和斯大林格勒方向投入700辆，高加索方向投入300辆）。[14]战役发起时，每个师的坦克多达125辆，可到9月初，参加"蓝色"行动的各装甲师和摩托化师只能拼凑出30—40辆坦克，通常情况下，每天可用于战斗的坦克数量还要少一些。

因此，对比这些总数和通常不太准确的数字，1942年6月28日至11月17日，苏军在沃罗涅日和斯大林格勒方向的战斗中至少伤亡了120万人，而轴心国军队的伤亡数约为20万（第6集团军和第4装甲集团军伤亡13万，罗马尼亚第3、第4集团军伤亡3万，剩下的是德国第2集团军和匈牙利第2集团军的损失）。同一时期，在其他方向上，苏军损失的坦克超过4862辆，而德军坦克的损失不到700辆（不包括高加索地区的损失）。而在夏末的勒热夫战役中，苏军损失20万人，德国第9集团军的伤亡数约为4.2万人。尽管尚不清楚高加索战役的伤亡总数对比，但那里的损失率很可能重复了战线其他地段的模式，即苏军与德军的人员伤亡率对比为5:1或6:1，坦克损失率对比为5:1。

但是，由于苏联庞大的人力资源和飞快的生产速度（每个月2000辆坦克，而德国在这两方面的资源有限得多），红军承受这种损失的能力远远超过德国人。简言之，与1941年的情况相同，苏军将赢得任何一场消耗战，这一点无可怀疑，特别是如果他们学会更有效地利用其资源的话。

希特勒亲自策划战役，德军空中和地面力量在克里木、斯大林格勒、高加索之间不断调动，更不必说西欧和列宁格勒了——他必须为这种资源分散承担主要责任。历史永远无法假设。但回顾这段往事，如果希特勒集中兵力和资源，德军也许能在1942年夺取斯大林格勒或高加索油田，但无力将这两个目标同时拿下。考虑到红军在高加索地区的补给非常困难，后一个目标似乎更具可能性。可恰恰相反，两个德军集团军群发现他们的推进主要依靠补给不足的几个机械化师，十来个步兵师和山地师提供支援，剩下的德国和卫星国部队不得不掩护其不断延伸、敞开的侧翼。在两条漫长的、相互背离的后勤补给线的末端，B、A集团军群几乎同时遭到失败。

图表 46：1942 年 11 月中旬，第 6 集团军各部队的兵力和武器装备

部队	兵力					武器装备	
	总兵力	战斗兵力	非战斗人员	苏联志愿者	缺员	反坦克炮	坦克或突击炮
第11军							
第376步兵师	8187	5269	2918	4105	6464	33	
第44步兵师	10601	6748	3865	2365	4238	28	
第384步兵师	8821	5025	3796	1804	5937	30	
第8军							
第76步兵师	8023	4740	3283	8033	6981	24	
第113步兵师	9461	5064	4397	5564	5854	24	
第177突击炮营							11
第14装甲军							
第94步兵师	7469	2924	4345	2581	8233	10	
第16装甲师	11051	4855	6196	1843	7673	21	28

第60摩步师	8933	4812	4121	2071	5848	13	27
第3摩步师	8653	4498	4155	4530	4831	16	29
第51军							
第71步兵师	8906	4331	4575	8134	7353	25	
第295步兵师	6899	3459	3440	50	9037	18	
第100猎兵师	8675	4688	3987	2132	7739	15	
第79步兵师	7980	4304	3676	2018	8294	49	
第305步兵师	6683	2915	3768	1562	8520	17	
第389步兵师	7540	4021	3519	2379	7852	21	
"赛德尔"战斗群	—	588	—	934	5434	8	6
第24装甲师	10950	6160	4790	1675	5126	—	58
第244突击炮营							20
第245突击炮营							2

※ 资料来源：曼弗雷德·克里希，*Stalingrad: Analyse und Dokumentation einer Schlacht*（《斯大林格勒：战役分析和相关文件》）（斯图加特：德意志出版社，1974 年），第 662—663 页，引自 1942 年 11 月 11 日和 19 日的报告。

图表 47：1942 年 11 月中旬，罗马尼亚第 3 集团军的兵力和武器装备（估计）＊

部队	兵力					武器装备	
	编制兵力	战斗兵力	非战斗人员	苏联志愿者	缺员	反坦克炮	坦克或突击炮
罗马尼亚第1军							
罗第7步兵师	13100	约12000			1100	12	
罗第11步兵师	13100	约12000			1100	12	
罗马尼亚第2军							
罗第9步兵师	13100	约12000			1100	12	
罗第14步兵师	13100	10839			2261	12	
罗第7骑兵师	7600	约5500			2100	6	
罗马尼亚第5军							
罗第5步兵师	13100	约12000			1100	12	
罗第6步兵师	13100	约12000			1100	12	
罗马尼亚第6军							
罗第13步兵师	13100	9337			3763	12	
罗第1骑兵师	7600	约5500			2100	4	
罗第15步兵师	13100	约12000			1100	12	
总计	155492						

＊注：根据罗马尼亚军队的编制实力，步兵师为 13100 人，骑兵师为 7600 人。

※ 资料来源：马克·阿克斯沃西、科尔内尔·斯卡费什和克里斯蒂安·克拉丘诺尤，《第三轴心第四盟友：欧战中的罗马尼亚军队，1941—1945 年》，第 89—90 页。

图表48：1942年11月中旬，第4装甲集团军各部队的兵力和武器装备（估计）

部队	兵力					武器装备	
	总兵力	战斗兵力	非战斗人员	苏联志愿者	缺员	反坦克炮	坦克或突击炮
第6军[①]							
第371步兵师	10317	约6000			6000	25	
第297步兵师	9898	约4500			7000	24	
罗第20步兵师	13100	6288（48%）			6812		
罗马尼亚第6军							
	编制兵力	现有			缺员		
罗第2步兵师	13100	3930（30%）			9170		
罗第18步兵师	13100	10218（78%）			2882		
罗第1步兵师	13100	3275（25%）			9825		
罗第4步兵师	13100	4454（34%）			8646		
罗马尼亚第7军							
罗第5骑兵师	7600	4332（57%）			3268		
罗第8骑兵师	7600	4864（64%）			2736		
总计	75380						
	总兵力	战斗兵力			缺员	反坦克炮	坦克或突击炮
第16摩步师	约10000	约6000			6000	26	52
第29摩步师	约12000	约7500			4000	12	55

※ 资料来源：曼弗雷德·克里希，《斯大林格勒：战役分析和相关文件》，第667页，引自1942年11月11日和19日的每日报告和态势图；马克·阿克斯沃西、科尔内尔·斯卡费什和克里斯蒂安·克拉丘诺尤，《第三轴心第四盟友：欧战中的罗马尼亚军队，1941—1945年》，第101页。

---

① 译注：应为第4军。

图表 49：1942 年 11 月中旬，B 集团军群预备队的兵力和武器装备（估计）

部队	B集团军群预备队						
	兵力					武器装备	
	总兵力	战斗兵力	非战斗人员	苏联志愿者	缺员	反坦克炮	坦克或突击炮
第48装甲军							
第14装甲师	10239	4760	5050	—	6000	19	36
第22装甲师	11211	约5200	—	—	5000	8	38（41）
罗第1装甲师	12196	—	—	—		90	105
"西蒙斯"战斗群	632	—	—	—	—	4	—

※ 资料来源：曼弗雷德·克里希，《斯大林格勒：战役分析和相关文件》，第 668 页，引自 1942 年 11 月 11 日和 19 日的报告；马克·阿克斯沃西、科尔内尔·斯卡费什和克里斯蒂安·克拉丘诺尤，《第三轴心 第四盟友：欧战中的罗马尼亚军队，1941—1945 年》。

注释

1. 例如，可参阅肯尼斯·斯列普扬的《斯大林的游击战：二战中的苏联游击队》（劳伦斯：堪萨斯大学出版社，2006年），第244页。

2. 崔可夫，《斯大林格勒战役》，第141—145页，谈及苏军的狙击手运动，其中包括扎伊采夫与德军"超级狙击手"传奇对决的苏联版本。

3. 同上，第246—247页。

4. G. F. 克里沃舍夫（主编），*Grif sekretnosti sniat: Poteri vooruzhennykh sil SSSR v voinakh, boevykh deistviiakh, i voennykh konfliktakh*（《揭秘：苏联武装力量在战争、作战行动和军事冲突中的损失》），第177—178页。

5. 同上，第178—179页。

6. 同上，第179—180页。

7. 同上，第181—182页。

8. 同上，第225页。

9. V. V. 古尔金，"*Liudskie poteri Sovetskikh Vooruzhennykh sil v 1941–1945 gg.: Novye aspekty*"（《1941—1945年，苏联武装力量的人员损失：新观念》），*VIZh*，第2期（1999年3—4月），第6页。

10. 克里沃舍夫，《揭秘：苏联武装力量在战争、作战行动和军事冲突中的损失》，第369页。

11. 齐姆克，《从斯大林格勒到柏林：德国在东线的失败》，第462页。

12. 马克·阿克斯沃西、科尔内尔·斯卡费什和克里斯蒂安·克拉丘诺尤，《第三轴心第四盟友：欧战中的罗马尼亚军队，1941—1945年》，第86—87页。

13. 齐姆克，《从斯大林格勒到柏林：德国在东线的失败》，第407页。

14. 延茨，《装甲部队：德国坦克部队的组建和作战部署指南大全，1933—1942年》，第252、第254—268页。

参考资料

缩略语表

JSMS：*Journal of Slavic Military Studies*（《斯拉夫军事研究》杂志）

TsAMO：*Tsentral'nyi arkhiv Ministerstva Oborony*（国防部中央档案馆）

TsPA UML：*Tsentral'nyi partiinyi arkhiv Instituta Marksizma-Leninizma*（马列主义研究院中央党务档案馆）

VIZh：*Voenno-istoricheskii zhurnal*（《军事历史》杂志）

VV：*Voennyi vestnik*（《军事通报》）

原始文献

德国第 6 集团军作战日志（*Kreigstagebuch*）：国家档案馆微缩胶片，序列号 T-312，第 1453 卷

苏军作战日志（*Zhurnal boevykh deistvii*）：

第 62 集团军，1942 年 9—11 月

步兵第 95 师

步兵第 112 师

步兵第 138 师（*138-ia Krasnoznamennaia strelkovaia diviziia v boiakh za Stalingrada*）（斯大林格勒战役中的红旗步兵第 138 师）

步兵第 284 师

步兵第 308 师

近卫步兵第 37 师

近卫步兵第 39 师

步兵第 10 旅

步兵第 42 旅

"Anlage 3 zum Tätigkeitsbericht, AOK 17, Ic, 20 Jul–25 Jul 1942, " AOK17, 24411/33. National Archives Microfilm (NAM) series T-312, Roll 679.（1942 年 7 月 20 日—25 日，第 17 集团军情报处，作战报告第 3 号附件；国家档案馆微缩胶片，序列号

832

T-312，第 679 卷）

弗洛里安·冯·翁德·楚·奥夫塞斯男爵，*Die Anlagenbander zu den Kriegstagebuchern der 6. Armee vom 14. 09. 1942 bis 24. 11. 1942, Band I*（第 6 集团军作战日志附件册，第一卷，1942 年 9 月 14 日至 11 月 24 日）（施瓦巴赫：2006 年 1 月）

Boevoi sostav Sovetskoi armii, Chasf 2 (ianvar-dekabr 1942 goda)（苏联军队作战编成，第 2 部分，1942 年 1—12 月）（莫斯科：军事出版社，1966 年）

V. V. 杜申金（主编），*Vnutrennye voiska v Velikoi Otechestvennoi voine 1941- 1945 gg.: Dokumenty i materially*（《1941—1945 年，伟大卫国战争中的内卫部队：资料和文件》）（莫斯科：法律文献出版社，1975 年）

GKO（国防人民委员部）法令，*TsPA UML. f. 644, op. 1, delo*（文件）*(d), 23, listy*（页数）*(11.) 127-129 和 f. 644, op. 1, d. 33,11. 48-50*

"Ia, Lagenkarten Nr. 1 zum KTB Nr. 13, Jul-Oct 1942. AOK 6, 23948/Ia." National Archives Microfilm (NAM) series T-312, Roll 1446.（1942 年 7—10 月，第 6 集团军作战处，第 13 号作战日志第 1 号态势图集；国家档案馆微缩胶片，序列号 T-312，第 1446 卷）

Kommandovanie korpusnovo i divizionnogo svena Sovetskikh vooruzhennijkh sil perioda Velikoi Otechestvennoi voiny 1941-1945 g.（《1941—1945 年，伟大卫国战争期间苏联武装力量军、师级指挥员》）（莫斯科：伏龙芝军事学院，1964 年）

Kriegstagebuch des Oberkommandos der Wehrmacht (Wehrmachtfuhrungsstab), 1940-1945（《1940—1945 年，德国国防军最高统帅部作战日志》），第二册（法兰克福，1963 年）

"Lagenkarten, 8 July-5 October 1942." AOK II, Ia, 25851207a. National Archives Microfilm (NAM) series T-312, Roll 1207.（1942 年 7 月 8 日—10 月 5 日，第 2 集团军作战处，态势图集；国家档案馆微缩胶片，序列号 T-312，第 1207 卷）

"Lagenkarten PzAOK 1, Ia, 1-30 Sep 1942." PzAOK 1, 24906/15. National Archives Microfilm (NAM) series T-313, Roll 36.（1942 年 9 月 1 日—30 日，第 1 装甲集团军作战处，态势图集；国家档案馆微缩胶片，序列号 T-313，第 36 卷）

"Lagenkarten PzAOK 1, Ia, 1-31 Oct 1942." PzAOK 1, 24906/16. National Archives Microfilm (NAM) series T-313, Roll 36.（1942 年 10 月 1 日—31 日，第 1 装甲

集团军作战处，态势图集；国家档案馆微缩胶片，序列号 T-313，第 36 卷）

"Lagenkarten zum KTB. Nr. 5 (Teil Ⅲ .), PzAOK 4, Ia, 21 Oct-24 Nov 1942." PzAOK 4, 28183/12. National Archives Microfilm (NAM) series T-313, Roll 359. ［1942 年 10 月 21 日—11 月 24 日，第 4 装甲集团军作战处，第 5 号作战日志（第 Ⅲ 部分）态势图集；国家档案馆微缩胶片，序列号 T-313，第 359 卷］

Sbornik materialov po izucheniiu opyta voiny, No. 4 (Ianvar-fevral 1943 g.)［《战争经验研究资料集》，第 4 期（1943 年 1—2 月）］（莫斯科：军事出版社，1943 年）

Sbornik materialov po izucheniiu opyta voiny, No. 6 (Aprel-mai 1943 g.)［《战争经验研究资料集》，第 6 期（1943 年 4—5 月）］（莫斯科：军事出版社，1943 年）

Sbornik voenno-istoricheskikh materialov Velikoi Otechestvennoi voiny, Vypusk 14（《伟大卫国战争军事和历史资料集》，第 14 期）（莫斯科：军事出版社，1954 年）

Sbornik voenno-istoricheskikh materialov Velikoi Otechestvennoi voiny, Vypusk 15（《伟大卫国战争军事和历史资料集》，第 15 期）（莫斯科：军事出版社，1955 年）

Sbornik voenno-istoricheskikh materialov Velikoi Otechestvennoi voiny, Vypusk 18（《伟大卫国战争军事和历史资料集》，第 18 期）（莫斯科：军事出版社，1960 年）

V. A. 沙波瓦洛夫（主编），Bitva za Kavkaz v dokumentakh i materialov（《文件和资料中的高加索战役》）（斯塔夫罗波尔：斯塔夫罗波尔州立大学，2003 年）

V. A. 日林（主编），Stalingradskaia bitva: Khronika, fakty, liudi v 2 kn.（《斯大林格勒战役：编年史、真相和人物，两卷本》）（莫斯科：奥尔玛出版社，2002 年）

V. A. 佐洛塔廖夫（主编），General'nyi shtab v gody Velikoi Otechestvennoi voiny: Dokumenty i materialy 1942（《伟大卫国战争中的总参谋部：1942 年的文献资料》），刊登在 Russkii arkhiv: Velikaia Otechestvennaia（《俄罗斯档案：伟大卫国战争》），第 23 册（12-2）（莫斯科：特拉出版社，1999 年）

V. A. 佐洛塔廖夫（主编），Prikazy narodnogo komissaraoborony SSSR, 22 iiunia 1941 g-1942（《苏联国防人民委员部命令，1941 年 6 月 22 日—1942 年》），刊登在 Russkii arkhiv: Velikaia Otechestvennaia [voina], 13 (2-2)（《俄罗斯档案：伟大卫国战

争》），第 13 册（2-2）（莫斯科：特拉出版社，1997 年）

V. A. 佐洛塔廖夫（主编），*Stavka VGK: Dokumenty i materialy 1942*（《最高统帅部大本营：1942 年的文献资料》），刊登在 *Russkii arkhiv: Velikaia Otechestvennaia [voina], 16 (5-2)*（《俄罗斯档案：伟大卫国战争》），第 16 册（5-2）（莫斯科：特拉出版社，1996 年）

二手资料：书籍

N. I. 阿法纳西耶夫，*Ot Volgi do Shpree: Boevoi put' 35-i gvardeiskoi strelkovoi Lozovskoi Krasnoznamennoi, ordena Suvorova i Bogdan Khmel'nitskogo divizii*（《从伏尔加河到施普雷河：荣获苏沃洛夫勋章和波格丹·赫梅利尼茨基勋章的近卫红旗洛佐瓦亚步兵第 35 师的征途》）（莫斯科：军事出版社，1982 年）

马克·阿克斯沃西、科尔内尔·斯卡费什和克里斯蒂安·克拉丘诺尤，《第三轴心第四盟友：欧战中的罗马尼亚军队，1941—1945 年》（伦敦：兵器和铠甲出版社，1995 年）

Iu. P. 巴比奇，*Podgotovka oborony 62nd Armiei vne soprikosnovaniia s protivnikom i vedenie oboroniteVnoi operatsii v usloviiakh prevoskhodstva protivnika v manevrennosti (po opytu Stalingradskoi bitvy)*（《第 62 集团军在近敌处的防御准备和在敌占据机动优势的情况下实施的防御行动（基于斯大林格勒战役的经验）》）（莫斯科：伏龙芝军事学院，1991 年）

Iu. P. 巴比奇和 A. G. 巴耶尔，*Razvitie vooruzheniia i organitzatsii Sovetskikh sukhoputnykh voist v gody Velikoi Otechestvennoi voiny*（《伟大卫国战争中，苏联军备和地面部队编制的发展》）（莫斯科：伏龙芝军事学院，1990 年）

I. Kh. 巴格拉米扬，*Tak shli my k pobeda*（《我们这样走向胜利》）（莫斯科：军事出版社，1977 年）

康瑞利·伯内特（主编），《希特勒的将领》（纽约：格鲁夫·韦登费尔德出版社，1989 年）

奥马尔·巴托夫，《东线，1941—1945 年：德国军队和战争的野蛮化》（纽约：圣马丁出版社，1986 年）

P. I. 巴托夫，*V pokhodakh i boiakh*（《在行军和战斗中》）（莫斯科：呼声出版社，2000 年）

安东尼·比弗,《斯大林格勒:决定命运的围攻,1942—1943年》(纽约:维京出版社,1998年)

G. I. 别尔德尼科夫, *Pervaia udarnaia*(《突击第1集团军》)(莫斯科:军事出版社,1985年)

V. V. 别沙诺夫, *God 1942— 'Uchebnyi'*(《1942年——"锻炼"》)(明斯克:丰收出版社,2002年)

Bitva pod Stalingradom, chast' 1: Strategicheskaia oboronitel'naia operatsiia(《斯大林格勒战役,第一部:战略防御作战》)(莫斯科:伏罗希洛夫总参学院,1953年)

Bitva za Stalingrad(《斯大林格勒战役》)(伏尔加格勒:伏尔加河下游出版社,1973年)

乔治·E. 布劳,《德国对苏战争:策划和行动,1941—1942年》,陆军部手册,No: 20-261a(华盛顿特区:陆军部,1955年)

霍斯特·布格、尤尔登·弗斯特、约阿希姆·霍夫曼等人,《德国与第二次世界大战,第4卷:入侵苏联》(埃瓦尔德·奥泽斯、迪安·S. 麦克默里和路易斯·威尔莫特译,英国牛津:克拉伦登出版社,2001年)

德莫特·布拉德利、卡尔-弗里德里希·希尔德布兰德、马库斯·勒韦坎普, *Die Generale des Heeres 1921-1945*(《陆军将领,1921—1945年》)(奥斯纳布吕克:文献记录出版社,1993年)

保罗·卡雷尔,《斯大林格勒:德国第6集团军的败亡》,戴维·约翰斯顿译(宾夕法尼亚州阿特格伦:希弗出版社,1993年)

I. M. 奇斯佳科夫, *Sluzhirn otchizne*(《为祖国服役》)(莫斯科:军事出版社,1975年)

I. M. 奇斯佳科夫(主编), *Po prikazu Rodiny: boevoi put' 6-i gvardeiskoi armii v Velikoi Otechestvennoi voine*(《奉祖国之命:伟大卫国战争中近卫第6集团军的战斗历程》)(莫斯科:军事出版社,1971年)

瓦西里·I. 崔可夫,《斯大林格勒战役》,哈罗德·西尔弗译(纽约:霍尔特、莱因哈特和温斯顿出版社,1964年)

威廉·克雷格,《兵临城下:斯大林格勒战役》(纽约:读者文摘出版社,1973年)

V. A. 德明和R. M. 波尔图加利斯基, *Tanki vkhodiat v proryv*(《坦克进入突破口》)(莫斯科:军事出版社,1988年)

G. 德尔，*Pokhod na Stalingrad*（《进军斯大林格勒》）（莫斯科：军事出版社，1957 年）

格哈德·迪克霍夫，*3. Infantrie-Division, 3.Infantrie-Division (mot), 3. Panzer Grenadier-Division*（《第 3 步兵师，第 3 摩步师，第 3 装甲掷弹兵师》）（德国库克斯港：高级教师格哈德·迪克霍夫，1960 年）

理查德·L. 迪纳多，《德军装甲部队》（康涅狄格州韦斯特波特：格林伍德出版社，1997 年）

D. A. 德拉贡斯基（主编），*Ot Volgi do Pragi*（《从伏尔加河到布拉格》）（莫斯科：军事出版社，1966 年）

叶夫格尼·德里格，*Mekhanizirovannye korpusa RKKA v boiu: Istoriia avtobronetankovykh voisk Krasnoi Armii v 1940–1941 godakh*（《战斗中的红军机械化军：红军汽车坦克装甲兵史，1940—1941 年》）（莫斯科：译林图书，2005 年）

A. I. 叶廖缅科，*Stalingrad: Uchastnikam Velikoi bitvy pod Stalingradom posviatshchaetsia*（《斯大林格勒：斯大林格勒光荣会战中的一位参与者》）（莫斯科：AST 出版社，2006 年）

A. I. 叶廖缅科，*Stalingrad: Zapiski kornanduuishchevo frontoni*（《斯大林格勒：方面军司令员笔记》）（莫斯科：军事出版社，1961 年）

约翰·埃里克森，《通往斯大林格勒之路：苏德战争，第一卷》（纽约：哈珀＆罗出版社，1975 年）

西摩·弗里丁和威廉·理查森（合编），《致命的决定》（纽约：威廉·斯隆联合出版社，1956 年）

莱因哈德·盖伦，《盖伦将军回忆录》，戴维·欧文译（纽约：世界出版社，1972 年）

Geroi Sovetskogo Soiuza, tom 1（《苏联英雄》，第一册）（莫斯科：军事出版社，1987 年）

戴维·M. 格兰茨，《蓝色行动地图集：德军进军斯大林格勒，1942 年 6 月 28 日—11 月 18 日》（宾夕法尼亚州卡莱尔：自费出版，1998 年）

戴维·M. 格兰茨，《斯大林格勒战役地图集，第一册：1942 年 9 月 3 日—11 月 18 日》（宾夕法尼亚州卡莱尔：自费出版，2007 年）

戴维·M. 格兰茨，《巨人重生：战争中的苏联红军，1941—1943 年》（劳伦斯：堪萨

斯大学出版社，2005 年）

戴维·M. 格兰茨，《斯大林格勒战役作战文件，第一册: 1942 年 9 月 3 日—11 月 18 日》（宾夕法尼亚州卡莱尔: 自费出版，2007 年）

戴维·M. 格兰茨，《1941—1945 年，苏德战争中被遗忘的战役，第三册，夏季战役（1942 年 5 月 12 日—11 月 18 日）》（宾夕法尼亚州卡莱尔: 自费出版，1999 年）

戴维·M. 格兰茨，《红军指挥员，1941—1945 年，第一册: 方向总司令部、方面军、集团军、军区、防御地域和快速军指挥员》（宾夕法尼亚州卡莱尔: 自费出版，2002 年）

戴维·M. 格兰茨，《二战期间，情报在苏联军事战略中的作用》（加利福尼亚州诺瓦托: 要塞出版社，1990 年）

戴维·M. 格兰茨，《中欧和东欧，地形对军事行动的战略和战术影响》（宾夕法尼亚州卡莱尔: 自费出版，1998 年）

戴维·M. 格兰茨，《高加索之战: 逐日作战记录和文件，第一册，1942 年 7 月 21 日—11 月 18 日》（宾夕法尼亚州卡莱尔: 自费出版，2008 年）

戴维·M. 格兰茨，《泥足巨人: 战争前夕的苏联红军》（劳伦斯: 堪萨斯大学出版社，1998 年）

戴维·M. 格兰茨，《尼古拉·费多罗维奇·瓦图京》，刊登在舒克曼（主编）的《斯大林的将领》一书（伦敦: 韦登费尔德＆尼科尔森出版社，1998 年）第 287—300 页。

戴维·M. 格兰茨和乔纳森·M. 豪斯，《巨人的碰撞: 红军是如何阻止希特勒的》（劳伦斯: 堪萨斯大学出版社，1995 年）

瓦尔特·格尔利茨，《保卢斯与斯大林格勒: 陆军元帅弗里德里希·保卢斯传，他的笔记、书信和文件》，R. H. 史蒂文斯译（纽约: 城堡出版社，1963 年）

F. I. 戈利科夫，"V Oborona Stalingrada"（《保卫斯大林格勒》），刊登在 A. M. 萨姆索诺夫的 Stalingradskaia epopeia（《斯大林格勒的史诗》）一书中（莫斯科: 科学出版社，1968 年）。

S. G. 戈尔什科夫，Na luzhnom flange, osen 1941 g.-vesna 1944 g.（《1941 年秋季至 1944 年春季，在南翼》）（莫斯科: 军事出版社，1989 年）

罗尔夫·格拉姆斯，Die 14. Panzer-Division 1940–1945（《第 14 装甲师，1940—1945 年》）（西德，巴特瑙海姆: 汉斯－亨宁·波德聪出版社，1957 年）

A. A. 格列奇科，Bitva za Kavkaz（《高加索会战》）（莫斯科: 军事出版社，1973 年）

A. A. 格列奇科，《高加索会战》① （莫斯科：进步出版社，1971 年）

A. A. 格列奇科（主编），*Istoriia Vtoroi Mirovoi voiny 1939–1945 v dvenadtsati tomakh, tom piatyi*（《1939—1945 年，第二次世界大战史·12 卷本·第 5 卷》）（莫斯科：军事出版社，1975 年）

《库兹马·阿基莫维奇·古罗夫》，刊登在 *Voennaia Entsiklopediia v vos'mi tomakh, 2*（《八卷本苏联军事百科全书·第二卷》）第 534 页，该书由 P. S. 格拉乔夫主编，莫斯科军事出版社 1994 年出版。

弗朗茨·哈尔德，《哈尔德战时日记，1939—1942 年》（加利福尼亚州诺瓦托：要塞出版社，1988 年）

冯·哈德斯蒂，《火凤凰：苏联空军力量的崛起，1941—1945 年》（华盛顿特区：史密森学会出版社，1982 年）

维尔纳·豪普特，《南方集团军群：德国国防军在苏联，1941—1945 年》，约瑟夫·G. 威尔士译（宾夕法尼亚州阿特格伦：希弗出版社，1998 年）

乔尔·S. A. 海沃德，《止步于斯大林格勒：德国空军和希特勒在东线的失败，1942—1943 年》（劳伦斯：堪萨斯大学出版社，1998 年）

赫尔穆特·海贝尔和戴维·M. 格兰茨，《希特勒和他的将领：军事会议，1942—1945 年》（纽约：恩尼格玛图书出版社，2002 年）

阿德尔贝特·霍尔，《斯大林格勒的一名步兵：1942 年 9 月 24 日至 1943 年 2 月 2 日》，詹森·D. 马克和尼尔·佩奇译（澳大利亚，悉尼：跳跃骑士出版社，2005 年）

阿列克谢·伊萨耶夫，*Kogda vnezapnosti uzhe ne bylo*（《不出意料》）（莫斯科：亚乌扎 – 艾克斯摩出版社，2005 年）

阿列克谢·伊萨耶夫，*Kratkii kurs Istorii Velikoi Otechestvennoi voiny: Nastuplenie Marshala Shaposhnikova*（《伟大卫国战争中一段短暂的历史：沙波什尼科夫元帅的攻势》）（莫斯科：亚乌扎 – 艾克斯摩出版社，2005 年）

阿列克谢·伊萨耶夫，*Stalingrad: Za Volgoi dlia nas zemli net*（《斯大林格勒：伏尔加河后方没有我们的容身处》）（莫斯科：亚乌扎 – 艾克斯摩出版社，2008 年）

---

① 译注：英文版。

Istoricheskii podvig Stalingrada（《斯大林格勒的历史性胜利》）（莫斯科：思想出版社，1985 年）

I. I. 卢什丘克，*Odinnatsatyi Tankovyi Korpus v boiakh za Rodinu*（《为祖国而战的坦克第 11 军》）（莫斯科：军事出版社，1962 年）

托马斯·L. 延茨，《装甲部队》（宾夕法尼亚州阿特格伦：希弗出版社，1996 年）

杰弗里·朱克斯，《希特勒的斯大林格勒决策》（伯克利：加州大学出版社，1985 年）

杰弗里·朱克斯，《亚历山大·米哈伊洛维奇·华西列夫斯基》，刊登在舒克曼（主编）的《斯大林的将领》一书中（伦敦：韦登费尔德＆尼科尔森出版社，1993 年），第 275—286 页。

曼弗雷德·克里希，*Stalingrad: Analyse und Dokumentation einer Schlacht*（《斯大林格勒：战役分析和相关文件》）（斯图加特：德意志出版社，1974 年）

沃尔夫·凯利希，*Die Generale des Heeres*（《陆军将领》）（巴特瑙海姆：波德聪出版社，1983 年）

威廉·凯特尔，《为帝国服务》，戴维·欧文译（纽约：斯坦＆戴出版社，1966 年）

伊萨克·科贝良斯基，《从斯大林格勒到皮劳：一名红军炮兵指挥员对伟大卫国战争的记忆》（劳伦斯：堪萨斯大学出版社，2008 年）

马克西姆·科洛米耶茨和伊利亚·莫什昌斯基，*"Oborona Kavkaza (iiul'-dekabr' 1942 goda)"*（《1942 年 7—12 月，高加索防御战》），刊登在 *Frontovaia illiustratsiia*（《前线画刊》）2000 年第 2 期（莫斯科：KM 战略出版社，2000 年）。

Komandarmy. Voennyi biograficheskii slovar' (Velikaia Otechestvennaia)（《伟大卫国战争中的集团军司令员，军事人物志》）（莫斯科：俄罗斯联邦国防部，军事历史研究所，库奇科沃原野出版社，2005 年）

Kommandovanie korpusnovo i divizionnogo svena Sovetskikh vooruzhennijkh sil perioda Velikoi Otechestvennoi voiny 1941–1945 g.（《1941—1945 年，伟大卫国战争期间苏联武装力量军、师级指挥员》）（莫斯科：伏龙芝军事学院，1964 年）

Komkory, Voennyi biograficheskii slovar' (Velikaia Otechestvennaia), Tom 1 and 2.（《伟大卫国战争中的军级指挥员，军事人物志》，第一、二册）（莫斯科：俄罗斯联邦国防部，军事历史研究所，库奇科沃原野出版社，2006 年）

M. M. 科兹洛夫（主编），*Velikaia Otechestvennaia voina 1941–1945: Entsiklopediia*

（《1941—1945 年，伟大卫国战争：百科全书》）（莫斯科：苏联百科全书出版社，1985 年）

Krasnoznamennyi Chernomorskii Flot（《红旗黑海舰队》）（莫斯科：军事出版社，1987 年）

G. F. 克里沃舍夫（主编），Grif sekretnosti sniat: Poteri vooruzhennykh sil SSSR v voinakh, boevykh deistviiakh, i voennykh konfliktakh（《揭秘：苏联武装力量在战争、作战行动和军事冲突中的损失》）（莫斯科：军事出版社，1993 年）

G. F. 克里沃舍夫（主编），Rossiia i SSSR v voinakh XX veka: Poteri vooruzhennykh sil, Statistichqskoe issledovanie（《二十世纪战争中的俄国和苏联：武装部队的损失，调查统计》）（莫斯科：奥尔玛出版社，2001 年）

G. F. 克里沃舍夫（主编），《二十世纪苏联的伤亡和作战损失》（伦敦和梅卡尼克斯堡：希弗出版社，1997 年）

N. I. 克雷洛夫，Stalingradskii rubezh（《斯大林格勒战线》）（莫斯科：军事出版社，1984 年）

乔治·W. S. 库恩，《地面部队伤亡率图表：经验证据，FP703TR1 报告》（马里兰州贝塞斯达：后勤管理署，1989 年 9 月）

I. I. 库兹涅佐夫，Sud'hy general'skie: Vysshie komandnye kadry Krasnoi Armii v 1940-1953 gg.（《将军们的命运：1940—1953 年的红军高级指挥员》）（伊尔库茨克：伊尔库茨克大学出版社）

I. A. 拉斯金，Na puti k perelomu（《通往转折点之路》）（莫斯科：军事出版社，1977 年）

Ia. A. 列别捷夫和 A. I. 马柳金，Pomnit dnepr-reka: Vospominaniia veteranov 193-I strelkovoi Dneprovskoi ordena Lenina, Krasnoznamennoi, ordena Suvorova i Kutuzova divizii（《牢记第聂伯河：荣获列宁勋章、苏沃洛夫勋章和库图佐夫勋章的红旗第聂伯河步兵第 193 师老兵的回忆》）（明斯克：白俄罗斯出版社，1986 年）

约阿希姆·莱梅尔森等人，《第 29 师：第 29 步兵师，第 29 摩步师，第 29 装甲掷弹兵师》（西德，巴特瑙海姆：波德聪出版社，1960 年）

I. I. 柳德尼科夫，Doroda dlinoiu v zhizn（《生活的道路是漫长的》）（莫斯科：军事出版社，1969 年）

O. A. 洛西科，StroiteVstvo i boevoe primenenie Sovetskikh tankovykh voisk v *gody Velikoi Otechestvennoi voiny*（《伟大卫国战争中，苏联坦克部队的组建和作战使用》）（莫斯科：军事出版社，1979 年）

艾伯哈德·冯·马肯森，*Vom Bug zum Kaukasus. Das Ⅲ. Panzerkorps im Feldzug gegen Sowjetrußland 1941/42*（《从布格河到高加索，对苏作战中的第 3 装甲军，1941—1942 年》）（内卡尔格明德：库尔特·福温克尔出版社，1967 年）

詹森·D. 马克，《"跳跃骑士"的覆灭：第 24 装甲师在斯大林格勒，1942 年 8 月 12 日—11 月 20 日》（澳大利亚悉尼：跳跃骑士出版社，2003 年）

詹森·D·马克，《烈焰岛：斯大林格勒"街垒"火炮厂之战，1942 年 11 月—1943 年 2 月》（澳大利亚悉尼：跳跃骑士出版社，2006 年）

V. 马尔特诺夫和 S. 斯帕霍夫，*Proliv v ogne*（《烈焰中的海峡》）（基辅：乌克兰政治文献出版社，1984 年）

马斯洛夫，《陨落的苏军将领》，（伦敦：弗兰克·卡斯出版社，1998 年）

威廉·麦克科罗登，《二战德国陆军编成：集团军群、集团军、军、师和战斗群》，五卷本，未出版，年代不详。

弗雷德里希·W. 冯·梅伦廷，《我所知道的二战德军将领》（诺曼：俄克拉荷马大学出版社，1977 年）

I. K. 莫罗佐夫，"*Na iuzhnom uchaske fronta*"（《在前线的南部地区》），刊登在 *Bitva za Volge*（《伏尔加河之战》）一书中（斯大林格勒：图书出版社，1962 年）。

伊利亚·莫什昌斯基和谢尔盖·斯莫里诺夫，"*Oborona Stalingrada: Stalingradskaia strategicheskaia oboronitel naia operatsiia, 17 iiulia–18 noiabria 1942 goda*"（《保卫斯大林格勒：1942 年 7 月 17 日—11 月 18 日，斯大林格勒战略防御作战》），刊登在《军事编年史》杂志（莫斯科：BTV 出版社，2002 年），2002 年第 6 期。

K. S. 莫斯卡连科，*Na iugo-zapadnom napravlentii*（《在西南方向上》），第一册（莫斯科：科学出版社，1969 年）

V. F. 莫佐列夫，"*Mozdok-Malgrobekaia operatsiia 1942*"（《莫兹多克—马尔戈别克战役，1942 年》），刊登在八卷本《苏联军事百科全书》，第五册，I. N. 谢尔盖耶夫编，第 196—197 页（莫斯科：军事出版社，2001 年）

罗尔夫－迪特尔·米勒和格尔德·R. 乌贝夏尔，《希特勒的东线战争，1941—1945 年：批评性评估》（英国牛津普罗维登斯：博格翰图书出版社，1997 年）

维克托·穆拉托夫，《高加索之战》（莫斯科：新闻出版社，1973 年）

威廉姆森·穆雷，《德国空军》（巴尔的摩：航海和航空出版社，1985 年）

苏连·米尔佐扬，*Stalingradskoe Zarevo*（《斯大林格勒的烈焰》）（埃里温：阿娜斯坦出版社，1974 年）

汉斯·内德哈特，*Mit Tanne und Eichenlaub: Kriegschronik der 100. Jäger-Division vormals 100. leichte Infanterie-Division*（《松树和橡树叶：第 100 猎兵师（原第 100 轻步兵师）战史》）（格拉茨－斯图加特：利奥波德斯托克出版社，1981 年）

N. I. 尼科弗洛夫等人主编的 *Velikaia Otechestvennaia voina 1941-1945 gg.: Deistvuiushchaia armiia*（《伟大卫国战争，1941—1945 年：作战部队》）（莫斯科：勇气出版社和库奇科沃原野出版社，2005 年）

安东·德特勒夫·冯·普拉托，*Die Geschichte der 5. Panzerdivision 1938 bis 1945*（《第 5 装甲师师史，1938—1945 年》）（德国，雷根斯堡：瓦尔哈拉和罗马城堡出版社，1978 年）

R. M. 波图加尔斯基，*Analiz opyta nezavershennykh nastupatelnykh operatsii Velikoi Otechestvenoi voyny. Vyvody i uroki*（《分析伟大卫国战争期间未完成的进攻战役，结论和教训》）（莫斯科：科学院出版社，1991 年）

P. N. 波斯佩洛夫，*Istoriia Velikoi Otechestvennoi voiny Sovetskogo Soiuza 1941-1945 v shesti tomakh, tom vtoroi*（《1941—1945 年，伟大卫国战争史》六卷本，第二册），（莫斯科：军事出版社，1961 年）

M. M. 波瓦利伊，*Vosemnadtsataia v srazheniia za Rodiny*（《卫国战争中的第 18 集团军》）（莫斯科：军事出版社，1982 年）

N. M. 拉马尼切夫和 V.V. 古尔欣，"*Rzhevsko-Sychevskie operatsii 1942*"（《"勒热夫－瑟乔夫卡"战役，1942 年》），刊登在八卷本《苏联军事百科全书》，第七册，S. B. 伊万诺夫编，第 233—234 页（莫斯科：军事出版社，2003 年）。

K. K. 罗科索夫斯基，*Soldatskii dolg*（《军人的天职》）（莫斯科：呼声出版社，2000 年）

K. K. 罗科索夫斯基（主编），*Velikaia bitva na Volge*（《伏尔加河畔的伟大胜利》）（莫斯科：军事出版社，1965 年）

帕维尔·A·罗特米斯特罗夫，*Stalnaia gvardiia*（《钢铁近卫军》）（莫斯科：军事出版社，1984 年）

I. A. 萨姆丘克，*Trinadtsataia gvardeiskaia*（《近卫步兵第 13 师》）（莫斯科：军事出版社，1971 年）

A. M. 萨姆索诺夫，*Stalingradskaia bitva*（《斯大林格勒战役》）（莫斯科：科学出版社，1983 年）

A. M. 萨姆索诺夫，*Stalingradskaia epopeia*（《斯大林格勒的史诗》）（莫斯科：科学出版社，1968 年）

A. M. 桑达洛夫，*Pogoreloe-Gorodishchenskaia operatsiia: Nastupatelnaia operatsiia 20-i armii Zapadnogo fronta v avguste 1942 goda*（《波戈列洛耶—戈罗季谢进攻战役：1942 年 8 月，西方面军第 20 集团军的进攻行动》）（莫斯科：军事出版社，1960 年）

S. M. 萨尔基西安，*51-ia Armiia*（《第 51 集团军》）（莫斯科：军事出版社，1983 年）

海因茨·施勒特尔，《斯大林格勒》（纽约：百龄坛出版社，1958 年）

海因茨·施勒特尔，*Stalingrad: "... bis letzten Patrone."*（《斯大林格勒："……直至最后一颗子弹"》）（伦格里希：克莱恩印务出版社）

费迪南德·冯·森格尔·翁德·埃特林，*Die 24. Panzer-Division vormals 1. Kavallerie-Division 1939-1945*（《第 24 装甲师（原第 1 骑兵师），1939—1945 年》）（内卡尔格明德：库尔特·福温克尔出版社，1962 年）

I. S. 希伊安，*Ratnyi podvig Novorossiiska*（《新罗西斯克的功绩》）（莫斯科：军事出版社，1977 年）

S. M. 什捷缅科，《战争年代的总参谋部，1941—1945 年》，第一册，罗伯特·达格利什译（莫斯科：军事出版社，1985 年）

肯尼斯·斯列普扬，《斯大林的游击战：二战中的苏联游击队》（劳伦斯：堪萨斯大学出版社，2006 年）

《关于使用战争经验的苏联文件，第三册：1941—1942 年的军事行动》，哈罗德·S. 奥伦斯坦译（伦敦：弗兰克·卡斯出版社，1993 年）

阿尔贝特·施佩尔，《第三帝国内幕》，理查德、克拉拉·温斯顿译（纽约：麦克米伦出版社，1970 年）

瓦尔特·J. 施皮尔贝格尔和乌韦·费斯特，《四号坦克：德军装甲部队的主力》（伯克利：费斯特出版社，1968 年）

Stalingrad: Zabytoe srazhenie（《斯大林格勒：被遗忘的战役》）（莫斯科：AST

出版社，2005 年）

Stalingradskaia epopeia: Vpervye publikuemye dokumenty, rassekrechennye FSB RF（《斯大林格勒的史诗：首次出版的俄罗斯联邦安全局解密文件》）（莫斯科：叶翁尼察 –MG 出版社，2000 年）

罗尔夫·施托弗斯，*Die gepanzerten und motorisierten deutschen Grossverbande: 1935–1945*（《德国大编制装甲和摩托化部队，1935—1945 年》）（弗里德贝格：波德聪 –帕拉斯出版社，1986 年）

罗尔夫·施托弗斯，《第 22 装甲师、第 25 装甲师、第 27 装甲师和第 233 预备装甲师》（弗里德贝格：波德聪 – 帕拉斯出版社，1985 年）

A. Ia. 苏哈列夫（主编），*Marshal A. M. Vasilevsky—strateg, polkovodets, chelovek*（《A. M. 华西列夫斯基元帅——战略家、军事统帅和男子汉》）（莫斯科：老兵协会出版社，1998 年）

《机动部队战术：武装党卫队第 5 维京装甲掷弹兵师在罗斯托夫和迈科普油田的作战行动（1942 年夏季）》（德国海德堡：美国陆军欧洲司令部历史处外军研究科，*OCMH MS # D–248*）

V. E. 塔兰特，《斯大林格勒：对这场痛苦的剖析》（伦敦：利奥·库珀出版社，1992 年）

威廉·蒂克，《高加索和石油：1942—1943 年高加索地区的苏德战事》，约瑟夫·G. 威尔士译（温尼伯：J. J. 费多罗维奇出版社，1995 年）

《谢苗·康斯坦丁诺维奇·铁木辛哥》，刊登在 *Sovetskaia Voennaia Entsiklopediia v vos'mi tomakh*（八卷本《苏联军事百科全书》），第八册，第 43—44 页，N. V. 奥加尔科夫编。

I. V. 秋列涅夫，*Krakh operatsii "Edel'veis"*（《"雪绒花"战役的失败》）（奥尔忠尼启则：Ir 出版社，1975 年）

休·R. 特雷弗 – 罗珀（主编），《从闪电战到失败：希特勒的战争指令，1939—1945 年》（纽约，芝加哥：霍尔特、莱因哈特＆温斯顿出版社，1964 年）

《浴血 200 天：斯大林格勒战役亲历者和目击者的记述》（莫斯科：进步出版社，1970 年）

阿纳托利伊·乌特金，*Sorok vtoroi god*（《1942 年》）（斯摩棱斯克：俄罗斯人出版社，2002 年）

G. I. 万涅耶夫，*Chernomortsy v Velikoi Otechestvennoi voine*（《伟大卫国战争中

的黑海舰队水兵》）（莫斯科：军事出版社，1978 年）

A. M. 华西列夫斯基，*Delo vsei zhizni*（《毕生的事业》）（莫斯科：政治书籍出版社，1983 年）

B. S. 文科夫和 P. P. 杜季诺夫，*Gvardeiskaia doblest': Boevoi put' 70-i gvardeiskoi strelkovoi glukhovskoi ordena Lenina, dvazhdy krasnoznamennoi, ordena Suvorova, Kutuzova i Bogdana Khmel'nitskogo divizii*（《英勇近卫军：荣获列宁勋章、两枚红旗勋章、苏沃洛夫勋章、库图佐夫勋章和波格丹·赫梅利尼茨基勋章的近卫红旗格卢霍夫步兵第 70 师的征程》）（莫斯科：军事出版社，1979 年）

伊奥阿卡希姆·维杰尔，*Stalingradskaia tragediia: Za kulisami katastrofy*（《斯大林格勒的悲剧：灾难背后的真相》），A. 列别捷夫和 N. 波尔图加洛夫译（莫斯科：亚乌扎 – 艾克斯摩出版社，2004 年）

Voennaia entsiklopediia v vos'mi tomakh, 1（八卷本《苏联军事百科全书》，第一册），I. N. 罗季奥诺夫编（莫斯科：军事出版社，1997 年）

A. A. 沃尔科夫，*Kriticheskii prolog: Nezavershennye frontovye nastupatelnye operatsii pervykh kampanii Velikoi Otechestvennoi voiny*（《关键的序幕：伟大卫国战争初期阶段未完成的前线攻势》）（莫斯科：阿维阿尔出版社，1992 年）

N. I. 沃罗斯特诺夫，*Na ognennykh rubezhakh*（《在发射阵地上》）（莫斯科：军事出版社，1983 年）

I. Ia. 维罗多夫（主编），*V srazheniiakh za Pobedu: Boevoi put' 38-i armii v gody Velikoi Otechestvennoi voyny 1941-1945*（《为祖国而战：第 38 集团军在伟大卫国战争中的征途，1941—1945 年》）（莫斯科：科学出版社，1974 年）

瓦尔特·瓦利蒙特，《德国国防军大本营，1939—1945 年》，R. H. 巴里译（加利福尼亚州诺瓦托：要塞出版社，1964 年）

沃尔夫冈·韦尔滕，*Geschichte der 16. Panzer-Division 1939-1945*（《第 16 装甲师师史，1939—1945 年》）（弗里德贝格：波德聪 – 帕拉斯出版社，1958 年）

汉斯·J. 韦杰斯，《斯大林格勒战役：工厂之战，1942 年 10 月 14 日—11 月 19 日》（荷兰海伦芬：自费出版，2003 年）

理查德·沃夫，《崔可夫》，刊登在哈罗德·舒克曼主编的《斯大林的将领》一书第 67—76 页（伦敦：韦登费尔德＆尼科尔森出版社，1993 年）。

理查德·沃夫，《罗科索夫斯基》，刊登在哈罗德·舒克曼主编的《斯大林的将领》一书第 177—198 页（伦敦：韦登费尔德 & 尼科尔森出版社，1993 年）。

蒂莫西·A. 雷，《坚守：二战期间德军在东线的防御学说，战前至 1943 年》（堪萨斯州利文沃思堡：作战研究协会，1986 年）

Iu. D. 扎哈罗夫，*General armii Vatutin*（《瓦图京大将》）（莫斯科：军事出版社，1985 年）

康斯坦丁·扎列斯基，*Vermacht: Sukhoputnye voiska i Verkhovnoe komandovanie*（《德国国防军：陆军和最高统帅部》）（莫斯科：亚乌扎出版社，2005 年）

史蒂夫·扎洛加和彼得·萨森，《T-34/76 中型坦克，1941—1945 年》（伦敦：鱼鹰 / 芦苇出版社，1994 年）

A. S. 扎多夫，*Chetyre goda voyny*（《战争的四年》）（莫斯科：军事出版社，1978 年）

G. 朱可夫，《回忆与思考》，第二册（莫斯科：进步出版社，1985 年）

厄尔·F. 齐姆克，《从斯大林格勒到柏林：德国在东线的失败》（华盛顿特区：美国陆军军事历史办公室，1968 年）

厄尔·F. 齐姆克和麦格纳·E. 鲍尔，《从莫斯科到斯大林格勒：东线决战》（华盛顿特区：美国陆军，军事历史中心，1987 年）

V. A. 佐洛塔廖夫（主编），*Velikaia Otechestvennaia voina 1941–1945, Kniga 1: Surovye ispytaniia*（《伟大卫国战争，1941—1945 年》，第一册，《严酷的考验》）（莫斯科：科学出版社，1998 年）

A. M. 兹瓦尔采夫（主编），*3-ia gvardeiskaia tankovaia armiia*（《近卫坦克第 3 集团军》）（莫斯科：军事出版社，1982 年）

二手资料：文章

V. 阿诺什金和 N. 瑙莫夫，*"O stabilizatsii fronta oborony na luzhnom strategicheskom napravlenii letom 1942 goda"*（《关于 1942 年夏季南方向防线的稳定性》），*VIZh*，第 10 期（1982 年 10 月），第 18—24 页。

G. 布鲁辛和 G. 涅霍诺夫，*"Oborona ostrova Zaitsevskii"*（《保卫宰采夫斯基岛》），*VIZh*，第 3 期（1964 年 3 月），第 113—117 页。

F. 丹尼洛夫，*"Bitva za Kavkaz"*（《高加索战役》），*VIZh*，第 7 期（1967 年 7 月），

第 117—123 页。

戴维·M. 格兰茨，《苏联和平时期和战时的动员，1924—1942 年：调查》，*JSMS*，总第 5 期，1992 年 9 月第 3 册，第 345—352 页。

瓦林·T. 戈尔特－格伦维克和米哈伊尔·N. 苏普伦，《少数民族和北极战线的战事，1939—1945 年》，*JSMS*，2000 年 3 月第 1 册，总第 13 期，第 127—142 页。

A. N. 格里列夫，"*Nekotorye osobennosti planirovaniia letne-osennei kampanii 1942 goda*"（《1942 年夏秋季战役的一些策划特点》），*VIZh*，第 9 期（1991 年 9 月），第 4—11 页。

V. 古尔金，"*'Dom Pavlova'—symbol doblesti i geoistva sovetskikh voinov*"（《"巴甫洛夫大楼"——苏军士兵勇气和英勇气概的象征》），*VIZh*，第 2 期（1963 年 2 月），第 48—54 页。

V. 古尔金，"*214-ia strelkoviai diviziia v bitva na Volge*"（《伏尔加河战役中的步兵第 214 师》），*VIZh*，第 7 期（1964 年 7 月），第 97—100 页。

V. V. 古尔金，"*Liudskie poteri Sovetskikh Vooruzhennykh sil v 1941-1945 gg.: Novye aspekty*"（《1941—1945 年，苏联武装力量的人员损失：新观念》），*VIZh*，第 2 期（1999 年 3—4 月），第 2—13 页。

V. V. 古尔金和 A. I. 克鲁格洛夫，"*Oborona Kavkaza. 1942 god*"（《保卫高加索，1942 年》），*VIZh*，第 10 期（1942 年 10 月），第 11—18 页。

乔尔 S. A. 海沃德，《希特勒寻求石油：经济因素对军事战略的影响，1941—1942 年》，《战略研究》杂志，总第 18 期，1995 年 12 月第 4 期，第 94—135 页。

S. A. 伊利延科夫，《关于苏联武装力量战时无法挽回之损失的统计，1941—1945 年》，*JSMS*，1996 年 6 月第 2 册，总第 9 期，第 440—442 页。

P. 伊林，"*Boi za Kalach-na-Donu*"（《顿河畔卡拉奇之战》），*VIZh*，第 10 期（1961 年 10 月），第 70—81 页。

S. I. 伊萨耶夫，"*Vekhi frontovogo puti*"（《前路的里程碑》），*VIZh*，第 10 期（1991 年 10 月），第 24—25 页。

V. 伊斯托明，"*Inzhenernye voiska v bitve za Kavkaz*"（《高加索战役中的工兵》），*VIZh*，第 10 期（1963 年 10 月），第 86—90 页。

戴维·卡恩，《情报案例研究：奥苏加河防御战，1942 年》，《航天历史》杂志，总第

848

28 期，1981 年 12 月第 4 期，第 242—252 页。

　　M. 卡扎科夫，*"Na Voronezhskom napravlenii letom 1942 goda"*（《1942 年夏季，在沃罗涅日方向》），*VIZh*，第 10 期（1964 年 10 月），第 27—44 页。

　　A. 哈里东诺夫，*"Na gornykh perevalakh Kavkaza"*（《在高加索的山口》），*VIZh*，第 7 期（1970 年 8 月），第 57—59 页。

　　A. 哈尔科夫，*"Sovetskoe voennoe iskusstva v bitva za Kavkaz"*（《高加索战役中的苏联军事艺术》），*VIZh*，第 3 期（1983 年 3 月），第 21—28 页。

　　V. 哈尔科夫，*"112-ia strelkovaia diviziia v Bitva za Stalingradom"*（《斯大林格勒战役中的步兵第 112 师》），*VIZh*，第 3 期（1980 年 3 月），第 36—43 页。

　　I. V. 库兹米切夫，*"Shtafniki"*（《惩戒部队》），《军士》杂志，2006 年第 14 期，第 25—34 页。

　　P. N. 拉什琴科，*"Prodiktovan surovoi neobkhodimost'iu"*（《规定的严厉措施》），*VIZh*，1988 年 8 月第 8 期，第 76—80 页。

　　Iu. 洛斯库托夫，*"Boevye deistviia 308-i strelkovoi divizii 10-25 sentiabria 1942 goda"*（《1942 年 9 月 10 日—25 日，步兵第 308 师的作战行动》），*VIZh*，第 8 期（1982 年 8 月），第 40—48 页。

　　A. 卢钦斯基，*"Na tuapinskom napravlenii"*（《在图阿普谢方向》），*VIZh*，第 11 期（1967 年 11 月），第 69—75 页。

　　D. 穆里耶夫，*"Kontrudar pod g. Ordzhonikidze"*（《在奥尔忠尼启则的反突击》），*VIZh*，第 11 期（1967 年 11 月），第 125—128 页。

　　"Nakanune Stalingradksoi bitvy"（《斯大林格勒战役前夕》），*VIZh*，第 8 期（1982 年 8 月），第 27—31 页。

　　V. 尼基福罗夫，*"Sovetskaia aviatsiia v bitva za Kavkaz"*（《高加索战役中的苏联航空兵》），*VIZh*，第 8 期（1971 年 8 月），第 11—19 页。

　　"Operatsiia neispol'zovannykh vozmozhnostei"（《未能实现的行动》），*VIZh*，第 7 期（1965 年 7 月），第 117—124 页。

　　I. 帕罗特金，*"O plane letnei kampanii Nemetsko-Fashistskogo komandovaniia na Sovetsko-Germanskom fronte v 1942 godu"*（《关于德国法西斯统帅部 1942 年在苏德战场的夏季攻势》），*VIZh*，第 1 期（1961 年 1 月），第 31—42 页。

F. 波普雷科，"*Geroi bitvy za Kavkaz*"（《高加索战役中的英雄》），*VIZh*，第 3 期（1983 年 2 月），第 57—60 页。

K. K. 罗科索夫斯基，"*Soldatskii dolg*"（《军人的天职》），*VIZh*，第 2 期（1990 年 2 月），第 47—52 页。

V. 鲁诺夫，"*Ot oborony—k reidu*"（《从防御到突袭》），*VV*（《军事通报》），第 5 期（1991 年 4 月），第 42—46 页。

N. 什特科夫，"*V boiakh za platsdarmy na Verkhnem Donu*"（《顿河上游登陆场之战》），*VIZh*，第 8 期（1982 年 8 月），第 32—39 页。

亚历山大·斯塔蒂耶夫，《武装力量中的丑小鸭：罗马尼亚装甲部队，1919—1941 年》，*JSMS*，1999 年 6 月第 2 册，总第 12 期，第 225—240 页。

亚历山大·斯塔蒂耶夫，《一支军队沦为"仅仅是个负担"时：罗马尼亚的国防政策和战略，1918—1941 年》，*JSMS*，2000 年 6 月第 2 册，总第 13 期，第 67—85 页。

F. 斯维尔德洛夫，"*Boi u Volga i na Kavkaze (Sentiabr 1942 goda)*"（《伏尔加河和高加索之战，1942 年 9 月》），*VV*（《军事通报》），第 9 期（1992 年 9 月），第 35—36 页。

F. 斯维尔德洛夫，"*Prichiny neudach (Oktiabr 1942 goda)*"（《1942 年 10 月失败的原因》），*VV*（《军事通报》），第 10 期（1992 年 10 月），第 49—52 页。

A. 华西列夫斯基，"*Nekotorye voprosy rukovodstva vooruzhennoi bor'boi letom 1942 goda*"（《关于 1942 年夏季作战方向的一些问题》），*VIZh*，第 8 期（1965 年 8 月），第 3—10 页。

A. 华西列夫斯基，"*Nezabyvaemye dni*"（《难忘的日子》），*VIZh*，第 10 期（1965 年 10 月），第 13—24 页。

V. 扎伊采夫，"*Stalingrad – Sud'ba moia*"（《斯大林格勒——我的命运》），*Na boevom postu—Zhurnal Vnutrennykh voisk*（《在战斗岗位上——内卫部队杂志》），1992 年 2 月第 2 期，第 3—8 页。

网站

轴心国人物传记研究：http://www.geocities.com/~orion47/

轴心国资料手册，德国陆军：http://www.axishistory.com/index

德国陆军将领：http://balsi.d/Homepage-Generale/Heer/Heer-Startseite.html

二战将领：http://www.generals.dk/generals.php